Qinghai Sheng Gonglu Shuilu Jiaotong Yunshu Fazhan Guihua Huibian

青海省公路水路交通运输发展规划汇编

青海省交通厅　主编

人民交通出版社

内 容 提 要

本书是青海省公路水路交通运输“十二五”综合发展规划及各专项规划的汇总。本汇编将有利于青海省交通运输“十二五”规划的宣贯工作，有利于行业内外全面了解青海省交通运输“十二五”发展的工作任务和重点，并为广大交通工作者和从事相关领域科学研究的人员提供参考。

图书在版编目(CIP)数据

青海省公路水路交通运输发展规划汇编/青海省交通厅主编. --北京:人民交通出版社,2012.12

ISBN 978-7-114-09846-8

Ⅰ.①青… Ⅱ.①青… Ⅲ.①交通运输—交通规划—青海省—2011～2015 Ⅳ.①F512.744

中国版本图书馆 CIP 数据核字(2012)第 122332 号

书　　名:**青海省公路水路交通运输发展规划汇编**
著 作 者:青海省交通厅
责任编辑:吴有铭　刘　涛　李　农　丁　遥
出版发行:人民交通出版社
地　　址:(100011)北京市朝阳区安定门外外馆斜街 3 号
网　　址:http://www.ccpress.com.cn
销售电话:(010)59757969,59757973
总 经 销:人民交通出版社发行部
经　　销:各地新华书店
印　　刷:北京市密东印刷有限公司
开　　本:880×1230　1/16
印　　张:43.75
字　　数:1145 千
版　　次:2012 年 12 月　第 1 版
印　　次:2012 年 12 月　第 1 次印刷
书　　号:ISBN 978-7-114-09846-8
定　　价:300.00 元

汇编委员会

序

“十一五”是青海省交通发展历程中极不平凡、极为重要的五年。五年中，交通工作深入贯彻落实科学发展观，紧紧抓住国家实施西部大开发战略和支持青海等省藏区经济社会发展的历史机遇，认真贯彻落实中共青海省委、青海省人民政府一系列重大战略部署，在交通运输部的大力支持下，全力推进科学发展，基础设施建设上了新台阶，运输服务和保障水平有了新提高，安全监管和应急处置能力有了新提升，重大改革取得新突破，党风廉政建设和行业精神文明建设取得新进展，全面完成了“十一五”交通发展的目标任务。全省交通运输面貌发生了新的历史性变化，为保持全省经济平稳较快增长、改善民生、增加就业做出了重要贡献。

“十二五”时期，青海省经济社会发展将进入一个新的历史阶段，交通运输也将进入新的发展时期。《中共青海省委关于制定国民经济和社会发展第十二个五年规划的建议》对交通工作提出了新的更高的要求。同时，在发展现代生态农牧业、推进新型工业化进程、促进现代服务业发展、推进城市化进程、建设资源节约型和环境友好型社会、健全社会基本公共服务体系等青海省“十二五”重点工作部署中，交通要发挥基础和先导作用，做推进跨越发展、绿色发展、和谐发展、统筹发展的排头兵。因此，“十二五”时期，青海省交通运输发展仍处于黄金机遇期。

结合青海交通工作实际，青海省交通厅在认真分析当前形势和未来发展趋势的基础上，研究提出了“十二五”交通运输发展的总体要求：深入贯彻科学发展观，认真落实党中央、国务院、中共青海省委、青海省人民政府和交通运输部的一系列决策部署，以科学发展为主题，以加快转变交通运输发展方式为主线，以结构调整为主攻方向，以跨越发展、绿色发展、和谐发展、统筹发展为主要路径，按照适度超前的原则，积极推进综合运输体系建设，加快发展现代交通运输业。到2015年，初步形成安全、畅通、便捷、绿色的公路水路交通运输体系，为建设富裕文明和谐新青海、与全国同步进入全面小康社会打下更加牢固的交通运输基础。

依据《中共青海省委关于制定国民经济和社会发展第十二个五年规划的建议》、《青海省国民经济和社会发展第十二个五年规划纲要》和交通运输部《交通运输“十二五”发展规划》等发展规划，青海省交通厅组织编制了青海省公路水路交通运输规划及有关专项规划。规划以科学发展为主题、以加快转变交通发展方式为主线、以交通运输结构调整为主攻方向、以科技进步和创新为重要支撑、以保障和改善民生为根本出发点和落脚点、以建设资源节约型和环境友好型交通运输行业为着力点、以改革开放为强大动力，积极推进现代交通运输业的发展。规划包含了公路建设、水路建设、地方铁路、节能减排、交通科技、交通教育、公路养护、运输发展等方面，反映了加快交通基础设施网络建设、提高运输服务水平、加强养护管理、强化科技进步和信息化建设、构建绿色交通体系、提高安全与应急保障能力、推进行业精神文明建设、提高行业发展软实力、人才培养等内容，体现了交通运输业发展的时代要求，描绘了青海省交通运输未来发展的蓝图，提出了交通运输发展的行动目标，对“十二五”时期青海省交通运输发展具有重要的指导意义。

为更好地实现“十二五”规划，现将《青海省公路水路交通“十二五”发展规划》、《青海省高速公路网（调整）规划（2009～2030年）》、《青海省干线公路网规划（2009～2030年）》、《青海省农村公路网发展规划（2009～2030年）》、《青海省高速（一级）公路养护管理规划》、《青海省干线公路养护管理“十二五”规划（2011～2015年）》、《青海省农村公路“十二五”养护管理规划》、《青海省治理公路超限运输“十二五”规划》、《青海省地方铁路“十二五”发展规划》、《青海省交通科技“十二五”发展规划》、《青海省交通教育与培训“十二五”发展规划》、《青海省交通信息化建设“十二五”规划》、《青海省公路交通节能“十二五”发展规划》、《青海省道路运输业发展规划(2011 ~2030 年)》、《青海省道路旅客运输发展规划(2011 ~2030 年)》、《青海省道路货物运输发展规划(2011 ~2030 年)》、《青海省道路运输服务业发展规划(2011 ~2030 年)》、《青海省内河航运发展规划(2011 ~2015 年)》、《青海省东部城市群交通发展规划》、《青海省公路水路交通运输中长期人才发展规划纲要(2011 ~2020 年)》、《青海交通职业技术学院“十二五”发展规划》等规划予以汇编,以方便对照、执行、管理。

2012 年 5 月

目录
CONTENTS

第一部分　青海省公路水路交通运输“十二五”发展规划

第二部分　青海省公路水路交通运输中长期发展规划

第一部分

青海省公路水路交通运输“十二五”发展规划

青海省公路水路交通“十二五”发展规划

《青海省公路水路交通“十二五”发展规划》

编写单位及人员

编制单位：青海省交通厅

编制人员：杨伯让　厅　　长

王廷栋　副　厅　长

王永祥　副　厅　长

徐占慧　副　处　长

唐　玲　调　研　员

孟登奎　主任科员

王晓莉　工　程　师

参编单位：交通运输部规划研究院

参编人员：关昌余　副　院　长

石良清　所　　长

安旗林　副总工程师

信红喜　副　所　长

马　俊　室　主　任

杨爱国　室　主　任

汪　忠　项目负责人

韩先科　高级工程师

李　颖　高级工程师

邵　洁　高级工程师

杨　星　高级工程师

目录
CONTENTS

前言
PREFACE

青海省地处青藏高原东北部，与四川、西藏、甘肃、新疆4省区毗邻，是内地“援藏”、“援疆”的关键门户，是联系大西北和大西南的重要通道。青海省地处我国长江、黄河、澜沧江的发源地和水源涵养区，是我国重要的高原生态屏障。全省矿产资源、水能资源、旅游资源丰富，综合利用潜力大。青海省是全国除西藏外最大的藏族聚居区和民族宗教工作的重点地区，在全国经济社会发展和稳定大局中具有重要的战略地位。

“十二五”期是青海省落实国务院《关于支持青海等省藏区经济社会发展的若干意见》（国发[2008]34号）和第五次中央西藏工作座谈会《关于加快四川、云南、甘肃、青海等省藏区经济社会发展的意见》（中发[2010]5号）文件精神，推进“四个发展”（跨越发展、绿色发展、和谐发展和统筹发展）、全面建设小康社会的关键时期，也是深化改革开放、加快转变经济发展方式的关键时期。“十二五”期，青海省将在国家政策的指导下，加快“四区两带一线”发展，推进以西宁为中心的东部城市群建设，形成分工合理、各具特色、优势互补、良性互动的区域协调发展新格局。“十二五”期，青海省还将着力完成玉树地震灾后恢复重建的主要任务，为建设生态美好、特色鲜明、经济发展、安全和谐的社会主义新玉树奠定坚实基础。

公路水路交通在青海省经济社会发展中具有基础性、全局性、战略性的地位和作用，是青海推进“四个发展”的重要支撑和基础保障。“十二五”期加快青海公路水路交通发展，对于青海省发展现代交通运输业、加快建设富裕文明和谐新青海、实现全面建设小康社会的奋斗目标具有重要意义。

《青海省公路水路交通“十二五”发展规划》是青海省国民经济和社会发展第十二个五年规划在交通领域的细化和落实，是交通主管部门指导交通行业发展、安排重大建设项目和政府投资、制定交通领域相关政策的重要依据，也是政府有效履行宏观调控、市场监管、社会管理和公共服务职能的重要手段。本规划深入贯彻落实国发[2008]34号、中发[2010]5号以及中发[2010]11号文件精神，结合全省“四区两带一线”总体战略规划布局，着眼于新时期“四个发展”对公路水路交通的新要求，准确把握交通运输发展阶段特征，围绕加快交通基础设施建设、提高运输服务水平、构建绿色交通体系、提高安全与应急保障能力、强化科技进步和信息化建设、加强行业管理等发展重点，描绘了交通运输未来发展的蓝图，提出了交通运输发展的行动纲领，对“十二五”期青海省公路水路交通发展具有重要的指导意义。

第一章 发展基础

“十一五”以来，青海省各级交通主管部门深入贯彻落实科学发展观，抢抓国家实施西部大开发战略和支持青海等省藏区经济社会发展的机遇，认真贯彻落实省委、省政府一系列的重大战略部署，在交通运输部的大力支持下，加强了国省道升级改造和农村公路建设，促进了结构调整和交通发展方式转变，增强了建设、运输、养护、管理的协调性，公路水路交通事业取得了长足进展。“十一五”期，青海省国省干线公路等级明显提高，以西宁为中心，以5条国道和29条省道为骨架，以县乡公路为脉络，辐射所有地州，连接所有县乡，与周边省份有效衔接的公路网络基本形成。农村公路发展水平明显提升，道路运输快速发展，公路养护管理水平不断提高。公路水路交通为保持全省经济平稳较快增长、改善民生、推动优势资源开发利用、促进旅游业发展、维护社会和谐稳定、保障国防安全等做出了重要贡献。

“十一五”期是青海省公路水路交通发展速度最快、发展质量最好、服务水平提升最显著、群众受益最大的时期，5年累计完成交通建设投资408.66亿元，年均增长17.1%，是“十五”期完成投资的1.86倍。其中，国省道干线公路建设完成240.77亿元，农村公路建设完成138.29亿元，地方铁路建设完成25.82亿元，运输站场及其他完成3.78亿元。2010年底青海省公路总里程达到62 185公里，比“十五”末增加32 466公里，其中二级及以上公路达到5 795公里，比“十五”末增加1 477公里；路网密度由“十五”末的6.25公里/百平方公里提高到了8.62公里/百平方公里。

一、“十一五”发展情况

（一）基础设施建设持续快速发展

1. 高速（一级）公路建设稳步推进

“十一五”期，青海省加快了高速公路、国省道升级改造和出省通道建设，高速（一级）公路建设成效显著。平安至阿岱高速公路、西宁西过境线高速公路、大柴旦至格尔木高速公路（半幅）、西宁至互助一级公路等相继建成通车。2009年又相继开工建设了倒淌河至共和、共和至茶卡、格尔木至察尔汗、阿岱至李家峡等高速公路项目。截至2010年底，全省高速（一级）公路通车里程已达到444公里，比“十五”末增加了129公里，其中高速公路通车里程达到235公里，一级公路达到209公里。

2. 干线公路规模不断扩大，技术等级不断提升，对外出省通道和省内公路主骨架体系初步形成

全省已初步形成G109、G315和G214、G215、G227“两横三纵”公路主骨架，国省干线公路主要路段基本实现了黑色化，并基本达到二级公路标准。青海省通往周边省区的对外通道初步形成，与川、甘、新、藏实现三级及以上公路连接；省会至各州府通达二级公路，部分州与州实现二级公路连接，州府与所辖县基本通达三级公路。干线公路强化了青海与外界的交通联系，增强了省会对地州的辐射带动作用，促进了区域之间的交流与融合。截至2010年底，国省干线公路里程达到13 319公里，其中国道4 477公里，省道8 842公里，干线公路规模比“十五”末增加了5 428公里。

3. 农村公路建设成绩显著，通达深度不断增加，技术等级不断提高，极大地改善了民生

“十一五”期共完成新改建农村公路53 770公里，建设乡村便民桥梁64 099.22延米/1 946座，新增农村公路通车里程近30 000公里；通沥青（水泥）路的乡镇达到398个（含国有农林场），比“十五”末增加224个，26个县市实现了乡乡通沥青（水泥）路，乡镇通沥青（水泥）路比例由“十五”末的37.9%提高到91.2%；4 172个行政村全部通了公路，其中32.5%的行政村通了沥青（水泥）路，全面完成了部省共建目标。农村公路的跨越发展有效地促进了农村产业结构的调整和农村经济增长方式的转变，促进了农牧民脱贫致富步伐，成为建设社会主义新农村、城乡经济社会发展一体化新格局的主要亮点。

4. 公路养护成效明显

五年来不断加强公路养护管理和技术改造，干线公路灾害防治、危桥改造、安保工程成效显著，全省

路网技术状况得到明显提高，国省道公路通行条件全面改善，到“十一五”末全省干线公路平均优良路率达到69%，路况综合指数达到83。“十一五”期相继修订和完善了《青海省干线公路养护工程管理办法》、《干线公路小修保养工程质量检查标准》等多项养护管理制度，促进了养护管理规范化；制定出台了《农村公路管理养护体制改革实施方案》，推行农村公路“低标准、全覆盖、有路必养”；在大通、平安、共和、格尔木“三县一市”试点工作的基础上，各地积极探索符合实际的模式，全省已初步建立了以政府投入为主的养护资金来源渠道和以县为主的养护管理体制。

5. 客货运输场站建设有序推进

截至2010年底，全省共有公路客运站507个，其中一级站3个、二级站10个、三级站43个、四级站54个、五级站101个、简易招呼站296个，与2005年相比，客运站数量增加了340个，州府所在地基本拥有一个二级客运站，县城基本拥有一个三级客运站。“十一五”期因地制宜建成了一批等级站、停靠站和招呼站，累计投资17 008万元，较好地促进了路、站、运的协调发展。

“十一五”期公路建设情况见表1-1。

“十一五”期公路建设指标进展情况 表1-1

指　标	单　位	“十五”末	2010年	“十一五”增幅
公路网总里程	公里	29 719	62 185	32 466
其中：高速公路	公里	171	235	64
二级及以上公路	公里	4 318	5 795	1 477
农村公路	公里	20 586	47 991	27 405
乡镇通达率	%	88.10	100.00	11.90
行政村通达率	%	51.03	100.00	48.97
乡镇通畅率	%	37.90	91.20	53.30
行政村通畅率	%	17.52	32.50	14.98

注：此表中数据为农村公路老统计口径下的目标。

6. 航运开发平稳推进，对解决农牧民出行，带动沿河、沿湖地区物资交流，推动地方经济发展起到积极的作用

青海省水运主要集中在黄河和青海湖等水域，承担着库区、湖区周边农牧民出行、物资交流和旅游开发任务。截至2010年底，全省航道仍以六级为主，通航里程409.39公里。“十一五”期建成了青海省通航水域信息管理系统，实现了对全省营运船舶实时监控和青海湖重点码头视频监控；开工建设了公伯峡航运工程，新增六级航道通航里程91.65公里，新建码头5个；启动了青海湖航运（二期）工程。基础设施建设推动了青海内河航运开发，提高了水上交通安全监管能力，方便了沿河、沿湖地区农牧民群众出行，带动了旅游业的发展，给地方经济带来了新的增长点。

7. 地方铁路建设进展良好，支持了全省资源开发大局

2006年开工建设了全省首条地方铁路——柴达尔至江仓铁路控制性工程，拉开了地方铁路建设的序幕；至2009年柴达尔至木里地方铁路全面建成并投入运营，加快了青海资源综合开发和循环利用的步伐。

（二）运输服务效率和水平明显提高

1. 公路水路客货运量持续增长，道路运输在综合运输网络中的基础性和先导性作用日益显著

2010年，青海完成公路客运量、旅客周转量、货运量、货物周转量分别为1.04亿人、50.21亿人公里、0.80亿吨和227.47亿吨公里，“十一五”期年均增长分别达到8.6%、9.0%[1]、7.7%和36.3%。随着交通运输服务能力和水平的提高，旅游出行人数增多，水路旅客运输有了较大幅度增长，2010年内河完成客运量38.39万人、客运周转量503.86万人公里，“十一五”期年均增长分别达到30.0%、32.6%。

[1] 2008年全国开展了公路运输量专项调查，采用了新型运输量统计工作模式和方法体系，道路旅客运输量包含原统计口径的公路客运量和城市客运量。据此测算，“十一五”客运量和客运周转量的实际年增长率为8.6%和9.0%左右。

2. 客运体系不断完善，农村客运网络进一步延伸

2010 年全省拥有客运班线 765 条，日发班次 7 730 余班，高速客运班线从 1 条发展到 25 条，每日 338 班。“十一五”期实施了农村客运班车通达工程，全省通乡镇客班率达到 89%，通村客班率达到 74%，比“十五”末分别提高 4% 和 7%。全省旅游客运企业发展到 17 家，基本满足了道路旅游客运市场的需求；出租汽车客运已经涵盖全省城乡；15 个市县开通了城市公交客运，运营线路长度达 2 617 公里。目前已初步形成了班车客运、旅游客运、高速客运、农村客运、出租客运、公交客运多种运输方式相衔接的客运市场格局，在支持城乡经济发展、缓解城市交通压力、满足人民群众出行等方面发挥了重要作用。

3. 营业性车辆持续增长，运力结构不断优化

2010 年全省拥有营运客车 17 146 辆，班车客车数量为 3 777 辆，班车客车中中高级客车占 39%。与“十五”末相比，营运客车数量、班车客车数量分别增长了 32% 和 37%。2010 年全省拥有营运货车 66 199辆，比 2005 年增长 78%。大型货车、中型货车和小型货车分别占营运货车总数的 31%、7% 和 62%。危险品运输车辆 963 辆，比 2005 年增长 68%，危险品运输车辆总吨位占营运货车总吨位的比重为 3%，比 2005 年降低了 0.2 个百分点。

4. 运输信息化程度逐步提升，客货运输效率不断提高

“十一五”期青海省加快全省道路运输信息化建设，编制了《青海省道路运输信息管理系统设计方案》，开通了“青海省道路水路运输在线网站”，完成了 35 个市县汽车客运站站务售票系统，完成了全省 GPS 联网联控平台的搭建工作，启动了全省班线客车、旅游客车、危货运输车辆 GPS 终端安装工作。针对青藏铁路开通和兰青铁路复线开建后公路客货运量增加的实际，主动掌握运输动态，组织运力储备和运输衔接，调整运力结构，畅通公铁联运和公铁分流通道，有效提高了公路客货运输能力。

5. 道路运输辅助服务体系快速发展，服务保障能力不断提高

目前青海省车辆维修、检测市场已基本形成了以一类企业为骨干、二类企业为基础、三类企业为补充的发展格局。全省各州（地、市）全部建有综合性能检测站，共计建成 17 个。随着道路运输的快速发展，青海省汽车救援需求迅速增长，车辆救援网络建设提上日程。“十一五”期青海省交通厅以西宁市、格尔木市为突破口，以国道、省道主干线为重点，以一、二类维修企业为依托，推动了全省汽车维修救援体系的建设。

（三）交通生产和运输安全监管明显提高

1. 交通安全生产进一步好转

在全省范围内相继开展了公路交通安全保障工程、危桥改造工程、干线公路灾害防治工程及公铁立交安全整治工程，加强交通建设项目施工安全监管。开展了以公路桥梁为重点的交通基础设施安全隐患排查治理专项行动，切实履行水上交通安全管理职责，加强了重点地区和水域、重点时段、重点环节的监管措施。5 年间投入资金 2 亿元，实施安保工程路线 30 余条，共处置隐患路段 2 300 多公里，改造危桥 239 座/1.3 万延米，增设路侧护栏 19.4 万延米等，公路行车安全得到明显改善。“十一五”期公路施工安全事故起数、死亡人数、经济损失均大幅下降，水上交通连续 19 年未发生重大事故。

2. 运输安全监管进一步加强

开展了道路危险化学品运输安全管理工作专项整治、汽车维修市场整治、机动车驾驶员培训行业整治、渡口渡船安全管理和低质量船舶专项整治、规范出租汽车行业管理工作等专项治理，有效规范和稳定了运输市场秩序，保障了人民群众的出行安全。

3. 公路水路交通突发公共事件应急体系逐步建立

“十一五”期建立完善了各级各领域应急预案，先后制定了《青海省水上搜救应急预案》、《青海省公路交通突发事件应急预案》等 8 项预案和制度，交通安全和应急处置能力不断提高，特别是在玉树抗震救灾工作中，交通运输部门迅速反应、有效应对，经受住了严峻考验。“十一五”期除全力做好以水毁、地震、雪灾和重大疫病防控为主的应急保障工作，还确保了西藏、新疆维稳工作中省内重要干线的畅通，全面完成了维稳应急运输任务和驻训部队后勤保障工作。

(四)绿色交通和科技创新工作扎实推进

1.行业节能减排理念不断深化

“十一五”期青海省交通运输行业贯彻落实“生态立省”战略,在交通规划、设计、建设和管理的各个环节体现资源节约、环境友好的要求,加大了交通建设中的环境保护和生态恢复力度,探索适合青海西部的低路堤、缓边坡、重安全、低造价的高速公路建设模式。积极推进了城市公交和出租汽车的油改气进程,西宁、格尔木油气改进工作走在了全国前列。2007 年制定了《青海交通行业节能减排实施方案》,推进全行业节能降耗,促进了青海交通循环经济的发展。

2.坚持“科教兴交”,行业科技和教育工作取得实效

“十一五”以来青海省加大实施“科教兴交”力度,紧紧围绕全省交通建设和运输生产中的关键技术问题开展研究,在公路建设关键技术研究方面取得重大进展,多项科研成果荣获国家及省部级奖励。其中有 1 项研究成果——《多年冻土区青藏公路建设和养护技术》荣获 2008 年度国家“科技进步一等奖”;2 项荣获省部级“科技进步一等奖”;6 项荣获省部级“科技进步二等奖”。坚持推动交通高职教育建设,积极探索交通人才培养新模式,形成了以职业教育为龙头,成人教育、岗位培训为基础的多层次、多样化的交通教育体系。

(五)交通改革取得较好进展,行业管理进一步加强

1.积极稳妥推进行业各项改革

“十一五”期青海省交通主管部门按照国务院和省政府的部署和要求,积极稳妥地推动燃油税费改革,充分利用国家的政策,解决二级公路融资渠道问题,加快了国省道升级改造。

2.法规体系不断完善

“十一五”以来相继出台和修订完善了《青海省道路运输管理条例》、《青海省道路运输业安全生产管理办法》等一系列法规条例。针对新形势下道路客运业发展面临的新问题和新挑战,及时出台了《青海省道路客运运价与燃油价格联动方案》,对于促进全省道路运输业持续健康发展发挥了积极的作用。

3.市场监管进一步强化,市场运行秩序逐步规范

深入开展了打击“黑车”等非法经营出租汽车专项活动,进一步规范了出租汽车经营秩序。深入开展了车辆超限超载专项治理,超限超载车辆从治理前的 71% 降至 3%。

二、“十一五”发展的主要经验

“十一五”期,青海省交通运输主管部门以科学发展观为统领,坚持把加快发展作为第一要务,破解交通运输业发展难题,努力探索欠发达地区实现交通又好又快发展的成功之路。

(一)各级政府的重视和支持是青海公路水路交通事业较快发展的保障

“十一五”以来,交通运输部加大了对青海省公路水路交通发展的支持力度,投资方面给予青海省重点倾斜,5 年来交通运输部累计投资超过 155 亿元。2008 年 10 月 23 日,李盛霖部长亲临青海调研,对青海加快交通发展提出了新的要求,并明确表示交通运输部在国高网、干线公路改造、出省通道、农牧区独立桥梁、农村公路、水运基础设施建设等方面将进一步加大对青海的支持力度,强调部省共同努力做好前期工作,促进青海经济社会又好又快发展。在玉树发生地震灾害后,交通运输部领导带领相关专家,多次深入灾区指导抗震救灾工作,帮助编制灾后重建公路保通保运方案和灾后重建规划。

青海省各级政府高度重视交通事业发展,将之视为全省全局性、战略性的重大问题。省委、省政府主要领导多次视察交通工作,研究和审议交通发展重大事项,对关系全省交通发展的重大问题做出一系列重要批示和指示,帮助解决了一些关系长远发展的重大问题。“十一五”期还健全完善了省地共建联运机制,全力推进基础设施、管理、养护,统筹区域和城乡协调发展,应对处置重特大自然灾害等,形成了“全省交通一家人、交通工作一盘棋”的强大合力,推动了交通工作的快速发展。

（二）抢抓机遇、保障资金是青海公路水路交通稳定发展的关键

"十一五"以来，青海省交通主管部门认真贯彻党中央、国务院和省委、省政府的部署要求，抢抓发展机遇，把握交通运输行业发展的主动权。2008 年青海省交通厅紧紧抓住国家出台扩内需保增长和支持青海等省藏区经济社会发展等政策的大好机遇，积极争取国家资金支持，进一步加快了高速公路、国省道升级改造、出省通道和乡镇客运站建设。利用国家暂时保留西部地区二级公路收费还贷政策，加快了国省道升级改造，一定程度上缓解了公路建设还贷压力。

针对青海省公路建设资金需求不断加大的实际，青海省交通主管部门努力拓宽融资渠道，探索和建立促进交通发展的资金保障机制，使交通运输发展目标、发展步骤和各项工作落到实处。除了落实中央补助资金外，还加强与省内外多家银行搭建筹资平台，大胆探索社会化投资模式并取得了实效。

（三）重视规划和前期工作是青海公路水路交通科学发展的基础

"十一五"以来，青海省交通厅强调"抓大事、谋全局、破难题、重实效"，坚持用科学发展观统领交通工作全局，重视规划和前期工作，使交通运输发展目标、发展步骤和各项工作落到实处。2008 年编制完成并报省政府批准了《青海省高速公路网规划》，调整完善了《青海省藏区公路网规划》；超前着手编制《"十二五"公路水路重点项目建设规划》、《"十二五"通村油路（水泥路）建设规划》及《青海省"十二五"内河航运发展规划》、《青海省"十二五"综合客运枢纽和物流园区建设规划》、《农村客运站点建设规划》等一批专项规划，交通规划体系进一步完备。2009 年又安排了《青海省藏区交通基础设施发展规划》、《青海省干线公路网规划》、《青海省农村公路发展规划》、《青海省道路运输业发展规划》等 18 项交通发展专项规划的编制和调整，进一步明确了青海交通建设近、中、远期的主要目标和阶段性重点工作任务，以及主要政策、技术方案和工作措施，为今后一个时期青海交通跨越式发展奠定了坚实的基础。

"十一五"期青海省交通厅超前部署项目前期工作，储备了一批成熟度较高的交通建设项目，避免出现类似"十五"末公路建设新的支撑性项目相对匮乏、影响交通协调持续发展的情况，为全面完成"十一五"规划奠定了坚实的基础。

（四）狠抓重点项目、加强质量管理是青海交通运输健康发展的保证

"十一五"期青海省交通厅狠抓交通重点项目建设，针对全省公路工程建设中的薄弱环节，制定了《青海省公路建设市场信誉考核评定制度》、《青海省公路工程竣（交）工验收办法实施细则》、《青海省公路施工分包管理办法》等相关规定，进一步健全完善了管理机制。强化工程质量动态管理，加强设计方案现场核对，严格在建工程质量综合检查和专项检查，保证了工程质量。此外还不断完善交通建设资金监管的规章、制度体系，规范资金拨付行为，加强财务和审计监督，实现了工程进度与资金拨付的有机衔接。

（五）全社会支持交通，人民群众积极参与交通建设是青海交通发展的终极引擎

"十一五"期各级政府和有关部门认真落实公路建设的各项优惠政策，不遗余力地支持公路建设工程。青海交通人以"特别能吃苦、特别能战斗、特别能忍耐、特别能团结、特别能奉献"的青藏高原精神，克服种种困难，开拓创新，艰苦奋斗。全省各族人民群众热情高涨，积极参与、大力配合，全社会形成了发展交通的共识和合力。

三、未来发展急需解决的主要问题

"十一五"末，从改善民生、维护稳定、保护生态和加快经济发展的角度审视青海公路水路交通发展水平，目前交通运输仍不能完全适应国家、青海省政府加快经济社会发展的要求，突出表现在以下方面。

（一）基础设施规模总量仍显不足，路网结构不尽合理

1. 干线公路网络不完善，对州、县、重要资源产业基地等节点的衔接覆盖不足，技术状况和抗灾能力亟待提升

公路网规模不足，覆盖范围不够，截至2010年底全省路网密度仅为8.62公里/百平方公里，远低于西部地区22.57公里/百平方公里的平均水平，在全国仅高于西藏。干线公路空间布局不够完善，缺少与周边四省区连接的高速公路通道，州与州、州与县以及县与县之间顺畅连接的干线公路较少，部分城际出行只能绕行迂回；对资源产业基地、旅游景区覆盖不足，难以有效支撑青海经济发展的需要。还有一定数量的干线公路等级低、路面状况差，省道中有22.5%为四级及等外公路。公路安全性、抗灾能力不足，全省危桥率仍高达9.8%。

2. 藏区和农牧区交通发展基础薄弱，区域、城乡发展不平衡

目前干线公路发展水平呈不均衡状态，地区间差距明显，如西宁、海东地区已实现所有县通二级公路，而玉树、果洛绝大部分县未通二级公路。农牧区公路通达、通畅水平低，配套设施缺乏，目前还有8.8%的乡镇、67.5%的行政村未通沥青(水泥)路，农牧区公路通达深度及通畅程度低于全国平均水平。偏远牧区公路排水、安保、桥涵等配套设施缺乏，抗灾能力弱，晴通雨阻问题突出。

3. 公路运输场站发展滞后，专业化水平低

青海已建成的客运站场特别是藏区及农村乡镇客运站，经济效益差、使用效率低、运转困难，车站的功能效益难以充分发挥。货运场站建设明显滞后，全省还没有一个正规的货运站场，运输组织化水平低下，广大农牧民群众土特产品的外运和基本生产生活物资外运仍不够顺畅。

4. 内河航运资源开发程度低，基础设施维护能力和安全保障能力不足

目前青海内河航运处于低水平状态，航道等级偏低，开发不够，航运基础设施投资偏少。受黄河上游梯级电站影响，部分自然河流航道容易淤塞，航道疏浚维护任务繁重，维护资金缺乏，维护能力薄弱。内河港口现代化水平低，货物装卸能力差。内河航运支持保障系统与水上交通安全要求差距大，部分水域存在通信信号不畅、安全监管和救助能力无法覆盖的问题。

(二)运输服务发展相对滞后，公共服务能力与服务水平不高

1. 运输服务质量和运输装备水平有待提高

班车客运的安全性、舒适性和经济性仍不能满足群众的出行需求，服务质量有待进一步提高。许多货运车辆还存在安全隐患，推进货运车辆车型结构调整任务仍然十分繁重。

2. 经营主体结构不合理，运输组织化、信息化水平低

青海省现有1 146户客运经营户，其中个体运输户占绝大多数，没有一级资质客运企业，四级以上资质企业仅占3.3%。经营主体格局过于分散，容易导致低层次的同质竞争，经营行为不规范、运输市场秩序混乱、恶性竞争等现象时有发生。截至2010年底全省共有货运企业42 960家，其中拥有50辆车辆以上的企业仅111户，主导行业发展方向的大型运输企业比较缺乏，制约了公路货运规模化、网络化、组织化发展进程，向现代运输业和物流业转变、提升存在较大困难。

3. 藏区和农牧区群众“乘车难”问题仍然存在

农村客运经营者负担重、效益差、积极性不高，农村客运开得通、留不住问题突出。截至2010年底，全省仍有11%的乡镇和26%的行政村(含牧委会)未通班车，其中藏区有近18%的乡镇和44%的行政村(含牧委会)未通班车，群众“乘车难”的问题依然存在。

4. 公路救援网络的普及难度大

青海省地广人稀，其中柴达木地区和青南地区人口密度仅为3人/平方公里，占全省面积96.6%的青海藏区，乡镇密度仅为3.2个/万平方公里。国道、省道、县道连接乡镇的平均距离在100公里以上，部分公路还要穿越无人区，使得公路应急抢险与车辆救援工作难度大，汽车救援网络无法覆盖到边远地区和县乡公路。

(三)交通发展方式有待进一步转变，管理能力和服务水平还比较低

1. 市场监管亟待进一步加强

客运市场“黑车”运营形势严峻，治理货物运输超载超限任务艰巨。

2. 信息技术应用落后

全省运政管理信息系统刚刚起步，行政审批效率有待进一步提高；省内县乡客运班车还未全部安装GPS监控系统；联网售票、网络售票技术尚未广泛应用，方便公众出行的服务手段有待完善。

3. 人才队伍建设任重道远

受地区条件和行政事业单位编制的限制，公路水路交通从业人员素质相对不高，特别是青南牧区，尤其缺乏专业的管理和技术人才，管理理念与管理手段相对落后。公路水路建、管、养、运发展还不能适应推进基本公共服务均等化的要求，执法人员素质不高等问题依然存在。

（四）交通发展存在着资金、资源、生态、体制制约，自我发展能力不强

1. 建养投入大

青海地处青藏高原，生态环境极其脆弱，但在全国的生态地位却十分重要，环保建设的投入较大。加之青海地广人稀、海拔高、山大沟深、河流多、地质复杂，公路建设里程长、任务重，建设养护的成本高。

2. 资金来源有限

青海自身经济发展水平较为滞后，地方财政自给率仅为20%，地方财政入不敷出，无力解决地方配套资金，公路建设配套资金主要靠省交通厅贷款解决。由于大部分国省干线公路不收费，银行短期贷款和转贷资金已成为青海公路交通发展的沉重包袱。

第二章　发展面临的形势与要求

一、面临的形势

"十二五"期是青海推进"四个发展"、全面建设小康社会的关键时期，也是深化改革扩大开放、加快转变经济发展方式的关键时期。国家把深入实施西部大开发战略放在区域发展总体战略的优先地位，把扩大内需作为经济发展的基本立足点和长期战略方针，大力扶持青海等省藏区和贫困地区经济社会跨越发展，推出支持地震灾区恢复重建等一系列重大举措，使青海面临重大机遇，青海交通将进入更好更快更大发展的新阶段。

"十二五"期青海将深入贯彻落实国务院《关于支持青海等省藏区经济社会发展的若干意见》（国发[2008]34号）、中央《关于加快四川、云南、甘肃、青海等省藏区经济社会发展的意见》（中发[2010]5号）和《关于深入实施西部大开发战略的若干意见》（中发[2010]11号）文件的战略部署，着眼于"四个发展"，加快玉树地震灾后恢复重建，大力推进以西宁为中心的东部城市群建设，深入实施《青海省"四区两带一线"发展规划纲要》，向建设富裕文明和谐新青海、实现全面建设小康社会目标奋勇迈进。

胡锦涛总书记在第五次西藏工作座谈会上强调，加强基础设施建设，要优先发展交通。《关于深入实施西部大开发战略的若干意见》也明确指出，交通发展在深入实施西部大开发战略中仍然处于优先地位，是西部大开发的全局性、战略性、关键性问题，这为青海交通的跨越式发展注入了新的动力。交通运输部明确将在国高网、干线公路改造、出省通道、农牧区独立桥梁、农村公路、水运基础设施建设等方面进一步加大对青海的支持力度，这为"十二五"青海交通运输发展创造了有利条件。近年来全省上下在推动跨越发展、绿色发展、和谐发展、统筹发展，探索具有青海特点的科学发展模式，闯出一条欠发达地区实践科学发展的成功之路上取得了一系列新突破，这为今后青海交通的发展奠定了坚实的基础。《青海省国民经济和社会发展第十二个五年规划纲要》指出，"十二五"期将更加注重基础设施建设，这为青海公路水路交通加快发展提供了良好的机遇。

二、经济社会对公路水路交通发展的要求

加快建设经济繁荣、生活富裕、生态良好、社会稳定的新青海，重建和谐美好的新玉树，对"十二五"期公路水路交通发展提出了新的要求。

（一）经济社会快速发展，人民生活水平不断提高，要求公路水路交通转变发展方式，进一步提升服务质量和水平，推进综合运输的发展

未来青海省将继续把保持经济平稳较快发展作为首要任务，"十二五"期乃至今后更长一个时期，全省经济社会发展总目标是：经济社会再上一个大台阶，基础设施更加完善，基本形成现代特色产业体系；城乡居民收入大幅增加，基本公共服务能力与全国差距明显缩小；生态环境保护和建设上一个大台阶，建成高原生态旅游名省和国家重要的生态安全屏障。"十二五"期地区生产总值年均增长约12%，总量比2010年翻一番以上；财政收入年均增长约16%，总量比2010年翻一番；城乡居民收入年均分别增长11%和13%左右。到"十二五"末全省在人均经济总量、人均投资强度、城乡一体化、基本公共服务等方面走在了西部前列。

随着经济社会快速发展和人民生活水平不断提高，青海公路水路运输需求的多层次、多样化、个性化的趋势也将更加明显。交通运输必须转变发展方式，拓展服务领域，完善服务设施；大力发展先进的运输装备，提升运输装备技术水平；进一步加强运输管理，优化运输组织，形成衔接顺畅、方便快捷、经济

可靠的运输网络；提升交通科技进步和信息化水平，降低运输成本，强化物流服务功能，全面提高运输服务效率和水平。

（二）加强对外联合协作，推进与周边省区的交流与对接，要求构建畅通的对外运输通道

按照深入实施西部大开发的总体战略，今后国家将进一步加大西部重点经济区开发力度，支持兰（州）西（宁）格（尔木）等经济区发展，形成西部地区新的经济增长带。“十二五”期青海将认真落实《全国主体功能区规划》，加快兰西经济区发展，推进西宁—兰州—银川黄河上游经济区上升为国家战略；进一步加强与周边省区在能源、矿产资源开发、基础设施、旅游等多方面的联合协作；依托西藏、新疆边境口岸扩大对外贸易，在向西开放方面取得实质性进展。

加强对外联合协作，强化重大基础设施、产业发展等方面的对接与合作，促进区域协调发展，要求加快省内国家高速公路、省际通道建设，提高出省通道技术等级和通达深度，形成畅通的对外运输大通道。

（三）统筹区域、城乡协调发展，构建“四区两带一线”发展新格局，要求加快形成完善的干线公路网络

未来五年，青海省将着力实施“四区两带一线”和主体功能区战略，推进以西宁为中心的东部城市群优先发展，以中心城市、次中心城市、县城和中心镇为节点，加速人口和产业集聚，大力推进城市群产业合理分工布局，促进县域经济发展；加快海西地区的工业化和城乡一体化进程，加快国家级柴达木循环经济试验区建设，到2015年海西地区城镇化率达到75%，率先实现工业化，率先实现城乡一体化，率先实现全面小康；统筹发展环青海湖地区和三江源地区，因地制宜地优化资源配置和生产布局，加快形成区域城乡良性互动、协调发展的新格局。

统筹区域、城乡协调发展，进一步强化州（地、市）、县之间的沟通与合作，促进人员、资源和生产要素的流动与整合，要求加强基础设施和配套设施建设，形成内部高效、外部通达的城乡交通体系。为此“十二五”期急需加快改善区域之间以及各区域内部的交通联系条件，升级改造省会西宁与州府之间的通道，完善州与县、县与中心镇之间的公路网络，不断增强干线公路网络对“四区两带一线”区域发展的支撑和引导作用。

（四）发展壮大特色经济产业，支持优势资源开发战略，要求加快公路、水路建设，推进现代物流发展

未来五年，青海省将以构筑战略新高地和培育经济增长极为目标，把发展循环经济作为转变经济发展方式的主攻方向和重要载体，以重点产业突破、特色产业集群发展和产业布局优化为抓手，加快特色产业园区、示范区建设，打造在西部乃至全国有影响的十大特色优势产业。“十二五”期将大力推进海东现代农业、海北海南生态畜牧业示范区建设，加速柴达木循环经济试验区、青海国家高新技术产业开发区和西宁经济技术开发区建设，加快发展曹家堡临空综合经济区、乐都装备工业园、民和下川口工业园等产业园区建设，启动格尔木藏青工业园建设；进一步提升东部地区、州府所在县工业集中区发展水平，支持所有具备条件的县、矿区建设工业集中区，发展具有比较优势的资源精深加工业，使其成为聚集人口、吸纳就业、带动发展的重要载体。

支持优势资源开发战略的实施，一方面，要求大力推进与重要资源产业基地相连接、与特色经济相适应的资源公路建设，并以货运枢纽站场为依托建设物流货运中心，构建覆盖广泛、运转高效的货物运输网络；另一方面，结合货运需求，因时因地制宜地加快重点地区的资源开发地方铁路建设，畅通资源外运通道，推动资源开发的顺利进行。

（五）建设高原旅游名省，推动旅游业跨越发展，要求完善公路、水路旅游交通基础设施建设，推进旅游客运发展

根据《青海省国民经济和社会发展第十二个五年规划纲要》，“十二五”期青海将以建设全国高原旅游名省和新兴的国际型、复合型旅游目的地为战略目标，推动旅游业跨越发展，使旅游业成为推动“四个发展”的战略性支柱产业。未来五年将大力打造“大美青海”旅游品牌，以塔尔寺、青海湖、金银滩—

原子城、青海藏医药文化博物馆等国家5A级旅游景区为重点，提升以西宁为中心的夏都旅游圈、西宁—三江源生态旅游线、兰青—青藏铁路观光旅游线、门源—祁连森林草原风光旅游线“一圈三线”旅游发展的水平。在此基础上还将促进跨区合作，推进“大九寨”、“大香格里拉”旅游带发展。到2015年，全省旅游总人数达到2 000万人次，旅游总收入年均增长20%以上。

推动旅游业跨越发展，全力提升旅游业发展保障水平，要求一方面加强旅游公路、内河航运等旅游交通基础设施建设；另一方面以旅游客运站为集散中心，辐射省内重要旅游景点，逐步完善旅游客运网络，不断拓展旅游业发展空间。

（六）抓“三农”，改善民生，构建社会主义新农村新牧区，促进民族团结，要求加强农牧区公路建设和提高基本公共运输服务水平

青海省城乡发展极不均衡，广大农牧区一直是青海省全面建设小康社会的薄弱环节。尤其藏区生产方式落后，群众生活水平低下，贫困程度深，民生问题突出。“十二五”期青海将进一步落实中央支持藏区发展的政策，坚持发展特色农牧业，切实改善民生，满足农牧民群众生产生活、从事宗教活动基本出行需求。未来五年还将稳妥推进异地扶贫搬迁和生态移民定居，把扶贫开发与优势资源开发、产业结构调整、生态环境保护和小城镇建设有机结合起来，加快建设社会主义新农村新牧区。

农村公路是青海省农牧区最主要甚至唯一的交通方式，势必要在新农村新牧区建设、统筹城乡发展和贫困地区扶贫开发的过程中发挥先导和带动作用。保障和改善民生要求进一步加强农村公路通达、通畅工程建设，努力提升交通覆盖程度和通达水平，提高农村公路的安全性和抗灾能力；进一步扩大农村客货运输服务范围，提高运输服务质量，尤其是要改善藏区和其他贫困地区人民的出行条件，全面提高交通基本公共服务均等化程度，促进社会和谐稳定。

（七）落实“生态立省”战略，建设国家重要的生态安全屏障，要求充分贯彻生态保护理念，大力发展绿色交通

根据中央文件精神和青海省的总体战略部署，“十二五”期青海将进一步落实“生态立省”战略，把建设资源节约型、环境友好型社会放在更加突出的战略位置，坚持走“经济生态化、生态产业化”发展道路，紧紧围绕“四区两带一线”发展战略，把保持环境质量与推动绿色发展有机结合起来，强化分类指导，努力实现高原生态系统良性循环，以环境保护优化支持青海实现跨越发展。

建设国家重要的生态安全屏障，提高生态文明水平，要求公路水路交通大力发展绿色交通，更加注重生态环境保护，结合主体功能区规划建设，加强对三江源核心区、青海湖流域、祁连山水源涵养区、柴达木地区等生态敏感区、退化区、脆弱区、重点流域、天然草场的生态环境保护。在交通建设中采用符合青海自然生态环境的技术指标，集约利用资源，保护生态环境，促进公路交通与自然和谐发展。运输领域注重发展低碳交通，加快淘汰落后的运输装备，积极推动交通资源的再生和循环利用，在发展中始终贯彻可持续发展理念。

（八）保障国防安全，提高交通应急救援和抗灾保通能力，要求提升公路通行能力和网络化水平，加强交通运输应急保障建设

青海是除西藏以外最大的藏族聚集区，是我国民族宗教工作的重点地区，承担着维护民族团结稳定和国家安全的重任。同时青海也是地震、冰冻雨雪等自然灾害频发的地区，交通运输安全及应急保障能力将受到社会越来越多的关注与考验。另外，随着运输需求规模持续扩大，社会机动化水平迅速提升，运输从业人员数量增加，交通运输安全风险将大大增加。

为适应经济社会安全稳定发展及有效应对自然灾害等突发事件，要求加快完善基础设施网络，保障重要战略物资和应急救灾物资运输的及时性和可靠性；加强公路水路运输安全生产和监管，完善安全管理体制；推进道路救援网络和水上应急救助体系发展，建立应对各种突发事件的交通运输应急反应机制，提高公路水路运输应急保障能力。

（九）恢复重建灾区交通基础设施，重建社会主义新玉树，是“十二五”期交通运输发展的重要任务之一

“十二五”期青海将按照“上两个大台阶”❶的总体要求，把国家支持玉树灾后重建的政策与青海藏区跨越式发展的政策结合起来，与建设三江源国家生态保护综合试验区结合起来，认真实施《玉树地震灾后恢复重建总体规划》，用三年的时间，基本完成恢复重建的主要任务，使灾区基本生产生活条件和经济社会发展全面恢复并超过灾前水平。再通过进一步努力，把州府所在地建成高原生态商贸旅游城市、三江源地区中心城市和青海藏区城乡一体发展的先行地区，同步推进其他地区基础设施、生态环境建设和产业发展，实现建设生态美好、特色鲜明、经济发展、安全和谐的社会主义新玉树的宏伟目标。

交通运输部门要坚定不移地贯彻落实《玉树地震灾后恢复重建总体规划》，在基本恢复重建灾区交通设施的基础上，着眼于建设新玉树的需要，通过“十二五”期的努力，完善公路网络结构，提高路网抗灾能力，加强综合运输体系建设，为建成高原生态型商贸旅游城市提供支撑。

三、交通运输需求预测

道路运输是青海省的主要交通运输方式，特别是在旅客运输体系（干线客运和旅游客运）中居主体地位。2010 年底，道路客货运输量❷分别占全社会客货运输总量的 95% 和 70%。铁路承担了青海重要矿产资源的流通，促进了高原旅游业的发展；目前青海民航处于起步阶段，在综合运输体系中所占比重较小；水运承担零星少量客货运输。

“十二五”期，青海省经济社会仍将保持快速稳定的发展速度，地区生产总值和财政收入仍将继续保持两位数增长，城镇化进程加速，居民收入不断增加，城镇居民人均可支配收入和农牧民人均纯收入的年均增速也将分别达到 10% 和 12%。“十二五”期满也是青海省推进综合运输体系发展、不断提高“三个服务”能力和水平的关键时期，青海丰富的旅游、矿产资源及多种交通运输方式形成的交通网络将极大地吸引人员、物资在网络中的流动，“十二五”期各种运输方式的客货运量、周转量均将呈现稳定增长的态势。

根据青海省道路（公路）水路客货运输量的历史发展数据，结合对“十二五”期青海交通发展面临形势的分析以及对运输需求发展趋势的判断，预计到 2015 年，随着交通基础设施建设的进一步推进，青海省道路客运量约为 1.8 亿人，年均增长 12% 左右，道路旅客周转量约为 88 亿人公里，年均增长 12% 左右；道路货运量达到约 1.5 亿吨，年均增长 13% 左右，道路货物周转量达到约 420 亿吨公里，年均增长 13% 左右。

“十二五”期是青海加快资源开发步伐的重要时期，一批大型工业项目相继建成投产，对铁路货物的运输需求大幅增加，同时青藏铁路沿线等高原旅游业的发展对沟通青海与内地人员交流产生促进作用。根据《青海省地方铁路“十二五”发展规划》，预计到 2015 年，随着青藏铁路运输效能不断提高、国铁线与重点资源开发性地方铁路的建设，青海省铁路客运量约为 700 万人，年均增长 5.5% 左右，铁路旅客周转量约为 60 亿人公里，年均增长 7% 左右；铁路货运量达到约 0.4 亿吨，年均增长 4% 左右，铁路货物周转量达到约 220 亿吨公里，年均增长 5% 左右。

随着西宁曹家堡民用干线机场和格尔木军民合用支线机场的改扩建，旅客和货邮吞吐量将大幅提高，根据《西部机场集团青海机场公司“十二五”战略规划》，预计到 2015 年，青海省民航客运量约为 450 万人，年均增长 20% 左右，民航旅客周转量约为 25 亿人公里，年均增长 17% 左右；民航货运量达到约 2.4 万吨，年均增长 20% 左右，民航货物周转量达到约 0.3 亿吨公里，年均增长 23% 左右。

“十二五”期，随着高原特色旅游业的发展以及内河航运和重点码头等基础设施的建设，青海水运旅客运量和货物运输量将大幅提高，结合青海省内河航运的规划，预计到 2015 年，水运客运量约为 80

❶ 力争用三年时间基本完成恢复重建主要任务，使灾区人民生产生活和三江源生态保护上一个大台阶。

❷ 2008 年全国采用了新型运输量统计工作模式和方法体系，道路旅客运输量包含原统计口径的公路客运量和城市客运量。

万人，年均增长15%左右，旅客周转量约为1 000万人公里，年均增长15%左右；水运货运量达到约45万吨，年均增长10%左右。各种运输方式“十二五”运量发展预测如表2-1所示。

“十二五”交通运输量预测结果 表2-1

运输方式	指　标	2015年	增长率(%)		
			“十五”	“十一五”	“十二五”
道路	客运量(亿人)	1.8	6.8	8.5	12.0
	旅客周转量(亿人公里)	88.0	6.3	9.0	12.0
	货运量(亿吨)	1.5	5.2	6.9	13.0
	货运周转量(亿吨公里)	420.0	4.7	7.4	13.0
铁路	客运量(亿人)	0.07	-4.1	4.0	5.5
	旅客周转量(亿人公里)	60.0	9.8	21.0	7.0
	货运量(亿吨)	0.4	9.7	17.0	4.0
	货运周转量(亿吨公里)	220.0	11.8	14.0	5.0
民航	客运量(万人)	450.0	15.7	26.0	20.0
	旅客周转量(亿人公里)	25.0	16.7	27.0	17.0
	货运量(万吨)	2.4	24.2	18.0	20.0
	货运周转量(万吨公里)	3 000.0	34.8	16.0	23.0
水运	客运量(万人)	80.0			15.0
	旅客周转量(万人公里)	1 000.0			15.0
	货运量(万吨)	45.0			10.0

四、“十二五”期阶段性特征

从青海的发展基础和未来需求来看，在今后一个较长时期内，公路水路交通作为国民经济基础性和先导性产业、服务性行业的战略地位没有变，人民群众持续增长的交通运输需求没有变，从中央到全省各级政府对发展交通运输的重视支持没有变。未来5年，全省交通运输发展仍处于黄金机遇期，要着力发挥其基础和先导作用，做推进“四个发展”的表率。初步判断“十二五”期发展的阶段性特征如下：

（一）交通基础设施仍处于集中建设、提高能力的关键期

《青海省国民经济和社会发展第十二个五年规划纲要》准确把握全省经济社会发展的趋势，指出“十二五”期要更加注重基础设施建设。当前交通基础设施总量不足、网络不完善的问题仍然突出，提高基础设施供给能力的任务还很繁重。面对经济社会发展的新要求，下一阶段要抓住国家支持青海等省藏区发展、深入实施西部大开发战略、支持玉树灾后重建等一系列机遇，坚持把交通基础设施建设放在突出位置，整合资源、集中力量，重点解决制约发展的瓶颈问题。从交通自身发展趋势来看，“十二五”期国家将加快推进国家高速公路建设，全面提升国省干线的技术等级和服务能力，扩大农村公路建设成果并加以完善提升，公路建设继续保持快速增长的总趋势不会有大的改变。因此，继续加强交通基础设施建设仍将是“十二五”期的主要任务，需要准确把握战略机遇期，做到从认识上统一、体制上改进、规划上体现、政策上保障。

（二）交通运输将进入服务质量和水平提升期

中央十七届五中全会强调，新时期要坚持科学发展，更加注重以人为本。随着工业化城镇化进程的加快、经济社会快速发展和人民生活水平的稳步提高，在基本出行和运输得到保障的基础上，社会公众对交通运输服务水平、质量和效率要求不断提高。预计在“十二五”期，提升运输效率、改善服务质量、提高客货运输的组织化程度和专业化水平、切实促进现代物流发展将是主要任务之一。

（三）交通发展处于增长转型期

适应经济社会发展要求，遵循交通运输自身发展规律，“十二五”期青海省交通工作肩负着构建现代交通运输业的重要使命。公路水路交通既面临着加快建设的发展任务，同时又面临着创新发展的要求和资源环境的约束，需要加快转变发展方式，实现又好又快发展。因此，在保持较快发展速度的基础上，要注重建设、养护、管理和运输服务协调发展，更加注重资源节约和生态保护；在加强基础设施建设的同时，注重提升科技进步和信息化水平，进一步提高安全监管和应急处置能力。

（四）交通发展将进入矛盾凸显期

增加交通总量和供给能力、提升服务水平是“十二五”期青海交通运输行业须致力解决的首要问题。在解决这一主要矛盾的进程中，长期积累以及新出现的突出矛盾和问题将会越来越显现，主要是体制机制与管理问题、资源环境压力与资金约束问题、交通建设与运输服务质量问题、市场培育与规范问题、人民群众关注的交通行政执法和服务问题等。这些矛盾和问题，直接关系到行业的健康发展，需要在“十二五”期充分认识，积极应对。

第三章　发 展 思 路

一、指导思想

深入贯彻科学发展观，认真落实中央的决策部署，以转变发展方式、加快发展现代交通运输业为主线，以跨越发展、绿色发展、和谐发展、统筹发展、安全发展为主要路径，以建立完善的综合运输体系为导向，按照适度超前的原则，加快推进公路水路交通基础设施建设，提升运输服务能力和服务水平，构建资源节约型环境友好型行业，提高安全监管和应急保障能力，推进科技进步和信息化建设，为建设富裕文明和谐新青海、与全国同步进入小康社会提供坚实的基础保障。

二、发展原则

把握青海交通运输发展的阶段性特征，着眼于提高交通运输发展的全面性、协调性和可持续性，“十二五”公路水路交通发展应坚持以下基本原则。

(1)更加注重抢抓机遇，实现跨越发展。始终把发展作为第一要务，抢抓国家深入实施西部大开发战略，将兰西经济区确定为国家重点开发区域，大力支持藏区、贫困地区和地震灾区发展等重大机遇，贯彻落实省委、省政府更加注重基础设施建设的战略定位，主动对接国家、青海省投资支持的重点和方向，加快基础设施建设，调整优化交通结构，在加快发展中促转变，在加快转变中谋发展，实现交通运输又好又快发展。

(2)更加注重生态保护，坚持绿色发展。坚持“生态立省”战略，是青海发展的独特优势和长期目标。实现绿色发展，交通部门责无旁贷。要把可持续发展作为基本要求，继续推进资源节约型、环境友好型行业建设，以节约集约用地、实现节能减排、提高运输效率等为核心内容，实现经济社会和交通运输的可持续发展。

(3)更加注重改善民生，坚持和谐发展。切实保障和改善民生是全省人民的迫切要求。交通运输的发展必须坚持以人为本、改善民生的基本原则，以提高基本公共服务水平为出发点和落脚点，切实改善城市居民和农牧民的出行条件；进一步提升城乡客运一体化水平，为社会提供更加安全、便捷、舒适、高效的运输服务，满足社会公众对运输服务品质的更高要求。

(4)更加注重综合协调，坚持统筹发展。统筹各种运输方式协调发展，推进公路水路与其他运输方式的有效衔接，加快构建综合运输体系。坚持建、养、运、管全面协调发展，着力提升服务水平。统筹区域协调发展，依照“突出重点、区域协调、有序发展、实现跨越”的总体构想，扶持藏区和贫困地区的交通跨越发展。统筹城乡交通发展，促进公共服务均等化，使人民群众共享交通发展成果。

(5)更加注重以人为本，坚持安全发展。针对青海海拔高、山大沟深、地质复杂、地广人稀且城镇节点之间距离遥远、布局相对孤立等一系列特点，从以人为本的角度出发，着力建立健全交通应急救援体系，增强人命、车辆救助和应急处置能力；提高运输装备的安全技术标准，减少交通事故及伤亡人数。

三、发展目标

“十二五”期公路水路交通发展的总体目标是：到 2015 年，适应综合运输体系发展要求的基础设施布局框架基本形成，基础设施网络更加完善，养护管理能力显著增强；玉树地震灾区交通基础设施全面恢复，安全性和可靠性高于灾前水平；公路水路交通对全社会的运输服务能力显著增强；以生态环保为特征的绿色交通体系建设取得突破性进展，资源利用效率、生态保护水平明显提高；适应社会经济发展要求的安全应急保障体系基本形成；全省初步形成“网络畅通、服务高效、安全可靠、绿色环保”的公路水路交通系统,基本适应国民经济和社会发展的需要。

具体目标:

(一)适应综合运输体系发展要求的基础设施布局框架基本形成,网络运行更加畅通

(1)公路通车里程突破7万公里,二级及以上公路突破9 000公里,其中高速公路(含半幅高速公路)达到3 000公里。

(2)全面建成国家高速公路青海境内路段(含西宁、格尔木两个城市的绕城高速公路),基本实现省会西宁至州府和格尔木市通高速公路或实现高速化。

(3)打通重要省际通道,使青海与甘肃形成3条高速公路通道,与四川、西藏、新疆各形成1条高速公路(半幅)通道。

(4)各州间基本实现二级公路贯通,各县基本通二级公路。

(5)以西宁为中心的东部城市群市县间实现高等级公路连接,城市群内部交通网络化,市县至乡镇通三级公路。

(6)农牧区交通条件显著改善,实现所有具备条件的乡镇、生态移民区、85%以上的行政村(牧委会、主要寺院)通沥青(水泥)路;基本消除县道小桥以上、乡道及村道中桥以上的危桥隐患。

(7)以一级汽车客运站为主体的西宁、格尔木两个国家公路运输主枢纽系统基本建成,西宁建成1个综合客运枢纽站。各州府所在地建成二级以上客运站,东部地区县城汽车站全部升级改造为功能完善的二级客运站,基本实现东部乡镇有等级客运站、行政村有简易站或招呼站。其他地区县城因地制宜建成三级以上客运站。

(8)在西宁建成1~2个大型物流中心(货运站),德令哈、格尔木、平安、西海、共和、同仁在高速公路出入口附近各建成1个物流站场。

(9)初步建立青海内河航运体系,基本满足水上旅游客运和沿河群众出行的需要。

(10)地方铁路建设进展加快,与干线铁路有效连接,初步适应资源开发对铁路运输的需求。

(二)玉树灾区交通基础设施全面恢复重建,为恢复重建和经济社会发展提供交通保障

(1)“一纵一横两联”生命线公路网达到二级及以上公路标准,实现县通高等级公路。

(2)214国道改造完成,“十二五”末西宁至玉树实现高速化。

(3)灾区具备条件的乡镇通沥青(水泥)路,所有行政村(牧委会)和寺院通公路,有条件的行政村(牧委会)和寺院通沥青(水泥)路。

(4)玉树地震灾区公路客运站全部恢复重建,其中玉树州客运站达到一级标准,县级客运站达到三级标准。

(三)结构调整取得明显成效,运输服务更高效

(1)城乡交通一体化进程明显加快。西宁、格尔木、德令哈城市公交覆盖范围向城乡结合部和纵深地区逐步拓展,城际客运、城市公交和农村客运基本实现一体化衔接。东部城市群城乡公交覆盖区域内50%的乡镇。公众出行效率和服务质量达到全国平均水平。

(2)以干线公路为依托的快速客运网络初步形成,西宁至德令哈、格尔木、西海、共和、同仁,西宁至平安、乐都、民和、互助、大通、湟中、湟源,格尔木至德令哈基本实现公路客运快速直达。形成以西宁为中心,至周边9个县城(平安、乐都、民和、互助、大通、湟中、湟源、海晏、贵德)的“一小时交通圈”,至尖扎、刚察、门源、共和、同仁、化隆、循化7个县城的“两小时交通圈”。

(3)以客运站或旅游客运站为集散中心,以高级客车为载体,辐射省内重要旅游景点、连接一般性旅游景点的旅游客运网络逐步完善。在非定线旅游客运的基础上,使连接覆盖青海湖、贵德、坎布拉、互助、同仁、西海、孟达、塔尔寺等一批重点旅游景区的定线旅游运输组织形式得到规范发展。

(4)东部地区乡镇、行政村通班车率力争达到100%;环青海湖地区乡镇通班车率达到95%,行政村(牧委会)通班车率达到90%;柴达木和三江源地区乡镇通班车率达到90%,行政村(牧委会)通班车

率达到80%。

(5)以西宁、格尔木国家公路运输主枢纽货运站场为核心,以海东、海北、海南、黄南、海西5个州府地区性货运站场为节点,以高速公路为依托的城际快速货运网络初步形成;以州府地区性货运站场、县城货运站场为节点,以高等级公路为依托的区域性配送网络初步形成;完成以县城货运站场为核心、以乡镇集散性货运站场为节点的农牧民生产生活资料配送网络的试点工作。

(6)基本完成省、州(地、市)、县三级车辆救援系统建设,初步解决维修救援问题;进一步规范并完善维修企业质量信用考核体系。

(7)公路养护管理水平进一步提高,预防性养护得到普遍推广。省养干线公路养护质量指数(MQI)平均达到80以上,优良路率达到75%以上,基本实现自动化检测和专业化、机械化养护。农村公路管养水平达到西部地区平均水平。

(8)公路运输装备现代化程度明显提高。中高级客车占营运客车比例达到40%,重型车、专用车、厢式车占营运货车比例分别达到25%、10%和12%。

(9)公路运输对现代物流发展的促进作用有所增强,公铁联运取得一定进展。

(四)信息化和科技化水平不断提高,支持保障能力显著提升

(1)建成较为完整的交通运输信息化总体架构,实现全省公路管理网上联动、重点公路和重点交通运输工具运行状况实时检测、道路运输全省联网监管并融入全国一体化监管体系。

(2)建成较为完备的出行信息服务体系,基本建成公路客票联网售票系统,货运公共信息平台初步形成,交通信息化水平迈上一个新台阶。

(3)全省交通科技成果的转化和应用比例达到70%以上,交通运输科技的贡献率达到50%以上。

(4)交通各类人才比例达到63%以上,交通主干类大专以上学历的人才比例达到15%以上;交通行业高级技工水平以上的人才不断增加,占技能劳动者的比例达到60%以上。

(五)形成节能、环保、资源利用效率较高的交通运输体系

(1)土地资源利用效率明显增强,适宜路段全部实施生态恢复。

(2)公路交通能源消耗明显降低。营运客、货车单位运输周转量能耗分别降低3%和5%。

(3)节能环保交通科技创新能力进一步增强。相关理论、技术和产品得到广泛推广应用,资源、能源利用效率进一步提高。

(六)形成反应快速、保障有力的交通运输安全和应急处置体系

(1)国省道干线公路安全保障能力显著提高,农村公路安保工程取得明显成效。"十二五"末基本消除国省干线公路上的已有危桥。

(2)从事客运企业全部安装自动安检系统,三级以上客运站安装"三品"检查仪,所有班线客车、旅游车、危险品运输车和部分重点货物运输车辆安装GPS监控系统。

(3)建成西宁、格尔木等重点区域交通应急指挥管理系统,实现以西宁、格尔木等重点区域和以109、315、214国道等重点线路为主的交通应急信息管理系统。

(4)基本完成道路应急运输保障体系和汽车救援体系的组织建设、制度建设,建成西宁和格尔木指挥调度平台;救援网络基本覆盖城市道路、高速公路、干线公路和重要县道;形成较完善的客货应急运输保障长效机制。具备条件的重要路段、隧道、桥梁实现可视监控。

(5)治超工作取得明显进展,道路交通事故明显下降,公路通行效率明显提高,车辆超限率控制在3%以内,治超工作取得明显成效。

第四章 主要任务、建设重点和资金需求

一、主要任务

（一）构建适应综合运输发展的公路水路交通网络

1. 公路

进一步完善交通运输网络结构，提高区域主通道的通行能力，加快国家高速公路网、通州高速公路和《深入实施西部大开发战略公路水路交通运输发展规划纲要（2011～2020年）》（以下简称《西部规划纲要》）规划的“八纵八横”骨架公路青海境内路段的建设，打通连接四川、西藏、新疆的高速公路通道。加大干线公路的升级改造，提高技术等级、服务能力和水平，基本实现县通二级公路；构建以西宁为中心的东部城市群高等级公路网，进一步增强东部城市群的聚集与辐射能力。加快干线公路连接铁路站场、民航机场、重点资源开发区、主要工业园区、主要旅游景区道路建设，促进交通建设统筹协调发展。

“十二五”期坚持“扩大成果、完善设施、提升能力、统筹城乡”的原则，推进交通运输基本公共服务均等化。进一步实施乡镇、行政村（牧委会）、生态移民区通达通畅工程，进一步改善农村公路网络结构，增强整体服务能力。提高农村公路抗灾能力和安全保障水平，加大农村公路配套桥梁、便民桥梁、安保工程等专项工程的实施力度。

2. 运输场站

加快交通枢纽站场体系建设，推进西宁、格尔木国家公路运输主枢纽站场建设，推进州府所在地和县城汽车站的升级改造，因地制宜地建设乡镇等级客运站、行政村简易站或招呼站。藏区六州按“四个结合”（与当地农牧业产业化相结合、与当地旅游发展相结合、与当地农牧业销售网络相结合、与推进农牧区邮政物流相结合）的原则积极推进县城汽车站扩建。依托高速公路和国省干线公路建设一批货运站场和物流中心，结合产业发展完成一部分乡镇货运站试点工程。

3. 水运

根据经济社会和旅游发展需要，继续加快黄河、青海湖等水域的航道工程和主要经济区域的客运码头建设，重点对黄河尼那电站至寺沟峡电站段、青海湖航道和客运码头进行建设，并研究建设黄河上游水路货运通道的可行性。

4. 地方铁路

在协助做好兰州至新疆二线、西宁至合作、格尔木至敦煌、格尔木至库尔勒铁路等国家铁路建设的同时，加快地方铁路建设的前期工作，根据运力需求，建设饮马峡至北霍布逊湖支线铁路和肯德可克支线铁路。

（二）确保玉树地震灾后公路恢复重建任务圆满完成

灾区“一纵、一横、两联”生命线公路网总长约1 717公里，其中“一纵”为国道214线共和至多普玛（青藏界）段，“一横”为省道308线玉树至不冻泉段，“联一”为省道312线珍秦至称多段，“联二”为省道309线多拉麻科至杂多段。

“十二五”期的主要任务是在基本实现恢复重建的基础上，启动214国道另一幅高等级公路建设，以尽快实现西宁至玉树公路高速化。整治改造现有214国道、308省道玉树至不冻泉、309省道多拉马科至杂多和312省道珍秦至称多公路，实现州至县通二级公路。建设好玉树灾区农村公路通达通畅工程，推进治多经杂多至囊谦的县际公路建设，完善灾区公路网络。

适时启动省际通道达日经石渠至玉树青海境内路段的建设，构建西宁通往玉树的第二通道，便利果

洛、玉树两州交通往来。

（三）提升公路水路交通的运输服务效率和水平，着力深化综合运输体系建设

1. 构建衔接顺畅、安全便捷的客运网络

进一步推进形成由城际快速客运、城乡公交一体化客运、农村客运和旅游客运等组成的多层次客运网络体系。以市场需求为导向，以骨干客运企业为主体，根据高速公路网的建设进展，以高等级客运站为节点，以高等级客车为载体，大力发展城际、州际快速客运网络，建立"青海快客品牌"。加快旅游客运发展，逐步完善以客运站或旅游客运站为集散中心、以高级客车为载体、辐射省内重要旅游景点、连接一般性旅游景点的旅游客运网络。加快推进客运车辆公车公营和货运企业规模化、专业化经营，提高企业管理水平和抗风险能力，加快培育龙头企业。

2. 加快城市、城乡客运发展

落实"公交优先"战略，发挥公交在城市交通运输系统中的骨干作用，加大对城市公交的政策倾斜和扶持力度，增加公交基础设施投入，缓解中心城市交通拥堵。根据各城市公交线网总体规划，推动配套公交站场建设，完善线网布局，提高对城区的覆盖能力。加强和规范出租车市场管理。

继续加大对农村客运的扶持力度，进一步提高农牧区班车客运的通达深度和网络化水平。推进西宁、格尔木、德令哈城市公交向城乡结合部和纵深地区逐步拓展延伸，促进城乡客运有效衔接。东部城市群要打破地域壁垒，统筹跨市县的城乡客运、旅游客运线路资源，加快提升公共交通服务均等化水平。

3. 完善货运网络，促进现代物流发展

以市场为导向、以企业为主体、以政府为推力，以"畅通重要资源及土特产品对外运输网络"和"推进广大农牧地区生产生活物资配送网络"建设为主线，大力推进城际快速货运网络、区域性配送网络、农牧民生产生活资料配送网络三级货运网络建设。引导和支持运输企业向现代物流企业转型，积极支持运输站场向物流站场特别是物流园区转型，加强货运站场与物流园区规划衔接，改造、提升现有货运站场，拓展服务领域和功能。优化运输组织，积极发展先进的运输组织方式。积极扶持农村物流配送，拓展城乡客货运输服务领域。加强交通运输物流规划和布局，搭建统一的省级交通运输行业物流公共信息平台。

4. 提升运输装备水平

引导营运车船向标准化、专业化、清洁化方向发展。鼓励发展厢式、冷藏、散装、液罐、城市配送等专用运输车辆和多轴重载大型车辆，鼓励发展大中型高档客车，大力发展适合农村客运的安全、实用、经济型客车。进一步提高营运车辆中高等级车辆的比重，在农村客运中推广使用符合国家标准的经济适用型车辆，全面提升车辆档次、服务质量、节能环保水平。

5. 大力促进道路运输辅助服务体系建设

积极推进汽车维修与检测市场体系建设，不断优化和完善维修服务网点布局，构建布局合理的省域中心城市、州府、县城、乡镇四级维修服务体系。进一步优化驾校布局，对驾校经营行为进行有效监管，规范企业经营行为。积极培育汽车租赁市场，拓展租赁业务范围；优化汽车租赁网络布局，鼓励品牌连锁和网络化经营；建立行业监管体系，规范汽车租赁市场。

6. 推进统一开放、竞争有序的运输市场建设

"十二五"期继续加快形成企业自律、社会监督、行业考核、信息公开的道路运输市场诚信管理体系和市场退出机制，引导道路运输企业诚信经营、优质服务。培育和完善运输市场，整顿道路运输市场秩序，强化运输市场监管，使运输市场管理和运输经营主体继续朝着规范化服务和规模化运营的方向发展。加大打击违法和不正当经营的力度，加快道路货运市场诚信体系建设，创造公平、公正、规范的市场环境。

7. 加强公路与其他运输方式的有效衔接

加快建立综合运输规划体系和协调机制，合理配置综合运输通道和枢纽资源，加快形成布局合理、功能完善、有机衔接、安全环保的综合运输基础设施网络。加快干线公路连接铁路站场、民航机场和主

要旅游景区道路和综合运输枢纽建设，为各种运输方式的有效衔接创造条件，提高综合运输优势和组合效率。

（四）大力发展绿色公路交通体系，建设资源节约型、环境友好型行业

1. 推进基础设施集约发展

交通基础设施的新建、改建和扩建项目，按照交通运输部关于交通行业基本建设项目和技术改造项目可行性研究报告增列节能篇章的规定，进行节能评估和监督检查，努力降低工程项目的资源和能源消耗。

认真贯彻“生态立省”战略，坚持“少破坏就是最大保护”的理念。适宜路段全部实施生态恢复，建设项目要做到生态保护与恢复和项目同步规划、同步设计、同步实施，使公路与自然相和谐。有计划地对以前修建公路造成的生态破坏进行恢复，按照宜林则林、宜草则草的原则进行绿化。

继续推行缓边坡、低路堤的建设模式，在立交区、服务区和收费区进行适宜的园林景观设计。进一步加大公路两侧荒漠化防治工作。按照适草种草、适树种树、防沙治沙、因地制宜、防治结合的原则，加大投入，加强荒漠化防治。

落实环境保护措施，积极推动沥青等资源的再生和循环利用。鼓励各地引进再生机械，促进再生利用和预防性养护技术全面推广。鼓励各地区建立废旧沥青回收中心，减少环境污染。

2. 强化道路运输节能降耗

加快现有城市公交车辆更新速度，推广使用环保、低能耗公交车辆，在具备条件的地区积极推进公交汽车、短途班线和出租汽车油改气进程。积极引导使用高效低耗货运车辆，加强运输组织调度研究，鼓励发展甩挂运输，有效提高车辆空间规划率和里程利用率。

按照企业实施与政府主导相结合、突出重点与示范带动相结合的原则，实施重点企业节能示范工程、营运车船燃料消耗准入与退出试点工程、节能驾驶工程和甩挂运输节能试点工程。

3. 倡导公共交通出行

加强政策引导，优化线路布局和班线客车发班组织模式，有效提高运输效率和效益。倡导公众选择公共交通出行。

（五）提高安全生产水平和交通应急保障能力

1. 加强运输安全与安全生产监管

加强客运站安检设施配置和提高城市公交安全监管水平。从事客运企业全部安装自动安检系统，三级以上客运站安装“三品”检查仪。营运客车和旅游客车全部安装GPS监控系统，三级及以上客运站全部安装站务管理系统。

严格审核驾驶员从业资格和货运安全生产管理制度，落实运输企业安全生产主体责任。强化企业对车辆、驾驶员的管理，完善市场退出机制；强化对车辆和货运站场的源头管理，加强对货运企业、货运站的安全生产和车辆技术性能的监督；严格危险货物运输市场准入，推进危险货物专业化运输，推广使用现代科技手段，加强行车过程中的动态监控。每年培训安全管理人员30%以上，提高安全监管能力。推进安全生产技术改造与科技进步，提高全行业安全生产水平和事故预防与应对能力。

2. 构建汽车救援服务网络

有步骤地推进全省应急运输保障和车辆救援体系建设，重点解决省、市、县三级车辆救援系统的组织建设、制度建设；建设西宁和格尔木指挥控制中心，解决汽车救援系统的通信问题；初步建立汽车救援用备件供应体系；完成高速公路、干线公路和县级以上城市市政道路的救援网络布局。

3. 推进交通应急保障体系建设

进一步建立健全公路、水路、地方铁路运输安全生产应急救援体系，建设水上交通安全及应急救助支持保障系统，基本建成公路网管理与应急处置平台，具备条件的重要路段、隧道、桥梁实现可视监控。有效防止水域污染，提高航运安全水平，加强通航水域搜救能力建设，组建通航水域应急救援

队伍。

建立西宁、格尔木等重点区域交通应急指挥管理系统，建立区域交通运输应急救援中心。建设青海省公路水路交通应急处置场所和应急数据资源体系，建设和完善应急管理信息系统；依托其他交通信息平台和系统，以泥石流、山体滑坡、地震和冰冻雨雪灾害为主要对象，实现全省范围内Ⅱ级以上各类公路突发公共事件和各级各类水路突发公共事件的应急指挥和日常监测预警。

建立突发公共事件预测预警机制、应急协调机制和专群结合、省地结合的应急保障机制。建立完善应急运力储备征用和应急资金保障制度，采取有效措施，提高社会各方面参与应急救援的积极性。

（六）推进交通科技进步与信息化建设

1. 全面落实信息化重点工程

在交通信息化（一期）工程基础上，结合青海交通实际，加快建成“一个中心、两套网络、四个系统”（包括交通数据中心，交通业务专网和政务内网，道路运输、公路建设养护和路政管理以及高速公路、收费公路信息管理四个系统），推进省、州（地、市）、县三级交通部门及厅属各单位的广域计算机信息网络联网，实现网上政（事）务公开，方便公众出行。

利用和整合现有资源，建设全省GPS监控平台和“两客一危”（班线客车、旅游客车和危险品运输车）运输车辆的定位跟踪监测系统；进一步完善公路养护和路政管理系统，建设治理超限超载管理信息系统，实现对重点路段、桥梁、隧道等区域的交通运行监测；建设交通行业执法人员和证件IC卡认证管理系统、交通科技信息资源共享系统等；开发和建设方便公众出行的服务信息系统，使交通信息化水平迈上一个新的台阶。

2. 加大实施“科教兴交”战略的力度

加快发展方式转变和科技成果转化，大力引进、积极推广先进实用技术和新材料、新工艺，建立合理的科教经费投入机制，强化职工教育培训，提高科技创新和科技支撑能力。

进一步增强交通科技创新能力，加强科研项目研发及交通行业重点实验室建设；改善交通科研条件，完善交通科技创新体系；优先支持一批前瞻性、关键性的科研项目；加大科技成果的推广转化力度。

加强交通人才队伍建设，一方面要加大现有人才的培养力度，抓好知识更新和继续教育培训工作，提高综合素质；另一方面要大力引进实用人才，形成结构合理的人才队伍。积极推进交通职工技能鉴定工作。

（七）提升行业管理水平

1. 加强公路养护管理机制建设

建立科学合理的公路养护市场管理体系。推进公路科学养护进程，以路面管理系统为主要技术支撑，逐步向科学评价决策、科学养护、预防性养护的方向发展。初步建立农村公路管理养护长效机制，进一步完善农村公路管理养护体制，落实管养责任，全面实现农村公路有路必养的目标。

推进道路日常监控网络建设，拓展服务功能，建立高效、有序的信息采集和发布机制。建立实时路况信息发布平台，为出行者及时提供路况信息服务。进一步完善治超网络建设，提高路政装备、设施水平。规范收费公路管理。

2. 构建高效监管体系

加快行业制度建设，逐步完善《青海省道路运输管理条例》，制定和出台《青海省城市公共交通管理办法》、《青海省出租车客运管理办法》等行业规章，研究救援车辆在高速公路和城市道路通行停靠的管理办法。

加强法规的组织实施和执法工作，规范审批行为，简化审批程序，依法严厉打击各种违法违规行为，保障经营企业和消费者的合法权益，维护良好的市场秩序。成立相关行业协会，加强行业标准、规范的制定和经营行为的监督、协调。

二、建设重点

(一)公路建设项目

1. 高速公路

(1)配合国家战略,加快推进国家高速公路建设。重点建设京藏高速公路倒淌河至共和段、共和至茶卡段、茶卡至格尔木段,柳格高速公路大柴旦至察尔汗段、察尔汗至格尔木段,推进青海境内国家高速公路全面建成。

(2)建设《西部规划纲要》"八纵八横"骨架公路青海境内主要路段,进一步增强青海与周边省区的交通联系。包括"纵六"(策克口岸至打洛高速公路)牙什尕至同仁段[1]、"纵七"(西宁至大理高速公路)共和至玉树段、"纵八"(阿勒泰至广州高速公路)香日德至久治段和小柴旦湖至茫崖石棉矿段、"横二"(天津至喀什高速公路)大通至小沙河段等。将"纵六"的扁都口至大通段和同仁至赛尔龙段、"纵八"的德令哈至香日德段、"横二"的西海至德令哈段、"横三"的(青岛至拉萨高速公路)格尔木至唐古拉山段等作为预备项目,做好前期工作,具体视"十二五"规划执行情况和资金情况可适时纳入建设计划。

(3)加强东部城市群通道建设,强化城市群主要节点与藏区各州的联系,增强其辐射能力。包括新建西宁南绕城高速公路、阿岱至李家峡高速公路,改扩建湟中至贵德、湟源至西海高速公路。

(4)建设对于加强省际、区域和城际联系有重要意义的地方高速公路,主要是续建项目察汗诺至德令哈(含茶卡支线)高速公路,将隆务峡至大力加山高速公路作为预备项目择机建设,进一步改善高速公路薄弱环节,提高网络化程度。

(5)将《西部规划纲要》规划的"西部重点经济区干线公路项目"景泰至玛沁公路河南至玛沁段、西宁至东营公路海晏至白银段列为预备项目。

"十二五"期,高速公路建设总规模为 3 255 公里(其中一级公路 116 公里,半幅高速公路 558[2]公里),总投资约 534.1 亿元。具体建设项目见附表 1、附表 2 和附图 1。

2. 干线公路

(1)改建已纳入《西部规划纲要》的"西部老少边穷及特殊困难地区连接线"之 308 省道玉树至不冻泉段,合计 569 公里,"十二五"期投资 22.2 亿元。

(2)继续改造 214 国道囊谦至多普玛段,"十二五"期投资约 2.6 亿元。

(3)改造升级东部城市群对外通道和城际联系通道,构建城市群高等级公路网。主要建设项目包括:G109 海石湾至西宁段、S307 官亭至哈城段等 2 条公路。"十二五"期投资约 22.7 亿元。

(4)升级改造一批通县二级公路、州际公路和省道断头路,推进在路网中发挥重要作用的联网公路建设,提高二级公路在国省道中的比重。主要建设项目为:对 S313 清水河至曲麻莱段[3]、S208 多尕麻至久治段进行路面改造;对 S101 贵德至大武段和大武至多尕麻段、S208 多尕麻至班玛县城段、S204 二指哈拉山至石棉矿段、S205 花石峡至上贡麻段、S207 三塔拉至贵南段、S210 冷湖至涩北段和涩北至乌图美仁段、S304 俄博至祁连段、S311 泽库经同德至兴海段等进行升级改造。"十二五"期投资约 90.6 亿元。

(5)新改建一批经济区干线公路,包括曹家堡临空综合经济区[4]、西宁经济技术开发区、柴达木循环经济试验区干线公路,配套建设德令哈机场、大武机场、花土沟机场连接线,相关路线合计 128 公里。"十二五"期投资约 13.3 亿元。建设项目见附表 1 和附图 1。

---

[1] 本段也为东部城市群项目。

[2] 成香高速香日德至久治段为半幅高速 558 公里。

[3] S313 清水河至曲麻莱段、S101 贵德至大武段、S210 冷湖至涩北段、S204 二指哈拉山至石棉矿段和 S303 格尔木至老茫崖段等项目为"十二五"续建项目。

[4] 曹家堡临空综合经济区和经济技术开发区干线公路为东部城市群建设项目。

3. 玉树地震灾后公路恢复重建

灾区“一纵一横两联”生命线公路网的“一横”308 省道玉树至不冻泉段已纳入《西部规划纲要》的“西部老少边穷及特殊困难地区连接线”公路建设规划。“一纵”214 国道共和至玉树段改扩建已纳入交通运输部“十二五”公路建设规划。因此“十二五”期灾后重建项目主要安排升级改造 G214 玉树至囊谦段、309 省道多拉麻科至杂多段和 312 省道珍秦至称多段，合计里程 344 公里，总投资约 33.3 亿元。

4. 其他重点公路

(1)进一步完善玉树地区的公路网络，已向交通运输部申请将治多经杂多至囊谦的县际公路和达日经石渠至玉树青海境内路段改造纳入重点公路建设项目，合计建设 597 公里，总投资约 43 亿元。

(2)“十二五”期建设国防公路和部队进出口道路 326 公里，总投资约 2.81 亿元。

5. 农村公路

东部和柴达木地区全面实现具备条件的乡镇和行政村通沥青(水泥)路；环青海湖和三江源地区进一步完成乡镇通畅和行政村通达建设任务，优先安排建设行政村通沥青(水泥)路和乡村便民桥梁。规划实施过程中兼顾生态移民区、国有农(牧)场、林场公路、县乡道改造、农村公路连通工程、安保工程和通自然村公路建设。

“十二五”期农村公路投资总规模约 115.6 亿元。

6. 公路客货运输场站

(1)客运场站。新建或者改扩建等级客运站约 80 个，包括一级站 5 个、二级站 5 个、三级站 10 个、乡镇等级客运站约 60 个。

(2)货运场站。依托高速公路建设和国省干线公路改造升级，建设约 20 个货运站场，在西宁建设 1 ~2 个物流中心，在德令哈、格尔木、平安、西海、共和、同仁高速公路出入口附近各建设 1 个物流场站。在东部地区和经济发展较快的县城建设约 10 个物流场站。

(3)完成一部分乡镇货运站试点工程。加强乡镇客运站与乡镇货运站、农村邮政局所、乡镇公共服务场所的有机结合，适当支持农村客运车辆搭载运输农副产品、生活物资和邮件。鼓励邮政企业与交通运输企业加强合作，支持农村客运、农村货运与农村邮政网络融合。

“十二五”期公路运输场站总投资约 15.3 亿元。

(二)水运建设项目

“十二五”期主要建设黄河尼那电站至寺沟峡电站段库区航运工程、青海湖航运(二期)工程以及与航运开发配套的应急救助、通信导航、支持保障系统。实现黄河尼那电站至寺沟峡电站段分段通航和青海湖全湖区通航。新建码头 32 个，形成贵德、尖扎、循化、青海湖 4 个主要港口。计划投资约 2.65 亿元。建设项目见附表 3。

(三)地方铁路建设项目

加快地方铁路建设的前期工作，根据运力需求，建设饮马峡至北霍布逊湖支线铁路和肯德可克支线铁路。“十二五”期投资约 10 亿元。建设项目见附表 4。

三、资金需求匡算

初步估算，完成上述基础设施建设目标，“十二五”期交通建设资金总需求约 908 亿元(含地方铁路建设 10 亿元和水运建设 2.65 亿元)，各类公路建设资金需求规模见表 4-1。

要筹集以上资金，必须广泛争取各方面的理解与支持，主要通过以下渠道进行筹措：

(1)积极争取国家加大对青海省公路水路交通基础设施建设的投资力度，初步测算，拟争取国家补助资金 570 亿元。

(2)搭建省级普通公路发展融资平台，继续加强与国家开发银行等金融机构的合作，落实项目贷款，多渠道筹集公路建设资金约 338 亿元，以保障“十二五”规划的顺利实施。

“十二五”期青海公路建设资金需求规模 表 4-1

序　　号	项　　目	“十二五”计划投资额(亿元)	所占比例(%)
合计		908.15	100
一	公路建设项目	895.5	98.6
1	国家高速公路项目	163.2	18.0
2	地方高速公路项目	24.1	2.7
3	西部“八纵八横”骨架公路项目	346.8	38.2
4	西部重点经济区干线公路项目	—	—
5	西部老少边穷及特殊困难地区连接线	22.2	2.4
6	其他重点公路项目	43.0	4.7
7	普通国道项目	2.6	0.3
8	普通省道项目	29.0	3.2
9	路网改造项目	84.3	9.3
10	灾后重建项目	33.3	3.7
11	主要经济区干线及机场路连接线	13.3	1.5
12	国防公路	2.8	0.3
13	农村公路	115.6	12.7
14	公路运输枢纽场站	15.3	1.7
二	水运建设项目	2.65	0.3
三	地方铁路建设项目	10.0	1.1

第五章　2020 年远景展望

根据青海省经济社会发展的战略设想以及全面建设小康社会的奋斗目标，到 2020 年青海省公路水路交通发展设想是：青海高速公路网基本建成，结构合理、功能完善的干线公路网基本形成，安全畅达、布局合理、服务可靠的农牧区公路基本完善，客货运输枢纽站场体系较为健全完善，基本形成快速便捷、覆盖广泛、衔接顺畅、安全环保、服务高效的道路运输服务系统，交通基本公共运输服务覆盖广大农牧区，总体实现城乡交通基本公共服务均等化，公路交通发展水平适应全面建设小康社会的需要。具体展望为：

（1）高速公路网基本形成，西宁至所有地州通高速公路（含半幅），青海与周边各省区均通高速公路（含半幅），各州间基本通高速公路（含半幅）。

（2）干线公路基本达到二级及以上标准，与相邻省区连接的主要出口公路基本达到二级公路标准，所有县通二级公路，重要相邻县间通二级公路，旅游路和资源路建设快速推进。

（3）基本实现乡镇、行政村、生态移民区、主要寺院通沥青（水泥）路或其他类型的硬化路面公路，初步形成以县道为局域干线，乡道、村道和寺院公路为基础的干支相连、布局合理、具有较高服务水平的农村公路网；农村公路桥涵和基本安保设施安全有效，全面消除农村公路危桥；农村公路管养体制和运行机制规范、有效，实现有路必养。农村交通出行更便捷、更安全、更舒适，适应全面建设小康社会的总体要求。

（4）基本形成班车客运、城市客运、农村客运、旅游客运和出租客运多层次顺畅衔接、能力充分、运行高效、服务优质、安全环保的客运网络体系，城际客运快速化、城乡客运一体化、公共客运服务均等化水平接近全国平均水平。

（5）乡镇、行政村（牧委会）均通农村客运班车。西宁、格尔木、德令哈等重点开发区域实现城乡客运一体化。

（6）基本形成衔接顺畅、运转高效、安全环保的城际快速货运网络、区域性配送网络、农牧民生产生活资料配送网络三级货运网络系统。

（7）全省基本建立层次合理、功能完善、管理高效的维修救援体系与应急保障运输体系，维修救援网络覆盖全省主要道路，应急运输保障能力显著提升。

（8）全省基本建立能力充分、结构合理的汽车维修与检测市场体系，实现车辆大修不出州（地、市）、日常维修不出县、小修专修不出乡（镇）。

（9）基本形成合理的节能型运输装备体系和交通能源消费结构，结构性节能取得显著成效；交通信息化和智能化水平显著提升，技术性节能取得全面突破；资源节约型和环境友好型的交通产业结构、发展方式和消费模式基本形成。

（10）形成由地区性主要航道和湖区、库区港口、码头为核心，布局合理、技术先进、保障有力的内河水运体系，内河水运成为综合交通体系的重要补充。

（11）建成一批资源开发性地方铁路，基本形成与公路网协调发展的东西部通道、对外通道和资源开发通道。

第六章　保障措施与建议

“十二五”期青海公路水路交通要加快发展，建设任务艰巨、困难较大，尤其是资金需求量巨大与资金供给不足的矛盾十分突出。必须积极争取国家和省青海的资金、政策支持，创造良好的发展环境和条件，确保“十二五”期公路水路交通规划目标的顺利实现。

一、做好相关规划的对接和协调，增强规划的指导作用

重视研究国家政策，按照国发[2008]34号文件和中发[2010]5号文件的精神和要求，主动跟进、加强工作、突出重点、强化责任，逐项跟踪汇报和衔接，既要争取把更多的项目纳入国家层面，又要努力将国家对藏区的扶持政策落到实处，取得突破。争取将重点建设项目纳入交通运输部“十二五”规划，予以优先安排和重点支持；抓住调整国家公路网规划的契机，争取将具有省际通道功能的高速公路纳入国家高速公路网规划调整方案；争取将通主要寺院的公路纳入农村公路补助范围。建议将本规划的相关内容纳入青海省其他相关“十二五”专项规划。

在“十二五”期进一步做好规划执行情况跟踪、中期评估和调整等相关工作，不断提高规划的科学性和可操作性。

二、争取国家加大对青海公路水路建设的支持力度

继续争取国家对青海公路水路建设的支持力度，逐年加大对青海藏区交通建设项目的投入力度，增加国债资金、车购税资金、扶贫开发资金及其他中央专项资金对青海交通发展的投入，提高农村公路建设和航运工程中央补助标准。

针对青海交通运输建设任务重、施工期短等特殊情况，建议交通运输部适当简化审批程序，加大对青海项目前期工作的支持力度。

三、多渠道筹集资金，完善投入机制

按照“国家投资、地方筹资、集资、利用外资（含外省投资）”的投资体制，创新交通建设投融资体制机制，拓展融资渠道，多方筹集建设资金。

费税改革之后，青海省交通建设资金筹措渠道趋向单一，省级交通主管部门缺乏筹措资本金的能力。建议在每年财政增量资金中拿出一定比例的资金，作为交通建设的省级配套资金，用于交通基础设施建设，促进青海公路交通可持续发展。

通过提供政府担保、政府贴息等方式积极争取国际金融组织、国内政策性银行、商业银行对青海公路交通发展的贷款支持。对于一些矿产资源运输道路，探讨由企业出资建设或者企业与政府共建的模式。

进一步完善交通公共服务基础设施维护经费及运营补贴的长效机制，提高干线公路养护质量。建议国家对青海藏区公路养护给予适当补贴。

四、切实做好做实项目前期工作

加快项目前期工作，强化技术方案比较，精细设计，保证前期工作质量；强化评审机制和手段，确保项目决策的科学性、先进性；打破常规，超前运作，滚动进行，确保有一定的项目储备。

五、继续开展相关的交通运输规划研究

为了促进青海省交通运输业的全面可持续发展，下一阶段以转变发展方式、加快发展现代交通运输业为主线，继续开展相关的综合运输、现代物流、城市客运、低碳交通、公路可持续发展战略等研究，进一步加强规划的指导作用。

六、推进交通体制机制改革

创新公路建设体制，制定多元主体下的交通基础设施建设管理办法，明确交通厅、州（地、市）政府和投资主体的权责。

尽快落实青海省及各自治州人民政府对公路交通建设与发展的配套支持政策，将公路交通建设纳入地方人民政府的财政预算体系和目标考核体系。在推进资源税费等地方税费改革的过程中落实公路交通发展支持资金。适度引入市场竞争机制，对重大养护工程项目实行招投标制度，逐步建立符合青海特点的养护管理体制。

建议省政府在公路建设挖砂取料、占用荒山荒坡等方面出台相关优惠政策，以有效降低公路建设成本，遏制公路建设成本过快上涨的趋势。

七、健全交通科技创新体系

科技创新是推动生产力发展的关键因素，决定着发展的前景与未来的命运。在全力推进交通现代化进程的重要时期，认真实施“科教兴交”战略，建立健全交通科技创新体系，走科技引领的发展之路，不仅是实现交通现代化目标的重大战略选择，而且是构建和谐交通的重大战略选择。

青海省交通厅作为交通行业的主管部门，科技创新体系建设必须以促进科技资源高效配置和综合集成为重点，认真组织实施科技的原始创新、集成创新和引进消化再创新，努力实现产业结构的优化和行业整体科技水平的提升。应针对我省交通建设中存在的突出问题，强化战略研究、规划计划制定、政策制度建设和对科技基础设施建设的统筹，加强部门之间、上下之间的协调，提高宏观管理和服务水平，整合科技资源，提高组织重大科技活动的能力，同时注重人才培养，实施资金引导，鼓励技术创新，推进行业科技进步。在制定发展规划、完善计划管理、营造政策环境、加大资金投入、培养科技人才、建设科技平台和强化管理力量等方面统筹考虑。

附　录

附录一　“十二五”青海省公路建设项目表

“十二五”青海省公路建设项目表

附表 1

序号	项目名称	建设性质	规模标准				建设起止年限	总投资（亿元）	“十二五”计划投资（亿元）	备注
			高速/半幅高速（公里）	一级（公里）	二级（公里）	三级（公里）				
合计			2 581/558	354	3 715	678			895.5	
“十一五”跨“十二五”项目			646	116	1 574	115			75.7	
一	国家高速公路项目		429						20.0	
1	京藏高速倒淌河—共和	改扩建	37				2009～2012 年	18.7	4.0	
2	京藏高速共和—茶卡	新建	164				2009～2012 年	21.4	6.0	
3	柳格高速大柴旦—察尔汗	扩建	147				2006～2012 年	24.1	6.0	
4	柳格高速察尔汗—格尔木	新建	81				2009～2011 年	19.9	4.0	
二	地方高速公路项目		217	116	10				24.1	
1	阿岱—李家峡*	新建	17		10		2009～2012 年	10.7	4.6	
2	湟中—贵德*	扩建		65			2009～2012 年	15.8	6.6	
3	湟源—西海*	改扩建		51			2009～2012 年	5.9	2.9	
4	察汗诺（茶卡）—德令哈	改扩建	200				2009～2013 年	40.4	10.0	
三	普通国道项目					115			2.6	
1	G214 囊谦至多普玛	改建				115	2009～2011 年	6.4	2.6	
四	省道项目				1 564				29.0	
1	S101 西久公路贵德—大武	改建			349		2008～2011 年	22.0	6.7	
2	S210 冷乌公路冷湖—涩北	改建			287		2008～2011 年	13.8	5.2	
3	S307 川哈公路官亭—哈城*	改建			255		2009～2011 年	5.5	2.7	
4	S313 清唐公路清水河—曲麻莱	路面改造			191		2010～2012 年	5.0	5.0	
5	S204 二马公路二指哈拉山—石棉矿	升级改造			104		2010～2012 年	3.7	3.7	
6	S303 格茫公路格尔木—老茫崖	升级改造			378		2006～2012 年	14.6	5.7	

续上表

序号	项目名称	建设性质	规模标准				建设起止年限	总投资（亿元）	“十二五”计划投资（亿元）	备注
			高速/半幅高速（公里）	一级（公里）	二级（公里）	三级（公里）				
	“十二五”新开工项目		1 935/558	238	2 141	563			819.8	
一	国家高速公路项目		556						143.2	
1	京藏高速茶卡—格尔木	改扩建	495				2011～2014年	89.9	89.9	
2	西宁南绕城*	新建	61				2011～2015年	53.3	53.3	
二	西部“八纵八横”骨架公路项目		1 379/558						346.8	
1	纵七西宁至大理高速公路共和—玉树	改扩建	643				2010～2015年	160.0	155.0	
2	纵六策克口岸至打洛高速公路		64						38.3	
①	牙什尕—同仁*	新建	64				2012～2015年	38.3	38.3	
②	扁都口—大通#	改扩建	152#				2016～2018年	91.2		预备项目
③	同仁—赛尔龙#	改扩建	215#				2016～2018年	98.9		预备项目
3	纵八阿勒泰至广州高速公路		554/558						148.5	
①	香日德—久治	改建	558				2012～2015年	98.5	98.5	
②	小柴旦湖—茫崖石棉矿	改扩建	554				2014～2016年	100.0	50.0	
③	德令哈—香日德#	改建	145#				2016～2018年	29.0		预备项目
4	横二天津至喀什高速公路		118						5.0	
①	大通—小沙河	新建	118				2015～2017年	97.8	5.0	
②	西海—德令哈#	改扩建	327#				2017～2019年	76.0		预备项目
5	横三青岛至拉萨高速公路格尔木—唐古拉山#	改扩建	599#				2018～2020年	180.0		预备项目
三	西部重点经济区干线公路项目									
1	河南—玛沁#	改扩建	196#				2017～2019年	78.4		预备项目
2	海晏—大通—互助—加定—岗子沟口#	新建	249#				2017～2019年	85.6		预备项目
四	西部老少边穷及特殊困难地区连接线				569				22.2	
1	玉树—不冻泉	改建			569		2013～2015年	22.2	22.2	
五	其他重点公路				190	407			43.0	
1	治多—杂多—囊谦	升级改造				407	2012～2015年	24.0	24.0	
2	达日—石渠—玉树	改建			190		2014～2016年	19.0	19.0	
3	隆务峡—大力加山#	新建	103#				2016～2018年	82.4		预备项目
六	路网改造项目			110	1 038	156			84.3	

续上表

序号	项目名称	建设性质	规模标准				建设起止年限	总投资（亿元）	“十二五”计划投资（亿元）	备注
			高速/半幅高速（公里）	一级（公里）	二级（公里）	三级（公里）				
1	通县二级				928				49.9	
①	大武—多尕麻—班玛县城	升级改造			307		2013～2015年	18.5	18.5	通达日、甘德、班玛县
②	三塔拉—贵南	升级改造			104		2014～2014年	6.2	6.2	通贵南县
③	俄博—祁连	升级改造			74		2015～2015年	4.4	4.4	通祁连县
④	泽库—同德—兴海	升级改造			256		2015～2016年	15.4	15.4	通同德、兴海县
⑤	花石峡—上贡麻	升级改造			187		2011～2013年	5.4	5.4	通玛多县
2	其他			110	110	156			34.4	
①	海石湾—西宁*	升级改造		110			2014～2017年	33.0	20.0	
②	湟北—乌图美仁	升级改造			110		2012～2014年	8.9	8.9	
③	多尕麻—久治	路面改造				156	2013～2014年	5.5	5.5	
七	灾后恢复重建项目				344				33.3	
1	S309 多拉麻科—杂多	升级改造			160		2011～2013年	14.6	14.6	通县二级
2	S312 珍秦—称多	升级改造			31		2011～2012年	4.7	4.7	通县二级
3	G214 玉树—囊谦	升级改造			153		2011～2013年	14.0	14.0	通县二级
八	主要经济区干线及机场路连接线			128					13.3	
1	曹家堡临空综合经济区*	新改建		20*			2012～2013年	2.0	2.0	
2	西宁经济技术开发区*	新改建		10*			2011～2012年	0.8	0.8	
3	柴达木循环经济试验区	新改建		40			2012～2014年	4.8	4.8	
4	德令哈机场	新改建		23			2011～2011年	1.9	1.9	
5	大武机场	新改建		20			2013～2013年	2.0	2.0	
6	花土沟机场	新改建		15			2014～2014年	1.8	1.8	
九	国防公路	新改建					2011～2015年	2.8	2.8	
十	农村公路（县乡公路改造，通达通畅工程）	新改建					2011～2015年	115.6	115.6	
十一	公路运输枢纽站场	新改建					2011～2015年	15.3	15.3	

注：1. 带*项目为东部城市群项目。

2. 带#项目为预备项目，具体视“十二五”规划执行情况和资金可能适时推进。

附录二　青海省东部城市群主要公路建设项目表

青海省东部城市群主要公路建设项目表

附表 2

序号	项目名称	建设性质	规模标准					建设起止年限	备注
			高速（公里）	一级（公里）	二级（公里）	三级（公里）	四级（公里）		
	合计		142	256	265				
	“十一五”跨“十二五”项目		17	116	265				
1	阿岱—李家峡	新建	17		10			2009～2012 年	新增国家高速公路
2	湟源—西海	改扩建		51				2009～2012 年	新增国家高速公路
3	湟中—贵德	扩建		65				2009～2012 年	地方高速公路
4	S307 川哈公路官亭—哈城	改建			255			2009～2011 年	省道
	“十二五”新开工项目		125	140					
1	西宁南绕城	新建	61					2011～2015 年	国家高速公路
2	纵六策克口岸至打洛高速公路牙什尕—同仁	新建	64					2012～2015 年	新增国家高速公路
3	海石湾—西宁	升级改造		110				2014～2017 年	
4	曹家堡临空综合经济区干线	新改建		20				2012～2013 年	
5	西宁经济技术开发区连接线	新改建		10				2011～2012 年	

注：本表所有项目均源自附表 1，为东部城市群重点建设项目。

附录三　“十二五”青海省水路重点建设项目表

“十二五”青海省水路重点建设项目表

附表 3

项目名称	建设规模（航道等级、里程，泊位性质、吨级、个数、能力等）	建设起止年限	总投资（万元）		“十一五”投资（万元）		“十二五”投资（万元）	
			合计	中央投资	合计	中央投资	合计	中央投资
总计			26 500	18 550			26 500	18 550
一、“十一五”跨“十二五”续建项目								

续上表

项 目 名 称	建设规模(航道等级、里程,泊位性质、吨级、个数、能力等)	建设起止年限	总投资(万元)		“十一五”投资(万元)		“十二五”投资(万元)	
			合计	中央投资	合计	中央投资	合计	中央投资
二、“十二五”新开工并完工项目			26 500	18 550			26 500	18 550
青海湖航道(二期)工程		2011～2012 年	6 000	4 200			6 000	4 200
黄河贵德至坎布拉航运工程		2011～2013 年	4 000	2 800			4 000	2 800
水上交通安全及应急救助支持保障系统		2011～2015 年	9 500	6 650			9 500	6 650
黄河李家峡至大河家航运工程项目		2013～2015 年	7 000	4 900			7 000	4 900

附录四 “十二五”青海省地方铁路建设项目表

“十二五”青海省地方铁路建设项目表

附表 4

序号	项 目 名 称	规 模 标 准			建设起止年限	投资预算(亿元)	“十二五”计划投资(亿元)	备 注
		里程	运输能力	正线数目及牵引种类				
合计						53.8	10.0	
1	新建锡铁山—北霍布逊铁路	51 公里	1 500 万吨/年	单线、电气化	2011.12～2013.12	8.8	3.0	
2	新建格尔木—甘森—肯德可克铁路	265 公路(格尔木—甘森 155 公里,甘森—肯德可克 110 公里)	1 500 万吨/年	单线、内燃	2012.12～2015.12	45.0	7.0	

附录五　青海省"十二五"公路建设项目示意图

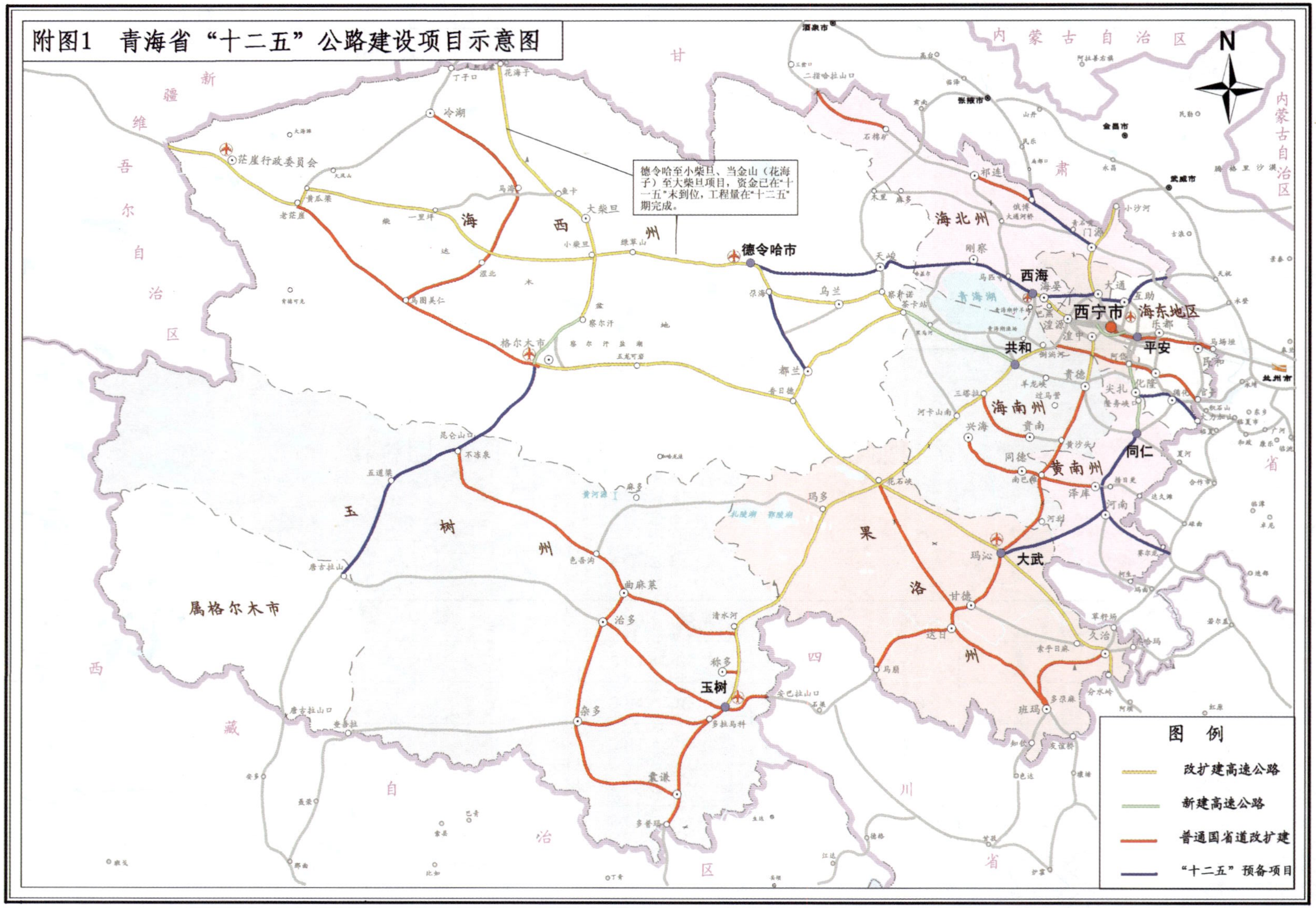

附图1　青海省"十二五"公路建设项目示意图

青海省高速（一级）公路养护管理规划

《青海省高速(一级)公路养护管理规划》

编写单位及人员

编制单位：青海省高等级公路建设管理局

编制人员：付大智　局　　长

李群善　总工程师

李积胜　副局长

马培新　高级工程师

参编单位：交通运输部公路科学研究院

参编人员：周　伟　院　　长

王笑京　总工程师

李亚茹　主　　任

高海龙　副处长

虞明远　副主任

袁茂存　主任工程师

陈秀东　副研究员

贾　毅　助理研究员

熊　琦　高级工程师

黄浩丰　助理研究员

石　凌　助理工程师

张　璐　研究实习员

吕安琪　研究实习员

姜　山　经济师

林莉贤　助理研究员

目录
CONTENTS

第一章 概 述

一、青海省高速（一级）公路养护管理规划的背景

随着改革开放的不断深入，青海省国民经济和各项社会事业也进入了快速发展时期，全省面貌发生了巨大的变化：经济实力明显增强，资源开发取得重大进展，基础设施建设成果显著，对外开放的步伐加快；以科技、教育为重点的各项社会事业全面进步，民族团结、社会稳定，人民生活水平逐年提高。青海已从过去欠发达的内陆省份，以崭新的姿态向着中等发达省份迈进。根据我国全面建设小康社会的奋斗目标，青海省第十一次党代会提出了青海省与全国同步在2020年全面进入小康社会的宏伟目标，使全省经济社会进入了一个新的高速发展时期。

在省委、省政府和省交通厅的正确领导下，青海省高速公路建设紧紧抓住国家西部大开发的大好发展机遇，通过全省公路建设者近十年的艰苦努力，青海省的高速公路建设取得了巨大的成绩。截至2009年底，全省已建成平安—西宁、马场垣—平安、西宁—大通、西宁—塔尔寺、平安—阿岱等高速公路，全省高速公路通车总里程达到217公里。另外还建成西宁—湟源、湟源—倒淌河、西宁—互助等一级公路，高速公路和一级公路总里程达到425公里，高等级公路建设实现了历史性的跨越。高速公路的快速发展，极大地提高了全省公路网的整体技术水平，优化了交通运输结构，对于缓解交通运输的“瓶颈”制约发挥了重要作用。高速公路作为青海省国民经济和社会发展的重要基础设施，在消除贫困、富民强省、全面建设小康社会和构建社会主义和谐社会等方面均发挥了十分重要的作用，有力地促进了全省经济发展和社会进步。

随着青海省高速公路从无到有，全省高速公路养护管理边建设、边运营、边摸索，逐步向前推进。在省交通厅的领导下，省高等级公路建设管理局在管理机构、养护运行机制、养护质量管理、收费管理、路政管理等方面均进行了卓有成效的探索和实践，保证了全省高速公路养护管理的顺利运行。

2009年10月，经青海省人民政府批准，《青海省高速公路网（调整）规划（2009～2030年）》开始实施，该规划为青海省未来高速公路的发展绘制了宏伟蓝图。新的青海省高速公路网包括3条南北纵线，4条东西横线和10条联络线，规划总里程6 630公里，其中国家高速公路2 049公里，地方高速公路4 581公里。根据规划的实施安排，青海省“十二五”期间将建成京藏、柳格、张河、武茫、临共、成香、宁贵、湟西和德察等高速公路，建设里程达2 400多公里。因此，青海省高速公路养护管理将进入新的发展阶段。青海省社会经济发展向高速公路交通服务同时提出量的迅速增长和质的不断提高的需求。全省高速（一级）公路通车里程和分布区域的快速增长、高速公路公共需求的深刻变化，对高速公路养护管理提出了更高的要求，使得全省高速公路养护管理事业面临着前所未有的挑战。

根据国务院《关于支持青海等省藏区经济社会发展的若干意见》、2009年中央1号文件精神和2008年李盛霖部长在青海调研时的讲话精神，针对青海省高速公路和一级公路发展战略目标和发展思路，紧密结合公路交通实现现代化的需要，以“五个统筹”、以人为本、全面、协调、可持续的科学发展观为指导，按照“建设是发展，养护管理也是发展；养护管理是更好的发展，是可持续的发展”的理念，根据交通部《“十一五”公路养护管理事业发展纲要》的要求及部领导在全国公路养护工作会议上的讲话精神，结合青海省高速公路和一级公路养护管理现状、青海省高速公路和一级公路发展规划，分析青海省高速公路的一级公路养护管理将面临的形势和任务，制定青海省高速公路和一级公路养护管理中长期规划，对于明确高速公路和一级公路养护管理目标和重点，提高全省高速公路和一级公路养护管理水平，巩固和提高全省高速（一级）公路的服务水平，指导和推动高速（一级）公路全面、协调、可持续发展，适应社会经济发展战略目标的新要求，服务全省的经济社会发展，为社会经济发展提供快捷、高效、安全的公路交

通运输条件，具有重要而深远的意义。

正是在这样的背景下，青海省交通厅于2009年1月下达了青海省高速公路养护管理规划编制的任务，由青海省高等级公路建设管理局和交通运输部公路科学研究院共同开展规划的编制工作。

二、规划的范围和期限

（一）规划范围

本规划的地域范围为青海省省域范围，规划对象为高速公路和一级公路。因此，本规划的范围确定为青海省高速公路和一级公路。

（二）规划期限

本规划的基年为2009年，规划期限为2011～2015年，并对“十三五”发展进行展望。

三、规划编制的主要依据

（1）《李盛霖部长在全国公路养护管理工作会议上的讲话》，2006年5月11日。

（2）《认真落实科学发展观努力提高公路交通网络的公共服务能力——冯正霖副部长在全国公路养护管理工作会议上的讲话》，2006年06月。

（3）《张剑飞司长在全国公路养护管理工作上的总结讲话》，2006年6月。

（4）国务院《关于支持青海等省藏区经济社会发展的若干意见》，2008年6月。

（5）《交通运输部李盛霖部长在青海调研时的讲话》，2008年10月。

（6）《高速公路养护管理》，人民交通出版社，2000年12月。

（7）《公路技术状况评定标准》（JTG H20—2007），交通部，2007年11月。

（8）《公路养护技术规范》（JTG H10—2009），交通运输部，2009年10月。

（9）《公路养护工程机械配备标准》，交通部，2001年10月。

（10）《关于加强高速公路服务设施建设管理工作的指导意见》（交公路发［2009］31号），交通运输部，2009年1月。

（11）《2010年全国干线公路养护与管理检查方案》，交通运输部，2009年10月。

（12）《青海省高速公路网（调整）规划（2009～2030年）》，青海省交通厅，2009年10月。

（13）《关于印发干线公路养护工区设置规划的通知［青公养字（2007）267号］》，青海省公路局，2007年。

（14）《青海省高等级公路管理手册》，青海省高等级公路建设管理局，2009年7月。

四、规划的总体思路

本规划在对青海省高速公路和一级公路发展、特别是高速公路和一级公路养护管理发展的实际情况进行系统深入调研的基础上，对青海省高速公路和一级公路养护管理发展现状进行全面客观的评价，系统分析评价青海省高速公路和一级公路养护管理方面已经取得的成果和经验、存在的突出矛盾和问题，并对国内先进地区高速公路养护管理的发展情况进行分析，为青海省高速公路养护管理提供借鉴和启迪。

立足于服务青海省社会经济发展战略，结合全面建设小康社会奋斗目标，深入分析青海省高速公路和一级公路养护管理面临的新形势，研究未来青海省高速公路和一级公路养护管理的发展趋势；结合全省高速公路和一级公路网规划，论证测算规划期内不同阶段养护管理的总体需求及其规模结构；结合高速公路和一级公路发展的总体目标，提出青海省高速公路和一级公路养护管理发展的总体战略思路以及规划目标。

运用科学的规划理论和规划方法，研究提出青海省高速公路和一级公路养护管理模式，然后分养护管理机构、人员队伍、养护工区、设施设备等几个方面，对青海省高速公路和一级公路养护管理进行深入研究论证和规划；并从收费站点、联网收费、交通量观测站点、绿化工程、交通安全、应急保障等与高速公路管理有关系的方面进行简要论述，提出发展方向、发展原则和发展建议。最后，从养护管理制度、养护科技发展、养护资金和养护市场建设等几个方面提出规划实施的保障措施。

在规划过程中，在对青海省已经建设完成的高速公路和一级公路发展规划进行分析的基础上，从资源整合和提高效率的角度，考虑青海省高速公路和一级公路养护管理发展的特点，充分利用这些规划的成果，以提高规划实施的可能性和可操作性。在项目的开展过程中，还将采用专家调查和专家咨询的形式，广泛听取行业主管部门和专家的意见，对研究的内容进行不断的修改和完善。

本规划研制的技术路线如图 1-1 所示。

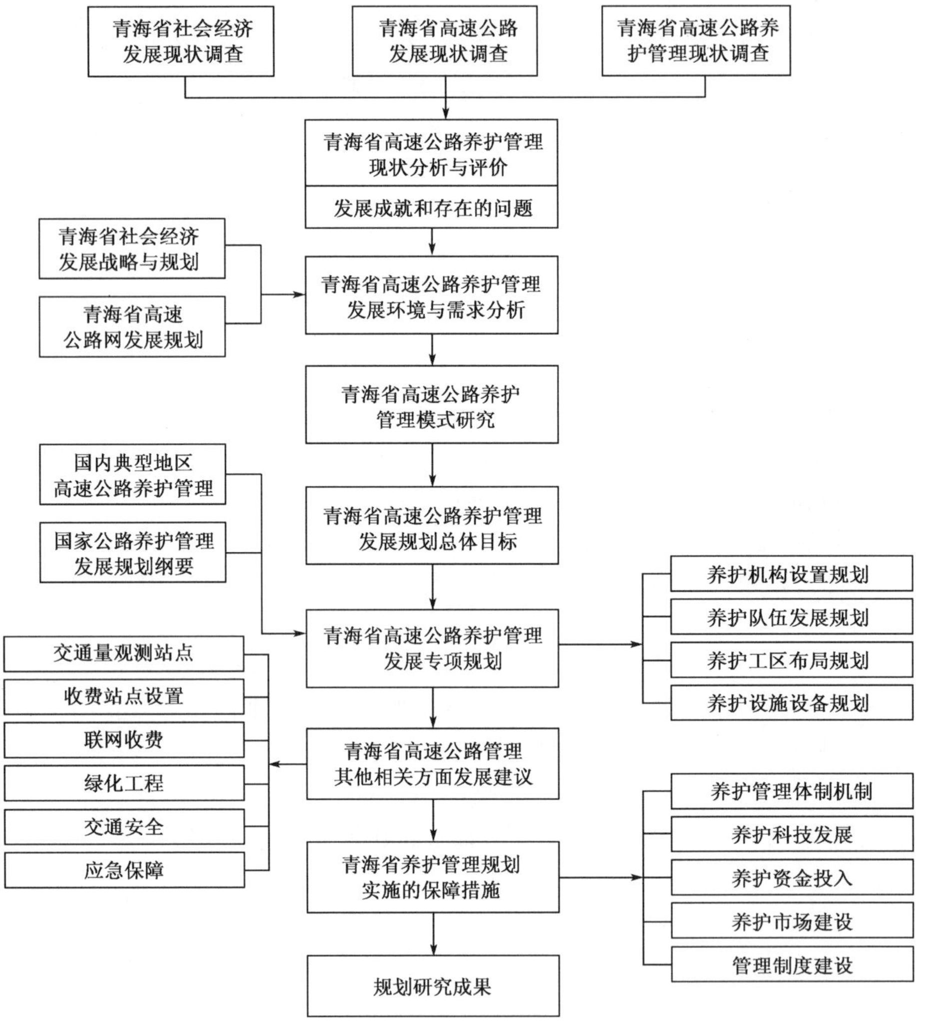

图 1-1　青海省高速公路养护管理规划总体思路

第二章　青海省高速(一级)公路养护管理现状分析与评价

一、青海省高速(一级)公路现状发展概况

(一)青海省公路网发展现状

青海省位于我国西部中心地带,是内地联结西部地区的主要通道,也是西北地区联结西藏等西南地区的通道。青海省地广人稀,公路运输是最主要的运输方式。经过近五十多年的发展,青海省公路建设取得跨越式的发展,公路通车总里程由解放初期的5 000 多公里,到2009 年突破6 万公里。特别是西部大开发战略实施以来,青海省公路不仅在数量上有了大幅增加,而且在服务水平方面也有了质的飞跃,公路的通行条件达到了历史最高水平。

截至2009 年底,青海省公路通车总里程达到60 136 公里,全省公路网密度8.34 公里/百平方公里、107.19 公里/万人。按行政等级划分:国道4 459 公里,省道8 842 公里,县道9 267 公里,乡道12 256 公里,专用公路875 公里,村道24 437 公里,国省干线公路占总里程的22.1%;按技术等级划分:高速公路217 公里,一级公路209 公里,二级公路5 201 公里,三级公路6 239 公里,四级公路27 860 公里,等外公路20 410 公里,二级及以上公路占总里程的9.36%;按路面类型划分:高级路面13 704 公里,次高级路面5 256 公里,未铺装路面41 176 公里,高级、次高级路面铺装率占总里程的32%。

青海省公路里程见表2-1 和表2-2、图2-1 和图2-2。

青海省公路行政等级及结构　　表2-1

项　目	总里程	国道	省道	县道	乡道	专用道	村道
里程(公里)	60 136	4 459	8 842	9 267	12 256	875	24 437
比重(%)	100.00	7.41	14.70	15.41	20.38	1.46	40.64

青海省公路技术等级及结构　　表2-2

项　目	合　计	等级公路						等外公路
		合计	高速	一级	二级	三级	四级	
里程(公里)	60 136	39 726	217	209	5 201	6 239	27 860	20 410
比重(%)	100.00	66.06	0.36	0.35	8.65	10.37	46.33	33.94

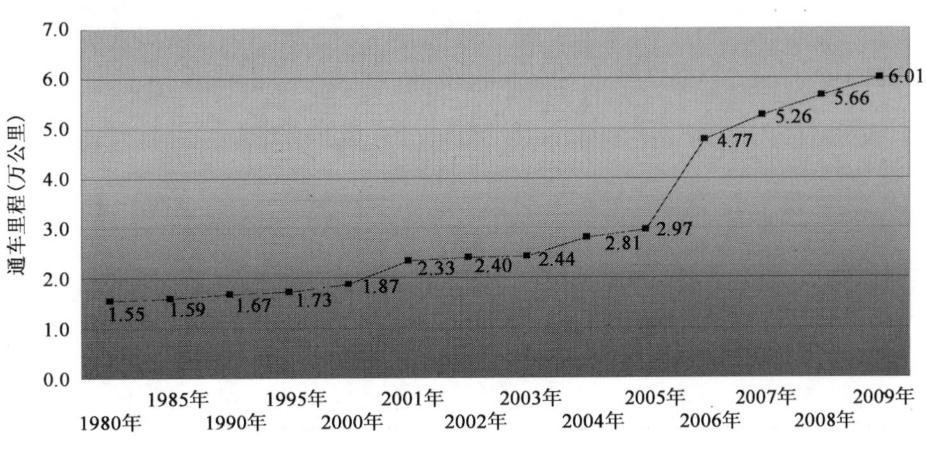

图2-1　青海省公路里程发展趋势图

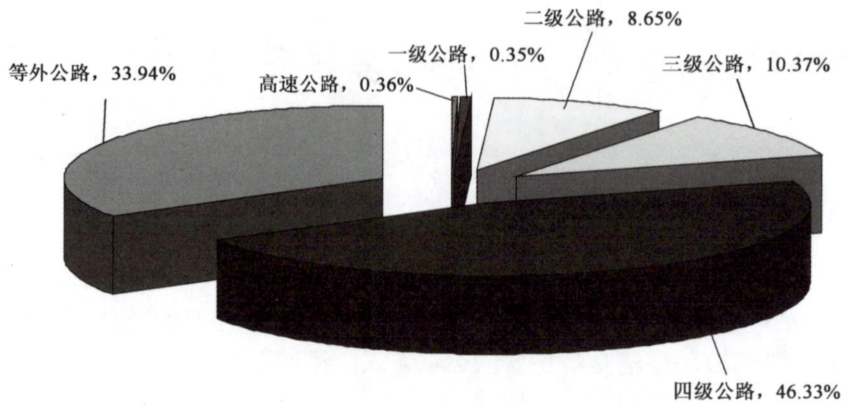

图 2-2　2008 年青海省公路网等级结构图

（二）青海省高速（一级）公路发展现状

自 2001 年青海省第一条高速公路建成通车以来，经过全省公路建设者近十年的努力奋斗，青海省已经形成以西宁为中心、辐射周边的高等级公路网，为省内外人员、物资的交流提供了运输保障，为青海的经济社会发展起到了重大的支撑作用。

截至 2009 年底，青海省高速、一级公路通车里程达 426 公里，其中属于青海省高等级公路建设管理局管养的高速、一级公路总里程约 348 公里，包括：马平高速公路（马场垣至平安）、平西高速公路（平安至西宁）、宁大高速公路（西宁至大通）、西塔高速公路（西宁至塔尔寺）、西湟一级公路（西宁至湟源）、湟倒一级公路（湟源至倒淌河）、平阿高速公路（平安至阿岱）、宁互一级公路（西宁至互助）等 8 条。其中，马平高速公路、平西高速公路、西湟一级公路、湟倒一级公路属于国高网北京至拉萨线 G6 的重要组成部分，是目前青海省主要的出省通道，是青海与外界沟通的桥梁。

省高管局管养高速、一级公路布局现状见图 2-3，基本情况见表 2-3，各条公路基本设施情况见表 2-4、表 2-5。

图 2-3　青海省高速（一级）公路现状布局图

省高管局管养高速（一级）公路概况　　表 2-3

编号	路　段	通车时间	里程（公里）	技术标准
G6	马平高速公路	2003.9	83.996	四车道、全封闭、全立交，路基宽 26 米，设计速度 100 公里/小时
G6	平西高速公路	2001.7	34.410	四车道、全封闭、全立交，路基宽 26 米，设计速度 100 公里/小时
G6	西湟一级路	2003.9	48.900	四车道、半封闭，路基宽 22.5 米，设计速度 100 公里/小时、60 公里/小时
G6	湟倒一级路	2003.10	47.352	四车道、开放式混合交通，路基宽 22.5 米，设计速度 60 公里/小时
S3	西塔高速公路	2005.9	26.193	四车道、全封闭、全立交，路基宽 26 米，设计速度 100 公里/小时、60 公里/小时
S1	大高速公路	2006.1	36.551	四车道、全封闭、全立交，路基宽 26 米，设计速度 100 公里/小时
S2	宁互一级公路	2007.7	29.232	四车道、半封闭，路基宽 20 米，设计速度 60 公里/小时
S11	平阿高速公路	2007.7	41.008	四车道、全封闭全立交，路基宽 26 米/22.5 米，设计速度 100 公里/小时、60 公里/小时

省高管局管养高速（一级）公路交通工程设施汇总表　　表 2-4

高速名称	设施分类及数量								
	护栏（米）	标志标牌（块）	标线（平方米）	防眩板（延米）	隔离栅（延米）	轮廓标（个）	可变情报板（处）	外场监控设施（处）	中央分隔带开口（处）
马平	279 648	2 175	90 460	9 719	134 400	7 774	3	12	38
平西	146 594	711	37 894	1 811	73 163	3 918	2	10	18
西湟	118 219	365	48 055	2 188	69 147	8 731	1	4	13
湟倒	11 9024	773	48 370	1 058	0	3 228	3	3	34
西塔	131 236	948	38 000	1 864	70 510	3 805	1	4	11
宁大	110 438	838	22 093	1 556	55 800	2 882	1	2	17
宁互	90 785	187	28 652	839	52 000	2 935	2	2	10
平阿	129 652	1 384	51 874	2 216	77 398	4 803	4	11	21
合计	1 125 596	7 381	365 398	21 251	532 418	38 076	17	48	162

省高管局管养高速（一级）公路桥涵设施汇总表（单位：座）　　表 2-5

高速名称	特大桥	大桥	中小桥	分离立交	互通立交	通道桥涵	上跨桥	天桥	隧道
马平	9	24	37	8	3	120	10	6	4
平西	1	4	6	30	5	59	2	4	0
西湟	0	24	30	14	1	148	0	0	2
湟倒	0	4	21	2	0	89	0	0	3
西塔	0	3	11	4	2	96	0	1	0
宁大	1	3	23	8	2	126	1	1	0
宁互	1	0	12	6	0	68	2	3	1
平阿	1	2	1	1	3	149	2	0	0
合计	13	64	141	73	16	855	17	15	10

二、青海省高速(一级)公路养护管理现状

1999 年 8 月,青海省高等级公路建设管理局(简称省高管局)经省编委批准组建成立,作为隶属于省交通厅的自收自支的县处级事业单位。目前,青海省高速(一级)公路采取建管养一体的管理体制,由省高管局全面负责青海省高速(一级)公路的建设筹资融资、工程招标、征地拆迁和工程进度、质量管理、资金管理,以及公路建成通车后的运营管理、养护管理、收费管理、贷款偿还和路政管理工作。

2001 年 6 月底,平安至西宁高速公路建成通车,实现了青海省高速公路零的突破,结束了青海没有高速公路的历史。之后,马平、西湟、湟倒、宁互、西塔、阿岱等高速(一级)公路相继建成通车。截至2008 年底,青海省已经初步形成了以西宁为中心、辐射全省东南西北较发达区域的"米"字形框架的高速(一级)公路网络。伴随着高速(一级)公路从无到有的发展,青海省高速公路的运营、养护和管理体系也通过边建设、边营运、边摸索的道路而逐步建立。

青海省高速(一级)公路建管养一体的管理体制下,考虑到目前全省高速公路里程规模较小,若实行自管自养,则人力物力投入较大,存在成本过高、负担过重、规模不经济的问题,故省高管局尚未建立自己的专业养护队伍。且由于目前全省高速(一级)公路养护实现完全管养分离的市场化机制仍不成熟,缺乏竞争机制,而且市场机制也尚未成熟,故暂采取委托养护、任务包干的方式(模拟市场化的经营方式)进行全省高速公路的养护。

省高管局于 2004 年 3 月成立了工程养护管理处,局工程养护管理处作为全省高速公路养护工作的管理部门,按照合同条款规定对养护生产业务进行指导、监督和考核。全省高速公路主体工程的日常养护由省公路局下属的海东总段高速公路养护公司和湟源总段高等级公路养护公司承担,交通安全设施另外委托专项养护进行及时维修,机电系统则由各监控分中心负责日常维护和管理。

工程养护管理处在养护管理实践中,逐步建立了《青海省高等级公路养护管理(暂行)办法》等检查、考核的相关管理制度,并督促和指导养护单位建立了质量检评、内业档案资料等一系列养护作业规章制度,对全省高速公路的养护工作进行规范化的管理。

总之,由于目前青海省高速公路建设还处于起步阶段,全部养护管理工作均由工程养护管理处直接管理,尚未设立其他分级和辅助的养护管理机构,全省高速公路养护管理的总体架构和体系尚未完全建立,养护管理的体制机制和管理模式发展还处于探索阶段。

三、青海省高速(一级)公路养护管理机构与队伍现状评价

(一)青海省高等级公路管理机构现状

根据建设管理工作需要,目前省高管局现设有 6 个职能处室,在职能处室下面设 21 个收费站、5 个路政大队、3 个监控分中心、2 个隧道监控所及 6 个业主驻地项目建设管理办(临时机构),见图 2-4。

该管理局属于事业单位,职工 131 人,合同制职工 1 271 人。在 131 个事业编制中,本科以上学历占53%,大专学历占 29%;高级职称占 10%,中级职称占 22%,初级职称占 13%,专业职称的占总事业编制人数的 45%。

从事业编制与合同制职工数量来看,事业编人员仅占 10.3%,即该管理局合同制职工约占总人数的 90%。

(二)工程养护处基本情况

1. 养护处的人员构成情况

工程养护管理处现有人员 12 人,处长 1 人,业务分工详见表 2-6。

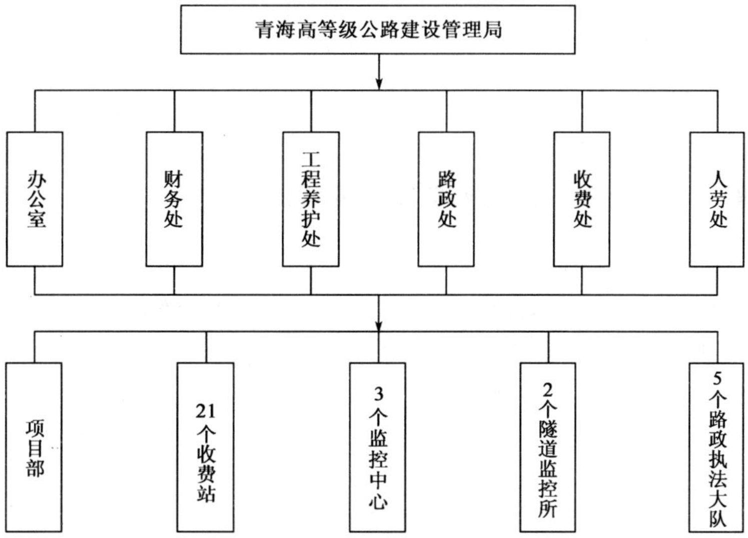

图 2-4　青海省高等级公路建设管理局机构设置示意图

工程养护处人员及业务分工　　表 2-6

业　务	人数(人)	业　务	人数(人)
土建工程	2	房建工程	1
绿化工程	2	造价	1
交通工程和机电工程	3	内业档案资料	2

另外，在格尔木至察尔汗高速公路、倒淌河至共和一级公路、共和至茶卡一级公路、西宁西过境高速公路、湟中至贵德一级公路、阿岱至李家山高速公路 6 个项目办共有 87 人。工程养护管理处和项目部共同负责全省高等级公路的工程和养护管理工作。

2. 养护管理情况

为确保养护工作能够实现质量要求，满足运输车辆行驶安全，养护处制定了一系列养护管理办法。

(1)2005 年 3 月颁布了《青海省高等级公路养护管理(暂行)办法》。作为养护承包合同不可分割的主要附件，纳入了合同管理的范畴，为养护管理工作开展奠定了基础，并作为养护和管理的依据。

(2)2005 年 4 月在《青海省等级公路信息管理 GIS 系统》基础上研制开发了《青海省高等级公路养护管理系统》，建立起了高层决策、中层控制、基层运作的信息化系统，涉及业务包括：路况数据采集管理、养护计划、巡查检查、养护质量、养护工程、评价分析、养护资产管理等。

(三)青海省高等级公路养护管理机构存在的主要问题

1. 建养不分

目前的工程养护管理处既负责通车路段的养护管理，还负责各个在建路段的工程管理，日常有大量的发包、计量支付等工作。目前，正处在青海省高速公路加快建设时期，工程养护处编制人员仅有 12 个，人员少而工程建设的工作量大，日常工作显得格外忙碌，对于主要工作任务——公路养护管理粗放就显而易见了。

2. 兼顾公路养护之外的职责

工程养护处除了负责公路养护，同时还负责高速公路交通量、收费站、路上安全等监控工作，监控工程师负责高等级公路机电系统的总体规划和方案审查工作以及机电系统的维护维修设备更新；软件工程师负责高速公路全线收费系统损坏调查和修复管理；通信系统工程师负责通信系统的建设、养护和设备升级换代的比选，以及联系厂家、组织、施工、验收、费用审核等工作。实际上每个岗位要负责几个专业的工作任务，每个人承担的工作量过大。

3. 管理有待规范

尽管青海省高等级公路管理局工程养护处已经制定了一些规章、办法，总体来讲还不能完全满足市场化养护的需求，公路养护质量有待提高，合同管理需要进一步规范，信息化系统有待进一步完善，还缺乏高速公路养护定员标准和养护定额标准，这都不利于养护质量的提高和养护成本的控制。

四、青海省高速（一级）公路养护设施与设备现状评价

（一）养护设施与设备基本情况

青海省高等级公路建设管理局目前暂采取委托养护、任务包干的方式，将高等级公路日常养护分别委托给青海省公路局下属的两个总段高速公路养护公司（简称高养公司），即湟源高速公路养护公司和海东高速公路养护公司。除高速公路以外的国省干线则由青海省公路局负责养护。

湟源和海东高养公司暂未设立养护工区，共配备了43台养护设备，为养护机械化奠定了初步基础。日常养护维修机具如表2-7所示。

养护机械设备配备表（单位：台）　　表2-7

设备名称	海东	湟源
多功能养护车	1	1
路面铣刨机	1	1
路面补坑机	1	1
路面补缝机	1	1
路面坑槽热补机	1	1
路面清扫车	1	1
洒水车	4	2
双排汽车	4	2
巡逻指挥车	1	1
面包车	1	1
20kW 发电机组	1	1
空压机	1	1
剪草机	2	2
蛙式打夯机	2	1
混凝土切缝机	2	—
液压式升降机	—	1
信号标志车	—	1
小计	24	19
合计	43	

（二）现有养护设施与设备存在的主要问题

养护工区的基本任务是可持续地保障公路设施、路面保持在良好的状态，使其适应不断增长的交通需求，保障公路的顺畅、安全通行。目前青海省高管局所管辖的高等级公路路段内尚未建设养护工区，由于养护工区建设严重滞后，养护机械设备处置病害较为滞后，养护工作的及时性、迅速性、可达性较差，也给养护生产和养护职工的生活带来诸多不便。随着青海省高等级公路加快建设，“十二五”期间青海省高等级公路养护里程将大幅度增加，养护工区不能适应高等级路网发展需要的矛盾将日益凸显，亟待规划建设养护工区。

青海省高等级公路养护机械普遍较为落后。长期以来受资金投入以及管理体制等因素的制约，养护机械化进展缓慢，制约了公路养护维修质量和维修效率的提高。

一方面，养护公司现有机械设备配置品种少，规格和种类不全，缺乏承担较大型养护维修施工任务

和工程抢险的能力。现有路段内养护车辆的种类只有 14 种，尚有其他多种类型养护车辆亟待配置，如挖掘机、装载机、压路机、稀浆封层机、沥青混凝土摊铺机、沥青洒布机、碎石洒布机、平板车、划线机、打拔桩机、推雪铲（或抛雪机）等。养护机械种类不全也导致高等级公路修补方法单一，难以满足高等级公路养护高效、及时、快捷的需求。例如由于缺乏专用路面维修设备（压路机、摊铺机等），小修保养通常仅采用多功能养护车进行修补，无法对较大的路面沉陷等路面病害进行处治，养护专业化程度较低，每年绝大部分的路面病害维修只能委托其他专业公司完成。

另一方面，现有机械设备配置数量严重不足，机械化程度不高，存在着病害处治不及时和养护机械负荷过重等问题。由于青海省高等级公路病害种类较多，以单台多功能综合性养护设备，即多功能养护车来集中完成道路的日常养护已成为首选。然而目前两个高养公司仅有 2 台多功能养护车，每台多功能养护车承担的平均维修里程均已达 150 公里以上。在正常情况下，多功能养护车所能辐射的半径一般为 70 ~ 80 公里，专用养护机械负荷过重。现有其他机械也存在配置数量严重不足等问题。按照交通部《公路养护工程机械配备标准》规定，每百公里配置机械中振动平板夯、切缝机分别应达到 3 台和 1 台，而现有养护公司打夯机、切缝机平均每百公里配置数量分别仅为 0.86 台、0.57 台，远未达到规定数量。随着青海省高速公路的规划建设、养护里程的不断增加、运营年限的增长、养护维修量的增大，高等级公路养护的时限性要求越来越高，养护设备配置明显不足的问题将日益突出，迫切需要加大对机械设备的投入，购置新的机械设备。

五、青海省高速（一级）公路技术状况评价

（一）评价内容与标准

高速公路养护质量直接反映为高速公路的技术状况，对高速公路技术状况评价也就是对高速公路养护质量的评估。

根据《公路技术状况评定标准》（JTG H20—2007）的规定，高速和一级公路技术状况评价用公路技术状况指数 MQI 和相应分项指标表示。各分项指标包括路面养护质量 PQI（包括路面破损状况 PCI、道路行驶质量 RQI、路面车辙 RDI、路面强度 PSSI 和路面抗滑性能 SRI 五项技术指标）、桥涵构造物养护状况 BCI、路基养护状况 SCI 和沿线设施养护状况 TCI 共四大项指标及相关内容。

MQI 包含两层含义，即对公路技术状况的客观描述和对公路养护质量和管理水平的科学评价。技术状况评定包括 MQI 的计算和技术分级。根据部颁标准，公路技术状况分为优、良、中、次和差五个等级，等级划分标准见表 2-8。

高速公路技术状况评价等级标准 表 2-8

评价等级	优	良	中	次	差
MQI 及各分项指标	≥90	≥80，<90	≥70，<80	≥60，<70	<60

（二）高速（一级）公路技术状况评价结果分析

根据《公路技术状况评定标准》（JTG H20—2007）的要求，2008 年，省高管局对全省高速、一级公路技术状况进行检测和评定，及时掌握公路的技术状况和服务水平，制订科学的养护规划和年度计划，实现养护的科学化和规范化。

全省高速公路和一级公路技术状况检测评定结果详见表 2-9。根据各路段的检测评定报告可以分析得出以下结论：

1. 路面使用性能指数（PQI）评价结果

2008 年各条高等级公路路面使用性能指数 PQI 值除平西高速低于 90，评价等级为良外，其余路段 PQI 值均大于 90，评价等级均为优。西塔高速上下行车道路面使用性能指数最高，平均值达到 96。平西高速 PQI 未达到优等水平，主要是个别路段存在较明显的路面病害。从全省整体状况来看，总的路面技术状况良好，这与及时实施养护工程、注重日常小修保养是分不开的。

2008 年青海省高速公路技术状况评定表

表 2-9

路线编号	路线名称	前进方向	评定里程（公里）	技术指标					评级里程（公里）					
				MQI	PQI	SCI	BCI	TCI	优等路	良等路	中等路	次等路	差等路	优良路率（%）
G6	马场垣—平安	上下行	83.87	91.6	91.5	91.3	94.1	90.1	54.87	25	4	0	0	95.21
		上行	83.87	91.0	91.2	90.8	90.6	90.2	41.87	36	6	0	0	92.8
		下行	83.87	92.2	91.7	91.7	97.5	90	67.87	14	2	0	0	97.62
G6	平安—西宁	上下行	34	90.1	89.75	90.3	90.9	91.1	16	16	2	0	0	94.1
		上行	34	89.9	89.7	90.4	90.2	91	7	25	2	0	0	94.1
		下行	34	90.2	89.8	90.1	91.6	91.2	25	7	2	0	0	94.1
S11	平安—阿岱	上下行	41	92.0	92.3	85.3	91.2	96	33.5	5	2.5	0	0	93.1
		上行	41	91.6	91.9	85	93	93.5	30	8	3	0	0	92.7
		下行	41	92.2	92.6	85.5	94.2	92.4	37	2	2	0	0	95.12
S2	西宁—互助	上下行	29	94.0	94.2	94.9	90.8	95.5	25.5	3	0.5	0	0	98.3
		上行	29	93.1	93.2	94	91.2	94.1	22	6	1	0	0	96.6
		下行	29	94.8	95.1	95.8	90.4	96.8	29	0	0	0	0	100
S3	西宁—塔尔寺	上下行	22.103	96.3	96	91.6	98.6	99.5	22.013	0	0	0	0	100
		上行	22.013	97.0	96.8	92.7	98.9	99.4	22.013	0	0	0	0	100
		下行	22.013	95.6	95.2	90.5	98.3	99.5	22.013	0	0	0	0	100
S1	西宁—大通	上下行	34	90.9	90.7	91.9	91.8	90.2	34	0	0	0	0	100
		上行	34	91.2	91.1	92.1	90.9	91.2	34	0	0	0	0	100
		下行	34	90.5	90.2	91.6	92.6	89.1	34	0	0	0	0	100
G6	西宁—湟源	上下行	37.565	91.2	91.8	81.9	94.2	91.4	37.565	0	0	0	0	100
		上行	37.565	91.2	92.3	80.2	93.2	90.1	37.565	0	0	0	0	100
		下行	37.565	91.2	91.2	83.6	95.1	92.6	37.565	0	0	0	0	100
G6	湟源—倒淌河	上下行	47.3	92.1	91.9	93.2	92.7	92	47.3	0	0	0	0	100
		上行	47.3	91.9	91.3	94.1	94.5	91.4	47.3	0	0	0	0	100
		下行	47.3	92.2	92.4	92.3	90.8	92.6	47.3	0	0	0	0	100

2. 路基构造物状况指数(SCI)评价结果

全省高速、一级公路路基整体状况良好，除平阿高速、西湟一级路路基构造物状况指数 SCI 值为 85.3 和 81.9 外，其余路段 SCI 值均大于 90，路基状况评价等级为优。平阿、西湟高速 SCI 值相对较低，主要是由于部分路段有边坡坍塌、排水系统淤塞及路缘石缺损等问题。

3. 桥涵构造物状况指数(BCI)评价结果

全省高速、一级公路桥涵构造物状况良好，桥涵构造物状况指数 BCI 均大于 90，评价等级为优。在桥涵构造物方面，存在的问题主要是桥头跳车、伸缩缝破坏、桥面铺装破损、隧道渗水等。

4. 沿线设施状况指数(TCI)评价结果

全省高速、一级公路沿线设施整体状况完好，沿线设施状况评价等级均为优等。

5. 公路技术状况指数(MQI)的确定

根据各分项指标(PQI、SCI、BCI、TCI)的数据汇总、计算及分析，得出全省高等级公路技术状况指数(MQI)均高于 90，根据部颁标准，全省高等级公路技术状况为优，道路次、差等级率为零。

6. 评价结果分析

目前，全省高等级公路技术状况达到优等水平，评价结果也反映了养护质量状况。全省高等级公路养护质量为优，均能够达到养护工作目标要求，路面、路基、桥涵构造物、沿线设施总体运营状况良好，保证了高速、一级公路良好的运营环境。同时也应指出，除平西高速通车运营达八年，马平高速、西湟倒一级路通车运营六年左右外，其他路的运营时间都不超过五年。整体技术状况好也与通车运营时间短有很大的关系。但是随着路龄的增长，随着交通量的逐年增长，尤其在超载车辆行驶作用下，各种病害会不断出现，逐步降低道路的技术状况水平。所以，应不断加强对高速、一级公路的预防性和适应性养护，以改善路况、提高行驶质量、延长其使用寿命。

(三)高速(一级)公路技术状况现状分析

目前影响青海省高速、一级公路技术状况的主要问题是区域性和季节性道路病害的发生，并且对此缺乏必要的现代化检测设备，不能准确、迅速地获取技术状况数据，进而影响养护措施的制定；养护手段与技术、养护设施设备相对比较落后，制约了养护质量的提升。

1. 主要病害分析

根据历年检测数据及相关技术状况评价结果分析，目前青海省高速、一级公路存在的典型病害有沉陷、车辙、桥面损坏、桥头跳车、伸缩缝、裂缝等，且部分病害发生带有一定的季节性。路面病害是影响青海省高速公路技术状况的主要因素，路面病害的养护与防治工作将是提高青海高速公路服务水平的关键所在，现阶段的主要任务就是找出影响高速公路路面使用性能的不利因素，并制定相应管养办法，推进科学化养护管理工作，以应对随着交通量增长、路龄增长带来的路面破损问题。

(1)沉陷

由于青海省高速、一级公路多穿越湿陷性黄土地区，湿陷性黄土在较干燥状态下能保持较高的强度，一旦遇水则强度迅速降低，在公路上则表现为路基强度降低，路面产生下沉，对公路造成破坏，沉陷也就成为青海省沥青路面主要结构性破坏形式之一。这一现象多发生于雨季，这期间路基土含水量不断增加，湿陷性黄土路段极易发生路面沉陷。宁大高速、西湟一级路都存在软基路段沉陷现象。对于已发生沉降的路段，要注意观测研究，根据病害的实际情况，寻求合理解决办法，需要从结构上进行治理的，要对路基进行处理，从根源上治理沉陷的产生。

(2)路面车辙(图 2-5)

车辙是青海省高速、一级公路路面病害的另一典型表现形式。青海省目前沿用超车道、行车道的划分方式，大部分车辆长时间在行车道行驶，造成行车道车辙严重。车辙不但会影响行车舒适性，当车辙内积水时更会影响行车安全，且积水会加剧沥青路面其他病害的出现，进而对路面产生巨大的破坏作用。因此必须开展车辙的防治与养护维修方法研究，减少车辙病害的发生与发展。对于已经出现的车辙现象，应根据实际情况进行妥善的维修处理。

图 2-5　路面车辙

(3)桥面损坏等其他病害

桥面铺装破损、桥头跳车、伸缩缝破坏、路面裂缝、坑槽等病害是青海省高速、一级公路上的常见病害。对于这些病害应做到及时发现及时处理,如果处治不及时会造成路面技术状况的不断恶化,缩短高速公路的使用寿命。例如,宁大高速对技术状况较差桥涵构造物进行改造,重新进行桥面铺装施工,还对部分构造物加装限高、限宽标志,治理超限车辆对通道桥梁的撞击和刮蹭。

(4)季节性病害

另外,青海省地理、自然环境特殊,有一些病害表现出一定的季节性,比如西湟一级路日月山段高填方路段四季温差较大,冻胀现象明显。高速公路个别路段有水毁现象,主要是因为公路排水沟设计标高低于农用灌溉渠标高,造成反水现象,以致造成路基冲蚀现象。

对于季节性病害问题,应根据不同季节的气候特点、水文变化规律,针对季节性病害根源,采取有效的技术措施,做好预防性保养修理。春季是各种病害集中暴露季节,应抓住养护时机,做好沥青路面各种裂缝的灌、封修理,采用低温期养护材料和翻浆防治器材,快速修补坑槽、松散和翻浆等病害。夏季是沥青路面养护工程施工的有利季节,应抓住高温期处治泛油,铲除壅包、波浪,及时修复冬寒春雨期临时修补的破损,恢复路面使用质量。秋季适时做好冬季病害的预防性保养修理,如冻胀的防治、及时修补坑槽和稀浆封层等。冬季做好冬季病害的防治,做好除雪、防冰及养路材料采备等工作。

2. 提升公路技术状况的制约因素

针对青海省高速、一级公路存在的主要病害,应采取合理有效的技术与管理措施加以解决,努力提高高速公路技术状况水平,增强青海高速公路服务能力。目前提升高速公路技术状况水平的制约因素主要体现在养护、检测设备的匮乏及养护、检测技术的落后。

(1)检测设备与检测技术的制约

随着我国交通事业的不断发展,高速、一级公路的路况检测、数据评判、科学决策已提升为一个以自动化检测为基础的新体系,需要建立长期稳定的跟踪评价体系,为高等级公路养护决策、养护计划的制定和量化养护质量等提供科学的评价依据。部颁《公路技术状况评定标准》(JTG H20—2007)正是为适应公路发展的这一要求而颁布的。

由于缺乏先进的自动化检测设备和有效的检测途径，青海省高速、一级公路技术评定指标体系的构建还较多地建立在抽样检测、人工检测的基础上，评价结果较为宏观，不能全面客观地反映各条高等级公路的技术状况和使用性能。检测工作还未形成常态化，制约了科学养护管理的手段和标准的执行。

(2)养护技术水平与养护设备的制约

通过近几年高速、一级公路的养护实践，各养护单位逐步熟悉了高等级公路养护作业流程，虽然公路技术状况总体优良，但与高速公路养护及时、高效、快捷的要求仍存在一定差距。随着各条线路使用年限的增长，部分路段使用性能状况显现出逐年下降的趋势，路面病害逐年增加。

目前的养护工作方法单一、工艺落后，缺乏提高养护质量和效率的新方法和新手段，养护工作还达不到操作规范化、设备机械化、施工效率化、管理系统化的要求。具体体现在：养护专业化水平低，专业技术人员缺乏，至今尚未建立起养护规模化、维修集约化的专业化养护队伍。养护单位在处治路面病害等方面仍存在施工工艺不精、方法单一、经验不足等诸多问题。养护生产科技含量低，科研项目少，科技与生产结合不够紧密，一些新材料、新技术、新设备、新工艺研究、应用和推广不够，如目前应用较为广泛的稀浆封层、微表处等路面预防性养护技术、路面再生技术等，应用很少。对预防性养护重视程度不够，没有开展有效的路面预防性养护措施。养护机械化水平低，养护设备配置明显不足，现有力量只能处理坑槽、壅包等小型病害，对较大的路面病害没有能力进行维修，只能委托他人完成，影响了养护质量和维修效率，制约了养护单位今后发展的空间。

六、青海省高速(一级)公路绿化工程养护现状评价

(一)高速(一级)公路绿化工程养护任务

青海省高速、一级公路绿化任务包括两大部分：一是公路沿线绿化，绿化里程 300.6 公里(表 2-10)，包括中央分隔带、边坡、护坡道、隧道口、互通立交区等；二是各个收费站、养护工区、服务区、隧道所的绿化。

绿化工程养护路段及里程 表 2-10

序　号	路　线	绿化里程(公里)	绿化面积(亩)
1	马场垣—平安	83.87	1 920
2	平安—西宁	34.78	784.78
3	西宁—塔尔寺	22.013	
4	西宁—湟源	35.025	842
5	湟源—倒淌河	47.352	
6	平安—阿岱	41.008	
7	西宁—大通	36.538	
合计		300.6	

注：1 亩 =666.6平方米。

沿线设施绿化工程养护任务见表 2-11。

(二)绿化工程养护费用

全省高速、一级公路绿化工程养护费用 2006 年为 238 万元，2007 年为 280 万元，增长了 17%；2008 年随着养护工作量的增加，养护费用增加也较多，为 580 万元，比上年增长了 107%；2009 年绿化工程的养护费计划总额为 640 万元，其中日常养护 365 万元，占计划总额的 57%，专项费用 275 万元，占计划总额的 43%(表 2-12)。

沿线设施绿化工程养护任务　　表 2-11

序　号	站　区	绿 化 任 务
1	平西路花园式站区	朝阳、韵家口、峡口、曹家堡、平安收费站
2	马平路花园式站区	旱台子隧道所、乐都服务区、乐都收费站、民和收费站、马匝道及马主线收费站
3	西湟倒花园式站区	多巴收费站、湟源服务区、日月收费站
4	宁大路花园式站区	黎明、老营庄、主线收费站
5	西塔路花园式站区	新庄收费站
6	平阿花园式站区	窑房、大寨子、古城、青沙山隧道所、阿岱收费站
7	西互路花园式站区	互助收费站
8	湟贵路花园式站区	上新庄收费站
合计		20 个收费站、2 个服务区、1 个隧道所

2006～2009 年绿化工程养护费用　　表 2-12

年　　份	绿化工程养护费用(万元)	增长(%)
2006 年	238	
2007 年	280	17
2008 年	580	107
2009 年(计划)	640(日常 365/专项 275)	10
合计	1 738	

(三)青海省高等级公路绿化工程养护存在的问题

1. 绿化工程养护难点

(1)气候难点

青海省高速、一级公路所处地区属高原半干旱大陆性气候,蒸发量大于降水量,日照时间长,太阳辐射强。春季干旱多风,夏季短促凉爽,秋季阴湿多雨,冬季漫长干燥。随海拔升高温度逐渐降低,一年四季多偏西北风,次为偏西风。有效积温很低,使得很多华北地区广为栽种的公路绿化植物在青海省多数地域内无法正常地世代交替,决定了该地区在公路绿化的植物选择上回旋余地很小。

(2)土壤难点

土壤难点主要是公路路域内的土壤与地区环境土壤在成分和结构上存在很大差异。路域内的回填土主要以大白土、黄土为主,甚至有部分地域为沙砾、裸露成片岩石。植物生长所需"营养成分"几乎为零,而作为绿化植物的种植对土壤的要求是质地疏松,有团粒结构,有机质含量高,保水性能好。但项目区域内的土壤盐碱含量特别高,保水性能差,植物不仅得不到营养物质和水分,而且这些路基填充料还会从植物体内吸吮水分进入土壤中,导致植物"生理干旱"。与此同时,公路主体工程施工遗留大量的建筑垃圾,如水泥、石灰等,也对植物的生长带来不利影响。

(3)水源缺乏

青海省年降水量少、蒸发量大,地形地貌因素导致水土流失而有效水分非常少。已建成的高速、一级公路所在路域虽有纱塘川河、白沈家河和浪龙等河流,但有效利用率几乎为零。所以各路域中的绿化植物仍需"靠天吃饭"。虽然公路绿化工作者也经常对其进行灌溉,但面对植物所需的大量水分的问题显得"捉襟见肘,杯水车薪"。所以水源缺乏成为阻碍公路绿化的重要瓶颈之一。

(4)树种选择的难点

为了提高青海高速、一级公路的生态环境,优化和美化自然景观,要求公路绿化工作从设计到绿化施工都需要从实际出发,走科技创新之路,并坚持"适地适树"的原则,选择抗逆性强的乡土树种来美化高等级公路。但由于存在以上气候、土壤、水源等客观原因,从而导致公路路域中的绿化树种选择十分单一。

2. 绿化工程养护存在的问题

(1)养护专项工程费用较高

气候恶劣、土壤贫瘠、水源缺乏等客观因素的存在决定了高速公路环境工程所做的绿化在建设期种植的树木、草坪成活率都不会很高，因此增加了运营期绿化工程的养护成本，特别是专项工程费用，2009年就达到了275万元，占绿化养护总成本的43%。

(2)绿化工程养护成本在公路养护费用中所占比重较大

省高管局养护处做了大量绿化养护工作，每年每公里绿化养护成本为1万元，收到了较好的效果，但相对内陆雨水比较充沛的省份来说，用于绿化的人工和总成本都是较高的。青海省目前高速、一级公路日常养护费用为3万元/公里，养护费用与绿化费用合计为4万元，绿化费用占25%，显然绿化工程养护成本在公路日常养护总费用中所占比重较大。

(3)中央分隔带的树木浇灌难度大

在青海这个特殊的地区，养护工程处想用各种办法对绿化工程进行养护，如为抗旱，在有些地区利用汽车拉水浇灌中央分隔带的绿化植物，这样虽然保活了一些树木，但是绿化养护工作难度较大。

总之，对于青海省这样特殊地理环境和气候环境的地区，绿化养护工作存在的问题比较特殊。

七、青海省高速(一级)公路交通量观测系统现状评价

(一)青海省公路网交通量观测系统现状

2008年，青海省公路通车总里程达到56 642公里，省养干线公路7 134公里，其中国道3 312公里，省道4 122公里，交通量观测里程4 423.63公里。全省6条国道和9条省道公路上共布设各类交通量观测站76个。其中，国道公路上布设了7个连续式观测站、37个间隙式交通量观测站点，省道公路上布设了32个间隙式交通量观测站点。各主要公路上的交通量观测站点数量见表2-13。

青海省国省道公路交通量观测数量一览表　　表2-13

线路编号	线路名称	起讫地点	里程(公里)	观测点数(个)	
				连续式	间隙式
G109	京拉公路(甘青段)	享堂—西宁	97.94	1	2
G109	京拉公路	西宁—唐古拉山口	1391.83	3	7
G214	西景公路	西宁—多普玛	1084.10	1	5
G215	红格公路	当金山—格尔木	400.775		5
G227	宁张公路	西宁—扁都口	244.56	1	4
G315	西莎公路	西宁—茫崖	1 272.39	1	14
S101	西久公路	西宁—久治	868.805		5
S202	平大公路	平安—大力加山	172.275		5
S203	阿赛公路	阿岱—赛尔龙	297.526		6
S204	二尕公路	二指哈山—尕海	423.005		5
S205	花大公路	花石峡—大武	206.003		3
S208	满班公路	满掌—班玛	64.001		1
S302	岗青公路	民和—青石嘴	173.225		5
S304	俄祁公路	俄博—祁连	75.851		1
S305	当黄公路	当金山—黄瓜梁	267.101		1
合计			7 039.35	7	69

国道公路上的7个连续式观测站分别为:京拉公路平安县三十里堡观测站、湟中县通海观测站、共和县倒淌河观测站、都兰县伊克高里观测站、西景公路共和县次汉素观测站、宁张公路大通县东柳观测站、西莎公路大柴旦镇大柴旦观测站。各线路交通量观测站分布情况详见表2-14。

连续式公路交通量观测站布设一览表　　表2-14

线路编号	线路名称	观测站(点)			所属总段
		编号	站名	桩号	
G109	京拉公路	001	平安县三十里堡	K1973 +100	海东总段
G109	京拉公路	002	湟中县通海	K1982 +900	湟源总段
G109	京拉公路	003	共和县倒淌河	K2060 +000	湟源总段
G109	京拉公路	004	都兰县伊克高里	K2486 +000	格尔木总段
G214	西景公路	005	共和县次汉素	K147 +850	湟源总段
G226	宁张公路	006	大通县东柳	K27 +200	海东总段
G315	西莎公路	007	大柴旦镇大柴旦	K724 +915	海西总段

全省交调工作分四级管理:公路局、公路总段、公路段和观测站。连续式观测站实行全年365天、昼夜24小时连续观测,连续式观测站全部安装了全自动交通量观测仪。间隙式观测站每月5、15、25日昼夜4小时连续观测,目前大部分观测站点仍用人工画"正"字的方法观测。车速调查以调查区间(路段)车速为主,采用跟车法,每年各单位进行一次车速调查。

目前,青海省高速公路上尚未布设任何交通量观测站点,也没有开展系统的交通量观测和统计工作,仅是根据收费工作的需要,对各收费站收费车辆进行总量的统计工作。

(二)交通量观测系统存在的问题

尽管近年来青海省公路交通量调查工作取得了较大的进展,但是与高速公路交通量信息在提高高速公路管理水平和服务能力方面发挥越来越重要的作用相比,还存在以下几个方面的突出问题。

1.高速公路交通量调查站点建设严重滞后

为使高速公路交通量调查工作适应形势发展的需要,交通部在《关于加强高速公路交通量情况调查统计工作的若干意见》中提出了"调查站点全面覆盖、调查方法实现自动化、信息采集和发布及时准确,高速公路交通量调查实现自动化、网络化和信息化"的工作目标,要求"在2006年底前,各省、自治区、直辖市应建立起以连续式调查为主、间隙式调查为辅的高速公路交通情况调查统计体系"。

但到目前为止,青海省高速公路交通量观测站的建设工作尚未开始,高速公路线路和路段上尚未设置交通量调查站,仅可利用收费数据人工推算获取部分交通量数据,高速公路交通量调查工作的实际开展状况与工作目标间存在相当的差距。

2.交通量数据功能单一

从目前青海省已经开展的国省道干线公路交通量调查状况分析,调查内容以三十年一贯制的流量调查、交通量组成和少量的车速调查为主,仅能够满足管理部门对公路交通量统计最基本的需求,即使是国道主干线公路也是如此。

目前,全省高速公路的交通量统计也仅能够满足通行费收费管理的需要,而管理部门对路网适应程度、交通量及客货运输流出行特征、道路实时运行质量的信息需求,养护管理部门养护科学决策对交通量数据的需求,科研设计单位对基础交通量出行数据的需求,社会公众对出行信息的需求等无法满足,交通量信息服务功能严重不足,调查工作与当前不断提升的交通信息需求之间的差距越来越大,交通量调查工作无法满足社会和公众的需求。

第三章　典型省份高速公路养护管理经验

一、高速公路养护机制改革的先进经验

（一）江苏省以"产权制度改革"为核心的运行机制改革

江苏省2002年以来，着重推进了以"管养分离、事企分开"为目标，以"资产置换，人员置换"为主要内容的改革，将养护、工程、三产等生产经营性单位全部从公路部门中剥离出来，以资产为纽带组建新的企业，全面推向市场。一是以产权置换为突破点，推进资产彻底分开。在清产核资、资产评估的基础上，除工区、道班房外，生产经营性资产全部划出改制。各地按照地方政策，通过公开拍卖、内部转让，实行国退民进。二是以人员身份置换为突破点，推进人员分开。市、县公路管理机构管理岗位实行竞争上岗，优胜劣汰，分流人员参与企业改制，进行身份置换。三是以隶属关系分立为突破点，推进政企关系彻底分开。企业按新的关系，建立党、政、工、团、人事、劳资关系，与公路管理机构完全脱钩，领导互不兼职，使之成为真正意义上的独立法人。通过改革，公路管理机构真正实现了从生产者到管理者的转变。

（二）浙江省养护管理机构改革

浙江省从2000年开始，以"两合并、两分开、一推进"为重点，推进养护管理体制和运行机制的改革。一是实行"两合并"，即根据"一个行政区域内只设立一个公路管理机构"的原则，对县乡公路管理机构与专业公路管理机构进行合并，并将原分设的路政管理机构也并入公路管理机构，从而改变了公路多头管理的局面，形成了统一高效的管理体制。二是抓好"两分开"，即事企分开、管养分开。将附属于公路管理机构的养护生产职能进行剥离，按新的定员标准组建公路管理机构，其他人员进入养护公司。三是基本完成"一推进"，即推进公路养护生产市场化。通过加强管理、积极引导，全省50万元以上大中修工程均实行外部招投标，小修保养实行系统内部招投标，择优选择有相应资质的养护生产单位，实行合同管理、计量支付、定期考核，节约了养护成本，提高了养护质量，进一步解放了生产力，激发了广大养护职工的工作积极性。

（三）山西省"养护用工制度改革"

山西省公路局负责全省公路的建设、养护和管理工作，对全省干线公路事业单位进行垂直管理，对全省县、乡公路建设、养护实行业务管理。山西省从2000年开始，对养护用工制度进行了改革，首先将现有的协议工转换身份为临时用工，实行减员增效；其次对现有的正式工按照人力资源配置、公路管理机构定员、养护生产不同的特点，确定用工的数量和条件，采取竞争上岗，择优选择，减少管理人员的数量。在对闲置人员的安置上，积极开辟第三产业，以公路养护项目为依托，广开门路，向其他行业发展，主要以养殖业和加工业为主，解决了长期积累的用工矛盾。

（四）新疆维吾尔自治区"事企分开、管养分离"改革

新疆公路管理局在国家公路管理体制框架下，在划分公路行政等级的基础上，根据"全面规划、加强养护、积极改善、重点发展、科学管理、保证畅通"的公路养护工作方针，按照"统一领导，分级管理"的原则，在自治区人民政府、交通厅领导和授权下，对自治区国省干线公路、专用公路行使养护、管理、收费、路政、建设职能，对农村公路实施管理、检查、监督、指导职能。实行公路管理局、公路总段（直属公路段）、公路段（公路收费所）三级管理模式。新疆公路管理局积极探索公路养护管理改革，从1995年起逐步建立了以"公路养护与管理责任书"为基础的管理体系，1998年在全系统实施了"新疆公路养护管理改革方案"。全区公路养护管理改革积极引入公路养护管理竞争激励机制，进一步推行养护内部招投标，管理人员实行竞聘上岗，一线工人实行定额管理，按劳取酬。不断完善养护工程监理制度、计量

支付制度、合同管理制度，公路养护工程内部市场逐步形成。2001 年，新疆公路管理局对各单位所属公路施工企业进行改制。按照"事企分离、管养分离"的思路，制定了施工企业改制"三步走"的发展战略并分步实施，根据"先联合，后发展；先组建，后完善"分步实施的办法，组建了 4 个公路工程有限责任公司，实现了从松散的联合体向集约化的过渡，并使企业与总段彻底剥离，向"产权清晰、权责分明、政企分开、管理科学"的现代企业制度过渡。

二、养护机构设置

（一）湖北京珠高速公路

1. 湖北京珠高速公路养护管理机构

（1）管理机构

湖北京珠高速公路的养护管理工作由湖北省京珠高速公路管理处负责，管理处在养护管理中实行二级管理。管理机构如图 3-1 所示。

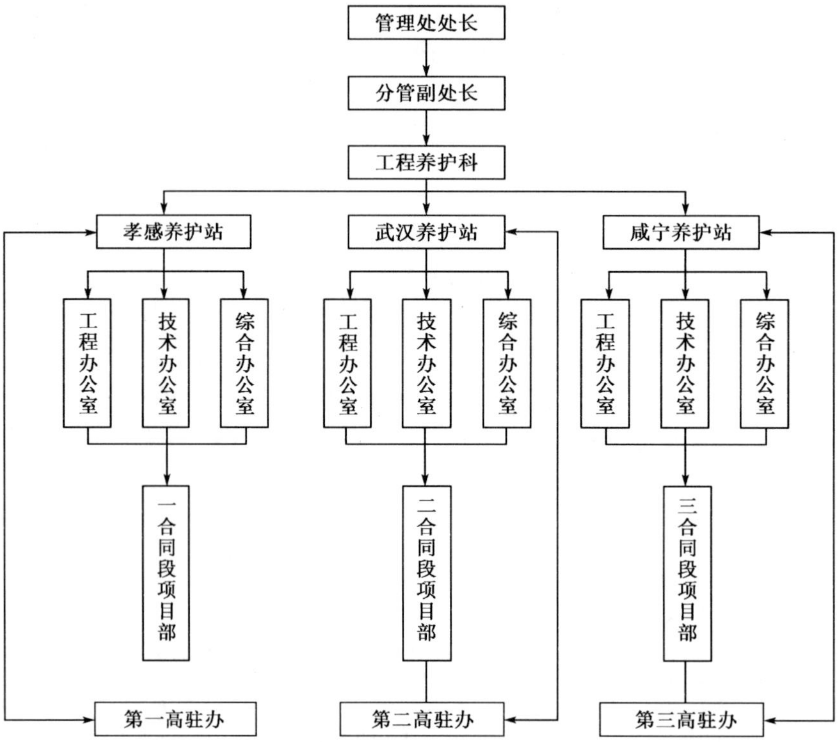

图 3-1　湖北京珠高速公路养护管理机构

管理处设立工程养护科，主要负责湖北京珠高速公路养护工程的宏观管理，包括养护规划、养护计划、养护招标、合同管理、工程变更、建立养护质量标准和技术方案、计量和支付、科技开发和应用、养护管理系统开发应用、养护培训等工作。

沿线按照行政区域的特点，设立三个养护管理站，分别为孝感养护管理站、武汉养护站、咸宁养护站，各养护站管养里程均为 110 公里左右。其主要职责是负责养护合同管理和现场控制，包括路况巡查与数据采集、养护工程计划编报与实施、质量监督与检测、日常维修保养监管、工程统计与计量支付、施工现场管理与控制、中间和交工验收、应用与开发新技术等。

（2）养护施工机构

湖北京珠高速公路养护施工采取公开招标方式，在全国范围内优选施工单位，负责湖北京珠高速公路全线 339 公里的养护任务。根据工程项目特点，将全线养护划分为 2 个路基、路面合同段，2 个绿化合同段，2 个交通安全设施维护合同段和 1 个桥梁养护合同段。

(3)监理机构

推行高速公路养护工程社会监理制度，是京珠高速公路管理体制的一项重大改革，是强化质量管理、控制工期和造价、提高投资效益和施工管理水平，使公路养护工作制度化、标准化、规范化、程序化的有效措施。湖北京珠高速公路养护工程为了完善高速公路养护工程所应遵循的“政府监督、社会监理、企业自检”的三级质量保证体系，选择监理单位是通过国内竞争性招标完成的，监理单位中标后，即按照监理服务合同、国家相关规范、施工合同行使监管职能。

养护工程项目按照工程规模、现场情况等因素划分为3个监理合同段，相应设立3个高驻办。高驻办由承担监理任务的监理单位派员组成，包括1名高级驻地监理工程师(简称高级驻地)、1名副高级驻地监理工程师(简称副高级驻地)及相应的专业监理工程师、旁站监理人员和其他人员。高驻办内设高级驻地试验室，每个高驻办按施工标段设若干驻地办，并安排相应的专业监理工程师、旁站监理人员和其他人员，驻地办内设试验组。

2. 各养护管理岗位职责

(1)养护管理职责

贯彻执行上级主管部门和行业管理部门颁布的高速公路养护管理法规、政策；负责养护工作的全面管理，制定养护管理制度、程序，以及相关的技术管理、合同管理、计划管理、信息管理和质量管理文件；制定养护工作中、长期规划，并组织实施；组织编制、审核和上报年度养护计划，并组织分解、实施；组织审核、抽查月度日常小修养护计划执行情况，并进行考核；负责养护工程质量、技术、合同、信息、资金的全面管理，建立健全相关控制体系和管理制度，并组织考核；组织实施大中修及专项养护工程，建立相关管理制度和程序，并对社会监理进行管理；组织养护工程项目的招投标；组织养护工程项目的竣工验收、工程结算；养护工程项目计量支付的审核，工程变更的审批；养护工作“四新”技术的推广应用，组织业务知识培训，管理处科技创新工作，组织交通科技项目申报和实施工作；养护作业的安全管理，协助处理各类突发事件。

(2)基层养护管理站职责

贯彻执行上级主管部门和行业管理部门颁布的高速公路养护管理法规、政策；负责组织编制月度日常小修养护计划，并组织实施和验收；负责路况的日常巡检和抽查，及时下达养护修复指令；负责养护工程的现场管理工作，监督养护工程质量、计划、时效性、资金、技术以及合同的履行情况，协调养护工程各方面关系；组织编制上报大中修及专项养护工程的施工组织方案；审核上报养护计量报表、工程变更和工程结算；养护工程基础数据的收集整理、工程档案管理和信息管理；及时通报、协助各类突发事件的处理，准备相关养护预案措施；养护作业安全的管理、督促和检查工作。

(二)山东省高速公路养护管理体系架构

1. 机构设置模式一(图3-2)

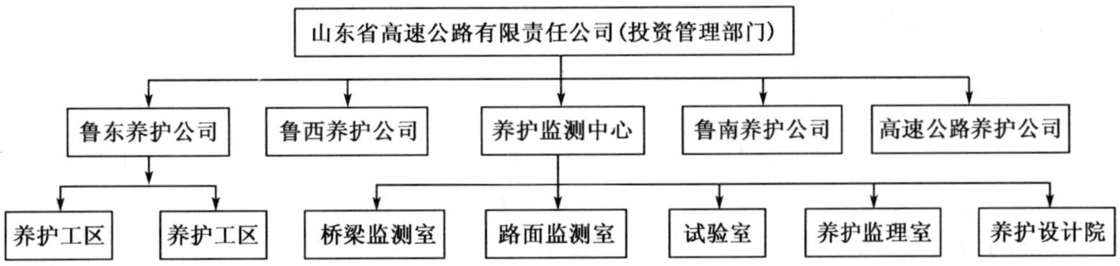

图3-2　山东省高速公路养护管理机构模式一

山东省目前在高速公司内部组建4个养护公司，一是以路桥工程处为基础组成山东高速公路养护公司；二是由鲁东、鲁西、鲁南分公司分别组建山东高速公路鲁东养护公司、山东高速公路鲁西养护公司、山东高速公路鲁南养护公司。各养护工区与管理处脱钩，归属养护公司，实现管理处与养护工区彻底分离。

2. 机构设置模式二(图 3-3)

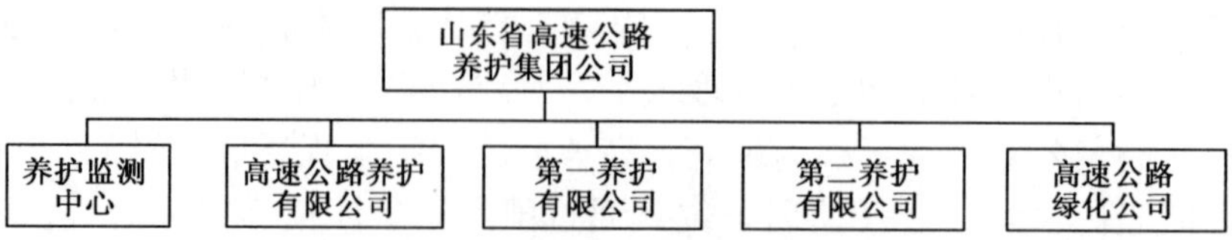

图 3-3 山东省高速公路养护管理机构模式二

为了优化资源配置,减少资金投入,提高市场竞争力,采取股份制的形式,与社会公路施工企业互相投资入股,组建养护有限责任公司,形成产权清晰、责权统一、运作规范、精干高效的管理模式,发挥各自的优势,最大限度地发挥投资效益。

由山东省高速公路开发总公司路桥处为主,与鲁东、鲁西、鲁南开发公司组建山东省高速公路养护有限责任公司,由高速公路开发总公司控股,主要辐射济青路、京福路济南—泰安段、济聊路以及济南市区市政道路。

由山东省高速公路有限责任公司为主,与山东省交通工程总公司共同组建山东高速第二养护有限责任公司,由山东省高速公路有限公司控股,主要辐射潍莱路、同三线及胶东半岛的其他公路。

由山东省高速公路有限责任公司为主,与山东省公路工程总公司共同组建山东高速第二养护有限责任公司,主要辐射京沪路、日竹路、曲竹路等高速公路及鲁南地区的普通公路。

本模式的优点:投入资金少,能够有效利用社会资源,避免浪费;与信誉好、有公路施工经验的单位合作,能够保障养护质量;组建快,能够在较短的时间内完成养护中心的组建工作,并能迅速承担起养护施工任务;能与公路局所辖高速公路的养护工作平稳衔接,有利于搞好外部协调。

本模式的缺点:对公司全资养护中心来讲,虽较好管理,但易产生等、靠、要的思想,参与竞争的积极性不高;对两个控股的养护中心来讲,因投资主体多元化,管理工作中协调的难度较大,易产生议而不决的扯皮现象,影响工作效率。

3. 机构设置模式三(图 3-4)

以开发总公司路桥工程处为基础组建养护中心,下设鲁东、鲁中、鲁南 3 个分中心,负责全省范围内高速公路的养护工作。具体如下:鲁中养护分中心辐射济南周围高速公路及普通公路,半径 100 公里左右;鲁东养护分中心主要辐射潍莱路、同三线及胶东半岛的其他公路;鲁南养护分中心主要辐射京沪路、日竹路、曲竹路等高速公路及鲁南地区的普通公路。

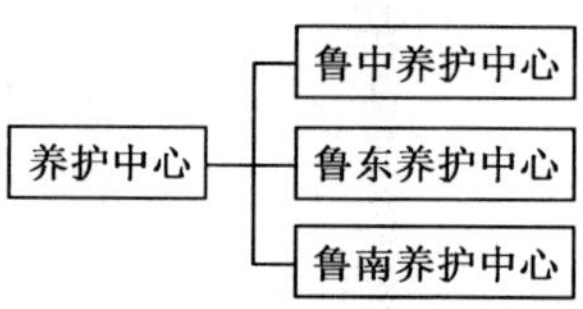

图 3-4 山东省高速公路养护管理机构模式三

该模式的优点:投资主体单一,工作效率高,管理方便,能够有效满足高速公路养护工作的需要。缺点:需要购置较多的机械设备,资金压力大,需要较长时间才能组建完成;由于是公司出资,属于内部经营,市场定位主要是在公司内部,不利于对外竞争力的形成。

三、养护设施设备配置

(一)北京市养护工区设置

北京市在高速公路养护设施上实行养护中心与养护工区的分级管理。经常性上路使用的养护机具放在各养护工区,不经常使用的一些大型机具根据各路段的临时需要从养护中心调用,从而发挥养护机具的利用效率,节约资金。此外,养护中心对相应养护工区实行规模化统一管理。

(二)河南省高速公路养护设施设置

河南省在养护设施方面基本上是按行政自然辖区划分,如开洛高速公路即按开封、郑州、洛阳三个市级管理分局划分养护工区,通常按 50 公里一个养护工区设置,并根据实际工作量确定设备的配置。

(三)安徽省高速公路养护机械配置

安徽省在本省公路养护发展进程及调研外省机械养护经验基础上,制定了《加快安徽省公路养护机械化的实施意见》，确定了全省“工区”、中心小道班、小道班合理的梯次配置布局。

（四）山东省高速公路养护设备配置

针对养护公司的大型机械设备集中、价格昂贵的实际情况，根据实际情况采用多种方式配置，如合资、租赁、股份制等，既可以与外单位联合，也可以在公司内部采用职工入股等方式。这样，一方面解决了资金不足的问题，使有限的资金发挥更大的作用；另一方面也能够调动广大职工的积极性，提高劳动生产率和设备利用率，降低生产成本，取得较好的投资效益。

山东省高速公路每个养护中心计划配置沥青拌和站 1 套（生产能力为 120 ~ 160 吨/小时），地磅 1 台（10 ~ 30 吨），沥青摊铺机 1 台（摊铺宽度 8 ~ 12 米），振动压路机 2 台（12 ~ 16 吨），轮胎压路机 2 台（9 ~ 16 吨），试验、检测仪器 1 套，铣刨机 1 台（宽度 2 米以上），自卸汽车和其他不足的机械设备可采用租赁方式。

四、高速公路收费系统建设和联网收费

（一）收费制式

从国内外收费公路收费制式的研究和实践分析，收费公路基本收费制式主要有全线均等收费制（简称均一式，亦称匝道栏栅式），按路段均等收费制（简称开放式，亦称主线栏栅式），按互通立交区段收费制（简称封闭式，亦称匝道封闭式）三种。在实际的收费制式设定中，也可以根据道路和交通的实际情况采用上述三种基本制式中的两种或两种以上制式的混合收费制式，如常用的主线/匝道栏栅式（开放式与均一式混合）。

这几种收费制式各有其自身的特点，从收费效率与运营费用、收费站建设（占地面积）成本、收费管理难易程度、扩（增）建收费站的困难程度、道路使用者付费的原则、依行驶里程计费、短程交通管理、疏解短途交通、对主线交通影响、对地区交通的影响以及交通安全等多个方面对不同收费制式进行对比，对比结果详见表 3-1。

各种收费制式比较表　　表 3-1

项　目	收费制式			
	均一式	封闭式	开放式	主线/匝道栏栅式
收费效率	高	最低	高	较低
运营费用	高	最高	最低	较高
建设成本	高	最高	最低	低
管理困难度	难	最难	最容易	容易
立交增建困难度	难	最难	最容易	略难
使用者付费	完全	完全	不完全	可达完全
依行驶里程计费	最差	最佳	不完全	佳
对地区交通的影响	严重（上） 甚微（下）	严重	甚微	局部严重（上） 甚微（下）
对主线交通的影响	甚微（上） 严重（下）	甚微	最严重	一般
短程交通管制	最有效	有效	无效	有效
缓解短途交通	较难	甚难	可以	较难
收费站数量	较多	最多	少	多
收费车道数	较多	多	少	较少
安全性	好	较好	差	较差
延误大小	最小	小	大（长途）	最大
兼顾交通管理	较好	好	无	较差

目前我国收费公路极少选用均一制收费，这主要是因为均一制无法根据里程准确收费，而且此种制式的收费站点较多，收费成本也比较高。

从我国高速公路收费发展的实践来看，由于大多数建成通车的高速公路大量采用“建管一体”的运营模式，受投融资体制的限制几乎无一例外地选择各自分段封闭收费。而且，封闭式收费制式是按照行驶里程精确算出收费额，收费的公平性最高。目前，我国收入水平和经济发展水平总体水平还比较低，人们对相对公平的关心程度比较高，这一制式能够较好地适应我国的国情。正是基于这样的大背景，封闭式渐渐成为我国高速公路收费的主流制式。

开放式收费制式目前在我国主要运用于一级公路和二级公路这样一些未实行封闭式交通管理、不能控制出入交通的收费公路。在我国西部新疆维吾尔自治区，部分高等级公路由于受建设初期公路标准和交通量分布等条件的制约，个别路段选用了开放式的收费制式。比较典型的例如吐鲁番—乌鲁木齐—大黄山高等级公路。

混合式收费制式的优点在于和均一式、封闭式一样不会漏收；手续简便、效率高，对交通的影响较少；比封闭式省去了大量出口收费车道；收费管理简化，收费设备简化，总的运营成本较低。这种收费制式可以满足中长距离收费公路的收费要求，同时适合大多数中长距离收费公路实行分期分阶段修建、分批进行收费的原则，以及不同建设管理部门各自收取其管辖内通行费的要求。在某些情况下，如个别较短的高速公路、某些交通出行分布特征明显的高速公路也具有较好的适应性。总体上，混合式收费制式能够提高收费效率，降低运营成本。目前，京沈高速公路河北廊坊段高速公路、北京首都机场高速公路、南京的机场高速公路和新疆维吾尔自治区乌鲁木齐—奎屯高速公路等高速公路都采用了混合式的收费制式。

总体上看，在全国高速公路收费制式的实践中，新疆维吾尔自治区高速公路针对地区社会经济和交通特点，通过分析研究，广泛地采用了形式多样的收费制式，收到了良好的成效，也取得了大量的实践经验。青海省与新疆维吾尔自治区同处我国西部地区，在地理、经济、社会和交通等诸多方面均具有相类似之处，这些收费制式的选择经验均可供青海省借鉴。

（二）联网收费

20 世纪 90 年代中后期，国内一些省份陆续开始提出高速公路联网收费。联网收费的初衷是想通过联网收费解决业已出现的分段管理、分段收费、主线收费站过多过密的问题，后经交通行业主管部门制定相关政策并大力推行，各省市基本走上了这条道路，并基本获得了预期的效果。

交通部于 2000 年 10 月发布实施的《高速公路联网收费暂行技术要求》，对国内联网收费起到了极大的促进作用，基本解决了高速公路联网收费中“一事一议”的弊端，突破了建管体制的限制，实现了省域或者省内区域联网收费。截至 2007 年底，已有江苏、广东、浙江、重庆、湖南、福建、江西等 27 个省（区、市）实施了省域或者省内区域高速公路联网收费，联网收费总里程达到为 5.2 万公里。

目前，我国高速公路联网收费主要有三种形态：省域或者省内区域联网收费、跨省市主干线高速公路联网收费和跨省市区域经济圈联网收费。

1. 省域或者省内区域联网收费

省域或者省内区域联网收费只是解决了分段建设、分段收费的问题，实现了以行政区划所辖高速公路的联网收费，突破了高速公路建管体制的限制。

省域联网收费的典型代表是浙江、福建、湖南、重庆等省市。以浙江为例，2002 年开始将全省高速公路作为一个路网实施联网收费，成立事业性质的联网收费管理中心，负责全省高速公路收费的结算与划拨等技术服务。采用以非接触式 IC 卡为核心的人工半自动联网收费技术，研发统一的联网收费软件。任何一笔通行费收入在 48 小时内拆分划账到各路段公司的财务账号内，出行者一卡在手走遍浙江。

省内区域联网收费的典型代表是江苏、广东等省份。2002 年开始江苏以长江为界，利用长江江阴公路大桥、南京二桥等主线站将全省高速公路分为苏南、苏北两个路网实施联网收费。由路网内各路段业主联合成立具有行业协会性质的联网收费管理委员会来共同管理路网内的具体事务，并分别成立了苏南、苏北联网收费管理中心，采用以非接触式 IC 卡为核心的人工半自动联网收费技术。

2003 年，广东省将全省高速公路网划分为粤西、粤北、粤东、广州、珠三角、深圳六个区域实施联网收费，成立了不以营利为目的的联网收费专营公司，由省政府授予其联网收费专营权统一负责全省公路联网收费和电子不停车收费实施工作和技术支持工作。未来广东省高速公路将按全省一区实行联网收费，采用基于“两片式电子标签 + 双界面 CPU 卡”合式电子不停车收费技术，制定强制性地方标准《广东省高速公路联网收费系统》，全省在交通量大的收费站统一用非现金支付卡实现电子收费“一卡通”，ETC 收费将成为全省收费的主流形式。

2. 跨省市国道主干线联网收费

1993 年，全长 143 公里的京津塘高速公路一次建成通车，为了减少主线收费站，项目所在的两市一省以京津塘高速公路为资产组建跨省市的按照线路联合收费的专营公司——华北高速公路股份有限公司，统一实施收费运营管理，为高速公路管理、收费运营模式和高速公路联网收费奠定了良好的开端。

2003 年 10 月，交通部组织实施的跨省市国道主干线京沈高速公路联网收费示范工程，按照“全线联网、分区结算”的方案，将京沈河北廊坊段、天津段、河北宝山段以及河北唐山西外环和唐津高速公路 5 个路段组成一个收费路网，实施联网收费。成立京沈联网收费结算中心，撤销了两个省界主线站，不仅突破建管体制的限制，而且突破了行政区划的限制。京沈示范工程的开通，充分彰显了“以人为本、以车为本”的服务理念，进一步增强了广泛深入推广高速公路联网收费的信心，同时也积累了成套的跨省市国道主干线联网收费技术经验，为高速公路联网收费技术进一步发展奠定了坚实的技术基础。

3. 跨省市区域经济圈联网收费

随着我国区域经济的发展和高速公路网范围、密度的广增，跨省市区域经济圈高速公路联网收费需求日趋明显。目前，交通运输部正在组织实施的京津冀、长三角区域高速公路联网电子不停车收费示范工程，标志着跨省市区域经济圈联网收费进入了开始阶段。经过未来几年的发展和自主创新，以电子不停车收费技术为核心的联网收费技术必然在跨省市区域经济圈高速公路联网收费中获得更广阔的发展空间。

第四章 青海省高速(一级)公路养护管理需求分析

一、青海省高速(一级)公路养护管理面临的形势与要求

(一)经济社会快速发展对高速(一级)公路的养护管理提出更高要求

"十二五"是青海省全面建设小康社会的关键时期,国民经济仍将保持持续较快增长态势,市场活力不断增强,人员和物资流动不断加快,必然使公路交通需求保持旺盛增长势头。然而"十二五"期间,随着各种约束条件的进一步增强,日益增长的公路交通需求与公路基础设施有效供给不足的矛盾,已不能仅仅依靠新建工程和总量扩张来缓解,还必须通过加强公路养护与管理,充分挖掘现有路网通行潜力,改善路网技术状况,提高通行能力和效率,才能适应发展需求。因此,必须充分认识到公路养护管理的重要意义,遵循"建设是发展,养护管理也是发展"的理念,加大养护投入力度,提高养护管理水平,最大限度地发挥高速、一级公路路网的使用效率,提升服务水平,为公众提供便捷路、通畅路、高效路和安全路。

(二)青海省将进入高速(一级)公路养护高峰期,养护任务十分艰巨

伴随着青海高速公路网规划的实施,高等级公路的建设规模将呈现快速增加的态势,养护需求也将快速增加。"十二五"期间是青海省高速的集中建设期,建设里程共计 2 404 公里,是现有高速、一级公路总里程的 5 倍多;随着路龄的增长,现有高速、一级公路也将陆续进入大修期,青海省高等级公路将迎来养护的高峰期。同时,随着经济社会的发展,高速公路养护管理的内涵和外延不断扩大,从过去的强调道路基础设施的维护,发展为信息服务、应急救援、安全保障、交通调度等并举的局面。青海省高速公路养护管理将进入新的发展阶段,无论是在养护规模上,还是养护质量上,都将面临新的挑战和更高的要求。面对极为繁重的高速公路养护管理任务,迫切需要加大资金投入、人才投入和科技投入的力度,依靠科技创新、体制机制改革,提高公路养护能力和水平,保障养护工作的及时性、快速性和规范性,提高养护质量与效率。

(三)从更好地为公共服务角度出发,高速(一级)公路养护管理理念需要进一步提升

"以人为本"是发展交通事业的出发点和最终归宿。为了满足人民群众安全、便捷、畅通、高效、舒适的多元化出行服务需求,公路养护管理工作应凸显"更好地为公众服务"的理念,不断强化服务职能、完善服务体系。围绕提高服务水平的目标,加强养护管理、安全管理和保畅管理等方面的工作,做到服务内容更加丰富、服务范围更加广泛、服务形式更加多样、服务质量更加优质。对交通安全设施、服务区等基础设施进行因地制宜的设计和实施;养护施工充分考虑对行车和交通安全的影响,施工作业更加讲求时效和质量;各种服务设施的布置和建设更加人性化,注重体现服务对象的需求特点;信息系统服务的覆盖面更广、服务内容更全面,满足公众出行对信息服务的需求。

(四)资源节约型、环境友好型交通对高速(一级)公路养护提出新的要求

建设"资源节约型、环境友好型"行业,要求把节约资源和保护环境的要求贯穿于公路交通发展的全过程,在规划、设计、施工、养护、管理各环节集约、节约利用资源,促进资源循环利用,有效保护和改善生态环境。加强养护管理是建设节约型交通的重要内容,加强养护管理,可以发挥公路存量的最佳效能,一定程度弥补公路总量的不足,充分提高公路网的效能,促进内涵式发展。因此,必须强化公路养护管理的战略地位,发挥科技创新的引领作用,增强自主创新能力,加强节能环保技术的应用,全面推行全寿命周期养护和预防性养护,不断提高养护管理的标准性、规范性和科学性,把资源节约和环境友好的要求落在实处,推动公路交通向节约化、集约化方向发展。

同时，面对新的形势和要求，青海省高速、一级公路养管事业发展面临的挑战依然严峻，任务更加繁重。高速、一级公路养管工作必须立足于经济社会发展的要求，适应新变化，满足新需求，朝着建立“更安全、更畅通、更和谐、更高效”的公路基础设施网络方向努力，为公众出行提供更好的服务。

二、青海省高速(一级)公路养护管理需求特征

(一)随着青海省高速公路网规划的建设实施，高速(一级)公路养护规模将呈现高速增长趋势

根据《青海省高速公路网(调整)规划(2009～2030年)》，到2015年，青海省将重点建设京藏高速(G6)倒淌河至格尔木、柳格(G3011)高速大柴旦至格尔木、张河高速(S11)阿岱至同仁、武茫高速(S20)小沙河至石棉矿、临共高速(S22)大力加山至隆务峡、成香高速(S24)久治至香日德、宁贵高速(S1113)湟中至贵德、湟西高速(S2011)湟源至西海和德察高速(S2013)德令哈至察汗诺等高速公路，建设里程达2 404公里，约占规划总里程的36%。实现国家高速公路网青海管养路段全部通车，实现海南、海西、黄南、海北四州通高速公路，并增加武威、临夏两个省际出口通高速公路。

2016～2020年，将建设京藏高速(G6)格尔木至唐古拉山、张河高速(S11)张掖至赛尔龙、共昌高速(S13)共和至玉树、武茫高速(S20)大通至黄瓜梁、临共高速(S22)牙什尕至共和、德都高速(S2014)德令哈至都兰和河大高速(S1115)河南至大武等高速公路，建设里程约2 900公里，约占规划总里程的44%。

根据高速公路网规划目标，到2015年青海省高速公路里程将突破2 500公里，“十二五”期间青海省高速、一级公路将以超过30%的年均增长率增长。2016～2020年的年均增长速度将超过10%。“十二五”和“十三五”期间将会是全省高等级公路的集中建设期，伴随着新建高速、一级公路的逐渐开通，高速、一级公路的养护规模也会大幅增加。

(二)“分期分幅实施的高速化公路”建设模式，对青海省高速(一级)公路养护工作提出新的挑战

根据青海省高速公路网规划提出的建设标准要求，未来青海省新建的高速公路将采用“分期分幅实施的高速化公路”的建设模式，即按照远期建成高速公路的目标一次规划、分期实施。现阶段按二级公路等级建设，技术标准则采用高速公路指标。这一模式适应青海省的自然条件、社会条件、经济条件和行车条件，能有效利用现有道路资源，做到可达性与经济性的有效结合。但是这一模式的应用，为青海省高速、一级公路的养护工作提出了巨大的挑战。原有二级公路的养护手段和养护技术将不能满足需求，传统的高速公路养护手段和养护技术将不能完全适用；养护管理模式也必须做出适时的调整；养护人员的配置、养护队伍的建设、养护工区的设置、养护机械设备的配置也应充分考虑这一建设模式的特点，做到因地制宜。

(三)路网布局的延伸，使青海省高速(一级)公路养护管理工作的难度不断加大

目前，青海的高速、一级公路布局主要集中在东部西宁周边地区，以西宁为中心向周边辐射，路网的覆盖面和里程均很小，养护管理工作相对便于开展。未来随着高速公路网布局的延伸，高速公路网向中西部地区布设，从黄土高原区域向青藏高原区域延伸，自然环境变得更加复杂与恶劣；从人口相对众多、城镇密集、交通流量相对较大、经济发展水平相对较高的地区，向人口稀少、城镇稀疏、交通流量较小、经济发展水平相对较低的地区延伸，高速、一级公路养护管理工作的开展将十分困难。养护工区的设置要充分考虑自然环境的制约，满足资源可达性，充分利用现有工区。养护设备的配置要充分考虑公路所在区域的实际情况，合理确定规模和种类。养护部门、路政执法部门的机构设置和人员安排也要切合实际，考虑不同路段所在区域的特点，制定不同的工作方案和人员配置。养护部门在养护方法和养护技术应用上要有突破，加大对冻土地区、盐渍土地区、湿陷性黄土地区病害防治与维护工作的研究，以适应未来多变的路域条件。

(四)路网通行质量的提升，需要科学化养护的支撑

路网通行质量的提升需要良好的公路技术状况作基础，养护质量直接影响着高速公路的技术状况。

国家对高速公路技术状况的要求日趋严格，对公路技术状况的检查也趋于常态化。除了要求定期对各条公路技术状况进行检测评定，还在全国范围内开展五年一次的全国干线公路养护管理检查工作。根据2010年国检工作的要求，将对全国干线路网的技术状况水平和养护管理标准化进行检查评定。因此，推进科学化的养护管理工作，提升养护质量，将是重中之重。

养护管理工作要由单一养护、粗放型养护向全面养护、集约型养护转变，推行预防性和全寿命周期养护，加快新技术和新设备的应用。继续加强日常养护工作，提高养护规范化、标准化，改进管理方式，完善规章制度，提高养护质量。对公路路况技术水平进行自动化检测和科学评价，以客观、准确的检测数据为养护管理工作提供数据支持和事实依据。适时安排公路大中修工程，全面提高路况水平。切实加强桥隧养护和安全监管，加大危桥改造力度。努力营造“畅、洁、绿、美”的公路交通环境，提升路网通行的质量。

（五）及时、高效、快捷养护目标的实现，需要养护专业化、机械化水平的提高

青海省高速公路养护工作起步较晚，通过近几年的养护实践，虽然公路技术状况总体优良，但与高速公路养护及时、高效、快捷的要求仍存在一定差距，养护专业化、机械化程度低。随着各条线路使用年限的增长，部分路段使用性能状况显现出逐年下降的趋势，路面病害逐年增加。养护专业化水平、机械化水平的提高需要加大对生产一线技术人员配置，重视人才的培养和选拔；加大科技与生产结合力度，加大对新材料、新技术、新设备、新工艺的研究和应用；加大养护科技的投入力度，开展典型病害养护维修方法研究，采取行之有效、切实可行的养护措施；加大对养护设备的投入，做到关键设备要先进、普遍设备要齐全，及时对道路病害进行维修。

（六）养护资金面临巨大压力，资金供需矛盾依然突出

青海省高速、一级公路巨大的养护需求带来的是大量的资金需求，从高速公路养护资金缺口与来源看，高速公路养护管理形势严峻。如果不能较好地解决资金短缺问题，将可能带来公路技术状况水平的整体下降，公路养护管理事业面临严峻的挑战。因此，急需开拓融资渠道，探索搭建新的融资平台，破解资金难题，促进高速公路网的建设与养护良性发展。在资金紧张的前提下，要合理使用养护资金，解决好“养人”与“养路”之间的矛盾。切实提高养护资金使用效率，推进公路养护运行机制改革，把有限的养护资金花在刀刃上。

（七）公共安全责任重大，公路安全应急保障能力急需提升

加快完善公路安全与应急保障体系是实现公路交通更安全、更畅通、更和谐、更高效发展的基础。一方面，青海属于自然条件恶劣、自然灾害多发地区，随着极端天气事件增多，由此引发的暴雪、冰冻、山体滑坡、水毁、泥石流等自然灾害频发，公路应急抢通保通的任务极为艰巨。同时，伴随经济社会的发展，公共突发事件不断增多，给覆盖率越来越高的公路基础设施带来了极大影响，造成公路、桥梁、隧道阻断等事故时有发生，不但影响了人民群众的正常出行，而且对经济社会的发展也造成了严重影响。此外，公路基础设施自身的安全运行与保护工作也面临严峻考验，虽然治超工作持续开展，但违法超限超载车辆依然存在。另一方面，经济社会发展和人民生活水平的不断提高，对交通运输系统应急反应和保障能力提出了更高的要求。因此，需要进一步建立和完善高效集中、协调有力的公路安全监测与应急保障体系，加强覆盖全路网重要路段、桥梁、隧道、省级交界处的重点实时监控，建立全路网联动的快速应急反应系统，提高各类突发事件的应对处置能力，提升遇险救援水平。

第五章　青海省高速(一级)公路养护管理模式研究

一、我国高速公路主要的养护管理模式对比分析

(一)我国公路养护运行机制发展改革进程

伴随着我国市场经济体制的建立,我国公路养护运行机制也逐步从计划体制向市场经济体制转变。其间,政府交通主管部门对我国公路养护运行机制给予了重要引导和重点关注。

1995 年 6 月,交通部召开了全国公路养护管理工作会议,研究部署"九五"期间的公路养护管理工作,提出逐步实现"管养分离,事企分开"原则。在这一原则指导下,各地交通主管部门在确保稳定的前提下,从有利于公路事业发展、有利于提高投资效益、有利于增加职工收入出发,积极试点"管养分离",公路养护工作逐步实施"二个转变",即养护生产单位由事业型向企业型转变,养护任务由指定养护向合同养护转变,养护形式由分散的小道班(工区、站)向机械化作业转变,其核心内容是"政企分离"。

2000 年 12 月,在全国公路行业管理工作会议上,交通部明确提出:按照管理与生产相分离的原则,将目前公路管理部门所属的工程队、运输队、生产厂站等企业与公路管理机构彻底分离,使其逐步转变为自主经营、自负盈亏、自我发展的法人实体,参与市场竞争,其核心任务是从建立规范的养护企业的角度重点培育养护市场。

2001 年 5 月,交通部在南昌召开的全国公路养护管理会议上制定了"十五"期间公路养护管理工作目标:公路养护运行机制改革要取得突破,积极培育和发展公平竞争、规范有序的公路养护市场,其核心任务是逐步完善公路养护市场体系。

2001 年交通部制定并颁布了《公路养护与管理发展纲要(2001 ~ 2010 年)》(以下简称《纲要》)。《纲要》指出:各级交通主管部门要通过改革公路养护投资方式、改革人事用工制度、完善各项管理制度,加快培育和发展公路养护市场,深化公路养护运行体制改革,其核心任务是强调培育养护市场。

在改革进程中,高速公路养护管理体制先后经历了临时养护管理体制阶段、事业性养护管理体制阶段。随着投资主体多元化的发展趋势,从 2001 年开始,各省(市、区)高速公路管理机构与养护机构逐步脱离,逐步建立高速公路养护公司,逐步建立相关的管理法规体系,自此中国高速公路养护运行机制逐步进入了市场化运作阶段。

(二)我国高速公路现行主要的养护管理模式分析对比

由于我国高速公路起步较晚,又缺乏先进管理经验,对高速公路养护管理也一直处在探索之中。我国高速公路养护管理模式与普通公路养护管理模式基本上处于同步发展中。从 20 世纪 90 年代开始,公路养护生产运行机制和养护管理模式的改革拉开了序幕。1998 年交通部提出"管理和生产分离",实现企业化管理和市场化养护以来,各省市均积极行动,江西、云南、江苏等省的养护公司试点,河南、西藏的定额养护管理,首都机场高速公路、南京机场高速公路的招标养护等改革措施的大力实施,促进了公路养护事业的发展,为建立符合市场经济规律的公路养护运行机制和养护管理模式奠定了良好的基础。但是由于公路改革涉及的面广、影响程度大,相关政策配套不完善,各地方情况不一样,尽管有些地方已经在高速公路养护管理市场化方面初见成效,如广东、浙江、江苏、山东等东部发达地区,其他地区改革效果则并不明显。

经过十余年的改革尝试,目前我国形成了形式多样、各具特色的高速公路养护管理模式。根据市场化程度的不同,我国高速公路养护管理模式大体上可以分为"管养一体型"、"管养分离型"和"管养部分分离型"三种形式。

1.“管养一体型”模式

“管养一体”模式是指高速公路单位拥有自己的养护队伍,自设养护机构,自配养护机械,由自己的养护队伍(一般都是成立养护中心)完成对高速公路的养护施工任务的一种养护管理模式。即高速公路公司既是养护工程项目的承包商,又是养护工程项目的业主和监理。公路的管理与养护实施由公路管理机构一并负责,是一种集管理与养护施工为一体的养护体制,简称为“管养合一”。

全国各省市高速公路目前多采用这种“人、财、物高度集中,建、管、养独家操作”的养护管理模式,只有在对技术要求很高、自身无法满足要求的情况下才聘请外面单位参与。管养一体模式除了“养路”外,还要“养人,养设备”,事企不分。例如辽宁等省高管局下属的各管理处有专门的养护队伍,配备各类养护设备,同时成立大型养护中心,承担桥梁路面检测及维修、排除大型路障、除雪防滑和紧急抢险等任务。管养一体模式下养护资金的使用效率往往不高,公路部门集“裁判员和运动员”职能于一身,也在一定程度上制约了公路运营管理水平和服务水平的提高。

浙江沪杭甬高速公路养护中心成立于1997年8月,是伴随沪杭甬高速成立的产物,隶属浙江沪杭甬高速公路股份有限公司。养护中心现负责沪杭甬、上三高速公路全线的日常养护及专项工程实施,目前有上虞、新昌、长安三个分中心,各自拥有自己的生产基地。在沪杭甬高速养护模式下,公司所拥有的高速公路的养护施工工作(包括日常养护和专项工程等)均由养护中心来完成,只有在发生大修或突发事件等导致养护中心无法应付的情况下才临时聘用外部单位参与。该模式一般为建设单位和管理单位是同一个单位的产物,建设单位在完成建设任务之后直接转化为管理单位,相应的施工队伍转化成为养护队伍。

“管养一体”模式的优点在于养护单位属于经营公司内部机构,便于管理,能够确保公路养护的及时性;不足之处是养护机构不独立,养护管理模式僵化,成本管理及养护效率不理想,难以实现养护工作的规模化和机械化等。

“管养一体”模式中,除了采用成立养护中心的方法外,目前还有部分地方通过成立养护公司来完成自己的养护业务。养护公司尽管也是以独立经济单位存在,但是其业务还是以高速公路的养护任务为主,与养护中心的方式相比,该方式更符合市场化发展趋势,有利于参与市场竞争。但是养护公司作为一个独立的经济实体,需要缴纳税收,一定程度上容易引起养护成本上升。

2.“管养部分分离型”模式

大多数省份实行管养部分分离模式:小修保养由内部队伍负责,大中修或专项工程实施招标、内部模拟招标或委托专业养护公司实施。如山东推进养护主体多元化,组建经营性养护公司,通过资产重组与股份制改造,培育一批“功能齐备,规模适度,技术先进”的公路养护生产实体。对大中修工程推进养护工程市场化,实行“四制管理”,小修保养全面实行定额养护制度。

皖通高速公司2001年以前养护采用按计划管理的“管养一体型”模式,省高管局(高速公路养护管理机构)下设很多小的施工单位,养护任务多采用指定的方式交由这些单位实施。2001年下半年,以合宁高速为背景组建了养护中心,养护工作涉及养护中心、工程技术部、综合部、技术质量部、企业策划部等部门。养护中心下设三个分中心(怀宁、合肥、宿县),由公司设拌和站,在施工招标时,进行租赁或供料。养护中心组建以后,日常养护中的保洁工作由管理处负责,其余则由养护中心负责,采用社会化招标的方式选择养护队伍,公司自己不设立养护生产单位。监理工作采用社会监理。

2004年开始设立皖通公司的养护中心,对皖通公司经营和代为经营的高速公路进行养护管理(主要是对沥青路面的养护管理),企业策划部则负责整个养护方案和计划的编制。在拌和站向施工企业租赁的情况下,沥青由公司来供应,石料由施工企业自行解决。

3.“管养分离型”模式

“管养分离”模式(完全市场化养护模式)是指高速公路单位的养护任务全部通过市场化运作,通过市场手段在市场上寻找养护单位予以完成。管养分离模式只保留养护管理机构,养护生产部门则剥离出去,或者从开始运营就不设立养护工区,对养护工程实行招标承包,建立养护工程的竞争机制,实现养护管理走向社会化。吉林、江苏、北京、上海等地基本完成了“两置换、一分离”的养护运行机制改革，实行公路养护市场准入制度。管养分离有助于公路管理部门合理使用和平衡养护资金，加强预算管理，保障公路养护预算安排、资金管理等各项工作措施到位。公司化养护模式是遵照交通部“管养分离”的基本原则，将高速公路经营公司所属的养护机构及施工单位分离出去，使其成为一个自主经营、自负盈亏，具有自我约束、自我激励、自我发展能力的企业，从而使公路经营公司与公路养护公司变隶属关系为平等关系，达到提高养护质量、降低养护成本的目的。

由于高速公路养护内容包括绿化、日常小修保养、专项工程、大修工程等内容，各项内容无论是对技术方面的要求，还是对设备方面的要求都相差甚远，在实施市场化操作时，需要多支队伍来完成。加之绿化和日常小修保养相对来说利润较低，难以找到合适的队伍来做。多方面的原因导致现在几乎没有采用完全市场化养护模式的高速公路单位，目前沪宁高速常州段和皖通高速所辖的连霍高速安徽段的养护模式比较接近于这种模式。

沪宁高速常州段的养护工作由管理处负责实施。绿化工程、日常小修保养工程、安全防护设施损坏恢复等工作，交由相对固定的专业公司负责养护；专项工程和大修工程向社会公开招标，将工程交由具备资质的专业公司去做。连霍高速安徽段的做法是：将沥青路面早期的日常养护工作总承包给养护公司负责养护施工，管理单位以业主的身份，以合同委托的方式参与养护工程的技术、质量、工期、造价等养护工程监督管理，而不直接参与养护施工的具体组织。通过这种做法，连霍高速安徽段日常养护费用得到了很大程度的节约，据推测年日常养护费用将节约100~150万元左右。另外，2006年11月27日海南省交通厅举行委托养护合同签字仪式，将原由省公路局养护的西线及海文高速公路正式委托给海南高速公路股份有限公司养护，实行管养分离和企业化管理，高速公路养护合同期为5年，即从2007年1月1日至2011年12月31日，合同期结束后，将通过竞标养护。委托养护之后，海南高速公路股份有限公司将按现代企业管理模式运作，省公路管理局对高速公路实行宏观管理，采取合同管理的办法，明确双方的权利和义务。年度养护经费以往年养护定额为基础，结合公路改造情况，按养护工程管理办法实施，实行定额管理，计量支付，达到监管的目的。

养护机构公司化改造是目前公路养护体制改革的一个趋势，是比较适合高速公路经营公司养护体制改革的一种养护管理模式。推进公路养护体制改革，首先应进行“管养分离”，使公路养护机构成为独立的市场主体，为培育高速公路养护市场奠定基础。

(三)各种公路养护管理模式比较

通过对各种养护管理模式的优缺点进行了比较分析，得出各种养护管理模式比较分析汇总表(表5-1)。

综上所述，目前我国各地高速公路管理体制、经济发展水平、市场化程度等方面存在差异，导致各地的高速公路养护管理模式不尽相同。作为一种模式本身而言，存在是否有其合理性，关键在于这种模式是否能够跟当地的实际情况相符合，是否有利于提高养护质量和降低养护成本，高质量与低成本才是判断一种模式合适的标准。另外，有利于提高公路养护职工劳动生产率和职工收入水平、有利于提高公路养护单位可持续发展也是养护管理模式选择的重要标准。

西方经济学市场化理论通过需求曲线模型分析后得出结论，完全竞争市场才能实现最有效的资源配置，经济效率最高，它是一种最有效的市场组织形式。因此，虽然目前各种养护管理模式的存在有其合理性，但是，实现养护工程市场化管理仍然是我国养护管理体制改革的必然选择。只有根据全面实现养护工程市场化管理，才能使业主投入的养护资金达到高效率、高质量的养护效果，并达到良好的社会效益。因此，实行全面市场化的养护管理模式和定额式养护管理模式是较为理想的选择。

二、青海省高速(一级)公路养护管理模式发展方向

(一)“管养分离”的完全市场化养护模式是高速公路养护管理模式未来发展的方向

养护管理市场化是把高速(一级)公路养护管理工作全面推向市场，引入竞争机制。高速(一级)公

路的各级管理机构都不养自己专门的养护队伍，养护工作实行日常维修保养对外承包，专项工程和大修工程向社会公开招标，择优选择施工队伍。养护公司完全拥有人、财、物的自主权。把养护管理推向市场，在人员设备、效率与积极性、效益和风险等几个方面都具有明显的优势。

养护管理模式比较分析汇总表　　表5-1

养护模式	主要优点	主要缺点	案例
管养一体型（自行养护模式）	1. 可以解决建设队伍和相关设备的去留问题。 2. 熟悉公路沿线各种情况，在养护过程中更具有针对性，可以减少熟悉情况的过程。 3. 管理上具有便利性，减少管理中间环节。 4. 相对于成立公司而言，可以减少税收支出，降低成本	1. 容易造成机构臃肿，成为上级单位安排人手的单位，导致成本上升。 2. 不符合市场化的发展趋势，该模式缺乏市场竞争，吃大锅饭，容易滋生惰性，造成养护技术难有提升	沪杭甬高速
管养部分分离型（日常养护和小修自行养护，专项和大中修工程外包模式）	1. 减少管理养护人员、机械设备的费用开支。业主只需配备少而精的专业人员进行技术上的管理和监督、检查，减轻业主的事务性工作，便于把注意力用在其他运营管理工作上和宏观安排上。 2. 符合市场化发展趋势，能充分调动专业承包公司的生产积极性，提高工作效率。 3. 按项目专业类别分别由专业单位负责工程的养护，能确保各养护项目能按相关技术规范进行施工，保证了工程质量	双方之间的权责利完全通过合同进行管理，在面对突发事件、大工程量事件等，并且需要及时完成的时候，双方在协调方面容易出现一定的问题。特别是在双方存在分歧的时候，很容易影响工期，从而影响公路通行和高速公路形象	皖通高速
管养分离型（完全市场化模式）	同上，只是效果更好	同上	沪宁高速常州段、连霍高速安徽段

1. 人员和设备方面

市场化管理模式不设自己的养护队伍，按工程量对外发包，养护中不负担闲置人员和设备费用，仅负担工程造价费用；节省大笔购置养护设备费用；由相应设备单位承包，减少其设备闲置，增加设备使用频率，降低设备台班费用；只负担设备使用费，不负担设备购置费和闲置时的任何费用。

2. 效率和积极性方面

市场化管理模式的养护效率高，养护人员积极性强；作业内容专业化分工明细，通过加强专业化管理和竞争手段适应市场，全社会流动，充分利用人员和机械设备；建立养护管理计划体系，养护经费专款专用，符合市场经济规律。

3. 成本和效益方面

市场化管理模式根据养护工程需要，优选社会专业化施工队伍，引进竞争机制，提高管理水平和养护质量，同时还会降低养护成本；减少设备闲置，也相应提高了全社会的经济效益。

4. 风险方面

市场化管理模式实行总价承包，由养护公司分担养护过程中的大部分风险。

总之，高速（一级）公路养护管理市场化是将高速（一级）公路养护和管理职能分开，使养护和管理机构都从事各自的单一职能，从而使两方面管理更专业化、系统化、精密化，以便于权责区分，从而提高高速（一级）公路的养护和管理水平。

通过市场进行高速（一级）公路养护资源配置的最大特点是能够实现资源的最优化，这种方式能够更好地适应社会经济制度和生产社会化、专业化发展，适应经济环境、资源配置的动态性和不确定性要求。高速（一级）公路养护是高速（一级）公路经营管理的重要内容，是经营管理的基础、关键，同时也是高速（一级）公路运营管理中资金投入量大的项目。高速（一级）公路养护也应该按照社会主义市场经济的要求，逐步走向市场化。充分利用市场机制，鼓励企业参与经营，使养护工作逐步步入社会化、市场化、专业化和机械化的高水平，采用科学的、现代化的养护管理模式来加强养护管理工作。因此，养护管理市场化的模式是现代化社会高速发展的需要，也是高速（一级）公路养护管理发展的趋势。

（二）目前青海省高速（一级）公路养护管理模式实行完全市场化的条件尚不成熟

1998年交通部福州公路养护会议以来，各地交通部门结合自身特点，紧密围绕“管养分离，事企分开”主题，积极探索公路养护运行机制向市场化转型、公路养护管理模式向“管养分离”转变。从全国范围内来看，改革取得了一定成果。但是，传统的体制、机制及制度等深层次矛盾障碍，也影响着改革向深层次发展。从青海省目前的实际情况分析，高速（一级）公路养护管理实行完全的市场化模式尚存在以下制约因素。

1. 市场主体培育面临产权政策束缚

由于产权制度改革政策滞后，在“两个剥离”和“两个置换”进程中缺少动力支撑。要将公路养护生产实体从公路管理部门或事业主体中剥离，使其成为自主经营、自负盈亏的市场主体，必须通过将一部分非经营性国有资产置换为经营性资产和职工身份由“事业人”转换为“企业人”来实现。由于这方面改革不到位，养护运行机制改革很难取得实质性进展。就青海省而言，虽然也成立了专门的高速（一级）公路养护公司，但目前从事高速（一级）公路养护任务的主要公司仍然是省公路局的下属机构，尚不具有独立法人资格，其基本形态依然属于承包养护的范畴，市场主体培育缓慢，使得青海省高速（一级）公路养护管理模式的市场化受到制约。

2. 高速（一级）公路养护市场化的基本条件尚未完善

目前，青海省从事高速（一级）公路养护单位主要脱胎于普通公路养护，从高速（一级）公路养护管理市场化的要求分析，公路养护企业大多因历史包袱沉重和资金、技术、装备、管理等劣势，驾驭市场的能力十分有限，尚有很大的不足。养护公司参与高速（一级）公路养护竞争的能力薄弱，根据现在的实际状况，即使具备了市场化运作的基本条件，也难以在市场上立足；人才资源不足，养护公司极大部分一线职工文化水平偏低，对高速（一级）公路养护的技能培训不足，人员的综合素质普遍较低，适应市场竞争能力十分薄弱，无法适应形势发展和市场竞争的需要；专业优势缺乏，缺少一定的原始积累，势单力薄，生产方式落后，养护机械设备陈旧，养护生产主要还是靠人工劳动；养护公司资质低，有的甚至连参与承包社会工程的资格都没有。这种现状下，走向市场，参与竞争必将困难重重。

3. 运行机制调整缺少扶持政策支撑

受事业单位劳动制度、分配制度、用工制度、社会保障制度的影响，要将目前广大养路职工的“事业身份”置换为“企业身份”，使职工由“事业人”向“企业人”和“社会人”转换，转制单位职工迫切需要身份置换后的经济补偿和养老等社会保障。由于社会保障衔接政策不到位，社会保障等配套政策不落实，客观上阻碍了改革进程。

我国公路养护市场的发育与完善还需要一个相当长的过程，在一定的过渡期内，减免转制的养护生产企业所得税、营业税等税费，有利于养护企业的生存与发展。相应税费扶持政策不落实，也延缓了改革的进程。

4. 统一开放的养护市场面临管理体制制约

建立统一规范、开放有序的高速（一级）公路养护市场是养护市场主体得以生存的必要条件，但目前我国公路养护市场区域分割和封闭情况还比较普遍，养护市场发育程度严重不足。究其根源主要是公路管理体制性分割。长期以来，我国公路管理体制并不统一，职、权、利互相交织，统一养护市场受到体制环境的制约。由于区域经济利益和维持一方稳定，养护市场地域分割情况比较普遍。因为养护市场基本局限在区域内整合，远未达到真正意义上的市场开放，公平竞争、规范有序的养护工程市场环境尚未形成。

总之，目前青海省高速（一级）公路养护管理模式实行完全市场化的基本条件尚未成熟，此前青海省公路局进行公路养护市场化改革过程中的反复也充分证明了这一点。

三、青海省高速(一级)公路养护管理模式的构建

(一)构建青海省高速(一级)公路管理模式的指导思想和目标

坚持以科学发展观为指导,按照ISO9001质量体系的要求,以管理科学化、规范化、制度化为重点,以运用现代科学技术为主要手段,以高速(一级)公路养护管理业务的标准化建设为"切入点",整合现有管理资源,通过增加市场对养护资源有效配置的程度实现高速(一级)公路养护目标,保证高速(一级)公路养护质量,提高高速(一级)公路养护效率,降低高速(一级)公路养护成本。

建立青海省高速(一级)公路养护管理模式的总体目标为:紧紧围绕高速(一级)公路为经济建设和社会进步服务这一中心,建立规范有序的公路养护市场,实现高速(一级)公路养护规模化、机械化和市场化,从而降低高速(一级)公路养护成本,提高养护效益和质量,最终保证高速(一级)公路以及高速(一级)公路养护的可持续发展,发挥高速(一级)公路在综合运输体系和现代化建设中的强大作用。

(二)青海省高速(一级)公路管理模式构建的基本原则

1. 养护成本、效用和质量相统一的原则

在构建青海省高速(一级)公路管理模式的过程中,必须使养护有利于充分调动公路养护管理机构和公路养护作业单位的积极性;必须有利于提高养护效率和养护质量;必须有利于降低养护成本和管理成本。总之,青海省高速(一级)公路管理模式必须综合考虑质量、成本和效率相统一。

2. 坚持与社会化、市场化相结合的原则

我国经济体制改革的目标就是建立社会主义市场经济体系。公路养护管理模式的选择是我国经济体制改革的一个组成部分,其最终目标要与经济体制改革的目标相一致,其政策、方式、目标要符合市场经济的客观要求。以市场为导向,有利于实现养护管理模式向市场化模式转变。基于市场机制的基本要求,体现竞争性特征,充分发挥市场中一切积极因素参与到高速(一级)公路养护领域中来,也要采纳一切有利于养护资源配置的有效配置方式,从而最终使高速(一级)公路的养护完全按照市场规律来进行。在具体的养护管理模式设计上,应将高速(一级)公路的养护、配套设施的维护项目、大中修及专项工程面向市场,聘用完全的管养公司和施工企业,实现高速(一级)公路养护的市场化和社会化。

3. 实事求是、切合实际的原则

青海省高速(一级)公路养护管理模式应当切合青海省经济发展和高速(一级)公路养护的实际。从青海省高速(一级)公路养护资金供给能力分析,青海省经济发展相对落后,高速(一级)公路自身效益较差,可用于高速(一级)公路养护的资金供给能力也相对欠缺;从青海省高速公路的发展策略来看,青海省未来的高速公路网组成部分上具有鲜明的地方特色,将既有按国家工程技术标准建成的高速公路,又有大量按"分期分幅建设的高速化公路"模式建设高速公路;从青海省高速(一级)公路养护的实际需求状况看,全省大部分地区地形、地质条件较差,与我国东中部的平原地区相比,高速(一级)公路抗御自然灾害的能力也较差,对养护工程的需求量也会比较大。因此,青海省高速(一级)公路养护管理模式的选择应该立足于本省的经济发展和高速(一级)公路养护和管理的实际需求,选择与本省经济发展水平和养护管理水平相适应的公路养护管理模式,不应与东南沿海发达地区比,应紧密结合因地制宜,不能只在形式上与其他地区看齐,应注重效果。

4. 有利于全省公路交通事业发展的原则

公路养护事业属于社会公益性事业,从总体上讲属于非竞争性行业。基于这个特点,公路养护在管理上有别于其他非公益性和完全竞争性的行业。在选择高速(一级)公路养护管理模式时应选择一种切实可行的有利于公路养护事业顺利发展的模式,以保证一种模式运行的长远效益。青海省高速(一级)公路是青海省公路网的组成部分,青海省高速(一级)公路养护管理模式的选择应同时兼顾全省公路养护的发展,继承和借鉴青海省高速(一级)公路建设与经营管理过程中一切有益的因素,充分吸引现行养护管理模式中的积极性因素和优点,走规模化、集约化和效益化道路。

（三）青海省高速（一级）公路养护管理模式方案设计

青海省高速（一级）公路养护管理工作由青海省高等级公路建设管理局负责，并按照“管养分离，事企分开”的总体原则，建议“十二五”期间青海省高速（一级）公路养护管理实行承包养护管理的模式，该模式的主要特点如下：

（1）高管局设养护管理处负责全省高速（一级）公路的养护管理，以社会化养护为主要形式，形成市场化的养护管理体系。将全省高速（一级）公路按地区划分为若干个标段，按日常养护、小修保养、配套设施维护、绿化、专项工程和大修工程等养护工程的若干年限，分几个标段集中打包，突出各类养护工程的专业化特点，通过委托养护、承包养护、社会公开招标等多种形式，按专业选择社会上各种成分的具备良好养护实力和信誉好的单位具体实施高速（一级）公路养护工程，建立养护工程的竞争机制。

（2）养护管理中实行二级管理模式，养护管理处负责全省高速（一级）公路养护的宏观管理、技术标准规范的制定和养护工作的监督、检查工作。具体工作职责包括：养护工程的招标、合同管理、投资控制、进度控制、技术方案审定、设计变更审定、技术仲裁、质量控制、环境保护、技术课题研究、质量检验和仲裁、指导监督外勤工作组和承包人的日常工作和合同支付。

在各个区域性的公路运营管理处下设立若干个养护管理科，具体承担该区域内高速（一级）公路路段的养护管理。养护管理科是管理处的基层养护管理单位，履行现场管理职责，负责各养护管理站工程的现场管理和质量控制。具体工作职责包括：路况巡查与检查，养护质量检查与评定工作，积累路况资料，建立技术档案，制定具体养护措施，在授权范围内对承包人和工程施工实施管理、监督，协调监理、养护施工单位中各方关系。

（3）聘请有专业资质的咨询设计单位协助养护计划的制订，建立和完善高等级公路养护管理数据库，充分发挥路面管理信息系统（PMS）、桥梁管理信息系统（BMS）及养护维修工程专家决策系统的主导作用；采用国际通行的服务类行业星级评价标准，对高等级公路的使用能力与服务水平进行综合评价；整合社会资源，联合解决高速（一级）公路养护难题。实现养护质量评价标准向综合服务水平的转变，养护决策向专业化、科学化和民主化方向发展。

（4）聘请有专业资质的社会监理单位履行质量管理任务。制定养护工作质量管理体系，引进社会养护力量及社会监理单位，将所有养护工程纳入社会监理范畴，走规范化养护道路；确定业主对承包商的评分和考核标准以及实施方法，并将评分结果与养护费用挂钩，建立健全养护质量保证与监督机制。

（5）在科学研究的基础上，编制地区性高速（一级）公路养护定额，推行养护工程费用定额制，按养护工程量及养护定额核定不同路段的养护费用；改变高速（一级）公路养护资金使用方式，全面推行养护工程费计量支付制度。应通过制定高速（一级）公路养护工程概（预）算定额及其编制办法，建立起养护工程费制度；通过招投标方式确定业主、承包商与监理三者的权责，建立起养护工程费计量支付制度，严格监督，合理使用公路养护资金。

（6）养护工程实现合同管理。高速（一级）公路管理部门与高速（一级）公路养护公司通过签订养护合同，建立双方的合同关系，双方的一切行为纳入合同规范中。督促养护公司依照市场规律采用合适的养护方法和养护技术，提高工作效率，提高养护质量，降低养护成本。促进养护市场良好秩序的建立，形成公开、公平、公正的市场竞争机制。

（7）搭建了高效灵活的管理工作平台，建立与社会养护专业对口单位交流沟通的通道，整合社会资源，培养养护管理队伍，促进养护可持续发展。

（8）坚持预防性养护，加强高速（一级）公路养护管理系统的开发和应用，以采用新材料、新工艺、新技术为突破口，促进养护手段的科学化和技术化。

（四）实行承包养护管理模式的优越性分析

“十二五”期间，青海省高速（一级）公路实行承包养护的管理模式主要有以下几个方面的优点。

1. 是现阶段既积极又稳妥的发展模式

从青海省高速(一级)公路养护管理工作的实践来看,目前青海省高速(一级)公路运营管理部门并没有自设养护队伍,而是将日常公路维护及公路小修保养等养护工作承包给专业公路养护单位,由承包单位负责公路养护工作的具体实施。青海省高速(一级)公路主体工程的养护工作主要是由青海省公路局所属的海东公路总段高速公路养护公司和湟源公路总段高速公路养护公司承担。这是一种典型的承包养护模式,属于管养一体模式向管养护完全分离的市场化养护模式的过渡形态。这种养护管理模式有利于实现养护工作的社会化、专业化、规模化和机械化,也在一定程度上避免了高速(一级)公路运营单位自设养护机构所产生的各种弊端,并且在一定程度上也提高了承包者对于养护工作的责任心和积极性,但在养护任务和利益机制上的软约束使其发展又存在局限性。

鉴于完全市场化的管理分离模式应是青海省高速(一级)公路养护管理模式的总体目标,但目前实施完全市场化管理分离模式的条件并不成熟。因此,实行承包养护的管理模式既符合养护管理改革的发展方向,又适应目前青海省养护管理发展的实际情况。承包养护管理模式的实施和完善,也为全省养护管理模式向完全市场化模式发展创造条件。

2. 是有利于促进全省公路养护发展的模式

青海省高速(一级)公路采用这种养护管理模式在现阶段具有其合理性和优越性。对于青海省这样经济发展相对比较落后的省区,普通公路养护资金严重不足。海东和湟源两个公路总段的高速公路养护公司是青海地区目前能够承担高速(一级)公路养护工程的最有实力的公路养护公司。该公司从属于省公路局,其养护收入对于弥补青海省普通公路养护资金的不足发挥着重要的作用。这种承包养护的管理模式对于同时促进青海省收费公路网和免费公路网的协调发展,提高全省公路养护水平和服务能力具有重要的意义。

3. 是节约成本,促进预防性养护实现的有效途径

养护的重要目的是消除结构病害,如车辙、坑槽、裂缝等,恢复公路服务能力。当路面行驶状况和结构损坏到较差水平时才采取相应的养护措施是一种成本高、费时的养护方式,并且干扰交通,给人们的经济活动和生活带来诸多不便。而实行高速(一级)公路总承包的养护模式,业主与养护承包企业间是总价合同关系,业主依据严格的考核,得出路况质量作为资金的支付依据。这种方式,作为养护承包企业来说,对养护的主体而言,是站在主动养护的位置。即只要加大日常养护,特别是预防性养护来实现保障路况的目标,从而降低因养护不及时而带来的养护资金更大的投入,以实现利益最大化。

4. 有利于促进科学化养护、专业化养护和养护科技进步

高速(一级)公路养护承包模式实行后,养护承包企业想要降低成本、提高效率、实现利益最大化,一方面,必须在机械设备、人员方面加大投入;另一方面,必须在科学养护方面下工夫,国外的高速公路专业化养护公司自身就具备科研方面的能力,科研成果可以直接用于实际养护中。

5. 是完善养护管理制度的有效手段

要想既投入较少,又收到良好的高速(一级)公路养护质量,只有建立行之有效的高速(一级)公路管理制度体系和完善的检查考核机制,才能有效、客观地管理好、控制好养护承包企业。高速(一级)公路养护承包模式的实行将对完善养护管理制度发生积极的推动作用。

6. 便于社会监督、舆论监督、保险参与

实现高速(一级)公路养护承包养护后,养护承包企业的监督将来自多方面,这包括社会监督、舆论监督、社会监理监督和业主监督。同时,对于不可抵抗力自然灾害引起的养护项目支出,一方面,如果是政府发出的紧急通知,相应的费用由政府或业主支付;另一方面,如果是养护承包合同以外的一些不可预测的项目支出或事故(如桥梁损坏、重大雪灾等),养护承包企业也可以通过购买保险来弥补有关的损失。这样保险公司、银行等金融机构也会加入到高速(一级)公路养护中,社会办(管)集体的局面自然形成。

7. 是精简机构、提高工效的途径

高速(一级)公路养护承包后,业主在养护工程方面可以不设独立的养护施工队伍,只设置养护技

术管理部门从事监督考核工作，而且养护管理部门所有施工设备一概不备，只集中资金购置急需的管理用车和日常维护设备，从而达到精简机构、提高工效的目的。

8.有利于建立社会诚信的养护企业

这种养护管理模式建立的基本前提是：社会分工的高度细化和企业信誉制度的建立。只有企业信誉良好的养护承包企业才能进入高速（一级）公路养护招投标备选名单，才有资格参加养护工程的投标。那么，不管是高速（一级）公路建设企业，还是专业化养护公司，建立信誉将作为企业生存的首要工作，从而建立和推动诚信的全面建设。

第六章　指导思想、发展目标和基本原则

一、指导思想

青海省高速(一级)公路养护管理的指导思想是:全面贯彻落实科学发展观,树立“以人为本,以车为本”的公路服务新观念和“建设是发展,养护管理也是发展;养护管理是更好的发展,是可持续的发展”的公路发展新理念;以“更好地为社会经济发展服务,更好地为公众出行服务”为总体目标,以提高养护质量、降低运营成本、提高管理效率、保障安全畅通、提升服务品质为主题,以机制创新、服务创新、管理创新与科技创新为动力,以资金、制度、人才、科技为保障,全面提升高速(一级)公路养护管理水平和公共服务能力。

二、发展目标

(一)“十二五”总体目标

“十二五”期间,青海省高速公路养护管理发展的总体目标是:到2015年,基本建成完善的高速公路养护管理体系,逐步形成安全畅通、经济高效、科学管养、和谐发展的高速公路网络;建成以人为本、用户至上的高速公路服务体系;建立规范化、制度化、科学化的养护管理体系;建立高效经济、权责明晰的公路养护管理机制;建立架构合理、职责明确、分工合作的养护管理机构;形成专业齐全、结构合理的养护管理人员队伍;建成布局合理、规模适当的养护基础设施和功能齐全、配置合理的高速公路养护机械;以资金、科技、人才和制度为核心的支持保障系统更加完善,对高速公路管理养护的支撑作用明显提高。养护管理在保障高速公路良好的通行条件、支撑高速公路系统可持续发展中发挥重要作用,使得青海省高速公路能够持续地为全省国民经济和社会发展提供“安全、畅通、和谐、高效”的公路交通服务。

(二)主要目标

1. 提升公路养护水平

(1)实现及时、快捷的专业化养护

①全省高等级公路养护由单一养护、粗放型养护向全面养护、集约型养护和高效养护转变。

②着力培养一支高水平管理和养护人才队伍,全面提升养护维修质量和养护效率。

③全省高速(一级)公路大修工程比例超过7%,中修工程比例超过12.5%。

(2)提高养护机械化水平

①力争使养护设备装备水平达到“关键设备要先进,普通设备要配套”的标准。

②配置必要的各类养护机械设备,使养护公司(或中心)具备承担高等级公路路面中修的养护维修能力。

③高速公路和车流量较大的一级公路全部实现机械化保洁。

(3)全面推行预防性养护

①树立全寿命周期养护成本理念。围绕路况检测调查、分析、养护决策和工程实施四个关键环节,研究制定预防性养护相关制度和措施。

②全省高速(一级)公路预防性养护比例达到8%。

③积极推广应用预防性养护新设备、新工艺,使预防性养护成为养护管理的基础和重点。

(4)提高公路养护技术状况水平

①遵循路面诊断智能化、预防性养护常态化、养护设备一体化、养护材料环保节能化、路面结构材料

新型化、养护施工社会化的公路养护技术发展趋势，加大全省公路养护技术的研发和引进，提高公路养护的技术水平。

②通过科学管理、精心养护，全省高速公路技术状况（MQI）保持良好。以桥梁、隧道和路面养护为重点，保持桥涵构造物养护技术状况良好，路面养护技术状况良好。

2. 提升服务水平，提高通行能力

（1）推动联网收费

本着“统一规划、统一设计、分步实施”的原则，逐步建成以各级高速公路收费清算管理中心、通信中心和监控中心为枢纽，以参与联网收费的各路段高速公路为纽带的现代化收费网络。逐步推行储值卡等便捷、高效的收费手段，适度发展ETC不停车收费等收费方式，提高联网收费管理水平。

（2）加强交通管理，确保通行畅通

通过对车流高峰的预测和通行状况的实时监控和分析、调动，因地制宜地利用标志或情报板，发布拥堵的信息，诱导车辆分流、入口车道变换为出口车道分流、车道扩建、不停车收费等手段，提高现有收费车道的能力。

（3）加快交通信息化建设

遵循交通运输部对公路信息化发展方向的指导和建设要求，完善青海省高等级公路信息化发展框架，依托成熟可靠的信息技术，建成覆盖全省高等级公路各类管理机构的基础信息通信网络，加强动态信息采集能力和综合处理能力建设，逐步构建协同化的业务管理信息平台，提高路网信息资源交换共享水平，在提高行业信息化管理水平、提升全省高等级路网综合管理和应急处置能力、改善公众信息服务质量等方面取得重大突破，完善信息化建设运营保障环境，逐步形成一体化的公路信息化管理与服务体系。

3. 加快应急保障能力建设

按照“以人为本、科学应对，预防为主、平急结合，分级负责、规范有序，整合资源、协调联动”的基本原则，形成统一指挥、分级负责、反应灵敏、运转高效、保障有力的高速公路应急保障体系，全面提高高速公路的运行效率和服务水平。

（1）构建针对不同类型事件、层级相互匹配、内容相互衔接的高速公路应急预案体系；建立上下衔接、职责明确的高速公路日常应急管理机构；建立和完善协调高效的省市（州地）及省内相关部门间的高速公路应急运行机制；建设高速公路应急平台和专兼结合的应急保障队伍。

（2）演练和完善突发事件应急预案启动后响应的联动机制和反应能力，建立信息搜集及预警、应急处置、应急保障和监督管理机制。

（3）配备必要的先进保通设备，建立一支反应和出动速度快、处置能力强的专业化应急保通队伍，使设备装备水平达到处置强暴风雪或清理现场的抗灾能力，应急队伍一小时内到达现场。

（三）远景目标

“十三五”时期青海省高速公路养护管理的远景目标是：力争到2020年，全省高速公路养护管理实现现代化，为全省社会经济现代化和公路交通基本实现现代化提供坚强有力的保障。

三、基本原则

（一）坚持以人为本，用户至上

以公众出行需求为导向，强化公共服务职能，把“更好地为社会经济发展服务、更好地为公众出行服务”作为高速（一级）公路养护管理工作的出发点和落脚点。改变发展理念和管理方式，实现更好地为公众出行服务的根本目标。

（二）坚持建养并重，加强养护管理

牢固树立“建设是发展，养护管理也是发展；养护管理是更好地发展，是可持续地发展”的高速（一级)公路发展新理念,确立“建是前提、养是关键”的思想。强化养护管理的基础性地位,加大养护投入,提高养护管理水平,充分发挥高速(一级)公路网的效能。

(三)坚持防治结合,预防为主方针

遵循“防治结合,预防为主”的高速(一级)公路养护方针,加强预防性养护,降低养护成本。提高高速(一级)公路养护的效率,提高高速(一级)公路的服务水平。

(四)坚持因地制宜,紧密结合省情

青海省高速(一级)公路养护管理规划采用因地制宜的方法,不生搬硬套国家标准和经济发达地区的现有模式和标准。紧密结合青海省省情,充分考虑青海省自然地理条件及青海省高速公路“2+2”的特殊发展模式对高速(一级)公路养护管理的影响。

(五)坚持统筹规划、协调发展

按照“全省交通一盘棋”的思路,按照“资源共享、协调发展”的总体思路,对关系全省公路运营、养护和管理的重要基础设施,如养护设施、管理设施、收费设施等,进行统一的规划,对全省高速(一级)公路辅助设施和配套服务设施进行统筹规划,提高设施设备的使用效率,促进协调发展。

(六)坚持深化改革、体制创新

遵循“集中统一、事权清晰、权责一致、运行高效”的原则,深化高速(一级)公路管理体制改革,完善高速(一级)公路养护管理模式,促进高速(一级)公路养护管理健康发展。

(七)坚持科技引领,和谐发展

加大科技创新力度,完善技术体系,实现全省高速(一级)公路的科学养护,推动高速(一级)公路养护管理的技术进步和养护决策的科学化。开展节约型养护,降低养护成本,提高养护的质量与效果。强化环保意识,树立循环经济理念,利用可再生技术,促进人、车、路和社会、自然的和谐发展。

(八)坚持以法治路、管理高效

健全法律法规体系,提高执法人员素质,推进依法行政,加大公路保护力度。创新管理手段,提高管理效率,降低管理成本,增加管理透明度。

(九)坚持安全可靠,保障有力

把保障人民群众生命财产安全作为公路养护管理的首要任务,健全标准体系。通过工程、标志、法规、宣传等多种手段,消除安全隐患,强化安全管理。完善应急管理体系,强化运行机制,加快队伍建设,保障物质储备,提高高速(一级)公路安全和应急保障能力。

第七章　青海省高速(一级)公路养护管理专项规划

一、养护管理机构设置与人员队伍发展规划

(一)总体目标

青海省高速(一级)公路机构和队伍建设的总体目标是:建立在高等级公路建设管理局领导下的养护管理机构和队伍,构筑科学、高效的养护管理体系,“以养护机构专业化、队伍正规化”为总体发展目标,逐步建立起服务青海全省高速(一级)公路运营的养护管理机构,不断提高养护队伍的素质,建立健全日常养护工作规章制度,规范养护定额标准。以高速公路面向社会化养护发展为导向,以“管理科学化、养护专业化”为目标,建立一支胜任高速(一级)公路养护工作重任的职工队伍,且不断提高业务水平和人员素质。实现全省高速(一级)公路养护科学化,保障青海省高速(一级)公路向经济社会发展提供优良的通行服务。

(二)养护管理机构设置基本原则

1. 精干高效原则

在完成目标的前提下,力求正确进行机构设置,做到机构精、用人少而管理高效。

2. 分工协作原则

组织机构的设置要实行专业分工原则,以利于提高管理工作的质量和效率;在实行专业分工的同时,又要十分重视部门间的协作配合,加强横向协调,以发挥管理的整体效率。

3. 指挥统一原则

组织体制和机构的设置,应当保证行政命令和生产经营指挥的统一,避免指挥分散和多头。

4. 责权利结合原则

组织机构设置应当保证每一管理层次、部门、岗位的责任和权利要相对应,防止权大责小(有权无责)或权小责大(有责无权)两种偏差;同时,责任制度的贯彻还必须与相应的经济利益结合起来。

(三)养护管理机构设置

根据青海省高等级公路建设、养护和管理的发展需求,养护管理职能属于全省高等级公路建设管理局的重要业务之一,其组织机构属于高等级公路建设管理局下设的职能科。

结合青海省现有的公路养护机构设置的特殊情况,“十二五”期间养护管理的机构方案设置为二级管理机构。

第一级:在高等级公路建设管理局下设养护处,负责全省的高速(一级)公路的养护管理工作。

第二级:在海西、海东等地区分别设置运营管理处(副处级),负责本区域内高等级公路的运营管理工作,其内设养护科负责本区域内的公路养护管理工作。

全省高速(一级)公路具体的养护工作,按照委托养护管理的模式,以养护工区为基地,由各高养公司各自承担具体路段的养护生产任务。

青海省高速(一级)公路养护机构设置见图 7-1。

(四)养护人员规模

1. 养护管理处

青海省高等级公路建设管理局的养护管理处(科级),编制 6 人,具体岗位是 1 个正处长、1 个副处长、4 个业务负责人。业务负责人的职责分别为公路养护技术、公路养护计划合同、公路养护设备管理、公路养护质量监督。

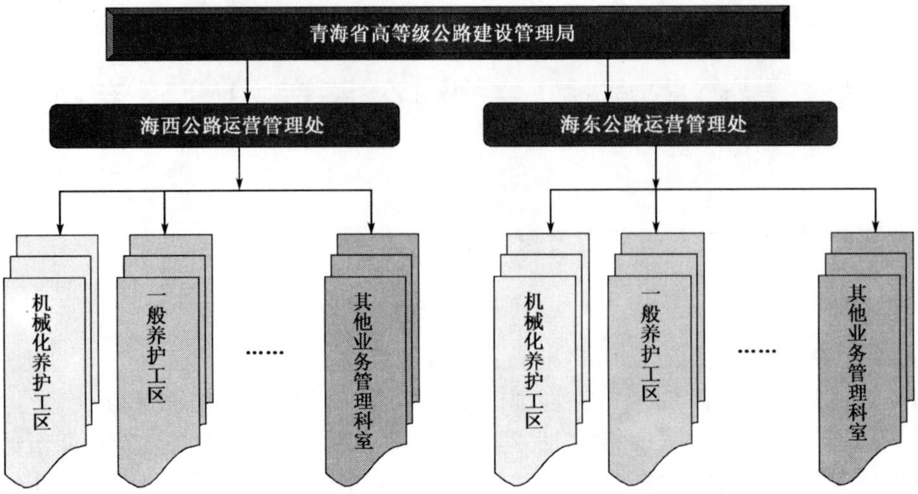

图 7-1　青海省高速(一级)公路养护机构设置示意图

2. 养护管理科

海西、海东公路运营管理处下设养护科，两个养护科编制各 5 人，每个养护科具体岗位是 1 个正科长、4 个业务负责人。业务负责人的职责分别为公路养护技术、公路养护计划合同、公路养护设备管理、公路养护质量监督。

3. 养护生产人员

根据全省地域差异安排养护人员：海西地区按每人养护里程 2.5 公里安排；海东及其他地区，每 50 公里一个养护工区，每人养护里程 2.0 公里。

全省养护人员总人数规模随着养护里程的增加而增加。参考其他地区人均养护里程的情况，确定 2015 年、2020 年的人路比，东、西部地区分别为 1∶2 和 1∶2.5。根据 2015 年和 2020 年全省高速(一级)公路养护里程的数量测算，全省养护队伍人员总数 2015 年为 1 054 人、2020 年为 2 361 人。养护队伍规模详见表 7-1。

养护队伍人员总规模　　表 7-1

年　份	地　区	养护里程(公里)	人路比(公里/人)	人数(人)
2008 年	全省	348	1	352
2015 年	全省	2 404		1 054
其中:海西地区		1 480	2.5	592
海东及其他地区		924	2.0	462
2020 年	全省	5 304		2 361
其中:海西地区		2 907	2.5	1 163
海东及其他地区		2 397	2.0	1 198

二、养护工区布局规划

(一)养护工区的功能及分类

1. 功能

养护工区作为养护管理所的下属单位，是直接从事养护生产的基地，有生产、生活、物资材料储备、设备停放、设备检修等几个基本功能要求。养护工区不是法人单位，所配置的设备统一由养护管理所管理。

养护工区的功能具体包括：

（1）为高速公路路面大中小修提供沥青混合料生产和石料破碎、储备场地以及大型设备停置、维修场地。

（2）可作为大型机械设备调运、维修、维护场所。

（3）作为水毁抢修、日常养护主要物资、材料储备库，为日常养护提供合格的沥青混合料。

为此，养护工区需配备管理用房、试验室、管理人员生活用房、食堂、餐厅，劳务队伍的住宿、厨房用房，及车库、仓库、维修间、配电房、门卫值班房等附属设施。由于路面施工特点，季节性劳务用工集中，养护工区还应为这些劳务工设置专门的住宿、厨房用房，提供公共卫生间及淋浴设施等。

2. 分类

高等级公路已有养护工区通常是随着公路建设设置的，一般是一个路段设一个或几个养护工区，工区内配有日常养护维修机具，负责该路段的维修保养任务。区域公路网逐渐形成时，应重新考虑养护工区，并根据承担养护任务的规模不同将工区分为中心养护工区和一般养护工区两个等级。国内养护实践的成功经验表明，通过实行中心养护工区与养护工区的分级管理，将经常性使用的养护机具放在各养护工区，不常使用的一些大型机具根据各路段的临时需要从中心养护工区调用，可以避免重复购置，充分发挥养护机具的利用效率，节约资金，从而促进养护统一管理和规模化发展。

根据国内经验，中心养护工区（也称机械化养护中心）和养护工区的分类具体如下：

（1）中心养护工区（或机械化养护中心）

作为枢纽互通的路网级养护工区，兼顾两条及以上相互连通的高速公路的养护任务，是高速公路路面养护施工的生产和后勤保障基地。服务半径为150公里，养护里程可达300～400公里，用地规模15～20亩（1亩=666.6平方米，下同），建筑规模1 500平方米。

（2）养护工区

主要承担日常小修保养工作，配置路面小修、护栏维护、绿化养护等1～2个专业化班组，以加强养护维修的应急能力，服务半径为80～100公里，养护里程可达200～300公里，用地规模10～15亩，建筑规模1 000平方米。

（二）养护工区规划目标

青海省养护工区规划的目标是：适应现代公路养护的需要，促进青海省高等级公路走机械化养护的道路，实现养护模式从过于分散到集中的转变，通过合理划分养护工区作业半径，使养护作业能及时、高效完成；通过将养护工区和养护机械设备规划相结合；通过合理配置养护设施和机械设备等资源，提高养护机械化程度和设施、设备的利用率，避免机械重复购置和资源配置浪费；通过建立以中心养护工区为主体、以养护工区为支撑的养护格局，形成与青海省公路网发展相协调的规模适度、布局合理、能力充分、高效畅通、整体最优的养护工区布局。

（三）养护工区规划原则

青海省高速公路养护工区布局遵循以下原则：

（1）机械化养护工区选址应坚持以人为本原则，充分考虑养护职工的生活基本条件，鉴于青海城镇稀少和地理环境较为恶劣等特点，工区应尽可能选在城镇有人、有水、有电的地方，选址宜靠城不在城，便于管理；距动力电源和水源近，便于生产和生活；养护工区宜设置在各条重点路段中间，便于辐射。此外还应靠近石料场，便于降低生产、运输成本；通风条件好，以利安全和环保。

（2）养护工区的数量和规模与交通量、养护年限、养护里程等诸多因素有关。尽可能平衡各养护工区的作业任务量，避免某一养护工区养护里程过多或过少，也要避免养护里程上的"一刀切"。实际配置数可根据路段的实际养路机械化程度和养护难易程度等情况进行调整。对于青海省内人烟稀少和边远地区的没有条件、自然条件特别差，固定工区仍满足不了的路段，可以适当延长养护里程，实行帐房养护或机械化养护队定期巡回养护。

（3）养护工区的设置要从整个高速公路网现状和未来布局出发，并结合青海省内自然、地理、气候等不同情况，因地制宜确定养护管养范围。一般养护工区的合理养管半径在50～100公里范围内，以保证养护机械在2小时以内能及时抵达现场。中心养护工区的作业半径控制在养护机械可当天返回的范围内。

（4）立足当前，兼顾长远。在设置工区时尽可能将养护工区（中心）设置在高速公路交叉点附近，以便养护机械方便快捷地到达养管范围内的任何地点，同时尽可能保留现有养护工区，减少重复建设和不必要的投资，充分发挥现有基础设施效益。

（四）养护工区规划布局

1. 养护工区布设

根据《青海省高速公路网（调整）规划（2009～2030年）》，至2030年，青海省高速公路网将形成“三纵、四横、十联线”（简称“3410网”）。规划里程为6 630公里，其中，国家高速公路2 049公里，地方高速公路网4 581公里。

“十二五”期间（2010～2015年），青海省高速公路网建设目标是：建成湟源—西海、小沙河—门源、门源—大通、湟中—贵德、花海子—察尔汗、察尔汗—格尔木、德令哈—小柴旦、油沙山—茫崖（石棉矿）、倒淌河—隆务峡、分水岭—大武、大武—花石峡、花石峡—香日德、茶卡—察汗诺、察汗诺—德令哈、阿岱—同仁等段高速公路，建设里程2 794公里。2015年青海省高速公路建设规划见附图1。

“十三五”期间（2016～2020年），青海省高速公路网建设目标是：建成同仁—泽库、泽库—河南、河南—大武、河南—赛尔龙、共和—玉树、玉树—囊谦、囊谦—多普玛、大通—西海、西海—刚察、刚察—天峻、天峻—德令哈、小柴旦—黄瓜梁、黄瓜梁—油沙山、牙什尕—李家峡、李家峡—贵德、夏河—同仁、察汗诺—天峻、草籽场—久治、贵德—共和、德令哈—都兰等段高速公路，建设里程2 699公里。2020年青海省高速公路建设规划见附图2。

根据调整高速公路网规划，原路网名称有所改变：G109线湟源至格尔木段改为北京—拉萨高速公路（G6）湟源至格尔木段；G315线察汗诺至小柴旦段及茶察连接线改为三段：天峻—茶卡高速公路（S2012）察汗诺至茶卡段、德令哈—察汗诺高速公路（S2013）察汗诺至德令哈段及武威—茫崖高速公路（S20）德令哈至小柴旦段；G215线当金山至格尔木段改为柳园—格尔木高速公路（G3011）当金山至格尔木段。鉴于新调整的高速公路网规划尚未正式颁布，因此本养护工区规划仍沿用原路网名称。

进行养护工区规划要考虑现有路网状况、现有养护工区设置情况，且要充分分析养护工区所要承担的养护内容。同时为了节约土地和资源有效利用，节约养护成本，规划布设养护工区将尽可能保留已有国省道所设置的养护工区。根据上述原则，考虑到青海省高等级公路与普通公路“全省交通养护管理一盘棋”及高等级公路“分期分幅建设高速化公路”的特殊建设管理模式，规划方案在结合青海省西部高速公路收费运营管理站点规划、青海省公路局文件【青公养字（2007）267号】《关于印发干线公路养护工区设置规划的通知》中的已有工区及规划等成果的基础上，深入、全面、系统地分析未来青海省高等级公路网规划情况，本着尽量利用现有工区并对其进行改扩建，以“路段为主，地区统筹为辅”的原则设置养护工区，规划布局如下：

（1）G109湟源至格尔木段养护工区设置

本段高速公路在现国道G315基础上以“分期分幅”模式改建，即利用现有二级公路，新建高速公路另半幅。

G109湟源至倒淌河段目前为一级公路，设有倒淌河工区；倒淌河至格尔木段目前为二级公路，设有茶卡、都兰、伊克高里、诺姆红、大格勒、格尔木工区，其中大格勒工区已废弃，其余均为砖混结构，1995年后建成，目前都在使用。除伊克高里和格尔木工区建筑面积满足需求外，其余均不足1 000平方米，需改扩建。根据现有工区情况结合建设条件全线设置7处养护工区，分别为倒淌河、共和、茶卡、都兰、伊克高里、诺木洪、格尔木，伊克高里和格尔木工区拟完全利用，其余进行改扩建。

设置养护工区共计7个，具体包括：

①伊克高里养护工区（已建）；

②格尔木养护工区（已建）；

③倒淌河养护工区(改扩建);

④共和养护工区(改扩建);

⑤茶卡养护工区(改扩建);

⑥都兰养护工区(改扩建);

⑦诺木洪养护工区(改扩建)。

(2)G315 线西宁至小柴旦段及茶察连接线养护工区设置

G315 线西宁至小柴旦段目前在乌兰、西海、德令哈、怀头塔拉、小柴旦设有 5 处养护工区,均为砖混结构,但建筑面积小(419 ~960 平方米),不足 1 000 平方米,需改扩建。因此,根据现有工区情况结合建设条件全线设置 7 处养护工区,具体包括:

①刚察养护工区(新建);

②天峻养护工区(新建);

③西海养护工区(改扩建);

④乌兰养护工区(改扩建);

⑤德令哈养护工区(改扩建);

⑥怀头塔拉养护工区(改扩建);

⑦小柴旦养护工区(改扩建)。

(3)G215 线当金山至格尔木段养护工区设置

G215 线当金山段目前在花海子、大柴旦、小柴旦(与 G315 共用)、加尔苏设有 4 处养护工区,均为砖混结构,但建筑面积小(404 ~1 055 平方米),需改扩建,另外加尔苏工区因水电解决困难,拟废弃。因此,根据现有工区情况结合建设条件全线设置 5 处养护工区,具体包括:

①鱼卡养护工区(新建);

②小柴旦养护工区(与 G315 共用,改扩建);

③花海子养护工区(改扩建);

④大柴旦养护工区(改扩建);

⑤格尔木养护工区(与 G109 共用,改扩建)。

(4)省道 S104 大通至贵德段养护工区设置

本段高速公路由省道 S104 改建,设置养护工区 3 个,具体包括:

①大通养护工区(新建);

②湟中养护工区(改扩建);

③贵德养护工区(改扩建)。

(5)省道 S203 互助至大力加山段养护工区设置

本段高速公路由省道 S203 改建,设置养护工区 4 个,具体包括:

①互助养护工区(新建);

②扎巴养护工区(改扩建);

③尖扎养护工区(改扩建);

④循化养护工区(改扩建)。

2. 中心养护工区布设

本规划在上述规划养护工区的基础上,选择部分养护工区,将其扩建为中心养护工区,不仅可方便中心养护工区对各养护工区的统一协调组织,还可减少重复建设费用。在上述规划养护工区中,选择以下工区进行扩建,使之成为中心养护工区。中心养护工区的布设要兼顾管养范围的适宜与养护工区良好的可达性。具体包括:

(1)韵家口养护工区

为马场垣—西宁、西宁—大通及西宁—互助段的中心养护工区,除负责本养护工区的日常养护任务外，还承担本养护工区、乐都养护工区、大通养护工区和互助养护工区等养护路段的大中修养护机械调拨与协调管理等任务。

(2)湟源养护工区

为西宁—倒淌河、西宁—贵德及湟源—西海段的中心养护工区，除负责本工区日常养护任务外，还承担本工区、湟中养护工区、贵德养护工区、共和养护工区等养护路段的大中修养护机械调拨与协调管理等任务。

(3)尖扎养护工区

为平安—临夏段的中心养护工区，除负责本养护工区的日常养护任务外，还承担本工区、扎巴养护工区、循化养护工区等养护路段的大中修养护机械调拨与协调管理等任务。

(4)德令哈养护工区

为大柴旦—茶卡段的中心养护工区，除负责本工区日常养护任务外，还承担本工区和怀头塔拉养护工区养护路段的大中修养护机械调拨与协调管理等任务。

(5)大柴旦养护工区

为当金山—格尔木段北部的中心养护工区，除负责本工区日常养护任务外，还承担本工区、鱼卡养护工区等养护路段的大中修养护机械调拨与协调管理等任务。

(6)格尔木养护工区

为当金山—格尔木段南部的中心养护工区，除负责本工区日常养护任务外，还承担本工区、诺木洪养护工区和小柴旦养护工区等养护路段的大中修养护机械调拨与协调管理等任务。

(7)伊克高里养护工区

为格尔木—茶卡段西部的中心养护工区，除负责本工区日常养护任务外，还承担本工区和都兰养护工区等养护路段的大中修养护机械调拨与协调管理等任务。

(8)刚察养护工区

为天峻—湟源段的中心养护工区，除负责本工区日常养护任务外，还承担本工区、天峻养护工区和西海养护工区等养护路段的大中修养护机械调拨与协调管理等任务。

(9)茶卡养护工区

为格尔木—茶卡段东部的中心养护工区，除负责本工区日常养护任务外，还承担本工区和乌兰养护工区等养护路段的大中修养护机械调拨与协调管理等任务。

3. 养护工区布局结果

至2020年，养护工区达到26个，其中中心养护工区设置9个。在规划养护工区中，利用现有工区14个，新建工区7个，其中韵家口、尖扎养护工区为中心养护工区，德令哈、大柴旦等8个养护工区在现有基础上进行改扩建。根据青海省高速公路网规划，2016～2020年，将建成西海镇—茶汗诺、牙什尕—同仁、大通—小沙河、隆务峡口—大力加山、格尔木—唐古拉山、格尔木—茫崖等公路，为此建议在察汗诺、西海、大通、循化等工区预留扩建土地，根据路网建设情况逐步将其调整扩建为中心养护工区，具体情况如表7-2、表7-3所示。养护工区布局详见附图3。

青海省高等级公路养护工区规划布局一览表 表7-2

序　号	养护工区名称	建设性质	服务线路	规划分类
1	韵家口养护工区	新建	马场垣—西宁	中心养护工区
2	尖扎养护工区	新建	平安—临夏	中心养护工区
3	德令哈养护工区	改扩建	大柴旦—茶卡	中心养护工区
4	大柴旦养护工区	改扩建	当金山—格尔木	中心养护工区
5	格尔木养护工区	改扩建	当金山—格尔木 格尔木绕城	中心养护工区
6	刚察养护工区	新建	湟源—天峻	中心养护工区

续上表

序　号	养护工区名称	建 设 性 质	服 务 线 路	规 划 分 类
7	伊克高里养护工区	改扩建	格尔木—茶卡	中心养护工区
8	茶卡养护工区	改扩建	茶卡—察汗诺	中心养护工区
9	湟源养护工区	改扩建	西宁—倒淌河	中心养护工区
10	大通养护工区	新建	西宁—大通	养护工区
11	互助养护工区	新建	西宁—互助	养护工区
12	诺木洪养护工区	改扩建	格尔木—茶卡	养护工区
13	怀头塔拉养护工区	已建	大柴旦—茶卡	养护工区
14	乌兰养护工区	已建	大柴旦—茶卡	养护工区
15	共和养护工区	已建	茶卡—湟源	养护工区
16	天峻养护工区	新建	湟源—天峻	养护工区
17	西海养护工区	已建	湟源—西海	养护工区
18	都兰养护工区	已建	格尔木—茶卡	养护工区
19	乐都养护工区	已建	西宁—马场垣	养护工区
20	鱼卡养护工区	新建	当金山—格尔木	养护工区
21	花海子养护工区	改扩建	当金山—格尔木	养护工区
22	小柴旦养护工区	已建	当金山—格尔木	养护工区
23	湟中养护工区	已建	西宁—贵德	养护工区
24	贵德养护工区	已建	西宁—贵德	养护工区
25	扎巴养护工区	已建	平安—临夏	养护工区
26	循化养护工区	已建	平安—临夏	养护工区

青海省高速(一级)公路养护中心工区及工区设置一览表　　表 7-3

序　　号	中心养护工区名称	工 区 名 称
1	韵家口养护工区	乐都养护工区
		大通养护工区
		互助养护工区
2	尖扎养护工区	扎巴养护工区
		循化养护工区
3	德令哈养护工区	怀头塔拉养护工区
4	大柴旦养护工区	花海子养护工区
		鱼卡养护工区
5	格尔木养护工区	诺木洪养护工区
		小柴旦养护工区
6	伊克高里养护工区	都兰养护工区
7	茶卡养护工区	乌兰养护工区
8	刚察养护工区	天峻养护工区
		西海养护工区
9	湟源养护工区	湟中养护工区
		贵德养护工区
		共和养护工区

三、青海省高速公路养护机械配置规划

(一)养护机械配置的影响因素

通过对全国不同地区、不同路段养护机械配置情况的调查分析发现,各地公路养护机械所配置的品种及数量有很大差异。养护内容、养护标准决定机械设备配置的类型和数量,而公路的地理环境和气候等条件对机械设备的配置类型也存在一定的影响。

1. 公路养护规模和养护标准

公路养护规模的大小和养护的标准决定所需的机械设备的类型和数量。养护里程长,设备的数量应适当增加,以提高养护的效率,保障道路的安全畅通。

2. 公路的地理环境和气候条件

公路的地理环境和气候条件对机械设备的配置有一定的影响,地域不同,配置的养护机械的品种及数量也有所差异,如北方地区气候干燥、降雪多,洒水车和车载式雪犁、推雪铲、除雪车、破冰机等除雪设备是必备机械。干旱、半干旱地区受气候条件的影响,出现的裂缝较多。出现裂缝后必须及时进行修补,否则水分会通过裂缝进入内部,导致水损害的发生。这些地区的养护单位处理横、纵向裂缝时采用的方法有灌缝修补法、乳化沥青稀浆封层法、沥青混合料罩面法、现场再生维修法、裂缝贴补法。其中灌缝修补法是最常用的方法,所需的开槽机、清缝机、灌缝机也是必配机械,其配置数量与当地的地理位置、气候条件等密切相关。

3. 公路交通量和交通构成

公路交通量的大小及交通构成类型的不同对道路及设施的损坏程度是不同的。交通量大、载重车辆多的公路所需的养护机械设备数量要多于交通量小、载重车辆少的公路。如广深高速公路大部分为高架桥,车流超过设计能力,超重的集装箱车和货柜车较多,其配置的养护机械总量及其生产能力是其他地区无法比拟的。

4. 其他影响因素

除受当地经济发展水平、管理体制的影响外,养护机械的配备还和主管养护部门的认识水平、养护部门的技术水平及养护工艺相关。

总之,公路养护机械的配备应根据养护作业的特点、公路管养里程、交通流量、交通组成、路面结构、路面宽度、路面排水方式、区域气候等具体情况决定,不能生搬硬套。

(二)高等级公路养护机械发展趋势

1. 多功能和综合化作业性能日益突出

公路养护机械发展的基本方向是多功能、综合化,提高可靠性、操作舒适性和环保性等。由于道路病害种类较多,以单台多功能综合性养护设备来集中完成道路的日常养护已成为国内外公路部门的首选,它具有一机多能和快速进入、快速作业和快速转移的"三快"功能。同时,由于这样的养护机械具有拖式或自行式底盘,以及具有烘干拌和以及沥青加热储存功能,因此机动性更好,对供料基地(料场)的依赖程度较低,作业人员的减少进一步降低了工程成本。这样的设备通常具有以下功能:自行或牵引式行走底盘;旧路挖铲机具;沥青加热保温喷洒及计量系统;小型沥青混合料烘干拌和设备;小型压实机具;流动电源。

同时,为了环保,上述养护车的烘干拌和系统装设了一级或多级除尘系统。某些养护车还专门设计了高温沥青混合料储存系统,使其一次修补面积成倍增加。路面的多功能养护不仅可降低养护成本,保证并提高作业质量及工程效率,而且可为养护工人提供更文明舒适的工作条件,也使养护工程对自然环境的影响显著降低。

多功能综合养护车有带有路面加热装置和保温料箱的加热式机型和带有拌和设备的常温作业型两者。前者施工质量较好,采购成本较高,适用于高等级公路;后者采购成本较低,操作维修简便,更适用

于农村县乡公路。

2. 全季节作业和旧料再生利用的需求日益凸显

推进和加快沥青材料再生设备和路面再生重铺机组的开发，以提高公路大修作业的经济效益。

未来公路养护需要满足全季节养护需求。从养护发展现状来看，以往公路多采用季节性养护，但是在非养护季节也必然会出现大量的道路病害，由于这些病害难以得到及时养护而逐步扩大，增加施工难度和工程成本，同时也对交通流造成很大影响。多功能综合养护车由于具有全套小型烘干拌和及沥青加热保温功能，对料场的依赖很小，因此为公路的全季节及时养护提供了可能。此外，还需要满足旧料再生利用的需求。养护作业时切掉的大量混合料若能现场再生利用，不仅可以节约大量的新材料和资金投入，也具有显著的环境保护意义。

（三）青海省养护机械设备配置原则

青海省养护机械设备配置原则主要包括：

（1）养护机械配备应体现经济、使用、高效、因地制宜及主动预防性养护与公路病害维修相结合的原则。

（2）养护机械配备应体现新技术进步的原则。养护机械的种类应大、中、小相结合，专用机型与多功能机型相结合。

（3）以主要养护工序完整、作业效率高、保证养护质量为原则，确定基本养护机械的种类、功率和技术水平。

（4）符合相关标准。养护工程机械配备还应符合现行国家、行业有关标准、规范的规定。

（5）各种设备的配置还要充分考虑到责任区内路龄的因素。对于新建公路养护任务相对较轻，养护设备相对较少，切忌追求一步到位的设备配置思想。一次性购足设备易产生盲目性，既耗费了大量资金，也容易使设备闲置。新建高速公路应着重于保洁、排泄水疏通，随着路龄增加，逐步有计划地调配新的机械设备。

（6）针对高速公路、一级公路路基养护工程量大且时间要求短、质量要求高的矛盾，养护机械的配备应注重大型高效施工机械。路面养护机械的配备应注重高作业效率和高作业质量性能以及具有快速反应能力的先进设备。同时，为了提高高等级公路的服务水平，机械设备中还应包括少量服务性养护机械。

（四）青海省养护机械设备配置规划

1. 养护机械设备配置规划目标

青海省养护机械设备配置规划的目标是：根据青海省地域情况和经济发展水平，加快养护机械设备结构调整步伐，加大养护机械设备投入，配置合理适用、规模适度的机械种类和规模，充分发挥机械设备的效益，提高青海省高等级公路的养护质量和效率，降低养护成本，加快推进青海省养护机械化、标准化、规模化，使青海省高等级公路机械化养护达到西部地区先进水平。

2. 养护机械设备配置种类

高等级公路养护机械设备的养护作业要求不同于一般公路，具有工效高、耐使用性好、功能专一、品种多样，价值高等特点，购买这些设备一次性投入大，后期维修保养费用高。在实际养护作业中，养护机械设备的使用频率差别很大，分经常性使用和必备性养护作业机械。对于规划的养护工区，都配齐各类养护设备，显然是一种浪费。根据高等级公路的要求，要保证快速安全畅通，一些大型专业综合养护设备必须具备，根据养护规模和路网结构，养护机械设备要实行“分类使用，集中管理，统一调拨，单独核算”，即日常养护机械由各管理工区负责管理使用和维修，大型专业养护设备在中心养护工区进行集中管理，内部使用时调拨，并可向社会租赁。

养护机械设备的具体种类、规格和数量取决于养护管理的里程、路基和路面的结构、类型、道路服务期限和磨损程度、当期气候条件、交通量、交通构成以及其他影响作业量和作业中期的各种因素。原交通部公路司2001年10月评审通过的《公路养护工程机械配备标准》在广泛调研和征求意见的基础上，编制了高速公路每100公里当量养护里程的机械配备种类及数量参考值，为养护机械配置提供了重要的参考标准，该标准中，推荐的高速公路、一级公路沥青路面养护机械种类具体见表7-4。

高速公路（一级公路）沥青路面养护机械种类表 表7-4

序　号	机械名称	主要参数	备　注
1	路面铣刨机	铣刨宽度≥1m，铣刨深度0～0.3m	
2	沥青混合料拌和设备	生产率≥60t/h	具有再生功能的设备优先
3	摊铺机	摊铺宽度≥5m，摊铺速度1～16m/min，摊铺厚度0～300mm	
4	装载机	斗容≥1m³，功率≥100kW	
5	自卸车	载质量≥5t，功率≥90kW	
6	振动压路机	功率≥90kW，频率20～50Hz，激振力≥100kN	
7	轮胎压路机	自重≥9t	
8	稀浆封层机	封层宽度≥2m，封层厚度3～20mm	
9	沥青洒布机	洒布宽度≥3m，洒布速度≥5m/min	
10	移动式照明车	照明范围≥200m，功率≥7.5kW	
11	移动式标志车	功率≥3kW	
12	沥青路面综合养护车	料斗装载质量≥2 000kg，热沥青容量≥100L	
13	沥青路面热再生机	总热量≥50 000kCal/h，料仓容积≥1m³，加热面积≥0.5m²，再生剂储箱容积≥0.1m³	
14	切缝机	切缝深度≥240mm，功率≥3kW	
15	灌缝机	压力≥0.15MPa，功率≥0.15kW	
16	路面清扫车	作业速度≥5km/h，行驶速度≥80km/h，垃圾箱容积≥3m³，清扫宽度≥2m	
17	道路吸钉机	工作宽度≥2.5m，工作速度≥10km/h	可作为工装
18	抛雪机	抛雪距离≥10m，工作宽度≥1.5m，抛雪量≥500m³/h，工作速度0.3～30km/h	冬季除雪设备，根据需要备选推雪铲
	推雪铲	工作宽度≥2.5m，工作速度≥5km/h	
	撒盐车	抛撒宽度≥2.5m，工作速度≥5km/h，盐箱容积≥3m³	

注：1Cal＝4.186 8J。

根据对青海省高等级公路养护维修调研，结合养护机械发展趋势分析，未来养护机械设备配置主要包括以下几方面。

（1）路面养护系列：沥青混凝土拌和机、沥青混凝土摊铺机、双钢轮压路机、轮胎压路机、单钢轮压路机、手扶式单钢轮压路机、铣刨机、切割机、灌缝机、开槽机、沥青洒布机、沥青路面综合养护车、沥青路面热再生机、路面清扫车、洒水车。

（2）动力设备系列：发电机。

（3）装载及运输系列：挖掘机、装载机、自卸车、双排车、平板车、养护巡查车。

（4）交通工程系列：划线车、推雪板、高空作业车、高杆照明设备、打拔桩机。

(5)公路检测系列：自动路况检测车、路面检测车、桥梁检测车（高等级公路的道路和桥梁检测设备考虑到社会上已有专业单位，购买新设备投资大，使用率低，可以不购置，由社会专业单位负责）。

3. 养护机械设备配置规模

参考2001年交通部发布的《公路养护工程机械配备标准》（推荐报批稿），高等级公路当量养护里程按以下公式计算。

$$L = AL'C$$

式中：L——当量养护里程，指根据道路结构宽度和交通量对公路里程进行折算而得到的标准养护里程；

A——双向4车道（2×7.5米行车道，每侧2.5米紧急停车道）时，取$A=1$；6车道时，取$A=1.1\sim1.3$；8车道时，取$A=1.5\sim1.7$；

L'——公路里程；

C——交通量影响系数，当实际交通量在设计交通量±10%范围时，取$C=1$；超过设计交通量10%～30%时，取$C=1.2$；低于10%～30%时，$C=0.9$；低于30%～50%时，$C=0.8$；低于50%时，$C=0.7$。

青海省高等级公路的交通量系数取0.8，A为1。参照2001年交通部发布的《公路养护工程机械配备标准》（推荐报批稿）中关于机械数量每100公里当量里程参考值及青海省高等级公路实际养护特点，每100公里当量养护里程的养护机械设备按以下标准进行配置（表7-5）。

每当量100公里的养护机械设备配置 表7-5

设备名称	名称	型号	数量（台、辆、套）	单价（万元）
动力设备	发电机（150kW）	FX-150GF	0.3	21
	发电机（300kW）	FX-300GF	0.4	3
路面养护设备	沥青混凝土拌和机	LSB-60B	0.2	88
	沥青混凝土摊铺机	9m	0.3	350
	双钢轮压路机	12t	0.5	68
	轮胎压路机	20t	0.5	56
	单缸轮压路机	18t	0.5	30
	手扶式单钢轮压路机	0.5t	0.5	13
	平板振动夯	3t	3	2
	铣刨机		0.5	330
	切割机		0.3	2
	灌缝机		1	37
	开槽机		0.5	14
	沥青洒布机		0.2	2.5
	路面清扫车		0.5	60
	碎石洒布机	牵引式	0.3	18
	平地机		0.5	20
	稀浆封层机		0.5	170
	沥青路面热再生机		0.2	240
	沥青路面综合养护车		1	43
	洒水车	10t	1	26

续上表

设备名称	名 称	型 号	数量(台、辆、套)	单价(万元)
装载及运输设备	装载机	ZL50	1	33
	挖掘机	PC220	0.5	98
	自卸车	8t	3	27
	双排车		0.5	16
	平板车	30t	0.2	32
	中巴车	19座	2	17
交通工程设备	划线机		0.2	40
	推雪板		1	5
	高空作业车		0.2	29
	高杆照明设备		0.3	5
	打拔桩机		0.2	17
	大型清障车		0.3	20

根据养护机械管理的总体思路和规划方案，养护工区主要承担小修保养工作和日常巡视任务，只需按相应要求配置少量日常养护作业的机械设备，如路面清扫车、洒水车、巡逻车、路面修补和压实机械等。对于一些养护时不经常使用但又必不可少的机具，可不在养护工区配置，统一购买后，放在中心养护工区进行统一调度与管理。每个中心养护工区具体配置方案如表7-6所示。

每个中心养护工区机械设备配备规划表 表7-6

序 号	设备名称	数量(台、套、辆)	用 途
1	灌缝机	1	裂缝灌缝
2	轮胎压路机	1	路面修补
3	双钢轮压路机	1	
4	单钢轮压路机	1	
5	手扶式单钢轮压路机	1	
6	平板振动夯	1	
7	铣刨机	1	路面铣刨
8	开槽机	1	裂缝开槽
9	平地机	1	路面大中修及周期性养护
10	挖掘机	1	路面大中修及周期性养护
11	稀浆封层机	1	路面大中修及周期性养护
12	装载机	1	运输工具
13	沥青路面综合养护车	2	灌缝、开槽、发电、电焊、喷漆、除锈、高空作业、照明
14	路面清扫车	1	路面清扫
15	洒水车	2	路面洒水、绿化浇水打药
16	工程双排车	1	运输工具、工程巡查
17	推雪板	2	冬季除雪防滑
18	中巴车	2	施工人员通勤
19	自卸车	3	运输工具
20	大型清障车	1	清障工具
合计		26	

除了表7-6所示的养护机械外，还有发电机、切割机、沥青路面热再生机、碎石洒布机、平板车、划线机、高空作业车、高杆照明设备及打拔桩机等因不足中心养护工区平均分配，可因地制宜，根据养护需求的轻重缓急按照一定的优先级别进行配置。

根据青海省高速公路建设规划，结合上述机械设备配置标准，计算得到“十二五”期间，青海省高速公路养护机械设备配置的适宜规模，详见表7-7。

青海省养护机械设备配置规模　　表7-7

设备名称	名称	型号	数量(台、辆、套)	单价(万元)
动力设备	发电机(150kW)	FX-150GF	7	147
	发电机(300kW)	FX-300GF	10	30
路面养护设备	沥青混凝土拌和机	LSB-60B	5	440
	沥青混凝土摊铺机	9m	7	2 450
	双钢轮压路机	12t	12	816
	轮胎压路机	20t	12	672
	单缸轮压路机	18t	12	360
	手扶式单钢轮压路机	0.5t	12	156
	平板振动夯	3t	72	144
	铣刨机		12	3 960
	切割机		7	14
	灌缝机		24	888
	开槽机		12	168
	沥青洒布机		5	12.5
	路面清扫车		12	720
	碎石洒布机	牵引式	7	126
	平地机		12	240
	稀浆封层机		12	2 040
	沥青路面热再生机		5	1 200
	沥青路面综合养护车		24	1 032
	洒水车	10t	24	624
装载及运输设备	装载机	ZL50	24	792
	挖掘机	PC220	12	1 176
	自卸车	8t	72	1 944
	双排车		12	192
	平板车	30t	5	160
	中巴车	19座	48	816
交通工程设备	划线机		5	200
	推雪板		24	120
	高空作业车		5	145
	高杆照明设备		7	35
	打拔桩机		5	85
	大型清障车		9	180
合计			533	22 085

综上所述,“十二五”期间养护机械设备将达到533 台,总体投入达到2.208 5 亿元。

4.养护机械设备配置策略

由于上述养护机械设备一次性配备在经济性上是不合理的,应该分批次逐渐配全,具体机械配备的优先顺序一般如下:

(1)养护急需的机械设备优先。

(2)可提高道路通行能力和安全作业的养护机械优先。

(3)代替人力,完成大作业量和大劳动强度养护任务的机械优先。

(4)作业质量必须由机械技术性能水平保障的机械优先。

(5)要求在较短时间内完成施工和养护任务的机械优先。

(6)配套成龙、技术成熟的机械优先。

(7)具有环保、再生功能的机械优先。

(8)在旅游专线上公路的清扫、洒水、划线、绿化机械优先。

第八章　青海省高速(一级)公路养护资金需求

一、资金需要测算思路

(1)根据《青海省高速公路网(调整)规划(2009～2030年)》及项目实施计划安排,确定各年青海省高速(一级)公路规模。

(2)按照青海省高速(一级)公路养护管理目标提出的大修率、中修率和预防性养护比例等目标,确定每年各类养护工程量(表8-1)。

青海省高速公路养护工程数量测算表(单位:公里)　　表8-1

类别	项目	2011年	2012年	2013年	2014年	2015年	比例(%)
1	日常养护里程	932	1 269	1 607	1 944	2 281	100
2	中修工程里程	117	159	201	243	285	12.5
3	大修工程里程	65	89	112	136	160	7.0
4	预防性养护里程	75	102	129	156	183	8.0

(3)根据青海省高速公路历年养护管理支出情况,结合规划期养护目标水平,确定基年各类养护工程和管理的单位成本。各类养护工程费用年上涨系数按3%计算,养护事业费费用年上涨系数按5%计算。

(4)养护机械设备资金需求按第七章机械设备规划提出的配置方案,分摊到各年计算。

二、资金需求量预测

按照上述思路和方法对"十二五"期间青海省高速公路养护资金需求进行分类测算,汇总结果见表8-2。

青海省高速公路养护资金需求测算表(单位:万元)　　表8-2

类　别	项目	2011年	2012年	2013年	2014年	2015年	"十二五"合计
一	日常养护	2 973	4 800	6 733	8 778	10 940	34 224
	中修工程	14 867	23 999	33 666	43 891	54 700	171 122
	大修工程	20 813	33 599	47 132	61 448	76 580	239 571
	预防性养护	4 757	7 680	10 773	14 045	17 504	54 759
	小计	43 411	70 077	98 304	128 162	159 723	499 678
二	水毁抢修	2 973	4 893	6 997	9 300	11 815	35 978
	危桥加固	2 973	4 893	6 997	9 300	11 815	35 978
	小计	5 947	9 786	13 994	18 599	23 629	71 956
三	机械设备配置	2 562	3 490	4 417	5 344	6 272	2 2085
四	养护事业费	2 973	4 893	6 997	9 300	11 815	35 978
合计		54 893	88 246	123 713	161 405	201 439	629 696

综上所述,"十二五"期间青海省高速公路养护管理资金需求约为629 696万元。

第九章　青海省高速(一级)公路管理其他相关方面发展建议

一、交通量观测站点布局

(一)交通量观测站点布局的基本原则

1.全面覆盖

在进行调查站点的布设时,应在保证一定精度的前提下做到对路网的全面覆盖,以切实提高调查的空间覆盖率和调查数据的代表性。

2.重点突出

在交通量站点布局研究和确定布设方案时,应充分考虑大中城市出入口、重要经济节点、重要路网节点、重要旅游风景景区、重要港站枢纽的影响。

3.规模适度

要保证在路网全面覆盖的前提下,突出站点布设规模与布设效率的最优平衡,避免产生站点和低效率站点,最大限度地减少动态交通数据采集体系的建设投入和后期运营投入。

4.合理布局

在进行观测站点的布设时,应注意与青海省公路网布局相协调,与全省公路网形态与技术特征存在的差异性相协调。根据不同地区的路网特点采用不同的站点布设对策,实事求是,合理地布设交通量观测站点。

5.条件适宜

充分考虑青海省特殊的地理自然条件,特别是广大西部地区自然条件恶劣、地质环境复杂、地广人稀,许多地区不具备交通量观测站点建设和运行维护的物质条件。因此,交通量观测站点的设置还应充分考虑这一重要因素,站点设置尽可能靠近收费站、管理所、服务区、养护工区等高速(一级)公路的养护管理机构,创造适宜的建站条件。

(二)高速(一级)公路交通量观测站布局的总体思路

1.统一规划、分步实施、稳步推进

根据全省高速(一级)公路发展规划,对全省高速(一级)公路的交通量观测站点的布局进行整体规划,按照项目建设的进度安排,对规划站点进行分步骤建设,使得高速(一级)公路交通量观测站点和高速(一级)公路同步发展。

2.交通量观测站点布局应遵循原则,注重调研,运用科学方法

青海省高速(一级)公路交通量观测站点的布局应结合全省公路规划布局及路网的形态特征和技术特征。遵循交通量观测站点布局的基本原则,并通过大量的调研,对未来路网交通量的分布状况和分布特点、高速(一级)公路路段的重要度进行分析研究。在此基础上,采用科学的方法,以提高全省高速(一级)公路网交通量观测站点布局的科学性和合理性,使调查站点分布更能够准确反映路网交通量特性,满足交通规划、公路管理、道路养护和社会公众出行对交通量调查的要求,提高交通量调查工作为行业、公众提供服务的能力。充分并考虑未来路网形态变化的影响,提高布设方案的适应性。

3.连续式与间隙式相结合,以连续式为主,间隙式为辅

在高速(一级)公路网发展的早期,由于调查手段与经济条件等因素的影响,我国公路交通量观测站点一直存在着连续式观测站点和间隙式观测站点的比例及布局不合理的问题。从连续式调查站点和间隙式调查站点的比例和布局分析,交通量调查站点布局采取的基本上是以间隙式观测为主、连续式观

测为辅的方式。高速(一级)公路管理和信息服务需要的提升要求增加交通量连续式观测站点的数量，增大其密度，而且车辆检测技术的发展和成熟，也为交通量自动连续观测提供了技术条件。因此，未来青海省高速(一级)公路观测站点的建设，应采取连续式与间隙式相结合，以连续式为主、间隙式为辅的方式。

(三)青海省高速(一级)公路交通量预测站点布局的实施建议

(1)根据交通量观测站的目标和需求，确定观测站点的类别。对于需要掌握交通量的时间分布规律，以及探求各种与交通量有关的系数，并为交通量研究提供长期可靠数据，并需要在同一地点进行长期连续观测的站点，则设置为连续式的观测站。对于需要通过众多观测来了解交通量在地域等空间上的分布规律，为了解全面交通量情况提供数据的观测站点，则设置为间隙式观测站。连续式观测站和间隙式观测站的分布应相互协调。

(2)从全面反映公路网的交通量流量及特性，结合公路网布局及公路规划建设等因素，在充分利用原有公路交通量观测站点的基础上，进行科学规划、合理布局。

(3)交通量观测站点应设在交通量比较稳定，流量和特征可代表某个路段区间交通流量和特性的地点。这个代表路段应根据实际情况确定，对于路网密集地区，如西宁市周边，代表路段一般不应小于5公里，最长不宜大于50公里；对于青海省其他地广城稀的大部分地区，代表路段可根据交通流分布和自然地理条件适当扩大代表里程。

(4)代表路段的分界点一般设在交通量明显变化处。高速(一级)公路与国省干线公路相互交叉点之间、高速(一级)公路进出较大城市的路段上，应设置交通量观测点。原则上，省地级行政区划的分界处应作为代表路段的分界点。

(5)交通量观测站点要综合考虑较为均匀地将各类观测站设置在路网中，避免过分集中或过分靠近城市。

(6)高速(一级)公路可利用收费站、监控系统站、养护管理站等设置交通量观测站点。

二、高速公路联网收费

(一)青海省高速公路收费系统建设方案选择原则

青海省高速公路选择收费系统建设应遵循以下几项基本原则：

(1)经济性原则应作为收费系统建设方案选择的第一原则，综合考虑收费系统建设及收费管理业务成本，尽可能少投入多产出。通过选择投资及运营成本较低并且方便管理的收费方式及技术，提高收费系统自动化程度以尽可能精简收费人员，在保证正常收费的前提下尽可能简化系统配置以使每项设施都能发挥应有效益。

考虑到青海省社会经济发展水平、高速公路建设和养护成本及交通量水平，大多数高速的财务效益都不会太理想，面临着巨大的还贷压力。因此，更应十分注重收费制式选择的经济性原则。

(2)提高收费效率，提高收费车道的通行能力，降低收费人员工作强度的原则。

(3)综合运用管理手段和技术手段，以最经济的方法取得尽可能好的管理效果，避免过分依靠技术手段解决所有问题的原则。

(4)技术先进性及适用性相结合的原则。把握科研与生产的关系和界限，科研来源于生产实践并服务于生产实践，依靠生产实践不断地完善提高，但科研与生产又有严格的界限，科研成果只有达到基本成熟时才可用于工程实践，否则将造成重大损失，避免盲目追求技术先进而忽视适用性。

总之，建设收费系统应牢牢把握工程的可行性，即任何一项技术或设施的采用首先应是必要的、有效益的，同时在技术和经济上又是可能的。而且这种可行性分析不能仅仅停留在定性分析的层次上，还应进行可靠的定量分析才行。

(二)青海省高速公路交通量分布特点

青海省地域辽阔，除湟水谷地和柴达木盆地外，地广人稀，经济发展水平和城市化水平均相对较低。

特殊的生产力布局、城镇体系布局和社会经济发展特点决定了青海省公路网交通量发展和分布的特点。

根据调查数据分析，主要有以下特点：

(1)西宁市和格尔木市等大中城市附近主线交通量较大，离开城市一定距离后交通量迅速下降，越远离城市交通量越小。

(2)主线交通中，货运车辆长途运输占的比重较高，并且以过境为主；客运车辆以大中城市周边出行为主。

(3)沿线大中城镇和矿产资料地等主要交通节点处的交通产生和吸引量比较大，对应的互通立交或进出高速公路处的交通流量较大，除此之外的其他交通节点产生和吸引交通量很小。

(三)青海省高速公路收费制式选择建议

如果把收费设施的建设和运营管理作为一个系统工程来看待的话，收费制式的合理选择则处于"纲领"的位置。收费制式的选择要解决的是如何向道路使用者收取通行费以及如何布设收费站点这样的核心问题。因此，收费制式的选择不仅会对收费设施本身产生直接影响，而且对互通立交等设施的建设方案也有很大的影响，最终直接影响到收费设施乃至收费公路的建设投资和运营成本。收费制式一旦选择失当，所造成的损失靠技术手段是无法弥补的。因此，收费公路收费系统的设置应高度重视收费制式的选择。

收费制式的选择与确定是高速公路收费系统的基础和核心，应以获取最大经济效益，收费方便合理并有利于吸引交通为主要原则。

从各种收费制式的优缺点分析，一般来说，混合式的经济效益都会优于封闭式，对交通量的吸引和影响略差于封闭式。只是与西部地区相比，东部地区通行费收入相对较高，还贷压力相对较小。因此对于运营成本和经济效益的损失较易承受。另外，东部地区由于城镇分布密集，封闭式收费制式便于实现联网收费。对于青海省这样的西部省份而言，情况就完全不同。高速公路的建设成本普遍很高，高速公路的流量普遍偏小，远离大中城市的路段和互通立交流量就更小，通行费收入普遍较低，还贷的压力远超过东部地区。而且相当数量的互通立交入不抵出，在这种条件下按封闭式在主线两端和所有互通立交设收费站就很不经济，经济效益的损失也难以承受。由于全国高速公路收费制式有"一刀切"地采用封闭式的倾向，使得高速公路的建设、管理和设计失去选择的机会，必将使这些高速公路的效益受到严重损失，并更加失去取得成功的条件。因此，青海省高速公路在平衡经济性和合理性时，收费制式的设置应更倾向经济性。

青海省高速公路宜根据以下原则选择收费制式：

(1)西宁周边地区及青海省东部地区路网发达，互通立交密集，交通量相对较大，建议实行封闭式区域联网收费。

(2)远离中心城市的长大线路可实行混合式收费，以有效地减少收费站数量，降低收费成本，提高收费公路的经济效益。

(3)按"分期分幅建设高速化公路"模式建设的高速公路，沿线城镇分布和交通源分布比较稀疏，分期建设，未实现封闭的高速公路实行开放式收费。

(四)青海省高速公路联网收费发展建议

(1)在确定收费制式和联网收费范围时，合理的逻辑顺序是先确定收费制式，然后在确定为封闭式的高速公路内设定联网收费范围。联网收费不是目的，而是解决分段收费这一问题的一种技术和管理手段。青海省高速公路收费系统的建设不应简单照搬其他地区，特别是东部发达地区收费系统的建设经验，更应避免为实现全省"联网收费"而"一刀切"地选择全省实行封闭式收费制式；不脱离青海省高速公路发展实际情况，简单片面地追求"全省一卡通"，更不应为联网而联网，为联网而付出高额成本。建议"联网收费"范围确定为以西宁周边地区高速公路网为主。

(2)青海省高速公路联网收费系统应本着"统一规划、统一设计、分步实施"的原则实施。

(3)根据远期发展规划,逐步建成以各级高速公路收费清算管理中心、通信中心和监控中心为枢纽,以参与联网收费的各路段高速公路为纽带的现代化收费网络。

(4)通过先进的通信技术、计算机技术、图像技术、控制技术、现代电子与检测技术,发展电子票据,从而为道路使用者提供良好的综合服务,以实现高速公路的社会与经济效益。

(5)从国情省情看,目前选择半自动收费方式是可行的、先进的。未来可根据高速公路收费发展的需要,适度发展 ETC 收费等高级收费方式,以节约成本,提高收费服务水平,提高联网收费管理水平。

三、开放式收费站点布局

对于开放式收费公路,收费站点布局过密,将给车辆出行带来延误,有悖于公路建设的初衷和根本目标,严重时甚至会阻碍地方经济的发展,给当地的投资环境带来不利影响。收费站点布局过疏,则有可能带来公平性的丧失,由于车辆通行一次性收费标准过高而使逃费车辆增多,严重时甚至会影响还贷的顺利实施。

开放式收费站点布局规划遵循以下原则:

(1)收费站点的布设应靠近城镇,满足水、电等公路收费站建设和运行的基本条件。收费站布设可靠近管理所、服务区、养护工区等高速(一级)公路的养护管理机构,为工作人员创造适宜的工作和生活条件,降低收费管理成本。

(2)应符合国家关于收费公路站点布设的有关法律、法规、政策、规定。收费公路收费站的设置间距应至少满足相关规划的最低要求。

(3)应遵循全省公路网"总体规划、合理布局、有序发展"的基本方针。

(4)应正确处理好收费效益和收费成本的关系,坚持"收费收入最大化"和"收费成本最小化"相结合的基本原则。

(5)应综合考虑路网形态和交通量出行特征等因素,合理设置收费站点,充分注重收费的公平合理性。

(6)应充分关注收费站的布局对收费效率和对交通流的影响,保证交通安全。维护高速(一级)公路安全、舒适、经济、快捷的行车条件,充分发挥高速(一级)公路的经济效益与社会效益。

四、青海省高速(一级)公路绿化

(一)高速(一级)公路绿化的总体思路

对于青海省东部地区,水源、土壤质量相对好于西部地区,在高速(一级)公路沿线选择需要并且能够实现绿化的路段做绿化工程;在青海省西部地区水源极度缺乏、土壤质量差或盐碱地的地区,因为不具备绿化条件,原则上不绿化。但考虑到车辆长距离高速行驶,驾驶员容易疲劳的问题,则需要在一些重要拐点或间隔 40 ~ 50 公里左右的地方建设一些绿色为主的立体构造物,起到安全驾驶的作用。

根据全省高速(一级)公路建设路线和建设里程,绿化工程分为两个部分。

东部地区:主要包括湟中—贵德、阿岱—牙什尕、湟源—西海镇、倒淌河—共和以及 3 条过境公路,总计 7 个路段进行植物绿化。在这些路段绿化工程建设过程中,主要绿化道路两侧、收费广场和隧道入口,中央分隔带需要根据具体情况确定,确实为了路线整体景观需要的路段则在中央分隔带进行植物绿化,对另外一些路段在中央分隔带使用防眩板或防眩网代替树木绿化。

西部地区:大部分路线沿线地区人烟稀少,适宜种植的树木和草坪品种极少,公路沿线不再种植植物,在西部的茶卡—格尔木、茶卡—察汗诺、察汗诺—德令哈、德令哈—小柴旦、当金山—察尔汗、察尔汗—格尔木,线路上进行一些大型构造物和建筑小品的构造物设计,并在造型、色彩方面注意搭配,使之与高速(一级)公路整体景观相协调。

(二)高速(一级)公路绿化建议

1. 科学确定高速(一级)公路绿化工程量

绿化工程是绿化养护工作的基础。因此,建议在公路环境保护工程的工可、设计阶段要充分考虑到青海的特殊气候条件、水源缺乏问题,在基本满足高速(一级)公路环境保护设计的前提下,尽量减少绿化面积,特别是要减少草坪的绿化面积。

2. 中央分隔带采用防眩板或防眩网

由于防眩板或防眩网均能够起到良好的防眩作用,达到安全行车的目的,而且防眩板和防眩网的造价低于树木绿化的造价,如北京六环路和八达岭高速公路的中央分隔带均选用了经济、美观的防眩板。因此,海西地区的高速(一级)公路中央分隔带尽量采用防眩板或防眩网替代树木绿化,这样可以大大减少绿化工程的建设成本和运营期绿化工程的养护成本。

3. 增设滴灌设备,降低养护期的灌溉成本

青海省境内降雨量少,有些路段周围也缺乏水源。为了保证植物在种植后能够正常生长,对树木及草坪在运营期必须进行灌溉,在缺少水源地区,目前采用汽车拉水罐对树木草坪进行浇水,这样大大增加了运营期的绿化工作量和绿化养护成本。建议在水源条件不好的地方,增加滴灌设备,可以减少绿化养护工作量,并节约用水。新疆的沙漠公路沿线成功地采用滴灌方式浇水,青海省也可以借鉴其经验。

4. 严格选择绿化植物品种

在青海省内除了上述影响栽种植物成活率的问题,还有一个重要问题就是植物品种的选择。在以往的高速(一级)公路建设过程中,绿化工程筛选了植物品种,在高速(一级)公路运营过程中,植物成活率仍是一个难以解决的问题。总结近几年的绿化经验,可以认为常绿树木在高速(一级)公路中央分隔带栽种并不适宜,应改为花灌木和耐碱抗旱性强的柽柳相间种植。建议为了提高绿化所用植物的成活率,在绿化过程中要严格筛选植物品种。

5. 改变以往绿化树木的种植方式

以前高速公路中央分隔带采取稀疏的种植方式,树木间距为 2 米,这样种植景观效果较差,建议新建高速(一级)公路在中央分隔带的种植树木应加大种植密度,花灌木种植按照每平方米 6 ~ 9 株种植,既能起到防眩作用,又可实现良好的景观效果。

6. 对已建高速(一级)公路的绿化工程实行改造

目前正在运营的有些高等级公路,如湟倒一级公路中央分隔带的树木养护成本较高,为了增加景观形象还要随时人工除草,增加了安全隐患。因此,建议湟倒一级路的 K81 公里以上的路段对原有绿化进行改造,重新考虑使用景观效果较好的一些防眩板或防眩网设施代替目前使用的树木。

7. 对公路绿化植被精细化修剪

整形修枝、修剪要根据不同树种、生长期特点,本着"造型优美、布局合理"的原则,采用不同的方法进行。路边的树冠不得妨碍视距,不得危及交通安全。乔木在秋季落叶后及时剪除枯枝、病虫枝;花灌木可对茬灌木作平茬处理,使其第二年生出更多枝条;绿篱在夏秋季适时修剪,以达到景观效果。总之,通过园林式艺术化修剪和抚育管理,达到"草坪碧绿整齐,灌木圆形如球、方形如矩"的绿化要求。

五、交通安全治理措施与建议

(一)广泛开展交通安全宣传教育,提高交通参与者的安全意识

事故成因统计分析显示,青海省高速(一级)公路上由于人为原因引发的事故占事故总数的绝大多数,而这类事故主要是驾驶员的安全意识淡薄引起的。交通安全宣传工作是预防和减少道路交通事故的治本之策和长期工作,需要警、路双方联合开展不间断的宣传活动,并在宣传费用方面给予大力的支持和投入。充分利用各种宣传手段,如电视、广播、报纸等媒体;印制发放一些形式多样、新颖感人的交通安全手册和画册;充分利用高速公路两侧的墙体制作交通安全宣传广告;深入客货运企业、场站和服务区等场所,开展交通安全和运输安全常识的宣传教育活动,提高驾驶员的安全行车意识;加强驾驶员的业务素质和心理素质的培训教育,提高其驾驶水平和对交通安全的认知度。

（二）加大对营运车辆的管理力度，对超载超限车辆严格执法

经过路政执法部门的不懈努力，青海省高速（一级）公路超限运输车辆近两年一直控制在总货运车辆的3%以下。但是在经济利益的驱使下，车主、驾驶员不顾生命安危，铤而走险，超载超限车辆屡禁不止。超载超限车辆除了严重损害公路外，也影响了道路的通行性，使追尾与侧向事故的隐患增多。治理车辆超限超载，要加大打击力度，严把源头治理关口。因此，治超检测站点的布局要结合实际情况进行优化，并根据货车流量动态，及时设置流动检查站，治超站点的管理要实现规范化，引入治超监控管理系统，把好入口关，杜绝超限超载车辆上路。应加大对超限超载车辆的治理和处罚力度，从源头上进行遏制。加大上路巡查力度，及时清障、抢修故障车辆。加大对客运车辆的管理力度，减少客运车辆因超员、超速带来的安全隐患，收费站和高速交警应密切配合，相互支持，防止绕线运营客运车辆进入高速公路。

（三）进一步完善交通安全设施，保证公路的安全畅通

根据对事故多发路段的调查分析，应及时根据路网和交通流量的变化情况完善交通安全设施，通过有效的交通安全设施设置，减少行车过程中的安全隐患，保证行车安全。路政和养护部门要定期对事故情况进行跟踪分析，及时增设警示标志、限速标志、减速标线等交通安全设施，夜间事故多发路段增设可变情报板提供安全警示。加强对隔离栅的检查和修复力度，杜绝人畜进入高速公路和车辆随意掉头，防止交通事故的发生。

（四）做好日常养护工作，增强道路的行车安全性

加强高速（一级）公路的日常养护工作，保障道路稳定性、路面平整度和适度的路面抗阻性，以增强道路的行车安全性；加强道路的巡查工作，及时清除道路上不确定的障碍物，保障道路的安全畅通；及时修补路面，完善道路的排水系统，避免路面积水或漫水；加大除雪设备的投入，冬季及时清理冰雪，避免积雪结冰引起的事故；加大机械化作业力度，避免因人工作业带来的安全隐患；对道路的绿化工作要不断完善，从而有效降低驾驶员的视觉疲劳，保证行车安全。

（五）落实交通安全隐患排查治理工作，预防重大交通事故发生

落实安全隐患排查治理工作，定期开展隐患排查和治理，为预防重大交通事故的发生服务。继日月山事故多发路段设置加水服务站后，努力做好长大下坡路段的交通安全防治工作，加强对长大下坡路段交通安全设施的配置，增设紧急避险车道、加水站和检查站等。针对隧道失火救援工作不好实施，在隧道内增加监测系统，如温度传感器、报警器等，保证隧道的良好通风条件，把预防工作做好。在隧道口铺设彩色防滑路面，增设警示标志。建议隧道管理所配备消防人员与消防车，做到监控、管理、救援一体化，做到事故及时发现，及时补救。

（六）加强运营管理，规范道路施工、养护、收费等操作流程

路政和养护部门应当对在高速（一级）公路上养护、绿化、光缆维修、大型广告施工等单位加大管理力度，加强对施工车辆和施工人员的管理，联合交警对驾驶员和施工人员进行安全教育或培训，加强安全防范意识和自我保护意识，按规定摆放安全警示标志，责令施工单位消除隐患后方可施工。加强收费保安员的责任心教育，避免因指挥不当而引发交通事故，收费站应加大管理力度，杜绝货物装载不合格的车辆进入。

（七）完善警路综合执法，为高速（一级）公路提供有效的交通安全管理

公路管理部门应对高速（一级）公路提供有效的管理，为人们提供安全、舒适、通畅、迅捷的行车环境，从而减少交通事故，保证通行安全。在构建和谐交通的背景下，建立和完善警路联合执法体系，加强多部门综合管理，共同调适人、车、路三者关系，构筑安全、高效、舒适的交通环境是十分必要的。警路两部门对所发生的道路交通事故接到报案后应立即相互沟通，相互支持，避免受伤人员得不到及时救助而造成死亡，或因警示标志设置不规范而引发二次交通事故。加强恶劣天气、突发事件应急预案的配合力度，深化警路联勤制度，加强信息互通、资源共享，共同维护好高速（一级）公路的交通安全与畅通。

（八）加强信息监控系统建设，为提高交通安全水平提供技术保障

公路管理部门要进一步完善高速（一级）公路信息监控系统，及时收集沿线通阻信息和气象信息，为驾乘人员提供通阻信息和气象预报服务。及时发布公路养护施工信息和突发事件信息，加强路面巡逻和监控力度，发现因天气、事故等原因影响行车安全时要立即采取相应的交通管制和引导措施。加强道路执勤执法，加大对车辆超速行驶、疲劳驾驶等严重交通违法行为的查处力度，增设车速与车头时距监测系统，对超出允许范围的车辆发出警告，遏制超速、疲劳驾驶等交通违法行为，从而降低交通事故发生的可能性。

（九）加强设计、施工、运营各阶段对交通安全的重视与研究，综合提高交通安全水平

每条新开通的高速公路都因设计、修筑等方面的问题，存在事故多发路段，进而随着道路使用磨损、气候变化还会出现新的事故多发路段，因此，应高度重视交通安全的动态跟踪分析研究，及时发现并提早预防，努力做到防患于未然。同时，在设计阶段，从设计理念上要重视交通安全，比如，要避免因为经济条件的限制过多使用极限值，设计审查中要尽量将对交通安全的影响作为依据之一，施工阶段要严把质量关，不给运营期留下安全隐患。交通安全工作贵在治、重在防，要从设计、施工、运营各阶段给予足够的重视和研究，综合提高交通安全水平。

六、高速公路应急体系建设

（一）高速公路应急管理机构建设

按照国家和交通运输部相关应急预案的要求，在地方交通主管部门的统一领导下，建立青海省高速公路应急管理日常机构——青海省高速公路管理与应急处置中心。在青海省高等级公路建设管理局设立省级高速公路管理与应急处置中心，作为全省高速公路应急管理的日常办事机构，在应急领导小组领导下开展工作。

高速公路管理与应急处置中心负责高速公路的运行监测及有关信息的收集和处理，向社会发布公路出行信息；与地方人民政府应急管理部门、上级路网中心及其他相关应急管理机构的联络、信息上传与下达等日常工作；与气象部门合作开展交通专业气象预报、预警发布工作；拟定、修订与公路相关的各类突发事件应急预案及有关规章制度；组织公路应急培训和演练；组织有关应急科学技术研究和开发，参加有关的区域合作；编制年度应急工作经费预算草案；参与高速公路应急规划的编制；根据下级高速公路应急管理机构的请求，进行应急指导或协调行动；负责协助和指导应急物资设备储备设施建设与管理。应急状态下主要负责24小时值班接警工作；接收、处理应急协作部门预测预警信息，跟踪了解与高速公路相关的突发事件；向上级和下级公路应急管理机构上报和下发应急信息。

鼓励各级交通主管部门通过与公安交警部门建立协调机制，共同利用地方路网中心的设施条件，开展联合指挥、巡逻、执法等公路日常管理业务。

建立高速公路应急物资储备管理与调度机构。由省级交通主管部门负责设立省级公路应急物资储备点。省级交通应急物资储备点采用省市共建、委托管理模式，在布局、规模、保障范围、存储设备的种类、数量方面应与国家储备中心有所区别和互补。

（二）高速公路应急机制与制度建设

建立和完善多层次应急运行机制是高速公路应急管理的基础，基本思路在于各部门间加强沟通和协作，进一步细化职责分工，落实具体执行部门，明确权力责任，规范处置流程，形成一系列具有约束力和制度化的规范性文件。

运行机制建设主要围绕高速公路应急管理中关键问题，包括预警与应急信息有效共享、信息发布、路网统一调度、跨部门分工协作、各类队伍及物资的高效调配、恢复与补偿资金；以及日常管理中的路网和运力监控、信息沟通、出行信息服务、路警协同管理、应急队伍及物资储备设施的联合建设与管理以及培训演练等内容。

抓紧启动青海省高速公路交通应急管理专项预案编制工作，指导各州地市建立与之衔接和配套的

两级高速公路应急预案体系。以应急管理为突破口，强化对高速公路的行业管理，形成全省统一指挥、职能明确的应急管理指挥与调度体系。加强交通系统内部及相关部门间的相互沟通和协作，推广“路警协调”、“路运联动”等机制，形成区域联动、部门互动、协调有序的应急管理机制。建立定期演练制度，指导高速公路交通应急管理部门结合实际，有计划、有重点地开展应急演练，加强对高速公路应急知识的宣传，有计划地开展定期培训，提高应急队伍专业技能。

(三)监测预警系统建设

全面调查各类高速公路风险隐患，建立风险隐患数据库，加强重点高速公路监测预警系统的建设，逐步完善覆盖高速公路全路网的高速公路突发公共事件监测网络系统，构建突发公共事件综合预警系统，提高各类高速公路突发公共事件监测预警和综合分析能力。

(四)应急指挥系统建设

根据《全国公路网管理与应急处置平台体系建设指导意见》，结合青海省实际情况和现有条件，积极开展高速公路管理和应急处置平台体系建设。基本建立较完善的信息互通、协同高效的省级公路管理和应急处置平台体系，实现对全省高速公路重要路段和收费站、服务区等重要节点的路网运行状态监测数据和现场图像接入、路网服务水平分析、交通阻断信息采集与发布、公路重大气象灾害信息发布、异地会商、路网协调和辅助调度等功能，为路网协调、公众出行服务和应急处置提供支撑。

(五)应急人才队伍建设

建立应急抢险保通队伍。省、市级高速公路应急管理机构负责应急抢通保障队伍的组建和日常管理。构建以高速公路养护管理部门、路政管理部门、养护工程企业为主体的公路应急抢通保障队伍，按照高速公路规模、结构、地域分布特点，采取全社会范围内的公开招投标的方式择优选择高速公路养护工程企业，并与之签订合作合同，明确技术管理要求、应急征用的条件和程序、征用补偿的标准和程序以及违约责任等，规范高速公路应急抢通保障行为，保障参与高速公路应急抢通保障企业的利益。

加快建立高速公路应急抢险保通队伍，加强应急机械设备、应急运输设备以及应急通信设备的配备，建立并完善应急队伍管理制度和运行机制，全面提高高速公路应急处置与救援能力，结合高速公路网络优化应急力量的布局。

通过开展应急培训工作，培养更多的应急专业人才，提高应急管理人员的知识水平，提高应急处置人员的专业技术水平。建立省、市(州)、县三级专兼结合的应急处置专业队伍。

(六)物资与资金保障能力建设

建议青海省高等级公路建设管理局根据辖区内高速公路突发事件发生的种类和特点，按照辐射范围在200公里左右的要求，在充分利用公路养护施工企业的装备设施资源，结合交通战备物资储备体系，在公路抢通队伍的分布的基础上，合理布局、统筹规划建设全省高速公路应急物资储备点。

应急物资储备点主要储备包括沥青、碎石、砂石、水泥、草袋、麻袋、融雪剂、防滑料、吸油材料等公路抢通物资，防护衣物及装备、帐篷、燃料、安全标志、车辆防护器材及常用维修工具等救援物资以及少量如汽车起重机、挖掘机、装载机、推土机、压路机、扫雪车、平板拖车等大型机械设备。

建立高速公路交通应急专项资金保障，将交通应急专项资金列入高速公路养护管理财务预算，加快各级公路交通应急物资储备中心(点)建设，出台相关管理办法，构建规模适度、结构合理、管理科学、运行高效的应急物资储备、配送体系。

(七)应急科技保障能力建设

依托科研机构，加强应对高速公路交通突发事件技术支撑体系研究，建立高速公路交通突发事件管理技术的研究体系和储备机制；重点加强防灾抗灾和应急抢修技术、智能化应急网络指挥通信技术装备、辅助决策技术装备、特种应急抢险技术装备的研制工作；开展预警、分析、评估模型研究，提高防范和处置重大公路交通突发事件的决策水平。

第十章 青海省高速(一级)公路养护管理规划实施的保障措施

一、深化高速(一级)公路养护管理体制和机制改革

科学、高效的公路管理体制是做好公路行业管理工作的重要保证和必要条件。“十二五”期间,青海省应根据现行管理体制的不足与弊端,从高速公路事业发展的大局出发,加快改革步伐,尽快建立精简高效、职能明确、权责一致、运转协调、办事规范的新型公路管理体制。按照实现投资与效益的统一,提高现有高速公路网服务水平的最终目标,按照“态度积极,步子稳妥”的原则,创造条件,按照管养分离的模式,认真做好高速养护管理运行机制改革。

二、加强公路养护管理技术研究,大力推广应用新技术、新材料、新工艺

面向现代化的高速公路养护管理,建立强大的技术支撑,采用先进适用的养护技术,保证高速公路的正常使用,实行规范、科学、高效的管理,使高速公路的服务水平不断提高。

利用高科技检测技术促进工程质量监测和公路养护智能化,通过利用高精度传感器、雷达技术、RS 技术等高科技手段,实现人工检测向自动化检测发展,由破损类检测向无损检测技术发展,使公路质量的检测、评估和病害分析更加快捷,使公路养护更加合理经济。利用智能化的公路养护管理决策系统,为公路养护和运营提供大量、及时、准确的数据信息,为公路交通的发展、科学管理和决策提供依据。

推广使用国外高等级公路养护适用新技术、新材料、新工艺,提高路面耐久性,延长公路使用寿命,降低养护成本。大力推广与使用改性沥青技术、SMA 路面技术、土工合成材料、乳化沥青、稀浆封层、废旧路面材料再生利用技术、废旧材料应用技术和工业废渣在道路工程中的应用技术等发达国家和地区在高速公路养护过程发展起来的先进技术,改善高速公路桥梁等建筑的稳定性和耐久性,以达到节约能源、降低成本、实现高速公路可持续发展的目标。

坚持科学检测,重视科学养护。采用先进的高速公路养护管理系统,定期对路况进行全面调查,并对各性能指标进行检测评价,科学决定养护工作计划。

在实行专业化养护的前提下,提高养护机械化程度,培养造就一支能适应高速公路特性的专业化养护队伍,并逐步实行招投标制,把养护工作推向社会化,以激励专业化养护队伍加强内部管理核算机制,提高竞争能力,促进全省高速公路养护管理水平和技术水平的提高。

三、加大养护资金投入,加强养护资金使用管理

建立养护资金与高速公路通行费挂钩制度,切实保证专项养护资金到位。确保高速公路及时、全面、按计划地进行道路养护和维修,提升道路服务质量。从制度或法规上规定养护投入比例,建立养护资金与高速公路通行费挂钩制度或养护资金投入要满足道路服务质量的要求,建立全省高速公路统贷统还、统一列支养护经费的管养模式,解决单一高速公路效益不好其养护资金的来源问题,切实保证专项养护资金到位。

根据高速公路使用情况和养护需求,制订详细的养护计划,强化高速公路养护资金预算约束,合理分配养护资金。全面推行养护工程费计量支付制度,通过制定高速公路养护工程概(预)算定额及其编制办法,建立起养护工程费制度;通过招投标方式确定业主、承包商与监理三者的权责,建立起养护工程费计量支付制度,严格监督,合理使用公路养护资金。

四、加快信息化管理系统建设

加快建设全省高等级公路统一的信息网络、统一的资源体系和统一的信息化发展框架，在高等级公路的建设、养护、运营、监测等主要业务领域中，实现管理信息平台化。通过建成若干重点系统，对行业发展形成有效的决策支持，增强快速反应的交通应急能力和抗灾减灾能力，提供满足各民族人民出行需求的高等级公路信息服务。通过互联网以及内外网门户等手段，实现政务公开、办事方便、服务到位的公众交通信息服务体系，逐步推动交通事故预警系统、路政管理信息系统、建设公路路况评定系统、路面状况分析管理系统、桥梁监控和管理系统等的建设，最终实现高效的行业管理和完善的信息化服务，有效提升行业管理的良好形象。

五、加强公路养护管理人才队伍建设

科技的发展和进步，离不开足够数量的高素质的专业技术人员，人才是高速公路养护管理事业发展的决定因素。未来应结合青海省高速公路养护管理的实际需要，制定人才培养制度，在实践中培养出一支高素质人才队伍。

通过强化对现有科技人员的职业技能培训，建设高素质公路科技人员队伍；建立和完善科学的用人机制，为人才成长提供充分的机会和宽松的环境。注重养护生产科技人员的知识更新，全面提高其综合素质，合理利用高等教育资源，通过各种手段和措施，保障养护生产高层次人才的培养。造就一支适应公路养护事业和科技发展需要，应对知识经济挑战，具备高素质的公路科技人才队伍。

通过科技项目、科技示范工程等培养造就人才队伍。结合重大科技工程和重点科技项目的实施，培养和造就高水平的养护生产科技创新人才；鼓励采用新工艺、新材料、新产品，通过三新的推广应用培养一批优秀的技术骨干，提高公路养护质量；加快培养一大批技术娴熟、手艺高超的一线操作人员，创出一流的养护工程。

高速公路养护管理的专门人才除路桥技术人才之外，还需要交通工程、计算机技术、环保技术、材料技术和管理技术的人才。应加强养护人员知识和技术结构优化，特别是做好高层次、复合型人才队伍的建设。

六、加快培育和发展高速（一级）公路养护工程市场

构建三个市场主体，强化监督管理，健全高速公路养护管理体系。鼓励和支持高速公路路况监督咨询公司、高速公路养护公司和高速公路养护监理公司的健康发展。强化高速公路市场体系的政府监督（或特许公司的法人监督）机制，使高速公路养护市场体系有效运作，使三个主体充分发挥潜能。

将养护生产业务从高速公路管理业务中分离出来，逐步实现高速公路养护的专业化、机械化和市场化目标。大力培育市场主体，将公路管理机构所属的工程队、运输队、生产厂站与公路管理机构分离，使其成为自主经营、自我发展的经济实体，积极参与市场竞争。将各级公路管理机构精减下来的专业人员组成咨询公司、监理公司、工程质量检测中心、机构设备租赁中心等中介机构，并参与高速公路养护工程市场。

建立和完善市场监管制度。在省交通厅的支持下，以省高等级公路建设管理局牵头，建立科学合理的高速公路市场准入制度，加强高速公路养护市场的信用体系建设。

七、完善各项高速（一级）公路养护管理制度

结合青海省高速公路养护管理的实际情况，尽快建立起一套高速公路养护工程管理、评价办法和检查制度。如高速公路养护工程市场管理办法、高速公路养护工程招投标办法、高速公路养护定额编制办法、养护工程评价标准和检查制度等，使高速公路管理机构进行养护工程管理和行业管理时，能够有章可循，有法可依，减少人为因素干扰，提高科学管理水平。加强对高速公路养护市场各类养护项目和工程项目的全过程监管。

附　　录

附录一　青海省高速公路建设规划图(2015年)

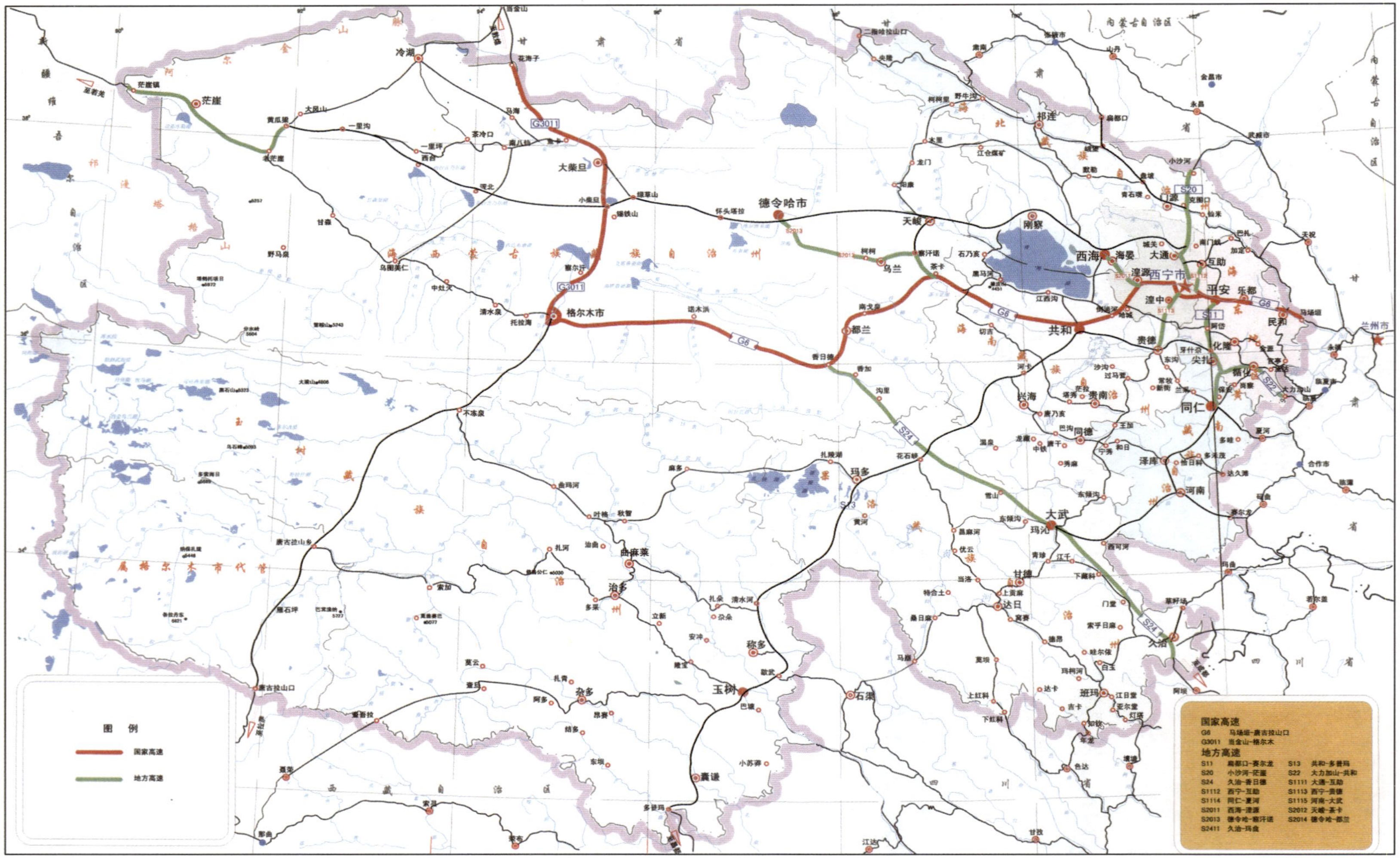

附图1　青海省高速公路建设规划图(2015年)

附录二　青海省高速公路建设规划图(2020年)

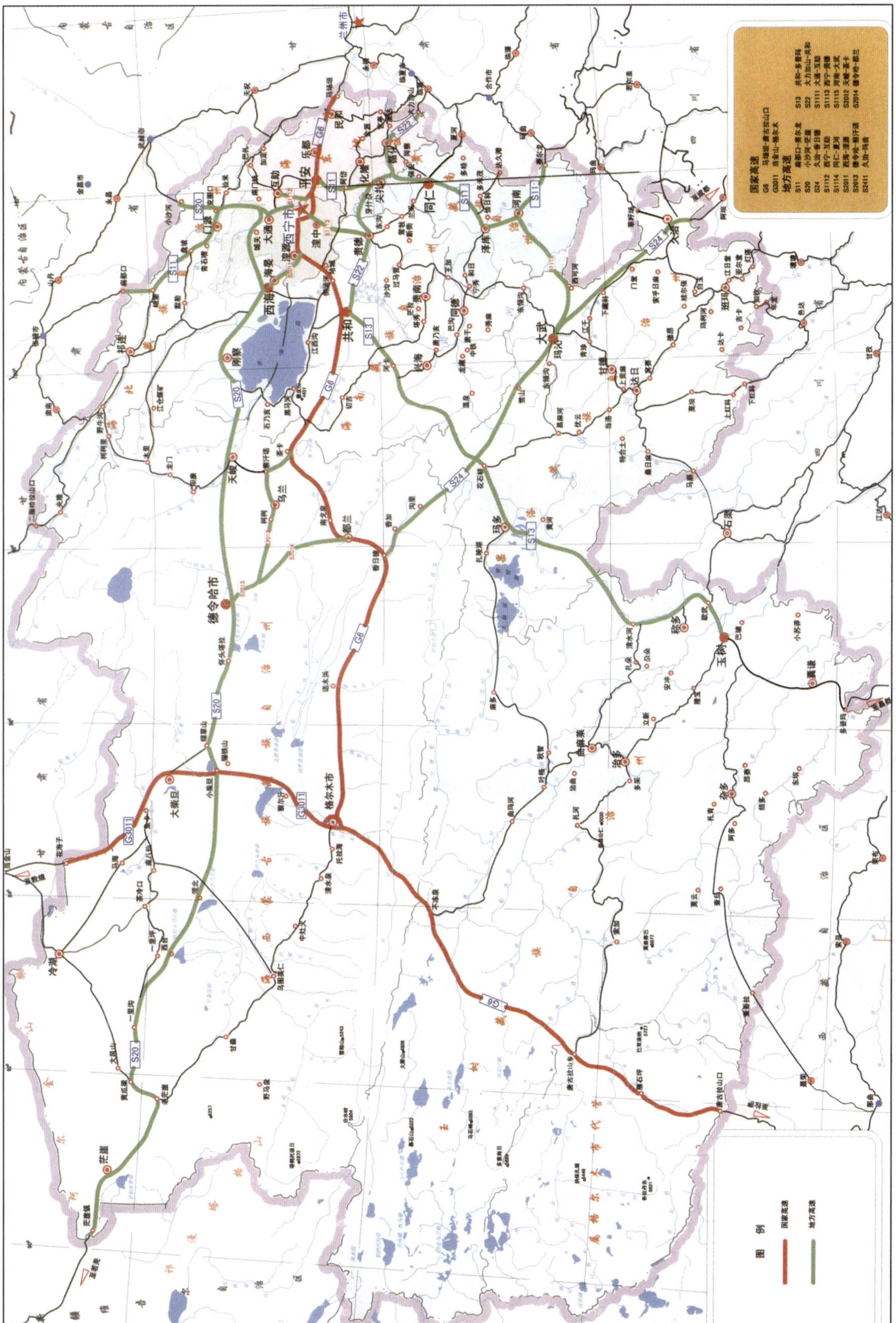

附图2　青海省高速公路建设规划图(2020年)

附录三 青海省高速公路养护工区布局规划图

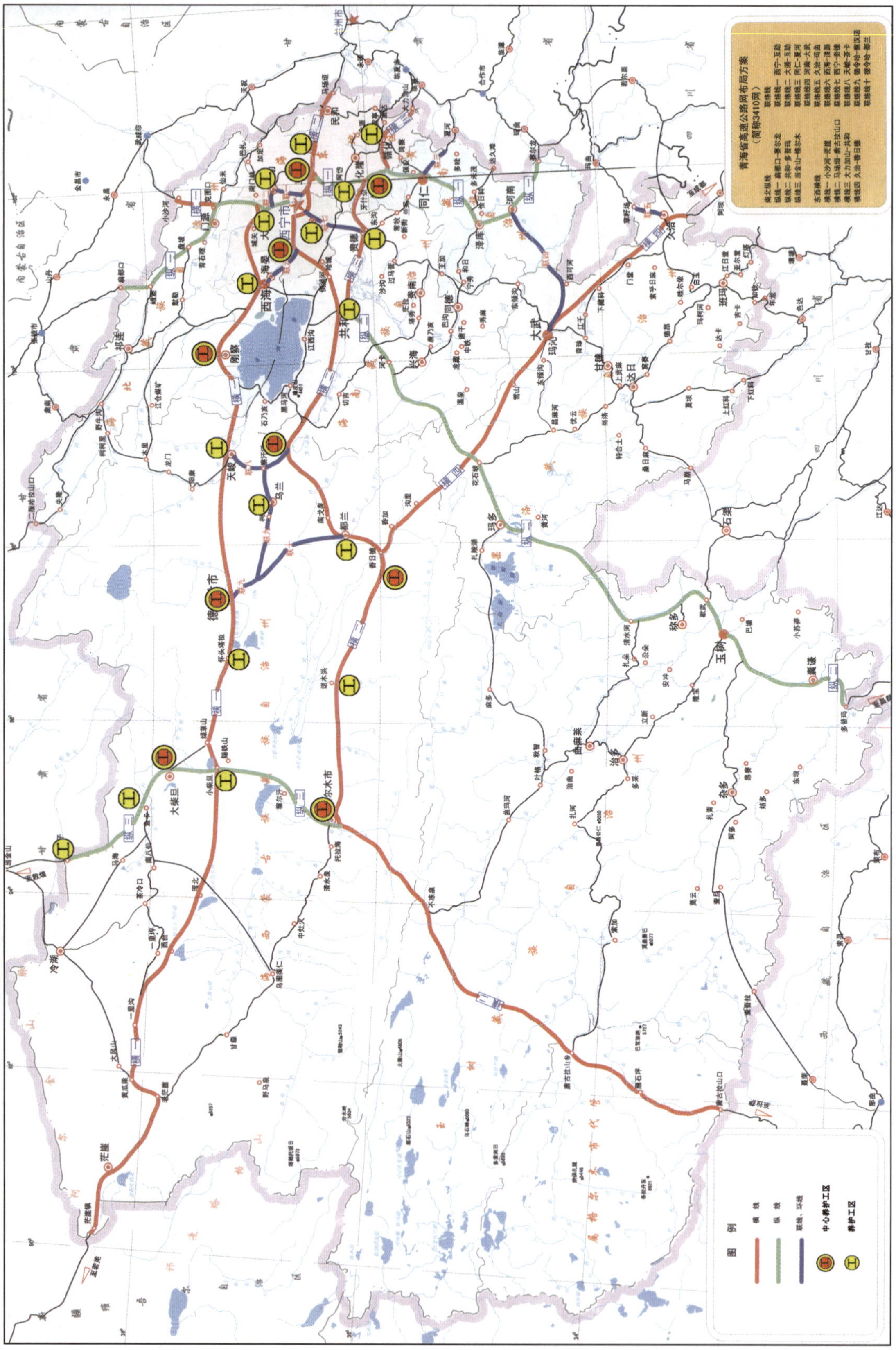

附图3 青海省高速公路养护工区布局规划图

青海省干线公路养护管理“十二五”规划

（2011～2015年）

《青海省干线公路养护管理“十二五”规划(2011～2015年)》

编写单位及人员

编制单位： 青海省公路局

编制人员： 王海军　局　　长

黄成忠　副　局　长

刘洪金　副　局　长

马景兰　高级工程师

杨永强　高级工程师

张长福　高级工程师

孙岱芳　高级工程师

参编单位： 江苏省交通科学研究院有限公司

参编人员： 曹荣吉　教授级高工

张志祥　研究员级高工

贾　渝　教授级高工

刘　伟　工　程　师

韦武举　工　程　师

颜玉进　工　程　师

朱　磊　工　程　师

丁武洋　高级工程师

陈李峰　高级工程师

目录
CONTENTS

前言

PREFACE

为了响应交通运输部《“十二五”公路养护管理发展纲要》的要求，贯彻全国公路养护管理会议的精神，落实“畅通主导、安全至上、服务为本、创新引领”的“十六字”工作方针，促进青海省公路养护管理事业的发展，结合《青海省公路水路交通“十二五”发展规划》，特制定《青海省干线公路养护管理“十二五”规划(2011～2015年)》。本规划针对青海省公路局和青海省收费公路管理处负责管养的省养干线公路，不含高速公路以及地方养护干线公路。

一、现状

(一)全省公路状况

“十一五”期间,青海省完成国省道干线公路建设投资240.77亿元。干线公路规模不断扩大,技术等级不断提升,以二、三级公路为主的全省公路网主骨架初步形成。截至2010年底,全省国省道干线公路里程达到13 319公里,其中国道4 477公里,省道8 842公里,干线公路规模比“十五”末增加了5 428公里。国省干线公路主要路段基本实现了路面黑色化,二级及以上公路里程达到49.64%,路面铺装率达到67.57%。

(二)公路养护管理状况

1.养护管理水平稳步提高

“十一五”期间,青海省各级交通主管部门和各级公路管理机构全面贯彻落实《“十一五”公路养护管理事业发展纲要》,在加大路网建设力度的同时,坚持“建养并重”,加大干线公路养护投入,全省干线公路累计投入养护经费23.15亿元,较“十五”增加了16.21亿元。到2010年底,省养干线公路平均优良路率达到69.45%,路况综合指数达到83。干线公路基本做到了管理规范化、养护精细化,公路路况稳定改善,养护水平不断提高。

(1)以人为本,完善公路养护附属设施。省交通厅坚持干线公路养护一盘棋的思想,在路网建设和养护改建的同时,注重完善公路养护附属设施,新改建国省干线公路养护工区房31处33 815平方米,统一完善了全省段、工区(道班)的生产图表和管理制度,建成了一批工区公寓化、养护标准化、管理规范化的养护工区。省公路局统一给各工区配备通勤车,改善了养路员工的工作条件。

(2)推进公路养护机械化水平。“十一五”期间,采取资金补助等方式,加大机械购置综合投入,共投入1.285亿元购置各类养护设备790台(辆),还自主研发了清扫车、高杆照明灯及升降机具等独具特色的小型机械设备,提高了养护作业的机械化水平。国省干线公路养护机械作业率有明显提升,降低了职工的工作强度,提高了养护作业效率。

(3)注重科学养护。加快养护管理工作信息化建设,完成了对青海省公路基础数据库系统的更新;初步建立了一套以公路数据库为应用平台的全省干线公路养护管理系统,初步建成公路资源信息共享、服务信息查询便利的综合网络,以省厅网站为龙头、局(处)网为骨架、总段网点为基础的公路信息资源服务网初具规模。坚持科技兴路,围绕公路养护技术开展研究,形成实用科技成果,指导公路养护生产。积极引进推广应用无缝桥梁伸缩缝、废旧沥青混合料再生利用技术等环保节能的养护技术工艺,引进推广NK-13型沥青冷补料等环保节能的养护材料和技术工艺,促成碎(砾)石封层预防性养护技术应用,在部分偏远地区养护工区开展了风光互补发电系统试点工程。逐步更新和淘汰污染高、技术含量低、水平落后的传统工艺和设备,维护了公路养护与自然生态的和谐。

(4)全面、重点养护,确保畅通和绿化美化。针对青海省地域广、自然环境差别大、公路服务功能不同的特点,采取全面养护和重点养护相结合的模式,有效保证了环青海湖旅游公路,G214线、G109线等重点路线的高质量运行,连续五年为环青海湖国际公路自行车赛和青洽会等重大活动提供了良好的公路通行环境。青海省干线公路大部分处在海拔高、气候寒冷的地区,沿线水文地质情况复杂,植被低矮稀疏,生态环境极其脆弱,省公路局积极将公路养护环境保护融入公路养护管理工作中,与公路沿线的林业部门合作,节约了资金,实现了公路绿化美化。

(5)整合养护资源,提高专业化养护水平,逐步推行专业化养护。从2008年起,主要围绕提高路面修补工艺和保证大中修工程施工质量,在五个公路总段内部,整合技术力量和养护机械设备,加强人员培训和管理,建立了专业化养护中心,专门从事路面维修养护和大中修工程施工,提高了公路养护质量和工作效率。

(6)公路安全保障能力不断提升。实施以“消除隐患、珍爱生命”为主题的国省干线公路安全保障、灾害防治和危桥改造等"民心工程",处置隐患路段3 219公里,设置防护设施1 120处,增加交通标志3 000多块,增设路侧护栏12.7万延米,修建停车港湾605处,改造危桥1.4万延米/258座,干线公路急弯陡坡、傍水临崖等隐患路段得到有效整治,提高了公路抵御自然灾害的能力和行车安全性。

2.应急保障能力不断增强

"十一五"期间,青海省发挥垂直管理的优势,建立完善统一指挥、反应灵敏、运转高效的干线公路应急指挥机制,健全省厅、局(总队)、总段(支队)、段(站、大队)四级联动应急处置体系,全省组建了39支以养护管理、路政执法为主体的公路应急保障队伍,开展战备钢桥架设、公路突发事件应急抢险演练等活动,大大提高了应对恶劣天气、自然灾害和公路突发事件的应急保障处置能力;积极拓展应急保障服务领域,大力推进公路气象信息服务,更加密切关注各类极端恶劣天气对公路设施产生的危害,及时部署灾害性天气防范措施,并通过青海交通音乐广播电台、青海交通门户网站等媒体和网络,及时发布路况信息;投入资金6 786万元购置公路保通机械设备,储备融雪剂、防滑料等应急抢险物资,在抗击冰雪灾害、防洪抢险、抗震救灾等工作中发挥了重大作用。

在2010年"4·14"玉树地震中,青海省交通厅迅速启动应急预案,第一时间赶赴现场,第一时间开展人员救助和公路抢险保通,在震后短短6个小时就抢通了结古至玉树机场单行车道,打通了国道214线雁口山至结古镇道路;震后21个小时,国道214线、玉树机场和省道308线全面恢复交通,为救援物资运进灾区和重伤员运出救治提供了保障,发挥了极其重要的作用,树立了良好的行业形象,得到了党中央、国务院以及交通运输部和青海省委、省政府的充分肯定。

3.行业文明取得显著成果

多年来,青海省广大养路职工发扬"扎根高原、艰苦创业、献身交通、造福人民"的行业精神,克服了高寒缺氧、高海拔、自然灾害频发、养护经费短缺、养护机械装备水平低下等诸多不利因素的影响,充分发扬了"特别能吃苦、特别能忍耐、特别能战斗、特别能团结、特别能奉献"的青藏高原精神,保障了国省干线公路的安全畅通。在玉树抗震救灾中,青海交通系统干部职工夜以继日地奋战,用实际行动抒写了大爱无疆、英勇无畏、敢打硬仗的篇章,多家单位被授予"全省抗震救灾模范集体"荣誉称号,多名同志荣获"全省抗震救灾模范"荣誉称号和"全国抗震救灾模范"荣誉称号,受到党和国家领导人的高度赞扬。

(三)路政管理现状

省公路局路政总队下设6个路政支队、27个路政大队、8个路政中队、19个超限运输检测监控站,配备了5辆流动检测车。现有专职路政管理人员712人,90%以上人员达到大专以上文化程度。

目前路政管理工作以"保护路产,维护路权"为中心,工作主要分为以下四个方面。

(1)路政案件的查处和治理:截至2009年10月底,全局共发生各类路政案件4 918起,查处4 918起,结案4 916起,结案率达99.9%。

(2)根据《中华人民共和国行政许可法》和路政管理相关法律法规,进行各类行政许可审批工作。

(3)路政管理人员的培训:根据交通厅下发的《交通行政执法年活动实施方案》,结合《交通运输部交通行政执法5个规范》开展路政岗位百日练兵活动;集中训练队列风纪,模拟办案,并对路政人员进行考核考评,规范路政执法行为。

(4)宣传公路法律法规,营造法制氛围:对《公路法》、《青海省公路路政管理条例》等法律法规进行大力宣传,利用沿线公路设施、大型构筑物、大型宣传标牌、宣传车进行路政宣传活动。

二、存在的问题和困难

(一)面临的形势与挑战

"十二五"期间,青海省公路养护管理面临新的形势与挑战。

从养护任务角度看,"十二五"期间将面临艰巨的养护任务。"十二五"时期是青海省推进"四个发展”(跨越发展、绿色发展、和谐发展和统筹发展)、全面建设小康社会的关键时期,也是深化改革开放、加快转变经济发展方式的攻坚时期。“十二五”期间,我省将优化完善路网结构,提高区域主通道的通行能力,加快国省干线升级改造,提升国省干线公路的技术等级、服务能力和水平;加快构建玉树灾区“一纵一横两联”生命线公路网,达到二级为主的公路标准,基本实现县通高等级公路。同时,由于“十二五”期间公路交通流量特别是重载交通量的持续快速增长,青海省部分干线公路将面临大修和改造的压力,养护任务极为艰巨。

从服务需求和安全保障角度看,随着汽车保有量的快速增长和机动化社会的快速到来,公众对公路交通出行服务的期望和要求不断高涨,交通拥堵和安全问题日益被高度关注并逐步成为社会问题。人民群众对公路的需求模式必将逐步由数量型向质量型转变,公路养护管理工作的地位与作用将日益突出,我省公路工作面临着经济社会发展和人民群众日益增长的交通需求与交通运输生产力发展相对落后这一主要矛盾。

加之随着全球气候变暖,极端恶劣天气不断增多,由此引发的重特大自然灾害及突发性事件日益增加,交通运输安全风险持续加大,这对公路交通安全应急保障能力和服务水平提出了更大的挑战。此外,我国已进入资源环境矛盾的凸显期,公路养护管理是建设资源节约、环境友好社会的重要领域。发展绿色养护,促进资源循环利用,有效保护和改善生态环境,日益成为一项紧迫、艰巨而又长期的任务。因此,“十二五”期间,公路养护管理工作必须立足于“十二五”经济社会发展特别是中央转变经济发展方式的要求,适应新变化,满足新需求,不断提高路网的服务能力和水平,更好地管理和维护好公路基础设施网络,更好地为公众服务。

(二)存在的问题

与快速发展的公路建设和日益高涨的公众出行需求相比,我省公路养护管理工作仍然存在一些亟待解决的问题,主要体现在:

1. 养护任务繁重,而资金投入不足

“十一五”期间,我省国省干线公路投入养护资金23.15亿元,仅占全国养护资金的0.5%,是全国养护资金最少的省份。“十二五”期间,青海省将面临艰巨的公路养护任务,随着我省公路里程不断增多,技术等级不断提高,汽车流量不断增长,加之养护机械化程度提高,人工和材料价格成本上涨,应急救援及公路抢险保通任务日益繁重,公路养护管理资金需求迅速增长。养护资金将成为制约养护管理事业健康、科学发展的重要因素。

2. 养护管理与公路服务信息化水平不高

在养护管理信息化方面,我省初步建立了一套以公路数据库为应用平台的全省干线公路养护管理系统,但并未实现具有智能化、科学化、高效化和专家化特点的公路养护管理信息与决策支持系统。该系统有助于实现养护计划安排的科学化,同时为实施预防性养护提供决策支持,提高养护质量和效率,降低养护成本。路面检测自动化和快速化程度不高,公路路况数据基本依靠人工采集,缺乏先进的检测设备与技术。

在公路服务信息化方面,尚未建立干线公路网运行监测平台,路况信息采集和发布机制还需进一步完善,公路服务信息量少且更新不及时,发布渠道少,覆盖面小,尚未能实现实时路况信息发布,公路交通出行信息服务难以满足公众出行服务多样化和个性化的需求。

3. 公路养护技术力量薄弱,机械化养护程度较低

根据目前青海公路养护实际情况,公路养护技术力量薄弱,机械化养护程度较低,绝大部分地区的公路养护工作仍然依靠人工及简单的生产机具来完成。养护新设备、新技术、新材料和新工艺的研究和应用较少,尤其缺乏对于预防性养护技术和再生利用循环技术的研究和应用。

至2010年底,省公路局养护机械共计1 193台(辆),平均每百公里15.7台(辆),与《公路养护技术规范》(JTG H10—2009)建议的每百公里配置最低数量[平均每百公里47.5台(辆)]相差较远,也不能满足我省公路养护工作的实际需求。

目前养护队伍的整体素质还不能完全适应公路交通发展的需求，养护部门普遍缺乏专业技术人才，尤其是缺乏高层次、复合型管理人才，制约着养护管理事业的发展。2010 年省公路局在职职工总计 4 887人，其中公路养护管理专业技术人员 477 人，与实际需求相比差距仍然很大。同时，一线养护职工也严重缺乏，目前仅 2 432 人，负责养护里程 8 971 公里，人均养护里程 3.7 公里，远远超过了相关的定员标准。

三、“十二五”规划

（一）指导思想

全面坚持“畅通主导、安全至上、服务为本、创新引领”的方针，建设管理规范、服务高效的公路养护服务体系，建设反应及时、保障有力的安全应急保障体系，建设专业结构合理、支撑科学发展的人力资源保障体系，全面增强公路整体服务水平。到 2015 年，构建更安全、更畅通、更绿色、更高效的公路交通网络，为建设富裕文明和谐新青海提供良好的公路交通保障。

（二）规划原则

认真贯彻落实交通运输部《“十二五”公路养护管理发展纲要》中关于“以人为本、安全第一、养护优先、依法治路、科技支撑、体制创新”公路养护管理事业发展的基本原则。

（三）规划目标

“十二五”期间我省干线公路养护管理的总体规划目标是：公路网总体技术水平和养护管理水平不低于西部省份平均水平，路网结构趋向合理，服务水平基本满足国民经济和社会发展需要。

“十二五”期间我省干线公路养护管理的具体规划目标是：

1. 养护水平

（1）到 2015 年，省养国省干线公路养护质量指数（MQI）平均达到 80 以上，优良路率达到 75% 以上。其中，路面使用性能指数（PQI）平均达到 80 以上，路基技术状况指数（SCI）平均达到 85 以上，桥涵构造物技术状况指数（BCI）平均达到 90 以上，沿线设施技术状况指数（TCI）平均达到 90 以上。省养国道中二级及以上公路比重达到 65% 以上，省养国省干线公路水泥、沥青路面铺装率达到 75% 以上。

（2）省养国省干线公路养护废旧沥青路面材料循环利用率达到 40% 。

（3）到“十二五”期末，6 个养护中心建设为专业化养护队伍，完成公路养护工区（大道班）建设，建立长大桥隧的专业化养护队伍。

2. 有路必养、保持畅通

（1）“十二五”期末，省养国省干线公路现有危桥改造率达 100% ，当年新发现危桥随发现随处治，基本消灭省养国省干线公路上的已有危桥。

（2）“十二五”期间，全面完成省养国省干线公路的急弯、陡坡、路侧险要及长陡坡路段的安全隐患处治工作，对损毁较为严重的防护设施进行及时修补，保障公路安全运行。“十二五”期间，安保工程实施重点转移到地方养护的省道干线公路。

（3）“十二五”期间，基本完成省养国道灾害防治工程。

3. 机械化水平

争取到“十二五”期末，省养国省干线公路拥有养护机械数比“十一五”提高 50% ，日常主要小修养护作业项目实现机械化，大中修工程主要作业项目实现施工机械化，桥梁养护检查和标志维修专用设备满足日常养护工作所需。

4. 应急保障能力水平

“十二五”期间，以公路段为基本单位，建立 29 个应急物资储备库，建立 3 个交通战备物资储备中心，做好应对公路突发事件的抢险装备、物资储备，组建的应急保障队伍具备较强的抢险救灾能力。建立健全完善的公路应急保障预案。

一般灾害情况下国省干线公路应急救援2小时内到达,公路应急抢通24小时内完成。

5.交通量观测

“十二五”期末,完成对原有连续式交通量观测站点的改造,适量增大连续式交通量观测站点密度,淘汰原有间隙式交通量观测站点,实现连续式交通量观测数据的信息化管理。

6.路况检测调查

至“十二五”期末,国省干线公路基本实现路面损坏及平整度的自动化检测,并实现检测数据信息化管理。

7.人员培训与职工技术水平

“十二五”期末,形成比较完善的新型人事管理体制,用人机制灵活,人才分布结构合理,人才总量规模较“十一五”期间明显增加,尤其是高素质的专业技术人才和高素质复合型的管理人才明显增加。省级和公路总段至少配备2名专职桥梁养护工程师,每个公路段至少配备1名专职桥梁养护工程师。

8.路政管理

(1)“十二五”期间,加强公路法制建设,路政管理制度得到进一步完善和健全。

(2)“十二五”期末,建设一支高素质的路政执法队伍,建立起完善的路政巡查制度,路政执法形象建设良好,路政执法规范,执法力度和透明度加大,路网调度工作现代化水平较大提高,服务质量明显提高,社会评价良好。

(3)加强对路域环境的综合治理,并实时开展“路政管理示范路”活动,美化公路环境。路政执法责任制得到严格落实,确保无公路“三乱”,无渎职、廉政问题的发生。

9.市场化目标

“十二五”期末,公路管理体制基本理顺,运行机制基本完善,养护市场得到进一步培育,初步形成公平竞争、规范有序的公路养护市场。

四、投资需求分析

“十二五”期间,国省道干线公路的投资需求包含部门预算和项目预算两部分。

(一)部门预算

2010年省公路局部门预算为44 423万元,2011年约45 000万元,以此为基准,按照预估6%的增量,测算“十二五”期间部门预算,见表1。

“十二五”期间部门预算 表1

养护年	2011年	2012年	2013年	2014年	2015年
部门预算(万元)	45 000	47 700	50 562	53 596	56 811
合计(万元)	253 669				

(二)项目预算

1.需求分析范围

目前青海省国省道干线公路分为省养干线公路和地方养护干线公路,至2010年青海省已建成普通国省干线公路总里程为12 895公里,其中5 068公里为地方养护干线公路,由地方交通主管部门负责管养;7 827公里为省养干线公路,管养单位包括青海省公路局、青海省收费公路管理处。

根据《青海省干线公路网规划(2009~2030年)》,到2015年底累计1 084公里三、四级路改为二级路;到2015年底累计478公里改建后归入省养干线公路;到2015年底累计新增省养干线公路110公里;到2015年底累计637公里二级路改为高速路。省养干线公路三、四级路改建为二级路具体情况见表2。“十二五”期间改建后归入省养干线公路基本情况见表3。“十二五”期间新建干线公路列养里程见表4。省养干线公路二级路改建为高速路具体情况见表5。“十二五”期间干线公路列养里程见表6。

"十二五"省养干线公路三(四)级改二级路基本情况　　表2

序　号	路段起讫点	等级现状	规划等级	开工年	完工年	建设里程(公里)	2011~2015年建设性质
1	贵德—大武	三级	二级	2008年	2011年	349	完成
2	二指哈拉山口—石棉矿	三级、四级	二级	2010年	2012年	104	完成
3	多拉马康—杂多	三级、四级	二级	2011年	2013年	160	完成
4	冷湖—涩北	三级	二级	2008年	2011年	287	完成
5	珍秦—称多	三级	二级	2011年	2012年	31	完成
6	玉树—囊谦	三级	二级	2011年	2013年	153	完成
合计(公里)		1 084					

"十二五"新增省养干线公路基本情况(改建后归入省养)　　表3

序号	路线名称	路段起讫点	规划等级	开工年	完工年	建设里程(公里)	2011~2015年建设性质
1	S210	冷湖—涩北	二级	2008年	2011年	287	完成
2	S313	清水河—曲麻莱	三级	2010年	2012年	191	完成
合计(公里)		478					

"十二五"新增省养干线公路基本情况(新建)　　表4

序号	路线名称	路段起讫点	规划等级	开工年	完工年	建设里程(公里)	2011~2015年建设性质
1	涩北—乌图美仁	无	二级	2012年	2014年	110	完成
合计(公里)		110					

"十二五"省养干线二级改高速、一级基本情况　　表5

序号	路线名称	路段起讫点	规划等级	开工年	完工年	建设里程(公里)	2011~2015年建设性质
1	德令哈—小柴旦	二级	高速	2007年	2011年	205	完成
2	湟源—西海	二级	一级	2009年	2012年	51	完成
3	察汗诺—德令哈	二级	高速	2009年	2013年	200	完成
4	大柴旦—察尔汗	二级	高速	2006年	2012年	147	完成
5	茶卡—察汗诺	二级	高速	2010年	2012年	34	完成
合计(公里)		637					

"十二五"期间干线公路列养里程(单位:公里)　　表6

养护年	一级	二级	三级	四级	合计
2011年	13	4 251	3 260	303	7 827
2012年	13	4 887	2 911	303	8 114
2013年	13	4 790	2 970	303	8 076
2014年	13	4 903	2 731	229	7 875
2015年	13	5 013	2 731	229	7 985

2. 项目预算测算

(1)养护工程项目

“十二五”干线公路养护管理费用支出项目包括:小修保养工程、水毁抢修、水毁修复、大中修工程、冬季养护工程、战备钢桥维护保养、养护机械设备购置更新、公路技术状况调查、道段设施建设改造和维修、信息化建设及使用维护、桥梁特殊检查荷载试验、养护料场与沥青拌和站建设、新增交通量观测站设备购置、交通量观测站设备维护、公路试验检测仪器购置更新维护、养护工区生产用车车辆使用、路网改造工程、应急保障、科研开发等,共计20项。

(2)费用取定

①小修保养工程费

小修保养是对管养范围内的公路及其沿线设施经常进行维护保养和修补其轻微损坏部分的作业。小修保养工程费包括材料费、机械使用费、其他费等,一级路平均3万元/公里,二级路平均2.6万元/公里,三级路2.0万元/公里,四级路1.6万元/公里。“十二五”期间,小修保养工程费见表11。

②公路水毁抢修费

由于近年青海省降雨量增大,干线公路水毁频发,冬季冰雪阻路,抢修修复资金难以保证等实际情况,根据历年支出情况,以600万元/年作为“十二五”期间公路抢修及应急保通费用基准。

③公路水毁修复工程费

根据《2010年青海省省养干线公路养护工程项目预算说明》关于公路水毁修复工程费的情况,确定“十二五”期间公路水毁修复工程费为1 780万元/年。

④公路大中修工程费

中修工程是对公路及其沿线设施的一般性损坏部分进行定期的修理加固,以恢复公路原有技术状况的工程。中修工程二级路成本22.5万元/公里,三级路成本17.5万元/公里,四级路成本15万元/公里。根据规划,自2012年至2015年,预计每年进行中修的里程及养护费用如表7和表8所示。

“十二五”期间干线公路中修里程(单位:公里) 表7

养护年	公路等级			
	一级	二级	三级	四级
2011年	—	—	—	—
2012年	—	100	60	10
2013年	—	100	70	10
2014年	—	100	80	10
2015年	—	100	90	10

“十二五”期间干线公路中修费用(单位:万元) 表8

养护年	公路等级				
	一级	二级	三级	四级	合计
2011年	—	—	—	—	—
2012年	—	2 250	1 050	150	3 450
2013年	—	2 250	1 225	150	3 625
2014年	—	2 250	1 400	150	3 800
2015年	—	2 250	1 575	150	3 975

大修工程是对公路及其沿线设施的较大损坏进行周期性的综合修理,以全面恢复到原技术标准的工程项目。大修工程二级路成本153万元/公里,三级公路成本119万元/公里,四级路成本102万元/公里。根据规划,自2012年至2015年,预计每年进行中修的里程及养护费用如表9和表10所示。

"十二五"期间干线公路大修里程(单位:公里)　　表9

养护年	公路等级			
	一级	二级	三级	四级
2011年	—	—	—	—
2012年	—	50	30	5
2013年	—	50	35	5
2014年	—	50	40	5
2015年	—	50	45	5

"十二五"期间干线公路大修费用(单位:万元)　　表10

养护年	公路等级				
	一级	二级	三级	四级	合计
2011年	—	—	—	—	—
2012年	—	7 650	3 570	510	11 730
2013年	—	7 650	4 165	510	12 325
2014年	—	7 650	4 760	510	12 920
2015年	—	7 650	5 355	510	13 515

由表7～表10可知,2012年的公路大中修工程费预算为15 180万元,2013年的公路大中修工程费预算为15 950万元,2014年的公路大中修工程费预算为16 720万元,2015年的公路大中修工程费预算为17 490万元。自2012年至2015年,公路大中修工程费每年递增幅度约为5%。

⑤冬季养护工程

针对青海省冬季积雪冰冻情况,需专门对道路进行清雪、打冰。"十二五"期间冬季养护工程费为300万元/年。

⑥战备钢桥维修保养费

按每33米钢桥1.5万元计算,需投入经费为20万元/年。

⑦养护机械设备购置、更新费

随着青海省公路交通事业的迅速发展,高等级公路及路面里程的增加,公路路网结构的不断完善,对公路养护机械化和专业化提出了新的要求。为满足新时期对公路养护机械化和专业化提出的新要求,按照公路养护机械化和专业化作业中的实际需要,参照2005～2009年的养护机械实际配置情况,"十二五"期间养护机械设备购置、更新费按1 000万元/年计算。

⑧公路技术状况调查费

以交通部厅公路字【2008】43号《关于做好公路技术状况评定标准贯彻实施工作的通知》为列项依据,根据目前实际,每公里检测费1 100元(自动检测:平整度300元/公里、路面破损800元/公里),根据表6所列里程测算,"十二五"期间公路技术状况调查费共需4 386万元。

⑨道段设施建设与改造、维修费

对2010年以后未改建的八九十年代的旧道段房屋进行维修,改善一线养护职工的生产生活条件。道段设施建设、改造、维修费一方面包括维修改造费300万元/年;另一方面,随着干线里程的增长,"十二五"期间,需新增道段房屋10处,平均每年2处,新增道段房屋按300万元/处(不含征地费用)进行预测,预计每年投入600万元。因此,道段设施建设、改造、维修预计每年需投入900万元。

⑩信息化建设及使用维护费

主要用于公路数据库系统、公路电子地图系统、局域网建设更新使用维护费、信息化建设及使用维护费,需投入100万元/年。

"十二五"期间,平均每年将在主要国省道连续式交通量观测站处设置3处"可变信息板",随时发布公路路况信息,“可变信息板”按15万元/处计,需投入45万元/年。

“十二五”期间,信息化建设及使用维护费需投入145万元/年。

⑪桥梁特殊检查、荷载试验费

根据各总段大中桥四类以上桥梁,选重点的15座桥进行特殊检查、荷载试验。“十二五”期间桥梁特殊检查、荷载试验费为90万元/年。

⑫养护料场与沥青拌和站建设费

养护料场建设费用预计为300万元/个,沥青拌和站建设费用为600万元/个。“十二五”期间将建成12个养护料场及6个沥青混合料拌和站,平均每年需投入1 440万元。

⑬新增交通量观测站设备购置费

考虑到“十二五”期间干线公路网结构的完善,预估新增连续式交通量观测站点20个,并调整57个间歇式观测站调整为连续式观测站点。计划2011年增加4个,2012增加16个,2013～2015年每年增加19个,连续式设备购置费按15万元/站计,“十二五”期间共投入1 155万元。

⑭交通量观测站设备维护费

连续式设备维护费为1.5万元/(站·年)。“十二五”期间连续式观测站由原有的7个增加至84个,十二五期间共投入349.5万元。

⑮公路试验检测仪器购置、更新、维护费

公路技术的不断进步要求试验仪器也要不断更新及维护。公路单位需按需购置试验仪器,并对现有设备进行维护。以2010年公路试验检测仪器购置、更新、维护费147万元为基准,按1%的增长率预估“十二五”期间的费用,“十二五”期间共投入757.3万元。

⑯养护工区生产用车辆使用费

为保证公路畅通和日常养护的需求,“十二五”期间养护职工上路劳动生产用养护生产车辆(大、中巴车)将在2010年161辆的基础上新增中巴16辆。养护工区用车辆使用费2010年为340.8万元,按每年增加2%预估,“十二五”期间共投入1 809万元。

⑰路网改造工程费

由于危桥抢修、公路保通等需求,“十二五”期间在国省干线公路上做好查漏补缺补损工作。根据历年支出情况,以500万元/年作为“十二五”期间公路的路网改造工程费用基准。

⑱应急保障费

a.应急装备费

提高公路应急保障队伍装备水平,配备必要的抢险、疏通、救援机械设备,每年投入100万元,用于保障装备的配备。

b.应急装备、物资储备库费

“十二五”期间以公路段为基本单位,建立29个应急物资储备库,建立3个交通战备物资储备中心,做好应对公路突发事件的抢险装备、物资储备。平均每年应急装备、物资储备库费用为100万元。

c.应急演练费

为保障和提高“十二五”期间应急保障队伍的抢险救灾能力,需每年进行1次应急演练,费用为30万。

⑲科研开发费用

为促进科技主导作用,计划“十二五”期间每年投入500万元,主要用于养护方面的科研课题,包含养护新技术、新工艺、新材料、新设备的研究开发以及公路养护科学决策体系的研究开发等。

⑳其他费用

玉树、果洛地区气候寒冷,冬季漫长,用燃煤取暖,其他工程费定为133万元/年。

从而预估2011～2015年期间青海省省养干线公路养护费用,如表11所示。

"十二五"省养干线公路养护资金需求(单位:万元)　　表 11

序号	项目	养护年				
		2011 年	2012 年	2013 年	2014 年	2015 年
1	小修工程费	18 096	19 052	18 917	18 614	18 900
2	水毁抢修费	600	600	600	600	600
3	水毁修复费	1 780	1 780	1 780	1 780	1 780
4	中修费	—	3 450	3 625	3 800	3 975
	大修费	—	11 730	12 325	12 920	13 515
5	冬季养护工程费	300	300	300	300	300
6	战备钢桥维修保养费	20	20	20	20	20
7	养护机械设备购置费、更新费	1 000	1 000	1 000	1 000	1 000
8	公路技术状况调查费	861	893	888	866	878
9	道段设施建设与改造维修费	900	900	900	900	900
10	信息化建设及使用维护费	145	145	145	145	145
11	桥梁特殊检查、荷载试验费	90	90	90	90	90
12	养护料场与沥青拌和站建设费	1 440	1 440	1 440	1 440	1 440
13	新增交通量观测站设备购置费	60	240	285	285	285
14	交通量观测站设备维护费	16.5	40.5	69	97.5	126
15	公路试验检测仪器购置更新维护费	148.47	149.95	151.45	152.97	154.5
16	养护工区生产用车辆使用费	347.6	354.6	361.7	368.9	376.3
17	路网改造工程费	500	500	500	500	500
18	应急保障费	230	230	230	230	230
19	科研开发费	500	500	500	500	500
20	其他费用	133	133	133	133	133
21	养护工程费合计	27 168	43 548	44 260	44 742	45 848
22	养护管理费累计	205 566				

(三)养护管理费用预算

部门预算+项目预算:253 669+205 566=459 235 万元。

"十二五"期间,青海省普通国省干线公路养护管理费用预计为 459 235 万元。

五、实施规划的主要措施

(一)以完善养护管理规范化为基础,进一步加大养护管理力度

1.加强养护管理规范化建设

"十二五"期间,加快完善公路养护管理制度建设,进一步修订和完善公路养护工程管理办法、养护定额和标准、养护施工作业流程,制定青海省《病害手册》、《养护技术手册》、《小修保养作业规程》等一系列标准化文件,形成一套较完善的公路养护规范化管理标准及技术指南,并组织对养护管理人员和一线养护职工进行手册和规程的培训。

2.加大公路养护工程实施力度

进一步加大公路养护工程实施力度,结合国省干线公路改造、文明样板路创建和标准化美化工程(GBM)的实施,继续组织开展以"畅、安、舒、美"为主题的公路养护示范工程创建活动。

加大预防性养护力度。从每年投入的大中修工程资金中,列出 10%~20% 比例的专项资金,全面

实施预防性养护。预防性养护方案的确定应针对具体路段进行专项设计,方案设计需本着全寿命周期经济效益最大化的原则,并采用相对成熟的技术。

在保证公路日常养护的基础上,进一步加大公路养护工程资金投入,及时组织实施公路大、中修工程,保持公路设施良好的技术状况,确保路网的通行能力和服务水平。

需要重点养护的道路包括:S101、S202、S204、S205、S210、S306、S308、S309、S312、S314 部分路段。近期需要重点养护的道路为:G109、S103、S201、S208、S301、S302 部分路段。

3. 高度重视桥隧养管,确保桥隧安全运营

坚持安全至上的方针,清醒认识桥隧安全的严峻形势,切实增强忧患意识、防范意识和责任意识,确保安全运营。

严格执行《公路桥梁隧道养护管理工作制度》,逐桥逐隧确定责任单位、监管单位和桥梁养护工程师,进一步明确桥隧养护的责任主体,建立相应的分级责任追究制度;以特大和特殊结构桥梁以及有一定使用年限的老旧桥梁为重点,加强养护、巡查、检测和隐患排查等工作,并及时采取现场监管、交通管制、限期改造等措施,确保桥梁运行安全。

“十二五”期间,进一步完善桥梁养护管理制度,加大资源整合力度。建立重要桥隧设施的动态监控,加强三、四类桥梁的养护监管,加快五类桥梁的加固改造,强化公铁交叉的公路桥梁及公铁并行路段的安全防护工作。“十二五”期间,完成目前存在的危桥改造工程,对今后出现的危桥,力争做到随出现随改造。

4. 加强日常养护,保证道路使用质量

以公路的全面养护为工作基础,强化日常养护工作,“十二五”期间,逐步加大国省干线公路小修保养力度,逐步增加每公里养护费用。对出现的公路病害,做到及时修补,提高养护的时效性,坑槽等病害做到 24 小时内修补。依托《小修保养作业规程》等规范化管理文件,加强质量管理和标准化作业,降低养护成本。

5. 加强养护料场、拌和站的建设

“十二五”期间,重点加强公路养护料场、沥青混合料拌和站的建设工作,力争“十二五”期末,基本解决养护取料难及沥青混合料生产加工困难的问题,各公路总段分别建成至少 2 个专用养护料场和 1 个沥青混合料拌和站,基本达到布局合理、覆盖半径满足养护需求。

6. 加强交通量观测工作

“十二五”期间,将原有的 7 个连续式交通量观测站升级改造为无人值守、统计数据可实现网上传输的新型连续式交通量观测点,同时将原有的 57 个间歇式观测站调整为连续式观测站点,并新增加 20 个连续式交通量观测点,计划 2011 年增加 4 个,2012 增加 16 个,2013 ~ 2015 年每年增加 19 个,力争“十二五”期末,国道及重要省道干线公路的交通量观察实现全覆盖。

同时充分利用交调工作所取得的数据,进一步做好数据的分析处理工作,建立交通观测数据库,提出交通情况分析报告,以满足公路规划、设计、科研、养护和管理工作的使用要求。

7. 加强公路养护装备与能力建设

推进公路养护工区(大道班)建设,逐步为公路养护施工及作业人员配备必要的专业养护机械装备以及专用的通勤车辆和安全防护设施等,增购中巴 16 辆,以改善基层养护单位和人员的生产、生活条件,保障养护施工作业人员的人身安全,同时提升基层养护单位的专业化、机械化养护水平以及应急保障能力和公共服务能力。

“十二五”期间,每年投入专项资金,逐年对 2010 年以后未改建的八九十年代的旧道段房屋进行维修,改善一线养护职工的生产生活条件。

每年投入资金,进行养护机械设备购置和更新,尤其注重引进适合青海公路养护实际情况的养护机械;逐年更新和配备公路段的养路机具,降低一线养护工人的劳动强度,提高劳动效率;积极探索和应用适合预防性养护技术的专业养护机械;大力引进和推广新技术、新工艺、新材料及先进的养护作业机械,

降低养护工程成本，提高投资效益。争取到“十二五”期末，省养国省干线公路拥有养护机械数比“十一五”提高50%。

“十二五”期间，建成玉树公路总段专业化养护中心；加强6个专业化养护中心的能力建设，提升职工队伍的综合素质与业务技能，并逐步提升机械化水平。“十二五”期末，6个养护中心基本具备承担主要大中修工程的能力。

依托公路总段，逐步建立长大桥隧的专业化养护队伍，配备专业技术人员和专业设备，提高其应急处置与养护保障能力。

8. 提高养护施工安全保障水平

严格执行《公路养护安全作业规程》，加强对公路养护施工作业的现场监管，督促养护施工队伍按规定设置明显的施工及安全警示标志，切实做好养护施工路段交通组织管理工作，保障施工作业现场安全和车辆有序通行。

（二）全面实施科学养护，提升公路养护工程质量

推进公路科学养护，是转变发展方式的客观要求。青海公路通车里程的迅速增加，巨大的公路养护需求，养护资金相对短缺和公众对快速安全出行要求的提高，使公路养护管理部门面临着越来越大的养护压力。“十二五”期间，加大科技投入力度，提高养护的科技水平，全面推进科学养护进程。

1. 推进公路养护科学决策体系的建立与应用

青海公路养护科学决策体系的建立与应用需分步骤进行，包括：

（1）推进桥梁、路面、机械等管理系统的建设

通过桥梁、路面、机械设备等三个管理系统的建设，大力推进公路养护信息化建设，完善省级公路数据库，建立数据动态更新机制。

（2）提高自动化路面检测技术的应用水平和范围

依托青海省现有的自动弯沉仪、路况检测车等自动化检测设备，研究提高自动化路面检测技术的应用能力和数据分析能力，全面推广路况快速检测、分析、决策支持成套技术，为公路信息化管理提供良好的数据依据。

力争至“十二五”期末，国省干线公路基本实现路面损坏及平整度的自动化检测，并实现检测数据信息化管理。

（3）完善公路养护科学决策制度

积极开展典型病害诊断技术和青海省典型病害发展规律研究；积极开展各种养护技术应用效果的研究；加强对桥梁、路面管理系统的开发应用，依托路面管理系统和计算机技术，发展有效的养护决策专家系统。

力争在“十二五”期末，初步建立以路况水平、病害成因、技术方案特点、服务水平和资金需求、投资效益评估结果等因素为依据的公路养护决策体系，并在公路养护决策中起到有效的辅助效用，以提高公路养护决策的科学化水平和养护资金使用效率。

（4）公路养护改造专项设计

具体到一个项目，大中修养护维修项目的设计必须区别于新建道路设计，为此“十二五”期间积极开展公路养护改造专项设计。相对于新建道路设计，公路养护改造需要更加细致的设计，根据项目的具体情况，对老路的病害进行准确的诊断，进行更加细致的现场检测和病害诊断，并进行准确的病害维修段落划分，并对养护设计方案进行寿命周期费用评估。

2. 积极推进绿色养护技术

研究推广符合资源节约、节能减排的绿色养护技术。重点研究和推广沥青路面再生和温拌、水泥路面就地利用、废旧轮胎橡胶利用等废旧路面材料的循环利用技术和施工工艺，着力解决路面耐久性不足导致的早期损坏、车辙、反射裂缝等常见病害，在养护施工作业中降低排放，减少对环境的影响。

做好废旧沥青混合料的回收储备工作，每个公路段建立至少1个储备点，并配备小型再生设备。

3. 加强养护新技术的研究应用

开展养护新设备、新技术、新材料和新工艺的研究和应用，重点研发推广公路养护科学决策成套技术、公路和桥梁隐蔽工程检测技术、全寿命周期养护设计、公路快速养护施工技术、应急处置技术等，推进路面日常养护技术、材料、设备的推广应用，着力提高公路养护整体技术水平。其中，结合青海的地域特点，重点对微表处、碎石封层、沥青路面裂缝处理、雾封层等预防性养护技术以及路面材料再生循环利用技术和沥青路面冷补料等快速养护技术开展应用性研究。

(三)加大养护资金投入，提高大中修工程比例

按照交通运输部《“十二五”公路养护管理发展纲要》中关于“每年国省干线公路实施大、中修工程(含预防性养护)的里程比重不少于17%”的要求，积极争取和落实公路养护管理资金。一是从成品油税费改革转移支付中，每年投入1.5亿元以上养护资金，进行国省干线公路重点路段的综合改造，着力提升国省干线公路路况水平和服务能力；二是收费公路按照公路养护技术标准的规定和道路状况，每年从通行费中列出一定比例的资金用于公路养护；三是积极争取交通运输部专项资金，继续实施路网结构改造工程，达到“十二五”干线公路养护发展目标。

(四)建立路网运行监测体系，提高应急保障能力和服务水平

1. 加快组建省级路网管理中心

加快组建青海省省级路网管理中心，构建全省统一的路网运行监测平台，建立路警联合办公、跨区定期会商机制，统筹辖区内路网的调度管理。

2. 加强公路网运行监测设施建设

按照功能适用、高效节约的原则，结合公路网改造工程，加快路网运行监测网络建设，“十二五”期末，实现对重要路段、长大桥隧以及区域交通状态等的实时监控和信息发布。

3. 进一步提高应急保障能力

积极争取和落实应急保障专项资金。一是从公路养护管理资金中列出一定比例的应急保障专项资金，用于保障装备的配备、应急物资储备以及应急演练等；二是积极争取交通运输部专项资金，用于交通战备物资储备中心的建设。在公路基本建设过程中，一并考虑应急物资储备库和交通战备物资储备中心的建设。

加强现有应急保障队伍建设，提高应急保障素质和能力，定期进行人员培训和应急演练，提高抢险救灾能力；根据养护管理发展的实际需要，适量新增应急保障队伍，实现对现有应急保障队伍的补充。

4. 提升公路出行服务水平

到“十二五”期末，充分发挥省级路网管理中心的作用，通过多种媒介为公众提供及时、准确、可靠的出行信息服务，满足人民群众多样化、个性化的出行服务需求。在现有厅、公路局网站、青海交广台等信息发布渠道的基础上，还将通过“无线城市基础信息平台”，实现手机短信发布和查询交通出行信息；在省会西宁周边地区的国省干线公路重要路段设置可变信息板，提供实时路况信息发布服务；公路段和工区向社会进一步开放，建设休息区、便民服务点等服务设施，为群众提供如厕、开水、餐饮、休息等服务。

5. 积极推进公路气象预警服务工作

鉴于极端恶劣天气对公路交通的不利影响，积极推进与气象部门的合作与会商，完善合作工作机制，促进两个部门的工作信息平台的联网共享，共同做好公路交通气象预警工作。推进公路交通气象观测站建设，实现交通、气象观测站点和公路交通气象信息的集成共享。

(五)加强公路路政执法管理

(1)加强公路法制建设。培养和引进法律专业人才，深入开展公路法制研究。一方面，清理失效的路政管理规范性文件，修订路政管理规范；另一方面，做好《公路法》、《青海省路政管理规定》的群众宣讲工作。

（2）强化路政执法队伍建设。一要扩大路政执法队伍，路政人员优化组合，竞争上岗，择优录用，按规划充实路政人员；二要提高路政人员的整体素质。加强路政执法人员培训教育，通过岗前培训、继续教育、岗位轮训，提高路政人员科学文化素质，实施理想信念教育、宗旨教育、法制教育、职业道德教育，提高路政人思想道德素质。

（3）规范路政执法，加大执法力度。深化路政执法公示制，公开路政执法主体、依据、程序、结果、监督途径，扩大路政执法透明度，便于群众监督。

（4）完善各项路政管理制度，提高服务质量。努力提高路网调度工作现代化水平，建立健全全省公路路网调度网络和体系，完善路网调度制度与路网特情处理预案。

（5）积极开展公路环境综合治理活动和"路政管理示范路"创建活动，调动社会各方面力量，坚持纠建并举，标本兼治，实施长效管理，美化公路环境。

（6）认真开展法制教育和培训，完成"四五"普法教育任务。

（7）巩固成果，防治反弹，将治理公路"三乱"制度化，实施长效管理。治理公路"三乱"工作是纠正行业不正之风、树立公路交通形象的重要载体。全省各级公路主管部门要按照"思想不松、组织不乱、力度不减、标准不降"的要求，巩固我省公路基本无"三乱"的成果，将治理公路"三乱"引向深入，实施长效管理、防止反弹。一要强化收费公路的行业管理，严格实施公路收费站点设置的审批制度，健全收费站点管理制度，切实做到主管部门、收费单位、批准文件、收费标准、收费期限和监督电话六公开，接受社会监督，清理不规范收费站点；二要加强通行费用征收队伍建设，实行规范化管理，做到依法收费、文明服务、按章处罚，使公路收费站点真正成为向社会展示交通部门精神文明的窗口；三是完善公路"三乱"监管制度，各级公路管理、纪检、监察、法制部门应坚持定期或不定期的明察暗访，监督检查制度。

（六）深化管理体制改革，培育公路养护市场

"十二五"期间，继续深化养护管理体制改革，调整养护方式，优化养护资源。推进大道班建设和专业化养护队伍建设，加强6个专业化养护中心的能力建设，提升职工队伍的综合素质与业务技能。"十二五"期末，6个养护中心基本具备承担主要大中修工程的能力，具备在养护市场的竞争力。逐步推进公路养护生产的市场化，通过加强管理、积极引导，全省大中修工程实行外部招投标，小修保养实行系统内部招投标，择优选择有相应资质的养护生产单位，实行合同管理、计量支付、定期考核。

（七）繁荣公路文化，加强队伍建设和基层基础工作

深入推进公路文化建设，继续深入开展"学先进、树新风、建体系、创一流"活动，大力弘扬"人一之、我十之"的实干精神和"大爱同心、坚韧不拔、挑战极限、感恩奋进"的玉树抗震救灾精神，深入开展窗口单位"为民创先争优"活动，开展特色公路文化创建活动，推进公路文化示范点建设，塑造行业核心价值体系，增强公路行业的凝聚力，推动公路事业发展。

强化人才队伍建设，全面加强干部职工教育培训。"科学技术是第一生产力"，而科技进步必须要拥有高素质的人才，科技兴路、科学养护同样需要文化素质和专业水平较高的队伍。鉴于青海省地广人稀、一线养路职工短缺的实际情况，一方面应加强培训，采取自行组织集中培训、外派培训两种主要方式，持续提高养护技术人员整体素质；另一方面，应通过改善用人机制，积极引入高素质人才，重点引进和培养紧缺型、技能型的专业人才。同时，通过体制机制上的完善和保证，及时吸收补充一线养护职工，建立一支稳定的养护职工队伍。每年组织不少于三期的桥梁养护、路面养护培训，同时通过开展各项技能竞赛营造比学赶超的氛围。

不断强化基层基础工作。努力创造条件，改善基层职工的生活工作条件，提升基层职工的生活水平。进一步推行公路养护作业的机械化，提升养护机械化装备技术水平，切实保障养护施工作业人员人身安全。

进一步通过基层工区、站点和窗口单位等站所的标志，优化服务环境，规范和提升行业形象。

附　录

青海省国省干线公路图见附图1。

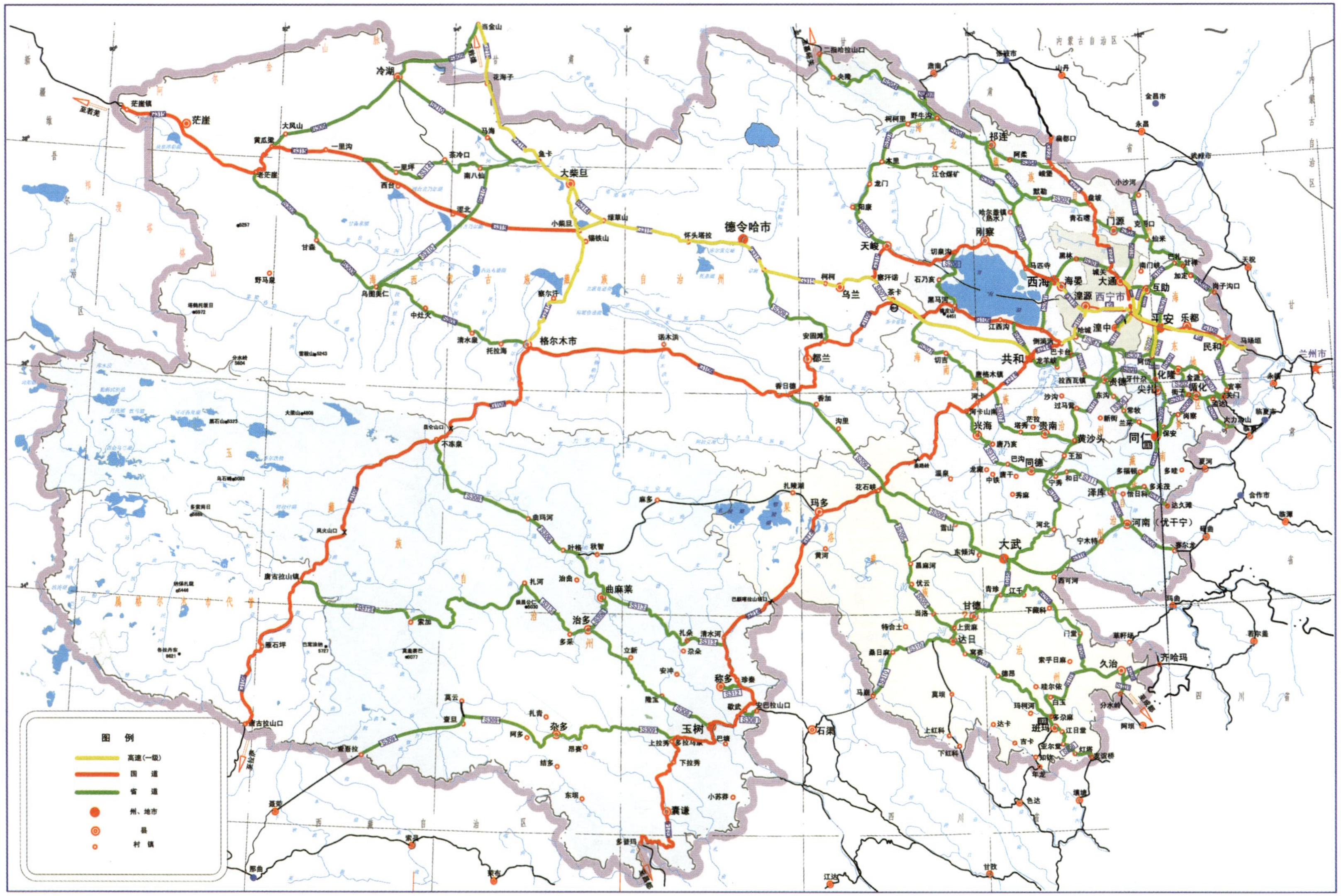

附图1　青海省国省干线公路图

青海省农村公路“十二五”养护管理规划

《青海省农村公路“十二五”养护管理规划》

编写单位及人员

编制单位： 青海省公路局

编制人员： 刘洪金　副　局　长

刘　祥　高级工程师

荣统瑞　工　程　师

参编单位： 青海省交通科学研究所

参编人员： 房建宏　副 研 究 员

徐安花　高级工程师

马争锋　工　程　师

目录
CONTENTS

前言
PREFACE

青海是一个多民族聚居的民族自治区域广泛的高原省份，更是一个以公路交通为主要运输方式的特殊地区，公路交通作为服务区域经济社会发展的基础性、先导性产业，是沟通城乡和区域经济发展的重要纽带，是传播文明、传递信息、促进生产要素流动的重要载体。优先发展农村公路交通对于促进青海广大农牧区资源开发，推进经济发展、社会进步以及农牧民群众脱贫致富具有不可代替的"主导"和"先行"作用。

改革开放以来，尤其是西部大开发以来，青海交通人发扬"扎根高原、艰苦创业、献身交通、造福人民"的青藏高原交通行业精神，创新思路，锐意进取，实现了农村公路超常规、跨越式发展的局面，公路交通发生了翻天覆地的变化，形成了初具规模的农村公路网络和现代交通格局。

为了更好地适应新形势下农村公路养护管理工作，依据国务院办公厅《农村公路养护管理体制改革实施方案》(国办发[2005]49 号)、交通运输部《农村公路养护管理暂行办法》(交公路发[2008]43 号)、《"十二五"公路养护管理发展纲要》(交公路发[2011]505 号)、《农村公路管理养护年活动总体方案》(厅公路字[2011]167 号)以及《青海省农村公路养护与管理办法》(青海省人民政府令第 78 号)等文件，结合青海省实际情况，编写了《青海省农村公路"十二五"养护管理规划》。

本规划旨在阐明"十二五"时期青海省农村公路养护管理工作发展的指导思想、发展目标和保障措施，从而持续、科学、系统、全面地指导和推进"十二五"期间农村公路养护管理工作。

第一章 发展现状

一、农村公路建设现状

青海省农村公路的加快建设始于2004年,尤其是“十一五”规划实施以来,农村公路特别是藏区农村公路得到了跨越式发展,通达、通畅水平有了大幅度提高。项目数量、建设规模、完成投资、新增里程都创造了青海省农村公路建设历史上的最好成绩,成为农村公路发展的历史之最,极大地改善了全省农(牧)区公路面貌。

截至2010年底,青海省公路通车里程62 185公里,其中:干线公路13 319公里,国道4 477公里,省道8 842公里。农村公路48 866公里,占全省公路通车总里程的78.58%,县道9 267公里,占14.90%,乡道12 255公里,占19.71%,专用公路875公里,占1.41%,村道26 469公里,占42.56%。藏区和其他少数民族地区农村公路44 510公里,占全省农村公路通车里程的91.09%,如表1-1所示。农村公路中一级公路为7公里,二级公路为180公里,三级公路为1 375公里,四级公路为33 651公里,等外公路为13 653公里,如表1-1、表1-2所示。

2010年各州(地、市)农村公路里程(按行政等级分,单位:公里) 表1-1

地区	县道	乡道	专用道	村道	合计
西宁	1 091	978	26	1 522	3 617
海东	1 657	1 937	137	3 110	6 841
海西	1 161	1 120	366	4 970	7 617
海南	727	951	98	4 137	5 913
海北	995	712	—	1 869	3 576
玉树	1 425	3 200	211	7 343	12 179
果洛	1 663	2 031	—	2 614	6 308
黄南	548	1 326	37	904	2 815
总计	9 267	12 255	875	26 469	48 866

2010年各州(地、市)农村公路里程(按技术等级分,单位:公里) 表1-2

地区	一级	二级	三级	四级	等外	合计
西宁	7	71	73	2 525	941	3 617
海东	—	49	188	4 953	1 651	6 841
海西	—	16	604	4 659	2 338	7 617
海南	—	24	98	3 584	2 207	5 913
海北	—	6	211	2 603	756	3 576
玉树	—	—	5	8 601	3 573	12 179
果洛	—	14	152	4 842	1 300	6 308
黄南	—	—	44	1 884	887	2 815
合计	7	180	1 375	33 651	13 653	48 866

“十一五”期间,随着农村公路的建设,青海省农村乡镇及建制村的通达和通畅水平也有了明显改善。截至2010年底,全省420个乡镇公路通达率达到100%,383个实现公路通畅,通畅率91.2%,尚有已通达但未通畅乡镇37个,占通达总数的8.8%。全省4 172个建制村,公路通达率达到100%,1 354个实

现通畅，通畅率32.5%，尚有已通达未通畅的建制村2 818个，占通达总数的67.5%，如表1-3所示。

青海省2010年底乡镇及建制村通达、通畅状况　　表1-3

乡镇通达、通畅情况(个)						
乡镇总数	已通达	未通达	已通畅	未通畅	通达率	通畅率
420	420	0	383	37	100%	91.2%
建制村通达、通畅情况(个)						
建制村总数	已通达	未通达	已通畅	未通畅	通达率	通畅率
4 172	4 172	0	1 354	2 818	100%	32.5%

二、农村公路养护管理发展现状

根据国务院办公厅《农村公路管理养护体制改革实施方案的通知》(国办发[2005]49号)和省政府关于《农村公路管理与养护体制改革试点工作方案的通知》的要求及主管领导“先搞试点，然后全面推开”的批示，2007年我省先在大通县、平安县、共和县、格尔木市四个县(市)进行农村公路管理养护体制改革工作试点，并在大通县及时召开了农村公路管理养护体制改革工作现场会。从实际效果看，这既是一次农村公路管理养护体制改革的经验交流会，也是一次积极探索农村公路管理养护方案的专题会。随后，省人民政府印发了《农村公路管理养护体制改革实施方案的通知》(青政办〔2008〕31号)，对我省农村公路养护与管理体制改革进行了全面部署。自2008年起，结合开展为期两年的“农村公路养护管理年”活动，全省农村公路养护体制改革全面推开，稳步推进，养护与综合管理水平有了新的提高。

2011年7月份，根据《中华人民共和国公路法》和国家有关规定，我省出台了《青海省农村公路养护与管理办法》(青海省人民政府令第78号)，为进一步加强我省农村公路养护与管理，实现有路必养，保障农村公路完好、安全、畅通，促进农村经济社会持续发展奠定了基础。

(一)农村公路列养里程不断增加，建养工作齐头并进

“十一五”期间，青海省农村公路的列养里程随着建设里程的不断增加而增加，从而保证了农村公路良好的道路使用状况，如表1-4所示。

青海省历年来各地区农村公路的养护状况表　　表1-4

地　区	统计指标	年　份				
		2006年	2007年	2008年	2009年	2010年
西宁	公路总里程(公里)	4 211.00	3 983.00	3 646.00	3 628.00	3 617.00
	养护里程(公里)	4 211.00	3 983.00	3 646.00	3 628.00	3 617.00
海东	公路总里程(公里)	7 405.00	6 920.00	6 510.00	6 554.00	6 841.00
	养护里程(公里)	7 405.00	6 920.00	6 510.00	6 554.00	6 841.00
海西	公路总里程(公里)	7 029.00	6 558.00	7 248.00	7 685.00	7 617.00
	养护里程(公里)	7 029.00	6 558.00	7 248.00	7 685.00	7 617.00
海南	公路总里程(公里)	5 496.00	5 402.00	5 683.00	5 818.00	5 913.00
	养护里程(公里)	5 496.00	5 402.00	5 683.00	5 818.00	5 913.00
海北	公路总里程(公里)	2 473.00	2 627.00	3 104.00	3 405.00	3 576.00
	养护里程(公里)	2 473.00	2 627.00	3 104.00	3 405.00	3 576.00
玉树	公路总里程(公里)	5 283.00	6 362.00	9 164.00	10 655.00	12 179.00
	养护里程(公里)	5 283.00	6 362.00	9 164.00	10 655.00	12 179.00
果洛	公路总里程(公里)	4 206.00	4 487.00	5 166.00	6 292.00	6 308.00
	养护里程(公里)	4 206.00	4 487.00	5 166.00	6 292.00	6 308.00

续上表

地　区	统计指标	年　份				
		2006 年	2007 年	2008 年	2009 年	2010 年
黄南	公路总里程(公里)	3 396.00	3 067.00	2 810.00	2 797.00	2 815.00
	养护里程(公里)	3 396.00	3 067.00	2 810.00	2 797.00	2 815.00
合计	公路总里程(公里)	39 499.00	39 406.00	43 331.00	46 834.00	48 866.00
	养护里程(公里)	39 499.00	39 406.00	43 331.00	46 834.00	48 866.00

(二)农村公路管养体制改革进一步深化,路政管理工作得到重视和加强

截至2010 年底,已有33 个县成立了农村公路管养机构,其中31 个属于事业性质,另外2 个则由县交通局人员兼职。在31 个事业性质的管养机构中,28 个县的农村公路养护管理人员的工资全部来源于财政拨款,2 个县的农村公路养护管理人员的工资来源于养护工程费,剩余1 个县的农村公路养护管理人员的工资60% 来源于财政支出,40% 来源于单位自筹,如表1-5 所示。

青海省各州(地、市)农村公路管养及路政机构设置现状　　表1-5

地　区	所 辖 县	公路管理机构及人员	路政机构及人员
西宁	湟源县	1 个,事业编制,财政支出	1 个,事业编制,财政支出
	湟中县	1 个,事业编制,财政支出	1 个,事业编制,财政支出
	大通县	1 个,事业编制,财政支出	无
海东	平安县	事业编制,财政拨款,31 人	事业编制,财政拨款,12 人
	乐都县	事业编制,财政拨款,20 人	事业编制,财政拨款,12 人
	民和县	事业编制,财政拨款,37 人	事业编制,财政拨款,16 人
	互助县	事业编制,财政拨款,58 人	事业编制,财政拨款,10 人
	化隆县	事业编制,财政拨款,21 人	事业编制,财政拨款,9 人
	循化县	事业编制,财政拨款,8 人	事业编制,财政拨款,7 人
海西	德令哈市	差额事业单位,人员工资州财政支出60%,单位承担40%,22 人	事业编制,财政拨款,10 人(核定编制7 人,但是工资一直由市财政全额发放10 人的工资)
	格尔木市	事业编制,财政拨款,42 人	事业编制,财政拨款,25 人
	冷湖行委	无	无
	大柴旦行委	无	无
	茫崖行委	无	无
	乌兰县	事业编制,财政拨款,4 人	事业编制,财政拨款,4 人
	都兰县	事业编制,财政拨款,5 人	事业编制,财政拨款,15 人
	天峻县	事业编制,财政拨款,1 人	事业编制,财政拨款,5 人
海南	共和县	事业编制,企业管理,工资来源养护费支付,5人	事业编制,财政拨款,4 人
	贵德县	事业编制,企业管理,工资来源养护费支付,15 人	事业编制,财政拨款,7 人,其中4 人工资来源于养护费支出(2011 年)
	贵南县	事业编制,财政拨款,8 人	事业编制,财政拨款,5 人(2011 年)
	同德县	事业编制,财政拨款,7 人	事业编制,财政拨款,其中运管所4 人兼职,养护队2 人兼职(2011 年)
	兴海县	事业编制,财政拨款,10 人	事业编制,财政拨款,其中运管所5 人兼职(2011 年)

续上表

地　区	所辖县	公路管理机构及人员	路政机构及人员
海北	门源县	事业编制,财政拨款,27 人	事业编制,财政拨款,3 人
	祁连县	事业编制,财政拨款,7 人	事业编制,财政拨款,7 人(养护人员兼职)
	海晏县	无	事业编制,财政拨款,4 人
	刚察县	无	事业编制,财政拨款,5 人
玉树	治多县	事业编制,财政拨款,13 人	非事业编制,工资来源于财政拨款,13 人
	曲麻莱县	事业编制,财政拨款,15 人	非事业编制,工资来源于财政拨款,15 人
	杂多县	事业编制,财政拨款,13 人	非事业编制,工资来源于财政拨款,13 人
	称多县	事业编制,财政拨款,16 人	非事业编制,工资来源于财政拨款,16 人(含兼职)
	囊谦县	事业编制,财政拨款,13 人	非事业编制,工资来源于财政拨款,13 人
	玉树县	事业编制,财政拨款,13 人	非事业编制,工资来源于财政拨款,13 人
果洛	玛沁县	无	无
	达日县	县交通局人员兼职	无
	甘德县	无	无
	班玛县	无	无
	久治县	县交通局人员兼职	无
	玛多县	无	无
黄南	尖扎县	事业编制,财政拨款,13 人	事业编制,财政拨款,4 人
	同仁县	事业编制,财政拨款,13 人	无
	泽库县	事业编制,财政拨款,4 人	无
	河南县	事业编制,财政拨款,5 人	无

截至 2010 年底,已有 29 个县成立了路政机构。其中 23 个县的路政机构为事业性质,人员工资基本上来源于财政拨款。另外有 6 个县虽不属于事业性质,人员工资却都来源于财政拨款。

(三)农村公路养护费用的投入逐步加大,为改革的顺利推进提供了资金保障

近年来,伴随着我省农村公路管理养护体制改革的推进,用于农村公路养护管理的资金也大幅增加,资金的到位率和及时性明显改善。例如,2006 年,农村公路养护管理费用仅为 1 991.00 万元,而 2010 年则达到了 6 738.33 万元,比 2006 年净增 4 747.33 万元,增长率高达 238.44%,如表 1-6 所示。

青海省"十一五"期间各州(地、市)农村公路养护资金投入状况　　表 1-6

地　区	养护资金(万元)				
	2006 年	2007 年	2008 年	2009 年	2010 年
西宁	234.20	231.20	612.00	616.40	608.14
海东	257.73	254.86	874.10	1 015.94	993.60
海西	225.06	222.06	621.90	745.92	786.32
海南	257.87	254.86	603.40	703.52	711.94
海北	182.56	192.36	471.50	560.92	562.80
玉树	370.21	367.21	1 193.50	1 444.04	1 460.13
果洛	286.49	294.58	1 120.00	1 126.04	1 098.85
黄南	176.88	173.87	503.60	516.18	516.55
合计	1 991.00	1 991.00	6 000.00	6 728.96	6 738.33

另外,各级政府及交通主管部门多方筹措、加大投入,进一步改善了农村公路养护条件。例如,省交通厅筹措1 995余万元为各地配备了农村公路养护急需的农用翻斗车、装载机和沥青洒布机等养护机械205台(辆)。格尔木市政府投资22.3万元在大格勒乡开展了创建文明样板路活动,硬化了路肩,实施了8公里的标志标线工程,以点带面,推动了全市农村公路养护水平的提高。

(四)养护质量有了进一步提高

随着农村公路管养体制改革的进一步深化和养护资金的逐步增加,青海省农村公路的养护质量有了进一步的提高,如表1-7所示。2006~2009年期间,青海省农村公路的好路率由2006年的44.5%上升为2009年的46.1%,而养护综合值则由2006年的62.7上升至2009年的65.4(2010年农村公路养护状况按养护优良路率和路况综合指数统计)。

青海省“十一五”期间农村公路路面养护状况 表1-7

年　份	2006年	2007年	2008年	2009年	2010年
养护优良路率	44.5%	44.7%	45.5%	46.1%	33.5%
路况综合指数	62.7	63.7	64.1	65.4	63.8

注:考核里程2010年以前按好路率、综合值统计。

另外,针对近几年县乡油路路面病害情况,结合“农村公路养护管理年”活动和第八届“环湖赛”路段整治,我省对早期建成的县乡油路水泥路损坏较重的路段进行了路面集中修补整治,加强了列养农村公路的日常小修保养,使路况有了较为明显的提高。例如:2007年大通县共投入268万元,对全县县乡公路病害进行了全面整治,共处治翻浆6 510立方米,补修油路面33 632平方米;乌兰县和都兰县对部分水泥路面出现的表面磨损、起皮、露骨等病害,实施了强力水泥改性胶掺入水泥拌和稀浆封层处治,使路面病害得到了有效处理,延长了道路使用寿命。

(五)农村公路抗灾应急保通工作及时有效

“十一五”期间,青海省农村公路抗灾应急保通能力进一步增强,例如:2008年,冰冻、雪灾、水毁等病害发生后,各州(地、市)、县交通运输部门不等不靠,多方筹资,及时组织人员、机械进行抢修,确保了农村公路的基本畅通。另外,省交通厅对雪灾、水毁严重的地区还专门安排了抢修保通资金,额度高达400万元。

三、主要矛盾与问题

(一)农村公路管养和路政机构尚未健全

“十一五”期间,我省在农村公路管养机构和路政机构的建立方面取得了较好的成绩,但仍然有部分县没有专门的管养机构和路政机构。有些县虽有相应机构,人员却为其他部分相关人员兼职。

截至目前,仍有9个县没有专门的农村公路养护管理机构;仍有13个县没有路政执法机构;仍然有2个县的农村公路养护管理机构为县交通局人员兼职。

由于部分地区没有专门的农村公路养护管理机构,致使养护技术资料的整理、归档工作欠佳,专业养护队的路况资料、原始记录和图表欠缺,没有年度、季度、月度养护计划,年初无安排,没有检查记录等。

由于部分地区没有专门的路政机构,致使农村公路路政管理基础工作薄弱,管理制度、路产档案、路政巡查等基础资料不完善。

(二)养护资金补助标准低,缺口大

“十一五”期间,按照国务院办公厅《关于印发农村公路管理养护体制改革方案的通知》(国办发〔2005〕49号)的精神,农村公路的养护资金主要依靠地方各级财政投入和交通规费收入,由于青海各级财政十分困难,省级财政收入只占支出的35%~40%,县级财政收入仅占支出的3%~4%,所以无力承担农村公路养护资金。虽然我省农村公路的养护资金较“十五”期有所增加,但远远无法满足农村公路养护的要求。如表1-8所示,2010年我省农村公路的养护标准为:县道3 300元/公里;乡道1 600元/公里;村道266元/公里。与国办发〔2005〕49号规定的标准(县道7 000元/公里,乡道3 500元/公里,村道1 000元/公里)相比相差甚远,养护资金严重短缺,养护工作面临巨大的资金压力。尽管如此,由于受编制等因素影响,我省农村公路部分管养机构和路政机构人员的工资还要从养护工程费中支出,从而导致养护费用更是紧上加紧。

2010年全省农村公路养护补助资金汇总表 表1-8

地　区	农村公路养护资金						
	合计（万元）	各级财政安排资金（万元）					成品油价格和税费改革转移支付资金（万元）
		合计	州(地、市)配套	省级补助	补助比例	预算科目	合计
总计	6 738.33	3 369.16	2 120.59	1 248.58			3 369.16
西宁	608.14	304.07	243.26	60.82	省级20% 地方80%	2140106 公路养护	304.07
海西	786.32	393.16	314.53	78.63	省级20% 地方80%	2140106 公路养护	393.16
海东	993.60	496.80	347.76	149.04	省级30% 地方70%	2140106 公路养护	496.80
海北	562.80	281.40	196.98	84.42	省级30% 地方70%	2140106 公路养护	281.40
海南	711.94	355.97	249.18	106.79	省级30% 地方70%	2140106 公路养护	355.97
黄南	516.55	258.28	129.14	129.14	省级50% 地方50%	2140106 公路养护	258.28
果洛	1 098.85	549.42	274.71	274.71	省级50% 地方50%	2140106 公路养护	549.42
玉树	1 460.13	730.06	365.03	365.03	省级50% 地方50%	2140106 公路养护	730.06

注:补助标准:县道3 300元/(年·公里);乡道1 600元/(年·公里);村道266元/(年·公里)。

(三)养护资金来源途径有限,融资渠道单一

我省农村公路养护资金主要来自于省级补助资金、地方配套资金和成品油价格和税费改革转移支付资金,融资渠道比较单一,有必要广开融资渠道,以保证我省农村公路养护资金的需求。

(四)农村公路应急保障体制尚未建立健全,道路运输抗灾能力低

例如,截至2009年底,玉树州境内共有农村公路10 444公里,其中县道28条共计1 420公里、乡道67条共计3 103公里、村道208条共计5 921公里。2010年4月14日地震发生之后,截至18日15时,地震导致受损的路段仍然有1 891公里,其中县道14条共计627公里(其中玉树县6条、治多县1条、称多县5条、囊谦县2条),乡道46条共计1 264公里。

第二章　形势分析

“十二五”期间是我省经济社会发展的重要时期，省委、省政府将从各个方面进一步推进富裕文明和谐新青海的建设，将继续坚定不移地走“跨越发展、绿色发展、和谐发展、统筹发展”的科学发展模式。公路交通作为青海省的主要交通运输方式，对于实现青海省“四个发展”的目标意义重大，而农村公路在发展农村经济、缩小城乡差距和改善民生条件等方面的作用是显而易见的。因此，在“十二五”期间更应该注重农村公路的发展，进一步做好农村公路的养护管理工作。“十二五”期间，我省农村公路养护管理工作面临的形势主要有以下几个方面。

一、农村公路里程不断增加，养护任务加剧

为了加快推进交通基础设施建设，促进全省经济平稳较快增长、落实国家扩大内需和支持藏区发展、改善投资发展环境、推进民族团结进步、加强国防交通建设，“十二五”期间，青海省将进一步加大农村公路的建设步伐，到“十二五”末期将实现所有具备条件的乡镇、生态移民区、85%以上的行政村(牧委会、主要寺院)通沥青(水泥)路。随着农村公路里程的不断增加，养护任务必将变得更加繁重。

二、农牧区发展对养护管理的要求更高

“十二五”是我国全面建设小康社会承前启后的关键时期，也将是青海省农村牧区经济社会快速发展的阶段。“十一五”期间，全省GDP高速稳步增长，年均增长率高达13.1%，2010年全省生产总值已达到1 350亿元；人均生产总值达到24 000元，年均增长12.4%；全社会固定资产投资五年累计完成3 359亿元，年均增长20.9%；财政一般预算收入达到205亿元，年均增长26.5%。高原特色农牧业向区域化、规模化、产业化方向发展。优势工业不断壮大，循环经济试验区建设取得实质性进展。服务业蓬勃发展，高原旅游名省建设取得长足进步。《青海省国民经济和社会发展第十二个五年规划纲要》中对于国民经济在“十二五”期间的发展提出了明确的目标，即生产总值年均增长12%，财政一般预算收入年均增长15%，可见青海省经济将继续保持高速稳步增长的态势。农(牧)民收入的增加以及经济持续快速的增长必然带来旺盛的客、货运需求，经分析和预测，到2015年底，我省汽车保有量将比“十一五”末翻一番。青海省矿产资源丰富，矿产开发是青海省经济发展的一个支柱产业。而矿产资源的开发必然引起重载交通量的增加，其对公路的损坏程度要远大于一般交通。因此，如何做好重载交通下的农村公路养护工作就显得格外重要。

三、资金、体制、技术等方面的限制依然存在，需要创新

随着我省“十二五”期农村公路建设步伐的逐步加快，农村公路养护资金不足的矛盾将更加突出，特别是燃油税费改革后，公路养护资金的管理方式与拨付程序发生了根本性变化，这必将对农村公路养护资金的使用规模和养护管理模式产生一定的影响。

农村公路管理养护是一项长期、持久的工作，为保障农村公路管养工作健康、稳定、可持续发展，建立健全体制是基础。然而截至目前，我省仍有9个县没有专门的农村公路养护管理机构；仍有13个县没有路政执法机构；仍然有2个县的农村公路养护管理机构为县交通局人员兼职。

青海省地处青藏高原腹地，其公路养护工作必将受到高寒、缺氧等恶劣环境的影响。“科学技术作为第一生产力”，为了破解青海省农村公路养护管理工作面临的资金难题，多方面筹措资金是一个首选途径，但也应该注重交通科技工作的发展，通过在农村公路养护管理工作中使用新技术、新材料、新设备，达到降低养护工程费用、提高养护工作效率的目的。

第三章　总 体 思 路

一、指导思想

贯彻落实科学发展观，以交通运输部提出的“畅通主导、服务需求、安全至上、创新引领”十六字方针为指导，进一步深化农村公路管理养护体制改革，认真落实农村公路管理养护的各项制度，努力提高农村公路网的管理效率，以最低的社会经济成本，全力打造“畅通、安全、舒适、和谐”的农村公路通行环境，为广大农牧民群众出行提供更好的服务，为建设社会主义新农村（新牧区）和构建和谐社会提供强力支撑。

二、基本原则

（一）“以人为本”的原则

以公众出行需求为导向，强化公共服务职能，把维护公众利益、让人民群众满意作为养护管理工作的出发点，改变发展理念和管理方式，更好地为公众出行服务。

（二）“安全第一”的原则

把保障公众生命财产安全作为首要任务。强化安全监管，消除安全隐患。完善应急管理体系，强化运行机制，加快队伍建设，提高农村公路安全和应急保障能力。

（三）“养护优先”的原则

强化公路养护管理的基础性地位，积极争取稳定的养护资金渠道，加大养护资金的投入，加强农村公路养护和保护，充分发挥农村公路基础设施的使用效率。

（四）“依法治路”的原则

健全农村公路路政管理机制，提高执法人员素质，推进依法履职、依法行政，加大农村公路保护力度。创新管理手段，提高管理效能，降低管理成本，增强管理透明度。

（五）“体制创新”的原则

本着“层级清晰、事权明确、权责一致、运转高效”的原则，深化农村公路管理体制改革，理顺事权关系，建立适应燃油税费改革需要和农村公路网管理特性的养护管理体制。

（六）“科技支撑”的原则

结合公路养护特点，大力推广和应用“四新”技术（新技术、新材料、新设备和新工艺），着重开展水泥路面和沥青路面快速修补技术、旧水泥路面改造修复技术、旧沥青混凝土再生利用技术、沥青稀浆封层、桥头跳车处治、边坡植物防护等的研究；并加强对高边坡稳定性的监测研究，加大对桥梁病害形成原因及危桥加固技术和效果的研究力度。加大自主创新力度，完善技术体系，实现科学决策，推进农村公路养护管理的技术创新。强化环保意识，推行绿色养护，发展预防性养护、再生利用、安全监测等技术，提高养护管理的信息化、智能化水平，促进人、车、路、自然的和谐发展。

三、发展目标

（一）总体发展目标

本规划根据交通运输部《“十二五”公路养护管理发展纲要》（交公路发［2011］505 号）、《农村公路管理养护年活动总体方案》（厅公路字［2011］167 号）以及我省农村公路养护管理工作现状，提出了“十二五”期的总体发展目标:力争做到“四个提高”和“五个到位”(“四个提高”即提高管养水平、提高服务能力、提高养护优良率、提高群众满意度,“五个到位”即责任落实到位、制度制定到位、资金筹措到位、路政管理到位、监督考核到位)。

(二)具体发展目标

(1)在“十二五”初期(2011~2012年),健全县、乡级农村公路管养机构。县、乡级人民政府在“农村公路管理养护年”活动期间,设立农村公路管理机构或有明确负责农村公路管养工作的职能部门,比例达到100%,将农村公路养护管理人员的工资纳入地方财政预算,以避免养护管理人员工资占用农村公路养护工程费。

(2)提高农村公路养护覆盖率。农村公路列养率达到100%;经常性养护率:县道达到100%,乡道不低于60%,村道不低于50%。

(3)改善农村公路技术状况,提高农村公路养护优良率和路况综合指数。力争到2015年,使农村公路养护优良率达45%,路况综合指数达到70。2011~2015年各年农村公路养护优良率及路况综合指数发展目标见表3-1。

2011~2015年各年农村公路养护优良路率及路况综合指数目标 表3-1

年 份	2010年	2011年	2012年	2013年	2014年	2015年
养护优良路率	33.5%	35.8%	38.1%	40.4%	42.7%	45.0%
路况综合指数	63.8	65.04	66.28	67.52	68.76	70.0

(4)提高农村公路绿化率,与2010年相比,县道、乡道绿化率每年提高2个百分点,村道每年提高1个百分点。

(5)提高农村公路养护工程费标准,力争到2015年,使得我省农村公路养护工程费用达到国办发49号文件的要求,即县道7 000元/(公里·年)、乡道3 500元/(公里·年)、村道1 000元/(公里·年)。

四、主要任务

青海省“十二五”时期农村公路养护管理工作的主要任务为:构建责任明确、运转高效的农村公路管理体制和养护运行机制;建立以公共财政投入为主的长期稳定的农村公路管理养护资金渠道,推动农村公路管养工作常态化、规范化;加强公路养护装备能力建设,推进公路养护大道班建设,提升养护单位和道班的专业化、机械化养护水平以及应急保障能力和公共服务能力。

(1)建立健全农村公路养护管理机构。在“十二五”初期(2011~2012年),在剩余9个县设立专门的农村公路养护管理机构;在剩余13个县设立专门的路政执法机构;对于由县交通局人员兼职的农村公路养护管理机构,进一步明确人员职责,确定专门从事农村公路养护管理的人员。

(2)认真贯彻执行交通运输部《农村公路管理养护年活动总体方案》(厅公路字[2011]167号)的有关精神,积极开展文明示范路创建活动。把农村公路管理养护示范乡和文明路创建工作作为推进管养年活动的重要抓手,实现点上突破,以点带面,全面提高。各地要结合实际,制定切实可行的示范乡和文明路标准,每个县级单位选取不少于2个乡(镇)作为农村公路管养示范乡,选取不少于县道总里程的10%、乡村道总里程的5%作为文明示范路予以推进。

(3)为进一步加强和规范农村公路桥梁养护管理工作,保证农村公路畅通和桥梁运行安全,规划通过“十二五”期的努力,实现每个农村公路养护段各设专职桥梁养护工程师1~2名的目标。其主要工作为制订桥梁定期检查计划,组织实施辖区内桥梁养护的定期检查与评定,并及时上报检查报告,根据检查结果,提出桥梁养护、维修、改建方案。

(4)加快农村公路养护工区房建设步伐。“十二五”期间,农村公路养护工区房建设遵循的原则:考虑到后期维护的方便性以及养护职工的生活方便性,宜设置在乡(镇)附近;考虑到建设成本,应适当增加其管养里程。

"十二五"期间,青海省规划建设157个工区房,投资需求为7 048万元,各州(地、市)工区房的建设需求如表3-2所示,其详细情况见附表1~附表8。

各州(地、市)"十二五"期间工区房建设需求表

表3-2

地区	2011年		2012年		2013年		2014年		2015年		合计	
	拟建个数(个)	投资需求(万元)	拟建个数(个)	投资需求(万元)	拟建个数(个)	投资需求(万元)	拟建个数(个)	投资需求(万元)	拟建个数(个)	投资需求(万元)	拟建个数(个)	投资需求(万元)
西宁	1	20	3	200	3	160	2	100	1	20	10	500
海东	3	60	11	260	8	180	6	140	4	80	32	720
海西	5	175	4	150	3	125	2	100	1	75	15	625
海南	2	75	7	225	4	150	2	50	2	100	17	600
海北	4	200	7	350	6	225	5	250	2	75	24	1 100
玉树	1	70	14	910	15	1120	10	665	—	—	40	2 765
果洛	1	60	3	120	4	150	1	30	—	—	9	360
黄南	2	81	2	81	2	54	2	81	2	81	10	378
合计	19	741	51	2 296	45	2 164	30	1 416	12	431	157	7 048

第四章　资金需求测算与筹资措施

一、农村公路养护工程费需求测算

（一）资金测算思路

“十二五”期间青海省农村公路养护工程费的测算思路如图 4-1 所示。

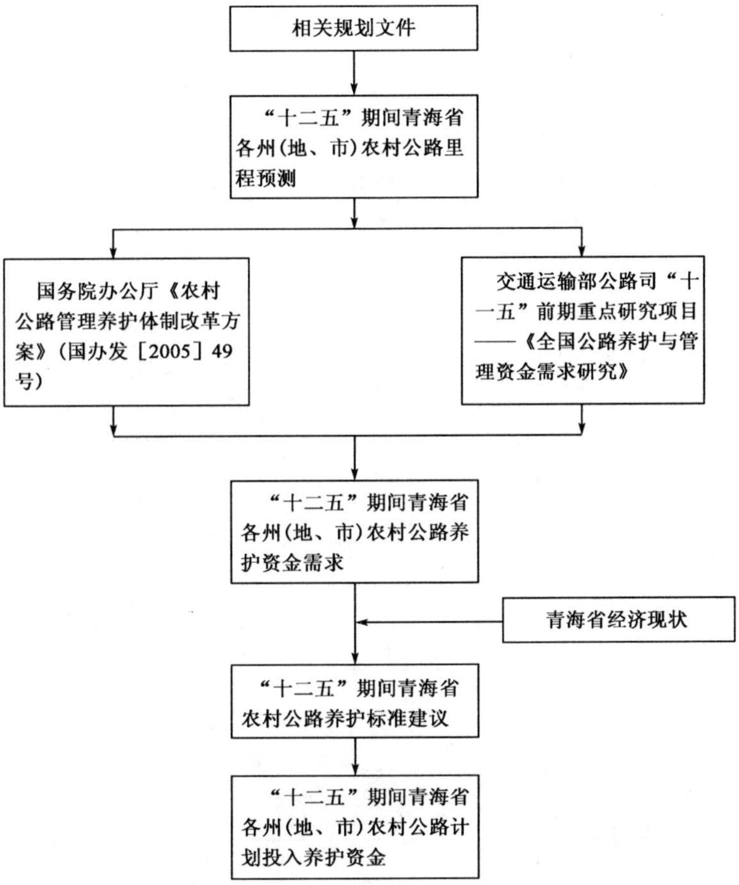

图 4-1　养护资金测算思路

（二）资金测算依据

（1）《青海省干线公路网规划（2009～2030 年）》。

（2）《青海省高速公路网（调整）规划（2009～2030 年）》。

（3）《青海省公路水路交通“十二五”发展规划》。

（4）国务院办公厅《农村公路管理养护体制改革方案》（国办发[2005]49 号）。

（5）《全国公路养护管理资金需求研究》（交通运输部公路司“十一五”前期重点研究项目）。

（三）“十二五”期农村公路里程预测

根据青海省农村公路发展现状以及相关规划文本，可预测得到“十二五”期间青海省各州（地、市）农村公路的发展里程，如表 4-1 和表 4-2 所示。

"十二五"期间各州(地、市)农村公路里程预测结果(按行政等级分,单位:公里)　表 4-1

年份	地区	县道	乡道	专用道	村道	合计
2011年	西宁	1 091	978	30	1 521	3 620
	海东	1 657	1 949	137	3 110	6 853
	海西	1 161	1 120	366	5 899	8 546
	海南	727	951	98	4 207	5 983
	海北	995	712	—	2 326	4 033
	玉树	1 425	3 201	211	7 485	12 322
	果洛	1 663	2 032	—	2 613	6 308
	黄南	548	1 344	37	1 039	2 969
	小计	9 267	12 287	879	28 200	50 634
2012年	西宁	1 091	978	26	1 886	3 981
	海东	1 657	1 937	137	3 706	7 437
	海西	1 161	1 120	366	5 470	8 117
	海南	727	951	98	4 513	6 289
	海北	995	712	—	2 087	3 794
	玉树	1 425	3 200	211	7 967	12 803
	果洛	1 663	2 031	—	2 874	6 568
	黄南	548	1 326	37	1 092	3 003
	小计	9 267	12 255	875	29 595	51 992
2013年	西宁	1 091	978	26	2 068	4 163
	海东	1 657	1 937	137	4 004	7 735
	海西	1 161	1 120	366	5 720	8 367
	海南	727	951	98	4 701	6 477
	海北	995	712	—	2 196	3 903
	玉树	1 425	3 200	211	8 279	13 115
	果洛	1 663	2 031	—	3 004	6 698
	黄南	548	1 326	37	1 186	3 097
	小计	9 267	12 255	875	31 158	53 555
2014年	西宁	1 091	978	26	2 250	4 345
	海东	1 657	1 937	137	4 302	8 033
	海西	1 161	1 120	366	5 970	8 617
	海南	727	951	98	4 889	6 665
	海北	995	712	—	2 305	4 012
	玉树	1 425	3 200	211	8 591	13 427
	果洛	1 663	2 031	—	3 134	6 828
	黄南	548	1 326	37	1 280	3 191
	小计	9 267	12 255	875	32 721	55 118
2015年	西宁	1 091	978	26	2 432	4 527
	海东	1 657	1 937	137	4 606	8 337
	海西	1 161	1 120	366	6 220	8 867
	海南	727	951	98	5 079	6 855

续上表

年　份	地　区	县　道	乡　道	专用道	村　道	合　计
2015年	海北	995	712	—	2 414	4 121
	玉树	1 425	3 200	211	8 908	13 744
	果洛	1 663	2 031	—	3 270	6 964
	黄南	548	1 326	37	1 374	3 285
	小计	9 267	12 255	875	34 303	56 700

"十二五"期间各州(地、市)农村公路里程预测结果(按技术等级分,单位:公里)　　表4-2

年　份	地　区	一　级	二　级	三　级	四　级	等　外	合　计
2011年	西宁	7	71	103	2 541	898	3 620
	海东	—	50	211	5 017	1 575	6 853
	海西	—	16	645	5 561	2 324	8 546
	海南	—	24	98	3 656	2 205	5 983
	海北	—	5	212	3 088	728	4 033
	玉树	—	—	5	8 745	3 572	12 322
	果洛	—	14	152	4 842	1 300	6 308
	黄南	—	—	44	2 059	866	2 969
	小计	7	180	1 470	35 509	13 468	50 634
2012年	西宁	7	335	73	2 670	896	3 981
	海东	—	323	188	5 285	1 641	7 437
	海西	—	126	604	5 084	2 303	8 117
	海南	—	133	98	3 853	2 205	6 289
	海北	—	120	211	2 791	672	3 794
	玉树		78	5	9 150	3 570	12 803
	果洛	—	86	152	5 102	1 228	6 568
	黄南	—	78	44	2 038	843	3 003
	小计	7	1 279	1 375	35 973	13 358	51 992
2013年	西宁	7	467	73	2 720	896	4 163
	海东	—	460	188	5 446	1 641	7 735
	海西	—	181	604	5 279	2 303	8 367
	海南	—	188	98	3 986	2 205	6 477
	海北	—	177	211	2 843	672	3 903
	玉树		117	5	9 423	3 570	13 115
	果洛	—	122	152	5 232	1 192	6 698
	黄南	—	117	44	2 093	843	3 097
	小计	7	1 829	1 375	37 022	13 322	53 555
2014年	西宁	7	599	73	2 770	896	4 345
	海东	—	597	188	5 607	1 641	8 033
	海西	—	236	604	5 474	2 303	8 617
	海南	—	243	98	4 119	2 205	6 665
	海北	—	234	211	2 895	672	4 012
	玉树	—	156	5	9 696	3 570	13 427

续上表

年　份	地　区	一　级	二　级	三　级	四　级	等　外	合　计
2014年	果洛	—	158	152	5 362	1 156	6 828
	黄南	—	156	44	2 148	843	3 191
	小计	7	2 379	1 375	38 071	13 286	55 118
2015年	西宁	7	731	73	2 820	896	4 527
	海东	—	734	188	5 774	1 641	8 337
	海西	—	291	604	5 669	2 303	8 867
	海南	—	298	98	4 254	2 205	6 855
	海北	—	291	211	2 947	672	4 121
	玉树	—	195	5	9 974	3 570	13 744
	果洛	—	195	152	5 498	1 119	6 964
	黄南	—	195	44	2 203	843	3 285
	小计	7	2 930	1 375	39 139	13 249	56 700

（四）"十二五"期农村公路养护资金需求预测

1. 按国办发49号文件"7351"标准测算

国务院办公厅《农村公路管理养护体制改革方案》（国办发[2005]49号）中明确指出"用于农村公路养护工程的资金水平不得低于以下水平：县道每年每公里7 000元，乡道每年每公里3 500元，村道每年每公里1 000元。

按国办发49号文件"7351"标准对青海省"十二五"期间各州（地、市）农村公路的养护工程费进行测算，结果如表4-3所示。

青海省各州（地、市）"十二五"期农村公路养护工程费测算结果（单位：万元）　表4-3

年　份	地　区	县　道	乡　道	专用道	村　道	合　计
2011年	西宁	763.40	342.17	10.37	152.23	1 268.17
	海东	1 160.06	682.11	47.87	310.97	2 201.01
	海西	813.02	392.05	127.97	589.86	1 922.90
	海南	509.02	332.70	34.43	420.69	1 296.84
	海北	696.49	249.09	—	232.63	1 178.21
	玉树	997.25	1,120.31	73.96	748.56	2 940.08
	果洛	1 164.04	711.03	—	261.38	2 136.45
	黄南	383.71	470.55	12.84	103.94	971.04
	小计	6 486.99	4 300.01	307.44	2 820.26	13 914.70
2012年	西宁	763.70	342.30	9.10	188.60	1 303.70
	海东	1 159.90	677.95	47.95	370.60	2 256.40
	海西	812.70	392.00	128.10	547.00	1 879.80
	海南	508.90	332.85	34.30	451.30	1 327.35
	海北	696.50	249.20	—	208.70	1 154.40
	玉树	997.50	1 120.00	73.85	796.70	2 988.05
	果洛	1 164.10	710.85	—	287.40	2 162.35
	黄南	383.60	464.10	12.95	109.20	969.85
	小计	6 486.90	4 289.25	306.25	2 959.50	14 041.90

续上表

年　份	地　区	县　道	乡　道	专用道	村　道	合　计
2013 年	西宁	763.70	342.30	9.10	206.80	1 321.90
	海东	1 159.90	677.95	47.95	400.40	2 286.20
	海西	812.70	392.00	128.10	572.00	1 904.80
	海南	508.90	332.85	34.30	470.10	1 346.15
	海北	696.50	249.20	—	219.60	1 165.30
	玉树	997.50	1 120.00	73.85	827.90	3 019.25
	果洛	1 164.10	710.85	—	300.40	2 175.35
	黄南	383.60	464.10	12.95	118.60	979.25
	小计	6 486.90	4 289.25	306.25	3 115.80	14 198.20
2014 年	西宁	763.70	342.30	9.10	225.00	1 340.10
	海东	1 159.90	677.95	47.95	430.20	2 316.00
	海西	812.70	392.00	128.10	597.00	1 929.80
	海南	508.90	332.85	34.30	488.90	1 364.95
	海北	696.50	249.20	-	230.50	1 176.20
	玉树	997.50	1 120.00	73.85	859.10	3 050.45
	果洛	1 164.10	710.85	-	313.40	2 188.35
	黄南	383.60	464.10	12.95	128.00	988.65
	小计	6 486.90	4 289.25	306.25	3 272.10	14 354.50
2015 年	西宁	763.70	342.30	9.10	243.20	1 358.30
	海东	1 159.90	677.95	47.95	460.60	2 346.40
	海西	812.70	392.00	128.10	622.00	1 954.80
	海南	508.90	332.85	34.30	507.90	1 383.95
	海北	696.50	249.20	—	241.40	1 187.10
	玉树	997.50	1,120.00	73.85	890.80	3 082.15
	果洛	1 164.1	710.85	—	327.00	2 201.95
	黄南	383.60	464.1	12.95	137.40	998.05
	小计	6 486.90	4 289.25	306.25	3 430.30	14 512.70
合计		32 434.59	21 457.01	1 532.44	15 597.96	71 022.00

2. 青海省“十二五”期农村公路养护工程费建议标准

附录二给出了按照《全国公路养护管理资金需求研究》(交通运输部公路司“十一五”前期研究重点项目)确定的2008 年农村公路养护工程测算西部标准预测得到的青海省农村公路养护工程费的过程和结果。

由表 4-3 及附表 11 可知,无论按国办发 49 号文件“7351”标准测算,还是按《全国公路养护管理资金需求研究》确定标准测算的青海省“十二五”期间农村公路养护工程费用都较大,经综合考虑,提出了“十二五”农村公路养护工程费的建议标准,如表 4-4 所示。由表 4-4 可知,青海省农村公路养护工程费会在“十二五”末期达到国办发 49 号文件的要求。

青海省农村公路养护工程费建议标准(单位:元/公里)　　表 4-4

年　份	县　道	乡　道	专用道路	村　道
2011 年	4 000	2 000	2 000	400
2012 年	4 780	2 360	2 360	560
2013 年	5 520	2 740	2 740	707
2014 年	6 260	3 120	3 120	854
2015 年	7 000	3 500	3 500	1 000

根据表4-4确定的标准和“十二五”期农村公路预测里程,可得到养护工程费的最终测算结果,如表4-5所示。

青海省农村公路“十二五”期间养护工程费测算结果(单位:万元)　　表4-5

年　份	地　区	县　道	乡　道	专用道	村　道	合　计
2011年	西宁	436.23	195.52	5.93	60.89	698.57
	海东	662.89	389.78	27.36	124.39	1 204.42
	海西	464.58	224.03	73.13	235.94	997.68
	海南	290.87	190.11	19.67	168.27	668.92
	海北	397.99	142.34	—	93.05	633.38
	玉树	569.85	640.18	42.26	299.43	1 551.72
	果洛	665.17	406.30	—	104.55	1 176.02
	黄南	219.26	268.88	7.34	41.57	537.05
	小计	3 706.84	2 457.14	175.69	1 128.09	7 467.76
2012年	西宁	521.50	230.81	6.14	105.62	864.07
	海东	792.05	457.13	32.33	207.54	1 489.05
	海西	554.96	264.32	86.38	306.32	1 211.98
	海南	347.51	224.44	23.13	252.73	847.81
	海北	475.61	168.03	—	116.87	760.51
	玉树	681.15	755.20	49.80	446.15	1 932.30
	果洛	794.91	479.32	—	160.94	1 435.17
	黄南	261.94	312.94	8.73	61.15	644.76
	小计	4 429.63	2 892.19	206.51	1 657.32	9 185.65
2013年	西宁	602.23	267.97	7.12	146.21	1 023.53
	海东	914.66	530.74	37.54	283.08	1 766.02
	海西	640.87	306.88	100.28	404.40	1 452.43
	海南	401.30	260.57	26.85	332.36	1 021.08
	海北	549.24	195.09	—	155.26	899.59
	玉树	786.60	876.80	57.81	585.33	2 306.54
	果洛	917.98	556.49	—	212.38	1 686.85
	黄南	302.50	363.32	10.14	83.85	759.81
	小计	5 115.38	3 357.86	239.74	2 202.87	10 915.85
2014年	西宁	682.97	305.14	8.11	192.15	1 188.37
	海东	1 037.28	604.34	42.74	367.39	2 051.75
	海西	726.79	349.44	114.19	509.84	1 700.26
	海南	455.10	296.71	30.58	417.52	1 199.91
	海北	622.87	222.14	—	196.85	1 041.86
	玉树	892.05	998.40	65.83	733.67	2 689.95
	果洛	1 041.04	633.67	—	267.64	1 942.35
	黄南	343.05	413.71	11.54	109.31	877.61
	小计	5 801.15	3 823.55	272.99	2 794.37	12 692.06
2015年	西宁	763.70	342.30	9.10	243.20	1 358.30
	海东	1 159.90	677.95	47.95	460.60	2 346.40

续上表

年　份	地　区	县　道	乡　道	专 用 道	村　道	合　计
2015 年	海西	812.70	392.00	128.10	622.00	1 954.80
	海南	508.90	332.85	34.30	507.90	1 383.95
	海北	696.50	249.20	—	241.40	1 187.10
	玉树	997.50	1 120.00	73.85	890.80	3 082.15
	果洛	1 164.10	710.85	—	327.00	2 201.95
	黄南	383.60	464.10	12.95	137.40	998.05
	小计	6 486.90	4 289.25	306.25	3 430.30	14 512.70
合计		25 539.90	16 819.99	1 201.18	11 212.95	54 774.02

(五)养护资金分配

根据表 4-5 预测确定的农村公路养护工程费和附表 10 确定的小修保养、中修以及大修的比例可确定“十二五”期青海省各年及各州(地、市)农村公路养护工程费中小修保养、中修以及大修工程的费用,结果如表 4-6 和表 4-7 所示。

青海省“十二五”农村公路养护工程费测算结果(单位:万元)　　表 4-6

年　份	小修保养工程费	中修工程费	大修工程费	合　计	增 长 率
2011 年	6 870.37	418.21	179.22	7 467.76	—
2012 年	8 358.90	569.50	257.18	9 185.65	23.00%
2013 年	9 824.31	742.28	349.30	10 915.85	18.84%
2014 年	11 295.95	939.21	456.91	12 692.06	16.27%
2015 年	12 771.16	1 161.01	580.51	14 512.70	14.34%
合计	49 120.69	3 830.21	1 823.12	54 774.02	—

青海省“十二五”农村公路养护工程费分配结果(单位:万元)　　表 4-7

年　份	地　区	小修保养工程费	中修工程费	大修工程费	合　计
2011 年	西宁	642.68	39.12	16.77	698.57
	海东	1 108.07	67.45	28.91	1 204.42
	海西	917.87	55.87	23.94	997.68
	海南	615.42	37.46	16.05	668.92
	海北	582.71	35.47	15.20	633.38
	玉树	1 427.58	86.90	37.24	1 551.72
	果洛	1 081.94	65.86	28.22	1 176.02
	黄南	494.10	30.08	12.89	537.05
	小计	6 870.37	418.21	179.22	7 467.76
2012 年	西宁	786.29	53.57	24.19	864.07
	海东	1 355.04	92.32	41.69	1 489.05
	海西	1 102.89	75.14	33.94	1 211.98
	海南	771.50	52.56	23.74	847.81
	海北	692.06	47.15	21.29	760.51
	玉树	1 758.39	119.80	54.10	1 932.30
	果洛	1 306.00	88.98	40.18	1 435.17
	黄南	586.73	39.98	18.05	644.76
	小计	8 358.90	569.50	257.18	9 185.65

续上表

年　份	地　区	小修保养工程费	中修工程费	大修工程费	合　计
2013 年	西宁	921.19	69.60	32.75	1 023.53
	海东	1 589.42	120.09	56.51	1 766.02
	海西	1 307.20	98.77	46.48	1 452.43
	海南	918.98	69.43	32.67	1 021.08
	海北	809.63	61.17	28.79	899.59
	玉树	2 075.89	156.84	73.81	2 306.54
	果洛	1 518.17	114.71	53.98	1 686.85
	黄南	683.83	51.67	24.31	759.81
	小计	9 824.31	742.28	349.30	10 915.85
2014 年	西宁	1 057.64	87.94	42.78	1 188.37
	海东	1 826.07	151.83	73.86	2 051.75
	海西	1 513.23	125.82	61.21	1 700.26
	海南	1 067.92	88.79	43.20	1 199.91
	海北	927.26	77.10	37.51	1 041.86
	玉树	2 394.06	199.06	96.84	2 689.95
	果洛	1 728.69	143.73	69.92	1 942.35
	黄南	781.08	64.94	31.59	877.61
	小计	11 295.95	939.21	456.91	12 692.06
2015 年	西宁	1 195.30	108.66	54.33	1 358.30
	海东	2 064.83	187.71	93.86	2 346.40
	海西	1 720.22	156.38	78.19	1 954.80
	海南	1 217.87	110.72	55.36	1 383.95
	海北	1 044.65	94.97	47.48	1 187.10
	玉树	2 712.29	246.57	123.29	3 082.15
	果洛	1 937.72	176.16	88.08	2 201.95
	黄南	878.28	79.84	39.92	998.05
	小计	12 771.16	1 161.01	580.51	14 512.70
合计		49 120.69	3 830.21	1 823.12	54 774.02

二、资金筹措建议

公路养护与管理资金来源主要包括以下几个方面：

（一）交通运输部专项工程费

交通运输部每年从车购税中列支一定资金，专项补助全国各省（市、区）GBM 工程、文明样板路工程、危桥改造工程、安保工程、灾害防治工程等。"十二五"期间，我省要继续做好农村公路危桥改造、安保、灾害防治等工程项目的统计工作，并及时向交通运输部上报，以争取更多的专项工程费。

（二）地方财政投入

地方财政投入是指省、市、县、乡各级政府从其地方财政收入中拨出，用于公路管养的资金。"十二五"期，我省要力争将农村公路日常养护资金纳入地方公共财政预算。

（三）一事一议

"一事一议"是农村税费改革后，农村地区发展公益事业所采取的筹措资金方式，用来替代税费改革前的“民工建勤”以及村提留等农村原有的筹资方式。“一事一议”是一个新事物，相关的配套制度还不完善，有些地方的积极性也不高，而且“一事一议”的筹资额度有限。因此，“一事一议”作为农村税费改革后农村公路发展的主要筹资方式，具有一定的局限性。

（四）成品油价格和税费改革转移支付资金

《国务院办公厅转发发展改革委财政部交通运输部关于进一步完善投融资政策促进普通公路持续健康发展若干意见的通知》（国办发［2011］20 号）中指出“成品油消费税替代原公路养路费的专项资金原则上全额用于普通公路的养护管理，不得用于收费公路建设；中央取消政府还贷二级收费路专项补助资金在债务偿还完毕后，全额用于普通公路养护管理和建设”。“十二五”期间，我省应充分依据以上有关政策，向省财政等有关部门争取农村公路养护管理资金。

第五章　保 障 措 施

一、落实地方政府责任，健全养护管养机构

根据《青海省农村公路养护与管理办法》（青海省人民政府令 第78号）的规定，县级人民政府是本行政区域内农村公路养护与管理的责任主体，应当建立健全农村公路养护与管理体系。组织领导有关部门和乡（镇）人民政府做好农村公路养护与管理工作。乡（镇）人民政府在县人民政府的领导下，负责行政区域内乡道、村道的日常养护与管理工作。村（牧）民委员会在乡（镇）人民政府的指导下，按照村民自愿、民主决策的原则，组织农牧民做好本村村内道路的养护与管理。“十二五”初期，各县级人民政府应进一步发挥其在农村公路养护与管理工作中的主体地位，尽快建立健全农村公路管养机构。

二、建立健全农村公路养护资金筹集、拨付机制

县级以上人民政府应当建立政府投入为主的稳定的养护资金筹集、拨付机制，将农村公路养护资金纳入本级财政预算，并根据财政收入的增长和农村公路事业发展的需要，逐步增加农村公路养护资金。

省交通主管部门应当建立健全全省农村公路养护数据库。县级交通主管部门应当根据本行政区域农村公路基础数据、路况等情况，编制年度农村公路养护计划，并逐级上报省交通主管部门。省交通主管部门负责审核批准各地区年度农村公路养护计划，会同省财政部门根据各地区年度农村公路养护计划，按照确定的比例统筹安排农村公路养护补助资金。

三、健全资金使用管理制度

规范养护资金的申请、拨付、使用管理等行为，加强资金管理使用的检查、监督、考核。按照事前参与、事中监督、事后审计的要求，全程监管农村公路养护资金的使用情况，随时掌握资金的流向、流量，确保农村公路养护资金专款专用，发挥最大效益。大力推行账务公开，确保农村公路养护资金阳光运行。

四、规范农村公路养护管理模式

农村公路大中修养护和次高级以上路面及桥梁等技术性较强的养护工程，由县级交通主管部门按照路段或者区域，通过招投标等方式选择专业养护单位。

县道由县级交通主管部门组织专业养护单位养护，并签订养护合同；乡道由乡（镇）人民政府通过聘用、委托、承包等方式，组织沿线农牧民分段进行日常养护，并签订养护合同；村道由村（牧）民委员会通过“一事一议”组织农牧民采用分段承包养护、群众集中养护等方式进行日常养护；村内道路由村（牧）民委员会通过“一事一议”确定符合当地实际的方式组织农牧民养护。对于养护工作成绩突出的，由县级人民政府给予奖励。

五、加强技术培训交流，大力推广应用新技术、新材料、新工艺

县级交通主管部门应对从事公路养护的农牧民进行技术培训，并对农村公路养护给予技术指导。乡道、村道沿线的乡镇人民政府应指导村牧民委员会组织农牧民对农村公路状况进行巡查，发现公路坍塌、坑槽、隆起等损毁的，应当及时向乡镇人民政府或者县级交通主管部门报告。

“十二五”期间，致力于养护技术、养护材料、养护设备的发展和完善，有计划、有步骤地引进和研究养护新技术、新材料、新设备。积极研究和应用科学的养护决策方法，改善健全养护对策的决策流程，并加强针对大中修养护工程设计的咨询。

六、加强应急保障能力建设

州(地、市)、县级交通主管部门应当制订农村公路抢修应急预案。因泥石流、积雪、淤冰、水毁等严重自然灾害致使农村公路中断或者严重损坏时,及时报请当地人民政府,按预案组织抢修,尽快恢复交通。短期内不能修复的,应当修建临时便道或者指明绕行路线。

县级交通主管部门、乡镇人民政府应当加强对农村公路交通标志、标牌等设施的维护和管理。在桥梁、隧道、急弯、陡坡或者容易发生危险的路段,按规定设置明显的交通标志和安全防护设施。

七、加大农村公路路政管理力度

加大农村公路超限运输治理,实行路面执法与源头监管并重,并针对农村公路的特点,采取一些可行的方法,如限载限行时可采用设龙门架、水泥墩等,防止超限车辆行驶农村公路。对超限运输行为实施举报奖励机制,积极调动农村公路沿线乡镇政府、村委会和群众的积极性,有效遏制农村公路超限运输行为,确保农村公路畅通。

八、建立养护巡查制度

建立省、市、县、乡四级农村公路养护巡查制度,按频率、按比例对农村公路养护情况进行巡查,省级巡查每年不少于1次,市级巡查每半年不少于1次,县级巡查每季度不少于1次,乡级巡查每月不少于1次。巡查中发现的问题要及时采取措施解决,对解决问题不及时、不到位的单位或个人,由上级主管部门责令整改,并予以通报。

九、完善监督考核制度

各州(地、市)、县要建立完善考核评价体系,将农村公路管理养护工作纳入县、乡级人民政府目标责任考核体系。通过定期或不定期的检查评比,对管养机构设立率、养护覆盖率、优良路率、绿化率等关键性指标完成情况进行督促落实,对养护及时、路况良好的单位或个人要予以表彰奖励。省交通厅应对农村公路养护管理工作抓得好的“路县长”、“路乡长”予以重点表彰,对养护不力、路况不佳的单位或个人要予以通报批评和处罚。

十、加强农村公路环境保护工作,推进农村公路管理和谐发展

加强养护施工中的环境保护工作,降低施工噪声、扬尘和废弃物对环境的影响。要重视养护施工中的环境保护,减少施工对环境的不利影响;采取积极措施,减少公路运营过程中对环境的破坏。推广应用路面再生技术,循环利用道路材料资源。

附　　录

附录一　“十二五”期青海省农村公路养护工区房建设规划

西宁市“十二五”期间农村公路养护工区房建设规划　　附表1

序号	拟建地址	主要管养路线	管养里程（公里）	拟建年限	建筑面积（平方米）	投资需求（万元）
一	大通县		1 061		1 100	220
1	青林乡	平青线、宁卧线等	92	2011年	100	20
2	城关镇	柳吕线、宁巴线、东极线等	379	2012年	300	60
3	东峡镇	西小线、桥刘线、克达线、永良线等	279	2013年	300	60
4	景阳镇	鲍岗线、鲍毛线、平青线、双申线等	231	2014年	300	60
5	多林镇	平青线、尕海线等	80	2015年	100	20
二	湟中县		543		700	140
1	共和镇	民湟线、共湟线、共转线、徐马线、民湟线、田小线、毛什线、丹索线、丹上线	200	2012年	300	60
2	鲁沙尔镇	多鲁线、海阴线、南大线、彭鲁线、陈下线、民湟线	170	2013年	200	40
3	拦隆口镇	大湟线、拦拉线、多西线、黑上线、大云线、三李线、中古线	173	2014年	200	40
三	湟源县		529		700	140
1	大华乡	阿华公路、河大公路、拉巴公路、扎草公路、巴燕北山	329	2012年	400	80
2	日月乡	茶曲公路、茶马公路、兔尔台公路、日石公路	200	2013年	300	60
合计			2 133		2 500	500

海东地区“十二五”期间农村公路养护工区房建设规划　　附表2

序号	拟建地址	主要管养路线	管养里程（公里）	拟建年限	建筑面积（平方米）	投资需求（万元）
一	平安县		167		200	40
1	三合镇	古瓦公路、三沙公路、平湾公路、沙古公路、新沙公路、三上公路	78	2011年	100	20
2	洪水泉	下下公路、小田公路	89	2012年	100	20
二	民和县		377		600	120
1	中川乡	前峡公路、中川乡公路、峡八公路、官甘公路	64	2012年	100	20
2	古鄯镇	岘白公路、七阳公路、联合乡公路	63	2013年	100	20
3	硖门镇	川杨公路、峡门至西沟公路、峡大公路、川下公路、北山公路	87	2013年	100	20
4	总堡乡	下总公路、马总公路、大庄乡公路、浪红公路、马营至塔城公路、大浪公路	103	2014年	200	40
5	李二堡镇	李二堡至新民、李二堡至巴州公路	60	2015年	100	20
三	乐都县		579		900	180
1	洪水镇	河中公路、汤浪公路、中大路	61	2012年	100	20
2	碾伯镇	碾引公路、乐化公路	60	2012年	100	20
3	高庙镇	高大公路、浪北路	80	2012年	100	20
4	曲坛镇	亲仁乡公路、口子至曲坛公路、乐化路	60	2013年	100	20
5	高店镇	刘高路、湾达路	68	2013年	100	20
6	寿乐镇	锻造厂至大水泉公路、共和至王家公路	60	2013年	100	20

续上表

序号	拟建地址	主要管养路线	管养里程（公里）	拟建年限	建筑面积（平方米）	投资需求（万元）
7	雨润镇	汉达路、杏达路、乐互路	60	2014 年	100	20
8	马营乡	浪北路、三转公路、古西公路、浪北路	66	2014 年	100	20
9	城台乡	下营至巴藏沟公路、下营至曲坛公路	64	2015 年	100	20
四	化隆县		444		700	140
1	群科镇	沙群公路、扎群公路、夏牙公路、南拉公路	80	2012 年	100	20
2	雄先乡	雄年公路、雄卡公路、查夏公路	60	2012 年	100	20
3	金源乡	塔曹公路、燕官公路	102	2013 年	200	40
4	昂思多镇	昂上公路、二上公路	60	2013 年	100	20
5	沙连堡乡	阿德公路、燕德公路	61	2014 年	100	20
6	巴燕镇	燕官公路、乐化路、巴吉路	81	2015 年	100	20
五	互助县		526		700	140
1	五十镇	平青线、乐互路、松多路、巴上至上甘滩	97	2011 年	100	20
2	塘川镇	宁互西路、付威公路、蔡家堡乡公路	82	2012 年	100	20
3	丹麻镇	西丹路、桦景路、平青线	67	2012 年	100	20
4	林川乡	威林公路、威边路、威南公路、南柏公路、台子西路	108	2012 年	200	40
5	东沟乡	东沟乡公路、塘元公路、东山乡公路、西丹路、东哈公路	88	2013 年	100	20
6	五峰镇	新下公路、平青线、七格公路、哈红公路	84	2015 年	100	20
六	循化县		360		500	100
1	积石镇	积文公路、伊波公路	60	2011 年	100	20
2	白庄镇	白谢公路、白道公路、朱比公路、白文公路、拉石公路、文都大寺公路、白道公路、朱比公路	150	2012 年	200	40
3	岗察乡	岗夏公路	60	2014 年	100	20
4	尕楞乡	尕公公路、尕苏公路、建宗公路、青关线、尕公公路、尕苏公路	90	2014 年	100	20
合计			2 453		3 600	720

海北州“十二五”期间农村公路养护工区房建设规划 附表 3

序号	拟建地址	主要管养路线	管养里程（公里）	拟建年限	建筑面积（平方米）	投资需求（万元）
一	门源县		881		1 100	275
1	仙米乡	西小线、却—克线、梅—德路、巴—麻路等	156	2011 年	200	50
2	青石嘴镇	青克支线、铁—巴线、硫——线、四—皇路等	285	2012 年	300	75
3	苏吉滩乡	铁—苏新线、铁—苏线、苏—燕路、扎—石路等	80	2013 年	100	25
4	东川镇	东—宁线、青克支线、桥阴线等	160	2013 年	200	50
5	珠固乡	寺—先路、骆—初路、寺—东路等	120	2014 年	200	50
6	皇城乡	西—北路、皇—马路、皇—燕路、石—盘路、盘大公路等	80	2015 年	100	25
二	刚察县		860		1 200	300
1	沙柳河镇	刚油公路（K0 +000 ~ K40 +000 ）新海公路、果贡公路、潘保公路	180	2011 年	200	50
2	吉尔孟乡	热江公路，刚油公路（K40 +000 ~ K108 +000 ）	170	2011 年	200	50
3	哈尔盖镇	环仓公路、亚休麻公路、果休公路、切察公路、	120	2012 年	200	50
4	哈尔盖镇	热江公路、公贡麻公路、察拉公路	150	2012 年	200	50

续上表

序号	拟建地址	主要管养路线	管养里程（公里）	拟建年限	建筑面积（平方米）	投资需求（万元）
5	泉吉乡	叶合茂公路、扎苏合公路、宁夏公路、年乃索麻公路、	120	2013 年	200	50
6	吉尔孟乡	县城至热水公路、日芒公路、环仓贡麻公路	120	2014 年	200	50
三	海晏县		510		700	175
1	西海镇	城西公路、哈甘公路	190	2012 年	200	50
2	三角城镇	工业园公路、草青公路、哈勒景公路	120	2012 年	200	50
3	金滩乡	北山公路、道阳公路	80	2013 年	100	25
4	甘子河乡	兰花湖公路、俄日公路	120	2014 年	200	50
四	祁连县		1 059		1 400	350
1	央隆乡	五个山公路、阿格尔村公路	160	2011 年	200	50
2	野牛沟乡	大泉桥—双叉沟公路、江油公路	160	2012 年	200	50
3	野牛沟乡	柯柯里村公路、西鼻子公路	99	2012 年	100	25
4	扎麻什乡	棉河公路、下塘村公路	60	2013 年	100	25
5	八宝镇	八黄公路、青羊沟公路	120	2013 年	200	50
6	阿柔乡	阿柔—天棚河公路、小东索旅游公路	180	2014 年	200	50
7	峨堡镇	俄堡—沙窝头公路、天默公路	140	2014 年	200	50
8	默勒镇	吉老公路、海浪二队公路	140	2015 年	200	50
合计			3 310		4 400	1 100

海西州“十二五”期间农村公路养护工区房建设规划　　附表 4

序号	拟建地址	主要管养路线	管养里程（公里）	拟建年限	建筑面积（平方米）	投资需求（万元）
一	格尔木		320		400	100
1	乌图美仁	塔尔丁经尕林格至肯德可克公路	85	2011 年	100	25
2	郭勒木德	野牛沟至瑶池公路、温泉水库公路	235	2015 年	300	75
二	德令哈		430		600	150
1	尕海镇	乌兰县界 K433 +000—德令哈市区出口 K534 +049	101	2011 年	200	50
2	怀头塔拉乡	G315 线—乌兰县界、G315 线—怀头他拉北山	99	2012 年	100	25
3	德令哈市	德令哈市	230	2014 年	300	75
三	都兰		469		600	150
1	香日德乡	香日德—沟里乡、宗加镇农业村—香日德小夏滩村	172	2011 年	200	50
2	热水乡	热水乡—黑山	89	2012 年	100	25
3	巴隆乡	德都公路、巴隆乡河西村—诺木洪村	127	2013 年	200	50
4	香加乡	三岔口中—洪水川	81	2014 年	100	25
四	乌兰		187		300	75
1	希里沟镇	希里沟镇—呼德格劳、铜普镇—莫河西山	71	2011 年	100	25
2	柯柯镇	柯柯镇—卜浪沟、苏汗保姆—左斯隆	116	2013 年	200	50
五	天峻		353		400	100
1	舟群乡	桥头—迪尔恩村出口	99	2011 年	100	25
2	尕河乡	天木公路 K65 +700—尕河乡政府	187	2012 年	200	50
3	新源镇	新源镇—纳尔扎村	67	2013 年	100	25

续上表

序号	拟建地址	主要管养路线	管养里程（公里）	拟建年限	建筑面积（平方米）	投资需求（万元）
六	冷湖		117		200	50
1	冷湖镇	S305	117	2012 年	200	50
合计			1 876		2 700	625

海南州“十二五”期间农村公路养护工区房建设规划　　附表 5

序号	拟建地址	主要管养路线	管养里程（公里）	拟建年限	建筑面积（平方米）	投资需求（万元）
一	共和县		470		600	150
1	塘格木镇	恰英线、英切线	90	2011 年	100	25
2	切吉乡	三塘、塘切、哇玉、切大	145	2011 年	200	50
3	龙羊镇	恰龙线、尕海滩、尕西线	92	2012 年	100	25
4	铁盖乡	三贵线、恰铁线	60	2012 年	100	25
5	恰卜恰镇	恰江线、恰沙线	83	2013 年	100	25
二	贵德县		221		300	75
1	常牧镇	贵同公路、高红崖公路、河东油路、豆吾公路	95	2012 年	100	25
2	河西镇	河藏线、下万公路、贺尔家至甘家公路	66	2012 年	100	25
3	尕让乡	大磨至亦什扎公路、关加至东果堂公路、松巴公路	60	2012 年	100	25
三	贵南县		638		800	200
1	塔秀乡	三贵线、南山公路	170	2012 年	200	50
2	茫拉乡	茫白线、沙茫线、茫拉至塔秀公路、黄贵线、茫拉线	131	2013 年	200	50
3	森多乡	黄芒线、南山公路	155	2013 年	200	50
4	过马营镇	过龙线、过关线老虎口至直亥公路	87	2014 年	100	25
5	沙沟乡	过关线、沙茫线、居呼拉至龙羊峡公路	95	2015 年	100	25
四	兴海县		539		700	175
1	温泉乡	那温公路	146	2012 年	200	50
2	中铁乡	曲中公路、中林公路、中龙公路	85	2013 年	100	25
3	子科滩镇	赛宗寺旅游公路、赛宗寺转山公路	60	2014 年	100	25
4	唐乃亥乡	桑当公路、大桑公路	248	2015 年	300	75
合计			1 868		2 400	600

玉树州“十二五”期间农村公路养护工区房建设规划　　附表 6

序号	拟建地址	主要管养路线	管养里程（公里）	拟建年限	建筑面积（平方米）	投资需求（万元）
一	玉树县		1 014		1 400	490
1	小苏莽乡	巴小线、小毛路、小苏莽乡—江西路、小苏莽乡—本江村路、小苏莽乡—协新路	229	2013 年	300	105
2	隆宝镇工区	结安线、措多—省道 308、省道 308—君青村路等	117	2012 年	200	70
3	安冲乡	结安线线、安冲乡—拉则路、安冲乡—来叶村路、安冲乡路—布让村等	74	2013 年	100	35
4	仲达乡	仲达线、仲达乡—歇格村路、省道 S308 —仲达乡塘达村等	154	2013 年	200	70
5	结古镇	国巴线、东仲林场路巴塘乡—下巴塘村路、热水沟公路等	117	2012 年	200	70
6	上拉秀乡	下江公路、拉日村—下拉秀路、高强村—塔玛村	200	2014 年	200	70

续上表

序号	拟建地址	主要管养路线	管养里程（公里）	拟建年限	建筑面积（平方米）	投资需求（万元）
7	上拉秀乡	上拉线、上拉秀乡—多拉村路、省道309—曲新村路等	123	2014年	200	70
二	称多县		545		700	245
1	称文镇	称扎线、称赛公路	156	2012年	200	70
2	拉布乡	称拉公路、直兰公路、拉布乡路、拉司通公路等	82	2012年	100	35
3	扎多镇	扎朵镇公路、直美路、革新路、治多路	162	2013年	200	70
4	歇武镇	歇武路、阿卓茸巴路、上赛巴路、	60	2014年	100	35
5	珍秦乡	乐然路、叉麻龙路、色宝结然路等	85	2012年	100	35
三	囊谦县		1 277		1 800	630
1	香达镇	香达镇公路、达改盐场公路、然宗盐场公路	157	2012年	200	70
2	着晓乡	昂多线、班多村公路、然木盐矿公路等	137	2012年	200	70
3	东坝乡	昂多线、苏东公路乡政府—尤达村公路、豹草煤矿	147	2013年	200	70
4	尕羊乡	昂多线、尕羊—麦多村公路、尕羊－色青公路	92	2014年	100	35
5	白扎乡	前多村公路白扎—潘洪公路、白扎盐场公路、白扎煤矿公路	121	2012年	200	70
6	吉曲乡	吉曲线、吉曲乡—多爱村公路、吉曲乡温泉公路	137	2013年	200	70
7	毛庄乡	毛毛线、毛庄乡—孜荣村等	122	2013年	200	70
8	觉拉乡	格觉线、觉拉乡—那索尼村公路、交江尼公路等	131	2013年	200	70
9	吉尼赛乡	三结线、改加寺公路、吉来村公路	94	2014年	100	35
10	娘拉乡	然娘线、娘拉公路、当尼伦—多伦多	139	2014年	200	70
四	杂多县		1 413		1 600	560
1	查旦乡	多查线、齐荣村委会—查旦乡政府、跃尼村公路	184	2014年	200	70
2	莫云乡	杂莫线、莫云至查吾拉、莫云乡政府—巴阳村、莫云乡政府—格云村	354	2013年	300	105
3	阿多乡	杂莫公路阿多支线、阿多至加吾拉公路、卡西贡卡路	132	2013年	200	70
4	结多乡	结多线、巴麻村公路、优多公路、优美公路	119	2012年	200	70
5	苏鲁乡	结苏线、苏东公路、苏鲁乡—山荣公路、新云村公路、多晓公路	119	2012年	200	70
6	萨呼腾镇	尕结线、尕昂线、沙青村公路、扎沟村公路	114	2011年	200	70
7	扎青乡	扎青至多彩、杂扎线、四沙趟—县城、战斗村公路	391	2014年	300	105
五	治多县		1 262		1 300	455
1	治渠乡	通天河大桥—治渠乡、治渠乡—拉陇马叶	132	2013年	200	70
2	立新乡	三叉口—立新乡、立新岔口—岗查村、立新乡—叶青村、立新乡—甘青达	175	2012年	200	70
3	扎河乡	多彩—扎河乡、治渠乡—扎河乡、大旺路、夏莫地少—口前村	414	2013年	300	105
4	多彩乡	多彩乡—张青达	120	2012年	200	70
5	当江乡旧址	三岔口—当江乡旧址	60	2013年	100	35
6	索加乡	索加乡至雁石坪、三岔口—肯搏尼玛毛	361	2014年	300	105
六	曲麻莱县		1 006		1 100	385
1	麻多乡	色麻线、巴颜路、扎加路、麻多大场路	441	2013年	300	105
2	秋智乡	色麻线、布甫路、加巧路	172	2013年	200	70
3	巴干乡	巴干寺公路、代曲公路、团结路	125	2012年	200	70
4	曲麻河	昂拉路	104	2014年	200	70
5	约改镇	朱母尕卡公路、格欠路、长江路、岗当路	164	2012年	200	70
合计			6 517		7 900	2 765

果洛州“十二五”期间农村公路养护工区房建设规划　　附表7

序号	拟建地址	主要管养路线	管养里程（公里）	拟建年限	建筑面积（平方米）	投资需求（万元）
一	玛沁县		128		200	60
1	昌麻河乡	东昌公路、大洋公路	128	2011年	200	60
二	班玛县		198		200	60
1	赛来塘镇	赛翁公路	100	2012年	100	30
2	达卡乡	多达公路	98	2013年	100	30
三	达日县		319		400	120
1	吉迈镇	吉迈镇至然宋沟口公路	153	2013年	200	60
2	建设乡	建石公路	94	2013年	100	30
3	德昂乡	吉德公路	72	2014年	100	30
四	久治县		65		100	30
1	索呼日麻乡	索呼日麻至哇赛至折安	65	2012年	100	30
五	玛多县		208		300	90
1	黄河乡	黄（河沿）—康（穷）线	126	2012年	200	60
2	花石峡乡	花（石峡西岔口）—都（兰）县界	82	2013年	100	30
合计			918		1 200	360

黄南州“十二五”期间农村公路养护工区房建设规划　　附表8

序号	拟建地址	主要管养路线	管养里程（公里）	拟建年限	建筑面积（平方米）	投资需求（万元）
一	同仁县		282		500	135
1	双朋西乡	同夏公路，瓜桑公路	102	2011年	200	54
2	兰采乡	省道街贵线	77	2011年	100	27
3	隆务镇	扎毛公路，曲库乎公路，向黄公路，隆加公路，加吾至吾屯公路，隆牙公路，祝迪公路，隆务峡口至唯哇等公路	103	2012年	200	54
二	尖扎县		202		300	81
1	康杨镇	多加公路，杨家至贾加公路，省道青关线（马克唐至康杨段）	60	2012年	100	27
2	马克唐镇	马当公路，马措公路	61	2013年	100	27
3	尖扎滩乡	马尖公路，当尖公路	81	2013年	100	27
三	河南县		215		300	81
1	宁木特乡	省道优马线（优干宁至大武段）	99	2014年	100	27
2	优干宁镇	河玛公路	116	2014年	200	54
四	泽库县		244		300	81
1	禾茂乡	省道达河线（措日更至达久滩段）	74	2015年	100	27
2	泽曲镇	省道达河线（泽曲镇至同德段），泽王公路	170	2015年	200	54
合计			943		1 400	378

附录二　“十二五”期青海省农村公路养护资金测算过程

《全国公路养护管理资金需求研究》给出了2008年农村公路养护工程测算成本标准，本次测算采用西部标准，如附表9所示。

2008年西部地区养护工程费基准值(单位:万元/公里) 附表9

技术等级	高速	一级	二级	三级	四级	等外
小修保养基准值	5	3.5	1.6	1.0	0.6	0.4
中修基准值	80	65	30	18	10	3
大修基准值	270	220	70	50	30	6

经综合考虑,以四级公路为主的农村公路中、大修的合理间隔期限分别为12.5年和20年(折算比例为8%和5%)。考虑到“十五”期开始大规模新建的农村公路,在“十二五”期间大部分尚未到大修期限,但将陆续进入中修阶段,因此“十二五”期农村公路每年中、大修的实际需求比例将低于8%和5%,但呈逐年增长的特征要求。测算时,中、大修比例可按以下比例取值:2010年,中修比例5%,大修比例2%;2015年中修比例8%,大修比例4%,2001~2015年大、中修的比例按逐年增长的方式确定,由此可得“十二五”期间各年小修、中修和大修工程的比例情况,如附表10所示。

2001~2015年青海省农村公路各年小修、中修和大修工程的比例 附表10

年份	2011年	2012年	2013年	2014年	2015年
小修保养比例	92.0%	91.0%	90.0%	89.0%	88.0%
中修比例	5.6%	6.2%	6.8%	7.4%	8.0%
大修比例	2.4%	2.8%	3.2%	3.6%	4.0%

注:各年农村公路小修比例=1-中修比例-大修比例。

根据附表10确定的比例和“十二五”期青海省农村公路里程预测结果(表4-1、表4-2),可得到“十二五”期间各年农村公路各个等级小修保养、中修和大修的里程,再乘以附表9给出的单位里程各养护工程的标准费用,便可得到最终的养护工程费用测算结果,如附表11所示。

青海省各州(地、市)“十二五”期农村公路养护工程费测算结果(单位:万元) 附表11

年　份	地　区	一　级	二　级	三　级	四　级	等　外	合　计
2011年	西宁	85.77	343.27	322.86	4 654.16	610.87	6 016.93
	海东	—	241.74	659.89	9 190.45	1 071.03	11 163.11
	海西	—	76.04	2 018.91	10 187.98	1 579.97	13 862.90
	海南	—	117.61	307.11	6 698.52	1 498.74	8 621.98
	海北	—	26.24	663.66	5 657.35	494.59	6 841.84
	玉树	—	—	14.83	16 020.06	2 429.75	18 464.64
	果洛	—	67.90	475.83	8 870.84	883.90	10 298.47
	黄南	—	—	136.56	3 772.56	588.69	4 497.81
	小计	85.77	872.80	4 599.65	65 051.92	9 157.54	79 767.68
2012年	西宁	93.63	1 767.46	250.10	5 356.02	643.33	8 110.54
	海东	—	1 704.15	644.09	10 601.71	1 178.24	14 128.19
	海西	—	664.78	2 069.30	10 198.50	1 653.55	14 586.13
	海南	—	701.71	335.75	7 729.12	1 583.19	10 349.77
	海北	—	633.12	722.89	5 598.75	482.50	7 437.26
	玉树	—	411.53	17.13	18 354.90	2 563.26	21 346.82
	果洛	—	453.74	520.75	10 234.61	881.70	12 090.80
	黄南	—	411.53	150.74	4 088.23	605.27	5 255.77
	小计	93.63	6 748.02	4 710.75	72 161.84	9 591.04	93 305.28

续上表

年份	地区	一级	二级	三级	四级	等外	合计
2013 年	西宁	102.27	2 671.24	271.85	5 929.60	677.38	9 652.34
	海东	—	2 631.20	700.11	11 872.28	1 240.60	16 444.19
	海西	—	1 035.32	2 249.30	11 508.22	1 741.07	16 533.91
	海南	—	1 075.36	364.95	8 689.48	1 666.98	11 796.77
	海北	—	1 012.44	785.76	6 197.74	508.03	8 503.97
	玉树	—	669.24	18.62	20 542.14	2 698.92	23 928.92
	果洛	—	697.84	566.05	11 405.76	901.15	13 570.80
	黄南	—	669.24	163.86	4 562.74	637.31	6 033.15
	小计	102.27	10 461.88	5 120.50	80 707.96	10 071.44	106 464.05
2014 年	西宁	110.92	3 692.24	293.61	6 520.58	711.42	11 328.77
	海东	—	3 679.91	756.14	13 198.88	1 302.95	18 937.88
	海西	—	1 454.70	2 429.29	12 885.80	1 828.58	18 598.37
	海南	—	1 497.85	394.16	9 696.13	1 750.77	13 338.91
	海北	—	1 442.38	848.64	6 814.83	533.57	9 639.42
	玉树	—	961.58	20.11	22 824.38	2 834.58	26 640.65
	果洛	—	973.91	611.34	12 622.15	917.86	15 125.26
	黄南	—	961.58	176.97	5 056.39	669.34	6 864.28
	小计	110.92	14 664.15	5 530.26	89 619.14	10 549.07	120 473.54
2015 年	西宁	119.56	4 830.45	315.36	7 128.96	745.47	13 139.80
	海东	—	4 850.27	812.16	14 596.67	1 365.31	21 624.41
	海西	—	1 922.93	2 609.28	14 331.23	1 916.10	20 779.54
	海南	—	1 969.18	423.36	10 754.11	1 834.56	14 981.21
	海北	—	1 922.93	911.52	7 450.02	559.10	10 843.57
	玉树	—	1 288.56	21.60	25 214.27	2 970.24	29 494.67
	果洛	—	1 288.56	656.64	13 898.94	931.01	16 775.15
	黄南	—	1 288.56	190.08	5 569.18	701.38	7 749.20
	小计	119.56	19 361.44	5 940.00	98 943.38	11 023.17	135 387.55
合计		512.15	52 108.29	25 901.16	406 484.24	50 392.26	535 398.10

青海省治理公路超限运输“十二五”规划

《青海省治理公路超限运输“十二五”规划》

编写单位及人员

编制单位：青海省公路路政执法总队

编制人员：李志超　总　队　长

薛世元　副总队长

韩进辉　书　　　记

王海民　副总队长

黄建文　处　　　长

张云松　副　处　长

参编单位：江苏省交通科学研究院股份有限公司

参编人员：刁仁群　经　济　师

王战权　高级工程师

贲莉莉　工　程　师

王家杰　高级工程师

马杭英　助理工程师

温玉莎　助理工程师

目录
CONTENTS

第一章　概　　述

一、规划背景

青海省地处青藏高原东北部，与四川、西藏、甘肃、新疆四省区毗邻，是内地“援藏”、“援疆”的关键门户，是联系大西北和大西南的重要通道。青海省地处我国长江、黄河、澜沧江的发源地和水源涵养区，是我国重要的高原生态屏障。全省矿产资源、水能资源、旅游资源丰富，综合利用潜力大。青海省是全国除西藏外最大的藏族聚居区和民族宗教工作的重点地区，在全国经济社会发展和稳定大局中具有重要的战略地位。

公路交通在青海省经济社会发展具有基础性、全局性、战略性的地位和作用。随着国家西部大开发战略的深入实施，公路交通事业取得了快速发展，“十一五”是全省公路事业发展较快的一个重要时期，截至2010年底，全省公路总里程已经达到62 185公里，是“十五”末期的2.2倍，国、省道日均交通混合当量数分别由“十五”末年的957辆/日、592辆/日增长到“十一五”末年的2 843辆/日、1 033辆/日；与此同时，公路运输也得到了快速发展，全省营运货车6.6万辆，完成货物周转量227亿吨公里，分别是“十五”末期的1.8倍、4.7倍。

公路治理超限运输是保护路产路权、维护公路交通运输秩序的一项重要工作。“十一五”青海省公路治理超限运输工作取得了很大突破，全省公路平均超限率控制在3%以内，治超长效机制逐步健全完善。尽管如此，公路治超工作也面临诸多挑战，治超长效机制尚未完全建立、局部地区超限行为仍比较突出。热水、天峻、柴旦等煤矿集中地区，因超载车辆碾压，造成国道109、315部分桥涵断裂，路面出现坑槽现象。据不完全统计，仅2007～2008年，国道109、315因超限超载车辆的碾压造成40座桥梁、447道涵洞损坏，恢复费用达4 441万元；损坏路面36 295平方米，恢复费用达1 939万元。

公路在全省经济社会发展和综合交通运输体系中具有重要地位和作用，全省各级人民政府和交通主管部门长期以来高度重视公路治理超限超载工作。自2004年起全省逐步开展公路治理超限超载的集中统一行动，在出台《青海省公路路政管理条例》的基础上，成立了由交通、公安、发改委、工商、农机、林业等10个厅局组成的全省治超工作领导小组，制订了治超实施方案，明确了机构、人员和职责。2010年，省政府办公厅发布了《青海省车辆超限超载长效治理实施方案》，2011年，省交通厅、公安厅等7个部门发布了《关于进一步加强车辆违法超限超载治理工作的实施意见》，同年年底，省政府第92次常务会议审议通过《青海省治理货运车辆超限超载办法》。

“十二五”全省公路治理超限超载将转入长效机制工作实施阶段，开展全省公路治理超限运输“十二五”规划的研究编制工作，对于科学指导“十二五”公路治理超限运输各项工作的开展，全面实施部、省关于公路治理超限运输的各项方案、意见和办法，切实保护路产路权和维护公路交通运输秩序具有重要的作用。

二、规划必要性

本次规划通过深入分析和评估青海省公路超限运输现状，借鉴国内外治超工作的成功经验，制定适合青海省实际的治超目标，提出构建治超长效机制的基本思路，明确治超的主要任务，制定保障措施建议。规划必要性主要体现为：

(1)是坚持科学发展观和贯彻“以人为本”理念的必然要求。公路交通运输是地区经济社会发展的支撑和基础，关系到国计民生。有效治理公路超限运输行为，保障青海省公路安全畅通，有利于消除因超限引起的各项事故隐患，减少道路交通事故，保护人民群众的生命财产安全，从而维护广大人民群众的根本利益，真正贯彻“以人为本”的思想。

(2)是维护地区基础设施良好运行的重要环节。超限行为对于全省公路基础设施具有较大的破坏作用，会严重影响路桥基础设施的使用安全，造成大量的财产损失。治超规划关系到青海地区交通基础设施的建设和维护，有助于降低超限对公路、桥梁等基础设施的破坏影响，节约养护经费，切实做到保护路产路权。

(3)是维护货运市场健康发展的有效手段。非法超限运输不仅对交通基础设施的健康运行存在威胁，也扰乱了正常的物流和货物运输市场秩序。治超工作的有序开展有利于优化青海省物流和货运市场经济环境、促进本地运输市场秩序的规范和运输市场的良性循环。

三、规划范围、对象及期限

本规划范围为青海省全域。规划对象为治理公路超限运输工作，规划重点包括超限工作机制、治超检测站点布局和治超信息系统等。规划基准年为2010年，规划期限为2011～2015年，同时对于2020年公路治理超限运输工作进行展望。

四、规划依据

编制《青海省治理公路超限运输“十二五”规划》的主要依据有：

(1)《中华人民共和国公路法》(中华人民共和国主席令第十九号，1997年7月)。

(2)《中华人民共和国公路安全保护条例》(国务院令第593号，2011年7月)。

(3)《国务院九部委治理超限超载工作方案》(交通部等九部委，2004年8月)。

(4)《超限运输车辆行驶公路管理规定》(交通部，2000年4月)。

(5)《公路超限检测站管理办法》(交通运输部，2011年6月)。

(6)《青海省治理货运车辆超限超载办法》(青海省人民政府，2011年11月)。

(7)《青海省车辆超限超载长效治理实施方案》(青海省人民政府，2010年7月)。

(8)《青海省农村公路养护与管理办法》(青海省人民政府，2011年8月)。

(9)《青海省公路路政管理条例》(青海省人大，2004年12月)。

(10)《青海省道路运输管理条例》(青海省人大，2006年7月)。

(11)《关于进一步加强车辆违法超限超载治理工作的实施意见》(青海省交通厅等7厅局委，2011年11月)。

(12)《青海省公路水路交通“十二五”发展规划》(青海省交通厅，2011年7月)。

(13)《青海省交通信息化建设“十二五”规划》(青海省交通厅，2010年7月)。

(14)《青海省干线公路网规划(2009～2030年)》(青海省交通厅，2009年9月)。

(15)《青海省高速公路网(调整)规划(2009～2030年)》(青海省交通厅，2009年10月)。

(16)其他相关政策法规及交通运输专项规划。

第二章　现状与形势分析

一、公路交通运输现状

（一）基础设施建设加速推进，公路网不断完善

公路作为青海省的最基本、最主要的运输方式，随着国家西部大开发战略的实施以及全省经济社会发展对公路基础设施要求的不断提高，公路事业得到了长足的发展，我省公路建设在公路总里程、技术等级、路面情况、通畅水平和通达深度等方面都取得了长足的发展，总体上形成了以西宁为中心，以 5 条国道和 29 条省道为骨架，以县乡公路为脉络，辐射所有地州，连接所有县乡，与周边省份有效衔接的公路网络。

截至 2010 年底，全省公路通车总里程达 62 185 公里，公路密度为 8.62 公里/百平方公里（表 2-1、图 2-1）。从行政等级来看，拥有国道 4 477 公里，初步形成了 G109、G315 和 G214、G215、G227"两横三纵"公路主骨架；省道 8 842 公里，县道 9 267 公里，乡道 12 256 公里，村道 26 468 公里，专道 1 292 公里。从技术等级来看，拥有高速公路 235 公里，一级公路 209 公里，二级公路 5 351 公里。与其他地区路网结构相比，青海路网具有点多面广线长的特点。

青海省历年公路里程表　　表 2-1

年　份	公路总里程（公里）	等级路（公里）					等外路里程（公里）
		年增速（%）	总里程	高速	一级	二级	
2005 年	29 720	—	26 982	171	144	4 002	2 738
2006 年	47 726	60.59%	24 638	171	175	4 004	23 088
2007 年	52 626	10.27%	30 636	215	176	4 868	21 990
2008 年	56 642	7.63%	32 648	215	206	4 984	23 994
2009 年	60 136	6.17%	39 726	217	209	5 201	20 410
2010 年	62 185	3.41%	47 604	235	209	5 351	14 582

现有公路桥梁 3 862 座，其中特大桥 12 座、大桥 251 座、中桥 687 座、小桥 2 912 座，420 个乡镇（农牧场）和 4 172 个行政村（农牧场大队）全部通了公路，通沥青（水泥）路的乡镇达到 383 个，乡镇通畅率达到 91.2%。通沥青（水泥）路的行政村达到 1 354 个，行政村通畅率达到 32.5%。

（二）公路交通流量快速增长，时空分布不均衡

伴随着全省经济社会的快速发展，公路基础设施建设的加快推进，全省公路交通流量也得到了快速增长。2010 年，国、省道日均交通量（混合当量数）分别为 2 843 辆/日、1 033 辆/日，分别为"十五"末年的 2.97 倍、1.74 倍。全省高速公路年日均交通量为 7 046 辆/日，其中，国家高速公路年日均交通量为 8 001 辆/日。

公路交通量特点主要体现为分布的不均匀，一是地域分布不均，较大的路段主要集中在西宁周边的国省干线公路上；二是时段分布不均，交通流季节性特征较强，部分路段高峰日交通量超过 2 万辆，是年日均交通量的 10 倍左右。青海省历年国省道交通量变化见表 2-2。

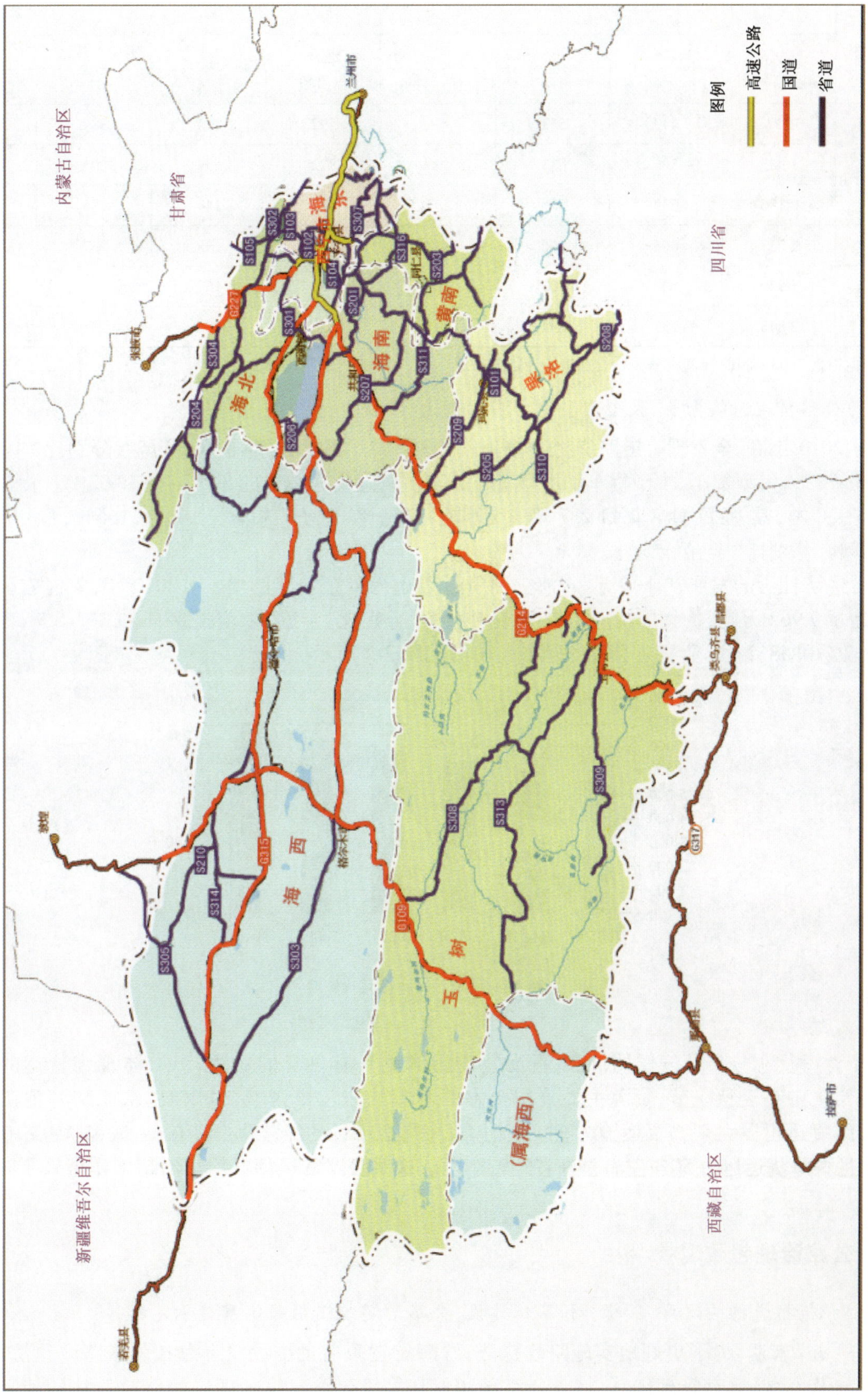

图2-1 青海省公路网现状图

青海省历年国省道交通量变化表(单位:辆/日)　　表 2-2

年份	国道				省道			
	混合当量数	其中(自然数):			混合当量数	其中(自然数):		
		客车	货车	其他机动车		客车	货车	其他机动车
2005 年	957	449	572	69	592	193	389	47
2006 年	1 985	506	611	193	872	157	295	61
2007 年	2 176	633	606	253	827	144	285	60
2008 年	2 238	696	666	162	742	133	232	91
2009 年	1 979	502	603	180	780	162	235	117
2010 年	2 843	737	894	201	1 033	236	291	148

注:数据根据 2005～2010 年青海省公路交通量统计资料整理。

(三)公路货运持续增长,大型重型运力占比快速提高

截至 2010 年底,全省现有道路货物运输业户 4.2 万户,货物营运车辆 6.6 万辆,分别比“十五”末增长 75% 和 78%,大型货车、中型货车和小型货车分别占营运货车总数的 31%、7% 和 62%。货车载重吨位为 295 930 吨,其中:重型车辆 11 237 辆、16 万吨,分别比“十五”末增长 103%、166%;危货车辆 963 辆、9 800 吨,分别比“十五”末增长 68%、104%。

随着经济社会的发展,“十一五”青海公路货运量也得到了快速的增长。2010 年,青海省公路运输完成货运量 7 962 万吨,货物周转量 227.47 亿吨公里,分别比“十五”末增长 45% 和 371.3%,占全省运量的 69.7% 和 53.2%。青海省公路货运变化趋势如图 2-2 所示。

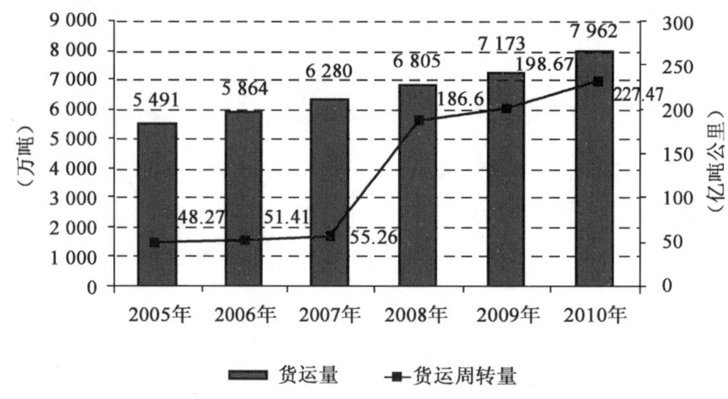

图 2-2　青海省公路货运变化趋势图

由于青海货源分布及气候的特点,青海货物运输也具有自身的一些特点,体现为货运的季节性较强,主要集中在夏秋季节;货源主要分布全省的西、北、东三个区域,以煤炭、水泥和其他矿建材料为主,公路货运也以大宗物资运输为主。同时,青海货运市场的经营业户具有小、散、乱特点,市场集中度不高,且青海货运运力 50% 左右是外省经营车辆。这些公路货运特点均给治超工作带来了较大的困难。

二、公路治理超限现状

(一)积极推进机构改革,不断加强队伍建设,公路治超组织框架体系趋于完善

“十一五”末期,为了更好地实施路政执法,青海省省政府批准设立青海省公路路政执法总队,实行总队、支队、大队垂直管理体系,将省公路局和省高等级公路建设管理局的路政执法职能划入青海省公路路政执法总队,撤销以上两局内设的路政执法机构。路政大队和治超站由总队提出设置意

见，报省厅核批，目前共有路政执法大队42个，15个固定超限检测站，5个流动治超点，治超执法人员370多人。

在推进机构改革的基础上，各部门积极加强治超队伍建设。全省公路治超系统以保障人民生命财产安全、提高道路交通管理能力、保护公路基础设施为出发点，牢固树立“以人为本、以车为本、立德敬业”的理念，严格按照《中华人民共和国公路法》和国家九部委长效治超方案等相关法律法规要求，不断加强内部管理，努力提高执法能力，规范执法行为，严格积极开展精神文明行业创建活动，造就了一支“素质过硬、业务精湛、执法严明、管理规范”的治超队伍。

（二）完善治超法律法规，加强内部制度建设，治超工作行政执法联动制度及责任追究制度逐步健全

加强与省法制办、省人大等立法单位的协调，加快公路治理超限运输法律法规的建设。2008年，公路局根据九部委《全国车辆超限超载长效治理实施意见》中关于农村公路治超的要求，制定了《青海农村公路治超工作指导意见》。2010年，《青海省车辆超限超载长效治理实施方案》出台，明确了多部门联合治超的工作目标、职责分工和工作措施等，形成治超长效机制建设初步工作框架；2011年10月，省交通厅等七部门联合发布了《关于进一步加强车辆违法超限超载治理工作的实施意见》，联合治超工作机制得以强化；2011年11月，省政府第92次常务会议审议并通过了《青海省治理货运车辆超限超载办法》，进一步强调了多部门联合治超的工作机制，对超限超载货车和货运源头落实法律责任，公路治超法制化建设取得重大突破。

与此同时，各级公路治超管理部门加强内部制度建设，不断完善执法工作机制。根据治超工作的特点，先后出台了治超人员岗位责任制、24小时值班制度、超限车辆检测工作流程、超限检查站管理考核办法、路政人员考评办法等，以制度规划治超行为。为促进各治超单位的相互配合，进一步明确了各单位的职责和任务，省交通厅出台了《青海省车辆超限超载检测站岗位职责》和《青海省治理车辆超限超载执法规则》，对治超站的执法流程以及工作流程进行详细制定并悬牌公示。为进一步促进治超站向规范化、制度化迈进，下发了创建“标准化治超站”的工作标准。为规范治超程序和提高工作效率，对治超过程中涉及的告诫、抄告、处罚等法律文书进行了规范，治超电子版处罚文书改变了以往手工填写法律文书时间较长的局面。

（三）加强源头治理工作，启动并初步形成了源头治超工作机制

一是强化宣传力度。执法总队先后组织人员开展了各种形式的主题宣传活动，累计在沿线、厂矿张贴标语累计600多条，向驾乘人员发放宣传资料6万份，为源头治超工作的顺利开展营造了良好的社会氛围。

二是加强组织协调。全省路政执法部门积极与地方政府、源头企业召开治超协调会，先后召开协调会37次，形成了多部门齐抓共管的工作态势。

三是抓源头站场，规范货物的装载。对全省21家重点货运源头企业派驻路政人员，对运输企业进行源头监控，监督其合法转载，同时在重点路段对违法超限运输车辆进行劝返监控。通过这些行动，车辆超限行为从源头上得到了基本控制，有效缓解了路面治理的压力，保护了路产路权和人民群众生命财产安全。

（四）推进治超站点建设，调整站点布局，基本形成了固定站为主、流动站为补充的站点布局体系

根据青海省路网分布和超限超载车辆运行情况，青海省对运行的固定超限检测站和流动检测站配备了检测称重仪器，修建了检测设备，安装了监控录像和预检设备，并根据运行情况对个别执法环境和工作生活环境差的检测站进行调整。各单位加强站点管理工作，按照准军事化管理的要求，各检测站加强站容站貌建设，逐步改善检测站人员的工作和生活条件，整个管理走向了规范化的轨道（图2-3、图2-4）。“十一五”期间，15个治超监测站站房建设改造和设备配置累计投资4 266万元，其中4 000万元为中央投资车购税，266万元为省公路局自筹，治超检测站工程实际完成投资1 744万元。“十一五”期间公路固定治超检测站建设情况见表2-3。

图 2-3　超限超载检测 I 类站海晏站

图 2-4　超限超载检测 I 类站贵德站

"十一五"期间公路固定治超检测站建设情况

表 2-3

序　号	站　名	所在线路	级　别	建设性质	初始建站年份
1	格尔木北出口	G215	Ⅱ类	合署办公	2008 年
2	格尔木西出口	S303	Ⅰ类	新建	2007 年
3	格尔木东出口	G109	Ⅱ类	合署办公	2008 年
4	格尔木南出口	G109	Ⅰ类	改建	2002 年
5	贵德	S101	Ⅱ类	新建	2008 年
6	海晏	G315	Ⅰ类	改扩建	2004 年
7	热水	S204	Ⅱ类	改建	2007 年
8	大柴旦	G215	Ⅰ类	新建	2002 年
9	天峻	G315	Ⅰ类	新建	2007 年
10	东台	G315	Ⅱ类	新建	2008 年
11	德令哈	G315	Ⅱ类	新建	2006 年
12	柏木峡	S103	Ⅱ类	新建	2005 年
13	东村	G109	Ⅰ类	新建	2001 年
14	次汗素	G214	Ⅰ类	改扩建	2006 年
15	倒淌河	G109	Ⅰ类	改建	2004 年

（五）治超工作成效显著，对于保护路产路权和维护公路交通运输秩序起到了重要作用

开展的系列专项整治活动成效突出。针对国道 315 线哈尔盖至刚察段车货总重 55 吨以上超限运输车辆增多的情况，海晏站通过组织公安交警、路政、运政人员开展专项治理活动，对路面查处的恶意超限运输车辆，实施强制卸货，确保了公路桥涵的安全畅通。果洛公路路政执法支队为进一步开展和深化平安交通创建活动，结合管辖区域交通安全运输形式和工作需要，认真部署活动开展工作，确保平安交通创建活动有力有序有效开展。格尔木路政支队格茫中队和西出口治超站联合对省道 S303 线 K16 + 300m 处的道口进行了挖掘和封堵，有效打击了超限超载车辆绕行逃避检查。

通过专项整治、集中治理、源头管理等手段，"十一五"期间全省公路平均超限率实现了控制在 3% 以内的目标，对于保护路产路权和人民群众生命财产安全起到了巨大的作用。"十一五"期间，六个支队主要治超检测站点累计检测货车数 336 万余辆，检测和处理超限车辆 20 万余辆，卸载货物 6 万余吨，大多数站点检测车辆超限率控制在 3% 以内，2010 年比 2006 年检测车辆增长 56%，检测超限车辆增长 32%（表 2-4）。

“十一五”期间主要站点监测公路货车流量及检测量　　表 2-4

指标		年度				
		2006 年	2007 年	2008 年	2009 年	2010 年
东村站	G109 监测段货车流量(辆/日)	420	200	210	358	180
	检测货车量(辆/年)	94 900	29 200	29 200	27 375	29 200
	检测超限货车量(辆/年)	1 095	730	730	365	730
柏木峡站	S103 监测段货车流量(辆/日)	290	150	180	300	221
	检测货车量(辆/年)	85 775	43 800	47 450	40 880	51 100
	检测超限货车量(辆/年)	2 555	1 460	730	1 095	1 460
海晏站	G315 监测段货车流量(辆/日)	641	786	548	828	1 287
	检测货车量(辆/年)	22 819	61 814	125 715	148 102	188 407
	检测超限货车量(辆/年)	6 402	4 629	5 946	3 847	3 570
倒淌河站	G109 监测段货车流量(辆/日)	566	474	609	912	1 163
	检测货车量(辆/年)	35 618	26 907	76 853	100 116	162 012
	检测超限货车量(辆/年)	5 817	5 658	4 260	2 221	2 080
次汗素站	G214 监测段货车流量(辆/日)	199	251	257	179	1 446
	检测货车量(辆/年)	41 703	62 228	21 420	51 348	72 991
	检测超限货车量(辆/年)	3 009	2 050	2 577	1 677	13 758
天峻站	G315 监测段货车流量(辆/日)	—	—	325	918	733
	检测货车量(辆/年)	—	—	51 098	49 340	25 670
	检测超限货车量(辆/年)	—	—	4 261	19 363	10 677
大柴旦站	G215 监测段货车流量(辆/日)	31	91	380	1 268	1 654
	检测货车量(辆/年)	16 016	34 214	50 898	33 499	62 732
	检测超限货车量(辆/年)	773	876	10 652	11 346	14 759
格尔木东站	G109 监测段货车流量(辆/日)	—	—	—	218	181
	检测货车量(辆/年)	—	—	—	57 479	25 780
	检测超限货车量(辆/年)	—	—	—	1 665	743
格尔木南站	G109 监测段货车流量(辆/日)	342	307	260	234	201
	检测货车量(辆/年)	75 850	70 532	51 399	30 901	20 035
	检测超限货车量(辆/年)	6 411	3 059	1 741	1 354	336
格尔木西站	S303 监测段货车流量(辆/日)	—	—	140	180	210
	检测货车量(辆/年)	—	—	24 246	31 242	22 235
	检测超限货车量(辆/年)	—	—	716	831	360
格尔木北站	G215 监测段货车流量(辆/日)	362	329	282	170	87
	检测货车量(辆/年)	60 521	52 246	43 556	35 204	21 651
	检测超限货车量(辆/年)	3 737	3 152	2 816	1 402	752

三、公路治超存在的主要问题

(一)现有治超站点覆盖面不足,且部分配套设施难以满足实际需要

全省目前共有 15 个固定超限检测站,5 个流动治超点,现状治超站点难以覆盖全省主要路网,车辆绕行情况严重,特别是海东地区路网发达,存在较多的治超盲点。而且随着全省路网结构的调整和升级,特别是高速公路的建成通车,对现有治超站点产生很大的影响,许多站点面临调整站点位置的需求,

大柴旦等站治超功能出现退化。

部分站点基础设施和设备配备不齐全或老化，随着各治超站点检测仪器、监控设备常年24小时使用，各站称重设备称重出现较大误差，监控设备成像质量欠清晰。部分站点通信网络不畅，治超信息化工作滞后，GPS、GIS等新技术手段未得到全面应用，导致了我省治超信息反馈、共享、传输不够及时，实时联网监控未能实现。

（二）治超工作人员和经费紧张，人员培训机制尚未形成

大部分治超站点人员配备不齐，15个站点平均工作人员数不足27人，其中工勤人员2~3人，人员配备最少的格尔木北出口站仅有10名工作人员。由于近几年治超力度的不断加大，加之治超工作实行24小时不间断检测，投入的治超人员也相应增加，人员编制亟待解决。而且，由于治超人员数量比较紧张，加大了治超人员的工作强度，人员之间缺少共同的闲余时间，治超人员学习、交流、培训机会少。无治超专项经费，加之我省特定的气候和地理环境，站点的日常维护开支较大，目前部分经费尚未列入正常预算，经费不足影响到治超站点的正常运作，巩固成果压力极大。

（三）源头治理工作机制尚不健全，公路超限行为根源难以切断

货源地分散在各厂矿、企业，由于货源点面广且散，尽管"十一五"期间启动并初步形成原有治理工作机制，但这种工作机制不够有效、有力，交通部门难以进行有效监管。由于地区和部门利益的分割、公路货运市场竞争特点、货运车辆消费贷款等因素的影响，公路超限行为的根源难以切断，源头治理难度加大。车辆生产厂家和改装厂家出于自身经济利益需要，根据用户需要生产车型、标定吨位，难以控制；大批以个体单车运输为主的运输业户涌入公路货物运输市场，受利益驱动非法改装车辆，而部分车辆运输业户为贷款买车，增加了每月还贷压力，超限运输难以根本遏制。

（四）治超长效机制尚未真正形成，路政独立执法难度较大

目前治超工作由交通部门牵头，多家部门参与治理，但对于其他多数部门来说，治超并不是其主要工作内容，这些部门难以设置固定的机构和人员长期参与治超工作，且治超工作缺乏有效的多方考核机制，无法约束和监督各部门的治超工作，多部门联合治超难以持续、长期开展工作，导致治超以路政部门为主的格局尚未得到根本改变，治超的长效工作机制尚未真正形成。由于长效机制尚未形成，部分政策法规实施难度较大，路政独立执法难度较大，针对无车牌和无运营证的哈达车队，交通部门没有足够的手段加以治理，流动性检测站不允许现场执法，必须把超限超载车辆拖到站内，由于路政部门无强制措施或驾驶员不配合，致使超限超载车辆实施卸载存在较大难度。

四、公路治超面临的形势要求

（一）公路网规模扩大和结构升级要求进一步优化完善治超站点布局

"十二五"期间，全省将继续加强国道、省道干线公路、出省通道和资源开发、旅游、农村公路建设，增加密度，提高等级，构建"六纵九横二十联"公路网。实现主要出省通道、西宁至州府通高等级公路，州府至县城基本通二级公路，具备条件的所有乡镇、主要旅游景区、85%以上行政村（牧委会）通沥青（水泥）路。加强主要城镇道路、交通枢纽、站场等公共交通基础设施建设，提高城镇交通便捷化水平，抓好资源开发地、产业园区连接道路建设，支持产业发展。力争到2015年全省公路通车里程突破7万公里，高等级公路突破9 000公里，其中高速公路达到3 000公里。随着公路总里程的增长和路网结构的升级改造，目前的治超站点布局难以满足新路网的要求，要求加快对既有站点布局的优化调整，加强新建公路的配套治超站点建设工作。

（二）物流业的快速发展要求进一步加强公路货运源头治超工作力度

"十二五"期间，我省将培育壮大现代物流业，打造西宁朝阳、格尔木、德令哈、平安四大物流园区，建设玉树、果洛、黄南、海南、海北物流节点，改造提升兰青、青藏铁路物流、重要国省干道公路物流以及

航空物流等三大物流通道，逐步形成全省的物流骨架体系，提高物流网络覆盖面。大力发展第三方物流，以大型物流企业为骨干的现代物流服务体系，培育10家骨干物流企业。物流的发展势必带来公路货运产业的共同发展，根据《青海省公路水路交通“十二五”发展规划》的需求预测，到2015年，我省公路货运量将达到1.5亿吨，年均增长13%，货运周转量将达到420亿吨公里。物流业的快速发展，货运业的竞争加剧，要求进一步加强治超工作的源头治理力度，建立公路超限运输长效治理工作机制。

(三)相关法律法规的完善要求加快治超法制化工作进程

随着《中华人民共和国公路安全保护条例》、《青海省治理货运车辆超限超载办法》等法规的出台，国家和省级层面的治超相关法律法规将进一步完善，这一方面为治超工作的开展提供了坚实的法律法规依据，同时也对治超工作提出了新的要求。要求治超管理部门加快治超法制化工作进程，加强对新的法律法规的学习、消化、落实和宣传，根据治超相关法律法规完善本部门的配套管理办法和监督检查考核机制，加强部门和基层内部执法制度和机制建设，使得治超工作真正做到有法可依、有法必依。

(四)交通信息化工作快速推进要求加快全省治超信息化建设步骤

加强治超信息的互联互通是提高治超工作成效的关键，也是加强治超信息分析、适时把握治超工作目标完成情况的有效手段。交通运输部在“十一五”期间提出了部、省、站三级联网的总体要求，“十二五”是开展治超信息化建设的关键时期；省厅在《交通信息化建设“十二五”规划》中也明确提出了超限信息管理系统的建设任务。这要求“十二五”期间要加强全省治超检测站点的信息化建设工作，通过原有治超站点、新建站点与省级数据中心的联网，实现治超站点数据的实时传输，实现全省联网治超。

第三章　工 作 思 路

一、指导思想

以全面贯彻落实科学发展观为指导，以保障人民生命财产安全、规范道理运输市场秩序、提高道路通行能力、保护公路基础设施为目的，以“转变治超工作方式、控制和降低超限车辆比率”为主线，以“建立完备的治超检测站点和信息网络体系”为抓手，坚持全省统一领导、地方政府负责、部门指导协调、各方联合行动的工作机制，确保治超工作长期持续稳定开展，逐步实现治超工作的科学化、规范化、法制化，巩固和扩大公路运输治超工作成果，实现公路治超和养护的良性循环。

二、基本原则

把握我省公路超限运输行为和治超工作的特点，着眼于提高公路治超工作的协同性、长效性要求，公路运输治超工作应坚持以下工作原则。

(1)集中治理与长效治理相结合。构建长效机制是治超的根本，只有确保治超工作常抓不懈，才能防止超限出现反弹。治超过程中既要抓定期的集中治理工作，更要把长效治理机制的建立作为治超的一项根本工作，把专项集中治理和长效机制建立相结合，以保证全省治超工作的健康发展。

(2)路面治理与源头管理相结合。路面检查是治超工作的重要方面，但从源头上对超限现象进行遏制更是治超工作的根本，因此治超工作不仅要注重运输过程的车辆管理，也要会同相关部门注重从货运车辆制造、改装，车辆牌照管理，道路运输资格审批，货物源头的合法装载等方面进行管理，做到源头管理、路面秩序“两手抓”。

(3)固定治超与流动治超相结合。根据统一规划、分类布局的原则，依托公路相关辅助设施，在重要的节点布设固定治超检测站点，加强路面的治超检测工作的同时，增加流动治超的手段，加大对超限超载车辆避站绕行、短途驳载等违法行为的打击力度。

(4)严格治理与保障畅通相结合。治理超限时必须依据法律法规，本着严格治理的思想，加强治超工作，降低车辆超限对公路的危害，阻止或减少恶性交通事故；同时路面的畅通关系到运输市场的繁荣与人民生活的便捷，因此必须采取诸如成立应急抢修工程队等措施手段，保证道路畅通。

(5)行政监督与技术手段相结合。完善的治超法规制度体系、严密的监督体系和合理的监督机制，是治超长效机制的坚实基础。加强行政监督的同时，辅以相应的技术手段，通过采用视频抓拍、车牌识别、高低速称重、监控录像等技术手段，实现对超限情况的实时监督。

(6)监督检查和责任倒查相结合。明确相关部门及具体人员在治超监督中的职责，明确道路运输企业的主体责任。对非法超载超限运输行为所涉及的治超站点、路政部门及其他相关行政单位、装载货物源头、运输企业或个人进行责任倒查，存在问题即追究上述涉及的直接责任人、负责人和上级分管领导和主要领导的责任。

三、工作目标

“十二五”公路运输治超工作的总体目标是：治超工作取得明显进展，形成“源头治理为主、路面治理为辅”的治超工作体系，公路及其设施得到有效的保护，公路通行效率明显提高，公路货运市场进一步规范，车辆超限率控制在3%以内，治超工作取得明显的成效。

具体目标如下：

(1)完善源头治理工作机制，加大对重点货源单位的监管，对年货运量50万吨以上的工矿企业派驻超限监控站，对货运企业的规范装载等源头方面的监管形成有效的管理和考核机制。

(2)进一步优化治超站点和治超盲区以及农村公路流动检测治超的布局，加快“标志统一、设施完备、管理规范、信息共享”的Ⅰ、Ⅱ类治超站点建设，治超检测站点体系更加完备。

(3)推进治超信息系统联网管理步伐，建成省级中心监控系统和数据库，实现部、省、站三级联网和适时监控，加强治超信息传递和信息反馈工作，对查处的超限超载车辆及运输企业、货运场站、非法生产改装企业等相关信息及时上网公示，实行追踪管理。

(4)加强治超队伍建设和治超人员培训，造就一支“素质过硬、业务精湛、执法严明、管理规范”的执法队伍，实现执法权限法定化、执法内容标准化、执法程序规范化、执法监督日常化、执法管理科学化。

第四章　治理公路超限运输长效机制

一、总体思路

治超机制的长效性表现在两个层面:一是超限治理机制的制度安排应该是低成本可持续的;二是公路超限需要经过一个较长时间的渐进过程才能逐步得到全面治理。通过对超限相关利益群体关系及目前治超手段的分析(表4-1),建立多部门联合治超的组织管理机制是长效机制得以形成的根本,采用有效的治超手段是长效机制得以持续的基础,选择合理的治超方式是长效机制得以实现的保障。

公路超限相关利益系统治超方法表　　表4-1

系统分类	参与者	市场	规制	法律	行政	监督
汽车生产维修系统	汽车生产商	市场竞价	质量规制	产品质量法	行政管理	行业监督 公众监督
	汽车维修商	市场竞价		反不正当竞争法	行政管理	行业监督 公众监督
汽车运营系统	汽车运营商	市场竞价		反不正当竞争法、反垄断法	行政管理	行业监督 公众监督
	驾驶员	市场竞价	最低生活标准规制	道路交通安全法、公路法	行政管理	行业监督
	货物主/货物源头单位	市场竞价		反不正当竞争法、反垄断法	行政管理	行业监督 公众监督
公路管理维护系统	收费公路的经营管理者	市场公开招标	价格规制 质量规制	物权法	行政管理	
	不收费公路的管理	规划引导	质量规制	预算法、财税条例、审计条例、国有资产管理条例	行政管理逐步采用委托合同	公众监督 党政系统监督

组织管理机制上,坚持政府主抓,成立由交通、公安、发展改革、经贸、工商、质监、安全监管、法制、宣传、监察、财政等部门主要负责人组成的公路治超领导小组,采用多部门联合治超的组织管理框架开展治超工作。

治超手段的采用上,主要包括法律手段、行政手段和经济手段三个层面,同时以以上三种手段为基础结合技术手段运用于治超。

治超方式的选择应该结合超限超载行为和治超管理工作的特征,体现"政府主导、部门联动、源头管控和通行监管相结合"的原则,围绕"全面监控超限超载源头点,严防重管高速路、全面控防干线路、保护巡查农村路"的治超思路,采取以固定治超站为依托,以流动稽查为延伸,以计重收费调节为补充的工作机制,健全和完善路网的治超监控网络,加大主要厂矿和货运集散点等源头管控力度。

二、组织管理体系

由于公路运输超限超载行为主要发生在高等级公路、国省干线公路、农村公路以及广大的厂矿、货运集散地等区域,结合目前的组织管理体系和相关法规要求,建议成立相关部门组成的领导小组,采用"政府主抓、部门联动、源头管控和通行监管相结合"的组织结构体系。具体的组织结构和职能设置如下：

（一）成立由相关部门组成的领导小组

治超工作涉及部门众多，对超限超载货物运输进行长效治理，必须将超限超载运输治理当作一个系统来看待。从青海省集中治超的工作成果来看，成立部门联合的领导小组，明确各方职责，联合治超，可以达到较好的效果。在构建治超长效机制方面，应该成立由交通、公安、发改、经贸、工商、财政等10个厅局组成的全省治超工作领导小组，并将其纳入长效机制的范畴。

领导小组的职责应包括以下内容：

（1）掌握青海省公路治超情况，分析青海省公路治超形势，制定公路超载超限防范工作措施。

（2）结合青海省的实际情况，组织修订青海省公路治超管理政策、法规，确定青海省公路治超管理的工作方针、方向和工作目标。

（3）组织修订和审查青海省下属市县的公路治超管理规划和公路治超实施行动计划，协调、指导、监督各市县政府及其职能部门开展治超工作。

（4）研究公路治超的重大问题，定期研究、布置、督促、检查本省的公路治超工作，组织开展全省性公路治超宣传、检查等重大活动。

（5）统筹部署全省公路治超工作，指导和监督各市县职能部门的治超工作，督促各市县职能部门积极实施公路治超规划和实施行动计划，监督公路治超管理法律法规、方针政策和相关文件的贯彻执行情况。

（二）各部门职责划分

在建立多部门联合领导小组的基础上，明确各部门在治超管理工作中的责任，划分各部门的职责，使得各部门能够协同开展相关工作。

（1）交通行政执法部门。组织路政等公路交通行政执法人员开展路面执法，查处违法超限运输车辆；派驻运管人员深入货运站场、矿山、配载场及大型工程建材、大型化工产品等货物集散地，在源头进行运输装载行为监管和检查；负责治超检测站点及治超信息管理系统的建设和运行管理工作；建立货运企业及从业人员信息系统及信誉档案，结合道路运输企业质量信誉考核制度进行源头处罚；调整运力结构，采取措施鼓励道路货物运输实行集约化、网络化经营，鼓励采用集装箱、封闭厢式货车和多轴重型车运输；将路面执法中发现的非法改装、拼装车辆通报有关部门，配合有关部门开展非法改装、拼装车辆查处工作。

（2）公安交警部门。加强车辆登记管理，禁止非法和违规车辆登记使用；配合维护治超检测站点的交通及治安秩序；组织交警开展路面执法，依法查处超载等交通违法行为；依法查处阻碍执行职务等违法犯罪行为。

（3）发展改革、经贸、物价部门。监督、检查汽车生产企业及产品，查处违规汽车生产企业及产品；指导和监督超限超载治理相关收费政策的执行，制定超限超载车辆卸载、货物保管、停车管理等收费标准。

（4）工商部门。查处非法拼装、改装汽车及非法买卖拼装、改装汽车行为，依法取缔非法拼装、改装汽车企业。

（5）质监部门。对治超工作所需的检测设备依法实施计量检定；定期公布经整治验收合格的承压类汽车罐车充装站单位名单；实施缺陷汽车召回制度；检查从事改装、拼装车辆生产企业的生产场所及标准执行情况。

（6）安全监管部门。加强危险化学品充装单位的安全监管，严禁超载、混装；选择主要公路沿线的大中型化工企业作为危险化学品的超载车辆卸载基地；会同有关部门，对因超限超载运输发生的特别重大的伤亡事故进行调查处理，依法追究相关单位和人员的责任。

（7）法制部门。配合有关部门研究，起草治理超限超载工作的相关规范性文件，依法裁决相关行政复议案件。

(8)宣传部门。组织协调新闻单位做好超限超载治理工作的宣传报道,提高宣传工作的针对性和实效性。

(9)监察机关(纠风机构)。对相关部门在治理超限超载工作中的执法行为和行业作风进行监督、检查,查处执法不良作为、行业不正之风及违纪违规等行为。

(10)财政部门。对治超工作中的资金和费用需求给予保障,并对经费的使用和流动进行监督。

三、治超管理手段

(一)法律手段

1. 加快立法步伐,健全治超法律法规体系

尽快建构公路治超管理的法律体系框架,采取积极、公平、严格、渐进的原则,尽快形成公路治超法规体系,明确地方各级政府、交通管理及行政管理部门、企业及个体在法律中所具有的职责及承担的义务。在车辆的生产、注册、登记、使用、运营、安全、检测、尾气排放、新技术应用、停放、收费、危险品运输、营业性驾驶员管理、培训、继续教育、信誉、资质、交易等方面都作出详尽的规定,使参与各方和政府各部门都有章可循。

2. 确立认定和处罚标准

目前超限超载的认定并不够统一,超限标准由交通部门认定,依据的是车货总质量;超载标准由公安部门认定,依据的是机动车行车证核定的载质量。由于认定标准不统一,经常会存在超限不超载或超载不超限的情况,公路治超部门应该会同相关部门,研究制定统一协调的治超认定标准。处罚标准的认定上,在目前的阶梯处罚标准的基础上,推行线性处罚标准,处罚金额由治超检测系统按照线性计算方式自动计算。

(二)行政手段

1. 督促相关部门加强车辆改装管理

严格车辆改装行为,对改装车辆实行严格改装备案申报审批制度,建立车辆档案,杜绝车辆改装过程中出现的“大吨小标”等行为发生。

2. 提高运输管理服务水平

引导企业采用国家鼓励推荐车型,调整新增运力结构;建立货源信息发布制度,为运输业户提供货源服务,提高运输里程及吨位利用率;建立路况信息发布制度,指导运输业户选择最佳行驶路线,缩短运输时间;加强货源地装载指导工作,货物出场时签发安全装载证书。

3. 加强营业性驾驶员管理

加强营业性驾驶员的职业道德和基本素质教育,提高他们的守法遵章自觉性;建立驾驶员从业档案,对驾驶员从业经历进行过程监管,对其违章行为进行记录,并将信息抄告相关部门;提高驾驶员违章失信成本,对违章驾驶员的社会保障、保险、信贷等涉及个人诚信的信用级别及额度,提高相应风险等级。

(三)经济手段

1. 完善社会诚信体系

对道路运输业相关的各个环节建立诚信档案,包括车辆设计、生产、改装企业诚信档案,货运经营企业诚信档案,自备车辆所属企业诚信档案,驾驶员诚信档案等。通过完善的诚信体系对各个环节进行约束和规范,达到建立健康、规范、公平、有序的道路运输市场,维持良好的车辆生产、使用秩序和道路交通秩序,确保公路设施完好和公路交通安全的目标。

2. 合理调整通行费征收方式和收费标准

计重收费与治超工作在目标上具有共同性,计重收费的实施有助于超限率的下降,在全省符合条件

的收费公路上进一步推广计重收费方式。

3. 进行运价指导

建立全新的以市场为导向的运价形成机制,使运价能充分反映运输成本的变化;引入科学的市场准入制度和市场退出机制,保证竞争的公平性;加强行业自律,充分发挥行业协会和社团组织的作用,制定行业自律公约,合理指导运价,避免恶性竞争。

(四)技术手段

1. 建立运输车辆信息管理系统

加快建立货运车辆的基本信息、使用信息、违章记录等相关信息的数据库,记录车辆在生产过程中的状况,并将数据库全国联网共享,使处罚有据可依。车辆出厂销售时,交通管理部门将车辆的型号、生产厂家、发动机型号、整车质量、额定载重等内容录入车辆基本信息数据库;办理营运许可时,录入车辆所有者、车牌号、营运证、改装信息、年检等内容作为车辆使用信息,并核实车辆出厂信息;车辆的违章信息应该包括交通违章、交通事故、超限超载情况等内容。

2. 推广应用动态检测装置

我省高速公路目前主要集中在西宁市周围,未形成高速公路网,仅在高速公路实施计重收费不能达到全省范围内治超的目的。且目前使用的计重自动检测仪的使用范围、精度、对环境的要求、对车辆行驶速度的要求范围相对较窄,需要加大高速和低速动态检测相结合的检测装置的推广应用,推广应用各种精度和功能更好的专用称重系统。

3. 以信息技术提升管理水平

利用照片成像技术、自动识别和分类技术等高新技术,对车辆超限超载、超速、路况安全等进行监控,对违章超限超载行驶的车辆进行自动筛选和记录,对违章车辆发出监控警告措施,并提前进行疏导,保证公路的通过能力。同时,为实现治超的公平与公正,也可根据信息技术中的记录,监督和考核路政人员的治超工作。

四、治超管理方式

(一)封闭式高速公路

在高速公路入口安装设备严格检测,采取"堵、疏、卸、拆"等强制措施,确保超限超载车辆不上高速公路、入口检测站劝返和出口计重收费堵截。

(1)在高速公路入口方向,经过检测属非法超限车辆,执法人员对其提出告诫、劝返,坚决禁止进入高速公路。

(2)对已驶入高速公路的超限超载运输车辆,除按照计重收费费率全额收取通行费后,责令驾驶员必须卸去超限吨位的货物后方可驶离。

(3)对在高速公路上行驶的所有不符合国家强制标准要求的非法拼装车辆,强制拆解其私自加装的非法装置。

(4)加强省界主线收费站的超限车辆控制检查,做好与对方收费站的协调,尽量不让超限车辆驶入。

我省高速公路普遍使用计重收费的方式,计重收费是利用经济调控手段对超限超载车辆实施治理的有效手段。设立超限检测站对超限超载车辆进行查处是一种行政手段,两者应相互配合、相互呼应、相互促进。

(1)计重收费和超限站联动的具体运行模式。治超检测站作为高速公路的第一道防线应严格执行治超政策,对重载货运车辆进行检测,对持有超限运输通行证的车辆进行全面核查,对非法超限超载车辆进行查处,防止超限超载车辆进入高速公路。计重收费作为第二道检测防线,对通过各种手段已经进入高速公路的超限车辆进行计重收费处理,并将超限超载车辆移交就近治超检测站进行严肃查处。同时,记录车辆实际吨位、车型、上游驶入站点、驶入时间等相关信息,交由上级管理部门作为倒查的依据。

(2)收费站与治超站设备和信息共享。在治超站安装不停车检测系统(车号自动识别系统),将治超检测数据与收费站上道发卡系统连接,实现检测数据的资源共享,把车辆检测信息(车号、检测吨位、是否超限等信息)直接传送到入口发卡员的桌面,便于发卡员正确判断,堵塞工作漏洞的同时也更突出了入口联动机制的作用,达到经检测超限的车辆即使进入收费站上道,该车牌照由于发卡系统锁定,也不能正常发卡的效果。如因超限车辆卸货后再次称重符合荷载吨位,收费站发卡系统即时更新程序,完成该车发卡操作。

(3)高速公路路面流动稽查和服务区重点稽查方式。针对高速公路行车特点,不实行路面流动稽查,稽查、巡查人员在服务区内发现疑似超限车辆,检查车辆是否办理合法的超限超载运输手续,并可通过通行卡号查询入口站确认检测信息的方法来判断车辆是否超限。

(二)开放式高速公路和普通干线公路

采取“堵、疏、卸、拆、罚”和收取公路赔补偿费等措施;多策并举,多管齐下。建立以治超检测站为基本框架,以流动检测车为延伸管理,以省界劝返点为堵截关口,以收费站为主要依托,以群防群治为辅助手段的治超网络。

(1)治超检测站对超限超载车辆执行卸货、收取补偿费、罚款等严管重罚措施。

(2)货物装载源头大部分分布在矿区,具有分布广、监控难、管理手段少的特点,导致源头超限车辆驶入干线、农村公路现象屡禁不止,实施路面治超执法的难度较大,需针对货物源头加强路面治理力度,设置固定治超监测站。

(3)针对以固定式治超检测站为结点的治超网络体系,不能全面覆盖路网,存在治超盲区的实际情况,需在盲区路段设置治超卸货点,利用流动检测车在超限车辆容易绕行的重点路段、重点装载源头的前后、干线公路与农村公路交会处不间断巡回稽查,并随时根据超限车辆的流向调整检测车的点位等措施,严密布网,对盲区路段的超限车辆进行打击。组织区域间、部门间治超力量联动,开展盲区绕行路段集中打击活动,控制盲区路段的超限超载车辆。

(三)农村公路

以保护农村路为指导方针,明确县级人民政府是农村管理治超的责任主体,农村公路应该实行“以堵为主,保护公路”的政策,采取堵住入口、把住源头、打击绕行、取缔驳载、多管齐下的措施。在农村公路上设置禁止超限超载车辆通行的设施,发动公路沿线群众围堵超限超载车辆,保护农村公路不受损害。同时由于超限运输的流动性,公路通行的网络性及农村公路线长面广、超限车辆易于绕行的特点,需要将在干线公路与农村公路结合起来考虑治理。主要有以下几点:

(1)在干线公路和农村公路交叉的重要节点位置和有货运运输通行需求的农村公路路段,设置限高、限宽设施,限制大型货运车辆通行,并将设置限行装置作为新建项目验收的条件之一。

(2)采用流动检测车根据超限形势变化及时调整布控位置,有效打击驳载及绕行行为;发挥新的公路管理体制优势,整合干支治超力量,组织实施干支联动治理。

(3)建立举报奖励制度,调动人民群众参与治超的积极性,实行群防群治。

(4)充分发挥干线公路治超网络对农村公路治超的辐射和带动作用,将重要农村公路路段纳入干线公路路面治超网络范畴。

第五章　主要工作任务及资金人员需求

一、主要工作任务

（一）完善源头治理工作机制，强化重点货源单位超限监控

进一步开展货物源头单位摸查工作，摸清源头单位的运量规模，建立源头单位名录库，根据货运源头单位运量规模不同以及其他特征，建立不同的源头治理方式。

落实地方政府的源头治理责任，地方政府道路运输管理部门做好辖区内道路货运企业、物流园区（中心）、货运站、货物集散站（场）和厂（矿）装载点的治超管理工作，在厂矿等货运集散源头，要求重点货运源头单位安装合格的称重和计量设备，健全货运车辆驾驶和放行岗位职责及责任追究制度。

根据货运源头单位数量及分布情况，采取“重点进驻、一日多查、每日必查、隔日巡查、不定期抽查”的监督管理方法，对年运量规模50万吨以上的47家重点货运源头单位要进驻，年运量规模50万吨以下、1万吨以上的296家重要货运源头单位做到每日多查，年运量规模1万吨以下的较大货运源头单位做到一日一查，较重点的货运源头单位每日巡查，一般货运源头单位隔日巡查或不定期抽查，做好驻站、巡查记录。

加强货运源头单位进驻站和巡查组与路面治超检测站的协同工作，共同配合提升治超工作效能。

（二）优化治超站点布局，完善治超站点设施设备

与公路网建设同步推进新建国省干线公路的治超检测站点和高速公路劝返站点建设，优化既有公路治超检测站点布局，完善治超检测站的检测器、高速动态称重系统、固定式超限检测系统、监控设备、办公设备、交通标志标线等设备和工器具的配置，加强治超流动检测工作。

1.强化东部、完善西部，加强治超盲点的站点布局

随着东部地区经济发展加速，与外部包括四川、甘肃等地的经济物资交流强度明显提升，同时区域整体路网也得到了完善优化，治超工作难度不断加大，需要强化该地区站点布局；而西部地区资源开发力度也在不断加大，需要根据资源流动方向适当完善西部治超站点。

（1）化隆站，新建，Ⅰ类，S202化隆境内，主要监控省道平大线货运车辆，现日均货车流量684辆。

（2）麦秀站，新建，Ⅰ类，S203麦秀收费站附近，主要监控省道平赛线入川煤炭货运车辆，现日均货车流量500辆。

（3）俄博站，Ⅰ类，新建，S304俄博镇附近，主要监控省道俄祁线货运车辆，由省道俄祁线与国道227线扁渡口省界出入的煤炭运输车辆已连续几年造成该路段损坏严重，现日均货车流量480辆。

（4）青石嘴站，Ⅰ类，新建，G227门源境内，主要监控海北州从G227下来的煤炭运输车辆，现日均货车流量809辆。

（5）冷湖站，Ⅱ类，新建，S210冷湖境内，主要监控省道石棉矿等物资运输货车。

（6）德令哈东出口站，Ⅱ类，新建，G315德令哈东出口，主要适应G315高速化后在德令哈市形成两个出入口需增设治超站，现日均货车流量608辆。

2.适应路网结构变化，科学调整部分现有站点布局

随着全省路网结构的快速变化，部分现有治超站点的位置已经无法开展治超工作，迫切需要在利用原站点部分设备设施的基础上对这些站点位置进行调整，以更好地适应治超工作需要。

（1）柏木峡站，Ⅱ类升Ⅰ类，移址新建，随着宜化企业的上马开工建设，在西甘线（原威北公路K20+150互助县东和乡朱家台村）处设立了石灰石矿山生产采矿点，日产量达1 500吨左右，由原位置

S103 – K23处迁址至西甘线(原威北公路 K20)附近。

(2)天峻站,Ⅰ类,移址新建,原站点不符合Ⅰ类固定站的要求,缺少必要的设施设备,且现位置无法监控当地的焦化厂等货运源头,由原位置 G315 – K300 处迁址至 G315 – K300 + 500 处,现已完成征地工作。

(3)德令哈西出口站,Ⅱ类升Ⅰ类,移址新建,主要适应 G315 高速化后在德令哈市形成两个出入口需增设治超站,将原 G315 线上的德令哈站迁至西出口处,与西出口站合署办公。

(4)鱼卡站,Ⅰ类,移址新建,由于柴旦地区公路复线及过境公路修建的完成,原大柴旦站(G215 – K468 + 700 与 S314 线交汇处)车辆绕行严重,原站已失去检测意义,建议在 G215 鱼卡收费站附近新建治超检测站,一是可以充分利用收费站设备设施的便利,二是该地区是新兴的煤炭货源地,年煤炭产能4 000 万吨左右,需要加强治超监控工作。

(5)格尔木北出口站和东出口站,Ⅱ类,移址新建,原两个治超站与格尔木北出口和东出口收费站合署办公后,治超站无任何办公场所、检测设备、卸货场地等,给治超工作带来极大的不便,距格尔木北出口收费站上方约 500 米处和东出口收费站附近,修建新的格尔木北出口站和东出口站。

3. 加强站点设施设备建设配套,保障站点正常工作开展

现有治超站点经过"十一五"的一轮建设配套,各项设施设备能力有了很大提升,但是大部分站点设施设备仍不齐全,需要按照交通运输部公路超限监测站管理办法完善Ⅰ类和Ⅱ类站设施设备建设配套工作。而且一些站点设施设备经过一轮使用,也出现了老化现象,迫切需要加强维修维护。

(1)东村站(G109):高速检测设备、监控设备更新改造等。

(2)热水站(S204):新增高速检测、监控等设施设备等。

(3)倒淌河站(G109):新增卸货场 15 亩(1 亩 =666.6 平方米),新增检测管理系统等。

(4)海晏站(G315):扩建工作人员宿舍,检测设备更新改造等。

(5)次汗素站(G214):青海省玉树州灾后重建交通物资畅通需要,新增一套静态检测系统,重建检测道路面等。

(6)格尔木南出口站(G109):高速检测设备、监控设备更新改造等。

(7)格尔木西出口站(S303):卸货场地水泥硬化,预检系统、照明设施更换或修复等。

(8)东台站(G315):新增高速检测、监控等设施设备。

4. 合理布局高速劝返站,保障高速公路安全畅通

高速公路主要入口处设置低速检测设备劝返超限货运车辆,合理布局高速公路劝返站,形成治超检测站、计重收费、劝返站为主的"三位一体"高速公路治理超载超限体系,保障高速公路的安全和畅通。

结合全省高速公路和资源布局等情况,在东部联网收费高速公路有条件的收费站设置劝返站,包括民和、马场垣、乐都、多巴、西钢、海湖、上吧浪、大通主线、黎明、老营庄,共设置 10 个高速劝返站。西部开放式高速公路治超以利用国省干线固定治超检测站和源头治理为主。

5. 补充流动检测设备,加强流动检测工作

新增 2 个Ⅲ类检测点,主要设在海北支队和海南支队,新增 9 台流动检测车辆,新增Ⅲ类检测点各配置 2 台流动检测车辆,原有Ⅲ类检测点各增加 1 台流动检测车辆。

由此,"十二五"期间新建Ⅰ类和Ⅱ类固定治超检测点 6 个,其中,Ⅰ类站点 4 个、Ⅱ类站点 2 个;移址新建Ⅰ类和Ⅱ类固定治超检测点 6 个,其中,Ⅰ类站点 4 个、Ⅱ类站点 2 个;对剩余的 9 个现有站点按照Ⅰ类和Ⅱ类固定治超检测点的建设标准进行改扩建;新增流动检测点(Ⅲ类检测点)2 个;新增高速公路劝返站 4 个。到"十二五"末,全省固定治超检测点 23 个(Ⅰ类站点 15 个、Ⅱ类站点 8 个),高速公路劝返站 10 个、流动检测点 7 个,基本覆盖全省主要国省干线公路和高等级公路。新建固定检测站建设时序原则上与路网建设保持一致,高速公路劝返站统一安排在"十二五"中期完成各项建设任务,"十二五"全省公路Ⅰ类、Ⅱ类固定治超检测站建设实施序列见表 5-1。

“十二五”青海省公路Ⅰ类、Ⅱ类固定治超检测站建设任务表 表5-1

序号	站　名	所在线路	等级	建设性质	建设内容	建设时序
1	化隆	S202	Ⅰ类	新建	基础建设、设备安装	2014～2015年
2	麦秀	S203	Ⅰ类	新建	基础建设、设备安装	2012～2013年
3	俄博	S304	Ⅰ类	新建	基础建设、设备安装	2014～2015年
4	青石嘴	G227	Ⅰ类	新建	基础建设、设备安装	2008～2011年
5	柏木峡	S103	Ⅰ类	移址新建	基础建设、设备安装	2008～2013年
6	东村	G109	Ⅰ类	改扩建	检测监控设备更新改造等	2012～2013年
7	倒淌河	G109	Ⅰ类	改扩建	新增货场和检测系统等	2012～2013年
8	贵德	S101	Ⅰ类	改扩建	Ⅱ类升Ⅰ类配置	2009～2012年
9	海晏	G315	Ⅰ类	改扩建	扩建宿舍、检测设备更新等	2012～2013年
10	次汗素	G214	Ⅰ类	改扩建	检测路重建、新增检测设备等	2012～2013年
11	热水	S204	Ⅱ类	改扩建	新增检测、监控设备	2013～2014年
12	天峻	G315	Ⅰ类	移址新建	基础建设、设备安装	2012～2013年
13	德令哈西出口	G315	Ⅰ类	移址新建	基础建设、设备安装	2014～2015年
14	德令哈东出口	G315	Ⅱ类	新建	基础建设、设备安装	2013～2014年
15	鱼卡	G215	Ⅰ类	移址新建	基础建设、设备安装	2012～2013年
16	东台	G315	Ⅱ类	改扩建	新增检测、监控设备	2012～2013年
17	冷湖	S210	Ⅱ类	新建	基础建设、设备安装	2014～2015年
18	格尔木北出口	G215	Ⅱ类	移址新建	基础建设、设备安装	2013～2014年
19	格尔木西出口	S303	Ⅰ类	改扩建	货场硬化，检测设备更新等	2012～2013年
20	格尔木东出口	G109	Ⅱ类	移址新建	基础建设、设备安装	2013～2014年
21	格尔木南出口	G109	Ⅰ类	改扩建	检测监控设备更新改造等	2012～2013年

（三）加强农村公路治超力度，保护农村公路路产路权

农村公路治超工作在进一步明确县级人民政府政府治超责任主体的基础上，实行“以堵为主，保护公路”的政策，采取“堵住入口、把住源头、打击绕行、取缔驳载、多管齐下”的措施。在农村公路设置明显的限载、限高、限宽、限长警示标志，提醒超限车辆禁止驶入；结合地区特点及公路实际状况、桥涵实际承载能力等情况，逐路制定通行标准，在农村公路出入口设置必要的限高、限宽设施，将企图进入农村公路的超限超载车辆堵在外面；利用农村客运站等地方公共设施，在临近主要货运集散地的农村公路周围设置简易治超站点，配备流动检测设备和举报通信设施，开展定期或不定期（可以主要针对赶集日、农忙季节）的治超活动。

（四）推进超限信息管理系统建设，提高治超信息化水平

兼顾部、省联网要求，结合地方实际需求和基础条件，按照“部省联动、协同推进；整体规划、分步实施；整合资源、综合利用；健全制度、规范管理”的原则开展系统开发和设备配置，重点建设和完善省级超限信息综合管理系统和基层超限检测站信息管理系统，建立网上超限运输审批系统，实现超限治理的全省联网监控要求，最终实现部省站三级联网。

既有公路治超检测站点信息系统联网工作采用分期建设的方式开展，新建和改扩建治超检测站点信息系统联网工作建议原则上与公路和治超检测站点建设同步开展。既有公路治超检测站点信息系统联网工作主要分三个阶段开展，各阶段的工作内容如下：

（1）“十二五”初期，完成信息系统建设前期工作；省级数据监控中心建设；在东部具备条件的地区、超限运输重点区域实现6～9个固定治超检测站点与省级数据监控中心的联网。第一阶段实现治超信

息系统联网的站点包括东村站、柏木峡站、倒淌河站、海晏站、热水站、次汗素站、贵德站、格尔木南出口和西出口等，实现执法总队、支队、治超站的联网，设置管理监控视频。

(2)“十二五”中期，实现国省主要重要干线上固定治超检测站点与省级数据监控中心的联网。

(3)“十二五”末，积极创造条件，实现海西等偏远地区固定治超检测站点与省级数据监控中心的联网。

加强公路治超检测站点信息系统联网建设的同时，同步推进其他治超办公管理系统信息化，积极探索建立超限信息管理系统与公路计重收费信息管理系统、营运车辆库信息管理系统等的资源共享和数据交换，努力发挥科技和信息化工作对治超的支撑作用。

(五)充实治超人员队伍，完善基层业务培训机制

根据国家对治超站点人员配置的基本要求，充实基层治超站点的人员队伍，对于人员配备不齐的站点要加大力度配齐人员，同时结合治超工作特点和新的形势需求加大人才引进工作力度。针对治超工作环境复杂和条件艰苦的特点，以及“十二五”治超信息化工作要求不断提高的需求，引进一批作风过硬、技术过关的治超管理工作人员。

充实队伍的同时，加强对治超人员队伍的培训工作。针对治超工作人员长期处于满负荷工作状态的现状，制定工作轮岗制度，通过对外交流合作、专业培训、委托培养等各种培训方式提高治超人员的专业技能。同时，逐步建立科学的岗位培训制度和教育培训考核指标体系，实行岗位培训与治超任用的提职、晋升相结合，提升治超人员工作积极性和业务技能。

建立路政执法监督机制，加强治超廉政建设和领导干部队伍的作风建设。对执法人员的执法工作进行评价，并建立相应的激励处罚机制。将治超工作量化为具体的指标，对执法人员的工作根据各个指标进行打分，以评价执法人员工作。建立举报制度和投诉热线，对执法行为进行合理约束。

(六)完善法规制度体系，提高治超执法能力

继续完善治超法规制度建设，把相关成熟规定提升到法律法规层面，注重涉及治超的相关法律法规的衔接与协调，制定一套适合全省治超工作需要的地方性法规体系，形成统一、规范的法规制度。“十一五”末期，青海省已经开展《青海省治理货运车辆超限超载办法》的制定工作，“十二五”期间继续配套相关的管理条例，细化办法，保证办法的顺利和有效实施。

以执法宗旨教育和执法资格培训为先导，严格执行、依法设定和实施行政许可，制定行业准入规范，推行文明和人性化执法。进一步加强群众普法教育，以网络、电视、报纸等多种媒体形式提高群众对交通法规的认知和理解程度。实施交通行政执法政务公开，通过建立行政执法信息平台等形式提供信息，增加办事透明度，接受社会监督。

针对源头治理工作，制定相关政策法规，针对源头治理工作不力、源头企业不配合治超的行为，出台处理货源企业，通报企业代表人的相关规定。

(七)完善治超应急机制，提高应急处理能力

为保障治超工作人员安全和道路畅通，应健全治超应急处理机制，全面提高治超应急处理能力，提高对堵塞公路、强行闯卡、暴力抗法等应急事件的处理能力。加强与公安机关等相关部门的联合执法，维护超限超载检测站的交通和治安秩序。

针对各种可能的突发事件，参照《国家公路交通突发事件应急预案》要求，根据本省的实际情况制定公路治超预案系统，指导应急行动的开展，提高紧急情况和事件危害程度的辨识、评价能力，人力、物资和工具等资源的确认和准备能力，现场内外合理有效的应急组织能力，事件处理后的现场清除、整理及恢复能力等。

完善各项应急保障措施，全面提高治超应急能力，在治超应急系统建设中，重点加强运输保障、应急队伍保障、财力保障、信息保障、装备保障等各项能力建设。

二、资金人员需求匡算

(一)资金需求匡算

本次规划资金需求估算主要包括货运源头超限检查进驻站、固定治超检测站点建设投资(除高速公路劝返站外不含征地拆迁费)和管理维护费用。治超信息联网工作费用在全省交通信息化规划中已经估算为600万元,且已经形成具体的实施方案,这里也不单独匡算资金需求。

1. 建设投资费用

货运源头超限检查进驻站设备、工具、器具购置费主要包括办公场所、检测器以及其他必要的办公设备,治超检测站设备、工具、器具购置费主要包括检测器、高速动态称重系统、固定式超限检测系统、监控设备、卸货场和停车区的办公设备、交通标志标线等。对于改扩建站点建议能够利用的设备,配备不齐的可以按照标准增加。Ⅲ类站设备、工具、器具购置费为添置流动检测车。

初步估算,“十二五”期间治超检测站建设投资费用和设备、工具、器具购置总费用为13 247万元,其中:新建站点费用10 761万元(货源超限检查进驻站费用占66%),移址新建站点费用1 534万元,改扩建站点费用952万元。具体结构见表5-2。

“十二五”治超检测站建设投资费用估算表(单位:万元)　　表5-2

建设内容		工程量	总费用	其中:	
				建筑安装费	设备、工具、器具购置费
新建	货源进驻站(个)	47	7 050	5 640	1 410
	Ⅰ类站点(个)	4	1 543	768	775
	Ⅱ类站点(个)	2	563	256	307
	流动监测车(辆)	9	405	45	360
	劝返站(个)	10	1 200①		
移址新建	Ⅰ类站点(个)	4	1 108	768	340②
	Ⅱ类站点(个)	2	426	256	170③
改扩建	Ⅰ类站点(个)	7	788	224	564④
	Ⅱ类站点(个)	2	164	0	164⑤
合计			13 247		

注:①这部分费用包括征地拆迁费。

②~⑤这部分费用包括原有设备配置不齐全的站点新购设备费,主要是高速动态称重和监控等设备。

2. 管理维护费用

治超检测站点的管理维护费用主要包括流动治超巡查费、卸货场地车辆和称重设备维护费、宣传和培训费、外聘民工补助费、办公人员御寒和着衣费等。由于管理体制的原因,上述费用中的部分费用尚未纳入预算经费,但鉴于青海省特殊的地理和气候环境,这些费用的支出具有客观需求,因此,本次规划将这些费用估算在内。重点货源单位进驻站的日常管理费用和重要货源单位日常巡查工作费用,由于各地情况不一,也没有相应的参照标准,建议“十二五”制定该项工作的具体实施方案另行测算,报相关部门审批。

初步估算,“十二五”期间,全省治超检测站管理维护费用4 780万元,年均956万元,其中原有站点(包括改扩建站点、移址新建站点)管理维护费4 160万元,新建站点管理维护费620万元。具体情况见表5-3。

"十二五"治超检测站管理维护费用估算表　　表5-3

站　点		数量(个)	费用标准(万元/年)	费用额(万元)
原有站点	Ⅰ类站点	11	70	3 290
	Ⅱ类站点	4	30	870
新建站点	Ⅰ类站点	4	70	560
	Ⅱ类站点	2	30	60
合计				4 780

注:当年运营的检测站点统一按半年计算管理维护费用。

源头超限治理和普通国省干线公路路面治超工作属于社会公益性事业,经费来源渠道少,工作经费直接以省级财政为主安排相关资金,同时广泛争取各方面的理解与支持,筹集各项建设管理资金,国家层面,积极争取国家加大对青海省公路交通基础设施建设的投资力度;省级层面,积极争取青海省交通专项资金;地方层面,积极争取其对征地拆迁费用和部分管理维护费的投入。

高速公路劝返站建设资金在积极争取部省相关投入的同时,主要以高速公路收费资金为主要的投入渠道。

(二)人员需求匡算

本次治超工作人员需求按照《公路超限检测站管理办法》要求进行估算,Ⅰ类检测站人员配置不少于40名,Ⅱ类检测站人员配置不少于30名,另外高速公路劝返站人员配置不少于10名。人员需求估算的原则对于原有站点人员不够标准的应当在"十二五"期间补充完整,新站人员配备统一按以上标准执行。同样,重点货源单位进驻站和重要货源单位巡查工作人员需求,由于各地情况不一,也没有相应的参照标准,建议"十二五"制定该项工作的具体实施方案另行测算,报相关部门审批。

综合考虑原有站的人员配备现状和规划新建站人员需求情况,"十二五"共需新增配备工作人员486名,其中原有Ⅰ类、Ⅱ类站点补充人员166名,新建Ⅰ类、Ⅱ类站点配备人员220名,高速公路劝返站配备人员100名,到"十二五"末,路面治超工作人员达850人左右。具体情况见表5-4。

"十二五"固定治超检测站和高速劝返站新增人员需求表　　表5-4

站　点		数量(个)	配备标准(人/站)	人员需求(人)
原有站点(补充人员)	Ⅰ类站点	11	40	124
	Ⅱ类站点	4	30	42
新建站点(新配人员)	Ⅰ类站点	4	70	160
	Ⅱ类站点	2	30	60
高速劝返站		10	10	100
合计				486

第六章　2020 年远景展望

根据青海省经济社会发展的战略设想，全面建设小康社会的奋斗目标以及《青海省公路水路交通“十二五”发展规划》中的远景展望，到 2020 年青海省公路治理超限运输的发展设想是：

（1）公路治超长效机制基本形成，源头治超、科技治超、跨部门和跨区域联动治超的成效更加显现，全省公路超限车辆检测率达到 95% 以上，公路平均超限率长期稳定控制在 3% 以内，公路设施得到有效保护，公路通行效率显著提高。

（2）适应全省公路网络的基本形成和完善，固定治超站点布局更加优化并逐步趋于稳定，基本覆盖全省所有具备建站条件的高速公路和国省干线公路，农村公路超限防护设施和流动检测措施更加完善，基本实现超限车辆的通行监管全覆盖。

（3）源头治超工作基本覆盖全省重要货运场站、物流园区、省级及以上经济技术开发区等涉及货物运输的重要交通和经济节点，治超盲区得到有效控制，车辆源头装载规范率达到 95% 以上，非法拼装、改装车辆行为得到有效控制。

（4）治超信息化水平显著提升，固定治超检测站点和流动检测车信息化装备基本齐备，不停车超限检测系统得到广泛应用，治超信息网络管理系统更加完善，治超信息传递和反馈途径更加畅通，信息化对提升公路治超成效的支撑作用更加显著。

（5）跨部门和跨区域联动治超体系更加完善，治理货运车辆超限工作联系会议和行政执法联动制度进一步健全，省际和市（州）际区域联动治超机制基本实现正式化和常规化，省界和市（州）界货运车辆超限行为得到有效控制。

（6）超限治理相关法律法规和内部管理制度更加完善，超限治理执法透明度和公信力显著提升，治超监督、治超绩效考评以及治超责任追究和责任倒查制度更加健全，公众理解参与和支持力度显著增强。

第七章　保障措施与建议

一、做好与相关规划的对接，积极探索治超站点地方建设标准

青海大部分地区自然条件对于治超站点建设的影响较大，规划布局的站点要与其他交通规划、相关产业规划相协调，做好与公路沿线设施的衔接工作。在满足治超需要的基础上，尽量将站点布置在公路收费站、养护场、加油站等公路辅助设施附近，充分利用这些辅助设施的相关条件，方便治超站点的正常管理和运行。

鉴于目前治超站点建设缺乏一定的标准依据，建议以交通运输部《公路超限检测站管理办法》为基础，根据青海地方实际需求，不断完善公路治超站点的设施建设和设备人员配套标准。设施建设标准上，要注意检测道与公路的适当分离，落实卸货场地的配置，针对交通量较大的线路逐步完善双向检测功能；设备配套标准上，根据需要配备检测仪、应急电源、拖车、监控仪器、通勤车、流检车等设备；人员配置上，要充分考虑治超 24 小时作业的特点，合理确定轮班次数和人员。

二、明确各级政府治超责任主体，争取相关部门的支持

积极争取将固定治超站点的建设与其他公路辅助设施纳入公路基本建设项目，治超站点与公路建设同步开展，向国家争取公路建设项目资金时考虑治超站点建设对资金的需求。充分考虑部省站三级联网的要求，积极争取交通运输部信息化有关资金，加强公路超限信息管理系统的建设。

在积极争取部省公路治超相关经费的同时，积极探索公路治超专项经费来源，运用因治超带来的养护资金结余和治超各项罚没款等建立治超工作专项资金，通盘用于全省的各项治超工作，为治超提供稳定的经费来源。

进一步完善由省治理车辆超限超载工作领导小组统一领导，省直各有关部门分工协作，各级地方政府具体负责的省地联动工作机制，强化治超工作领导负责制和目标责任考核制。明确各级政府在治超工作的责任主体地位，完善地方政府牵头领导机制，各级政府要按照国家和省政府要求，把治超工作纳入到政府的职责范围，着重发挥政府的领导、协调、保障作用，建立健全治理货运车辆超限超载工作联席会议和行政执法联动制度。

针对治超对地方路网设施的保护作用和道路畅通的保障作用，积极争取地方政府加大站点建设征地拆迁工作的协调和投入力度，将部分治超工作经费纳入本级财政预算，改善和稳定治超工作经费的来源，确保治超工作有效实施。

三、加强与相关部门的协调，巩固公路治超长效机制

加强与公安、工商、安全、宣传、经贸、质监等部门的协调，深入落实《关于进一步加强车辆违法超限超载治理工作的实施意见》和《青海省治理货运车辆超限超载办法》，提高联合治超的工作效能，加强部门间的信息沟通。在省治超办的组织领导下，完善部门联动工作和治超责任倒查工作机制，制定并实施治超工作联合检查、信息通报、绩效考核制度，促进交通、公安、工商、安全、宣传、经贸、质监等部门各司其职，密切配合，齐抓共管，形成合力，巩固并强化公路治超长效工作机制。

四、加强对基层工作职工的关怀，改善基层工作和生活环境

青海大部分地区治超环境艰苦，治超工作本身又具有负荷重和危险性大的特点，各级领导要高度重视治超工作，加强对治超基层工作人员的关心，积极创造条件改善基层工作和生活环境。适当提高一线

基层治超工作人员的劳动报酬,给予其特殊工作补贴,增强治超人员的工作积极性。对于一线治超人员因工作带来的人身伤害事故提供相应的保险,保障治超工作人员无后顾之忧。同时,给基层工作人员提供更多的轮岗和业务培训机会,通过各种渠道增加治超教育培训经费的投入。

五、积极推行奖惩制度,加强治超监督检查

省交通主管部门建立治超奖惩制度,对重要的治超考核指标建立有效的统计监测办法,对治超工作重视、措施得力、各项目标落实到位的地方政府和单位,在公路建设投资、农村公路建设项目及项目带动上予以支持和奖励;对治超工作中表现突出的个人,优先给予评优评先的机会。对辖区内治超工作无进展、无起色,治超各项措施未落实的给予通报批评,必要时,限制或核减公路建设投资规模。

加强对治超执法工作的监督检查管理,定期不定期对一线治超执法行为进行督导、检查和考评,完善治超处罚自由裁量权基准制度,实现治超执法合法性和合理性的有机统一。

加强对货源企业的监督检查,要求货源企业做好货物出厂(矿)的超限检查工作,针对源头治理工作不力的行为,出台处理货源企业、通报企业代表人的相关规定。

六、加强治超工作宣传,积极争取社会理解支持

加强治超工作宣传,积极争取宣传部门的配合,保持正确的舆论导向,围绕公路车辆超限超载的危害性、违法性和治超工作重要性、紧迫性,对治超工作中出现的先进事迹进行报道;对扰乱治安秩序、破坏治超环境的违法违纪行为给予曝光,进一步增强人民群众对治超的认同感,化解矛盾,为治超营造良好的舆论氛围。

附　　录

附录一　国内外公路治超经验总结

一、国外治超经验

（一）美国

美国1913年通过第一部限制车重的法律，随后又出台了多部联邦法律，对超限车辆的管理做出了明确规定。目前，美国的超限车辆约占被检测货运车辆总数的3.5%。

1. 治超管理体制

在治超的管理体制上，美国各级道路运输管理部门采取“联邦宏观调控指导，各州具体实施、对联邦负责”的政策。联邦的车重规章实施工作由美国联邦公路管理局负责，管理联邦资助公路车辆质量和尺寸规章的实施，并监督各州遵守的情况。若发现一些州在执行过程中不按照联邦规定的条款执行以及不提供联邦所要求的信息，联邦公路管理局则停拨联邦资助公路资金对其进行处罚。

2. 治超手段

美国在超限超载治理的具体做法上，主要包括司法的、行政的、经济的、技术的等治理手段。

（1）行政治超主要包括超限超载许可证的发放、违章纪录、强行卸载等。

（2）司法治超主要包括起诉、刑事处罚，如亚利桑那州、康涅狄格州等。

（3）经济治超主要采取罚款的形式，一般采用阶梯定价的原则，对那些超重数量多和违规次数多的车辆进行重罚。

（4）技术治超主要依靠大力推广应用各种先进技术，包括动态称重（WIM - Weight in Motion）技术（也称不停车车重检测技术）、流动检测站技术、固定检测站技术等。

（二）日本

1. 治超政策及标准

日本对超限超载运输限制规定执行的是40年长期稳定不变的限制标准政策。对其道路通行车辆最大质量和最大允许尺寸的规定值主要有以下三方面特点：第一是对标准值的规定既有固定的限值，也有针对特殊情况下的考虑；第二是对特殊车辆，如特种车辆、紧急公务用汽车、无轨电车的特例，分别进行规定和调整；第三是政令统一，对实施政令的必要事项委权于建设省令。

2. 治超措施

日本在治理超限超载过程中，主要从控制、检测、处罚这三个方面治理。

（1）控制措施

从车型结构上控制，也就是车辆设计必须严格按照额定荷载设计，不能擅自从结构上增加承载能力；指导定额装载，日本各相关机构对相关行业对正规装载的行为进行了指导；依法对超限超载进行监督，根据道路交通法对超限超载进行监督，根据道路法禁止超限超载车辆通行；严格执行特殊车辆通行许可制度，对于必须从道路通行的超限超载车辆，道路管理部门从保全道路结构和防止交通危险的角度提出必要的附加条件，超限车辆的驾乘人员必须在严格执行附加条件要求的前提条件下才能取得道路管理者的通行许可。

（2）监督检测措施

主要是强化道路管理部门对超限车辆监督质量的职能，并依法在高速道路和直属国道上设置超限超载车辆监测设备。

由于日本的高速道路都是收费的，因此可以在收费站安装监测装置。高速道路收费站的监测装置主要是轴载质量监测系统。道路管理部门可以将监测人员编成多个监测班，各班每日分赴各检测站点进行抽样监测；在非收费的一般道路上，一般合理布置监测点，并在这些站点安装车重仪装置，实时监测超载车辆；在直属国道上，一般利用道路管理部门设置的监测装置，由警察使用该装置对超限车辆进行监测。

(3)处罚措施

日本采取严格的“一超三罚”制度，对超限超载者从严惩罚。“一超三罚”即罚货主、罚运输企业、罚驾驶员，对车辆超限超载进行有效的治理。根据日本相关法律，超过行驶证最大载质量的，处 6 个月以下徒刑，10 万日元罚款(约合人民币 7 400 元)；超过车辆总质量一般限值 20 吨的，处以 30 万日元罚款(约合人民币 2.2 万元)；禁止货运企业接收超限超载运输业务或指示驾驶员进行超限超载运输等。

(三)英国

在英国，道路运输车辆超限超载现象一直受到社会各界的重视，政府对这一现象的管制也一直呈逐步增强的趋势。

1. 管理部门及人员

多年来，英国政府主管部门一直不断加大执法力度，提出每年至少要对 10 万辆道路运输重型车进行检查。负责执行车辆超限超载检查的人员有三种，即：车辆检察员、标准培训人员和警察。此外，分设在全国各地区的营运证管理部门，有权没收或拒发经营者的营运证，并有权把相关限制条件加在执照中的必要位置，目的是当遇到由于货物运输构成违法的情况时，予以相应强制处罚。

2. 检查措施

全英国共分成 8 个地区，在每个地区设置不同数量的道路运营车辆称重站。全国总计设有 66 个称重站。在检查设备和技术上，包括固定磅秤称重、自动称重和移动称重等。随着政府管制力的增大和相关技术的发展，移动称重设备越来越受到重视。

同时，执法人员还会根据道路运输车辆所在运输地点的检查站设施和技术条件，进行常规的载质量和尺度检查，并履行以下程序。

①路上检查

一般检查出的超载数量不足额定载重的 5% 或不足 1 吨时，检查人员通常不予以处罚，但检查人员会视驾驶员和车辆实际情况，决定是否允许继续行驶。当车辆的某一个轴有少量超载，但总质量又不超载时，驾驶员可以将车上的货物的位置重新调整，在检查人员确认后，继续行驶。如果货车正在开车去称重站途中并停车等候，驾驶员必须要告诉管理部门的有关人员。

②现场治理

将超出车辆额定数量的货物卸下是驾驶员和企业的职责。对于超载严重者，车辆检查人员或警察会向驾驶员发禁止继续行驶的通知，直到将超过的质量卸下来。管理人员可以命令超限超载车辆到就近的专门场地去卸载。当卸载符合核定标准后，才被允许继续行驶，但是车辆检查人员、标准培训人员或警察等还要向驾驶员提出书面或口头警告。

3. 处罚措施

英国的《道路交通法》规定，在道路运输中驾驶超限超载车辆是一种违法行为。授权的检查人员和警察应根据违法情况，对违法的车辆(所属的运输企业和驾驶员)给予不同类型和不同程度的处罚。货车长期超限超载，将是一种更为严重的违法行为，驾驶员或企业将要承担“使用危险车辆”罪，除了给予其不少于 5 000 英镑的罚款外，还要对驾驶执照进行强制性备书，并给予运输企业以资质不合格的处罚。超载定罪的权力在交通委员会委员手中，他们对超限超载运输行为可能采取的处罚手段包括中止、取消或重发道路货运车辆营运证。

二、国内治超经验

国内对公路车辆的超限运输管理主要有两种方式，一是在收费车道设置计重设备，对通行车辆实施计重收费；二是在超限车辆较多的路段建设超限检测站对超限车辆进行卸货等相关处罚。目前在江苏、河南、山东、山西、陕西、宁夏、四川、重庆、云南、贵州、广西、福建、辽宁、吉林等省(区、市)都采用了两者结合的方法。此外，在普遍采取法律手段、行政手段、经济手段治超的同时，各省(区、市)也加强了技术手段的研究，通过依靠科学技术提高治超成效。

(一)重庆市——引入信息化管理

重庆市自行研发的"重庆市治超信息管理系统"将统一全市固定治超站的治超信息交换标准，实现治超信息统计、分析和查询自动化，届时进入各检测站的超限车辆，其超限次数、超限地点、是否进入"黑名单"及处罚标准等一目了然。凡超限超载3次(含)以上的车辆，自动进入"黑名单"。进入"黑名单"的超限车辆和运输企业，由市治超办每月汇总一次，抄送相关机关依法予以处理。这套信息网络管理系统实现了高速公路和普通公路治超信息的共享，可对"屡犯"货运经营企业及其从业人员实施网上"通缉"查处。

(二)山东省——采用新技术检测

山东治超检测站通过在公路主干道上设置高低速超限检测系统，实现超限报警、卸货纠限，对超限车辆进行有效控制。其中，Ⅰ类站用于把控全国性路网关口，Ⅱ类站用于把控区域性路网关口。据悉，山东已建成启用的Ⅰ、Ⅱ类治超监测站将统一执行《全国治超信息系统数据交换标准》，安装统一的治超管理软件和监控系统，实现治超工作的信息化、网络化和可视化。

(三)浙江省——建立双联动模式

浙江在开展治理超限超载运输过程中，探索加强了两种联动模式，一个是与公安交警等部门联动的模式，另一个就是与上海、安徽、江西、福建、江苏等地联动的模式，这种双联动模式真正有效地打击了跨省超限超载运输车辆暴力冲卡、恶意堵塞公路等违法行为，从而达到营造治超整体氛围的效果。

技术手段方面，全省超限运输车辆查询系统、路政管理信息系统、治超执法车辆GPS卫星定位系统先后在浙江得到全面推广应用，省、市、县三级治超监控网络全面建成，无论在高速公路、国省道还是农村公路，只需拨打一个电话，就能得到路政部门的有效服务，实现全路网覆盖。全省设立省、市两级路政监控指挥中心，实行24小时接听处理，做到一个中心、一个电话号码、一个平台工作，让群众能够在第一时间得到路政部门的响应。

(四)江苏省——注重长效机制的建立

2006年起，江苏省的集中治超工作转入到建立长效机制阶段。为此，江苏省采取了一系列有针对性的措施，具体包括加快固定式治超检测站点的建设，强化经济调节措施，完善治超立法工作等。

加快固定治超点建设方面，主要是启动并力争完成站点布局规划工作，积极组织实施，做好治超站点的前期工作；经济调节措施方面，主要是进一步推广普通公路收费站计重收费方式，消除超限超载车辆的非法利润，进一步完善养路费等交通规费征收政策，鼓励多轴大型车辆的发展，把好货运企业许可、个人从业资格关，鼓励企业走大型、集约化发展道路；完善治超立法工作方面，主要是对江苏省目前已颁布法规的实施情况进行调研，对不足之处进行修改，对出现的新情况、新问题进行调研，及时制定相应规章。

(五)山西省——责任倒查机制和法制建设

山西治超工作有四个方面值得全国借鉴：一是坚持政府治超，形成政府主抓、部门联动的治超格局；二是坚持依法治超，完善政策法规体系；三是坚持源头治理，实现标本兼治；四是坚持责任倒查和重奖重罚，严明工作纪律。

与其他省相比，山西省治超工作取得的最为重要的经验，就是实行了严格的责任倒查制度。山西把治理非法超限超载的责任分解到交通、交警、工商等20多个部门，并层层签订治超责任书。针对非法超载超限车辆行为所涉及的治超站点、途经路段交警和路政部门的流动稽查队、装载货物源头，追究上述涉及的直接责任人、负责人和上级分管领导和主要领导的责任。如货物源头为合法企业，追究负责监管的交通运管机构的责任，追究源头企业主管部门的责任；货物源头为非法企业，由工商部门取缔，并追究前置许可部门和工商部门的监管责任；货物源头为非法占地的，要追究国土部门的责任，还要对货物、车辆改装、改装企业等情况进一步追究其主管、监管部门及责任人不履行或不正确履行治超工作的职责所为。

与此同时，自2011年1月1日起施行的《山西省道路运输条例》(简称《条例》)首次将治超工作提高到地方立法层面，为治超工作提供了强有力的法律支撑，这在全省乃至全国都是一项创新。《条例》将大部门体制改革后划归交通运输部门管理的机动车综合性能检测、汽车租赁、物流服务以及山西省大力开展的超限超载源头治理纳入了适用范围。《条例》明确了各级政府、交通运输主管部门、运管机构以及公安交通管理部门在道路运输安全监管中的职责，明确了道路运输企业的安全主体责任；将超限超载源头治理的法律依据由政府规章上升为地方性法规；对从事道路客货运输、机动车驾驶员培训以及道路运输站(场)、机动车维修和综合性能检测的经营者实行质量信誉考核制度。

三、国内外各种治超方法评价

(一)行政手段

行政方面治超方法主要是依靠行政手段，由政府介入，对道路上违法超限超载运输车辆采取卸载、罚款或是扣照等处罚措施来惩戒并达到降低超限超载运输的行动，通过在道路上设置固定或流动的超限运输检测点，由交警与路政人员一起上路，依据各类车型，通过规定的车辆载质量或是最大车货总重、立法、规章制度等对非法运输车辆进行检查处置。

1. 实施效果评价

随着治理工作的开支，管理机制不断完善，治理力度加大，治理工作从整体上取得很大效果，主要表现在：

(1)车辆超限率明显下降。随着集中治超以来，国内超限比例从治超前的80%下降到了9.3%，青海省更是从治超前的71%下降到了3%以内。

(2)交通安全事故减少。自2004年集中治超以来，道路交通事故明显下降，人民生命财产安全得到有效保障。

(3)公路基础设施损坏破损程度减轻。集中治超以来，全国干线公路路况显著改善，路面破损程度降低，公路养护压力减小，公路路况和公路基础设施良好，比治超之前明显好转。

(4)运输市场逐步健康有序发展，货运价格合理回升。集中治超以来，长期扭曲的公路货运价格呈现理性回归，大型运输企业及多轴大型车辆的竞争优势得到了一定程度的体现，恶性竞争的运输市场逐步趋于规范化。

(5)治超舆论环境大为改善。社会各界和新闻舆论对治超工作给予了充分理解和支持，治超一定程度上已深入人心。

2. 存在的不足

行政方面的治超方法对超限超载运输起到了明显的积极作用，治理效果显著，但其治理成果十分脆弱，有些地方的恶意超限超载运输仍未完全消除。当前行政方面的治超方法存在的突出问题主要表现在以下几方面。

(1)治超成果无法长期保持有效。虽然集中治理超限超载力度大，但由于多部门联合参与治理，很多部门没有直接利益关系，缺乏工作的积极性，而且这些部门不能进行长期的治理工作，造成部门联动不到位。与此同时，治超工作缺乏有效的考核和激励机制，对各部门的治超工作无法进行约束和激励，最终影响了治理工作的效率。集中治理后，部分路段超限超载现象仍然严重，个别路段出现了严重反弹，反弹达到20%～30%，加之治理成本高，治理经费没有保障，国家没有专项资金用于治超，这就导致了治超工作不具有可持续性。2004年的全国治超行动，最终不得不告一段落，体现了管理治超的不可持续性。

(2)执法环境恶劣，执法不规范。治理过程中，个别地方政府实施地方保护，短途超限超载运输严重，使得执法环境恶劣，同时，部分地区治超力度不够，车辆绕行，使附近路段损失严重。我国的法律条文规定赋予执法者过大的自由裁量权，依照《超限运输车辆行驶公路管理规定》的规定，公路部门对一般超限运输行为有权处以5 000元以下或30 000元以下罚款；依照《道路交通安全法》的规定，交警部门有权对超载运输处以200元至3 000元的罚款。这种过大的自由裁量权在实际操作中可能会出现管理相对人与执法者谈判，给执法者的权力寻租提供了条件，使得运输经营者不是守法承载，而是通过各种违规手段继续维持自己通过超限超载运输所得的收益。

(3)治超成本高，效率低。集中治理必须采取强势措施，投入大量交通执法人员、公安干警，24小时不间断开展检查。这就意味着要投入大量的人力物力财力，在取得效果的同时使得治理成本不断上升，全国许多省份的治理费用达到几千万元，华北地区治超经费已经超过亿元。在实际执法过程中，多数地区执法人员不足、经费紧张、多部门联动不到位，不能有效处罚超限超载车辆，影响了执法效果。

(二)法律手段

从本质上讲，法律其实并不能作为一个独立的方面来作为治超手段。但法律方面是其他方面的依据，为其他治超方法的实施提供保障和依托。其他一切手段都需要以法律为根据，法律是治超方法中不能回避且必须提及的。这里从法律方面能够达到，而其他方法不能达到或深度不够的方面对之进行分析。

1. 实施效果评价

(1)有效遏制了暴力抗法事件。由于相关法律法规的完善和健全，对治超过程中较为严重的抗法事件，公安部门根据相关法律法规追究其法律责任，有效遏制了集中治超过程中由利益驱动引起的聚众不接受检查、强行闯卡、堵塞公路、带车绕行等诸多暴力抗法事件，保障了超限超载治理工作的顺利进行，使治超环境得到有效好转。

(2)规范路面治理人员执法行为。目前路面治理多头执法，依据标准复杂，给执法不规范形成了可乘之机。为此，交通运输部和公安部多次下放文件，明确了“五不准”的工作纪律，统一执法标准，规范收费和罚款行为，并派出专项检查监督组进行明察暗访，对乱罚款行为进行严肃查处。通过法律层面的约束，目前路面执法逐步趋于规范化。

2. 存在的不足

路面执法法律依据不足。在实际路面执法过程中，大部门地区由于执法人员不足、经费紧张等多种原因，公安联合执法不到位，路政单独进行超限超载治理没有强制性的法律依据，执法手段力度不够，不能有效处罚超限超载车辆，影响了执法效果。

(三)经济手段

经济方面治超方法主要是依靠经济手段，采取对超限部分收取高额惩罚性收费，如计重收费手段。这种超限超载治理手段从运输的深层根源出发，采用经济调控的手段进行，从运输的成本效益分析入手，引导当事人货主进行选择，确定最终对运输最有利的方式。

1. 实施效果评价

(1)超限率的变化情况。计重收费对于超限超载货物运输实行惩罚性加重收费，让驾驶员越超限利润越小，降低了超限超载货车比例，有效遏制了超限超载运输现象，从经济上起到了明显的治理效果。

(2)提高了交通安全性。计重收费有利于保障车辆在正常的状态下行驶，从而减少了交通事故。

(3)运价回升。实施计重收费后，江苏省平均运价由原来的0.3元/(吨·公里)上升到0.45元/

(吨·公里),运价合理回升。

2. 存在的不足

(1)高速公路与其他路段收费标准不一致,导致部分超限车辆绕行计重收费路段。国内计重收费多数在高速公路、国省道干线公路及部分桥梁实施,而一般的公路及县乡道路由于路口较多,不便控制,没有实施计重收费系统。加之实施成品油价税费改革方案后,二级公路逐步取消收费,从长期来说会有一部分车辆选择走非收费的二级公路,势必导致二级公路车辆超限超载严重,严重损害二级公路。

(2)未规定超限超载运输上限。国内各省的计重收费标准不一,但大部分都存在没有规定超限超载运输的上限问题,如果运输业户过量超载则会造成安全隐患,并对公路造成致命性伤害。

(四)技术手段

技术方面治超方法主要是依靠技术手段,建立超限超载运输管理系统以及采用自动称重系统等设施设备,完成对超限超载运输车辆的称重、记录以及保存,辅助执法人员对超限超载运输进行治理。

1. 实施效果评价

(1)逐步应用先进的路面结构设计技术。针对目前我国公路路面结构设计以及建设材料存在的不足之处,相关研究机构开展了大量分析研究,国外先进的路面结构设计理念和优良的改型材料正在逐步应用于我国公路建设。新材料、新技术的应用使得路面的使用性能大为改善,提高了路面的承重能力,降低了重载交通对公路路面造成的损坏,延长了公路使用寿命。

(2)初步建立了治超信息系统。当前对于超限超载治理相关信息的采集、统计、汇总等提出了相关的政策要求,大部分地区运用信息化科技手段,初步建成了治超信息系统,实现路面治超信息化管理。

(3)治超检测站的建设及布局初步趋于合理化、标准化。取缔了未经批准的违规站点,科学进行治超检测站点的布局,并配备标准的检测设备、附属设备,使治超检测站点建设逐步合理化、标准化。

2. 存在的不足

(1)治超信息系统有待进一步完善。虽然初步建成了治超管理信息系统,但区域间及相关各部门间的信息未能实现共享,没有建成全国联网的信息系统,不利于对超限超载的处罚。

(2)没有针对非收费公路的超限超载管理信息系统,不利于非收费公路的治超。

附录二　公路治超信息系统功能规划和设备选型

一、总体架构

公路治超信息管理系统由高速预检子系统、低速精检子系统、监控中心数据库、数据分析子系统、图像处理子系统五个子系统组成,系统组成及相互关系如附图1所示。

1. 高速预检子系统

具有多个子系统,布置在全省公路各关键断面,用以检测通过的车辆数据,并自动将检测数据通过各种传输方式发给省监控中心数据库。本子系统检测的车辆数据包括车牌、车速、车型、轴重、轴数、总重等,必须符合《全国治超信息系统数据交换标准(第二版)》所规定的高速预检信息要求,但不仅限于要求内容。本系统对通过的所有车辆进行检测和抓拍,并经网络将相关数据和图像同时发给省治超中心数据库。发现超限货车时,将超限货车的相关数据和图像同时发给附近低速精检子系统。

2. 低速精检子系统

具有多个子系统,每个低速精检子系统对应多个或一个高速预检子系统,并接收对应高速预检子系统发出的超限货车信息。收到超限货车信息时,自动发出报警信息(超限处理系统中显示需处理的超限货车图像和相关信息，相关路侧的可变情报板上发布信息指示超限货车驶入低速精检站接受检查，将超限货车相关信息发至拦截人员的PDA或手机上通知相关人员准备拦截），并将确认超限的货车信息及处理结果通过网络发给省监控中心数据库。低速精检站必须设置可以监视全部工作场所的监控系统，在条件具备的情况下，应能将监控图像自动通过网络发给省监控中心。

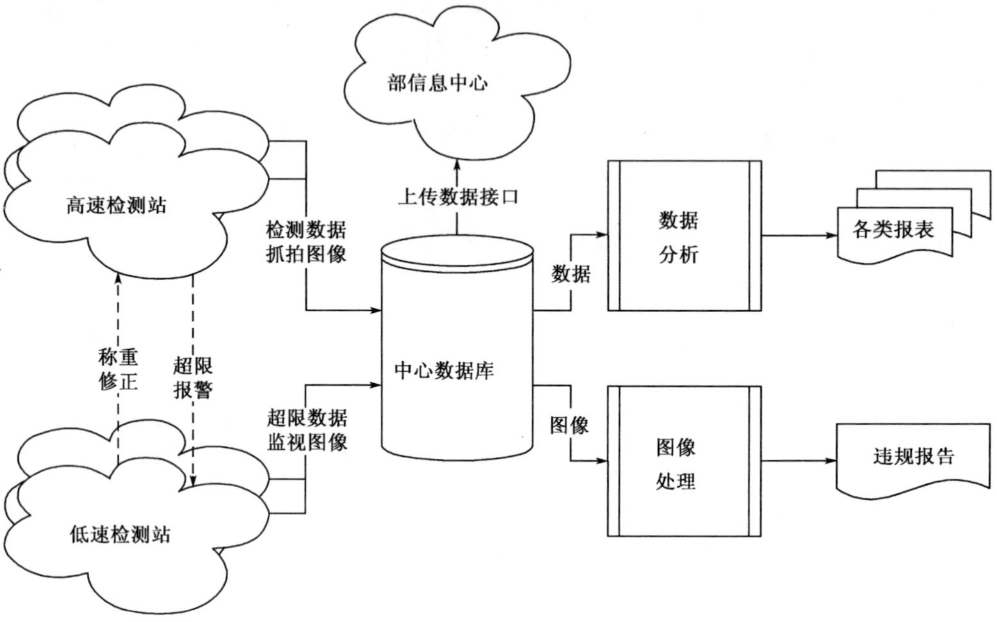

附图1　公路治超信息管理系统

3. 监控中心数据库

监控中心数据库存储了高速预检子系统和低速精检子系统发来的车辆数据、相关图片和录像。在条件具备时，还应该能够接受由高速公路联网收费系统传送的联网收费数据，由地方公路收费站传送的地方公路收费数据，以及符合要求的交通调查数据。

4. 数据分析子系统

数据分析子系统可以采用自动、半自动和手工等各种方式工作；可以提供各种用于超限治理工作的定制报表，以及临时需要的手工报表；还可以提供用于交通调查、交通监测、交通规划、养护管理等工作所需要的各种报表；也可以进行交通数据挖掘和提供交通决策支持数据。

5. 图像处理子系统

图像处理子系统采用手工及半自动方式工作，主要用来进行事后的监督和稽查。

二、系统功能规划

（一）高速预检子系统

高速预检子系统必须具有，但是并不仅限于具有以下功能：

1. 车辆数据检测

能够逐辆检测通过各条车道的全部车辆；采集每一车辆的通过时间、通过车道、轴型、轴重、总重等数据；必须对每一车辆进行抓拍，采集车头图像并识别其车牌。

2. 车辆数据传输

通过可用的传输通道，包括专用的或公用的、有线的或无线的，将每一车辆的检测数据传输给监控中心，包括必要的抓拍图像，例如超限货车的抓拍图像。

3. 超限货车报警

当检测到疑似超限货车时，必须将该车的数据与图像发送给关联的低速精检子系统。

4. 修正数据接收功能

能够接收低速精检子系统发给高速轴重衡的修正数据，并且发给指定的高速轴重衡（说明：该功能仅适用于具有自动修正功能的高速轴重衡）。

5. 数据备份功能

能够存储全部车辆的数据备份，存储时间可以根据需要设置，超过时间的数据将自动删除。

6. 校时功能

可以接收监控中心的校时信号，自动进行系统有序逐步校时。

高速预检子系统除了具有上述基本功能外，还可以考虑增加以下功能。

1. 黑名单接收和报警功能

接收监控中心下发的车牌黑名单；发现黑名单中车辆通过时，发出黑名单车辆警报，将车辆信息和图像同时分别发送给监控中心和关联的低速精检子系统。

2. 图像备查功能

能够存储全部车辆的抓拍图像备查，存储时间可以根据需要设置，超过时间的图像将自动删除（说明：对于能够及时将所需图片上传的站点，该功能不具实际意义）。

（二）低速精检子系统

低速精检子系统必须具有，但是并不仅限于具有以下功能。

1. 黑名单接收和报警功能

接收监控中心下发的车牌黑名单；发现黑名单中车辆通过时，发出黑名单车辆警报，提示即将通过的车辆因何种原因被记入黑名单（说明：低速精检子系统必须具有黑名单功能）。

2. 复核疑似超限货车的称量、轴型和超限率

由于高速称重误差较大，执法前必须进行称量和超限率复核。复核时，子系统应该首先对疑似超限货车正面进行抓拍，识别其车牌，并调出高速预检子系统发来的数据和图像供参考。子系统应该能够接收低速轴重衡发出的称量数据，并根据称量、轴型，自动计算出超限率。必要时，可以人工输入或修改货车的车牌、轴型等信息。发生人工输入或修改情况时，必须进行相应部位的图像抓拍，同时记录修改前的数据备查。当进行图像抓拍时，如果抓拍部位被遮挡，必须手动重新抓拍并记录全部图像备查，如果发现最终抓拍图像存在遮挡应追究值机员的责任。

3. 疑似超限货车复核数据和图像处理方法

不论疑似超限货车是否超限，该货车的数据、图像和执法情况记录均不得修改、删除，必须完整地传输至监控中心。

4. 数字视频监控

低速精检子系统所在的广场、工作室、休息室等全部场所都应该确保没有监控死角，以防止执法人员受到诬陷时无法举证。监控录像不仅能够及时传至监控中心，而且能够存储在本地备查；存储的录像不得人工删改，但存储时间可以根据需要设置，超过时间的录像将自动删除。

5. 数据与图像备份功能

能够存储全部疑似超限货车的数据和图像备查，存储时间可以根据需要设置，超过时间的数据和图像将自动删除。

6. 校时功能

可以接收监控中心的校时信号，自动进行系统有序逐步校时。

（三）监控中心数据库

监控中心数据库必须具有，但是并不仅限于具有以下功能：能够接受并存储各个高速预检子系统和低速精检子系统发送的数据、图像以及报警信息；能够向各个低速精检子系统（高速预检子系统）发送各种黑名单；能够向各个低速精检子系统和高速预检子系统发送校时信号；能够自动或半自动导入高速

公路联网收费数据;能够自动或半自动导出交通决策支持系统所需数据。

(四)数据分析子系统

数据分析子系统必须具有,但是并不仅限于具有以下功能:可以自动生成各种与治超相关的报表;可以自动生成各种与交通调查相关的报表;可以自动生成各种行业管理所需报表;可以人工进行数据挖掘和生成各种特殊需要的报表。

(五)图像处理子系统

图像处理子系统必须具有,但是并不仅限于具有以下功能。

1.条件筛选功能

可以由使用者根据需要设置筛选条件,例如:时间、地区、超限率、车辆类型等,选择需要浏览的图像。

2.自动浏览功能

可以由使用者按照需要设置等待时间,系统能够按照等待时间自动播放选择的图像。

3.报告生成功能

能够根据选中的材料自动生成督察报告,报告中允许使用者添加评语,并自动署使用者名。

(六)上传数据接口

由于监控中心数据库已经存储了本省监测到的所有车辆数据,所以只需要按照《全国治超信息系统数据交换标准(第二版)》规定,将所需的数据提取出上传即可。

三、数据传输及关键设备

(一)数据传输要求和手段

为保证支持信息可靠传输,并在传输中具有断点续传功能,应能够应对网络故障、机器故障,保障消息一次传输、可靠到达。在高速预检子系统、低速精检子系统和监控中心之间的数据传输必须通过数据传输中间软件(消息中间件)来实现。

数据传输可以通过各种可用的通道进行,包括专用的或公用的、有线的或无线的。如果站点附近的高速公路具有冗余光纤,并且可以使用,则可以利用其建立高速专用数据通道;如果站点附近具有公网(互联网、DDN、VPN专网等)接入端口,也可以利用其建立相应速度的加密数据通道;如果站点附近能被移动通信信号覆盖,还可以利用无线网络建立加密数据通道;在最极端的条件下,还可以利用太阳能和风力发电站供电,通过专用无线组网设备建立数据通道。

(二)高速预检子系统关键设备要求

高速预检子系统必须具有,但是并不仅限于具有以下组成或设备。

1.高速轴重衡

高速轴重衡必须采用一体式、弯板式(标准弯板和窄弯板)、或者石英传感器(单组式或多组式)轴重衡。安装于交通检测系统所在的位置,应该保持适当距离,每条车道一台,性能指标要求如下:

(1)速度范围:5~200公里/小时。

(2)检测精度:置信度≥95%时,总重误差范围±15%,轴重误差范围±15%。

(3)荷载能力:轴载30吨,过载能力200%。

(4)速度误差:±2公里/小时。

(5)轴距误差:±150毫米。

(6)轮胎检测:不允许使用触点式轮胎检测器,但是必须具有轮胎检测功能。

(7)输出信息(必须包括,但不限于):轴(轴组)重、车轴(轴组)数量、总重、车速、车长、通过日期和时间、车辆间隔时间等信息。

(8)输入信息:可以接收校时信号,自动进行系统有序逐步校时;可以接收低速称重信息,自动进行称量修正(非强制要求)。

2. 可变信息板

每个高速预检子系统一块,安装于数字摄像机前方适当位置的路侧或龙门架上,以靠近低速精检站,适合指示疑似超限车辆驶入低速精检站的位置为合适,性能指标必须符合《公路工程质量检验评定标准 第二册 机电工程》(JTG F80-2)标准。

3. 数字摄像机

安装于高速轴重衡前方适当位置的龙门架上,可以是每条车道一台,也可以是所有车道共用一台,以能够观察全部车道为合适,性能指标必须符合《公路工程质量检验评定标准 第二册 机电工程》(JTG F80-2)标准。

4. 车牌识别器

安装位置无具体要求,数量视该条道路的实际流量而定,可以是每条车道一台,也可以是所有车道共用一台,以能够识别全部车牌为合适,性能指标要求如下:

(1)识别格式:现行格式的民用车牌和军、警车牌,支持未来格式扩充。

(2)识别内容:颜色、汉字、字母、数字。

(3)允许车速:10~160 公里/小时。

(4)车辆捕捉率:允许车速时,≥99%。

(5)车牌识别率:相对普通人肉眼可识别车牌,≥90%。

(6)识别时间:≤0.5 秒。

(三)低速精检子系统关键设备要求

低速精检子系统必须具有,但是并不仅限于具有以下组成或设备。

1. 低速轴重衡

低速轴重衡不允许使用弯板式或者石英传感器式轴重衡,而应该采用一体式或者称台式轴重衡。每个低速精检子系统一套,安装位置以便于指挥被复核货车进行称重为合适,性能指标要求如下:

(1)称量误差:车速 0~10 公里/小时,相对误差范围 ±2.5%。

(2)荷载能力:轴载 30 吨,过载能力 200%。

(3)车辆分离器:分离判断正确率≥98%,可在恶劣环境下工作。

(4)轮胎检测器:总重≥5 吨的车辆判断正确率≥98%。

(5)输出信息(必须包括,但不限于):轴(轴组)重、车轴(轴组)数量、总重、通过日期和时间等信息。

(6)输入信息:可以接收校时信号,自动进行系统有序逐步校时。

2. 称重显示屏

每个低速精检子系统一台,安装于称台前方车道左侧,以便于被复核货车驾驶员观察为合适,屏面至少可以显示:车辆总重、超限质量和超限率,性能指标必须符合《公路工程质量检验评定标准 第二册 机电工程》(JTG F80-2)标准。

3. 车牌识别器

每个低速精检子系统一台,安装位置无具体要求,以能够正常识别被复核货车车牌为合适,性能指标要求如下:

(1)识别格式:现行格式的民用车牌和军、警车牌,支持未来格式扩充。

(2)识别内容:颜色、汉字、字母、数字。

(3)允许车速:0~10 公里/小时。

(4)车辆捕捉率:允许车速时,≥99%。

(5)车牌识别率:相对普通人肉眼可识别车牌,≥95%。

(6)识别时间:≤0.5 秒。

4. 数字摄像机

每个低速精检子系统两台，安装在能够正确抓拍被复核货车正面（包括车牌）和车辆轴型的位置，性能指标必须符合《公路工程质量检验评定标准　第二册　机电工程》(JTG　F80-2)标准。

5. 数字视频监控系统

每个低速精检子系统应该安装一套完整的数字视频监控装置，必须保证整个工作场地无盲点，以防止执法人员受到诬陷时无法举证。

6. 联动报警装置

每个低速精检子系统应该安装一套联动报警装置，可与就近武警驻地联系，当执法人员受到威胁甚至攻击时，可以寻求武装力量支持。

（四）监控中心关键设备要求

监控中心数据库必须具有，但是并不仅限于具有以下组成或设备。

(1)采用服务器集群，以保证 7×24 小时连续工作，并可以根据需要随时扩充处理能力。

(2)采用具有多控制器和多电源的磁盘阵列柜存储数据，以保证 7×24 小时连续工作。

(3)中心网络应该采用冗余网络交换机，以防止因为交换机故障而造成中心工作中断。

(4)必须具有妥善的电力支持，以保证 7×24 小时连续工作。

(5)具有标准时间接收设备，不仅可以使监控中心设备和标准时间同步，还可以向全部子系统发出时钟同步信号，同步系统时间。

(6)具有可靠的防火墙，以保证监控中心数据安全。

(7)具有数据备份设备，可以采用每天增量备份和定期完整备份的方法进行数据备份。

(8)具有远离监控中心、安全可靠的备份介质存放地点，以防止发生意外事件时，造成备份介质损坏，造成无法挽回的损失。

青海省地方铁路“十二五”发展规划

《青海省地方铁路“十二五”发展规划》

编写单位及人员

编制单位：青海省地方铁路管理局

编制人员：董献付　局　　长

孙立平　副 局 长

周　勇　高级工程师

参编单位：中铁第一勘察设计院集团有限公司

参编人员：张学伏　副总工程师

李　伟　总 工 程 师

刘殿胜　总 工 程 师

胡小勇　总 工 程 师

张　毅　总 工 程 师

目录
CONTENTS

一、概述

（一）规划背景

1. 促进青海省资源开发和经济社会发展

青海省位于我国西北，面积72.2万平方公里，约占全国国土总面积的7.52%，是我国水资源、盐湖资源、石油天然气资源、非金属矿产资源等战略资源和畜牧业生产的重要基地。

按照青海省经济社会发展规划，青海省将充分发挥独特的资源优势，实施优势资源转换战略和全方位对外开放战略，加大盐湖、煤炭、石油、天然气、非金属等优势资源的开发力度，促使青海省在全国经济协调可持续发展中发挥更大的作用。

青海省自然和矿产资源丰富、经济潜力巨大，是我国西部大开发的重点。区域地域辽阔，资源丰富，属典型的资源开发型经济，对交通运输的依赖性很强，铁路客货运输需求旺盛。随着国家西部大开发战略的不断推进，区域内经济持续快速发展，需要铁路提供强有力的运输支持，以保障如期实现全面建设小康社会的战略目标。

因此，把铁路作为基础设施建设的重要环节予以高度重视，及时对区域铁路网进行规划研究，推进铁路建设项目前期工作，对促进区域铁路建设的快速发展、拉动内需、促进资源开发和地方国民经济又好又快发展，适应全面建设小康社会的运输需求是十分必要的。

2. 贯彻国家《中长期铁路网规划》

铁路是国家重要的基础设施、国民经济大动脉和大众化的交通工具。根据国家批准的铁道部《中长期铁路网规划》，到2020年，全国铁路营业里程达到12万公里以上，其中西部地区路网总规模5万公里以上，东中部地区路网总规模7万公里以上，复线率和电化率分别达到50%和60%以上。客运专线（含城际轨道交通）达到1.8万公里，铁路网覆盖全国20万人口以上城市。其中明确指出继续扩展西部路网、完善路网布局，配合西部大开发战略的实施，建设一批完善路网布局和西部开发性新线，进一步扩大路网规模，提高铁路网络的覆盖面，促进区域经济协调发展。西部铁路的建设重点仍然是东西部通道、对外通道和内部开发性新线的建设。

青海省境内主要项目：加强以路网骨架为主的通道建设，实施青藏线西宁—格尔木双线电化，新建兰新第二双线兰州—西宁—张掖—乌鲁木齐铁路，以及格尔木—敦煌铁路、格尔木—库尔勒铁路、西宁—成都铁路、格尔木—成都铁路，扩大西部路网覆盖面。

为地区资源开发而新建的地方铁路项目主要有：

（1）新建柴达尔—木里铁路（已建成投入运营）。

（2）新建饮马峡（锡铁山）—北霍布逊盐湖铁路（2015年前建成投入运营）。

（3）新建格尔木（甘森）—肯德克可铁路（2015年前建成投入运营）。

（4）新建马海——里坪铁路（2015年建成投入运营）。

（5）新建茶卡—都兰铁路（2020年前建成投入运营）。

（二）规划年度

根据国家铁路《中长期铁路网规划》，结合青海省资源开发和经济社会发展的运输需求，在近远期结合的基础上，规划年度为2011～2015年（即“十二五”期），远景展望2020年。

（三）综合交通体系综述

青海省综合运输体系主要由铁路、公路、航空和输油气管道组成。

青藏铁路和国道109线横贯青海省东西，兰青铁路和国道315线、215线、214线等四通八达的公路网，形成了联系青海省东西南北的交通纽带。截至2009年底，全省公路通车里程达到60 136公里，比1999年增加41 868公里，其中高速和一级公路增加407公里，达到425公里；二级公路增加3 807公里，达到5 201公里；三级公路增加688公里，达到6 238公里；四级公路增加2 0275公里，达到27 862公里；

高级、次高级路面增加13 780公里，达到18 962公里，在区域社会发展、经济建设、巩固国防和提高人民生活水平等方面发挥了重要作用。

2008年各种运输方式完成货物运输周转量343.33亿吨公里，比上年增长85.4%。全年旅客运输周转量82.64亿人公里，比上年增长11.1%（表1、表2）。

2008年各种运输方式完成货物运输量及增长速度 表1

指　标	单　位	绝　对　量	比上年增长(%)
货物运输总量	万吨	9 318	12.8
铁路	万吨	2 310	30.3
公路	万吨	6 805	8.3
民航	万吨	0.63	26.1
管道	万吨	202	-2.6
货物运输周转量	亿吨公里	343.3	85.4
铁路	亿吨公里	148.5	23.0
公路	亿吨公里	186.6	237.8
民航	亿吨公里	0.1	25.2
管道	亿吨公里	8.13	-10.6

注：资料来源为《2008年青海统计年鉴》。

2008年各种运输方式完成旅客运输量及增长速度 表2

指　标	单　位	绝　对　量	比上年增长(%)
旅客运输总量	万人	9 447	67
铁路	万人	404	2.8
公路	万人	8 996	72.4
民航	万人	47	6.8
旅客运输周转量	亿人公里	82.64	11.1
铁路	亿人公里	33.26	-14.0
公路	亿人公里	42.46	44.5
民航	亿人公里	6.92	9.0

注：资料来源为《2008年青海统计年鉴》。

铁路运输：目前铁路主要有兰青线和青藏线，主要承担与内地其他省区的长途客货交流。2008年铁路运输在全社会客货周转量中所占份额分别为40.25%和43.26%，在各种运输方式中起着骨干作用。

公路运输：主要承担区域内部州地市及其城乡间的中短途客货运输，客货周转量占全社会客货周转量的份额为51.38%和54.35%，在区域经济建设中发挥了重要作用。

民用航空：主要承担区际城市之间的长途旅客运输，占全社会旅客周转量的份额为8.37%。目前主要有西宁曹家堡、格尔木及玉树等机场，已开通西宁至北京、乌鲁木齐、兰州、西安、广州、成都、上海、拉萨、格尔木、玉树等地的航班，通航城市10多个。

管道运输：主要承担油气输送，占全社会货物周转量的2.37%。

（四）青海省国铁现状

目前青海省境内铁路主要有兰青、青藏两大铁路干线，有西宁—大通、哈尔盖—柴达尔、察汗诺—茶卡、海晏—西海等4条支线，铁路营业里程1651公里。兰青铁路东接兰州铁路枢纽，与陇海、兰新、包兰三大铁路干线相接；青藏铁路是横贯青海省北部的一条交通大动脉，向西延伸到青海省腹部——柴达木盆地的格尔木及青藏高原的唐古拉山口，对区域国民经济和社会发展具有不可替代的重要作用。青海铁路网不仅承担本省的客货运输任务，而且承担着西藏与内地的客货交流，因此在西北地区及全国铁路网中具有非常重要的地位和作用。

1. 客货运输

近年来，青海省铁路客货运量保持了持续、稳定增长，1995～2008 年客货运平均增长率为 4.8% 和 11.96%。2008 年青海省铁路货运量达到 2 310 万吨，客运量为 404 万人。客货运量增长速度高于同期全国铁路平均水平（同期全国客货运平均增长率为 1.25% 和 5.39%）。

青海省铁路客运量份额从 1995 年至 2008 年期间，一直保持在 8% 左右，货运量份额从 1995 年至 2008 年期间，一直保持在 19% 左右，近年来一直保持在 20% 以上。随着铁路网的扩大，铁路客货运输量在各种运输方式中所占份额呈现出不断上升的趋势。

2. 存在问题及薄弱环节

（1）路网密度低

青海省国土面积 72.2 万平方公里，约占全国的 7.52%，而青海省境内路网密度不足平均每万平方公里 23 公里，不到全国平均路网密度的 1/3（全国平均为每万平方公里 77.5 公里）。路网覆盖面不够，目前铁路干线只是兰青、青藏“一条线”，与相邻的新疆、四川及甘肃西北部等省、区目前尚无铁路，没有形成网络，缺乏铁道运输的机动性。省内果洛、玉树、海北、海南、黄南等州地及柴达木西北部的广大区域尚不通铁路，制约了盐湖资源、煤炭资源及金属、有色金属等矿产资源的开发和地方国民经济的发展。随着西部地区经济的快速发展，运输能力不足的问题越来越突出。因此，在继续强化既有通道的同时，尽早开辟新的外运通道，尽快修建省内地方铁路，以扩大路网覆盖面。

（2）通道不顺畅

青海省与新疆、西藏、四川、甘肃四省区毗邻，近年来随着青藏铁路格拉段开通运营，青海省的铁路与西藏、甘肃两省区相通，但目前青藏铁路只开通至拉萨，而青海省的物资、人员运输主要与内地省份、港口及口岸交流，所有物资、人员都要经过兰州，径路单一，灵活性差。随着我国经济稳定、持续、快速发展，仅仅依靠既有铁路，无法适应国民经济发展的需求。青海及西藏两省区与新疆目前尚无铁路相通，客货交流及人员往来绕行兰新线。应尽快修建格尔木—敦煌、格尔木—库尔勒铁路。

（3）运输质量滞后

从 1997 年开始，铁路实施了六次大提速，主要干线行车速度基本达到 160～200 公里/小时，运输质量明显提高，市场竞争力得到加强。但青海省境内铁路目前客货列车速度仍然较低，旅客列车旅行速度仅为 80 公里/小时左右，运输质量亟待提高。

（五）区域铁路客货运量预测

1. 客运量增长趋势预测

随着青海省与内地经贸交流的日益扩大，探亲、劳务、商务和公务等客流呈现出持续、快速增长的态势。同时，青海省有着丰富的旅游资源，旅游客流增长潜力较大。近年来年接待中外游客 1 000 万人次左右，随着旅游资源的开发和铁路提速及人们生活水平的提高，将吸引更多的国内外游客。

根据有关资料综合分析预测，青海省铁路旅客发送量 2010 年为 560 万人，2020 年将达到 850 万人。“十一五”期间年均增长 8.04%，2010～2020 年年均增长 4.26%。

2. 货运量增长趋势预测

青海省作为国家重要的能源、化肥、盐业及盐化工基地，石油、化肥、盐及盐化工等产品大量供应内地，货运量将持续增长，运输量增长潜力大，从而使进出青海省的货流呈现出持续、快速增长的趋势。

根据有关资料综合分析预测，青海省铁路货物发送量 2010 年为 3 200 万吨，2020 年将达到 4 300 万吨。青海铁路货物运输的主要品类为石油、煤炭、化肥、盐及盐化工等大宗物资。

客货运量预测结果详见表 3。

青海客货运输量预测分析表　　表3

年度	客运量					货运量				
	全社会		铁路			全社会		铁路		
	数量(万人)	增长率(%)	数量(万人)	增长率(%)	份额(%)	数量(万吨)	增长率(%)	数量(万吨)	增长率(%)	份额(%)
1995年	2 388	—	220	—	9.21	3 529	—	532	—	15.08
2000年	3 612	8.63	352	9.86	9.75	5 076	7.54	833	9.38	16.41
2001年	3 832	6.09	392	11.36	10.23	5 456	7.49	957	14.89	17.54
2002年	4 007	4.57	436	11.22	10.88	5 652	3.59	1 000	4.49	17.69
2003年	4 324	7.91	408	-6.42	9.44	6 189	9.50	1 092	9.20	17.64
2004年	4 601	6.41	386	-5.39	8.39	6 656	7.55	1 308	19.78	19.65
2005年	4 920	6.93	368	-4.66	7.48	7 152	7.45	1 453	11.09	20.32
2006年	5 310	7.93	411	11.68	7.74	7 641	6.84	1 572	8.19	20.57
2007年	5 655	6.50	393	-4.38	6.95	8 260	8.10	1 772	12.72	21.45
2008年	9 447	67.06	404	2.80	4.28	9 318	12.81	2 310	30.36	24.79
2010年	10 500	18.58	560	8.04	5.33	9 500	5.59	3 200	19.45	33.68
2015年	12 800	4.04	720	5.15	5.63	11 500	3.90	3 800	3.50	33.04
2020年	15 000	3.22	850	3.38	5.67	13 500	3.26	4 300	2.50	31.85
2030年	20 500	3.17	1 030	1.94	5.02	17 000	2.33	5 300	2.11	31.18

二、青海省资源分布和社会经济概况

青海省位于我国西部的青藏高原，是长江、黄河、澜沧江的发源地，被誉为“江河源头”。全省面积72.2万平方公里，辖6州、1地、1市、48个县(市、区、行委)，2008年总人口554.3万人。青海省是一个多民族聚居的地区，主要少数民族有藏族、回族、撒拉族、蒙古族，少数民族人口占全省人口的46.32%。全省东西长1 200多公里，南北宽800多公里。草原面积6.05亿亩(1亩=666.$\dot{6}$平方米，下同)，耕地814万亩，森林663万亩，其余为高山、湖泊、荒漠、戈壁、冰川等。周边与西藏、新疆、甘肃、四川四省区接壤。

(一)资源分布概况

青海省地域辽阔，居全国各省(区)第四位，是一个资源富省，孕育了丰富的土地资源、矿产资源、牧草地资源、水资源、林业资源等，自然资源十分丰富，是资源型的省份(图1)。截至2007年底，全省共发现各类矿产132种，发现各类矿床、矿点、矿化点3 921处。其中编入《青海省矿产资源储量简表》的矿产有83种，以单矿种计，共有矿产地689处，其中能源矿产地84处，金属矿产地243处，非金属矿产地310处，水气矿产地52处。按矿床规模划分，有大型128处，中型165处，小型及矿点396处。在已探明的矿产保有储量中，有59种居全国前十位，其中有11种居全国首位，特别是盐湖、水能资源优势突出；石油天然气、有色金属等矿产资源储量丰富；野生动植物资源、旅游资源独具高原特色，开发前景广阔。

图1　青海省自然资源

青海省矿产资源有三大特点：一是地域分布呈北煤、南沙金、西盐类和油气、东非金属矿产；二是矿床、矿点多，矿种全，潜在价值大；三是盐类等矿产资源优势突出。

其优势矿产主要为盐类、石油、天然气、部分金属矿产和非金属矿产。盐湖资源储量十分巨大，钠盐资源储量3 341.38亿吨，占全国资源储量的25.79%；钾盐资源储量7.02亿吨，占全国资源储量的84.68%；镁盐56.49亿吨，占全国资源储量的95%；石油资源比较丰富，资源储量3.56亿吨。金属矿产中，铁资源储量2.36亿吨、铜资源储量167.52万吨、铅资源储量190万吨、锌资源储量266万吨、铬资源储量41.53万吨，以及镁、钴、金矿等，储量大、开发前景较好。非金属矿产中，石棉5 750万吨、石英岩16.46亿吨、石灰岩13.03亿吨，均居全国首位。煤炭资源储量54.10亿吨，多数煤田成因于早、中侏罗纪，煤质大多数为低磷、低硫、低灰、高热的优质煤炭。

其矿产资源分布：煤炭资源主要分布在祁连山矿区和柴达木盆地北缘；石油和天然气集中分布在柴达木盆地西部；以钾、钠、镁盐为主的盐湖资源分布在柴达木盆地；祁连山有铁、铬；北祁连山、柴达木盆地北缘、鄂拉山、积石山有有色金属矿；海东地区有镍钴矿和冶金建筑材料矿；同德县有汞矿；玛沁县有铜钴矿；茫崖和祁连山有石棉、金属等矿产资源。

青海省矿产资源分布详见附图1。

（二）国民经济概况

“十五”、“十一五”时期是青海省发展历程中发展最快的时期。时逢国家实施西部大开发战略，为青海省的发展提供了千载难逢的历史机遇。国民经济持续快速增长，综合实力明显增强。全省生产总值以年均12%的速度持续增长，GDP由2000年的264亿元增加到2005年的543亿元，2008年达到962亿元（图2）。财政预算收入由2000年的26.1亿元增加到2005年的63.4亿元，2008年达到136.5亿元，年均增长22.9%；地方财政一般预算收入由2000年的16.6亿元增加到2005年的33.8亿元，2008年达到71.6亿元，年均增长20%。

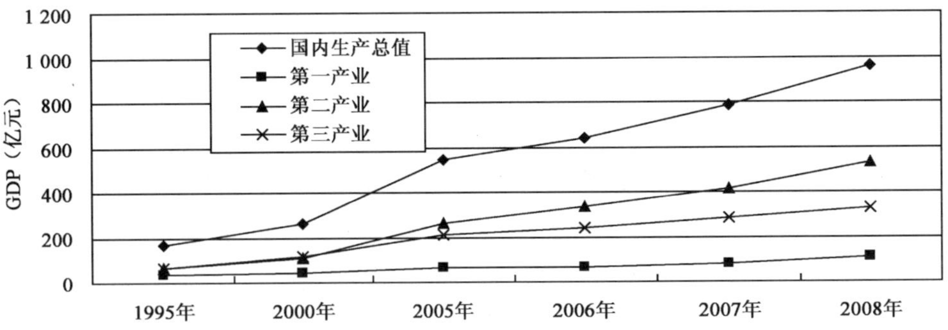

图2 青海国内生产总值变化趋势图

固定资产投资由2000年的154.8亿元增加到2005年的367.2亿元，2008年达到582.9亿元，年均增长18%。基础设施和生态环境建设取得突破性进展，基础设施长期落后的面貌明显改善，结构调整迈出较大步伐，特色经济框架初步形成。

2008年完成国内生产总值962亿元，其中第一产业105.58亿元、第二产业529.4亿元、第三产业326.55亿元。三次产业结构由2007年的10.6∶53.3∶36.1转变为11∶55∶34。人均生产总值17 389元，增长12.1%。三次产业结构示意见图3。

1.农牧业

农作物以粮食作物和经济作物为主，主要是宜凉耐旱的春小麦、青稞、豌豆、蚕豆、马铃薯、油菜、蔬菜、瓜果等。2008年农作物总种植面积513.63千公顷（770.45万亩），其中粮食种植面积271.99千公顷（407.99万亩），油料种植面积172.73千公顷（259.10万亩），蔬菜种植面积34.16千公顷（51.24万亩），果园面积4.13千公顷（6.20万亩）。

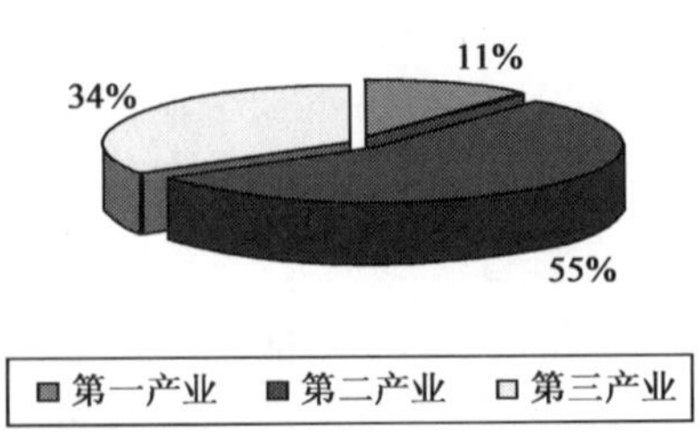

图3 青海省2008年三产结构示意图

全年全省畜牧业繁殖各类仔畜788.38万头（只），繁殖率为79.42%。全省草食畜存栏头数1 980.5万头（只）。

2008年实现农林牧渔业总产值153.4亿元。2008年主要农畜产品产量及增长速度见表4。

2008 年主要农畜产品产量及增长速度　　表 4

产品名称	产量(万吨)	比上年增长(%)	产品名称	产量(万吨)	比上年增长(%)
粮食	101.80	2.8	肉类总产量	25.54	5.0
油料	35.22	10.0	羊肉	8.67	-0.1
油菜籽	34.80	10.0	牛肉	7.28	-0.5
马铃薯	36.18	5.9	猪肉	8.74	15.3
豆类	10.88	-0.4	牛奶	25.28	1.2
水果	1.32	-4.3	水产品	0.21	16.7
蔬菜	110.08	12.0			

2. 工业

青海省已形成以资源工业为主体、门类基本齐全的工业体系。改革开放以来,青海省国民经济实现了持续快速增长,资源开发取得重大进展,一批国家重点建设项目陆续建成。2008 年实现工业总产值约 442.58 亿元。2008 年主要工业产品产量及增长速度见表 5。

2008 年主要工业产品产量及增长速度　　表 5

产品名称	单位	产量	比上年增长(%)
发电量	亿千瓦小时	297.67	3.1
水电	亿千瓦小时	202.96	3.2
原煤	万吨	1 182.93	31.5
天然原油	万吨	220.35	-0.1
天然气	亿立方米	43.80	27.7
原盐	万吨	235.72	45.8
粗钢	万吨	115.07	0.3
钢材	万吨	113.59	4.2
生铁	万吨	92.28	2.4
焦炭	万吨	114.18	72.0
十种有色金属	万吨	113.32	7.3
原铝(电解铝)	万吨	102.38	8.2
铝材	万吨	2.98	-58.4
水泥	万吨	457.75	5.0
碳酸钠(纯碱)	万吨	115.50	13.1
钾肥(折合 K_2O,100%)	万吨	236.81	-0.1
中成药	吨	754	70.8
乳制品	万吨	6.43	39.2
碳化钙(电石)	万吨	22.31	1.8 倍
食用植物油	万吨	2.62	1.0 倍
饮料酒	万吨	10.46	50.3
铬铁	万吨	23.54	1.1 倍

工业企业主要有:青海省油田、格尔木炼油厂、格尔木甲醇厂、格尔木天然气化工厂、格尔木化肥厂、乌图美仁铁矿、察尔汗钾肥厂、中信国安东西台钾镁肥、昆仑矿业集团、锡铁山铅锌矿、马海盐湖钾肥厂、茫崖石棉矿、茶卡、柯柯盐场、西旺矿业公司、鱼卡煤矿、热水煤矿、天峻煤矿、庆华集团公司、青海省紫金矿业公司、德令哈碱厂、西海煤电公司、西宁特钢厂及双寨工业园区等 20 多家大中型企业。

3. 对外贸易

青海省拥有丰富的矿产资源和生物资源,农副土特产品丰富,发展对外贸易具有坚实的基础。改革开放以来,青海省积极采取多种方式扩大对外贸易和对外经济技术交流与合作,进一步发展全方位开放型经济。在国家采取提高出口退税率等鼓励出口政策的促动下,依靠特色产品,拓展出口领域,对外经济贸易呈现好势头。2008 年进出口总额达 6.88 亿美元,其中出口额 4.19 亿美元,增长8.5%;进口额 2.69 亿美元,增长 19.0%。出口的主要商品是原材料及初级产品,其中硅铁、碳化硅、虫草等十余种已形成具有地方优势的传统出口商品和出口拳头商品,对亚洲、非洲、北美洲及欧盟市场销路看好。

三、青海省地方铁路发展需求

(一)青海省地方铁路现状

目前青海省地方铁路仅有即将投入运营的柴达尔—木里铁路,全长 142.04 公里,远不能适应青海省资源开发和地方国民经济发展的需要。

存在的主要问题:资源开发点距既有铁路较远(如肯德克可、乌图美仁铁矿距格尔木约 170km,东西台盐湖钾肥及碳酸锂项目距锡铁山、鱼卡均在 200km 左右),靠公路运输不仅运费高,而且难以承担。交通运输成为制约资源开发的关键因素,急需修建适应资源开发的地方铁路。

(二)资源开发对地方铁路发展的需求

青海省资源富集区主要集中于柴达木盆地,柴达木循环经济试验区经国务院于 2005 年 10 月 27 日批准,列为国家首批 13 个循环经济试点产业园区之一。

1. 柴达木循环经济试验区概况

柴达木盆地位于青藏高原北部、青海省西部。在祁连山、阿尔金山和昆仑山环抱之中,东西长约 850 公里,南北宽约 300 公里,平均海拔 2 670 ~ 3 200 米,面积 24 万多平方公里,是我国第二大盆地和海拔最高的内陆盆地。

柴达木循环经济试验区面积 30.09 万平方公里,占青海省总面积的 41.7%,是全国面积最大的循环经济试点产业园区。按行政区划包括德令哈、格尔木两市,乌兰、都兰、天峻三县和大柴旦、冷湖、茫崖三行委。总人口 56 万人,民族风情迥异,自然景观独特,矿产资源丰富,是举世闻名的“聚宝盆”。

加快柴达木地区的优势资源开发,实现资源综合开发、有效配置、循环利用、永续利用,对加速推进青海新型工业化进程,提高资源开发的综合利用水平,优化资源配置,实现矿产资源的有效、综合、可持续利用,在各产业链间、在各产业集群间、在各地区间进行互动、共生和整合,对于构建高原特色的循环经济具有重要意义。

2. 柴达木循环经济试验区资源分布及优势资源

柴达木盆地资源富集,截至 2007 年底,累计发现各类矿产 86 种,占全省的 64%,占全国的 50%。上储量表的矿产 44 种,占全省的 42%,占全国的 28%。其中能源矿产 3 种,即石油、天然气、煤;金属矿产 13 种,主要包括铁、铬、铜、铅、锌等;盐湖矿产 12 种,主要包括钠盐、镁盐、钾盐、芒硝、天然碱、石膏、硼矿、锂矿、锶矿等;非金属矿产 16 种,主要包括石灰岩、白云岩、硫铁矿、重晶石、蛇纹岩、硅灰石等。全区共有矿区(井田)78 处,单矿产地 238 处,其中大型矿床 41 处(内含特大型矿床 22 处),中型矿床 15 处,小型矿床 22 处。矿产资源具有矿种齐全、优势矿产多;探明储量大,分布集中;多组分综合矿床多等特点。地区保有资源储量潜在经济价值达 16.27 万亿元,占全省矿产资源潜在总价值的 95%,占全国矿产资源储量潜在总价值的 13%。在已探明的各类矿产中,盐湖矿产具有突出地位,其中锂矿、锶矿、芒硝、化肥用蛇纹岩、钾盐、镁盐、石棉 7 种矿产居全国首位,保有资源在全国名列前 10 位的主要矿种有 24 种。石油天然气、铅锌、钠盐、天然碱、溴矿、碘矿、铷矿、铟矿、硼矿、制碱灰岩、硅灰石等矿产在全国也居一定地位。特别是以下四种资源既是优势资源,又是发展特色产业的基础和支撑。

(1)石油天然气资源

主要分布在柴达木盆地西北部和中部地区,其中石油资源主要分布在冷湖、花土沟、尕斯库勒、油砂山、七个泉等地,天然气资源主要分布在涩北一带。目前共发现油田 16 个、气田 6 个。石油资源储量

3.56 亿吨。天然气资源量 4 572 亿立方米,涩北气田进入全国四大气田行列。

(2)盐湖资源

盐湖矿产资源多分布在柴达木盆地内的 30 多个盐湖,其中主要的钾镁盐矿床分布在盆地中、西部,硼矿床和锂矿床分布在盆地中部,湖盐矿床则遍布柴达木盆地。大型、特大型盐湖矿床主要分布在察尔汗、一里坪、东西台吉乃尔湖、昆特依、大浪滩、马海湖等盐湖。盐矿(固体)资源储量 3 250.3 亿吨、盐矿(液体)资源储量 90.9 亿吨、氯化镁(固体)0.7 亿吨、氯化镁(液体)39.5 亿吨、氯化钾 7.02 亿吨、硫酸镁 16.3 亿吨、芒硝 69.1 亿吨,其中氯化镁、氯化钾、氯化锂等储量占全国已探明储量的 90% 以上。另有盐湖伴生的多种稀有金属矿产。

(3)有色、黑色金属资源

有色、黑色金属资源多分布在锡铁山、滩间山、青龙沟、红柳沟等柴达木盆地北缘和肯德可克、尕林格、清水河、海寺、白石崖等东昆仑地区。其中有色矿产资源有金矿、铅锌矿、钨矿、锡矿等,以铅锌矿为主。已累计探明铅金属资源储量 122.2 万吨,锌金属资源储量 152.8 万吨,铁矿资源储量 1.76 亿吨,铬矿资源储量 12.5 万吨。

(4)煤炭资源

煤炭资源主要分布在祁连山、柴北缘两大含煤区,由西到东主要分布在大柴旦鱼卡矿区、绿草山大煤沟矿区、天峻木里聚乎更矿区、江仓矿区,其中大柴旦鱼卡煤田、绿草山大煤沟矿区为优质动力煤,天峻木里聚乎更矿区、江仓矿区为优质焦煤。已累计探明煤炭资源储量 6.76 亿吨,为优质动力煤和优质焦煤。

柴达木循环经济试验区重点项目见表 6。

目前正实施的重大项目 表 6

序号	项目名称	建设内容及规模	总投资(万元)
1	青海 100 万吨钾肥产品综合利用项目一期	年产 10 万吨 PVC、6 万吨氢氧化钾、7.2 万吨碳酸钾,33 万吨尿素	237 500
2	青海碱业公司纯碱项目二期工程	年产纯碱 90 万吨	149 000
3	青海庆华公司年产 400 万吨冶金焦及煤焦油深加工项目	焦炭广泛应用于高炉冶炼、铸造、气化和化工等部门作为燃料或原料;年产冶金焦 400 万吨。同时年加工煤焦油 25 万吨	300 000
4	中信国安西台吉乃尔盐湖钾锂硼资源开发项目	年产钾镁肥 100 万吨、硼酸 5 万吨、碳酸锂 2.5 万吨	220 000
5	青海锂业盐湖提锂及资源综合利用产业化项目	年产 2.5 万吨硫酸钾、3 000 吨碳酸锂、2 500 吨硼酸	27 000
6	格尔木肯德可克铁矿开发项目	年产铁精粉 250 万吨	25 000
7	青海油田分公司 30 万吨/年甲醇项目	年产甲醇 30 万吨	58 000
8	青海中浩天然气化工有限公司 60 万吨甲醇项目	年产甲醇 60 万吨	142 000
9	格尔木滨地钾肥有限公司大盐滩钾肥项目	新增氯化钾 20 万吨、硫酸钾镁肥 80 万吨	107 000
10	氢氧化镁与碱式碳酸镁联产新型环保融雪防尘剂项目	建设年产 1 万吨氢氧化镁联产 1 万吨碱式碳酸镁、5 万吨新型融雪防尘剂生产线及配套设施	10 900
合计			1 276 400

3. 产业布局

依据现有工业基础和发展条件,柴达木循环经济试验区将围绕优势资源发展特色产业,重点布局在格尔木、德令哈、大柴旦、乌兰 4 个循环经济示范园区,按照"物质技术集成、产业集群、要素集聚、配套集中"的原则,构建结构合理、组合优化、配置高效的循环经济产业群,发展具有高原特色的循环经济发展模式。

(1)格尔木工业园区

以盐湖化工、油气化工、有色冶炼为主要产业,格尔木昆仑经济开发区为核心,依托格尔木及周边地区丰富的盐湖、油气及金属资源,带动盐湖化工工业小区、石油天然气工业小区、冶金工业小区的发展。通过盐湖化工、油气化工、冶金产业间产品、副产品或废弃物的交换,进行产业链延伸和耦合,逐步形成以钾、钠、镁、锂、硼、还原铁等精、深加工和以甲醇、聚氯乙烯、化肥等为重点的综合开发利用格局。石油天然气工业小区重点发展炼油、甲醇、醋酸、二甲醚等产品,规划150万吨炼油扩建、90万吨甲醇、30万吨醋酸、20万吨二甲醚等重点项目。盐湖工业小区以察尔汗、东西台盐湖资源为依托,重点发展构建盐湖化工工业链,重点发展氯化钾、硫酸钾镁肥、碳酸锂及镁系列产品等,规划建设百万吨钾肥综合利用、西台吉乃尔盐湖钾锂硼资源开发项目和无水氯化镁、金属镁及其他精细镁盐开发项目,副产氯气供氯碱化工利用,将园区建设成为新型的盐湖化工—油气化工—煤化工多联产基地。冶金工业小区以肯德可克、索拉吉尔及周边地区铁矿、有色金属矿产资源为依托,着力构建冶金工业产业链。

(2)德令哈工业园区

充分利用德令哈及周边地区丰富的石灰石、钠盐资源,大力发展纯碱、烧碱、电石、PVC、氯化钙等产品,构建两碱化工、新建材产业链。以综合利用盐湖提钾副产的尾盐为重点,提高尾盐高效、清洁、深度综合利用;以电石渣综合利用为重点,带动新建材工业的发展。规划建设280万吨纯碱、60万吨烧碱、60万吨PVC、130万吨电石、30万吨氯化钙、120万吨电石废渣水泥熟料项目,构建尾盐—纯碱—烧碱—水泥共生耦合发展的生态工业网络。

(3)大柴旦工业园区

充分利用大煤沟、鱼卡、马海湖、大盐滩、昆特依等地丰富的煤炭、盐湖资源,着力构建能源、煤化工、盐湖化工产业链,辐射带动大柴旦、冷湖、茫崖等地的工业发展。发展先进的能源化工多联产系统,煤、电、化一体化,建设大型IGCC电站、甲醇、尿素一体化项目,为格尔木园区盐湖化工和油气化工发展提供能源、原料。依托大小柴旦硼资源,利用锡铁山、滩涧山副产的硫酸,以及原矿石经浮选综合回收的硫精矿,重点发展硼酸、硼砂、磷酸一铵等深加工产品,其共生企业群通过废物交换、循环利用、清洁生产形成企业间的工业代谢和共生关系,形成“铅锌精矿—硫精矿—硫酸厂—硼酸厂—硼镁肥”、“硫酸厂—铁精矿—水泥厂”等多行业综合的生态链,带动铅锌、黄金、煤炭等工业发展,实现矿区资源的高效利用、物料的闭路循环和污染物的低排放、“零排放”。

(4)乌兰工业园区

充分利用木里丰富的焦煤资源,积极推进煤炭深加工和综合利用,构建煤—焦—化一体化产业链,发展煤焦油精细化工产品、焦炉气制甲醇及甲醇下游系列产品,规划建设年产600万吨洗精煤、300万吨焦化、30万吨煤焦油、30万吨焦炉气制甲醇等重点煤焦化项目,实现煤化工与盐湖化工等多产业融合发展。

按照以上思路,试验区将建立钾、钠、镁、锂、硼、锶6个国家重要产品生产基地,培育铅锌、铬盐2个国家主要产品生产基地,建成青藏高原油气化工、盐湖化工、煤炭及煤化工3大化工产业基地,全面促进海西及青海全省的经济发展,提高试验区经济的综合竞争力。

(三)地方铁路在青海省经济和社会发展中的地位和作用

地方铁路是国铁与资源开发地之间货物集散最便捷有效的连接方式,是促进矿产资源大规模开发不可缺少的基础设施,对扩大国铁货源腹地具有重要作用。

西部大开发战略启动以来,青海省确定了实现经济和社会跨越式发展的新思路,基础设施、资源开发等各项经济建设明显加快,特别是区域内的钾肥、煤炭、非金属、金属矿石及碳酸锂等产品将有更大发展。加快地方铁路建设为柴达木盆地丰富的矿产资源开发及产品的快捷外运创造了便利的交通运输条件,也符合“以人为本,全面、协调、可持续发展”和西部大开发战略,对促进国土资源开发、扩展经济发展空间、拉动经济和社会发展,对于保障、繁荣经济社会可持续发展,对增强民族团结,增强区域的引资能力、完善区域交通运输结构、适应国民经济和社会发展、缩小东西部差别，对构建和谐社会实现全面建设小康社会等方面均具有重要的战略意义，并具有一定的路网意义。

公路运输具有机动灵活、周转迅速、对地形条件适应性强等特点，但其劣势是运载量较小，运输成本高，污染严重，仅适宜于中短途运输及对时效要求高的一些高附加值的货物运输。从青海省货物运输特征分析，是以资源开发和资源输出为主，兼具运程长的运输特征。主要承担石油、煤炭、盐化工、金属矿石等其他货物，平均运距在700公里以上。公路运输将难以完成，且大大增加运输成本。因此，公路运输方式不具备替代铁路运输的可能性。

随着我国经济总量的日益增长，能源不足的矛盾愈加明显，铁路与公路相比，具有能耗低、运费低、占地省、污染小、运能大、安全性高、全天候等技术经济优势，符合国家“资源节约型，环境友好型”的基本国策。

因此，加快青海省地方铁路建设是贯彻国家可持续发展战略，促进资源开发和地方经济发展的迫切需要。

四、青海省地方铁路规划的指导思想、原则和目标

（一）规划的指导思想

在国家《中长期铁路网规划》的基础上，以青海省内国铁干线为骨架，根据青海省经济社会发展规划、经济布局，以及与相关公路、各资源点的合理衔接，依托国铁主干线，进行青海省地方铁路的规划布局，并提出建设时机，以加快青海省地方铁路建设进程，促进资源开发，适应地方及区域经济社会发展对铁路运输的需要。

（二）规划的原则

（1）坚持与经济社会发展相适应、铁路建设适当超前和资源节约型、环境友好型社会，促进国民经济又好又快发展。以适应资源开发、经济发展和社会需求为根本出发点，为深化西部大开发战略和全面建设小康社会提供必要的交通运输条件。

（2）以青海省内国铁干线为依托，进行青海省地方铁路的规划布局，并提出建设时机。加快资源开发支线铁路建设，加速资源优势的转化，繁荣地方经济，以适应地方经济社会发展对铁路运输的需要，促进经济又好又快发展。

（3）铁路规划对铁路建设发展具有指导意义，应充分体现可操作性及前瞻性。结合资源开发和经济发展对铁路运输的需求，坚持全面规划、重点突出、分期实施的原则。

（三）总体规划目标

1.“十二五”期项目

（1）新建饮马峡（锡铁山）—北霍布逊盐湖铁路。

（2）新建格尔木（甘森）—肯德克可铁路。

（3）新建马海——里坪铁路。

2. 远景展望

新建茶卡—都兰铁路。

柴达木循环经济区地方铁路发展，下一步将根据国家批准的柴达木循环经济区规划项目情况进一步研究。

五、青海省地方铁路规划

（一）“十二五”期间地方铁路规划建设项目

1. 新建饮马峡（锡铁山）—北霍布逊盐湖铁路

本项目位于柴达木盆地东南部盐湖矿区，起点为北霍布逊盐湖矿区，在饮马峡（锡铁山）车站与西

格线接轨，线路全长约43公里。本线主要服务于饮马峡工业区和德令哈工业园区，是相关工业园区配套建设的基础设施，其主要功能是承担工业区生产所需原材料运输，为工业园区发展提供运输保障条件。

饮马峡工业区是柴达木循环经济试验区大柴旦工业园的四个工业区之一，定位于盐化煤化工业区，规划面积5.38平方公里。根据规划，饮马峡工业园区2015年将形成110万吨/年纯碱生产能力。届时需要从北霍布逊盐湖调入原盐160万吨/年。

德令哈工业园区是柴达木国家循环经济区的重要组成部分，主要分布盐化工企业。德令哈工业园区现有的大型工业企业有青海碱业和蒙西联碱业两家公司，纯碱生产规模分别为120万吨/年和30万吨/年。对于原盐的需求在270万吨/年左右。现有生产规模所需原料盐主要从柯柯盐场、格尔木方向、北霍布逊盐湖（少量汽运）调入。随着德令哈工业园区盐化企业生产能力迅速扩大，现有的原料获取和运输方式已经不适应企业的发展，企业需要更大的原料供应区域和更加经济的运输方式来节约自身成本。

本线的修建可以解决企业原料来源问题，降低企业运输成本，为饮马峡工业区和德令哈工业园区持续发展提供支持。

（1）建议远景年输送能力：货运1 700万吨。

（2）主要技术标准：正线数目：单线；牵引种类：电力。

（3）征用土地：约0.45万亩。

（4）投资预估算：7.8亿元。

（5）投融资方式：青海省合资铁路。

（6）建设时机：建议本线在2015年前建成。

2. 新建格尔木（甘森）—肯德克可铁路

本线位于柴达木盆地西南部，从格尔木接轨，向西北方向经哈区、托拉海、清水泉、大灶火、中灶火、甘森至肯德可克，线路全长约265公里（其中格尔木—甘森155公里，该段为《国家中长期铁路网规划》的格尔木至库尔勒铁路的一部分；甘森—肯德克可110公里）。

吸引区域内铁矿资源丰富，肯德可克铁矿石资源储量2.7亿吨、硫铁矿65.8万吨、锌矿23.54万吨、铅矿8.8万吨，另有铜、钴、铋、金银等矿产资源。

格尔木庆华矿业公司肯德可克矿产资源开发项目，已于2005年8月8日正式开工建设，计划分两期开发肯德可克铁矿及多金属矿产资源。一期250万吨工程已建成投入生产；二期工程250万吨工程正在兴建，以野马泉和尕林格矿区为主。届时，年矿石采选能力达到500万吨和数十万吨锌、铅、铜精粉的规模；远期年采选铁矿规模达到1 000万吨，成为我国西北地区重要的铁矿和多金属采矿选矿基地。

本线的修建对促进柴达木盆地西南部铁矿石等矿产资源开发利用具有重要作用。

（1）建议远景年输送能力：货运1 500万吨。

（2）主要技术标准：正线数目：单线；牵引种类：电力。

（3）征用土地：约1.45万亩。

（4）投资预估算：45亿元（其中甘森—肯德克可18亿元）。

（5）投融资方式：青海省地方合资铁路。

（6）建设时机：建议本线于2015年前建成投入运营。

3. 新建马海——里坪铁路

该线东起拟建敦格铁路的马海站，沿柴达木盆地中北部及G315线向西北方向经南八仙至本线终点一里坪，全长约120公里左右。

本项目区域地域辽阔，国土面积达25.66万平方公里，矿产资源丰富，开发潜力巨大。有盐矿（固体)资源储量 106.36 亿吨、盐矿(液体)资源储量 4.9 亿吨、镁盐(固体)0.23 亿吨、镁盐(液体)3.35 亿吨、钾盐 0.61 亿吨、硼矿 0.04 亿吨、锂矿 0.08 亿吨。

随着西部大开发战略的不断深入,项目影响区内的经济结构,产业结构将发生巨大变化。中信国安西台吉乃尔盐湖钾锂硼资源开发项目,年产钾镁肥 100 万吨、硼酸 5 万吨、碳酸锂 2.5 万吨。尤其是项目直接影响区内的资源开发点距铁路较远(东西台盐湖钾肥及碳酸锂项目距锡铁山、鱼卡均在 200 公里左右),靠公路运输不仅运费高而且难以承担,交通运输成为制约资源开发利用的关键因素。本项目的实施,为促进东西台丰富的矿产资源开发及产品的快捷外运创造了便利的交通运输条件。

实施本项目符合以人为本,全面、协调、可持续发展和西部大开发战略,对促进资源开发和经济建设、增强区域的引资能力、完善区域交通运输结构等方面均具有重要意义。

(1)建议远景年输送能力:货运 1 500 万吨。

(2)主要技术标准:正线数目:单线;牵引种类:电力。

(3)征用土地:约 0.66 万亩

(4)投资预估算:19.6 亿元。

(5)投融资方式:青海省地方合资铁路。

(6)建设时机:建议本线于 2015 年建成投入运营。

(二)地方铁路远景展望

新建茶卡—都兰铁路:本线与察汗诺—茶卡铁路相接,沿 G109 线,经南戈泉、夏日哈至都兰,线路全长约 120 公里。本线的修建对进一步加大都兰矿产资源开发力度,对促进沿线经济快速发展,培育新的经济增长点具有重要作用。建议本线在 2030 年前建成投入运营。

都兰位于青海省中部、柴达木盆地的东南,系青海省海西蒙古族、藏族自治州辖区,面积 5.3 万平方公里。境内有得天独厚的农牧业自然资源和矿产资源,农牧业生产水平较高,发展速度较快,是高原特色农牧业产品生产基地之一,被称为“柴达木粮仓”。主要特色农牧产品有小麦、青稞、豌豆、蚕豆、柴皮大蒜、药材、优质牛羊肉、皮毛及山羊绒等。

都兰地区面积辽阔,矿产资源分布广泛,矿产种类繁多。现已发现的矿产种类有铁、铜、铅、锌金、钾盐、硅石灰等 42 个矿种。其中铁矿石资源储量 5 295 万吨、铜矿 2.1 万吨、铅矿 2.5 万吨、锌矿 8.4 万吨、硫铁矿 10.7 万吨、硅灰石 1 757.8 万吨。以西旺矿业等矿产资源开发为龙头的各类工矿企业也在迅速崛起,并形成相当规模,开发力度正在进一步加大。

(1)建议远景年输送能力:货运 800 万吨。

(2)主要技术标准:正线数目:单线;牵引种类:电力。

(3)征用土地:约 0.7 万亩。

(4)投资预估算:25 亿元。

(5)投融资方式:青海省地方合资铁路。

(6)建设时机:铁道部已将茶卡至都兰铁路纳入《中长期铁路网规划》,建议本线于 2020 年前建成。

青海省地方铁路“十二五”期间及远景展望规划建设项目汇总详见附图 2 和附表 1。

六、规划结论与总体评价

综上所述,青海省地方铁路以国铁主干线为依托,其发展总体目标:已建成的柴达尔—木里铁路(142.04 公里)正式投入运营。2011 ~ 2015 年期间适时修建饮马峡(锡铁山)—北霍布逊盐湖铁路、格尔木(甘森)—肯德克可、马海——里坪等铁路,新增地方铁路 428 公里,届时地方铁路总里程达到 570 公里,以适应资源开发和区域经济社会发展对铁路运输的需要,促进区域经济又好又快发展。远景争取建成茶卡—都兰等铁路,新增地方铁路 120 公里,届时地方铁路总里程达到 690 公里。

随着本规划的逐步实施,青海省境内地方铁路建设将会有一个突破性进展。届时,青海省地方铁路将与省内主要资源开发地相衔接,以满足资源开发和国民经济社会发展的需要。

七、实施规划的措施和建议

《青海省地方铁路"十二五"发展规划》是青海省综合交通运输体系规划、建设的重要方面。为此,对本规划尽快付诸实施提出以下措施和建议。

(一)加强项目前期工作,做好项目储备

前期工作是铁路建设项目的首要环节,它关系到项目的立项、建设时机、建设规模等一系列重要问题。因此,必须对前期工作高度重视。本规划项目均尚未开展前期工作,建议对规划项目应适时提前安排前期研究工作。

(1)在全面规划的基础上,结合青海省的实际情况,分期分批地对规划项目安排预可行性研究。对各种方案选择要进行全面深入的技术、经济论证。为项目评估、审查、立项审批提供全面、可靠、科学的决策依据。

(2)实事求是地做好经济评价,并根据项目的功能定位和经济评价指标,提出项目分类意见,充分说明建设项目对资源开发、区域经济发展、缩小地区差别的重大意义,争取国家对青海地方铁路建设项目实施扶持政策。

(3)认真做好对项目前期工作的研究论证。通过论证筛选出效益高、对资源开发急需及经济发展有显著带动作用的铁路建设项目,从而集中财力物力,优先上马,早建早通,早见成效。

(二)适应市场发展,多渠道筹集建设资金

铁路建设需要巨额的建设资金,资金筹措是铁路建设的最大难题。在铁路建设资金筹措方面,要广开集资渠道,逐步从国家财政资金及国内贷款为主,拓宽到财政投入、企业投资、市场融资、利用外资等多渠道筹资。政府可通过提供长期运输经营、优惠使用铁路、运价浮动、沿线土地开发等优惠条件,吸引企业及其他投资者参与投资;其次,对于一些投资效益较好的地方铁路建设项目,可以考虑采用市场化的方法融资建设,逐步从单个银行借贷为主,扩展到贷款、债券融资与项目融资、股权融资等多元化融资;另外,积极引进外资,吸引外商直接投资或合资建设青海的铁路,对外商投资在税收政策、土地政策、生产经营等各方面给予优惠;同时,要健全完善法律法规,确保国内外投资者的合法权益。

(三)积极争取国家支持,为青海铁路发展提供资金和政策保障

地方铁路是国铁的重要补充,是基础设施的重要组成部分,其发展状况直接关系到地区资源开发和经济发展。为保证地方铁路与国铁的协调发展,需地方政府出面和铁道部协商地方铁路与国铁的接轨、合资等相关事宜。

青海属高海拔严寒地区,地形复杂、工程艰巨、投资巨大;经济发展相对滞后、地方财政收入薄弱、资金短缺、生产生活条件艰苦。需国家大力支持,为青海地方铁路发展提供资金和扶持政策,实行特殊优惠政策,延长还本付息年限,还本宽限期延长至运营后5年等,贷款利率应低于商业银行的贷款利率,并实行财政贴息或零利率。

青海省资源开发急需地方铁路大发展,尽快对规划项目付诸实施,对适应资源开发和国民经济对铁路运输的需要、推动青海经济社会快速持续又好又快发展,具有极其重要的意义和作用。

附　录

附录一　青海省矿产资源开发利用与保护规划分区图

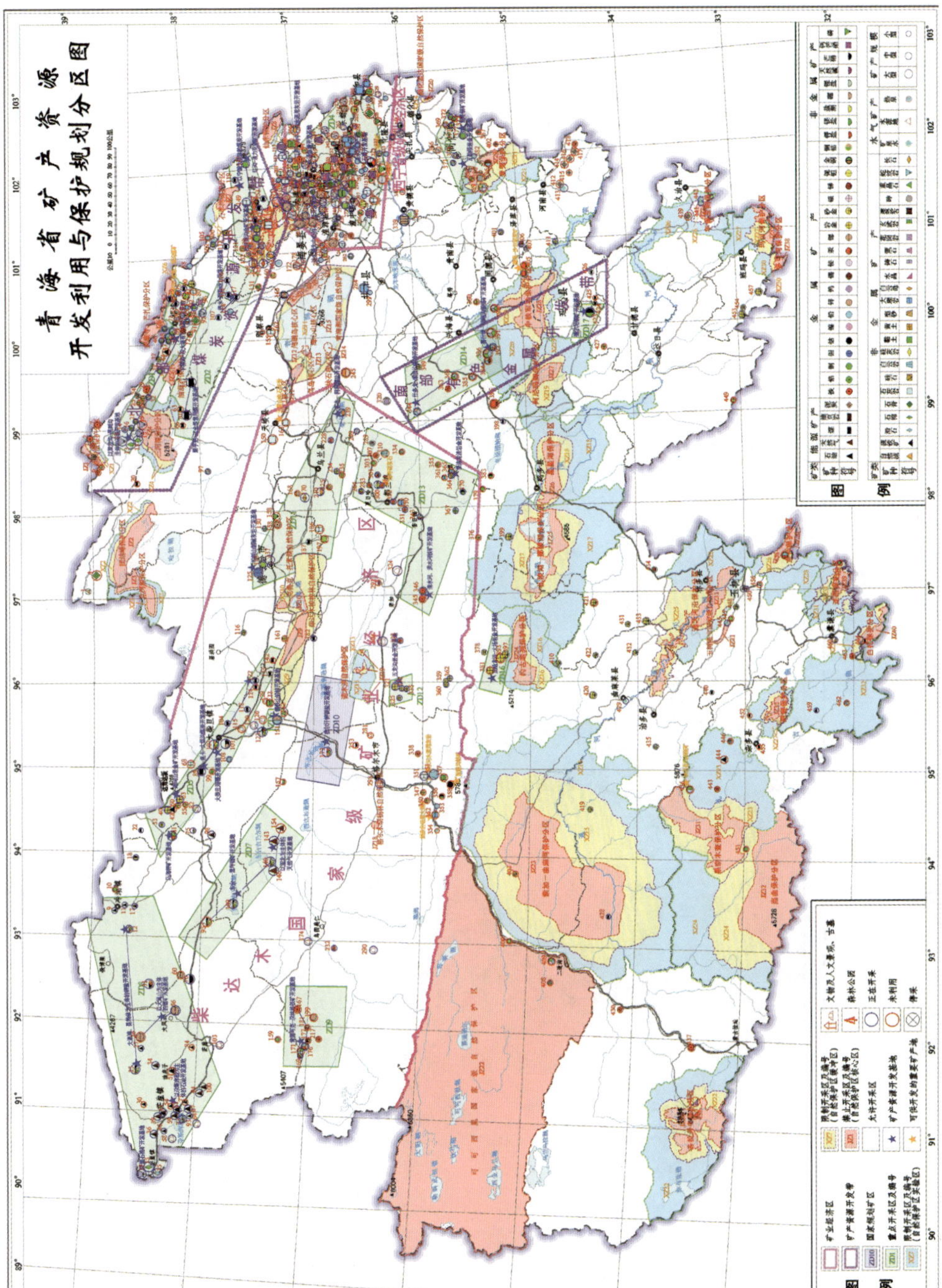

附图1　青海省矿产资源开发利用与保护规划分区图

附录二　青海省地方铁路“十二五”及中长期规划示意图

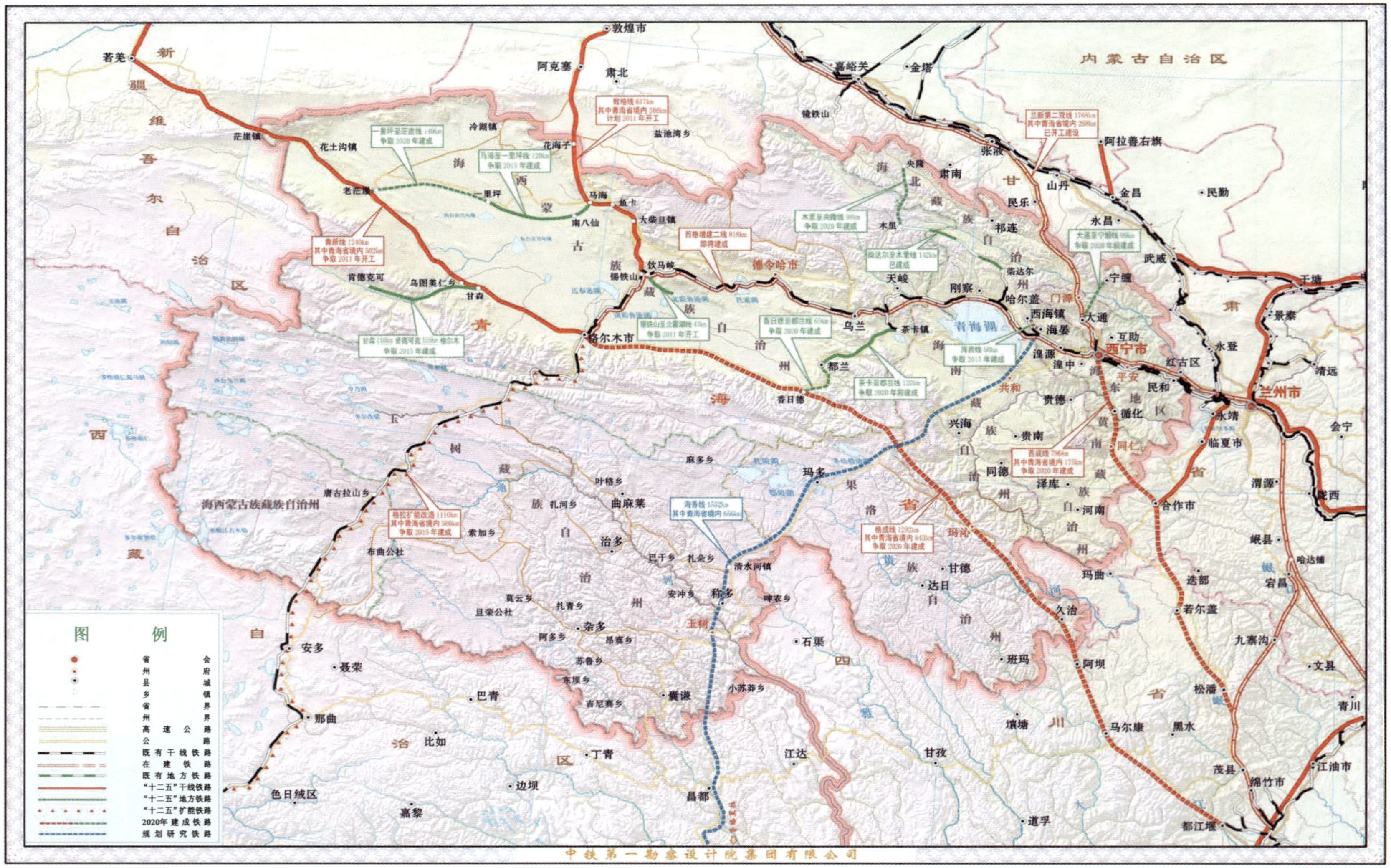

附图2　青海省地方铁路“十二五”及中长期规划示意图

附录三　青海省地方铁路规划建设项目一览表

青海省地方铁路规划建设项目一览表

附表 1

规划建设项目		线路全长（公里）	投资估算（亿元）	正线数目	牵引种类	输送能力（万吨）	征用土地（万亩）	技术指标（万元）
“十一五”完工项目	合计	142.04	25.82					
	新建柴达尔—木里铁路	142.04	25.82	单线	内燃	1 500		1 818
2011 ~ 2015 年	合计	428	72.4					
	新建饮马峡（锡铁山）—北霍布逊盐湖铁路	43	7.8	单线	电力	1 700	0.45	1 813
	新建格尔木—肯德克可铁路	265	45	单线	电力	1 500	1.45	1 698
	新建马海——里坪铁路	120	19.6	单线	电力	1 500	0.66	1 633
远景展望	合计	120	25					
	新建茶卡—都兰铁路	120	25	单线	电力	800	0.7	2 083

青海省交通科技“十二五”发展规划

《青海省交通科技“十二五”发展规划》

编写单位及人员

编制单位： 青海省交通厅

编制人员： 杨伯让　　厅　　长

胡　滨　　副 厅 长

刘国华　　处　　长

久美才让　副 处 长

李海洋　　副主任科员

刘国翠　　科　　员

参编单位： 青海省交通科学研究所

参编人员： 房建宏　　副研究员

徐安花　　高级工程师

马争锋　　工 程 师

目录
CONTENTS

前言

PREFACE

“十二五”是我国全面建设小康社会、加快推进社会主义现代化进程的关键时期，也是青海省经济社会发展的一个重要历史机遇期。把握历史机遇，加快发展交通运输业，是国内外形势发展的客观要求，也是青海省经济社会发展的迫切需要，更是全省各族人民的共同愿望。

“十二五”期间，青海省交通基础设施建设任务依然艰巨而繁重，建设条件异常复杂，要想实现交通设施建设、路网运营和客货运输“安全、质量、效率、环保和效益”五方面的全面提高，必须大力发展交通科技，充分发挥科技在现代交通运输业发展中的支撑和引领作用，推动青海省交通运输又好又快发展。

根据交通运输部《公路水路交通科技发展战略》、《公路水路交通中长期科技发展规划纲要（2006～2020年）》、《公路水路交通运输“十二五”科技发展规划》、《“十二五”西部交通科技规划》以及《青海省公路水路交通“十二五”发展规划》，组织编制了《青海省交通科技“十二五”发展规划》。本规划是青海省“十二五”交通规划体系的重要组成部分，旨在阐明“十二五”期间青海省公路水路交通运输科技的指导思想、发展目标、主要任务和保障措施，对全省交通运输行业科技工作进行统筹安排，指导交通运输行业开展科技创新活动，充分发挥各地、各部门的积极性和创造性，为加快转变发展方式、推进现代交通运输业发展提供科技保障。

一、编制依据和原则

（一）编制依据

（1）国务院《国家中长期科学技术发展规划（2006～2020年）》。

（2）交通运输部《公路水路交通中长期科技发展规划纲要（2006～2020年）》。

（3）交通运输部《公路水路交通科技发展战略》。

（4）交通运输部《公路水路交通运输"十二五"科技发展规划》。

（5）交通运输部《"十二五"西部交通科技规划》。

（6）《青海省国民经济和社会发展第十二个五年规划纲要》。

（7）《青海省公路水路交通"十二五"发展规划》。

（8）其他相关文件和资料。

（二）编制原则

1. 引进吸收与自主创新相结合

紧紧围绕"十二五"青海交通建设和运输急需的关键技术和难点问题，遵循引进吸收与自主创新相结合的原则，以新目标、新思路、新举措和新突破，开展技术创新，研究开发先进实用技术，全面提升交通行业技术支撑水平，努力提高科技进步对交通行业发展的贡献率。

2. 统筹规划与重点攻关领域相结合

从适应全面建设小康社会和实现青海省交通跨越式发展的目标出发，分析青海省社会经济和交通发展对交通科技的需求，坚持"有所为，有所不为"的方针，重点科技攻关领域和整体推进相结合，研究提出"十二五"的重点领域、关键技术和主要研究方向，特别是高等级公路等重点工程建设的关键技术和行业发展的共性问题，集中力量，重点突破，带动公路水路交通的总体科技水平全面提升。

3. 先进性与可操作性相结合

"十二五"期间，交通科技发展规划应充分重视发展的前瞻性和技术的先进性，同时要依据青海省交通发展的实际，突出应用性，找准依托工程，促进科技成果向生产力的转化，提高交通建设质量和交通运输效益。在规划中选择的重点发展领域，注重技术集成、系统配套，具有较强的针对性和可操作性，提高科研项目完成及时率和科技成果转化率。

4. 近期目标与中长期目标相结合

规划编制体现全局性、战略性、前瞻性和指导性。既要注重当前效益，又要兼顾长期效益和长远发展，为实现全面建设小康社会交通发展目标提供技术保障。

5. 坚持综合协调可持续发展

规划编制体现以人为本、人与自然和谐发展的理念，重视公路水路交通发展与发展循环经济、建设节约型社会、保护生态环境综合协调和可持续发展的理念。

二、发展现状与需求分析

（一）发展现状

西部大开发以来的时期是青海省交通行业抓住历史机遇、加快建设、取得显著成就的发展时期，同时也是交通科技发展快、成果多、转化期短、效益显著的大好时期。青海省交通事业取得了历史最好成绩，交通科技发挥了第一生产力的主导作用，成为强大的推动力量，对青海省经济社会发展和人民生活水平提高做出了显著的贡献。

西部大开发以来，青海省交通系统共投入科研经费9 600多万元，开展科研项目110多项，许多研究成果达到了国际领先、国际先进水平。先后有10余项研究成果荣获国家级或省部级奖励，其中《多年冻土青藏公路建设和养护技术》荣获国家"科技进步一等奖"；《青海万丈盐桥处治技术研究》、《多年冻土地区公路病害机理与养护维修技术研究》、《盐渍土地区公路桥涵及构造物防腐蚀技术研究》和《青海高原特殊条件下公路沿线大型滑坡和高边坡病害防治技术的研究》荣获青海省"科技进步二等奖"。

在公路建设中，青海省交通系统不断加大新技术、新材料、新工艺的推广应用力度，重点推广应用了博尼聚酯纤维沥青混合料、路基土壤固化剂、改性沥青、波纹管涵、冲击压实、温拌沥青混合料等技术。同时，加快了交通信息化建设的步伐，为信息化工作搭建了物理平台，推进了科技成果迅速转化为现实生产力，促进了全省交通科技进步，提高了交通行业的科技含量和整体技术水平。

全省运政和水运管理部门依靠科技进步，促进了行业的可持续发展。先后安装运行了客运站计算机售票及站务管理系统，提高了客运站站务管理及服务水平。大力推进客运站安全检测的仪表化工作，为全省二级以上汽车客运站配备了行包安全检测仪和站务业务监控监视设备。开展了"黄河上游贵德至李家峡航运技术开发研究"项目，为发展黄河上游航运提供了技术支撑。

1. 解决了交通发展中的关键技术问题

针对青海省交通基础设施建设和运输管理中面临的突出问题，加大科技投入，开展重大科技研发，有效地解决了一批关键技术难题。如针对盐渍土的特殊性质及对公路造成的破坏，开展了《重盐碱土地区公路翻浆处治技术、材料及工艺的研究》、《青海万丈盐桥处治技术研究》、《盐渍土地区公路桥涵和构造物防腐蚀技术研究》等项目。目前，项目研究成果已成功应用于青海柴达木盆地多条盐渍土公路的勘察、设计和施工中，国道109线、215线、315线等干线公路得以顺利改建。《多年冻土地区公路病害和机理研究》、《多年冻土地区公路养护与维修技术研究》等项目，将研究成果及时向建设单位提供，使新技术、新材料在公路建设中得以推广应用。《汽车客运站关键技术研究及示范应用》项目推广应用以来，车辆调度更加高效、有序，大大提高了售票效率和准确性，为广大旅客快捷、方便地出行发挥了较大作用。

2. 带来了较好的经济社会效益

加大科技成果的推广力度，科技成果的推广应用带来了较好的社会效益和经济效益。如《重盐碱地区公路翻浆处治技术、材料及工艺的研究》成果推广应用到青海1 200多公里的盐渍土地区公路建设养护中。该成果在国道315线西台至黄瓜梁160多公里公路改建中，设计方案与原有的高填方设计方案相比，节约资金上亿元。《青海万丈盐桥处治技术研究》项目研究成果，为万丈盐桥公路改建工程提供了可靠的技术保证，并可治理公路病害，减轻养护工人劳动强度，提高公路使用效率，降低运输成本，减少货物损失率，节约公路修建、维护费用近5 000万元。

3. 促进了交通人才的培养和成长

科研项目的开展，使科研环境不断更新和改善，科研人员的整体素质、科研水平和能力不断提高。有500余名专业技术人员参加了科研项目的研究工作，涌现出一大批中青年科研中坚力量，壮大了青海省交通科研队伍。结合项目研究，先后培养博士、硕士研究生30余人，发表200余篇较高水平的科研论文，为青海省交通行业的发展提供了智力支撑。

4. 参与编写了多项技术标准和指南

为进一步加快科技成果的推广和转化，根据研究成果编写了多项技术标准和指南。其中参编的《盐渍土地区公路设计与施工技术指南》已经交通运输部批准实施；参编了《公路工程地质勘察规范》；主编的《寒区温拌沥青混合料路面技术规范》已由青海省质量技术监督局颁布实施。这些技术标准和指南的实施，对于加快推广和转化科技成果，具有积极的促进作用。

5. 促进了交通科研条件建设

随着青海省多年冻土地区交通科研项目的开展，为解决现场基础数据积累和野外实体工程实验等问题，国道214线花石峡冻土观测站持续发展并逐渐成为行业内开展相关研究的野外实验研究基地。交通运输部《关于认定交通行业重点实验室的通知》（厅科教字[2009]9号）同意在原有花石峡冻土观测站的基础上，建立"多年冻土区公路建设与养护技术交通行业重点实验室青海研究观测基地"。2010年6月，经青海省编委批准，成立了青海省交通科学研究所，标志着青海省交通科研工作进入了一个全新的阶段。青海省交通科学研究所于 2010 年被中共青海省委组织部、青海省人才工作领导小组授予"青海省交通运输领域人才小高地"。

6. 交通信息化水平得到进一步提升

建成了交通行业"一个中心、一个网络、一个平台"的"三个一"信息化系统，形成了交通信息化建设"统一规划、自上而下、资源共享、重点突破、分步实施"的良好局面，得到交通运输部和青海省政府的一致好评和表彰。青海省交通厅机关电子政务建设取得了实质性的进展，青海省交通厅内局域网已建成并与青海省电子政务网络联网运行，部分政务业务系统已开发完成投入运行；青海省各级交通行政主管部门的电子政务建设已经全面展开，使交通行业的业务管理工作方式发生了深刻的变化；公路设计实现了三维 CAD 设计一体化，勘察中大量应用物探先进手段和 GPS、GIS、RS 等技术，提高了勘察速度、精度和设计质量，缩短了设计周期；公路养护管理信息系统已初步建立；快速货运和物流有了进一步的发展；交通企业计算机管理信息系统（CMIS）、计算机辅助设计（CAD）技术应用，公路建设管理和路桥施工企业计算机工程项目管理、工程计量支付系统、质量管理等系统应用取得了一定的进展；全省三级以上的汽车客运站已普遍建立计算机客运售票管理系统，部分客运站将站务、车辆、人力资源、安全、监控系统、行包检查系统等管理系统进行综合集成，形成了客运站综合管理信息系统；在管理信息系统建设方面，各运输单位均不同程度地建立了计算机管理信息系统，提高了管理水平和服务质量。

（二）存在问题

1. 科研基础条件较差，总体实力不足

科研实验条件落后，先进的实验设备匮乏。技术的综合集成度和系统配套程度不高，科技供给能力明显不足。交通科技人才队伍素质虽在不断提高，但与交通发展的新形势、新任务相比，还存在人才数量不足、质量不高、复合型人才缺乏等问题，全行业专业技术人员的科技水平有待提高。

2. 科技创新机制有待完善，科技前瞻性不足

"产、学、研、用"相结合的科研开发和技术创新模式尚处于初级阶段，创新机制尚未形成，交通企业作为技术创新的主体地位尚未确立，先进科技成果和实用技术储备严重不足。目前交通科技工作的政策、制度缺失现象仍然较为突出，如公共科技平台的建设、成果推广应用的资金支持、地方交通科技管理力量的加强、企业主体作用的发挥、科研院所为交通科技发展提供支撑等方面缺少政策和制度支持，导致课题研究、项目管理、成果推广等环节存在诸多问题。

3. 科技成果转化率偏低，实现产业化和市场化的能力薄弱

由于缺乏有效的科技成果转化平台，科技成果很难实现产业化、规模化、集约化的发展。科研单位的成熟成果尚未实现产业化，现有技术尚不能满足高原寒冷地区公路交通发展的需求，科研方向与公路建设、养护与运输技术需求结合不紧密。

4. 科技投入渠道少，投资力度弱

目前，科技投入渠道比较单一，仅为交通运输部、省级交通主管部门和交通建设单位。科技资金投入严重不足，不适应交通发展的需求。省级交通科技资金的投入虽有所增加，但相对于全省交通基础设施投资规模，全省性的交通科技创新投入比例仍然偏低，主要体现在基础设施建设工程投资中可用于科学研究实验费用的政策没有落实到位，州县交通主管部门基本没有投入。

（三）发展形势

西部大开发以来，青海省交通事业取得了长足的发展，为促进青海省经济社会发展和提高人民生活水平做出了积极贡献，为加快发展现代交通运输业打下了良好基础。但从总体上看，青海省交通仍处于发展的初级阶段，许多方面滞后于西部地区平均水平，表面上看是交通设施总量小、发展基础薄弱的问题，实际上是发展方式落后和交通科技支撑力度不足的问题。在新的历史发展阶段，经济社会发展对交通提出了新的需求，人民群众对交通发展提出了新的要求，转变发展方式、加快发展现代交通运输业，又提出了新的任务。当前，我们既面临交通基础设施落后、迫切需要加大投入、通过加快建设来提高交通

设施服务功能和水平，又面临着转变发展方式、加快发展现代交通运输业的双重压力。

中共青海省委提出，闯出一条欠发达地区实践科学发展观的成功之路，必须着力推动跨越发展、绿色发展、和谐发展和统筹发展，积极探索具有青海特点的科学发展模式。一是要实现跨越发展。交通部门要抓住国家实施新一轮西部大开发、支持青海等省藏区经济社会发展的政策机遇，努力加快交通建设，以交通跨越式发展来促进全省跨越发展。二是要绿色发展。青海是我国乃至亚洲地区的重要水源地和全球的重要生态屏障，坚持生态立省战略，是青海省发展的独特优势和长期目标。实现绿色发展，交通部门责无旁贷。要在进一步加快交通建设的同时，实行更加严格的生态保护措施，大力推进节能减排，努力在新一轮交通大发展中探索出一条实践科学发展观的成功之路。三是要和谐发展。青海省经济发展滞后，民生保障水平很低，切实保障和改善民生是全省人民的迫切要求，而解决民生问题，更离不开交通建设。无论是修路、架桥还是建渡等，都是在解决民生问题；发展经济、城镇化建设、推进城乡协调发展等，样样离不开交通。交通在和谐青海建设中，责任重大，使命光荣。四是要统筹发展。要根据青海省区域发展不平衡、城乡二元结构突出的实际情况，按照构建综合运输体系的要求，统筹规划公路、铁路、水路、民航发展布局，在促进区域和城乡协调发展上迈出新的更大步伐。

1. 加快构建适应交通运输发展的公路网络和服务体系

青海省公路网络化程度差、技术等级低、通达深度不够，抗灾能力弱、保通难度大，运输组织化程度低、服务水平不高，与推进全面建设小康社会的需求还不适应；与加快发展循环经济、保护生态环境、发展旅游事业的需求还不适应；与人民群众渴望的安全、便捷、经济出行的需求还不适应。“十二五”期间，要依照“扩大成果、完善设施、提升能力、统筹城乡”的原则，推进交通运输基本公共服务均等化，到2015 年，公路交通建设取得突破性进展，青海公路网络骨架初步形成，干线公路技术等级明显提升，农牧区交通条件显著改善，枢纽站场建设取得明显进展，运输管理与服务水平明显提高，初步适应青海经济社会发展的需要。

2. 以适应安全高效要求为目标提高运输装备水平

随着经济社会发展和科技进步，用现代科技和信息技术改造、提升基础设施和运输装备，适应经济社会发展和人民群众对交通运输安全性、快捷性和多样化、个性化的需求，是交通运输文明进步和现代化的重要标志。要运用现代科技手段，对现有公路、水运等基础设施和运输工具进行更新改造和优化升级，提高运营效能和管理水平。要从青海的实际出发，加大决策支持、智能交通、安全保障、减灾防灾等方面的科技研发和应用，提高管理和服务水平。

3. 加快综合运输体系的发展

综合运输体系是各种运输方式在现代经济条件下共同组成的布局合理、优势互补、分工明确、衔接顺畅的运行系统和服务系统。发展综合运输体系，充分发挥各种运输方式的整体优势和组合效率，是省委、省政府赋予交通部门的重要职责，也是交通部门的重要任务。今后一个时期，按照建立畅通、高效、安全、绿色的综合运输体系的要求，履行职责，结合实际，积极探索推进综合运输体系框架下集约的基础设施系统、现代运输装备系统和科学的组织保障系统，促进综合运输枢纽合理布局和各种运输方式优势互补，逐步实现各种运输方式“无缝衔接”。推进综合运输管理和公共信息服务平台建设，逐步实现信息资源共享，提高管理效能和服务水平。

4. 促进现代物流业发展

物流业是融合运输业、仓储业、货代业和信息业等的复合型服务产业。交通运输是物流业的重要基础，在物流业链条中发挥着桥梁和纽带作用。目前，青海省交通物流业基础设施建设严重不足，物流配送、配载和仓储以及商品流通等业务发展的需求和潜力很大。今后要积极探索，创新模式，把促进物流业发展作为转变发展方式、加快发展现代交通运输业的重要途径和切入点，增强交通运输行业的综合竞争力。

5. 建设有效的应急和安全处置的体制机制

青海省交通运输安全监管和应急处置能力不断提高，为保障全省经济平稳较快发展和人民生命财产安全做出了积极贡献。与此同时,极端天气引发的重特大自然灾害以及重大疫情等突发性事件也在增多,对交通运输安全和公路安全畅通构成了严重影响和威胁。认真履行好职责,不断提高安全监管和应急处置能力。完善公路水路应急预案和配套体系,加快建立区域交通运输应急救援中心。建立突发公共事件预测预警机制、应急协调机制和专群结合、省地结合的应急保障机制。

6. 建设资源节约型、环境友好型行业

交通运输行业是用能大户,也是节能减排的重点领域。要认真落实生态立省战略,大力推进“两型”行业建设,促进交通运输与生态环境协调发展。一是大力发展绿色交通运输,加强高效环保的交通运输技术研究和推广,推动新能源和清洁车辆的应用。鼓励发展技术先进、经济安全、环保节能的运输装备,加快淘汰技术落后、污染严重、效能低下的运输装备。落实环境保护措施,积极推动沥青等资源的再生和循环利用。二是推进基础设施建设集约发展,加强节水、节地、节材等评估审查,在交通建设项目规划、设计、施工等各个环节,节约利用资源,优化设计,提高基础设施使用寿命和服务水平。三是落实节能减排目标责任制,完善交通运输环境保护综合协调机制。四是加强引导,倡导公众选择公共交通方式出行。

7. 建立依法管理、规范有序的交通运输市场

推进统一开放、竞争有序的运输市场建设。加快形成企业自律、社会监督、行业考核、信息公开的道路运输市场诚信管理体系和市场退出机制,引导道路运输企业诚信经营、优质服务。培育和完善运输市场,整顿市场秩序,强化市场监管,使运输市场管理者和运输经营主体继续朝着规范化服务和规模化运营的方向发展。

8. 建设一支高素质的人才队伍

转变发展方式、加快发展现代交通运输业,就必须要以科技创新作支撑,以高素质的人才队伍作保障。要加大实施“科技强交”战略的力度,重视交通科学研究,加快发展方式转变和科技成果转化,大力引进、积极推广新技术、新材料和新工艺,建立合理的科教经费投入机制,强化职工教育培训,提高科技创新和科技支撑能力。加大交通人才队伍建设,一方面要加大现有人才的培养力度,抓好知识更新和继续教育培训工作;另一方面要大力引进实用人才,形成结构合理的人才队伍,同时,要善于借助“外脑”,不求所有,但求所用,逐步造就一批高素质的专业技术人才和技能应用型人才。

(四)发展需求

根据《青海省公路水路交通“十二五”发展规划》,“十二五”期间,青海省将围绕构建“六纵九横二十联”骨架公路网这一主要目标,力争到2015年底全省公路通车里程突破7万公里,二级及以上公路突破9 000公里,高速公路(含半幅高速公路)达到3 000公里。因此,青海省交通基础设施仍将处于大规模建设期,而且将面临更加恶劣的自然条件、更加复杂的地形地质条件、更加脆弱的自然生态环境。随着路网密度的不断增大、通达率的显著提高,特殊条件下的公路养护和设施管理任务日益繁重,对养护管理提出了更新的技术要求。同时,青海省公路水路交通运输的快速发展,进一步要求优化公路水路运输规划和运输结构,全面提高信息化水平和运输服务水平,逐步建立“网络畅通、服务高效、安全可靠、绿色环保”的公路水路交通运输体系。

1. 青海省交通规划与决策科学化的科技需求

青海省具有独特的自然、人文环境和特殊的经济、社会条件。要在2020年与全国同步实现全面小康社会,研究制定与国民经济和社会发展相适应的公路水路交通的体系规划十分重要。需要以先进的规划理论、方法和技术为手段,依靠科学化决策的支持。需要综合系统工程学、社会学、经济学、管理学、运筹学的理论,应用计算机仿真、量化分析等技术,在全省综合运输体系的总框架下,对公路水路交通网络、枢纽布局、运输组织与管理等多个方面开展系统的研究,为逐步建设创新型行业规划蓝图。

2. 特殊条件下交通基础设施建设与养护的科技需求

随着高速公路网、国省干线公路和农村公路建设的逐步深入,公路工程将面临复杂的地形地质条件和恶劣的建设环境,不仅涉及特殊的路线、路基、路面和边坡工程,而且涉及复杂的隧道和特殊的桥梁工

程，技术要求更高，技术难度更大。这些交通基础设施的建设将直接应用信息技术、新材料、新工艺等，更多地需要科技支持。此外，已建成的交通基础设施（包含通行保障设施）的管理和养护问题将十分突出，而且大多涉及特殊的自然、气候和地质条件，需要大力发展交通基础设施的检测和养护技术，以降低养护成本，延长使用寿命。

3. 公路水路交通经济高效运作的科技需求

应用先进技术、提升管理水平，充分发挥交通网络的能力，提高运输效率和运输质量，是解决公路水路交通系统满足不断增长的社会运输需求的主要手段。这不仅需要提高交通装备的现代化水平，更需要大力发展公路水路交通系统的信息化和智能化，并以发展智能交通为龙头，初步实现交通信息共享和智能化管理与控制，包括运营管理、运输组织、服务等，实现运输能力、运输效率和服务质量的全面提高。

4. 公路水路交通系统安全可靠运行的科技需求

青海省公路水路的交通安全问题与自然地理、地形地质条件和经济发展水平、社会发展状况密切相关。公路水路交通的安全、可靠运行，必须从法律、政策、标准、规范，到规划、设计、建设、运营、管理等方面进行全面考虑。一方面，需要针对青海省的特殊条件，系统研究交通基础设施的防灾减灾技术，提高设施的抗灾能力；另一方面，需要在交通系统可靠性评价、突发事件下的交通保障体系、交通管制技术、交通装备可靠性技术、交通运输安全基础技术、交通安全预警与应急处理技术、交通装备安全监测与控制技术等方面展开系统研究。

5. 公路水路交通可持续发展的科技需求

公路水路交通可持续发展的科技需求：一是针对脆弱、敏感的生态环境，在交通建设和跨越式发展中，进一步注重生态环境保护、水土保持和生态恢复技术的开发与应用，发展绿色交通；二是通过科学规划和新材料、新工艺的开发应用，在交通建设中节约用地、保护耕地、节约投资、延长交通设施的使用寿命；三是积极开发使用新型洁净能源，减少环境污染；四是沥青混合料、水泥混凝土等的再生技术研究，推动旧材料的再生利用，降低对不可再生资源的消耗；五是推进"产、学、研、用"相结合的交通科技创新体系的建立，促进交通科研单位、企业成为创新主体。按照交通运输部科技创新体系建设工程布局要求和青海省交通发展需要，对现有科技资源进行优化整合，优化增量资源配置，激活存量，形成重点突出、布局合理的交通科技创新基础条件平台。

三、总体思路

（一）指导思想

深入贯彻落实科学发展观，实施"科技强交"战略，坚持"自主创新、重点跨越、支撑发展、引领未来"的原则，紧紧围绕青海省公路水路交通"十二五"发展目标，结合玉树灾区震后交通重建工程的技术难点，以交通跨越发展、绿色发展、和谐发展和统筹发展为途径，努力构建交通科技创新体系；强化自主创新和重点突破，重视技术综合集成；加强科技成果的推广和应用；加强全省交通科技人才的培养，全面提升交通科技创新能力和水平，为加快创新型行业建设、转变发展方式、发展现代交通运输业提供强有力的科技支撑。

（二）发展目标

交通科技发展的总体目标是：集中力量突破一批制约行业发展的重大关键技术，全面提升青海省交通行业的科技含量和可持续发展能力，为交通实现跨越式发展提供全面、有效的技术支撑；在高原特殊地质环境条件下，交通基础设施建设和养护技术、安全保障技术、交通决策支持、运输组织和运营管理技术四个领域达到国内先进水平；大力推行人才工程，营造尊重科技人才的良好氛围，充分吸纳社会科技资源，建成科技信息共享平台。初步形成适应现代交通运输业发展要求、符合青海交通科技自身发展规律的创新体系。具体目标为：

（1）取得一批成果：尽快完成"青海省高速公路建设模式（技术）研究"和"青海省典型路面结构研

究"项目,以指导"十二五"期青海省公路建设工作。其次,结合青海省"十二五"期间交通建设的热点和难点问题,在高原特殊地质环境条件下的交通基础设施建设和养护技术、安全保障技术、交通决策支持、运输组织和运营管理技术等2~4个领域取得一批具有国内先进水平的实用技术成果。

(2)培养一支队伍:通过科研项目和工程实践,在多年冻土地区公路建设与养护技术、盐渍土地区公路建设与养护技术、高寒地区交通建设与环境保护技术、高寒地区交通安全与劳动保障技术等四个领域,初步培养出一支省内一流、结构优化的人才队伍。

(3)形成一个平台:充分利用全社会的交通科技信息资源,建成开放、共享的交通科技信息资源平台。

(4)建立一个体系:建立能够支撑发展、引领未来、产学研用相结合的科技创新体系。全面建成"多年冻土区公路建设与养护技术交通行业重点实验室青海研究观测基地",并投入运营;力争建成"青藏高原盐渍土地区交通建设和养护技术省级重点实验室",使其具备承担重大交通科研攻关项目和从事交通应用基础研究的基本条件。

(5)推广一批成果:做好现有研究成果的推广应用工作,编制科研成果汇编,并在行业内广泛宣传,力争做到专业技术人员每人一册;积极开展先进技术成果的引进和推广,推广应用计划项目每年保持在2~3个。全省交通科技成果的转化和应用比例达到70%以上,科技进步对交通发展的贡献率达到50%以上。

四、主要任务

"十二五"期间,交通科技工作的主要任务是:开展交通重大专项科技攻关,优先支持一批具有前瞻性、关键性和共性的科研项目;加强科技成果推广体系建设,提高成果转化利用率;加快交通行业重点实验室和科技信息资源共享平台建设,以科研项目攻关为载体,大力培养技术骨干或学术学科带头人,促进交通科技创新能力建设,全面提高交通行业的科技水平。

(一)重大科技研发

1. 交通基础设施建设和养护

发展目标:围绕"十二五"期青海省高等级公路、农村公路建设和养护工作,在公路、桥梁、隧道等领域突破特殊条件下工程建设的技术瓶颈,大力开展公路建设、养护等关键技术研究,进一步提高青海省公路基础建设和养护的技术水平。

主要研究方向:

(1)高寒地区高等级公路路基路面、桥梁、隧道建设与养护管理技术。

(2)高寒山区高等级公路高边坡及滑坡整治、监测技术。

(3)高寒地区交通设施建设、营运安全防护技术。

(4)高寒地区自然灾害(地震、泥石流、冰雪等)对交通设施的损害及对策。

(5)高寒地区公路隧道节能技术。

(6)高寒地区公路桥梁病害检测与维修技术。

(7)农村公路建设、养护技术。

2. 交通发展与决策

发展目标:开展交通发展与决策相关问题的研究,探索交通发展的规律,为管理决策提供科学依据,主要以软科学研究为主。

主要研究方向:

(1)交通发展与国民经济和社会发展的相关性。

(2)青海省交通跨越式发展(交通现代化)指标体系。

(3)青海省综合运输体系发展。

(4)城乡和区域一体化交通网络布局。

(5)青海省智能运输发展。

(6)公路养护定额及预算编制办法。

(7)高原环境下交通职工功能性损害康复。

3. 交通运输管理

发展目标:开展交通运输管理、客货运输枢纽规划与设计、安全保障等方面的研究,有效整合交通运输资源,进一步提升运输服务质量和效率。

主要研究方向:

(1)库区运输安全防治技术。

(2)车辆、船舶节能、环保技术。

(3)城市出租车合理规模与管理模式。

(4)运输量统计指标体系和模式。

4. 交通信息化

发展目标:加快通信技术、信息技术、计算机处理技术、电子传感技术等在交通行业的研发与应用,初步实现行业管理信息化,提高行政办事效率和管理水平,提升行业服务公众的能力和质量。

主要研究方向:

(1)交通科技信息资源共享平台。

(2)交通应急信息系统。

(3)网络信息安全防御体系。

(4)电子收费系统(ETC)。

(5)路面、桥梁管理信息系统。

(6)物流管理信息系统。

(7)客运站运营联网收费系统。

(8)公路治超网络系统建设。

5. 地方铁路

发展目标:建立健全青海省地方铁路管理体系,提高铁路的建设、运营和服务水平。

主要研究方向:

(1)地方铁路建设投融资模式。

(2)地方铁路管理体制。

(3)柴木铁路运营期冻土区路基、桥涵养护技术。

(4)高寒地区地方铁路隧道建设与维护技术。

6. 技术标准和规范

发展目标:充分吸收成熟科技成果,依据国家和行业技术标准,结合青海省特点和实际需要,研究和编制相关地方标准和技术规范,用以指导、规范共性技术问题。

主要研究方向:

(1)公路沥青路面质量控制指标。

(2)公路工程天然建筑材料勘察技术指南。

(3)公路养护相关技术规程。

(4)高等级公路监控、通信、收费、供电和照明系统。

7. 玉树地震灾区公路恢复重建交通科技专项

发展目标:按照“保畅通、保运输、保安全、适时推进基础设施恢复重建”的要求,达到交通恢复重建上等级、上水平,为新玉树提供便捷、安全、环保的交通条件。

主要研究方向:

(1)玉树地震灾区公路建设关键技术与工程示范。

(2)多年冻土地区高填方路基抗震稳定性。

(3)高海拔地区震后路基路面修复与建设技术。

(4)高海拔地区震后构造物维修与防冻害技术。

(二)成果推广应用

通过政策引导和资金支持,强化科技成果推广体系建设和组织指导,分层次推广应用先进、适用技术成果,提高青海省交通运输行业科技发展水平。

1. 成果推广体系建设

立足现代交通运输行业发展需求,结合青海省实际,建立健全以资金、人才、知识产权保护为重点,以成果转化与推广应用为目标的推广体系,推动科技成果的工程化应用;依托科研机构、高校、行业协会等单位,积极探索专业化科技成果的推广机构建设;加强信息资源共享平台建设,向社会提供科技成果信息,加快科技成果向现实生产力的转化。

2. 成果推广组织指导

结合《青海省公路水路交通“十二五”发展规划》,加强交通科技成果推广组织工作。编制发布交通运输科技成果推广指南,实施适合青海省的交通科技成果推广计划。以技术先进适用、社会经济效益明显为原则,实施交通基础设施建设新技术、新材料和新工艺、交通安全、交通运输管理信息化等领域科技示范工程和专项行动计划,促进科技成果的推广应用。

(三)创新能力建设

1. 建设重点实验室,使之成为科技创新的孵化器

青海省交通科研项目主要以应用研究、重大关键技术研究为主,实验是必不可缺的一个关键环节。目前,青海省交通行业实验室虽然比较多,但只能承担工程设计、施工、监理等一般实验工作,缺乏综合性的、设备齐全的、先进的实验室。因此,要加强重点实验室建设,加大交通科研基础条件投入。

“十二五”时期,要全面建成“多年冻土区公路建设与养护技术交通行业重点实验室青海研究观测基地”,基本建成“青藏高原盐渍土地区交通建设和养护技术省级重点实验室”。以重点实验室作为扶持对象,投入必要资金,改善其基础条件,有计划、有针对性地安排重点科研项目,使其逐步成为交通科技创新的孵化器。

2. 科技信息资源共享平台建设

建成青海省交通科技信息资源共享平台,与交通运输部科技信息平台联网,实现科技信息的共享。扩大资源整合范围,拓宽科技信息服务领域,加速整合交通运输科技信息资源,为用户提供完整、权威和高质量的信息服务。建立和完善行业科技信息资源共享制度,促进科技信息资源的共建共享。提供与科技成果推广相关的产品、供求、技术服务信息等,为科技成果推广应用和产业化提供宣传和推广渠道。

3. 创新型科技人才队伍建设

加强高层次创新型科技人才队伍建设。采取倾斜政策,强化鼓励创新的动力机制与政策环境,支持科研骨干潜心开展基础研究和科技攻关,以重大建设工程、重大科研项目和重点科研基地为载体,在交通规划、路面工程、路基工程、桥梁工程、隧道工程、交通工程、物流工程、信息化工程、地方铁路建设工程等领域培养具有一定影响力的学术学科带头人。

五、保障措施

(一)加强规划的组织实施

本规划由青海省交通厅科技处组织实施,同时,应充分调动行业外科技资源为行业发展服务,形成促进科技进步与创新的合力。交通企事业单位要结合各自实际,以本规划为依据,加强组织实施,做好规划的贯彻落实工作,有序地推进青海省交通科技事业的发展。

(二)加强交通科技管理

持续做好国家科技项目、交通运输部科技项目和省级科技项目的组织申报和实施工作。制定青海

省交通科技项目年度申报指南，有序组织实施。加强交通科技管理制度建设，规范和优化科技管理流程。继续实施重大科技项目立项论证与招投标制，引入科技信用评价、科技项目评估和科技绩效评估等制度，加强科研活动全过程监管，提高科技成果质量与科技创新水平。

（三）建立多元化的科技资金投入体系

继续争取国家、交通运输部和青海省科技经费的支持；做好科研项目可行性研究报告的评审工作，充分利用项目可行性研究报告及评审意见等资料，积极与青海省财政部门协调，从成品油消费税返还资金中安排一定的比例，设立专项资金用于支持交通运输科技研发、成果推广、标准化建设和创新能力建设；青海省交通厅在重点工程建设项目中按1.5%列支科研经费；引导和吸纳社会资金投向交通科技研发；鼓励企业增加研发经费投入，促进企业成为科技创新投入主体。

（四）完善有利于科技创新的人才政策

建立健全培养人才、引进人才、留住人才和使用人才的政策措施和激励机制。加强在重大项目实施、青年人才培养、优秀人才评选等方面政策的有效衔接，强化项目、人才、基地的统筹安排，优化人才成长环境。大力支持科技人才参与国内外合作及学术交流。弘扬科学精神，加强科学道德和学风建设，大力倡导追求真理、勇攀高峰、团结协作、宽容失败的精神，加大对优秀创新人才的表彰与宣传力度，引导和激励人才健康成长。

（五）加快成果转化，推动行业进步

将科技成果转化为现实生产力，是科研工作的出发点和落脚点。要积极推广应用具有实用价值的科技成果，使之更好地为现代交通运输业发展服务。

1. 建立信息沟通机制

探索建立在机制上共享、技术上先进、服务上快捷的交通科技资源服务平台。要充分利用各类媒体，拓宽交通科技成果信息的收集和发布渠道，加大科技成果宣传力度。

2. 建立激励机制

对推广应用科技成果并取得实效的单位予以资金支持，对在交通科技成果推广工作中做出突出贡献的科技工作者予以奖励。

3. 建立市场运行机制

加快培育交通科技中介服务机构，引导创办科技经营实体，鼓励技术发明和成果转让，推进交通技术市场的建立和完善。

青海省交通教育与培训“十二五”发展规划

《青海省交通教育与培训“十二五”发展规划》

编写单位及人员

编制单位： 青海省交通厅

编制人员： 杨伯让　　厅　　长

胡　滨　　副 厅 长

王永祥　　副 厅 长

刘国华　　处　　长

久美才让　副 处 长

李海洋　　副主任科员

刘国翠　　科　　员

参编单位： 青海省交通科学研究所

参编人员： 房建宏　　副研究员

徐安花　　高级工程师

马争锋　　工 程 师

目录
CONTENTS

前言
PREFACE

“十二五”是我国深入落实科学发展观、加快实现发展方式转变、全面建设小康社会、积极构建和谐社会的关键时期，也是交通运输调整结构、转变发展方式、向现代交通运输业转型的重要战略机遇期。促进交通运输快速发展、高效发展、安全发展、绿色发展，不但需要自然资源、资金和技术的投入，更需要一支高素质的交通管理干部队伍，需要一批技术专家和创新人才，需要大量工作在基层的技能型、应用型人才。因此，发展现代交通运输业，教育与培训是基础。交通行业发展引发的人才需求，正是当前交通教育与培训应承担的重要任务。

在总结“十一五”发展成绩的基础上，深入分析“十二五”青海省经济社会发展的形势和阶段性特征，坚持以科学发展观为统领，紧紧围绕国家和青海省经济社会发展战略，以转变发展方式、建设现代交通运输业为主线，体现科学发展、跨越发展、绿色发展、和谐发展和统筹发展的理念，全面依靠人才资源的开发和利用以及劳动者素质的提高，发挥教育培训在青海省现代交通运输业建设中的先导性、全局性和战略性作用。根据《国家中长期教育改革和发展规划纲要(2010～2020年)》、国家《2010～2020年干部教育培训改革纲要》和《国务院关于加强职业培训促进就业的意见》、《青海省公路水路交通“十二五”发展规划》和交通运输部《公路水路交通运输“十二五”教育与培训发展规划》的总体要求，青海省交通厅组织编制了《青海省交通教育与培训“十二五”发展规划》。

本规划旨在明确未来五年青海省交通运输行业教育与培训工作的指导思想、工作原则、发展目标和主要任务，用以指导交通运输行业各项教育与培训工作，为交通运输事业发展提供人才支持和智力保障。

本规划基础数据为2010年，规划期限为2011～2015年。

一、“十一五”交通教育培训工作回顾

“十一五”期间，青海省交通系统认真贯彻落实科学发展观，紧紧抓住“西部大开发，交通大发展”的重要机遇，实施“科技强交”和“人才强交”战略，深化交通教育培训的改革和发展，交通职工素质得到有效提高，为青海省现代交通运输业的快速发展提供了有力的人才支持和智力保障。

（一）面向社会、服务交通，交通教育培训工作取得新进展

“十一五”期间，交通教育培训工作坚持全面服务青海交通运输事业发展的方针，全力培养交通行业发展所需的建设和管理人才。交通职工教育培训工作成效显著，交通职业教育快速发展，培训基地服务能力逐步提高。

1. 交通在职教育与岗位培训工作成效明显，促进了交通职工队伍素质的提高

采用送出去、请进来等多种方式，立足青海省省内培训基地，同时积极争取交通运输部支持西部地区干部培训项目，全方位、多层次、多渠道开展培训。“十一五”以来，共举办各类培训班 165 期，43 677 人次接受了各类岗位培训，培训率达 429%；共派出 351 人次参加了 30 多个项目的培训，省内举办“西部讲师团”7 期，共参培 2 377 人次，顺利完成了交通运输部西部地区干部培训任务，如图 1 所示。

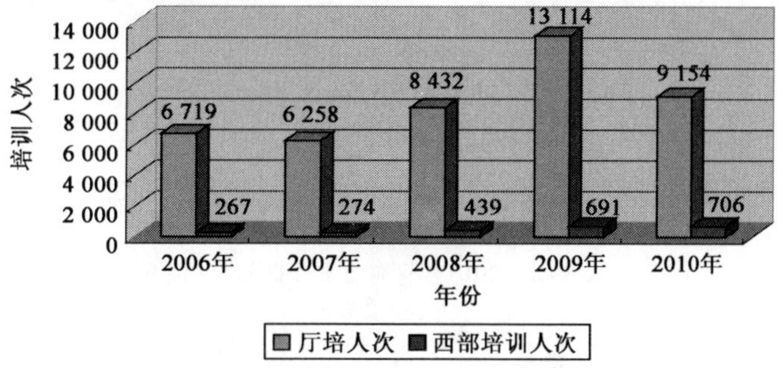

图 1 “十一五”期间各年度培训情况

2. 加强函授学历教育，积极开展高层次人才培养

依托青海交通职业技术学院，先后与北京交通大学、长安大学、长沙理工大学、重庆交通大学等高等院校合作，共建函授站（点）2 个，面向交通系统干部职工开展函授成人专科、本科、研究生等学历教育。2006 年以来，利用交通运输部支持西部地区干部培训政策，与长沙理工大学合作培养工程硕士，2010 年，首批 27 名学员全部顺利通过毕业论文答辩，于 2011 年 1 月取得了工程硕士学位。为保证高层次人才培养工作的持续性和连续性，2010 年又与重庆交通大学联合举办在职工程硕士研究生培训班，共有交通运输工程和项目管理两个专业，有 16 名技术骨干通过了全国工程硕士入学考试，并取得了入学资格。

3. 交通教育培训事业快速发展，交通人才总量不断增加

青海省交通职工调查统计表明：截至 2010 年底，在 10 170 名职工中（直属单位职工 6 911 人，各州、地、市职工 3 259 人），硕士研究生 68 人、大学本科 1 445 人、大学专科 3 028 人、中专 1 562 人、技校 485 人、高中 1 928 人、初中及以下 1 654 人。专业人才的比例为 60.01%，交通主干类专业人才的比例为 13.81%，如图 2 ~ 图 4 所示。

（二）具有行业特色的交通职业教育快速发展

青海交通职业技术学院作为青海省唯一的交通职业教育培训基地，依托行业，面向社会，紧紧围绕交通事业发展的需求，不断调整办学结构，扩大办学规模，提高办学质量，现拥有 283 名教职工、5 031 名在校生、27 个教学专业、12 个校内生产性实训基地和服务机构，已成为省内有特色的高等职业技能型人才培养基地。

（1）学院紧紧抓住国家发展职业教育的大好机遇，夯实办学基础，提高教育教学质量，优化教育资源，从而为培养更多专门技能型人才奠定了坚实的基础。

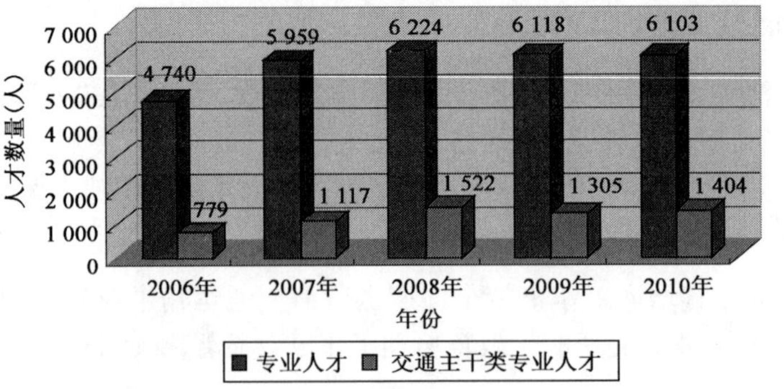

图 2　2006～2010 年青海省交通行业人才情况

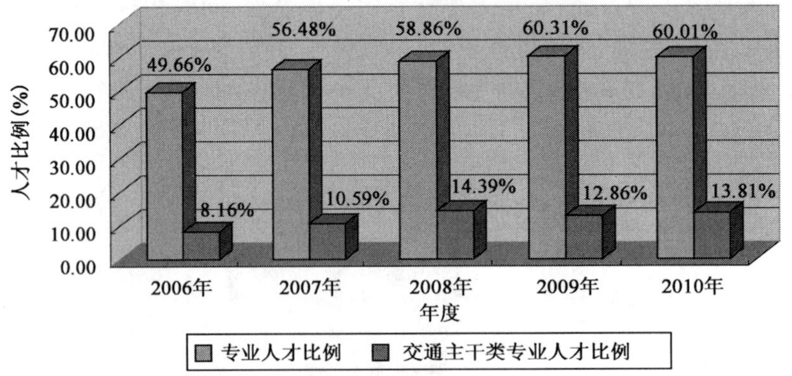

图 3　2006～2010 年青海交通行业人才比例情况

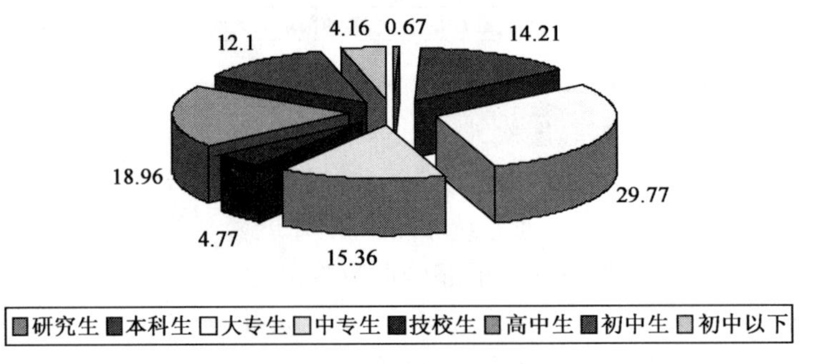

图 4　2010 年青海省交通系统职工学历比例(%)

(2)五年来共培养毕业生 5 000 多人,其中交通专业类 4 000 多人,占毕业总人数的 80% 以上,使交通行业生产技能型人才紧缺的局面得到一定程度的缓解。

(3)学院机构改革、教学、科研、学生管理与招生就业、教产研相结合,行政后勤服务、精神文明和党风廉政建设等各项工作均取得了长足发展,较好地完成了“十一五”规划的各项工作任务。

(4)总建筑面积 18 万平方米、占地 524 亩(1 亩 =$666.\dot{6}$ 平方米)的交通职业技术学院新校区已正式开工建设。

(5)2010 年入选全国 100 所“国家示范性高等职业院校建设计划”骨干高职院校立项建设单位。

(三)问题分析

“十一五”期间,尽管青海交通各项工作得到了长足发展,取得了一定成绩,但在回顾发展成绩的同时,对发展中的问题与困难必须保持清醒的认识。当前,青海省交通教育培训工作存在的主要问题是:专业技术人才总量不足,高层次人才与高技能人才严重缺乏,尚不能满足新形势下交通发展的需求;交通教育培训经费投入不足,专项资金使用渠道不畅;资源配置不尽合理,有待进一步整合;地区教育培训发展极不均衡，尤其是少数民族地区；对外交流有待进一步加强，有效争取外部资源发展青海交通教育培训事业的力度不够等。“十二五”交通教育培训工作应直面问题和困难，采取有效措施，确保青海交通教育与培训事业可持续发展。

二、发展形势与需求

（一）发展形势

“十二五”期间，国家深入实施西部大开发战略，支持青海等省藏区经济社会发展和玉树灾后重建，为加快发展青海交通运输业带来了千载难逢的机遇。《青海省国民经济和社会发展第十二个五年规划纲要》对交通工作提出了新的更高的要求。规划纲要中，发展现代生态农牧业、推进新型工业化进程、促进现代服务业发展、推进城市化进程、建设“两型”社会、健全社会基本公共服务体系等，要求交通要发挥基础和先导作用，做推进“四个发展”的表率。为此，在结合青海交通工作实际、认真分析当前形势和未来发展趋势的基础上，研究提出了“十二五”交通运输发展的总体要求：深入贯彻科学发展观，认真落实中央的决策部署，以转变发展方式、加快发展现代交通运输业为主线，以跨越发展、绿色发展、和谐发展和统筹发展为主要路径，以建立完善的综合运输体系为导向，按照适度超前的原则，加快推进公路水路交通基础设施建设，提升运输服务能力和服务水平，构建资源节约型环境友好型行业，提高安全监管和应急保障能力，推进科技进步和信息化建设，为建设富裕文明和谐新青海、与全国同步进入小康社会提供坚实的基础保障。因此，未来五年交通行业在发展理念、发展模式、发展内容、发展动力上，都应有较大的转变和突破，更加注重人力资源的开发和利用，更加依靠广大交通从业人员素质和能力的提升，交通教育培训也将面临更大的机遇和挑战。

（二）发展需求

1. 应对新任务，需要提升行业的管理能力

未来五年青海省交通运输行业处于加快发展方式转变和向现代交通运输业转型的关键时期。因此，未来发展必将更加凸显交通行业干部管理能力的重要性和紧迫性，只有不断提高行业管理干部思想素质、理论素质、文化素质和专业素质，培养一批掌握现代经济知识、管理知识、法律知识和交通专业知识，具有开拓意识、创新精神及驾驭新事物和应对突发事件能力，能履行岗位职责、依法行政的管理队伍，才能不断提高交通运输行业“三个服务”的能力和水平。交通教育培训工作也应服务于行业发展的要求，加大交通管理干部培养培训力度，创新人才培养培训的模式和机制，确保交通管理人才培养数量充足、质量不断提高。

2. 抓住新机遇，需要进一步增强行业的创新能力

“十二五”期间，青海省交通运输基础设施建设将面临更加严峻的土地制约和更高的环境保护要求，综合运输体系建设将需要更系统的规划与协调，现代物流发展将要求更加一体化的运输服务组织，交通运输安全将面临公众对事故发生的更高关注，交通运输应急保障将面临更高服务要求的挑战。要满足新的发展要求，实现交通建设资源节约、环境友好和可持续发展，必须加强理念、科技、体制机制和政策创新，必须努力营造创新发展环境，不断提升创新能力，培养更多的创新人才，打造更多的创新团队。创新是交通行业转变发展方式的重要推手，创新急需一大批了解未来技术发展方向、掌握最新科技知识与技能、具有创新能力的现代交通运输业专业技术人才。但是目前青海省交通行业具有大专及以上学历者仅占44.65%，交通主干类专业具有大专以上学历者仅占13.81%，专业技术人才总量不足，并且专业结构不尽合理，还不能满足交通建设快速发展的需要。

3. 适应新形势，需要加快提高岗位技能

交通技能型人才队伍是交通运输各项事业发展的基础，其履行岗位工作的能力是做好交通各项工作的保证，同时也是做好“三个服务”的重要前提。要顺利地完成交通发展的目标，迫切需要一大批掌握实用技术、动手能力强、爱岗敬业的交通技能人才，特别是在交通工程建设与养护、汽车运用与维修、

工程设备管理、物流等方面的人才。据调查,青海省交通行业高级技师和技师仅 209 人,占技术工人总数的 2.06% ,远远低于人力资源和社会保障部提出的 5% 的要求。交通技能型人才既存在量的短缺,更有质的不足,培养培训任务十分繁重。

三、指导思想、基本原则和发展目标

(一)指导思想

坚持科学的发展观和人才观,牢固树立"人才资源是第一资源"的理念,坚决贯彻实施"科教强交"和"人才强交"战略,坚持以人为本,以发展为主题,以改革为动力,以市场为导向,以交通行业人力资源开发和从业人员队伍能力建设为核心,抓住机遇,开拓创新,加大继续教育和岗位培训力度,建设高素质交通行业从业队伍,为实现交通跨越发展、绿色发展、和谐发展和统筹发展提供智力支持和人才保障。

(二)基本原则

"十二五"交通教育培训要坚持"强化服务、突出特色、统筹规划、改革创新"的四个原则。

1. 围绕中心,服务行业

交通教育培训工作与交通事业发展紧密结合,加大继续教育和岗位培训力度,建设高素质交通行业从业队伍。

2. 整合资源,突出特色

坚持突出交通特色,选准切入点,重点突破,加快培养交通行业急需的各类人才。

3. 统筹规划,加强指导

坚持质量、数量和结构的协调统一,促进多种类型、不同层次的交通教育培训协调发展,不断提高交通教育培训的发展水平。

4. 与时俱进,改革创新

充分借鉴省内外、行业内外教育培训的先进做法,积极推进青海省交通教育培训工作的制度创新和管理创新,不断提高交通教育培训工作的质量和水平,为建设和完善交通教育培训体系打下坚实基础。

(三)发展目标

"十二五"时期,青海交通教育培训工作的总体目标为:形成一个体系,提高三个能力,缓解一个状况。即合理配置各级交通部门、交通企事业单位和社会优质教育资源,勇于开拓,不断创新,努力形成一个基本完善的交通教育培训体系,使交通教育培训工作适应交通和服务交通的能力得到提高,使交通行业管理干部队伍依法行政的能力得到提高,使专业人才培养和科技创新的能力得到提高,使交通行业技能型人才紧缺状况得到缓解。

具体目标为:

(1)进一步加大交通管理队伍的培训力度,重点加强各级交通行政执法人员的行政执法能力,提升交通管理干部驾驭新事物的能力和依法行政的能力。

①"十二五"时期,力争每年执法队伍的培训率达到 25% 以上。

②"十二五"时期,力争每年组织州(地、市、县)交通局长参加交通运输部举办的培训班 2 ~ 4 期。

③"十二五"时期,按交通运输部干部培训计划的安排,每年组织和选派 100 人以上,参加交通运输部支持西部地区干部培训班。

(2)加强交通专业人才的培养,力争"十二五"末,交通专业人才比例在"十一五"的基础上提高约 3 个百分点,达到 63% 。交通主干类专业大专以上学历的人才比例达到 15% 以上。

(3)加强交通技能型人才的培养,力争到"十二五"末期达到人力资源和社会保障部提出的 5% 的要求,交通行业高级技工水平以上的人才达到技能劳动者的 60% 以上。

四、主要任务

"十二五"时期,青海交通教育培训的主要任务包括四个方面(简称"四个一工程"):造就一支队伍、形成一个体系、建设一个平台、办好一所学院，即造就一支高品质的交通运输人才队伍，形成一个基本完善的交通教育培训体系，建设一个以信息化为依托的远程教育平台，办好一所行业职业学院。

（一）造就一支队伍

“十二五”时期，在全行业开展不同层次、不同形式的教育与培训工作，使全省交通系统的领导干部队伍、交通执法队伍、专业技术人才队伍、技能型人才队伍等都能得到更多的教育或技能培训机会，形成良好的学习氛围，创建学习型组织，造就一支高素质的交通运输人才队伍。

1. 加强交通管理队伍培训

进一步加大交通管理队伍的培训力度，重点加强各级交通行政执法人员的行政管理培训、执法能力培训，培训内容应涉及现代经济知识、管理知识、法律知识和交通专业知识，努力增强交通管理干部的创新意识和开拓意识，提升交通管理干部驾驭新事物的能力和依法行政的能力。

一是抓好交通行政执法人员培训。不断创新交通行政执法人员的教育培训方式，提高教育培训的质量，努力形成一支高水平、高素质的交通执法队伍，“十二五”时期，全省交通执法队伍的培训重点应转到执法能力建设上来，有计划、有步骤地开展行政管理能力和执法能力培训工作，坚持把交通行政执法人员教育培训作为交通行政执法队伍建设的一项经常性工作来抓。分级分层次对交通行政执法人员进行科学理论、法律知识、行政管理、交通专业知识等方面的培训，努力提高交通行政执法人员依法行政的能力，使其做到秉公执法、文明执法、规范执法。

二是举办州（地、市、县）交通局长专题研讨班和培训班。通过举办专题研讨班和培训班的方式，进一步增强各州（地、市、县）交通局长的管理和决策能力。

三是积极组织人员参加交通运输部各项培训和西部地区干部培训。依托交通运输部和社会的优质教育与培训资源，促进全省交通行业的管理干部、专业技术人员以及其他相关人员素质和能力的提高。

2. 加强专业技术人才培养

“十二五”时期，整合继续教育资源，加大对专业技术人才进行以新理论、新技术、新方法为主要内容的继续教育，结合交通领域科学应用研究，提高专业技术人员的创新能力和整体素质。

一是继续抓好职工的学历教育。依托省内外高等院校及其他教育培训机构，举办大专、本科等层次的学历班，提高干部职工的学历层次。同时，鼓励职工加强继续教育，不断更新知识，把知识更新与科技攻关、工作创新结合起来，加强专业技术、专门学科尤其是交通主干专业知识的学习，适应新的工作要求。

二是加大培养高学历人才的力度。“十二五”时期，继续争取交通运输部和有关高校的支持，力争举办两期工程硕士班。通过举办工程硕士班的方式进一步增强我省交通行业高学历人才的培养力度。各基层单位应积极鼓励优秀专业技术人员攻读硕士学位。

三是加大对高层次人才的培养。努力培养一批专业技术创新人才和学科带头人。全方位、多渠道地加强与省内外高等教育机构和科研单位的交流与合作，紧密结合“十二五”期青海省交通建设工程项目的热点和难点问题，开展交通领域应用科学研究，培养一批高素质创新型人才和学科带头人。

四是有针对性地培养一批紧缺的专业人才。随着交通行业向信息化、低碳化方向发展，交通信息技术、机电、机械、能源、环保、水运、物流、高原职工劳动保护医学等方面的专业人才短缺问题逐渐显现出来。一方面要加强这方面人才的引进；另一方面是选送职工接受相关专业的培训，达到在岗位上转行、在实践中成才的目的。加强专业人才的储备和积累，满足交通行业可持续发展对从业人员的需求。

3. 加强技能型人才培养

“十二五”期间，通过优化职业教育和现场培训的方式，进一步加强交通行业技能型人才培养，不断增加青海省交通行业技师和高级技师人数。

一是优化职业教育模式，培养一批新型的高技能人才。青海交通职业技术学院作为全省交通行业技能人才的主要来源地，将继续深化改革，以就业为导向，调整专业设置，以岗位需求为依据，更新教学内容、方法和手段，加强实训基地建设和管理，优化职业教育模式，提高实践能力，使交通行业技能型人才紧缺状况明显缓解。

二是变工地为课堂，加强现场培训和交流。“十二五”时期，针对近年来公路施工、养护机械化水平不断提高而机驾人员短缺的现状，尤其是玉树地震后，全省养护系统大型机械剧增，而新机械无人操作或不会操作的实际，每年举办1~2期机械管、养、用现场培训班，邀请机械厂家技术员和熟练的机械操作人员进行现场演示和培训。

（二）形成一个基本完善的教育培训体系

“十二五”时期，要形成一个基本完善的职业教育与学历教育并举、干部理论培训与专业技能培训并重、执法培训与其他各项培训兼顾，结构合理、层次合适的教育培训体系。通过不断创新，使青海省交通教育培训工作从形式、内容、方法到成效上都有新的突破。通过科学规划、合理安排，紧扣交通行业需要，形成教育培训与行业发展的良性互动机制。

（三）建立一个以信息化为依托的远程教育平台

“十二五”期间，针对全省交通系统地域分散、工作流动性强、交通不太便利、工学矛盾突出等特点，以全省交通行业视频系统等信息化平台为依托，积极参与交通运输行业管理干部培训平台（1+32平台）的建设，加大多媒体教育培训资源的引进力度，充分利用信息技术、网络技术等手段，积极开展远程教育，减少培训成本，扩大教育覆盖面，实现优质教育资源共享。

（四）办好一所行业职业学院

“十二五”期间，加大对青海交通职业技术学院的支持力度，使其持续快速健康发展。引导青海交通职业技术学院坚持以人为本、突出特色、强化优势、协调发展办学；继续坚持以就业为导向，注重市场需求，加强实践性教学和技能训练，深化教学改革，加强教学管理，提高教学质量，优化配置教学资源；全面推进素质教育，注重培养学生的创新精神与实践技能，增强其适应社会的能力；改善师资队伍结构，鼓励一专多能，大力培养“双师型”人才，实施“硕士工程”，教师结构比例符合教育部人才培养工作水平评估优等指标；完成新校区的建设，改善办学条件，实现办学规模、结构、质量和效益的有机统一，建设好骨干职业技术学院。

五、保障措施

交通教育与培训事业的发展，重点在于加强对交通教育与培训的组织管理，建立有效的管理制度和运行机制，制定支持交通教育与培训发展政策，拓宽资金渠道，加大投入力度，营造交通教育与培训健康发展的良好环境，充分整合交通教育与培训资源，形成合力，推动交通教育与培训事业不断发展。为使青海省交通教育与培训工作在“十二五”时期顺利开展，需要在以下四个方面提供切实保障。

（一）加强组织领导，健全工作机制

全省各级交通运输主管部门要充分认识人才资源是发展的第一资源，充分认识交通运输教育培训工作是不断为交通事业发展提供人力资源的保障，充分认识交通运输教育培训工作在加快转变发展方式、建设现代交通运输业中的基础性作用，要把教育培训工作作为一项战略性、基础性工作列入议事日程，及时研究解决存在的问题。要加强对交通运输教育培训工作的管理，理顺工作关系，强化制度建设，努力建立顺畅的组织协调机制，明确责任，加强领导，形成主管部门、企事业单位和教育培训机构各司其职、各尽其责、密切配合、齐抓共管的工作格局，认真落实好规划提出的任务和要求。

（二）加强交通教育培训管理者队伍建设

全省各级交通运输主管部门要加强教育培训管理队伍建设，努力提高自身素质，增强服务意识和创新意识。各教育培训机构保证有专人负责，实行教育培训归口管理，稳定教育培训管理干部队伍，强化教育培训的管理职能，更好地履行指导、协调、监督、服务的职责。交通运输教育培训工作者要主动投入交通运输发展实践，从而更加熟悉和掌握交通运输的最新发展趋势，适应交通运输事业发展和教育培训工作的新形势、新任务。

(三)加强交通教育培训的体制机制建设

全省各级交通运输主管部门要加强对培训工作的管理,创新工作方法,拓宽工作思路,改革与青海交通运输教育与培训发展不相适应的体制机制,探索促进其发展的新途径,强化制度建设,建立健全长效机制。

各单位教育培训工作要做到年初有计划、年终有总结,并定期逐级上报。省厅每年要定期组织教育培训工作专项检查,以促进教育培训工作的健康发展。建立教育培训激励机制,坚持培训与使用相结合。实行档案登记制度,加强后续学历证书和培训证书的管理,把参加教育培训的情况记入本人档案,作为考核、任职和晋升的依据之一。妥善解决工作与学习的矛盾,为各类人员接受继续教育创造条件。

鉴于我省高层次人才严重缺乏的现状,建议建立高层次人才培养激励机制,对于积极报考工程硕士班并予以录取的在职职工,所属单位可考虑报销全部或部分学费。

(四)稳定投资渠道,加强经费保障

职工教育培训属公益性事业,需要各级部门的支持。要不断加强对交通教育与培训工作的投入,在保证好交通教育培训投入正常渠道的同时,多渠道筹措资金,使交通教育培训经费稳步增长。

加强与省财政部门的沟通协调,按照燃油税改革“四个不变”的原则,积极争取沿用按不低于原交通规费1%的标准提取专项资金用于交通教育培训。

交通企事业单位应按照《国务院关于大力发展职业教育的决定》,提取职工工资总额的1.5%~2.5%,作为本单位职工教育经费。交通基础设施建设、企业技术改造和引进项目等均应按规定提取教育培训经费,用于开展教育培训工作。

调动各方面的积极因素,努力拓宽投资渠道,鼓励和支持用人单位、个人和社会各渠道对交通教育与培训的投入。

附　　录

"十二五"交通行业重点培训项目及时间计划见附表1。

"十二五"交通行业重点培训项目及时间计划表　　附表1

序号	培训内容	培训对象	培训形式	时间安排	培训人次	备注
1	高级行政管理干部培训	厅领导	西培①	2011～2015年	5	
2	州(地、市、县)交通局长培训	州(地、市、县)交通局长	西培	2011～2015年	15	
3	"紧缺人才培养工程"师资培训	交通职业技术学院教师	西培	2011～2015年	60	
4	西部地区工程硕士培训	专业技术人员	西培、厅培②	2011～2015年	30	
5	公路桥梁新标准、新规范、新技术培训	公路测设、施工、监理、质监、养护技术人员	西培、厅培	2011～2015年	150	
6	公路交通运输安全培训	公路运输管理、技术人员	西培	2011年、2012年	400	
7	物流技术与管理培训	公路运输相关人员	西培、厅培	2011～2015年	25	
8	新理念下的生态公路建设与环境保护培训	公路建设和管理相关人员	西培、厅培	2011～2015年	30	
9	公路旧桥检测与维修加固技术培训	相关技术人员	西培、厅培	2012年、2013年	300	
10	交通行业节能减排与环境监测培训	行业节能减排从业人员	西培、厅培	2011～2015年	50	
11	灾后恢复重建冻土区公路、桥梁、隧道修筑技术培训	设计、施工、监理人员	志愿服务团	2011～2013年	300	
12	高等级公路机电、收费工程培训	高等级公路机电、收费管理人员	厅培、外培③	2011～2015年	25	
13	高等级公路联网收费培训	高等级公路管理人员	厅培、外培	2013～2015年	60	
14	交通行政执法培训	交通行政执法人员	西培、厅培	2011～2015年	500	
15	公路养护机械操作人员培训	公路养护机械操作人员	厅培	2011～2015年	500	
16	交通科技大讲堂	交通运输行业职工	部培	2011～2015年	400	
17	农村公路管理养护人员培训	农村公路管理养护人员	西培	2011～2015年	10	
18	高原职工劳动保护医学人员培训	交通医院职工	外培	2011～2015年	5	
19	财务人员培训	财务管理人员	厅培	2011～2015年	5	

注:①西培为交通运输部支持西部地区干部培训项目。

②厅培为青海省交通厅组织培训项目。

③外培为除西培、厅培、志愿服务团培训以外的培训。

青海省交通信息化建设“十二五”规划

《青海省交通信息化建设“十二五”规划》

编写单位及人员

编制单位： 青海省交通厅

编制人员： 杨伯让　厅长
王廷栋　副厅长
王永祥　副厅长
唐　玲　调研员
侯卫中　主任
蔡兆强　副主任
才让昂秀　科长

参编单位： 交通运输部规划研究院

参编人员： 杨建国　所长
徐志远　副所长
蹇　峰　高级工程师
顾明臣　高级工程师
李琳琳　工程师

目录
CONTENTS

第一章　概　　述

青海省地处祖国内陆，是一个幅员辽阔、多民族聚居且民族自治区域较多的高原省份。青海省交通事业的发展是构建各民族和睦相处、共同发展和谐社会的根本要求和重要保证。根据2009年的统计数据，青海省公路网密度为8.3公里/百平方公里，在全国排名仅高于西藏，约为全国同期平均水平的五分之一。青海省仍是一个以公路交通为主要运输方式的欠发达地区，交通运输服务能力还不能满足日益增长的社会需求。

随着国家西部大开发战略的逐步推进，支持青海等省藏区经济社会发展政策的不断实施，以及国内产业转移步伐的日益加快，青海省交通运输发展迎来了有利的外部条件。“十二五”期将是青海交通大建设大发展的重要历史时期。李盛霖部长在2010年全国交通运输工作会议上，提出“转变发展方式、加快发展现代交通运输业”为行业发展主线，并将提高信息化水平作为主要的努力方向之一。发展现代交通运输业的新战略使青海交通运输面临着扩大规模与调整结构、加快速度与提升效益的双重压力。这些形势要求青海交通在加快交通基础设施建设的同时，尽快提高运输服务水平和行业管理效率。

国内外交通发展的实践经验表明，信息化可有效促进交通增长方式的转变，显著提高交通运输行业的社会经济效益。加快交通信息化发展是实现现代交通运输业的必然选择和主要途径。当前阶段在青海省大力发展交通信息化，将有效改善交通运输管理能力，提高青海交通基础设施的运营效能和运输服务水平，是实现交通运输“资源消耗少、社会效益高”新型发展道路、实现跨越式发展和科学发展的有效途径。

青海省交通信息化的基础较为薄弱，为加快推进青海省交通信息化发展，青海省交通厅特组织编制《青海省交通信息化建设“十二五”规划》，充分借鉴国内交通运输信息化的先进经验，结合青海省交通运输特点，明确青海交通信息化的总体发展思路、总体框架和主要任务，以指导青海省交通信息化“十二五”建设。

本规划的基础年为2009年。

规划主要依据如下：

(1)《关于支持青海等省藏区经济社会发展的若干意见》，国发【2008】34号，2008年10月。

(2)《公路水路交通信息化“十一五”发展规划》，交规划发【2006】210号，2006年5月。

(3)《关于加强交通信息资源开发利用的指导意见》，交科教发【2005】648号，2005年12月。

(4)《交通部机关政务公开规定(试行)》，交办发【2004】58号，2004年2月。

(5)《关于进一步促进青海省工业和信息化发展的意见》，工信部规【2009】229号，2009年6月。

(6)《关于加快青海城乡信息化发展的实施意见》，青政办【2008】136号，2008年10月。

(7)《转发省信息化领导小组办公室关于青海省信息化建设管理规定(暂行)和青海省电子政务建设规划(2004～2010年)的通知》，青政办【2004】138号，2004年7月。

(8)《关于印发公路网规划编制办法的通知》，交规划发【2010】112号，2010年3月。

(9)《青海省交通厅专题会议纪要》，2010年第3期。

第二章 “十一五”建设情况评价

第一节 交通运输发展现状

青海省“十一五”期交通发展成绩显著。到2009年底，全省公路通车总里程达到60 136公里，高速公路达到217公里，较2005年分别增长102.3%和26.9%。全省420个乡镇(农牧场)全部通了公路，4 172个建制村中公路通达率达93.74%；“两横三纵三条路”公路主骨架基本建成，除果洛州以外，5州1地1市全部通了二级以上公路。另外，青海省在黄河贵德段、龙羊峡、李家峡、公伯峡库区和青海湖等5片水域，建有码头港点10个，拥有通航里程317.74公里。

到2009年底，全省民用汽车保有量达到30多万辆，比1999年增长2.6倍。道路运输经营业户发展到28 675户，从业人员10.7万人。客运班线达到724条，日发班次5 777.3班；出租汽车数量达到11 510辆，较1999年增加4 396辆；初步形成了以班车客运、旅游客运、出租车客运、农村定线客运和高速客运相衔接，长、中、短途相结合，高、中、低档次车型配套的客运市场格局。2009年完成客运量9 545万人、旅客周转量45亿人公里，分别比1999年增长194%和147%。道路货运基本形成了以西宁为龙头，以重点站(场)、大宗货源为依托，以货运交易机构为载体，整车运输、特种车辆运输、集装箱运输和零担运输等形式相互结合，国有、民营等投资主体竞争发展的货运网络的新格局。2009年，全省完成货运量7 125万吨、货物周转量196亿吨公里，分别比1999年增长76%和436%。道路运输在全省综合运输中的比重持续上升，客、货运量分别占综合运输的93%和73%。

在水路运输方面，全省拥有营运船舶71艘980个客座；2009年完成水运客运量35万人，旅客运输周转量550万人公里。

第二节 交通信息化建设现状与成绩

为满足交通运输管理与服务的需要，青海省交通厅及相关单位在“十一五”期间组织建设了一批信息系统，尤其通过《青海省交通信息化建设工程(一期)》等项目的实施建设，在业务应用、数据资源、信息网络等方面取得了较大的成绩，有效促进了交通行业管理效率、公众信息服务水平的提高。

一、部分行业应用系统建设已经取得初步成效

(一)公路建设与管理领域

1.公路建设项目管理系统

主要用于对高等级公路、国省干线公路等建设项目的工程进度、质量和投资进行掌握和控制，提供项目文档管理、计量支付管理、工程变更管理等功能。

2.公路路政管理系统

主要用于省级路政管理部门(省公路局)对全省路政资产、执法人员基本状况的掌控，对全省路政许可情况、路政巡查情况、执法处罚情况，以及建筑控制区内非法建筑的记录管理和统计分析。

3.公路养护管理系统

主要用于省级养护管理部门(省公路局)开展路况数据采集和处理、养护计划与评价决策、养护资金与资产管理。

4. 高等级公路管理系统

以各收费站和主要隧道为对象、以 CCTV 系统和隧道监控系统为主要手段实现了高等级公路重点路段的视频监控。采用了全国统一的高速公路救援电话号码 12122，可以通过应急电话或移动电话拨打，为行驶在高等级公路的车辆提供服务。

（二）运输管理与服务领域

1. 道路运输管理信息系统

实现了车辆、从业人员、交通企业、站场（码头）等信息的网络化管理，应用范围为全省各级运输管理部门。在全省运输管理信息系统联网基础上，通过省交通厅与交通运输部的网络专线，实现了部省运政联网。

2. 运输服务信息系统

全省已有 35 个客运站实现计算机售票及业务管理。西宁汽车站、新宁路汽车站等较大型客运站还使用了客运信息管理系统，实现发车时间安排、制订线路计划、安检信息录入等功能。

（三）水运海事管理领域

在青海湖建有通航水域信息管理系统，通过 GPS 监控旅游客船的运行动态；青海湖以及二郎剑码头安装有视频监控设备，提高了水运海事业务领域的日常管理水平和安全监管能力。

（四）综合管理与服务领域

1. 综合分析系统

依托统一的交通数据资源平台开发了数据综合分析系统，能汇总归纳出厅领导及相关处室业务管理所需要的数据资料，并形成上报交通运输部和省政府所需材料，为行业管理和领导决策提供支持。

2. OA 系统

建设以省交通厅机关为龙头的 OA 系统，连接各厅属单位，初步具备了公文传输和交换管理自动化的能力，已经启用电子公文流转和签发等功能模块。

3. 视频会议系统

建成省交通厅至 6 个公路总段以及黄南、共和公路段的视频会议系统，并在省厅网络中心机房配置视频会议多点控制单元（MCU），对会议进行自主、灵活的控制。

4. 门户网站

建成省交通厅以及部分直属单位的外网门户网站，能够为公众提供信息服务；制定了相应的网站建设方案与要求，为实现各单位宣传交通、政务公开等功能打好基础。

二、统一的数据资源平台框架已经基本实现

（一）基本建成统一的交通数据中心

在省交通通信信息中心建成了全青海交通数据中心，统一管理全省的交通数据库群，主要包括：交通基础资源库、运输管理信息库、路政管理信息库、高速公路收费数据库、监控视频库、查询统计库、厅外网门户网站数据库等。在融合全省交通数据资源的基础上，初步实现了全省交通数据库的集中管理和综合利用。

（二）初步建立了公路地理信息平台

已开发完成青海省高等级公路 GIS 系统。

在省公路局初步建成了国省干线和地方道路的电子地图，通过“青海省公路基础数据库更新系统”，以报盘的方式在省公路局与公路总段间建立了数据更新机制。

目前高速公路 GIS 与普通公路的电子地图尚未融合。

三、骨干交通信息网络基本形成

通过政务内网和业务专网，初步建成了连接省、州（地、市）、县（运管所）三级交通部门及厅属各单位的信息网络。

政务内网依托青海省政府电子政务网而延伸建设，连接了省交通厅、各厅直属单位、8个州（地、市）交通局和6个公路总段以及黄南、共和公路段的省、市两级专网，用于视频会议应用。

业务专网采用VPN技术，实现省、州（地、市）、县三级联网的业务专网，主要服务于全省运输管理机构的业务管理信息系统以及公众服务系统的运行，同时实现了与交通运输部的连接。

四、全省统一的数据中心机房已建设完成

在省交通通信信息中心建设了厅网络通信中心机房，集中部署交通数据库群、视频会议系统、运政业务平台/公路管理平台的核心设备以及其他交通运输管理相关信息系统，并对全省的交通运输管理数据、数据及应用服务器、存储设备、相关网络设备进行统一管理。

第三节　交通信息化存在的主要问题与原因

总体上看，青海省交通信息化发展尚处于初级阶段，与交通运输持续高速发展的实际需求存在着较大差距，主要存在以下问题。

一、业务在线处理能力严重不足

尽管在公路管理、运输管理、综合管理等领域已建立了一些应用系统，但这些系统大都限于单个部门使用或单机运行，尚未形成上下联动、内外互动的业务处理机制，不能在线办理交通运输相关业务。部分业务尚处在传统的人工处理阶段，以人工整理和档案存储为唯一记录手段。信息化对业务处理效率的促进作用尚未充分显示出来。

二、公众出行信息服务能力还很弱

青海省地广人稀，旅游资源丰富，随着公路通达率的不断提高，日益需要较为完备的出行信息服务体系，由于尚未建立全省交通出行信息服务系统及相应的服务设施，且缺乏基于GPS的班线客车监控调度等系统，不能为公众出行提供有效的出行信息服务，不满足越来越旺盛的省内外公众的公路出行需求，也不适应“大美青海”的旅游发展需要。

三、交通应急体系建设较为滞后

青海省目前只在青海湖等通航水域建立船舶GPS和码头视频监控系统，对水上交通应急起到一定的支撑作用。以公路交通为主的其他应急体系建设尚未展开，没有统一的交通监控和应急指挥中心，交通应急指挥能力严重不足。随着交通基础设施不断拓展和交通流量的不断增多，青海省交通突发公共事件的概率在逐步增大，相对滞后的交通应急体系将制约青海交通运输服务水平的提高。

四、交通运行信息缺乏有效的获取手段

青海省各业务部门普遍缺乏电子化数据上报、存储的手段，各业务领域常年积累的数据大多数以纸质文件的形式存在，全省交通业务信息化数据资源体系尚未形成。尤其是交通运行信息的采集缺乏有效手段，公路实时交通流量、公路超载情况以及高等级公路实时视频图像尚不能大范围采集，难以实现实时集中上传，不能满足交通运行监管的需要，对交通应急指挥、出行信息服务不能形成有效支撑。

形成这些问题的主要原因如下：

一是交通信息化意识和观念薄弱。大多数业务人员对信息化提高设施运行效率、改善出行服务水平、加强交通安全运行、完善政府管理职能的作用还没有深刻的认识;整个行业也缺乏如何在现阶段交通基础设施大建设的同时,充分利用信息技术提高青海交通运输服务水平,跨越式发展现代交通运输业务的理念。

二是交通发展规划体系不够完善。青海省交通信息化尚未制定切合省情的发展规划,缺乏信息化的顶层设计和整体推进策略,主管部门在推进信息化建设时无可适从,难以指导青海交通信息化又好又快发展。

三是交通信息化投入资金不足。青海省财政收入总量较少,各项基础设施的快速发展和建设均面临资金紧张的局面,在对交通信息化作用缺乏深刻认识的情况下,投入信息化建设的资金非常少,尚未建立稳定的信息化建设和维护的专项资金渠道。

第三章 “十二五”面临的形势和要求

“十二五”期,青海省经济社会发展将面临着国家西部大开发战略和支持青海藏区经济社会发展的双重机遇,这都将成为建设富裕、文明、和谐新青海的强大动力。党中央、国务院在《关于支持青海等省藏区经济社会发展的若干意见》中提出发展目标:经济实力进一步增强,生态环境逐渐改善,民生条件不断改善,特色优势产业形成规模,社会事业全面发展。

第一节 行业发展趋势和区域交通特征

一、交通运输行业发展趋势

面对新时期交通运输行业的发展趋势和特点,在2010年全国交通运输工作会议上,李盛霖部长提出当前和今后一个时期交通运输发展的总体思路是:“深入贯彻落实科学发展观,以转变发展方式、加快发展现代交通运输业为主线,推进综合运输体系发展,提高交通基础设施、运输装备技术水平和信息化水平,促进现代物流发展,建设资源节约环境友好行业,健全完善安全监管和应急处置体系,不断提高三个服务的能力和水平”。

交通运输行业是信息技术应用和发展的重要领域之一,信息化在转变发展方式、加快发展现代交通运输业中起到了重要作用。实践证明,信息化建设有助于交通运输动态信息采集和监控、信息资源整合开发与利用、交通运行综合分析辅助决策、信息服务等,为强化行业管理、提高运行效率、改善运输服务、保障交通安全等发挥了重要作用。

围绕发展思路,行业确定了将信息化建设作为努力方向之一,要求全行业要重点开展综合性和区域性信息应用建设,推进政府管理、公众服务、电子商务“三大信息系统”建设,加强资源整合和信息共享,逐步建立统一的政策标准体系和协调机制,形成开放、兼容的现代交通运输信息网络,发挥交通运输信息化整体效益和规模效益,更好地支撑加快发展现代交通运输业。

二、青海交通运输发展特征

青海省地处青藏高原东北部,下辖1个地级市、1个地区和6个民族自治州。截至2008年底,全省总人口554.3万,人口分布呈现东部集中、西部稀疏的特点。当前仍处于工业化初级阶段,经济总量小、产业层次低、人民生活水平不高、区域发展不平衡。为了促进全国区域协调发展、指引青海等省藏区加快发展、科学发展,党中央、国务院制定《关于支持青海等省藏区经济社会发展的若干意见》,青海省将迎来大建设、大发展的重要战略机遇期。

青海省人口密度较低、少数民族人口比重大、资源富集、战略地位重要、高原生态屏障功能突出、经济相对落后等社会经济特征和地理区位决定了青海交通的具体特点:公路交通网络是我国西北地区重要的战略通道,国防和维稳功能突出;提供均等化交通服务是支撑青海省民族团结和谐发展的重要基础;公路交通是资源输送走廊和旅游交通走廊的重要组成部分,是青海经济发展的重要支撑;公路干线交通网络是综合运输体系的重要骨干,覆盖面积大、分布稀疏;交通运行质量和应急处置水平是青海省交通运输服务水平的集中体现。

在新的时期和背景下,为全面适应“富裕文明和谐”的新青海建设和“生态文明、生活富裕、经济发展、社会和谐”的新藏区建设需要,青海省交通厅及时提出:建立完善的干线公路网络,路网质量和服务水平达到全国平均水平;到2015年,完成乡镇“通畅”工程,建制村、主要寺院“通达”工程,初步解决农牧民群众“出行难、货运难”问题，到2020年实现农村公路的全部“通畅”，适应全面建设小康社会的总体要求等具体建设目标。

青海省应牢牢把握“科学发展、保护生态、改善民生”三大任务，要统筹兼顾“软、硬”一起抓，在推进交通基础设施快速发展的同时，加强交通信息化的建设和应用，实现青海省交通运输的跨越式发展。

第二节　青海省交通信息化发展要求

作为交通发展的重要保障和实现现代交通运输业的重要途径，交通信息化在青海省具有特殊意义。在财政投入和建设资金普遍紧张的条件下，充分发挥交通信息化在提高管理效率和服务水平方面“投入少、见效快”的后发优势，提高交通建设资金的利用效率，有助于青海交通运输业在“十二五”关键时期的转型和升级，全面促进青海省交通运输业又好又快发展，加快实现青海省交通运输发展目标。

根据全省经济社会发展趋势以及行业发展趋势和区域交通发展特征，青海省交通信息化“十二五”期建设应满足以下总体要求。

一、符合交通运输行业信息化的发展要求

尽管青海省财力有限，人才资源相对缺乏，但仍应按照行业的总体要求推进交通信息化的发展。一方面，可保证全国交通运输信息化体系的逐步完善，提高全国交通信息化的规模效益；另一方面，青海交通运输行业也可从全国交通信息网络体系中获益；另外，可借助行业的资金和技术资源，为我所用，促进青海交通信息化的发展。

二、尽快推进交通运输管理信息化建设

管理信息化是交通运输信息化的核心，是推进交通运输信息化的主要抓手，是积累信息资源推进交通出行服务系统、应急保障体系、综合运输和现代物流公共信息平台的基础，青海省应加快推进交通运输管理信息化的建设。

一方面，青海省地质条件差、冻土层多，公路易发生滑坡、泥石流等自然灾害，公路养护管理工作量大。但同时，由于气候多雨低温，公路养护施工季节短，大部分地区建设取材路程遥远、成本较高，且地处山区，大型施工和养护机械调集困难，公路养护管理的难度较大。应充分利用信息技术，提高公路运行监测和路政管理水平，降低公路的损毁风险，延长使用寿命；同时，提高养护方案的科学性，并加强养护管理，向管理要效益，节支增效。

另一方面，随着公路网和客货枢纽服务功能的逐步完善，青海省道路客货运输迅猛发展。全省汽车保有量由2006年的11万辆大幅增长到2008年的31万辆。尽管人均汽车保有量还处于全国较低水平，但为促进青海道路运输市场健康发展，青海应加强道路运输信息化的建设，通过严格市场监管，从一开始就培育统一开放、竞争有序的运输市场环境，避免今后花更大的代价进行市场的再规范。

三、加快建设面向旅游出行的交通信息服务系统

青海湖、可可西里、塔尔寺、三江源等众多旅游名胜是境内外游客向往的地方。青海独特的高原地带自然风光和多民族人文底蕴更是人们渴望领略的宝贵财富。2009年全省接待国内游客1 105万人次、入境游客3.61万人次，很多自驾游出行也选择了青海。为了更好支撑高原旅游的进一步发展，在地广人稀的青海，应加快出行信息服务系统建设，提高青海交通信息化的综合效益，让进入青海的游客高效充分掌握到达各个景点的相关信息，给游客提供更多的出行选择，让游客在青海舒心、放心出行，安心游览。

四、加强交通应急信息保障体系建设

青海省公路技术等级低、路况差，省道中约 85% 以上为三级及三级以下公路，约 40% 的路面无铺装；桥涵、隧道等控制性构造物抗灾能力弱，全省危桥率高达十分之一。而且，高原气候使冬春季节灾害频发，东部地区以泥石流、山体滑坡为主，西南地区以冰雪灾害为主。加强交通应急信息保障体系的建设，能够有效地提高青海省交通运输系统的紧急救援和抗灾减灾能力，在突发事件情况下实现对人命的及时救助和交通运行的尽快恢复，最大限度地保护各民族人民的生命和财产安全，提高交通运输安全保障和服务水平。

第四章　指导思想和规划目标

第一节　指 导 思 想

根据青海省经济社会特点和交通运输体系的发展要求，确定本规划的指导思想：在建设富裕、文明、和谐新青海的总体要求下，以推进现代交通运输业发展为核心，深入贯彻落实科学发展观，以交通运输运行监测和监督管理信息化为基础，加强交通信息资源的开发利用，大力推进交通出行信息服务系统和交通应急保障信息平台建设，以信息化带动青海交通运输业又好又快发展，助推青海省交通运输实现新的跨越。

第二节　基 本 原 则

"十二五"期，青海省交通信息化发展需要遵循以下主要原则。

一、紧密结合省情，实现协调发展

紧紧抓住青海省经济社会和交通运输发展水平相对落后的基本状况，交通信息化建设以实用为原则，量力而行，不贪多求全，主要以公路交通运输领域为重点，加快运行监测和监督管理等应用系统建设。在此基础上，逐步推进出行信息服务和应急指挥能力建设，提高基础设施运行效率和交通运输服务水平；并与交通运输的发展布局相适应，突出重点区域的信息采集和信息发布系统建设，使交通信息化与省情、与交通运输发展相协调。

二、发挥后发优势，实现跨越式发展

采用跟进策略，积极借鉴全国交通信息化先进经验，大力引进交通运输部和兄弟省份交通信息化的先进成果，充分利用国内外各种先进的技术，努力赶上全国交通运输信息化平均水平，满足国家交通运输信息化的总体要求；在系统建设过程中，尽量避免"先建设，后整合"造成资源浪费的教训，从一开始就强化系统的集成整合，少走弯路，以提高青海省交通信息化建设效率，变弱势为优势，实现适度跨越式发展。

三、统一总体架构，实现集约式发展

充分贯彻资源整合理念和"全省一盘棋"的思想，统一网络结构、统一数据中心、统一交通基础 GIS 平台和 GPS 监控平台、统一对外信息服务平台，建立集中式的信息化技术架构，系统管理上移，以较少的资源提供便捷高效服务，实现青海交通信息化的集约式发展。

四、夯实发展环境，实现可持续发展

应尽快建立信息化建设和维护的投资渠道，并本着互利互惠的原则，建立合理的运营管理机制，增强系统的"造血"功能；应加强应用培训和应用推广，使应用系统融入业务机制中，防止业务和应用"两张皮"现象，提高投资效益；应加强交通信息化专业人才队伍建设，提高维护管理能力，从而构筑良好的信息化发展环境，实现青海交通信息化的可持续发展。

第三节　规划目标

根据青海省交通运输的发展要求，按照规划的指导思想和原则，确定青海交通信息化“十二五”的总体发展目标为：建成较为完整的交通信息化总体框架，满足全国交通运输信息化的总体要求；基本实现全省公路网络化管理，重点区域和重点交通工具运行状况实时监测，道路运输全省联网监管并融入全国一体化监管体系，全省交通运输管理人员能在同一网络平台上开展主要业务的协作；建成较为完备的出行信息服务体系，公众出行能便捷地获取所需交通运输信息；建成全省统一的交通应急管理平台，形成集中应对重点区域交通突发公共事件的指挥调度能力；显著提高青海交通运输管理和服务水平，基本适应青海现代交通运输业的发展需要。

具体目标如下：

(1)建成全省统一的交通数据中心。所有应用系统在该中心集中部署，统一管理；全省公路水路基础设施及交通运输管理数据在该中心集成整合，形成全省统一的交通运输信息资源平台和数据交换平台；并集中管理主机及网络设备，形成统一的硬件支撑平台和安全保障体系。以交通数据中心为载体，努力与省内相关部门实现数据交换和共享。

(2)建成交通运行状况实时监控平台。实现国省主要干线路网交通流量的动态采集；高速公路和国省干线公路重点区段、重要设施、主要场站实时监控，重点水域交通态势实时监控；建成全省统一的交通 GIS 平台和 GPS 监测平台，实现危险品运输车辆、班线客运和旅游客运车辆、旅游客运船舶的动态跟踪监管。

(3)建成业务协同的公路综合管理平台。实现重点公路项目建设管理的动态跟踪；公路养护方案的科学决策和主要干线公路养护信息的及时掌控；基本实现全省路政管理网上联动，公路超限联网治理。

(4)建成在线互动的道路运输管理和服务平台。实现道路运输企业、人员以及道路运输移动稽查，实现道路运输管理信息与全国相关部门的及时交换，进一步提升与全国道路运输监管体系的有机结合。

(5)建成较为完备的出行信息综合服务体系。建立高效的信息采集和更新机制，实现全省公路、水路、铁路、民航等出行相关信息的集成管理；建成较为完善的省级交通运输信息门户和全省统一的服务(应急)热线，向出行者提供“一站式”服务。

(6)建成全省统一的应急管理平台。实现全省应急资源(装备、物资、力量等)的集中管理；实现全省交通运输重大风险源的跟踪监测；实现国省干线公路、重点水域交通突发公共事件的集中处置、统一指挥。

(7)建成网上行政审批等行业办公系统，为省内各族人民提供方便快捷的交通政务服务。

第五章　规 划 方 案

第一节　主要任务及总体框架

一、主要任务

根据建设目标，结合青海省交通信息化的现状和行业信息化的发展要求，“十二五”期青海省交通信息化应推进以下主要任务的建设。

(1)融合现有空间数据资源，整合实现全省公路水路地理信息系统，建成全省 GPS 定位监控平台，优化现有交调站点规模和布局，完善公路交通情况调查系统，整合动态信息资源实现对高等级公路、国省干线重要路段、特大型桥梁、长大隧道等重点区域的交通运行监测和“两客一危”运输车辆、船舶等载运工具的定位跟踪监测。

(2)完善公路养护和路政管理系统的功能并延伸应用范围，进一步完善超限管理信息系统，实现与部连接的省站两级联网；积极扩大交通项目建设管理系统覆盖范围和内容，实现重点项目建设现场视频监测；补充建设收费道路信息管理系统，形成比较完善的公路管理信息平台。

(3)在已有道路运输信息系统联网的基础上，建设道路营运企业及从业人员资质认证系统和交通运输行政执法人员 IC 卡认证系统，进一步提升执法规范程度和管理效率。建成网上行政审批系统，逐步提高交通行业网上政务审批能力。

(4)充分利用道路运输、公路管理、运行监测等信息资源，建设和开发面向公众服务的出行信息共享、应急指挥调度等应用系统，为省内各族人民和省外旅游者提供比较完善的出行信息服务，实现以西宁、格尔木等重点区域和以国道 G109、G315、G214 等重点路线为主的交通应急信息管理，提升交通行业的公众服务能力。

(5)在省交通数据中心基础上，完善全省交通运输基础数据资源体系，基本满足新生业务应用需求，加快交通数据库建设，并实现每年至少更新一次，有效促进交通信息资源的共享和交换。

(6)进一步完善交通信息网络，提高交通信息网络的覆盖程度，省、州(地市)、县(区)级交通管理机构节点覆盖率达到 60% 以上。

二、总体框架

以交通运输部对交通运输信息化发展的总体要求为指导，根据青海交通发展现状以及未来趋势，结合青海省交通信息化发展现状，确定“十二五”期青海省交通信息化发展总体框架为：一个数据中心、五大信息平台、三大综合应用、两大门户网站、三大保障体系和两套交通信息网络，具体如图 5-1 所示。

(一)一个中心

一个中心，即省交通数据中心。

以数据库建设为基础，建设全省统一数据中心，实现全省交通运输行业的数据共享和集约。

(二)五大信息平台

五大信息平台，即交通运行监测信息平台、公路管理信息平台、道路运输管理信息平台、水运海事管理信息平台、行业办公信息平台。

以青海省交通发展特点和体制架构为条件，以省交通数据中心和基础通信网络为基础，整合各类业务数据资源，构建五大信息平台，形成全省交通信息化建设和发展的核心，提高行业管理效率和服务水平。

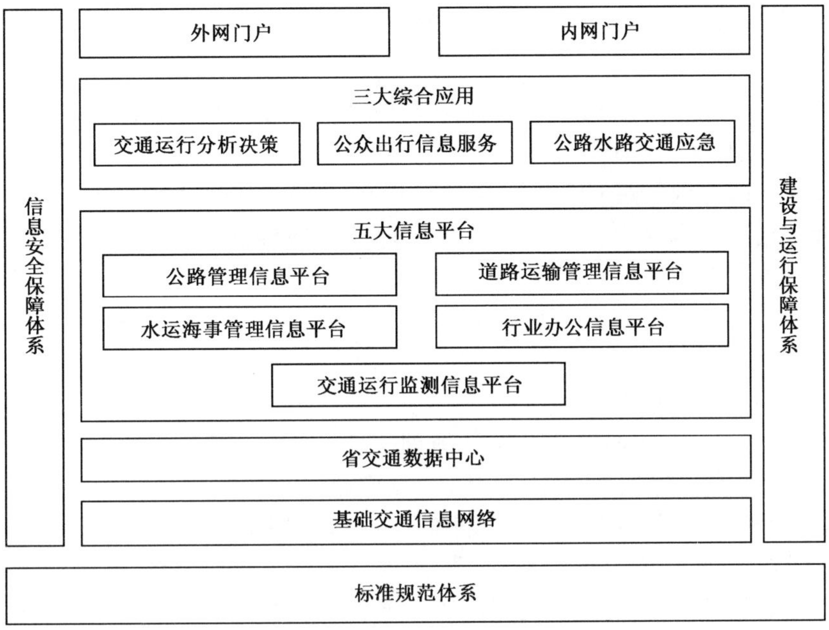

图 5-1　青海省交通信息化发展总体框架

（三）三大综合应用

三大综合应用，即交通综合分析决策系统、公众出行信息服务、公路水路交通应急。

以五大信息平台为支撑，以“三个服务”为宗旨，重点加强三个综合应用的信息化建设，进一步提高交通信息化服务水平。

（四）两大门户网站

两大门户网站，即外网网站和内网网站。

以信息平台和综合应用系统为基础，面向公众提供政务信息公开服务，面向行业提供数据查询和行业管理支撑。

（五）三大保障体系

三大保障体系，即信息安全保障体系、标准规范体系、交通信息化建设和运行保障体系。

（六）两套交通信息网络

通过国际互联网、移动电信网等建立交通外网；依托青海省政务内网建立交通内网，共同形成交通信息网络。

第二节　重点建设工程

根据规划目标和交通部交通运输信息化的要求，确定“十二五”期青海省交通信息化重点建设工程如下：

一、交通运行监测信息平台

（一）建设目的

整合建设全省公路水路交通统一的 GIS 平台，建立主要针对班线客运、旅游客运、危险品运输车辆和营运船舶的 GPS 监控平台，完善公路交通情况调查和视频监控，实现对高等级公路、重要路段、长大隧道、大型桥梁以及收费站、治超站、服务区和事故多发地点等的交通运行情况监测，整合资源搭建全省统一的交通运行监测信息平台，为公路网络管理、出行信息服务、交通运行安全与应急管理等综合应用提供支撑。

（二）建设内容

1. 整合公路水路交通 GIS/GPS 平台

融合现有的青海省高等级公路 GIS 和省公路局电子地图（含国省干线和地方道路），通过已有的外业数据采集设备和数据更新机制，实现全省统一的公路 GIS 平台，并进行相应的接口开发，为其他应用提供服务。主要建设内容包括：

（1）开发统一的、功能完善的地理信息服务接口，在同一个计算环境下提供交通地理数据的发布、查询、分析、统计、处理等功能。

（2）制定统一的接口访问标准和规范。

（3）开发一套基于 Web Services 技术的交通地理信息公共服务接口。

以现有通航水域信息管理系统为基础，利用“公路交通 GIS/GPS 平台”建设过程中的地理信息服务接口、接口访问标准和规范、公共服务接口等，完善青海省通航水域 GIS 系统，搭建水路交通 GIS 平台，并与公路 GIS 平台整合，实现全省公路水路“一张图”。

在统一的公路交通 GIS 平台基础上，建设道路运输 GPS 监控平台，主要建设内容：

（1）以营运车辆为对象，重点针对危险货物运输、班线客车、旅游客车，以整合接入和新建相结合的方式，提高车载 GPS 终端的安装比率，建设全省统一的道路运输 GPS 监控中心，形成覆盖全省的道路运输 GPS 监控平台。同时，为公路客货运输企业、出租汽车等提供接口，具备相应的接入能力。

（2）开发统一的应用服务接口。将交通动态位置信息服务功能，根据各种应用的特点和需求，形成统一的应用服务接口，为应急指挥、出行信息服务等行业内其他业务应用以及公安、安监、建设等部门提供标准的定位服务。

在统一的水路交通 GIS 平台基础上，与道路运输 GPS 监控平台整合一体，以青海湖以及库区的旅游船舶和作业船舶为主要对象，搭建水路 GPS 监控平台，提供水路 GPS 定位服务，开发公路水路统一的应用服务接口。

2. 完善公路交通情况调查系统

目前，青海省高速公路和一级路上连续式交调站仅 4 个，其他公路各类交调站 69 个，难以满足全省公路网管理的运行信息监测需要，需要进一步建设和完善。主要建设内容如下：

（1）增加交通情况调查站的数量，合理布局，努力提高连续站比例。2009 年青海省高速公路通车里程 217 公里。按照《国家高速公路网交通量调查观测站点布局规划》，考虑青海现状路网结构以及资金条件，预计增加建设连续式交调站 30 个，间歇式交调站 100 个。优先布设地质条件特殊、运输量较大、战略作用突出等路段，如 G6（京藏公路青海段）、G3011（青新方向）、S1（青甘方向）、S20（青川方向）以及 G315、S3、S13 等。连续式交调站布设位置注意考虑公网 GPRS/CDMA 覆盖区域，供电条件较差路段可考虑太阳能和风能相结合的方式。新建高速公路的站点布设按照国家要求进行配建。

（2）建设交通情况调查报送与管理系统。依托省交通数据中心部署省级交调数据中心。交通情况调查报送主要流程是：各级各类公路交通情况调查数据采集经过汇总后进行数据管理、统计分析、图形及报表生成等功能，上报省级数据中心；省级数据中心实现交调数据接收、数据审核、查询统计、报表汇编、上报交通运输部等功能，形成逐级管理、统一规范的交调数据管理体系。青海省公路交通情况调查报送总体架构如图 5-2 所示。

交通量数据上报以及与相应信息系统进行数据交换时，应满足《固定式交通流量调查设备与数据服务中心通讯协议》的要求。

（3）建设交通情况调查综合分析系统：在交通情况调查报送管理系统产生的数据的基础上，通过汇总与分析，为各级交通主管部门和公路行业管理机构提供公路网信息查询服务、交通实况查询服务和干线公路运行质量评价等功能。同时，为交通应急指挥系统提供数据支持。

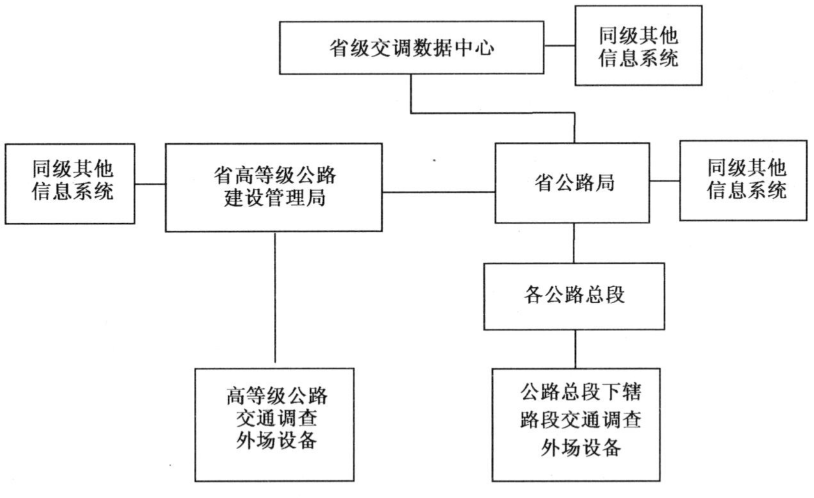

图 5-2　青海省公路交通情况调查报送总体架构

其中，交通情况调查报送与管理系统、交通情况调查综合分析系统可以直接采用部下发相关软件。

3. 重点路段交通运行监测

以公路交通情况调查系统为基础，针对高等级公路、重要路段、长大隧道、大型桥梁以及收费站、治超站、服务区和事故多发地点等重点监测对象，建设整合省内高速公路监控系统、收费系统、公路路况报送系统等，实现各类系统信息资源的有效集成，实现重点对象的交通运行监测。

外场运行信息数据来源主要由交调观测站点、视频监控站点、超限超载治理站点、收费站点等组成，分别负责采集路网动态基本交通情况数据、视频图像数据、超载超限数据、收费数据等。

（三）组织方式

该工程由省交通厅负责建设，省交通通信信息中心负责技术支持和具体承办，省高管局、省公路局、省海事局、省运管局参与配合。其中，GIS 数据更新和有关资料汇总部分，省高管局负责高等级公路，省公路局负责其他公路，省海事局负责通航水域；GPS 终端的汇总和接入部分，省运管局负责“两客一危”车辆，省海事局负责营运船舶和业务船舶；重点路段运行监测优先考虑西宁市、海东地区等工程条件好、交通密度大的地区。

二、公路综合管理系统平台

（一）建设目的

进一步完善公路养护管理系统、路政管理系统、公路建设项目管理系统，建设开发收费公路管理信息系统，建立全省超限信息联网管理系统，集成建立公路综合管理系统平台，与部级公路管理信息服务系统实现对接，提高公路综合管理效能和水平。

（二）建设内容

1. 完善公路养护管理系统

现有公路养护管理系统已经实现从路况数据采集、分析、统计、可视化查询到养护计划（规划计划管理系统）、养护造价、养护工程、养护质量、养护资产、养护资料的信息化管理。

“十二五”期应将该系统从省公路局推广到各公路总段、公路段等基层公路管理机构。同时，将路况基础数据、养护计划、养护造价、养护工程技术方案、养护质量、养护资产、养护设备资源等基础信息进行整合分析，建立全省公路养护管理方案优化评价体系，实现根据不同实际公路养护案例，生成合理的公路养护预案和计划，具体包括养护技术方案、施工期间公路交通运行组织、交通安全措施、最优养护投资方案等，并在实际养护管理中适时使用。

2. 完善公路路政管理系统

现有路政管理系统实现了公路路产、路权、人员、业务审批、路政案件管理。

"十二五"期应将该系统从省公路局推广到各公路总段、公路段等基层公路管理机构。同时，重点优化业务审批、路政案件管理的信息流程，强化公路路政管理信息的实时性。在重点路段的路政巡查车辆配备 GPS 和移动通信设备，试点实现现场执法功能，增强路政管理的公开、公平、公正，便于公众监督。

3. 完善公路建设管理系统

目前，省高管局和省建管局均有项目建设管理系统，但应用施工项目数量和范围较少。在整合现有系统基础上，统一项目建设管理的流程和功能，并增加"路网结构改造项目项目管理"模块，主要功能如下：

(1)工程项目进展管理：包含了项目前期准备、计划管理、工程实施、工程验收、评审的全过程的动态信息记录，涵盖了工程基本信息、工程前期准备信息、工程施工管理信息、工程验收管理信息，与其他项目类似。

(2)统计分析：以部相关文件要求为准，包括安保工程专题、危桥改造工程专题、灾害防治工程专题。

安保工程专题统计分析内容包括：完工里程、资金投入、计划完成情况、增长趋势、建设规模、计划执行情况对比、实际投入与工程概算比较、地理空间分布、实施效果。

危桥改造专题统计分析内容包括：桥梁数、资金投入、计划完成情况、增长趋势、建设规模、实际投入与工程概算比较、地理空间分布、实施效果。

灾害防治工程专题统计分析内容包括：完工里程数、资金投入、计划完成情况、增长趋势、建设规模、实际投入与工程概算、地理空间分布、实施效果。

(3)项目文档管理：对公路路网结构改造项目中产生的工程年度建议计划、审批文档、应急预案等电子文档进行统一归档、管理，与其他项目类似。

(4)项目信息共享：为了便于公路路网结构改造项目信息向部上报并与其他相关单位进行信息共享和交换，将项目信息导出为 XLS、DOC、XML 文件形式。

同时，为了使交通部门各级主管领导能够动态直观了解项目进度和施工情况，可以利用移动电信运营商的 3G 视频监测服务平台（如中国电信西宁分公司的"全球眼"）建立施工现场视频监控平台，实现重点项目的动态管理。

4. 收费公路信息管理系统

目前，青海省收费公路由省高管局和省收费公路处分别主管。应建设收费公路管理信息系统，实现对全省收费公路与收费站点的建设情况、收费额征收情况的查询和分析，并通过 GIS、报表等多种形式展现分析结果，同时通过厅门户网站，向社会和公众提供收费公路信息。本系统的功能包括：

(1)收费公路建设情况专题查询分析：包括公路收费路段信息、收费站信息，收费站所在行政区划、收费站桩号、收费公路技术等级、收费标准等信息；以及收费站数量、收费公路里程、收费人员数量等指标的统计分析和收费站地理空间分布分析。

(2)收费额专题分析：包括通行费金额、吨位数，车辆数按时间、收费站对、车辆类型、行政区划对比分析，以及通行费金额统计分析等。

(3)收费公路预警：根据收费公路的最高收费年限信息、收费额与贷款额的比对信息等，可实现收费公路收费年限到期自动预警和收费公路还款（有偿集资款）进度自动预警功能。

5. 超限信息管理系统

国家对公路"治超"工作非常重视，明确要求"统一规划，合理布局，建设一批标准化、规范化且通过计量检定的超限超载检测站，逐步形成全国性超限超载车辆监控网络，对超限超载车辆实行长期、有效的监控检测”。尤其对于青海省，矿产资源的产业分布使路网中重型货车比例较高；地质地貌使路网中隧道、桥梁的结构物数量较多，这些地区基本特征都要求加强青海省要加强“治超”工作，重点建设和完善基层治超信息系统，建立网上超限运输审批系统，实现超限治理的全省联网监控管理。

按照交公路发【2009】528 号文要求，全省治理非法超限运输信息系统分为省级中心和治超站点两级部署，治超站点部署超限检测站信息管理系统，省级中心部署超限信息综合管理系统，最终实现部省站三级联网。

通过在治超站点部署治超信息管理系统，实现对超载超限车辆数据的准确采集，并将超载超限登记和处罚信息实时上传给省级中心。省级中心接收汇总治超检测站点的车辆和处罚信息，通过超限信息综合管理系统，对相关信息进行筛选、判别和研究，对全省治超数据进行统一管理维护，并按照相关要求上传交通运输部。部省站三级治超体系的功能和工作流程如图 5-3 所示。

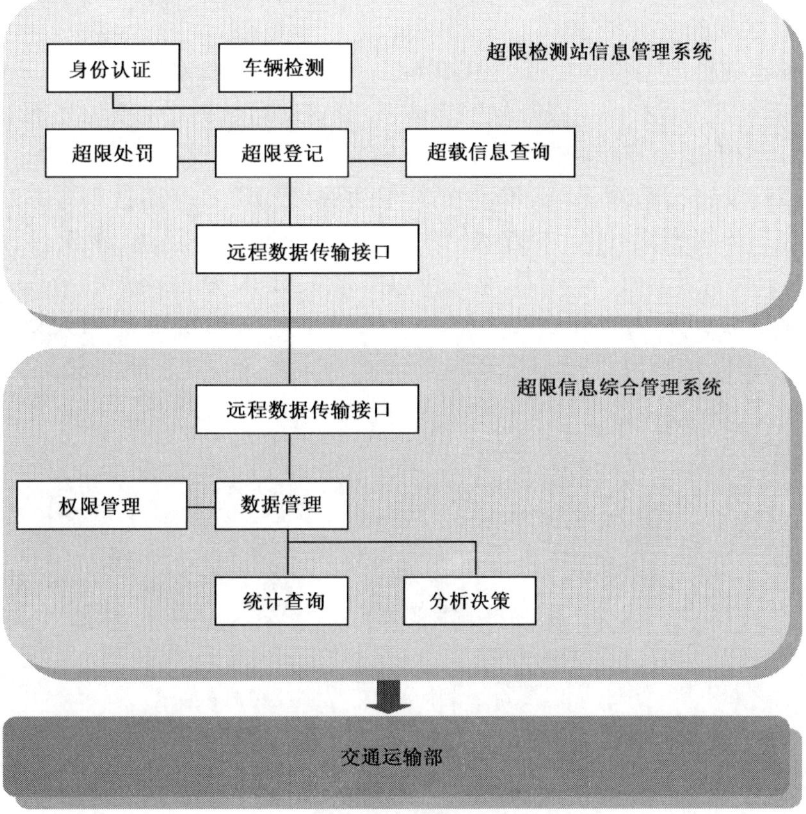

图 5-3　治超体系功能与工作流程

治超站布局方面，根据青海省路网结构和规模，在 G109（青藏方向）、G214（青藏方向）、G215（青新方向）、G315（青新方向）、G227（青宁方向）、S305（大风山—冷湖—丁字口方向）等能源输出通道以及马场垣、格尔木、海东平安和青石咀、湟源海晏和倒淌河、海西冷湖等路网关键节点地区建设 20 个国家一类治理公路运输超限超载执法站点。

网络基础方面，可利用公网接入交通政务外网建设“治超”执法站与交通数据中心的网络系统，通过原有治超站点、新建站点与数据中心的联网，实现治超站点数据的实时传输，实现全省联网治超。

（三）组织方式

该工程由省公路局、省建管局、省收费公路处联合负责建设，其中省交通通信信息中心负责软硬件系统的技术支持。

三、道路运输管理与服务平台

（一）建设目的

在现有“道路运输管理信息系统”基础上，建设并推广使用道路运输“一卡通”系统，试点实现道路运输移动稽查，实现与全国运政管理系统联网和信息交换，有助于提供跨区道路运输业户与从业人员资质身份认证和信用管理查询服务。

（二）建设内容

1. 道路运输“一卡通”系统

在运输车辆管理、从业人员管理、营运车辆调度与安全等领域全面应用以集成电路（IC）卡为技术手段的电子身份识别系统对于提高青海省道路运输管理效率和服务水平，扩充基础设施的服务效能，保障道路运输安全均将起到重要作用。在此基础上，集成移动稽查系统，有助于实现全省道路运输市场监督的移动稽查及相关数据的实时传输。

按照《IC 卡道路运输证应用技术规范》（JT/T 654—2006）等文件和技术要求，道路运输“一卡通”系统的建设和实现宜充分依托现有的三级管理网络体系：以省交通数据中心为核心数据交换中心，以 8 个州（地市）运输管理机构为主要节点，连接全省 45 个运管所。

其中，主要包括省级密钥管理系统、IC 卡发行管理系统、IC 卡应用接口系统。省级密钥管理系统负责密码管理，包括部级密钥导入、本省密钥生成、密钥分发等功能；IC 卡发行管理系统负责 IC 卡初始化、IC 卡写卡、证照打印等工作；IC 卡应用接口系统负责 IC 系统与所有外部应用系统的接口工作，从而保证整个系统的安全性与开放性。整个工程应遵照交通运输部相关技术标准与规范的要求，建设青海省 IC 卡道路运输电子证系统相关的密钥安全体系、相关标准及规范体系、建设及运行保障体系等。

系统技术框架如图 5-4 所示。

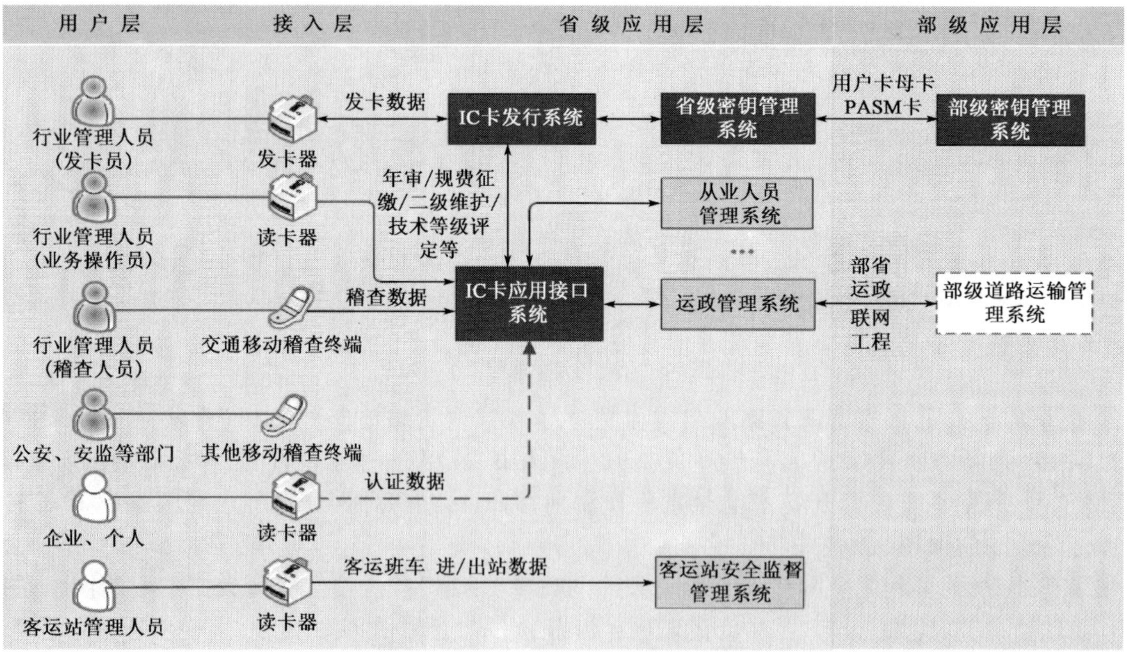

图 5-4　道路运输“一卡通”工程系统技术框架

在“一卡通”系统基础上，开展运政稽查、身份认证和信用管理、联合执法等业务应用。同时，鼓励引导客运站、货运枢纽、物流园区利用“一卡通”介质实现区内作业调度和安全管理。

2. 道路运输移动稽查系统

目前，青海省道路运输稽查主要采取人工抽查的办法来实施，存在漏检率较大、工作效率较低、执法地点不能满足不同需要的问题。道路运输移动稽查系统可以通过车牌自动识别、运输电子证件读取等设备，实时网络连接道路运政系统，实现营运车辆数据库比对模糊查询、现场处罚、数据导入导出等功能，使道路运输稽查过程及时、准确，保障了工作人员的安全，提高工作效率和准确性。该系统主要包括以下两个部分。

(1)稽查违章处理：稽查信息管理，与现有路政系统的“案件档案”网络连接；违章处理，与现有路政系统中的“行政处罚”连接；车辆黑名单管理；车辆预警；打印(根据需要打印执法文书)；查询和统计。该部分可以先开发简易流程处罚程序。

(2)手持终端稽查：主要查询和验证所稽查营运车辆的信息，包括违章行为、经营许可证、道路运输证、客运班线标志牌、从业资格证、年度审验等。可以通过读取 IC 卡或者传统运输证的联网信息查询。

其中，手持移动终端可以将 PDA 和移动通信模块整合开发，也可以利用智能手机开发基于移动通信平台的系统，来实现与现有道路运输管理系统相连接。

移动稽查地点可以考虑客运站场、主要公路路段、主要货物集散地或维修厂、机动车驾驶培训学校、机动车综合性能检测站等。在移动稽查执法过程中严格按照国家相关法律法规执行。

(三)组织方式

该工程由省运管局负责，路政执法总队参与，省交通通信信息中心负责技术支持。其中，道路运输“一卡通”系统建设可以在西宁市试点先行并推广，移动稽查系统可以小范围试点使用并择机推广。

四、公众出行信息服务系统

(一)建设目的

抽取省交通数据中心统一数据资源平台上的出行服务相关数据，并补充完善公众出行服务的相关数据，在外网形成统一的出行信息数据库；建设全省统一的公众出行信息服务网上版块和服务热线，集成并补充建设交通信息发布设施，形成统一的出行信息服务体系，向出行者提供“一站式”服务，方便省内各族人民和旅游者的安全便捷出行。

(二)建设内容

1. 建设公众出行服务数据库

出行信息服务综合应用主要在外网上开展，而数据中心部署在交通业务专网内。为了提高效率和保证安全，应建设公众出行服务数据库。按照全省统一的数据资源架构体系，公众出行服务数据库在交通数据中心相关数据基础上进行补充完善。整合公路、运输、海事、城市客运等领域信息，利用各业务部门或单位的公众信息服务资源，形成统一的公众服务基础数据库；同时，结合交通机构改革进程，整合铁路、民航等综合交通公众出行信息，作为网站、服务热线、短信、广播、电视等所有出行服务形式的共同数据基础。出行服务信息数据主要包括以下数据资源：

(1)出行者信息数据：分为乘坐公共交通和自驾两类出行者。乘坐公共交通出行者需要的信息包括客运班次、站点、票价、气象、铁路信息、航班信息、沿途旅游景点、目的地酒店信息等。自驾出行者需要的信息包括路径诱导、路况信息、救援、沿途气象、突发事件、施工、沿途旅游景点、目的地酒店信息等。

(2)发布信息数据：公路外场在线发布的路况、施工、气象、突发事件、收费设施、服务区位置、维修点等信息；客运站场大屏幕发布的待发班次信息、站点信息、票价信息、乘车指南和相关业务办事指南，如托运、行包、小件寄存、购物、各类公告等信息。

2. 公众出行信息服务网上版块

充分利用厅外网网站群的展示平台，完善公众出行信息服务网上版块，对外服务信息内容应涵盖公路、水路、地方铁路等综合交通出行信息，主要包括以下功能：

(1)出行路径基础信息服务:交通电子地图以及出行路线里程、结构物、沿线行政地理信息、车辆临时停靠点、观景台、旅游区、餐饮点、医疗点等属性信息,另外还有高速公路的匝道出入口、立交桥结构示意图、车道、收费标准、服务区、旅游、救援等相关出行信息,并在此基础上提供出行路径规划服务。

(2)出行路径动态信息服务:以图形形式辅以文字形式加以展现。以不同颜色线段分别表示路段通行状况,如通畅、拥堵、事故等。文字标注要尽量简明,只标明有利于用户区分路段划分的标志性地点名称。同时,滚动发布施工、事故、封路等交通事件信息,于固定位置发布更新时间和对交通影响重大的气象或灾害信息,以及预计恢复正常通行的时间、影响范围和建议的可替代路线。此外,在已有条件基础上发布重要路段、隧道、收费站等监控地点的视频监控信息。

(3)客运信息服务:主要包括长途客车班次表及余票信息服务和大型综合交通枢纽换乘信息服务。长途客车班次表及余票信息服务具体包括发车时间、发车地点、达到时间、行程距离、票价、车型等。在"黄金周"等高峰时间发布余票信息,并提供相应客运站订票电话。结合西宁汽车站、新宁路汽车站等大型客运站,在现有的客运管理信息系统基础上,进行长途客车班次表及余票信息的整合和发布。综合交通换乘枢纽信息服务包括公路客运站、火车站、飞机场、公交换乘枢纽等,发布枢纽地理位置、可换乘的交通工具及基本班线情况,结合电子地图服务,提供基于换乘枢纽的列车和航班时刻表、基本票价及购(订)票指南等信息。另外可以整合西宁市、海东地区的市区公交线路信息,在上述客运信息服务内容的基础上,提供可参考的静态公共交通出行换乘路径方案。

3. 青海交通服务热线

借鉴现有的"12122 服务热线"建设和使用经验,建设统一的青海交通服务热线,逐步扩大服务范围,丰富服务内容。在热线服务形式上,要以人工语音服务为主,不推荐采用自动语音应答服务;建议用户呼入时优先采用人工服务,若线路已满,则提供两种选择:一是继续等待人工服务,二是转接自动语音服务。重点提供实时交通状态的几项"一键操作服务",例如:最新拥堵路段、最新道路封闭信息、最新交通气象等。

4. 外场交通信息发布系统

以公众出行信息服务数据库为基础,与电信运营商建立合作关系,在全省范围内建立统一的短信平台服务号码,在公共移动通信网络能覆盖的范围内提供跨区域的无缝信息服务。

在高速公路服务区、主要班线客运站适当布设室内显示屏,主要用于发布交通事件、交通气象等信息,还可以发布本地抵达旅游区或者标志性地点所剩的距离和时间以及市内住宿、餐饮、购物等信息。在相应路段拥堵时,可发布推荐的可替代路线。室内显示屏也可使用平板电视,在餐厅、商店等较小空间布置。

可以在西宁、新宁路等客运站、高速公路服务区的室内设置触摸屏一体机,用于旅客数量较大的地点,提供交通信息交互式服务。

(三)组织方式

该工程由省交通通信信息中心负责,省公路局、省高管局、省运管局、省海事局参与配合。

五、交通应急指挥系统

(一)建设目的

建成青海省公路水路交通应急处置场所和应急数据资源体系,完善应急管理信息系统,建成应急通信系统,充分利用交通运行监测信息平台,以泥石流、山体滑坡和冰雪灾害为主要对象,实现全省范围内Ⅱ级以上各类公路突发公共事件和各级各类水路突发公共事件的应急指挥工作和日常监测预警工作,满足应急领导小组应急指挥、综合研判、专家会商等工作需求,形成全省统一联动、快速反应、实时沟通的交通应急体系。

（二）建设内容

1. 交通应急处置中心

建设青海省公路水路交通应急处置中心，包括：应急指挥厅、值班室、会商室等。处置中心应配备计算机网络系统、音视频系统、通信系统，划分为值守工作区、设备操作区、显示屏区、视频会议与指挥区，设置值守工作席位、综合控制席位和指挥工作席位，可以依托省交通厅视频会议室建设。

青海省公路水路交通应急处置中心应为省公路局、省运管局、省高管局、省建管局、省收费公路处等相关人员设置坐席，各自负责日常的监控业务和战时的应急处置业务，需要应急联动时，由省交通厅统一协调和指挥。

将高速公路监控中心（拟建）和青海湖水运调度监控室作为分中心，提高重点区域的应急反应速度。

同时，充分利用交通数据中心已有数据资源，补充建立公路水路交通风险隐患数据库、公路水路交通应急资源数据库、应急避难场所数据库等应急基础数据库和公路水路交通应急预案库、公路水路交通突发事件案例数据库；公路水路各类突发事件趋势与后果分析模型、衍生与次生灾害预警模型、路径规划与疏散等决策支持模型库；应急预案与演练方法等方案库等应急专用数据库。

依托交通应急处置中心，开发建设应急指挥管理信息系统。主要功能是：以应急信息资源为基础，为日常应急管理和突发事件应急处置提供辅助决策支持，包括：

（1）应急值守子系统。实现公路水路交通突发事件信息的接报处理、跟踪反馈和情况综合以及办公管理等应急值守业务管理。根据不同类型、不同等级突发事件的应急预案要求，各交通应急管理单位可按照既定的管理模式及报告制度，通过本级交通应急体系向上级主管部门报送突发事件信息、现场音视频数据，并向有关部门抄送通报。

（2）风险监测评估与预警子系统。依托“交通运行监测信息平台”，以公路水路各类监测监控设备和系统为基础，汇集公路水路风险隐患监测信息和风险分析信息，并可对相关信息进行搜索查询或筛选，对其中关键数据进行风险特征识别，评估公路水路各类突发事件发生的可能性和后果程度，结合各级交通应急机构和其他相关部门的预测预警信息，实现公路水路交通突发事件的早期预警、趋势预测和综合分析，从而达到减少和避免原发性灾害事故的发生以及减少灾害事故的衍生次生，并通过直观的方式展现在应急决策者面前，作为事件处置的依据。

（3）智能辅助子系统。根据公路水路交通突发事件应急预案，利用对突发事件的分析结果，通过对有关法规、政策、安全技术要求以及处理类似事件的案例等进行智能检索和分析，并咨询专家意见，提供应对突发公共事件的指导流程和辅助决策方案。根据应急过程不同阶段处置效果的反馈，实现对辅助决策方案的动态调整和优化。系统依据应急处置流程不同对公路水路突发事件进行分类决策，通过对事件定义，可智能检索匹配的应急方案库、案例库和知识库，自动生成应急资源调配、路径选择等推荐的处置方案。

（4）综合调度指挥子系统。辅助应急指挥人员有效部署和调度应急队伍、应急物资、应急装备等资源，充分利用基础交通信息网络、视频会议系统、公路交通运行管理信息平台，实时或及时将突发公共事件发生发展情况和应急处置状况传递给相关人员，实现协同指挥、有序调度和有效监督，提高应急效率。

（5）应急资源管理子系统。实现对应急物资、专业力量、储备运力、应急预案和其他支撑信息进行动态管理，为应急指挥调度提供保障。同时可对应急处置过程中产生的，包括视频信息、音频信息、接处警信息、应急处置方案制定信息、应急指令下达信息、现场处置情况信息等进行存储和管理。

（6）应急评估子系统。自动记录应急事件的应对过程，按照应急预案的相关规定建立评价模型、再现应急过程，应急过程前、过程中和过程后进行综合评估，形成应急能力评估报告。

2. 应急通信系统

应急通信系统为公路水路交通突发事件应急指挥提供通信保障，保障各级各类应急平台之间的通信畅通，满足语音、数据和图像等业务的实时传输。应急通信系统主要包括有线通信系统和无线通信系统。其中,有线应急通信系统可以依托交通信息网络实现,本工程主要解决无线应急通信系统的实现。

青海省公共移动通信网络在东部地区基本覆盖,但在西部覆盖率仅为70%左右。根据实际情况,宜建立卫星通信终端和短波电台组成的移动应急通信系统。卫星通信可利用中国交通信息中心的海事卫星通信服务和已开发的VSAT卫星通信系统,配备海事卫星电话来实现,实现跨区域的语音、图像通信。为省交通厅、省高管局、省公路局、省运管局、省海事局、省建管局等业务局以及地(市州)交通局、公路总段、公路段、海事管理机构以及高速公路路政大队均配置相应设备。同时,在省厅和相关厅业务局配备短波自适应电台设备,利用短波系统实现小范围内应急通信。

(三)组织方式

全省交通应急指挥系统由省交通厅、各业务局以及公路总段、运管所等下属部门共同参与建设。优先整合现有应急资源,包括基础数据和空间数据,重点解决应急指挥系统基础性功能模块,优先搭建应急指挥平台框架,制定平台技术标准,并逐步建设完善。

六、行业办公信息平台

(一)建设目的

推广使用交通运输行政执法人员IC卡认证系统,强化执法和资质认证的可信度,实现与全国交通运输行政执法信息交换。充分利用现有内网OA建立健全网上行政审批系统,完善电子政务服务,为各族人民提供方便、公开的交通行政事务办理服务。

(二)建设内容

1. 执法人员IC卡认证系统

为了加强交通运输行政执法规范化建设,强化执法人员和执法证件的监管,提高执法水平,部组织研发了"交通运输行政执法人员与执法证件管理系统",该系统采取部省两级部署方式。按照交政法发【2009】725号文要求,省级交通运输管理机构需配置制卡中心,负责将资格审批结果报部后制卡和发卡;密钥系统中设置省级分密钥;海事行政执法证件由部海事局发证后将执法人员具体信息提供给部级管理机构。青海省交通运输行政执法人员IC卡认证系统主要建设内容如下:

(1)硬件和系统软件:主要由数据库服务器、应用服务器、DBMS、数据同步系统构成。主要功能是提供基于B/S的数据操作和检索服务,实现部级数据库与青海省数据库之间的数据适时同步。

(2)密钥系统:主要由IC卡密钥管理系统、密钥机、证件打印机、证件读写机具等构成,实现全省交通运输行政执法证件密钥体系管理,满足部相关要求。

(3)平台业务系统:由执法人员管理系统和执法证件管理系统构成,实现全省交通运输行政执法人员信息查询和分析、执法证件的管理,以及适时向部级数据库备案。

2. 网上行政审批系统

青海省国土面积庞大,省内各族人民以及行业公务人员办理各种行政审批事务往来路途遥远。目前,厅以及各业务局OA、内外网门户网站基本建成,交通数据资源以及信息网络条件具备行业内各部门网上协调办公的条件。建立健全网上行政审批,有助于提高行业办公效率,为各族人民提供便捷公开的服务,促进和谐青海的建设。本系统主要功能如下:

(1)行政审批:在厅外网门户网站"政务大厅"完善获取行政许可的申请信息及相关材料,系统按照行政审批流程分发审批、审核权限,各级用户分别按照各自权限和审批顺序开展审批工作,审批结果直接推送至外网门户网站进行发布。

(2)行政办公:完善现有OA系统的功能。充分采用电子签名等技术,逐步推行无纸化办公。在推广和应用过程中,各级领导带头使用,初期阶段可试运行采取纸质和电子文件并行,系统运行稳定后停止纸质文件流转,全面实现电子公文交换。

(3)业务督办:实现对行政许可期限和其他具有时间限制的政务工作的监督。在规定时间内完成规定的工作是交通主管部门的责任,也是树立行业政府形象的重要手段。系统应根据不同的业务要求,提前提示用户加紧处理事务。提醒方式可采用系统内消息提醒,如果条件具备,可直接挂接短信平台,通过短信随时提醒。

根据法规规定,青海省近期内主要应加强监督的许可事项领域有:道路运输及相关业务、路政管理、海事管理等。

3. 完善建设信息网络

“十一五”期,青海省已经建成连接省交通厅、各厅直属单位以及 8 个州(地、市)交通局等交通管理机构的政务内网。

在“十二五”期,按照已有架构将 8 个州(地、市)海事局和青海湖、贵德县海事局,以及 10 个路政执法支队通过当地政务网连入交通信息网络。为接入当地政务网,需要为各单位配置路由器、交换机等网络设备。各州(地、市)交通局到本地政府政务网络的连接已由省政府统一实现,不需要重新租用网络。路政执法支队视距离当地政务网节点的距离确定是否租用数字电路,通过州(地、市)交通局或者县政务网接入。为了保证设备的一致性,上述单位接入政务网络的交换机应与“青海省交通信息化建设工程(一期)”相应设备型号一致。

4. 完善信息安全建设

青海省“维稳”需求强烈,要加强对交通信息建设过程中网络、应用、数据等安全设施的保障,进一步完善信息安全管理制度建设。其主要内容如下:

(1)网络安全。加强专网防火墙的设计和建设,将主要业务应用系统以及数据中心进行隔离部署,通过防火墙设置严格限制直接访问操作,禁止直接连接相应的应用系统以及数据中心。在专网隔离区域设置入侵检测系统,及时发现并处理恶意非法访问,尤其是各局域网之间的连接点。完善建设安全漏洞扫描系统,对网络和重点服务器、数据中心等进行安全漏洞扫描,并及时发现弥补。

(2)应用安全。按照国家相关规定的要求,采用合适的方式建立 PKI 技术与 CA 管理体制相结合的身份认证体系,实现统一身份认证与授权,为数字签名和电子印章的推行奠定基础。建立统一的日志与审计系统、统一的用户和目录管理制度。严格进行访问控制,综合利用 IP 地址、域名、防火墙、路由器、用户身份认证、安全网关等多种技术对各类应用进行访问控制。

(3)数据安全。利用实际条件,加强数据容灾与备份、数据安全传输、数据安全存储等方面的建设。

(4)安全管理制度和培训。人员、文档、系统运行环境、系统运营、系统开发以及应急等角度建立健全相应的信息安全管理制度。通过教育与培训,增强各级系统管理员和普通用户的安全意识,并通过培训提高广大员工的应用技能,以防不规范操作引起系统安全故障。

(三)组织方式

该工程由省交通通信信息中心负责,厅相关处室参与。其中,网上行政审批系统的推广使用应从各级领导带头抓起,注重实效,忌走形式。

第三节　实施序列与投资匡算

一、实施序列安排

结合现状,确定青海省交通信息化建设实施序列安排的主要原则如下:以总体框架为约束,为后续建设形成统一体系奠定基础;优先建设基础作用较强、成效比较显著的系统和工程;优先建设业务需求比较强烈的系统和工程;优先建设空间部署较为集中的系统和工程。

根据以上原则,确定青海省交通信息化建设“十二五”期的实施时间安排见表 5-1。

"十二五"期青海省交通信息化建设序列 表 5-1

序　　号	项 目 名 称	建 设 性 质	开　工　年	完　工　年
1	整合公路水路交通 GIS/GPS 平台	完善	2011 年	2012 年
2	完善公路交通情况调查	完善		2013 年
3	建设交通应急处置中心	新建		2012 年
4	建设应急通信保障系统	新建		2012 年
5	超限信息管理系统	新建		2012 年
6	重点路段交通运行监测	新建	2012 年	2013 年
7	建设公众出行服务数据库	新建		2013 年
8	完善公众出行信息服务网上版块	完善		2013 年
9	建设多模式交通信息发布系统	新建		2014 年
10	网上行政审批系统	新建		2013 年
11	执法人员 IC 卡认证系统	新建		2013 年
12	完善信息安全建设	完善		2014 年
13	完善公路养护管理系统	完善	2013 年	2014 年
14	完善公路路政管理系统	完善		2014 年
15	完善公路建设管理系统	完善		2014 年
16	收费公路信息管理系统	新建		2014 年
17	建设统一的青海交通服务热线	新建		2014 年
18	完善建设信息网络	完善		2014 年
19	道路运输"一卡通"工程	新建	2014 年	2015 年
20	道路运输移动稽查系统	新建		2015 年

二、建设资金匡算

主要包括系统建设的基础设施、硬件设备、软件、工程和培训费用，参照以往类似工程规模及相关项目资料，青海省交通信息化建设在 2011 ~ 2015 年期间共需投入资金 6 710 万元，详见表 5-2。

"十二五"期青海省交通信息化建设投资计划 表 5-2

序　　号	项 目 名 称	建 设 性 质	建设投资(万元)
(一)	交通运行监测信息平台		1 000
1	整合公路水路交通 GIS/GPS 平台	完善	400
2	完善公路交通情况调查	完善	300
3	重点路段交通运行监测	新建	300
(二)	公路综合管理系统平台		1 400
1	完善公路养护管理系统	完善	300
2	完善公路路政管理系统	完善	150
3	完善公路建设管理系统	完善	150
4	收费公路信息管理系统	新建	200
5	超限信息管理系统	新建	600
(三)	道路运输管理与服务平台		1 310
1	道路运输"一卡通"工程	新建	910
2	道路运输移动稽查系统	新建	400

续上表

序　　号	项 目 名 称	建 设 性 质	建设投资(万元)
(四)	公众出行信息服务系统		850
1	建设公众出行服务数据库	新建	300
2	完善公众出行信息服务网上版块	完善	100
3	建设统一的青海交通服务热线	新建	150
4	建设多模式交通信息发布系统	新建	300
(五)	交通应急指挥系统		1 350
1	建设交通应急处置中心	新建	700
2	建设应急通信保障系统	新建	650
(六)	行业办公信息平台		800
1	网上行政审批系统	新建	80
2	执法人员 IC 卡认证系统	新建	120
3	完善建设信息网络	完善	400
4	完善信息安全建设	完善	200
总　　计			6 710

三、资金筹措

以国家和青海省的相关政策为指导，参考国内相关地区交通信息化建设经验，青海省交通信息化建设资金的主要渠道和来源如下：

(1)省交通建设专项资金。作为青海省交通发展和建设的重要组成部分，交通信息化建设和维护资金主要应来源于青海省交通建设专项资金。

(2)交通运输部信息化有关资金。为了试点和推广相关系统，交通运输部每年安排资金用于交通运输信息化示范建设以及推广，另外，部软科学项目、西部建设项目也会对交通运输信息化领域内的政策、标准、关键技术予以资金支持。交通情况调查系统、超限信息管理系统、交通应急指挥系统、道路运输一卡通等可在全国起到示范作用或者影响全国联网效果的项目，可以部分利用交通运输部的信息化相关资金。

(3)市场化融资渠道。目前，大多数交通信息化建设项目的财务和经济评价效果较差。但青海省由于地方旅游资源禀赋条件优越，旅游相关建设如出行信息服务系统，如果采用合理的建设运营模式，可以吸引各级各类企业的投资。

第六章　措施和建议

一、强化落实组织保障

强化交通系统各级领导干部和工作人员对信息化的认识，加强对信息化工作的统一领导，加强现有交通信息化机构的工作力度，进一步完善工作机制，省交通厅、州（地市）交通局和厅直属单位等各级领导积极参与，尤其是各单位主要领导从战略高度重视信息化工作，在人、财、物方面给予强有力保障，真正将信息化融入到日常工作中。以省交通通信信息中心为核心，落实信息化管理职能，确保交通信息资源管理体系得到落实，并指导各级交通管理机构建立健全本单位信息化工作领导机构与实施部门，实现信息化统筹规划、协调管理。同时，须加强国家相关部门、省内其他行业的沟通和协作，获取相应的指导和帮助，为交通信息化规划的落实提供有利的外部条件。

二、加强人才队伍建设

青海省交通信息化人才紧缺，各级单位要加强内部人才体制建设和人才培训。以厅人事处为主体、省交通通信信息中心为技术支持，对全省交通信息技术人员开展继续教育和培训交流。有计划地引进一批高水平的信息技术专门人才，切实解决岗位编制等实际问题，努力打造精通信息技术、熟悉交通业务的专业人才队伍。近期可以借助社会力量实现维护、服务、培训等，提高人员的专业化业务素质，快速提升人员的信息化应用水平与能力。特别是结合相关信息系统的建设过程，加强现有人员的信息化技能培训。

三、加强信息安全保障

交通信息系统中存在大量涉及社会经济运行的数据，交通外网门户是政府形象的重要组成部分，面临青海省复杂的社会形势和“维稳”的迫切需求，交通信息安全措施的落实具有特别的意义。要加强网络的安全防护和数据的安全保护，严格执行国家信息等级（分级）保护制度的相关规定，在建设资金中保证信息安全软硬件设备的投入比例，安全保障系统与信息系统同步规划、同步建设、同步运行，并加强相关人员的安全与保密培训，确保相应的信息安全措施落到实处。

四、完善建设制度和程序

根据交通运输部颁发的《关于加强交通信息资源开发利用的指导意见》、《交通电子政务建设标准化指导意见》和信息标准化工作的要求，在交通运输部信息化标准体系的指导下，在规划实施的各个环节中严格执行有关标准，省交通通信信息中心负责进行对地方交通信息化标准规范的审定，对项目标准化进行符合性审查，对不符合标准的项目不立项、不开工；在项目建设中，严格管理监督制度，确保每个环节透明化；项目建成后，按标准验收，不合格的不投入使用。在资金的管理与使用方面，严格按照基本建设管理程序，对建设资金实行预决算管理。并应严格执行国家有关建设法规、财务制度，建立信息化专项资金管理与使用办法，确保资金的合理与有效使用。

五、拓宽筹资渠道

资金保障是交通信息化建设的基础。不仅在建设过程中需要大量的资金投入，后期的管理、维护也同样需要一定量的资金。要克服目前交通信息化建设中“重建设、轻管理”的思想，本着先进性与实用性并重的方针，保障信息化建设和管理维护资金的投入，特别是对一些长期需要管理与维护的信息化项目，建议纳入交通基础设施建设和运营的范畴，统筹分配维护经费。引导社会力量广泛参与到信息化的建设与运营中，建立多元的信息化投资机制，推进交通信息化的社会化、市场化运作。

六、选择合理技术路线

交通信息化是现代交通运输业的重要内容，具有科技水平高、实施难度大的特点。一方面，要充分发挥后发优势，可以借鉴发达省份的建设经验，采用先进成熟的技术和软硬件设备来进行建设；另一方面，要结合本身实际和自身业务特点，借助熟悉省情的本地人才采取“边吸收、边创造”的方式，提出具有实效的技术实施方案。同时，重视建设方案的前期工作，做好相关项目建设的可行性研究和设计，落实具体工程的技术实施和资金筹措方案。

青海省公路交通节能“十二五”发展规划

《青海省公路交通节能“十二五”发展规划》

编写单位及人员

编制单位：青海省交通厅

编制人员：杨伯让　　厅　　长

胡　滨　　副 厅 长

刘国华　　处　　长

久美才让　副 处 长

李海洋　　副主任科员

刘国翠　　科　　员

参编单位：青海省交通科学研究所

参编人员：房建宏　　副研究员

徐安花　　高级工程师

马争锋　　工 程 师

目录
CONTENTS

前言
PREFACE

为深入贯彻科学发展观、全面落实节约资源和保护环境的基本国策，根据《中华人民共和国节约能源法》、《国务院关于加强节能工作的决定》、国家发展与改革委员会《节能中长期专项规划》、交通运输部《关于加快发展现代交通业的若干意见》、交通运输部《公路水路交通节能中长期规划纲要》、交通运输部《公路水路交通运输节能减排"十二五"规划》、《青海省公路水路交通"十二五"发展规划》、《全国道路运输企业经营管理人员节能减排专项培训资料汇编》等，特编制本规划。

本规划以青海省公路营运性客、货运输为重点，分析了青海省交通行业节能减排工作的现状，确定了"十二五"交通节能的总体目标和主要任务，并提出了近期的重点工程和保障措施。

本规划基年为2010年，规划期限为2011~2015年。

一、交通节能的形势与要求

（一）交通节能的重要意义

1.应对全球性能源环境问题迫切要求强化交通节能

全球性能源紧张以及气候转暖变化已成为国际社会普遍关注的重大问题，节能减排也已成为国际社会的共同责任。我国作为世界上最大的发展中国家，正日益成为全球关注的对象。交通运输是石油消费的重点行业，是温室气体和大气污染排放的重要来源之一。据估算，2004 年我国交通运输业的 CO_2 排放量约为 2.9 亿吨，预计到 2015 年，交通运输业的 CO_2 排放量将达到 5.22 亿吨。另据统计，机动车尾气排放已成为城市大气的主要污染源，目前在我国一些大城市中机动车污染物排放占大气污染物的 60% 左右。因此，加强交通节能工作将成为缓解我国能源环境压力的必然选择之一。

2.建设资源节约型、环境友好型社会迫切要求加快建设节能型交通

我国经济发展与资源环境的矛盾非常突出，石油资源尤为紧缺，人均可采石油资源仅相当于世界平均水平的 7.7%，石油消费大量依赖于进口，对外依存度已接近 50% 的警戒线。交通运输业是全社会仅次于制造业的油品消费第二大行业，也是建设资源节约型、环境友好型社会的重要领域之一。2005 年交通运输的石油消费总量约占全社会石油消费总量的 29.8%，其中营业性道路运输在各种运输方式中的比例约为 54%。21 世纪前 20 年，我国正处于全面建设小康社会的历史发展时期，经济社会快速发展，客货运输需求旺盛，交通运输能源需求快速增长。世界第一人口大国、资源禀赋相对匮乏的基本国情，决定着我国必须加快构建节能型综合交通运输体系的步伐，否则资源支撑不住，环境容纳不下，社会承受不起，交通发展将难以为继。

3.推动交通科学发展、加快转变交通发展方式迫切要求大力提升交通行业能源利用效率

交通发展要在不断解决基础设施总量和有效供给能力不足等突出矛盾的同时，积极应对能源短缺、环境恶化所带来的重大挑战，必须实现能源利用效率的显著提升。当前我国交通行业能源利用效率与世界先进水平相比明显偏低，其中载货汽车百吨公里油耗比国外先进水平高 30% 左右。因此，必须加快发展现代交通运输业，转变交通发展方式，不断提高能源利用效率，以最小的资源消耗和环境代价提供更多更好的运输服务。

（二）交通节能工作现状

近年来，在交通运输部和青海省委、省政府的正确领导下，全省交通系统以科学发展观为指导，不断破解交通发展难题，把节能作为一个重要的理念贯彻到全省交通公共机构、基础设施建设、运输生产、行业管理等各个环节中，通过提高认识、规划引导、调整结构、创新科技等手段，组织和激励全行业节约和有效利用能源资源，在成功建设现代化交通运输基础设施、有效保障经济社会的快速发展的同时，也极大地推动了全社会的节能工作，为青海省建设资源节约型和环境友好型社会做出了重要贡献。

“十一五”以来，随着青海省综合经济实力不断增强，交通基础设施建设步伐不断加快，公路运输的运量和周转量逐年大幅增长。

2010 年，青海省公路客运量达到 10 439 万人，公路货运量达到 7 962 万吨，旅客周转量达到 50.21 亿人公里，货物周转量达到 227.47 亿吨公里，分别较 2009 年增长了 8.7%、11.0%、10.2% 和 14.5%，如表 1 所示。青海省 2010 年营业性汽车运输效率和燃油消耗统计情况如表 2 所示。

青海省“十一五”期公路客、货运量统计表 表 1

年　份	客运量（万人）	客运周转量（万人公里）	货运量（万吨）	货运周转量（万吨公里）
2006 年	4 861	262 333	5 864	514 149
2007 年	5 218	293 940	6 280	552 563
2008 年	8 996	424 611	6 805	1 866 003
2009 年	9 603	455 610	7 173	1 986 737
2010 年	10 439	502 093	7 962	2 274 730

青海省2010年营业性汽车运输效率和燃油消耗 表2

指　　标	计算单位	载客汽车	载货汽车	备　　注
工作率	%	77.2	67.2	
里程利用率	%	74.8	66.5	
实载率	%	75.6	55.3	
换算周转量(汽油)	百吨公里	70 457	89 304	
换算周转量(柴油)	百吨公里	240 123	707 197	
汽油消耗总量	升	1 027 263	776 052	
柴油消耗总量	升	3 104 790	3 451 121	
百吨公里耗汽油	升	14.58	8.69	
百吨公里耗柴油	升	12.93	4.88	

"十一五"以来，青海省营业性公路运输量增长迅速，增长率为7%～9%，道路的运力结构明显改善，经营模式日趋多样化，出现了高速客运、旅游客运、城乡公交一体化、快捷货运、现代物流和连锁维修等新型服务方式，极大地提升了能源的利用效率。

1.理清思路、精心组织

为全面理清和推进节能减排、建设节约型行业的工作思路，组织专题调研和讨论，出台了建设节约型交通运输行业实施意见，从公共机构、基础设施建设、项目规划、设计、建设、运营和养护管理，到运输行业的转型升级、科技创新等全面做出了安排和部署。

2.加快建设、优化网络

建成一个布局优化、运行高效的交通运输网络，不仅对保障全省经济社会发展意义重大，而且是实现交通运输业节能减排和资源有效利用的重要途径。在这一理念指导下，青海省公路交通建设注重节约资源、保护环境和集约化发展，科学规划公路网络和运输站场，科学确定公路交通基础设施的布局和高速公路、干线公路、农村公路、客货站场的结构，交通运输网络布局得到极大改善，运行效率得到极大提高。

"十一五"期间，青海省公路通车里程情况如表3和表4所示。

青海省"十一五"期间公路等级统计表 表3

年　　份		2006年	2007年	2008年	2009年	2010年
公路总里程(公里)		47 726	52 626	56 642	60 136	62 185
等级公路(公里)	合计	24 638	30 636	32 649	39 726	47 603
	高速	171	215	215	217	235
	一级	175	176	206	209	209
	二级	4 004	4 868	4 984	5 201	5 351
	三级	5 392	6 489	6 095	6 239	6 091
	四级	14 896	18 888	21 149	27 860	35 717
等外公路(公里)		23 088	21 990	23 994	20 410	14 582

青海省"十一五"期间公路路面铺装统计表 表4

年　　份	2006年	2007年	2008年	2009年	2010年
总里程(公里)	47 726	52 626	56 642	60 136	62 185
高级路面里程(公里)	9 235	11 361	12 085	13 704	14 052
简易铺装路面里程(公里)	4 137	4 658	5 245	5 256	5 541
未铺装路面里程(公里)	34 355	36 607	39 312	41 176	42 592

由表3和表4可知,“十一五”期间,公路里程不断增加,公路等级结构进一步优化。二级以上公路由2006年的4 350公里(占公路总里程的9.11%)上升至2010年的5 795公里(占公路总里程的9.32%);高级路面由2006年的9 235公里(占公路总里程的19.35%)上升至2010年的14 052公里(占公路总里程的22.60%)。以上变化为交通运输总能耗下降提供了有利条件。

3. 推动道路运输业转型升级

交通运输业是一个传统产业,转型升级的任务十分迫切,这不仅是支撑经济社会可持续发展的要求,同时也是行业保持核心竞争力的根本所在。通过科学规划和政策引导,强化运输生产的有效组织,合理安排运营和管理,从而推动交通运输业的转型升级,构建了节约型的道路运输产业模式。近年来,物流基地、龙头企业、信息平台三大抓手纷纷启动,并取得了一定的进展,城乡公交一体化稳步推进,道路运输企业数量减少,规模扩大,组织化程度不断提高。

4. 科技引领创新发展

青海省道路交通部门一直将节能减排和环境保护列为科技工作的重点,有针对性地研发和推广应用了一批交通节能、环保新技术,如温拌沥青混合料技术、沥青再生利用技术等,有力地促进了全行业的节能工作。

(三)交通节能工作存在的问题

青海省交通行业节能工作尽管取得了一定的成绩,但是与行业先进水平相比,仍存在一定的差距和一些不容忽视的问题,主要表现在:

1. 节能意识不强

对节能的重要性认识不足,节能意识不强,节能管理薄弱,节能还没有成为大多数交通企(事)业单位和职工的自觉行为,特别是管理层对节能在转变经济增长方式、实施可持续发展战略中的重要作用认识不足。

2. 交通节能法规制度不健全

国家新的《节约能源法》自2008年4月1日颁布实施后,节能工作得到进一步重视,但交通节能配套的法规制度和标准不够健全,在资源利用、能耗统计等方面还有待进一步完善。

3. 缺乏有效的节能激励机制

当前,交通行业应对市场经济体制的综合能源规划、需求预测管理、燃料合同协议、能效标志管理等节能新机制尚未建立。在宏观调控和政策导向方面,政府有关部门对节能设施改造、节能设备研制、节能创新奖励支持的力度也不够,没有建立有效的节能激励机制。

4. 节能人才短缺、技术开发应用力度不大

节能人才短缺的问题相当突出,难以满足节能工作的需要。节能的新技术、新工艺、新材料和新设备投入不足,特别是一些重大的关键技术开发与推广比较困难。

5. 节能监管和服务体系建设滞后

目前,青海省虽然已建立了汽车综合性能检测站以及交通基础设施建设工程检测站,节能的检测设施和技术手段有了一定的基础,但是节能监管和检测机构建设还相对滞后,节能检测和服务机构缺乏,青海省公路交通节能减排统计指标体系、统计过程、统计方法尚未确立,节能工作没有基础数据可以支撑,考评缺乏依据。

6. 新能源供给能力不足

尽管我省在“十一五”期间加大了新能源车辆的应用,但由于受到体制等因素的影响,车辆加气等基础设施建设缺乏,新能源的供给方面明显满足不了市场需求,严重制约了我省新能源车辆的推广使用。

二、交通节能潜势分析

(一)青海省交通行业能耗分析

1. 青海省道路运输生产能耗分析

交通运输行业是能源消耗的主要行业之一,其能源消耗主要来自各种运输工具或设施。青海省道路运输工具主要类型是汽车、拖拉机、摩托车、助力车等,汽油、柴油和天然气是主要的驱动燃料,占道路机动车燃料的绝大部分。

(1)道路运输要素的耗能影响分析

道路运输节能活动受到多种因素的综合影响,主要包括运输工具本身的技术特征、交通设施的结构及质量、驾驶员的技术水准以及运输管理和组织结构的现行状况等。

(2)道路条件对单车油耗的影响分析

道路的几何条件和特性,如纵坡、路面平整度等对汽车能耗有很大影响,一般对于纵坡大、路面平整度差的道路,以相同的汽车完成同样的运量要比坡度小、平整度好的道路消耗更多燃料。从这个意义上说,高等级公路运输比低等级公路运输节能,即能源利用率会因公路等级的提高而提高。目前高等级公路的平均时速可达到80~100公里/小时,车辆的油耗要比普通道路节约20%以上,道路设施水平对汽车能耗起着非常重要的作用。

道路条件对汽车的油耗影响非常大,国家标准《载货汽车运行燃料消耗量》(GB/T 4352—2007)及《载客汽车运行燃料消耗量》(GB/T 4353—2007)把公路分为6类,见表5。

《载货汽车运行燃料消耗量》(GB/T 4352—2007)的公路分类 表5

公路类别	公路等级	道路修正系数
1类公路	平原、微丘地形的高速、一、二级公路	1.00
2类公路	平原、微丘地形的三、四级公路,山岭、重丘地形的高速公路	1.10
3类公路	山岭、重丘地形的一、二、三级公路	1.25
4类公路	平原、微丘地形的等外公路	1.35
5类公路	山岭、重丘地形的四级公路	1.45
6类公路	山岭、重丘地形的等外公路	1.70

注:以上结论出自蔡凤田—《公路交通运输领域节能减排对策》—交通运输部公路科学研究院。根据试验研究的结果,以1类公路的汽车油耗为基数。

(3)汽车节能技术对高原油耗的影响分析

道路运输是交通行业能源消耗的大户,也是我国石油资源消耗的大户,道路交通领域节能减排工作成为我国节能减排的重要组成部分,而改善车辆技术及其合理运用是道路运输行业节能减排的重要途径。降低运输车辆的能耗水平,需要推进车辆自身的节能技术研发和现有车辆的检测维护工作。这里的交通工具特指归属车辆管理部门管辖的机动车辆,单车节能主要是针对单一的运输工具而言,不同于多个运输工具之间的协作经营,车辆在运输过程中的油耗和车辆本身的技术状况有很大关系。

发动机作为汽车的动力源,其能耗的高低对汽车的燃料消耗有着决定性的影响,开发节能高效的发动机是汽车制造行业追求的目标。目前汽车常用的发动机为汽油机和柴油机,由于燃烧方式的不同,柴油发动机的热效率比汽油发动机高30%左右,因此推进汽车柴油化是目前车辆节能的最有效和最主要的手段。

青海省大部分地区海拔高、空气稀薄、含氧量低(图1),燃料燃烧极不充分,且燃烧速度慢,导致发动机功率下降、油耗急剧增加,严重影响了车辆技术性能的有效发挥。根据汽车动力学原理及相关研究成果可知,海拔高度与汽车的动力损失关系为$\zeta=(1-2.26\times10^{-5}\times H)^{5.3}$,如图2所示。以海拔高度3 000米为例,其大气含氧量为海平面的78.5%,大气压力仅为75.4%,空气密度为74%,如发动机不作调整，其动力性能将下降30%以上，燃料消耗增加30%左右。但车辆改用高原型柴油车，不仅可增强发动机动力，充分发挥车辆的技术性能，而且还可大大节约燃料，减少对环境的污染，具有重大的经济效益和社会效益。表6为发动机功率与海拔高度的关系。

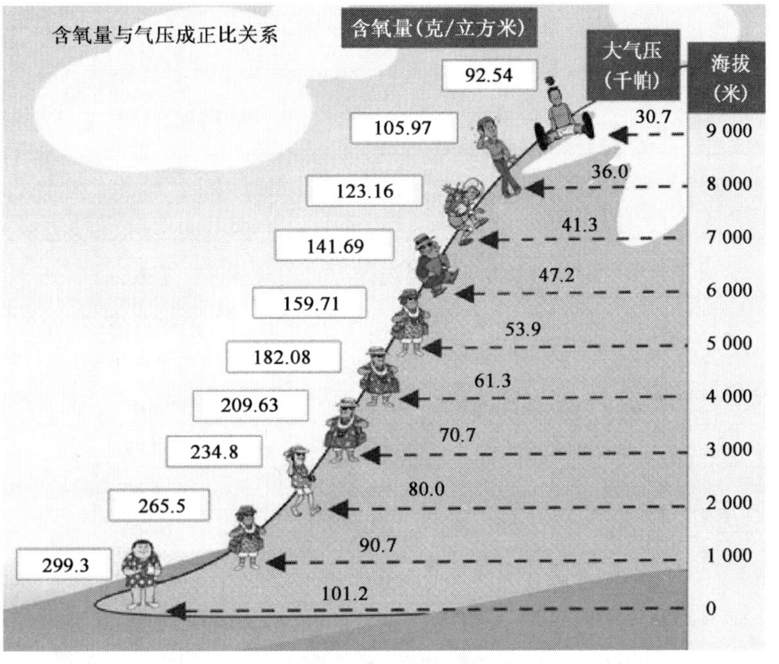

图1　海拔高度与大气含氧量的关系

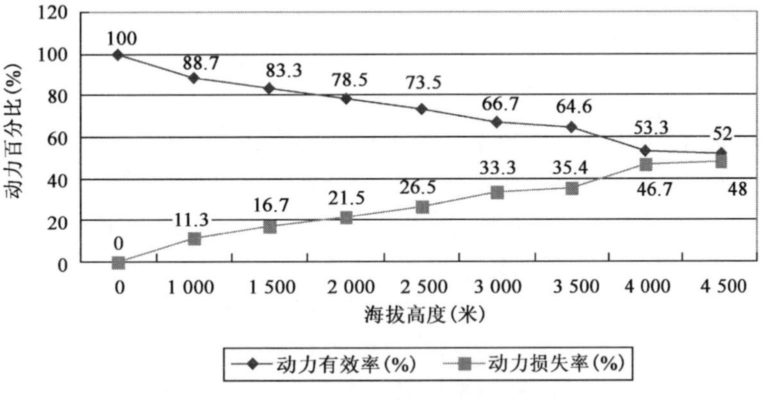

图2　海拔高度与汽车动力损失关系

发动机功率有效率与海拔高度的关系　　表6

海拔高度(米)	0	1 000	1 500	2 000	2 500	3 000	3 500	4 000	4 500
含氧量(克/立方米)	299.3	265.5	250.2	234.8	222.2	209.6	195.9	182.1	170.9
大气压力(千帕)	101.2	90.7	85.4	80.0	75.4	70.7	66.0	61.3	57.6
发动机动力有效率(%)	100	88.7	83.3	78.5	73.5	66.7	64.6	53.3	52.0
燃料消耗增加率(%)	0	11.3	16.7	21.5	26.5	33.3	35.4	46.7	48.0

由表6分析可知，海拔高度的增加使单位燃料发出的有效功率下降，发动机的燃料消耗量必然会增加。当发动机的结构参数不作调整时，海拔高度每增加1 000米，发动机的动力性能将下降12%左右，燃料消耗增加11%左右。

(4)道路运输工具能耗分析

运输效率是反映营运车辆效益的一个重要指标，从能耗角度出发，利用营运车辆单耗来研究其运输效率。青海省2010年营业性道路运输车辆单耗情况见表7。我国营业性道路运输车辆2005年单耗统计情况如表8所示。

青海省营业性道路运输车辆单耗统计[单位:升/百吨(千人)公里]　　表7

项目		年份
		2010年
客车	汽油	14.58
	柴油	12.93
货车	汽油	8.69
	柴油	4.88

我国营业性道路运输车辆单耗统计[单位:升/百吨(千人)公里]　　表8

项目		年份		
		2003年	2004年	2005年
客车	汽油	12.00	12.00	13.20
	柴油	11.00	11.00	11.60
客车	汽油	8.00	8.00	8.00
	柴油	6.00	6.00	6.30

注:摘自《中国交通年鉴》等。

从表7和表8中数据可以看出,青海省2010年营业性运输车辆除柴油货车单耗低于全国2005年营业性柴油货车外,其余车辆单耗均高于全国2005年平均水平。另据《2010年公路水路交通运输行业发展统计公报》可知,全国营运车辆单位运输周转量能耗比"十五"末下降了5%,可见我省道路运输部门的节能工作任务还很艰巨。

综合分析青海省交通节能现状,可以总结出青海省营运车辆单耗落后的主要原因有以下几个方面。

(1)运输组织化水平低

青海省道路运输的生产组织和装备效率仍处于较低层次,运输效率仍然不高。表现在货运市场经营主体以个体户为主,而其运输装备、装卸作业和组织管理等都处于比较低的水平,难以实现网络信息化运输。青海省货物运输企业数量多、规模小,不能发挥资源的集约效应和运输规模效应,没有形成公司化、集约化的良性循环发展模式。道路货运市场更是问题严重,货物运输大多数为一对一、点对点的单线零担运输,大部分货物运输由个体业户自己经营,没有形成科学的、高度组织化的道路货物网络化运输。在这种情况下,单车实载率难以得到提高,节能就会受到限制和影响。据估测,当前青海省道路货运实载率一直徘徊在60%以下,由此导致运输效率和效益低下,同时也导致了高能耗。

(2)车型结构配置尚不合理,难以满足市场需求

主要表现在货运车辆平均载重吨位较低、效率不高以及私家车辆使用率过高引起的能耗问题。截至2010年底,青海省营运性载货汽车中,4吨以下车辆共有44 390辆,占总营运性载货汽车(64 750辆)的比例高达68.56%。

(3)气候与道路条件较差

青海省地处青藏高原东北部,全省均属高原范围之内,地形复杂,地貌多样,加之高寒干旱的气候特征,使得车辆行驶过程中的油耗要高于内地水平。虽然青海省公路建设在"十一五"期间得到了较快的发展,但是公路网总体水平还较低。截至2010年底,青海省二级以上公路的比例仅为9.32%,而高级、次高级路面公路所占比例仅为31.06%,这无疑会增加运输车辆行驶过程中的油耗,可见,青海省公路网等级水平亟待提高。

(4)新技术的普及和推广运用率较低

"十一五"以来,我省虽然有针对性地研发和推广应用了一批交通节能、环保新技术,如温拌沥青混

合料技术、废旧沥青再生利用技术等，但是推广力度不够，运用率还比较低，未能形成规模。

2. 青海省交通运输业能源消费分析

(1)青海交通运输业能源消费分析

交通运输作为青海省经济的重要基础产业，随着经济社会的快速发展，其需求量在不断增加，交通运输领域的能源消费呈现快速增长态势。

①从能源消费总量来看。交通行业是资源占用型和能源消费型行业，在青海省经济大发展的同时，也是交通运输业能源消费快速增长的期间。2006 年青海省交通运输仓储邮电通信业总消耗能源 83.12 万吨标准煤，2010 年则总消耗能源 112.86 万吨标准煤，2006～2010 年间能耗量平均增长速度为 7.16%，略高于同期全省总能耗的增长速度(6.99%)。

②从主要能源消费品种来看。2010 年青海省公路运输能源消费调查基本情况如表 7 所示。由表 7 可知，青海省公路运输车辆中，以汽油车和柴油车为主，2010 年，营运性汽油车共消耗汽油 6.92 万吨，营运性柴油车共消耗柴油 38.13 万吨。

③从能源消费终端部门看。青海省交通运输部门能源效率低于农业、工业以及商业。2010 年青海省能源消费总量为 2 467.79 万吨标准煤，其中，公路运输能源消费量为 65.74 万吨标准煤，交通运输仓储邮电通信业消费量为 112.86 万吨标准煤，工业消费量为 1 948.72 万吨标准煤，如表 9 所示。

青海省各行业能源消费情况(2010 年，单位：万吨标准煤)　　表 9

公路运输消费量	交通运输仓储邮电通信业消费量	工业消费量	消 费 总 量
65.74	112.86	1 948.72	2 467.79

注：1. 1 公斤汽油 = 1.471 4 公斤标煤，1 公斤柴油 = 1.457 1 公斤标煤。
2. 公路运输消费量由《青海统计年鉴 2011》中相关数据和换算关系换算得到。

(2)交通运输业能源消费快速增长的原因分析

随着高速公路的大规模建设和交通运输业本身的快速发展，其内部结构发展不均衡的矛盾更为突出，便造成了交通运输业能源消耗的大幅增加。

青海省公路建设在“十一五”期间飞速发展。公路网主骨架基本建成，公路通车里程增加，运输车辆迅猛增加，运输能力显著提高。公路建设的大发展与汽车保有量的快速增加，使得公路运输业成为交通运输业的最大能源消耗用户。

(二)交通运输业节能减排的趋势判断

经济社会持续快速增长必然会带来交通运输需求的持续快速增长，由此带来交通运输业能源消费的快速增长。一方面，由于运输结构的优化、运输工具和装备技术水平的提高、运输管理及组织效率的提高，完成单位运输量的能源消耗将会降低；另一方面，在国家强有力的节能减排政策的引导下，交通运输领域的资源环境约束将日趋严格，由此促进了交通运输系统效率的提高，抑制了能源消费的过快增长。

青海省道路交通运输需求一直保持持续增长的态势，随着经济社会的发展和运输量的不断增加，能源供求将越来越成为制约道路交通运输发展的重要约束，未来青海道路运输能耗将进一步增加。

(三)交通节能影响因素分析

影响道路运输节能的结构性因素主要包括道路基础设施结构、车辆运力结构、运输企业结构和能源消费结构等；技术性因素主要包括车辆制造技术性能、在用车辆技术状况、车用节能技术(产品)应用、信息技术应用等；管理性因素主要包括车辆运输效率、车辆通行管理、驾驶员节能驾驶水平等运输组织管理水平，以及道路运输节能相关法规标准、激励政策、体制机制等。

近年来，交通行业在结构性节能、技术性节能和管理性节能等方面成效显著，但也面临着一些突出问题。

1. 结构性节能方面

通过加强战略规划及政策引导，加快推进交通运输结构调整，交通基础设施结构、车辆运力结构和企业组织结构明显改善，大大提升了交通系统整体节能水平。但是，交通发展中长期积累的结构性矛盾尚未根本解决，粗放型发展方式尚未根本转变，主要体现在：一是综合运输结构不尽合理，综合运输枢纽建设滞后，不同运输方式之间缺乏有效衔接，综合运输整体优势和组合效率尚未充分显现；二是基础设施网络化程度还比较低，断头路多、城市交通拥堵、绕行等不合理运输现象时有发生；三是运输装备结构不尽合理，大型、专用性车辆较少，汽车甩挂运输发展滞后；四是交通能源消费过度依赖石油，替代能源、可再生能源比重有待提升。

2. 技术性节能方面

通过切实加强交通节能科技进步与创新，积极推进应用现代化运输装备，开展了推荐车型、客运车辆等级评定工作，组织了全国重点在用车辆节能产品（技术）推优工作，节能技术基础有所增强；大力推进交通行业信息化和智能化建设，加快了现代信息技术和组织管理技术的集成应用，运输生产效率和行业节能水平持续提高。但是，交通节能科技支撑与服务能力亟待加强，主要体现在：一是节能科技研发投入不足，创新激励机制不够完善，节能环保型运载工具、替代燃料等一些重大共性和关键技术研究开发不够；二是缺乏鼓励节能技术、产品推广的配套激励政策和机制，节能技术、产品的推广应用进展缓慢；三是行业信息化水平还有待进一步提升，现代信息技术应用推广还比较滞后，公众出行和货物交易信息服务能力还有待增强；四是交通节能技术服务体系尚未建立，节能技术产品和服务市场还有待进一步规范。

3. 管理性节能方面

切实注重加强运输组织管理、节能监督管理，实现管理挖潜增效，以体制改革为保障，强化交通市场监管，促进运输市场体系的完善，不断提升交通系统运行效率和运输组织管理水平；初步形成了交通行业节能法规标准体系，初步建立了行业能源管理机构和能源利用监测服务体系，节约能源的制度环境不断改善、组织保障有所增强。但是，交通运输生产效率和节能监督管理能力还亟待提升，主要体现在：一是行业节能意识有待增强、理念有待提升，节能政策法规和标准规范体系不完善，体制机制性障碍尚未根本消除；二是道路货物运输市场发展滞后，组织方式总体还比较粗放，企业经营集约化与规模化水平低，道路运输组织化程度低，空驶率居高不下，运输效率不高；三是节能统计监测等基础性工作薄弱，节能绩效评价考核体系尚未建立；四是交通节能监管能力和水平亟待提升，相关产业政策不配套，节能长效机制尚未形成。

（四）交通节能潜力分析

节能潜力是基于节能影响因素变化而定义的节能比例。通过综合研究国内外学术文献、总结相关试验成果与实践经验，可大致确定道路运输领域在规划期内主要可行节能措施的量化节能效果。

通过分析，交通运输行业通过结构优化、技术进步和强化管理等途径实现节能的潜力巨大。道路运输节能潜力如表10所示。

道路运输节能潜力 表10

类　别	主要节能措施	节能效果参考值(%)
结构性节能	载货车辆平均吨位提高1吨	6
	开展甩挂运输	30
	采用柴油机车辆（相对汽油车）	15
	提高公路技术等级	15～41
	提高路面等级（油路相对于砂石、土路）	10～15
技术性节能	应用智能交通技术	25～50
	推广应用混合动力系统	10～50
	减轻车身自重10%	8
	发动机提高1个单位的压缩比	7
	子午线轮胎代替普通斜交胎	5～10
	高速车辆安装导流板	4～10
	安装风扇离合器	4～6

续上表

类　别	主要节能措施	节能效果参考值(%)
管理性节能	提高车辆里程利用率1%～5%	3～15
	缓解道路交通拥挤	7～10
	严格执行车辆维修保养制度	5～30
	提高驾驶员驾驶水平	7～25
	实施营运车辆准入退出机制	5～10

注:本专栏中所列节能效果仅仅是针对单一影响因素变化采取某一单项措施的节能效果测算参考值。实际运用中应注重采取综合节能措施,充分发挥组合效果。节能效果需综合考虑各因素之间的相互作用关系以及具体措施未来实现的经济技术可行性等因素。以上节能潜力分析成果,视实际情况可分别适用于单车、运输企业和交通行业层面,作为各层面针对某些节能影响因素变化或采取某些节能措施所产生的节能效果进行预估的参考依据。

三、交通节能的指导思想、原则和总体目标

(一)指导思想

全面贯彻落实科学发展观,以能源合理利用、提高效率为核心,提升节能理念,转变发展方式,调整交通结构,以科技创新为动力,通过政策引导、健全法制、规范标准、落实责任、市场准入、监督管理和信息服务等途径,在全省道路交通行业进一步树立节能意识,加快构建资源节约型、环境友好型的交通生产方式和消费模式,促进青海省道路交通运输业又好又快发展。

(二)基本原则

1.坚持交通发展与节约能源相结合

道路交通行业能源利用投入产出不相匹配的根本原因在于粗放型的增长方式。因此,要把节约能源作为转变增长方式的主攻方向,有效提高能源利用效率,在加快交通基础设施外延发展的同时,注重内部挖潜改造,坚持走科技含量高、经济效益好、能源消耗低、环境污染少的交通现代化发展道路。

2.坚持节约能源与科技进步相结合

节约能源是我国的基本国策,在建设节约型交通的进程中,要依靠科技进步和科技创新,积极开发高端的节能技术,大力推广先进的节能设施,努力降低交通装备能源的使用成本,逐步形成节约能源的消费模式,实现交通基础设施的耐久化、能源节约的最大化和运输方式的高效化。

3.坚持市场调节与宏观调控相结合

交通企业是节能降耗的主体,要以市场为导向,充分发挥市场配置资源的基础性作用,通过实施政府制定的法规标准,建立符合市场经济体制要求的节能降耗机制,营造有利于交通企业节能减排的政策环境和市场环境,推动交通企业的节能工作。

4.坚持监督管理与政策激励相结合

要依法加大监督管理的力度,加快建立科学的节能降耗指标体系、统计体系、监测体系和考核体系,减少能源损耗,提高交通能源利用效率。要鼓励使用能耗低、性能好、排放少的环保型营运车辆,推进交通行业的节能示范工程和重点工程,表彰节能减排的先进典型,使节能工作走上规范化和制度化的轨道。

5.坚持突出重点和全面推进相结合

道路交通行业的节能主体是运输企业,营运车辆、公路隧道大型设备是节能的重点。交通高耗能单位应通过制定明确的节能工作目标和措施,建立严格的能耗统计报告制度,定期进行监测检查,把节能工作真正落到实处。

6.坚持行业动员与社团参与相结合

节能工作涉及千家万户,交通行政管理部门要大力宣传贯彻节能政策、法规、标准和规范,增强交通行业节能减排自主创新的能力;公路运输企业要通过调整运输结构,提高运输效率,切实履行节能责任;交通行业的社团组织要积极参与节能知识宣传、节能技术培训,推广先进的节能技术和产品,充分发挥社团在政府与企业之间的桥梁和纽带作用。

（三）总体目标

1. 总体目标

根据交通运输部的总体要求，参照国内外交通行业的节能水平，结合交通行业结构调整、技术进步和管理挖潜等方面的发展趋势及节能潜力，最终确定2015年、2020年青海省交通运输行业节能的总体目标如下：

2015年，交通基础设施网络体系更加完善，营运车辆结构更加优化，交通能源消费结构更加合理，结构性节能取得明显成效；节能科技创新能力进一步增强，节能技术服务体系进一步完善，交通信息化水平进一步提升，技术性节能取得明显进展；基本形成与社会主义市场经济相适应的交通节能法规标准体系、政策支持体系、监督管理体系和统计监测考核体系，运输生产效率和能源利用效率明显提高。与2010年相比，营运载货汽车单位运输周转量油耗降低5%，营运载客汽车单位运输周转量油耗降低3%，交通公共机构综合节能降低10%。

2020年，建成具有规模效益的交通基础设施网络，基本形成合理的节能型运输装备体系和交通能源消费结构，结构性节能取得显著成效；形成完善的科技创新与推广应用机制，节能技术和产品得到广泛推广应用，交通信息化和智能化水平显著提升，技术性节能取得全面突破；运输组织管理水平和节能监管能力显著增强，政府有效监管和企业自觉节能的长效机制进一步健全，资源节约型和环境友好型的交通产业结构、发展方式和消费模式基本形成。与2010年相比，营运载货汽车单位运输周转量油耗降低10%，营运载客汽车单位运输周转量油耗降低6%，交通公共机构综合节能降低15%。

2. 主要能耗指标

（1）道路运输。2015年汽柴油营运车辆综合单耗比2010年降低4%左右，营运载货汽车单位运输周转量油耗降低5%，营运载客汽车单位运输周转量油耗降低3%。

（2）隧道照明。2015年隧道照明电耗比原设计降低30%，2020年比原设计降低40%左右。

（3）公共机构。2015年交通公共机构综合节能比2010年降低10%左右，2020年比2010年降低15%左右。

四、交通节能的主要任务

本规划主要以青海省道路营业性运输为重点领域，分别提出了各领域结构节能、技术节能和管理节能的主要任务。

（一）公路运输节能的主要任务

1. 提高公路建设等级标准，降低能耗

（1）高速公路建设。优先建设国家高速公路网青海境内路段，重点推进与周边省份及“四区两带一线”高速公路建设，到2015年，高速公路（含半幅高速公路）里程达到3 000公里，2020年高速公路里程达到6 630公里。

（2）干线公路建设。依据干线公路网规划中“六纵、九横、二十联”的干线公路网络，“十二五”期间，国省干线公路改造和新建的重点是提高等级、完善网络，加快高速公路与县乡公路连接线的建设，2015年和2020年，干线公路网中二级以上公路的比重超过12%和20%。

（3）农村公路建设。继续实施新农村建设和交通配套工程，实现所有具备条件的乡镇、生态移民区、85%以上的行政村（牧委会）、主要寺院通沥青（水泥）路，基本消除县道小桥以上、乡道及村道中桥以上的危桥。

2. 加快道路运输枢纽建设

加快对接国家综合运输体系“五纵五横”主通道，加快构建与高速公路、快速铁路和空港的有机衔接。

到“十二五”末，基本建成以一级汽车客运站为主体的西宁、格尔木两个国家公路运输主枢纽系统，西宁建成1个综合客运枢纽站，各州府所在地建成二级以上客运站，东部地区县城汽车站全部升级改造为功能完善的二级客运站，基本实现东部乡镇有等级客运站、行政村有简易站或招呼站，其他地区县城因地制宜建成三级以上客运站。

到"十二五"末，在西宁建成1～2个大型物流中心(货运站)，德令哈、格尔木、平安、西海、共和、同仁在高速公路出入口附近各建成1个物流站场。

3. 深化道路运输结构调整

(1)鼓励发展新型运力。通过优惠政策引导客运企业发展节能环保的新型运力，加速淘汰油耗高和排放超标的老旧车辆，提高道路运输的装备水平。到2015年，中高级载客汽车占营运载客汽车的比重达到40%以上；鼓励货运企业逐步增加柴油车(百吨公里油耗比汽油车低20%以上)、高效低耗重型车、汽车列车、箱式货车、拖挂车和特种车的比重；客运汽油车、柴油车、燃气车及双燃料车的比例更趋合理；对于货运车辆，增加大型载货汽车比例，12吨以上载货汽车载质量占总载质量的比重超过40%。

(2)强化运输组织调配。进一步优化客货运输的资源配置，大力发展公共交通、拖挂运输和甩挂运输，积极推进运输企业的规模化、集约化和网络化，提高车辆的实载率和运输效率。加快物流中心、货运中心和配送中心等物流园区和基地的建设，在运输、仓储、装卸、包装、货代等各个环节融入信息和通信网络技术，推动"大物流"向专业化、功能化和一体化的方向发展。严格按照运输市场的准入制度，提高货运企业准入的门槛，力争使客运线路的实载率不低于70%。2015年和2020年，公路货运里程利用率力争达到70%和73%。

(3)大力发展智能交通技术。推进公路运输的信息化和智能化进程，加快现代信息技术在公路运输领域的研发应用，逐步实现智能化、数字化管理。重点加强以高速公路客运为骨干的现代客运信息系统、客运公共信息服务平台、货运信息服务网和物流管理信息系统建设，促进客货运输市场的电子化、网络化，实现客货信息共享，提高运输效率，降低能源消耗。2015年，争取完成ETC建设并在有条件的收费站投入运行；2020年，力争使ETC的覆盖率达到20%。

4. 强化道路运输节能管理

(1)加强汽车性能检测。坚持营运车辆综合性能检测、技术等级评定以及日趟检等制度，对不符合《营运车辆综合性能要求和检验方法》中能耗及排放标准的车辆，必须维修检测合格后方可继续投入营运。

(2)严格能耗考核。宣传贯彻《载货汽车运行燃料消耗量》(GB/T 4352—2007)和《载客汽车运行燃料消耗量》(GB/T 4353—2007)两项国家标准，引导道路运输企业制定科学合理的汽车油耗定额。道路运输企业通过制定营运车辆燃料消耗定额，推行油耗定额考核制度，倡导经济车速，以确保实现节能降耗的目标。

(3)规范汽车维护。进行二级维护或整车大修的车辆必须经过竣工检测，汽车尾气排放不达标的车辆不签发《机动车维修出厂合格证》，不投入营业性运输。

(4)推广节能技术。认真组织实施节能科技攻关和示范项目，做好交通运输部公布的《营运车辆节能产品目录》宣传、落实工作，推广汽油发动机直喷、多气阀电喷和发动机增压等节油技术，鼓励使用子午线轮胎、安装导流板和风扇离合器等节能产品，提升节能水平。

(5)强化节能驾驶培训。制定汽车节能驾驶技术标准规范，编制培训教材和操作指南，积极推广模拟驾驶，加大公路运输企业节能驾驶的培训力度，全面提升汽车驾驶员的节能意识与减排素质。力争到2015年和2020年，节能驾驶培训的普及率达到50%和70%以上。

(6)推广新燃料汽车。积极鼓励开展液化气、天然气和电动改装车示范活动，推动汽车能源向多元化转型。

(7)严格限制高耗能汽车进入青海省营运市场。以交通运输部公布的道路运输车辆燃料消耗量达标车型为依据，逐步取缔已营运但非交通运输部公布的道路运输车辆燃料消耗量达标车型的车辆，力争到2015年，使营运车辆基本符合限值标准。

(二)交通基础设施建设节能的主要任务

1. 认真落实公共机构节能条例

以节电、节水、节油、节材等为重点，创新机制，考核奖惩，加强管理，积极引导交通系统广大职工树立节能意识，自觉厉行节约，努力降低机构运行成本。2015年、2020年与2010年相比，交通公共机构综合节能分别降低10%和15%左右。

2. 努力降低工程建设能源消耗

交通基础设施建设的新建、改建和扩建项目，要按照交通运输部关于交通行业基本建设项目和技术改造项目可行性研究报告增列节能篇章的规定，进行节能评估和监督检查，努力降低工程项目的能源资源消耗。2015 年、2020 年与 2010 年相比，交通行业施工单位每万元产值能耗分别降低 8% 和 10%。在年度国省道大中修工程中，确保废旧沥青再生利用里程达到年度大中修里程的 10% 以上，路面废旧材料再生利用率达到 50%。

3. 切实加强施工单位用能管理

交通行业公路工程施工单位都是高耗能单位，这些用能单位在施工生产过程中，应选择技术含量高、能耗少的工艺和装备，积极采用新技术和新材料，切实加强用电、用水、用油管理，降低能耗和生产成本。

4. 高度重视公路设施节能工作

改进公路隧道的供电系统，优化照明设计，推广 LED 等节能灯具，综合利用太阳能照明。在道路照明方面，推广智能照明调控系统，推广应用 LED 节能灯具。每千米隧道照明耗能比原设计降低 30%，节约标准煤 2.5 万吨，减少 CO_2 排放量 6 万吨。全省国省道（包括高速公路）改装高频耦合灯或 LED 灯比率达到 60%。

5. 加大低能耗科研成果的转化工作

在青海省公路建设中重点推广应用温拌沥青混合料铺路技术和沥青混合料的再生利用技术等，使温拌沥青混合料应用率达到 10% 以上。沥青混合料的再生利用技术占旧路面改造的 30% 以上。

营业性公路运输"十二五"节能目标分解见表 11。

营业性公路运输"十二五"节能目标分解 表 11

项目			2015 年	
单位能源强度指标	营运车辆综合单耗		降低 4% 左右	
	载客汽车		降低 3% 左右	
	载货汽车		降低 5% 左右	
分解目标	类别	主要任务	具体目标	节能效果
	结构性节能	优化路网结构（不含村道）	二级及以上公路比重≥12% 路面铺装率≥65%	2.4%
		优化能源结构（折算成标准煤）	载货汽车柴油比例≥70%	2.4%
			载客汽车替代燃料比重≥4%	0.2%
		优化货运运力结构	大型载货汽车≥12 吨，占总载质量比重≥40%	1.6%
	技术性节能	发展智能交通技术	完成 ETC 建设并在有条件的收费站投入运行	1.0%
	管理性节能	提高运输效率	载货汽车里程利用率≥70%	4.3%
		推广节能驾驶	节能驾驶比例≥50%	1.6%
		限制高耗能汽车准入制度	高耗能汽车不准进入营运市场， 95% 以上符合部颁标准车型目录	0.5%
	科研性节能	低能耗科研成果推广应用	温拌沥青混合料应用率≥10% 沥青混合料的再生利用技术≥30%	1.0%

注：1. 2015 年下降幅度同比 2010 年（基年）数据。

2. 营运车辆综合单耗单位：千克标准煤/百吨公里；营运载客汽车单耗单位：千克标准煤/千人公里；营运载货汽车单耗单位：千克标准煤/百吨公里。

3. 表中仅列出了公路运输节能的主要途径及其效果，目标的确定还综合考虑了其他影响因素，如载客汽车大型化、舒适化等，车辆单耗呈现上升趋势等。

4. 以 2015 年营业性公路客、货运输周转量的预测值为权重，计算得到营运车辆综合单耗的预测值。

5. 2015 年单位能源强度指标的实现按照比例权重分解为结构性节能目标、技术性节能目标以及科研性节能目标；结构性节能目标、技术性节能目标以及科研性节能目标又按照权重比例分解为各自具体的指标。

五、节能重点工程

按照"企业实施与政府主导相结合、突出重点与示范带动"的方针，根据技术可行、经济合理、节能效果佳、近期见效快、示范效应强、具有一定工作基础的原则，提出近期重点实施的七项交通节能工程。

（一）重点企业节能示范工程

结合交通行业实际，研究开展青海省交通行业重点用能企业节能示范活动。引导重点用能企业制订并实施节能计划，建立严格的节能管理制度和有效的激励机制，完善节能管理体系，改进用能管理，开展节能技术创新与应用。组织对重点用能企业能源利用状况的监督检查和主要耗能设备、工艺系统的检测。建立青海省交通行业重点用能企业的用能状况动态监测信息平台，定期公布能源利用状况。通过强化对重点企业的节能监管，充分发挥重点用能企业节能的示范效应，促进交通运输企业节能管理的规范化、常态化，推动交通行业节能向纵深发展。选择节能效果显著、具有较强示范作用的车辆节能和隧道节能项目，作为青海省交通行业节能的示范工程，认真实施，以点带面，逐步推广。同时向交通运输部推荐典型的示范项目，作为全国交通行业节能示范项目推广。

大力宣传和推广交通运输部全国交通行业节能减排示范项目，并结合青海省特点，在汽车运输企业推广二级维护竞赛和燃油消耗的考评活动，在高速公路隧道推广 LED 节能灯等。通过节能示范活动，充分发挥典型节能项目的示范效应，带动全行业的节能工作。

（二）节能驾驶工程及营运车辆燃料消耗准入工程

大力倡导节能驾驶，总结、推广汽车节能驾驶操作与管理经验、技术，组织编写汽车驾驶员节能驾驶操作手册和培训教材，将节能意识和技能作为汽车驾驶员从业资格考核和资质认定的重要内容和依据。强化运输企业节能驾驶教育培训力度，推广车辆驾驶培训采用模拟装置和技术，逐步建立一支节能意识强、驾驶技能好、业务素质高的汽车驾驶员队伍。

建立营运车辆燃料消耗准入与退出机制。从政策引导、法规强制和经济鼓励三方面入手，制定相关政策和标准，从源头上严格控制高耗能车辆进入营运市场。认真贯彻执行交通运输部《营运客车燃料消耗量限值及测量方法》、《营运货车燃料消耗量限值及测量方法》两个行业标准，以交通运输部公布的道路运输车辆燃料消耗量达标车型为依据，加强营运车辆油耗的检测和监管，力争到 2015 年，使营运车辆基本符合限值标准。

大力推广应用节能与新能源车辆。结合青海省能源优势，因地制宜地推广使用天然气等新型替代燃料的车辆，逐步提高城市公交、出租车中天然气车辆的比重。同时加大加气、加电设施的建设，以满足新能源汽车的需求，从而保证新能源汽车的顺利推广和普及。根据《青海省人民政府办公厅关于印发加快电动汽车充电设施建设指导意见的通知》，2011 ~ 2015 年，将重点建设以西宁为中心的东部地区、环青海湖地区的充电设施及配网供电系统，适度建设其他地区充电设施及配网供电系统。2016 ~ 2020 年，将建成覆盖全省城区、县城、重要集镇、风景名胜区的电动汽车充电设施网络。

（三）甩挂运输节能试点工程

将加快发展甩挂运输作为调整公路运输运力结构、提高货运实载率的突破口。在全省范围内筛选典型公路运输企业在适当地区和线路上组织开展公路甩挂运输示范和试点工作。在试点的基础上，研究提出青海省关于推进公路甩挂运输发展的指导意见和实施方案，带动和促进甩挂运输在全省范围内快速发展，构建甩挂运输发展长效机制，提高公路货运业运输生产效率和能源利用水平。

（四）高速公路电子收费（ETC）工程

大力推进青海省高速公路电子收费（ETC）系统建设，增加高速公路信息发布平台和手段，积极引导车流，提高行车效率。在有条件的区域，积极推进相邻省区市甚至更大范围的高速公路联网电子收费（ETC），减少收费过程中由于车辆低速、怠速行驶造成的能源浪费。

（五）科技节能降耗示范工程

在全省交通基础设施建设项目中大力推广应用新技术、新工艺、新材料和新设备。场站、高速公路服务区的房建项目及配套的公共服务设施，要符合建筑节能标准。开展废旧沥青再生利用专项行动，积极引导公路大中修项目采用泡沫沥青、乳化沥青冷再生、半柔性冷拌、沥青路面就地热再生、温拌沥青混合料等技术。制定政策，鼓励各地引进再生机械，促进再生利用和预防性养护技术全面推广。鼓励各地区建立废旧沥青回收中心，对路面废旧沥青作回收再生利用，避免乱丢乱弃，减少环境污染。加强对废旧沥青再生技术的研究、交流、培训，不断提高施工质量，延缓大中修时间，延长再生路面使用寿命。降低公路建设和运营期的能耗与排放水平，最大限度地减少对周围生态环境造成的不利影响。

（六）绿色交通照明工程

在运输场站、仓库堆场、办公楼和高速公路服务区等公共场所，加快淘汰低效照明产品，推广智能照明调控系统，改进电路布设和控制方式，推广节能灯具，以期增大绿色照明的效果。开展隧道照明技术改造专项行动，制定隧道照明技术改造政策，每年安排一定资金改造隧道照明设施。在广泛调研基础上，按照公路隧道的有关规范、标准，制定青海省隧道照明设施改造的指导意见。在隧道新改建及维修改造中充分考虑使用照明节能减排设施；在列入年度计划实施维修改造和照明设施增设、更新的隧道项目中，同步实施改造。

（七）交通公众出行和货运信息服务平台建设工程

加快建立和完善覆盖全省不同层次客户群体需求的公路交通公众出行信息服务系统，将道路与城市出租和公交实时信息通过多种媒介和渠道提供给广大出行者。加快推进与城市交通等相关出行信息系统的联网运行，为建立全国统一的公众出行交通信息服务系统奠定基础。引导公众选择最佳出行时机和最优出行线路，减少无效运输、不合理运输和交通拥堵等带来的能源浪费。

运用通信网络技术，建立全省统一的物流信息、技术、设备等资源共享的货运信息平台。通过发布货运的供给和需求信息，从而减少空载率，充分配置资源以减少资源浪费，提高效率和效益。

六、保障措施

（一）强化节能组织领导

1. 加强组织领导和统筹协调

各级交通部门要强化对交通节能工作的组织领导，高度重视节能组织机构建设，建立健全交通行业节能管理体制，完善与相关部门协调配合的交通节能推进机制，强化对综合运输发展的指导和协调，加强部门间交通节能的信息共享与协同合作。各地区、有关部门及企事业单位要统筹规划、各司其责，做好相关领域的交通节能工作，共同推动规划实施。

2. 建立节能目标责任制

建立健全交通节能目标责任制和绩效考核机制，将各项交通节能指标和任务逐级分解落实，由各级交通部门主要领导负总责，充分发挥绩效评估的导向作用和激励约束作用，实行严格的问责制。各级交通部门要抓紧研究建立节能问责制和奖惩制度，制定具体的评价考核实施办法，重点评价相关政策措施的制定和落实情况。

（二）提升节能监管能力

1. 建立健全交通行业节能规划体系

各级交通部门和大型交通企业要将有关节能的内容纳入发展规划，编制交通节能专项规划，并将节能专项规划向上级交通运输主管部门报备，做好交通节能专项规划与交通发展规划、节能环保专项规划等相关规划的衔接协调工作。同时，要建立健全定期评估考核、通报和修订机制，加强对规划执行情况的督促、检查和奖惩，对规划进行动态调整和管理，充分发挥规划的指导作用。

2. 完善交通行业固定资产投资项目节能评估和审查制度

加快完善交通行业固定资产投资节能评估和审查的具体办法，进一步规范节能评估与审查工作，将节能评估文件与节能审查意见作为交通固定资产投资项目（含新、改、扩建工程）审批、核准和开工建设的强制性条件，以及工程设计、施工及验收的必备依据，确保项目符合强制性节能标准。加强交通行业节能评估机构和人员管理，提高节能评估质量，落实节能评估责任制。

3. 完善节能法规标准

以贯彻落实《节约能源法》为契机，实施营运车辆燃料消耗量限值标准及测量方法，完善市场准入和退出制度，尽快将交通节能管理纳入法制化、规范化、标准化的轨道。

4. 完善节能监管体系

建立健全交通行业节能监督管理体制，形成权责明确、协调顺畅、运行高效、保障有力的交通节能监督管理体系，明确专门的机构、人员和经费。严格执行国家和交通行业节能法规标准，依法加强市、县（市）区级交通节能监督管理，强化交通节能监管能力建设，加大交通各领域、各环节节能工作的监督检查力度。重点监督检查交通行业重点用能单位和高耗能项目用能、节能管理情况，交通固定资产投资项目节能评估和审查情况，营运车辆等重点耗能设备准入退出制度执行情况。

5. 完善节能统计制度

加快完善并组织实施青海省交通行业能源统计与分析制度，完善公路运输节能统计指标体系，规范节能统计过程和统计方法，并纳入部门统计范围，强化各项指标的统计调查、分析、预测和发布工作。尽快建立统计季报制度，加快建立能源统计信息系统，为分析行业用能状况和制定节能政策提供基础数据支撑。

在青海省公路运输行业节能统计调查中，应充分注意海拔高度对于能源消耗以及节能效果的影响，例如，对于施工企业的能耗统计，可按其所处海拔分等级进行统计，可分为 3 000 米以下、3 000 ~ 4 000 米和 4 000 米以上三个等级。

6. 完善节能监测考核机制

以交通行业能源利用监测机构、有关协会学会、科研机构等为依托，按照布局科学、数据准确、传输及时的要求，建立与交通行业节能统计分析、评价考核相适应、覆盖全行业的监测网络。推进各级交通节能监测站标准化建设，提高队伍专业化、装备现代化水平。建立交通行业和重点交通用能企业科学、统一的季度、年度能源消费总量和单位能耗核算制度，制定严格的数据质量评估办法，切实保证数据质量。加紧研究交通行业节能评价和考核体系，定期开展行业能源消费状况的评估工作。

（三）完善节能激励政策

1. 制定和实施促进节能的交通产业政策

鼓励节能环保型企业的发展，引导高能耗、低效率的交通运输企业向节约型、环保型企业转变。安排政府性引导和补偿资金，鼓励并积极引导运输从业者和消费者购买和使用节能环保型车辆、装卸和施工装备设施等，加快淘汰高油耗车辆及其他落后生产设施设备。

2. 建立健全交通节能投融资机制

各级交通部门要把节能投入作为交通公共财政支出的重点，充分发挥政府资金的引导作用。建立和完善交通行业节能激励机制，逐步形成以国家和地方资金为引导、企业资金为主体的交通节能投入机制，设立各层次的节能专项资金，用于鼓励、支持节能监管体系建设、节能新技术和产品的研发与示范推广、节能宣传培训、信息服务和表彰奖励。拓宽交通节能融资渠道，充分利用金融机构信贷资金以及社会资金，加大对交通节能项目的投入。

3. 积极争取有关的节能财税优惠政策

深入研究分析资源税、环境税、消费税等税制改革对交通节能的影响，并制定应对措施。加强与各级人民政府管理节能工作部门、财税部门等的沟通与协调，积极争取交通运输部和省级地方财政安排的节能专项基金对交通节能的支持，争取相关税收优惠扶持和财政补贴政策。

(四)创新节能管理制度

1.探索以市场机制为基础的节能新机制

大力推行节能技术服务机构与交通企业的合同能源管理,为企业实施节能改造提供诊断、设计、融资、运行、管理等一条龙服务。建立节能投资担保机制,促进交通行业节能技术服务体系的发展。鼓励交通企业或行业协会与政府签订节能协议,充分调动企业节能的主观能动性,推进交通节能的市场化运作。充分发挥行业协会、学会、节能技术服务机构和科研机构等单位在各自专业领域内节能管理、技术推广等方面的作用。

2.建立健全交通行业能效标志、节能产品认证及目录管理制度

建立并推广交通行业强制性能效标志管理制度,扩大能效标志在营运车辆、施工机械等方面的应用,不断提高能效标志的社会认知度。大力推动交通节能产品认证,规范认证行为,扩展认证范围。完善交通节能产品(技术)的目录管理制度,定期公布交通行业节能产品(技术)目录,引导和促进节能产品(技术)的研发和推广。

3.建立交通节能信息发布制度

建立交通节能政策法规、项目审批、案件处理等政务公告公示制度。搭建交通节能信息交流平台,及时发布国内外各类交通节能产品、技术及管理经验等信息,积极引导交通运输企业选用优秀的节能装备及技术、产品。依法推进企业节能信息公开,开展重点用能企业的节能审计、绩效评估和信息公告。完善公众参与机制,充分发挥行业协会、社团组织等的作用,广泛听取公众意见,加强社会监督。

(五)加强节能科技创新

1.加强节能科研平台建设

要围绕节约型交通发展的战略目标,以节约能源、环保交通、清洁运输为主要内容,兼顾基础条件和区域特点,加强交通科研机构、高等院校、重点实验室的节能科研基地建设,开展节能基础性、关键性和前瞻性技术研究,提高青海省交通运输行业节能研发水平。

2.加快节能信息技术的开发

以电子收费(ETC)系统为代表的ITS系统的逐步深化,GIS、GPS、RS在交通运输领域的综合利用,EDI、CAD技术的逐渐成熟和普及,有力地推动了交通运输体系的主导技术和传统运输方式的优化升级,对于改善运输组织形式、实现联网售票、电子商务配货、提高客货运输效率具有重要的作用。

3.促进节能科研和成果转化

一要开展行业结构性节能战略研究,包括研究公路运输业可持续发展的对策、一体化运输的组织体系、智能化数字交通管理系统以及公交决策支持系统,优化柴达木循环经济试验区的综合交通枢纽和运输网络等;二要开展技术性节能的研究,结合公路运输及隧道照明等不同用能方式,开展如温拌沥青混合料施工技术研究、碳平衡法油耗分析研究、隧道洞口段照明参数研究等,通过科技研发和成果推广转化,推动节能技术的发展。

(六)加大宣传与教育培训力度

1.注重节能宣传引导,提升节能理念

利用报刊、网站等各种媒体,广泛、深入、持久地开展交通节能宣传活动,宣传国家和交通行业的节能方针、政策和法律法规等。开展节能型工程、节能型企业、节约型机关(单位)等创建活动,表彰奖励交通节能先进单位和个人,充分发挥舆论的引导和监督作用,增强全行业节能意识,提倡节约型的交通消费方式。

2.强化教育培训,提高从业人员节能素质

组织编制交通节能知识手册,推行交通节能科普行动计划,开展经常性的节能教育培训、技术和经验交流工作,将交通节能知识纳入职业教育培训体系,提高全行业的节能意识、业务水平和操作技能,逐步培养和造就一支高素质的节能工作队伍,全面提高全行业从业人员的节能素质。

3. 建设节约型机关,发挥政府交通部门的节能表率作用

各级交通部门要率先垂范,积极开展节约型机关建设,倡导崇尚节约、合理消费的机关文化,建立和完善机关节能规章制度,实施能耗定额和支出标准,强化能源消费计量和监测管理。推行政府节能采购,加大节能产品政府采购实施力度,带头使用节能产品、设备。

通过规划的实施,交通行业节能政策、法规、标准、统计、监管等体系将逐步完善,节能意识大大提高,节能管理得到有效规范。同时,强化节能技术创新、优化交通运输结构、加强节能监督管理,将全面提升交通节能工作,促进“十二五”节能目标的实现。

青海省内河航运发展规划

（2011～2015年）

《青海省内河航运发展规划(2011～2015年)》

编写单位及人员

编制单位：青海省水路运输管理局

编制人员：赵连龙　局　　　　长
俞永春　书　　　　记
冯延浩　主　　　　任
孙彦超　处　　　　长
王　刚　副　　处　　长
白增禄　高　级　工　程　师

参编单位：交通运输部天津水运工程科学研究院

参编人员：张华勤　院　　　　长
张华庆　研　　究　　员
李旺生　研　　究　　员
程小兵　助　理　研　究　员
李伯海　教　授　级　高　工
李一兵　研　　究　　员

目录
CONTENTS

第一章 概 述

第一节 规划背景与意义

青海省位于青藏高原,面积为72万平方公里。四周与甘肃、四川、西藏、新疆毗邻,是联结西藏、新疆与内地的纽带。省会为西宁市。

青海山脉纵横,峰峦重叠,湖泊众多,峡谷、盆地遍布。祁连山、巴颜喀拉山、阿尼玛卿山、唐古拉山等山脉横亘境内,青海湖是我国最大的内陆咸水湖,柴达木盆地以"聚宝盆"著称于世。全省地貌复杂多样,五分之四以上的地区为高原。

青海历史悠久,民族众多,文化灿烂,早在两三万年前的旧石器时代,就有人类繁衍生息。马家窑文化、齐家文化、卡约文化以及乐都柳湾彩陶遗址、喇家遗址、吐蕃墓葬群等的出现与发掘,见证着青海自古就有多民族生存以及多民族文化的交融并存。遍布于青海各地的数千座藏传佛教寺院和伊斯兰教清真寺是各民族文化和智慧的结晶。藏族说唱艺术《格萨尔》、河湟民歌"花儿"、热贡艺术、玉树藏族歌舞以及昆仑神话驰名中外。举世闻名的唐蕃古道、丝绸之路,东西方文明的碰撞形成了独特的高原文化、多元的民族文化、博大精深的宗教文化。

青海资源丰富,但青海的生态环境十分脆弱,因此,在资源的开发利用中协调与自然的和谐是最优先考虑的战略问题。中央政府和青海省确立了青海资源开发的"保护性开发"战略,包括退耕还林、还草,合理规划牧业的发展。青海要在保护生态环境的基础上,有效发展经济、转移农牧人口、扩大城镇化水准,与全国发展同步,大力发展第三产业就成为青海省当下的不二选择。第三产业中的高新科技显然难以适合青海的省情省貌,而第三产业中的旅游业是青海"大开发、大发展"中最值得期待、最有潜力的,为此,省委省政府制定了发展青海生态旅游打造"高原生态旅游名省"的发展战略目标。

青海境内黄河的水电开发,一方面为我国经济发展提供了较为丰富的洁净能源;另一方面却淹没了沿黄河两岸的青海省最丰美的土地资源,沿河居民被迫迁移至浅山和高山,这些被迁居民若在浅山和高山继续从事农牧业则将对生态自然环境产生较大的破坏,而一旦破坏,生态环境的修复将十分困难。发展生态旅游,利用水电建设形成的水库扩大生态旅游的范围,是青海省经济大发展、解决水库淹没居民安置问题和城镇化发展的必然选择。

内河航运作为旅游发展的重要载体,可以使游客乘船由单个景"点"到河流沿"线",极大地带动河流沿线旅游产业开发,直接成为支撑青海旅游、生态建设发展的引擎。发展内河航运,是社会经济发展和打造高原生态旅游名省的需要。

由于历史的原因,青海省水运行业起步晚、发展慢,航运企业规模小、资金不足,水路运输主要以水上旅游运输为主,现有营运船舶95%以上都是玻璃钢船,且船舶客位较少、功率较小、抗风浪能力较弱。青海内河航运落后现状与其所需承担的使命存在巨大差距,鉴于此,发展内河航运是非常必要的,也是非常迫切的。

为了促进青海省内河航运事业的发展,发挥内河航运在建设高原生态旅游名省中的作用,青海省交通厅、青海省水路运输管理局拟对现有可通航河流及湖泊进行开发利用,将其打造成连接沿岸城镇乡村、旅游景点,具有客货运输、休闲旅游等综合功能的水上通道,成为青海省经济增长的又一亮点。

为加快青海省内河航运基础设施建设,理清青海内河航道建设的思路,筹划行动计划,为青海省内河航运发展提供宏观决策依据,青海省水路运输管理局组织编制《青海省内河航运发展规划(2011～2015年)》,借以指导全省内河航运持续、健康、协调发展,这对发挥内河航运优势、完善综合运输体系、促进沿河沿湖经济发展和旅游资源开发、推动青海内河航运事业的迅速发展将起到重要作用。

第二节　工作思路及编制过程

一、工作思路

总结青海省内河航运发展历史与现状，评价内河航运的地位、作用并分析存在的主要问题；全面分析经济社会发展形势以及对内河航运的发展要求，并对内河客货运量进行预测；研究提出青海省内河航运发展思路及目标，制订内河航道、港口、运输船舶、保障体系发展规划；明确分阶段建设目标与任务，制订项目实施方案，提出保障规划实施的措施与建议。

二、工作过程

本规划研究任务由交通运输部天津水运工程科学研究院和青海省水路运输管理局联合承担。2009年10月底，交通运输部天津水运工程科学研究院课题组应青海省水路运输管理局的邀请，对青海省主要河流——黄河、大通河、黑河及重点湖泊——青海湖、可鲁克湖、茶卡盐湖等进行了现场考察，而后于2009年11月初编制工作大纲初稿，与青海省水路运输管理局交换意见后作了进一步修改和完善，同月与青海省水路运输管理局签订项目合同书，并开始收集青海省现有通航河流及湖泊的自然条件等资料和相关的国民经济、城市、国土、交通等发展规划成果，在此基础上着手编写规划报告。2009年12月底完成规划报告初稿。2010年1月在青海召集各地、州相关负责人对规划初稿进行了意见征集。2010年5月完成规划送审稿，同月在青海省西宁市组织相关部门领导及专家对规划进行了评审，规划通过了评审。随后针对评审专家意见对规划文本进行了必要的修改和完善，形成规划报备版。

第三节　规划范围及期限

一、规划范围

航道：主要包括青海省境内的黄河、长江、大通河、黑河、湟水河、青海湖、可鲁克湖—托素湖、扎陵湖—鄂陵湖、哈拉湖、年保玉则湖等主要河流湖泊航道。

港口：包括青海湖港、可鲁克湖港、循化港、尖扎港、贵德港等规划河流湖泊内的港口、码头。

二、规划期限

本规划为青海内河航运近期发展规划，主要规划内容为青海省“十二五”航运发展规划，同时对青海省“十二五”后航运发展范围进行简要规划。现状分析及预测用基础数据采用2009年统计数据，未来内河航运发展形势及总体发展思路结合最新形势总体研判。目标测算具体分为：近期（2011～2015年）；中期（2016～2020年）。目标特征年分别为2015年和2020年。

第四节　规划编制依据

《青海省内河航运发展规划（2011～2015年）》编制主要依据以下法律法规、技术标准、文献和其他资料。

（1）《中华人民共和国港口法》（2004年1月1日起施行）。

（2）《中华人民共和国航道管理条例》（1987年10月1日起施行）。

(3)《国家水上交通安全监管和救助系统布局规划》。
(4)《内河通航标准》(GB 50139—2004)。
(5)《青海省“十一五”规划纲要》。
(6)《黄河水上明珠游览带总体规划》。
(7)《青海省公路水路交通“十一五”发展规划纲要》。
(8)《青海省三江源地区生态旅游发展规划》。
(9)《青海湖流域生态环境保护与综合治理规划》。
(10)《青海湖景区旅游整体策划》(2008)。
(11)《青海湖风景名胜区五片区控制性详细规划》(2009)。
(12)《青海省循化县库区特色产业发展规划》。
(13)其他有关法律法规、规划成果、统计年鉴及技术资料。

第五节　规划的主要结论

一、航运现状评价

(一)内河航运开发条件

1. 具有发展内河航运的自然条件

青海省内河水资源丰富。青海省是长江、黄河、澜沧江的发源地，被誉为江河源头。长江在省境内长1 700公里，占总长的17%；黄河在省境内长1 973公里，占总长的36%；澜沧江在省境内长448公里。同时，青海省还是中国湖泊数量排名第二的省份。丰富的水域面积为青海省开发航运提供了基础自然条件。

2. 通过航道整治改善航道条件、发展内河航运是可行的

青海省的河流均是河流源头，属山区河流，这些河流两岸多为峡谷，河道两岸是悬崖峭壁，河中礁石暗伏，水急浪险，旋涡多，山高谷深，自古以来难以横越。但是，近年来黄河上游水电开发在截断河流、截断航道的同时，也一定程度上为黄河上游航运水道的开发创造了条件，通过航道整治改善航道条件、发展内河航运技术可行。

我国内河航道建设技术处于世界领先水平，可为青海省内河航运建设提供支持。利用后发优势，实现跨越式发展。

3. 国家及地方对内河航运的重视

随着经济的发展，资源、环境、生态越来越成为制约经济发展的羁绊，对环境影响较小的低碳化、生态化的航运具有明显的比较优势。因此，航运日益受到各级政府重视并成为优先选项，青海也不例外。

(二)内河航运开发水平

1. 内河航运处于低水平状态，河流航运资源开发程度低

长期以来，由于受到自然条件的限制以及多方面因素影响，尤其对内河航运重要性认识不足，航运基础设施投资偏少，导致青海内河航运处于低水平状态；河流存在诸多浅滩、礁石，致使航道等级偏低；内河港口现代化水平低，货物装卸设备落后；内河航运支持保障系统与航运安全交通要求差距明显。

2. 枢纽阻隔，河流通航不连续

黄河上游龙羊峡、李家峡、公伯峡、积石峡等大中型水电站的相继建成，一方面电站规划建设期未建设也未预留通航设施位置，给河流的连续通航带来难以克服的困难，而复建枢纽过船设施、打通电站上下游航运通道技术存在难度大、投资大等问题；另一方面电站的建设也为发展青海黄河航运提供了可能，这是因为枢纽形成的各库区水域面积大、线路长，利于区段性航道建设和航运发展。

3. 内河航运开发的基础资料较匮乏

由于青海省至目前仅对几个库区开展航运建设，其他航道均处于自然状态，航运建设所需基础资料十分缺乏，尤其是河道地形、水文、地质等基础资料欠缺。

4. 缺乏稳定的资金来源，内河航运基础设施薄弱

青海省经济社会发展的诸多方面与全国平均水平存在一定的差距，缺乏稳定的资金投入渠道，航运基础设施薄弱，总体发展水平还较低，制约了内河航运的发展。

（三）内河航运开发的价值

1. 建立综合交通体系，解决农牧民出行问题

青海省面积72万平方公里，人口不足600万，大部分农牧民群众分布在沿湖、沿河地区。随着青海省黄河上游水电开发的实施，青海黄河上形成了众多库区，淹没了原有道路，给当地农牧民群众出行带来极大不便。因此，合理发展航运可使水路运输成为省内公路运输的有益补充。

2. 内河航运将促进青海省旅游业的发展

青海旅游资源非常丰富，2009年吸引1 108万游客前来旅游。乘船游览作为青海旅游的重要方式之一，有利于推动河流两岸旅游景点及其配套设施开发，使旅游“点”拓展到“线”和“面”。内河航运建设将促进青海旅游业的发展，并助推高原旅游名省战略目标实现。

3. 内河航运开发有利于推动沿河两岸经济发展

青海省矿产资源丰富，沿岸有适合大宗运输的矿产，发展内河航运有利于当地矿产资源的开发，把河流腹地资源优势转化为经济优势，促进沿河两岸经济发展，并形成沿河产业带。

4. 发展内河航运，实现水资源的综合利用

航运资源是水资源的重要组成部分，妥善协调航运发展与水利建设、环境保护等的关系，在水资源综合利用原则下，合理开发和有效利用航运资源，对发挥水资源开发的综合效益意义重大。充分利用已建、在建、拟建水利工程，推动内河航运发展，能够实现多重资源效益和经济效益。

二、客、货运需求

预测2015年、2020年全省内河航道客、货运量分别为78万人次、118万人次和63万吨、94万吨。

预测2015年、2020年全省内河港口客、货运吞吐量分别为150万人次、220万人次和100万吨、170万吨。

三、规划目标

以黄河、青海湖、可鲁克湖等航运开发为重点，其他航道为补充，用10年左右时间，力争建成港、航、船协调，配套支持保障系统，与其他运输方式相衔接的内河航运体系，为青海经济社会可持续发展，尤其是旅游开发提供新的动力，成为青海综合交通体系的重要补充。

四、航道布局规划

青海省内河航道布局规划为：依据各航道的河流自然条件、旅游及经济发展需求，考虑可开发性以及航运开发的潜在价值等因素，将青海省航道划分为地区性重要航道和一般航道两个层次。

地区性重要航道是青海省内河航运基础设施建设的重点，自然条件相对较好，其流域为重要城镇，近期开发能产生较大效益的主要河流。青海内河航道规划地区性重要航道3条，即黄河龙羊峡—寺沟峡航道以及青海湖航道和可鲁克湖航道。规划航道里程820.21公里。

一般航道是指除地区重要航道以外的具有开发潜力的其他航道，其航道等级较低，是以满足未来旅游和当地居民的便民运输需求，以客运为主的航道。规划的一般性内河航道有15条，即黄河上游航道（黄河源电站—羊曲）、通天河航道、湟水河航道、隆务河航道、大通河航道、黑河航道、澜沧江航道、自曲河航道、达那河航道、泞吉河航道以及扎陵湖—鄂陵湖、年保玉则湖、哈拉湖、西王母瑶池航道。规划航

道总里程 1 233.6 公里。

五、内河港口布局规划

根据各港口的区位,依托城镇和集疏运条件、水上旅游需求、基础设施状况等因素,合理确定港口的不同功能,把青海省港口规划为地区重要港口与一般港口两个层次。

地区重要港口:位于重要航道上的主要城镇内,旅游开发价值大,后方集疏运较完备,客货需求相对较大的港口,包括青海湖港、可鲁克湖港、贵德港、尖扎港以及循化港等 5 个港口。

一般港口:除地区重要港口以外的港口,为满足河流两岸旅游发展需求以及沿线乡镇人们出行和物资货运服务的港口。

六、近期实施重点

近期重点开发建设青海湖航运(二期)工程、黄河尼那至寺沟峡河段航运开发项目,及相应的港口泊位,满足水上旅游客运和沿河群众出行的需要,初步建立上述航区的支持保障系统,使其具有一定的服务能力和水平。力争到 2015 年,全省内河地区性重要航道及相关港航设施发展满足社会需求,内河等级航道增加 420.65 公里。

七、保障措施及建议

(1)强化行业管理及与相关行业协调。

(2)尽快确立资金筹资渠道。政府应对内河航运基础设施建设加大投入,拓宽筹资渠道,联合旅游部门、地方政府及相关企业共同开发内河航运。

(3)深入开展前期研究工作,为规划实施创造条件。

(4)动态管理,跟踪调整,保证规划严肃性和连续性。

(5)选择有条件河流,开展生态、景观河道及其配套旅游休闲设施开发建设研究。

(6)研究开发适合青海航运特点的经济安全环保的旅游客船、机动货船和客货混装船。

第二章　青海内河航运发展现状

第一节　青海内河航运发展的基础条件

一、自然条件及社会发展水平

青海属于高原大陆性气候，具有气温低、昼夜温差大、降雨少而集中、日照长、太阳辐射强等特点。但各地区气候又有明显差异，东部湟水谷地，年平均气温在2～9℃，无霜期为100～200天，年降雨量为250～550毫米，主要集中于7～9月，热量水分条件皆能满足一熟作物的要求。柴达木盆地年平均温度2～5℃，年降雨量近200毫米，光照长达3 000小时以上。东北部高山区和青南高原温度低，除祁连山、阿尔金山和江河源头以西的山地外，年降雨量一般在100～500毫米。

全省有270多条较大的河流，水量丰沛，水能储量在1万千瓦以上的河流就有108条，流经之处，山大沟深，落差集中，有水电站坝址178处，总装机容量2 166万千瓦，在国内居第5位，居西北之首。尤其是黄河上游从龙羊峡至寺沟峡的276公里河段上，水流落差大，地质条件好，淹没损失小，投资省，造价低，水电站单位造价比全国平均水平低20%～40%，初步规划可建设6座大型电站和7座中型电站，总装机1 100万千瓦，年发电量368亿千瓦时，是我国水能资源的“富矿”带。

青海省盐湖资源不仅储量大，而且品位高、类型全、分布集中，资源组合好，开采条件优越。柴达木盆地有33个盐湖，已初步探明氯化钠储量3 263亿吨、氯化钾4.4亿吨、镁盐48.2亿吨、氯化锂1 392万吨、锶矿1 592万吨、芒硝68.6亿吨，上述储量均居全国第1位，其中氯化镁、氯化钾、氯化锂等储量均占全国已探明储量的90%以上。溴储量18万吨、硼矿1 157万吨，居全国第2位。盐湖资源不仅储量大，而且品位高、类型全、分布集中，资源组合好，开采条件优越。

2009年，青海全省生产总值1 081.27亿元，按可比价格计算，比上年增长10.1%。分产业看，第一产业增加值107.40亿元，增长5.0%；第二产业增加值576.34亿元，增长11.3%；第三产业增加值397.53亿元，增长9.8%。第一、第二和第三产业对GDP的贡献率分别为4.6%、57.8%和37.6%，三次产业结构由2008年的10.4∶54.7∶34.9转变为2009年的9.9∶53.3∶36.8。全年人均生产总值19 454元，增长9.6%。青海省“十一五”以来生产总值和增长速度如图2-1所示。

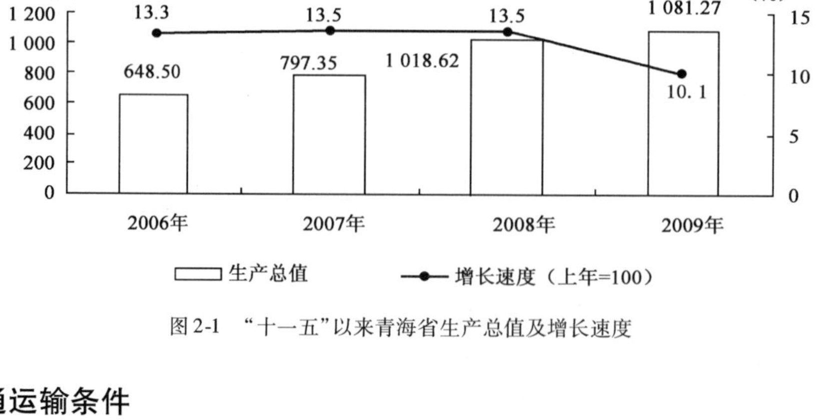

图2-1　“十一五”以来青海省生产总值及增长速度

二、综合交通运输条件

青海北部和东部同甘肃省相接，西北部与新疆维吾尔自治区相邻，南部和西南部与西藏自治区毗连,东南部与四川省相望。改革开放30多年来,全省铁路、公路、民航的客货运输量都呈加速上升的趋势。

公路:公路运输通车里程2009年为6.01万多公里,比上年增长9.0%,高速公路里程217公里。有5条国道、省道23条,形成以西宁市为中心,辐射全省的公路运输网。民用汽车拥有量27万辆。

铁路:铁路营运总里程1 651公里,有特快、普快等客车由西宁通往北京、上海、郑州、银川、青岛、成都、西安、兰州、拉萨、格尔木等大中城市。省境内铁路干线为兰青铁路青海段和青藏铁路西格段,支线铁路为宁大铁路支线等部分厂矿专用线铁路,技术等级不高,运力有限,覆盖面低。

民航:民航通航总里程2009年为3.16万公里,已开通西宁至北京、西安、广州、重庆、深圳、拉萨、南京、沈阳、呼和浩特、青岛、格尔木、成都、武汉、上海、杭州、乌鲁木齐等地的航班。青海现有曹家堡、格尔木机场,可起降大型或中型客机。

内河航运:青海省通航水域主要集中在青海湖、李家峡、龙羊峡等湖泊、水库。至2009年底,航道等级主要以六级为主。目前已通航里程317.74公里。

管道运输:仅限于柴达木盆地油气资源,运输规模和范围很小。现已铺设输油管道有439公里,截至2009年,管道运输量达到了181.82万吨,管道输油周转量达到79 800万吨公里。

2009年青海省全年各种运输方式完成货物运输周转量369.53亿吨公里,比上年增长7.2%。全年旅客运输周转量95.39亿人公里,比上年增长14.9%。具体分类完成情况见表2-1和表2-2。

2009年青海省各种运输方式完成货物运输量及增长速度 表2-1

指标名称	单位	2009年	比上年增长(%)
货物运输量	万吨	10 092.96	8.3
铁路	万吨	2 701.50	16.9
公路	万吨	7 209.00	5.9
民航	万吨	0.64	1.6
管道	万吨	181.82	-9.9
货物运输周转量	亿吨公里	369.53	7.2
铁路	亿吨公里	165.49	11.0
公路	亿吨公里	195.95	5.0
民航	亿吨公里	0.11	7.3
管道	亿吨公里	7.98	-9.9

2009年青海省各种运输方式完成旅客运输量及增长速度 表2-2

指标名称	单位	2009年	比上年增长(%)
旅客运输量	万人	10 074.44	6.6
铁路	万人	430.40	5.8
公路	万人	9 576.00	6.4
民航	万人	68.04	45.2
旅客运输周转量	亿人公里	95.39	14.9
铁路	亿人公里	39.87	18.6
公路	亿人公里	45.41	7.0
民航	亿人公里	10.10	45.9

第二节 青海内河航运发展历程

历史上,青海省黄河下游河段曾有过航运业,其中主要是筏运业。运输的大宗货物有木材、羊毛、皮张、粮油、生猪等。由贵德行驶抵甘肃兰州,或再由兰州放至内蒙古包头。但是冬季因冰封不能通航,夏秋两季(每年6月~10月)因上游冰雪消融或暴雨引起洪水,通航不便。

新中国成立以来,随着公路交通的发展,在黄河上修建了一些桥梁,并沿河修筑公路,使青海省的黄河航运业逐渐萧条。1986年黄河龙羊峡电站下闸蓄水,形成人工湖,当地人开始兴办航运,之后1987年开辟客货运航线。龙羊峡库区航运为发展青海省黄河航运事业率先开创了新的局面。

1995年,黄河龙羊峡库区开辟通航里程108公里,组建三家运输企业,共有驳船21节、趸船4艘、机动船舶13艘,结束了无现代航运交通的历史。至1997年,青海湖、黄河龙羊峡及李家峡库区3个水域通航里程达到216公里,机动船舶发展到69艘,载重吨位2 535吨,总客位760个,船舶总功率3 682千瓦。截至2009年底,全省共有六级航道里程541公里,其中通航里程317.74公里;共有各类船舶123艘,其中营运客船67艘,客位1 180座。2009年全年完成客运量37.9万人、旅客周转量532.5万人公里,分别比2008年增长80%和136%,航运事业蓬勃兴起。

第三节 青海内河航运的发展现状

一、青海省内河航道现状

青海全省现可通航里程317.74公里,主要分布在青海湖和黄河的尕马羊曲至李家峡电站段,以六级航道为主(表2-3),分布情况见附图1。

青海省主要内河航道现状等级表 表2-3

序号	航道名称	起点名称	终点名称	航段里程(公里)	现状等级	是否通航
1	黄河航道	李家峡大坝	阿什贡	36.65	六级	是
		龙羊峡大坝	尕马羊曲大桥	92.00	六级	是
2	青海湖航道(一)	鸟岛	海心山	23.16	六级	是
3	青海湖航道(二)	海心山	沙岛	39.24	六级	是
4	青海湖航道(三)	沙岛	青海湖渔厂	25.82	六级	是
5	青海湖航道(四)	青海湖渔厂	帐房宾馆	13.58	六级	是
6	青海湖航道(五)	账房宾馆	二郎剑	7.16	六级	是
7	青海湖航道(六)	二郎剑	海心山	41.02	六级	是
8	青海湖航道(七)	鸟岛	黄玉	20.20	六级	是
9	青海湖航道(八)	鸟岛	三块石	19.89	六级	是

(一)青海湖航道

青海湖是我国最大的内陆咸水湖,湖周长约360公里,湖面高程3 195.59米,面积4 400平方公里,一般水深21米,最大水深25.5米。青海湖目前总共有8条航线。“十一五”之前建有5条航线,里程约190.07公里,航道等级主要以六级为主,分别为151码头至二郎剑7公里,二郎剑至海心山41公里,渔厂码头至151码头14公里,海心山至鸟岛码头23公里,鸟岛码头至黄玉20公里。“十一五”期间,青海湖新增航线3条:海心山至沙岛39公里,沙岛至青海湖渔厂26公里,鸟岛至三块石20公里。

(二)黄河航道

黄河流经青海省的部分为上游。黄河青海河段的平均含沙量为1.18千克/立方米,属中少沙河流。青海省黄河流域定级通航河段为尕马羊曲至寺沟峡桥,航道总里程为351.54公里。目前已建成龙羊峡、李家峡等水电站,结合水电梯级开发已建成几个库区通航河段。

本河段有贵德水文站。据1919~1981年的径流系列统计分析,年径流总量为204.98亿立方米,多年平均流量为662立方米/秒。实测最大流量为4 900立方米/秒,实测最小流量为92立方米/秒。

1. 龙羊峡库区

黄河龙羊峡水库库区至寺沟峡河段位于西北青藏高原与黄土高原的过渡地带，属于黄河谷地。本河段航道尕马羊曲至龙羊大坝92公里，建设标准为国家六级航道，航道尺度为：(1.0～1.2)米×30米×200米(水深×航槽宽度×弯曲半径，下同)，常年可通行50～100吨级客货运输船舶。

龙羊峡库区航运工程于1991年建设，现已交付使用，并已发挥其社会效益。建成1个“四型”港口(龙羊港)、3个港点(沙沟港、白刺滩港点、曲沟港点)，3条下河引道，各3公里汽车轮渡线，以及与其相配套的通信导航等设施。工程总投资额1 580万元，港口以客运为主。

2. 李家峡库区

李家峡坝址位于青海省尖扎县和化隆县之间的李家峡峡谷中段。库区气候干燥，降雨量较少。1997年李家峡电站建成，水库同年蓄水发电。

航道自贵德县至李家峡大坝，库区通航里程为33公里，航道尺度是：(1.0～1.2)米×30米×200米，常年可通行50～100吨级客货运输船舶。这段航道以客运为主。

二、在建航道情况

(一)黄河阿什贡航道整治工程

黄河阿什贡航道整治工程于2009年开工，工程实施后开通六级航道54公里，开通贵德至李家峡水上客货运线路。该项目的实施将使贵德黄河、李家峡库区、坎布拉森林地质公园等著名旅游景点通过水路运输连成一线，对带动沿线物资交流、推动旅游业发展、帮助沿线群众脱贫致富起到巨大作用。

(二)公伯峡航运建设工程

黄河公伯峡航运建设工程于2009年开工建设。该项目投资概算5 272万元，建设内容包括：六级航道55公里，尺度定为1.2米×30米×200米，同时建设公伯峡电厂、奄古鹿拱北、群科园艺场、尖扎马克唐、康扬河滩上弯及昂拉两岸渡口等7个码头。工程建成后一方面可以缓解由于公伯峡库区蓄水带来的环公伯峡库区交通运输困境；另一方面可以促进库区周边旅游资源的开发，对地方经济发展起到积极的推动作用。

三、内河港口

青海省现有码头分别是龙羊峡港、青海湖二郎剑、鸟岛、贵德港等10个港点码头。

青海湖帐房宾馆码头由交通部投资建设，于2006年通过交工验收。码头建成投入使用后形成泊位7个，现主要为青海湖水上旅游船舶服务。

青海湖二郎剑旅游码头由青海省旅游集团公司投资建设，于2007年通过交工验收。码头建成泊位4个，主要为青海湖水上旅游船舶服务。

李家峡下半主洼码头和贵德港码头同属于黄河(贵德至李家峡)航运建设工程，由交通部投资建设，于2004年通过交工验收，形成泊位2个。

四、内河运输船舶

青海省全省现有船舶123艘，其中客船67艘，载客量1 180客位。

青海湖至2009年有客船24艘，其中小艇9艘，旅游客船8艘，高速客船6艘，快艇1艘。

李家峡水库库区内现有各种船舶33艘，其中趸船2艘，公务用船8艘，渡船1艘，营运船舶24艘，共计客位263座。康扬水库库区内现有营运船舶2艘，客位16座。

五、内河客货运输量

青海省水路旅客运输主要以旅游运输、短途客运、渡运为主；货物运输运量很小，没有完整统计数据,没有形成大宗、长途的货物运输能力。“十一五”期间,青海省内河客运输保持较快增长的态势,2009 年完成航运客运量 37.9 万人、旅客周转量 532.5 万人公里,“十一五”期年均增长分别为 25.6% 和 24.5% 。内河客运量发展状况详见表 2-4。

青海省内河客运量现状表

表 2-4

年　度	客　运		年　度	客　运	
	客运量（万人）	旅客周转量（万人公里）		客运量（万人）	旅客周转量（万人公里）
2005 年	12.11	178.01	2008 年	21	226.6
2006 年	28.8	381.73	2009 年	37.9	532.5
2007 年	33.3	446.6	“十一五”期年均增长	25.6%	24.5%

六、支持保障系统

现全省共建海事机构 11 个,共有海事人员 82 人。现六州一地一市均成立了海事管理机构;并在交通运输部的大力支持下,为青海湖、龙羊峡库区等 5 个通航水域配备了海事巡逻艇;开发建设了青海省通航水域信息管理系统,实现了对 5 个通航水域水上交通安全进行现场和远程监控。

第三章 青海省内河航运发展形势与需求

第一节 未来发展形势分析

一、青海经济社会与交通运输发展形势

近年来,青海省关于自身发展战略的探讨研究逐渐深入,在明确省域经济发展阶段和资源结构的基础上,提出了"四区两带一线"的经济空间结构和建设"高原旅游名省"的总体发展战略,优化经济结构和转变经济发展方式,青海省经济呈现出良好态势。根据全省相关规划,未来青海经济社会与产业发展的重点是:

(一)积极推进农牧业结构调整,加快农牧业产业化进程

大力发展特色农牧业,提高农牧业综合生产能力,加强对农牧业的支持和保护,着力建立农牧业增产增效和农牧民增收的长效机制,积极推进农牧业生产方式的转变,实现农牧业和农村牧区经济持续、快速、健康发展。

(二)坚持走新型工业化道路,加快工业化进程

进一步做大做强水电、石油、天然气、盐湖化工、有色金属四大支柱产业和冶金、医药、畜产品加工、建材四大优势产业,积极发展煤业、碱业和载电工业,培育新的支柱产业。大力发展循环经济,加速延长产业链,推进资源开发由单一开发向综合开发转型,由粗放开发向集约开发转型,实现产业的融合发展,提高资源的精深加工度和综合利用水平。

(三)以旅游业为龙头,发展现代服务业

依托青海独特的高原自然生态、历史文化、民族风情等旅游资源,努力把青海建设成为全国著名的高原旅游目的地。以市场化、产业化、社会化为方向,以增强吸纳就业和提高质量效益为目标,进一步优化服务业内部结构,积极发展旅游、教育培训、医疗保健等满足居民消费结构升级的服务业,改造提升传统服务业,加快发展现代服务业,推动现代物流、交通运输、信息服务等为现代大工业服务的基础性生产服务业。

"十五"以来,青海省紧紧抓住国家实施西部大开发战略的历史机遇,加大了对交通基础设施的投资力度,交通基础设施显著改善,综合运输能力大幅度提高,有力地推动了全省经济社会发展。公路建设实现了跨越式发展。"两横三纵三条路"为主骨架的公路网基本建成。高速公路从无到有,实现了零的突破。西部大通道、贫困县出口公路、通县油路建设任务全面完成,实现了省会到州府、州府到县城的油路化。县际公路、县乡公路及农村公路硬化工程建设取得了重大进展。西宁至格尔木高速公路、格尔木至柳园(青海境内格尔木至花海子)高速公路列入了《国家高速公路网规划》。铁路建设成就显著。举世瞩目的青藏铁路格拉段已于2006年7月1日建成通车。西宁至格尔木铁路扩能改造工程、兰州至西宁铁路提速工程顺利建成,铁路运输能力有了较大提高。兰州至西宁增建二线、西宁至格尔木增建二线及格尔木至龙岗铁路、格尔木至库尔勒铁路已纳入国家《中长期铁路网规划》。机场建设步伐加快。格尔木机场改扩建工程、西宁机场一期改扩建工程相继建成,机场等级提高,运输能力增加,通航里程持续增长。油气管道和航运基础设施建设取得了新进展,输油管道里程达到980公里,输气管道里程达到1 851公里。随着全省交通设施规模扩大、综合运输能力的提高,客货运输量逐年增加,基本满足了经济社会发展的需要。

青海经济正呈现加速发展的新形势，经济社会发展处于重要的战略机遇期。同时青海省实施高原生态旅游名省项目和生态省建设，发展以旅游业为主导的现代服务业将推进青海特色经济建设，全面落实经济可持续发展战略。因此，新的经济形势下青海省交通运输发展面临新的挑战，也面临前所未有的机遇。按照青海省此前完成的交通运输发展规划，青海省交通厅将在公路水路交通的总量、结构、质量等各方面全面协调发展，为社会提供安全、便捷、高效的交通条件和运输服务，与其他运输方式共同构筑优势互补的现代综合运输体系，为青海经济发展和社会进步提供交通基础设施保障。

目前，交通体系建设过程中也显现出欠缺部分，伴随青海交通运输飞速发展进程也存在相当不合理之处。交通基础设施总量不足，特别是农村牧区公路总量严重不足，交通网络布局与产业布局不相适应，对外联系通道不畅等问题逐渐凸显。尤其是在如何建设资源节约型、环境友好型交通行业，妥善解决交通建设与资源节约、环境保护问题，实现人、车、路与资源环境的和谐发展方面，还有很多难题需要破解。

二、青海综合交通运输发展规划

青海省综合交通规划将加强各类交通基础设施建设，提升交通运输服务水平，基本建立起进出交通方便快捷、省内各种运输方式相互协调的综合交通运输体系。

（一）基础设施建设

“十一五”期间，青海省交通厅将围绕国家发展大局，围绕全省中心工作，构筑起由公路、铁路、航空、水路等多种运输方式组成的现代化运输体系，为青海经济发展和社会进步提供交通基础设施保障。

1. 公路

按照东部成网、西部便捷、青南通达的目标，抓好国、省道干线路、资源开发路、旅游路和农村公路建设，进一步扩大路网规模，改善路网结构，提高路网质量。“十一五”期间建成“三横四纵”七条路（“三横”指马场垣至唐古拉山公路、大力加山至茫崖公路、下红科至老茫崖公路，“四纵”指扁都口至多普玛公路、二指哈拉山至赛尔龙公路、小沙河至久治公路、当金山至安巴拉山口公路）。东部地区形成以西宁市为中心的呈辐射状及环形状的高等级公路骨架网，西部地区形成以格尔木市为中心通往西藏、青海、新疆和重点资源开发区的公路骨架网，青南地区形成适应三江源生态环境保护与建设要求的公路网。重点建设倒淌河至茶卡、花海子至察尔汗、德令哈至大柴旦、绿草山至黄瓜梁、格尔木至老茫崖等国家干线公路，提高柴达木盆地公路技术等级和通达深度，解决重点资源开发区公路交通通畅问题。改建倒淌河至姜路岭、清水河至结古、贵德至大武公路，全面提升省会至各州州府的公路等级，进一步改善黄河上游水电开发区和旅游景区的交通状况。同时抓好农村公路建设，提高农村公路普及率和硬化路面的比例，为建设社会主义新农村、新牧区提供有力的交通支持。五年新建改建农村公路 17 000 公里。到 2010 年，实现距省会 50 公里以内的县城通高等级公路，距省会 300 公里以内的县城通二级公路，省会至各州州府通二级以上公路，州府至县城通三级公路，乡乡通等级公路，村村通公路，其中 90% 的乡镇通油路，40% 的行政村通油路或水泥路。

2. 铁路

加快建设干线铁路，积极发展地方铁路，提高运输能力，着力缓解“瓶颈”制约。建成青藏铁路格拉段及兰青铁路、青藏铁路西格段增建二线工程。建设哈尔盖至柴达尔至木里地方铁路。加强既有支线铁路的扩能改造，提高运输能力，完善路网结构。五年新建铁路 1 500 公里（包括增建二线铁路），其中地方铁路 144 公里。积极做好格尔木至库尔勒、格尔木至龙岗等铁路建设的前期工作，争取早日开工建设。

3. 民航

完善现有机场运输设施，增辟新航线，增大通往全国主要城市的航班密度，充分发挥运输能力。开工建设西宁机场二期扩建工程，开通西宁机场航空口岸。建成三江源（玉树）机场，做好花土沟机场、大武机场的前期工作。

4. 水运

适应旅游资源开发的需要,完善现有航运设施,开辟贵德至李家峡、公伯峡航运航线,建设通往青海湖沙岛、二郎剑等景区的新航线。

(二)综合运量发展预测

根据青海省社会经济、国土开发以及综合交通运输发展趋势,预测公路、铁路、民航、水路客货运输量,详见表3-1。

青海省全社会交通运输量预测表 表3-1

指标	年份	合计	铁路	公路	民航	水运
客运量（万人）	2009年	10 112.3	430.4	9 576	68	37.9
	2015年	17 928	683	16 964	203	78
	2020年	26 315	872	24 925	400	118
年均增速（%）	2010～2015年	10	8	10	20	12.8
	2016～2020年	8	5	8	14.5	8.6
货运量（万吨）	2009年	9 946.14	2 701.5	7 209	0.64	35
	2015年	18 125.4	3 832	14 229	1.4	63
	2020年	28 964.8	4 891	23 977	2.8	94
年均增速（%）	2010～2015年	10.5	6	12	14	10.3
	2016～2020年	9.8	5	11	15	8.3

三、青海内河航运发展形势

建设青海省内河航运面临良好的历史机遇,同时也面临着一定的挑战。

首先,在新的历史条件下,青海内河航运面临新的发展机遇和发展条件。一是中央高度重视内河航运的发展,出台了一系列国家级水运规划,并提供了大量的资金支持,发展内河航运已成为国家意志的体现;二是省行业主管部门高度重视内河航运的发展,省交通厅水路运输管理局组织编制青海内河航运规划,形成内河航运发展战略思路后,将对重点河流、湖泊进行航运基础设施建设;三是青海省河流资源丰富,具有开发内河航运的基础和条件;四是各地方政府对发展内河水路交通的积极性普遍提高;五是内河航运能够为青海高原生态旅游名省战略项目的实施提供新的交通保障和支撑,而青海高原生态旅游名省项目实施也将为内河航运发展带来大量客运需求。

但同时内河航运建设也面临诸多挑战,由于历史上对内河航运资源的重视不够,导致已建涉水工程影响未来内河航运资源的开发,同时内河航运基础设施所需的基础资料匮乏,这些问题不及时解决,势必制约着青海省内河航运资源开发和健康发展。

第二节 发展需求

一、内河航运发展需求

青海省是个高原省,青藏高原是亚洲多条重要河流的发源孕育之地。它不仅是培育中华文明的江河源,也是滋养亚洲河流的大水泵,因而被科学家称为“中华水塔”。由于其独特的地理区位特点,中央政府和青海省确立了青海省“保护性开发”的经济发展战略,这一战略要求青海省在发展经济时要更多地考虑经济发展对全省环境的影响。充分发挥内河航运对腹地经济的辐射带动作用,以及发展内河航运对涉水旅游的推动作用,必然要求内河航运适应未来经济社会与交通运输发展形势,不仅要实现内河航运的高效集约，还要拓展服务领域，发挥综合服务功能。

（一）青海经济社会发展对内河航运提出更大的需求

青海确定建设高原生态旅游名省后，经济社会进入了新的历史时期，各方面事业发展迅猛。为保证青海省经济、社会发展目标的实现，今后相当长的时期内，青海经济将保持较快的增长速度，保守预计GDP增速将在10%以上。经济发展要求交通基础设施和运输装备也应保持较快的发展，从而不断改善交通运输质量，提供安全、舒适、便捷、经济、环保、多样化的服务。

（二）青海高原生态旅游名省建设对内河航运的需求

青海省作为高原生态旅游省份和多民族聚集省份，旅游资源丰富，具有得天独厚的高原自然风光和独具特色的民族风情。旅游文化极富特色，发展前景广阔，逐渐成为一个具有生机和活力的国际旅游目的地。自青海省政府提出建设青海高原生态旅游名省建设计划后，青海省正在全力推进高原生态旅游名省的发展与建设，使之成为青海深化改革开放、促进经济增长的制高点和突破口。作为交通运输及景点开发的重要一环，内河航运为旅游发展提供新的动力和基础条件。

（三）建设社会主义新农村对航运的需求

加快农村地区公路、内河航道和农村渡口、码头建设，尽快改善农民群众的交通基础设施条件，让农民兄弟走上沥青（水泥）路、乘上平安渡、坐上放心船，不仅是建设社会主义新农村的需要，也是建设社会主义新农村的有力保证。山区河流是少数民族和落后地区与经济发达地区沟通、联系的桥梁和纽带，在带入城市的物质文明、精神文明的同时，促进了落后地区的开放和发展，对消除贫困和愚昧，提高全民整体素质有着重要作用。因此，水路交通对促进水域经济和旅游事业的发展，带动沿岸少数民族地区经济发展，解决沿河群众过河难，活跃城乡人民物质文化生活，加快贫困地区致富奔小康步伐，增进民族团结与稳定，创造安居乐业的社会环境有着重要意义，是其他运输方式难以取代的。

（四）发展库区特色经济，增加农牧民收入的需求

青海省境内黄河作为中国的十三大水电开发基地之一，建设了大量的水利枢纽，水利枢纽的建设淹没了大量沿黄农民的土地，失地农民被迫迁移到干旱浅山地区。虽然失地农民得到了一定的补偿，但建设新家园需要一个过程，也需要投入更多的人力物力来适应新的生活环境。依托水利枢纽库区，为库区周边农牧民利用水体资源，开辟增收、致富的途径，为其提供便利的水路交通条件及资源是现阶段航运建设服务于库区周边民众的迫切需要。

（五）水资源综合利用对航运的需求

在水资源综合利用原则下，统筹兼顾航运与防洪、排涝、发电、灌溉、供水等的关系，符合流域综合规划的要求。因此，加快内河航运发展，注重与防洪、河道整治、城市总体规划等相关规划衔接，合理开发利用航运资源，保障内河航运与其他行业协调有序发展，提高水和岸线资源的利用效率，是发挥水资源综合开发利用最大效益的重要手段。

二、内河客货运输需求预测

（一）水路运量预测

水路运量预测主要是指依据青海省社会经济的发展、规划的国民经济主要指标，自然、旅游资源的开发及高原旅游名省的建设，综合运输体系的完善补充，城市化进程等的需求，综合考虑青海省内河客货运输发展态势以及未来发展的局限性，采用回归分析、指数平滑、灰色系统理论等多种数学模型定量计算和定性分析相结合的综合因素预测法。

1. 回归分析

利用事物发展过程中的相关性原理，回归分析在拟合过去的过程中，定量说明变量之间相关关系的紧密程度，通过对 R、F、t、D、W 的检验与判断，确定模型是否可用。本报告采用的是一元一次线性回归，

其模型为 $Y = a + bx$(其中:a、b 为常数,Y 为因变量)。

通常采用客、货运量与国民经济进行回归分析,一般情况下,具有比较理想的预测结果,但在产业结构发生重大调整时,预测结果会带来一定误差。本报告采用客、货运量与国民经济进行回归分析,预测结果见表3-2。

2. 指数平滑

平滑预测的基本数学公式是:

$$Y_{t+T} = a_t + b_t T \tag{3-1}$$

式中:t——目前周期数;

T——(由目前周期 t 到)需要预测的周期个数;

Y_{t+T}——第 $t+T$ 周期的预测值;

b_t——斜率,即单位周期的变化量;

a_t——截距,即目前的数据水平。

指数平滑法也称作时间数列的指数平滑法,它也是通过修匀历史数据中的随机成分去预测未来。但它所用的修匀方法与移动平均法不同,它引入了人为确定的系数,可以体现不同时期因素在预测中所占的权数。根据原始数列分布的情况,可以分别建立线性指数平滑方程(一次平滑)或非线性指数平滑方程(三次平滑)。本报告采用一次指数平滑法预测其他货类运量,指数平滑预测结果见表3-2。

3. 灰色系统理论

采用GM(1,1)模型,即一阶一个变量模型,其微分方程为:

$$\frac{dx^{(1)}}{dt} + ax^{(1)} = u \tag{3-2}$$

离散响应为:

$$X^{(1)}(K) = \left[X^{(1)}(0) - \frac{U}{a}\right]e^{-a(K-1)} + \frac{U}{a} \tag{3-3}$$

灰色系统预测法较适用于贫信息的中、长期预测的指数模型,对远期预测结果往往偏大。

根据数学模型预测值,通过综合分析,预测青海航道2015年及2020年客、货运量分别为78万人、63万吨和118万人、94万吨。各种方法预测值见表3-2,具体预测结果详见表3-3。

青海内河客、货运量预测结果表 表3-2

预测方法	2015年预测		2020年预测	
	货物(万吨)	旅客(万人)	货物(万吨)	旅客(万人)
一元回归	60	75.8	90	115
一次指数平滑	63	77.4	93	111
灰色系统理论	64	78.2	96	120
最终推荐值	63	78	94	118

2010～2015年及2015～2020年货运量年均增幅为10.3%和8.3%,客运量增幅为12.8%和8.6%。

青海省航道客、货运量预测表 表3-3

主要航道		2015年预测		2020年预测	
		货物(万吨)	旅客(万人)	货物(万吨)	旅客(万人)
全省合计		63	78	94	118
地区重要性航道	青海湖	0	45	0	60
	可鲁克湖	0	5	0	8
	黄河	57	20	82	35
一般航道		6	8	12	15

注:地区重要性(主要航道)航道为开发价值较大、潜在客货运量较大的河流航道,一般航道为除地区重要性航道以外的航道。

（二）港口吞吐量预测

青海省航运条件较好、具有一定通航价值的河流主要有青海湖、可鲁克湖及黄河，全省未来规划的港口、码头也主要集中在青海湖、可鲁克湖、贵德、尖扎和循化5个地区。根据这些地区社会经济发展、国土资源开发规划，采用定量计算和定性分析相结合的方法，来预测未来年份青海省港口吞吐量。预测2015年、2020年全省内河港口客、货运吞吐量分别为150万人、100万吨和220万人、170万吨，结果详见表3-4。

青海省主要河流港口吞吐量预测表 表3-4

内河港		2015年预测		2020年预测	
		货物（万吨）	旅客（万人）	货物（万吨）	旅客（万人）
全省合计		100	150	170	220
主要内河港口	1.青海湖港	0	90	0	120
	2.贵德港	45	10	75	17
	3.尖扎港	20	11	35	22
	4.循化港	25	14	38	20
	5.可鲁克港	0	10	0	16
一般内河港口		10	15	22	25

第四章　规划的指导思想、原则及目标

第一节　指导思想

以科学发展观为统领,以科技进步为动力,以创新促发展,按照“服务人民需求、服务经济发展、科学决策建设”的总体要求,发挥后发优势,抢抓机遇,趁势而上,进行内河航运布局,进行航道和内河港口基础设施建设,促进水资源、岸线资源综合利用,全面发展内河航运的运载能力和服务水平,发挥内河航运优势,为青海省全面经济发展和高原生态旅游名省建设提供水路交通保障,促进经济社会可持续发展。

第二节　规划原则

一、与其他运输方式配合、协调发展的原则

青海内河航运是综合运输体系的重要组成,利用河道进行客货运输,加强内河航运与其他运输方式的配合、衔接,通过港口与农村公路运输衔接,水上航线与公路运输衔接,充分发挥内河航运在旅游客运、大宗货物运输中的优势,方便沿河居民出行及货运。

二、综合开发利用水资源,发展内河航运与相关规划相协调

在水资源综合利用原则下,统筹兼顾航运与防洪、排涝、发电、灌溉、供水等的关系,符合河流综合规划的要求,并与防洪、河道治理、城市总体规划等相关规划适应,提高内河航运与其他行业协调发展的水平,发挥河流的最大效益。

三、坚持内河航运发展与生态环境保护相协调,合理和节约使用内河岸线资源,加强涉水工程管理

四、注重内河航道、港口、船舶、支持保障协调发展的原则

充分发挥内河航道、港口的基础和带动作用,统筹考虑内河船舶、支持保障等各环节的协调发展,建立良好的内河航运体系。

五、因地制宜、突出重点,坚持长远目标和近期目标相结合的原则

以适应流域经济发展要求和满足运输发展需求为基本出发点,突出优势和重点区域,着眼未来,妥善处理需要与可能的关系,坚持统筹兼顾、全面规划、突出重点、分期实施。

第三节　总体目标

依据科学发展观,结合青海省水资源开发利用与完善综合运输体系发展要求,以青海高原生态旅游名省建设为契机,发展青海内河航运。青海省内河航运发展定位需突出两个方面:一是客运服务以水上

旅游观光和沿河地区人们群众基本出行为主，二是在有条件的航段上积极开展货物运输。

据此提出青海省航运发展规划的总目标：以黄河干流航运开发及青海湖、可鲁克湖旅游航运建设为重点，以其他水域航运为补充，努力改变目前青海交通中内河航运的落后现状，通过10年左右时间力争建立布局合理、水陆联运航道体系，配套建设港口和航道支持保障系统，建立港航船协调发展、与其他运输方式相配合、功能完善、技术先进、保障有力的内河航运体系，内河航运的优势得到充分发挥，为青海经济社会的可持续发展提供新的动力，成为促进青海全面发展，尤其是旅游开发新的动力，并成为青海经济社会发展的重要基础与战略资源。

第四节　阶段发展目标

一、近期目标（2011～2015年）

航道方面：重点建设青海湖航道、黄河尼那至寺沟峡河段航道。港口方面：重点建设青海湖港、循化港、尖扎港、贵德港等港点码头；满足水上旅游客运和沿河群众基本出行的需要，发展水上货物运输；重点建设主要航区的支持保障系统，使其具有基本服务能力和水平。力争到2015年，全省内河等级航道通航里程达到738.39公里，较现有等级航道通航里程翻一番。初步建立青海内河航运体系。配套建设上述河流通航河段内港点，黄河航道建设码头29个，青海湖建码头5个，满足上述水域水上旅游客运、沿河群众出行及货运的需要；建立上述航区的支持保障系统，即具有现代化的通信、导航、海事搜救及管理系统。

二、中期目标（2016～2020年）

继续实施黄河上段和通天河及其他可开发航道建设工程，提升航道等级，增加航道通过能力，实施连续运输改造工程，同时，对一般性航道进行建设；完善黄河各水电站库区、规划湖泊库区港口设施，新建一般性航道港口群，继续建设航道支持保障系统；基本建成以青海省内河客货需求大的航运干线通道为主，以一定客货运需求一般航道为辅的内河航运体系，黄河及几个湖区具有较高服务能力和服务水平，以旅游客运为主，兼具地方货运的内河航运体系，推动旅游和社会经济发展及沿岸土地开发，使青海省内河航运发生根本性变化，满足社会经济发展的需要。

第五章　战略定位及服务功能

第一节　内河航运发展优势

抓住机遇,加快建设青海内河航运基础设施,必须准确了解和把握青海内河航运的发展优势。

(1)青海省内河航运建设在促进西部大开发战略,促进社会主义新农村建设中将发挥重要作用。青海省大部分农牧民群众分布在沿湖、沿河地区。随着青海省黄河上游水电开发的实施,青海黄河上形成了众多库区,淹没了原有道路,给当地农牧民群众出行带来极大不便。因此,合理发展航运可使水路运输成为省内公路运输的有益补充。结合多种运输途径形成交通网,将大大节约基础建设投资,并且更便于农牧民群众出行。

(2)内河航运具有占地少、能耗低、运输成本低和运量大的优势。与公路、铁路建设相比,航道建设基本不占用或很少占用土地;内河航运借水行舟,能源消耗少;内河航运运输平均成本为铁路的一半,不足公路的10%;内河航运基础设施建设投资相对较低。对于青海而言,沿河、沿江地区地形地质条件复杂,生态环境脆弱,铁路、公路建设难度大、投资高,相对来讲内河航运具有开发的潜在优势,且具备可持续发展的条件。

(3)内河航运助推青海省旅游业的腾飞。青海具有得天独厚的高原生态旅游资源,是中国旅游热点地区之一,每年都吸引了大批的中外游客前来旅游(2009年1 108万游客),未来青海高原生态旅游名省战略的实施,其旅游业将迎来加速发展期,青海诸多河流湖泊沿岸风景秀丽,很多地区为多民族聚集区,通过发展内河航运,使游客亲身领略沿河两岸旖旎风光,为旅游发展增添新的亮点。目前尚未进行河流航运建设前提下,已经出现少量游船客运,内河航运基础设施建设后,青海旅游由景“点”拓展到整条河流的沿“线”,必将极大促进了青海省旅游业的发展,以及青海高原生态旅游名省的战略目标实现。

(4)青海水资源的综合开发和合理利用,为发展内河航运创造了条件。青海具有航运开发条件的河流多为山区河流,梯级渠化是提高内河航道标准的有效手段。龙羊峡、李家峡、积石峡等大中型水利枢纽工程的实施,为内河航运开发创造了条件。内河航运是水资源综合利用的重要组成部分,从水资源综合利用的总体效益和国家长远利益出发,在水利枢纽建设的同时,对具备通航条件的河流应充分考虑航运发展需求,同步建设通航设施,为内河航运的发展创造必要条件。

(5)内河航运具有实施可持续发展战略的优势。实施可持续发展战略,是关系中华民族生存和发展的长远大计。内河航运是一种节能、省地、环保的运输方式。青海地形复杂,植被覆盖少,水土流失严重,生态环境脆弱,发展内河航运具有更强的生命力和发展潜力,有利于节约土地资源,保护生态环境,减少交通污染,符合可持续发展的基本要求。

第二节　战 略 定 位

青海内河航运是支撑流域经济社会可持续发展的重要战略资源,是青海省综合交通运输体系的重要补充,是水资源综合开发利用的重点领域之一,是促进青海省旅游业发展的交通保障,是方便少数民族地区农牧民出行,实践社会主义新农村建设的重要体现。

对于内河航运的定位,具体可以从五个方面来考虑:

(1)内河航运是流域经济社会可持续发展的重要战略资源。充分利用既有河流发展内河航运,对促进流域资源开发和产业布局，加强少数民族地区经济交流，满足运输需求，都有着重要的意义。发展内河航运、充分发挥内河航运优势，在建设资源节约型、环境友好型社会中具有重要作用。

(2)内河航运是综合运输体系的重要补充。在构建综合运输体系的进程中，要因地制宜，注重发挥内河航运自身的比较优势和内河航运在综合运输体系中组合效率和整体优势的作用，进一步提高运输能力，拓展服务领域，与其他运输方式合理分工协作、有效衔接，做到协调发展。

(3)妥善协调航运发展与水利建设、防洪、水能开发、环境保护等的关系，在水资源综合利用原则下，合理开发和有效利用航运资源，对发挥水资源开发的综合效益意义重大。

(4)青海省沿河(湖)旅游资源丰富，发展旅游业是青海省发展经济和改善人民生活的重要手段之一。青海湖、黄河峡谷、高原生态旅游、藏传佛教文化、撒拉族土族民俗风情等几十处沿河景区，每年吸引着大批国内外游客，2009 年内河航运运送的中外游客达 37.9 万人次，已成为旅游客运的重要运输方式之一。内河航运促进了青海省旅游业的发展。

(5)黄河上游水电建设淹没了大片沿河土地及公路，沿河农牧民大多就地安置，农牧民生活和生产均受到很大影响，加强航运建设，能极大改善农牧民的交通条件，方便其对外交流和生活生产条件的改善，也是贯彻十七届三中全会精神，实践社会主义新农村建设的重要任务。

第三节　服 务 功 能

内河航道、港口是内河航运最重要的基础设施，内河航道提供基础的运输条件，内河港口依托于内河航道，是实现运输的枢纽或节点，二者互为依存和补充，相互促进。

一、内河航道功能

目前，青海内河航道建设起点低，底子薄，现有利用自然条件航道里程短，建设不够完善，距离航道标准化和规模化、营运管理科学化等还有相当大的差距。

规划期内河航运发展的重点将是地区重要性航道的建设，其服务功能将主要体现在以下几个方面：

(1)促进沿线旅游资源开发。

(2)为沿河人民群众基本出行提供条件。

(3)促进水资源综合利用，合理开发、集约利用岸线资源，繁荣沿线农村经济，提高经济效益和社会效益。

(4)促进区域经济发展。

二、内河港口功能

目前，青海省内河港口基础设施薄弱，现有港口基础设施建设标准低，安全性差。因此，随着内河航运的开发，流域经济社会的发展，配套内河港口航运基础设施应加以建设。

规划期内河港口发展的重点将是围绕贵德港、尖扎县、循化港、青海湖港、可鲁克湖港等，构建全省主要内河港口布局体系。其服务功能将主要体现在以下几个方面：

(1)结合沿线旅游资源开发，提供全方位的旅游客运服务。

(2)依托航道，提供客、货运吞吐服务。

(3)通过港口建设，带动港区内国土、岸线等资源的开发，促进临港工业的发展。

第六章 航运发展规划方案

第一节 航道布局规划

一、航道布局层次

为明确青海省内河航道建设重点,建立全省内河航运体系,根据各航道对旅游开发、工农业生产、腹地矿产的支撑作用,依据各航道的地理区位、自然条件、开发前景及功能定位,将青海省航道分为两个层次,即地区重要性航道和一般航道。

(一)地区重要性航道

地区重要性航道是青海省内河航运基础设施建设的重点,自然条件较好,其流域为旅游开发重点地区,内河客货运输需求量较大,社会综合效益好的主要河流、湖泊,能为地区发展提供有力支撑。

青海内河航道规划地区重要性航道3条,即青海湖航道、黄河龙羊峡至寺沟峡段航道和可鲁克湖航道。

(二)一般性航道

一般航道是指除地区重要航道以外的具有开发潜力的其他河流航道及部分库区航道,其航道重要性和利用率较重要航道低,主要是满足未来旅游和当地居民的对外交通运输需求,以客运为主的航道。

规划的一般性内河航道有15条,即黄河上游航道(黄河源电站—羊曲)、通天河航道、湟水河航道、隆务河航道、大通河航道、黑河航道、澜沧江航道、自曲河航道、达那河航道、泞吉河航道以及扎陵湖—鄂陵湖、年保玉则湖、哈拉湖、西王母瑶池航道。

二、航道布局规划

针对青海省河流的实际情况,航道布局规划为:以黄河龙羊峡—寺沟峡航运通道及青海湖旅游航道、可鲁克湖旅游航道为重点,以黄河源电站—羊曲航道、通天河航道、大通河航道、黑河航道、湟水河航道、年保玉则湖航道、鄂陵湖航道及哈拉湖航道等为补充,建立全省的航运体系。具体航道布局及规划情况详见下列论述及附表1、附图2。

(一)地区重要性航道

1. 龙羊峡—寺沟峡航道

黄河是我国第二大河,发源于青海省巴颜喀拉山北麓约古宗列渠盆地,流经九省(区),全长5 464公里,流域面积75.2万平方公里。黄河干流按地质、地貌、河流特性及治理开发要求等因素分为上、中、下三个河段,其中河源至托克托为上段,长3 472公里;托克托至桃花峪为中段,长1 206公里;桃花峪至入海口为下段,长786公里。黄河青海段地处上游的上段及中段,在省境内分为两段,即河源至门堂段和阿格托—寺沟峡段,全长1 973公里,其中黄河源电站至门堂段为659.7公里,阿格托—寺沟峡段全长675.3公里(大河家至寺沟峡段为青海省与甘肃省界河,长29.5公里)。

航道现状:黄河龙羊峡—寺沟峡航道从甘肃省甘南藏族自治州玛曲县由东向西流入青海,至寺沟峡出青海,入口年均流量505立方米/秒,径流量131.5亿立方米。通航航道共127.67公里,航道等级为六级。2009年开工建设阿什贡航道整治工程、黄河公伯峡航运建设工程,预计2010年完工,建成后航段通航里程增加91.65公里。

梯级开发状况:黄河青海下段梯级开发规划共有 19 个水电梯级,已建 7 个,在建 5 个。黄河青海下段梯级规划及开发状况详见表 6-1 和图 6-1、图 6-2。

黄河青海段梯级规划及开发状况表　　表 6-1

电站名称	建设地点	正常蓄水位(米)	利用落差(米)	装机容量(兆瓦)	开发状况
1. 宁木特	河南县	3 410	156	1 100	未建
2. 玛尔挡	玛沁县	3 270	70	570	未建
3. 尔多	同德县	3 070	86	720	未建
4. 茨哈峡	同德县	2 980	125	1 000	未建
5. 班多	兴海县	2845	124	1 000	未建
6. 羊曲	兴海县	2 680	77	650	未建
7. 龙羊峡	共和县	2 600	148	1 280	已建
8. 拉西瓦	贵德县	2 452	205	5 000 ~ 6 000	在建
9. 尼那	贵德县	2 235.5	18.1	160	已建
10. 山坪	贵德县	2 219.5	12.9	160	未建
11. 李家峡	尖扎县	2 180	122	2 000	已建
12. 直岗拉卡	尖扎县	2 050	12.5	192	已建
13. 康扬	尖扎县	2 033	18.7	284	已建
14. 公伯峡	循化县	2 005	110	1 500	已建
15. 苏只	循化县	1 900	16	210	已建
16. 黄丰	循化县	1 882	16.1	248	在建
17. 积石峡	循化县	1 856	73	1 000	在建
18. 大河家	民和县	1 783		120	在建
19. 寺沟峡	甘肃省永靖县	1 748		240	在建

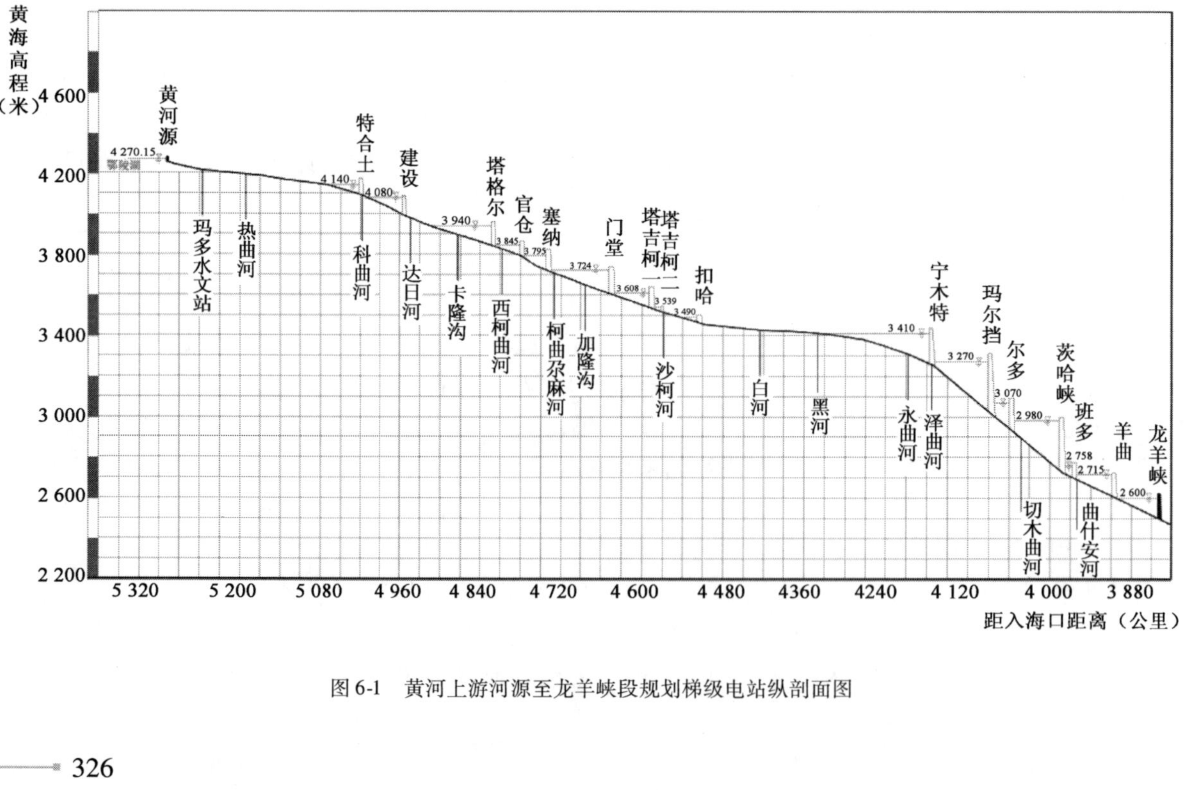

图 6-1　黄河上游河源至龙羊峡段规划梯级电站纵剖面图

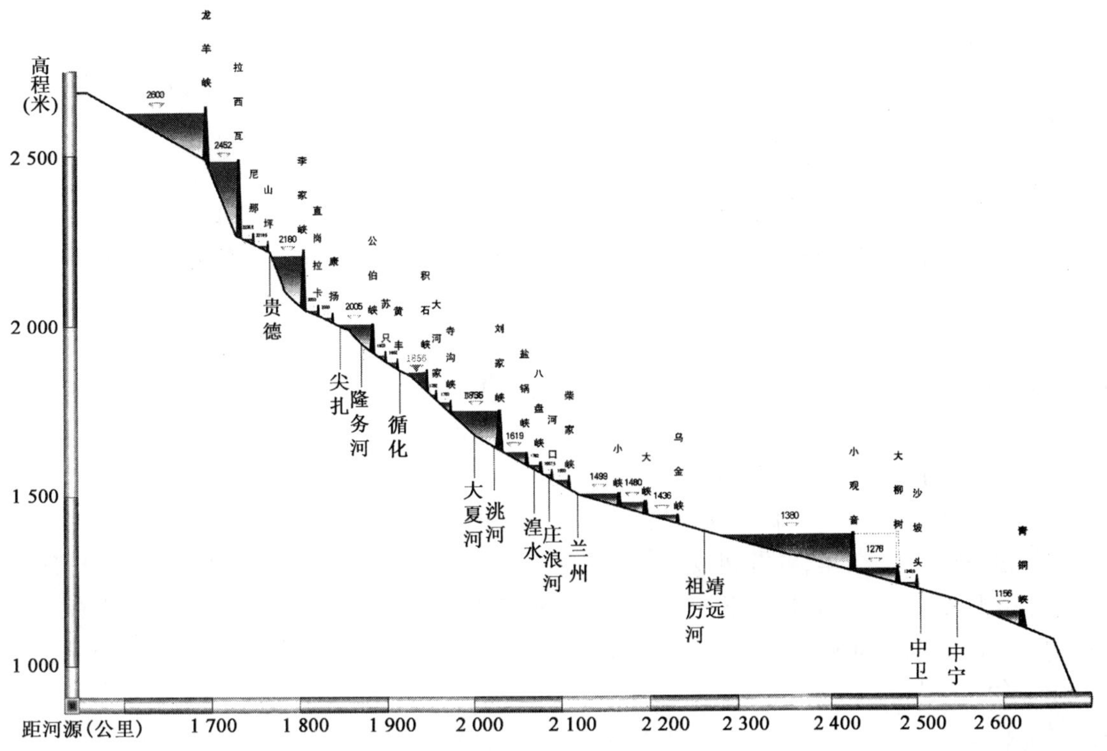

图 6-2　黄河上游龙羊峡至青铜峡段规划梯级电站纵剖面图

航道规划:黄河青海下段水量充沛,全段形成梯级枢纽连接,流量稳定。航道河床较稳定,碍航处多为暗礁及岸礁,通过航道整治能改善现有通航条件,提高航道等级。

根据黄河航道自然开发条件和客货运输发展需求预测结果,在航道定级和以往工作成果的基础上,确定黄河青海下段航道规划总里程为 351.54 公里,结合水力资源梯级开发规划,划分为 11 个重点开发区段,全线按六级航道标准规划建设。

具体区段划分及布局规划情况详见附表 1。

规划中黄河青海下段航道上通航的船舶主要为旅游船、客运船舶、货船以及渡船等。

2. 青海湖航道

根据青海湖的旅游发展规划,湖区重点建设二郎剑、鸟岛、仙女湾、沙岛和金沙湾五大旅游区,以水、陆游线为主,开展水上观光旅游等项目。航道布局规划以五大旅游区为核心,新增航线辐射各规划景区,通过湖上航线使分散的景点联络为有机的整体,令湖区旅游交通布局更为合理。具体航道布局及规划情况详见下文及附表 1、附图 3。

湖区现有 8 条航线:青海湖渔场至帐房宾馆码头段通航里程 13.58 公里;帐房宾馆码头至二郎剑段通航里程 7.16 公里;二郎剑至海心山段通航里程 41.02 公里;青海湖渔场至沙岛通航里程 25.82公里;沙岛至海心山通航里程 39.24 公里;鸟岛至海心山通航里程 23.16 公里;鸟岛至黄玉通航里程 20.20 公里;鸟岛至三块石通航里程 19.89 公里。上述航线等级全部为六级,总里程 190.07 公里。

规划新增航线:开辟青海湖渔场至海晏湾航线,通航里程约 23.4 公里,规划为六级航道;海晏湾至二郎剑通航里程为 25 公里,规划为六级航道;二郎剑至青海湖渔场通航里程为 15 公里,规划为六级航道;仙女湾码头至黑马河通航里程为 61.1 公里,规划为六级航道;青海湖渔场至金沙湾通航里程为30.1 公里,规划为六级航道;黑马河码头至青海湖渔场码头通航里程为 83.8 公里,规划为六级航道;新增

238.4公里航线能使五大旅游区的水路相互连通,游客可乘船进行环湖观光,尽情浏览湖上美景。

3. 可鲁克湖航道

可鲁克湖—托素湖位于柴达木盆地东北部,东距德令哈市区42公里,315国道德大(德令哈至大柴旦)公路南端,海拔2 816米。可鲁克湖、托素湖、外星人遗址、巴音河下游湿地以及雅丹地貌群、丹霞地貌群和沙漠、荒滩、梭梭林组成可鲁克湖—托素湖高原生态旅游景区,面积约340平方公里。

可鲁克湖—托素湖高原生态旅游景区是柴达木盆地的重要湿地和德令哈市的生态屏障、气候调节器。该景区旅游资源丰富,分布有河口、河流、淡水湖、沼泽、灌木、草原、咸水湖等多种湿地类型。水陆过渡特性明显,生物类型多样,使之成为柴达木盆地生态景观的聚集区,开发潜力巨大。

可鲁克湖区现有大小船只4艘,旅游接待场馆达2 000平方米。前来观光旅游休闲的游客逐年增多。依据湖区旅游规划,配套增建码头及航道定线疏通工作是可鲁克湖区航道建设的重点。具体航道布局及规划情况详见下列论述及附表1、附图4。

规划新增航线5条:开辟可鲁克湖北岸码头至西岸湿地公园码头航线,通航里程为8.2公里;开辟可鲁克湖北岸码头至下水口码头航线,通航里程为5.6公里;开辟可鲁克湖西岸湿地公园码头至下水口码头航线,通航里程为4.3公里;开辟连接可鲁克湖至托素湖连湖水航道,航道里程8.5公里;开辟托素湖死海度假村码头至外星人遗址码头航线,通航里程为13.6公里。新增40.2公里航线,所有航线航道等级均为六级航道,通过5条航道使可鲁克湖旅游区的水路相互连通,游客可乘船进行环湖观光,充分发挥旅游区旅游休闲功能。

(二)一般航道

一般航道包括黄河上游航道(黄河源电站—羊曲)、通天河航道、湟水河航道、隆务河航道、大通河航道、黑河航道、澜沧江航道、自曲河航道、达那河航道、泞吉河航道以及扎陵湖—鄂陵湖、年保玉则湖、哈拉湖、西王母瑶池航道。下面分述一般航道中几个主要航道的情况。

1. 黄河源电站—羊曲航道现状及规划

航道现状:黄河源电站—羊曲段航道954.7公里,由于上游水位落差较大,梯级开发工作还处于设计阶段,因此航道建设工作还未展开,航道未定级。

航道规划:黄河源电站—羊曲段航道分四段规划:黄河源电站坝下—科曲河入口规划为等外航道,航道里程245.6公里;科曲河入口—西柯曲河入口规划为七级航道,航道里程206.1公里;西柯曲河入口—门堂规划为六级航道,航道里程157.9公里;阿格托—羊曲规划六级航道,航道里程为295公里,见附图2。

2. 通天河航道现状及规划

航道现状:通天河是长江上游中的一段,它上起囊极巴陇与长江正源沱沱河相接,下至玉树藏族附近的巴塘河口同金沙江相连,横贯青海省玉树藏族自治州全境,河长813公里。通天河在下游直门达附近的多年平均流量为385立方米/秒,年径流量122亿立方米,其中水量的2/3以上来自曲麻莱色吾曲口以上,仅干流就蕴藏着数百万千瓦的水电资源。

航道规划:通天河航道自曲麻莱至通天河出青海处,通航里程为218.4公里,规划为等外航道,见附图2。

3. 鄂陵湖航道现状及规划

航道现状:鄂陵湖是黄河源头最大的湖泊,现处于未开发状态,每年有数万游客自驾旅游至此,水上旅游客运要求强烈。

航道规划:鄂陵湖湖区航道规划为六级,分别为勒那至措日尕则27.8公里,措日尕泽至刊木青20.5公里,勒那至刊木青29.6公里,见附图5。

第二节　港口布局规划

一、港口布局层次

港口是内河航运的重要组成部分，港口的发展对航道功能的发挥具有重要的作用。随着青海内河航道建设，对港口建设也提出了相应要求。根据各港口的地理区位、在内河航运中的地位、依托城市和集疏运条件、基础设施状况等因素，合理确定港口的不同功能，把青海省港口规划为地区重要港口与一般港口两个层次。具体港口布局规划见以下论述及附表2～附表8。

(一)地区重要港口

地区重要港口依托中心城市(镇)，位于客货需求较大通航河流上，进行重点基础设施建设，使其成为地区性客货运输中心，作为重要的水、陆运输节点，是发挥航道功能的重要支撑港口，在促进地区经济发展中发挥重要的作用。

规划地区重要港口有循化港、尖扎港、贵德港、青海湖港以及可鲁克湖港等5个港口，具体港口布局规划见附图6～附图14。

(二)一般港口

一般港口是指地区重要港口以外的港口，依托重要旅游区和河流沿线乡镇，为满足河流两岸旅游发展需求以及中心乡镇的建设和人民物质、文化生活需要的客货运输服务，在当地经济发展中发挥一定作用，是青海省航运体系的基础。

二、港口布局规划

(一)地区重要港口布局

1. 循化港

循化港在当地综合运输体系中居于重要地位，对全省以及腹地经济的有推动与促进意义。循化县是我国唯一的撒拉族自治县，且是青海省平均海拔最低的县，有丰富的旅游资源，水域资源也很丰富，旅游发展对航运建设的要求强烈，发展内河航运条件极为有利。循化港以旅游和货运为主，是循化对外交流的重要窗口，生态、河岸、休闲度假、民俗旅游，沿河画廊美景将精彩呈现。根据吞吐量预测结果，到规划期末，循化港年完成客、货吞吐量将分别达到14万人和25万吨；结合港口分布情况，循化港规划布局为5个港区，包括公伯峡港区、苏只港区和积石峡港区。各港区范围为：

(1)公伯峡港区：从康扬水库坝下到公伯峡坝前。

(2)苏只港区：从公伯峡坝下到苏只坝前。

(3)黄丰港区：从苏只坝下到黄丰坝前。

(4)积石峡港区：从黄丰坝下到积石峡。

(5)寺沟峡港区：从积石峡坝下到寺沟峡。

2. 尖扎港

尖扎港航运业主要以旅游客运为主，主要分布在李家峡、康扬、直冈拉卡等3个水库上。

这段流域处于黄河谷地，气候宜人，水域连片，距省会西宁100公里，被称为“西宁的南花园”，旅游前景广阔。梯级库区的形成及坎布拉国家森林、地质公园旅游业的兴起，带动了库区航运业的开发，水上客运迅速发展，年客运量达7万余人次。根据吞吐量预测结果，到规划期末，尖扎港年完成客、货吞吐量将分别达到11万人和20万吨；结合航道等级及港口分布情况，尖扎港规划布局为3个港区，包括：李家峡港区、直岗拉卡港区、康扬港区。各港区范围为：

(1)李家峡港区：从松巴峡下到李家峡坝前。

(2)直岗拉卡港区:从李家峡坝下到直岗拉卡坝前。

(3)康扬港区:从直岗拉卡坝下到康扬坝前。

3. 贵德港

贵德地处黄河谷地,上有龙羊峡锁关,下有松巴峡守户,四面环山,平川开阔,土地肥沃,素有高原“小江南”之称。贵德明清古建筑群的发现和钱其琛副总理题词“天下黄河贵德清”,使贵德县的旅游业开始红火起来。贵德县内已探明的矿藏资源有铜、铁、铅、锌、镍、沙金、砷、石英石、萤石、石灰石等11种矿种,且贵德县近年来农牧业发展迅速,对便利交通需求强烈。

根据吞吐量预测结果,到规划期末,海口港年完成客、货吞吐量将分别达到10万人和45万吨;结合景点及综合服务设施布局,贵德港规划布局为4个港区,包括:龙羊峡港区、拉西瓦港区、尼那港区和贵德县城港区。各港区范围为:

(1)龙羊峡港区:从班多到龙羊峡坝前。

(2)拉西瓦港区:从龙羊峡坝下到拉西瓦坝前。

(3)尼那港区:从拉西瓦坝下到尼那坝前。

(4)贵德港区:从尼那坝下到松巴峡。

4. 青海湖港

青海湖既是国家级自然保护区,又是国家AAAA级旅游风景区,同时,还是国务院批准的国家重点风景名胜区。其自然风景独特,生态地位重要,更是青藏高原生物多样性最丰富的地区之一。据统计,2009年,环青海湖风景带接待游客50多万人,最多日接待量达万余人次。青海湖日益成为青海省旅游业发展的名片及标杆,高原美景加湖光山色越来越吸引着全世界旅游者的目光。青海湖港以旅游为主,是青海对外交流的重要窗口,生态、高原湖泊、休闲度假、民俗旅游,沿湖风光将精彩呈现。

根据吞吐量预测结果,到规划期末,青海湖港年完成客运量将达到90万人。青海湖港依托青海湖旅游规划及功能区划分,规划建设5个港点。

5. 可鲁克湖港

可鲁克—托素湖景区为国家AAA级高原生态旅游景区。近年来,通过举办柴达木民族文化艺术节、可鲁克湖蟹文化旅游节,景区知名度显著提高。

地方十分重视可鲁克湖旅游资源开发,现景区开发已有详细可行的开发规划,景区建设以高原湖泊观光、外星人探秘、休闲度假、户外运动等旅游活动为核心,构建成为以观光旅游、休闲度假为主要特色,融体验性、参与性、知识性、娱乐性为一体的综合性休闲旅游区。可鲁克湖区港口航道建设以旅游规划为依托进行规划。

根据吞吐量预测结果,到规划期末,可鲁克湖港年完成客运量将达到10万人。可鲁克湖港依托可鲁克—托素湖旅游规划及功能区划分,规划建设6个港点。

(二)一般港口布局

规划的青海内河一般港口主要指其他湖区航道配套的旅游码头及黄河支流建设的码头,依托重要旅游区和河流沿线乡镇,同时起到构建与完善综合运输体系的要求,综合考虑全省交通运输战略布局及青海省产业布局特点。总体上包括海西、海北、果洛及其他地区,具体港点布置还需后续详细了解当地需求及有关周边环境来确定港点的数量及分布。

第三节　运输船舶规划

一、青海省内河船型及运输组织现状

青海省内河航运的重点还是在黄河青海段和几个旅游湖泊的旅游客运上,综合青海省的经济社会

发展状况及发展规划,涉水周边经济发展重点在旅游业及生态农牧业上,涉及少量矿产资源的开采。青海省现有船舶多为客船,只有少量货运船舶,且从全省航运需求调查看,各地对船舶规格意愿并不统一。

在船型构成中,目前青海省营运船舶中大部分是旅游客船,库区有少量货运渡船、小型采沙船和渔船。旅游客船主要包括两种,一种是6～8座的小型快艇,多数是开敞式船舱,航速较快,用于在黄河库区及青海湖内短途水上旅游客运;另一种是观光游艇,多数载客50客位左右,每次航行1～2小时。

二、船型发展趋势

就青海省内河航运发展来看,需配合全省发展战略,以休闲旅游、促进沿河旅游开发为目的水上客运具有很大的需求。因此,未来提供旅游观光服务,具有良好舒适性、高速化的旅游船舶将是发展的重点。同时,公路运输条件较差的沿河两岸地区,为当地百姓提供出行便利的客货船、渡船也需适度发展;在已建航道上为当地百姓提供货物运输的客货混装船、小型货船。长期来看,结合整个黄河航道的畅通建设,预留青海省工业产品及矿产资源通过黄河输送的深水岸线及发展货运船舶的空间。

三、规划推荐船型

根据青海省的具体情况,在青海省的重点航道中,青海湖和可鲁克湖航道水深条件好,旅游客流集中,已提供服务主要为水上旅游观光、旅游点连接投送等服务。因此,该类水域期望及科学合理船型应为大、中、小型结合配置的旅游船。而黄河上的库区航道水域则需综合考虑航道条件及运送要求,规划与航道特点相适应的标准船型。

(一)青海湖、可鲁克湖推荐船型

青海湖和可鲁克湖航道开发以旅游为唯一目的,它们的共同特点是湖区水深条件好,客流较集中,有发展大型旅游船舶的条件及需求。青海湖每年11月至次年3月为封冻期,船舶的停靠保护也是规划船型需考虑的要素;青海湖作为自然保护区,环保船型是其生存发展的必备条件。

旅游船设计大水线面、流线型、视野开阔的船型,客位设计以150客位以下为主,船舶布置上体现宽敞舒适、船型美观性及旅游观光、休闲性;在功能区划分方面,提出要设计游客自助服务区,设计一个小舞台以满足游客的需求;选择低噪声的环保主机,并合理布置隔音措施和减低船体的振动,满足游客能在相对安静的环境中舒适地观赏自然风光;对船舶油类、生活污水和生活垃圾排放提出更高要求,提出既要发展旅游经济、带动青海旅游品牌形象提升,又要保护水源水质。主要代表船型主尺度详见表6-2。

(二)黄河及其他水域推荐船型

根据青海省内河航运量发展预测,结合水路运输条件,规划期内以旅游客运开发为重点,交通和地方政府、旅游部门协作,港航结合,提供全面的、多方位水上旅游客运服务,同时考虑为沿河群众提供必要的货运服务及出行服务。

黄河旅游客运船舶主要保持两类船型,一类是10座以下小型快艇,小型快艇将采用更安静、效率更高的发动机;另一类是以40～80座客船为代表的旅游船,其中一些为高档次的豪华旅游船,为游客提供更细致的差别化服务,主要营运在地区重要航道和库区水域。

货运船舶方面考虑到航道条件,短距离、装卸点分散、机动灵活的运输要求,机动驳较船队效益好。货运船舶近期采用50吨、100吨级机动驳单船运输方式。

考虑到航道条件,客船吃水控制在1.0米、货船吃水控制在1.2米以内。允许滩上流速对机动船为4米/秒,允许滩上比降为0.3%。为便于管理维修,建议配备6135系列船用柴油机作为主机。为合理控制航道和港口建设规模,推进船舶标准化进程,对规划期内代表船型主尺度进行推荐,主要代表船型主尺度详见表6-2。

规划推荐船型主尺度表

表 6-2

<table>
<tr><th colspan="2" rowspan="2">船　　型</th><th rowspan="2">船 舶 等 级</th><th colspan="4">船型主尺度(米)</th><th rowspan="2">备　　注</th></tr>
<tr><th>总长</th><th>型宽</th><th>型深</th><th>吃水</th></tr>
<tr><td colspan="2" rowspan="3">青海湖、
可鲁克湖等湖区</td><td>150 客位旅游客船</td><td>38.5</td><td>6.6</td><td>2</td><td>1</td><td></td></tr>
<tr><td>72 客位旅游客船</td><td>19</td><td>4.5</td><td>1.6</td><td>0.76</td><td></td></tr>
<tr><td>30 客位豪华旅游船</td><td>11.5</td><td>3</td><td>1.5</td><td>0.6</td><td></td></tr>
<tr><td rowspan="6">其他水域</td><td rowspan="3">旅游船</td><td>72 客位旅游客船</td><td>19</td><td>4.5</td><td>1.6</td><td>0.76</td><td></td></tr>
<tr><td>30 客位豪华旅游船</td><td>11.5</td><td>3</td><td>1.5</td><td>0.6</td><td></td></tr>
<tr><td>10 座快艇</td><td>5.4</td><td>2.1</td><td>0.94</td><td>0.8</td><td></td></tr>
<tr><td colspan="2">100 客位客货混装渡船</td><td>45.0</td><td>8.0</td><td>2.40</td><td>1.1</td><td></td></tr>
<tr><td rowspan="2">货船</td><td>50 吨机驳</td><td>28</td><td>5.2</td><td>1.4</td><td>1.2</td><td></td></tr>
<tr><td>100 吨机驳</td><td>32</td><td>5.4</td><td>1.7</td><td>1.3</td><td>枯水期减载</td></tr>
</table>

第七章　支持保障系统规划

支持保障系统是航道建设的重要部分,是确保航道安全畅通航行的必要支撑。青海省航道多是库区和湖区航道,航道特点是水深大,水温低,航道救助救援难度大,因此,支持保障系统的完善建设显得尤为重要。

建设一个完整的航道支持保障系统,实现其立足于航道、服务于航运的功能,必须有若干相对独立、又相互联系的子系统,作为航道支持保障系统中的有机组成部分,相互协调配合运行。

(1)航道站场、码头(含维修保养场)设施。航道支持保障系统中,航道站场、码头建设是非常重要的内容之一。航道站场主要包括为航道维护管理而建设的各级办公业务用房,以及与之相配套的辅助设施;航道码头包括以靠泊航道船舶为主的各式码头,以及码头后方用来存放航道器材、堆放备用标志、航标保养等的仓库及场地。

(2)助航标志及监控系统。这是保证船舶安全航行的重要手段。主要包括各种类型的助航标志的设置、调整、检查、保养与维修等,及为掌握航标技术状况而建立的航标遥测系统和航标管理信息系统等。

(3)航道船舶及管理系统。航道船舶是维持航道生产秩序正常运行的重要保障。航道船舶主要包括航道工程船、航标工作船、巡标快艇等的设计、建造,以及它们在不同航道分局(站)的配布。同时,全省航道船舶的统筹管理、应急调度也是航道船舶规划的研究范围。

(4)航道平高控制及水位观测系统。建立一配套完善的适合青海省航道需要的平高控制系统、水位观测系统,建设包括合理确定和布设观测点、建立观测站等;观测站建设形式包括临时水尺、固定水尺、自记式水位计和远程水位遥测系统。

(5)交通、通信工具及管理信息系统。它是航道支持保障系统的神经中枢,是航道维护管理中物质流和信息流的载体,也是科学管理、决策和安全生产必不可少的手段,它包括交通、通信、信息处理工具的建设及灵活方便、高速准确的信息网络的建立。它可使航道支持保障系统内各子系统有机地结合起来,充分发挥其应有的效益。

(6)教育培训及科研基地。它是航道生产保持旺盛活力,实现可持续发展的重要保证。主要是建立起一个与青海航道维护管理相适应的航道职工教育培训体系和一个培养航道高科技人才的教学科研基地。

依据以上几个航道支持保障系统建设的重要部分,规划期内青海省内河航运支持保障规划内容主要包括航道维护站房码头建设、内河航运管理信息系统、通信导航及海事搜救体系、保安消防体系、船舶检验质量管理体系、内河航运人才培养体系。

第一节　航道维护站房码头建设

主要建设内容为在重要港口水域建设航道管理用站房、航道码头。

"十二五"期内规划在循化港、贵德港和青海湖港 3 个重点港口水域建设航道管理站,相应建设办公用房及配套建设航道码头,其他水域配套建设航道码头及必要的生产管理用房。

第二节　内河航运管理信息系统

建设"内河航运数据库,内河航运管理平台,内河水路运输应用系统",以信息化带动航运、海事管理现代化。

(1)内河航运数据库:规划建设覆盖全省的水路交通数据库,最基本的信息是航道、港口、船舶及船员。其中船舶、船员为管理对象,航道、港口是水上交通的最重要的基础设施。因此,三大数据库(航道、港口、船舶及船员)的建立可以加强航运管理,协调航线流通,发挥四位一体的管理优势,以船舶、船员为管理对象,实现港航综合性管理。

(2)内河航运管理平台:规划建设水路交通电子政务、水路交通行业管理、水路交通企业管理等三大综合信息平台。

(3)内河水路运输应用系统:规划建设水路交通应急处理系统、公众出行信息服务系统、内河水路交通运行统计分析系统。

第三节　通信导航及海事搜救体系

一、通信导航系统

规划建设覆盖通航河流的航运海事通信信息基础网络,即提供通信和信息服务的平台(如:基础通信网络、调度指挥中心及调度通信系统);规划设立航道航标,采用先进监测系统,实现内河航道航标遥控遥测系统;相应配套建设船艇、站船通信等其他设施,全面实现导航助航设施现代化。

二、海事搜救体系、维护体系

规划航运、海事安全监管及搜救体系,加强水上安全、救助装备和基础设施建设,提升水上安全保障和搜救水平。

"十二五"期间在循化、贵德和青海湖建立搜救中心。相应配套航道维护设备,主要包括挖泥船及测量船艇等内容。

第四节　保安消防系统

加强港口安全力量,提高港口应对突发恐怖事件及火灾事件的能力,维护港口安全、稳定、和谐的运营环境。保安消防系统规划主要包括:建立并完善港口保安体系,加强港口、船舶保安设施建设(港口保安设施、船舶保安设施、港口保安信息系统),建设水上消防站及消防培训基地(水上消防站、水上消防培训基地),加强水上消防设施建设。

第五节　船舶检验质量管理体系

建立省、(区)县船舶法定检验质量管理体系。修建船舶检测船坞,实现坞内检验的要求。

"十二五"期间青海省建设一处船舶检测船坞。

第六节　内河航运科技发展和人才培养体系

建立船员教育培训基地,提高船员从业水平和能力。"十二五"期间规划对现有船员及新进船员开展职业培训,培养一支作风过硬、业务精通的船员队伍。

在加强硬件建设的同时,加快科技进步和人才培养,加大水路交通科技工作力度,针对水路交通发展中遇到的关键技术难题,组织科技攻关。开展青海省重点河流航运发展涉及的航道、港口、船舶以及运管、安全、港口、航道等政策法规的研究,开展内河航运关键技术研究。重点开展青海省重点水域船舶监控信息化规划、库区航道安全及搜救系统建设关键技术等项目研究,运管、安全、港口、航道等政策法规的研究,库区回水段航道整治及维护、坝下非恒定流影响下的航道整治关键技术研究,航道建设资金筹措政策研究,以及密集水电站分布河段长途连续运输关键技术研究。

第八章　规划实施方案

第一节　阶段性建设任务及规模

一、近期(到2015年)

“十二五”期间,青海省经济发展以旅游业和能源输出及盐化工为重点,加快航道建设和主要景区旅游客运码头建设,满足青海省经济快速发展的需要,为青海省支柱产业和旅游业快速发展提供高效、便捷、现代化的配套运输服务。

近期建设的重点是有迫切航运服务需求,即具有较大开发效益,潜在价值大,对地区经济的发展带动大的航运基础建设项目。

青海省“十二五”期间水运建设的任务是加快航道建设和主要景区旅游客运码头建设。重点对黄河龙羊峡至寺沟峡段、青海湖等水域航道进行建设,并研究建设黄河上游货物水运通道的可行性。建设项目包括:青海湖航运(二期)工程、黄河尼那至寺沟峡分段航运建设工程、水上交通安全及应急救助支持保障系统等。

(一)青海湖航运(二期)工程

依据青海湖航运发展需要及青海湖旅游发展规划布局,青海湖航运(二期)工程航道建设主要内容为完善已有青海湖水域航线,连接青海湖旅游区各规划片区的水上交通通道。青海湖航运(二期)工程建设包括航道建设、港点码头建设、支持保障系统建设等内容。

(1)航道建设:开辟青海湖渔场至海晏湾航线,通航里程约23.4公里,规划为六级航道;海晏湾至二郎剑通航里程为25公里,规划为六级航道;二郎剑至青海湖渔场通航里程为15公里,规划为六级航道;仙女湾码头至黑马河通航里程为61.1公里,规划为六级航道;青海湖渔场至金沙湾通航里程为30.1公里,规划为六级航道;黑马河码头至青海湖渔场码头通航里程为83.8公里,规划为六级航道;新增238.4公里航线能使五大旅游区的水路相互连通,游客可乘船进行环湖观光,尽情浏览湖上美景。

青海湖航道建设的主要任务为对规划航路进行全面的水深及水下地形勘测,对不满足六级航道要求区域进行清淤和建设必要的辅助工程,布设航标,确保航道畅通。“十二五”航道重点建设项目详见附表9。

(2)港点码头建设:扩建二郎剑码头、新建黑马河、渔场、海晏湾、金沙湾、仙女湾五个旅游码头,在青海湖渔场建设一个海事码头。2015年前港口重点建设项目详见附表9。

(3)船舶:进行青海湖适航船型的调研及选型设计工作,实现运营游船的标准化,具有明显运输效益。

(4)支持保障系统建设:青海湖航道支持保障系统建设对保障航道安全畅通有十分重大的意义,包括管理站房、助航设施、救助消防、船舶设施、生产配套设施及船舶卧冬基地建设等方面。

根据需要,在青海湖渔场码头建设航道通信导航、搜救中心1处,配设航标艇1艘,巡逻艇1艘,救捞船1艘,航标站房1处,船舶卧冬基地1处,船舶检测船坞1座,航标遥测监控系统1套,港点码头配套配备相应的消防、安保设施。

(二)黄河尼那至寺沟峡分段航运建设工程

1.黄河尼那至坎布拉航运续建设工程

黄河尼那至坎布拉航道是连接贵德县城、李家峡水库和坎布拉国家森林地质公园等著名旅游景点的水路旅游运输通道,对带动沿线物资交流、推动旅游业发展、帮助沿线群众脱贫致富起到巨大作用。

(1)航道建设:2009 年开工的贵德至李家峡航道整治工程完成后将开通 54 公里的六级航道,该工程将于 2011 年完工。在"十二五"建设期内安排对该段航道进行上延及扩容,进一步改善航道条件,提高航道通过能力。续建工程航道部分建设内容为贵德县尼那电站至李家峡大坝之间 72.32 公里航道续建工程。

(2)港点码头建设:新建尼那村码头、湿地公园码头、阿什贡码头、坎群码头、南宗沟码头。

(3)船舶:进行黄河适航船型的调研及选型设计工作,实现运营客货船的标准化,节能环保,具有运输效益。

(4)支持保障系统建设:黄河尼那至坎布拉航道包括山区航道、回水变动段航道和库区航道,航道条件复杂,且该段航道主要用于旅游、方便两岸居民出行等,安全保障任务重大,支持保障系统建设对保障航道安全畅通有十分重大的意义。该航运工程配套的支持保障系统建设内容包括管理站房、助航设施、救助消防、船舶设施、生产配套设施等方面。

贵德至坎布拉航道配套在阿什贡建设航道搜救中心 1 处,同地建设航道维护中心 1 处,配设航标艇 1 艘,巡逻艇 2 艘,救捞船 1 艘,挖泥清淤船 1 艘,航标站房 1 处,配套航标遥测监控设备 1 套,水位自动测报系统 1 套,配备相应的消防设施。

2. 黄河李家峡至康扬段航运工程

黄河李家峡至康杨段航运工程起点为李家峡水电站坝下,终点至康杨水电站坝前,包括李家峡电站至直岗拉卡 6 公里水域和直岗拉卡至康扬 9 公里水域,航段全长 15 公里。该段航道地处黄南州藏族自治州尖扎县境内,位于李家峡大坝下游、坎布拉国家森林公园入口,地理位置优越,沿岸地区经济较发达,休闲旅游资源丰富,是依托水域资源发展涉水经济的优良水域。

(1)航道建设:建设六级航道 15 公里。

(2)港口码头建设:新建俄家台码头、直岗拉卡码头、蚂蚁滩码头、康扬库区码头。

(3)支持保障系统建设:主要包括管理站房、助航设施、救助消防等方面。

3. 黄河公伯峡至黄丰段航运工程

黄河公伯峡至黄丰段航运工程起点为公伯峡水电站坝下,终点至黄丰水电站坝前,包括公伯峡至苏只水电站 9 公里航段和苏只至黄丰水电站 7 公里航段,航段全长 16 公里。该段航道地处海东地区循化县境内,直接腹地为循化县和化隆县,为青海省自然条件最好的地方,沿岸地区经济发达,基础设施较完备,经济发展及旅游开发势头良好。开发电站回水形成的优良库区水域资源是当地政府的迫切需求,库区航道及码头的建设将对当地旅游经济及涉水产业的发展形成极好的基础条件,也将推动当地基础设计建设。

(1)航道建设:建设六级航道 16 公里。

(2)港口码头建设:新建街子码头、苏只库区码头、苏只坝下码头、黄丰库区码头。

(3)支持保障系统建设:主要包括管理站房、助航设施、救助消防、船舶设施、生产配套设施和航道维护设施等方面。

4. 黄河积石峡航运工程

黄河积石峡航运工程起点为黄丰水电站坝下,终点至积石峡水电站坝前,全长 45 公里。积石峡电站的兴建,使得积石峡上游近 45 公里的峡谷成为平湖,河道航道自然条件得到较大改善,为发展水运创造了较好的条件,且积石峡库区所在地循化县对水运开发需求强烈,意图通过积石峡库区航运建设,改善库区周边交通状况,带动当地旅游发展。

(1)航道建设:航道建设里程 45 公里,包括 10 公里自然河段和回水变动段、35 公里的库区峡谷河段。

(2)港口码头建设:新建托坝码头、循化中心港码头、波浪滩码头、清水湾码头、阿什江码头、专堂码头、孟达码头。

(3)支持保障系统建设:建设积石峡库区水上搜救中心,主要包括管理站房、助航设施、救助消防、船舶设施、生产配套设施和航道维护设施等方面。

5. 黄河寺沟峡航运工程

黄河寺沟峡航运工程起点为积石峡水电站坝下,终点为寺沟峡水电站坝前,全长14.6公里。该段航道上段地处海东地区循化县境内,下段左岸为青海省民和县,右岸为甘肃省永靖县。该段航道地理位置重要,为连接青海和甘肃的水上交通纽带,航运工程建设将加强该地区的人员和物资交流,对促进当地经济和社会发展有积极作用。

(1)航道建设:建设积石峡水电站坝下至寺沟峡共14.6公里航道。

(2)港口码头建设:新建寨子码头、沙窝码头、喇家码头、华尖寺码头。

(3)支持保障系统建设:主要包括管理站房、助航设施、救助消防、船舶设施、生产配套设施和航道维护设施等方面。

(三)青海省内河航运管理信息系统建设

在进行两大航运工程建设的同时,为保障青海省航道的安全顺畅运行,省航道管理部门还需同步建设青海省的支持保障系统,建设内容包括"内河航运数据库,内河航运管理平台,内河水路运输应用系统",以信息化带动航运、海事管理现代化。

(四)青海省水运建设科技攻关

青海省现阶段水运发展不足,长期以来水运的科研及人才培养工作发展较弱。为了较好地保证青海水运事业的健康可持续发展,青海省有必要在加强基础设施建设的同时,开展一些结合青海特点的科研攻关项目。

结合青海省水运特点,拟于"十二五"期间安排以下科研攻关课题:生态敏感区航运建设关键技术研究、库区回水段航道整治及维护关键技术研究、生态保护区水运建设资金筹措政策研究、密集水电站分布河段长途连续运输关键技术研究、库区航道安全及搜救系统建设关键技术研究。

二、中期(2016~2020年)

青海"十二五"建设重点是具有较大需求,即具有较大开发效益,潜在价值大,对地区经济的发展带动大的航运基础建设项目。在"十三五"期间将继续保持对航道建设的投入,继续完善"十二五"期建设的通航河段,同时根据当地经济社会发展需要,继续建设有开发价值的通航水域,继续加强支持保障系统建设。

(1)航道建设:2016~2020年对规划的青海省一般性航道进行建设,即建设黄河源电站—尼那航道、通天河航道及其他规划范围内开发条件成熟的航道。青海省航道建设适度超前于经济发展需要,本期建设航道里程根据后续收集更多资料修订中远期航道规划。

(2)港口码头:根据航道建设情况适度配套建设港口码头。

(3)船舶:在地区性重要航道上按照规划需求增加运营客船和货船数量的同时,在一般性航道上配备运输船舶,均采用适合青海河流特点的运输船型,使航道运输效益明显提高。

(4)支持保障系统建设:在提升地区性重要航道支持保障系统的同时,在一般性航道建立具有现代化水平的通信导航和海事搜救系统及船舶检验质量管理系统,培养高素质管理人才。

第二节　建设方针和原则

航道建设以具有开发价值的地区性重要航道和附属港口建设为重点,加快等级航道建设步伐,提高内河航道通航里程和通航标准，完善港口服务体系，强化支持保障系统建设，促进青海内河航运事业全面复兴。港口建设先与航道配合建立部分港口码头，然后根据客货运输需求，再增加泊位、扩大规模。旅游客运需求较大河流上先“局部通航”，再“全线贯通”；先“下游开发”，后“上游建设”。

结合高原旅游名省战略的实施和全省社会经济发展需求，航运基础设施建设中坚持航道整治与河流景观建设、生态建设与岸线资源有效利用同步进行，或为后者预留发展空间，并实现河流综合开发。

第九章　资金需求及来源渠道

第一节　建设资金需求测算

依据项目规划建设方案，对青海省内河航运体系建设资金需求进行匡算。初步测算，“十二五”规划期内的资金需求总规模约为28 550万元，其中内河航道建设投入15 000万元，内河港口码头建设投入4 400万元，支持保障系统建设投入7 250万元，内河航运管理系统建设投入400万元，青海水运科技攻关投入1 500万元。具体分项工程投资见附表9。

第二节　资金筹措渠道

青海省属于环境保护重点省份，很多地区属限制开发或禁止开发区域，经济发展受到较大限制，又由于青海经济基础相对薄弱，自筹资金能力很小，投融资渠道狭窄。因此，要紧紧抓住国家加大内河航运建设投入的历史机遇，积极争取中央对我省内河航运建设的资金投入，同时，发挥地方各级政府、社会各方和广大人民群众的积极性，鼓励和引导社会资金投资内河航运基础设施建设，形成合力，多渠道、多方式筹集建设资金。

鉴于青海省的实际情况，“十二五”期间拟申请交通运输部补助航运建设资金22 830万元，青海省自筹资金5 720万元。

第十章　环境影响及环境保护规划

第一节　环境影响因素分析

随着社会的发展,人们对环境问题越来越重视。工程项目的建设一方面可以发展经济,另一方面在其整个活动过程中也会对环境产生负面影响。

内河水路交通设施的开发对自然环境的影响主要体现在:

(1)航道施工期和营运期都会改变自然条件,产生各种污染。航道施工期的航道拓宽、挖泥船疏浚将产生大量的悬浮泥沙;施工人员将制造大量的生活污水;桥梁、服务区以及护岸工程的实施将产生大量废水;施工作业机械及施工船舶将产生大量噪声。航道营运期的运营船舶将产生船舶生活污水、船舶舱底油污水、船舶交通噪声、船舶生活垃圾等。

(2)港口施工期和运营期都会改变原有的自然环境,产生各种污染。港口施工期的疏浚工程、基础工程、主体工程、土石方工程等产生的污染物有疏浚物、粉尘、噪声和多种有害气体等;运输过程产生粉尘、含油污水、含煤污水、生活污水等;锅炉、装卸设备、汽车和船舶等将排放有害气体、生产及生活垃圾等固体垃圾;船舶(包括汽笛)、装卸机械和运输机械产生噪声。

第二节　施工期环境污染及防治措施

一、航道施工期环境污染及防治措施

航道施工期的主要污染源来自航道拓宽、挖泥船疏浚等,这些工程在施工中产生的污染物主要有疏浚物、悬浮泥沙、生活污水、油污水、噪声以及多种有害气体等。

(1)施工期航道拓宽、挖泥船疏浚产生疏浚物、悬浮泥沙,此外悬浮泥沙、底泥在水体中扩散、释放,将形成二次污染。

针对这种情况,航道拓宽、挖泥作业中尽量使用产生悬浮泥沙较少的挖泥船,并在挖泥区设置防污膜与投加絮凝剂相结合的办法。在填海造地时采用先建围堰的施工程序,即先围后填的办法。

(2)施工人员生活污水、施工船舶舱底油污水中石油类浓度较高;桥梁、服务区及护岸工程等施工废水主要污染因子为SS;桥梁施工钻孔泥浆、疏浚底泥将造成SS高浓度废水污染。

因此航道施工期的生活污水、油污水、废水首先应收集上岸,上岸后经排泥场沉淀处理,此外还应设油污水和生活污水处理设施,污水经处理达标后排放。

(3)施工期噪声污染源主要为施工作业机械及施工船舶噪声。

因此施工驻地布设时应尽量远离施工区,施工人员应佩戴防护耳塞,并经常轮换作业以减少噪声对健康的危害。施工单位应做好施工机械的维护保养,作业机械设备应尽量选用低噪声的机械设备或在设备上安装有效的消声器,保持施工机械低噪声运行状态,应尽量避免夜间作业,减少噪声污染影响。

二、港口施工期环境污染及防治措施

港口施工期的主要污染源来自疏浚工程、基础工程、主体工程、土石方工程等。这些工程在施工中

产生的污染物有疏浚物、污水、粉尘、噪声和多种有害气体等。

(1)针对工程在施工中产生的疏浚物,疏浚工程应合理安排施工船舶数量、位置、挖泥进度,选用对环境影响较小的绞吸式挖泥船作业,尽量减少疏浚作业对底泥的搅动强度和范围,疏浚泥土用于填海造陆,减少对水环境的污染。

(2)针对施工中产生的生活污水、机械油污水、施工船舶的油污水,施工时设置 NS 污水处理设施,对施工期生产废水和生活污水进行统一处理,达标排放。在筛分加工厂设沉沙池,筛分废水尽可能重复利用,在施工人员居住区设防渗厕所。

(3)针对施工中产生的粉尘,主要运输道路路基应进行夯实硬化处理,并及时清扫、洒水,运输车辆要密封,减少装卸落差,对易起尘物料实行加盖篷布等措施。

(4)针对施工中产生的噪声,宜选择新型低噪设备,并通过加装消音装置和隔离机器的振动部件来降低噪声,做好施工机械和运输车辆的调度和交通疏导工作,限制车速,禁止鸣笛,以降低交通噪声。

(5)针对施工中产生的垃圾,陆域垃圾应设置清扫车、垃圾箱、清运车及时将垃圾运出,送到指定地点集中处理或者纳入城市垃圾处理厂;船舶垃圾宜采用垃圾袋或桶收集储存,由港口接收设施接收,运到垃圾处理场处理。

第三节　营运期环境污染及防治措施

一、航道营运期环境污染及防治措施

(一)航道营运期的水环境污染源主要来自船舶生活污水和船舶舱底油污水

加强营运期的环境监控,对水环境质量变化情况准确掌握,将工程对水环境的不利影响降至最低限度,水源地附近布设水质监测断面,定期对水源地水质进行监测。此外为了减轻水环境的污染问题,沿江城镇应同步规划建设污水处理厂,扩大污水处理能力,使城镇的污水处理量基本上可以与废水排放增加量相适应。

(二)营运期的噪声污染源主要来自船舶交通噪声

各航道区应合理布局,将高噪声机械按规范规定距离布置,并尽量选用低噪声的设备或者采用隔声、消声措施等。航道两侧还应设防护林带降低噪声。

(三)营运期的固废污染源主要来自船舶生活垃圾

加强人员的环保意识,生活垃圾不得随意丢弃,应设置垃圾桶或垃圾袋统一收集送岸上或附近城市垃圾处理厂处理。

二、港口营运期环境污染及防治措施

(一)污水

污水主要包括含油污水、含煤污水、集装箱洗箱水和生活污水等。

根据《73/78 国际防污染公约 MARPOL》和我国防止船舶污染海域的有关管理条例的规定,船舶本身都应安装油水分离器,自行处理达标后到指定区域排放;船舶生活污水和码头生活污水经生活污水处理站统一处理后排放;冲洗场地污水由排水沟收集排至污水池,并经处理达标后排放。

(二)有害气体

有害气体主要包括港区内燃煤或者燃油的锅炉、进出港的汽车和船舶及油品装卸等排放的有害气体,如:二氧化硫、一氧化碳、氮氧化物和烃类等有害气体。

建议选用低粉尘的机械设备；在工区路旁植树造林，增加清洁车和洒水次数，既可减轻环境污染，又可美化环境；将办公室和生活区设置在距工区1.5公里以外的地区。在港区总体布局上，对大气环境影响较大的散货作业区和散货堆场应布局于生活区、其他作业区主导风向的下风向。在抓斗卸料的收料处、皮带机头部卸料处（即船舶装卸船处、汽车装卸车处），设置水喷头，洒水除尘。在皮带机转接处设置密封罩密闭尘源或安装水喷头洒水除尘。堆取料机堆取料时适当降低卸料高度，并在堆取料顶部两侧各设置高压喷头洒水防止堆取料引起粉尘。在散货堆场表面洒水防止刮风天气产生粉尘，使堆场面保持一定湿度。

（三）固体废弃物

港区垃圾包括生产垃圾、生活垃圾和船舶垃圾等。

码头应配置垃圾箱，统一收集、集中处理；船舶垃圾严格执行国家《船舶污染物排放标准》和《73/78国际防止船舶污染海洋》公约附则Ⅴ的规定，垃圾经检疫后由清洁公司统一收集进行处理。

（四）噪声

噪声主要是船舶（包括汽笛）、装卸机械和运输机械产生的噪声。

对噪声超过标准设备采取失声、减噪、隔声和消声等措施，保持行车路面的平整，尽量降低噪声的产生频率和强度。

第四节　环境保护规划

环境保护规划目的在于处理好航道、港口建设与环境保护之间的关系；解决航道、港口发展与环境保护之间的矛盾；有效地防止和解决航道、港口发展带来的环境问题；防止生态环境的破坏和污染，使航道、港口建设和环境保护协调起来，最终达到保护和改善自然环境，建设一个比自然环境更安全、舒适、优美的环境的目的。

鉴于航道、港口规划重视开发与环境保护的协调，应充分依靠科技进步，采用污染少的先进装卸工艺设备，不断降低污染排放系数，对施工和营运期间的各种污染源及污染物制定比较完整的防治对策，所采取的污染防治措施吸收了国内外比较完善、可靠、先进的治理技术，并应在规划期内增加环保资金投入，不断完善和提高污染治理水平，做到科学化和定量化管理，在规划期各个阶段，应做到环境保护“三同时”，污染排放负荷达到总量控制要求，环境质量达到环境功能区目标值要求。

一、水污染控制

为贯彻《中华人民共和国环境保护法》、《中华人民共和国水污染防治法》和《中华人民共和国海洋环境保护法》，控制水污染，保护周边的地面水以及地下水水质的良好状态，规划区建立完善的污水处理系统，排放的污水的水质水量应符合国家及地方最新《污水综合排放标准》的相关规定。

二、大气污染控制

为贯彻《中华人民共和国环境保护法》和《中华人民共和国大气污染防治法》，规划区的大气污染排放物的浓度和排放速率应符合国家及地方最新《大气污染物综合排放标准》的相关规定。

三、噪声污染控制

规划区的噪声环境执行国家和地方最新《城市区域环境噪声标准》、《城市港口及江河两岸区域环境噪声标准》、《工业企业噪声卫生标准（试行草案）》的相关规定。

第五节　环境影响评价

一、施工期间

工程施工时，由于石料、水泥产生的粉尘会污染大气，各种施工机械会产生噪声污染，港池和航道的挖泥，对水质有一定的影响，但采取适当措施，加强管理，是可以避免或减少的，并且施工期的环境影响是暂时的，随着施工的结束，污染也随之消失。

二、工程建成后

码头的建成、港池航道的开辟、船舶的航行会使水流改变，流速发生变化，从而导致港口码头附近一带水域的变化。因此，码头规划要合理化，并采取积极的环境保护措施将生态变化控制在允许限度内。

三、营运期间

（1）锅炉排放的 SO_2、NO_2 和烟尘都会污染大气。

（2）各种装卸机械、船舶、汽车产生的噪声对环境的影响。

（3）排放的各种污水，会对水质和底泥有一定的影响。

（4）各种固体垃圾的统一处理。

以上各种影响因素，在工程营运期通过采取相应防治措施，也无固体废弃物污染问题；水位及河床的调整也不会给河段的防洪带来不利影响；水库形成人工湖泊，美化了自然景观，增加了旅游资源。

第十一章　规划实施的预期效果

《青海省内河航运发展规划(2011～2015年)》是"十二五"期内指导青海省进行内河航运建设的纲领性文件,有利于充分发挥内河航运优势,有利于促进水资源综合利用和补充综合运输体系需求,尤其将对青海省沿河旅游资源开发将产生深远的影响。

规划目标若能如期完成,则呈现以下效果:

(1)将形成由地区性重要航道和重要港口为核心,布局基本合理、技术先进、保障有力的内河航运体系,使内河航运成为综合交通体系的重要补充。

地区性重要航道、一般航道实现规划河段全部通航并达到规划等级,航道通航条件改善,建设航道里程420.65公里,全部为六级航道;布局合理、运作顺畅的内河港口基本建成;并配备具有现代化水平的支持保障系统,突破青海内河航运长期低水平状态。通过5年的内河航运建设,发挥后发优势,使全省内河形成布局合理、保障有力的青海内河航运体系;运输船舶先进,具有一定运输能力,为青海旅游和经济社会的可持续发展提供更加优质的内河航运服务。

(2)规划布局的主要内河航道、港口覆盖青海最具活力经济区,可有力促进沿河旅游业发展和沿湖、沿河产业带及河流两岸土地资源开发。

(3)能有效提高内河航运在国民经济和社会发展中的地位与作用,有助于与其他运输方式衔接、配合,优势互补,成为综合运输体系的有益补充。

第十二章　保障措施及建议

一、强化行业管理

青海省内河航运由于历史等诸多因素影响，航道处于低水平状态。历史上由于内河航运没有得到应有重视，内河航运资源破坏严重，碍航桥梁和闸坝建设，均导致一项工程影响一大段河流通航能力，使其降低或丧失。通过对青海省河流航运资源进行监管，加强对涉水工程及行为的管理，使其符合航运发展要求，将有力保护青海省航运资源。

同时，内河航运是一项系统工程，除了建设良好的基础设施外，强化行业管理还体现在：首先要建立和广泛应用信息技术，建立航运信息网络，及时发布航运发展动态和行业信息，提高行业管理的快速反应能力；同时要强化行业行政管理人员的业务培训，提高行政管理人员的素质和管理水平；此外，要依法建立严格的市场准入制度，保证航运安全和提高服务质量，建立有序的船舶运力投放机制，调控船舶运力，严格执行船舶技术规范和国家有关标准，引导内河航运市场健康、有序地发展。

二、尽快确立资金筹资渠道

首先，要积极争取交通运输部对航道建设的资金支持；同时，青海省还要建立省级内河航运建设基金，争取从省级财政划出一定的资金用于内河航运建设；第三，积极主动利用外资或金融机构贷款，采取合资、入股等方式吸纳资金；第四，航道建设要结合城镇化建设，争取建设所在地政府给予政策上的倾斜和扶持，减少航道建设投资；第五，要鼓励和引导社会资金投资内河航运基础设施建设，充分发挥市场积极性，为规划实施提供资金保障。

三、深入开展前期研究工作，为规划实施创造条件

建设项目的前期研究工作深度直接关系到项目决策的正确性和实施效果，要在规划基础上，进行前期工作所需的基础资料补充收集、测量工作，并尽快启动前期研究工作。有关单位要依据规划进一步落实细化近期建设项目的前期工作，做好项目储备，建立项目库，做到“建设一批，储备一批”，从而为加快内河航运发展、适时开工建设项目创造条件。

四、选择有条件的河流，开展生态及景观河道建设研究

青海省内河航道大多自然条件优越，并且这些航道的腹地旅游资源较丰富，航运开发对当地旅游资源的开发、投资环境的改善以及促进与外界的物资交流等方面都有很好的促进作用。通过建设生态及景观航道，在有效改善航道通航条件的同时，提升航道旅游品质，为建设青海高原旅游名省提供帮助。建议组织开展相关调研，选取有条件的河段进行研究推广。

五、建立适合青海内河航运的船舶

船舶是实现运输的载体，在航运建设之初，建立适合青海的船型，积极引导专业化运输船舶发展，通过标准船舶工作，提升船舶技术状况，提高航运生产力水平，不断拓展内河航运的服务领域和市场空间，培育新的增长点。

六、加强相关行业协调

青海省内河航运发展规划目标的实现，除交通部门加大投入力度外，还要与水利、水电、旅游等相关

部门密切配合和协作,一方面要贯彻综合利用方针,处理好水资源开发过程中可能产生的问题;另一方面要从全局角度出发,团结协作,联合治水,充分发挥水资源的最大效益。

七、动态管理,跟踪调整,保证规划的严肃性和连续性

内河航运规划实施周期较长,在实施过程中,由于客观环境和自然条件的变化,内河运输量、港口吞吐量实际发展与预测情况不符的现象难以避免。因此,应对规划实行动态管理,根据建设重点和投资方向的转移、地区经济发展速度的变化、相关行业发展规划的调整以及建设资金的到位与否等因素,对规划按效益最佳原则进行调整,增强规划的适应性、指导性和先进性,并及时为决策部门提供修订方案,使规划成为连续的滚动式决策过程,确保规划总体目标的实现。

附　　录

附录一　内河航道布局规划方案表

内河航道布局规划方案表　　　　附表 1

布局层次	项目类别及名称			规划规模及标准（公里）					备　注
	所属水域	航道起讫点		五级航道	六级航道	八级航道	等外航道	合计	
地区性重要航道	黄河	黄河青海段航道合计			351.54			351.54	
		航道开发重点区段	羊曲—龙羊峡水电站		92			92	
			龙羊峡水电站—拉西瓦水电站		32.8			32.8	
			拉西瓦水电站—尼那水电站		8.82			8.82	
			尼那水电站—李家峡水电站		72.32			72.32	
			李家峡水电站—直岗拉卡水电站		6			6	
			直岗拉卡水电站—康扬水电站		9			9	
			康扬水电站—公伯峡水电站		55			55	
			公伯峡水电站—苏只水电站		9			9	
			苏只水电站—黄丰水电站		7			7	
			黄丰水电站—积石峡水电站		45			45	
			积石峡水电站—寺沟峡水电站		14.6			14.6	
	青海湖	青海湖航道合计			428.47			428.47	
		航道开发重点区段	仙女湾—黑马河		61.1			61.1	对航道进行测量及必要疏通
			青海湖渔场—二郎剑		15			15	
			青海湖渔场—黑马河		83.8			83.8	
			青海湖渔场—海晏湾		23.4			23.4	
			青海湖渔场—金沙湾		30.1			30.1	
			海晏湾—二郎剑		25			25	
			青海湖航道		190.07			190.07	青海湖已开通航道，分段数据见表 2-3
	可鲁克—托素湖	可鲁克—托素湖航道合计			40.2			40.2	
		航道开发重点区段	北岸码头—西岸湿地公园码头		8.2			8.2	对航道进行测量及必要疏通
			北岸码头—下水口码头		5.6			5.6	
			湿地公园码头—下水口码头		4.3			4.3	
			连湖水道		8.5			8.5	
			死海度假村码头—外星人遗址码头		13.6			13.6	

续上表

布局层次		项目类别及名称			规划规模及标准(公里)					备　注
		所属水域	航道起讫点		五级航道	六级航道	八级航道	等外航道	合计	
一般航道	河流航道	黄河	黄河源电站坝下—门堂			157.9	206.1	245.6	609.6	
			航道开发重点区段	黄河源电站坝下—科曲河入口				245.6	245.6	结合上游电站建设
				科曲河入口—西柯曲河入口			206.1		206.1	
				西柯曲河入口—门堂		157.9			157.9	
			阿格托—羊曲			295			295	
			航道开发重点区段	阿格托—夏日红		100			100	该段航道结合区段电站建设安排建设时机
				夏日红—玛尔挡		80			80	
				尔多—茨哈峡		65			65	
				班多—羊曲		50			50	
		长江	它莫尕卡通天河桥下—老叶村					218.4	218.4	
		隆务河	扎毛库区航道			7			7	
	湖区航道	鄂陵湖航道合计				77.9			77.9	
		鄂陵湖	勒那—措日尕泽			27.8			27.8	
			措日尕泽—刊木青			20.5			20.5	
			勒那—刊木青			29.6			29.6	
		年保玉则湖								
		哈拉湖								
		西王母瑶池								
	其他河流	大通河	仙米—寺沟口							
		黑河								
		澜沧江								
		自曲河								
		达那河								
		泞吉河								
		曲果扎西滩								
		湟水河	湟水路桥下—杨沟湾			25.7			25.7	城市景观旅游航道
青海内河航道总体布局规模		青海内河航道规划总里程				1 383.71	206.1	464	2 053.81	
		其中:地区性重要航道				820.21			820.21	
		其中:一般航道				563.5	206.1	464	1 233.6	

注:表中列出为青海省有开发价值河流,由于青海省现有河流资料及具体航道需求量资料不足,有些河流难于准确规划航道等级及具体定位航道长度,本规划重点在规划青海省"十二五"航道建设区段,故表中未具体规划河段留待后续规划补充修订时进行具体规划。

附录二　青海省重点内河港口及码头布局规划方案（汇总表）

青海省重点内河港口及码头布局规划方案（汇总表）　　附表2

布局层次	港口、港区名称及范围			规划布局码头数量（个）	备　注
	港口名称	所属港区	港区范围界定		
地区性重要港口	青海湖港	青海湖港区	青海湖	5	
	贵德港	龙羊峡港区	班多至龙羊峡水电站	7	
		拉西瓦港区	龙羊峡水电站至拉西瓦水电站	2	
		尼那港区	拉西瓦水电站至尼那水电站	1	
		贵德县城港区	尼那水电站至阿什贡	7	
		合计		17	
	尖扎港	李家峡港区	松巴峡至李家峡水电站	4	
		直岗拉卡港区	李家峡水电站至直岗拉卡水电站	2	
		康扬港区	直岗拉卡水电站至康扬坝前	2	
		合计		8	
	循化港	公伯峡港区	康扬水电站至公伯峡	5	
		苏只港区	公伯峡至苏只	2	
		黄丰港区	苏只至黄丰	2	
		积石峡港区	黄丰至积石峡	8	
		寺沟峡港区	积石峡至寺沟峡	4	
		合计		21	
	可鲁克湖港	可鲁克湖港区		6	
一般港口（点）	含鄂陵湖等湖区和其他航道码头合计			9	
青海内河港口总体布局规模	总体规模			66	
	其中：地区性重要港口码头			57	
	其中：一般港口（点）码头			9	

附录三　青海湖码头布局规划方案表

青海湖码头布局规划方案表　　附表3

港区及码头名称	用　途	航　道	地　点
1. 黑马河码头	旅游	青海湖	共和县黑马河乡青海湖黑马河
2. 渔场码头	旅游	青海湖	共和县青海湖渔场
3. 海晏湾码头	旅游	青海湖	海晏县海北帐篷度假村
4. 金沙湾码头	旅游	青海湖	海晏县沙岛
5. 仙女湾码头	旅游	青海湖	刚察县秀麻村

附录四　贵德港码头布局规划方案表

贵德港码头布局规划方案表　　附表4

港区及码头名称	用　途	航　道	地　点
一、龙羊峡港区			
1. 尕马羊曲码头	客货运、旅游	黄河	海南州兴海县
2. 白刺滩码头	客运、旅游	黄河	海南州贵南县白刺滩
3. 委曲沟码头	旅游、客运	黄河	海南州共和县委曲沟
4. 德胜村码头	旅游、客运	黄河	海南州共和县德胜村
5. 龙羊电厂码头	电厂专用	黄河	海南州共和县龙羊镇
6. 沙沟码头	旅游、客运	黄河	贵南县沙沟乡关塘村
7. 龙羊港北岸码头	客运、旅游	黄河	海南州共和县龙羊峡镇
二、拉西瓦港区			
1. 龙羊峡电站下码头	客运、旅游	黄河	海南州贵德县拉西瓦镇
2. 拉西瓦库区码头	客运、旅游	黄河	贵德县拉西瓦镇
三、尼那港区			
1. 尼那库区码头	客运	黄河	贵德县尼那
四、贵德县城港区			
1. 山坪码头	客货运、旅游	黄河	海南州贵德县河西乡
2. 钢琴水车广场码头	客运、旅游	黄河	海南州贵德县
3. 贵德大桥码头	客运、旅游	黄河	海南州贵德县河东乡
4. 湿地公园码头	客运、旅游	黄河	海南州贵德县尕让乡
5. 高尔夫球场码头	客运、旅游	黄河	海南州贵德县河东乡
6. 阿什贡码头	客货运	黄河	海南州贵德县尕让乡
7. 松巴峡码头	客运、旅游	黄河	海南州贵德县尕让乡

附录五　尖扎港区及码头布局规划方案表

尖扎港区及码头布局规划方案表　　附表5

港区及码头名称	用　途	航　道	地　点
一、李家峡港区			
1. 坎群码头	旅游、客运	黄河	黄南州尖扎县坎群村
2. 南宗沟口码头	旅游、客运	黄河	黄南尖扎县南宗沟
3. 李家峡库区南岸码头	客运、旅游	黄河	李家峡大坝上游南岸
4. 半主洼码头	客货运	黄河	李家峡大坝上游北岸
二、直岗拉卡港区			
1. 俄家台码头	客运、旅游	黄河	黄南尖扎县俄家台
2. 直岗拉卡码头	客运、旅游	黄河	黄南州尖扎县直岗拉卡村
三、康扬港区			
1. 康扬库区码头	客运	黄河	黄南州尖扎县康扬镇
2. 蚂蚁滩码头	客运、旅游	黄河	黄南尖扎县康扬镇

附录六　循化港区及码头布局规划方案表

循化港区及码头布局规划方案表　　附表6

港区及码头名称	用　途	航　道	地　点
一、公伯峡港区			
1. 群科码头	客货运	黄河	海东地区化隆县群科镇
2. 尖扎马克堂码头	客运、旅游	黄河	黄南州尖扎县马克堂黄河南岸
3. 宗务村码头	客运、货运	黄河	循化县宗务村
4. 贡拜寺码头	旅游、客运	黄河	循化县查汗都斯乡贡伯村
5. 公伯峡电厂码头	客货运	黄河	循化县查汗都斯乡古什群村
二、苏只港区			
1. 街子码头	客运	黄河	循化县查汗都斯乡牙藏村
2. 苏只库区码头	旅游、客运	黄河	循化县查汗都斯乡苏志村
三、黄丰港区			
1. 苏只坝下码头	旅游、客运	黄河	循化县查汗都斯乡新村村
2. 黄丰库区码头	旅游、客运	黄河	循化县积石镇尕别列村
四、积石峡港区			
1. 托坝码头	客货运	黄河	循化县积石镇东滩村
2. 循化中心码头	旅游、客运	黄河	循化县积石镇
3. 水文站码头	旅游、客运	黄河	循化县积石镇
4. 波浪滩码头	旅游、客运	黄河	循化县孟达乡
5. 清水湾码头	旅游、客运	黄河	循化县清水乡
6. 阿什江码头	旅游	黄河	循化县孟达乡
7. 专堂码头	旅游、客运	黄河	循化县积石镇
8. 木场码头	客、货运	黄河	循化县积石镇
五、寺沟峡港区			
1. 寨子码头	客运	黄河	民和县官亭镇寨子村
2. 沙窝码头	客运	黄河	民和县官亭镇沙窝村
3. 喇家码头	旅游、客运	黄河	民和县官亭镇喇家村
4. 华尖寺码头	客运、旅游	黄河	民和县中川乡峡口村

附录七　可鲁克湖港及码头布局规划方案表

可鲁克湖港及码头布局规划方案表　　附表7

港区及码头名称	用　途	航　道	地　点
1. 北岸码头	旅游	可鲁克湖	可鲁克湖北岸
2. 下水口码头	旅游	可鲁克湖	可鲁克湖南岸出水口
3. 湿地公园码头	旅游	可鲁克湖	可鲁克湖湿地公园
4. 电站码头	旅游	连湖水道	连湖水道下电站前
5. 死海度假村码头	旅游	托素湖	托素湖西岸死海度假村
6. 外星人遗址码头	旅游	托素湖	托素湖东岸外星人遗址

附录八　其他港点码头布局规划方案表

其他港点码头布局规划方案表　　附表8

码头名称	航道	地点
1. 海晏东大滩码头	湟水	海北州海晏县
2. 寺沟口码头	大通河	海北州门源县珠固乡
3. 仙米码头	大通河	海北州门源县仙米乡
4. 雪龙滩码头	大通河	海北州门源县珠固乡
5. 夏日红电站码头	黄河	河南县宁木特乡
6. 阿格托码头	黄河	河南县多松乡
7. 勒那码头	鄂陵湖	玛多县勒那村
8. 措日尕泽码头	鄂陵湖	玛多县擦泽村
9. 刊木青码头	鄂陵湖	玛多县鄂陵湖南岸

附录九　“十二五”青海内河水运基础设施规划建设方案表

“十二五”青海内河水运基础设施规划建设方案表　　附表9

建设工程名称	序号	建设类别	工程量	单位	建设年限	投资额(万元)		备注
						总投资	其中:申请部拨投资	
“十二五”期建设项目总计						28 550	22 830	
青海湖航运(二期)工程	1	航道	238.4	公里	2011~2013年	2 000	1 600	
	2	码头	5	座	2012~2013年	600	480	
	3	海事码头	1	座	2012年	100	80	
	4	通信导航、搜救中心	1	个	2011~2013年	1 000	800	包括航道管理站房
	5	航标艇	1	艘	2013年	200	160	
	6	巡逻艇	1	艘	2013年	150	120	
	7	救捞船	1	艘	2013年	250	200	
	8	船舶卧冬基地	1	处	2011年	300	240	
	9	船舶检测船坞	1	座	2011年	500	400	
	10	航标遥测系统	1	套	2013年	200	160	
	11	其他			2011~2013年	400	320	消防、安保设施等
青海湖航运(二期)工程合计						5 700	4 560	
黄河尼那至坎布拉航运续建工程	1	航道	72.32	公里	2012~2014年	2 000	1 600	
	2	码头	9	座	2012~2014年	1 000	800	包括新建5座、续建4座
	3	海事码头	2	座	2014年	200	160	
	4	通信导航、搜救中心	1	个	2012~2014年	1 000	800	包括航道管理用房
	5	航道维护中心	1	处	2014年	500	400	

续上表

建设工程名称	序号	建设类别	工程量	单位	建设年限	投资额(万元)		备注
						总投资	其中:申请部拨投资	
黄河尼那至坎布拉航运续建工程	6	航标艇	1	艘	2014 年	200	160	
	7	巡逻艇	2	艘	2014 年	300	240	
	8	救捞船	1	艘	2014 年	250	200	
	9	挖泥清淤船	1	艘	2014 年	300	240	
	10	航标遥测系统	1	套	2014 年	200	160	
	11	水位自动测报系统	1	套	2013 年	150	120	
	12	其他			2012～2014 年	200	160	消防、安保设施等
黄河贵德至坎布拉航运工程合计						6 300	5 040	
黄河李家峡至康扬航运建设工程	1	航道	15	公里	2014～2015 年	600	420	
	2	码头	4	座	2014～2015 年	600	400	
	3	海事码头	1	座	2015 年	100	80	
	4	航道维护站房	1	处	2015 年	150	120	
	5	巡逻艇	1	艘	2015 年	200	160	
	6	交通车辆	1	辆	2015 年	50	40	
黄河李家峡至康扬航运建设工程合计						1 700	1 220	
黄河公伯峡至黄丰航运建设工程	1	航道	16	公里	2012～2014 年	1 200	1 000	
	2	码头	4	座	2012～2014 年	600	400	
	3	海事码头	2	座	2013 年	100	80	在建设码头同时增设海事码头泊位
	4	航道维护站房	1	处	2013 年	250	200	
	5	巡逻艇	1	艘	2014 年	150	120	
	6	救捞船	1	艘	2014 年	250	200	
	7	交通车辆	1	辆	2014 年	50	40	
	8	其他				100	80	消防、安保设施等
黄河公伯峡至黄丰航运建设工程合计						2 700	2 120	
黄河积石峡航运建设工程	1	航道	45	公里	2011～2013 年	2 500	2 200	
	2	码头	8	座	2011～2013 年	1 000	800	
	3	海事码头	3	座	2012 年	600	450	
	4	通信导航、搜救中心	1	个	2012～2013 年	1 000	800	包括航道管理用房
	5	航道维护中心	1	处	2012 年	200	160	
	6	航标艇	1	艘	2013 年	200	160	
	7	巡逻艇	2	艘	2013 年	300	240	
	8	救捞船	1	艘	2013 年	250	200	
	9	挖泥清淤船	1	艘	2013 年	300	240	
	10	航标遥测系统	1	套	2013 年	100	80	

续上表

建设工程名称	序号	建设类别	工程量	单位	建设年限	投资额(万元)		备注
						总投资	其中:申请部拨投资	
黄河积石峡航运建设工程	11	水位自动测报系统	1	套	2013年	100	80	
	12	交通车辆	4	辆		200	160	
	13	其他				150	120	消防、安保设施等
黄河积石峡航运建设工程合计						6 900	5 690	
黄河寺沟峡航运建设工程	1	航道	14.6	公里	2013~2015年	1 500	1 200	
	2	码头	4	座	2014~2015年	600	480	
	3	海事码头	1	座	2014年	150	120	
	4	航道维护站房	1	处	2014年	300	240	
	5	航标艇	1	艘	2015年	200	160	
	6	巡逻艇	1	艘	2015年	150	120	
	7	挖泥清淤船	1	艘	2015年	300	240	
	8	交通车辆	1	辆		50	40	
	9	其他				100	80	消防、安保设施等
黄河寺沟峡航运建设工程合计						3 350	2 680	
黄河尼那至寺沟峡分段航运建设工程合计						20 950	16 750	
青海省内河航运管理系统建设					2011~2013年	400	320	
青海省水运建设科技攻关					2011~2015年	1 500	1 200	

附录十　青海省航道现状图

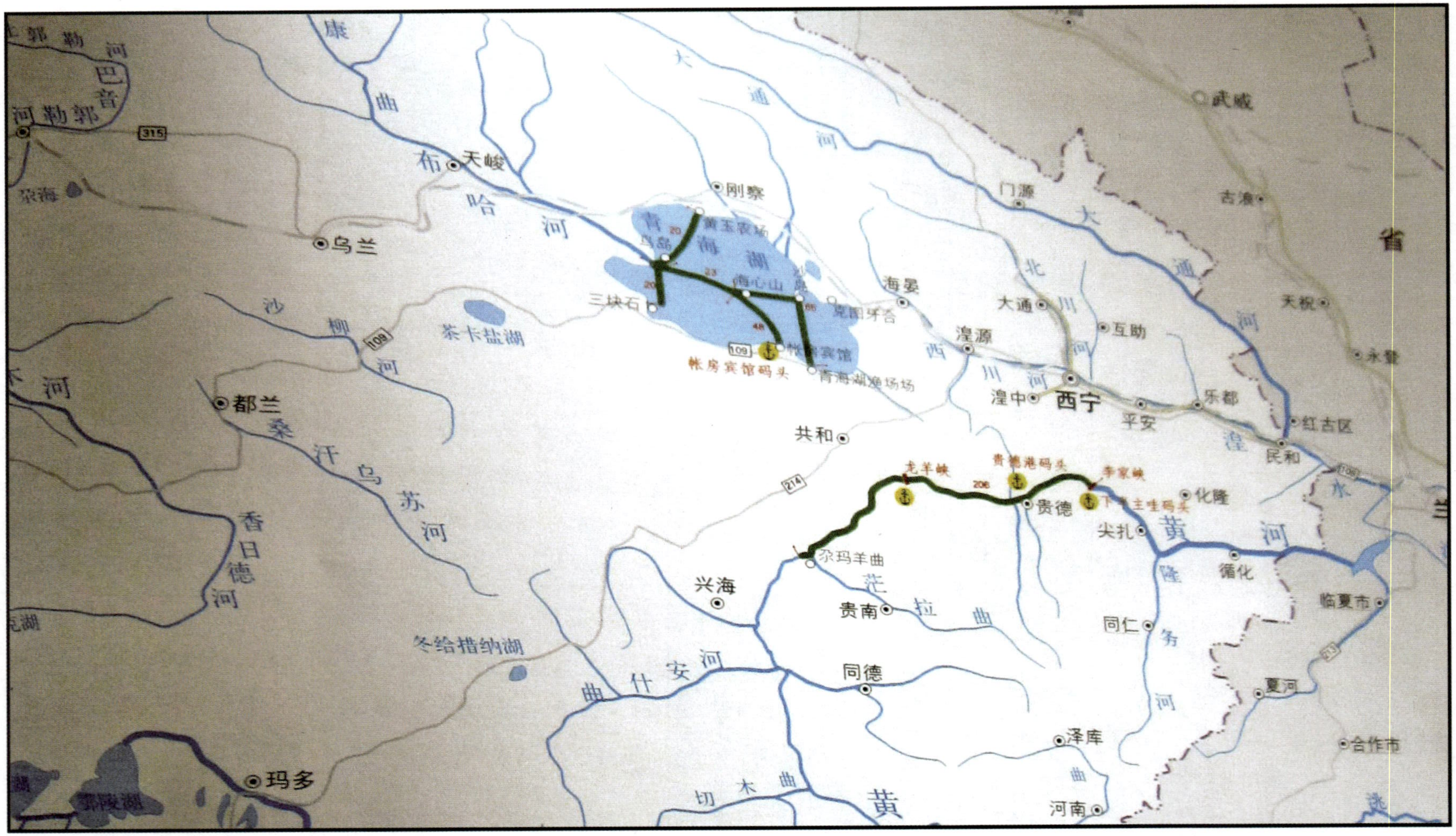

附图1　青海省航道现状图

附录十一　青海省航道规划方案图

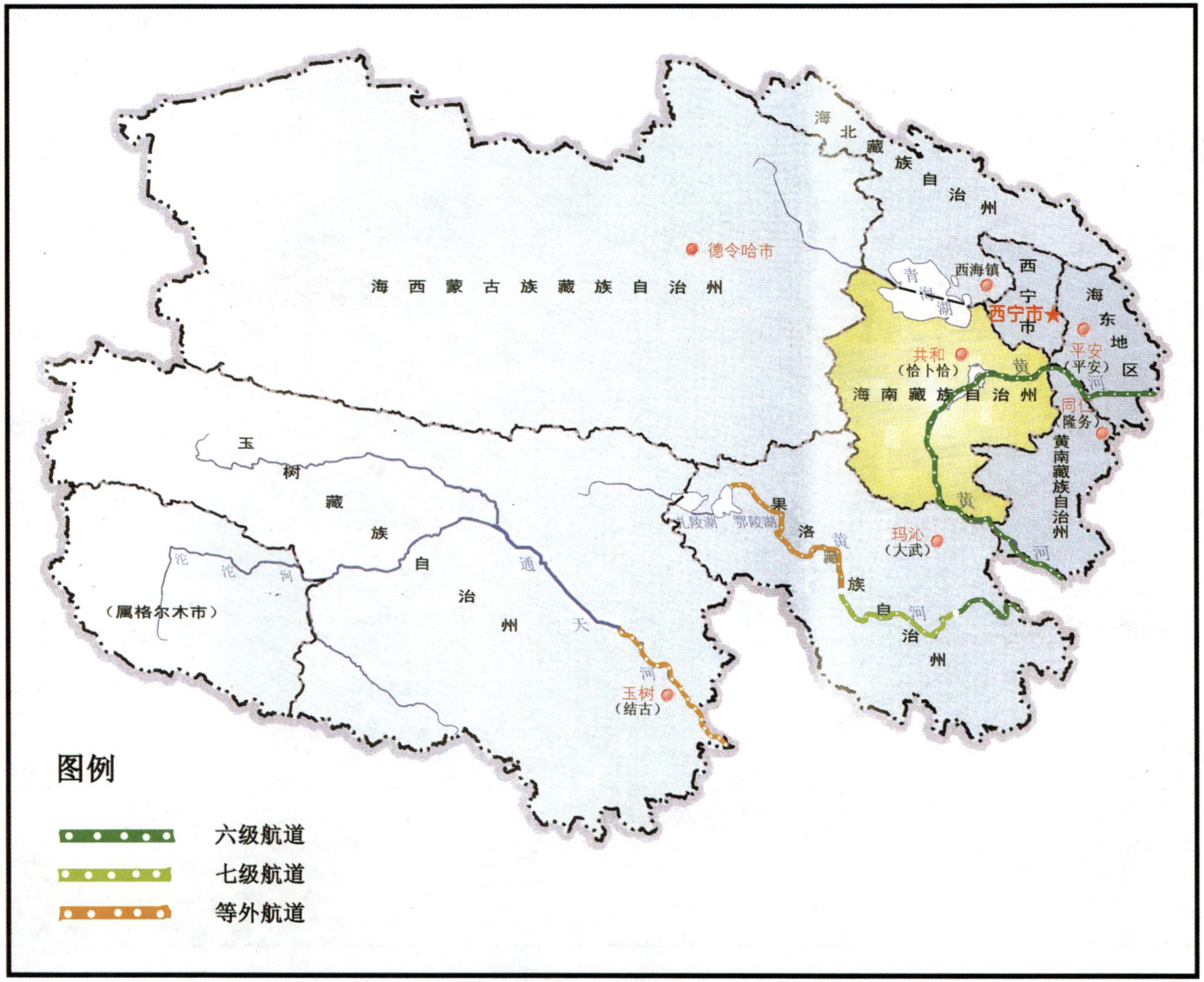

附图2　青海省航道规划方案图

附录十二　青海湖区航道、港口规划方案图

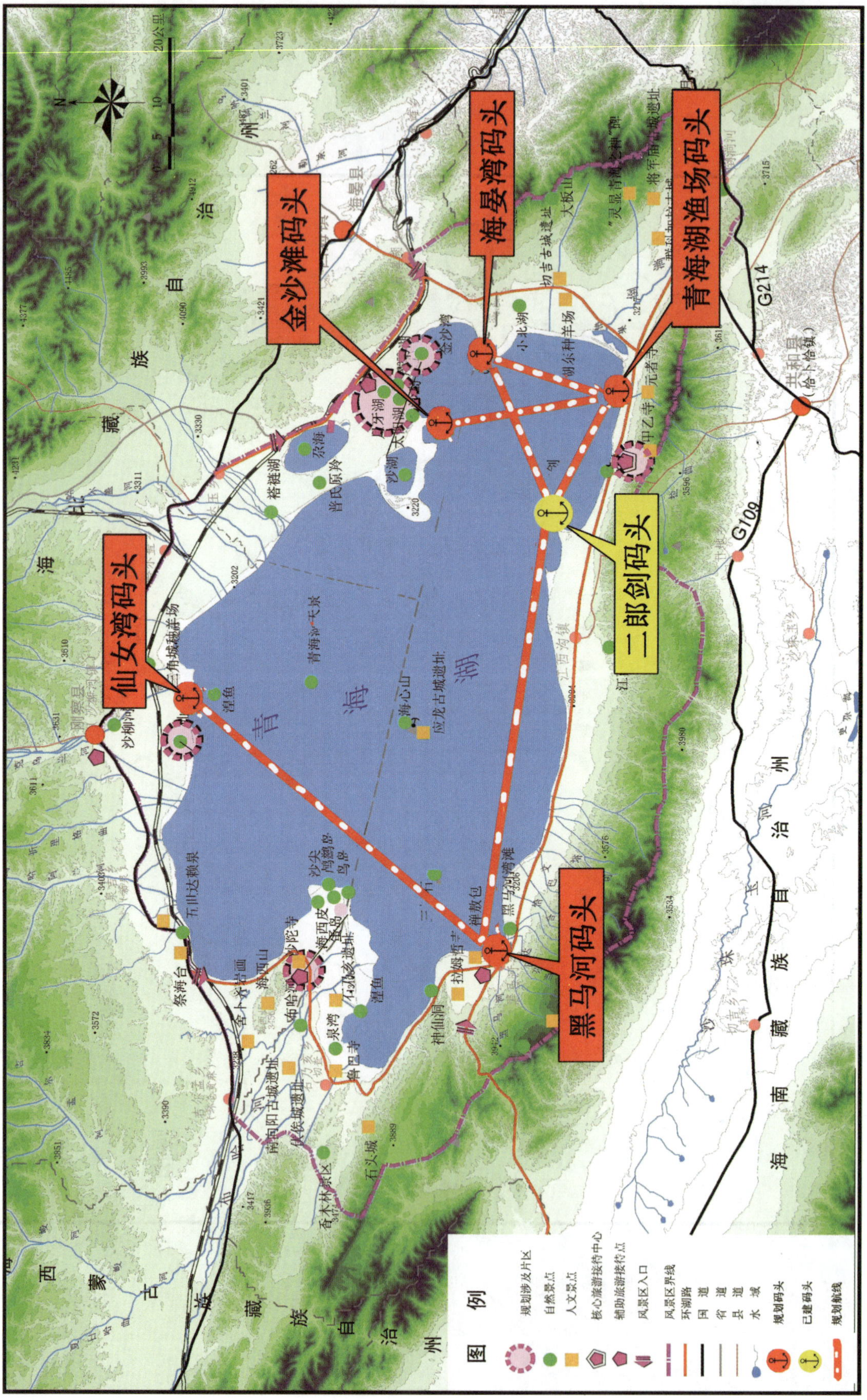

附图3　青海湖区航道、港口规划方案图

附录十三　可鲁克湖—托素湖航道码头规划图

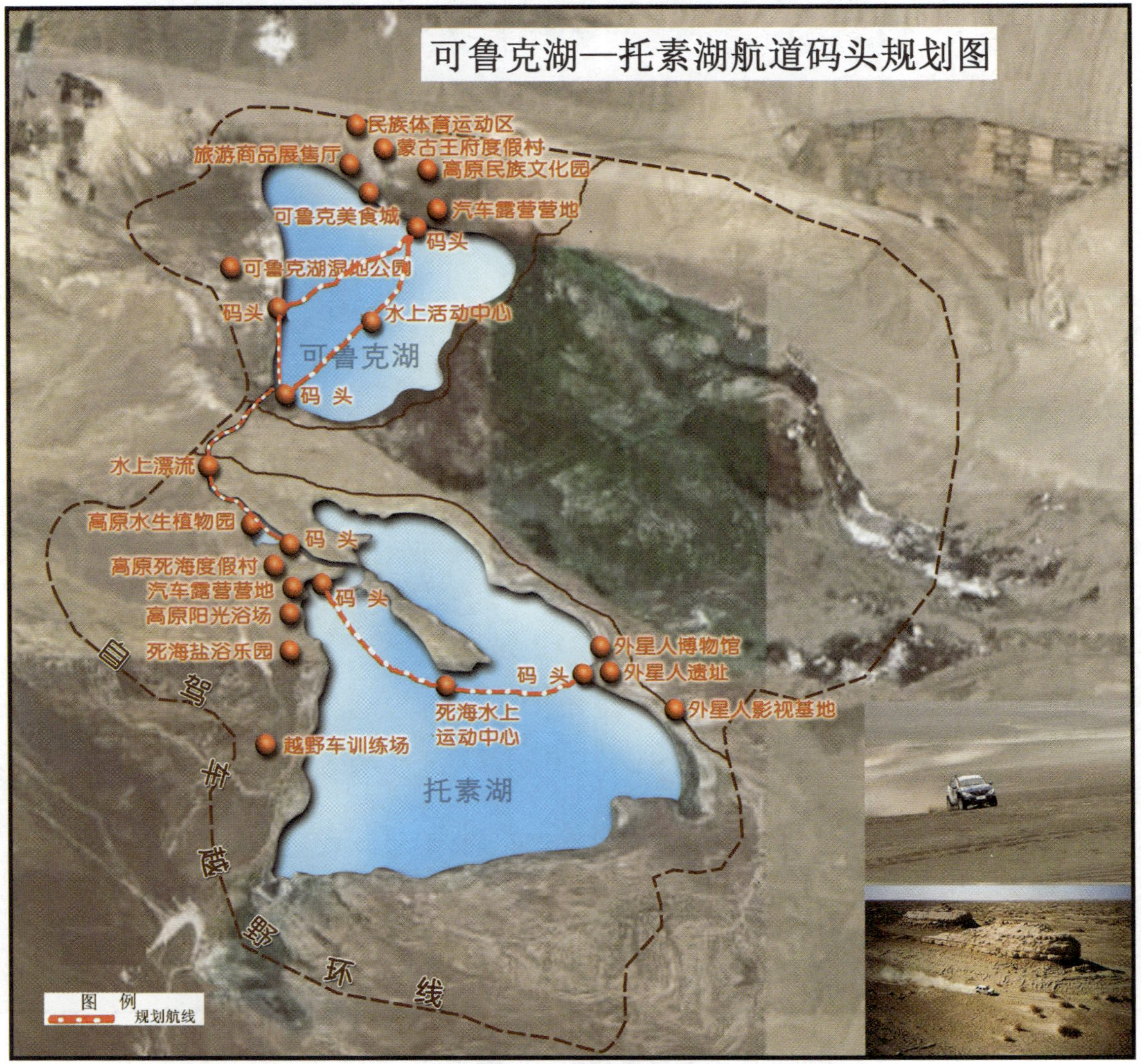

附图4　可鲁克湖—托素湖航道码头规划图

附录十四　鄂陵湖湖区航道码头规划图

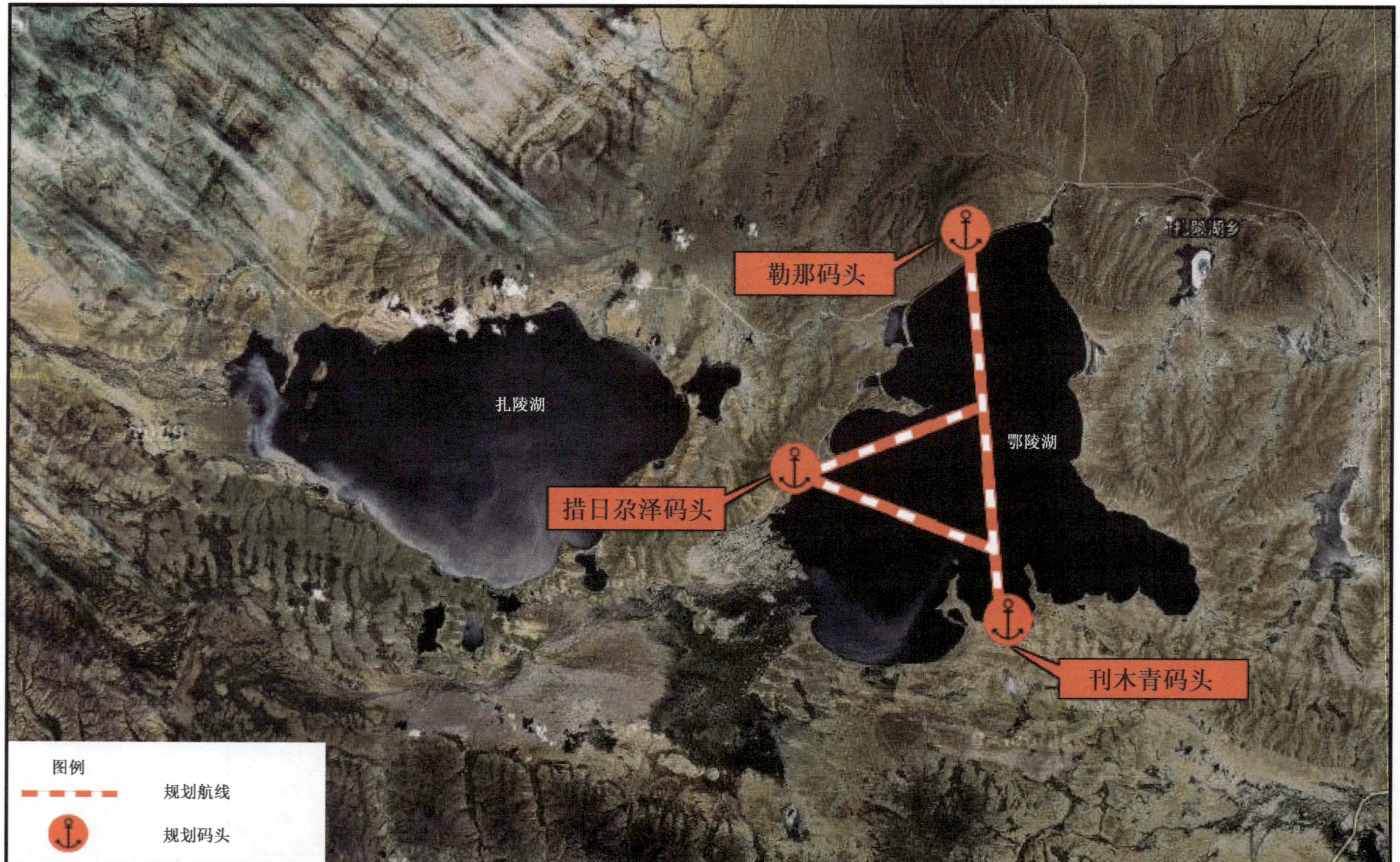

附图5　鄂陵湖湖区航道码头规划图

附录十五　贵德港龙羊峡港区码头布局规划图

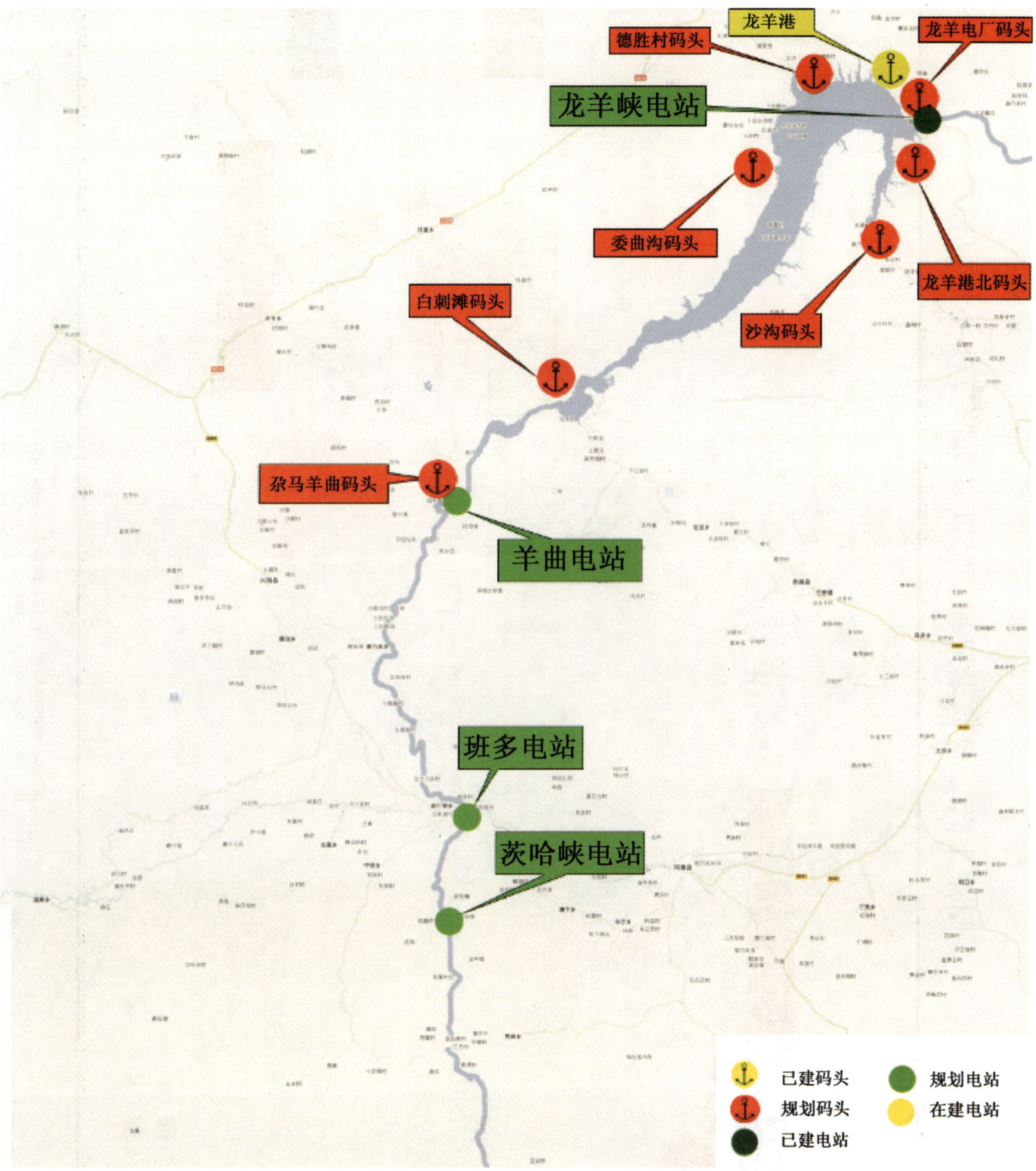

附图6　贵德港龙羊峡港区码头布局规划图

附录十六　贵德港尼那、拉西瓦港区码头布局规划图

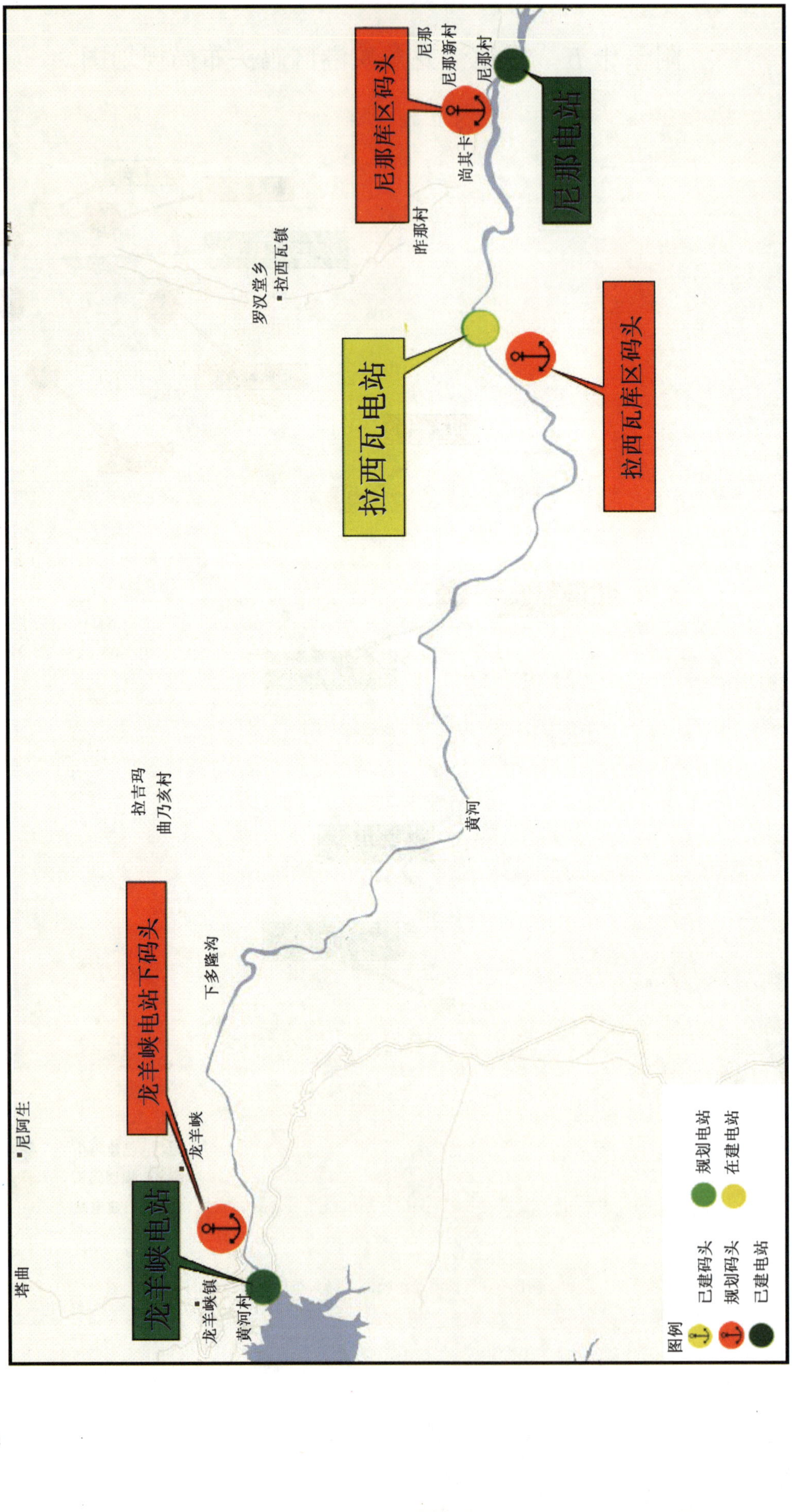

附图7　贵德港尼那、拉西瓦港区码头布局规划图

附录十七　贵德港贵德县城港区码头布局规划图

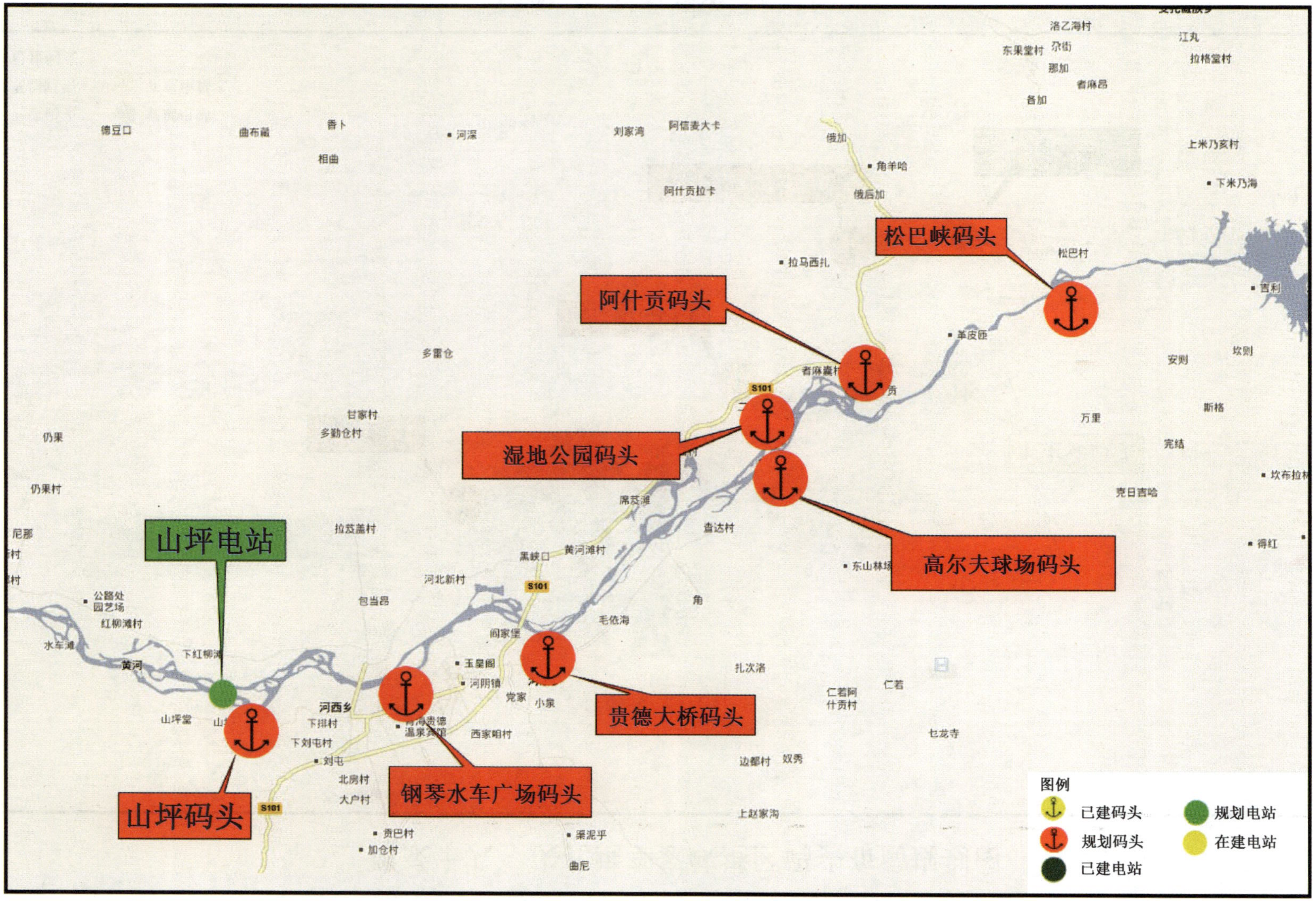

附图8　贵德港贵德县城港区码头布局规划图

附录十八　尖扎港李家峡港区码头布局规划图

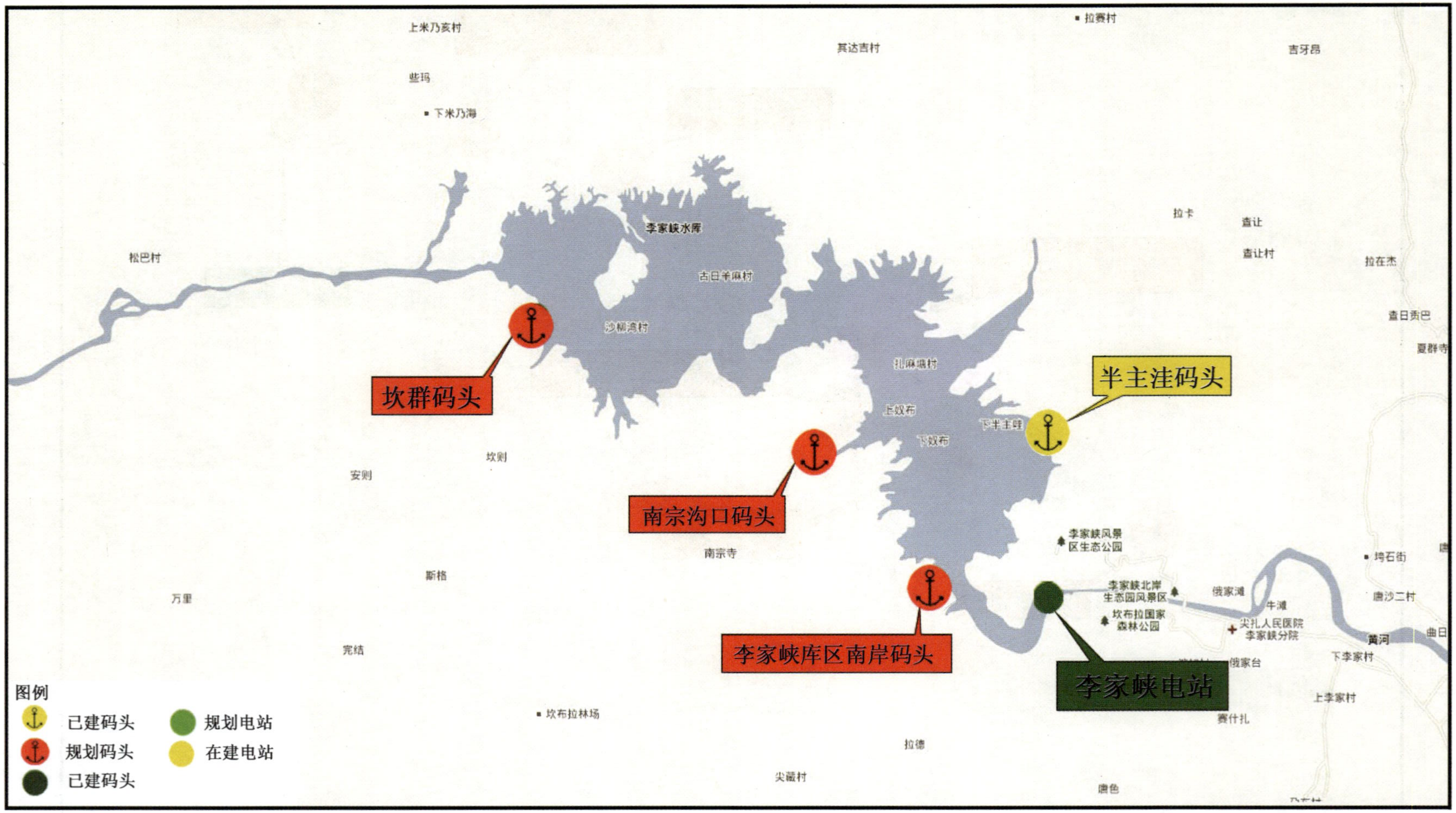

附图9　尖扎港李家峡港区码头布局规划图

附录十九 尖扎港直岗拉卡、康扬港区码头布局规划图

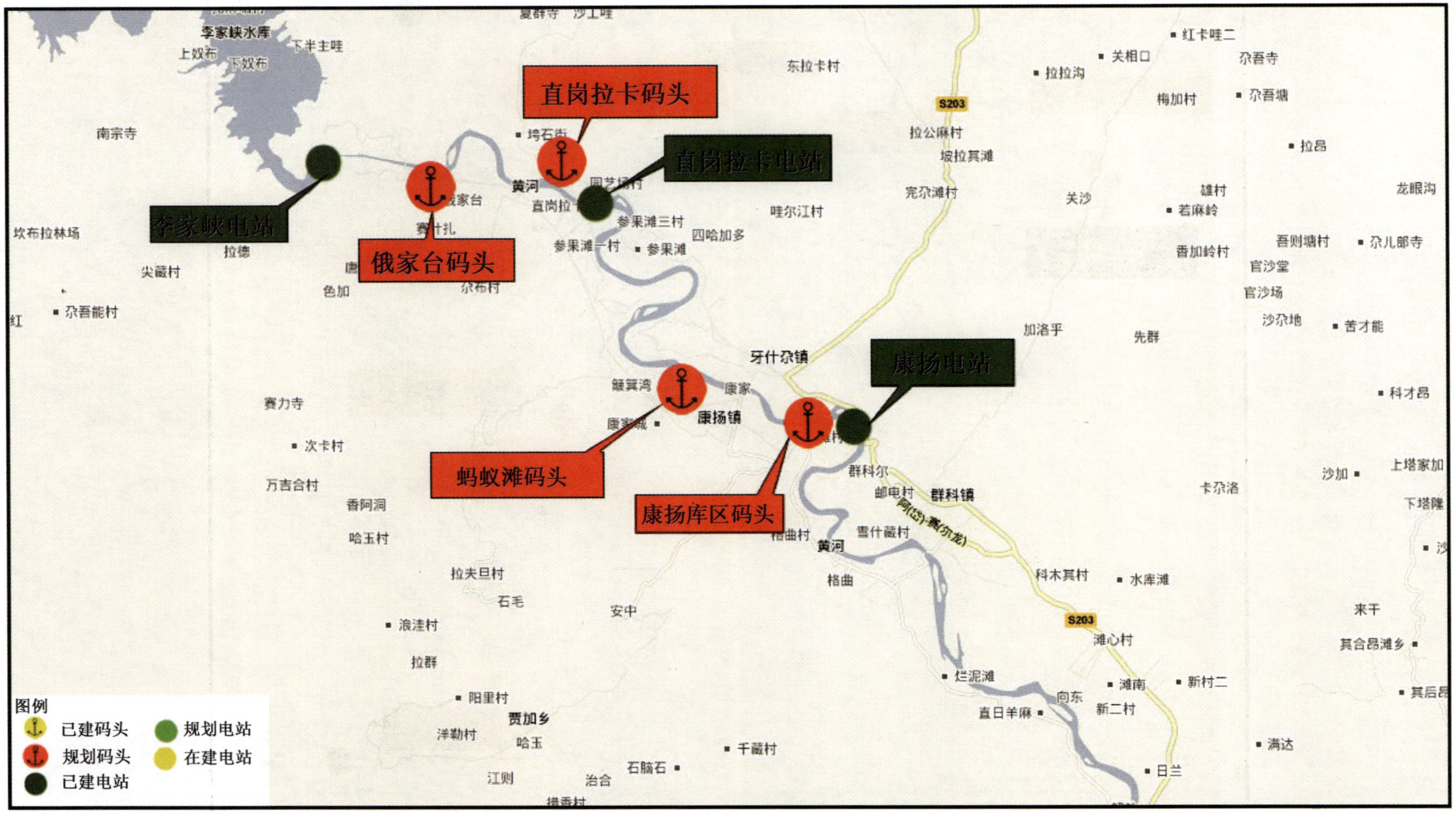

附图10 尖扎港直岗拉卡、康扬港区码头布局规划图

附录二十　循化港公伯峡港区码头布局规划图

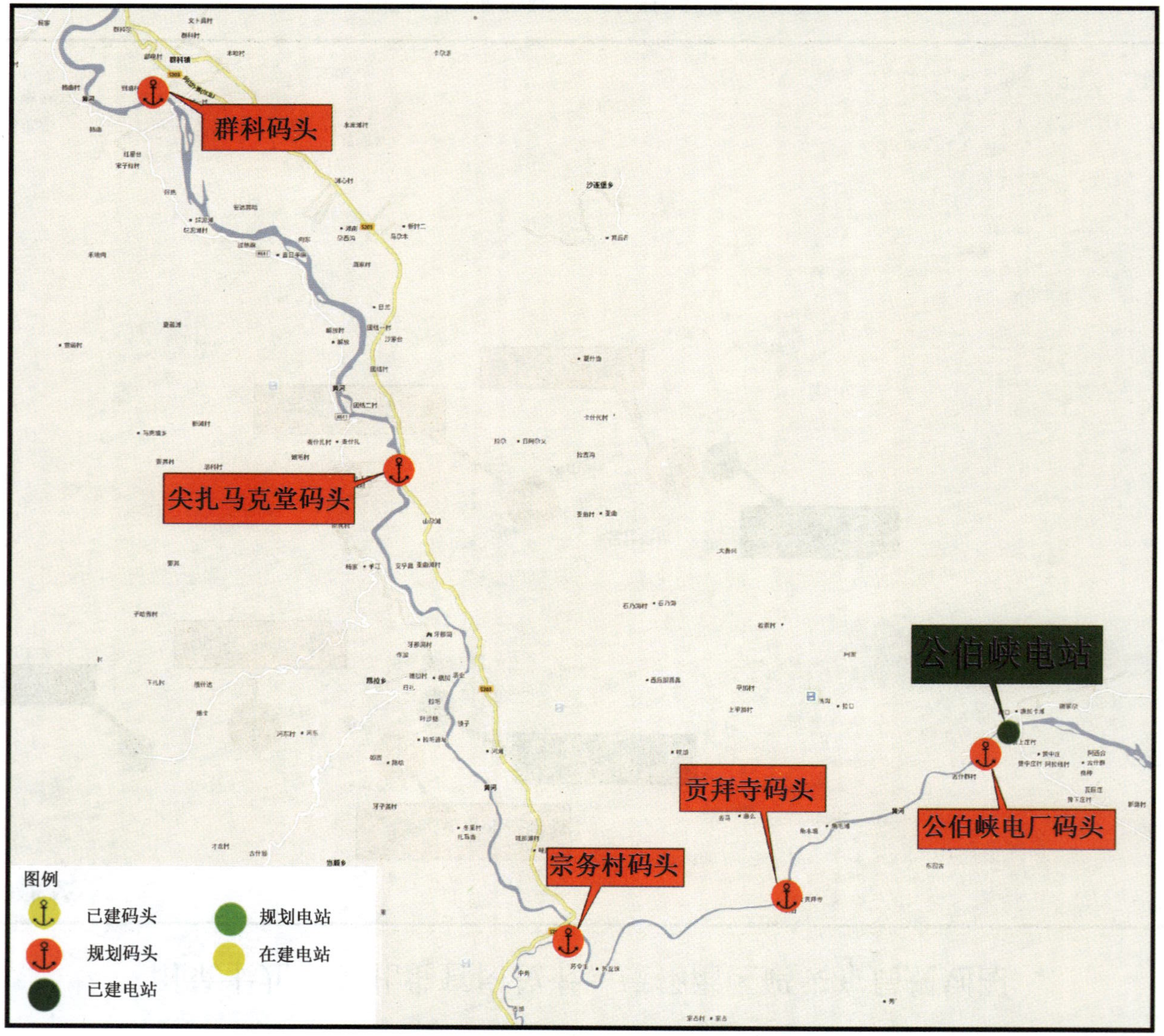

附图11　循化港公伯峡港区码头布局规划图

附录二十一　循化港黄丰、苏只港区码头布局规划图

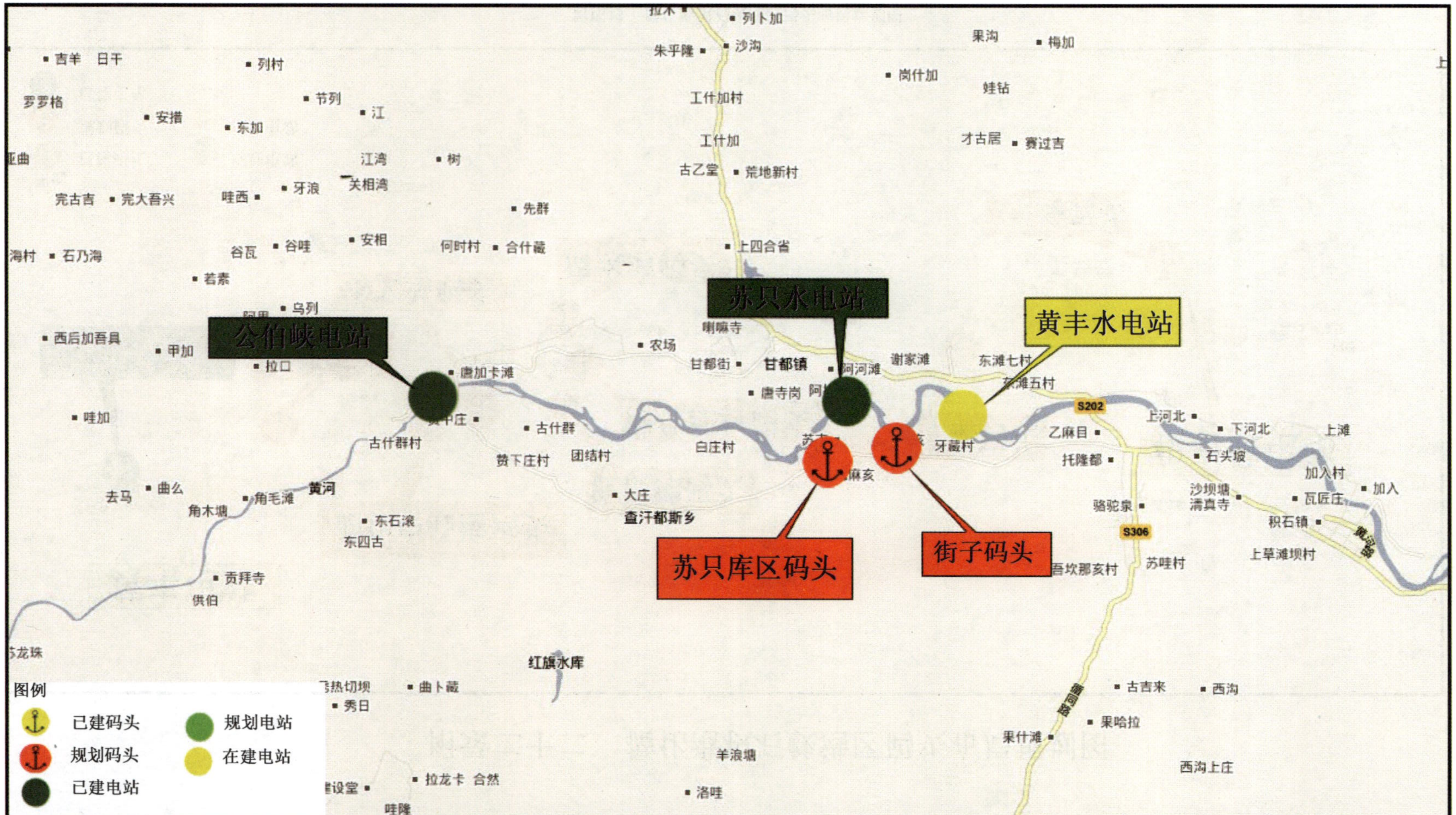

附图12　循化港黄丰、苏只港区码头布局规划图

附录二十二　循化港积石峡港区码头布局规划图

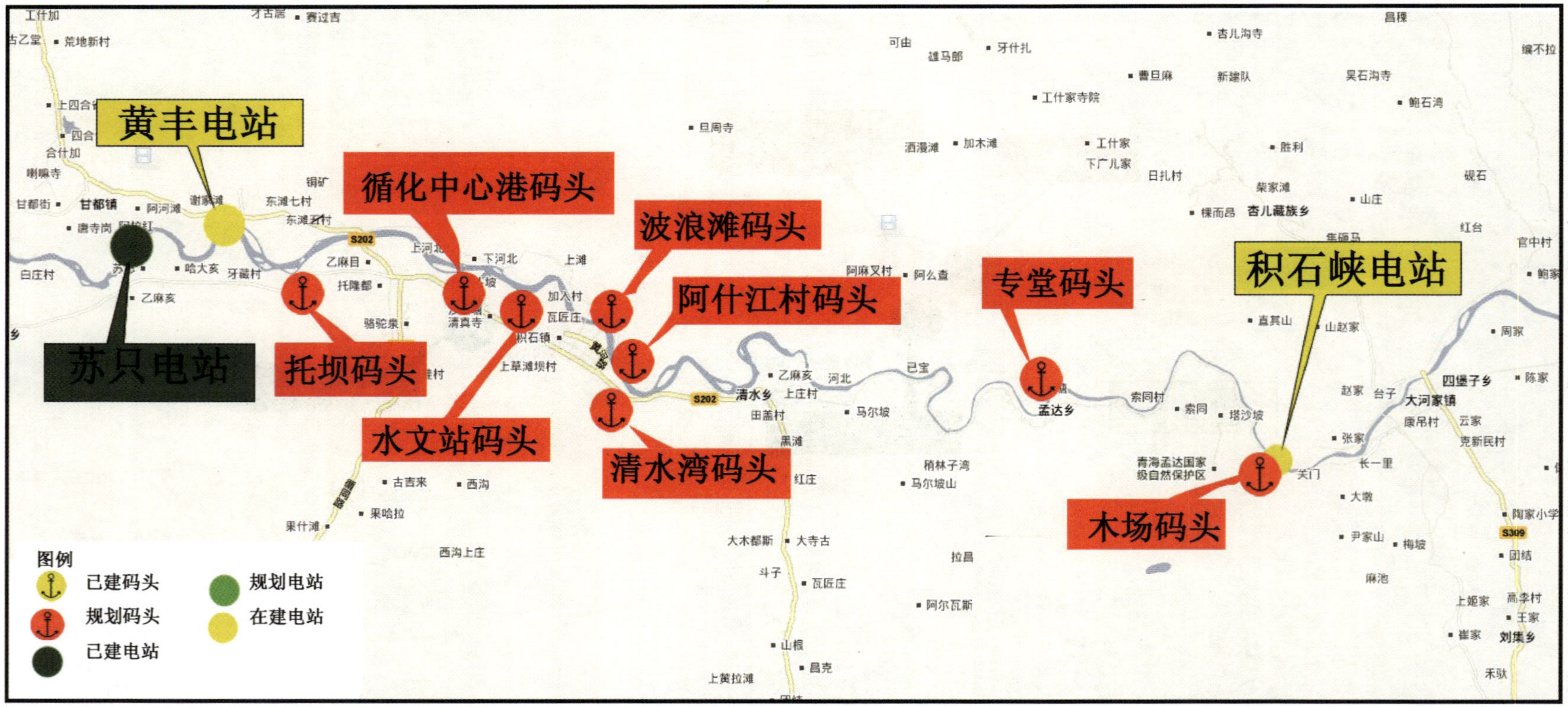

附图13　循化港积石峡港区码头布局规划图

附录二十三　循化港寺沟峡港区码头布局规划图

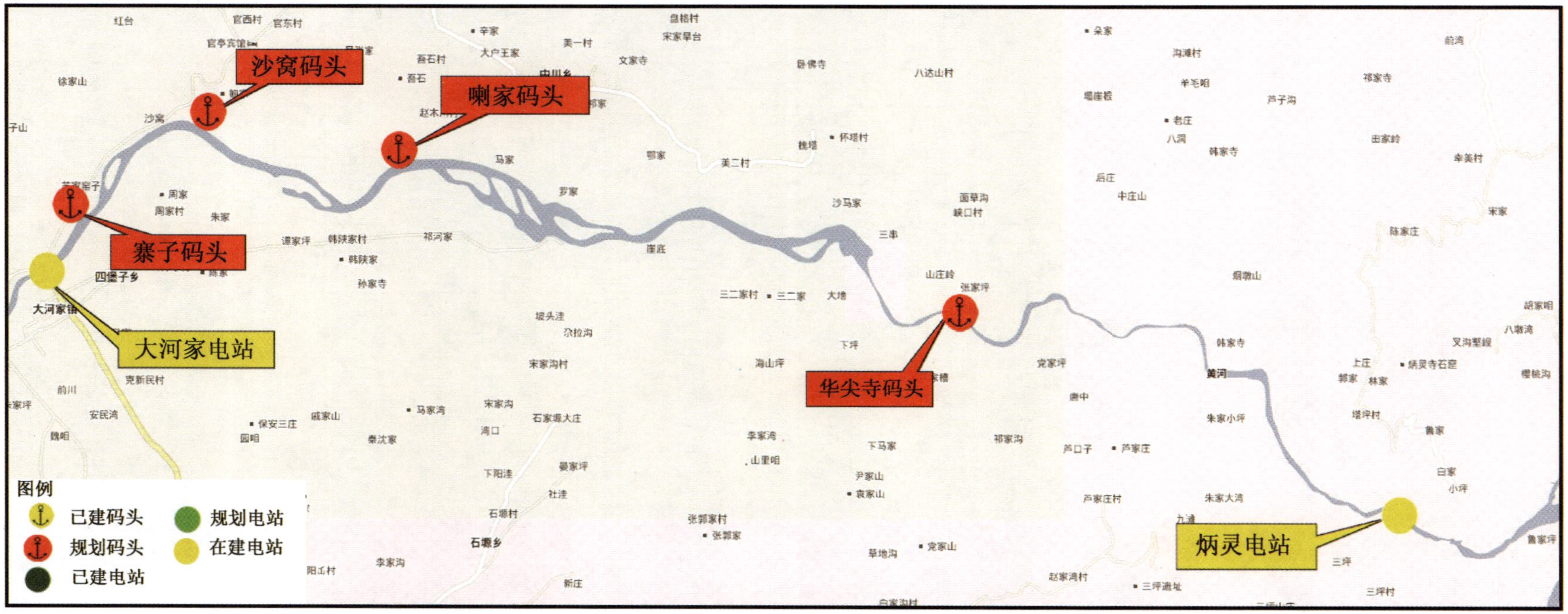

附图14　循化港寺沟峡港区码头布局规划图

青海交通职业技术学院

“十二五”发展规划

《青海交通职业技术学院“十二五”发展规划》

编写单位及人员

编制单位：青海交通职业技术学院

编制人员：李文时　院　长

张永兵　书　记

刘建明　副院长

张青基　主　任

石爱勤　主　任

目录
CONTENTS

“十二五”是我国加快发展和进入全面建设小康社会，以科学发展为主题，以转变交通运输发展方式为主线，向现代化交通运输业转型的重要战略机遇期。为努力实现“十二五”发展目标，更好地为青海经济建设、为青海交通建设事业的发展服务，满足21世纪对高素质高级技能型专门人才的需求，创办人民满意的高职教育，把学院办成高质量、有特色的高端技能型专门人才培养基地和国家骨干高职院校，根据学院实际，特制定此规划。

一、“十一五”改革发展状况

“十一五”期间，在省委、省政府和省交通厅、省教育厅等上级主管部门的正确领导和支持下，经过全体师生员工的共同努力，学院机构改革、教学、科研、学生管理与招生就业、教产研结合，以及行政后勤服务、精神文明和党的建设等各项工作取得了长足发展，圆满地完成了“十一五”规划制定的各项工作目标，学院获得国家级奖项13项、省部级奖项41项、厅级奖项49项，为学院实现跨越式发展奠定了扎实的基础。

（一）“十一五”工作回顾

1. 深入贯彻落实科学发展观，教学质量稳步提高

学院始终坚持科学发展观，以教学为中心，以质量求生存，以改革求发展的办学宗旨，加强基础工作，规范各项教学管理，严格执行各项管理制度和责任制，加强教学环节过程管理，建立听课制度。建立健全教学质量监督保障体系，实行量化考核。每年举行课堂教学观摩赛、优质课赛、技能实践比武等活动，涌现出一批教学方法先进、学生反映良好的校级、厅级、省级教学骨干和教学带头人、省级教学“名师”及省部级“劳模”。毕业生“双证（多证）”率达100%。“十一五”期，学院学生在参加教育部、交通部及青海省举行的各类技能大赛上共取得19个奖项。本着“管用、统一、完善”的原则，重新梳理572项制度，修改完善《教学工作质量考核体系》等7项制度，新出台《学院招议标工作管理与监督实施办法》等36项制度。

2. 教师结构不断优化，素质得到提高

学院每年用于教师提高学历和培训的专项资金达20万～30万元，取得了良好的效果。到“十一五”末，学院在职职工283人，其中专兼职教师208人，具有副高以上职称的70人（比“十五”末增加了29人），讲师71人；教师中具有研究生学历和硕士学位的教师实现了零的突破，目前有硕士研究生学位的教师41人、“双师型”教师100人（比“十五”末增加了49人），专业教师获得各类职业资格书的73人；到“十一五”末学院有省级骨干教师7名，省级教学名师1名，全国优秀教师1名，省级劳模2名，中国职业教育杰出校长1名。青海省高校“‘135’高层次人才工程”选拔我院1人为全省30名拔尖学科带头人之一，4名教师被选拔进全省50名创新教学科研骨干之中。

教师职称、学历层次、年龄结构逐步趋于合理。同时，加强师德师风建设，重视教师为人师表、严谨治学、从严治教、德育育人的教育，学院已跨入“全省用人环境先进单位”行列。

3. 办学条件不断得以改善，学院现有教育资源得到充分利用

“十一五”期馆藏图书由“十五”末的13万多册增加到18.68万多册，中外文报纸期刊100种增加到近200种。建设了公路与桥梁及检测试验、汽车、计算机、管理工程、网络中心等基础实验教学和专业实验室。其中由中央财政专项投入180万元，学院配套180万元建成了汽车专业实训基地；中央财政专项投入180万元，学院配套120万元建成了路桥专业实训基地；中央财政专项投入180万元，学院配套120万元建成了物流专业实训基地。“十一五”期间省财政共投入296万元用于改善办学条件。多媒体室、语音室、阅览室的座位数由“十五”末的934座增加到3 772座；学院固定资产总值由“十五”末的4 397.40万元增加到8 618.45万元；教学科研仪器设备总值由“十五”末的1 320.72万元增加到3 310.81万元。

为了适应青海交通事业对人才的需求及学院发展的需要，2009年省交通厅在西宁市生物产业园区

为学院征地524亩(1亩=666.6平方米),用于新校区建设。计划在2013年前完成建设、搬迁工作。新校区建成后将极大地提升学院的办学实力,满足学院继续发展的需要。

4.专业建设得到加强

“十一五”前三年经省教育厅审核同意备案高职专业由原有的17个增加到27个。各专业实验开出率达95%以上,其中公路施工技术、桥涵施工设施、汽车发动机、汽车底盘模块等4个课程被省教育厅确定为省级高职高专示范建设课程;汽车运用技术和计算机应用技术等9个专业被省教育厅确定为省级“示范”建设专业;“汽车运用技术”专业被教育部确定为国家紧缺性人才培养工程建设基地。

5.积极开展科研工作,教学科研水平得到提升

“十一五”期间学院科研共有4项(次)厅级科研项目通过论证并立项。课题《双元制教学模式在汽车运用与维修专业的应用研究》,2009年获青海省高等教育教学成果二等奖。

6.实训基地建设得到发展,产教结合更加紧密,办学效益不断提高

“十一五”期间,学院在原有实训基地的基础上又合资建立了和汽车专业相关的“青海海达汽车检测有限责任公司”,独资建立了和旅游专业相关的“青海省海通旅行社有限公司”,独资建立了和宝玉石鉴定与加工技术专业相关的“西宁海通宝玉石有限公司”。培训部和鉴定所每年完成培训、鉴定任务在5 000人次以上。实训基地及服务部门的收入,缓解了办学经费紧张的状况。

7.学生管理工作、招生和毕业生就业工作扎实有效

到2010年底,学院在校生达到5 031人,“十一五”期共培养全日制高职、中职、成人、函授等各类毕业生4 529人。

“十一五”期间我院毕业生就业率平均在95%以上。2006年、2008年和2010年在全省第一、第二轮及第三轮“全省高校毕业生就业工作考评”中,我院三次名列第一,两次被评为“青海省普通高校毕业生就业工作先进集体”,2009年被教育部表彰为“全国普通高校毕业生就业工作先进集体”。

8.通过了教育部“高职高专院校人才培养工作水平评估”

在省交通厅、教育厅的大力支持和关怀下,2006年教育部组织专家对我院进行了“高职高专院校人才培养工作水平评估”,我院顺利通过评估并获得优秀等级。

9.被国家教育部、财政部确定为国家骨干高职院校

2010年7月29日,教育部、财政部下发了《教育部、财政部关于进一步推进“国家示范性高等职业院校建设计划”实施工作的通知》(教高函〔2010〕8号),全面启动了国家骨干高职院校建设工作。省教育厅推荐我院申报国家骨干高职院校,9月教育部向全社会公示了100所“骨干高职立项院校名单”,11月教育部、财政部《关于确定“国家示范性高等职业院校建设计划”骨干高职院校立项建设单位的通知》(教高函〔2010〕27号)正式确定我院为2011年启动建设的国家骨干高职院校。

10.加强党建、精神文明、和谐校园建设与共青妇工作

“十一五”期间,学院保持了青海省、交通部“文明单位”荣誉称号;2次获“全省教育系统维护社会稳定先进集体”。加强基层党组织建设,学生党员占在校学生总数比例提高到4%;保持了厅级“先进党委”、“省级模范职工之家”的荣誉;创建全国、全省“巾帼文明岗”各1个;获得“全国大中专学生志愿者‘三下乡’社会实践活动先进单位”等国家级、省部级集体奖4项。

“十一五”是我院改革和发展、办学条件改善较快的时期,学院固定资产翻了一番,经费投入向教学一线倾斜,办学实力不断增强,为学院继续加快建设和发展创造了有利条件。在“十二五”期间将一如既往,努力适应市场,为社会主义经济和文化事业建设、全面建设小康社会服务,遵照科学发展观,建设和谐校园,认真贯彻教育部提出的“巩固成果,深化改革,提高质量,持续发展”的方针,努力创建合格的、具有鲜明办学特色和创新精神的交通高职学院,加强科学管理,改善办学条件,提高教育教学质量,实现新的全面可持续发展。

(二)“十一五”存在的问题

(1)“双师”队伍建设有待进一步提高。虽然“十一五”期间我院“双师型”教师比“十五”末有所增

加，但学院“双师型”素质教师只占到专业基础课和专业课教师的45%，具有“双师”素质的专业教师比例偏低，“双师”素质内涵建设有待加强，“双师”结构的教学团队建设任重道远。

(2)新校区建设资金压力较大。“十一五”期间随着学院各项事业的改革与发展、学生规模的扩大，我们在原定规模1 500名学生的三个分散校区(占地185亩)里容纳了4 425名学生，在专业拓展、实训室建设等许多方面无法进一步推进，影响了教学质量和办学水平的进一步提高。为适应西部大开发对我省交通运输事业跨越式发展及对专业人才的需求，省交通厅在西宁市生物产业园区为我院征地524亩用于新校区建设，2010年已开工建设，总投资约5亿~6亿元，建设资金压力较大。

(3)在科研方面，层次不高，参与企业技术创新和研发、促进科技成果转化有待进一步引导和加强。

二、“十二五”发展需求

“十二五”是我国加快发展和进入全面建设小康社会的关键时期，也是青海省全面贯彻落实科学发展观，调整经济结构，转变发展方式，构建社会主义和谐社会的重要时期，还是青海省落实国务院《关于支持青海等省藏区经济社会发展的若干意见》(国发〔2008〕34号)和第五次中央西藏工作会议《关于加快四川、云南、甘肃、青海等省藏区经济社会发展的意见》(中发〔2010〕5号)文件精神的关键期。省委十一届七次全委会提出把“跨越发展、绿色发展、和谐发展、统筹发展”作为我们今后一个时期各项工作的指导思想。2010年全国教育工作会议和全省教育工作大会的召开及《国家中长期教育改革和发展规划纲要(2010~2020年)》、《青海省中长期教育改革和发展规划纲要(2010~2020年)》的出台，确立了国家及青海省中长期教育改革和发展的指导思想、工作方针、战略目标、发展任务、改革重点和保障施，是指导今后一个时期教育改革发展的纲领性文件。随着第二轮西部大开发，青海交通行业将再次迎来大发展的重要机遇。根据《青海省公路水路交通运输“十二五”发展规划》，预计到2015年，青海省道路客运量约为1.3亿人次，年均增长5.4%左右，道路旅客周转量约为65亿人公里，年均增长6.3%左右；公路货运量约达到1亿吨，年均增长5.8%左右，公路货物周转量约达到88亿吨，年均增长5.7%左右。“十二五”期间，将建设国家高速公路青海境内路段1 152公里，地方高速公路1 610公里，总投资约396亿元；改建国省干线公路3 860公里，总投资约95亿元；改建农村公路39 769公里，总投资约112亿元；新建、改建等级客运站200个，货运场站30个，总投资约15亿元；建设国防公路和部队营区外道路326公里；实现黄河贵德以下航道分段通航，总投资约1.7亿元；强化运输组织，促进现代物流发展；大力推进道路运输辅助服务体系建设；提高运输安全水平和交通应急保障能力；推进科技进步与信息化建设；以人才队伍和科技创新为支撑，加大实施“科教兴交”的力度。

实现青海交通跨越式发展，人才是关键。近年来，外地大学毕业生到青海就业的虽有增加，但仍满足不了青海经济发展的需求，因此，急需我们培养一大批适应青海条件，“下得去、干得好、留得住”，掌握最新科技知识与技能，具有创新能力，可覆盖交通运输领域的高端技能型人才。

(一)缺乏创新型专业技术人才

“十二五”期间，青海交通行业将迎来新一轮跨越式发展，交通科技的进步，急需一大批掌握最新科技知识与技能、具有创新能力的现代交通运输管理和专业技术人员。截至2009年底，在全省交通系统10 144名职工队伍中，大专以上学历的只占到30%，在全省交通行业从业人员中，比例更小。

(二)交通技能型人才短缺、需求量大

“十二五”期间，要完成繁重的交通基础设施建设、管理和养护任务，提高交通运输服务质量，迫切需要一大批掌握实用技术、动手能力强、爱岗敬业的交通技能人才，特别是在交通工程建设与养护、汽车运用与维修、工程设备管、用、养、修等专业，技能型人才严重紧缺，全省交通行业技师和高级技师仅有209人，占技术工人总数的2.06%，大大低于人力资源和社会保障部提出的5%的要求。

2010年4月14日青海玉树藏族自治区发生7.1级强烈地震，给玉树县带来了毁灭性的灾难。党中央、国务院十分关心灾区广大农牧民群众，胡锦涛总书记、温家宝总理等党和国家领导人亲赴灾区看望

受灾群众并指导抗震救灾和灾后重建工作。6月13日国务院批准并发布了《玉树地震灾后恢复重建总体规划》，国家将力争用三年时间基本完成玉树地震灾后恢复重建主要任务，使灾区基本生产生活条件和经济社会发展全面恢复并超过灾前水平，生态环境切实得到保护和改善，交通、水利、能源、通信等基础设施及市场服务体系功能全面恢复，服务和保障能力显著提高。玉树灾后重建所需建设人员、建设物资都要经过公路运输的方式运往灾区，根据预测，玉树三年灾后重建物资运输需求将超过2 300万吨，加上建设施工人员及当地群众日常生产生活必需品运输，年均运输量约为1 000万吨。由于玉树海拔高、气候寒冷、施工期短、生态环境脆弱、建筑资源缺乏等条件制约，重建期间物资运输日均超过3万吨，前两年建设高峰期5～9月预计日均运输量将达到10万吨左右。国道214线和省道308线是灾后重建人员、物资运输的主通道，其中214国道高峰期车流量预计将达15 000辆次/日。与此同时，大规模建设也将带来人员运输量的大幅增长，建设高峰时段灾区施工人员将达10万人左右，每年4、5月份和9、10月份会有两个单向运输的客运高峰，每年建设施工期间的客运量预计将超过65万人，比正常年份同期增长7倍以上。预计省道308线将承担25%建筑材料的运输。同时，公路运输还要为铁路、民航提供集疏运服务，运输任务十分繁重。为此省交通厅编制了《玉树灾后恢复重建公路保通实施方案》，力争用三年时间，基本完成恢复重建任务，为建设生态美好、特色明显、经济发展、安全和谐的社会主义新玉树奠定坚实基础。

（三）仍需加大继续教育与岗位培训力度

虽然经过“十一五”建设，全省交通系统专门人才的比例达到60.31%，比“十五”末提高了10.65个百分点，但交通职工队伍的整体素质仍需提高。为了落实科学发展观，不断提高交通行业“三个服务”的能力和水平，“十二五”期间交通教育和培训工作必须自觉地服从和服务于行业的发展要求，加大交通管理干部与职工继续教育和岗位培训。

三、“十二五”发展的指导思想、基本原则、办学定位

（一）指导思想

以邓小平理论和“三个代表”重要思想为指导，深入贯彻科学发展观，全面落实党的教育方针和《国家中长期教育改革和发展规划纲要（2010～2020年）》、《青海省中长期教育改革和发展规划纲要（2010～2020年）》精神，以国家骨干高职院校建设为契机，探索集团化办学，成立青海交通运输职业教育集团，形成人才共育、过程共管、成果共享、责任共担的紧密型合作办学体制机制；以省委十一届七次全委会提出的“跨越发展、绿色发展、和谐发展、统筹发展”的战略为指导，落实“科教兴青”、“科教兴交”战略；转变职业教育观念，创新教育模式，坚持依法治校与以德治校相结合，从严执教，严谨治学；深化教育教学改革，提高人才培养质量和办学水平；坚持以服务为宗旨，以就业为导向，以质量求生存，以特色求发展，走教产研结合的发展之路；坚持社会需求就是办学方向，企业认可就是质量标准，适应经济社会发展就能促进学院发展的办学思路；坚持立足交通、面向社会，为地方、行业、企业生产、建设管理和服务一线培养高素质高级技能型专门人才的办学定位；加强专业建设，瞄准青藏高原交通运输及区域经济发展对高端技能型专门人才的需求，以重点建设专业为核心，拓展专业群建设；推进“工学结合”、“订单培养”人才培养模式改革；构建符合职业教育特点和生产一线高端技能型人才需求的课程体系；优化教师结构，打造一支素质高、结构合理的“双师”素质教学团队；加强“校中厂、厂中校”实训基地建设，增强服务社会能力，牢固树立全面、协调、可持续科学发展观，走教产研相结合、学历教育与继续教育相结合，规模、结构、质量、效益协调发展的路子，更好地为青海乃至青藏区域交通运输事业及社会经济的发展服务。

（二）基本原则

（1）坚持依法办学、民主办学的原则。

（2）坚持服务第一的原则，努力培养高端技能型专门人才，为交通运输事业发展及全省经济社会发展做好服务。

(3)坚持市场需求就是办学方向的原则,根据我省经济社会发展和交通建设对人才的实际需要,立足交通、面向社会,努力提高人才培养质量。

(4)坚持科学创新的原则,遵循教育发展规律,创新教育管理理念,创出一条欠发达地区职业教育发展的路子。

(三)办学定位

学院始终坚持"立足交通,面向社会,培养适应交通建设和经济社会发展需要的生产、服务、管理第一线的高端技能型人才"的办学定位,紧盯青海及区域交通运输发展,大力培养适应高寒缺氧气候、遍布农牧区公路建设、养护、运输行业"下得去、干得好、留得住"的高端技能型人才,为行业及社会发展提供全方位技术服务和智力支持。

四、"十二五"发展的总体目标

(一)总体目标

从"十二五"期青海省经济社会发展战略和要求出发,以为青藏高原培养生产、建设、管理、服务一线高素质高级技能型专门人才为目标,围绕《青海省公路水路交通运输"十二五"发展规划》提出的发展重点和《青海省高等教育事业"十二五"发展规划及2020年远景发展目标》提出的"高职院校以行业为依托,充分发挥行业优势,突出行业特色,适应行业需求,在此基础上,适当拓宽行业领域需求,大力培养实用型、技能型、复合型高素质的劳动者和专门应用性高技能人才"的总体发展目标,"十二五"期更加密切与企业的合作,以青海交通运输职业教育集团为平台,以专业建设委员会为纽带,深化"校企合作、工学结合"的多样化人才培养模式,形成人才共育、过程共管、成果共享、责任共担的紧密型合作办学体制机制;主动适应青海交通及青藏区域产业结构升级需要,及时调整专业结构;深化订单培养、工学交替等多样化的人才培养模式改革,参照职业岗位任职要求制订培养方案,继续引入行业企业技术标准开发专业课程;推行任务驱动、项目导向的教学模式;建设一支高水平的专兼结合的"双师"教学团队;深化内部人事管理制度改革,落实教师密切联系企业的责任,引导和激励教师主动为企业和社会服务,开展技术研发,促进科技成果转化,实现互利共赢;巩固已建、新建"校中厂"、"厂中校"实习实训基地;进一步拓展和提高社会服务能力。加强校园精神文明建设,创建平安、和谐校园,为推动我省"四个发展"提供强有力的人才支撑和智力支持。

(二)具体目标

1.办学规模

"十二五"末,学院各层次在校生达到6 000人,各类短期培训年均7 000人次左右。

2.全面提高人才培养质量

坚持以教学为中心,深化"工学结合"、"订单培养"人才培养模式改革,从"一个导向、二个并重、三个结合、四个面向"办学理念出发,探索多样化的人才培养模式,提高学生的社会适应能力和就业竞争能力;通过校企合作、工学结合、顶岗实习、订单培养、专业带产业、产业促专业、校企一体化的实施途径,进一步完善道路桥梁工程技术专业"知行合一、项目贯通、三合三段"、汽车运用技术专业"厂校融通、项目引领、三段递进"、工程造价专业"半工半读、宽基精技"、旅游管理专业"校企融通、五段递进"的校企合作、工学结合的多样化人才培养模式;依据"一个主体、二个结合、三个目标、四个阶段、五个融合"的教学理念,推行"任务驱动、项目导向"的教学组织模式。根据"校企合作、工学结合"的人才培养模式,坚持"职业导向、应用导向、行动导向"的原则,完成基于工作过程的课程体系构建,与企业共同制订人才培养方案,引入行业企业技术标准开发课程内容;进一步引入职业资格制,实现学生持"多证"就业。

提高人才培养质量和办学水平,完善质量保障体系,严格执行教学各项管理制度和责任制,规范各项教学管理工作,认真实施教学质量、素质教育工程;认真开展课堂教学观摩竞赛活动,提高教学水平,加强教学环节过程管理,用制度规范教师和管理人员的行为;教学实行量化考核,吸纳行业企业参与人才培养与评价，将就业水平、企业满意度作为衡量人才培养质量的核心指标，建立健全教学质量监督保障体系，全面提高人才培养质量；每年举行课堂教学观摩竞赛、优质课比赛、技能实践比武等岗位练兵活动。

3. 加强专业建设

“十二五”期间，在现有26个高职专业的基础上主动适应青海省及区域产业结构升级需要，及时调整专业结构，根据社会市场需求新增3～5个专业；完成国家骨干高职院校项目建设中的“道路桥梁工程技术”、“汽车运用技术”、“工程造价”、“旅游管理”4个重点专业及专业群建设，带动学院9个专业及其他专业的建设和协调发展；建成网络学习系统13门、工学结合专业优质核心课程21门、课程试题库13门、教学案例库13门，编写工学结合特色教材及校本教材18部、公开出版教材14部，完成多媒体课件19门。

4. 强化师资队伍建设

“十二五”末，专任教师达到职工总数的60%以上；教师中具有研究生学历或硕士学位的达到教师总数的25%；具有高级职称的达到30%以上；具有“双师”素质教师占专业教师的90%以上，各专业培养选拔2～3名专业带头人或骨干教师；培养1～2名全省教学“名师”；聘请（聘用）一批具有行业影响力的专家作为专业带头人，一批专业人才和能工巧匠作为兼职教师，使兼职教师承担的专业课学时比例达到50%左右；每年投入不少于25万元的教师培训经费，计划每年安排20%以上的专任教师参加培训学习。按照职业教育发展规律，努力打造一支“一专、多能、多证”的专任教师队伍和“技高、德优、善导”的兼职教师队伍，构成“技能熟练，善于引导，效果明显”的教学团队。

5. 科研工作

积极开展科研工作，参与企业技术创新和研发，申报完成省厅级科研、教研课题5～10项。

6. 加强实训基地建设，拓展社会服务功能

按“校企一体”的专业建设要求，进一步完善“校中厂”、“厂中校”实训基地及服务机构建设，以基于工作过程的课程要求创建真实或仿真的学习情境为原则，通过改造、扩建或新建“工学交替”、职业技能培训与鉴定的校内实训实习中心，充分发挥校内生产性实训基地学生实训、“双师”培养、服务社会、自我“造血”四大功能；通过校企共建的方式，建成区域布局合理，同时可接纳学生顶岗实习，使学生所学专业知识能快速适应岗位职业能力要求，又能完善学生就业的校外实训实习基地网络。到“十二五”末，建设仿真实践教学基地1～2个、公路桥梁材料仿真实训基地1个，新建校内生产性实训基地8个，新建校内实验实训室20个，扩建校内实验实训室10个，实现校内生产性实训占实践教学学时的70%以上；新建校外实训基地51个，为各专业学生实现半年以上顶岗实习创造条件。

7. 完成国家骨干高职院校建设任务

按教育部、财政部要求，2011年启动国家骨干高职院校建设项目。组建青海交通运输职业教育集团，充分依托行业办学优势，整合学院优质教学资源，大力促进校企深度合作，形成人才共育、过程共管、成果共享、责任共担的紧密型合作办学体制机制，用三年时间完成国家骨干高职院校建设任务。

8. 加强合作交流

利用学院教学资源，加强与辽宁交通职业技术学院、浙江交通职业技术学院、河北工业职业技术学院、北京交通职业技术学院等14家与我院签订的合作办学协议对口专业的师资培训、教学手段和方法的合作与交流。

通过对西宁市新世纪职业学校、格尔木职业技术学校和青海省海南州、海北州、海东地区职业学校的帮扶共建，提供教学、专业建设、教师培训和实训中心建设方面的支持。

9. 搞好基础设施建设，改善办学条件

“十二五”期间在省交通厅和交通厅新校区领导小组的领导下，完成新校区建设任务和搬迁工作。

10. 学生管理工作和校园文化建设

以培养德、智、体、美全面发展的高端技能型专门人才为目标，大力加强校园文化建设；进一步树立

“勤奋学习，积极进取”的学风和“厚德、笃学、求实、创新”的校训，加强学院院刊、学院广播电视、学院思想政治网络和各类宣传橱窗、信息简报的宣传报道；充分发挥党、政、工、团、学生组织的作用，积极开展文体娱乐活动，指导学生社团开展工作，努力形成积极向上、求知好学、健康稳定的校风校貌。

五、保障措施

完成“十二五”学院发展的目标，重点在于继续加强领导班子建设和干部队伍建设，加强对学院各项工作的管理，建立有效的管理制度和运行机制，制定支持学院发展的政策，拓展资金渠道，加大资金投入，营造适合学院发展的良好环境。

（一）组织保障

加强组织领导，成立学院实施“十二五”规划领导小组，协调解决规划实施中的重大问题，监督检查规划进展及落实情况；明确责任分工，规划中确定的目标，要列入各处室、各部门及校内实训基地的年度工作计划，认真组织落实。

全院教职员工要从全局和战略高度出发，充分认识交通职业教育工作的重要性，加强组织领导，明确职责，加强对部门的管理，使学院的工作更加适应交通运输事业及我省经济发展的新形势、新任务的要求。

（二）政策保障

认真贯彻执行《中华人民共和国教育法》、《中华人民共和国高等教育法》、《中华人民共和国职业教育法》，依法保障发展职业教育的政策落到实处。全面落实党的十七大精神，按照国务院《国家中长期教育改革和发展规划纲要（2010～2020年）》、《大力发展职业教育的决定》、《中共中央国务院关于深化教育改革全面推进素质教育的决定》、交通部和教育部《关于进一步推进交通职业教育改革与发展的若干意见》的要求，加强自身建设，保证学院制定的各项发展政策落实到位。

青海省人民政府办公厅于2009年5月19日转发了省财政厅、省教育厅《关于财政支持教育优先发展指导意见的通知》（青政办〔2009〕101号），提出的工作目标为：“加快教育发展，促进教育公平，支持深化教育改革，加大各级政府投入力度，力争用3年左右时间使教育支出占财政支出比重达到全国平均水平”；政策措施为：“建立健全教育经费增长机制。落实《中华人民共和国教育法》‘三个增长’要求，建立省、州（地、市）、县三级政府教育投入增长监测、评估、公告制度，确保预算内教育经费占财政支出比例每年提高一个百分点。州（地、市）、县政府要从省对下转移支付中安排不少于20%的资金用于教育发展，保证对教育的投入，防止出现‘挤出效应’，确保教育支出占财政支出的比重逐步提高，努力提高全省教育经费保障水平。加大省级教育奖补力度，确保省级教育投入逐年增长，加强对各级政府教育投入责任的考核，并将考核纳入各级政府基本财力保障机制考核体系之中”、“支持发展职业教育。加大财政对职业教育投入力度，各级政府教育费附加要按规定比例用于职业教育发展。整合资源、统筹资金，支持做大做强一批骨干职业学校，重点支持基础较好的国家级示范学校建设。构建与市场经济相适应的职业教育投入新机制，着力培养面向市场创业就业的技能型人才和实用型人才，实行校企结合、工学结合、注重技能的办学模式。优先解决发展势头好、就业率高的学校基础设施和实训基地建设滞后的问题，提高职业教育教学质量。拓宽职业教育的筹资渠道，支持多种形式和多种模式办职业教育”、“加强职业学校‘双师型’教师队伍的建设，优化教师结构，加大技能型和短缺人才师资培训力度。加大高校高层次人才的引进、培养和学科带头人队伍建设”、“提高高等教育办学质量。实行以政府投入为主，多渠道筹资，积极推进高校产学研结合”。

《青海省高等教育事业“十二五”发展规划及到2020年远景发展目标》中确立了“完善高等教育经费分配和管理制度。坚持‘以财政拨款为主，其他多渠道筹措高等教育经费为辅’的体制，建立多渠道筹措高等教育经费的法律法规和政策保障体系”。

（三）队伍保障

建设一个强有力的领导班子和一支高素质的管理队伍，从管全局、谋发展、出思路、抓战略等方面着手，科学决策、带领全体师生全力以赴搞好“十二五”规划建设。

高度重视师资队伍建设，切实落实加强师资队伍建设的各项制度。加强对教师的思想政治教育工作，不断提高教师的政治理论水平和师德水平；不断提高在职教师的专业水平，加大教师专业和职业能力的培训力度，鼓励教师到企业轮训和参加社会实践活动；提高教师待遇，解决教师困难，保证学院制定的各项优惠政策向教学一线倾斜。

（四）经费保障

根据省财政厅、省教育厅《关于财政支持教育优先发展指导意见》，多渠道筹措资金，加大资金投入，保证学院教育事业的稳步发展。

（1）保持办学规模，用好学费等业务收入，保障学院教学秩序。

（2）加强实训基地建设，用好实训基地的收入，改善办学条件，提高教职工的待遇。

（3）通过省交通厅、教育厅争取专项建设资金，通过学院自筹资金和引进开发商建设项目等多渠道筹措新校区建设资金。

六、“十三五”展望

在“十三五”期间，我们将紧紧围绕《国家中长期教育改革和发展规划纲要（2010～2020年）》和《青海省中长期教育改革和发展规划纲要（2010～2020年）》，抓住机遇，坚持科学发展观，加快改革和发展，认真学习贯彻落实国务院《大力发展职业教育的决定》、教育部《关于以就业为导向深化高等职业教育改革的若干意见》、交通部和教育部《关于进一步推进交通职业教育改革与发展的若干意见》，进一步夯实办学基础，提高教育教学质量，突出办学特色，努力培养适应我省经济建设和市场需求的高素质高级技能型专门人才；在教育教学过程中建立一支高素质的教学、科研和管理干部队伍，教学质量和科研水平进一步提高，规范管理和服务质量进一步加强；办学条件和校园环境进一步改善，基础教学设施和公共服务体系更加完善，现代化教学办公水平不断提高；学院在高职教育特色办学，提高科研能力和教学质量，增加院办产业效益，拓展社会服务功能，加强学生的实践动手能力，增强毕业生就业意识，就业能力以及党建和精神文明建设等各方面取得更大成绩，使学院得到持续快速的发展。

第二部分

青海省公路水路交通运输中长期发展规划

青海省高速公路网（调整）规划

（2009～2030年）

《青海省高速公路网(调整)规划(2009～2030年)》

编写单位及人员

编制单位： 青海省交通厅

编制人员： 杨伯让　厅　　长

王廷栋　副 厅 长

王永祥　副 厅 长

徐占慧　副 处 长

唐　玲　调 研 员

房建宏　副研究员

徐安花　高级工程师

参编单位： 交通运输部规划研究院

编制人员： 石良清　所　　长

安旗林　副总工程师

信红喜　副 所 长

韩先科　高级工程师

李　颖　高级工程师

目录
CONTENTS

一、规划背景

青海省地处青藏高原东北部，与四川、西藏、甘肃、新疆4省区毗邻，地理位置非常重要，是联系大西北、大西南的重要通道。自古就是“唐蕃古道”和“丝绸南路”的必经之地，是我国腹地连接西藏、新疆以至南亚、中亚的主要陆路通道，有“海藏通衢”之称。青海是全国除西藏外最大的藏族聚居区和民族宗教工作的重点地区，至2008年底全省总人口554.3万人，其中藏族、回族、土族、撒拉族、蒙古族等少数民族占全省总人口的46.2%。青海省六个自治州及西宁市、海东地区所辖五个自治县，民族自治地区面积占全省总面积的98.9%。青海地处我国长江、黄河、澜沧江的发源地和水源涵养区，是我国重要的高原生态屏障。全省矿产资源、水能资源、旅游资源丰富，综合利用潜力大。但是，受生态环境脆弱、自然灾害频繁、基础设施薄弱、产业发展受限等因素的制约，青海省经济社会发展严重滞后。2008年，全省完成地区生产总值961.5亿元，居全国倒数第二位，城镇居民和农牧民人均收入远低于全国人均水平，青海省城镇居民人均可支配收入为全国人均水平的73.8%，比2005年下降了3.0个百分点；农牧民人均纯收入为全国人均水平的64.3%，比2005年下降了2.2个百分点。为改变青海落后的经济社会面貌，进一步支持青海经济社会发展，2008年10月国务院审议并通过了《关于支持青海等省藏区经济社会发展的若干意见》，强调从生态保护、改善民生、发展经济和维护稳定等方面出发，全面支持青海发展。今年，为了进一步维护藏区长治久安、推动藏区跨越式发展，争取到2020年实现藏区与全国同步进入全面小康社会，国家又开展了一系列支持藏区发展的调研工作。这些战略决策和部署，必将对青海的经济社会发展产生巨大的推动作用。

交通运输业是重要的基础产业，与社会生产紧密联系，同群众生活息息相关，在国民经济和社会发展中具有基础性、全局性、战略性的地位和作用。公路交通是青海省最基础、最主要的运输方式，是综合运输体系的重要组成部分，其中高速公路网是青海公路网中的主骨架，是区域综合运输大通道和综合运输体系的重要组成部分，构建规模适当、布局合理、安全环保、服务高效的高速公路网是青海省实现公路交通现代化、支撑富裕文明和谐新青海建设、支持藏区经济社会发展的重要保障。

21世纪初国家启动实施了西部大开发战略，交通运输部发布了《公路、水路交通结构调整意见》（以下简称“意见”）。该“意见”中指出“加快西部地区公路建设，在重点建设通往西部地区的九条国道主干线的同时，加快打通西部与中部和东部、西南与西北，通江达海、联结周边国家的省际公路通道，逐步形成西部地区公路大通道”。

青海省高速公路建设从无到有，自1999年起，经过9年多的发展，取得了较大成绩。截至2008年12月，通车里程已达到423公里（含一级公路）。高速公路的快速发展，极大提高了青海省公路网的整体技术水平，优化了交通运输结构，对缓解交通运输的“瓶颈”制约发挥了重要作用，有力地促进了青海省经济发展和社会进步。虽然我省高速公路建设取得了一些成就，但与周边省区相比，总体上严重滞后，仍处于初级发展阶段，不能适应社会经济发展和人民生活水平提高的需要，突出表现在：

（一）高速公路总量不足，覆盖范围需要继续扩大

目前，青海省高速公路（含一级公路）仅覆盖了省会西宁市及海东地区的部分县域，六个民族自治州高速公路里程仍为零，大大落后于除西藏之外的其他兄弟省区，迫切需要加快发展。

（二）高速公路网络远未形成，规模效益难以发挥

高速公路具有突出的网络化特征，当网络布局合理、连续运输距离达到200~800公里时，高速公路将形成显著的运输效益优势。目前青海省已建成的几条高速公路中，仅有一条西宁至兰州的高速公路与周边省区高速公路实现了对接，其他全部是断头路，既未能与省内主要城镇连通，也未能与周边省区高速公路对接，高速公路建设仅是一个起步，远远没有实现网络化。青海省“规模适当、布局合理、安全环保、服务高效”的高速公路网络尚未形成，高速公路的规模效益还无法得到充分发挥。

二、规划的必要性

（一）推进区域协调发展、促进青海与周边省区的交流与合作、建设便捷高效的对外运输大通道的需要

按照国家的部署，今后将进一步推进西部大开发，继续实施区域协调发展总体战略，建立统一市场，优化资源配置，引导生产要素跨区域合理流动。青海资源富集，与周边省区合作空间广阔，需加强与四川、西藏、甘肃、新疆等周边省区的交流与合作，形成区域间优势互补、良性互动的共同发展格局。促进区域协调发展，要求加快青海省省际高速公路建设。

（二）建设富裕文明和谐的新青海、加快“四区、两带、一线”经济区建设的需要

青海省第十一次党代会提出，要建设富裕文明和谐新青海，加快建设“四区、两带、一线”经济区（“四区”是指以西宁为中心的东部地区、柴达木地区、环湖地区、三江源地区；“两带”是指黄河沿岸和湟水河沿岸特色经济带；“一线”是指青藏铁路沿线）。按照不同地区的比较优势，统筹兼顾，分类指导，加快形成“四区、两带、一线”分工合理、各具特色、优势互补、良性互动的区域协调发展的生动局面。“以西宁为中心的东部地区”，要全力加快发展，建设成为综合经济区。“柴达木地区”，要依托优势资源和现有基础，以循环经济试验区为载体，重点建设新型工业化基地，努力创造高原地区循环经济模式，为全省发展做出更大贡献。“环湖地区”，要大力推进生态保护和综合治理，在确保青海湖湿地生态安全的前提下，有选择地建设，有重点地发展，推进优势资源开发，建设生态旅游和现代畜牧业示范区。“三江源地区”，要把生态保护和建设作为首要任务，促进传统畜牧业向生态畜牧业转变，发展特色旅游业和民族手工业，实现保护生态与提高农牧民生活水平的双赢，进一步建设好全国的重要生态功能区。高度重视黄河沿岸综合开发，不断提高湟水河沿岸发展水平，形成推动区域发展的特色经济带。加快青藏铁路沿线城镇建设、资源开发和特色产业发展步伐，发挥带动东西、辐射南北的重要作用。加快“四区、两带、一线”经济区的建设，就要合理规划和布局交通运输体系，形成合理的高速公路网。

（三）维护民族团结和社会稳定的需要

青海是除西藏以外的最大藏族集聚区，是我国民族宗教工作的重点地区，承担着维护社会稳定和国家安全的重任。加强民族团结，要求改善藏区落后的生产生活条件，提高基本公共服务能力，不断缩小青海与全国发展水平的差距。与此同时，青海是进出青藏高原的门户，是战略物资和人员运输重要集散地和运输通道。便捷、安全、高效的高速公路网络对维护边疆地区稳定、保障国防交通安全具有重要的政治、军事和战略意义。

（四）补充完善青海境内国家高速公路网络的需要

2004年国务院讨论通过的《国家高速公路网规划》，标志着中国高速公路发展进入了新的历史阶段。在国家高速公路网中有一条主线和一条联络线经过青海省，这为青海省高速公路建设事业带来了新的发展契机。根据国家高速公路网布局，结合青海省经济发展规划及其对交通运输的需求，在国家高速公路网布局的基础上，补充完善青海省高速公路网规划，对促进青海省高速公路建设保持持续、快速、协调发展具有十分重要的意义。

三、指导思想和规划原则

（一）指导思想

青海省高速公路网规划的指导思想是：以邓小平理论和“三个代表”重要思想为指导，以科学发展观为统领，抓住国务院支持青海等省藏区经济社会发展的历史机遇，结合我省“四区、两带、一线”经济发展总体布局，坚持跨越发展、绿色发展、和谐发展、统筹发展，加快建设畅通、高效、绿色、安全的高速公路网。

（二）规划原则

青海省高速公路网规划坚持科学发展、快速发展、因地制宜和统筹兼顾的原则。

1. 坚持科学发展，注重生态保护

青海省是我国的高原生态屏障，地形地质条件复杂，生态环境脆弱，生态环境保护是高速公路建设的重要控制因素。路线规划时贯彻“不破坏就是最大保护”的新理念，尽量避让生态保护核心区和环境影响敏感区。同时，根据青海省高等级公路车辆行驶距离长、交通流量小、横向干扰少的特点，灵活选用工程技术标准，适当采用不完全封闭、低路基、分期分幅建设等技术标准和建设模式，从源头上避免建设中的大填大挖现象，促进公路建设与生态环境协调发展。

2. 坚持快速发展，抢抓历史机遇

紧紧抓住国务院支持青海等藏区经济社会发展和国家扩内需、保增长的历史性机遇，及时规划和安排建设对青海经济社会发展有巨大带动作用的国家高速公路等重点项目。同时，要着眼于全面小康社会和现代化建设的需要，适应未来公路交通长远发展需求，充分体现规划的前瞻性，发挥交通对经济社会发展的引领作用。

3. 坚持因地制宜，突出发展重点

高速公路规划从全省经济、资源和人口分布的实际情况出发，结合青海东部、西部和青南地区的经济社会特征和运输需求特点，实施分类指导的原则。对西宁和柴达木地区，要突出资源优势和经济优势，强化与周边省区中心城市的联系，强化西宁与柴达木地区之间的沟通，增强对藏区的辐射、带动作用；青南地区要重点考虑生态保护和民生改善，实现西宁与各州之间的便捷连通。

4. 坚持统筹兼顾，强调协调发展

制定高速公路网规划，不仅要与铁路、航空、水运等运输方式布局相协调，从立足于构建全省完善的综合交通运输体系角度考虑高速公路网布局，还要与全省干线公路网、枢纽站场及运输服务等公路交通其他方面发展充分结合起来，统筹考虑高速公路网的布局与建设。

四、技术标准

青海省地广人稀、地形地质条件复杂、生态环境脆弱、自然景观独特、民族风情浓郁，高速公路车辆行驶距离长、交通流量小、横向干扰少，应“因地制宜、突出特色、灵活把握”，合理选用高速公路技术标准。

（一）平纵几何指标

高山峡谷的困难路段，可适当降低设计车速，并根据工程实际情况适当降低部分平纵几何指标，避免大填、大挖和大护坡。地形平坦开阔、人烟稀少路段，适当提高设计车速，采用较高的平纵几何指标。

（二）路基

按照安全优先原则，根据地形地质条件和分期建设的情况，灵活选用分离式路基横断面及路基宽度；有效降低路基高度，放缓路基边坡，避免高路堤和深路堑，适当增大桥隧比例，减少工程填挖数量。

（三）封闭方式

在保证安全的情况下，人烟稀少、横向干扰少的路段，可不完全封闭，减少路侧护栏和隔离栅。人口稠密、横向干扰较大的路段，采用隔离栅封闭，并根据交通需求设置辅道。

（四）交叉形式

在满足功能的情况下，适当简化立交形式。人口稠密、交通冲突严重的交叉口，按照技术标准设置互通式立交，宜采用菱形、部分苜蓿叶形、单喇叭等简易形式。人烟稀少、横向干扰小的路段，可采用控制性平交，设置信号灯、停车（减速）让行、减速带等交通工程设施消除交通冲突。考虑野生动物迁徙的需要，适当增加野生动物穿越通道。

（五）景观环境

按照严格保护环境的理念，有效结合工程防护与生态防护，实现公路建设与生态环境相协调。对经过青海湖、三江源等景区的公路进行景观设计，充分展现藏区独特的自然风光与民俗风情。

（六）分期分幅建设

根据青海藏区的实际情况，可采取分期分幅建设模式，先在已有的二级公路一侧新建半幅高速，与旧路分向分道行驶，待交通量发展到一定水平，再将旧路改造为半幅高速，形成分道分向行驶的高速公路。

五、功能定位和规划目标

（一）功能定位

高速公路网是青海公路网中的主骨架，是区域综合运输大通道和综合运输体系的重要组成部分，主要连接省会与各州、周边省区、相邻各州以及重要交通枢纽、重要城市等，主要承担区域间、省际以及重要城市间的快速、高效、安全、舒适客货运输服务，为建设富裕文明和谐新青海和加快青海藏区经济社会发展，并为应对自然灾害、战争、动乱等突发性事件提供快速机动的交通保障。

（二）规划目标

（1）连接周边省区，构筑对外联系的高速公路通道。

（2）连接省会与州地市，形成省会辐射州地市的高速公路通道。

（3）连接主要交通枢纽，形成快速集疏运公路网络。

（4）连接重要资源开发区，形成矿产、旅游资源快速运输通道。

六、布局方案和效果

（一）布局方案

《青海省高速公路网（调整）规划》布局方案为“三纵、四横、十联线”（简称“3410网”），布局方案见附图1、附图2。规划里程为6 630公里，其中国家高速公路1 981公里（含两条绕城高速公路83公里），地方高速公路4 649公里。路线方案见附表1，具体路线是：

1. 纵线

纵1：张掖—河南高速公路（扁都口—赛尔龙），路线编号S11。路线起于青甘公路养护界扁都口，经青石嘴、大通、西宁、平安、尖扎、同仁、泽库、河南，止于青甘交界赛尔龙，路线北接甘肃张掖，南通甘肃碌曲、四川阿坝，纵贯海北、西宁、海东、黄南4个州地市，是甘肃、青海与成渝经济区便捷沟通的区域大通道，里程593公里。

纵2：共和—昌都（多普玛）高速公路（共和—多普玛），路线编号S13。路线起于共和，经玛多、清水河、玉树、囊谦，止于青藏界多普玛，北连西宁，南通西藏昌都，纵贯海南、果洛和玉树三州，是青海便捷沟通西藏东部、云南藏区等区域的旅游大通道，规划里程936公里。

纵3：柳园—格尔木高速公路（当金山—格尔木），路线编号G3011。路线起于青甘公路养护界当金山，经花海子、鱼卡、大柴旦、察尔汗，止于格尔木市，北通敦煌、新疆，南连拉萨，为国家连云港—霍尔果斯高速公路柳园—格尔木联络线的青海段，规划里程413公里。

2. 横线

横1：武威—茫崖高速公路（小沙河—茫崖），路线编号S20。路线起于青甘省界小沙河，经门源、大通、西海、刚察、天峻、德令哈市、小柴旦、一里坪和黄瓜梁，止于茫崖（青新界），东连武威，与国家连霍高速公路及青岛—银川高速公路定边至武威联络线相接，西通新疆，连通西宁、海北和海西，连接了西宁和柴达木盆地两大经济区，是南疆、青海通往京津冀地区的区域运输大通道，规划里程1 352公里。

横2:北京—拉萨高速公路(马场垣—唐古拉山口),路线编号G6。路线起于青甘界马场垣,经民和、平安、西宁、湟源、共和、茶卡、香日德、格尔木、不冻泉,止于青藏界唐古拉山口,东通兰州,南通拉萨,是国家高速公路北京至拉萨的青海段,是青海、西藏与内地沟通联系的主要通道之一,规划里程1 568公里(含西宁、格尔木绕城高速公路83公里)。

横3:临夏—共和高速公路(大力加山—共和),路线编号S22。路线起于青甘界大力加山,经循化、尖扎、贵德,止于共和,东连兰州,西接北京至拉萨国家高速公路,是青海湖、海南州至海东、甘肃的便捷通道,规划里程381公里。

横4:成都—香日德高速公路(久治—香日德),路线编号S24。路线起于青川界久治分水岭,经久治县城、门堂、大武、花石峡,止于香日德,东通四川阿坝州、成都,西连格尔木、新疆塔里木盆地,是新疆、青海与成渝经济区便捷沟通的区域大通道,规划里程559公里。

3. 联络线

联1:西宁—互助高速公路,路线编号S1112。路线起于张掖—河南高速公路的西宁,止于互助。规划里程30公里。

联2:大通—互助高速公路,路线编号S1111。路线起于张掖—河南高速公路的大通,止于互助,与西宁至互助高速公路(S1112线)相连。规划里程27公里。

联3:同仁—夏河高速公路,路线编号S1114。路线起于张掖—河南高速公路的同仁,止于青甘界大角满,与兰州至夏河高速公路相连,便捷沟通同仁与甘肃省合作市。规划里程50公里。

联4:河南—大武高速公路,路线编号S1115。路线起于张掖—河南高速公路的河南,止于大武,与成都至香日德高速公路(S24线)相连,便捷沟通黄南州与果洛州。规划里程196公里。

联5:久治—玛曲高速公路,路线编号S2411。路线起于成都—香日德高速公路的久治,向北止于青甘界草籽场,与兰州至玛曲高速公路相连,便捷连接甘南州、阿坝州和果洛州南部地区。规划里程31公里。

联6:湟源—西海高速公路,路线编号S2011。路线起于湟源县,止于西海镇,是连接武威—茫崖高速公路和京藏高速公路的联络线。规划里程50公里。

联7:西宁—贵德高速公路,路线编号S1113。路线起于张掖—河南高速公路的西宁,经湟中,止于贵德,与临夏至共和高速公路(S22线)相连,连接塔尔寺、坎布拉等旅游景区。规划里程92公里。

联8:天峻—茶卡高速公路,路线编号S2012。路线起于武威—茫崖高速公路上的天峻,经察汗诺止于茶卡,连接京藏高速公路。规划里程78公里。

联9:德令哈—察汗诺高速公路,路线编号S2013。路线起于武威—茫崖高速公路上的德令哈,经乌兰,止于察汗诺,与天峻至茶卡高速公路(S2012线)相连。规划里程150公里。

联10:德令哈—都兰高速公路,路线编号S2014。路线起于武威—茫崖高速公路上的德令哈,止于都兰,与京藏高速公路(G6线)相连,由都兰前行至香日德,可连接成都至香日德高速公路。规划里程124公里。

为便于公众使用和交通管理的信息化、智能化,按照统一、规范、简明的原则,除国家高速公路网青海境内路段采用国家既有的命名编号外,其余青海省地方高速公路,均依据交通运输部颁布的高速公路命名原则和编号方法,制定了青海省高速公路网路线的编号,并统一进行了命名,其命名和编号规则详见附录二。

(二)效果评价

按照上述布局方案,青海省高速公路网总里程为6 630公里,密度为0.92公里/百平方公里,形成横贯东西、纵贯南北、连接周边、布局合理的高速公路网络,将有力支撑富裕文明和谐新青海的建设和经济社会发展。青海省高速公路网的作用和效果主要表现在:

1. 充分体现了"以人为本",最大限度地满足人的出行需求,创造安全、舒适、便捷、高效的交通条件

(1)实现州州通高速,各州府与省会及重要城市、相邻各州间实现高速公路便捷连接,与川、甘、新、

藏等相邻省区连接的主要区域运输大通道服务水平达到高速公路标准。

（2）高速公路连接青海省主要城镇。

（3）形成了12条通往相邻省区的高速公路出口，强化了区域运输大通道服务能力。

（4）实现全省县级以上城镇在东部地区平均0.5小时上高速，中部地区平均2.0小时上高速，西部地区平均3.0小时上高速，从而大大提高了全社会的机动性。

（5）连接省内青海湖、原子城、塔尔寺、坎布拉、贵德等主要旅游景点，为青海省旅游事业发展提供便捷的交通条件。

2. 重点突出了“服务经济”，强化高速公路对资源开发、区域协调发展的促进作用，贯彻全省经济发展战略

（1）加强了省会西宁向四周的辐射带动作用，加强了柴达木盆地资源富集区与西宁的经济联系，为进一步加快区域经济一体化、加快全省与全国同步实现小康社会奠定基础。

（2）连接了西宁经济技术开发区和柴达木循环经济试验区等产业基地，有效促进全省矿产资源开发，推动了特色资源产业的发展壮大。

（3）将显著提高全省公路主骨架的服务水平，为加快西部大开发奠定坚实基础。

（4）覆盖地区的GDP占全省总量的90%以上，规划的实施将对促进经济增长、带动相关产业发展、扩大就业等做出重大贡献。

3. 注重了“综合运输”

重视综合运输协调发展，规划路线将连接主要城镇交通枢纽，与铁路、民航枢纽实现有效对接，有利于各种运输方式的优势互补，形成综合运输大通道和较为完善的集疏运系统。

4. 全面服务于“可持续发展”

规划的实施将进一步促进国土资源的集约利用、环境保护和能源节约，有效支撑社会经济的可持续发展。

七、资金需求和实施原则

（一）建设进展和资金需求

据统计，在“3410网”规划的6 630公里（含一级公路）青海省高速公路网中，目前已建成423公里（含一级公路），正在建设1 142公里（其中“十一五”将完成390公里，“十二五”续建752公里），待建5 065公里。青海省高速公路建设才刚刚起步，建设任务还相当繁重。

按照静态投资匡算，青海省高速公路网未来建设所需资金约为1 238亿元。

（二）项目实施的安排原则

（1）从全省经济社会发展要求出发，包括全省的生产力空间布局、人口及城镇分布、区域间经济技术协作与交流，充分考虑经济发展对高速公路运输的需求程度。

（2）注重并考察附近与实施项目相平行的其他干线公路的现状交通量，以及项目本身的预测交通量，按路段（路线）交通量大小并综合其他因素考虑排序。

（3）在交通量相接近的多个待建项目中，优先安排国家高速公路网的待建项目。

（4）在与邻省连接的高速公路建设项目中，优先安排近期与青海省打通相接的项目，以发挥最佳投资效果。

（5）优先考虑全省性的重要旅游路线项目。

（6）适当照顾交通基础设施落后的地区，促进全省城乡协调发展。

（三）建设目标

1. 2010～2015年

京藏高速（G6）：倒淌河—共和—茶卡—格尔木

西宁南绕城

柳格高速(G3011):大柴旦—察尔汗—格尔木

张河高速(S11):阿岱—牙什尕—同仁

武茫高速(S20):小沙河(省界)—大通

黄瓜梁—石棉矿(省界)

临共高速(S22):大力加山—隆务峡

成香高速(S24):久治(省界)—香日德

宁贵高速(S1113):湟中—贵德

湟西高速(S2011):湟源—西海

德察高速(S2013):德令哈—察汗诺(含天茶高速察茶段)

建设里程 2 404 公里(其中续建 752 公里),约占总里程的 36%,投资约需 400 亿元。实现国家高速公路网青海管养路段全部通高速,实现海南、海西、黄南、海北四州通高速公路,并增加甘肃武威、临夏两个省际出口通高速公路。

2. 2016 ~ 2020 年

京藏高速(G6):格尔木—唐古拉山(省界)

张河高速(S11):张掖—青石嘴—大通

同仁—泽库—河南—赛尔龙(省界)

共昌高速(S13):共和—玉树

武茫高速(S20):大通—西海—天峻—德令哈

小柴旦—黄瓜梁

临共高速(S22):牙什尕—李家峡—贵德—共和

德都高速(S2014):德令哈—都兰

河大高速(S1115):河南—大武

建设里程约 2 900 公里,约占总里程的 44%,建设投资约需 550 亿元。

3. 2021 ~ 2030 年

共昌高速(S13):玉树—多普玛(省界)

大互高速(S1111):大通—互助

同夏高速(S1114):同仁—夏河(省界)

天茶高速(S2012):天峻—察汗诺

久玛高速(S2411):久治—玛曲(省界)

全面建成青海省高速公路网,实现规划目标,使青海省高速公路网能够适应国民经济发展和国防建设的需要。

附　　录

附录一　青海省高速公路网(调整)路线方案表

青海省高速公路网(调整)路线方案表　　附表1

序号	路线名称	路线起讫点	简称	编号	里程(公里)	主要控制点	备注
一	三纵				1 942		
1	张掖—河南	扁都口—赛尔龙	张河	S11	593	扁都口、门源、大通、西宁、尖扎、同仁、泽库、河南、赛尔龙	纵贯海北、西宁、海东、黄南，便捷沟通甘青川的区域运输大通道
2	共和—昌都	共和—多普玛	共昌	S13	936	共和、玛多、清水河、玉树、囊谦、多普玛	纵贯海南、果洛和玉树三州，便捷沟通青海藏区、西藏东部和云南藏区的经济、旅游大通道
3	柳园—格尔木	当金山—格尔木	柳格	G3011	413	花海子、鱼卡、大柴旦、察尔汗、格尔木	柳园至格尔木国家高速公路青海段
二	四横				3 860		
1	武威—茫崖	小沙河—茫崖	武茫	S20	1 352	小沙河(青甘界)、门源、大通、西海、刚察、天峻、德令哈、小柴旦、茫崖	横跨海北和海西，是南疆、青海通往京津冀的区域运输大通道
2	北京—拉萨	马场垣—唐古拉山口	京藏	G6	1 568	马场垣、民和、平安、西宁、湟源、倒淌河、共和、茶卡、都兰、香日德、格尔木、不冻泉、唐古拉山口	东通兰州，南通拉萨，是国家高速公路北京至拉萨的青海段(含西宁、格尔木绕城线)
3	临夏—共和	大力加山—共和	临共	S22	381	大力加山、循化、尖扎、贵德、共和	青海湖、海南州至海东、甘肃的便捷通道
4	成都—香日德	久治—香日德	成香	S24	559	久治(青川界)、门堂、大武、花石峡、香日德	东通四川，西连柴达木盆地，是新疆、青海通往成渝经济区的便捷通道
三	十联线				828		
1	西宁—互助	西宁—互助	宁互	S1112	30	西宁、互助	便捷沟通西宁与互助
2	大通—互助	大通—互助	大互	S1111	27	大通、互助	便捷沟通互助与大通
3	同仁—夏河	同仁—夏河	同夏	S1114	50	同仁、夏河	便捷沟通同仁与甘肃合作市
4	河南—大武	河南—大武	河大	S1115	196	河南、宁木特、大武	便捷沟通黄南州与果洛州
5	久治—玛曲	久治—玛曲	久玛	S2411	31	久治、草籽场(青甘界)	便捷连接甘肃合作市和四川阿坝州
6	湟源—西海	湟源—西海	湟西	S2011	50	湟源、西海	便捷沟通德令哈、西海、西宁
7	西宁—贵德	西宁—贵德	宁贵	S1113	92	西宁、湟中、贵德	连接塔尔寺、贵德等旅游景区
8	天峻—茶卡	天峻—茶卡	天茶	S2012	78	天峻、察汗诺、茶卡	便捷沟通天峻、茶卡
9	德令哈—察汗诺	德令哈—察汗诺	德察	S2013	150	德令哈、乌兰、察汗诺	便捷连接德令哈、共和
10	德令哈—都兰	德令哈—都兰	德都	S2014	124	德令哈、都兰	便捷沟通德令哈、都兰
合计					6 630		

附录二　青海省高速公路网命名和编号规则

一、青海省高速公路网命名和编号应遵循交通部颁布的《国家高速公路网命名和编号规则》(JTG A03—2007)的规定

(1)省级高速公路网命名和编号规则应与国家高速公路网命名和编号规则保持一致。

(2)省级高速公路网路线编号的字母标识符采用汉语拼音“S”表示。

(3)省级高速公路网路线编号应尽可能避免与我省境内的国家高速公路网路线编号重复。

二、青海省高速公路路线命名规则

(1)省级高速公路网主线及联络线名称由路线起讫点地名中间加连接符“—”组成,全称为“××—××高速公路”。路线简称用起讫点的首位汉字组合表示。如:张掖—河南高速公路,简称“张河高速”,也可采用起讫点城市或所在地(市)的简称表示,如西宁—互助高速公路,简称“宁互高速”。

(2)路线起讫点尽量采用州、县等大地名,原则不采用乡(镇)及其以下地名,同时应尽量采用省内地名。

(3)若路线跨越省(区)时,路线起讫点名称必须有一个是省内地名。

(4)城市环线名称以城市名称命名,全称为“××市绕城高速公路”,简称“××绕城高速”。如西宁市绕城高速公路,简称“西宁绕城高速”。

三、青海省高速公路路线编号规则

(1)纵向路线编号为2位奇数,采用1,依次为11,13。

(2)横向路线编号为2位偶数,采用2,依次为20,22,24。

(3)联络线编号按省高网中主线前进方向由起点向终点顺序排列。采用4位数,由主线编号+数字“1”+联络线顺序号组成。

(4)联络线依据省高(S)主线编号,不依据国高(G)编号。

(5)“3410”网路线排列顺序不变,但编号可打乱。

(6)城市绕城线编号采用4位数,由主线编号+数字“0”+城市绕城线顺序号组成。

附录三　青海省国家高速、地方高速公路网(调整)布局方案图

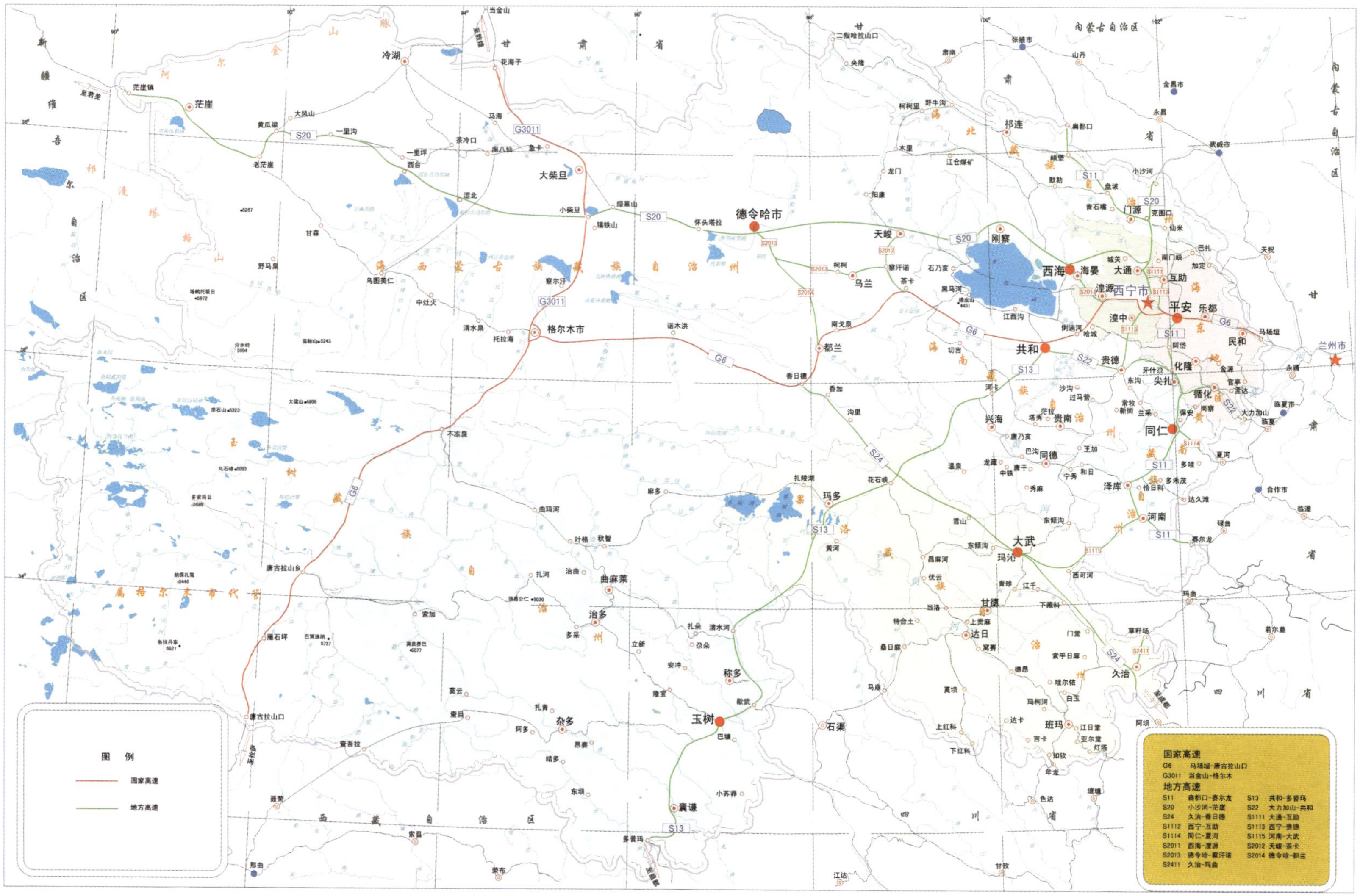

附图1　青海省国家高速、地方高速公路网(调速)布局方案图

附录四　青海省高速公路网(调整)布局方案图

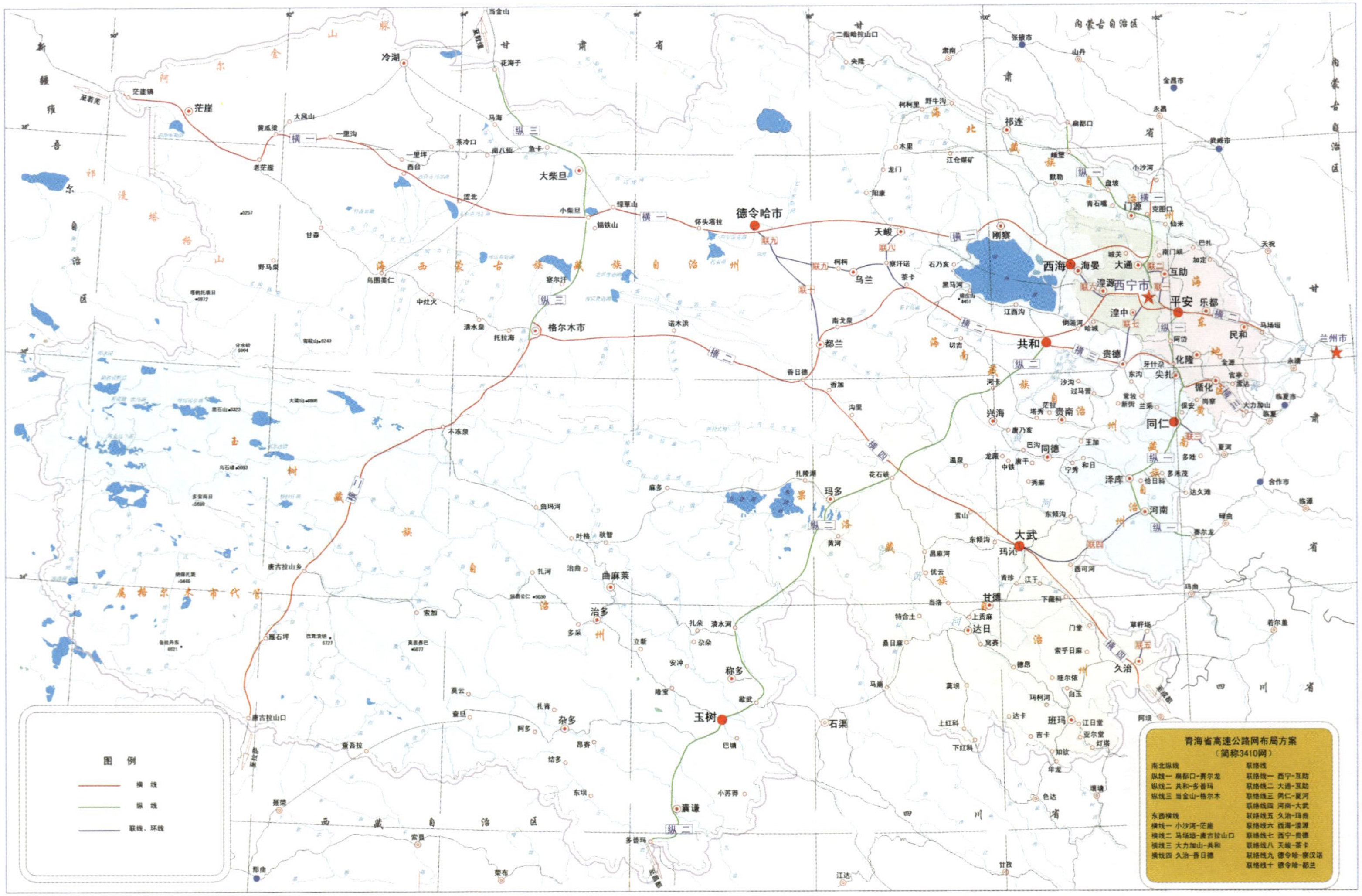

附图2　青海省高速公路网(调整)布局方案图

青海省干线公路网规划

（2009～2030年）

《青海省干线公路网规划(2009～2030年)》
编写单位及人员

编制单位：青海省交通厅

编制人员：杨伯让　厅　　长

王廷栋　副　厅　长

王永祥　副　厅　长

唐　玲　调　研　员

徐占慧　副　处　长

房建宏　副研究员

徐安花　高级工程师

孟登奎　主任科员

参编单位：交通运输部规划研究院

参编人员：关昌余　副　院　长

石良清　所　　长

安旗林　副总工程师

信红喜　副　所　长

韩先科　项目负责人

李　颖　高级工程师

刘梦涵　高级工程师

袁　华　高级工程师

目录
CONTENTS

第一章　概　　述

第一节　规划背景

青海省地处青藏高原东北部，与四川、西藏、甘肃、新疆四省区毗邻，是内地进入青藏高原的门户，是联系大西北和大西南的重要通道，地理位置非常重要。青海是全国除西藏外最大的藏族聚居区和民族宗教工作的重点地区，至2008年底全省总人口554.3万人，其中少数民族占46.2%。青海地处我国长江、黄河、澜沧江的发源地和水源涵养区，是我国重要的高原生态屏障。全省矿产资源、水能资源、旅游资源丰富，综合利用潜力大。但是受生态环境脆弱、自然灾害频繁、基础设施薄弱、产业发展约束条件严格等因素的制约，青海省经济社会发展严重滞后。2008年，全省完成地区生产总值961.5亿元，居全国倒数第二位。为改变青海落后的社会面貌，进一步支持青海经济社会发展，2008年10月国务院审议并通过了《关于支持青海等省藏区经济社会发展的若干意见》，强调从生态保护、改善民生、发展经济和维护稳定等方面出发，全面支持青海发展。今年，为了进一步维护藏区长治久安、推动藏区跨越式发展，争取到2020年实现藏区与全国同步进入全面小康社会，国家又开展了一系列支持藏区发展的调研工作。这些战略决策和部署，必将对青海的经济社会发展产生巨大的推动作用。

交通运输业是重要的基础产业，与社会生产紧密联系，同群众生活息息相关，在国民经济和社会发展中具有基础性、全局性、战略性的地位和作用。公路交通是青海省最基础、最主要的运输方式，是综合运输体系的重要组成部分，着力构建功能明确、结构合理、布局完善、服务高效的干线公路网是青海省实现公路交通现代化，支撑富裕文明和谐新青海建设、支持藏区经济社会发展的基础保障。

改革开放30年来，尤其是西部大开发以来，青海公路交通发生了翻天覆地的变化，公路网络基本形成，路网结构明显改善，通达深度大幅提高，服务水平明显提升。但与经济社会发展的要求和全国其他省区相比，青海省干线公路发展仍处于较低水平，突出表现在干线公路网络布局不完善、通行能力弱、技术水平低、抗灾能力差，与周边省区的大通道尚未形成，州与州、州与县之间联系不畅，对重要资源产业基地、旅游景区覆盖不足，难以满足新时期青海经济社会发展的要求。

日前，《青海省高速公路网规划》通过青海省政府批复并实施，这是青海提升公路交通尤其是干线公路发展水平的重大举措。与此同时，2009年全国交通工作会议提出要加快推动国家高速公路网中省际"断头路"和国家高速公路网主骨架项目建设，加快国省干线公路网改造，同时启动《国家高速公路网规划》、国道瓶颈路段建设规划。为了抓住这些难得的历史发展机遇，协调好青海省高速公路网与一般干线公路之间的关系，促进干线公路健康、快速发展，青海省交通厅委托交通运输部规划研究院进行青海省干线公路网规划研究工作。

编制《青海省干线公路网规划》的主要依据有：

(1)青海省干线公路网规划编制委托合同。

(2)国务院《关于支持青海等藏区经济社会发展的若干意见》。

(3)《青海省国民经济和社会发展第十一个五年规划》。

(4)《青海省公路水路交通"十一五"发展规划》。

(5)《青海省高速公路网规划》。

(6)国家及交通部颁布的有关标准、规范及其他有关规定等。

第二节　规划范围、对象及期限

本规划范围为青海省全域，规划面积72.2万平方公里。规划对象为青海省干线公路网。规划基年为2008年，规划期限为2009～2030年，近期为2009～2015年，中期为2016～2020年，远期为2021～2030年。

第三节　指导思想及规划原则

一、指导思想

青海省干线公路网规划的指导思想是：以邓小平理论和“三个代表”重要思想为指导，以科学发展观为统领，紧紧抓住国务院支持青海等省藏区经济社会发展和西部大开发的历史机遇，以服务“富裕文明和谐”的新青海建设和“生态文明、生活富裕、经济发展、社会和谐”的新藏区建设为宗旨，以提高运输能力和服务质量为核心，按照“统筹兼顾、突出重点、把握机遇、适度超前、注重效率、兼顾公平”的方针，对内沟通州县、资源产业基地和旅游景区，对外连接周边省区，构建功能明确、结构合理、布局完善、服务高效的干线公路网，加快推进全省公路交通现代化，健全完善综合运输体系，为全省生态建设、民生改善、资源开发和社会稳定提供基础保障。

二、规划原则

青海省干线公路网规划坚持“科学发展、快速发展、因地制宜和统筹兼顾”的原则。

（一）坚持科学发展，注重生态保护

青海省是我国高原生态屏障，地形地质条件复杂，生态环境脆弱，生态环境保护是干线公路建设的重要控制因素。路线规划时贯彻“不破坏就是最大保护”的新理念，尽量避让生态保护核心区和环境影响敏感区。同时，根据青海省高等级公路车辆行驶距离长、交通流量小、横向干扰少的特点，灵活选用工程技术标准，适当采用不完全封闭、低路基、分期分幅建设等技术标准和建设模式，从源头上避免建设中的大填大挖现象，促进公路建设与生态环境的协调发展。

（二）坚持快速发展，抢抓历史机遇

紧紧抓住国务院支持青海等藏区经济社会发展和国家扩内需、保增长的历史性机遇，及时规划和安排建设对青海经济社会发展有巨大带动作用的国家高速公路、西部省际公路通道、省内运输大通道以及国道瓶颈路段等重点项目。同时，要着眼于全面建设小康社会和现代化建设的需要，适应未来公路交通长远发展需求，充分体现规划的前瞻性，发挥交通对经济社会发展的引领作用。

（三）坚持因地制宜，突出发展重点

干线公路规划从全省经济、资源和人口分布的实际情况出发，结合青海东部、西部和青南地区的经济社会特征和运输需求特点，实施分类指导的原则。对西宁和柴达木地区，要突出资源优势和经济优势，强化与周边省区中心城市间的联系，强化西宁与柴达木之间的沟通，增强对藏区的辐射、带动作用；青南地区要重点考虑生态保护和民生改善，实现州与县以及县与县之间的便捷连通。

（四）坚持统筹兼顾，强调协调发展

制定干线公路网规划，不仅要与铁路、航空、水运等运输方式布局相协调，立足于以构建全省完善的综合交通运输体系角度考虑干线公路网布局，还要与全省农村公路、枢纽站场及运输服务等公路交通其他方面发展充分结合起来，统筹考虑干线公路网的布局与建设。

第四节 布局方案

干线公路网作为青海综合运输体系中快速运输网络的重要组成部分，是服务全省经济发展、社会和谐、政治稳定和生态文明的重要公路基础设施，对内便捷连接州县、重要城镇，覆盖资源产业基地、旅游景区、交通枢纽，对外衔接周边省区干线路网，主要承担省际、州市（地）间、州县间和重要相邻县间的客货运输，为全社会生产和生活提供安全、舒适、快速、高效的运输服务，并为应对自然灾害、战争、动乱等突发性事件提供快速机动的交通保障。

青海省干线公路网布局规划方案为“六纵、九横、二十联”（简称“6920网”），规划总里程14 999公里，规划等级为二级及以上公路标准，其中高速公路6 630公里（占44.2%）、二级公路8 369公里（占55.8%）。

高速公路网是青海省公路网中的主骨架，是区域综合运输大通道和综合运输体系的重要组成部分，主要连接省会与各州、周边省区、相邻各州以及重要交通枢纽、重要城市等，主要承担区域间、省际以及重要城市间的快速、高效、安全、舒适客货运输服务，为建设富裕文明和谐新青海和加快青海藏区经济社会发展提供快速交通保障。

青海高速公路网布局规划方案为“三纵、四横、十联线”（简称“3410网”），规划里程为6 630公里。其中，国家高速公路2 049公里，地方高速公路4 581公里。

第五节 建设目标

到2015年，干线公路建设取得突破性进展，网络骨架初步形成，服务能力大幅提升，初步适应青海经济社会发展的需要。与甘肃间形成4条以上高速公路标准贯通的对外通道，与四川、新疆各形成1条以高速公路半幅标准贯通的对外通道；西宁至海东、海北、海西、海南、黄南和格尔木通高速公路，至果洛、玉树通二级公路；各州间基本实现二级公路贯通，县基本通二级公路。2009～2015年期间投资规模约为535亿元。

到2020年，干线公路基本适应全面建设小康社会的需要。青海高速公路网基本建成，与周边各省区均通高速公路（含半幅），西宁至所有州府通高速公路（含半幅），各州间基本通高速公路（含半幅）；干线公路基本达到二级及以上公路标准，与相邻省区连接的主要出口公路基本达到二级公路，所有县通二级公路，相邻县通二级公路。2016～2020年期间投资规模约为524亿元。

到2030年，干线公路网全部建成。西宁与各州府及重要城市、相邻各州间实现高速公路便捷连接，与相邻省区连接的主要区域运输大通道服务水平达到高速公路标准；所有干线公路达到二级及以上公路标准，州府与所辖县、相邻县间实现二级及以上公路连接。2021～2030年期间投资规模约为456亿元。

第二章　经济社会及交通运输概况

第一节　自然环境概况

一、地理位置和区位条件

青海省位于我国西北地区，地处青藏高原东北部，其东部和北部与甘肃省相连，东南部与四川省相邻，西南部与西藏藏族自治区接壤，西北部与新疆维吾尔自治区毗邻，是沟通大西南与大西北、西藏与内地的重要通道，区位条件特殊。青海省东西横跨1 200公里，南北纵横800公里，土地总面积72万平方公里，占全国总面积的7.5%，居全国第四位。青海因有我国最大的内陆咸水湖——青海湖而得名，是我国长江、黄河、澜沧江的发源地和水源涵养区，被誉为“中华水塔”，生态地位极其重要。青海省地理区位示意图见图2-1。

二、自然条件

青海地处青藏高原东北部，全省均属高原范围。全省地貌主要由平地、丘陵、山地组成，平地面积约占30.1%，丘陵占18.7%，山地占51.2%。全省平均海拔3 000多米，最高点海拔为6 860米，最低点海拔为1 650米。海拔高度在3 000米以下的面积占26.3%，3 000～5 000米的面积占67%，5 000米以上占5%，水域面积占1.7%。青海省西部极为高峻，自西向东倾斜降低，东南向和南北向两组山系构成了全省地貌骨架。将全省地形分为祁连山地、柴达木盆地和青南高原三个自然区域。祁连山地位于青海省东北部，由山脉、谷地组成，是省内重要的天然牧场和主要产粮地区；柴达木盆地位于青海省西北部，是青藏高原陷落最深的地区，由戈壁、沙漠构成，属于封闭的高原盆地；青南高原占全省总面积的一半，是省内最高地区，有多座山脉、高原、大量河流湖泊，是全省主要牧业区和我国重要的生态自然保护区。

青海省境内属于高原大陆性气候，温差大、日照长、降水少。年平均气温在－5.7～＋8.5℃之间，绝大部分地区年降水量在400毫米以下。

三、资源状况

（一）自然资源

青海境内河流湖泊众多，水能资源极为丰富（图2-2）。境内拥有长江、黄河、澜沧江、内陆河四大水系，据统计，长江总水量的26%、黄河总水量的49%和澜沧江总水量的16%来源于青海。全省地表水资源总量达到631.4亿立方米，占全国年径流量的2.34%。全省湖泊面积1.3万平方公里，占全国湖泊总面积的15.8%，居全国第二位。青海境内水能资源理论蕴藏量达2 165万千瓦，居全国第五位，占西北地区的27.8%，可开发利用的水能资源为1 800万千瓦，年发电量770亿度。青海省被列为国家水电重点开发地区。

青海天然草原辽阔，是我国四大牧区之一（图2-3）。全省草原以高寒草甸为主体，具有面积大、耐牧性强、营养丰富的特征。全省可利用草场面积5亿亩（1亩＝666.6平方米），约占全国可利用草场面积的15%，发展畜牧业物质基础雄厚。草原内有经济动物400多种，野生植物1 000余种，具有储藏量大、种类多、用途广、高原特色显著的特点，大部分可开发利用，药用价值高。

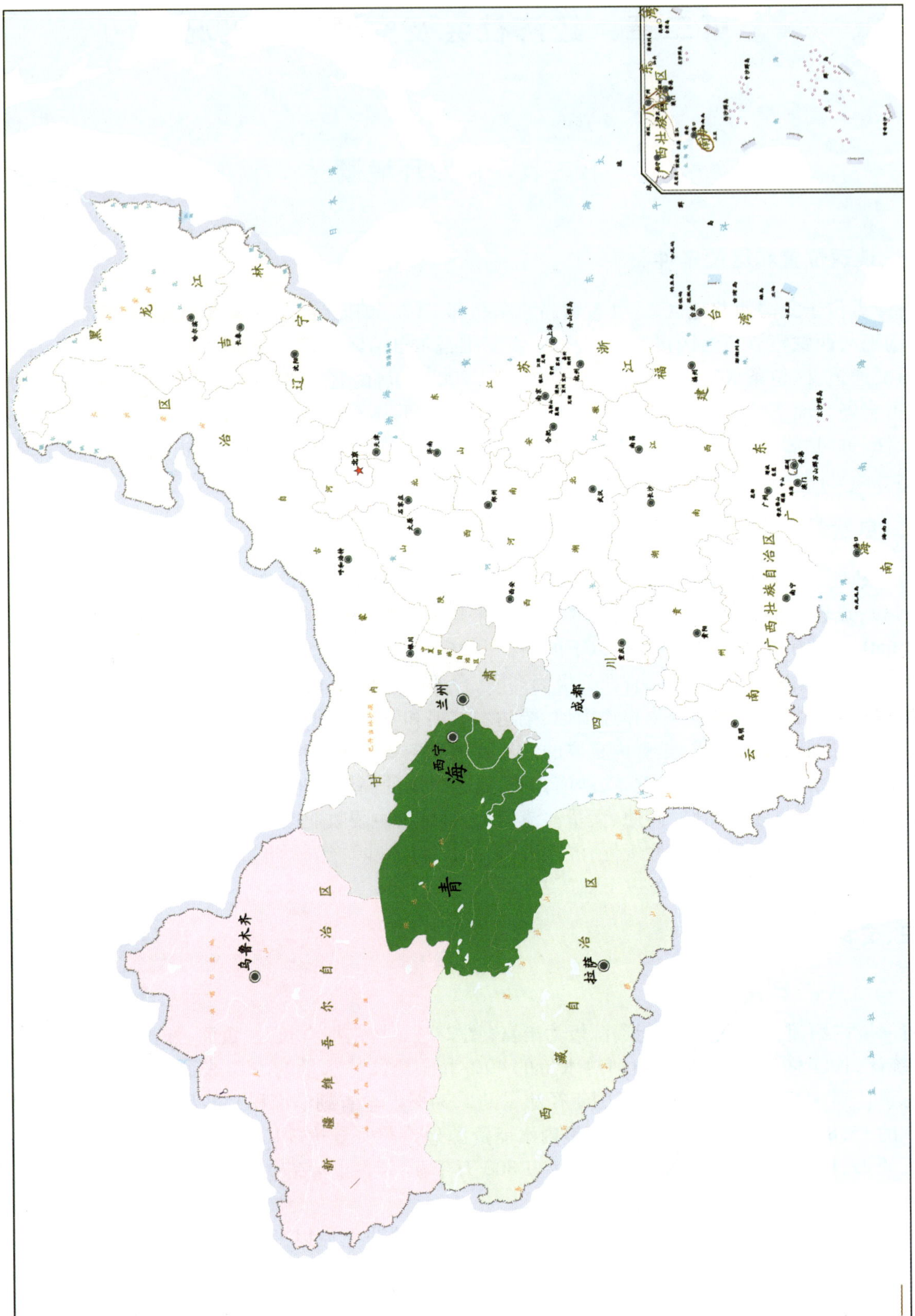

图2-1 青海省地理区位示意图

图 2-2　水资源图

图 2-3　草原资源图

（二）矿产资源

青海省矿产品种齐全、储量大（图 2-4）。全省共发现矿产 127 种，探明储量的有 107 种，其中 58 种矿产储量居全国前十位。居全国第一位的矿产 10 种，包括锂矿、锶矿、电石用灰岩、化肥用蛇纹岩、冶金用石英岩、钾盐、镁盐、玻璃用石英岩、石棉、芒硝。青海省已探明各类矿产资源潜在价值约 18 万亿元，占全国各类矿产资源总价值的 20%。柴达木盆地是青海省矿产资源的富集区，素有"聚宝盆"的美誉，盆地内矿产资源潜在价值占全省的 90%，在全省乃至全国都具有极其重要的地位。

（三）旅游资源

青海省旅游资源丰富，自然风光独特，民族风情浓郁（图 2-5）。境内有巍峨高耸的雪山、广袤平坦的草原、茫茫无际的戈壁、纵横交错的河流和星罗棋布的湖泊。全省包括青海湖旅游区、东部旅游区、西部旅游区三大组成部分。青海湖游区有"百鸟的王国"青海湖鸟岛、"汉藏咽喉"日月山等，东部旅游区包括藏传佛教著名寺院湟中塔尔寺、"高原的西双版纳"孟达自然保护区等，西部旅游区旅游景观包括源头漂流、万丈盐桥等。

图 2-4　矿产资源图

图 2-5　旅游资源图

第二节　经济社会发展概况

一、行政区划和人口

青海省现辖 1 个地级市、1 个地区和 6 个民族自治州，分别是西宁市、海东地区、海西蒙古族藏族自治州、海北藏族自治州、海南藏族自治州、黄南藏族自治州、玉树藏族自治州、果洛藏族自治州，省会设于西宁市。县(市、区、行委)46个,其中县30个,市辖区4个,民族自治县7个,县级市2个,县级行委3个。乡(镇、街道)396个,其中乡201个,民族乡28个,镇137个,街道办事处30个。青海省行政区划见表2-1及图2-6。

青海省行政区划一览表

表2-1

市州	县	市辖区	民族自治县	县级市	县级行委	市、县、区名称
西宁市	2	4	1	—	—	城东区、城中区、城西区、城北区,大通回族土族自治县、湟中县、湟源县
海东地区	2	—	4	—	—	平安县、乐都县、民和回族土族自治县、互助土族自治县、化隆回族自治县、循化撒拉族自治县
海西蒙古族藏族自治州	3	—	—	2	3	德令哈市、格尔木市、乌兰县、都兰县、天峻县、冷湖行委、大柴旦行委、茫崖行委
海北藏族自治州	3	—	1	—	—	海晏县、祁连县、刚察县、门源回族自治县
海南藏族自治州	5	—	—	—	—	共和县、同德县、贵德县、兴海县、贵南县
黄南藏族自治州	3	—	1	—	—	同仁县、尖扎县、泽库县、河南蒙古族自治县
玉树藏族自治州	6	—	—	—	—	玉树县、杂多县、称多县、治多县、囊谦县、曲麻莱县
果洛藏族自治州	6	—	—	—	—	玛沁县、班玛县、甘德县、达日县、久治县、玛多县
合计	30	4	7	2	3	—

注:资料来源于《青海统计年鉴2008》。

青海省地广人稀,截至2008年底,全省总人口554.3万,人口密度为7.7人/平方公里,是全国平均人口密度的1/18。全省城镇人口226.5万人,城镇化率40.9%,比全国平均水平低4.8个百分点。省内人口分布极不平衡,呈现东部人口集中、西部人口稀疏的特点。东部地区(包括西宁市和海东地区)面积占全省的5%,人口占全省的75%,人口密度为95.9人/平方公里;西部地区(其余6个自治州)面积占全省95%,人口占全省的25%,人口密度为1.9人/平方公里。青海是全国除西藏外最大的藏区聚居区,少数民族人口占全省总人口的46%。各地市的人口及生产总值分布如图2-7所示。

二、经济社会概况

青海省自然禀赋优越,在全国发展、稳定和生态保护中具有重要的战略地位。改革开放特别是西部大开发战略实施以来,青海经济社会发展取得了重大成就,经济快速增长,民生逐步改善,生态保护得到加强。但是,受自然条件和历史原因的影响,欠发达仍然是青海当前最突出的省情。归纳起来,青海省经济社会发展呈现出以下特点。

(一)国民经济快速增长,综合实力明显增强,但整体水平仍较低

"十五"以来,青海省社会经济持续快速发展,人民生活水平明显提高,生产总值由2000年的264亿元增长到2005年的543亿元,年均增长12%。2006~2008年全省地区生产总值年均增长12.5%,比全国平均增速高1.7个百分点。人均国内生产总值2004年突破1 000美元,2008年达到2 503美元。产业结构进一步调整,由2000年的14.6:43:42.4调整为2008年的11:55:34。2007年,与全国31个省(区、市)经济发展水平比较,青海省地区生产总值名列第30位,人均生产总值居第23位。与西部地区12个省区经济发展水平比较,青海省人均生产总值居西部地区第6位,比西部平均水平高7.9%。青海省历年社会经济发展情况见表2-2和图2-8。

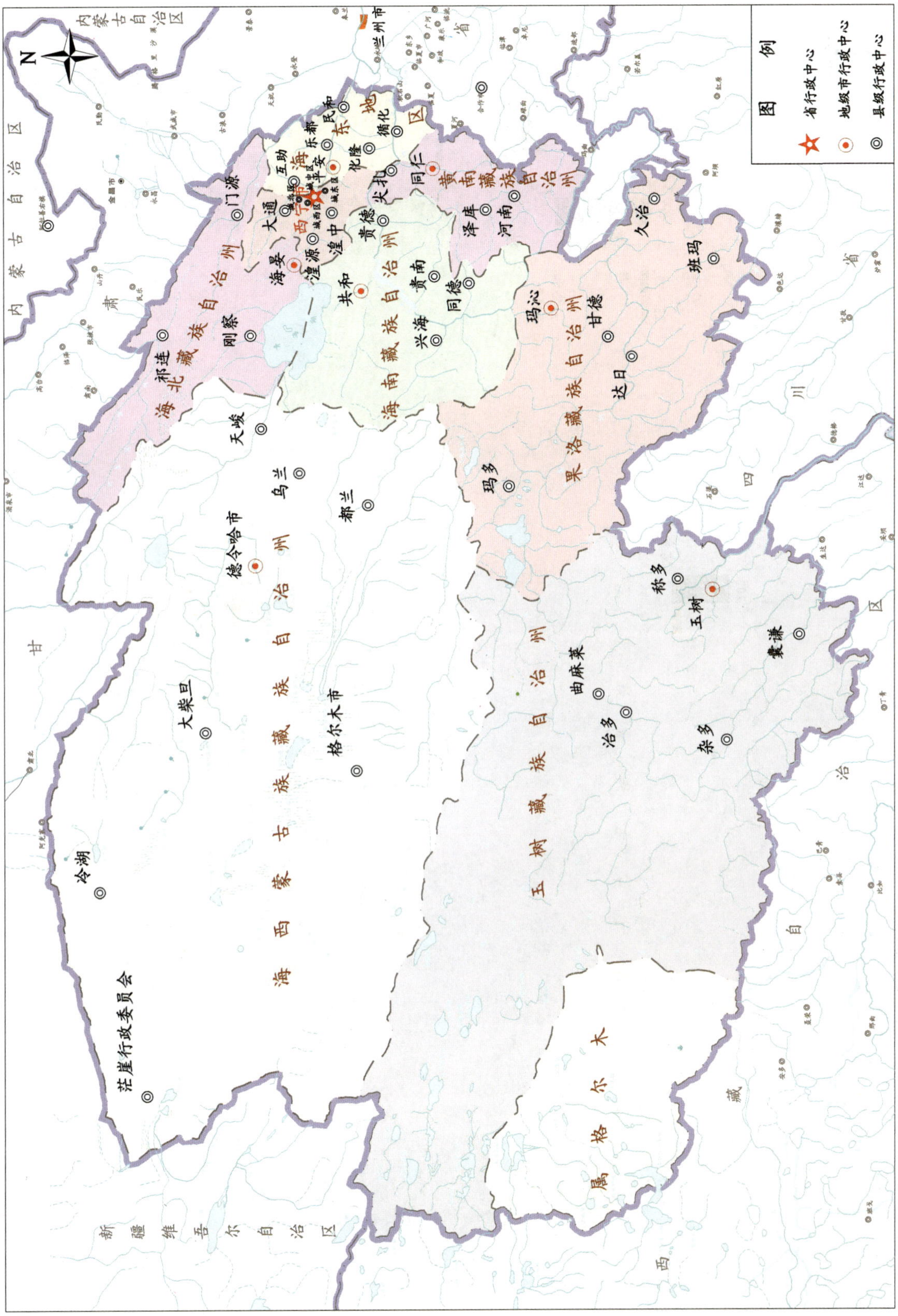

图2-6 青海省行政区划示意图

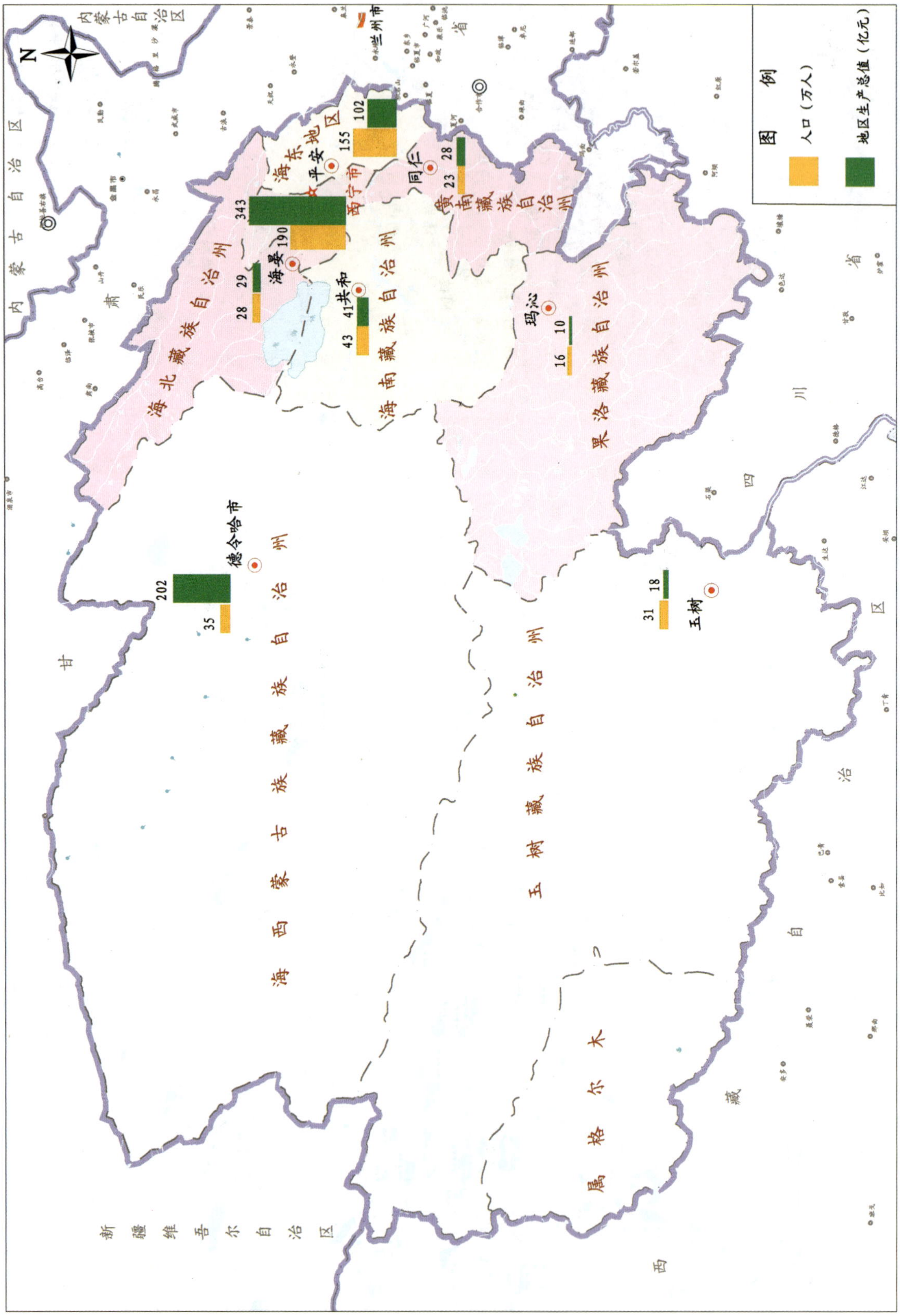

图2-7 青海省2007年人口及地区生产总值分布示意图

青海省历年社会经济发展情况　　表 2-2

年　份		生产总值(亿元)	人口(万人)	人均 GDP(元)
2000 年		263.7	516.5	5 138
2005 年		543.3	543.2	10 045
2006 年		639.5	547.7	11 724
2007 年		783.6	551.6	14 257
2008 年		961.5	554.3	17 389
增长率(%)	2001～2005 年	12.0	1.0	10.8
	2006～2008 年	12.5	0.7	11.7
	2001～2008 年	12.2	0.9	11.2

注:资料来源于历年《青海省统计年鉴》,表内各项经济指标采用当年价,增长率按可比价计算。

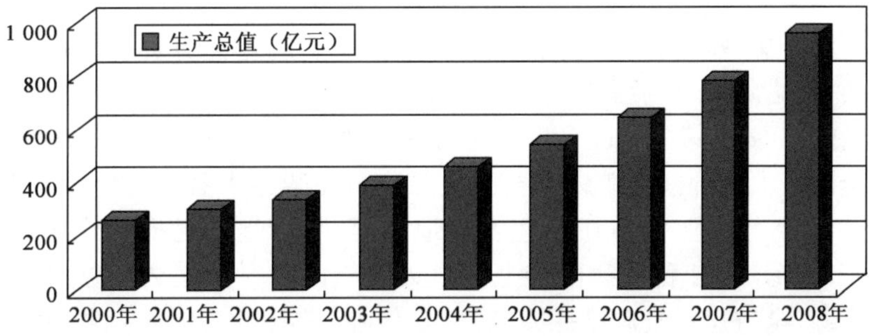

图 2-8　2000～2008 年青海省生产总值

（二）区域发展不平衡,东部和柴达木两大经济区地位突出,青南地区发展滞后

青海省经济发展区域分布不均衡,东部和柴达木两大经济区(重点包括西宁市和海西州)是全省的经济重心,经济相对较发达。2007 年西宁市和海西州的生产总值分别达到了 342.5 亿元和 201.7 亿元,两者生产总值占全省地区生产总值的 71%;工业增加值分别达到了 147.9 亿元和 142.4 亿元,两者工业增加值占全省工业增加值的 85%。2007 年西宁市和海西州人均生产总值分别是全国平均水平的 0.84 倍和 2.48 倍。玉树州、果洛州等青南地区经济发展严重滞后,2007 年两州生产总值仅占全省地区生产总值的 3.6%,人均生产总值分别比全国平均水平低 66% 和 70%。青海省各地市生产总值发展状况见表 2-3 和图 2-9。

2007 年青海省各地级市(地区、民族自治州)生产总值及构成　　表 2-3

市　州	生产总值(亿元)	第一产业(亿元)	第二产业(亿元)	工业(亿元)	第三产业(亿元)
西宁市	342.45	14.93	177.29	147.89	150.23
海东地区	102.06	20.22	38.35	26.85	43.49
海北州	28.62	6.87	10.77	5.38	10.98
黄南州	27.99	8.11	11.06	9.00	8.82
海南州	40.86	12.11	16.30	8.49	12.45
果洛州	10.13	3.29	2.07	0.83	4.77
玉树州	17.82	10.83	2.88	0.44	4.11
海西州	201.67	5.71	155.48	142.44	40.48

注:资料来源于《青海统计年鉴 2008》,表内各项经济指标采用当年价。

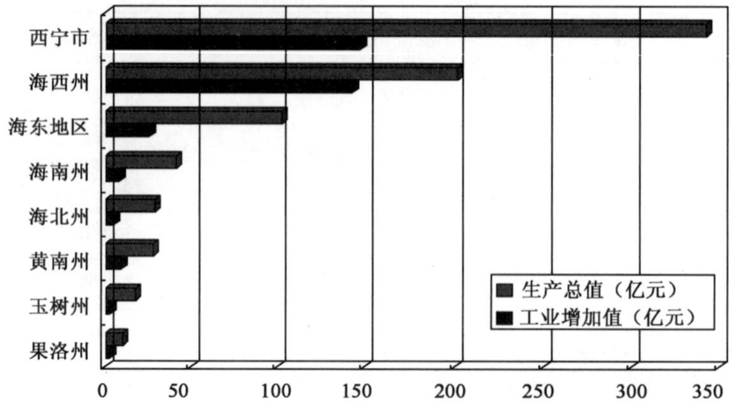

图 2-9　2007 年青海省各地级市生产总值和工业增加值

（三）盐湖、能源、有色金属等优势矿产资源丰富，四大支柱产业成为工业增长的主导力量

青海省内矿产资源富集，盐湖、石油、天然气、煤炭、有色金属等优势资源储量丰富。盐湖资源集中在柴达木盆地的大柴旦、格尔木、乌兰和冷湖。盆地内共有 33 个大中型盐湖，已探明总储量 700 亿吨，占全国盐湖保有储量的 80%。其中超过 100 亿吨的特大盐湖有 2 个，10 亿～100 亿吨的大型盐湖有 6 个。察尔汗盐湖是全国最大的钾镁盐矿床。石油主要分布在柴达木盆地的冷湖和花土沟，盆地内已探明总储量 3.6 亿吨。天然气主要分布在柴达木盆地内涩北，盆地内已探明储量 4 572 亿立方米。从 1998 年至今，青海油田连续 10 年稳居我国陆上四大天然气区之一。煤炭资源主要分布在省内北部天峻县木里至门源县宁缠，全省煤炭资源已探明储量 56 亿吨。铜、铅、锌、金为省内优势有色金属矿产资源，在全国占有重要地位。目前，青海矿产资源采选业及后续加工业总产值占全省工业总产值的 50%～65%，占全省生产总值的 20%。矿产品出口总值占全省出口总值的 40%～50%。现已初步形成柴达木国家级矿业经济区、西宁省级矿业经济区、南部有色金属开发带、北部煤炭资源开发带等四大矿业经济区的总体格局，包括 17 个重点开发区和 32 个矿产资源开发基地。青海省矿产资源开发与保护规划分区见图 2-10。

依托优势资源开发，青海省初步形成了特色鲜明的石油和天然气开采业、电力工业、有色金属工业、盐化工业四大支柱产业，2007 年工业增加值为 258 亿元，占全省工业增加值的 61.7%。

（四）生态地位突出，是我国重要的高原生态安全屏障和全国经济社会可持续发展的前提

青海是我国重要的生态保护区和水源涵养区，在全国生态保护大局中具有特殊的战略地位。青海的生态环境状况不仅关系到青海省的可持续发展，也关系到江河中下游地区的生态安全。为了保护脆弱的生态环境和优化国土资源开发，青海省主体功能区划分为重点开发区、限制开发区和禁止开发区三个部分，分别占全省面积的 5%、63% 和 32%。全省拥有国家级自然保护区 5 处，占全省禁止开发区面积的 88%。国家级自然保护区包括三江源、青海湖、玉树隆宝、循化孟达和可可西里。

三江源地区是长江、黄河、澜沧江的发源地，是全国重要的水源涵养生态功能区（图 2-11）。该地区行政区划包括玉树、果洛、海南、黄南 4 个民族自治州 16 个县及格尔木市代管的唐古拉山镇。三江源地区有世界上海拔最高、面积最大的高原湿地生态系统，其湿地总面积达 7.3 万平方公里，占全区总面积的 20.2%，是全国湿地比重最高的地区，同时也是我国最重要的生物多样性资源宝库和最重要的遗传基因库之一，有“高寒生物自然种质资源库”之称，在科学研究、生态平衡等方面具有重要价值。三江源地区是全球气候变化的敏感区域，对全国乃至全球的大气、水量循环，对国家的生态安全和经济社会的可持续发展具有重要影响。

（五）民生不断改善，居民收入稳定增加，基本公共服务水平有所提高

青海省平均海拔高于 3 000 米，大部分地区寒冷、干旱、缺氧，自然灾害频繁，生产生活条件艰苦，特别是玉

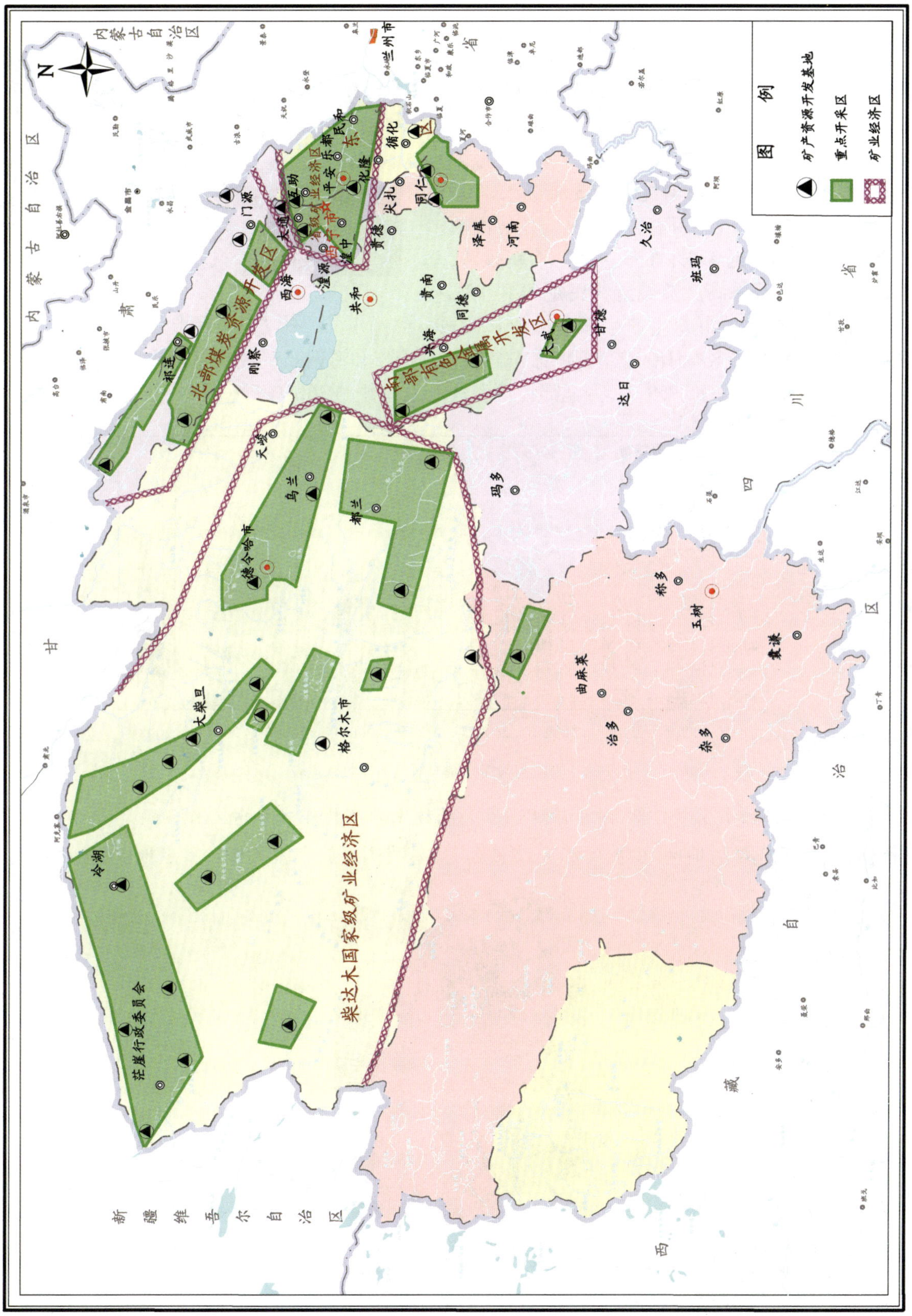

图2-10 青海省矿产资源分布示意图

树、果洛两个藏族自治州平均海拔在 4 000 米以上，是国内生存环境最差的地区之一。长期以来，青海省居民收入和基本公共服务水平低于全国乃至西部地区的平均水平。在国家实施西部大开发战略和社会主义新农村新牧区建设以来，青海省民生得到显著改善。2000～2008 年，青海省城乡居民收入与全国平均水平保持同步增长，2008 年青海省城镇居民人均可支配收入 11 648 元，2006～2008 年年均增长 13%。2008 年农牧民人均纯收入 3 061 元，2006～2008 年年均增长 11.2%。青海省与全国城乡居民收入比较如图 2-12 所示。近年来，青海省民生不断改善，基本公共服务水平显著提高。随着游牧民定居和生态移民工作的逐步推进，牧区群众生产生活条件明显改善。截至 2007 年底，玉树、果洛、海南、黄南、海北五个藏族自治州和海西州蒙古族自治州在内的藏区已实现定居的牧民为 40 267 户、185 959 人，占全部牧户和牧业人口数的 26.3%、26.0%。

图 2-11　三江源地区景观

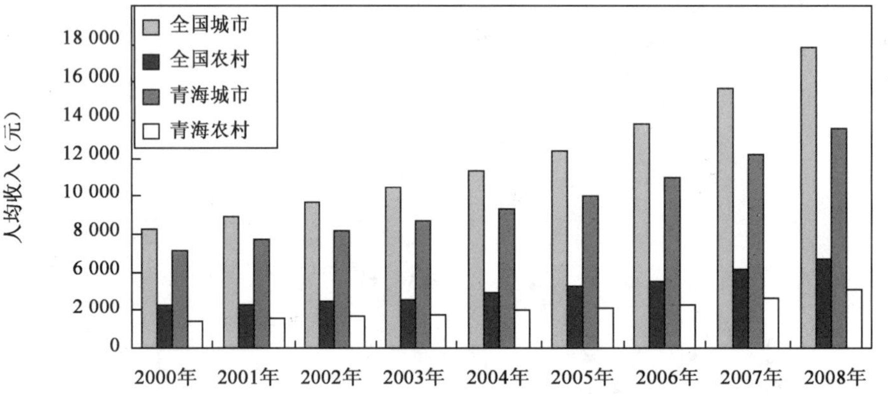

图 2-12　青海省与全国城乡居民人均收入比较

（六）多民族聚居，多宗教信仰，对于维护国家大局稳定具有特殊战略意义

青海省是多民族聚居地区，少数民族人口总数大，是我国民族宗教工作的重点地区（图 2-13）。全省有 6 个自治州、7 个自治县和 28 个民族乡，民族自治地区面积 71.6 万平方公里，占全省总面积的 98%。其中藏区面积 69.7 万平方公里，占全省面积的 96.6%。2007 年底，全省共有 54 个少数民族，人口总数 256 万，占全省总人口的 46%，少数民族人口总数全国排名第三。省内主要少数民族为藏族、回

图 2-13　少数民族风情

族、土族、撒拉族和蒙古族。青海省各民族人口构成如图2-14所示。青海省内少数民族主要信仰的宗教包括藏传佛教、伊斯兰教、道教。切实改善少数民族群众的生产生活条件、维护民族团结、保障社会稳定对于国家大局稳定具有特殊战略意义。2007年青海省民族自治地区生产总值459亿元，2005～2007年年均增长14.4%。

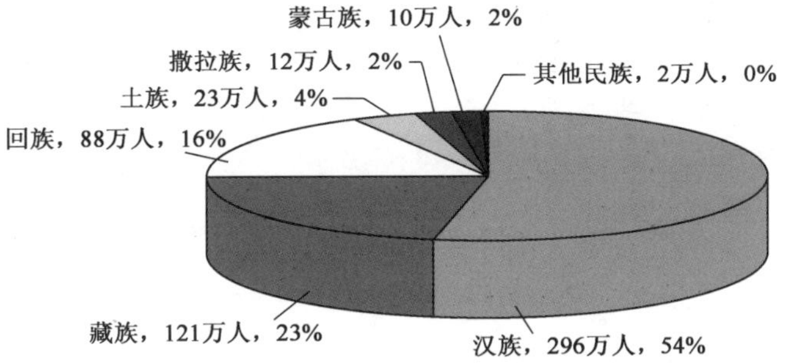

图2-14　2007年底青海省多民族人口构成

（七）畜牧业基础雄厚，高原特色农业发达，是我国重要的畜牧业和高原作物生产基地

畜牧业是青海省国民经济的重要组成部分（图2-15），2007年畜牧业总产值占全省生产总值的5.9%。省内主要畜种是牦牛和藏系绵羊。2007年青海省饲养牛447.1万头，占全国饲养总量的4.2%，牦牛饲养数量占我国牦牛总数的38%，居全国第一位；饲养绵羊1 266.4万只，占全国饲养总量的8.9%。畜产品中牛肉产量14.5万吨，占全国牛肉总产量的2.4%；羊肉产量8.7万吨，占全国羊肉总产量的2.3%。由于青海省独特的高原冷凉气候，牛羊肉具有无公害、无污染、肉质鲜嫩的特点，在国内外享有较高的声誉，青海成为国家重要的畜产品出口生产基地。畜牧业提供了大量的毛纺、制革、食品、乳品、皮毛、油脂和部分工业的原材料，带动了相关产业的发展。此外，青海省高原特色农业在国内占有重要地位，青稞、马铃薯、小麦、油菜、中藏药材、高原花卉和冬虫夏草等高原作物产量居全国前列。

图2-15　畜牧业

（八）旅游资源丰富独特，是我国著名的高原生态旅游目的地

青海省旅游资源丰富，且多分布在海拔高度1 800～6 600米之间，高原风光、生态风光、民族风情、宗教文化、登山探险等高原特色旅游品牌誉满全球。全省已初步形成四个优先旅游区为重点和九大旅游精品工程为抓手的旅游生产力总体布局。四个优先旅游区包括河湟旅游区、青海湖旅游区、三江源旅游区、昆仑文化旅游区，九大旅游精品工程分别是西宁市创建优秀旅游城市系统工程、环青海湖旅游精品项目开发及鸟岛生态环境综合治理工程、塔尔寺世界文化遗产申报及综合整治工程、黄河上游碧水丹山旅游开发与保护工程、三江源生态旅游示范工程、昆仑文化精品旅游工程、中国土乡精品旅游工程、盐湖盐工业精品旅游工程、国家登山探险旅游基地工程。青海省旅游生产力总体布局如图2-16所示。

青海省有国家级森林公园7处，国家级地质公园4处，国家级风景名胜区1处。AAAA级旅游景区13个，AAA级旅游景区19个，AA级旅游景区7个。2008年全省旅游人数905万人次，旅游收入47.5亿元，占全省生产总值的5%。旅游业成为国民经济最具活力的增长点。

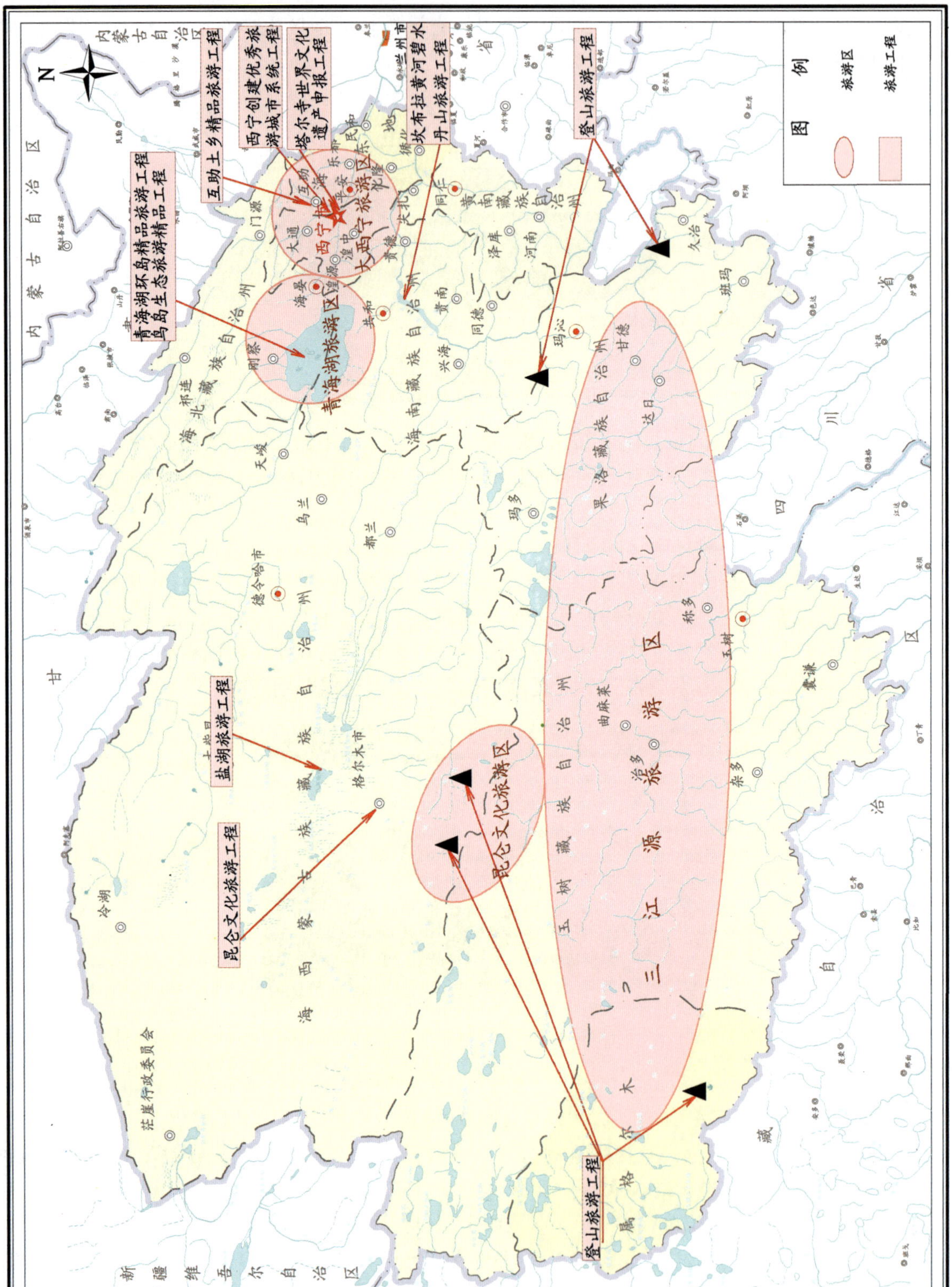

图2-16　青海省旅游生产力总体布局示意图

第三节　交通运输发展现状

一、综合运输发展现状

改革开放以来，尤其是西部大开发政策实施以来，青海省交通运输发生了翻天覆地的变化，交通基础设施逐渐完善，运输服务稳步上升，综合运输体系已初见雏形。

全省公路通车里程达 56 642 公里（2008 年底数据），其中高速公路和一级公路达到 421 公里，铁路通车里程达 2 208 公里，民用航线里程达 33 264 公里。2007 年，各种运输方式共完成客运量 5 764 万人、旅客周转量 824 205 万人公里，货运量 8 423 万吨、货物周转量 1 892 840 万吨公里，2001 ~ 2007 年客运量、旅客周转量、货运量、货物周转量的年均增长率分别达 6.9%、14.9%、7.5%、10.2%。公路运输在综合运输中具有主体地位，2007 年公路客运量、货运量占全社会的比例分别为 90.5%、74.6%。

青海省历年各运输方式客货运量见表 2-4、表 2-5。2007 年各运输方式客货运量比例见图 2-17 ~ 图 2-20。

青海省历年客运量及旅客周转量表　　表 2-4

年份	客运量（万人）				旅客周转量（万人公里）			
	合计	公路	铁路	航空	合计	公路	铁路	航空
1990 年	1 843	1 634	209	—	153 736	92 411	61 220	105
1995 年	2 388	2 165	220	3	198 391	129 270	64 027	5 094
2000 年	3 612	3 250	352	10	312 497	182 000	115 090	15 407
2001 年	3 832	3 428	392	12	347 706	195 930	133 605	18 171
2002 年	4 007	3 556	436	15	372 837	200 720	150 444	21 673
2003 年	4 324	3 900	408	16	407 362	220 000	163 987	23 375
2004 年	4 547	4 139	386	22	451 229	186 281	232 035	32 913
2005 年	4 920	4 525	368	27	472 389	246 556	186 922	38 911
2006 年	5 310	4 861	411	38	598 831	262 333	283 518	52 980
2007 年	5 764	5 218	502	44	824 205	293 940	466 760	63 505
“九五”年均增长率（%）	8.6	8.5	9.9	27.2	9.5	7.1	12.4	24.8
“十五”年均增长率（%）	6.4	6.8	0.9	22.0	8.6	6.3	10.2	20.4
2001 ~ 2007 年增值率（%）	6.9	7.0	5.2	23.6	14.9	7.1	22.1	22.4

青海省历年货运量及货物周转量表　　表 2-5

年份	货运量（万吨）					货物周转量（万吨公里）				
	合计	公路	铁路	航空	管道	合计	公路	铁路	航空	管道
1990 年	2 434	1 957	454	—	23	496 544	187 665	298 810	3	10 066
1995 年	3 529	2 887	532	—	110	664 296	248 815	367 320	57	48 104
2000 年	5 076	4 050	833	—	193	957 168	366 000	507 030	140	83 998
2001 年	5 456	4 305	957	—	194	1 067 872	384 419	598 885	178	84 390
2002 年	5 652	4 450	1 000	0.10	202	1 180 184	397 538	694 370	189	88 087
2003 年	6 389	4 890	1 292	0.15	207	1 337 595	433 000	814 313	237	90 045
2004 年	6 656	5 136	1 308	0.23	212	1 394 733	453 129	848 590	385	92 629
2005 年	7 152	5 491	1 453	0.33	208	1 562 445	482 660	987 866	563	91 356
2006 年	7 642	5 864	1 572	0.50	205	1 549 176	514 149	944 456	743	89 828
2007 年	8 423	6 280	1 935	0.50	207	1 892 840	552 563	1 248 514	811	90 952
“九五”年均增长率（%）	7.5	7.0	9.4	—	11.9	7.6	8.0	6.7	19.7	11.8
“十五”年均增长率（%）	7.1	6.3	11.8	—	1.5	10.3	5.7	14.3	32.1	1.7

续上表

年份	货运量(万吨)					货物周转量(万吨公里)				
	合计	公路	铁路	航空	管道	合计	公路	铁路	航空	管道
2001～2007 年增值率(%)	7.5	6.5	12.8	—	1.0	10.2	6.1	13.7	28.5	1.1

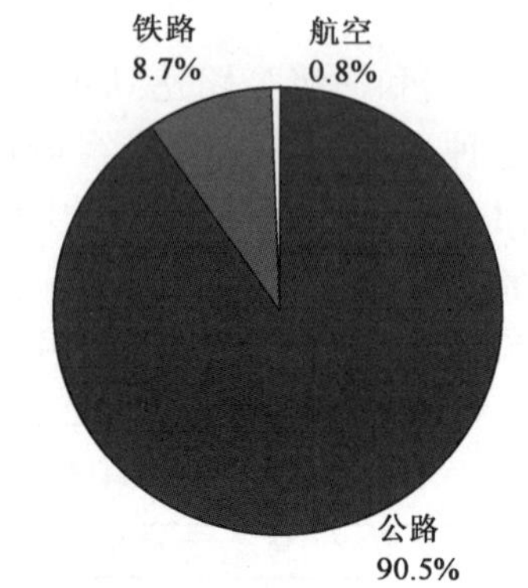

图 2-17　青海省客运量构成图

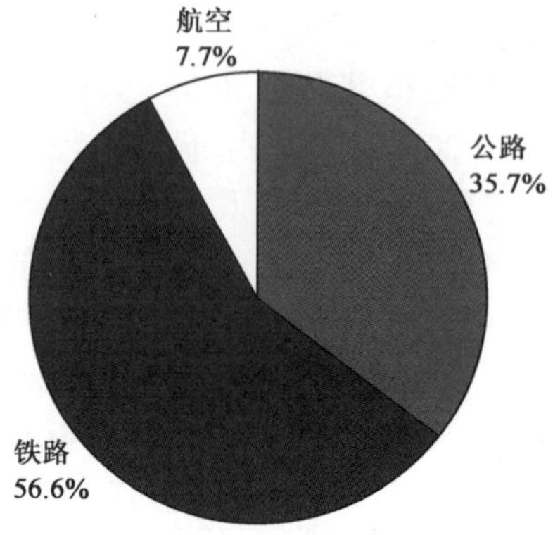

图 2-18　青海省旅客周转量构成图

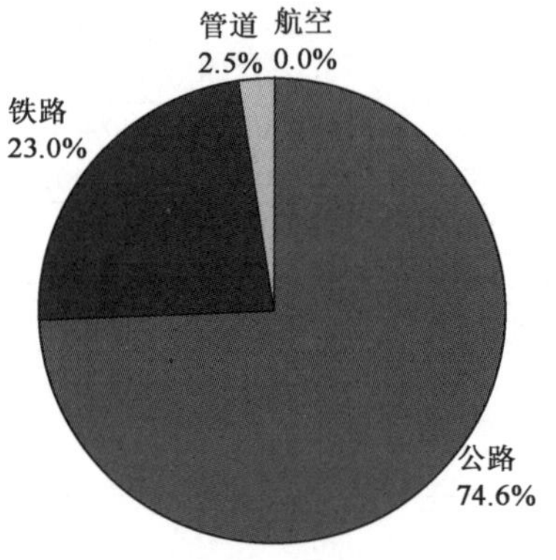

图 2-19　青海省货运量构成图

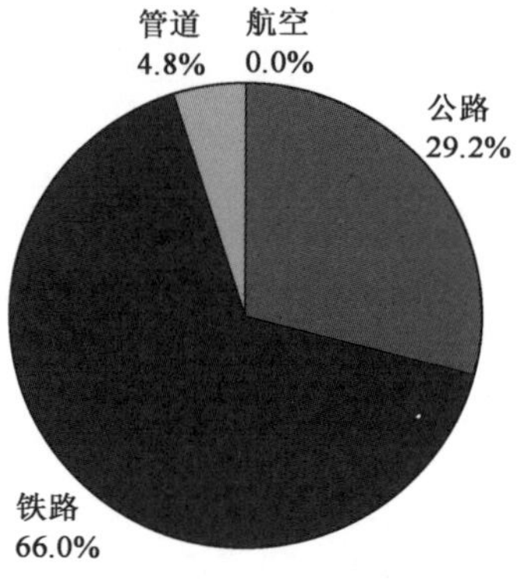

图 2-20　青海省货物周转量构成图

(一)公路

公路运输是青海省最基础、最主要的运输方式,经过多年建设,全省对外运输通道能力有所提升,干线公路框架初步形成,通达深度不断提高。

2008 年底,全省公路总里程达到 5.66 万公里,公路网面积密度为 7.84 公里/百平方公里,人口密度为 102.68 公里/万人。从技术等级来看,高速公路 215 公里,一级公路 206 公里,二级公路 4 984 公里,二级以上公路里程占公路总里程的 9.6%;从行政等级来看,国道 4 459 公里,省道 8 852 公里,国省干线公路里程占公路总里程的 23.5%;从路面等级来看,有铺装路面和简易铺装路面里程 17 330 公里,占公路总里程的 30.6%。全省 77.9% 的乡镇通达油路,66.0% 的建制村(牧委会)通了公路。2008 年青海省公路网等级情况详见表 2-6。

2008 年青海省公路网等级状况　　表 2-6

技术、行政等级分类情况		里程(公里)	占公路总里程的百分比(%)
按技术等级分	高速公路	215	0.40
	一级公路	206	0.40
	二级公路	4 984	8.80

续上表

技术、行政等级分类情况		里程(公里)	占公路总里程的百分比(%)
按技术等级分	三级公路	6 095	10.80
	四级公路	21 149	37.30
	等外公路	23 994	42.40
按行政等级分	国道	4 459	7.90
	省道	8 852	15.60
	县道	9 195	16.20
	乡道	12 245	21.60
	专用公路	876	1.50
	村道	21 016	37.10
按路面类型分	有铺装路面	12 085	21.30
	简易铺装路面	5 245	9.30
	未铺装路面	39 312	69.40
合计		56 642	100.00

6 个藏区自治州建成公路 4.8 万公里，其中干线公路 1.2 万公里，农牧区公路 3.5 万公里，便民桥梁 1 295 座，乡镇通畅率为 72.8%，建制村(牧委会)通达率为 73.4%。

在基础设施快速发展的同时，全省公路运输呈稳步增长趋势，2007 年，公路完成客运量 5 218 万人、旅客周转量 293 940 万人公里，完成货运量 6 280 万吨、货物周转量 552 563 万吨公里，占全社会运量的比例分别为 90.5%、35.7%、74.6%、29.2%。2001 ~ 2007 年，公路客货运量年均增长率分别达到了 7.0%、6.5%，如图 2-21 所示。

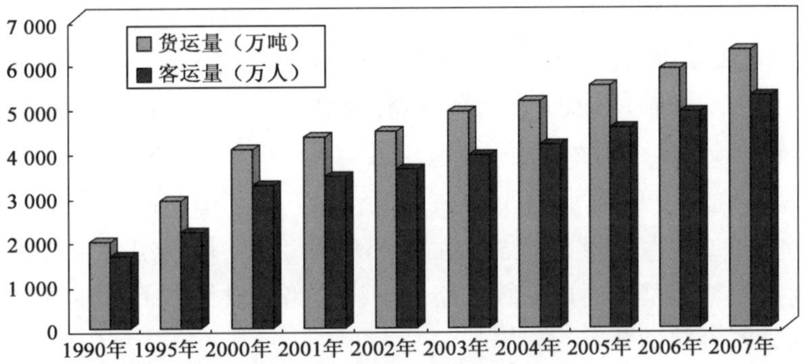

图 2-21　公路客、货运量增长情况

(二)铁路

铁路是青海省物资和人员长距离运输的重要方式，对促进青海资源开发，维护地区稳定发挥了重要作用。目前，青海省境内建成兰青铁路、青藏铁路两条干线铁路，以及西宁至大通、哈尔盖至柴达木、察汗诺至茶卡、双寨至甘河、海晏至西海镇等地方铁路和专用铁路，全省铁路营业里程达 2 208 公里，线路密度为 30.65 公里/万平方公里。兰青铁路、青藏铁路是北京至拉萨铁路干线的重要路段，是我国华北地区至青藏高原的重要运输通道，在青海省境内全长 1 659 公里，主要控制点包括：民和、西宁、乌兰、德令哈、格尔木、昆仑山口。

青藏铁路全线贯通后，青海省铁路运输量快速增长。2007 年，青海省铁路运输完成客运量 502 万人、旅客周转量 466 760 万人公里，分别占全社会客运量和旅客周转量的 8.7% 和 56.6%；完成货运量 1 935万吨、货物周转量 1 248 514 万吨公里，分别占全社会货运量和货物周转量的 23.0% 和 66.0%。

(三)民航

目前,青海省建成西宁、格尔木两个机场,在建玉树机场。西宁曹家堡机场建成于1991年,距西宁市中心28公里,属4D级干线机场,按2010年旅客吞吐量86万人次、高峰小时518人次、货邮吞吐量9 500吨设计,已开通西宁至北京、上海、广州、西安、乌鲁木齐、拉萨、成都、深圳、南京、昆明、三亚、郑州、大连、太原、沈阳、重庆、敦煌、青岛等20多个城市的航线,2007年完成旅客吞吐量94.8万人次、货邮5 326吨,与2006年同比增长24.58%、11.37%。格尔木机场地处柴达木盆地,距格尔木市12公里,属4D级支线机场,2003年12月完成改造后,可满足年旅客吞吐量12万人次,已开通格尔木至西宁、成都、西安、北京的航线,2007年完成旅客吞吐量2.76万人次。

2007年,青海省民航运输完成客运量44万人、旅客周转量63 505万人公里,分别占全社会客运量和旅客周转量的0.8%和7.7%;完成货运量0.5万吨、货物周转量811万吨公里。

(四)水运和管道

青海省通内河航运不发达,水运通航基本集中在一些封闭的湖区、库区,主要承担陆岛之间的日常往来。青海省油气资源丰富,管道运输在石油、天然气运输中发挥了一定的作用。2007年,青海省管道运输完成货运量207万吨、货物周转量90 952万吨公里,分别占全社会货运量和货物周转量的2.5%和4.8%。

二、干线公路发展现状

西部大开发以来,青海干线公路快速发展,对外运输通道能力有所提升,干线公路框架初步形成,技术状况有所改善,支撑和促进了青海省经济社会发展。

(一)主要通道能力有所提高,加强了对外交通联系

青海已初步形成G109、G315和G214、G215、G227“两横三纵”公路主骨架,北京至拉萨公路实现二级及以上标准全线贯通,格尔木至当金山公路正按二级标准改建。青海通往周边省区的对外通道初步形成,与川、甘、新、藏实现三级及以上公路连接,省会至地州基本通达二级公路。主要通道运输能力的提高,强化了青海与外界的交通联系,增强了省会对地州的辐射带动作用,促进了区域之间的交流与融合。

(二)干线公路框架初步形成,加强了经济交通联系

到2008年底,青海省国省干线公路总里程达13 310公里,其中二级及以上公路里程占总里程的39.4%,有铺装路面的公路里程占总里程的54.2%,等级结构和路面状况进一步改善。部分州与州实现二级公路连接,州府与所辖县基本通达三级公路。干线公路建设加强了州县间的经济交通联系,促进了青海优势矿产资源、旅游资源的开发与利用。

(三)桥涵设施建设有所加强,提高了公路交通的可靠性

到2008年底,青海省干线公路建成桥梁1 821座、93 785延米,隧道27座、16 044延米,其中特大桥10座、大桥167座、中桥331座、小桥1 313座、互通式立交桥13座,特长隧道1座、长隧道4座、中隧道3座、短隧道19座。桥涵设施的建设增强了公路应对自然灾害的能力,提高了公路交通的可靠性。

2008年,青海省干线公路基本情况见表2-7,公路技术等级构成如图2-22所示,路面等级构成如图2-23所示。

2008年青海省干线公路基本情况(单位:公里)　　表2-7

地区	技术等级						路面状况		
	高速	一级	二级	三级	四级	等外	有铺装	简易铺装	未铺装
西宁	66	91	232	194	75	0	548	35	75
海东	149	30	413	440	5	0	819	218	0

续上表

地区	技术等级						路面状况		
	高速	一级	二级	三级	四级	等外	有铺装	简易铺装	未铺装
海北	0	0	486	671	55	0	682	149	381
黄南	0	0	183	333	189	0	453	252	0
海南	0	38	608	656	63	130	910	198	387
果洛	0	0	267	883	554	194	921	101	876
玉树	0	0	208	1 155	472	288	509	358	1 255
海西	0	40	2 428	742	654	318	2 369	1 063	750
全省	215	199	4 826	5 074	2 066	931	7 212	2 374	3 724

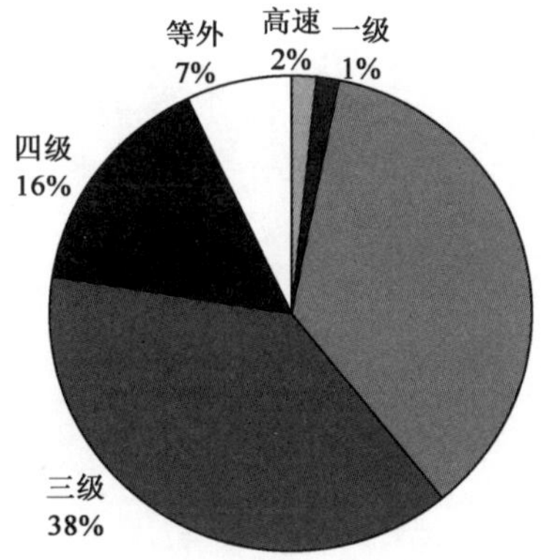

图 2-22　干线公路技术等级

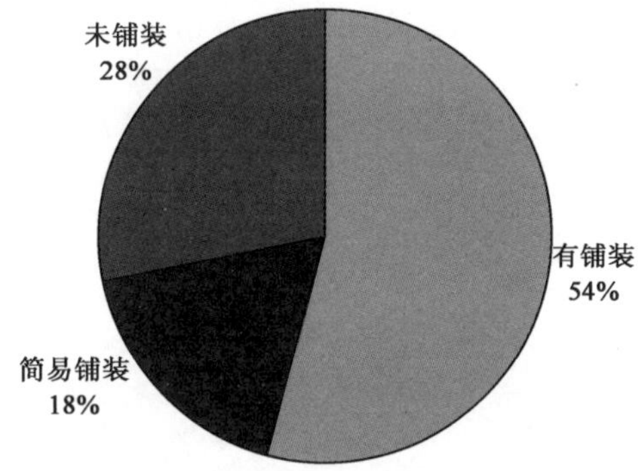

图 2-23　干线公路路面等级

三、干线公路存在的问题

站在新的历史起点上，从改善民生、提高生产生活条件、加快经济发展的角度审视青海干线公路交通，目前仍处于较低水平，仍存在一些主要问题，突出表现在以下方面。

（一）规模不足，区域发展不平衡

青海省地域辽阔，人口和经济集中在县级以上城镇节点，彼此间距离较远，需要便捷高效的干线路网连接。目前，青海省干线公路网总里程仅占公路网总里程的23.5%，与青海省经济布局和人口分布特征不相适应。此外，青海省干线公路发展水平呈不均衡状态，地区间差距明显。西宁、海东地区已实现所有县通二级公路，而玉树、果洛绝大部分县未通二级公路。

（二）布局不完善，无法满足运输需求

青海省是西北联系西南、青藏高原联系内地的门户。目前，青海对外运输通道能力不足，全省仅与甘肃有1条高速公路出口，与四川、西藏、新疆的高速公路大通道尚待建成。对外公路运输大通道的缺失，制约了青海与周边省区的交流。省内州与州、州与县以及县与县之间缺乏顺畅连接的干线公路，部分城际出行只能绕行迂回。青海资源富集，但干线公路对青海省资源产业基地、旅游景区的覆盖不足，难以支撑青海特色产业发展。

（三）技术等级低、路况差、抗灾能力弱，制约功能发挥

目前，青海省干线公路仍以三、四级公路为主，二级以上公路里程仅占39.4%，其中省道约83.3%仍为三级以下（含三级）公路，与发达地区和周边省区相比差距明显。干线公路路况差，简易铺装路面

和无铺装路面占45.8%,省道中41.1%的路面无铺装,晴通雨阻的现象时有发生。干线公路防护排水设施整体不足,桥涵、隧道等控制性构造物抗灾能力弱,在恶劣天气和地质灾害出现的情况下,经常出现断路断桥现象,全省危桥率高达13%。

(四)建设养护难度大,资金筹措能力弱,制约着干线公路的持续发展

青海藏区地广人稀,节点分散,公路建设规模大,地形地质复杂,生态环境约束严格,建设养护成本高;青海经济基础薄弱,地方财政收入少,无力解决地方配套资金,干线公路建设融资主要依靠中央政府补助和商业银行贷款,制约了青海藏区公路交通持续发展。近年来,商业贷款额度占建设资金总量的比例高达2/3,还本付息压力越来越大。同时,青海省汽车数量少,路段交通量小,收费公路通行费收入基本无法满足偿息还款的需要。另外,随着干线公路规模的扩大,养护资金问题日趋严峻,全省交通规费收入仅能维持国省干线的日常养护,大中修资金基本没有固定来源,导致失修、亏路现象相当普遍。

第三章 面临的形势及需求

第一节 经济社会发展趋势

一、宏观发展环境及发展机遇

《关于支持青海等省藏区经济社会发展的若干意见》(简称《若干意见》),是党中央、国务院站在国家推进全面建设小康社会、促进全国区域协调发展、实现民族地区长治久安的高度作出的重大战略决策和部署,是指引藏区加快发展、科学发展的纲领性文件。《若干意见》明确指出青海等省藏区将从实际出发,以加强生态保护为前提,以改善民生为核心,以发展经济为基础,以维护稳定为保障。到2020年,青海等省藏区将实现生态环境总体改善、生态系统步入良性循环;城乡居民收入接近全国平均水平,基本公共服务能力达到全国平均水平;基础设施比较完善,特色优势产业形成规模;人与自然和谐相处,经济与社会协调发展,全面实现小康社会目标。

青海省96.6%面积属于藏区范围,而藏区经济发展相对滞后,是全省经济社会的短板,积极促进藏区经济社会发展必将对加快青海发展、建设富裕文明和谐新青海产生巨大的推动作用。

西部大开发战略的实施,将继续给青海省发展注入强大动力。党的十七大明确提出了继续实施区域发展总体战略,进一步深入推进西部大开发,缩小区域发展差距,注重实现基本公共服务均等化,引导生产要素跨区域合理流动。随着国内外资源需求的增长,东部地区部分产业将向西部地区转移。青海省作为西部地区的资源大省,拥有水电、矿产、能源等资源富集的后发优势,具备承接产业转移的条件。随着区域间合作加强,青海必将成为国家战略资源重点开发区,其资源优势将逐渐转变为经济优势,特色资源产业将不断发展壮大。

二、经济社会发展趋势及发展目标预测

根据《青海省国民经济和社会发展“十一五”规划思路及2020年远景目标》和《关于支持青海等省藏区经济社会发展的若干意见》的战略部署,2008~2020年,青海省经济社会发展的主要任务是:加快发展经济和各项社会事业,建成经济繁荣、生态良好、人民富裕、民族团结、文明开放、社会和谐的省区,到2020年全面实现小康社会。青海省国民经济发展主要目标如下:

(1)经济实力进一步增强。全省经济更加发展、自我发展能力更加增强、市场化水平更加完善、民主更加健全、科教更加进步、文化更加繁荣、社会更加和谐、人民生活更加殷实。

(2)生态环境逐渐改善。重点生态功能区保护建设力度加大,生态环境恶化的趋势得到有效遏制,高原生态系统步入良性循环。经济社会的可持续发展能力增强,人与自然和谐相处,经济与社会协调发展。

(3)民生条件不断改善。城镇化水平大幅度提高,城乡差距、地区差距明显缩小。城乡居民收入接近全国平均水平,各族人民生活比较富裕,基本公共服务能力达到全国平均水平。农牧区生产生活条件显著改善。

(4)特色优势产业形成规模。以结构调整和转变增长方式为着力点,构筑具有资源优势和竞争优势的特色经济体系。基础设施比较完善,基本实现工业化,高原特色的农业、畜牧业、旅游业等产业协调发展。

(5)社会事业全面发展。科技、教育、医疗、文化等各项社会事业全面发展。义务教育全面普及,科技教育文化水平和人的素质全面提高。社会保障体系比较健全,社会就业比较充分,人民生活更加富裕。

依据国家宏观经济发展目标和青海省及各地区国民经济和社会发展第十一个五年计划纲要，通过对青海省及各地区的社会经济发展历史规律的分析，预计2009～2015年，青海省经济将快速发展，经济增长速度将继续保持10%以上的增长速度，中远期经济增长速度将有所放缓，但略高于全国平均水平。

第二节　综合运输发展规划

为改善青海省落后的交通面貌，推进交通运输健康科学发展，近年来青海省分别编制完成了铁路、民航、水路、公路等运输方式的专项规划。

一、铁路发展规划

根据《青海省铁路发展规划(2001～2020年)》，青海将以兰青、青藏铁路为基础，加快铁路改造和新线建设。至2020年全省形成以兰青铁路、青藏铁路为主骨架，以西宁、格尔木为中心，南有西成铁路、格成铁路，西有青新铁路，北有柳格铁路、西张铁路，辐射全省大部分市州的铁路网络，干线铁路营业里程达2 611公里。

在加快干线公路建设的同时，青海省将加快地方铁路建设和改造步伐。根据《青海省“十一五”及到2020年地方铁路发展规划》，到2010年，地方铁路营业里程达到144公里，建成甘河支线铁路、西海支线铁路、哈尔盖至柴达尔至木里铁路。到2020年，地方铁路营业里程达到921公里，建成锡铁山至鱼卡至一里坪铁路、茶卡至都兰铁路。

二、民航发展规划

民航在青海省长途旅客运输中具有重要地位，根据《青海省“十一五”及到2020年民航运输机场布局和建设规划》，未来全省将在西宁机场、格尔木机场、玉树机场的基础上，加快干线机场改造扩建和支线机场建设，形成以省会西宁曹家堡机场为干线机场，格尔木机场、玉树巴塘机场、花土沟机场、大武机场、德令哈机场为支线机场的航空运输网络，为青海省的国民经济和社会发展服务。

三、水运发展规划

根据《青海省“十一五”水路运输业发展规划》，未来青海省将加强青海湖、龙羊峡库区、李家峡库区、黄河贵德段、公伯峡库区的航道和港口建设，提高内河航运的通达深度和航道等级，拓展青海湖、李家峡、贵德等码头的服务功能，逐步建立安全可靠、舒适便捷、经济环保的内河航运体系。

四、高速公路网规划

根据《青海省高速公路网规划》(2008～2030年)，青海省将建成连接省会至州府、主要县城，沟通周边省区间主要城市，与周边省区高速公路网相连，覆盖主要资源开发区和工业区的高速公路网络，路网规模达5 650公里，路网形态由4条省会放射线、3条南北纵线、2条东西横线组成。4条放射线分别是西宁—小沙河、西宁—互助、西宁—大武、西宁—小柴旦；3条纵线分别是当金山—格尔木、平安—大力加山、共和—多普玛；2条横线分别是马场垣—唐古拉山口、久治—茫崖。

第三节　干线公路发展面临的形势及要求

一、推进区域协调发展，促进青海与周边省区的交流与合作，要求畅通对外运输大通道

按照国家的部署，今后将进一步推进西部大开发，继续实施区域协调发展总体战略，建立统一市场，

优化资源配置，引导生产要素跨区域合理流动。青海资源富集，与周边省区合作空间广阔，要加强与四川、西藏、甘肃、新疆等周边省区的交流与合作，形成区域间优势互补、良性互动的共同发展格局。促进区域协调发展，要求加快青海省国家高速公路、省际通道建设，畅通青海与周边省区的公路运输大通道，加强对外交通联系。

二、青海地域特点及经济发展要求构建完善的干线公路网络，加快资源路、旅游路建设

青海人口和经济多集中在县级以上城镇，并具有地广人稀、城镇分散、相互间距离较远等特点。推动以县镇为中心的县域经济发展，强化州、县之间的沟通与合作，促进资源和生产要素的流动与整合，是加快青海经济社会发展的重要途径。同时，青海旅游资源丰富，矿产能源、资源富集，特别是水能、太阳能、钾盐、有色金属等储量可观，综合利用潜力较大，必将成为我国资源、能源的重要战略接续地区之一。未来青海藏区将围绕大力发展特色优势产业，加快柴达木优势矿产资源综合开发利用和循环经济试验区建设，发展特色旅游业，扶持高原特色加工业发展，实现资源优势向经济优势转化，增强自身发展能力。加快青海经济发展和特色优势产业培育，要求进一步改善州与州、州与县以及县与县之间的交通联系条件，加快连接重要资源产业基地和旅游景区的公路建设，不断强化干线公路对青海经济社会发展的支撑和引导作用。

三、维护民族团结和社会稳定，要求公路交通提供快速、可靠的机动保障

青海是除西藏以外最大的藏族集聚区，是我国民族宗教工作的重点地区，承担着维护社会稳定和国家安全的重任。削弱分裂势力的影响，加强民族团结，要求改善藏区落后的生产生活条件，提高基本公共服务能力，不断缩小青海与全国发展水平的差距。与此同时，青海是进出青藏高原的门户，是战略物资和人员运输重要集散地和运输通道。机动、安全、可靠的公路交通网络对维护边疆地区稳定、保障国防交通安全具有重要的政治、军事和战略意义。

四、完善综合运输体系，需要加强与运输枢纽的衔接，提高运输服务水平

促进青海经济社会发展，不仅要求提高道路网络的通达通畅程度和服务水平，还要构建衔接顺畅的综合运输体系和运输服务网络。运输枢纽是客货集散、中转以及不同运输方式间衔接的场所。公路运输公路机动灵活、覆盖面广，具有衔接其他运输方式的技术优势，构建综合运输体系，需要加强干线公路与运输枢纽的衔接，提高运输方式间的转换效率，促进各种运输方式协调发展。

五、坚持科学发展，建设生态文明，要求公路交通必须结合生态保护，走可持续发展之路

青海藏区是长江、黄河、澜沧江等江河的发源地及水源涵养区，是我国重要的高原生态屏障，生态地位极其重要。青海省公路交通发展过程中，必须贯彻资源节约、环境友好的理念，处理好公路建设与生态环境的关系，研究符合青海生态自然环境的技术标准和建设技术，集约利用国土资源，保护生态环境，特别是加强对三江源核心区、青海湖流域、祁连山水源涵养区、柴达木地区等生态敏感区、退化区、脆弱区、重点流域、天然草场的生态环境保护，走节约资源、保护环境、提高效率、保障安全的可持续发展的道路，促进公路交通与自然和谐发展。

第四章　战略取向与规划目标

第一节　战略取向

干线公路作为重要的基础设施、综合运输网络的重要组成部分，对实现青海全面建设小康社会和现代化战略目标意义重大，对经济发展、社会进步、国家安全、生态建设和综合运输体系构建影响深远。

构建青海省干线公路网的战略目标是：

一、支持青海省经济发展战略，服务于全面建设小康社会和现代化建设目标，促进资源开发，推动城镇化建设，促进区域经济协调发展

加快经济建设步伐，努力提高青海经济发展水平和人民群众生活水平，实现全面建设小康社会和现代化建设目标，是国家西部开发战略、富裕文明和谐新青海发展战略的长远取向，也是国家支持藏区发展的重要内容。构建青海省干线公路网，必须符合西部大开发和青海省经济发展的长远取向，体现国家支持藏区发展的精神，充分发挥干线公路网在支撑经济发展、促进资源开发、推动城镇化建设和促进区域经济协调发展的重要作用，支撑和带动青海省经济发展目标的实现。

二、支持青海省社会发展战略，服务于和谐社会发展目标，提高基本公共服务水平，改善落后地区民生，促进社会和谐进步

加快社会事业建设步伐，努力提高基本公共服务水平，切实改善民生和生产生活条件，是社会主义和谐社会的长远取向，也是国家支持藏区发展意见的重要内容。构建干线公路网，必须符合社会和谐的战略取向，把提高广大群众尤其是藏区农牧民的生产生活条件作为工作的出发点和落脚点，着力解决落后地区对外联系问题，充分发挥干线公路作为人员、物资流动的载体的作用。

三、支持国家安全战略，服务于国家稳定和安全目标，维护政治稳定，保障国家安全，提高运输系统的机动性和可靠性

经济的快速发展和社会的全面进步离不开和平的国际环境和稳定的国内环境。青海是我国除西藏以外的藏族集居区，是我国民族宗教的重点地区，承担着维护社会稳定和国家安全的重任。构建青海省干线公路网，必须符合国家长治久安的长远取向，充分发挥干线公路在维护政治稳定、保障国家安全、提高运输系统机动性和可靠性等方面的作用。

四、支持可持续发展战略，服务于青海生态建设目标，加强生态保护，减少资源消耗，促进公路交通与生态环境协调发展

构建资源节约型、环境友好型社会，实现人与自然的和谐发展是科学发展观的重要内容，也是实现可持续发展的必需要求。青海作为长江、黄河、澜沧江的发源地和水源涵养区，是我国重要的高原生态屏障，生态地位极其重要。构建青海省干线公路网，必须符合国家可持续发展战略的长远取向，把干线公路建设和生态保护切实结合起来，做好公路交通的节能减排工作，促进公路交通与生态环境协调发展。

五、支持综合运输和现代交通业发展战略，强化综合运输通道及交通运输枢纽的快速集散，提高公路交通的机动性和安全性，促进现代物流业的发展

构建现代综合运输体系，促进交通运输由传统产业向现代服务业转型，是经济社会发展的重要基础和必然选择，是交通运输发展的长远取向。构建青海省干线公路网，必须从交通运输发展的全局出发，加强干线公路与其他运输的衔接协调，发挥干线公路在综合运输体系中的通道功能和集散作用；必须提高公路交通的机动性和可靠性，发挥公路交通在现代物流业中基础保障和主体作用。

第二节　功 能 定 位

干线公路网作为青海综合运输体系中快速运输网络的重要组成部分，是服务全省经济发展、社会和谐、政治稳定和生态文明的重要公路基础设施，对内便捷连接州县、重要城镇，覆盖资源产业基地、旅游景区、交通枢纽，对外衔接周边省区干线路网，主要承担省际、州市（地）间、州县间和重要相邻县间的客货运输，为全社会生产和生活提供安全、舒适、快速、高效的运输服务，并为应对自然灾害、战争、动乱等突发性事件提供快速机动的交通保障。

第三节　规 划 目 标

青海省干线公路网的规划目标是建立功能明确、结构合理、布局完善、服务高效的干线公路网络，路网质量和服务水平达到全国平均水平，全面适应“富裕文明和谐”的新青海建设和“生态文明、生活富裕、经济发展、社会和谐”的新藏区建设的需要。

一、连接周边省区，构筑对外联系快速公路通道

加强青海与四川、甘肃、西藏、新疆的交通联系，形成甘肃至西藏，新疆至成渝经济区的区域运输大通道，实现青海与每一相邻省区间都有高速公路通道；衔接周边省区干线公路网，形成顺畅的对外出口公路。

二、连接省会与市州，形成省会辐射市州的高速公路通道

构建省会西宁至州府的高速公路通道，强化西宁作为全省政治、经济和文化中心的核心功能，加强西宁与柴达木循环经济区的联系，发挥西宁和柴达木的辐射带动作用。

三、连接相邻州，形成州与州便捷互通的高速公路通道

构建重要州与州互通的高速城际通道，加强市州间横向联系，缩短时空距离，促进省内各区域间经济要素流动，优化资源配置，促进国土均衡开发，促进全省协调发展。

四、连接所有市县，形成省会、市州和县逐级连接的干线公路网络

以高速公路通达5万人以上城市，以高等级公路连接所有县城，促进青海省县域经济发展，推动城镇化进程，形成州与县、重要相邻县间便捷互通的城际公路网络。

五、连接交通枢纽，形成快速集疏运公路网络

连接主要的公路枢纽、铁路枢纽和机场，形成快速便捷的公路集疏运网络，保障各种运输方式的有效衔接，提高运输效率，促进“客运零距离换乘、货运无缝衔接”。

六、覆盖重要的资源产业基地，形成快速物流通道

覆盖重要的盐湖化工、大型钾肥、煤化工、石油天然气化工基地和矿产资源开采区，服务重要的循环经济示范园区、工业园区和经济技术开发区，形成高效通畅的物流通道，促进产业布局调整和产业结构优化升级。

七、连接主要旅游城市，形成快速旅游通道

连接重要的旅游城镇，覆盖主要旅游景区，形成安全、舒适、快捷的旅游公路，满足旅游资源开发的需要，促进旅游产业快速发展。

第五章　布 局 规 划

第一节　布 局 原 则

青海省干线公路网路线布局遵循以下原则：

(1)与青海省经济发展格局、产业布局和城镇布局相适应。

(2)服从国家高速公路网和西部地区公路水路交通建设规划的总体走向，有效衔接周边省区路网。

(3)与铁路、民航相协调，有效衔接公路枢纽、铁路枢纽和机场，满足现代综合运输体系建设的需要。

(4)避让江河发源地、水源涵养区等环境敏感区，减少生态环境破坏，集约利用土地资源，满足青海省生态建设和可持续发展的需要。

(5)处理好效率与公平的关系，既注重提高路网效率，满足交通增长的需要，也要兼顾公平，满足国土资源均衡开发和区域协调发展需要。

(6)注重与现有路网、地质地形条件及交通需求特征相结合，充分利用现有通道线位资源，注重新建与改建相结合。

第二节　布 局 思 路

依据青海省干线公路网的战略取向，青海省干线公路网的布局要服务于青海省区域经济发展、改善民生和社会稳定，服从于社会经济的可持续发展。因此，对青海省干线公路网路线的选择总体上要依据经济、社会和交通发展需求进行布局，同时考虑土地、地形地质、环境等约束性条件，对路线进行优化。

城镇是区域社会经济活动的中心，不同城镇节点对经济、政治、社会等方面的实现功能不同，决定了不同城市节点将具有不同的层次，进而决定了不同层次的城镇对路网的连接也具有不同的要求。为了实现公路网的功能，根据行政区划及节点的重要程度，将节点划分为三个层次：一类节点：省会、州府(含格尔木)和相邻省区地州市；二类节点：县城和相邻省区县城；三类节点：具有交通枢纽功能、资源开发功能、旅游功能等功能的节点。

综上所述，青海省干线公路网布局思路为：分析路网层次结构和功能定位，确定干线公路网布局目标；以规划目标为指向，以布局原则为依据，以功能分析为主线，采用逐层展开的方法连接一、二类节点，以单因素分析为补充连接第三类节点；然后结合相关因素进行优化，广泛征求意见，经专家论证，确定最后布局方案。其布局规划基本思路如图5-1所示。

青海省干线公路网布局方案确定的具体步骤为：

(1)构建基本路网。根据节点划分，首先考虑一类节点之间的联系，形成干线公路基本路网。

(2)形成初步方案。在基本路网的基础上，逐层展开路线布局，实现一类节点与二类节点以及二类节点之间的连接，然后通过单因素分析法，实现第三类节点的连接，逐步完善路网布局，形成干线公路网初步方案。

(3)确定布局方案。结合交通需求、环境影响、建设条件、路网效率等因素，对初步方案进行优化，通过专家咨询，综合确定青海省干线公路网的布局方案。

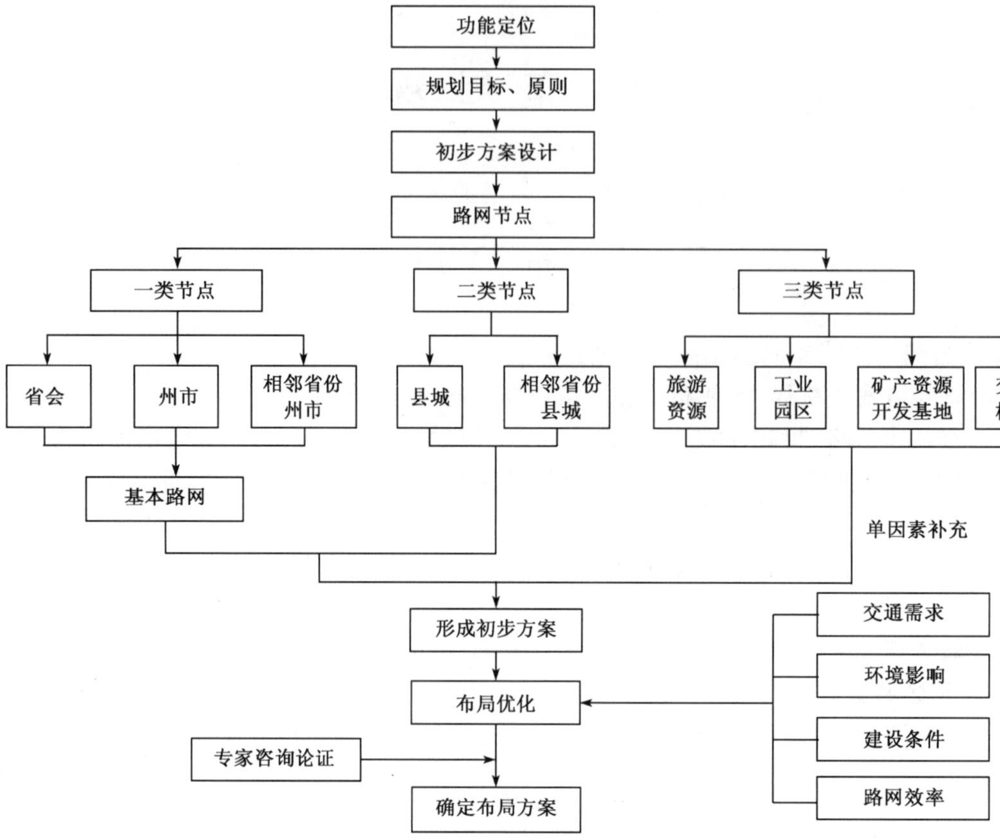

图 5-1　布局思路流程图

第三节　布 局 研 究

一、基本路网构建

随着青海省工业化和城镇化进程快速推进，区域经济合作不断深化，中心城市的集聚和辐射功能愈加显著，区域间交流与合作越来越密切，省会与地州、地州之间交通运输的要求也越来越高，特别是在重要的经济中心城市之间和与相邻省区的运输通道交通需求越来越大，而且这些通道的政治意义和经济功能也最为明显。因此，应首先实现一类节点之间的连接，构建干线公路网的基本路网。

（一）省会连接地州通道

以青海省会西宁为中心，连接海晏、德令哈、共和、玉树、平安、同仁和大武等州府所在地，以放射线路线布局实现省会西宁对地州的连接。省会连接地州通道见表 5-1。

省会连接州市县通道　　表 5-1

序　号	省会连接地市	序　号	省会连接地市
1	西宁—海晏—德令哈	3	西宁—平安—同仁—大武
2	西宁—共和—玉树		

（二）地州之间连接通道

根据青海省行政区划和地理空间特点，在省会放射线的基础上，连接相邻地州的州府及重要城市，构建地州间便捷联系通道，具体路线通道见表 5-2。

地州市之间连接通道　　表 5-2

序　号	通 道 名 称	序　号	通 道 名 称
1	同仁—共和—德令哈	3	格尔木—大武
2	格尔木—都兰—共和	4	德令哈—都兰—大武

(三)与周边省区连接通道

青海与新疆、甘肃、四川和西藏毗邻，随着西部大开发和区域合作的深化，构筑青海与周边省区中心城市便捷连接的区域运输大通道极为重要。根据经济联系程度和区位情况，构建了10条通往周边省区的区域运输大通道，具体见表5-3。

与周边省区连接通道　　表 5-3

序　号	通 道 名 称	序　号	通 道 名 称
1	西宁—平安—甘肃兰州	6	玉树—西藏昌都
2	共和—贵德—尖扎—循化—甘肃临夏	7	格尔木—西藏拉萨
3	同仁—夏河—合作	8	甘肃武威—大通—西海—德令哈—小柴旦—茫崖—新疆喀什
4	西宁—河南—赛尔龙—成都	9	格尔木—甘肃敦煌
5	格尔木—大武—久治—四川阿坝	10	西宁—甘肃张掖

注：下划线表示重复路段。

(四)路网优化通道

考虑5万人以上的重要市县的连接、路网的网络效益以及重要城市过境绕城问题，增加5条路网优化通道。连接通道见表5-4。

路网优化连接通道　　表 5-4

序　号	通 道 名 称	序　号	通 道 名 称
1	西宁—贵德	4	格尔木绕城
2	天峻—察汗诺	5	西宁环线(互助—大通、西宁—互助、西宁西绕城和南绕城)
3	久治—玛曲		

基本路网共计6 682公里，连接了青海省所有地州府和规划人口5万人以上城市，并实现与周边区域的快速对接，概念图见图5-2。根据基本路网的功能，并结合交通需求分析，该层次公路技术标准总体上以高速公路为主。同时，构建的基本路网包含了青海省境内所有的国家高速公路网规划路线，包括1条横线和1条联络线。

二、初步方案确定

基本路网体现了青海省政治、经济等方面的主要交通需求，但尚未全面实现规划目标要求和干线公路网的功能，还需要根据规划目标要求在基本路网上进一步考虑对第二类节点和第三类节点的连接，逐层展开路线布局，单因素分析补充路线，完善基本路网，构建完善的青海干线公路初步方案。

(一)与第二类节点的连接

1. 连接州府与所辖县市

根据青海省干线公路网的规划目标和功能定位，青海省干线公路网应覆盖全省所有县市。在基本路网的基础上，还需要实现所有州府与所辖县之间的连接，基本路网已经连接了部分县市，考虑州府对所辖县的辐射作用，在基本路网上补充了县城连接基本路网或直接连接州府的路线，形成州辐射县的补充路线。干线公路需要连接的县市点见表5-5，补充路线见表5-6。

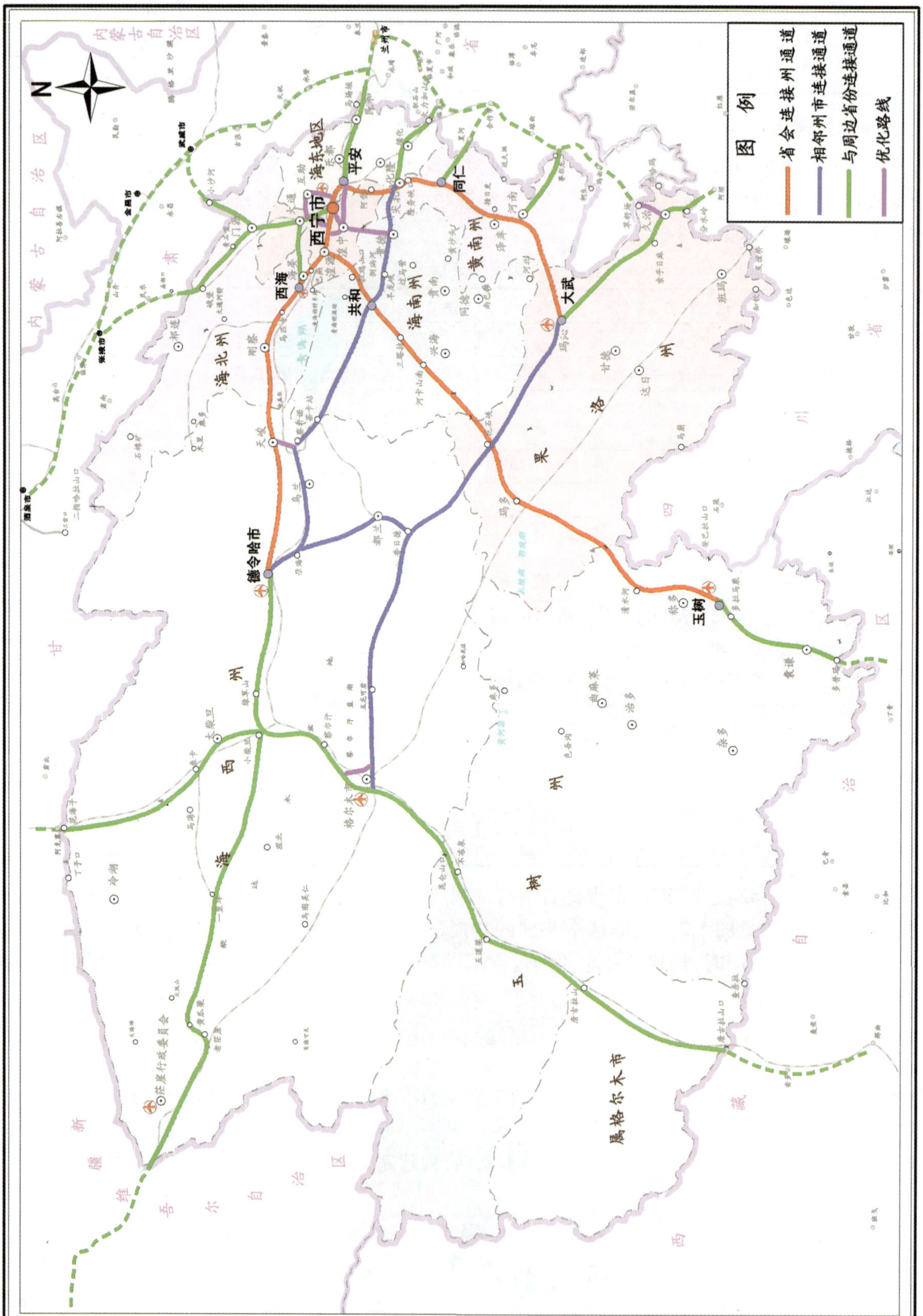

图5-2　一类节点连接概念图

干线公路需要连接的县市点　表 5-5

地　区	州市中心	节　点
西宁	西宁	大通回族土族自治县、湟中县、湟源县
海东地区	平安县	民和回族土族自治县、乐都县、互助土族自治县、化隆回族自治县、循化撒拉族自治县
海北藏族自治州	海晏县	祁连县、刚察县、门源回族自治县
海南藏族自治州	共和县	同德县、贵德县、兴海县、贵南县、
黄南藏族自治州	同仁县	尖扎县、泽库县、河南蒙古族自治县
果洛藏族自治州	玛沁县	班玛县、甘德县、达日县、久治县、玛多县
玉树藏族自治州	玉树县	杂多县、称多县、治多县、囊谦县、曲麻莱县
海西蒙古族藏族自治州	德令哈市	格尔木市、乌兰县、都兰县、天峻县、大柴旦行政委员会、冷湖行政委员会、茫崖行政委员会

州市中心连接所辖市县补充的路线　表 5-6

序　号	路线名称	序　号	路线名称
1	湟源—西宁—平安—乐都—民和	8	共和—三塔拉—贵南—黄沙头
2	平安—互助	9	大武—甘德—达日—班玛
3	平安—化隆—循化	10	玉树—称多—清水河—曲麻莱
4	海晏—马匹寺—大通河—门源	11	玉树—治多
5	海晏—大通河—祁连	12	玉树—杂多
6	海晏—祁连	13	德令哈—小柴旦—大柴旦—冷湖
7	共和—河卡山南—兴海—同德		

注：下划线表示重复路段。

2. 邻县市间的联系

考虑相邻县域间经济社会交往的需要，在基本路网和地州市辐射线的基础上补充了经济联系紧密的相邻县（市）的连接，实现青海省相邻县市之间的相互便捷连接。连接相邻重要县补充路线见表 5-7。

连接相邻重要县补充路线　表 5-7

序　号	路线名称	序　号	路线名称
1	互助—大通—湟源—湟中—平安	8	甘德—久治
2	门源—祁连	9	久治—班玛
3	乐都—化隆	10	冷湖—茫崖
4	贵德—同仁—循化	11	曲麻莱—不冻泉—格尔木
5	贵德—同德—大武	12	囊谦—杂多—治多—曲麻莱
6	同德—泽库	13	天峻—乌兰—都兰
7	玛多—达日		

注：下划线表示重复路段。

3. 连接周边省区县市

不属于同一行政区划的相邻省区的市县，地理位置的接近使得相互之间在经济、生活等方面存在着非常紧密的联系。为方便青海与周边省区相邻县市之间的交流，干线公路网需要与周边省区干线路网相衔接，形成衔接顺畅的省际公路出口。根据相邻省区城镇体系、经济布局和干线公路网规划，确定干线公路需要连接的相邻省区城市节点，见表 5-8。补充路线见表 5-9。二类节点连接的概念图见图 5-3。

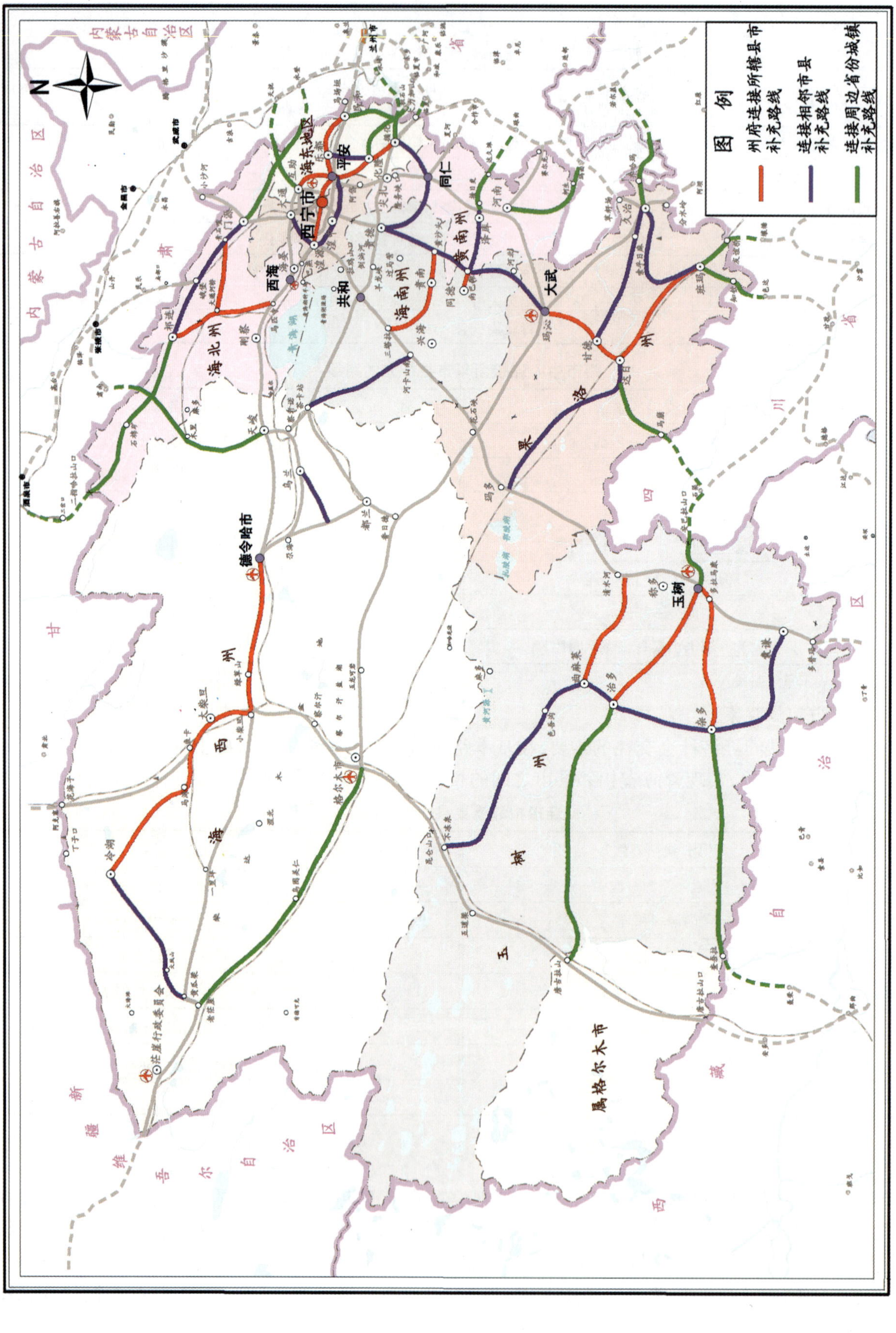

图5-3　二类节点连接概念图

干线公路需要连接的周边省区节点 表 5-8

节点名称	所属省(区)
阿克塞、嘉峪关、酒泉、高台、张掖、兰州、临夏市、夏河市、玛曲、天祝、永靖	甘肃省
阿坝、壤塘、色达、石渠	四川省
安多、类乌齐	西藏自治区
若羌	新疆维吾尔自治区

连接的周边省区城镇补充路线 表 5-9

序号	路线名称	序号	路线名称
1	祁连—二指哈拉山口—酒泉	9	久治—若尔盖
2	天峻—木里—肃南	10	班玛—壤塘
3	门源—永登	11	班玛—色达
4	西宁—互助—天祝	12	达日—马崩—石渠
5	化隆—积石山—临夏市	13	玉树—安巴拉山口—石渠
6	循化—永靖	14	杂多—查吾拉—聂荣
7	民和—积石山—临夏市	15	格尔木—茫崖
8	泽库—达久滩—碌曲	16	治多—唐古拉山乡

注：下划线表示重复路段。

（二）与第三类节点的连接

1. 覆盖重要的资源产业基地

青海省矿产资源丰富，特色矿产资源开发在全省经济发展中具有重要的战略地位。目前，全省四大支柱产业中的三大产业（石油天然气、有色金属、盐湖化工）和四大优势产业中的两大产业（冶金、建材）都是以矿产资源为依托。因此，干线公路的规划应考虑覆盖重要的矿产资源产业基地，以保障青海省矿产资源的开发和特色资源产业的发展壮大。青海省矿产资源产业基地见表 5-10，在上层次路网基础上增加 2 条资源路，见表 5-11。

干线公路需要连接的矿产资源基地节点 表 5-10

序号	节点名称	序号	节点名称
1	茫崖石棉矿开发基地	15	五龙沟岩金开发基地
2	以尕斯库为主体的石油开发基地	16	清水河、洪水河铁矿开发基地
3	以大浪滩、昆特依为主体的钾盐开发基地	17	果洛龙洼岩金开发基地
4	以大风山为主体的锶矿开发基地	18	加给龙洼大场岩金开发基地
5	以涩北为主体的天然气开发基地	19	双岔沟—赵刺沟石棉开发基地
6	肯德可克—尕林格铁矿石开发基地	20	下柳沟—尕大板有色金属开发基地
7	东台一里坪锂矿开发基地	21	聚乎尼炼焦开发基地
8	马海钾开发基地	22	热水—默勒动力用煤开发基地
9	滩间山岩金矿开发基地	23	松树南沟金矿开发基地
10	大柴旦湖硼开发基地	24	红沟—浪力克银矿开发基地
11	鱼卡—大煤沟煤炭开发基地	25	以西宁为中心的水泥用灰岩开发基地
12	锡铁山铅锌开发基地	26	大通煤炭开发基地
13	察尔汗钾镁盐开发基地	27	以大通为中心的石英开发基地
14	柏树山制碱灰岩开发基地	28	湟水沿线芒硝石膏开发基地

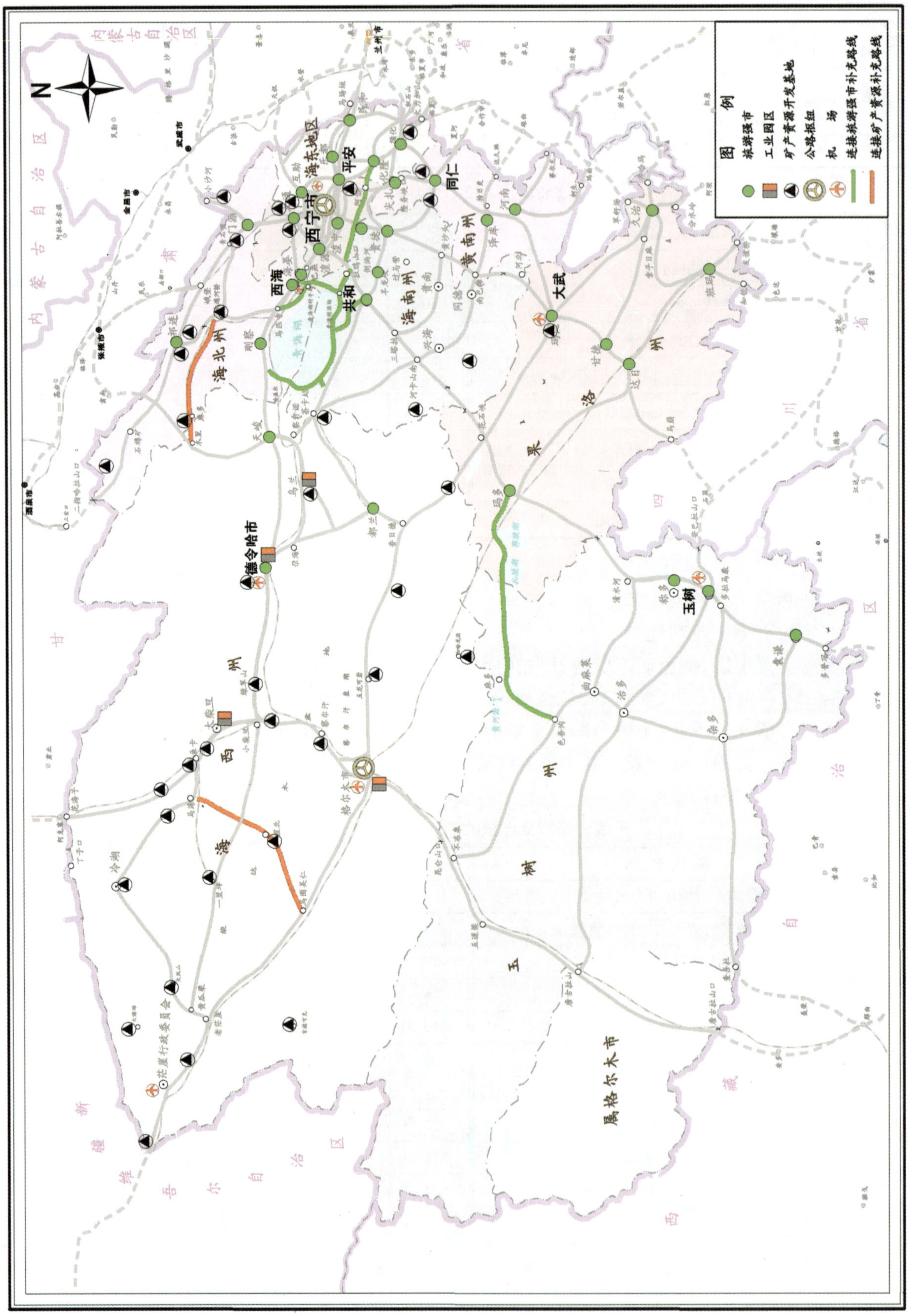

图5-4 三类节点连接概念图

续上表

序　号	节 点 名 称	序　号	节 点 名 称
29	恰冬铜矿开发基地	32	赛什塘—铜峪沟铜锡矿开发基地
30	瓦勒根岩金开发基地	33	什多龙—索拉沟铅锌开发基地
31	德尔尼铜矿开发基地	34	察卡—柯柳湖盐开发基地

覆盖重要矿产资源开发基地补充路线　　表 5-11

序　号	路 线 名 称	作　　用
1	木里—大通河桥	服务聚乎尼炼焦开发基地、下柳沟—尕大板有色金属开发基地、热水—默勒动力用煤开发基地、松树南沟金矿开发基地和红沟—浪力克银矿开发基地
2	鱼卡—马海—涩北—乌图美仁	服务以涩北为主体的天然气开发基地

2. 连接主要的旅游景区

青海省拥有丰富的旅游资源，旅游业的发展是青海第三产业发展的重要力量。一般而言，旅游景区所在城市是游客集散、中转的基地。通过干线公路连接重要的旅游县市，形成安全、便捷、舒适的旅游公路是旅游业发展的基础。根据《青海省旅游业发展与布局总体规划》，青海省包括 1 个旅游枢纽城市、1 个旅游区域枢纽城市、19 个近期旅游强县和 15 个中远期旅游强县。本规划需要连接所有规划的旅游强县和强市，具体见表 5-12。

干线公路需要连接的旅游县市　　表 5-12

序　号	类　　型	规划旅游强市强县
1	旅游枢纽城市	西宁
2	旅游区域枢纽城市	格尔木市
3	近期旅游强县	囊谦、玉树、玛多、班玛、久治、玛沁、贵德、共和、湟中、湟源、大通、互助、西海镇、李家峡、德令哈、乐都、循化、同仁、龙羊峡
4	中远期旅游强县	都兰、天峻、刚察、海晏、门源、祁连、平安、民和、化隆、尖扎、泽库、河南、甘德、达日、称多

基本路网和县市连接线连接了青海省所有的旅游强县和强市。考虑青海湖和黄河旅游区区域面积较大，根据《青海省旅游业发展与布局总体规划》中的青海湖旅游区旅游规划和丹山碧水黄河旅游区规划，补充了 6 条旅游路线，见表 5-13，概念图见图 5-4。

连接重点旅游区域补充路线　　表 5-13

序　号	路 线 名 称	作　　用
1	大水桥—黑马河	青海湖旅游区增加旅游路线
2	切泉沟—石乃亥—黑马河—江西沟—倒淌河	
3	马匹寺—青海湖—甲乙	
4	江西沟—共和	
5	哈城（日月山）—阿岱—化隆	丹山碧水—黄河旅游区增加路线
6	玛多—麻多—色吾沟	连接了扎陵湖、鄂陵湖和黄河源

3. 连接重要交通枢纽

交通枢纽是一种或多种运输方式交通通道或线路的交汇与衔接处，是客流、货流、车流的重要集散地。干线公路作为公路网的快速系统，承担着综合运输体系的主要集散任务，应与各种运输方式的交通枢纽便捷连接。青海省各种运输方式的交通枢纽见表 5-14。

干线公路需要连接的交通枢纽 表 5-14

类　型	节　点
铁路枢纽	西宁、格尔木
机场	西宁曹家堡机场、格尔木机场、茫崖花土沟机场、玉树巴塘机场、德令哈机场、玛沁大武机场
国家公路运输枢纽	西宁、格尔木(含德令哈)

基本路网覆盖了所有的铁路枢纽和国家公路运输枢纽所在城市,考虑到机场的连接因素,在基本路网的基础上补充了 6 条机场连接线,见表 5-15。

连接交通枢纽补充路线 表 5-15

序　号	路 线 名 称	序　号	路 线 名 称
1	西宁机场连接线	4	德令哈机场连接线
2	格尔木机场连接线	5	玉树机场连接线
3	茫崖机场连接线	6	玛沁机场连接线

三、布局方案优化

综合考虑地形地质条件、环境敏感区分布、交通需求和路网效率等情况,对初步方案局部路段进行优化比选,形成青海干线公路网布局方案。对路线的优化比选按以下原则进行:

(1)考虑地形地质条件,对地形地质条件复杂、工程技术难度特别大的路段采取改变局部控制点绕行的措施或者舍弃。

(2)在局部路线布设时,对通过国家自然保护区等环境敏感区的路线考虑替代线路,注重对环境敏感区的合理避让。

(3)对于某些节点之间存在多种路线方案,依据路线交通需求分析确定入选路线,并遵从或优先考虑已有路线。

(4)对于考虑不同因素增加的路线,在局部路段重合或走向基本一致时,需要优化组合。

第四节　干线公路网布局方案

综合上述布局研究结果,结合青海省实际特点并统筹整合干线公路线路,形成干线公路网布局方案。青海干线公路网布局规划方案为“六纵、九横、二十联”,见表 5-16 及附图 1。规划里程 14 999 公里,规划等级为二级及以上公路标准,其中高速公路 6 630 公里(占 44.2%)、二级公路 8 369 公里(占 55.8%)。

一、纵线

纵 1:乐都—大武公路。路线起于乐都,经化隆、循化、同仁、泽库、河南,止于大武,贯通海东、黄南、果洛,规划等级乐都至同仁段为二级公路、同仁至大武段为高速公路,规划里程 477 公里。

纵 2:张掖—河南公路。路线起于甘青界扁都口,经青石嘴、大通、西宁、尖扎、同仁、泽库、河南,止于青甘交界赛尔龙,路线北接甘肃张掖,南通四川阿坝,纵贯海北、西宁、海东、黄南等 4 个地州市,是新疆、甘肃、青海与成渝经济区便捷沟通的区域大通道,规划等级为高速公路,规则里程 590 公里(含重复里程 151 公里)。

纵 3:西宁—甘孜公路。路线起于西宁,经拉鸡山口、贵德、大武、甘德、达日,止于青川界马崩,通往四川甘孜州,连接塔尔寺、坎布拉等旅游资源,规划等级西宁至贵德段为高速公路,贵德至马崩为二级公路,规划里程 760 公里。

青海干线公路网布局方案

表 5-16

序号	路 线 名 称	主要控制点	规划等级	里程(公里)	路 线 功 能
一	六纵			4 766	
1	乐都—大武	乐都、循化、同仁、泽库、河南、大武	高速/二级	477	黄南、果洛两州连接海东地区的主要通道
2	张掖—河南	扁都口、青石嘴、门源、大通、西宁、尖扎、同仁、泽库、河南、赛尔龙	高速	590	纵贯海北、西宁、海东、黄南，便捷联系新甘青川的区域运输大通道
3	西宁—甘孜	西宁、贵德、黄沙头、南巴滩、玛沁、甘德、达日、马崩	高速/二级	760	纵贯西宁、海南与果洛，青海通往四川甘孜州的便捷通道
4	祁连—昌都[①]	祁连、马匹寺、共和、玛多、清水河、玉树、囊谦、多普玛	高速/二级	1 357	纵贯海北、海南、果洛和玉树四州，便捷联系青海藏区、西藏东部和云南藏区的旅游大通道
5	敦煌—囊谦[②]	花海子、大柴旦、察尔汗、格尔木、不冻泉、曲麻莱、治多、杂多、囊谦	高速/二级	1 306	纵贯海西和玉树，沟通柴达木盆地与新疆天山北坡经济带
6	冷湖—黄瓜梁	丁字口、冷湖、黄瓜梁	二级	276	西部开发省际通道的重要组成部分
二	九横			7 670	
1	兰州—二指哈拉山口	岗子沟口、门源、青石嘴、峨堡、祁连、边麻沟、二指哈拉山口	二级	565	连接祁连山脉主要的矿产资源产业基地和旅游风景区
2	武威—茫崖	小沙河、门源、大通、西海、刚察、天峻、乌兰、德令哈、小柴旦、茫崖	高速	1 406	横跨海北和海西，连接西宁和格尔木，是柴达木盆地、塔里木盆地通往京津冀的区域运输大通道
3	民和—拉萨[③]	马场垣、民和、平安、西宁、湟源、倒淌河、共和、茶卡、都兰、香日德、格尔木、不冻泉、唐古拉山口	高速	1 610	东连兰州，南通拉萨，是西藏和青海至京津冀的主通道，北京至拉萨国家高速公路的组成部分
4	临夏—刚察	官亭、化隆、阿岱、倒淌河、切泉沟	二级	465	青海湖至海东、兰州的便捷通道
5	临夏—共和县	大力加山、循化、尖扎、贵德、共和	高速	343	青海湖、海南州至海东、甘肃的便捷通道
6	阿坝—茫崖	分水岭、久治、大武、花石峡、香日德、格尔木、老茫崖	高速/二级	1 326	东通成渝经济区，西连塔里木盆地，是新青川便捷沟通的区域大通道
7	班玛—色吾沟	友谊桥、班玛、达日、玛多、麻多、色吾沟	二级	924	连接玉树、果洛与阿坝，覆盖扎陵湖、鄂陵湖和黄河源等旅游景区
8	玉树—唐古拉山乡	安巴拉山口、玉树、治多、唐古拉山乡	二级	679	连接玉树、治多等城镇，覆盖三江源旅游景区
9	玉树—那曲	多拉马康、杂多、查吾拉	二级	442	青海前往拉萨朝拜的重要通道

续上表

序号	路线名称	主要控制点	规划等级	里程(公里)	路线功能
三	二十联			3 629	
1	大通河—西宁	大通河、互助、西宁	二级	112	县际公路
2	西宁大环线	互助、平安、湟中、湟源、大通	高速/二级	232	西宁周边县际公路
3	民和—循化	民和、官亭、循化	二级	130	县际公路
4	夏河—贵德	夏河、同仁、贵德	二级	143	县际公路、出省公路
5	三塔拉—黄沙头	贵南	二级	138	县际公路
6	泽库—肃南	达久滩、泽库、同德、兴海、河卡山南、茶卡、察汗诺、天峻、阳康、木里、野牛沟	二级	955	县际公路、出省公路
7	河南—玛曲	河南、柯生	二级	99	出省公路
8	甘德—久治	甘德、索乎日麻	二级	86	县际公路
9	久治—若尔盖	久治、齐哈玛	二级	51	出省公路
10	久治—甘孜	久治、班玛、知钦	二级	262	县际公路
11	青石嘴—木里	大通河桥、热水、江仓	二级	251	连接矿产资源基地
12	民和—青海湖羊场	民河、乐都、湟源、西海、青海湖羊场	高速/二级	221	便捷沟通德令哈、西海与西宁
13	共和—青海湖(151)		二级	46	旅游公路
14	黑马河—大水桥		二级	39	旅游公路
15	察汗诺—德令哈	察汗诺、德令哈	高速	142	县际公路
16	乌兰—都兰	乌兰、查查香卡	二级	42	便捷沟通德令哈与大武
17	德令哈—都兰	尕海、都兰	高速	100	连接矿产资源基地
18	冷湖—大柴旦	冷湖镇、马海、鱼卡	二级	177	县际公路
19	马海—乌图美仁	马海、涩北、乌图美仁	二级	210	县际公路
20	清水河—曲麻莱		二级	193	
合计				14 999④	

注:①含称多连接线 26 公里。
②含格尔木绕城高速公路 25 公里。
③含西宁绕城 91 公里。
④已扣除重复里程 1 066 公里。

纵4：祁连—昌都公路。路线起于祁连，经热水煤矿、马匹寺、共和、玛多、清水河、称多、玉树、囊谦，止于青藏界多普玛，通往西藏昌都，纵贯海北、海南、果洛和玉树四州，是便捷沟通青海藏区、西藏东部、云南藏区的旅游大通道，规划等级祁连至倒淌河段为二级公路、倒淌河至多普玛段为高速公路，规划里程1 357公里（含重复里程72公里，含称多连接线26公里）。

纵5：敦煌—囊谦公路。路线起于甘青界花海子，经鱼卡、大柴旦、察尔汗、格尔木、不冻泉、曲麻莱、治多、杂多，止于囊谦，北接甘肃敦煌，南连拉萨，其中花海子至格尔木段是国家高速公路柳园—格尔木联络线的组成部分，规划等级花海子至不冻泉段为高速公路、不冻泉至囊谦段为二级公路，规划里程1 306公里（含格尔木绕城高速公路25公里、重复里程179公里）。

纵6：冷湖—黄瓜梁公路。路线起青甘界丁字口，经冷湖、黄瓜梁，止于黄瓜梁，是西部开发省际通道的重要组成部分，规划等级为二级公路，规划里程276公里。

二、横线

横1：兰州—二指哈拉山口公路。路线起于青甘界岗子沟口，经甘禅口、东川、门源、青石嘴、峨堡、祁连、边麻沟，止于青甘界二指哈拉山口，东通兰州，西连甘肃酒泉，连接祁连山脉主要的矿产资源产业基地和旅游风景区，规划等级为二级公路，规划里程565公里。

横2：武威—茫崖公路。路线起于青甘界小沙河，经西海、刚察、天峻、察汉诺、乌兰、德令哈市、小柴旦、一里平和黄瓜梁，止于茫崖（青新界），东连武威，与国高定边至武威联络线相接，西通新疆塔里木盆地，横跨西宁、海北和海西，连接了西宁和柴达木盆地两大经济区，是南疆、青海通往京津冀地区的区域运输大通道，规划等级为高速公路，规划里程1 406公里（含重复里程88公里）。

横3：民和—拉萨公路。路线起于青甘界马场垣，经民和、平安、西宁、湟源、共和、茶卡、香日德、格尔木、不冻泉，止于青藏界唐古拉山口，东通兰州，南通拉萨，是国家高速公路北京至拉萨的青海段，是青海、西藏与内地沟通联系的主要通道之一，规划等级为高速公路，规划里程1 610公里（含西宁绕城高速公路91公里）。

横4：临夏—刚察公路。路线起于青甘界官亭，经金源、石大仓、化隆县、群加、千户、倒淌河、江西沟、黑马河和石乃亥，止于切泉沟，规划等级为二级公路，是青海湖通往海东、兰州的重要旅游通道，规划里程465里（含重复里程14公里）。

横5：临夏—共和县高速公路。路线起于青甘界大力加山口，经循化、尖扎、贵德，止于共和，东连兰州、海东，西接北京至拉萨国家高速公路，是青海湖、海南州至海东、甘肃的便捷通道，规划里程343公里（含重复里程40公里）。

横6：阿坝—茫崖公路。路线起于青川界分水岭，经久治、门堂、大武、花石峡、香日德、格尔木，止于老茫崖，东通成都、阿坝州，西连新疆塔里木盆地，是新疆、青海通往成渝经济区便捷的区域运输大通道，规划等级分水岭至格尔木为高速公路，格尔木至老茫崖为二级公路，规划里程1 326公里（含重复里程286公里）。

横7：班玛—色吾沟公路。路线起于青川界友谊桥，经班玛、达日、玛多、麻多，止于色吾沟，连接扎陵湖、鄂陵湖和黄河源等旅游景区，是玉树、果洛通往四川阿坝的便捷通道，规划等级为二级公路，规划里程924公里（含重复里程100公里）。

横8：玉树—唐古拉山乡公路。路线起于青川界安巴拉山口，经玉树、治多，止于唐古拉山乡，规划等级为二级公路，规划里程679公里。

横9：玉树—那曲公路。路线起于多拉马康，经杂多、老查旦，止于青藏界查吾拉，是青海前往拉萨朝拜的一条重要公路，规划等级为二级公路，规划里程442公里。

三、联络线

联1：大通河—西宁。路线起于甘青界大通河，经互助，止于西宁，规划等级为二级公路，规划里程112公里。

联2:西宁大环线。路线起于互助,经平安、湟中、湟源、大通,止于互助,规划等级互助—大通段为高速公路,其余路段为二级公路,规划里程232公里。

联3:民和—循化。路线起于民和,经官亭,止于循化,规划等级为二级公路,规划里程130公里。

联4:夏河—贵德公路。路线起于青甘界大角满,经同仁,止于贵德,规划等级为二级公路,规划里程143公里(含重复里程13公里)。

联5:三塔拉—黄沙头公路。路线起于三塔拉,经贵南,止于黄沙头,规划等级为二级公路,规划里程138公里。

联6:泽库—肃南公路。路线起于甘青界达久滩,经泽库、同德、兴海、河卡山南、茶卡、察汗诺、天峻、阳康、木里,止于肃南,北连甘肃中部河西走廊,南通甘南州、阿坝州,贯通海北、海西、海南和黄南四州,规划等级为二级公路,规划里程955公里(重复里程61公里)。

联7:河南—玛曲公路。路线起于河南,止于青甘界柯生,规划等级为二级公路,规划里程99公里。

联8:甘德—久治公路。路线起于甘德,止于索乎日麻,是连接甘德和久治的县际公路,规划等级为二级公路,规划里程86公里。

联9:久治—若尔盖公路。路线起于久治,止于青甘界齐哈玛吊桥,通往四川若尔盖,规划等级为二级公路,规划里程51公里。

联10:久治—甘孜。路线起于青甘界草籽场,经久治和班玛,止于青川界知钦,规划等级为二级公路,规划里程262公里(重复里程62公里)。

联11:青石嘴—木里公路。路线起于青石嘴,经大通河桥、热水和江仓,止于木里,规划等级为二级公路,规划里程251公里。

联12:民和—青海湖羊场公路。路线起于巴燕,经西海,止于青海湖羊场,规划等级民河—湟源段为二级公路、湟源至西海段为高速公路,西海至青海湖羊场段为二级公路,规划里程221公里。

联13:共和—青海湖(151)公路。路线起于共和,止于青海湖,规划等级为二级公路,规划里程46公里。

联14:黑马河—大水桥公路。路线起于黑马河,止于大水桥,规划等级为二级公路,规划里程39公里。

联15:察汗诺—德令哈公路。路线起于察汗诺,经乌兰,止于德令哈,是便捷沟通德令哈与共和的辅助通道,规划等级为高速公路,规划里程142公里。

联16:乌兰—都兰公路。路线起于乌兰,止于查查香卡,连接乌兰和都兰,沟通G109和G315,规划等级为二级公路,规划里程42公里。

联17:德令哈—都兰高速公路。路线起于德令哈(尕海),止于都兰,便捷沟通大武与德令哈,规划里程100公里。

联18:冷湖—大柴旦公路。路线起于冷湖镇,经马海农场,止于鱼卡,规划等级为二级公路,规划里程177公里。

联19:马海—乌图美仁公路。路线起于马海,止于乌图美仁,规划等级为二级公路,规划里程210公里。

联20:清水河—曲麻莱公路。路线起于清水河,止于曲麻莱,规划等级为二级公路,规划里程193公里。

第五节　技术标准研究

一、规划技术等级确定

根据路线的功能定位、承担的交通需求,结合青海省交通建设的现实条件,合理确定干线公路的技术等级。整体上基本路网以高速公路为主，其他路线以二级公路为主体，具体如下：

(1)青海通往周边省区，省会通往州府（含格尔木）以及州与州的主要公路通道，原则上采用高速公路技术标准。

(2)州府（含格尔木）通往县，以及连接相邻县、旅游景区、资源产业基地的干线公路，原则上采用二级公路技术标准。

二、高速公路技术标准

青海省地广人稀、地形地质条件复杂、生态环境脆弱、自然景观独特、民族风情浓郁，高速公路车辆行驶距离长、交通流量小、横向干扰少，应“因地制宜、突出特色、灵活把握”，合理选用高速公路技术标准。

(一)路基

按照安全优先原则，根据地形地质条件和分期建设的情况，灵活选用分离式路基横断面及路基宽度；有效降低路基高度，放缓路基边坡，避免高路堤和深路堑，适当增加桥隧比例，减少工程填挖数量。

(二)交叉形式

在满足功能的情况下，适当简化立交形式。人口稠密、交通冲突严重的交叉口，按照技术标准设置互通式立交，宜采用菱形、部分苜蓿叶形、单喇叭等简易形式。人烟稀少、横向干扰小的路段，可采用控制性平交，设置信号灯、停车（减速）让行、减速带等交通工程设施消除交通冲突。考虑野生动物迁徙的需要，适当增加野生动物穿越通道。

(三)几何指标

高山峡谷的困难路段，可适当降低设计车速，并根据实际情况适当降低部分平纵几何指标，避免大填、大挖和大护坡。地形平坦开阔、人烟稀少路段，适当提高设计车速，采用较高的平纵几何指标。

(四)封闭方式

在保证安全的情况下，人烟稀少、横向干扰少的路段，可不完全封闭，减少路侧护栏和隔离栅。人口稠密、横向干扰较大的路段，采用隔离栅封闭，并根据交通需求设置辅道。

(五)景观环境

按照“不破坏就是最大保护”的理念，有效结合工程防护与生态防护，实现公路建设与生态环境相协调。对经过青海湖、三江源等景区的公路进行景观设计，充分展现藏区独特的自然风光与民俗风情。

(六)分期分幅建设

根据青海藏区的实际情况，可采取分期分幅建设模式，先在已有的二级公路一侧新建半幅高速，与旧路分向分道行驶，待交通量发展到一定水平，再将旧路改造为半幅高速，形成分道分向行驶的准高速公路。

第六节　高速公路网布局方案

高速公路网是青海公路网中的主骨架，是区域综合运输大通道和综合运输体系的重要组成部分，主要连接省会与各州、周边省区、相邻各州以及重要交通枢纽、重要城市等，主要承担区域间、省际以及重要城市间快速、高效、安全、舒适的客货运输服务，为建设富裕文明和谐新青海和加快青海藏区经济社会发展提供快速交通保障。

在干线公路网布局方案的基础上，按照技术等级确定原则，综合考虑路线功能、承担的交通需求等因素，梳理出青海省高速公路网布局方案，青海高速公路网布局规划方案为“三纵、四横、十联线”（简称“3410 网”），见表 5-17 及附图 2。规划里程为 6 630 公里，其中，国家高速公路 2 049 公里，地方高速公路 4 581 公里。

青海高速公路网布局规划方案 表 5-17

序号	路线名称	主要控制点	规划里程（公里）	路线功能
一	三纵		2 016	
1	张掖—河南	扁都口、青石嘴、门源、大通、西宁、尖扎、同仁、泽库、河南、赛尔龙	590	纵贯海北、西宁、海东、黄南，便捷联系新甘青川的区域运输大通道
2	共和—昌都	共和、玛多、清水河、玉树、囊谦、多普玛	977	纵贯海南、果洛和玉树四州，便捷联系青海藏区、西藏东部和云南藏区的旅游大通道
3	敦煌—格尔木①	花海子、鱼卡、大柴旦、察尔汗、格尔木	449	纵贯海西和玉树，沟通柴达木盆地与新疆天山北坡经济带
二	四横		3 959	
1	武威—茫崖	小沙河、门源、大通、西海、刚察、天峻、乌兰、德令哈、小柴旦、茫崖	1 406	横跨海北和海西，连接西宁和格尔木，是柴达木盆地、塔里木盆地通往京津冀的区域运输大通道
2	民和—拉萨②	马场垣、民和、平安、西宁、湟源、倒淌河、共和、茶卡、都兰、香日德、格尔木、不冻泉、唐古拉山口	1 610	东连西宁、兰州，南通拉萨，为北京至拉萨国家高速公路的组成部分
3	临夏—共和县	大力加山、循化、尖扎、贵德、共和	343	青海湖、海南州至海东、甘肃的便捷通道
4	阿坝—香日德	分水岭、久治、大武、花石峡、香日德	600	东通成渝经济区，西连柴达木盆地，柴达木盆地沟通成渝经济区的便捷通道
三	十联		811	
1	西宁—互助		41	便捷沟通西宁与互助
2	互助—大通		27	便捷沟通互助与大通
3	同仁—夏河		80	便捷沟通同仁与甘肃省合作市
4	河南—大武		150	便捷连接同仁和大武两个州府
5	玛曲—久治		41	便捷连接甘肃合作市和四川阿坝州
6	湟源—西海		50	便捷沟通海西州府德令哈、海北州府西海与省会西宁
7	西宁—贵德		117	连接塔尔寺、坎布拉等旅游景区
8	茶卡—天峻		63	便捷沟通海西州府德令哈、海北州府西海与省会西宁
9	察汗诺—德令哈		142	便捷连接德令哈与共和的辅助通道
10	德令哈—都兰		100	便捷沟通海西州府德令哈与海南州府大武
合计			6 630③	

注：①含格尔木绕城高速公路 25 公里。

②含西宁绕城高速公路 91 公里。

③扣除重复里程 156 公里。

一、纵线

纵 1：张掖—河南高速公路。路线起于甘青界扁都口，经青石嘴、大通、西宁、尖扎、同仁、泽库、河南，止于青甘交界赛尔龙，路线北接甘肃张掖，南通四川阿坝，纵贯海北、西宁、海东、黄南等 4 个地州市，是新疆、甘肃、青海与成渝经济区便捷沟通的区域大通道，规划等级为高速公路，里程 590 公里（含重复里程 15 公里）。

纵 2：共和—昌都高速公路。路线起于共和，经玛多、清水河、玉树、囊谦，止于青藏界多普玛，北连西宁，南通西藏昌都，纵贯海南、果洛和玉树三州，是青海便捷沟通西藏东部、云南藏区等区域的旅游大通道，规划里程 977 公里。

纵3:敦煌—格尔木高速公路。路线起于青甘界花海子,经鱼卡、大柴旦和察尔汗,止于格尔木,北通敦煌、新疆,南连拉萨,为国家高速公路柳园—格尔木联络线的组成部分,规划里程449公里(含格尔木绕城高速公路25公里)。

二、横线

横1:武威—茫崖公路。路线起于青甘界小沙河,经西海、刚察、天峻、察汗诺、德令哈市、小柴旦、一里坪和黄瓜梁,止于茫崖(青新界),东连武威,与国高定边止于武威联络线相接,西通新疆塔里木盆地,横跨西宁、海北和海西,连接了西宁和柴达木盆地两大经济区,是南疆、青海通往京津冀地区的区域运输大通道,规划等级为高速公路,规划里程1 406公里(含重复里程88公里)。

横2:民和—拉萨公路。路线起于青甘界马场垣,经民和、平安、西宁、湟源、共和、茶卡、香日德、格尔木、不冻泉,止于青藏界唐古拉山口,东通兰州,南通拉萨,是国家高速公路北京止于拉萨的青海段,是青海、西藏与内地沟通联系的主要通道之一,规划等级为高速公路,规划里程1 610公里(含西宁绕城高速公路91公里)。

横3:临夏—共和县高速公路。路线起于青甘界大力加山口,经循化、尖扎、贵德,止于共和,东连兰州、海东,西接北京止于拉萨国家高速公路,是青海湖、海南州止于海东、甘肃的便捷通道,规划里程343公里(含重复里程40公里)

横4:阿坝—香日德高速公路。路线起于青川交界处分水岭,经久治、门堂、大武、花石峡,止于香日德,东通阿坝州、成都,西连格尔木、新疆塔里木盆地,是新疆、青海与成渝经济区便捷沟通的区域大通道,规划里程600公里。

三、联络线

联1:西宁—互助高速公路。路线起于西宁,止于互助,连接西宁与互助,规划里程41公里。

联2:互助—大通高速公路。路线起于互助,止于大通,连接互助与大通,规划里程27公里。

联3:同仁—夏河高速公路。路线起于同仁,止于青甘界大角满,便捷沟通同仁与甘肃省合作市,规划里程80公里。

联4:河南—大武高速公路。路线起于河南,止于大武,便捷沟通同仁与大武,规划里程150公里。

联5:玛曲—久治高速公路。路线起于青甘界草籽场,止于久治,便捷连接甘南州、阿坝州和果洛州南部地区,规划里程41公里。

联6:湟源—西海高速公路。路线东连西宁、湟源,起于巴燕,止于海北州府西海,连接横1和横2两条路线,在青海湖北部形成德令哈、西海便捷沟通省会西宁的快速通道,规划里程50公里。

联7:西宁—贵德高速公路。路线北连西宁,经湟中,止于贵德,连接塔尔寺、坎布拉等旅游景区,规划里程117公里。

联8:茶卡—天峻高速公路。路线起于茶卡,经察汗诺,止于天峻,便捷沟通共和与德令哈,规划里程63公里。

联9:察汗诺—德令哈高速公路。路线起于察汗诺,经乌兰,止于德令哈,便捷沟通德令哈与共和的辅助通道,规划里程142公里。

联10:德令哈—都兰高速公路。路线起于德令哈,止于都兰,便捷沟通大武与德令哈,规划里程100公里。

第七节　布局效果

按照上述布局方案,青海省干线公路网总里程达到14 999万公里,密度为2.08公里/百平方公里;其中高速公路里程6 630公里,密度为0.92公里/百平方公里,形成横贯东西、纵贯南北、覆盖全省、连接周边，层次分明、结构合理的高等级公路网络，将有力支撑富裕、文明、和谐新青海的建设和经济社会发展。

（1）实现州州通高速，各州府与省会及重要城市、相邻各州间实现高速公路便捷连接，与川、甘、新、藏等相邻省区连接的主要区域运输大通道服务水平达到高速公路标准。

（2）干线公路达到二级及以上公路标准，州府与所辖县市、相邻县市间实现二级及以上公路连接。

（3）高速公路连接5万人以上城镇，增强了中心城镇的集聚和辐射能力；干线公路连接主要城镇节点，支撑了县域经济发展，有利于均衡国土资源开发，缩小城乡间发展差距。

（4）形成了27条通往相邻省区的干线公路出口，其中高速公路对外通道12条，强化了区域运输大通道服务能力，有效衔接了相邻省区的干线公路网。

（5）连接了2个国家公路运输枢纽、6个机场、2个铁路枢纽，强化各种运输方式之间有机衔接，促进各种运输方式的优势互补和协调发展。

（6）连接了旅游强县和强市，覆盖了主要旅游景区，形成了安全、舒适、快速的旅游通道，有效地支撑了青海省旅游资源的开发和旅游业的发展。

（7）连接了重要矿产资源产业开发基地，覆盖了西宁国家级经济试验区和柴达木循环经济试验区等产业基地，有效促进全省矿产资源开发，推动了特色资源产业的发展壮大。

第六章　建设进展与实施安排

第一节　建 设 进 展

青海省干线公路网规划建设里程 14 999 公里，至 2008 年底，已实现规划等级的里程为 1 433 公里，占规划总里程的 9.6%。经匡算，未来干线公路网建设匡算投资约 1 516 亿元(2009 ~ 2030 年静态资金)，其中高速公路约 1 238 亿元(含在建及扩建项目)，二级公路 278 亿元。青海省干线公路网建设项目实施序列见表 6-1。

第二节　建 设 原 则

干线公路建设以适应和引领全省经济社会发展为目标，总体上适度超前，在具体安排实施中，遵循以下基本原则。

一、灵活把握

综合考虑经济社会需求、交通需求和实际投资能力，灵活把握建设时机，有计划、有步骤地分期、分批实施。在人口和城镇较为稠密、经济相对发达的区域，原则上保留通道中已有的二级及以下公路，另辟新线建设高速公路；在地广人稀、城镇分布稀疏的区域，考虑到交通干扰相对较小，可利用原有公路路线资源改造建设高速公路。

二、重点推进

建设时序上优先安排对全省经济发展具有重大作用的关键性项目。高速公路按照先通、后网、再提高的思路，优先建设青海通往周边省区、省会通往州府等项目，尽早形成高速公路大通道。对于人烟稀少路段采用分期分幅建设模式，先期以通为主建设半幅高速，远期再进行改扩建。干线公路优先安排州府至县，连接重要旅游景区和资源产业基地的项目，对于一些起横向联系作用的项目可适当后延。

三、统筹兼顾

青海省地域广阔，地区发展不平衡，安排项目时要统筹考虑区域协调发展的需要，兼顾效率与公平，尤其对于藏区民生改善和经济发展具有重要作用的项目要优先考虑。

第三节　近期建设重点

到 2015 年，青海干线公路建设取得突破性进展，干线公路网络骨架初步形成，技术等级明显提升，初步适应青海经济社会发展的需要，达到规划等级的高速公路 2 512 公里、二级公路 3 542 公里，2009 ~ 2015 年期间，建设投资 535 亿元。

近期(2009 ~ 2015 年)建设目标与重点(附图 3)：

(1)高速公路快速发展，建成格尔木至花海子、马场垣至格尔木和西宁环线；打通西宁至小沙河、隆务峡至大力加山、茫崖至省界、香日德至分水岭等通往周边省份的对外运输通道，青海与甘肃间形成

表 6-1

青海省干线公路建设安排

序号	路段起讫点	建设性质	规模（公里）	规划等级	开工年	完工年	2008 年达到里程（公里）	2009～2015 年		2015 年达到里程（公里）	“十三五”		2020 年达到里程（公里）	“十四五”和“十五五”		2030 年达到里程（公里）
								建设里程（公里）	投资（亿元）		建设里程（公里）	投资（亿元）		建设里程（公里）	投资（亿元）	
合计			16 065				1 496		535.2	6 054		524.4	12 451		455.9	14 999
纵线 1	乐都—大武		477							40			191			477
	乐都—化隆	待建	80	二级	2016 年	2018 年					80	2.4	80			80
	化隆—街子	建成	40	二级			40			40			40			40
	街子—同仁	待建	71	二级	2016 年	2018 年					71	2.1	71			71
	同仁—泽库	待建	95	高速	2012 年	2025 年		95	7.6					95	18.2	95
	泽库—河南	待建	41	高速	2012 年	2025 年		41	2.9					41	7.9	41
	河南—大武	待建	150	高速	2016 年	2025 年					150	15.1		150	28.8	150
纵线 2	张掖—河南		590							275			338			590
	扁都口（青甘界）—大通	待建	116	高速	2021 年	2025 年								116	13.9	116
	门源—大通	待建	88	高速	2011 年	2014 年		88	26.4	88			88			88
	大通—西宁	建成	31	高速			31	31		31			31			31
	西宁—平安	建成	15	高速			15			15			15			15
	平安—阿岱	建成	42	高速			42			42			42			42
	阿岱—同仁	在建	99	高速	2009 年	2015 年	19	99	29.4	99			99			99
	同仁—泽库	待建	95	高速												95
	泽库—河南	待建	41	高速												41
	河南—赛尔龙（青甘界）	待建	63	高速	2018 年	2020 年					63	16.0	63			63
纵线 3	西宁—甘孜		760							640			760			760
	西宁—湟中	建成	22	高速			22	22		22			22			22
	湟中—贵德	在建	95	高速	2009 年	2012 年		95	15.2	95			95			95
	贵德—大武	在建	385	二级	2008 年	2010 年		385	14.8	385			385			385
	大武—达日	待建	138	二级	2013 年	2015 年		138	5.7	138			138			138
	达日—马崩（青川界）	待建	120	二级	2016 年	2020 年					120	4.9	120			120

续上表

序号	路段起讫点	建设性质	规模（公里）	规划等级	开工年	完工年	2008 年达到里程（公里）	2009～2015 年		2015 年达到里程（公里）	“十三五”		2020 年达到里程（公里）	“十四五”和“十五五”		2030 年达到里程（公里）
								建设里程（公里）	投资（亿元）		建设里程（公里）	投资（亿元）		建设里程（公里）	投资（亿元）	
纵线 4	祁连—昌都		1 357							142			1 049			1 357
	祁连—马匹寺	待建	172	二级	2016 年	2018 年					172	6.9	172			172
	马匹寺—青海湖种羊场	待建	66	二级	2018 年	2020 年					66	1.3	66			66
	青海湖种羊场—青海湖渔场	建成	44	二级			44			44			44			44
	青海湖渔场—倒淌河	建成	34	二级			34			34			34			34
	倒淌河—共和	在建	38	高速						38			38			38
	共和—玉树	待建	669	高速	2017 年	2020 年					669	133.8	669			669
	玉树—囊谦	在建	193	高速	2016 年	2030 年					193	19.3		193	38.6	193
	囊谦—多普玛(青藏界)	在建	115	高速	2016 年	2030 年					115	11.5		115	23.0	115
	称多连接线	待建	26	二级	2012 年	2015 年		26	0.9	26			26			26
纵线 5	敦煌—囊谦		1 306							477			1 102			1 306
	花海子(青甘界)—察尔汗	待建	350	高速	2007 年	2015 年	23	350	34.0	350			350			350
	察尔汗—格尔木	在建	74	高速	2009 年	2011 年		74	14.0	74			74			74
	格尔木—不冻泉	待建	179	高速												179
	不冻泉—曲麻莱	在建	316	二级	2016 年	2018 年					316	4.7	316			316
	曲麻莱—治多	待建	53	二级	2012 年	2014 年		53	2.2	53			53			53
	治多—杂多	待建	143	二级	2016 年	2018 年					143	7.2	143			143
	杂多—囊谦	待建	166	二级	2016 年	2018 年					166	8.3	166			166
	支线 1 格尔木绕城	待建	25	高速	2026 年	2030 年								25	10.0	25
纵线 6	冷湖—黄瓜梁		276							276			276			276
	丁字口(青甘界)—黄瓜梁	建成	276	二级			276			276			276			276
横线 1	兰州—二指哈拉山口		565							352			565			565
	永登—大通河桥	待建	35	二级	2016 年	2017 年					35	0.7	35			35
	大通河桥—甘禅口	建成	13	二级			13			13			13			13
	甘禅口—门源	待建	104	二级	2016 年	2019 年					104	2.1	104			104

续上表

序号	路段起讫点	建设性质	规模（公里）	规划等级	开工年	完工年	2008年达到里程（公里）	2009～2015年		2015年达到里程（公里）	“十三五”		2020年达到里程（公里）	“十四五”和“十五五”		2030年达到里程（公里）
								建设里程（公里）	投资（亿元）		建设里程（公里）	投资（亿元）		建设里程（公里）	投资（亿元）	
横线1	门源—青石嘴	建成	21	二级			21			21			21			21
	青石嘴—峨堡	建成	78	二级			78			78			78			78
	峨堡—祁连	在建	74	二级	2016年	2018年					74	4.5	74			74
	祁连—石棉矿	在建	133	二级	2012年	2015年		133	8.0	133			133			133
	石棉矿—二指哈拉山口（青甘界）	待建	107	二级	2012年	2015年		107	5.4	107			107			107
横线2	武威—茫崖		1 406							420			1 123			1 406
	小沙河—门源	待建	127	高速	2011年	2014年		127	38.1	127			127			127
	门源—大通	待建	88	高速						88			88			88
	大通—西海	待建	105	高速	2016年	2020年					105	20.0	105			105
	西海镇—刚察	待建	88	高速	2016年	2018年					88	17.6	88			88
	刚察—天峻	在建	130	高速	2009年	2018年					130	26.0	130			130
	天峻—德令哈	待建	80	高速	2021年	2025年								80	24.0	80
	德令哈—小柴旦	在建	205	高速	2007年	2010年		205	14.5	205			205			205
	小柴旦—黄瓜梁	待建	380	高速	2017年	2020年					380	28.7	380			380
	黄瓜梁—油沙山	待建	139	高速	2021年	2025年								139	10.6	139
	油沙山—茫崖镇	待建	64	高速	2011年	2025年		64	2.5					64	4.9	64
横线3	民和—拉萨		1 610							1 010			1 010			1 610
	马场垣（青甘界）—西宁	建成	117	高速			117			117			117			117
	西宁—湟源	建成	50	高速			50			50			50			50
	湟源—倒淌河	建成	48	高速			48			48			48			48
	倒淌河—共和	在建	38	高速	2009年	2012年		38	12.0	38			38			38
	共和县—茶卡	在建	190	高速	2009年	2011年		190	21.4	190			190			190
	茶卡—香日德	待建	190	高速	2010年	2015年		190	30.0	190			190			190

续上表

序号	路段起讫点	建设性质	规模（公里）	规划等级	开工年	完工年	2008年达到里程（公里）	2009～2015年		2015年达到里程（公里）	“十三五”		2020年达到里程（公里）	“十四五”和“十五五”		2030年达到里程（公里）
								建设里程（公里）	投资（亿元）		建设里程（公里）	投资（亿元）		建设里程（公里）	投资（亿元）	
横线3	香日德—格尔木市	待建	286	高速	2010年	2015年		286	46.0	286			286			286
	格尔木—唐古拉山口（青藏界）	待建	600	高速	2026年	2030年								600	120.0	600
	西宁南绕城	待建	71	高速	2010年	2013年		71	53.3	71			71			71
	西宁北绕城	在建	20	高速	2008年	2010年				20			20			20
横线4	临夏—刚察		465							465			465			465
	官亭（青甘界）—化隆县	待建	107	二级	2016年	2018年				107	107	2.1	107			107
	化隆县—扎巴	建成	37	二级			37			37			37			37
	扎巴—拉鸡山	待建	67	二级	2016年	2018年				67	67	1.3	67			67
	拉鸡山—哈城	建成	14	二级			14			14			14			14
	哈城—倒淌河	待建	49	二级	2016年	2018年				49	49	1.0	49			49
	倒淌河—切泉沟	建成	191	二级			191			191			191			191
横线5	临夏—共和县		343							140			140			343
	大力加山口（青甘界）—隆务峡	在建	100	高速	2011年	2015年		100	35.0	100			100			100
	隆务峡—牙什尕	待建	40	高速						40			40			40
	牙什尕—李家峡	待建	13	高速	2016年	2030年					13	1.3		13	2.3	13
	李家峡—贵德	待建	70	高速	2016年	2030年					70	7.0		70	12.6	70
	贵德—共和县	待建	120	高速	2012年	2025年		120	6.0					120	21.6	120
横线6	阿坝—茫崖		1 236							636			636			1236
	分水岭（青川界）—大武	待建	243	高速	2012年	2030年		243	17.0					243	36.5	243
	大武—花石峡	待建	186	高速	2011年	2030年		186	11.7					186	27.9	186
	花石峡—香日德	在建	171	高速	2011年	2030年		160	8.9					171	25.7	171
	香日德—格尔木市	待建	286	高速	2010年	2015年				286			286			286
	格尔木市—老茫崖	在建	350	二级	2010年	2012年		350	7.3	350			350			350

续上表

序号	路段起讫点	建设性质	规模（公里）	规划等级	开工年	完工年	2008年达到里程（公里）	2009~2015年		2015年达到里程（公里）	“十三五”		2020年达到里程（公里）	“十四五”和“十五五”		2030年达到里程（公里）
								建设里程（公里）	投资（亿元）		建设里程（公里）	投资（亿元）		建设里程（公里）	投资（亿元）	
横线7	班玛—色吾沟		924										924			924
	友谊桥（青川界）—达日	待建	266	二级	2016年	2020年					266	8.0	266			266
	达日—岗巴沟	待建	46	二级	2016年	2020年							46			46
	岗巴沟—玛多（野马滩）	在建	255	二级	2017年	2020年					255	10.2	255			255
	玛多（野马滩）—麻多	待建	228	二级	2017年	2020年					228	4.6	228			228
	麻多—色吾沟	待建	129	二级	2017年	2020年					129	6.5	129			129
横线8	玉树—唐古拉山乡		679							261			679			679
	安巴拉山口（青川界）—治多	待建	261	二级	2013年	2015年		261	5.2	261			261			261
	治多—唐古拉山乡	待建	418	二级	2016年	2018年					418	10.5	418			418
横线9	玉树—那曲		442							160			442			442
	多拉马康—杂多	待建	160	二级	2012年	2015年		160	9.9	160			160			160
	杂多—查吾拉（青藏界）	待建	282	二级	2016年	2018年					282	16.9	282			282
联线1	大通河—西宁		112							102			112			112
	大通河—甘禅口	待建	10	二级	2016年	2016年					10	0.5	10			10
	甘禅口—互助	建成	61	二级			61			61			61			61
	互助—西宁	建成	41	高速						41			41			41
联线2	西宁大环线		232										205			232
	互助—平安镇	待建	50	二级	2016年	2020年					50	3.0	50			50
	平安镇—湟中	待建	55	二级	2016年	2020年					55	3.3	55			55
	湟中—多巴	待建	22	二级	2016年	2020年					22	1.3	22			22
	多巴—大通	待建	78	二级	2016年	2017年					78	4.7	78			78
	大通—互助	待建	27	高速	2025年	2030年								27	9.5	27
联线3	民和—循化		130										130			130
	民和—官厅	待建	95	二级	2016年	2018年					95	2.9	95			95
	官厅—循化	待建	35	二级	2016年	2018年					35	1.1	35			35
联线4	夏河—贵德		143										143			143
	夏河（青甘界）—同仁	待建	80	高速	2016年	2018年					80	13.4	80			80

续上表

序号	路段起讫点	建设性质	规模（公里）	规划等级	开工年	完工年	2008年达到里程（公里）	2009～2015年		2015年达到里程（公里）	"十三五"		2020年达到里程（公里）	"十四五"和"十五五"		2030年达到里程（公里）
								建设里程（公里）	投资（亿元）		建设里程（公里）	投资（亿元）		建设里程（公里）	投资（亿元）	
联线4	同仁—贵德	待建	63	二级	2016年	2018年					63	3.2	63			63
联线5	三塔拉—黄沙头		138										138			138
	三塔拉—贵南	待建	104	二级	2015年	2018年					104	5.2	104			104
	贵南—黄沙头	在建	34	二级	2009年	2010年					34		34			34
联线6	泽库—肃南		955							357			955			955
	达久滩—措日更	待建	74	二级	2013年	2015年					74	5.9	74			74
	措日更—泽库	建成	17	二级			17			17			17			17
	泽库—南巴滩	待建	70	二级	2016年	2019年					70	1.3	70			70
	南巴滩—同德	在建	22	二级	2010年	2012年		22	4.2	22			22			22
	同德—兴海	待建	128	二级	2013年	2015年		128	7.7	128			128			128
	兴海—河卡山南	建成	27	二级			27			27			27			27
	河卡山南—石乃海	待建	240	二级	2017年	2020年					240	14.4	240			240
	石乃海—茶卡	待建	61	高速						61			61			61
	茶卡—察汗诺	在建	36	高速	2009年	2012年		36	5.5	36			36			36
	察汗诺—天峻	待建	27	高速	2016年	2016年					27	5.4	27			27
	天峻—188	建成	66	二级			66			66			66			66
	188—柯柯里乡	待建	90	二级	2018年	2020年					90	2.7	90			90
	柯柯里乡—柯柯里	待建	65	二级	2018年	2020年					65	3.3	65			65
	柯柯里—肃南(青甘界)	待建	32	二级	2018年	2020年					32	1.0	32			32
联线7	河南—玛曲		99										99			99
	河南—柯生(青甘界)	待建	99	二级	2018年	2020年					99	5.0	99			99
联线8	甘德—索乎日麻		86										86			86
	甘德—索乎日麻	待建	86	二级	2018年	2020年					86	4.3	86			86
联线9	久治—若尔盖		51										51			51
	久治—齐哈玛吊桥(青川界)	待建	51	二级	2016年	2020年					51	2.6	51			51
联线10	久治—甘孜		262										262			262

续上表

序号	路段起讫点	建设性质	规模（公里）	规划等级	开工年	完工年	2008年达到里程（公里）	2009～2015年		2015年达到里程（公里）	“十三五”		2020年达到里程（公里）	“十四五”和“十五五”		2030年达到里程（公里）
								建设里程（公里）	投资（亿元）		建设里程（公里）	投资（亿元）		建设里程（公里）	投资（亿元）	
联线10	草籽场（青甘界）—久治	待建	41	高速	2018年	2020年					41	10.3	41			41
	久治—多贡麻	待建	111	二级	2018年	2020年					111	2.0	111			111
	多贡麻—班玛	待建	17	二级	2018年	2020年							17			17
	班玛—知钦（青川界）	待建	93	二级	2018年	2020年					93	2.8	93			93
联线11	青石嘴—木里		251										251			251
	青石嘴—木里	待建	251	二级	2017年	2020年					251	12.6	251			251
联线12	民和—青海湖羊场		221							221			221			221
	民和—湟源	建成	159	二级			159			159			159			159
	湟源—西海镇	在建	50	高速	2009年	2012年		50	5.8	50			50			50
	西海—青海湖羊场	建成	12	二级			12			12			12			12
联线13	共和—青海湖（151）		46										46			46
	共和—青海湖（151）	待建	46	二级	2016年	2016年					46	1.4	46			46
联线14	黑马河—大水桥		39							39			39			39
	黑马河—大水桥	建成	39	二级			39			39			39			39
联线15	察汗诺—德令哈		142							142			142			142
	察汗诺—德令哈	在建	142	高速	2009年	2013年		142	19.0	142			142			142
联线16	乌兰—都兰		42										42			42
	乌兰—查查香卡	待建	42	二级	2016年	2018年					42	2.1	42			42
联线17	德令哈—都兰		100													100
	德令哈—都兰	待建	100	高速	2020年	2025年								100	20.0	100
联线18	冷湖—大柴旦		177							177			177			177
	冷湖镇—鱼卡	在建	177	二级	2008年	2010年				177			177			177
联线19	马海—乌图美仁		210							105			210			210
	马海—涩北	在建	105	二级	2008年	2010年				105			105			105
	涩北—乌图美仁	待建	105	二级	2016年	2018年					105	6.6	105			105
联线20	清水河—曲麻莱		193							193			193			193
	清水河—曲麻莱	待建	193	二级	2011年	2013年		193	7.8	193			193			193

注：合计中扣除重复里程。

4 条以高速公路标准贯通的对外通道，与四川、新疆各形成 1 条以高速公路半幅标准贯通的对外通道；加快茶卡—小柴旦、阿岱—河南等省内运输大通道建设，实现西宁与海东、海北、海西、海南、格尔木通高速公路（含半幅）。

（2）干线公路技术等级和服务水平明显提高，玉树和果洛至西宁通二级公路，各州间基本实现二级公路贯通，县基本通二级公路。

第四节　中远期设想

到 2020 年，青海高速公路网基本建成，结构较为合理、功能较为完善的干线公路网基本形成，达到规划等级的干线公路通车里程达 12 451 公里。其中，达到规划的高速公路 4 082 公里、二级公路 8 369 公里，2016 ~ 2020 年期间投资 524 亿元。

中期（2016 ~ 2020 年）建设目标是：

（1）高速公路网基本形成，西宁至所有地州通高速公路（含半幅），青海与周边各省区均通高速公路（含半幅），各州间基本通高速公路（含半幅）。

（2）干线公路基本达到二级及以上标准，与相邻省区连接的主要出口公路基本达到二级公路，所有县通二级公路，重要相邻县间通二级公路，旅游路和资源路建设快速推进。

到 2030 年，青海形成以高速公路网为骨架、以干线公路网为基础的快速便捷、覆盖广泛、衔接顺畅、安全环保、服务高效的公路交通运输网络，适应青海经济社会发展的要求。2021 ~ 2030 年期间，建设投资 456 亿元。

（1）实现所有地市通高速，省会与各州府及重要城市、相邻各州间实现高速公路便捷连接，与川、甘、新、藏等相邻省区连接的主要区域运输大通道服务水平达到高速公路标准。

（2）干线公路达到二级及以上公路标准，地州与所辖县市、相邻县市间实现二级及以上公路连接。

第七章 措 施 建 议

为确保青海省干线公路网规划方案的顺利实施,建议采取以下政策措施。

一、积极争取中央政府支持

青海地广人稀、节点分散,公路建设规模大,地形地质复杂,高山峡谷路段建设成本高;加之经济基础薄弱,财政收入有限,无力解决地方配套资金,干线公路建设必须进一步依靠国家支持。争取将本规划的重点建设项目纳入交通运输部交通发展“十二五”规划,予以优先安排和重点支持;将具有省际通道功能的高速公路线路纳入国家高速公路网规划调整方案。同时,建议参照国家支持西藏等区域发展的有关政策,加大国家的转移支付力度,增加国债资金、车购税资金、扶贫开发资金及其他中央专项资金对青海公路交通发展的投入,提高补助资金标准。

二、抢抓机遇,加快建设进度

紧紧抓住当前国家扩内需、保增长以及支持藏区经济社会发展的历史性机遇,加快干线公路建设步伐。在确保工程质量的前提下,加快在建项目工程进度。加快待建项目的招商引资、施工招标、征地拆迁等各项准备工作,尽早组织一批重大项目。加快前期工作进度,尽快履行项目的各项报批程序,加强各级政府和部门之间的协调配合,突破项目审批难题。建立健全项目储备制度,加强项目储备,强化项目牵引,按照“建设一批、争取一批、储备一批”的思路,实现交通建设滚动推进。

三、转变观念,创新建设体制

创新公路建设体制,实现由“行业办交通”向“全社会办交通”转变。制定多元主体下交通基础设施建设管理办法,明确交通厅、市州政府和投资主体的权责。尽快落实青海省及各自治州人民政府对公路交通建设与发展的配套支持政策,将公路交通发展纳入地方人民政府的财政预算体系和目标考核体系。在推进资源税费等地方税费改革的过程中落实公路交通发展支持资金。加强部门协调,为公路交通发展创造良好的发展环境。

四、拓宽筹融资渠道,多方筹集建设资金

创新交通建设投融资体制机制,拓展融资渠道,多方筹集建设资金。开放交通基础设施建设市场,引导和鼓励市场主体投资建设交通基础设施。采用BOT、BT、PPP等市场运作方式,通过经营权有偿转让的办法吸纳保险基金、社保基金和民营资本参与干线公路投资建设。通过提供政府担保、政府贴息等方式积极争取国际金融组织、国内政策性银行、商业银行对青海公路交通发展的贷款支持。对于一些矿产资源运输道路,探讨由企业出资建设或者企业与政府共建的模式。建议在落实国家成品油价和税费改革过程中,根据青海干线公路以二、三级公路为主的实际情况,适当延长二级公路收费政策。

五、完善养护机制改革,提高干线公路养护质量

高度重视养护工作,发挥建成干线公路的功能和作用,确保建设、管理和养护协调发展。遵循“统一领导、分级负责,因地制宜、注重实效,全面养护、保障畅通”的原则,逐步建立符合青海特点的养护管理体制。适度引入市场竞争机制,对重大养护工程项目实行招投标制度。争取国家加大青海省干线公路养护投入,建议交通运输部对青海省干线公路大中修工程给予定额补助政策,建议成品油税费拨付时考虑加大对青海的转移支付。

六、加大科研投入，加强人才培养，注重工程质量

针对常年冻土等技术难题，加强科研投入，依托重点工程开展科技攻关，研究适合常年冻土等自然环境的公路路基材料、路面结构及筑路技术、施工工艺等。鼓励技术创新，积极推广成熟的新技术、新材料、新工艺和新装备，加快高新技术在青海公路交通领域中的应用，推进公路交通科技进步。加强人才培养，注重公路交通专业技术队伍建设，推进基层交通专业技术人才的培养和引进工作，充实公路交通技术力量，并加强技术培训与指导。加强公路交通行业法制建设和建设项目管理，运用法律手段加大行业和工程质量管理力度。对于重点项目、难度较大的项目要遵循工程建设规律，提高勘察设计和施工水平，确保工程建设质量。

附 录

附录一 青海省干线公路网规划示意图

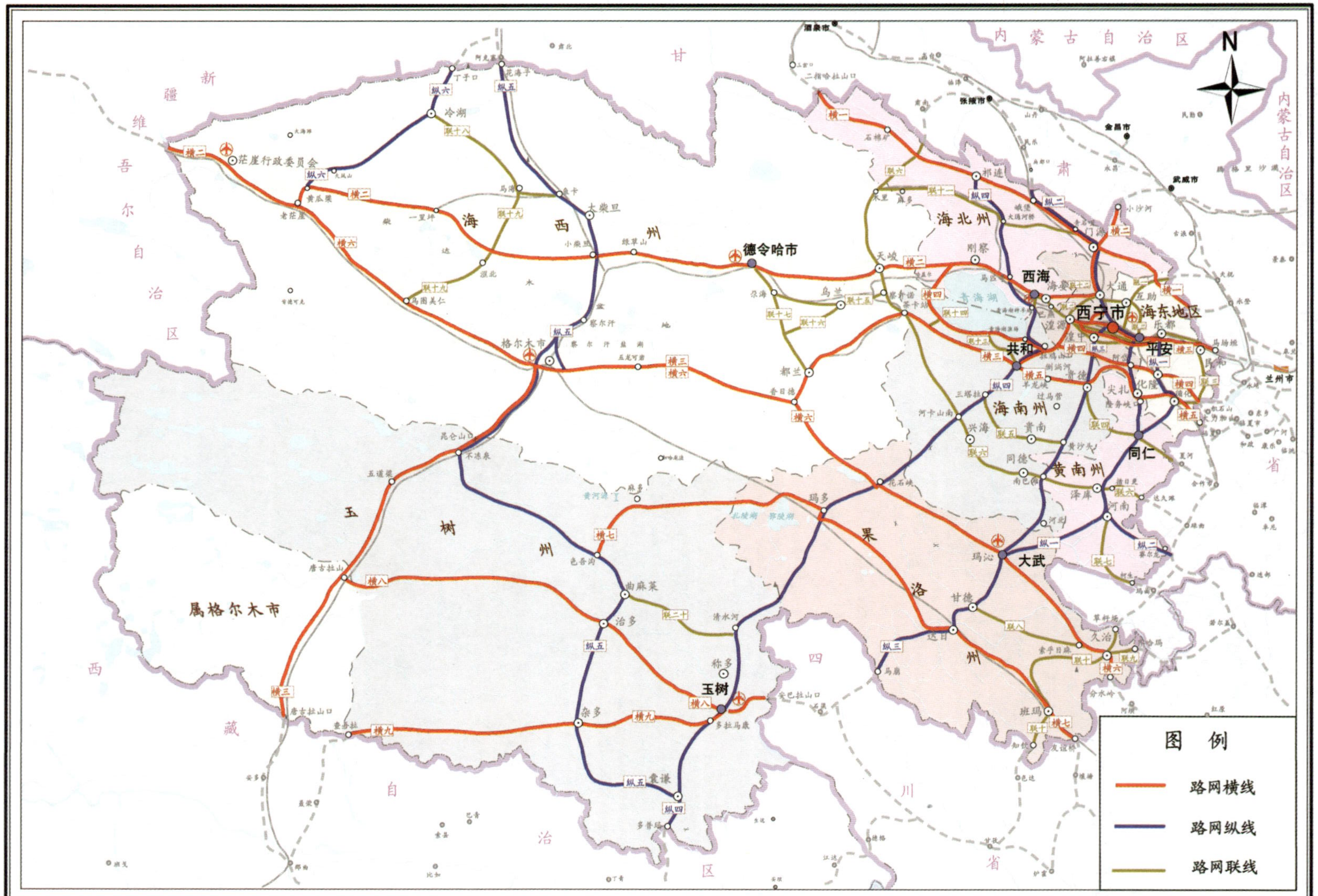

附图1 青海省干线公路网规划示意图

附录二　青海省高速公路网布局规划示意图

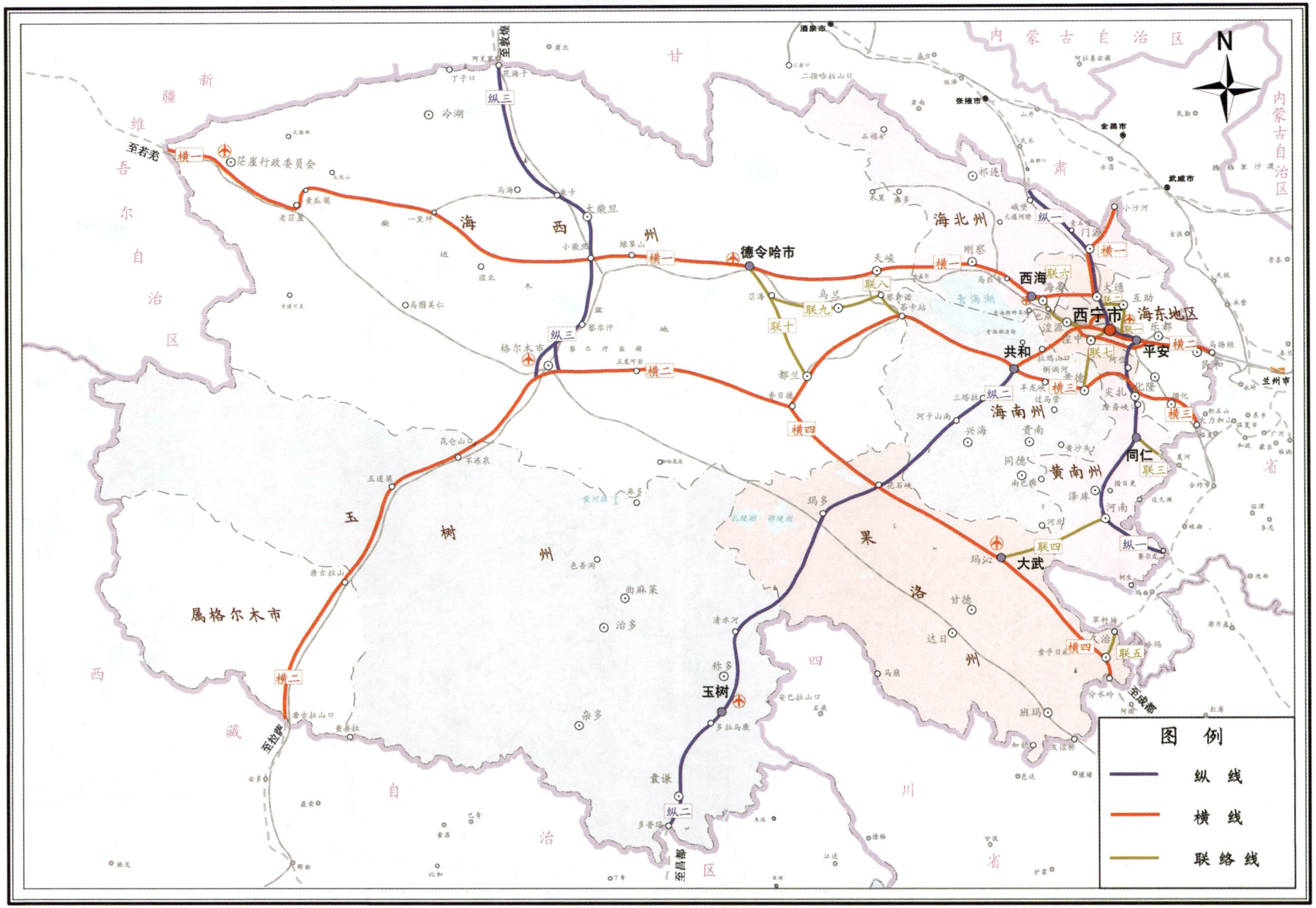

附图2　青海省高速公路网布局规划示意图

附录三　青海省干线公路网近期建设重点示意图

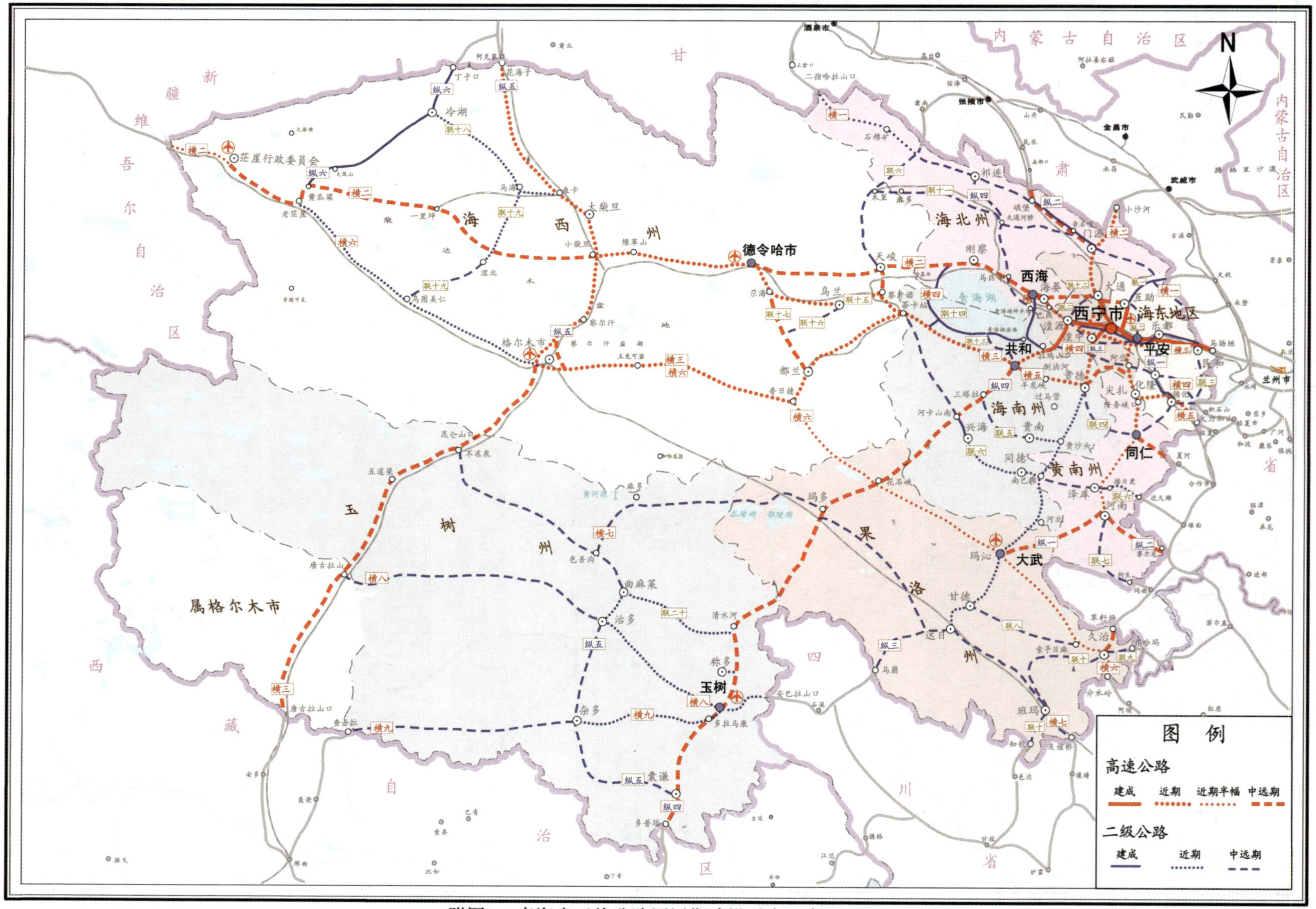

附图3　青海省干线公路网近期建设重点示意图

青海省农村公路网发展规划

（2009～2030年）

《青海省农村公路网发展规划(2009～2030年)》
编写单位及人员

编制单位：青海省交通厅

编制人员：杨伯让　厅　　长

王廷栋　副 厅 长

王永祥　副 厅 长

徐占慧　副 处 长

唐　玲　调 研 员

房建宏　副研究员

徐安花　高级工程师

孟登奎　主任科员

龚永清　高级工程师

参编单位：交通运输部规划研究院

编制人员：关昌余　副 院 长

石良清　所　　长

安旗林　副总工程师

信红喜　副 所 长

刘丽梅　副 所 长

邓小兵　高级工程师

韩先科　高级工程师

刘梦涵　高级工程师

目录
CONTENTS

第一章 概 述

一、规划背景

建设经济繁荣、设施完善、环境优美、文明和谐的社会主义新农村，是党中央、国务院新时期解决“三农”问题的重大战略举措。青海省农牧业人口约占全省总人口的72%，农牧民的生产运输和生活出行主要依靠公路交通。农村公路作为公路网的重要组成部分，是青海省农牧地区最主要甚至唯一的交通方式，是农村经济社会发展的重要基础设施，也是其他农村基础设施建设的前提和基础，农村公路建设与发展对于促进青海省农牧区经济发展、农牧业结构调整、农牧民持续增收、村容村貌改善，推进社会主义新农村新牧区建设具有重要作用。

改革开放以来，尤其是自国家“十五”期间大规模开展农村公路建设以来，青海省农村公路得到了长足发展，农村公路通车里程快速增加，技术等级和路面铺装水平明显提高。但是，受地质地形条件、经济发展水平、人口分布等因素制约，目前青海省农村公路发展总体落后，农村公路建设任务仍然艰巨。截至2008年底青海省尚有25个乡镇和1584个建制村（牧委会）不通公路、97个乡镇和3 007个建制村（牧委会）不通沥青（水泥）路。

为适应青海省未来建设社会主义新农村新牧区，全面建设小康社会，积极构建社会主义和谐社会，全面落实《国务院关于支持青海等省藏区经济社会发展的若干意见》，青海省交通厅组织编制《青海省农村公路网发展规划》，从而科学、有序地指导未来青海省农村公路发展，促进青海省公路交通又好又快发展。

二、规划范围和规划期

（一）规划范围

农村公路是公路网的重要组成部分，是连接县城、乡（镇）、建制村（牧委会）、自然村（合作社）、生态移民区、主要寺院等农村政治经济中心及农、林、牧、副、渔生产基地，资源开发区，厂矿企业，学校，集贸市场等交通集散地，为广大农牧区经济社会发展和人民群众生产生活出行服务，主要供机动车辆行驶并达到一定技术标准的公路。农村公路是指除国省干线公路和专用公路之外的其他公路，主要包括县道、乡道、村道和寺院公路。本规划主要围绕农村公路的建设和养护管理，提出农村公路的发展目标、发展规模、规划设想和政策措施。

（二）规划期限

规划期为2009～2030年，近期为2009～2015年，中期为2016～2020年，远景展望到2030年。

三、规划依据与基本原则

（一）主要依据

（1）国务院《关于支持青海等省藏区经济社会发展的若干意见》。

（2）《全国农村公路建设规划》。

（3）《公路水路交通“十一五”发展规划》。

（4）《全面建设小康社会公路水路交通发展目标》。

（5）《中共中央国务院关于推进社会主义新农村建设的若干意见》。

（6）《青海省国民经济和社会发展第十一个五年规划纲要》。

(7)全国农村公路工作电视电话会议精神。

(8)全国农村公路建设现场会精神。

(二)基本原则

(1)服从《全国农村公路建设规划》和《公路水路交通"十一五"发展规划》。大力推进青海省农村公路建设,为实现全国农村公路建设规划目标奠定基础。

(2)适应青海省农牧地区经济社会发展特点和发展需求。规划要体现青海省农牧民生产生活、移民定居、农村资源开发等特点,要满足农牧民群众的基本交通出行需求,考虑促进农牧民增收、加快脱贫致富的需要。

(3)因地制宜,分类指导。区分青海省农区与牧区群众生产生活方式的差异,不同区域农村公路建设地质地形条件和环境的差异,因地制宜,分类指导,实事求是,科学合理地制定农村公路发展规划。

(4)"建、管、养"并重。发展规划要统筹考虑农村公路的建设、管理、养护工作协调开展,促进青海省农村公路可持续发展。

四、主要结论

(一)发展目标

到2015年,完成乡镇"通畅"工程及建制村、主要寺院"通达"工程建设,实现所有乡镇通沥青(水泥)路或其他类型的硬化路面公路,所有建制村、主要寺院通公路;建制村"通畅"工程建设取得明显成绩,85%以上的建制村通沥青(水泥)路或其他类型的硬化路面公路。农村公路危桥改造深入推进,基本消除县道小桥以上、乡道及村道中桥以上的农村公路危桥;农村公路管养体制、运行机制基本到位,农村公路养护水平明显改善。农村公路通达深度、技术状况和服务水平显著提高,初步解决农牧民群众"出行难、运货难"问题。

到2020年,完成乡镇、建制村、生态移民区、主要寺院"通畅"工程,基本实现乡镇、建制村、生态移民区、主要寺院和具备条件的牧委会通沥青(水泥)路或其他类型的硬化路面公路,初步形成以县道为局域干线,乡道、村道和寺院公路为基础的干支相连、布局合理、具有较高服务水平的农村公路网;农村公路桥涵和基本安保设施安全有效,全面消除农村公路中的危桥;农村公路管养体制和运行机制规范、有效,实现有路必养。基本解决农牧民群众"出行难、运货难"的问题,使农村交通出行更便捷、更安全、更舒适,适应全面建设小康社会的总体要求。

展望到2030年,在完成乡镇、建制村、生态移民区、主要寺院"通畅"工程,实现乡镇、建制村、生态移民区、主要寺院和具备条件的牧委会通沥青(水泥)路或其他类型的硬化路面公路的基础上,延伸农村公路通达深度,加强联网公路建设,自然村通公路比率明显提高,农村公路网络基本完善;农村公路桥涵和安保防护设施安全有效,全面消除农村公路危桥;农村公路管养体制、运行机制运作良好,实现所有农村公路规范化养护;农村交通服务水平显著提高,适应社会主义新农村新牧区建设的总体要求。

2020年前主要规划特征年青海省各地州市农村公路通达、通畅工程发展目标详见表1-1、表1-2。

规划期青海省各地州市农村公路通达工程发展目标 表1-1

区　　域	2008年		2015年		
	乡镇(%)	建制村(%)	乡镇(%)	建制村(%)	主要寺院(%)
西宁	100	51.0	100	100	100
海东	100	59.3	100	100	100
海北	89.5	65.9	100	100	100
黄南	97.2	71.7	100	100	100
海南	97.8	76.5	100	100	100

续上表

区域	2008年		2015年		
	乡镇(%)	建制村(%)	乡镇(%)	建制村(%)	主要寺院(%)
果洛	86.7	85.2	100	100	100
玉树	80.0	84.5	100	100	100
海西	90.5	45.1	100	100	100
全省	94.0	62.0	100	100	100

注:乡镇、建制村指具备通公路条件的乡镇和建制村。

规划期青海省各地州市农村公路通畅工程发展目标 表1-2

区域	2008年		2015年			2020年		
	乡镇(%)	建制村(%)	乡镇(%)	建制村(%)	主要寺院(%)	乡镇(%)	建制村(%)	主要寺院(%)
西宁	90.3	37.4	100	90	80	100	100	100
海东	88.7	30.9	100	82	85	100	100	100
海北	65.8	22.0	100	90	84	100	100	100
黄南	83.3	27.9	100	90	85	100	100	100
海南	89.1	31.4	100	87	86	100	100	100
果洛	64.4	3.3	100	76	85	100	100	100
玉树	37.8	3.1	91.1	73	85	100	100	100
海西	73.8	19.6	95.2	90	84	100	100	100
全省	76.9	27.9	98.6	85	85	100	100	100

注:乡镇、建制村指具备通公路条件的乡镇和建制村。

(二)主要农村公路建设规划

2009~2020年青海省主要农村公路规划建设任务如下:

建设通达工程1.86万公里,解决1 584个建制村(牧委会)、694座主要寺院通公路,对于不通公路的乡镇一次性安排通硬化路面公路,一并解决乡镇通达工程和通畅工程;建设通畅工程5.28万公里,解决97个乡镇、3 007个建制村(牧委会)、694座主要寺院通沥青(水泥)路或其他类型的硬化路面公路。改造县乡公路、建设资源开发路和联网公路共计3.92万公里,建设通往生态移民区、农牧场的公路8 800公里;建设和改造农村公路桥梁4 693座。加强农牧区公路安保和防护设施建设,在城市周边、人口密集等有条件的地区适当开展建制村通往自然村(合作社)公路建设。

(三)近期建设重点及投资需求

2015年以前,青海省农村公路建设主要集中精力解决那些尚未完成“通达”任务的乡镇、建制村、主要寺院通公路,并加快现有农村公路危桥改造及农村公路桥涵配套建设,稳步推进乡镇及建制村通沥青(水泥)路或其他类型的硬化路面公路建设,兼顾生态移民区、农牧场、农牧业产业园公路建设及通乡老油路改造。

2009~2015年,规划建设农村公路通达工程1.86万公里、投资46.4亿元,解决1 584个建制村(牧委会)、694座主要寺院通公路;建设通畅工程4.28万公里、投资150.9亿元,解决97个乡镇、2 378个建制村(牧委会)、589座主要寺院通沥青(水泥)路或其他类型的硬化路面公路。建设通往农牧业产业园公路和改造通乡老油路共计2 068公里、投资6.2亿元;建设通往生态移民区、农牧场的公路7 480公里、投资15.0亿元;建设和改造农村公路桥梁3 795座、投资30亿元。2009~2015年青海省主要农村公路建设共需投资约248.5亿元。

(四)政策措施

(1)统一思想,提高认识,充分认识农村公路建设的重要性。

(2)逐步细化、落实发展规划,加强项目前期工作,科学、协调、有序推进农村公路建设。

(3)突出重点,抢抓机遇,着力加快青海藏区农村公路建设。

(4)加强农村公路桥涵和基本防护设施建设,保障农村交通安全、畅通。

(5)注重专业技术人才的培养和引进,加强农村公路发展过程中的技术培训与指导。

(6)建立健全农村公路建设质量保证体系,确保农村公路建设质量。

(7)积极创新农村公路投融资方式,多渠道筹集农村公路发展资金。

(8)逐步推进农村公路养护管理、路政管理、农村客运管理、农村货运管理一体化发展。

(9)注重科技进步和环境保护,走可持续发展之路。

第二章　青海省农牧区经济社会发展现状

一、地理位置和自然资源

（一）地理位置和自然条件

青海省位于我国西北地区，地处青藏高原东北部，其东部和北部与甘肃省相连，东南部与四川省相邻，西南部与西藏藏族自治区接壤，西北部与新疆维吾尔自治区毗邻。青海省东西横跨1 200公里，南北纵横800公里，土地面积72万平方公里，占全国国土面积的7.5%，居全国第4位。

青海地处青藏高原东北部，平均海拔3 000多米，全省均属高原范围。全省地貌主要由平地、丘陵、山地组成，平地面积约占30.1%，丘陵占18.7%，山地占51.2%。青海省西部地形高峻，自西向东倾斜降低，东南向和南北向两组山系构成全省地貌骨架，将全省地形分为祁连山地、柴达木盆地和青南高原3个自然区域。

青海省境内属于高原大陆性气候，温差大、日照长、降水少。年平均气温在-5.7～+8.5℃之间，绝大部分地区年降水量在400毫米以下。

（二）水利资源

青海省境内拥有长江、黄河、澜沧江、内陆河四大水系，据统计，长江总水量的26%、黄河总水量的49%和澜沧江总水量的16%均来源于青海。三江源地区是长江、黄河、澜沧江的发源地，被誉为“中华水塔”，是全国重要的水源涵养生态功能区，生态地位突出。青海省地表水资源总量达到631.4亿立方米，占全国年径流量的2.3%。青海省湖泊面积1.3万平方公里，占全国湖泊总面积15.8%，居全国第2位。青海境内水能资源理论蕴藏量达2 165万千瓦，居全国第5位。

（三）草原资源

青海天然草原辽阔，是我国四大牧区之一。青海省草原以高寒草甸为主体，具有面积大、耐牧性强、营养丰富的特征。青海全省可利用草场面积5亿亩，约占全国可利用草场面积的15%，发展畜牧业的物质基础雄厚。草原内有经济动物400多种，野生植物1 000余种，具有储藏量大、种类多、用途广、高原特色显著的特点，大部分可开发利用，药用价值高。

（四）矿产资源

青海省矿产品种齐全、储量大。全省共发现矿产127种，探明储量的有107种，其中58种矿产储量居全国前十位，10种矿产储量居全国首位，包括锂矿、锶矿、电石用灰岩、化肥用蛇纹岩、冶金用石英岩、钾盐、镁盐、玻璃用石英岩、石棉和芒硝。青海省已探明各类矿产资源潜在价值约18万亿元，占全国各类矿产资源总价值的20%。青海省矿产资源分布相对集中，主要分布在柴达木盆地和农牧区。

（五）旅游资源

青海省旅游资源丰富，自然风光和民族风情特色鲜明。境内有巍峨高耸的雪山，有起伏不平的高原丘陵，有广袤平坦的草原，还有茫茫无际的戈壁，纵横交错的河流，以及星罗棋布的湖泊。青海省旅游资源主体分为青海湖旅游区、东部旅游区、西部旅游区三大组成部分。青海湖旅游区包括“百鸟的王国”青海湖鸟岛、“汉藏咽喉”日月山等。东部旅游区包括藏传佛教著名寺院湟中塔尔寺、“高原的西双版纳”孟达自然保护区等。西部旅游区旅游景观包括源头漂流、万丈盐桥等。

二、农牧区经济发展概况

(一)行政区划和人口分布

青海省现辖8个地级市(地区、民族自治州)、46个县(市、区、行委)、420个乡镇、4 164个建制村(牧委会)。其中民族自治地区包括6个自治州、7个自治县和28个民族乡。民族自治地区面积占全省总面积的98%,其中藏区面积占全省总面积的95%。青海是全国除西藏外最大的藏族聚居区。

青海省乡村人口比重大,少数民族人口比例高。截至2007年底,全省总人口551.6万,其中乡村人口330.6万人,约占总人口数的59.9%,比全国平均水平高4.8个百分点。青海省内共有54个少数民族,少数民族人口255.5万,占全省总人口的46.3%。青海省行政区划及人口分布情况详见表2-1。

青海省2007年行政区划及人口分布情况 表2-1

地　　区	所辖区县(个)	土地面积(百平方公里)	户籍人口(万人)	乡村人口(万人)	人口密度(人/平方公里)	乡村人口密度(人/平方公里)
西宁	7	74.2	190.1	99.4	256	134
海东	6	130.4	155.4	130.0	119	100
海北	4	333.5	27.7	22.0	8.5	6.5
黄南	4	179.1	23.2	19.0	13	10.5
海南	5	433.8	42.8	33.0	10	7.5
果洛	6	764.4	15.8	12.0	2	1.5
玉树	6	1 979.5	31.1	26.9	1.5	1.5
海西	8	3 279.8	34.7	13.4	1	0.5

注:数据源自《青海统计年鉴2008》。

青海省农牧区单位行政区划的管辖面积大,人口少。青海省乡镇平均占地面积2 130平方公里,平均人口9 781人。村委会和牧委会平均占地面积173平方公里,平均人口794人。

(二)农牧区经济社会发展概况

青海省属于我国西部欠发达地区,区位条件特殊,生态地位突出,是我国民族宗教工作的重点区域,在国家发展、生态保护和大局稳定方面具有重要的战略地位。自西部大开发战略和社会主义新农村新牧区建设实施以来,在国家的扶持和全省各族干部群众的共同努力下,青海经济社会发展取得了重大成就。

2007年,青海省实现地区生产总值783.6亿元,"十一五"期间年均增长12.3%,其中,一、二、三产业增加值分别为83.4亿元、417.8亿元和282.2亿元,三次产业结构为10.6∶53.3∶36.1,人均地区生产总值14 257元。2007年,青海省地方财政收入56.7亿元,财政支出282.3亿元,地方财政收入约占财政支出的20.1%,青海省财政支出大部分得依靠国家的财政转移支付。

青海省工业产业初步形成石油和天然气开采业、电力工业、有色金属工业、盐化工业四大支柱产业,2007年四大支柱产业工业增加值258亿元,占全省工业增加值的61.7%。

近年来,青海省农牧业已经从种植业为主逐步转变为种植业和林牧业共同发展,农牧业产业化、农牧产品商品化不断推进,农牧民生活水平不断提高。2007年青海省农林牧渔业总产值达121.3亿元,农牧民人均纯收入达2 683.8元。在青海省农林牧渔业总产值中,农业占39.7%、林业占2.8%、牧业占52.7%。2007年青海省农村经济发展情况见表2-2。

2007 年青海省各地州市农村经济发展指标统计 表 2-2

地　　区	地区生产总值（亿元）	乡村人口（万人）	农林牧渔业总产值（亿元）	粮食产量（万吨）	矿产资源（万吨）	肉产品（万吨）	农民人均纯收入（元）
西宁	342.5	99.4	26.8	26.7	656.6	68 739	3 398
海东	102.1	130.0	30.2	37.7	301.4	81 139	2 728
海北	28.6	22.0	9.7	4.7	151.4	36 891	2 698
黄南	28.0	19.0	17.1	9.4	131.8	43 832	2 904
海南	40.9	33.0	9.8	2.8	13.0	31 194	2 188
果洛	10.1	12.0	4.4	0.1	75.5	28 840	2 162
玉树	17.8	26.9	14.9	1.7	1.9	37 651	2 048
海西	201.7	13.4	8.3	9.3	5 690.8	21 021	3 058
全省	783.6	355.7	121.3	106.2	7 022.4	243 316	2 684

注:数据源自《青海统计年鉴 2008》。

(三)农牧区经济社会发展特点

1.农牧区地形条件复杂,生活环境恶劣,经济贫困

青海省平均海拔高于 3 000 米,大部分农牧区位于寒冷、干旱、缺氧的高原地区,自然灾害频繁,生产生活环境恶劣。长期以来,青海省农牧区经济发展水平明显低于全国乃至西部地区的平均水平。2007 年,青海省农林牧渔业总产值居全国第 30 位,农牧民人均纯收入居全国第 27 位。青海省是全国典型的贫困地区,贫困面广,贫困程度深。2008 年青海省共有 15 个国家扶贫开发工作重点县,占全省县级行政区划数量的 32.6%。全省共有贫困人口 75.7 万,占全省农牧民总人口的 21%,远高于全国 4.6%的平均水平。

2.农牧区人口分布分散,少数民族人口比重大,生产生活方式特殊

青海省农牧区人口稀少。2007 年青海全省农牧区乡村人口密度平均约为 4.6 人/平方公里,仅为全国农村人口密度的 1/17,尤其是果洛、玉树、海西 3 个自治州的乡村人口密度均在 2 人/平方公里以下。青海省是多民族聚居地区,少数民族人口多,且主要分布在农牧区。青海省内主要有藏族、回族、土族、撒拉族、蒙古族等少数民族,2007 年少数民族人口达 255.5 万人,约占全省总人口的 46.3%,少数民族人口总数居全国第 3 位。

青海省少数民族群众普遍信仰藏传佛教、伊斯兰教或道教等宗教。全省共建设有藏传佛教寺院、伊斯兰教清真寺院等宗教寺院约 240 座,其中藏传佛教寺院数量最多,分布最广泛,信教群众最多。到宗教寺院等宗教场所参加宗教活动、信仰宗教,不仅是青海广大藏族农牧民群众特殊的民族习俗,也是农牧民群众日常生活的重要组成部分。

青海省牧民群众以藏民为主,藏族牧民的生产生活方式以放牧为主,主要生活来源是销售畜牧产品。为了获取充足的放养牲畜草料,大部分牧民需要在夏季草场和冬季草场之间转场,放牧生产方式流动性强,通常以游牧生活为主。截至 2007 年底,在玉树、果洛、海南、黄南、海北五个藏族自治州和海西州蒙古族自治州在内的青海藏区,实现定居的牧民共 40 267 户、18.6 万人,仅占全部牧户和牧民人口数的 26.3%和 26.0%,大部分牧民仍然居无定所。

3.农牧业气候条件独特,农牧产品独具特色

青海省独特的"冷凉性"气候条件和天然无污染的地理环境,造就了发展特色优质农牧产品得天独厚的优势。通过积极推动农牧业产业化经营,青海省培育了一大批特色优质农产品,如玉树冬虫夏草、乐都紫皮蒜、互助土豆、循化辣椒、湟源陈醋、祁连黄蘑菇、门源白灵菇等。在农业部《全国优势农产品区域布局规划(2008 ~ 2015 年)》确立的 16 种优势农产品的优势区域中,青海省境内分布有 3 大区域,包括优质强筋、中筋小麦带,抗旱、抗冻的优质甘蓝型特早熟春油菜,以及鲜食用、加工用和种用马铃薯。青海省东部地区是主要农产品基地,2007 年西宁市和海东地区小麦产量占青海省小麦总产量的 66.6%,油菜籽产量占青海省油菜籽总产量的 66.3%,薯类产量占青海省薯类总产量的 90.3%。

青海省天然草原辽阔,具有发展畜牧业的雄厚物质基础,省内农牧区广泛养殖牦牛和藏系绵羊,牛羊肉、羊毛、羊绒、牛毛绒、驼毛绒、牛奶等畜牧产品丰富。由于独特的高原冷凉气候,青海省牛羊肉具有无公害、无污染、肉质鲜嫩的特点,在国内外享有较高的声誉,是我国重要的畜产品出口生产基地。2007年青海省牦牛饲养数量占我国牦牛饲养总量的38%,居全国首位,饲养绵羊1 266.4万只,占全国饲养总量的8.9%。2007年青海省农牧区家庭平均每人出售羊肉20.1公斤,是全国平均水平的6.7倍;牛肉6.6公斤,是全国平均水平的2.2倍。2007年青海省畜牧业总产值占全省生产总值的5.9%。青海省畜牧业的发展,提供了大量的毛纺、制革、食品、乳品、皮毛、油脂和部分工业原材料,也带动了相关产业的发展。

4. 农牧区矿产、旅游资源丰富,开发潜力大

青海省农牧区盐湖、石油、天然气、煤炭及铜、铅、锌、金等有色金属矿产资源富集,储量丰富。其中,盐湖资源、石油、天然气主要分布在柴达木盆地,储量分别为700亿吨、3.6亿吨和4 572亿立方米;煤炭资源主要分布在北部天峻县木里至门源县宁缠,已探明储量56亿吨。青海省现已初步形成4大矿业经济区、17个重点开发区、32个矿产资源开发基地和75个主要矿产资源开采规划区块的矿产开发格局。柴达木盆地是省内矿产资源重点开采区域,2007年海西州矿产资源产量占全省矿产资源总产量的81.6%。青海省现有矿产资源企业800多家,矿产资源采选业及后续加工业生产总值占全省生产总值20%。资源经济的快速发展,不仅有效解决了部分农牧民富余劳动力的就业问题,而且大大带动了农牧区非农产业的发展。

青海省高原旅游资源丰富,主要旅游景区普遍分布在海拔1 800～6 600米之间,形成了高原风光、生态风光、民族风情、宗教文化、登山探险等高原特色生态旅游品牌。青海省内旅游资源主要分布在农牧区,包括:青海湖鸟岛、三江源、可可西里等生态旅游资源;湟中塔尔寺、西宁东关清真大寺等宗教旅游资源;青海"花儿"、玉树歌舞、土族"安昭舞"、蒙古族那达慕、藏族赛马会等民俗风情旅游资源。青海省特色旅游资源对国内外游客具有较强吸引力,2008年青海省旅游人数达905万人次,旅游收入47.5亿元,占青海省地区生产总值的5%。旅游业已经成为青海省国民经济新的增长点,大大带动了农牧区经济的发展。

5. 农牧业产业化、商品化、市场化不断推进

依托独特的气候条件和自然资源,青海省农牧业初步形成了10大主导产业,包括牛羊肉、绒毛、马铃薯、油菜、奶制品、蚕豆、蔬菜、中藏药材、花卉苗木和饲草产业。通过推动农牧业产业化经营和"一村一品"建设,实施品牌战略,大力培育了地方名优特色产品,形成了一批以农畜产品加工转化为主的龙头企业,提高了农牧业的产业化水平,增加了农牧户的农牧业收入,也提升了青海省农畜产品的国内外知名度。

2007年青海省共建设有特色农畜产品"一村一品"专业村582个,各类农牧业产业化组织289个,农牧业产业化重点龙头企业达140家,其中国家级龙头企业5家,省级龙头企业35家,州(市、地)级龙头企业100家。2007年青海省农牧业产业化龙头企业从业人员3.8万人,实现销售收入12.5亿元,带动农牧户36万户。青海省已经初步建立农畜产品市场体系,2007年青海省共建设有各类农畜产品市场38个,年市场交易额近20亿元。

6. 农牧区生态地位突出,生态环境保护要求高

青海省是长江、黄河、澜沧江三大水系的发源地,被誉为"中华水塔",是我国重要的水源涵养生态功能区,生态地位突出。青海省的生态环境状况,不仅关系到青海省的可持续发展,也关系到江河中下游地区的生态安全,在我国生态环境保护中具有特殊的战略地位。青海省限制开发区和禁止开发区占全省面积的95%,并且主要分布在农牧区。其中三江源自然保护区等5处国家级自然保护区均主要分布在农牧区。实施生态移民工程,有效减少对森林和草场的过度开发和破坏,扩大森林和草场面积,是青海省落实国家退耕还林(草)工程、退牧还草工程要求,切实保护生态环境的必然要求。

第三章　青海省农村公路发展现状

一、公路交通发展现状

改革开放以来,特别是西部大开发战略实施以来,青海省公路交通发生了翻天覆地的变化,交通基础设施逐渐完善,运输服务水平稳步提升,全省已经初步形成了以国省干线为骨架、县乡公路为支撑,连接州县、覆盖乡村的公路基础设施网络。

2008 年,青海省公路总里程达 56 642 公里,公路网面积密度为 7.8 公里/百平方公里、公路人口密度为 102.7 公里/万人。从行政等级来看,国道 4 459 公里、省道 8 852 公里、县道 9 195 公里、乡道 12 245 公里、村道 21 066 公里、专用公路 876 公里;从技术等级来看,高速公路 215 公里、一级公路 206 公里、二级公路 4 984 公里、三级公路 6 095 公里、四级公路 21 149 公里、等外公路 23 994 公里;从路面等级来看,有铺装路面公路 12 085 公里、简易铺装路面公路 5 254 公里、未铺装路面公路 39 312公里。省会至州府基本通达二级公路,州府至县城基本通达三级公路。2008 年青海省公路网基本情况详见表 3-1。

2008 年青海省公路网等级构成情况　　表 3-1

分　类		里程(公里)	比重(%)
技术等级	高速公路	215	0.4
	一级公路	206	0.4
	二级公路	4 984	8.8
	三级公路	6 095	10.8
	四级公路	21 149	37.3
	等外公路	23 994	42.4
行政等级	国道	4 459	7.9
	省道	8 852	15.6
	县道	9 195	16.2
	乡道	12 245	21.6
	专用公路	876	1.5
	村道	21 016	37.1
路面等级	有铺装路面	12 085	21.3
	简易铺装路面	5 245	9.3
	未铺装路面	39 312	69.4
合计		56 642	100

公路运输是青海省最主要的运输方式,在综合运输体系中占主导地位。2007 年青海省完成公路客运量 5 218 万人、公路旅客周转量 29.4 亿人公里,分别占全社会客运量和旅客周转量的 90.5% 和 35.7%;完成公路货运量 6 280 万吨、公路货物周转量 55.3 亿吨公里,分别占全社会货运量和货物周转量的 74.6% 和 29.2% 。近年来,随着经济快速增长,青海省公路运输快速发展。2001 ~ 2007 年青海省公路客货运量年均分别增长 7.0% 和 6.5% ,详见图 3-1。

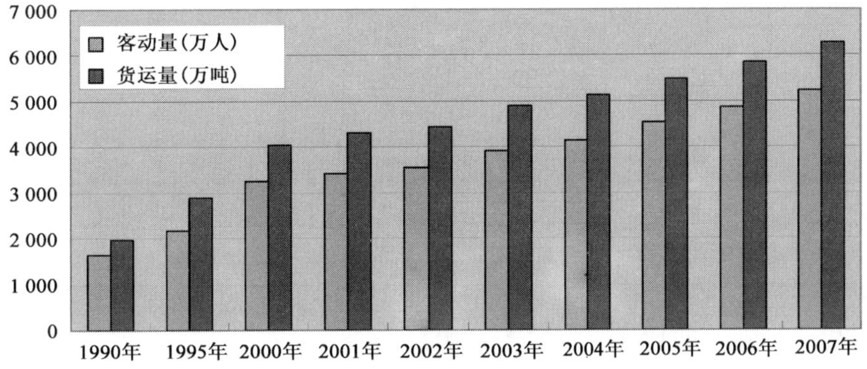

图3-1　青海省公路客、货运量发展情况

二、农村公路发展现状

(一)农村公路发展概况

1.农村公路发展基本情况

2008年青海省纳入统计的农村公路里程42 456公里,占全省公路总里程的75.0%,农村公路面积密度5.9公里/百平方公里,其中县道里程9 195公里、乡道12 245公里、村道21 016公里,分别占农村公路总里程的21.7%、28.8%和49.5%;等级公路19 813公里,等外公路22 644公里,分别占农村公路总里程的46.7%和53.3%;有铺装路面公路里程4 780公里,简易铺装路面公路里程2 833公里,未铺装路面公路里程34 843公里,分别占农村公路总里程11.3%、6.7%和82.1%;晴雨通车里程29 626公里,占农村公路总里程的69.8%。

2008年青海省已经实现94.0%的乡镇通公路,76.9%的乡镇通沥青(水泥)路,62.0%的建制村(牧委会)通公路,27.9%的建制村通沥青(水泥)路。青海省建成农村公路桥梁1 905座,农村公路隧道4座,其中大桥55座、中桥311座、小桥1539座,长隧道1座、中隧道1座、短隧道2座。青海省农村公路技术等级构成、路面铺装、通达通畅情况分别见表3-2～表3-4。

2008年青海省农村公路技术等级构成情况　　表3-2

地区	里程(公里)					所占比例(%)	
	二级及以上公路	三级公路	四级公路	等外公路	合计	等级公路	等外公路
西宁	66	141	1 076	2 326	3 608	35.5	64.5
海东	27	122	2 740	3 396	6 285	46.0	54.0
海北	5	144	1 707	1 242	3 099	59.9	40.1
黄南	0	265	979	1 891	3 135	39.7	60.3
海南	3	98	2 582	2 901	5 584	48.1	51.9
果洛	5	4	1 229	4 353	5 592	22.2	77.8
玉树	0	5	4 987	3 962	8 953	55.8	44.2
海西	7	405	1 871	6 805	9 088	25.1	74.9
全省	125	977	18 711	22 644	42 456	46.7	53.3

从表3-2可以看出,青海省农村公路技术等级水平整体较低,全省仅有46.7%的农村公路为等级公路,约有2.26万公里的等外公路。地州市之间的技术等级差距较大,海北州和玉树州的等级公路比重相对较高,分别达到了59.9%和55.8%,而果洛州和海西州的等级公路比重分别仅为22.2%和25.1%。

2008 年青海省农村公路路面等级构成情况　　表 3-3

地区	里程(公里)				所占比例(%)		
	有铺装	简易铺装	未铺装	合计	有铺装	简易铺装	未铺装
西宁	1 019	381	2 209	3 608	28.2	10.5	61.2
海东	1 456	1 093	3 735	6 285	23.2	17.4	59.4
海北	128	131	2 840	3 099	4.1	4.2	91.6
黄南	54	621	2 459	3 135	1.7	19.8	78.5
海南	804	479	4 301	5 584	14.4	8.6	77.0
果洛	10	750	4 832	5 592	0.2	13.4	86.4
玉树	45	47	8 861	8 953	0.5	0.5	99.0
海西	233	1 530	7 325	9 088	2.6	16.8	80.6
全省	4 780	2 833	34 843	42 456	11.3	6.7	82.1

从表 3-3 可以看出,青海省农村公路路面等级较低,且呈不均匀分布状况。有铺装及简易铺装路面仅占 18%。西宁和海东地区路面状况相对较好,分别达 38.7%、40.6%,而玉树州和海北州的有铺装及简易铺装路面仅占 1.0% 和 8.4%。

2008 年青海省农村公路通达通畅情况　　表 3-4

地区	乡镇			建制村		
	个数(个)	通公路率(%)	通沥青(水泥)路率(%)	个数(个)	通公路率(%)	通沥青(水泥)路率(%)
西宁	62	100	90.3	898	51.0	37.4
海东	106	100	88.7	1 615	59.3	30.9
海北	38	89.5	65.8	232	65.9	22.0
黄南	36	97.2	83.3	251	71.7	27.9
海南	46	97.8	89.1	430	76.5	31.4
果洛	45	86.7	64.4	182	85.2	3.3
玉树	45	80.0	37.8	258	84.5	3.1
海西	42	90.5	73.8	306	45.1	19.6
全省	420	94.0	76.9	4 172	62.0	27.9

从表 3-4 可以看出,西宁市、海东地区已经实现了 100% 的乡镇通公路,西宁市已经实现 90% 以上的乡镇通沥青(水泥)路,而玉树州乡镇通沥青(水泥)路的比例不足 40%。青海省仅有 62% 的建制村通了公路,70% 以上的建制村尚未通沥青(水泥)路,果洛州、玉树州建制村沥青(水泥)路的比例仅为 3% 左右。

2. 农村公路发展资金来源与养护管理现状

青海省地方财政收入有限,配套资金短缺,农村公路建设资金主要依靠国家补助,资金来源与需求之间的矛盾一直是困扰青海省农村公路发展的难题。2008 年,青海省农村公路建设资金 267 524 亿元,其中国家补助 225 250 亿元,占建设资金来源的 84.2%;养路费补助、贷款、社会融资和其他筹资方式分别占 1.4%、5.7%、2.5%、5.4%。在县道建设资金中,国家补助资金占 92.4%;在乡道建设资金中,国家补助资金高达 96.0%;在村道建设资金中,国家补助资金占 73.0%。

在农村公路养护管理方面,青海省共建立了 151 个农村公路养护工区(站、道班)和 41 个养护企业对全省农村公路实施养护管理。为了加强农村公路养护管理工作,青海省颁布了《农村公路管理养护体制改革实施方案》和《青海省农村公路养护资金管理使用办法》,按照"低标准、全覆盖"和"有路必养”的原则安排养护资金,对全省所有农村公路实施低标准的普及性养护,在很大程度上缓解了农村公路失养、弃养的局面。在养护管理体制机制建设方面,部分地州市通过在县一级成立养护管理机构实施农村公路养护的行业管理,组建企业化运作的专业养护公司实施具体的养护作业,总体实行“县道县养、乡道乡养、村道村养”的养护管理体制和“管养分离”的运行机制,初步明确了各级地方人民政府的农村公路养护管理责任,有效提高了农村公路的养护效率和养护水平。

受养路费增长缓慢等因素的制约,青海省农村公路养护资金短缺,资金供给与资金需求之间的矛盾突出。目前青海省农村公路养护资金主要来源于养路费补助和地方自筹资金,分别占农村公路养护资金的67.0%和32.0%。其中,县道、乡道养护的养路费补助比例较高,分别占养护资金的68.7%和67.4%。村道养护中地方筹资所占比例相对较高,占村道养护资金的48.7%。

2008年青海农村公路建设和养护资金来源情况分别见表3-5、表3-6。

2008年青海省农村公路建设资金来源统计(单位:万元) 表3-5

地区	国家补贴	养路费补助	民工车辆建勤	以工代赈	地方政府财政投入	贷款	社会筹资	其他
西宁	16 381	0	745	0	0	15 374	6 800	0
海东	480 561	3 635	0	46	0	0	0	4 532
海北	201 141	0	206	0	0	0	0	61
黄南	23 458	0	0	0	2	0	0	1
海南	35 678	0	0	0	0	0	0	4 087
果洛	18 437	0	0	0	39	0	0	0
玉树	38 634	0	0	0	0	0	0	4 932
海西	24 492	0	0	0	921	0	0	895
全省	225 250	3 635	950	46	961	15 374	6 800	14 508
所占比例(%)	84.2	1.4	0.4	0.02	0.4	5.7	2.5	5.4

2008年青海省农村公路养护资金来源统计(单位:万元) 表3-6

地　区	养路费补贴	民工车辆建勤	其　他	小　计
西宁	283.6	1.7	273.9	559.1
海东	437.1	0	437.1	874.1
海北	193.8	4.7	203.2	401.6
黄南	400.4	0	103.3	503.7
海南	603.3	0	0	603.3
果洛	980.6	0	0	980.6
玉树	596.7	0	596.7	1 193.5
海西	324.1	0	259.4	583.6
全省	3 819.6	6.3	1 873.6	5 699.5
所占比例(%)	67.0	0.1	32.9	100

(二)农村公路发展取得的主要成绩和经验

1.主要成绩

西部大开发战略实施以来,青海省农村公路建设取得了显著成绩,农村公路通车里程快速增加,通达深度不断增加,技术等级显著提高,路面状况明显改善,大大改善了农牧民的生产、生活条件,有力地促进了农牧民增收、新农村建设和农村经济社会的全面发展。

(1)农村公路里程快速增加

自“十五”初期全国大规模建设农村公路以来,在“修好农村路,服务城镇化,让农民兄弟走上沥青路和水泥路”的农村公路发展目标的指引下,青海省农村公路建设速度明显加快。到2008年底,青海省农村公路通车里程达到4.2万公里,密度达5.9公里/百平方公里,占公路总里程比重提高到75.0%。在2003~2008年的5年间,青海省平均每年新增农村公路里程约3 400公里,年均增长19%。

(2)农村公路通达深度不断增加

到2008年底,青海省已经实现94.0%的乡镇通公路,76.9%的乡镇通沥青(水泥)路,全省乡镇通沥青路(水泥路)的比率比2002年提高了38个百分点。全省2 588个建制村已经通公路,建制村公路通达率提高到62.0%。青海省已经初步形成全面通达乡镇、初步通达建制村的农村公路网络。

(3)技术等级显著提高,路面状况明显改善

2000年以前,青海农村公路以等外公路为主,技术等级低、路面质量差,低级和无路面公路里程居多。“十五”以来,青海农村公路的技术等级逐年提高,路面状况明显改善。2008年青海省农村公路中的等级公路里程达到1.98万公里,占农村公路里程的46.7%;有铺装及简易铺装路面里程增加到7 600公里,约占农村公路里程的17.9%。

2. 发展经验

回顾青海省农村公路发展历程,全省及各地州市在农村公路的建设与管理实践中,创造并积累了许多成功的做法与经验。

(1)地方人民政府高度重视农村公路发展

青海省各级地方人民政府高度重视农村公路发展,把发展农村公路作为解决“三农”问题的重要内容,将交通发展纳入各级地方人民政府的年度目标考核体系,以落实各级地方人民政府支持交通发展的目标责任。青海省交通厅与各地州市政府、各地州市政府与地州市交通局、地州市交通局与县(市、区)交通主管部门层层签订责任书,落实责任制,把农村公路发展工作任务逐级落实到一线,落实到具体负责人,从而形成了思想上统一认识、齐心协力加快农村公路建设的整体合力,为青海省农村公路发展提供了强有力的体制机制保障。

(2)制定多项优惠政策,扶持农村公路发展

针对农村公路的发展特点与供需实际,青海省人民政府相继制定一些适合农村公路发展需求的优惠支持政策,极大推动了青海省农村公路发展。青海省政府出台了《关于对全省加快农村公路建设给予有关支持政策的专题会议纪要》等系列文件,规定涉及农村公路建设的耕地占用和农民房屋拆迁费用,由地方财政转移支付交通资金或拖拉机养路费解决,其他拆迁和养护所需占用的荒山、荒坡、河滩、空闲地均无偿征用,挖沙取料由县级人民政府指定料场,不得收取费用。这些支持政策为青海省农村公路发展提供了政策保障。

(3)多方积极参与,推动了农村公路发展

青海省各级政府及交通主管部门通过加大宣传,使广大干部群众对“要想富,先修路”形成共识,变被动的“要我修路”为主动的“我要修路”,调动了广大农民群众积极投身农村公路建设的积极性。广大农民群众通过积极投工投劳、以工代赈投入农村公路,大大节约了农村公路工程建设费用。按照“谁投资、谁受益”的原则,鼓励受益的资源开发企业集资修建农村公路,逐步将农村公路建设由行业行为转化为社会行为。针对一些贫困山区和边远村庄,采用“一对一”对口帮扶、号召社会各界捐助等方式,广泛调动了社会各界共同参与农村公路建设的积极性,获得了较好的发展效果。

(4)严把农村公路建设工程质量关

为了确保农村公路的建设标准和建设质量,青海省各地州市着眼于长远发展,在建设项目实施过程中,严格质量标准,规范施工程序,真正把农村公路建成了“放心路”和“致富路”。比如海西州专门成立了海西州地方公路建设管理中心,严格按照施工、监理、安全、廉政“四合同制”,并委派专业技术人员深入农村公路建设施工现场实行全过程监管和指导,有效保障了农村公路建设质量。

(5)着力推进农村公路养护管理工作

近些年来青海省认识到农村公路养护管理的重要性,通过深入养护管理体制改革,着力推进养护管理工作,农村公路养护管理水平明显提高。青海省颁布了《农村公路管理养护体制改革实施方案》和《青海省农村公路养护资金管理使用办法》,按照"低标准、全覆盖"和"有路必养"的原则,积极与省财政协调筹集农村公路养护补助资金,在一定程度上缓解了农村公路失养、弃养的局面,2008年全省农村公路好路率达到45%。在养护管理体制机制建设方面,部分县成立了养护管理机构,组建了专业养护公司,积极推进"县道县养、乡道乡养、村道村养"的养护管理机制,明确了养护管理主体;部分县市专门成立了养护管理机构,组建了专业养护公司,推进了农村公路养护市场化,提高了农村公路的养护管理水平。

(三)农村公路发展存在的主要问题

近些年来,青海农村公路建设虽然取得了较大成绩,但受地质地形条件、经济发展水平、人口分布、发展资金、管理体制、运行机制等因素制约,目前青海省农村公路发展总体落后。乡镇、建制村通达通畅工程建设任务仍然艰巨;农村公路技术等级偏低,路面状况较差;普遍缺少桥涵构造物及配套防护设施,抗灾能力弱;资金来源渠道单一,建设资金不足;养护资金严重缺乏,失养弃养现象时有发生;技术人才短缺,行业技术指导难度大。青海省农村公路发展还远不能适应农牧区经济社会的发展需要和农牧民生活质量提高的要求,与建设富裕、文明、和谐的新青海和生态文明、生活富裕、经济发展、社会和谐的新藏区发展目标还存在较大差距。

1. 通达通畅工程建设任务仍然艰巨

2008年青海省农村公路面积密度为5.9公里/百平方公里,仅为全国平均水平的1/6,在全国31个省(自治区、直辖市)中仅略高于西藏自治区,居全国倒数第2位。截至2008年底,青海省仍有25个乡镇和1 584个建制村(牧委会)不通公路,分别占乡镇、建制村(牧委会)总数的6.0%和38.0%;全省还有97个乡镇和3 007个建制村(牧委会)不通沥青路(水泥路),分别占乡镇、建制村(牧委会)总数的23.1%和72.1%,青海省乡镇和建制村通沥青路(水泥路)的比例均远低于全国平均水平。另外,青海省还有694座主要寺院尚未通公路。

2. 农村公路技术等级偏低,路面状况较差

2008年,青海省农村公路中二级及以上公路里程125公里,仅占农村公路通车里程的0.3%;等外公路里程约2.3万公里,占农村公路通车里程的53.3%。青海省农村公路中尚有一半以上为等外公路。有铺装路面和简易铺装路面公路里程7 613公里,仅占农村公路通车里程的17.9%;未铺装路面公路里程约3.5万公里,占农村公路通车里程的82.1%,农村公路的路面铺装水平整体较低。

3. 普遍缺少桥涵构造物及配套防护设施

受资金、技术等多种因素制约,青海省农村公路普遍缺少桥涵构造物及边坡防护、排水沟涵等配套防护设施。特别是地形、气候条件恶劣的贫困、边远山区和牧区,缺桥少涵及无配套防护设施现象尤为严重。农村公路抵抗洪涝灾害、泥石流、山体滑坡等自然灾害的能力较弱,断路现象时有发生,严重影响了农牧民群众的正常交通出行。

4. 资金来源渠道单一,建设资金明显不足

青海省经济发展水平整体落后,地方财政困难,长期以来农村公路建设主要依赖国家补助资金。青海省各级地方财政普遍困难,省级财政收入只占支出的35%～40%,县级财政收入仅占财政支出的3%～4%,地方财政支出主要依靠国家转移支付,地方财政投入农村公路建设的能力非常有限。

2008年,青海全省投入农村公路建设的地方财政资金约961万元,仅占农村公路建设资金总投入0.4%,各级地方人民政府投入农村公路建设的资金明显不足;国家补贴资金投入青海省农村公路建设22.5亿元,约占青海省农村公路建设资金总投入的84.2%。民工建勤、车辆建勤、以工代赈等一些特殊政策或措施投入农村公路建设的资金约996.3万元,仅占农村公路建设资金投入的0.4%。未来,随着农村税费改革及成品油价格税费改革深入实施,青海省农村公路建设资金供需矛盾将越加突出。

5. 养护资金严重缺乏，养护水平较低

目前虽然青海省初步形成了“县道县养、乡道乡养、村道村养”的农村公路养护管理机制，但由于青海省地方财政和交通规费收入明显不足，农村公路养护资金普遍没有足额到位。2008 年青海省农村公路养护资金省级配套资金仅到位77%，地州市和县级财政配套资金分别仅到位9%和24%。由于农村公路养护资金严重不足，加上养护技术和养护设备落后、专业养护人员缺乏，青海省农村公路养护水平普遍较低。不少农村公路特别是乡、村公路普遍处于临时性、突击性养护状态。受地质灾害、冬春季冻土、强日照等因素影响，农村公路“晴通雨阻”甚至断路现象仍时有发生。

6. 技术人才短缺，技术指导难度大

青海省农村公路建设、养护管理工作基本上以地州市和县区为主导。长期以来，大部分地区在农村公路人才培训、管理队伍建设方面重视不够，普遍缺少必要的工程技术人员和管理人才，导致农村公路设计、施工、养护过程中缺少必要的技术支持或技术指导，农村公路工程质量监督体系缺乏，农村公路质量难以有效保证。

第四章　青海省农村公路发展需求分析

一、农牧区经济社会发展形势分析

(一)宏观发展环境及发展机遇

自2004年以来,党中央已经连续6年发布关于"三农"工作的中央1号文件,重视和支持"三农"发展。建设经济繁荣、设施完善、环境优美、文明和谐的社会主义新农村,是党中央、国务院新时期解决"三农"问题的重大战略举措。2005年10月党的十六届五中全会通过的《中共中央关于制定国民经济和社会发展第十一个五年规划的建议》,明确提出了建设社会主义新农村的重大历史任务,并用"生产发展、生活宽裕、乡风文明、村容整洁、管理民主"20个字形象描绘了社会主义新农村的新面貌、新要求。

2006年初颁布的中央1号文件——《中共中央国务院关于推进社会主义新农村建设的若干意见》进一步提出了"统筹城乡经济社会发展、推进现代农业建设、促进农民持续增收、加强农村基础设施建设、加快发展农村社会事业、全面深化农村改革、加强农村民主政治建设、切实加强领导社会主义新农村建设"8个方面的主要努力方向和发展要求。2009年中央1号文件再次明确提出要把保持农业农村经济平稳较快发展作为首要任务,将解决"三农"问题作为全党工作重中之重,围绕稳粮、增收、强基础、重民生开展工作,为经济社会又好又快发展继续提供有力保障,继续推进社会主义新农村新牧区建设。

2008年11月国务院《关于支持青海等省藏区经济社会发展的若干意见》(国发〔2008〕34号)要求青海等省藏区从实际出发,以加强生态保护为前提,以改善民生为核心,以发展经济为基础,以维护稳定为保障,到2020年实现生态环境总体改善、生态系统步入良性循环;城乡居民收入接近全国平均水平,基本公共服务能力达到全国平均水平;基础设施比较完善,特色优势产业形成规模;人与自然和谐相处,经济与社会协调发展,全面实现小康社会目标。

国务院《关于支持青海等省藏区经济社会发展的若干意见》从六个方面明确了青海等省藏区未来经济社会发展的主要方向、重点领域、主要任务、重大项目和支持政策。第一,以三江源生态保护为重点,构筑高原生态屏障;第二,转变农牧业发展方式,改善农牧区生产生活条件;第三,加大社会事业支持力度,不断提高公共服务水平;第四,加强基础设施建设,提高区域发展支撑能力;第五,促进特色优势产业发展,培育新的经济增长点;第六,加强基层政权建设,促进民族团结和社会稳定。

青海省95%的土地面积属于藏区范围,藏区的行政区域又以农牧区范围为主,居住人口以农牧民为主。贫穷落后是青海藏区和广大农牧区经济社会发展的基本特点。农牧民生活条件艰苦,农牧业生产基础薄弱,农牧民收入水平很低。在国家对"三农"问题持续高度关注和社会主义新农村建设全面推进的宏观背景下,《国务院关于支持青海等省藏区经济社会发展的若干意见》将为青海藏区乃至全省的社会主义新农村新牧区建设和农牧区经济社会发展提供历史性的难得机遇。

(二)发展趋势及发展目标

根据《青海省国民经济和社会发展"十一五"规划思路及2020年远景目标》、国务院《关于支持青海等省藏区经济社会发展的若干意见》以及连续6年中央1号文件的战略部署,未来青海省经济社会发展的总体要求是建设富裕、文明、和谐的新青海和生态文明、生活富裕、经济发展、社会和谐的新藏区;青海省农牧业和农牧区经济社会发展的主要任务是:加快发展经济和各项社会事业,建设经济发展、生态良好、民生改善、社会和谐、民族团结的社会主义新农村新牧区,到2020年实现全面小康社会。青海省农牧业和农牧区经济社会发展的主要目标如下:

1. 农牧业和农牧区经济持续发展

转变农牧业和农牧区的经济发展方式，实现传统农牧业向现代农牧业转变，发展节约型循环农牧业；农牧业经济效益显著提高，农牧业和农牧区经济发展的可持续性显著增强；建设社会主义新农村新牧区，全省农牧业和农牧区实现健康、快速、持续发展。

2. 农牧业和农牧区经济结构转型升级

特色产业发展壮大，农牧业和农牧区经济结构进一步优化。优势农畜产品向优势产区集中，全省优势农畜产品产业带和产业板块形成，农牧业集约化、产业化程度明显提高，农牧区二、三产业协调发展，形成现代农牧业和农牧区产业体系。

3. 农牧业产业化程度进一步提高

发展壮大一批竞争力强、市场占有率高的龙头企业；形成一批优质专用农畜产品生产基地；大部分农牧户进入农牧业产业化经营领域；农畜产品精深加工比重进一步提升，全省农畜产品加工转化率明显提高，农牧户来自产业化经营的收入明显增加。农畜产品市场体系更加完善。

4. 农牧民生产生活水平不断提高

农牧区基本公共服务能力达到全国平均水平，农牧业基础设施比较完善，农牧民生产生活条件显著改善。农牧民人均纯收入比 2008 年翻一番，接近全国平均水平。绝对贫困人口基本消除，低收入贫困人口数量不断减少。牧民全部实现移民定居，居住配套设施基本完善。

5. 生态环境保护效果更加显著

农牧业资源利用方式发生转变，资源节约型和环境友好型农牧业初步形成。生态移民和移民定居工程基本完成，退耕还林还草、退牧还草等工程效果逐步体现，森林、草场覆盖率进一步提高。生态环境恶化的趋势得到有效遏制，可持续发展能力增强，人与自然和谐发展。

6. 农牧区社会事业全面发展

农牧区教育、卫生、社会保障制度等社会事业加快发展，农牧民科技教育文化水平和人口素质全面提高，自我发展能力增强。贫困人口的素质与技能不断提高。农牧民培训机制更加完善，农牧区富裕劳动力基本实现转移就业，劳务经济发展壮大。

二、农村公路发展需求特点

青海省农牧民的生产运输和生活出行主要依靠公路交通。农村公路是青海省农牧区最主要甚至唯一的交通方式，也是最能适应农牧区经济发展和农牧业生产需求的交通方式，在联系、保障农牧区经济活动和农牧业生产正常开展方面发挥着重要作用，是农牧区经济社会发展的重要基础设施，也是其他农村基础设施建设的前提和基础。农村公路建设与发展，对于促进青海省农村经济发展、农牧业结构调整、农牧民持续增收、村容村貌改善，推进社会主义新农村新牧区建设具有重要作用。服务农牧区人们交通出行、促进农牧区资源开发、推动牧区经济社会发展是青海省农村公路建设与发展的主要目的。未来青海省农村公路的建设需求主要体现在以下方面。

（一）推进社会主义新农村新牧区建设，需要加快农村公路建设

青海省城乡发展不均衡，广大农牧区是青海省全面建设小康社会的短板。造成农牧区发展滞后的重要原因是农村公路短缺，农牧民生产生活成本高，严重阻碍了农牧区经济社会发展和农牧民收入增加。加快农村公路建设，可以有效改善农牧区的交通条件，提高农牧区交通服务水平，为农牧产品转化为商品创造条件，带动农牧产品流通，有效增加农牧民收入。改善农牧区交通条件，可以拓展市场范围，促进农牧区资源优化配置，促进生态畜牧业和高原特色农业发展；可以引导乡镇企业合理集聚，解决转产转业农牧民就业，完善小城镇功能，壮大县域经济，推进农村城镇化进程。推进青海省社会主义新农村新牧区建设，需要加快通乡镇、建制村、生态移民区的公路及配套桥涵建设，从而切实改善农牧区交通条件，提高农牧区交通服务水平。

(二)促进民族团结与宗教和睦,需要加强通主要寺院公路建设

青海是除西藏以外的最大藏族聚居区,是我国民族宗教工作的重要地区,承担着维护社会稳定和国家安全的重任。寺院等宗教活动场所是民族宗教工作的重点。加强宗教事务和宗教活动场所的管理,削弱分裂势力的影响,促进民族团结稳定,需要充分尊重少数民族宗教信仰,将通主要寺院公路纳入农村公路体系,着实解决主要寺院的通路问题,为群众从事宗教活动提供便利安全的交通出行条件。

(三)促进优势资源开发和特色产业发展,需要加强资源开发公路建设

青海省矿产资源、石油、天然气资源、水能资源、旅游资源丰富,探明矿产资源总价值占全国总量的20%。在能源、资源紧缺状况日益加剧的情况下,青海省在全国经济社会可持续发展中的地位显著提高。加快优势矿产资源开发和综合利用,推进循环经济实验区建设,促进特色优势产业发展是增强青海经济发展能力、实施国家区域协调发展战略的必然要求。推动农牧区的优势资源开发,需要加快连接农牧区主要矿区、资源富集区、旅游景区、农牧场、农牧业产业园区的农村公路建设,切实改善农牧区优势资源的对外交通条件,提高优势资源的可及性。

(四)坚持科学发展,建设生态文明,要求公路交通必须结合生态保护,走可持续发展之路

青海省是长江、黄河、澜沧江等江河的发源地及水源涵养区,是我国重要的高原生态屏障,生态地位极其重要。同时,青海地处高寒缺氧地带,生态环境异常脆弱,破坏后基本上难以恢复。青海省农村公路发展过程中,必须贯彻资源节约、环境友好的理念,处理好公路建设与生态环境的关系,研究符合青海生态自然环境的技术标准和建设技术,集约利用国土资源,保护生态环境,特别是加强对三江源核心区、青海湖流域、祁连山水源涵养区、柴达木地区等生态敏感区、退化区、脆弱区、重点流域、天然草场的生态环境保护,走节约资源、保护环境、提高效率、保障安全的可持续发展的道路,促进农村公路与自然和谐发展。

第五章　青海省农村公路发展战略取向与目标

一、战略取向和功能定位

（一）战略取向

公路交通是青海省农牧区最主要甚至是唯一的运输方式。农村公路是服务青海省农牧区经济社会发展的重要基础设施，是其他农村基础设施建设的前提和基础，是农村经济发展、农牧业结构调整、农牧民持续增收、村容村貌改善的重要基础条件。农村公路建设与发展，是社会主义新农村建设的重要组成部分，也是新农村建设的前提和基础，对于促进青海省农牧区乃至全社会经济发展和社会稳定具有重要的政治意义和经济意义。未来青海省农村公路发展的战略取向是：

1. 服务农牧民基本交通出行需求，提高农牧区基本公共服务水平，改善农牧民生产生活条件，提高农牧民群众生活水平，传播现代文明，促进社会和谐进步

党的十七大报告明确提出，要积极推进和注重实现基本公共服务均等化。基本公共服务均等化是国民经济又好又快发展的必然要求，是加快城乡统筹步伐和缩小城乡发展差距的直接动力，是构建社会主义和谐社会的重要前提。青海省农牧区交通发展总体落后，农牧民群众的基本交通出行服务需求尚未完全满足。青海省农村公路建设与发展，首先应致力于改善农牧民的基本交通出行条件，让农牧民群众早日告别交通闭塞和信息不畅，尽快解决农牧民出行难、就医难、上学难等基本公共服务难题，从而加快农牧区人民群众开放思想，开阔视野，扩大对外交流，改变精神面貌，促进农牧区科技进步和社会文明，切实提高农牧民群众生产生活条件和生活消费水平，促进农牧区社会和谐进步。

2. 服务农牧区经济发展，推进扶贫开发和农牧业产业化进程，缩小城乡发展差距

农村公路是青海省农牧区资源开发和产业经济发展的重要服务支撑。青海省农村公路建设与发展，必须适应青海省经济社会发展需要，服务并支撑青海省农牧区资源开发、扶贫开发和经济发展。通过改善农牧区资源产地和生产基地的交通条件、农牧业生产资料和农牧产品的运输条件，推动农牧业产业化和农牧产品商品化进程，促进“生产发展”；通过便利农牧产品运输，降低农牧产品运输成本，提高农牧产品销售价格，增加农牧民收入，加快脱贫致富，促进“生活宽裕”，从而缩小城乡发展差距，推动城乡经济协调发展。

3. 改变农牧区交通落后状况，完善路网结构，推进城乡区域交通协调发展

农村公路是公路网的重要组成部分，对加强路网衔接、提高路网通达程度具有重要作用。2008 年青海省农村公路里程约占公路总里程的75%，农村公路发展对提高青海省公路网整体服务水平具有举足轻重的作用。青海省农村公路建设与发展，应加强同干线公路的衔接与沟通，提高公路的可达性、路网密度和通达程度，从而改变农牧区交通落后状况，形成层次合理、结构完善的公路网系统，整体提高公路网的服务功能和效用，促进城乡区域交通协调发展。

（二）功能定位

1. 农村公路的概念

农村公路是公路网的重要组成部分，是连接县城、乡（镇）、建制村（牧委会）、自然村（合作社）、生态移民区、主要寺院等农村政治经济中心及农、林、牧、副、渔生产基地，资源开发区，厂矿企业，学校，集贸市场等交通集散地，为广大农牧区经济社会发展和人民群众生产生活出行服务，主要供机动车辆行驶并达到一定技术标准的公路。农村公路是指除国省干线公路和专用公路之外的其他公路，主要包括县道、乡道、村道和寺院公路。

2. 农村公路的功能定位

综合考虑农村公路在农牧区经济社会发展及公路网中的功能作用和服务范围，本规划分别从路网功能层次、具体功能定位2个方面对青海省农村公路进行功能定位分析。

(1)农村公路在路网功能层次中的定位

按照路线功能，公路网可以划分为干线公路、集散公路和出入道路3个功能层次。其中：

干线公路主要满足于重大、长距离交通需求，是公路网的最高层次，主要服务于省际之间、地级城市、国家级口岸、国家级旅游点等节点之间的交通联系，发挥重要的交通通道功能。

集散公路主要提供集散交通服务，满足于较小、中短途交通需求，通过连接干线公路，为干线公路汇集地方交通，并向地方疏散干线公路交通，主要服务于县级市、县城、重要乡镇等节点之间的交通联系。

出入道路主要提供出入交通服务，满足通达交通需求，是公路网络的"支脉"与"毛细血管"，主要服务于乡(镇)、建制村(牧委会)、主要寺院、自然村(合作社)等节点之间的交通连接。

农村公路在整个公路网的功能层次结构中主要定位为集散公路和出入道路。其中，县道一方面直接服务城镇，汇集县城、重要乡镇的地方交通；另一方面负责将出入道路与国省道等干线公路连接起来，使国省干线公路交通顺畅疏散到出入道路，或使出入道路交通方便地汇集到国省干线公路，属于集散道路。乡村道路和寺院公路主要提供出入乡、村、主要寺院、资源开发区、学校、厂矿企业、集贸市场、主要寺院等交通集散地的交通服务，并满足其产生的短途交通需求，侧重通达需求，属于出入道路。公路网功能层次结构见图5-1。

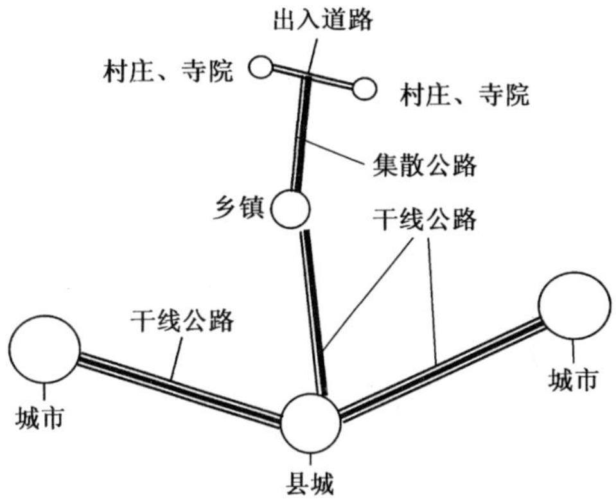

图5-1　公路网功能层次结构

(2)县、乡、村道和寺院公路的具体功能定位

县道是具有全县性政治、经济意义的公路，服务范围涵盖整个县域或县内的主要经济活动区，为全县主要政治经济活动服务，承担县域内除国省干线公路外的主要交通量。

乡道不仅是具有全乡(镇)性政治、经济意义的公路，也可以是在乡(镇)内部局部区域具有重要经济意义的公路。乡道包括连接乡(镇)与集贸市场、生产基地之间，多个建制村之间，以及不属于县道以上公路的乡(镇)与乡(镇)之间、乡(镇)与外界联系的公路。从服务范围和服务功能看，乡道或为全乡(镇)政治经济的主要活动服务，或为多个建制村的经济活动和人民生活服务。

村道作为公路网的末梢，主要起着连接乡镇与建制村及农牧民生产生活集聚地的作用，与农牧民的日常生产生活息息相关。村道是指乡(镇)范围内除乡道以上公路外、达到一定技术要求的公路，主要连接乡镇与建制村、建制村与自然村、多个自然村。从服务范围看，村道主要为村内农牧民的生产、生活，以及建制村(牧委会)或自然村(合作社)对外联络服务。

寺院公路主要连接主要寺院与村庄、主要寺院与附近公路，为广大农牧民群众去寺院从事宗教活动和寺院僧人外出交通出行服务。

县道、乡道、村道及寺院公路的服务范围和功能定位见表5-1。

县、乡、村道和寺院公路的服务范围和功能定位　　表5-1

分　类	服务范围	路网中的定位	连接节点
县道	全县、县内主要经济活动区	国省干线的集散路、农村公路的干线路	县城与乡镇、主要商品生产和集散地；多个乡镇
乡道	全乡、涵盖多个建制村的局部区域	国省干线的集散路、农村公路的次干线路	乡镇与建制村、集贸市场、生产基地；多个建制村

续上表

分　类	服务范围	路网中的定位	连接节点
村道	建制村、自然村、住户	农村公路的集散路、出入道路	单个建制村与建制村;建制村与自然村;自然村与自然村
寺院公路	主要寺院、信教群众	农村公路的集散路、出入道路	主要寺院与村庄、主要寺院与附近公路

二、指导思想和原则

(一)指导思想

深入贯彻落实科学发展观,按照全面建设小康社会、建设社会主义新农村新牧区、构建社会主义和谐社会和国务院《关于支持青海等省藏区经济社会发展的若干意见》的总体要求,以提高农牧区公路交通服务能力和水平,改善农牧民生产生活条件,提高农牧民群众的物质文化生活水平为宗旨,按照“统筹规划,分层负责;因地制宜,分类指导;先通后畅,逐步完善;建养并重,协调发展”的基本方针,加快农村公路建设与发展,促进农村公路可持续发展,全面开创农村公路发展新局面。将农村公路建设与新农村新牧区、农牧业示范区、生态移民区、资源开发区建设相结合,为发展现代农牧业,推动农牧区资源开发,繁荣农牧区经济,增加农牧民收入,推进牧民定居和生态移民进程,实现农牧区经济社会又好又快发展提供良好的交通条件。

(二)基本原则

1. 坚持政府、农牧民群众和社会共同参与的原则

农村公路具有很强的公益性,决定了农村公路建设应以政府投入为主。青海省各级地方人民政府应明确责任,加强领导和投入,共同推进农村公路建设与发展。农村公路量大面广,建设和管理养护任务重,仅仅依靠政府难度较大,需要广泛调动农牧民群众修路、爱路、护路的积极性,充分发挥沿线受益企业等社会各界共同参与的可能性,将农村公路建设与发展变成全社会的共同行动。

2. 坚持统筹规划,分步实施的原则

各级地方人民政府要在国家发展农牧区经济有关方针政策的指引下,在交通运输部和省交通厅的统一部署和协调下,根据各地农牧区经济社会发展和农牧民群众交通出行的需求特点,综合考虑生态保护、游牧民移民定居、扶贫开发、资源开发等要求,统筹规划农村公路建设项目;要从农村公路建设需求的紧迫性和难易程度出发,有步骤、有重点地逐步推进农村公路建设与发展。

3. 坚持实事求是,因地制宜的原则

青海省地质地形条件复杂,生态环境脆弱,气候条件恶劣,农牧区生产生活方式差异较大。青海省农村公路规划应根据各地的自然地理条件、气候环境、经济发展水平、交通需求特点、项目建设的可行性,合理确定农村公路的发展规模和建设标准。对于城市附近、人口密集、交通需求量较大的农区或生态移民区,农村公路建设标准可以相对高一些;对于地质地形条件差、自然条件和气候环境恶劣、地广人稀、交通需求量不大的山区或牧区,农村公路建设标准可以适当降低。

4. 坚持以人为本,路桥并举的原则

青海省境内青藏高原、柴达木盆地和“三江源”水网密集区并存,农牧区沟壑交错,河流密布,农村公路因为缺桥少涵发生断路的问题突出。农村公路建设与发展需要在强化质量的同时,注重农村公路桥涵及安保、基本防护等配套设施建设,切实保障农村公路畅通和农村交通安全。

5. 坚持建设、养护、管理并重的原则

在大力推进农村公路建设的同时,重视农村公路养护和管理工作,努力创新体制机制,建立规范、稳定、长效的农村公路养护管理办法、养护管理体制和运行机制,努力提高农村公路的使用寿命和路面完好率,有效保障农村公路的服务能力和服务水平。

6. 坚持科学发展和可持续发展的原则

青海省是长江、黄河、澜沧江等江河的发源地和重要的水源涵养区，是我国重要的高原生态屏障，生态地位极其重要，加之地处高寒缺氧地带，生态环境异常脆弱，破坏后基本上难以恢复。在农村公路建设发展过程中，需要注重保护生态和环境，有效开发利用资源，建立长效机制，促进农村公路与人口、资源、生态、环境及经济社会协调发展。

三、发展目标

(一)全面小康社会和新农村建设对农村公路发展目标的要求

党的“十六大”提出全面建设惠及十几亿人口的更高水平小康社会，描绘出未来二十年的美好蓝图，即经济更加发展、民主更加健全、科教更加进步、文化更加繁荣、社会更加和谐、人民生活更加殷实。党的十六届五中全会进一步明确提出建设“生产发展、生活宽裕、乡风文明、村容整洁、管理民主”社会主义新农村的重大历史任务。

农村公路是青海广大农牧区最主要甚至是唯一的运输方式，是农牧区经济社会发展的重要基础设施，是其他农牧区基础设施建设的前提和基础，是农牧区经济发展、农牧业结构调整、农民持续增收、村容村貌改善的重要基础条件。农村公路建设是社会主义新农村新牧区建设的重要组成部分，也是社会主义新农村建设的前提和基础。

全面建设小康社会的关键和难点在于农村，农村公路作为农牧区重要的基础设施，必然要肩负起促进小康社会建设的重任。全面小康社会建设和社会主义新农村新牧区建设对农村公路的基本要求就是具有通达性、便捷性、安全性、可靠性，能为农牧区经济发展和农牧区基本生活提供良好的运输服务。

1. 通达性

全面小康社会和社会主义新农村新牧区建设对农村公路的一个基本要求便是解决农牧民交通出行问题，即农村公路的覆盖范围需要满足农牧民群众通达乡镇、建制村(牧委会)、资源开发区、学校、厂矿企业、集贸市场、主要寺院等交通集散地的需求。

2. 便捷性

在通达的基础上，实现农村公路服务水平的提高：一方面提高路面技术水平，达到通畅；另一方面，增加相邻节点间的连接，完善路网结构，使得农牧民出行更便捷。

3. 安全性

从“以人为本”的角度出发，在提供农村公路交通运输服务的同时，必须保障使用者的安全，通过设置必要的安全设施，减少交通伤亡，减少农村公路对公众安全和幸福的威胁。

4. 可靠性

农村公路的可靠性主要体现在两个方面，一是具有一定的抗灾能力，或者在应对自然灾害或突发事件时具有迅速重建的能力；二是能够保障农村公路畅通，提供稳定的交通服务。

(二)国务院《关于支持青海等省藏区经济社会发展的若干意见》对农村公路发展目标的要求

在国务院《关于支持青海等省藏区经济社会发展的若干意见》中，总体要求到2012年青海等省藏区的城乡居民收入接近或达到西部地区平均水平，基本公共服务能力大幅度提高，与全国差距明显缩小，基础设施进一步改善；到2020年城乡居民收入接近全国平均水平，基本公共服务能力达到全国平均水平，基础设施比较完善，全面实现小康社会目标。

在农牧区经济社会发展方面，明确要求加快改善青海等省藏区农牧区的生产生活条件，推进社会主义新农村建设，把解决农牧区的饮水难、行路难、用电难、通信难等突出问题放在重要位置，加快通乡镇沥青(水泥)路、通行政村(牧委会)公路，支持公路渡口码头和渡改桥建设，完善农村公路管养体制。

(三)青海省农村公路发展目标

根据青海省农村公路建设与发展的指导思想、基本原则以及构建和谐青海、全面建设小康社会、社会主义新农村建设以及国务院《关于支持青海等省藏区经济社会发展的若干意见》对农村公路发展的要求，在明确农村公路建设发展战略取向、功能定位的基础上，结合青海省农村公路发展现状，统筹考虑青海省农牧区经济社会发展对农村公路的需求及交通主管部门、各级政府财政、农牧民群众、社会各界对农村公路的供给能力，确定青海省农村公路发展目标。

到2015年，完成乡镇“通畅”工程及建制村、主要寺院“通达”工程建设，实现所有乡镇通沥青（水泥）路或其他类型的硬化路面公路，所有建制村、主要寺院通公路；建制村“通畅”工程建设取得明显成绩，85%以上的建制村通沥青（水泥）路或其他类型的硬化路面公路。农村公路危桥改造深入推进，基本消除县道小桥以上、乡道及村道中桥以上的农村公路危桥；农村公路管养体制、运行机制基本到位，农村公路养护水平明显改善。农村公路通达深度、技术状况和服务水平显著提高，初步解决农牧民群众“出行难、运货难”问题。

到2020年，完成乡镇、建制村、生态移民区、主要寺院“通畅”工程，基本实现乡镇、建制村、生态移民区、主要寺院和具备条件的牧委会通沥青（水泥）路或其他类型的硬化路面公路，初步形成以县道为局域干线，乡道、村道和寺院公路为基础的干支相连、布局合理、具有较高服务水平的农村公路网；农村公路桥涵和基本安保设施安全有效，全面消除农村公路危桥；农村公路管养体制和运行机制规范、有效，实现有路必养。基本解决农牧民群众“出行难、运货难”问题，农村交通出行更便捷、更安全、更舒适，适应全面建设小康社会的总体要求。

展望到2030年，在完成乡镇、建制村、生态移民区、主要寺院“通畅”工程，实现乡镇、建制村、生态移民区、主要寺院和具备条件的牧委会通沥青（水泥）路或其他类型的硬化路面公路的基础上，延伸农村公路通达深度，加强联网公路建设，自然村通公路比率明显提高，农村公路网络基本完善；农村公路桥涵和安保防护设施安全有效，全面消除农村公路危桥；农村公路管养体制、运行机制运作良好，实现所有农村公路规范化养护；农村交通服务水平显著提高，适应社会主义新农村新牧区建设的总体要求。

结合各地州市农村公路发展现状、未来社会主义新农村新牧区建设的发展需求及供给能力，确定2020年前主要规划特征年青海省各地州市农村公路通达、通畅工程发展目标，详见表5-2、表5-3。

规划期青海省各地州市农村公路通达工程发展目标 表5-2

区　域	2008年		2015年		
	乡镇(%)	建制村(%)	乡镇(%)	建制村(%)	主要寺院(%)
西宁	100	51.0	100	100	100
海东	100	59.3	100	100	100
海北	89.5	65.9	100	100	100
黄南	97.2	71.7	100	100	100
海南	97.8	76.5	100	100	100
果洛	86.7	85.2	100	100	100
玉树	80.0	84.5	100	100	100
海西	90.5	45.1	100	100	100
全省	94.0	62.0	100	100	100

注：乡镇、建制村指具备通公路条件的乡镇和建制村。

规划期青海省各地州市农村公路通畅工程发展目标 表5-3

区域	2008年		2015年			2020年		
	乡镇(%)	建制村(%)	乡镇(%)	建制村(%)	主要寺院(%)	乡镇(%)	建制村(%)	主要寺院(%)
西宁	90.3	37.4	100	90	80	100	100	100
海东	88.7	30.9	100	82	85	100	100	100

续上表

区域	2008年		2015年			2020年		
	乡镇(%)	建制村(%)	乡镇(%)	建制村(%)	主要寺院(%)	乡镇(%)	建制村(%)	主要寺院(%)
海北	65.8	22.0	100	90	84	100	100	100
黄南	83.3	27.9	100	90	85	100	100	100
海南	89.1	31.4	100	87	86	100	100	100
果洛	64.4	3.3	100	76	85	100	100	100
玉树	37.8	3.1	91.1	73	85	100	100	100
海西	73.8	19.6	95.2	90	84	100	100	100
全省	76.9	27.9	98.6	85	85	100	100	100

注:乡镇、建制村指具备通公路条件的乡镇和建制村。

第六章　青海省农村公路主要建设领域及重点

一、发展思路

服务农牧区人们出行、促进农牧区资源开发、推动牧区经济社会发展是青海省农村公路建设与发展的主要目的。鉴于目前青海省农村公路发展水平总体落后，乡镇、建制村（牧委会）、主要寺院的通达通畅建设任务仍然艰巨；根据全面建设小康社会、建设社会主义新农村新牧区及国务院《关于支持青海等省藏区经济社会发展的若干意见》对青海省未来农村公路发展的总体要求、青海省农村公路发展的战略取向、指导思想、基本原则和发展目标，确定未来青海省农村公路建设与发展主要着力于以下五大部分内容。

一是建设解决农牧民群众生产生活基本交通出行问题的农村公路，包括通乡镇、建制村（牧委会）、生态移民区、主要寺院的农村公路通达通畅工程，以及连接牧民夏季牧场与冬季牧场的转场公路，让广大农牧民群众平等享受基本的公共交通出行服务。

二是建设通往农牧区资源产地和生产基地的农村公路，包括通往农牧区特色矿产资源地、特色旅游景区、农牧场、农牧业产业园的公路，促进农牧区特色资源开发和优势产业发展。

三是提高农村公路通达深度、完善路网需要改造或新建的农村公路，包括新改建与国省干线公路顺畅衔接的农村公路，建设相邻县之间、乡镇之间、建制村之间便捷联系的一些联网公路，建制村通往自然村（合作社）的公路。

四是配套建设农村公路桥涵和基本的安保与防护设施，主要包括配套桥涵建设，改造现有危桥，保障公路畅通，防止季节性断路；配套建设必要的安保、排水等基本防护设施，提高抗灾能力，减少交通事故和安全隐患，保障交通安全。

五是加强农村公路养护管理，主要包括构建适合青海省农村公路养护供需特点的管养体制、运行机制和运作模式，落实养护资金、养护设备和养护人员，提高列养比例和养护水平，巩固农村公路建设成果，保障应有的服务能力和服务水平。

二、规模测算

青海省农村公路发展规模测算主要采用连通度法和发展目标里程推算法。在此基础上，根据《全国农村公路建设规划》、相关研究结论以及专家咨询判断等，综合考虑并加以修正，确定青海省及各地州市农村公路发展的具体规模。

（一）连通度法

一个地区的公路网发展规模与水平，与土地面积、地理特征、城镇规模、城镇布局等因素都有着密切的内在联系。可以根据不同区域的土地面积、节点数量、节点分布等情况，结合未来公路网的布局模式分析，研究测算公路网里程规模。计算公式如下：

$$L = K_N \xi \sqrt{NA}$$

式中：K_N——路网连通度，其值为1.0时路网为“树”状结构，为2.0时为方格状，为3.0时呈方格+对角线状；

N——区域内节点数；

A——区域面积（平方公里）；

ξ——路网变形系数。

农村公路是公路网的组成部分，在采用连通度法测算农村公路规模时，需要以全路网规模测算为基础。首先采用连通度法测算全路网规模，然后再结合相关规划对国省干线公路里程规模进行测算，最后取两者差额测算农村公路发展规模。

1.影响因素及聚类分析

从连通度法的计算公式中可以看出，影响公路网规模确定的主要因素有三个，即节点的选择及连通度、变形系数的取值。节点的选择主要与路网层次有关；连通度的取值主要与路网层次、人口密度、经济发展水平有关；变形系数的取值主要与路网层次和地形地貌有关。

青海省地貌类型复杂，主要由山地、平地、丘陵组成，分别占全省土地面积的51%、30%和19%。青海省内各地州市的人口密度和经济发展水平也各不相同。为了更为科学合理地选取参数，确定青海省各地州市农村公路和全路网发展规模，拟采用聚类分析，选取人口密度和GDP将全省8个地州市划分为3类。区域划分的结果见表6-1。

区域划分结果 表6-1

类　别	地　州　市	人口密度范围(人/平方公里)	GDP范围(亿元)
第一类	西宁、海东	100～260(180)	100～350(225)
第二类	海西	1～15(8)	100～350(225)
第四类	海北、黄南、海南、果洛、玉树	1～15(8)	10～50(30)

2.全路网公路里程测算

依据公路网的功能定位，青海省公路网不仅要保证省内各大中城市、机场、枢纽等重要节点的有效连接，同时还要保证路网中最小交通节点——乡镇、建制村(牧委会)、生态移民区、主要寺院的最低连通需求，而且随着新农村建设步伐的加快，农村公路将进一步延伸至自然村(合作社)。在运用连通度法测算青海省全路网规模时，需要选取所有县区、乡镇、建制村(牧委会)、主要寺院、生态移民区、主要矿产和旅游资源产地、部分自然村及其以上行政单位为连通节点。在统计确定各地州市的节点个数以后，依据各类地区的地形地貌特点和经济发展水平，结合相关研究，确定各类地区的路网变形系数和节点连通度，最后运用连通度法，测算2015年、2020年青海省各地州市公路总里程的发展规模。经过测算，预计到2015年、2020年青海省公路总里程分别约为8.7万公里和9.5万公里，详见表6-2。

2015年、2020年青海省各地州市公路网发展规模 表6-2

地　区	分类	土地面积(百平方公里)	节点数(个)	2015年路网规模(公里)	2020年路网规模(公里)
西宁	1	74.2	1 010	4 982	5 338
海东	1	130.4	1 906	9 422	10 120
海北	3	333.5	358	6 911	7 740
黄南	3	179.1	394	5 313	5 950
海南	3	433.8	696	10 550	11 869
果洛	3	764.4	339	10 690	11 581
玉树	3	1 979.5	535	20 119	21 868
海西	2	3 279.8	425	19 008	20 661
全省	—	7 174.7	5 663	86 995	95 128

3.国省干线公路里程测算

依据公路网的功能定位，国省干线在区域公路网中发挥主干道功能，青海省国省干线公路主要保证省内各大中城市、机场、铁路枢纽、旅游区等重要节点的有效连接。在运用连通度法测算青海省国省干线公路网规模时，主要选取所有县级及以上行政单位、机场、铁路枢纽、主要旅游区等重要节点作为连通节点。在统计确定各地州市的节点个数以后，依据各地州市的地形地貌特点和经济发展水平，结合相关研究，确定各地州市的路网变形系数和节点连通度，最后运用连通度法，测算2015年、2020年青海省各地州市国省干线公路的发展规模。经过测算，预计到2015年、2020年青海省国省干线公路规模分别约为1.38万公里和1.47万公里，详见表6-3。

2015年、2020年青海省国省干线公路发展规模 表6-3

地　区	分类	土地面积(百平方公里)	节点数(个)	2015年路网规模(公里)	2020年路网规模(公里)
西宁	1	74.2	10	720	790
海东	1	130.4	12	1 080	1 180
海北	3	333.5	7	1 260	1 400
黄南	3	179.1	5	740	820
海南	3	433.8	8	1 540	1 710
果洛	3	764.4	9	1 990	2 120
玉树	3	1 979.5	7	2 210	2 300
海西	2	3 279.8	12	4 290	4 420
全省	—	7 174.7	70	13 830	14 740

4.农村公路里程测算

从测算的青海省及各地州市公路总里程规模中扣除国省干线公路的测算里程后，得到青海省及各地州市2015年、2020年农村公路规模分别约为7.3万公里和8.0万公里，详见表6-4。

青海省各地州市农村公路发展规模(连通度法，单位：公里) 表6-4

地　区	2015年	2020年
西宁	4 262	4 548
海东	8 342	8 940
海北	5 651	6 340
黄南	4 573	5 130
海南	9 010	10 159
果洛	8 700	9 461
玉树	17 909	19 568
海西	14 718	16 241
全省	73 165	80 388

(二)发展目标里程推算法

未来青海省各地州市的农村公路发展规模是在现有农村公路规模的基础上，增加规划期完成相应农村公路发展目标需要新建设的农村公路里程。通过测算目前平均解决一个乡镇或一个建制村通公路需要建设的里程数，考虑未通公路的乡镇、建制村普遍地处偏远地区，平均解决一个乡镇或一个建制村通公路需要建设的里程数有所增加，结合规划期青海省各地州市农村公路通达工程的发展目标及完成发展目标需要解决通公路的乡镇、建制村及主要寺院数，初步测算规划期各地州市在乡镇、建制村及主要寺院通达方面需要新建的农村公路里程；再咨询有关专家意见、附加一定比例的通生态移民区、农牧场公路及资源开发公路、联网公路的建设里程；最后加上各地州市现有的农村公路里程，即可得到规划期末青海省各地州市的农村公路里程规模。经测算，预计到2015年、2020年，青海省农村公路规模分别约为7.6万公里和8.5万公里，详见表6-5。

综合上述两种方法对青海省各地州市农村公路里程规模的测算，咨询相关专家意见，适当加以修正，预计2015年、2020年青海省农村公路规模分别约为7.5万公里和8.3万公里。规划期青海省各地州市农村公路发展规模详见表6-6。

规划期青海省各地州市完成通达目标农村公路统计　　表6-5

区域	2009～2015年解决通公路			2009～2015年新增公路里程(公里)				2015年农村公路里程(公里)	2020年农村公路里程(公里)
	乡镇(个)	建制村(个)	主要寺院(座)	乡镇通公路	建制村通公路	主要寺院通公路	联网路及其他		
西宁	0	440	13	0	2 310	68	190	6 385	7 151
海东	0	658	135	0	3 247	666	313	10 855	12 157
海北	4	79	37	117	971	455	123	4 507	5 048
黄南	1	71	60	25	805	680	121	4 515	5 057
海南	1	101	175	20	1 432	2 481	315	9 715	10 880
果洛	6	27	66	347	513	1 254	169	7 433	8 325
玉树	9	40	181	491	1 243	5 625	589	16 560	18 547
海西	4	168	27	137	7 127	1 145	673	16 140	18 076
全省	25	1 584	694	1 138	17 647	12 375	2 493	76 109	85 242

规划期青海省各地州市农村公路发展规模　（单位:公里）　　表6-6

地　区	2015年	2020年	地　区	2015年	2020年
西宁	5 330	5 850	海南	9 360	10 520
海东	9 600	10 550	果洛	8 070	8 890
海北	5 080	5 690	玉树	17 230	19 060
黄南	4 540	5 090	海西	15 430	17 160
全省	74 640	82 810			

三、发展规划及设想

(一)农村公路建设规划

1. 建设方向及内容

根据青海省未来农村公路发展的主要思路,在青海省农村公路发展规模分析测算的基础上,统筹考虑农牧区经济社会发展对农村公路的需求,以及各级政府财政、农牧民群众、社会各界及交通主管部门对农村公路的供给能力,确定未来青海农村公路建设的主要方向和内容如下:

(1)加快尚不通公路或不通硬化路面公路的乡镇、建制村(牧委会)、生态移民区、主要寺院通公路及通硬化路面公路建设,全面解决农牧民群众生产生活的基本交通出行问题。

(2)加强县乡公路改造,提高老旧县乡公路的服务水平;改善农村公路与干线公路的衔接,逐步推进相邻县之间、乡镇之间、建制村之间便捷联系的联网公路建设;有序推进通往农牧区特色矿产资源地、特色旅游景区、农牧场、农牧业产业园的农村资源开发公路建设,服务农牧区特色资源开发和优势产业发展。

(3)加快农村公路危桥改造,在建设农村公路主体工程时,同步建设农村公路桥涵及基本的安保、防护等配套设施,保障农村公路畅通,提高农村公路抗灾能力,减少交通事故和安全隐患,保障农村交通安全。

(4)适当开展建制村通往自然村(合作社)公路建设。

2. 主要农村公路建设规划

结合各地州市农村公路发展现状和需求的调查统计情况、各地州市农村公路发展目标,本着“实事求是、尽力而为、量力而行”的建设原则,规划2009～2020年青海省农村公路建设任务如下:

建设通达工程1.86万公里,解决1 584个建制村(牧委会)、694座主要寺院通公路,对于不通公路的乡镇一次性安排通硬化路面公路,一并解决乡镇通达工程和通畅工程;建设通畅工程5.28万公里,解决97个乡镇、3 007个建制村(牧委会)、694座主要寺院通沥青(水泥)路或其他类型的硬化路面公路。改造县乡公路、建设资源开发路和联网公路共计3.92万公里,建设通往生态移民区、农牧场的公路8 800公里;建设和改造农村公路桥梁4 693座。加强农牧区公路安保和防护设施建设,在城市周边、人口密集等有条件的地区适当开展建制村通往自然村(合作社)公路建设。

2020年以前青海省各地州市农村公路通达工程、通畅工程、县乡公路改造、资源开发路和联网公路建设、生态移民区和农牧场公路建设、农村公路桥梁等主要农村公路建设任务安排详见表6-7~表6-9。

2009~2020年青海省各地州市农村公路通达工程主要建设任务 表6-7

区域	建制村		主要寺院	
	解决数量(个)	建设里程(公里)	解决数量(座)	建设里程(公里)
西宁	440	1 948	13	69
海东	658	3 389	135	926
海北	79	665	37	301
黄南	71	667	60	531
海南	101	899	175	1 056
果洛	27	703	66	493
玉树	40	797	181	2 970
海西	168	2 692	27	454
全省	1 584	11 760	694	6 800

2009~2020年青海省各地州市农村公路通畅工程主要建设任务 表6-8

区域	乡镇		建制村		寺院	
	解决数量(个)	建设里程(公里)	解决数量(个)	建设里程(公里)	解决数量(座)	建设里程(公里)
西宁	6	121	562	3 102	13	69
海东	12	213	1 116	6 491	135	926
海北	13	448	181	2 510	37	301
黄南	6	285	181	2 625	60	531
海南	5	302	295	4 334	175	1 056
果洛	16	808	176	6 192	66	493
玉树	28	1 764	250	10 890	181	2 970
海西	11	548	246	5 345	27	454
全省	97	4 489	3 007	41 489	694	6 800

2009~2020年青海省各地州市其他农村公路建设任务 表6-9

区域	县乡路改造及资源开发路、联网路建设(公里)	建设通往生态移民区、农牧场的公路(公里)	建设和改造农村公路桥梁(座)
西宁	1 261	600	326
海东	3 711	1 200	815
海北	1 633	900	269
黄南	6 444	1 000	204
海南	2 179	1 100	487
果洛	4 951	1 300	372
玉树	14 147	1 500	1 881
海西	4 896	1 200	339
全省	39 222	8 800	4 693

3. 建设标准选择

青海省内不同区域的经济社会发展需求和地质、地形条件差别较大。农村公路建设应与新农村新牧区、农牧业示范区、生态移民区、资源开发区建设相结合,综合考虑区域地形地貌条件、经济发展水平、交通需求特点及供给能力,充分体现"因地制宜、注重实效,尽力而为、量力而行,保护生态、改善环境"的建设原则,灵活合理地确定具体的建设标准和技术等级,不片面追求高标准、高等级,并实施分级、分类指导。

(1)对于城市近郊、地势平坦、人口密集的农区,县道及通乡镇公路一般采用三级公路标准;乡道及通生态移民区、建制村、主要寺院的农村公路一般采用四级公路标准;其他村道以通达为主,有条件的地区逐步提高路面等级。

(2)对于地形地质条件复杂、人口布局分散、经济落后的偏远牧区,县道和通乡镇公路宜采用四级公路标准;乡道、通主要寺院公路、通牧委会公路可采用四级或等外砂石公路标准,有条件的地区逐步提高路面等级;牧民夏冬季牧场转场公路以通为主。

(3)农村公路建设要以提高抗灾能力、保证畅通、注重安全环保为出发点,加大排水、防护、安保、硬化工程建设,对于路面硬化工程可以采用沥青路面、水泥路面或砖结构等其他类型的硬化路面,对于一些地形地质困难路段,可适当降低线形几何指标。

(二)农村公路管理养护设想

农村公路养护通过日常养护和不定期的专业维修,保证和维持农村公路质量,是农村公路建设的延伸,是保障农村公路应有服务能力和服务水平必不可少的基本工作,是巩固农村公路建设成果的必然要求。经过近些年大规模的农村公路建设,2008 年青海省农村公路通车里程已经达到 42 456 公里,约占全省公路总里程的 75.0%,农村公路养护管理任务日趋繁重。加之青海省农村公路等级普遍较低,桥涵结构物和基本防护配套工程缺乏,而且受冻土等恶劣地质条件影响大,农村公路养护管理工作对于保证青海省农村公路完好畅通具有非常重要的作用。

青海省农村公路养护管理需要认真贯彻国务院办公厅《农村公路管理养护体制改革方案》(国办发〔2005〕49 号)要求,总体按照青海省人民政府印发的《农村公路管理养护体制改革实施方案》,遵循"统一领导、分级负责、因地制宜、注重实效、全面养护、保障畅通"的原则,明确、落实各级地方人民政府对于农村公路养护管理的责任,强化各级交通主管部门的养护管理职能,落实养护管理政策,逐步建立责权明确、管养分离的养护管理体制,建立健全以政府投入为主的稳定的养护资金投入机制,推动农村公路养护管理制度化、规范化发展;探索专业化养护、个人承包养护等多种养护方式,有序推进农村公路养护市场化,并努力提高农村公路养护资金补助标准,不断提高农村公路养护管理水平,确保农村公路完好畅通,促进农村公路持续健康发展,更好地服务青海农牧区经济社会发展。

1. 养护资金筹措

遵循"政府投入为主、多渠道筹资"的原则,广泛足额筹集农村公路养护资金,统一由县级交通主管部门按照养护计划安排使用。

(1)按照国家有关规定,落实各级地方人民政府对农村公路养护管理的责任,将农村公路养护纳入各级地方人民政府的财政预算体系,争取从各级地方人民政府财政预算中安排一定数额资金用于农村公路小修保养。

(2)根据国务院办公厅《农村公路管理养护体制改革方案》(国办发〔2005〕49 号),按照县道每年每公里不低于 7 000 元、乡道每年每公里不低于 3 500 元、村道每年每公里不低于 1 000 元的养护资金标准和农村公路实际里程,从成品油燃油税财政转移支付交通专项资金中争取相应数额用于农村公路养护大、中修和改建工程。

(3)争取受益厂矿企业或个人捐助资金投入农村公路养护。

(4)通过村民委员会采用"一事一议"的方式筹集村道养护资金。

2. 养护管理模式

结合青海省地质、地形条件及人口分布实际，考虑农区和牧区的区域差异，区别农村公路层次，建立健全青海省农村公路养护管理制度，灵活采取统一养护、突击养护及专业化养护、个人承包养护等多种养护方式。

（1）人口相对密集的农村地区养护管理模式建议

对县道、重要乡道这样交通量大、有铺装路面的农村公路，可以参照干线公路的养护管理模式，由县级或市级交通主管部门或公路部门实行统一管理和养护，并逐步分离养护管理机构和养护队伍，组建市场化的专业养护队伍或充分利用干线公路的养护力量，采用招投标合同管理，实行养护行业管理与养护工程市场化运作相分离的养护模式，并鼓励具有资质的公路养护公司跨区域参与公路养护市场竞争，提高设备、人员等养护资源的利用率。

对于一般乡道和村道这样交通量较小、路面等级较低的农村公路，可以尝试在乡镇一级建立农村公路养护行业管理机构或配备相应的养护管理人员，采取市场化专业养护与农民群众承包养护相结合、常年日常养护与季节性突击养护相结合的养护模式。积极推行和完善多种形式的养护承包责任制，充分发挥沿线农民群众爱路、护路的积极性，聘用农民代表工或承包给沿线民工开展路面清扫及路肩、排水沟、边坡维护等日常养护；针对季节性的水毁、冰冻等自然灾害，采取招投标的方式聘用市场化的专业养护队伍开展季节性突击养护，同时鼓励县级交通主管部门组织沿线农民群众投工投劳参与季节性的突击养护。

（2）人口分布分散的少数民族地区及牧区养护管理模式建议

人口分布分散的少数民族地区及牧区的农村公路里程长、交通流量较小，交通流对农村公路的损坏较少，农村公路的损坏主要来自于季节性的水毁、冰冻等自然灾害。沿线少数民族群众或牧区群众生产生活以放牧为主，普遍缺乏参与农村公路养护作业的基本技能的实际情况。建议对于人口分布分散的少数民族地区及牧区农村公路的日常养护，主要由县级交通主管部门或公路部门组织人员定期巡检，针对发现问题直接实施简易维护；针对季节性水毁、冰冻等自然灾害对农村公路造成损害的实际情况，由县级交通主管部门或公路部门直接开展农村公路季节性的专业化突击养护，或采取招投标的方式聘用专业化的养护公司开展季节性突击养护。

对于通往牧民放牧点或小型牧委会的简易公路以及连接牧民夏季草场和冬季草场的转场路，主要由沿线或受益牧民实施简单的日常养护，由牧委会组织牧民开展季节性的突击养护。

四、近期建设重点

2015 年以前，青海省农村公路建设应在“十一五”前三年农村公路建设成绩的基础上，主要集中地方物力和财力、积极争取国家政策和补助资金支持，重点解决那些尚未完成“通达”任务的乡镇、建制村、主要寺院通公路问题，加快现有农村公路危桥改造，稳步推进乡镇及建制村通沥青（水泥）路或其他类型的硬化路面公路建设，兼顾生态移民区、农牧场、农牧业产业园公路建设及通乡老油路改造，全面完成乡镇“通畅”工程及建制村、主要寺院“通达”工程建设，基本消除县道小桥以上、乡道及村道中桥以上的农村公路危桥，初步解决农牧民群众“出行难、运货难”问题。

2009 ~ 2015 年，规划青海省建设通达工程 1.86 万公里，解决 1 584 个建制村（牧委会）、694 座主要寺院通公路，对于不通公路的乡镇一次性安排通硬化路面公路，一并解决乡镇通达工程和通畅工程；建设通畅工程 4.28 万公里，解决 97 个乡镇、2 378 个建制村（牧委会）、589 座主要寺院通沥青（水泥）路或其他类型的硬化路面公路。建设通往农牧业产业园公路和改造通乡老油路共计 2 068 公里；建设通往生态移民区、农牧场的公路 7 480 公里；建设和改造农村公路桥梁 3 795 座。

2009 ~ 2015 年青海省各地州市通达工程、通畅工程、县乡公路改造、资源开发路和联网公路建设、生态移民区和农牧场公路建设、农村公路桥梁建设等主要农村公路建设任务安排见表 6-10 ~ 表 6-12。

2009～2015 年青海省各地州市农村公路通达工程主要建设任务 表 6-10

区域	建制村		寺院	
	解决数量(个)	建设里程(公里)	解决数量(座)	建设里程(公里)
西宁	440	1 948	13	69
海东	658	3 389	135	926
海北	79	665	37	301
黄南	71	667	60	531
海南	101	899	175	1 056
果洛	27	703	66	493
玉树	40	797	181	2 970
海西	168	2 692	27	454
全省	1 584	11 760	694	6 800

2009～2015 年青海省各地州市农村公路通畅工程主要建设任务 表 6-11

区域	乡镇		建制村		寺院	
	解决数量(个)	建设里程(公里)	解决数量(个)	建设里程(公里)	解决数量(座)	建设里程(公里)
西宁	6	121	475	2 622	10	55
海东	12	213	822	4 781	115	786
海北	13	448	158	2 191	31	254
黄南	6	285	155	2 248	51	453
海南	5	302	240	3 526	149	905
果洛	16	808	132	4 644	56	417
玉树	28	1 764	180	7 841	154	2 533
海西	11	548	216	4 693	23	382
全省	97	4 489	2 378	32 546	589	5 781

2009～2015 年青海省各地州市其他农村公路建设任务 表 6-12

区域	通农牧业产业园公路和通乡老油路改造(公里)	建设通往生态移民区、农牧场的公路(公里)	建设和改造农村公路桥梁(座)
西宁	252	510	264
海东	371	1 020	659
海北	233	765	218
黄南	217	850	165
海南	280	935	394
果洛	220	1 105	301
玉树	216	1 275	1 521
海西	279	1 020	274
全省	2 068	7 480	3 795

五、投资需求匡算

总体按照乡镇通硬化路面公路平均造价 80 万元/公里，建制村（主要寺院、牧委会）通公路平均造价 25 万元/公里，建制村（主要寺院、牧委会）通硬化路面公路、通乡老油路改造、通农牧业产业园公路平均造价 30 万元/公里，通生态移民区、农牧场公路平均造价 20 万元/公里匡算，2009～2015 年青海省主要农村公路建设共需投资约248.5亿元。

其中,通达工程建设投资46.4亿元;通畅工程建设投资150.9亿元;建设农牧业产业园公路和改造通乡老油路投资6.2亿元,建设通往生态移民区、农牧场的公路投资15.0亿元,建设和改造农村公路桥梁投资30亿元。2009～2015年青海省各地州市主要农村公路建设投资需求情况见表6-13。

青海省2009～2015年主要农村公路建设投资需求(单位:亿元)　　表6-13

地区	通达工程	通畅工程	通农牧业产业园公路和通乡老油路改造	建设通往生态移民区、农牧场的公路	建设和改造农村公路桥梁	合计
西宁	5.0	9.0	0.8	1.0	1.6	17.4
海东	10.8	18.4	1.1	2.0	3.9	36.2
海北	2.4	10.9	0.7	1.5	1.9	17.4
黄南	3.0	10.4	0.7	1.7	1.6	17.4
海南	4.9	15.7	0.8	1.9	2.3	25.6
果洛	3.0	21.6	0.7	2.2	3.2	30.7
玉树	9.4	45.2	0.6	2.6	10.9	68.7
海西	7.9	19.6	0.8	2.0	4.6	34.9
全省	46.4	150.9	6.2	15.0	30.0	248.5

第七章　政 策 措 施

为保障青海省农村公路发展规划的实施和目标的实现,实现青海省农村公路又好又快发展,建议从思想认识、体制机制建设、人才培养、技术创新等方面采取切实有效的措施。

一、统一思想,提高认识,充分认识农村公路建设的重要性

农村公路是青海农牧地区的基本公共物品,农村公路建设是实现基本公共服务均等化的重要途径和内容。各级地方人民政府应该充分认识到政府对于农村公路建设与发展的主体责任和义务,以及农村公路建设对于解决"三农"问题、促进农牧区经济社会发展、统筹城乡协调发展的重要意义,把发展农村公路作为建设社会主义新农村新牧区、全面建设小康社会和构建社会主义和谐社会的基本条件和重要内容,将农村公路发展与社会主义新农村新牧区建设有机结合,统筹规划。在认识到农村公路发展重要性、长期性和艰巨性的基础上,各级地方人民政府应从加强地方立法、制度规范、部门协调及政策倾斜、资金支持等方面进一步重视、支持、规范农村公路建设与发展。

二、逐步细化、落实发展规划,加强项目前期工作,科学、协调、有序推进农村公路建设

各地州市及各县区应根据全国农村公路建设规划和本农村公路发展规划确定的总体发展目标,结合本区域的发展实际,逐步细化、编制本区域范围的农村公路发展规划和详细计划,已有规划的地州市及区县结合社会主义新农村新牧区建设、国务院《关于支持青海等省藏区经济社会发展的若干意见》对农村公路发展提出的新要求,适当调整原规划。各地州市及区县的农村公路发展规划要与农牧区资源开发、游牧民移民定居规划、社会主义新农村建设规划相结合。

以发展规划为依据编制具体的农村公路建设项目实施计划,并加强农村公路项目建设的前期管理工作。在计划安排上,需要从农牧民群众最迫切需要而又有条件做好的项目入手,分阶段、有重点地稳步推进。县道建设计划由地州市交通主管部门编制;乡道建设计划由县级交通主管部门编制,在征得县级人民政府同意后,报地州市交通主管部门核准备案;村道和主要寺院公路的建设计划由乡(镇)人民政府组织编制,报县级交通主管部门核准备案。在农村公路建设项目前期工作管理方面,对于县道和重要的乡村公路项目,需要由具备资质的设计单位编制简化的可行性研究报告,并开展一阶段施工图设计;对于一般乡村公路项目,可以由县级交通或公路部门组织有资格的技术人员进行简易设计。

三、突出重点,抢抓机遇,着力加快青海藏区农村公路建设

海北藏族自治州、黄南藏族自治州、海南藏族自治州、果洛藏族自治州、玉树藏族自治州、海西蒙古族藏族自治州6个自治州是青海省藏族群众聚居的主要区域,经济发展落后,地质地形条件更为恶劣,是青海省农村公路发展更为滞后的区域。加快推进青海藏区的农村公路建设与发展,是实现青海省农村公路区域协调发展的必然要求。

青海省藏区农村公路发展需要与藏区农牧民群众生产生活的基本交通出行需求、特色资源开发与扶贫开发、游牧民移民定居、新农村新牧区建设有机结合起来;抢抓国家出台《关于支持青海等省藏区经济社会发展的若干意见》的历史机遇,积极争取国家扶贫开发资金及国家对藏区经济社会发展的优惠支持政策和专项补助资金的投入支持;尽快落实青海省及各自治州、县人民政府对藏区农村公路建设与发展的配套支持政策,包括地方财政转移支付资金支持和政策支持,加大对贫困藏区的扶持力度,从而有效加快青海藏区的农村公路发展,促进全省农村公路全面、协调发展。

四、加强农村公路桥涵和基本防护设施建设，保障农村交通安全、畅通

青海省农村公路普遍缺少桥涵构造物及边坡防护、排水沟涵等配套防护设施，严重影响了农牧民群众的正常交通出行。消灭农村公路上的危桥，是保障青海省农村公路安全、畅通的关键因素之一。对于高原地区技术等级较低、线形标准不高的农牧区公路，设置必要的安全防护设施显得非常重要。

未来在青海省农村公路建设和改造中，建议增加农村公路桥涵及配套防护设施建设的专项补助资金，着力加强农村公路危桥改造和桥涵的配套建设，并采取增设排水沟和涵洞、增设上下挡墙等措施，加强边坡、排水等基本防护设施建设；在山岭重丘区的危险地段，设置警告标志、护栏、浆砌石垛、反射镜等必要的安全防护设施，保证行车安全。为了保证农村公路桥涵的建设质量，农村公路上的大桥和中桥需要由市级交通部门负责组织设计、施工和管理，小型桥涵统一由县级交通部门负责质量监督和管理，而且必须要求农村公路大、中、小桥和桥涵的设计和建设施工符合公路工程技术标准。

五、注重专业技术人才的培养与引进，加强农村公路发展过程中的技术培训与指导

专业技术人才缺乏也是制约青海省农村公路建设与发展的主要因素之一。为有效支撑未来青海省大规模的农村公路建设与发展，需要加强农村公路专业技术队伍建设，注重基层专业技术人才的培养和引进工作，充实农村公路建设、管理、养护的专业技术力量，并依托专业技术队伍对参与农村公路建设与发展的人员开展技术培训与指导，以有效保证农村公路的施工标准、建设质量和使用寿命，提高农村公路建设的技术水平。

六、建立健全农村公路建设质量保证体系，确保农村公路建设质量

逐步建立健全“政府监督、社会监理、企业自检、群众参与”的农村公路建设质量监督体系，落实农村公路建设项目工程质量监督、监管、监控和巡查制度，积极探索和建立符合农村公路特点的监理制度和职、责、权明晰的质量责任追究制度，强化质量管理，保证农村公路建设工程质量。对于县乡公路及桥梁建设项目，由地州市或县区的交通、公路部门按照每一个施工标段安排一名项目业主巡查代表专人全程监控的方式实施全方位的质量监督；对于村级公路硬化工程，由县区的交通、公路部门按照每一个片区安排一名片区技术主管采取巡查的方式实施全面质量监督和管理。

七、创新农村公路投融资方式，多渠道筹集农村公路发展资金

适应农村税费改革和国家成品油税费政策的新要求，从统筹城乡发展的角度出发，改革和完善现有的农村公路投资体制，增加政府财政对农村公路建设与发展的投入，逐步形成公共财政框架下，中央政府引导，省、地州市、县区人民政府为主，乡镇和农牧区、社区为辅，社会各界共同参与的农村公路投资新体制，并从以下方面进一步拓宽农村公路筹资渠道，广泛筹集农村公路发展资金。

一是积极争取国家对青海省农村公路发展的资金支持和补助力度。在扶贫公路、藏区公路等项目储备方面做好充足准备，有力争取国家扶贫开发和专项规划的政策倾斜和资金支持，包括争取中央车购税资金、国债资金、扶贫开发资金及其他中央专项资金的投入支持。

二是加大各级地方人民政府对农村公路的财政投入，建议省、地州市、县三级地方人民政府分别设立农村公路发展财政支出专户，将农村公路发展资金纳入地方财政预算体系，争取一定比例的国家财政转移支付资金用于农村公路建设和养护。

三是对农牧区一些主要服务于矿产资源、旅游资源开发的公路，积极探索市场化运作，争取由矿产资源开发企业、旅游景区直接负责投资建设、管理和养护，或从依托矿产资源收取的矿产资源税费、矿产资源销售收入、旅游收入中提取一定比例作为农村公路发展专项资金的补充。

四是灵活采取出售冠名权、绿化权、路边资源开发权等活动广泛筹集农村公路发展资金。

五是采取对口支援、企业捐助、能人资助、群众捐资等多种形式和办法多方筹集农村公路发展资金。

八、逐步推进农村公路养护管理、路政管理、农村客运管理、农村货运管理一体化发展

在一些人口密集、经济相对发达的区域,依托乡镇客运站,利用乡镇交管所等现有的交通管理设施和资源,以及燃油税改革后需要分流的交通规费征收人员,在乡镇一级逐步组建集农村公路路政管理、养护管理及农村客运、农村货运源头管理等于一体的基层农村交通综合管理机构,整合利用或配备相应的行业管理人员,对农村基层的交通运输资源和交通运输环节实施全方位的管理,切实提高农村公路交通的行业管理能力和水平。

九、注重科技进步和环境保护,走可持续发展之路

针对青海省农村公路常年受冻土等环境制约、路基路面翻浆等病害严重的实际情况,集中力量研究适合青海省农村公路建设的路基材料、路面结构及筑路技术、施工工艺等,并加强技术交流,借鉴、推广并广泛应用适合青海省农村公路发展的新技术、新成果,积极推进青海省农村公路交通科技进步。

牢固树立环境保护意识,在农村公路的路线选择、建设养护的取土用料方面,充分利用老路资源,把握路线线形基本不变的方针,尽量避免大改大调或大填大挖,尽可能少占用有限耕地和牧场、草场资源,尽量避免破坏生态环境,并重视和加强农村公路绿化工作,促进农村公路交通与自然环境的和谐发展。

青海省道路运输业发展规划

（2011～2030年）

《青海省道路运输业发展规划(2011～2030年)》

编写单位及人员

编制单位: 青海省交通厅

编制人员: 杨伯让　厅　　长
王廷栋　副　厅　长
王永祥　副　厅　长
袁复玉　处　　长
唐　玲　调　研　员
徐占慧　副　处　长
房建宏　副研究员
徐安花　高级工程师
孟登奎　主任科员
李　青　科　　员

参编单位: 交通运输部规划研究院

参编人员: 关昌余　副　院　长
石良清　所　　长
安旗林　副总工程师
信红喜　副　所　长
刘丽梅　副　所　长
高建华　项目负责人
邓小兵　高级工程师
刘梦涵　高级工程师
赵晓晖　高级工程师
袁　华　高级工程师

参编单位: 青海省公路运输管理局

参编人员: 赵连龙　局　　长
俞永春　书　　记
孙彦超　处　　长
王　刚　副　处　长
白增禄　高级工程师

目录
CONTENTS

一、项目背景

西部大开发以来的十年间，在国家和青海省交通部门的共同努力下，青海省公路交通基础设施建设取得长足进展，基本形成以西宁为中心，以5条国道和29条省道为骨架，县乡公路为脉络，辐射所有地州，连接所有县乡，与周边省份有效衔接的公路网络。然而，青海省尤其是藏区广大农牧民享受的基本公共服务低于其他地区，生活水平较低，贫困面大，贫困程度深，民生问题较突出。公路交通服务水平有待提高，公路客货场站发展滞后，客运班车尤其是藏区农村客运班车覆盖程度不高，广大农牧民群众出行尚不方便、快捷、经济。

近年来，国家对青海藏区交通发展给予了除西藏以外的最优惠政策，但是由于青海省地域辽阔，公路建设规模大、成本高，建设资金需求大，以及地方财政入不敷出，无力解决地方配套资金，交通建设资金短缺依旧是今后相当长一段时期交通发展面临的难题。从道路运输的经济效益来看，青海省地广人稀，许多客运线路地处偏远，旅客流量小，经营成本高，经济效益差，客运车辆开得通而维持困难的现象比较普遍。货运市场发育不完善，缺少大型货运企业，运输组织化、网络化程度低，市场竞争力弱，经济效益普遍不高。

在今后的发展中，青海省道路运输发展面临着交通建设资金需求大与资金短缺、运输量小而分散与急需构建运输网络、运输经济效益差与急需提高运输服务水平、运输业发展基础薄弱与迫切取得突破性进展等诸多矛盾与困难。

道路运输是综合运输体系的重要组成部分，是国民经济的基础性、先导性和服务性行业，在整个经济社会运行中发挥着基础性作用。加快发展道路运输业是保障青海省尤其是藏区社会稳定，构建和谐社会的重要基础；是服务人民群众安全便捷出行，改善民生的重要手段；是促进基本服务均等化，建设社会主义新农村的有效途径；是支持生态建设，将资源优势转化为经济优势的先行条件。加快发展道路运输业，对加强青海省对内对外经济交通联系，支撑经济社会发展具有重要作用。

为加快发展青海省道路运输业，破解道路运输业发展中的难题，明确今后道路运输业发展的总体思路和发展目标与政策措施，指导青海省道路运输行业全面、快速、健康、有序发展，制定本规划纲要。

规划期限2011～2030年，近期为2011～2015年。

二、发展现状、存在的主要问题及面临的主要困难

（一）经济社会发展现状

青海地处青藏高原东北部，东与甘肃相邻，西北与新疆接壤，西南与西藏毗连，东南与四川为邻，东西长约1 200公里，南北宽约800公里，总面积72万平方公里，辖6州1地1市（西宁市、海东地区、海西蒙古族藏族自治州、海北藏族自治州、海南藏族自治州、黄南藏族自治州、玉树藏族自治州、果洛藏族自治州）和46个县（市、区、行委），乡（镇）366个，村（牧委会）4 164个。2010年青海省总人口562.7万人，地区生产总值1 350.4亿元。归纳起来，青海省经济社会发展呈现出以下特点。

1. 地域辽阔，大部分地区人口和城镇分布密度较低

青海省地处青藏高原东北部，青海省4/5以上的地区为高原地区，54%以上的地区海拔在4 000米以上，城镇平均海拔在3 000米以上。青海属高原大陆气候，全年平均气温为－5.0～8.6℃，高原腹地年平均气温在0℃以下，大部分地区寒冷、干旱、缺氧。

青海地域广袤，土地总面积约占全国总面积的1/13，人口密度7.63人/平方公里，是全国平均人口密度的1/18。省内人口分布极不均衡，西宁市和海东地区总面积约占青海省的3%，人口占青海省的65%，密度超过100人/平方公里。其余6个自治州土地面积占青海省的97%，人口占青海省的35%，平均人口密度仅2.7人/平方公里。如柴达木地区人口密度1.7人/平方公里，城镇密度0.07座/千平方公里；三江源地区人口密度2.0人/平方公里，城镇密度0.08座/千平方公里。

2. 多民族聚居，多宗教信仰

青海省是多民族聚居、多宗教信仰地区,青海省有藏、回、土、撒拉和蒙古族等54个民族,少数民族人口占青海省总人口的46.4%,少数民族人口总数居全国第3位。民族自治地区面积71.6万平方公里,占青海省总面积的98%,其中藏区面积69.7万平方公里,占青海省面积的96.6%,是全国除西藏外最大的藏区聚居区。青海是我国民族宗教工作的重点地区,少数民族普通信仰宗教,藏传佛教和伊斯兰教影响深远。

3.生态地位突出,是国家重要的水源地和生态屏障

青海是我国重要的生态保护区和水源涵养区,在全国生态保护大局中具有特殊的战略地位。三江源地区是长江、黄河、澜沧江的发源地,是全国重要的水源涵养生态功能区。祁连山南麓是甘、青两省的主要水源地和西北重要的生态功能区。青海的生态环境状况不仅关系到青海省的可持续发展,也对江河中下游地区以及全国的生态安全和可持续发展具有重要意义。

4.矿产资源优势明显,旅游资源独特

青海省矿产资源富集,盐湖、石油天然气、煤炭、有色金属等优势资源储量丰富。目前共发现各种矿产129种,其中54种储量居全国前10位,9种居全国首位。依托优势资源开发,青海省初步形成了以水电、盐化工、石油天然气、有色金属冶炼为主的四大支柱产业和以冶金、建材、农畜产品加工、医药制造等为主的四大优势工业。

青海省旅游资源多分布在海拔1 800～6 600米之间,高原风光、生态风光、民族风情、宗教文化、登山探险等高原特色旅游品牌具有较强的影响力。青海省拥有7处国家级森林公园,4处国家级地质公园和1处国家级风景名胜区,13个4A级旅游景区。2010年青海省接待旅游人数1 226万人次,“十一五”年均增长14%;旅游收入71亿元,占青海省生产总值的5.3%。

5.经济保持快速增长,但欠发达仍然是基本省情

改革开放以来,青海经济活力不断增强。从1997年开始,地区生产总值增速开始超过全国平均水平,特别是从2001年开始连续10年保持两位数的增长速度,“十一五”期年均增长12.1%。由于经济基础薄弱,经济总量偏小,自我发展能力不足仍是青海的基本省情。2010年青海省地区生产总值、第二产业、第三产业生产总值分别为1 350亿元、744.6亿元和470.9亿元,是全国平均水平的10%、11.4%和8.6%,分别位于全国的第30位、29位和30位。城镇居民人均收入和农牧民人均纯收入分别为全国平均水平的74%和65%,分别位于全国的第31位和第27位。

6.区域差异明显,经济发展不平衡

由于自然条件、资源禀赋不同,青海经济发展区域性差异明显。以日月山为天然分界,东部为黄土高原农业区,西部为青藏高原牧业区,初步形成了由东部地区、柴达木地区、环青海湖地区和三江源地区构成的经济与人口、资源环境相匹配的空间分布格局。东部地区和柴达木地区是青海省的经济重心。2010年西宁市和海西州的生产总值分别达到了628.3亿元和365.5亿元,二者合计占青海省地区生产总值的71.6%;工业增加值分别达到了275.4亿元和360.0亿元,二者工业增加值占青海省工业增加值的83%;人均生产总值分别是全国平均水平的0.98倍和3.26倍。相比之下,青南的玉树州、果洛州经济发展严重滞后,2010年两州生产总值仅占青海省地区生产总值的3.8%,人均生产总值分别为全国平均水平的29%和43%。

(二)道路运输发展现状

1.公路客货运量持续增长,运输服务能力明显增强

随着青海省经济社会的发展和人民生活水平的不断提高,以及公路基础设施的快速发展,公路客货运输量持续增长。2010年青海省公路客运量1.0亿人、旅客周转量50.2亿人公里,货运量7962万吨,货物周转量227亿吨公里,分别约占全社会客运量、旅客周转量、货运量、货物周转量的95%、47%、70%和53%,“十一五”期年均增长率分别为7.6%、9.0%、7.6%和8.7%。

2010年青海省共有客运站256个,等级以上客运站103个,“十一五”期,等级站数量增加了0.72倍;客运班线686条,日发班次6 814班,其中高速客运班线22条、日发班次361班;乡镇班车通达率达

到89%，建制村（含牧委会）班车通达率为74%，与2001年相比，乡镇班车通达率提高了8.4%，建制村（含牧委会）班车通达率提高了12%。公路客运班线尤其是农村客运班线运输能力与服务范围的进一步增强，对改善农村尤其是藏区广大农牧民的出行条件，及繁荣藏区经济起到了积极作用。

2. 运力结构不断完善，运输组织化水平不断提高

随着客货运输需求的不断增长，运输企业尤其是客运企业规模不断壮大，运力结构不断优化，运输的组织化、集约化、专业化程度不断提高。2010年青海省拥有营运客车19 431辆、营运货车66 199辆，"十一五"期分别年均增加7%和18%，班车客车中的高级客车数量为2005年的3.9倍，旅游客车中的高级客车数量是2005年的1.6倍。2010年青海省共有旅客运输经营业户1 146户，比2001年减少了1 768家，其中班车客运经营业户从1 356家减少到966家，出租汽车经营户数从1 531家减少至138家，三级及以上资质班车客运企业比2001年增加了12家。从事危险品货物运输的经营业户从20世纪末的400余户降到37户。

3. 汽车保有量快速增长，车辆维修、检测服务能力不断提高

2009年青海省民用汽车保有量为36.8万辆，2004～2009年年均增长速度超过20%。应对汽车的快速增长，青海省车辆维修与检测行业快速发展，总体满足了汽车快速增长的需要。2010年青海省共有机动车维修1 767户，比2000年增加了约33%，基本形成了以一类企业为骨干、二类企业为基础、三类企业为补充的市场格局；汽车维修业业务量较快增长，维修服务网络日渐完善，2010年青海省共维修车辆84.96万辆，同比增长90.9%，高速公路服务区、国省干线沿线街区、加油站等车辆集中地维修站点逐步建成；车辆综合性能检测网络初步形成，青海省建成综合性能检测17个，各市州均建成综合性能检测站，完成检测总量17.9万辆次，比2000年增长2.6倍。

4. 驾驶员培训行业快速发展，基本适应机动车快速增长引发的驾驶员培训需求

"十一五"期，青海省驾驶员培训行业快速发展，培训机构数量快速增长，培训质量不断提高，基本适应机动车快速增长引发的驾驶员培训的旺盛需求。2010年青海省共有机动车驾驶员培训机构53户，"十一五"期增长了1.1倍，各州府所在地均有普通机动车驾驶员培训学校。驾驶员培训机构的教学设施、设备不断完善，教练员数量和水平不断提高。2010年青海省共培训机动车驾驶员8.28万人，合格率94.7%，其中道路运输驾驶员从业资格培训合格3.39万人次，占培训合格总人数的43.2%。

5. 应急保障和服务能力不断增强

道路运输应急保障和安全运输受到各级交通主管部门高度重视。"十一五"初期，青海省交通运输厅提出以西宁市、格尔木市为突破口，以国道、省道主干线为重点，以一、二类维修企业为依托，逐步推进青海省汽车维修救援体系建设的发展思路，汽车救援向社会化、专业化方向发展。2010年，青海省完成维修救援8 771辆次，同比增长了24%。并且，各级运输主管部门建立和完善了应急预案和应急反应机制，在应对冰雪、地震等自然灾害和维稳等突发事件中发挥了巨大作用。

（三）道路运输业存在的主要问题

1. 客运班车通达深度不够，偏远地区农牧民群众出行难、运输难问题依然存在

2009年青海省有11%的乡镇和26%的建制村（含牧委会）未通班车，分别比全国平均水平高出8%和16%。藏区有近18%的乡镇和44%的建制村（牧委会）未通班车。藏区农牧民群众出行难的问题依然存在。青海省大部分地区寒冷、干旱、缺氧，农业区和牧业区分别占青海省面积的4%和96%。广大农牧群众的生产生活物资大部分需要外省市调运，在青海省道路运输运距长、运输需求分散、运输成本高的基本特点下，加之运输组织化水平不高等原因，加剧了运输成本高的矛盾，偏远地区农牧民群众土特产品的外运和生产生活物资运输成本高、不够便捷等问题依然存在。

2. 基础设施与运输装备水平不高，运输服务品质有待提升

青海省54%以上的地区海拔在4 000米以上，寒冷、高原缺氧严重，这个特点对公路运输的服务水平尤其是舒适性提出了更高的要求。2010年青海省二级及以上公路比重为9.3%，等外公路比重23.4%，68.5%的公路无铺装路面。客运站建设普遍等级较低，站场设施及设备配备比较落后，州府以

二级客运站为主,县城以三级站为主,农村客运站业务量小,经营困难。货运站场建设更为滞后,尚没有一个成规模的货运站场。班车客车中61%为中级以下客车。个别货运车辆技术状况差、超期服役的现象依然存在。基础设施与运输装备水平不高,制约了公路旅客运输的安全性、快速性、舒适性水平的进一步提升。

3. 地广人稀、运输线路长,救援网络的普及难度大

青海省地广人稀,其中柴达木地区和青南地区人口密度仅为3人/平方公里,占青海省面积96.6%的藏区乡镇密度仅为3.2个/万平方公里。国道、省道、县道连接乡镇的平均距离在100公里以上,部分公路还要穿越无人区。由于公路沿途交通干扰小,车辆行驶速度快,加上气候、自然条件恶劣,容易发生车辆故障和交通事故。地广人稀的特点使汽车救援网络难以覆盖到边远地区和县乡公路,车辆救援工作成本高,反应不及时。

4. 经营主体结构欠合理,运输组织化水平急需增强

2010年青海省拥有客运班线经营业户966家,其中个体运输户占95%,平均每个经营业户拥有营运客车3.9辆;全省货运企业有42 960家,其中拥有50辆车辆以上的企业仅111户。客货运输行业缺少主导行业发展方向的大型运输企业,难以提供高效的运输服务,制约了公路运输规模化、网络化、组织化发展进程。加之全省尚未建立为运输企业、货主服务的区域性信息网络,货主、车主、承运商之间信息沟通不畅,车辆空驶、配货时间长等现象较为常见。道路运输向现代交通运输业转变、提升存在较大挑战。

(四)道路运输发展面临的主要困难

1. 交通发展资金需求大与资金短缺的矛盾

目前青海省公路交通发展还处于基础设施总量不足、技术等级有待提高,基础设施大建设大发展的重要阶段,基础设施建设资金需求较大。然而,由于青海省经济发展水平还较低,地方财政自给率为20%,地方财政困难,无力解决地方配套资金,公路建设配套资金主要靠贷款解决。另一方面,目前青海省国省干线公路除部分高速公路和一级公路外,大部分公路不收费,公路建设贷款资金缺少还款来源,加之农村公路建设缺口资金也主要由省交通厅通过银行贷款解决,长期以来形成了40多亿元银行短期贷款以及10多亿元地方转贷资金。

面对公路基础设施发展的巨大资金压力,无论主观上还是客观上,做到调整交通投资结构都具有一定的困难,未来支持道路运输业发展,面临着资金约束。

2. 运输量小而分散与急需构建公共客货运输网络的矛盾

2009年,青海省公路客运量和公路货运量均占全国的0.3%左右,单位土地面积产出公路客运量与公路货运量分别为133人/平方公里和100吨/平方公里,而全国平均水平为2 895人/平方公里和2 216吨/平方公里。其中藏区六州公路客运量和公路货运量分别约占青海省的50%左右,单位土地面积产出公路客运量与公路货运量分别约为70人/平方公里和50吨/平方公里。青海省尤其是藏区客货运输需求较小且分散。

国务院《关于支持青海等省藏区经济社会发展的若干意见》(国发[2008]34号)要求青海等省藏区从实际出发,以加强生态保护为前提,以改善民生为核心,以发展经济为基础,以维护稳定为保障,到2020年城乡居民收入接近全国平均水平,基本公共服务能力达到全国平均水平,全面实现小康社会目标。根据经济社会的发展目标,交通运输必须先行,急需构建满足人们群众安全、便捷、快速、经济的出行需求,生产生活资料及时、快速运输需求相适应的公共客货运输网络。如何从青海省实际出发,破解运输需求较小且分散与急需构建公共客货运网络的矛盾是今后青海省公路运输发展的关键问题。

3. 运输企业经济效益不高与急需提高运输服务水平的矛盾

青海藏区地广人稀,部分客运线路地处偏远,旅客流量小,经营成本高,经济效益差,线路开得通、场站建得起,却难以维持运营。货运市场发育不完善,缺少大型的货运企业,货物运输组织化、网络化程度低,市场竞争力弱,经济效益也普遍不高。运输企业经营效益不高直接导致客、货运输站场维护资金不

足，部分汽车客运站房屋老旧，设备设施老化，无法及时维修更新，运输装备难以实现更新、升级。运输企业经济效益差与急需提高运输服务水平的矛盾较为突出。

4. 运输业发展基础薄弱与迫切取得突破性进展的矛盾

尽管西部大开发以来，在国家和青海省交通部门的共同努力下，青海省公路建设步伐不断加快，国道主干线、西部开发省际通道建设和国省道升级改造步伐加快，先后实施了通县油路和县际公路工程，建设了一批乡村公路通达、通畅工程，使青海公路交通面貌得到明显改观。但与经济社会的发展要求相比，青海省还面临着进一步加大公路基础设施规模，全面提升公路网等级的艰巨任务。同时也必须和全国一样，肩负着以发展现代交通运输业为主线，着力调整交通结构、转变发展方式、提升发展质量；统筹区域、城乡交通协调发展，促进各种运输方式相互衔接；坚持建、养、运、管并重，不断推进科技进步、行业创新和从业人员素质提高，强化安全保障，提升公共服务水平，发展绿色交通的重要使命。这就要求青海省公路运输发展需要两步并作一步走，破解运输业发展基础薄弱与迫切取得突破性进展的矛盾。

三、加快发展道路运输业的意义

青海省尤其是藏区的稳定与发展，事关我国经济社会发展和全面建设小康社会大局，交通运输是藏区经济社会发展的基础条件，加快发展道路运输业，对于青海省改善民生、社会稳定、经济发展、文化繁荣和生态建设具有重要意义。

（一）加快发展道路运输业是保障社会稳定的重要保障

青海藏区农牧民居住分散、信息不畅、受教育程度低，加上受高原缺氧等生存条件的制约，改善民生，保障社会稳定是经济社会发展的首要任务。发展道路运输业，有利于改善藏区广大农牧民的出行条件和出行质量，促进农牧民对外交流，广泛接受教育，促进文化繁荣。同时通过加强应急保障运输建设，可以有效应对自然灾害，对保障社会稳定具有重要作用。

（二）加快发展道路运输业是支持生态建设的重要条件

由于人口及牧畜数量的持续增加，过度放牧导致草场退化，“三江源”地区中度以上退化草场已占到可利用草场面积的58%。如果再不加以遏制，长此以往势必会造成严重的生态灾难。加快生态保护区域移民搬迁，减少人畜活动是加强生态建设的重要手段。加快发展道路运输业，尤其是提高生态移民定居区域的运输服务水平，可以改善搬迁移民的出行条件，促进移民生产方式转变，增强移民定居的信心，降低移民重返草原的比例。另一方面，大力发展道路运输业可以最大限度地发挥公路基础设施的利用效率，并通过提高道路运输的规模化、网络化、组织化水平，进而提高车辆利用效率，减少空驶率，有利于节能减排。

（三）加快发展道路运输业是改善藏区民生的重要基础

公路运输是广大农牧民出行的主要运输方式，因此，从扶贫开发、改善民生的角度，必须大力发展道路运输业，提高公共客货运输网络覆盖范围。只有大力发展公路运输业，当地的土特产品和生产生活所需物资才能及时运输，农牧民群众的生产生活条件才能得到进一步改善，这是增加农牧民收入和提高生活质量的基础条件。

（四）加快发展道路运输业是支撑特色优势产业发展的有效途径

青海省是我国资源、能源的重要战略接续地区。柴达木循环经济试验区的开发建设将带动青海省资源开发及深加工产业的持续发展，特色农业、旅游等优势产业也将得到大力发展。公路运输在矿产资源原材料及产成品的中短途运输、铁路集疏运、特色农产品运输及旅游客运中具有重要作用。然而由于青海省缺少主导行业发展的大中型运输企业，公路运输组织化、网络化、专业化水平不高，运输成本高，制约了资源开发和特色优势产业发展，急需大力发展现代交通运输业，为青海经济社会发展提供更快速、更经济的运输服务。

四、形势和要求

(一)经济社会发展趋势

为了加快青海藏区发展,2008 年国务院出台《关于支持青海等省藏区经济社会发展的若干意见》(国发[2008]34 号文件),明确指出今后将以加强生态保护为前提,以改善民生为核心,以发展经济为基础,以维护稳定为保障,坚持以人为本,不断推进扶贫开发和提高基本公共服务水平;坚持走特色发展之路,切实转变经济发展方式;切实维护民族团结和社会稳定,加大政策扶持力度,加快体制机制创新,建设生态良好、生活宽裕、经济发展、社会和谐的新藏区。

为进一步支持藏区经济社会发展, 2010 年 1 月中央召开第五次西藏工作座谈会,发布了关于西藏发展的 4 号文件和《关于加快四川、云南、甘肃、青海等省藏区经济社会发展的意见》(中发[2010]5 号文件)。中发 5 号文件继承、丰富和完善了国发 34 号文件提出的指导思想。5 号文件明确指出要坚持以经济建设为中心,紧紧抓住发展和稳定两件大事,集中解决制约经济社会发展最突出最紧迫的问题,把民生改善、社会事业发展、生态环境保护、基础设施建设作为主攻方向,着力改善农牧民生产生活条件,解决农牧业生产力水平低下和农牧民饮水难、行路难、用电难、就业难、通信难等突出问题。

《国民经济和社会发展第十二个五年规划纲要》,明确提出深入实施西部大开发是区域经济社会发展的重中之重。今后国家将进一步加大西部重点经济区开发力度,支持兰(州)西(宁)格(尔木)等经济区发展,形成西部地区新的经济增长带。国家一系列政策,将推动青海跨越发展、绿色发展、和谐发展和统筹发展。

1. 实施“四区两带一线”区域发展战略,促进青海绿色发展、统筹发展

2009 年中共青海省委十一届常委会第 75 次会议通过了《青海省“四区两带一线”发展规划纲要》,明确提出了加快构建东部地区、柴达木地区、环青海湖地区、三江源地区和沿黄河发展带、沿湟水发展带及兰青—青藏铁路发展轴线(简称“四区两带一线”)分工合理、各具特色、优势互补、良性互动的区域协调发展新格局。

把以西宁为中心的东部地区建成引领青海省经济社会发展的综合经济区和促进青海省协调发展的先导区;进一步提升产业发展的层次和水平,优先发展高新技术产业和资源精深加工业,大力发展劳动密集型的第三产业;积极承接三江源、环青海湖等生态功能区的人口转移。

柴达木地区建成全国重要的新型工业化基地、循环经济试验区和支撑青海省跨越发展的重要增长极;环青海湖地区建成青海省生态旅游和现代畜牧业发展的示范区、全国重要的旅游目的地和国家级旅游景区。

三江源地区建成全国重要的生态安全屏障和国家级生态保护综合试验区。实施轴线开发战略,把“两带一线”打造成青海省重要的特色农牧业走廊、新型工业走廊、水电开发走廊、生态旅游走廊和城镇化发展带,成为青海省经济、人口的主要集聚区。

2. 实施城乡一体化战略,促进青海经济社会和谐发展

青海省区域集民族地区和城市、牧区、农村、山区为一体,城乡二元经济结构矛盾突出。为了协调城乡矛盾,促进城乡和谐发展,建设社会新农村新牧区,推进经济、社会、生态环境、多民族文化建设,青海省组织编制《青海省城乡一体化规划》(以下简称《规划》),这是全国西部高原地区第一部省域城乡一体化发展和解决三农问题的战略规划。《规划》以“一主、三化、三加强、三整合、四提升”为核心思想,即以工业化、城镇化为主导,大力推进新型工业化、新型城镇化、农牧业现代化,加强开放合作、加强科技教育、加强基础设施建设,实现村镇适度整合、城市功能有机整合、产业组团整合,使城乡经济、社会、文化、生态环境质量和发展水平得到提升,实现经济效益、社会效益、环境效益有机统一。

3. 加快交通基础设施建设,为经济社会跨越式发展提供有力保障

根据《青海省干线公路网规划(2009 ~ 2030 年》,2030 年青海省干线公路网将全部建成,西宁与各州府及重要城市、相邻各州间实现高速公路便捷连接,与相邻省区连接的主要区域运输大通道服务水平

达到高速公路标准；所有干线公路达到二级及以上公路标准，州府与所辖县、相邻县间实现二级及以上公路连接。根据《青海省农村公路网发展规划(2009～2030年)》，到2030年，乡镇、建制村、生态移民区和具备条件的牧委会“通畅”工程将完成，农村公路的通达深度将进一步延伸，农村公路网络基本完善。

到2015年，青海省干线公路建设取得突破性进展，网络骨架初步形成，服务能力大幅提升，初步适应青海经济社会发展的需要：与甘肃间形成4条以上高速公路标准贯通的对外通道，与四川、新疆各形成1条以高速公路半幅标准贯通的对外通道；西宁至海东、海北、海西、海南、黄南和格尔木通高速公路，至果洛、玉树通二级公路；各州间基本实现二级公路贯通，县基本通二级公路。“十二五”末达到高速公路2 512公里、二级公路3 542公里。

根据《中长期铁路网规划》，青海省新建铁路项目规划设想如下：既有铁路兰青、青藏(西格段)两大干线增建二线电气化；青藏(格拉段)线增建二线；新建兰新第二双线；新建格尔木至敦煌铁路；新建青新铁路(格尔木至库尔勒)；新建西宁至成都铁路；新建格尔木至成都铁路；新建西宁至共和至玉树至那曲铁路。“十一五”末，完成兰青线、青藏线西格段。2020年前建设新建兰新第二双线、格尔木至敦煌铁路、青新铁路(格尔木至库尔勒)、西宁至成都铁路。

(二)道路运输业发展要求

1. 建设社会主义新农村新牧区，提高农牧区交通公共运输服务水平，要求加大扶持农村客运

农村客运是广大农牧区群众出行的主要手段，大力发展农村客运是构建社会主义新农村新牧区、推动城乡一体化建设、改善民生在青海广大农牧区实践成果的具体体现。青海省在推动农村公路网络建设的同时，应同步加大农村客运站点建设和开通农牧区道路班车客运，进一步提高农村客运的通达深度和客运网络化水平，切实改善农牧民群众乘候车条件，保障广大农牧民群众平等享受基本的公共交通出行的权利。

2. 体现政府新职能，要求完善综合运输体系建设，大力发展城市交通

“十二五”是综合运输快速发展的关键时期，要求公路运输与其他运输方式有效衔接，着力构建综合运输枢纽，完善其他运输方式集疏运水平。十一届全国人大一次会议通过了《国务院机构改革方案》，决定把城市客运职责纳入交通运输部。为履行好新的职能，以进一步优化城市交通运输网络布局，改善城市客运与大交通的衔接，促进城市客运从量的增加转移到结构改善和质量提高，加快形成安全便捷、畅通高效的综合运输体系，必须采取新的举措，通过加强城市客运管理，有效提升行业管理能力和服务水平，开创城市客运与综合交通协调发展的新局面。

3. 支持特色经济发展，提高农牧民生活水平，要求构建覆盖广泛、运转高效的货物运输网络，切实推进广大农牧地区生产生活物资配送网络建设

加快青海藏区经济发展和特色优势产业培育要求构建覆盖广泛、运转高效的货物运输网络，畅通重要资源及土特产品对外运输网络。青海地广人稀，城镇乡村分散且相互间距离较远，因此经济、便捷、快速的运输服务是提高广大农牧生活水平的重要保障。为了改善民生，缩小城乡差别，必须采取有力措施，切实推进广大农牧民地区生产生活物资配送网络建设。

4. 建设“两型”社会，要求大力发展绿色交通

近年来，中央对加快建设“两型”社会十分重视，国家“十一五”规划纲要就明确提出要“落实节约资源和保护环境的基本国策，建设低投入、高产出，低消耗、少排放、能循环、可持续的国民经济体系和资源节约型、环境友好型社会”。党的十七大报告中也明确要求，把建设资源节约型、环境友好型社会放在工业化、现代化发展战略的突出位置。

青海省是我国生态建设和环境保护的重点省份，在我国生态保护大局中具有特殊的战略地位。因此，加强资源节约和环境保护，发展绿色交通，促进道路运输业发展向高能效、低能耗、少排放模式转型，增强道路运输行业的可持续发展能力，在青海省显得尤其重要。

5. 保障社会稳定，促进社会和谐，要求道路运输业增强安全保障和应急能力

道路旅客运输是国民经济中的高风险行业，公共安全责任重大，要求青海省交通管理部门、各级运

管机构和运输企业把运输安全放在发展的突出位置,高度重视道路运输安全生产,坚持以人为本,按照“安全第一、预防为主”的方针,加强安全和应急保障能力建设,进一步加强安全监管,完善安全管理体制,加强车辆救援网络建设,提高道路运输应对突发事件的保障能力,建立各种突发事件和防恐袭击的交通运输应急反应机制,增强预警预防和应急处置能力,实现道路运输的安全和谐发展。

五、发展思路与发展目标

(一)指导思想

深入贯彻落实科学发展观,紧紧围绕促进经济社会发展、维护社会稳定、着力改善民生的发展主题,以建立便捷、安全、经济、高效的综合运输体系为目标,以解决当前交通运输发展存在的突出问题和主要困难为切入点,紧密结合青海交通发展实际,按照“路运协调、提升服务”和“强化安全保障、提升公共服务水平”两条主线,坚持以市场为导向、以企业为主体、以政府为推手,着力构建能力充分、便捷通畅、覆盖广泛、衔接顺畅、安全环保、服务高效的道路运输服务体系,为青海实现富裕文明和谐的全面小康社会提供良好的交通条件。

(二)基本原则

1.强化网络建设,普及公共服务,坚持路运协调,促进道路运输业又好又快发展

目前青海省公路运输发展还处于基础设施总量不足、技术等级较低,基础设施大建设大发展的重要阶段,同时也和全国一样,肩负着构建现代交通运输业的重要使命,这就要求青海省公路运输发展必须坚持路运协调,把基础设施建设和提升运输服务两步并作一步走;立足当前,着眼长远,因地制宜,创新发展模式,在发展中优化结构、强化网络建设、普及公共服务,实现道路运输业又好又快发展。

2.提高运输服务效率和质量,拓展运输服务通达度和覆盖面,坚持道路运输服务与经济社会发展和广大农牧民生活改善的协调发展

把提升运输效率、降低运输成本、改善服务质量、增强通达深度作为行业发展的重要任务;坚持以人为本,切实提高客运服务水平,努力满足人民更安全、更便捷、更舒适、更个性化的出行要求;坚持以市场为导向,以企业为主体,政府“有所为、有所不为”,积极引导运力结构优化、组织方式创新,提高货物运输的组织化程度和专业化水平,切实促进现代物流发展。

3.高度重视环境保护,大力推进绿色交通,坚持道路运输与资源环境的和谐发展

充分依靠现代科技进步和理念创新,推动发展方式转变。以节约集约用地、实现节能减排、提高运输效率等为核心内容,以低投入、低消耗、低排放、高效率为主要特征,减少道路运输业发展带来的污染及对环境的其他负面影响,实现经济社会和交通运输的可持续发展。

4.强化安全意识,提升安全保障能力,坚持道路交通运输的安全发展

要加强全社会交通安全防范意识宣传教育,强化道路运输行业从业人员安全技能教育培训,提高运输装备的安全技术标准,减少交通事故及伤亡人数。要加强政府安全监管,增强人命、车辆救助和应急处置能力,建立健全交通应急保障体系,不断提高交通运输保障生命安全、经济安全和国家安全的能力。

(三)发展目标

1.近期发展目标

到2015年,青海省道路运输服务能力与水平明显改善,广大农牧民群众出行方便、快捷、经济;道路运输应急运输保障体系、汽车救援体系、维修与租赁服务网络基本完善,总体适应青海经济社会和道路运输业发展的要求。

(1)旅客运输

到2015年,公众出行更加方便、快捷、经济,道路客运服务水平显著提升。基本形成以西宁为中心,至相邻9县城(大通、湟中、湟源、平安、乐都、贵德、互助、尖扎、民和)的1小时交通圈,至周边7县城(海晏、刚察、门源、共和、同仁、化隆、循化)的2小时交通圈,至青海湖、坎布拉、互助北山、西海镇原子

城等重要旅游景区的2小时旅游交通圈。西宁、格尔木和德令哈市区居民公交平均出行速度高于20公里/小时,平均候车时间低于10分钟。95%以上的农牧民有条件获得每周至少1次的农村客运服务。游客可以方便享受青海湖、三江源等重要旅游景点的旅游定线服务。公路旅客运输与其他运输方式之间换乘便捷。

①公路客运量约1.4亿人次,公路旅客周转量约70亿人公里,年均增长约6.0%和6.9%。

②城际客运。西宁至海西、海东、海北、海南和黄南5州州府及格尔木,西宁至互助、大通、湟中、湟源、乐都等具备条件的县城,德令哈至格尔木,形成以高速公路为依托,以高等级客车为载体的高速客运网络。州府至所辖县市基本形成以高等级公路为依托,以中级客车为主要载体的快速客运网络。

③城市客运。西宁、格尔木、德令哈公共交通出行比例达到35%以上,公共交通占机动化出行比例大于50%,万人公交车拥有量接近20标台;主城区公共交通线网覆盖率大于90%,城市新区基本实现公共交通线路覆盖;万人出租车拥有量相对稳定在30台。其他城镇化地区城市客运得到相应的发展。

④农村客运。东部地区建制村(牧委会)班车通达率力争达到100%;环青海湖地区乡镇班车通达率达到95%,建制村(牧委会)班车通达率达到90%;柴达木地区和三江源地区结合生态移民工作的进展,乡镇班车通达率达到90%,建制村(牧委会)班车通达率达到70%以上。藏区人口较少的乡镇、建制村(牧委会)班车运行组织可采用每周运行1~2次的方式。

⑤城乡客运。西宁、格尔木、德令哈城市公交覆盖范围向城乡结合部和农牧区逐步拓展,城际客运、城市公交和农村客运基本实现一体化衔接。东部人口稠密乡镇初步实现农村客运公交化。

⑥客运站场。西宁、格尔木国家公路运输枢纽客运站场基本建成,建成1~2个现代化的公铁衔接的综合客运枢纽;州府所在地建有1个一级客运站。东部地区和环青海湖地区县城建有1个功能完善的二级客运站,柴达木地区和三江源地区县城基本建有1个三级以上客运站。东部地区乡镇基本建有等级客运站,建制村基本建有简易站或招呼站;环青海湖地区85%乡镇建有等级客运站,70%的建制村建有简易站或招呼站。三江源地区和柴达木地区80%的乡镇建有等级客运站,60%建制村(牧委会)建有简易站或招呼站。二级以上客运站基本实现信息化售票、检票、联网售票,可全天候通过互联网、电话发布车次、时间、线路、票价、车型等实时信息。

(2)货物运输

到2015年,安全、便捷、高效的货物运输网络基本形成;运输装备现代化程度明显提高,运输结构更加合理,运输服务的效率和质量明显提升,总体适应国民经济和社会发展的需要。

①公路货运量约1亿吨,公路货物周转量约275亿吨公里,年均增长约5.8%和5.7%。

②以西宁、格尔木国家公路运输枢纽货运站场为核心,以海东、海北、海南、黄南、海西五个州府地区性货运站场为节点,以高速公路为依托的城际快速货运网络初步形成;以州府地区性货运站场、县城货运站场为节点,以高等级公路为依托的区域性配送网络初步形成;完成以县城货运站场为核心,以乡镇集散性货运站场为节点的农牧民生产生活资料配送网络的试点工作。

③结合国家公路运输枢纽建设,在西宁、格尔木各建成两个以上的大型物流中心(货运站),德令哈、平安、西海、共和、同仁在高速公路出入口附近建设一个货运站(或配送中心)。约30%的县城建成一个货运站。部分乡镇结合客运站建设同步完成货运站若干试点。

④以货运站场为依托,货运公共信息平台初步形成。可通过互联网查询运力信息、货运信息、运输和物流服务价格、相关企业的资质、诚信情况。

⑤在西宁、德令哈、格尔木通过重组、兼并等手段各建立、培育两个以上大型货运企业,并在相应的区域内的公路货运中发挥引导、骨干作用。

⑥货车车型结构得到明显改善,重型货车占货车总数的25%,专用货车的数量占货车总量的10%,厢式货车的数量占货车总量的12%。

(3)应急救援

到2015年,青海省道路应急运输保障体系和汽车救援体系初步建立,网络覆盖范围不断延伸,“救援难”问题基本解决。

①基本完成道路应急运输保障体系和汽车救援体系的组织建设、制度建设,建成西宁和格尔木指挥调度平台,市州基本储备车辆救援队伍和应急运输保障队伍,配备必需的设施设备和车辆。

②形成较完善的货物应急运输保障长效机制。依托骨干运输企业,西宁、格尔木应具有在4小时内调集50部(不低于500吨位)货车的能力,德令哈市、大柴旦市应各具有在4小时内调集30部(不低于300吨位)货车的能力,其他各州首府的调集能力应不低于20部货车(不低于200吨位)。

③形成较完善的旅客应急运输长效机制,主要依托骨干运输企业和高等级客运站,西宁、格尔木4小时内完成100辆中型以上客运车辆的集结,2小时内完成50辆中型以上客运车辆的集结。其他各州首府在4小时内完成50辆中型以上车的集结,2小时内完成20辆中型以上客运车辆的集结。

④救援网络基本覆盖城市道路、高速公路、干线公路和重要县道,城市区域内,救援机构45分钟实施救援服务;高速公路沿线,救援机构1小时内实施救援;干线公路沿线,救援机构2小时内实施救援。

⑤营运客车GPS安装率达到80%,危险品运输车GPS安装率达到100%。

(4)机动车维修与检测

到2015年,青海省汽车维修与检测能力明显提升,维修网点布局趋向合理。

①维修与检测能力明显提升。西宁、格尔木具备国产和大部分进口车型的各种维修作业能力和检测能力,市州具备大部分国产车型的各类维修和检测能力以及部分进口车型的维护、小修能力,县城和乡镇的车辆维修能力有所提升。

②市场结构趋于合理。市场整合步伐加快,三类维修企业得到有效整顿,路边摊、无证经营业户基本实现规范管理、公司化运作。一类、二类企业比例明显提升。

③维修服务质量明显改善。质量信用考核体系基本建立,车辆维修在质量保证期内返修率和维修服务投诉率明显下降。

④检测技术手段有所提高。基本建立I/M制度,先进的诊断、检测设备运用率提高,一类、二类企业专用设备台数分别占设备总台数的30%和35%,大部分一类、二类企业和综合性能检测站实现计算机管理和联网。

(5)驾驶员培训

到2015年,培训市场秩序、企业经营行为逐步规范,办学条件明显改善,教学质量不断提高。

①培训质量大幅改观。向社会培养合格的驾驶员和合格的道路运营车辆驾驶员,学员考证通过率明显提升。

②市场管理明显规范。部门沟通协作能力加强,培训和考试的管理关系基本理顺。

③培训过程逐渐规范。培训机构和教练人员诚信考核制度基本建立,学时制和IC卡数据交换得到全面推广。

④教学条件明显改善。教学基础设施和教学条件得到加强,一、二级驾校配置符合规定的教练场、教学设备;模拟教学设备、电化教学设备得到推广;一、二级驾校建立电子档案、实行信息化管理。

(6)车辆租赁

到2015年,汽车租赁服务市场初步形成,汽车租赁服务逐步规范。

①西宁、格尔木拥有1个以上成规模的、跨地区经营的汽车租赁企业,市州和重要县城拥有租赁企业;旅游租赁和运营性货车租赁业务快速发展。

②基本建成公共信息平台和信用信息体系建立,有条件的企业实行信息化管理、联网开展业务。

③汽车租赁服务得到有效监管,租赁服务社会投诉率显著下降。

(7)绿色交通

①资源、能源利用效率进一步提高,单位运输能耗明显下降。营运货车单位运输周转量能耗下降5%。节能环保车辆得到优先发展,营运车辆全部达到燃料消耗量限值标准要求。

②公交优先战略实施取得明显成效,西宁、格尔木等大中城市新增公共汽车均为欧Ⅲ以上标准,新

能源公共汽车使用比例达到5%以上。

③道路运输车辆燃料消耗量检测和监督管理制度得到贯彻落实，节能减排源头管理能力明显加强，行业节能意识基本建立，节能减排的激励和约束机制更加完善。

(8)科技进步和信息化

①科技成果推广率达到40%左右，科技进步贡献率达到50%。

②60%以上交通运输管理干部进入交通运输管理干部培训主渠道和基地。

③形成高效、通畅、可靠的交通行业通信专网。动态交通信息采集、共享能力得到加强，交通信息资源开发与利用水平显著增强，交通智能化水平明显提升。

(9)行业管理

①交通运输法律法规体系更加系统、完善，职工思想道德素质明显提高，创建一批有影响的文明单位和文明示范窗口，打造一批具有时代特色、行业特点和文化特性的服务品牌，建设一支正规化的交通运输行政执法队伍。

②市场管理水平进一步提高，服务意识不断增强，公共服务能力显著提升，实现向服务型政府转变。

2.2030年展望

到2030年，快速便捷、覆盖广泛、衔接顺畅、安全环保、服务高效的道路运输服务系统全面形成，城乡交通基本公共服务实现均等化，适应青海经济社会发展的要求。

(1)旅客运输

到2030年，形成班车客运、城市客运、农村客运、旅游客运和出租客运多层次顺畅衔接、能力充分、运行高效、服务优质、安全环保的客运网络体系，城际客运快速化，城乡客运一体化、公共客运服务均等化水平达到全国平均水平。

①省会、各州府至周边省份邻近中心城市、西宁至各州府、州府间形成以高速公路为依托，以高等级客车为载体的高速客运网络。

②州府至所辖县市、相邻县间形成以高等级公路为依托，以中级客车为主要载体的快速客运网络。

③乡镇、建制村(牧委会)均通达农村客运班车。

④以西宁为核心辐射周边县，以及格尔木市、德令哈市、乌兰县、都兰县、大柴旦行委等青海省重点开发区域实现城乡客运一体化。

⑤城市公共交通安全、快速、舒适、便捷，拥有完善的公交网络。

⑥以客运站或者旅游客运站为集散中心，以高等级客车为载体，辐射省内重要旅游景点，连接一般性旅游景点的旅游客运网络日益完善。

(2)货物运输

到2030年，衔接顺畅、运转高效、安全环保的城际快速货运网络、区域性配送网络、农牧民生产生活资料配送网络三级货运网络系统全面形成，多式联运、甩挂运输、专业化运输等先进的运输组织形式得到快速发展。

①形成以西宁、格尔木国家公路运输枢纽货运站场为核心，以州府地区性货运站场为骨干节点，以高速公路为依托的城际快速货运网络；形成以州府地区性货运站场为核心，以县城货运站场为节点，以高等级公路为依托的区域性配送网络；形成以县城货运站场为核心，以乡镇、村(牧委会)集散性货运站场为节点的农牧民生产生活资料配送网络。三级货运网络及物流网络有效衔接，实现省际、城际、城乡货物运输一体化发展。

②由西宁、格尔木组成的国家公路运输枢纽货运站场，由州府货运站场组成的地区性货运枢纽，由各乡镇集散性货运节点组成的货运枢纽体系全面形成。

③结合主要铁路枢纽、机场形成综合货运枢纽，公路集疏运网络完善。

④大、中、小型货运企业和普通、专用货运企业比重适当。青海省大、中型货运企业将在车辆拥有量、市场份额、服务水平、管理水平、服务效率等方面在全行业确立全面领先和主导地位。

⑤适应青海省经济社会发展需要,重型货车、专用货车、厢式货车占货车总量的比例进一步提高。

⑥大件物资运输、甩挂运输、冷藏货物运输、精密设备运输、成品油运输等专用货运得到进一步发展。

(3)应急救援

青海省建立层次合理、功能完善、管理高效的维修救援体系与应急保障运输体系,形成全面覆盖道路通行区的维修救援网络,向全社会车辆提供及时、优质、可靠的车辆救援服务,应急运输保障能力显著提升。

①建成由各类资源共同参与、统一运作、层次分明的维修救援和应急保障体系,建立西宁为省级指挥控制中心,市州为次中心,县城为节点的汽车救援和应急指挥调度平台,所有县设立救援队伍和应急运输保障队伍,配备相应的应急通信设备、后勤保障设备、专业救援装备和应急保障运输车辆。

②救援力量全天候可以出动。救援网络覆盖所有城市道路、高速公路、干线公路和县乡公路,城市区域内,救援机构30分钟实施救援服务;高速公路沿线,救援机构45分钟内实施救援;干线公路沿线,救援机构1小时内实施救援;救援网络深入到所有乡镇,基本消除道路通行区域内的救援盲区。

③运营车辆安全监管能力明显提升,营运客车GPS安装率达到100%。

(4)车辆维修与检测

青海省建立能力充分、结构合理的汽车维修与检测市场体系,向全社会提供方便、及时、优质的汽车维修与检测服务,实现车辆大修不出市州、日常维修不出县、小修专修不出乡镇。

①西宁、格尔木具备国内外各类车型的各种维修作业能力和各类检测能力,市州具备国产车型各类维修、各类检测能力和主要进口车型的维护、小修能力以及技术状况、维修质量的检测能力,县城具备主要国产车型的各类维修能力和技术状况检测能力,乡镇具有车辆的小修、快修能力。

②实现机动车维修业供需的动态平衡,每千辆车的维修点配备率达12.0;汽车维修企业市场结构趋于合理,建立若干个青海省连锁的汽车维修品牌企业,引导骨干维修企业连锁经营。

③建立与技术先进、与国际维修模式相适应的质量保障体系,车辆维修质量得到有效保证,在质量保证期内返修率和投诉率达到全国平均水平。

④全面推行I/M制度,构建布局合理的汽车性能检测网络,维修企业和综合性能检测站配备专业的诊断检测设备,一类、二类维修企业专用设备台数分别占设备总台数的35%和40%。广泛运用信息技术,80%维修企业和综合性能检测站实现计算机管理和联网。高级技工所占比例达到全国平均水平。

(5)驾驶员培训

向社会培养安全可靠的驾驶员和安全可靠的道路运营车辆驾驶员,适应现代交通环境和道路运输的需求。

①实现市场供需的动态平衡,形成合理的市场结构和空间布局,培训市场规模化、集约化程度大幅提高,建成若干特色与品牌共存的培训学校,质量和效益明显提高。

②培训过程实现标准化、规范化、专业化。驾驶员培训管理科学、规范,培训机构和教练人员诚信考核制度全面建立,学时制和IC卡数据交换管理得到严格执行,所有教练人员均持证上岗、规范教学。

③教学设施设备完善。教学基础设施和教学设施满足社会需求,教学车辆安全可靠;模拟教学设备、电化教学设备全面推广,所有驾校实现信息化管理。

(6)汽车租赁发展

建立与道路客货运输市场相适应的汽车租赁服务市场体系,向全社会提高方便、优质的汽车租赁服务。

①省会和市州拥有成规模的、跨地区经营的汽车租赁企业,县城和重要乡镇、旅游景区拥有租赁企业或租赁网点;青海省形成长期租赁与短期租赁,社会车辆租赁与营运性运输车辆租赁共同发展的租赁服务市场。

②有条件的企业开展品牌连锁经营和网络化经营模式,实现异地取车、换车和结算。公共信息平台

和信用信息体系全面推广，企业实现信息化管理，经营行为规范有序，合法企业的经营权益得到有效保障。

六、重点任务

（一）推动客货运输网络建设

客运方面：进一步推进由城际高速客运、城乡公交一体化客运、农村客运和旅游客运等组成的多层次客运网络体系。以市场需求为导向，以骨干客运企业为主体，根据高速公路网的建设进展，以高等级客运站为节点，以高等级客车为载体，大力推进城际州际高速客运网络，建立“青海快客品牌”；继续加大对农村客运的扶持力度，进一步提高农牧区班车客运的通达深度和网络化水平。

在青海东部城镇群及城镇化程度较高的地区，建立和完善跨区域的城际公交协调机制，支持条件适宜的地区打破区域或城市行政隔阂，鼓励开通城际或区间公交化班线，有效覆盖沿途乡镇，逐步实现客运线网的跨市、跨区融合。合理界定城市公交与农村客运的服务功能，加强城乡公共客运的服务衔接。重点推进西宁城镇群及其他主要城镇化地区城乡客运一体化发展，鼓励城市公交向周边延伸覆盖。

货运方面：以市场为导向、以企业为主体、以政府为推手，以“畅通重要资源及土特产品对外运输网络”和“推进广大农牧地区生产生活物资配送网络建设”为主线，大力推进城际快速货运网络、区域性配送网络、农牧民生产生活资料配送网络三级货运网络建设。

站场方面：客货运输站场是道路运输网络的组织节点，必须加快发展。加快形成由西宁、格尔木国家公路运输枢纽，州府地区性运输枢纽，以乡镇集散性运输枢纽组成的公路运输枢纽体系。

（二）全面提升运输效率和服务水平

运输装备方面：引导营运车船向标准化、专业化、清洁化方向发展。鼓励发展厢式、冷藏、散装、液罐、城市配送等专用运输车辆和多轴重载大型车辆，鼓励发展大中型高档客车，大力发展适合农村客运的安全、实用、经济型客车。

运输组织方面：大力推进多式联运，提高运输的专业化、组织化和网络化水平。加快培育一批规模化、集约化、网络化运作的道路运输龙头骨干企业。大力发展甩挂运输、厢式运输、危险品运输、汽车列车等专业化运输。

运输市场方面：加强运输市场环境建设，完善市场准入、退出和监管制度，促进形成统一开放、公平竞争、规范有序的运输市场。

促进现代物流发展方面：支持运输企业向物流企业转型发展，支持运输站场建设向物流园区转型，支持建设物流公共信息平台。

（三）增强交通应急保障能力

应急保障方面：着力构建省、市、县三级交通应急体系，加快制定交通应急能力建设规划；建立应急信息管理系统，完善省级地州运力储备制度。积极推进危险品运输车辆和长途客运车辆 GPS 信息联网联控。

汽车救援方面：着力构建统一调度、统一服务、分工协作的公共救援信息体系；重点建设省、市、县三级救援调度网络，在城市道路、高速公路、干线公路和县乡公路上合理布设救援服务网点。根据青海地广人稀，天气情况复杂，汽车救援具有距离远、难度大的特点。政府应引导救援机构增加野外作业维修救援装备，建立汽车救援用备件、用品供应体系，同时对救援从业人员进行专业培训，提高汽车救援的保障能力。

（四）大力促进道路运输辅助服务体系建设

机动车维修与检测方面：积极推进汽车维修与检测市场体系建设，不断优化和完善维修服务网点布局，构建布局合理的省域中心城市、州府、县城、乡镇四级维修服务体系。

驾驶员培训方面：进一步优化驾校布局，对驾校经营行为进行有效监管，规范企业经营行为。

车辆租赁方面:积极培育汽车租赁市场,拓展租赁业务范围;优化汽车租赁网络布局,鼓励品牌连锁和网络化经营。建立行业监管体系,规范汽车租赁市场。

(五)大力发展绿色交通

环境保护方面:场站建设方面避开环境敏感区域。

节能减排方面:大力发展节能环保的运输装备,鼓励推广使用低排放车辆,建立交通节能减排监测、考核体系。优先发展公共交通,引导私人小汽车的合理使用。

(六)着力抓好信息化建设

行业管理方面:加强电子政务建设,开发青海省统一的道路运输管理信息系统,便于各级运管部门实施行政许可、网上审批、内业处理等功能,进一步规范项目审批行为,提高审批效率,提高政府部门服务社会公众和运输企业的能力。

生产经营管理方面:鼓励和引导运输企业继续为营运车辆,尤其是班车客运车辆、危险品运输车辆安装卫星定位系统、卫星导航系统,提高远程监控能力和运输组织能力。县级及以上城市主要客运站普遍安装信息管理系统、电子监控系统、危险品检测仪、电子信息显示屏等设备。引导出租客运行业建设出租车调度系统,有效提高出租车行驶效率。支持物流公共信息平台建设,提高货物运输效率和车辆利用率。

公众信息服务方面:通过公众服务信息平台建设,逐步推广联网售票业务;全天候通过互联网、电话和其他终端设备发布每个车站车次、时间、线路、票价、车型等信息。直观查看行车路线,沿途风光介绍、目的地交通换乘、住宿、餐饮等旅行信息。

(七)切实加强城市客运管理

公交车辆方面:进一步优化车辆结构,提升运输装备水平。加快对现有车辆更新改造步伐,鼓励使用中高档、天然气、电动车、混合动力等城市公交节能环保车辆,逐步淘汰尾气排放超过国家规定标准的车辆。

服务管理方面:建设高效优质的公共交通服务网络,着力提供多层次的公共交通服务,进一步提高城市公共交通服务管理水平。加快制订城市公共交通运营服务标准和规范,建立城市公共交通服务质量考核制度和公共交通价格形成机制。加强从业人员培训,加强城市公共交通安全运营监管。

出租汽车方面:加快建立出租汽车行业稳定、规范、健康发展的长效机制,完善市场准入制度,规范运营管理,加强市场监管,维护出租汽车市场秩序。

(八)不断提高行业管理水平

健全以《青海省道路运输条例》为龙头的道路运输法规体系。制定和出台《青海省城市公共交通管理条例》、《青海省出租车客运管理办法》等行业管理法规。推进交通行业体制机制改革。加强交通人才队伍建设,特别是执法队伍建设。加强行业精神文明建设。

七、近期行动计划

从青海省道路运输业发展面临的困境入手,以道路运输业取得突破性进展为目标,按照“抓关键环节、破解难点问题、尽快改善公共服务水平”的基本方针,推动旅客运输、货物运输和运输服务的快速发展。政府的工作重心是调控、监管,大力推进交通基础设施、运输服务网络和安全应急救援系统建设。

(一)旅客运输

2015 年前,旅客运输发展的总体思路是“抓两头、带中间”,大力发展城市公共交通和农村客运。组织实施以农村客运班线通达、投城市公交运力工程、高速客运班线布局、客运站场建设改造、客运信息化建设、运力装备更新为抓手的旅客运输“六个一”工程,促使道路客运业取得突破性进展。

1. 扶持一批农村班线通达工程

开通约25个乡镇,800个建制村(牧委会)的农村客运班线。其中,东部地区开通约5个乡镇和350个建制村(牧委会)的农村客运班线,其他地区开通约20个乡镇和450个建制村(牧委会)的农村客运班线。

2. 投入一批城市公交运力工程

加大对城市公交的政策倾斜和扶持力度,增加公交基础设施投入,西宁、格尔木、德令哈三大主要城市投入公交车辆约350辆,其中西宁市投入公交车辆约250辆,格尔木、德令哈投入公交车辆约100辆。根据各城市公交线网总体规划,推动配套公交站场建设,完善线网布局,提高对城区的覆盖能力。

3. 完成一批客运站场建设工程

新建或者改扩建等级客运站约200个,包括一级站13个、二级站10个、三级站13个、乡镇等级客运站约160个。为建制村(牧委会)建设3 000个简易站或招呼站。

4. 实施一批快客班线布局工程

重点开通西宁至海西、海东、海北、海南和黄南5州州府(区府)及格尔木,西宁至互助、大通、湟中、湟源、乐都等具备条件的县城,德令哈至格尔木的快速客运班线。

5. 引导一批运力装备更新工程

新增或更新营运客车约10 000辆,进一步提高营运车辆中高等级车辆的比重,在农村客运中推广使用符合国家标准的经济适用型车辆,全面提升车辆档次、服务质量、节能环保水平。

6. 推广一批信息设备应用工程

鼓励和引导客运企业继续为县际以上营运客车和旅游客车安装GPS卫星定位系统;三级及以上客运站全部安装车站站务管理系统和危险品检测仪。

(二)货物运输

2015年前,围绕“基本畅通重要资源及土特产品对外运输网络”和“推进广大农牧地区生产生活物资配送网络建设”两个主线,组织实施货物运输“六个一”工程。

1. 搭建统一的省级交通运输行业物流公共信息平台

目前,交通运输部已开始在浙江省开展省级交通运输行业物流公共信息平台试点工作。据了解,已有十几个省份正在与浙江省联合开展省级交通运输行业物流公共信息平台的相关推进工作。青海省也应加入到省级交通运输行业物流公共信息平台的联合开发工作中去。

2. 完成一批货运站建设

依托高速公路建设和国省干线公路改造升级,建设约30个货运站场,西宁市建设成货运站1个、物流中心2个,德令哈、格尔木、平安、西海、共和、同仁在高速公路出入口附近建设1个货运站场。在经济较发达的县城建设20个左右规范的货运站。重要资源及土特产品对外运输网络基本畅通。

3. 完成一部分乡镇货运站试点工程

结合乡镇客运站建设,适当拓展农村交通基础设施服务功能。加强乡镇客运站与乡镇货运站、农村邮政局所、乡镇公共服务场所建设的有机结合。适当支持农村客运车辆搭载农副产品、生活物资、邮件。乡镇客货运站适当拓展邮政物流服务功能。鼓励邮政企业与交通运输企业加强合作,支持农村客运、农村货运与农村邮政网络融合。

4. 扶持一批大型货运企业

西宁市、格尔木市、德令哈市建立、扶持不少于2家大型货运企业。同时,西宁、格尔木、德令哈以及其他城市的中型货运企业也应得到相应的发展。

5. 营造一个公平竞争的市场环境

加大打击违法和不正当经营的力度,加快道路货运市场诚信体系建设,创造公平、公正、规范的市场环境。建立“超限超载”治理长效机制,加大对非法营运车辆的治理力度,规范运输企业和个体业户的经营行为。加快实施运输企业和从业人员质量信誉考核制度,发挥信誉考核成果对行业的影响力和社会效应,引导和促进货运企业加强管理、保障安全、诚信经营、优质服务,树立行业诚信形象。

6. 构建一个高效的道路运输安全监管体系

确保服务安全可靠,严格审核驾驶员从业资格和货运安全生产管理制度,落实运输企业安全生产主体责任。强化企业对车辆、驾驶员的管理,完善市场退出机制;强化对车辆和货运站场的源头管理,加强对货运企业、货运站的安全生产和车辆技术性能的监督;从严掌握危险货物运输市场准入,推进危险货物专业化运输,推广使用现代科技手段,加强行车过程中的动态监控。

(三)运输服务

2015 年前,重点实施道路运输服务“六个一”工程,明显改善道路运输服务状况,提升行业服务能力,规范市场秩序,改善经营环境,初步适应道路运输发展的需要。

1. 打造一批明星品牌企业

在青海省开展重点道路运输服务企业资质审定工作,对一批龙头企业在基础设施、信息化建设、运输装备等方面给予支持,重点培育或引进 1 ~ 3 个具有较大规模、具有较强竞争能力的品牌维修企业、明星驾校和租赁企业。鼓励龙头企业跨区域设置网点,实行品牌连锁和网络化经营。

2. 建设一批专业市场

开展三类机动车维修企业和临建用房维修点的服务质量和环境的治理整理,形成规范的维修市场;按照向社会提供“一站式”维修服务的目标,引导维修企业、4S 店、汽车零配件公司聚集,形成一批汽车综合服务市场。鼓励运输企业开展汽车租赁业务,适当放宽准入条件,形成汽车租赁市场。

3. 搭建一个汽车救援服务网络

有步骤地推进青海省应急运输保障和车辆救援体系建设,重点解决省、市、县三级车辆救援系统的组织建设、制度建设;建设西宁和格尔木指挥控制中心,解决汽车救援系统的通信问题;初步建立汽车救援用备件、用品供应体系;完成高速公路、干线公路和县级以上城市市政道路的救援网络布局。

4. 引进一批专业设备

鼓励企业购置先进的专业设备,提升企业的装备能力和技术水平。鼓励维修企业和综合性能检测站引进、使用先进的诊断、检测设备;鼓励救援机构配备专业救援设备,鼓励驾校配备先进的教学设备;鼓励企业利用计算机进行日常管理,建立用户信息档案,提高行业信息化水平。

5. 培养一批专业人才

建立汽车维修行业从业人员和驾校教练员的职业资格管理制度,强化从业资格考试和审查。利用青海交通职业技术学校和品牌企业的教育资源,建立高水平的培训基地,建立长效培训机制,对驾校教练员、维修技工等专业人才进行职业道德、职业技能和法律法规培训,不断提高从业人员的综合素质和从业能力,提高执法队伍的管理水平。

6. 构建一个高效监管体系

加快行业的立法进程,逐步完善《青海省道路运输管理条例》,出台汽车维修、汽车救援、驾驶员培训和车辆租赁等方面的地方政策法规,研究救援车辆在高速公路和城市道路的通行停靠管理办法。加强法规的组织实施和执法工作,规范审批行为,简化审批程序,依法严厉打击各种违法违规行为,保障合法经营企业和消费者的合法权益,维护良好的市场秩序。成立相关行业协会,加强行业标准规范的制定和经营行为的监督、协调。

八、政策措施

(一)解放思想,加大政府支持力度,多渠道融资,破解资金约束

1. 加大政府对发展道路运输业的扶持力度

发展道路运输业应以市场为导向,以企业为主体,以政府为推手。但由于青海省经济欠发达,市场化程度低,运输量小且分散,运输企业经营效益差等原因,单靠市场的力量,发展现代交通运输业具有相

当的难度。加之青海省属于少数民族地区，支持青海发展，维护社会长治久安是国家的一贯政策，因此必须解放思想，加大对道路运输业的支持力度，促进基本服务均等化。

2. 加大中央政府的支持力度

建议参照国家支持西藏等区域发展的有关政策，进一步加大国家对青海藏区的转移支付力度，增加国债资金、车购税资金、扶贫开发资金及其他中央专项资金对青海藏区道路运输发展的投入；制定支持青海藏区运输发展的特殊政策；加大内地与青海藏区对口支援和干部交流力度。

3. 落实地方政府的配套支持措施

尽快落实青海省及各自治州人民政府对道路运输发展的配套支持政策。将青海藏区道路运输发展纳入地方人民政府的财政预算体系和目标考核体系；强化金融信贷支持措施，通过提供政府担保、政府贴息等方式积极争取国际金融组织、国内政策性银行、商业银行对青海藏区道路运输发展的贷款支持；加强部门协调，为藏区公路交通发展创造良好的发展环境。

4. 建立城市公共交通和农村公路客运公共财政保障体系

加大各级财政资金特别是中央预算内资金对城市公交基础设施及智能服务系统建设的投入力度，扶持农村客运发展，为社会低收入人群提供基本的交通运输保障。通过设立农村客运发展专项补助资金，加大对农村客运发展的资金补贴，使经营者能够获得合理利润，连续提供农村客运服务，有能力改善安全设施、服务设施和服务水平。具体包括：提高从事农村客运的经营者在购置和更新农村客运车辆时的补贴标准；下调农（牧）村客运政府指导票价，下调部分由农村客运发展专项补助资金中予以补助；由政府集中招标采购辖区内农（牧）村客运车辆承运人责任险、交强险。

5. 加强场站基础设施投入

尽快开展西宁、格尔木国家公路运输枢纽的前期工作，落实交通运输部国家公路运输枢纽补助资金；加大对农村客运站的投资补助力度。加强对货运站场基础设施公共服务部分的投资力度。在地价征收和土地使用费上给予场站建设更多优惠和减免，包括减免土地出让金、允许分期支付地价款、优惠土地出让价格等；从减免营业税、所得税及税收返还等方面提供一定期限的税费减免优惠；采取长期低息贷款、贷款贴息、优先贷款、政府专项贷款、贷款优惠利率、政策性奖励等方式，扶持场站建设与发展。

6. 对社会公益性较强的运输服务内容加大政府投入

对车辆救援公共信息平台、车辆救援指挥控制中心，要加大政府资金投入。对藏区的综合性能检测站给予一定的财政支持，确保其正常的生产经营和设备升级。建立车辆救援补贴机制，对救援难度较大、经济效益较差并有社会救援机构承担的救援任务给予一定的资金补贴。对重点龙头维修企业和驾校在政策、税费和金融上给予支持，鼓励扩大规模、连锁经营。

7. 支持公共信息平台建设

制定对公共信息平台的投资补助政策，鼓励运输企业使用公共信息平台。对加入和使用公共信息平台的业户，给予培训和入网费用的资金补助；对选用推荐运输业务管理软件的业户给予软件购置和使用费用的资金补贴。

8. 鼓励各类投资主体参与道路运输服务建设

依据“谁投资、谁决策、谁受益”的原则，通过建立责、权、利明确、投资主体法人化的道路运输业建设机制，鼓励各类投资主体参与道路运输服务建设。

（二）广开渠道，创新模式，破解运输企业经济效益差的难题

1. 降低车辆税费水平，减低道路运输成本

自燃油税实施以来，青海省的车辆营运税费水平高于全国绝大部分地区，经测算，较费改税前提高了大约15%。高原效应使青海省运输成本明显高于内地，青海地区的汽车油耗一般比平原地区同类汽车的油耗高15%左右，由于地理气候原因使青海省营运车辆营运成本每吨公里增加了3.4分钱。根据燃油税改革后存在的问题，政府在对地方进行燃油税分配时应充分考虑青海省高原地区道路运输的实际情况，采取相应的措施予以补偿。至于燃油多耗所引起的燃油费用偏高的问题，主管部门以及省政府

都应采取措施,通过降低运输企业或业户车辆购置税、车船使用税、工商营业税、路桥通行费等税费予以解决。

2. 适当拓展农村客运站的服务功能,支持农村客运、农村货运与农村邮政网络融合

加强乡镇客运站与乡镇货运站、农村邮政局所、乡镇公共服务场所建设的有机结合,乡镇客货运站适当拓展邮政物流服务功能,破解农村客运站建得起、养不起的难题。适当支持农村客运车辆搭载农副产品、生活物资、邮件。鼓励交通运输企业与邮政企业加强合作,支持农村客运、农村货运与农村邮政网络融合,增加运输企业效益。

3. 减低公路通行费,引导运力优化

随着青海省高速公路网的建设,车辆通行费将显著增加,会加剧运输成本高的矛盾。为了优化运力结构,提升服务水平,引导运输经营者购买、使用节能、环保车辆,必须通过切实有效的经济手段、法律行政手段等促进鼓励车型的推广应用。一是适当降低重型车辆、专用车辆和清洁能源车辆的公路通行费征收标准,鼓励重型车辆、专用车辆和清洁能源车辆的发展;二是协调财税部门,从技改资金中列支专项资金,对于满足一定条件的企业购买鼓励车型给予财政补贴。

(三)重视诚信体系建设,规范运输市场发展

一是修订完善《道路运输驾驶员诚信考核办法(试行)》、《道路运输企业质量信誉考核办法(试行)》,补充个体户的考核程序和方式,增强操作性;二是严格执行《道路运输企业质量信誉考核办法(试行)》和《道路运输驾驶员诚信考核办法(试行)》,落实企业和从业人员质量信誉考核制度;三是结合行业信息平台建设,加快道路运输企业和驾驶员管理信息化建设,及时向社会公布运输企业和从业人员质量信誉考核结果;四是完善道路运输企业和驾驶员数据库,实现道路运输企业和驾驶员身份、信誉等异地和现场信息查询;五是将企业质量信誉考核的结果与道路运输行业优惠政策、资金政策和税收政策挂钩。

青海省道路旅客运输发展规划

（2011～2030年）

《青海省道路旅客运输发展规划(2011～2030年)》

编写单位及人员

编制单位: 青海省交通厅

编制人员: 杨伯让　厅　　长
　　王廷栋　副 厅 长
　　王永祥　副 厅 长
　　袁复玉　处　　长
　　唐　玲　调 研 员
　　徐占慧　副 处 长
　　房建宏　副研究员
　　徐安花　高级工程师
　　孟登奎　主任科员
　　李　青　科　　员

参编单位: 交通运输部规划研究院

参编人员: 关昌余　副 院 长
　　石良清　所　　长
　　安旗林　副总工程师
　　信红喜　副 所 长
　　刘丽梅　副 所 长
　　高建华　项目负责人
　　邓小兵　高级工程师
　　刘梦涵　高级工程师
　　赵晓晖　高级工程师
　　袁　华　高级工程师

参编单位: 青海省公路运输管理局

参编人员: 赵连龙　局　　长
　　俞永春　书　　记
　　孙彦超　处　　长
　　王　刚　副 处 长
　　白增禄　高级工程师

目录
CONTENTS

第一章　规划背景

青海省地处青藏高原东北部,与四川、西藏、甘肃、新疆4省区毗邻,是内地进入青藏高原的门户,是联系大西北和大西南的重要通道,地理区位重要。青海是全国除西藏外最大的藏族聚居区和民族宗教工作的重点地区,至2010年底全省总人口562.7万人,其中少数民族占47.0%。青海拥有我国长江、黄河、澜沧江的发源地和水源涵养区,是我国重要的高原生态屏障,矿产资源、水能资源、旅游资源丰富,综合利用潜力大。但是,受生态环境脆弱、自然灾害频繁、基础设施薄弱、产业发展约束条件严格等因素制约,青海经济发展水平总体滞后于全国其他地区。2010年青海省地区生产总值1 350.4亿元,居全国倒数第二位。随着国家深入推进西部大开发,支持青海等藏区发展和玉树灾后重建战略的实施,以及青海省委省政府"四个发展"——跨越发展、绿色发展、和谐发展和统筹发展总体思路的落实,青海经济社会发展将迎来战略机遇期,经济社会将加快实现跨越和转型发展。

道路运输业是重要的基础产业,是国民经济和社会发展中基础性、服务性、先导性行业,是综合运输体系的重要组成部分。道路客运与人民群众生产生活息息相关,其发展程度直接决定了人民的出行条件、生活水平和生活品质。加快发展道路客运业对于强化青海省内外城镇人员联系、营造舒适的居民出行环境、改善农牧区群众生产生活条件、带动旅游资源开发共享意义重大。

改革开放30多年来,尤其是西部大开发以来,依托日益完善的公路交通基础设施,青海道路客运业发展取得了显著成就,成为服务范围最广、承担运量最大、运输组织最灵活的运输方式,在综合运输体系中发挥了不可替代的作用。2010年,青海省共完成公路客运量1.0亿人、旅客周转量50.2亿人公里,约占全社会客运量和旅客周转量的95%和47%,约为改革开放初期的65倍和68倍。但与经济社会发展的要求和全国其他省区相比,青海省道路客运业发展仍处于较低水平,难以完全适应新时期服务青海经济社会发展、服务社会主义新农村新牧区建设、服务人民群众安全便捷出行的最新要求。

为了构建全面协调可持续发展的道路运输体系,促进青海省道路客运业的健康快速发展,青海省交通厅及运输管理局委托交通运输部规划研究院承担青海省道路客运业发展规划研究。

本规划的编制主要依据与参考资料如下:

(1)国务院《关于支持青海等藏区经济社会发展的若干意见》。

(2)《青海省国民经济和社会发展第十一个五年规划》。

(3)《青海省道路运输业"十一五"发展规划》。

(4)《青海藏区公路交通基础设施发展规划(2009～2030年)》。

(5)国家及交通运输部颁布的有关标准、规范及其他有关规定等。

本规划基年为2010年,规划期限为2011～2030年,近期为2011～2015年,远期为2016～2030年。

第二章　发展现状、特点及存在的主要问题

一、发展现状

改革开放以来,尤其是西部大开发政策实施以来,青海省交通运输发生了翻天覆地的变化,交通基础设施建设取得突破性进展,运输紧张状况总体得以改善,交通运输全面、协调、可持续发展取得显著成效。目前已初步形成了以西宁为中心,辐射所有地州,连接所有县乡,与周边省份有效衔接的道路运输网络。截至2010年底,全省公路通车里程达6.2万公里。

自从客运市场放开以来,青海省旅客运输运力紧张的局面得到有效缓解,在交通运输部"有路大家行车"政策的指导下,依托日趋完善的道路交通基础设施,青海省道路客运业步入了快速发展时期,旅客运输能力和服务水平得到显著提升,道路旅客运输已发展成为综合运输体系中服务范围最广、承担运量最大、运输组织最灵活的运输方式,有效满足了城市居民和农牧民群众出行需求,对促进青海省经济社会发展发挥了重要作用。2010年,青海省共完成公路客运量1.0亿人、旅客周转量50.2亿人公里,约占全社会客运量和旅客周转量的95%和47%。目前全省已初步形成以班车客运、城市客运、农村客运、旅游客运为主体的多层次旅客运输体系。青海省道路客运业总体发展概况如下:

(一)运力总量持续增长,运力结构不断完善

近年来,青海省营运客车数量不断增加,车辆档次进一步提高,运力结构逐步优化(表2-1)。2010年全省营运客车19 431辆,"十一五"期间,营运客车数量年均增加7%。2010年省内营运客车构成中,班车客车约占19%,旅游客车约占2%,出租客车约占61%,租赁客车约占1%,公交汽车约占17%。与2005年相比,班车客车和旅游客车所占比重增大。通过比较班车客车车型构成,近年来小型客车数量增长最为明显,这是因为青海省目前广大农牧区公路客流量较小、分布广,对运营组织灵活的小型客车的需求较大。2010年营业性载客汽车中,班车客车中的高级车辆数量为2005年的3.9倍,旅游客车中的高级客车数量是2005年的1.6倍。青海省历年营运客车数量和客位数、班车客车车型数量分别如图2-1、图2-2所示。

青海省历年营运性载客汽车发展情况　　表2-1

类　型	2001年		2005年		2010年	
	辆数	客位	辆数	客位	辆数	客位
(1)班车客车	2 488	53 685	2 737	59 986	3 777	64 990
(2)旅游客车	131	3 141	155	3 370	413	8 863
(3)出租客车	9 589	55 645	10 080	53 314	11 916	60 256
(4)租赁客车	107	818	227	1 402	110	1 718
(5)公共汽车	—	—	—	—	3 215	74 409
合计	12 315	113 289	13 199	118 072	19 431	210 236

注:2005年前城市公交车辆未纳入统计范围。

(二)客运经营集约化、规模化、组织化程度逐步提高

为了更好适应市场经济的发展趋势,提高行业的集中度,青海省实施了清理客运车辆挂靠经营政策,车辆挂靠经营现象有所缓解。2010年,全省共有旅客运输经营业户1 146户,比2001年减少了1 768家,其中班车客运经营业户从1 356家减少到966家,出租汽车经营户数从1 531家减少至138家。2010年全省班车客运企业中,二级企业1家、三级企业16家,三级及以上资质企业比2001年增加了12家。近年来,班车客运企业的户均营业车辆、户均从业人数均呈现增长的态势,每条班线平均车辆数和日均

班次持续增加，反映出青海省班车客运企业正逐步向大型化、规模化和集约化的经营方式发展。

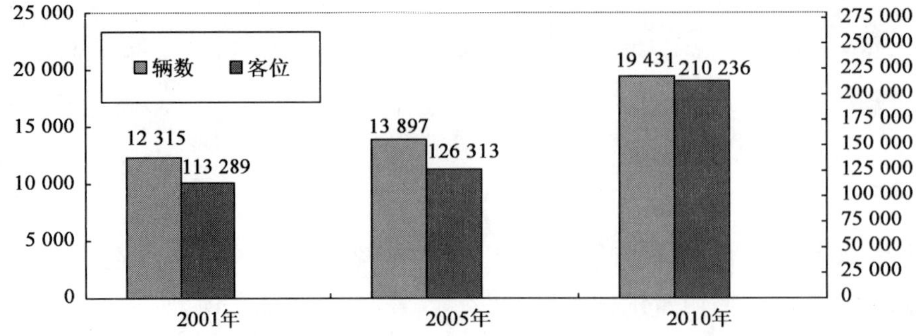

图 2-1　青海省历年营运客车数量和客位数

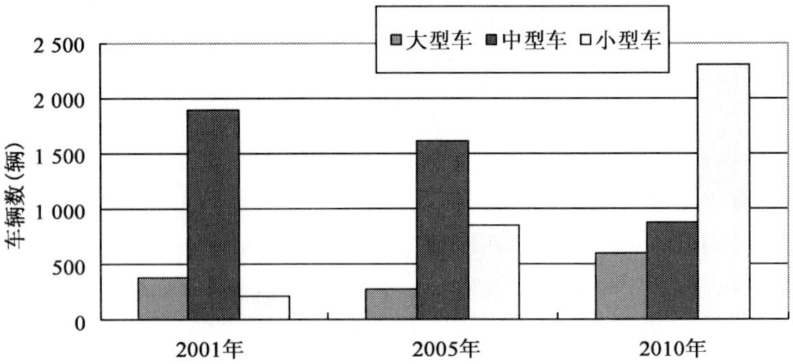

图 2-2　青海省历年班车客车车型数量（按标记客位分类）

（三）班车客运的班线构成优化调整，覆盖能力明显提高

受地理人口分布因素影响，青海省跨省、跨地市旅客运输运距长，中长途旅客需求量较小，导致全省远距离旅客运输发展相对缓慢。而随着城乡一体化进程的推进和对农村客运投入力度的加大，中短途班线快速发展。"十一五"期间，县内班次数量年均增长 14.5%。到 2010 年底，全省客运班线达 686 条，日发班次 6 814 班，乡镇班车通达率为 89%，建制村（含牧委会）班车通达率为 74%，长期困扰农牧民群众出行难的问题明显缓解。青海省道路班车客运线路和班次构成分别见表 2-2 和图 2-3。

青海省道路班车客运线路和班次构成　　表 2-2

年　份	合　计		跨　省		跨地（市）		跨　县		县　内	
	条数	班次	条数	班次	条数	班次	条数	班次	条数	班次
2001 年	705	3 618	81	95	223	1 313	134	1 066	267	1 144
2005 年	723	5 349	95	193	172	1 719	142	1 095	314	2 343
2010 年	686	6 814	91	248	144	1 304	101	652	350	4 611

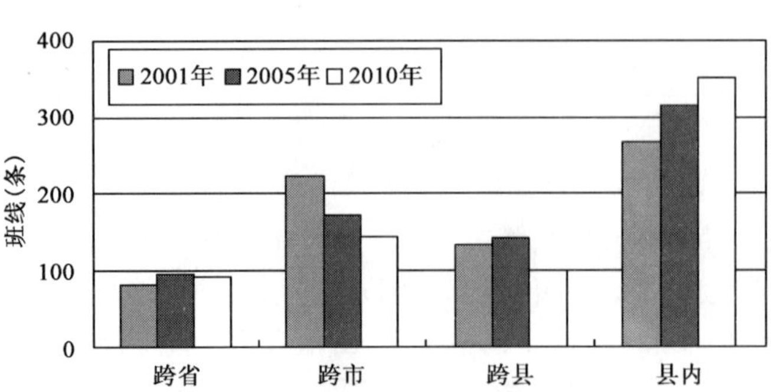

图 2-3　青海省历年班车客运线路构成

(四)客运站数量不断增加,站场体系初步形成

截至2010年底,全省共有客运站256个,其中一级站2个、二级站14个、三级站28个、四级站26个、五级站33个、简易站及招呼站153个,等级客运站共103个。与2005年相比,等级站数量增加了43个。目前,全省已初步形成以西宁一级客运站为龙头,以州、县二、三级客运站为主体,以乡镇四、五级客运站为节点,辐射农牧区招呼站和停靠站的客运站场体系。

(五)法规法制化进程加快,市场机制更加完善

近年来,青海省道路客运法制化进程逐步推进,相继出台了《青海省道路运输管理条例》等法规,以及《青海省客运班线经营权服务质量招投标管理办法》、《青海省道路旅客运输企业质量信誉考核办法》、《关于清理整顿道路客运挂靠经营工作指导意见》、《关于进一步加强行业管理促进出租行业健康发展的意见》等规范性文件。针对新形势下道路客运业发展出现的新情况,及时出台了《青海省道路客运运价与燃油价格联动方案》等应对方案。各项法规的相继出台,进一步健全完善了青海省道路客运业法规体系,对促进全省道路客运业健康发展,实现依法治运提供了保障。

(六)安全管理工作逐步落实,安全生产形势逐步好转

通过加强对客运站和客运企业安全监管,进一步落实"三关一监督"制度,加强对重点时段的安全隐患排查,客运企业安全源头管理工作明显加强。为了处理省内部分地区非法营运较为严重的问题,青海省建立了运管机构之间的联动稽查机制,开展了专项整治行动。近年来,针对西宁—循化、化隆、黄南等非法营运车辆较为严重的地区,组织了班车客运线路的专项整治工作,共查处非法运营车辆40余辆,有效地遏制了非法营运车辆的参营现象。

此外,近年来青海省道路客运业信息化水平、人才队伍建设、科技创新能力均有所加强。新技术、新设备在道路客运业中进一步推广应用,车站站务管理系统、危险品检测仪、行车记录仪等信息化设备的覆盖面逐步扩大。道路客运业人才队伍建设机制更加完善,科技创新能力逐步增强。

二、发展特点

(一)道路客运业持续较快发展,但总体水平仍然较低,滞后于经济社会发展

随着青海省经济社会的快速发展和交通基础设施的明显改善,青海省公路运输呈较快增长趋势。2010年青海省完共成公路客运量1.0亿人、旅客周转量50.2亿人公里。"十一五"期间公路客运量、公路旅客周转量年均增长率分别为7.6%、9.0%。青海省历年公路旅客运输量发展与全国比较见表2-3。

青海省历年公路旅客运输量发展与全国比较　　表2-3

年　份	青　海　省		全　国	
	客运量(万人)	旅客周转量(万人公里)	客运量(亿人)	旅客周转量(亿人公里)
2000年	3 250	182 000	135	6 655
2005年	4 525	246 556	170	9 292
2006年	4 861	262 333	186	10 131
2007年	5 218	293 940	205	11 507
2008年	8 996	424 611	268	12 478
2009年	9 603	455 610	278	13 451
2010年	10 439	502 093	306	14 914
"十五"年均增长率(%)	6.8	6.3	4.7	6.9
"十一五"年均增长率(%)	7.6	9.0	8.3	10.3

注:2008年全国开展了公路运输量专项调查,采用了新型运输量统计工作模式和方法体系,对营运性车辆的统计包括班线客车、旅游客车、包车客车、租赁客车、出租客车和公交汽车。

青海省地广人稀,道路客运需求分布广且数量较小,公路客运量和旅客周转量规模排名全国和西部地区后列。2010 年青海省公路客运量排名全国第 29 位,公路旅客周转量排名第 30 位。与青海省经济社会快速发展的形势相比,道路客运业发展相对滞后。“十一五”期间,公路客运强度总体呈现逐年降低的趋势(表 2-4)。

青海省历年公路客运强度比较

表 2-4

年　份	GDP(亿元)	客运量(万人)	客运强度
2000 年	263.7	3 250	12.3
2005 年	543.3	4 525	8.3
2006 年	639.5	4 861	7.6
2007 年	783.6	5 218	6.7
2008 年	961.5	8 996	9.4
2009 年	1 081.3	9 603	8.9
2010 年	1 350.4	10 439	7.7

(二)道路客运市场体系发展不均衡,传统班车客运和城市客运占主体地位,其余客运组织形式相对薄弱

由于所处的发展环境和发展阶段不同,青海省各类客运市场发展规模、发展水平差异较大。在道路客运市场体系构成中,传统的普通班车客运和城市客运占主体地位,两种客运方式经营业户、营运车辆、从业人员占全省道路客运业市场构成 90% 以上,而高速客运、农村客运、旅游客运、租赁客运等客运组织形式相对薄弱。

“十一五”末,青海省开通了 22 条高速客运班线,日发班次 361 班,分别占全省班线、班次(不含县内线路)总数的 3% 和 5%。2010 年青海省乡镇和建制村(含牧委会)通班车率分别比全国平均水平低 8.4%、15.4%。2010 年青海省班车通达率与全国比较如图 2-4 所示。藏区农村客运发展尤其滞后,占全省主要面积的藏区六州农村客运班线总数仅占全省的 30%,乡镇、建制村(含牧委会)通班车率仅为 82%、56%。全省旅游客运处于起步阶段,现有市场主要集中在西宁市。

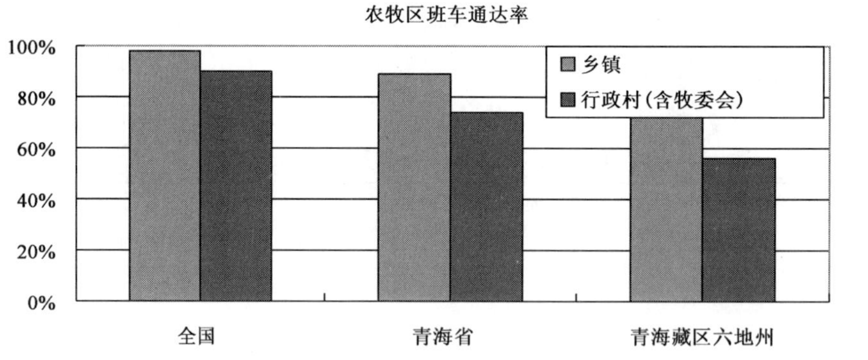

图 2-4　2010 年青海省班车通达率与全国比较

(三)公路客运在综合运输体系中发挥了重要的连接和集散功能,在旅客运输体系中居主体地位

2010 年,青海省公路总里程 6.2 万公里,铁路营运总里程 1 651 公里,民航已建成西宁、格尔木、玉树三个机场。与国内其他地区相比较,各种运输方式基础设施的分布密度较低,铁路网密度、公路网密度、机场密度分别为全国平均水平的 1/3、1/5、1/6,如图 2-5 所示。由于青海省交通基础设施规模化程度不高,综合运输发展基础相对薄弱,而公路基础设施是综合运输体系中基础设施里程最长、覆盖面最广的运输方式,因此,迫切需要加快发展公路运输,充分发挥其灵活机动、服务面广、沟通衔接的优势,为其他运输方式提供高效的集疏运服务。

2010 年,青海省公路客运量占全社会客运量的 94.9%。公路客运是旅客运输尤其是广大农牧民群众出行最主要的运输方式,在综合运输体系中承担了衔接其他运输方式、促进多种运输方式良性互动发展的重要职能。青海省历年公路客运量在全社会客运量中的比重见表 2-5。2010 年青海省不同运输方式客运量和旅客周转量构成如图 2-6 所示。

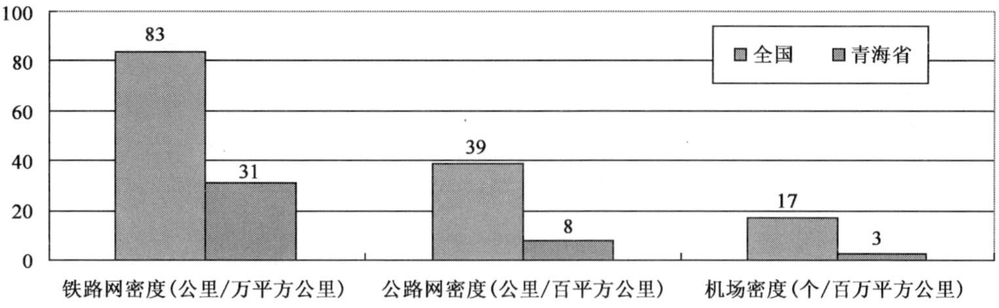

图 2-5　青海省与全国交通基础设施密度比较

青海省历年公路旅客运输量占全社会运量的比例　　表 2-5

年　份	客运量(万人)			旅客周转量(万人公里)		
	全社会	公路	公路占比重(%)	全社会	公路	公路占比重(%)
1990 年	1 843	1 634	88.7	153 736	92 411	60.1
1995 年	2 388	2 165	90.7	198 391	129 270	65.2
2000 年	3 612	3 250	90.0	312 497	182 000	58.2
2005 年	4 920	4 525	92.0	472 389	246 556	52.2
2006 年	5 310	4 861	91.5	598 831	262 333	43.8
2007 年	5 764	5 218	90.5	824 205	293 940	35.7
2008 年	9 447	8 996	95.2	826 430	424 611	51.4
2009 年	10 101	9 603	95.1	955 410	455 610	47.7
2010 年	10 997	10 439	94.9	1 072 100	502 100	46.8

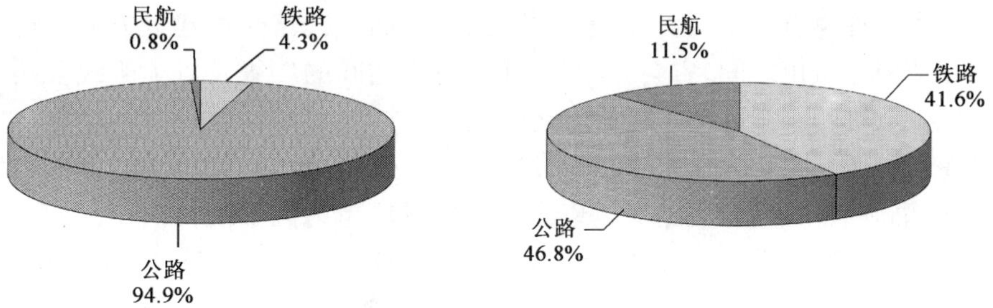

图 2-6　2010 年青海省不同运输方式客运量和旅客周转量构成

(四)受人口、经济分布等因素影响,客运发展空间分布较为聚集,西宁和格尔木两地枢纽地位突出

道路客运业作为服务行业,其空间分布结构在很大程度上取决于其服务对象的空间分布特征,服务区域人口规模、经济水平、地理区位等因素决定了道路客运业空间分布结构。

从全省经济区域宏观分布来看,青海省东部地区是全省经济中心和人口主要集中居住地,城市化水平高,人口密度与全国平均水平近似,客运量分布集中、需求量大,客运产业相对发达;而环青海湖地区,尤其是柴达木地区和三江源地区地广人稀,客运量呈现分布广、需求量小的特点,客运发展较为落后。青海省分区域与全国平均人口密度比较如图 2-7 所示。2010 年,东部地区(西宁市和海东地区)班车客运发送班次约占全省班次发送总数的 80%。2010 年各地州道路客运发送班次见图 2-8。

从全省经济中心城市客运发展情况来看，西宁和格尔木作为青海省重要的经济中心、区位门户和人口集中区域，是全省重要的客流集散地和中转枢纽，国家公路运输枢纽、重要铁路站和民航机场在此交汇。西宁和格尔木是青海省目前城镇人口最多和城镇化水平最高的两座城市。2008 年，西宁公路客运量占全省的 80% 以上，公交车辆约占全省 85%。而格尔木地理区位特殊，有入藏的“旱码头”之称，枢纽地位突出。目前全省 61% 的出租汽车集中在西宁和格尔木两市。

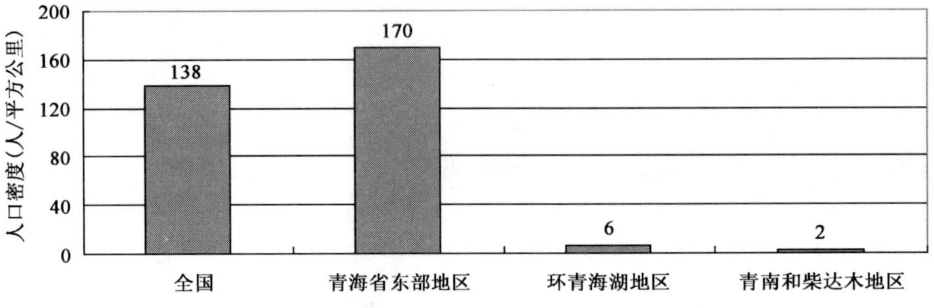

图 2-7　2010 年青海省分区域人口密度与全国平均水平比较

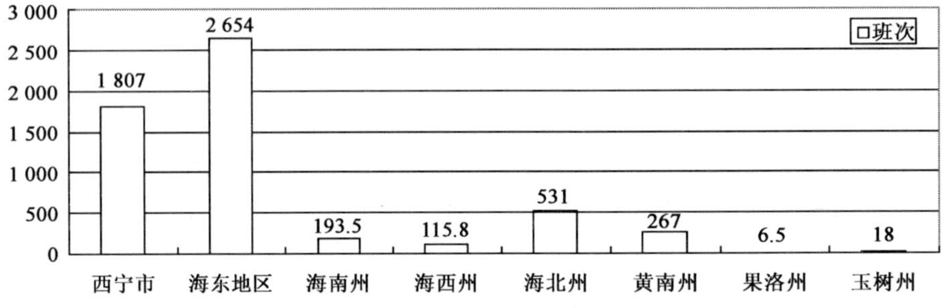

图 2-8　2010 年青海省各地州道路客运发送班次

（五）公路是青海省旅客运输最重要的运输方式，尤其在干线客运和旅游客运中发挥重要作用，是广大农牧区群众出行的主要手段

青海省内仅有兰青铁路、青藏铁路两条客运铁路，以及西宁、格尔木、玉树三个机场。铁路和民航这两种运输方式对广大的青海省域范围而言，覆盖能力有限，而在公路交通建设方面，目前已初步实现青海省与周边省份相邻中心城市之间、省会与地州之间、地州之间的二级及以上干线公路连接，因此公路交通承担了省内较多数量的中长距离干线旅客运输任务。

旅游业是青海省的新兴产业和未来将重点发展的服务性行业。支撑旅游资源的开发、促进旅游业的发展是公路交通基础设施布局和道路客运班线布局的重要考虑因素。目前，公路交通是通往青海省内重点旅游景点的主要交通方式，公路旅客运输是省内外游客到达旅游景点的主要运输方式。

青海全省均属高原范围，广大农牧区居住人口以少数民族为主，人口分布稀疏，交通需求具有分布广、需求量小、分布时间不均的特点，且存在学生上下学、农牧民赶集等集中出行的特殊要求。由于公路运输具有通达度高、覆盖面广、灵活机动的优势，农村客运成为全省农牧区群众主要的出行手段。

三、存在的主要问题

经过数十年的发展，青海省道路客运业取得了巨大成就，初步缓解了交通运输紧张局面，但与目前经济社会发展要求和人民群众出行需求相比，仍存在较大差距，具体体现在以下几个方面。

(1)班车客运：市场集中度低，整体竞争力不强，不规范问题仍然存在。虽然青海省实施清理挂靠经营工作已有一段时间，但班车客运企业总体上仍存在规模小、档次低、竞争力弱问题，挂靠经营问题依然存在。青海省现有班线经营业户 966 家，其中个体运输户占 95%，平均每个经营业户拥有营运客车

3.9 辆。班车客车中61%为中级以下客车。由于经营主体过于分散,企业规模小,内部经营管理机制不健全,导致低层次的同质竞争,经营行为不规范、运输市场秩序混乱、恶性竞争等现象时有发生。

(2)农村客运:客源分布广、需求量小,加上投入不足,导致经营困难。青海省地广人稀,道路通行状况差,造成农村客运客源分散、经营成本高,加上对农村客运的投入不足,导致农村客运经营者负担重、效益差、积极性不高,农村客运开得通、留不住问题突出,服务水平普遍较低,部分地区运营安全隐患严重。青南等偏远地区农牧民出行难问题突出。截至2009年底,全省仍有11%的乡镇和26%的建制村(含牧委会)未通班车,其中藏区有近18%的乡镇和44%的建制村(含牧委会)未通班车,仅有公路沿线的乡镇有班车停靠,群众乘车难问题依然严重,难以普及基本公共出行服务。

(3)旅游客运:由于起步晚、规模小、服务水平不高,经营组织模式不完善。青海省旅游客运处于起步阶段,全省目前从事旅游客运的经营业户仅有19家,客运车辆仅有413辆,西宁外的州县缺乏从事旅游客运的经营业户,玉树、果洛等风景优美的地区当地自身的旅游客运经营基本空白,严重制约了青海省旅游业的发展。此外,旅游客运经营组织方式不完善。目前,全省缺乏旅游专用客运站或者集散中心,仅存在少量定线旅游客运组织模式,从事旅游营运的业户的车辆级别档次、服务水平有待提高,41%的旅游客运车辆属于中级营运客车范围。

(4)城市公共交通:相关的政策法规、发展规划尚未出台,发展缺乏政策指导,整体服务水平有待提升。在大部制改革后,青海省城市客运管理体制逐步理顺,但在城市公交发展领域,目前全国相关政策法规、发展规划尚未出台,新形势下青海省城市公交发展缺乏政策指导。此外,目前城市公交发展还存在现有规划不能适应城市的发展、运营班线对城市新区覆盖不足、公交车辆老旧、公交站场资源紧张等问题,全省城市公交整体服务水平有待进一步提升。

(5)出租车客运:行业管理难度大,市场准入和退出机制不健全,无序经营问题较为突出。由于政策法规的不完善,出租车行业管理难度大,市场准入和退出机制不健全,市场中不规范、无序经营问题较为突出,包括省内部分城市倒卖经营权现象严重、部分城市出租车运力相对过剩、无证经营的“黑车”非法营运等问题,严重干扰客运市场健康有序发展。由于历史原因,全省只有5%的出租汽车由公司实行公车公营,大部分出租车客运属于挂靠经营,给行业管理带来了较大难度。

(6)场站建设:规模小、等级低、建筑陈旧,配套设施设备落后,对农牧区覆盖严重不足。作为国家公路运输枢纽,西宁、格尔木现有客运站普遍存在规模小、布局不合理、与其他运输方式衔接不畅的问题,缺乏功能完善、能力充足的大型现代化客运站。州府以二级客运站为主,县城以三级站为主,与全国目前平均每个地级以上城市(含州、盟)拥有1.6个一级汽车客运站,平均每个县(县级市、市辖区)拥有0.7个二级及以上汽车客运站相比,青海省州县客运站等级偏低。此外,州县主要客运场站建筑陈旧、能力不足、设备配备落后问题突出。约41%的县级及以上城市主要客运站缺乏危险品检测仪。藏区建制村和牧委会的农村客运站建设相对滞后。现有农村客运站由于业务量小,经营困难,大都无法维持正常运营,制约了藏区农村客运发展。

此外,青海省道路客运业发展还存在以下问题。近年来,道路客运事故时有发生,客运业安全形势依然严峻,安全管理工作有待进一步加强。应急保障体系还不完善,应急队伍建设比较滞后。技术装备、信息技术应用普遍落后,全省尚未建成统一的运政管理信息系统,行政审批效率有待提高;联网售票、网络售票技术尚未广泛应用,方便公众出行的服务手段有待完善。受传统就业观念的影响,公路客运业从业人员素质相对不高,尤其缺乏专业的管理和技术人才,管理理念与管理手段相对落后。运管机构体制建设还不能适应建立公共服务性政府的要求,执法人员素质不高等问题依然存在。

第三章　面临的形势和要求

党的十七大明确提出了继续实施区域发展总体战略，进一步深入推进西部大开发，缩小区域发展差距。青海省作为西部地区的资源大省，拥有水电、矿产、能源等资源富集的后发优势，具备承接产业转移的条件。随着西部大开发战略的逐步推进，青海将成为国家战略资源重点开发区，经济社会将会持续较快发展。

青海省96.6%的面积属于藏区范围，是我国重要的高原生态屏障和民族宗教工作的重点地区之一。为了加快青海藏区发展，2008年国务院出台《关于支持青海等省藏区经济社会发展的若干意见》，明确指出今后将以加强生态保护为前提，以改善民生为核心，以发展经济为基础，以维护稳定为保障，坚持以人为本，着重解决藏区贫困问题，不断提高各族群众的生活水平。到2020年藏区城乡居民收入接近全国平均水平，基本公共服务能力达到全国平均水平；基础设施比较完善，特色优势产业形成规模；人与自然和谐相处，经济与社会协调发展，全面实现小康社会目标。

为了适应未来青海经济社会发展的需求，改善青海省落后的交通面貌，推进交通运输健康科学发展，近年来青海省分别编制完成了《青海省铁路发展规划(2001～2020)》、《青海省"十一五"水路运输业发展规划》、《青海省"十一五"及到2020年民航运输机场布局和建设规划》等专项规划，特别是近期编制的《青海省干线公路网规划》、《青海省农村公路建设规划》和《青海藏区公路交通基础设施规划》，以及《青海省公路水路交通"十二五"发展规划》、《青海省东部城市群交通发展规划》等规划，全面描绘了青海未来综合交通基础设施发展的美好蓝图。

对于青海而言，未来一段时期将是深入实施西部大开发，落实支持青海等省藏区发展和玉树灾后重建战略的关键时期。增强青海自我发展能力，实现经济社会转型和跨越发展，推进差异化的区域发展战略和城镇化进程，促进基本公共服务均等化和改善民生，切实改善农牧民群众生产生活条件，都对青海省道路客运业发展提出了更高要求。

一、经济社会转型和跨越发展，要求提供更高品质的旅客运输服务，满足多样化的客运需求

未来一段时期，青海省经济社会发展总目标：经济社会再上一个大台阶，基础设施更加完善，基本形成现代特色产业体系；城乡居民收入大幅增加，基本公共服务能力与全国差距明显缩小；生态环境保护和建设上一个大台阶，建成高原生态旅游名省和国家重要的生态安全屏障。"十二五"期地区生产总值年均增长约12%，总量比2010年翻一番以上；城乡居民收入年均分别增长11%和13%左右。到"十二五"末，全省人均经济总量、人均投资强度、城乡一体化、基本公共服务等方面走在西部前列。

根据《青海省干线公路网规划》，到2030年，全省干线公路网将全部建成：西宁与各州府及重要城市、相邻各州间实现高速公路顺畅连接，与相邻省区连接的主要区域运输大通道服务水平达到高速公路标准；所有干线公路达到二级及以上公路标准，州府与所辖县、相邻县间实现二级及以上公路连接。根据《青海省农村公路网发展规划》，到2030年，乡镇、建制村、生态移民区、主要寺院和具备条件的牧委会"通畅"工程将完成，农村公路的通达深度将进一步延伸，农村公路网络基本完善。

依托日益完善的公路交通网络，青海省经济社会的持续发展和人民生活水平的提高不仅会产生大量的客运需求，更对旅客运输服务品质提出更高要求，广大旅客消费观念将发生转变，安全、方便、快捷、舒适、经济、自主等价值取向明显增强，人们不仅要求"走得了"，更要求"走得快"、"走得舒适"、"走得方便"。客运需求呈现多层次、多样化，表现为不同的目的、不同运距、不同要求(速度、舒适、方便、经济)和不同的消费偏好，对道路旅客运输的服务形式、内容与质量都提出了越来越高的要求。

二、加强区域间的交流和合作,推进县域经济发展和城镇化进程,要求大力发展快速客运

按照深入实施西部大开发的总体战略和《全国主体功能区规划》,今后国家将进一步加大西部重点经济区开发力度,支持兰(州)西(宁)格(尔木)等经济区发展,形成西部地区新的经济增长带。未来青海将着力实施"四区两带一线"和主体功能区战略,推进以西宁为中心的东部城市群优先发展,以中心城市、次中心城市、县城和中心镇为节点,加速人口和产业集聚,大力推进城市群产业合理分工布局,促进县域经济发展;加快海西地区的工业化和城乡一体化进程,加快国家级柴达木循环经济试验区建设,率先实现工业化,率先实现城乡一体化;统筹发展环青海湖地区和三江源地区,因地制宜地优化资源配置和生产布局,加快形成区域城乡良性互动、协调发展的新格局。

为了促进青海省区域经济一体化进程,必须加强青海省与周边省份中心城市之间、省内城镇之间的交流与合作,促进人员与物资的交流与联系,而承载全省主要人口和经济的城镇具有地广人稀、布局分散、相距较远等特点,为了构建区域间紧密的经济联系,要求进一步发展运输速度快、服务质量优、服务效率高的旅客运输组织方式,逐步完善以高等级路网为依托,以高档车辆为装备,快速直达的城际快速客运,加速青海省与省外中心城市之间、各地州之间、州县之间的人员往来与流动,不断适应区域经济一体化和人民生活水平提高对道路运输提出的更高要求。

三、建设社会主义新农村新牧区,提高农牧区交通基本公共服务水平,要求加大力度扶持农村客运

青海省城乡发展不均衡,广大农牧区一直是制约青海全面建设小康社会的薄弱环节。尤其藏区生产方式落后,群众生活水平较低,贫困面广量大,民生问题突出。落实中央支持藏区发展的精神,要求坚持发展特色农牧业,切实改善民生,满足农牧民群众生产生活、从事宗教活动基本出行需求,稳妥推进异地扶贫搬迁和生态移民定居,把扶贫开发与优势资源开发、产业结构调整、生态环境保护和小城镇建设有机结合起来,加快建设社会主义新农村新牧区。

农村客运是广大农牧区群众出行的主要手段,大力发展农村客运对于建设社会主义新农村新牧区、推动城乡一体化建设、改善广大农牧民群众生产生活条件具有重要作用。青海在推动农村公路网络建设的同时,应同步配套农村客运站点建设和开通农牧区道路班车客运,进一步提高农村客运的通达深度和客运网络化水平,切实改善农牧民群众乘候车条件,保障广大农牧民群众平等享受基本的交通公共出行的权利。

四、打造高原生态旅游目的地,促进旅游业的发展,要求加快发展旅游客运

青海省旅游资源丰富,且多分布在海拔高度 1 800 ~ 6 600 米之间,高原风光、生态风光、民族风情、宗教文化、登山探险等高原特色旅游品牌誉满全球。未来青海省将形成四个优先旅游区为重点和九大旅游精品工程为抓手的旅游生产力总体布局(图 3-1)。四个优先旅游区包括河湟旅游区、青海湖旅游区、三江源旅游区、昆仑文化旅游区。九大旅游精品工程包括环青海湖旅游精品项目开发及鸟岛生态环境综合治理工程、塔尔寺世界文化遗产申报及综合整治工程、三江源生态旅游示范工程等。

依托丰富的特色旅游资源,青海省把旅游经济作为未来经济社会发展的新增长点和支柱性行业之一,努力打造我国著名的高原生态旅游目的地,这必将吸引越来越多的省内外游客来到青海休闲度假、旅游观光。旅游客运是发展旅游经济的载体,也是旅游业发展的必备要素之一。没有一流的旅游客运服务,就不会有发达的旅游业。这要求青海省将旅游客运的发展作为道路客运业的重点建设领域,以青海省独特且丰富的旅游资源为吸引点,提供高品质、高起点的旅游客运组织服务,吸引更多的游客来到青海,为旅游经济的发展做好运输保障。

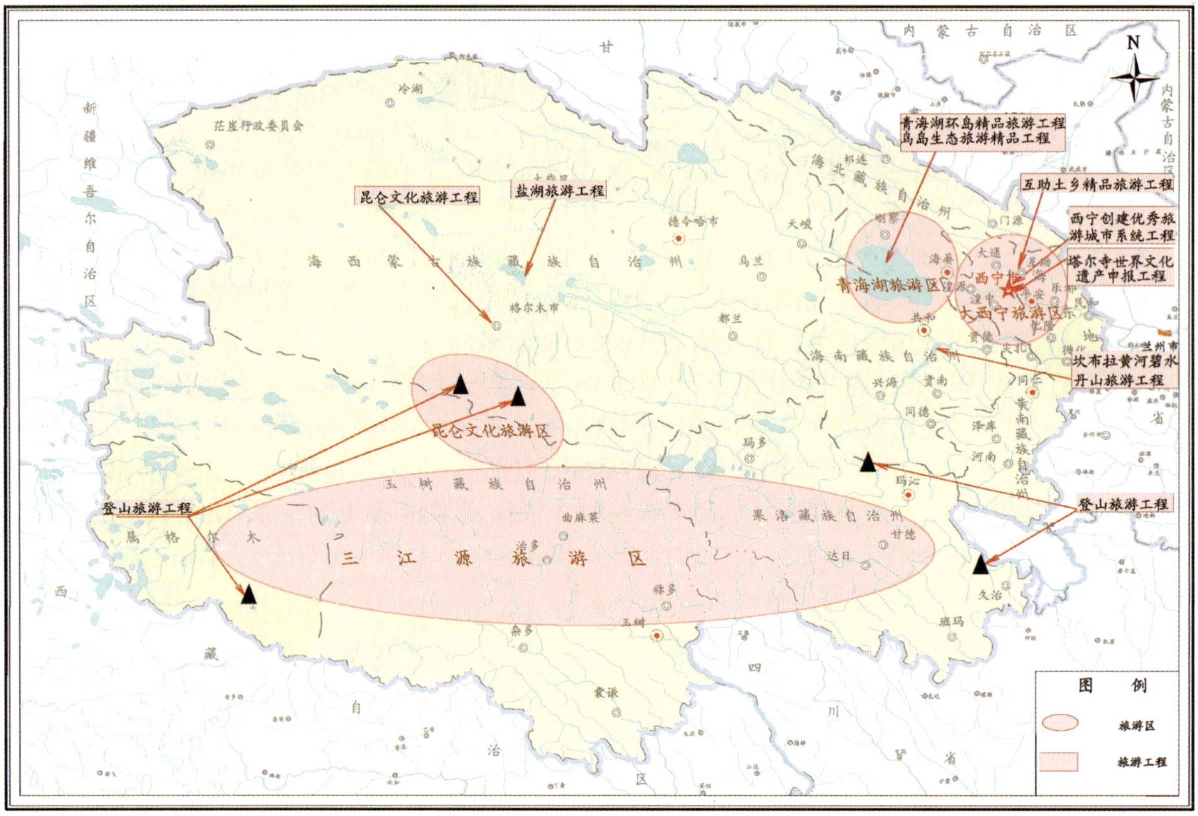

图 3-1　青海省旅游生产力布局图

五、建设“两型”社会，发展绿色交通，要求道路客运业增强可持续发展能力，优先发展公共交通

近年来，中央对加快建设“两型”社会十分重视，国家“十一五”规划纲要明确提出要“落实节约资源和保护环境的基本国策，建设低投入、高产出，低消耗、少排放、能循环、可持续的国民经济体系和资源节约型、环境友好型社会”。党的十七大报告中也明确要求，把建设资源节约型、环境友好型社会放在工业化、现代化发展战略的突出位置。

青海省是我国生态建设和环境保护的重点省份，在我国生态保护大局中具有特殊的战略地位。因此，加强资源节约和环境保护，发展绿色交通，促进道路运输业发展向高能效、低能耗、少排放模式转型，增强道路运输行业的可持续发展能力，在青海省显得尤其重要。通过优先发展公共交通，以高品质的运输服务引导出行者选择使用公共出行方式，转变人们的出行习惯，提高公交出行比例，可以有效缓解城市交通拥堵、减少环境污染、节约自然资源。因此，发展公共交通是青海省增强道路运输可持续发展能力和走符合青海省情的道路客运业发展道路的必然选择。

六、推进综合运输发展，要求完善道路客运网络，加强客运站场设施建设

我国道路运输业已经进入了推进综合运输体系协调发展的新阶段。通过编制不同运输方式发展的专项规划，2020 年全省铁路、公路、水路、民航的发展目标已经基本明确。在此基础上，道路客运业应通过协调发展快速客运、农村客运、城市客运、旅游客运，构建完善的道路客运网络，来充分发挥道路运输业的比较优势，实现不同运输资源的优化配置和促进综合交通体系的形成。

青海省道路站场体系是道路客运网络的重要组成部分，是为旅客提供高品质运输服务的关键环节之一。2007 年 4 月，交通部颁布了《国家公路运输枢纽布局规划》，确定了 179 个国家公路运输枢纽，西宁和格尔木均位列其中。目前，两个枢纽总体规划处于审批阶段。此外，青海省各地州的等级客运站和

农村客运站存在大量的建设需求,全省的枢纽规划建设工作正全面展开,要求青海省从整体上统筹考虑客运枢纽站场体系等级构成和内部有机衔接,协调国家公路运输枢纽、州县等级客运站和农村客运站的发展,以实现客运"零距离换乘"为目标,强化不同层次客运站场的相互衔接。

综合运输枢纽建设是构建综合运输体系的突破口和重要抓手。综合运输枢纽是各种运输方式合理分工、有效衔接,实现一体化运输的关键。结合青海省城镇布局和人口分布特点,在人口相对集中的西宁、格尔木等经济中心城市建设综合客运枢纽,推动公路客运站场与其他运输方式的有效衔接,尤其是与青藏线等主要铁路线路上客流集中的铁路客运站的紧密衔接,实现铁路、公路、城市交通的"零距离换乘",是青海省推动综合运输体系建设的重要切入点。

七、保障社会稳定,促进社会和谐,要求交通运输增强安全保障和应急能力

青海是全国除西藏外最大的藏族聚居区和民族宗教工作的重点地区,承担着维护社会稳定和国家安全的重任。社会和谐、民族团结一直是青海全省经济社会发展的前提。

道路旅客运输是国民经济中的高风险行业,责任重大,要求青海省交通管理部门、各级运管机构和运输企业把保障安全放在发展的突出位置,高度重视道路客运安全生产,坚持以人为本,按照"安全第一、预防为主"的方针,加强安全和应急保障能力建设,进一步加强安全监管,完善安全管理体制,提高道路客运网络应对突发事件的保障能力,建立各种突发事件和防恐袭击的交通应急反应机制,增强预警预防和应急处置能力,实现道路客运业的安全和谐发展。同时,重点针对班车客运市场、出租车客运市场、汽车客运站存在的不规范问题,政府要加大监管力度,努力构建统一公正、优胜劣汰的市场机制,为道路客运业的健康有序营造良好的市场环境。

八、发展现代交通运输业,要求道路客运业加快结构调整,全面提高信息化水平

发展现代交通运输业是现阶段我国交通事业发展的主线,是交通运输实现科学发展的客观要求和必然选择。道路客运业落实现代交通业发展战略,必须加快行业结构调整。一是通过促进企业整合提升、创新经营模式,培育主导市场的龙头企业,提高客运企业的规模化、集约化、网络化水平,提高运输组织效率,增强企业的竞争力和发展能力;二是通过完善市场准入条件,提高旅客运输装备的技术水平,提高中高级营运客车的比重,鼓励发展节能环保车辆,促进客运车辆结构的整体优化。

发展现代交通业要加大对信息化建设领域的持续投入,扩大信息化技术在道路运输中的应用。这要求青海省道路客运业进一步加强和推广信息化手段在行业中的应用,全面提高信息化水平,不但需要通过信息化建设,在政府层面上提高各级运管部门的管理效率、审批效率、监管能力,在企业层面提高企业信息管理水平和营运车辆的利用运输效率,而且重点要加强公众出行综合信息服务,为公众提供方便、全面、可靠的出行服务功能,体现以人为本的服务宗旨。

第四章　需 求 预 测

一、预测思路

对未来特征年青海省道路旅客运输量的预测采用宏观和微观两种方法。宏观方法是指通过分析历史道路旅客运输量与地区生产总值的相关性，分析二者的密切程度，然后利用未来年的地区生产总值预测道路旅客运输量；微观方法是对不同道路旅客运输组织形式的旅客运输量的各构成因素进行逐个分析，包括营运客车数、单车客运量、平均运距、单车旅客周转量，充分考虑经济社会和交通运输发展对未来道路旅客运输业的影响，预测特征年各因素的值，然后相加得到全省道路旅客运输量。最后，对宏观方法和微观方法获得的结果进行相互校验，得到青海省未来特征年道路客运量和道路旅客周转量预测结果。青海省道路客运量预测思路详见图 4-1。

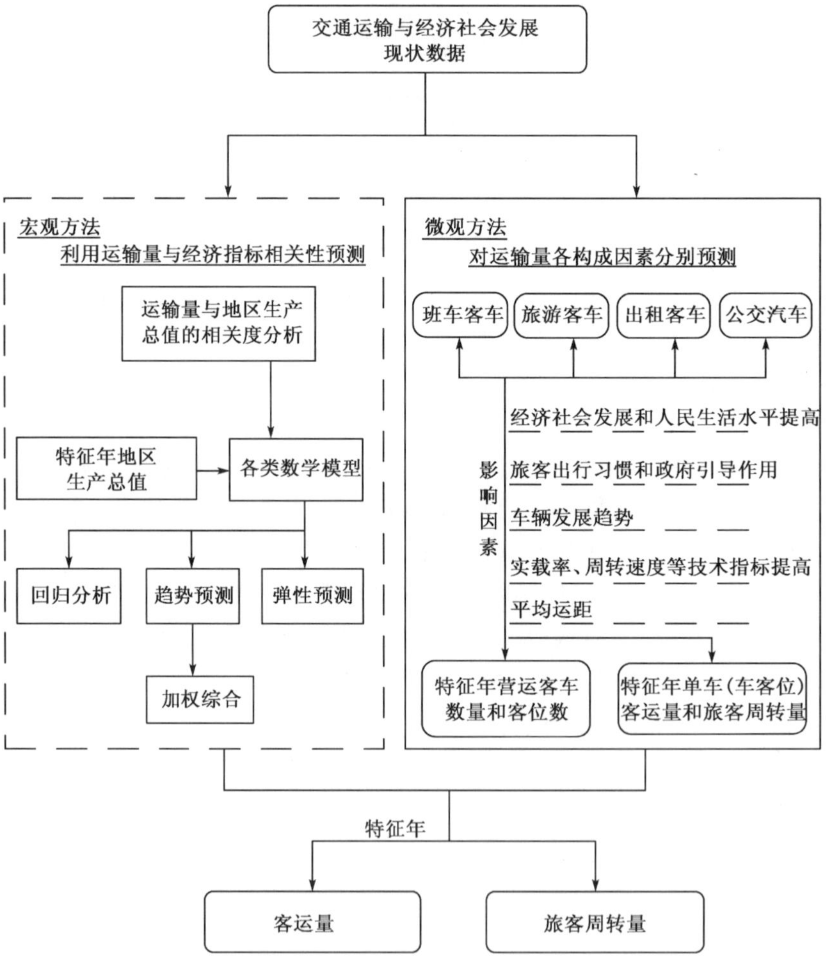

图 4-1　青海省道路客运量预测思路

为了解决传统公路运输量抽样调查体系中存在的底数不清、统计口径不全的问题，2008 年开始青海省采用了新型运输量统计工作模式和方法体系。营运客车的统计口径包括班车客车、旅游客车、包车客车、租赁客车、出租客车和公交汽车。以 2010 年统计口径的调查数据为基数，预测 2015 和 2030 两个特征年的道路客运量和旅客周转量。

二、预测过程

(一)宏观方法

运输系统是社会经济系统的一个子系统,社会经济发展水平决定了运输需求的发展水平,反之,运输业的发展将促使社会经济的发展,二者之间具有十分密切的关系。分析历年来青海省生产总值和公路客运量、周转量的相互关系(图4-2、图4-3),可以看出它们具有较强的正相关性。据计算,公路客运量、周转量与生产总值的相关性分别为0.97和0.96。因此,本次预测的总体思路就是充分利用这一特点来推算青海省道路客运量的未来发展趋势。

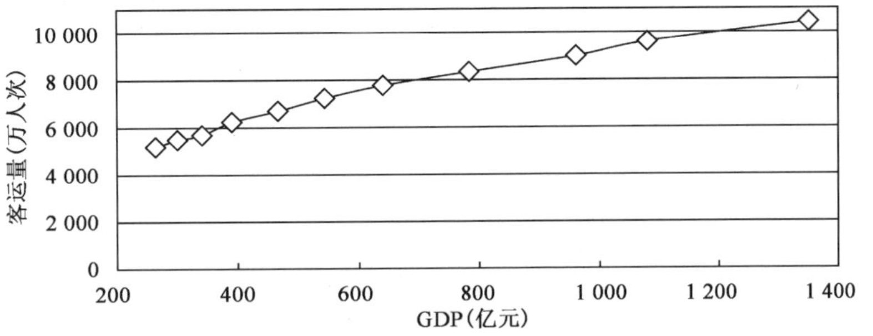

图4-2　公路客运量与GDP相关性分析

注:数据来源于《2010年青海省统计年鉴》。

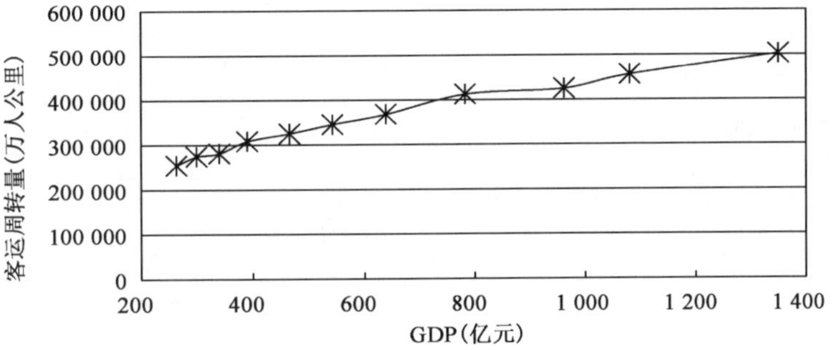

图4-3　公路旅客周转量与GDP相关性分析

注:数据来源于《2010年青海省统计年鉴》。

预测运输量的方法有多种,由于各种方法的原理不同,预测的结果也有较大的区别,为了提高预测的有效性,在本次预测过程中采用了回归分析、趋势预测和弹性预测三种方法分别进行预测分析,预测过程通过比较多个数学函数在选择拟合程度最高模型的基础上,进行加权平均得到预测值。具体模型如下:

1. 一元线性回归基本模型(图4-4、图4-5)

$$Y = A + Bx \tag{4-1}$$

式中:Y——因变量(客运量);

x——自变量(GDP);

A、B——回归系数。

2. 三次指数平滑基本模型(图4-6、图4-7)

$$Y_{t+T} = a_t + b_t T + c_t T^2 \tag{4-2}$$

式中:$a_t = 3S_t^{(1)} - 3S_t^{(2)} - S_t^{(3)}$;

$$b_t = \frac{a}{2(1-a)^2}[(6-5a)S_t^{(1)} - a(5-4a)S_t^{(2)} + (4-3a)S_t^{(3)}];$$

$$c_t = \frac{a^2}{2(1-a)^2}[S_t^{(1)} - 2S_t^{(2)} + S_t^{(3)}];$$

$S_t^{(3)} = aS_t^{(2)} + (1-a)S_{t-1}^{(3)}$；

$S_t^{(2)} = aS_t^{(1)} + (1-a)S_{t-1}^{(2)}$；

$S_t^{(1)} = aY_{t-1}^{(0)} + (1-a)S_{t-1}^{(1)}$；

a——平滑系数。

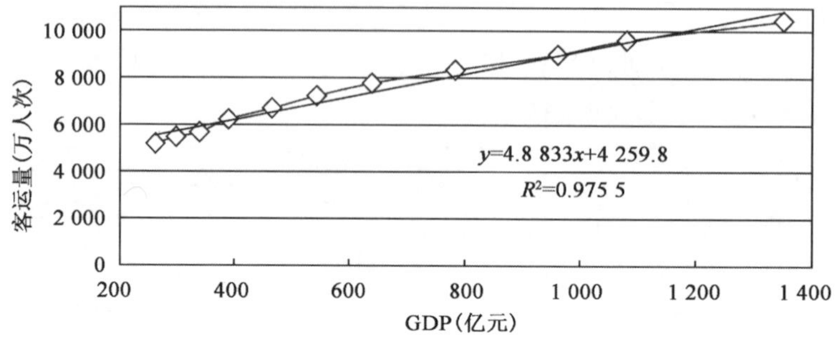

图 4-4　采用一元线性回归预测道路客运量

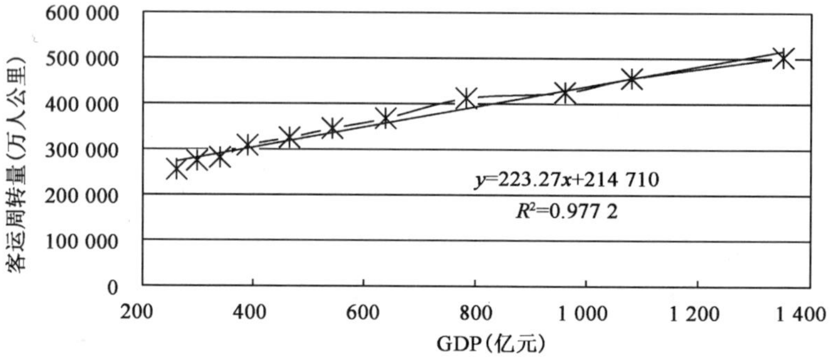

图 4-5　采用一元线性回归预测道路旅客周转量

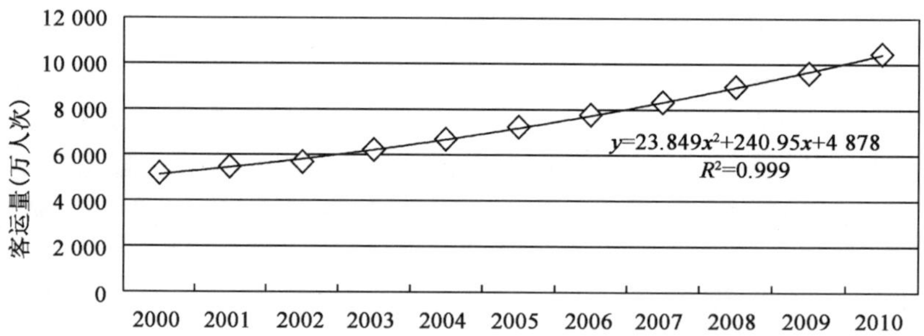

图 4-6　采用三次指数平滑模型预测道路客运量

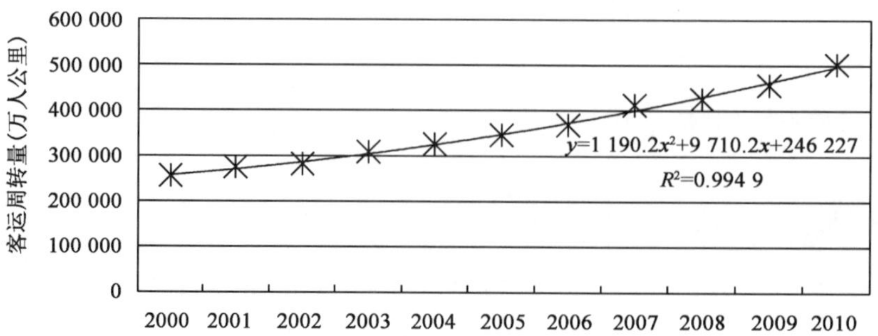

图 4-7　采用三次指数平滑模型预测道路旅客周转量

3. 弹性系数法模型(表4-1)

$$E = i_y / i_x \tag{4-3}$$

式中:i_y——客运量增长率;

i_x——国民经济增长率。

采用弹性系数法预测青海省公路旅客运输量增长速度 表4-1

年　份	GDP增速	客运量增速	旅客周转量增速	客运量与GDP弹性系数	旅客周转量与GDP弹性系数
2000～2005年	12.0%	6.8%	6.3%	0.57	0.52
2006～2010年	13.1%	7.6%	9.0%	0.58	0.69
2011～2015年	10.2%	5.6%	6.1%	0.55	0.6
2016～2030年	6.8%	3.4%	3.7%	0.5	0.55

最后对回归分析、趋势预测、弹性系数三种方法的预测结果进行加权平均,得到宏观方法的预测结果(表4-2)。

采用宏观方法预测青海省各特征年的公路旅客运输量 表4-2

项　目		回归分析	趋势预测	弹性系数	预测值
客运量(万人次)	2010年	10 439			
	2015年	13 202	15 805	11 371	13 126
	2030年	26 582	29 374	26 459	26 572
旅客周转量(万人公里)	2010年	502 093			
	2015年	585 633	652 112	750 550	656 098
	2030年	1 041 167	1 388 024	1 697 739	1 342 310

注:1. 增长率的统计时段划分为,2010年为2006～2010年年均增长率;2015年为2011～2015年年均增长率;2030年为2016～2030年年均增长率。

2. 回归分析和弹性系数法中用到的未来各特征年的青海省地区生产总值,在参考有关规划的基础上,经综合分析,确定为:2015年1 900亿元,2030年5 000亿元。

(二)微观方法

总体而言,随着青海省经济社会发展和人民生活水平的提高,以及交通基础设施的日益完善,全省城乡居民的人均出行次数将显著增加,将带动旅客运输量的持续快速增长,这是导致公路客运量和旅客周转量增长的直接动力和根本原因。此外,随着客运车辆技术参数的改进、装备水平的提升以及运输组织水平的提高,公路营运客车运输生产效率将会明显提高,车辆营运速度、周转效率、实载率、里程利用率、座位利用率等指标将会显著提升,将带动未来青海省公路客运量和旅客周转量的进一步增长。

1. 发展趋势分析

(1)随着经济社会和交通运输的持续发展,综合运输体系的不断完善,未来班车客运将实现持续稳定增长。

①随着青海省经济社会的持续发展,交通基础设施的不断完善,青海省区域之间、城乡之间的人员交往将日益紧密,跨省、跨地州、跨县和县域内的班车客运需求将会明显增加,带动旅客运输量的持续稳定增长。

②随着青海省综合运输体系的不断完善,不同运输方式的交通资源将进一步优化配置,公路客运将承担更多的中短途运输任务,以及为其他运输方式提供旅客集疏运服务,在综合运输体系中发挥更加重要作用。

③随着青海省高等级公路交通基础设施的完善,车辆装备水平的不断提高,高速客运、快速客运等先进的运输组织方式将迎来快速增长,运输质量和效率将会明显提高,不断满足人民群众更高效、更快

速、更安全的出行要求。

④随着青海省社会主义新农村新牧区建设加快，生态移民定居工程的全面实施，农牧区基本公共服务将更加普及，乡镇、建制村(牧委会)、生态移民区的公路通达通畅水平将进一步提高，农牧民与外界交流与沟通将更加紧密，农牧区客运将迎来快速发展。

⑤青海省内拥有一定规模的务工出行需求，平日部分农村牧区富余劳动力输出到经济中心城市和其他省份，而到某些特定季节，例如虫草挖掘时期大量劳动力输入到青南高原，这部分务工出行以班车客运为主。随着区域间经济交流与协作的日益紧密，劳动力资源的优化配置将得到加强，这部分需求将会持续增加。

(2)依托青海省丰富的高原生态旅游资源，以及旅游客运基础设施的不断完善，旅游客运将会实现快速增长。

①青海省旅游资源富集，景色独特，旅游业是青海省未来将重点发展的产业和最具发展前景的产业之一。随着旅游资源优势的优化整合，交通基础设施的不断完善和运输服务品质的提高，结合青海湖、三江源等重要旅游资源的宣传、推介等工作的开展，青海省作为全国重要的高原生态旅游目的地吸引力将会明显增强，将会吸引更多的外地游客来青海旅游。

②依托全省逐步形成的快速客运网络，以更加快捷、舒适的客运车辆为载体，以旅游客运站等配套基础设施为客源集散点，依靠更加灵活丰富的旅游客运组织模式，青海省旅游客运整体服务水平将会显著提高，旅游接待人数将实现快速增长，旅游客运的出行需求将会大幅度增长。

(3)随着公交优先战略的深入实施，以公共交通为导向的城市客运体系将会逐步完善，城市公交客运将会迎来快速增长。

①青海省城市内土地资源相对紧张，人口分布集中，同时全省面临着生态环境保护的重大要求，省内资源环境约束突出，更加要求发展以公共交通为导向的城市交通体系，推动交通运输业的可持续发展。随着公交优先战略的深入实施和政府扶持力度的加大，公交客运服务水平将会实现整体提升，全省公交客运将会实现快速增长。

②青海省家庭私人小汽车拥有率较低，省内城镇居民家庭平均每百户小汽车拥有量 2.78 辆，约为全国平均水平的 1/3，大部分城市居民出行会采用公共交通方式，更加要求政府推动以公共交通为导向的城市客运体系建设，有效满足人民群众的日常出行需求。

(4)随着青海省出租客运规范化、法制化水平的提高，出租客运将实现稳定增长。

出租车行业作为城市公共交通系统中不可或缺的组成部分，是城市公交客运的有效补充。未来随着青海省出租客运规范化、法制化水平的提高，出租客运行业将更加健康有序发展，旅客运输量将实现稳定增长，有效满足多样化、个性化的旅客运输需要。

2. 预测计算

根据青海省道路客运发展现状，结合未来青海省道路客运发展趋势，采用微观方法对青海省道路公路客运量、旅客周转量进行了预测。

根据预测结果，到 2015 年，公路客运量为 15 874 万人，旅客周转量为 753 903 万人公里；到 2030 年，公路客运量为 29 528 万人，旅客周转量为 1 757 691 万人公里。采用微观方法预测旅客运输量的各构成因素见表 4-3。

采用微观方法预测旅客运输量的各构成因素 表 4-3

项目		车辆数(辆)	单车客运量[人/(车·天)]	平均运距(公里)	单车旅客周转量[人公里/(车·天)]
班车客运	2008 年	3 451	35.1	78.5	2 755
	2015 年	4 800	40.0	80.0	3 200
	2030 年	7 400	45.0	85.0	3 825

续上表

项目		车辆数（辆）	单车客运量［人/(车·天)］	平均运距（公里）	单车旅客周转量［人公里/(车·天)］
旅游客运和租赁客运	2008年	319	13.5	115.9	1 570
	2015年	600	20.0	120.0	2 400
	2030年	1 200	30.0	125.0	3 750
出租客运	2008年	1 812	13.2	34.3	451
	2015年	1 900	15.0	35.0	525
	2030年	2 100	18.0	40.0	720
公交客运	2008年	304	319.8	8.3	2 658
	2015年	500	350.0	8.5	2 975
	2030年	800	400	9	3 600

注:2008年数据来源于青海省《公路运输量切度面调查》。

三、预测结果

综合上述两种方法的预测结果,得到青海省未来各特征年营运客车公路客运量和旅客周转量预测值(表4-4)。2015年公路客运量数据为1.4亿人次,旅客周转量70亿人公里,2010～2015年年均增长率分别为6.0%和6.9%;2030年公路客运量数据为2.8亿人次,旅客周转量150亿人公里,2016～2030年年均增长率分别为4.7%和5.2%。

青海省各特征年的公路客运量和旅客周转量最终预测结果 表4-4

项目		宏观方法	微观方法	最终预测结果	增长率(%)
客运量（万人次）	2010年	10 439			
	2015年	13 126	15 874	14 000	6.0
	2030年	26 572	29 528	28 000	4.7
旅客周转量（万人公里）	2010年	502 093			
	2015年	656 098	753 903	700 000	6.9
	2030年	1 342 310	1 757 691	1 500 000	5.2

注:增长率的统计时段划分,2015年增长率数据为2010～2015年年均增长率,2030年增长率数据为2016～2030年年均增长率。

第五章　发展思路

一、战略取向

（一）促进区域城乡一体化

适应青海省“四区两点一带”空间发展战略和东部城镇群发展战略，通过统筹道路客运业发展，协调发展快速客运、城乡客运、农村客运、旅游客运、城市客运，带动区域间的交流与融合，提高城乡资源共享程度，促进区域经济社会协调发展。

（二）推动综合运输体系建设

以道路客运枢纽站场建设为切入点，推动多种客运组织形式之间及与其他运输方式之间的有效衔接，提高旅客运输的一体化水平，发挥各种运输方式的比较优势和组合效率，实现交通运输资源的优化配置，推动综合运输体系的发展。

（三）推进公共服务均等化

通过制定扶持农村客运和发展城市公交的政策法规，维护城市公共交通和农村客运的公益性，加大公共财政扶持力度，进一步完善城乡公共交通体系，推动基本公共服务均等化。

（四）发展现代交通运输业

深化客运行业结构调整，促进行业进一步优化整合，通过完善客运市场监管体系和健全安全应急保障体系、提高信息化水平、推动节能减排、加强科技创新人才培养，全面提高道路客运业可持续发展能力，促进现代交通运输业的发展，促进资源节约型、环境友好型社会的建设。

二、指导思想

以科学发展观为统领，紧紧围绕深入实施西部大开发战略，深入贯彻落实支持青海等省藏区发展和玉树灾后重建战略，以“四个发展”为主题，立足于青海省道路客运发展基础和现实需求，以现代交通运输业为主线，以改善农牧民群众出行条件、促进公共基本服务均等化、促进城乡交通统筹发展为宗旨，坚持“以人为本、改善民生，突出重点、因地制宜，调整结构、加快发展，发挥优势、促进综合”的原则，按照大力发展快速客运、稳步发展城乡客运、加大扶持农村客运、加快推进旅游客运、优先发展公共交通、规范发展出租客运的整体推进思路，统筹青海省道路客运业全面、协调、持续发展，努力构建能力充分、布局合理、衔接顺畅、运行高效、服务优质、安全环保的道路客运服务体系，为青海省经济社会发展做好运输保障。

三、发展原则

（一）以人为本、改善民生

根据《关于支持青海等省藏区经济社会发展的若干意见》的战略部署，2020 年青海等省藏区基本公共服务能力将达到全国平均水平，这对青海省未来道路客运业的发展提出了重大要求。青海省道路客运业的发展必须坚持以人为本、改善民生的基本原则，以提高基本公共服务水平为出发点和落脚点，切实改善城市居民和农牧民的出行条件。进一步推动青海省道路客运业全面发展，统筹快速客运、农村客运、旅游客运、城市客运协调发展，完善涵盖国家公路运输枢纽、州县等级客运站、农村客运站的客运站场体系建设，努力构建安全、高效、便捷的道路客运服务体系，整体提升区域客运一体化、城乡客运一体化水平,为社会提供更加安全、便捷、舒适、高效的运输服务,满足社会公众对运输服务品质的更高要求。

(二)突出重点、因地制宜

青海省道路客运业的发展要紧密结合实际情况,针对客运业发展中面临的突出困难和关键问题,因地制宜地促进道路客运业发展。快速客运的发展要以干线公路建设为依托,实施快速客运品牌战略,提高客运组织的企业化和组织化水平,提高快速客运服务质量和竞争力;旅游客运的发展要充分依靠青海省特色高原旅游资源优势,注重旅游客运与旅游客运站的协调推进,丰富旅游客运组织形式;农村客运的发展根据青海省地广人稀、客流分散的特点,鼓励采用灵活经营的客运组织模式和经营模式,加大对农村客运的扶持力度,增强农村客运的发展能力;城市客运的发展要进一步理顺管理体制,完善法规体系建设,加大对城市客运交通基础设施的投入,提高城市客运的覆盖能力、服务水平和规范程度。

(三)调整结构、加快发展

青海省道路客运业的发展要坚持结构调整,转变增长方式,增强竞争力和可持续发展能力。推动青海省内客运企业组织结构和经营结构调整,培育主导市场的龙头企业,成立专业化的线路股份制公司和农村客运专营公司,提高客运企业的集约化、专业化、网络化程度,增强企业的竞争力和发展能力。调整和优化客运运力构成,把发展的重点从"量"的增长转移到"质"的提高上来,提高旅客运输车辆的技术与装备水平,提高中高级营运客车的比重,鼓励发展节能环保车辆,促进客运车辆结构的整体优化。

坚持资源节约和环境保护,深化道路客运业结构调整,推进节能减排工作。坚持科技创新和人才培养,推广先进适用技术,加快科技成果转化,促进产业升级,提升道路旅客运输竞争力。坚持信息化建设,提升政府管理、企业管理、公众服务的信息化水平,提高旅客运输效率和服务水平。坚持"安全第一、预防为主"的发展前提,加强安全应急保障体系建设。坚持道路客运业法制化建设,健全和完善青海省道路客运业法规体系,加大市场监管力度,建立优胜劣汰的市场机制。

(四)发挥优势、促进综合

青海省道路客运业的发展要坚持发挥公路客运的比较优势,统筹公路运输与其他运输方式协调发展,推动综合运输体系的建设。结合青海藏区地广人稀、其他运输方式覆盖程度低的特点,充分发挥公路客运通达度高、覆盖面广、机动灵活、组织多样的比较优势,大力发展农村客运,提高城乡客运的一体化程度,为农牧民出行提供必要的运输手段。对于青海省东部地区城市化水平高、综合运输发展基础条件较好的区域,应抓住各种运输方式快速发展的关键机遇,推进各种运输方式的有机衔接,以综合客运枢纽建设为切入点,重点推动公路客运站场与其他运输方式客运站场的一体化规划建设,实现交通运输资源的优化配置,推动综合运输体系的发展。

四、发展目标

(一)总体目标

到2015年,青海省道路客运业持续健康发展,以城际客运网络、农村客运网络、城市客运网络、城乡客运网络、旅游客运网络"五大客运网络"为标志的多层次客运网络体系基本形成;以西宁、格尔木国家公路运输枢纽为龙头、州县客运站为主体、乡镇客运站为节点、辐射农(牧)村简易站或招呼站的客运站场基础设施体系基本形成;道路旅客运输比较优势得到进一步发挥,综合运输体系和城乡客运网络初步实现有机衔接,旅客一体化运输水平不断提高;全省统一的道路运输管理信息系统初步建成,客运企业和客运站的信息化水平进一步提高;道路客运服务质量不断提高,安全管理和应急保障能力逐步增强;道路客运业法规体系和市场机制进一步完善,市场监管水平和公共服务能力进一步提高,初步适应青海经济社会发展的需要。

到2030年，青海省道路客运业实现全面发展，覆盖全省的层次清晰、顺畅衔接、能力充分、运行高效、服务优质、安全环保的多层次客运网络体系完全形成，道路旅客运输在综合运输体系的比较优势和重要作用得到充分发挥，区域客运一体化、城乡客运一体化、公共客运服务均等化水平显著提高，为人民提供安全、便捷、高效的出行服务，适应青海省经济社会发展和现代道路运输业发展的需要。

（二）具体目标

1. 运输网络建设

（1）五大客运网络建设

通过重点发展城际客运、农村客运、城市客运、城乡客运、旅游客运，以"五大客运网络"为标志的多层次客运网络体系基本形成，完善城乡客运体系，全面提升道路客运业服务品质和水平。

①城际客运。到2015年，西宁至海西、海东、海北、海南和黄南5州州府（区府）及格尔木，西宁至互助、大通、湟中、湟源、乐都等具备条件的县城，海西州府至格尔木，基本形成以高速公路为依托，以高等级客车为载体的高速客运网络。州府（区府）至所辖县市（行委）基本形成以高等级公路为依托，以中级客车为主要载体的干线客运网络。到2030年，省会、各州府（区府）至周边省份临近中心城市、西宁至各州府（区府）、州府（区府）间形成以高速公路为依托的高速客运网络。州府（区府）至所辖县市（行委）、相邻县（行委）间形成以高等级公路为依托的干线客运网络。

②农村客运。到2015年，东部地区建制村（牧委会）班车通达率力争达到100%；环青海湖地区乡镇班车通达率达到95%，建制村（牧委会）班车通达率达到90%；柴达木地区和三江源地区结合生态移民工作的进展，乡镇班车通达率达到90%，建制村（牧委会）班车通达率达到70%以上。人口较少的乡镇、建制村（牧委会）班车运行组织可采用每周运行1~2次的方式。到2030年，全省乡镇、生态移民区、建制村（含牧委会）基本通达农村客运班车，农村客运网络化、公交化、组织化程度显著提高。

③城市客运。到2015年，以城市公共汽车为主体、出租汽车为补充的城市客运网络基本形成。西宁市、格尔木市、德令哈市公共交通出行比例达到35%以上，万人公交车拥有量大于20标台；主城区公共交通线网覆盖率大于90%，城市新区基本实现公共交通线路覆盖；万人出租车拥有量相对稳定在30台。其他城镇化地区城市客运得到相应的发展。到2030年，西宁、格尔木、德令哈公共交通出行比例大于50%，公共交通占机动化出行比例大于60%，城区基本实现公共交通线网全覆盖。

④城乡客运。到2015年，西宁市、格尔木市、德令哈市和人口稠密的东部地区率先实现城乡客运一体化。具备条件的地区实现城际客运公交化和农村客运公交化。城市公交覆盖范围向城乡结合部和农牧区延伸。城际客运、城市公交和农村客运基本实现一体化衔接。到2030年，以西宁为核心的东部城镇群，以及格尔木市、德令哈市、乌兰县、都兰县、大柴旦行委等青海省重点开发区域基本实现城乡客运一体化。据规划，2020年这些地区将以5.2%的国土面积，集聚全省93%的经济总量和80%的人口。

⑤旅游客运。以客运站或者旅游客运站为集散中心，以高等级客车为载体，辐射省内重要旅游景点、连接一般性旅游景点的旅游客运网络基本完善。以西宁八一路客运站为代表的一批旅游客运站基本建成，在非定线旅游客运的基础上，连接覆盖青海湖、三江源等重点旅游景区的定线旅游运输组织形式得到发展。

（2）站场基础设施建设

以西宁、格尔木国家公路运输枢纽为龙头、州县客运站为主体、乡镇客运站为节点、辐射农（牧）村简易站或招呼站的公路客运站场体系逐步形成。

到2015年，西宁、格尔木国家公路运输枢纽客运站场基本建成，建成1~2个公铁衔接的现代化综合客运枢纽；州府（区府）所在地建有1个一级客运站。东部地区县城建有1个功能完善的二级客运站，其他地区县城（行委）基本建有1个三级以上客运站。东部地区乡镇基本建有等级客运站，建制村基本建有简易站或招呼站；环青海湖地区85%的乡镇建有等级客运站，70%建制村（牧委会）建有简易站或招呼站；柴达木地区和三江源地区80%的乡镇建有等级客运站，60%建制村（牧委会）建有简易站或招呼站。

到2030年,西宁、格尔木国家公路运输枢纽系统建设全部完成;州府(区府)所在地至少建有1个一级客运站;县城(行委)至少建有1个二级以上客运站;全部乡镇、重要旅游景点均建有等级客运站;所有建制村(牧委会)、一般性旅游景点均建有简易站或招呼站。

2. 公众出行效率

运输条件、运输组织和运输装备水平普遍提高,公众出行更加畅通、便捷、高效,道路客运服务水平更加完善。到2015年,以西宁为中心,至相邻9县城(大通、湟中、湟源、平安、乐都、贵德、互助、尖扎、民和)1小时交通圈、至周边7县城(海晏、刚察、门源、共和、同仁、化隆、循化)2小时交通圈基本形成(图5-1)。西宁至青海湖、坎布拉、互助北山、西海镇原子城等重要旅游景区的2小时旅游交通圈基本形成。西宁、格尔木和德令哈市区居民公交平均出行速度高于20公里/小时,平均候车时间低于10分钟。95%以上的农牧民群众有条件获得每周至少1次的农村客运服务。游客可以方便享受青海湖、三江源等重要旅游景区的旅游定线服务。综合运输、城市客运、城乡客运、农村客运实现有效衔接,旅客一体化运输水平明显提高。到2030年,公众出行效率和旅客运输服务质量达到全国平均水平。

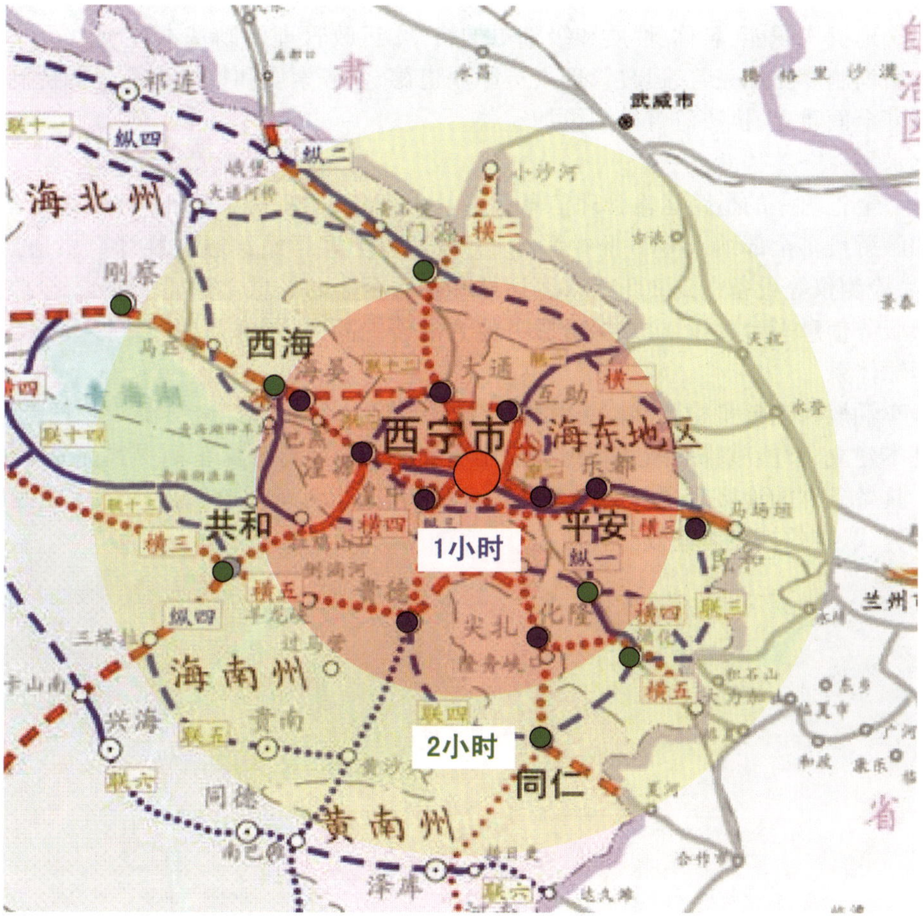

图5-1　西宁交通圈示意图

3. 安全应急保障

(1)运输安全

“三关一监督”管理制度得到贯彻落实,客运企业和客运站安全源头管理能力、安全技术水平显著加强。全行业安全意识明显增强,安全管理长效机制更加完善,安全形势进一步好转。与2009年相比,2015年营业性旅客运输安全事故率、重特大事故次数和死伤人数分别下降20%,到2030年,各项指标全面降低。

(2)应急保障

安全预警机制和突发事件应急预案更加完善,信息畅通、反应迅速、能力充沛、保障有力的应急运输保障体系基本形成,突发事件应急管理能力显著提高。以骨干运输企业为依托的应急运输能力储备机制和应急运输补偿机制逐步建立,应急运输能力保障体系更加完善。

4. 行政能力建设

(1)法规体系建设

以《青海省道路运输条例》为龙头的道路运输法规体系更加健全。制定和出台《青海省城市公共交通管理条例》、《青海省出租车客运管理办法》等行业管理法规。进一步扶持农村客运发展的优惠政策得到制定和落实。

(2)管理手段创新

以信用考核为主的引导体系,以建立业户监管档案为主的源头监管体系,以投诉系统功能为主的动态监管体系和以市场调节为主、法律惩戒和行政强制为辅的退出体系四大体系全面建立,公平竞争、优胜劣汰的市场机制基本形成。

(3)运政队伍建设

道路运输管理机构职能、名称、性质和级别更加科学,运政管理体制基本理顺。运政管理人员的学历教育和业务培训制度更加完善,运政管理人员职业道德、业务素质和执法水平全面提高。行政执法目标责任考核制度全面建立,执法监督机制更加完善。

5. 信息化水平

到 2015 年,全省统一的道路运输管理信息系统基本建成,实现网上审批、行政许可等功能;县际以上营运客车和旅游班车全部纳入 GPS 监控平台;三级及以上客运站普遍安装计算机售票系统、电子监控系统、危险品检测仪等设备。到 2030 年,客运站和客运企业的信息化管理水平、安全监控能力全面提高。依托公众服务信息平台建设,公众综合服务能力显著提高,联网售票和网络售票业务更加普及。

6. 绿色运输体系

道路运输车辆燃料消耗量检测和监督管理制度得到贯彻落实,节能减排源头管理能力明显加强,行业节能意识基本建立,节能减排的激励和约束机制更加完善。节能环保车辆得到优先发展,能源利用效率明显提高。具备条件的地区实现公交汽车、短途班线和出租汽车油改气进程。优化线路布局和班线客车发班组织方式,有效提高运输效率和效益。

第六章　主要任务

为了实现到2030年青海省道路客运业全面发展,构建覆盖全省的层次清晰、顺畅衔接、能力充分、运行高效、服务优质、安全环保的多层次客运网络体系,提高区域客运一体化、城乡客运一体化、公共客运服务均等化水平,做好青海省经济社会发展和现代道路运输业发展的运输保障这一战略目标,在现有发展基础上,青海道路客运业应重点完成以下八大主要任务,包括:推动客运网络体系建设、深化客运行业结构调整、加快客运枢纽站场建设、不断加大市场监管力度、进一步提高信息化水平、完善安全应急保障体系、提高运政机构服务能力及坚持科技创新人才培养。

一、推动客运网络体系建设

进入新时期,为构建完善的旅客运输服务网络,充分发挥公路运输比较优势,促进综合运输体系的发展,青海省道路客运业应进一步统筹快速客运、城乡客运、农村客运、出租客运、旅游客运的发展,打造多层次客运网络体系,构建地州、县城、乡镇、建制村之间顺畅衔接的一体化旅客运输体系,全面提高道路客运业整体供给能力。

(一)大力发展快速客运

青海人口和经济多集中在县级以上城镇,推动以县镇为中心的县域经济发展,要求进一步强化州、县之间的沟通与合作,促进资源和生产要素的流动与整合。大力发展快速客运,加快城镇间的人员往来与沟通,是加快青海经济社会发展的有效途径。此外,青海省城镇布局分散,城镇之间旅客出行距离长,铁路、民航等其他中长途运输方式覆盖能力有限,有必要积极发展公路快速旅客运输,缩短城镇之间往来时间,提高沟通效率,加快区域经济一体化的进程。

根据《青海省干线公路网规划》,到2030年,全省干线公路网将全部建成:西宁与各州府(区府)及重要城市、相邻各州(地区)间实现高速公路便捷连接,与相邻省区连接的主要区域运输大通道服务水平达到高速公路标准;所有干线公路达到二级及以上公路标准,州府(区府)与所辖县(行委)、相邻县(行委)间实现二级及以上公路连接。

随着"六纵、九横、二十联"干线公路网的逐步建设,国省干线公路网等级水平不断提高,需要大力发展以高等级路网为依托,以高档车辆为装备,采用快速直达的高密度城际客运班车经营模式,以适应国民经济快速发展和人民生活水平日益提高对道路运输的更高要求。

1. 构建快速客运网络

青海省目前仅有到兰州、互助等地的少量快客班线,快速客运网络尚未形成,难以满足城市间人员需要高效沟通的要求。此外,青海省铁路、民航等其他中长途运输方式覆盖密度低于全国平均水平,更加要求公路运输提供覆盖面广、高效安全的快速客运服务。

在充分考虑客流需求的基础上,整体筹划快速客运网络布局。一是加强省内中心城市与省外城市的交流与沟通,构建省际快速客运网络;二是建立以西宁为中心,构建连接地州和县城的快速客运网络,充分发挥省会城市作为政治、经济、文化中心的辐射和带动作用;三是发展地州之间的快速客运网络,实现地州之间的协调发展;四是发展地州到县城的快速客运网络,促进客运一体化进程。

2. 实施"青海快客"品牌战略

1999年"浙江快客"(图6-1)在国家工商行政管理局注册成功,成为全国道路运输行业的第一个公共服务品牌,并建立了一套鲜明的形象标志和严格的服务标准。"浙江快客"品牌由省运管局推出,并制定了一整套的服务标准和承诺。凡是达到上述标准的,任何企业都可以申请浙江快客品牌。该品牌的推出对于提高浙江省快速客运的服务质量和吸引力,提高公路客运的企业品牌效应和影响力发挥了重要作用。而青海目前尚未建立专属快客品牌，难以满足人民群众不断提高的出行要求。

图 6-1　浙江快客

为了提升快速客运的服务质量，青海省应利用全省快速客运网络从小到大这一扩张时机，通过制定“青海快客”品牌标准，把实施公司化经营和创建青海快客品牌有机结合起来，凡是有通行条件的州、地、市都可以通过高速、一级公路快客运输，“青海快客”实行规模管理，统一车型、统一服务条件，实行滚动发班、一站式服务，统一规划，分步实施，让有条件的州、地、县与省会西宁的距离时间缩短为 1 小时或者 2 小时内；对达到青海快客标准的线路向社会宣传和公示，引导消费者选择乘坐服务质量好、安全、舒适、便捷的快速客运班车。

（二）稳步发展城乡客运

在青海东部城镇群及城镇化程度较高的地区，建立和完善跨区域的城际公交协调机制，支持条件适宜的地区打破区域或城市行政隔阂，鼓励开通城际或区间公交化班线，有效覆盖沿途乡镇，逐步实现客运线网的跨市、跨区融合。合理界定城市公交与农村客运的服务功能，加强城乡公共客运的服务衔接。重点推进西宁城镇群及其他主要城镇化地区城乡客运一体化发展，鼓励城市公交向周边延伸覆盖。

（三）加大扶持农村客运

青海省农村人口比重大，少数民族人口比例高。2009 年青海省农村人口约占全省总人口的 60%，少数民族约占全省总人口的 46%，主要分布在约占全省绝大部分面积的农村牧区。受经济收入水平和交通条件限制，农村人口和少数民族人口远距离出行主要采用公路运输方式。发展农村客运对于提高农牧区基本公共服务水平、缩小城乡差距具、建设社会主义新农村新牧区有重要意义。

目前“出行难”的问题在青海部分农牧区依然存在，给农牧民的生产生活造成不便。截至 2009 年底，全省仍有 11% 的乡镇和 26% 的建制村（含牧委会）未通班车，其中藏区有近 18% 的乡镇和 44% 的建制村（含牧委会）未通班车。已通班车的农牧区的公路客运车辆状况、服务质量、发车频率均低于全国平均水平，农村客运自我发展能力不足，经营极为困难。

根据《青海省农村公路网发展规划》，到 2030 年，乡镇、建制村、生态移民区、主要寺院和具备条件的牧委会“通畅”工程将完成，农村公路的通达深度将进一步延伸，农村公路网络基本完善。依照农村公路建设进度，同步建设配套农村客运站，并开通农牧区道路客运班线，实现农牧区“路、站、运”的协调发展，切实改善农牧民群众乘候车条件。

1. 加大对农村客运扶持力度，完善农村客运服务网络

大力实施建制村“通班车工程”，加大公共财政对农村客运的投入和补贴，通过运价补贴、加强监督等手段，稳步提高农村客运班车通达率，不断完善农村客运线网布局。在政府支持和相关部门配合下，制定扶持农村客运发展的优惠政策，逐步建立以城带乡、干支互补、以热补冷的资源配置机制，减轻农村客运经营者的负担，提高农村客运的发展能力。

2. 根据不同地区客流特点，因地制宜地发展农村客运

对于农村客流需求较大且集中的青海省东部地区，可以按照“集约化经营、公交化运行”的运作模式，开通乡镇公交，促进城乡客运一体化，让农牧民同样享受城市公交福利待遇；对农村客流需求小且分散的青南地区和柴达木地区，结合通达通畅工程实施，适度扩大农村客运经营自主权，采取与藏区特点、经济社会发展水平相适宜的灵活运输组织方式，探索开行隔日班、周班、节日或赶集班等固定或者非固定的班次。

3. 规范和改革农村客运经营模式

2003 年以来，四川雅安市抓住跻身全省农村客运发展“示范点”的机遇，积极探索农村客运发展新

模式。该市以市场为导向,以线路为依托,通过投资入股、单车产权连接的形式,以乡或线路为单位,组建股份制、股份合作等形式的企业,实行农村客运公司化经营,扭转了农村客运市场经营主体"多、小、散、弱"的不利局面。目前,全市七县一区已有 5 个区县实现农村客运公司化管理,73% 的车辆纳入公司化经营,收到了良好效果。

结合农村客运客流特点,根据农村客运经营业户发展基础,鼓励地、州、市运输集团及所属的县运输公司组建区域农村客运专营公司,推广组织化、规范化、公司化经营的农村客运经营模式。稳步推广农村客运的片区经营模式,将企业经营范围由线路划定改为区域划定,实施公司化经营。

(四)加快推进旅游客运

青海省是我国西部地区的旅游资源大省,风景独特、景点众多。青海省委、省政府将旅游业作为重点打造的新兴产业、未来青海省国民经济的一个支柱性行业,力争把旅游资源大省转变为旅游经济大省,因此,迫切需要积极发展旅游客运,为全省旅游业的发展提供重要支撑。目前全省旅游客运处于起步阶段,与全国其他省市相比,经营手段单一,尚无专门为旅游客运服务的客运站,经营模式仅有非定线组织形式,西宁外的州县缺乏从事旅游客运的经营业户,严重制约了青海高原旅游名省的建设进程。

与青海省相邻的四川省依托省内丰富的旅游资源,旅游客运的发展走在西部前列。成都市于 2002 年组建了成都旅游客运中心(图 6-2)。该中心是省内最大的公路旅游运输主枢纽车站,也是全国第 1 个公路普通客运向旅游客运转变的客运汽车站,具有旅游运输、旅游车辆调度、旅游信息服务、旅游质量管理、旅游散客接待及吃、住、购、娱综合服务功能。目前该中心已开行通往桂林、南宁、九寨沟、黄龙寺、峨眉山、乐山大佛、海螺沟、西岭雪山、银厂沟等 50 余条辐射省内外世界级、国家级和省市级旅游风景名胜区的旅游客运线路。日发班车 500 余班,日运送旅客 10 000 人次以上。旅游客运站的建设为旅游客运的发展创造了良好的基础条件和发展环境。

图 6-2　成都旅游客运中心

为了促进青海省旅游客运的发展,应重点实施以下三个任务:

1. 编制旅游客运发展规划

依据青海省特有的高原风光、生态风光、民族风情、宗教文化、登山探险等旅游资源分布和重点景区建设规划,结合全省四个优先旅游区和九大旅游精品工程的旅游生产力总体布局,通过分析旅游客流的流量、流向、流时特征,编制青海省旅游客运发展规划,重点布局以旅游客运站为结点,以高等级旅游客运车辆为载体,以重要旅游景点为目的地的覆盖全省,并与四川、西藏、甘肃等周边省份良好衔接的旅游客运网络。

2. 规划建设旅游客运站

通过建设以西宁八一路客运站为代表的一批旅游客运站,建立旅游客运的有形市场和监管平台。利用旅游客运站建设进一步完善旅游客运的各项服务功能,在原有非定线客运组织模式的基础上,新增和开辟开往青海湖景区、三江源旅游区、昆仑文化旅游区、塔尔寺世界文化遗产等著名旅游景点的定线旅游班线,配套提供旅游客运信息、旅行社营业网点、旅游景点推介、旅游产品交易、汽车租赁、停车管理、票务等和旅游相配套的服务,并通过公共广告效应(整体建筑风格、电子大屏幕、旅游集散中心宣传册等多方位、多角度的宣传媒体),宣传青海省旅游特色,展示青海的民族风貌与高原景色。

3. 培养打造一定数量规模较大的旅游客运企业

目前青海省整个旅游客运市场呈现"弱、小、散"的特点,缺乏提供高品质旅游客运服务、发挥青海省旅游业窗口和门户作用、支撑和引领旅游业发展的旅游客运龙头企业。因此,青海省旅游客运行业应重点培养一定数量规模较大的旅游客运企业,全力拓展车辆公司化、经营品牌化、服务标准化的旅游客运服务,提高旅游客运的集约化、组织化、机动化水平,在满足日常旅游客运需求的基础上,具备应对假期和旅游季节游客集中出行的组织能力。

（五）优先发展公共交通

发展以公共交通为导向的交通出行方式是建设资源节约型、环境友好型社会的必然要求。优先发展城市公共交通是提高交通资源利用效率、缓解交通拥堵的重要手段。在青海省城市化水平不断推进的背景下，大力发展城市公共客运，通过改善客运服务质量，以高品质的运输服务引导出行者选择使用公共交通方式，将成为青海省城市交通实现可持续发展的战略导向。

2005 年 9 月，国务院办公厅转发《关于优先发展城市公共交通的意见》，确立优先发展城市公共交通是符合中国实际的城市发展和交通发展的战略思想。在该意见指导下，2005 年 12 月，青海省政府颁布了《青海省优先发展城市公共交通的实施意见》，明确了青海省优先发展城市公共交通的目标和要求，对省内城市公交的科学规划、线路审批、投入保障、政策措施、运作模式等提出了具体要求。

近年来，为加快现代交通业的发展，交通运输部出台了《关于加快发展现代交通业的若干意见》，意见指出要发展优质的公共客运，提供安全便捷的出行服务，提供安全好、效率高、质量优、成本低、污染小的公共客运服务，引导交通消费，鼓励公共交通出行。随着大部制改革和交通运输部对城市客运管理职能的逐步捋顺，青海省城市公交的发展面临着一些新形势，包括如何健全城市公交的管理体制和运转机制、如何建立青海省城市公交的法律法规等新问题，青海省城市公共交通的发展处于关键阶段，迫切需要新一轮的规划和指导。青海省城市客运业将重点推动以下几项主要任务：

1. 理顺城市公共交通管理体制

目前青海省城市公共客运都是由政府部门通过会议决定，委托交通部门对公交企业进行许可，运管部门具体负责实施对公交企业的业务管理和指导工作，管理体制已经初步捋顺。将来应进一步推动公交管理体制建设，构建“政令畅通、运转协调、执行顺畅、监督有力”的城市公共交通管理体制，建立促进公共交通优先发展的多部门协调机制，加强交通、国土、规划、建设等相关部门的协调和配合。从公共财政、征地用地、路权使用、科技支撑以及管理体制、运行机制等方面，加大公共财政保障和政府投入。

2. 调整和优化城市公交线网规划

根据全省各城市人口数量和城市规模等级，分类指导城市公共交通的发展。对于西宁、格尔木等人口集中、城市居民出行需求旺盛的中心城市，州府所在地（含海东地区），以及一般县城几类城市的公交发展思路和发展规模实施差异化指导。在制订公交发展规划时，以城市总体规划和城市道路网规划为依据，各城市应充分考虑城市形态、城市人口分布、城市化水平以及城市交通特点等主要影响因素，准确把握各类城市的公交出行需求总量和需求特征。在此基础上，调整和优化城市公交线网规划，重点确定线网分布、场站布局、用地规模和建设计划等内容。

在人口密集、交通压力大的主城区，加密公交线路，增加公交班次，优先发展大容量公交车辆，制定公交优先的政策，扩大公交服务能力和水平；在城市范围扩张和卫星城镇建设的区域，加快公交线路向城郊、卫星镇的延伸，提高公交服务的覆盖面和便捷性；在城市化向农村延伸的区域，要采取有效措施积极扶持城乡之间的公共交通发展，引导城市公共交通向农村延伸服务，方便农村客运与城市公共交通的接驳换乘，解决农牧民出行难问题。

3. 完善公共交通基础设施

按照公交优先的发展思路，青海省应加快城市公共交通基础设施建设，加快公交车辆更新速度，合理规划设置场站和配套设施，改善乘客乘车环境，根据客流需求合理设置公交优先车道或者专用车道，加强城市交通换乘枢纽建设，推动智能公共交通系统和信息服务系统发展。

（六）规范发展出租客运

出租汽车在城市公共交通系统中具有不可或缺的地位。它作为定线常规公交的有效补充，填补了公交覆盖的盲点，真正实现门到门运输，有效地满足了多样化、个性化的旅客运输需要。同时，出租汽车作为一种接驳工具，不仅可以实现公共交通内各运输方式之间的快速无缝衔接，而且可以实现城市公共交通与对外交通的快速无缝衔接。

但是,值得注意的是,鉴于出租汽车流动运行的特性以及完成单位运量所占用的道路时空资源大,能耗高、废气污染严重等缺点,按照可持续发展的科学发展观,应加强出租汽车行业管理,根据城市经济发展水平和社会实际需要,有控制地发展。

1. 做好《青海省出租汽车管理办法》的立法工作

青海省出租汽车的管理一直由各级交通行政管理部门管理,2006 年 5 月由青海省第十届人民代表大会常务委员会修订颁布施行的《青海省道路运输管理条例》坚持了上一版条例中交通部门对出租汽车客运实施管理的职能,只做出了原则性规定,可操作性不强。各地市中只有西宁市在 2002 年出台了《西宁市出租汽车客运管理条例》的地方性法规。为了加强对出租汽车市场的管理,根据国家大部制改革的情况,2009 年 4 月青海省政府出台了《青海省人民政府办公厅转发关于进一步加强行业管理促进出租汽车行业健康发展意见的通知》,对全省出租汽车管理提出了指导性意见,在出租客运行业管理法规建设上迈出了一大步。

但是,现有的出租客运管理意见属于初步管理办法和原则性指导意见,缺乏具体指导全省出租客运行业发展的法律法规。将来青海省应尽快出台指导出租车行业规范发展的管理办法,明确出租车行业在城市客运体系中的市场定位,进一步创新和探索出租车营运管理模式,逐步建立起市场的准入和退出机制,规范经营权的配置方式、使用和转让制度,引导出租客运市场的健康发展。

2. 确定出租车合理投放规模

根据城市经济发展水平和社会实际需要,综合考虑城市规模、人口数量、出行习惯、消费水平、环境影响、交通发展导向等多重考虑因素,对不同规模的城市出租车发展数量实施差异化控制。对于西宁和格尔木等城市居民基数大、居民消费水平较高、个性化出行需求量大的中心城市,应按照构建以城市公共交通为主、出租客运为补充的城市客运体系发展思路来引导出租车行业的发展;对于生态环境约束严格的地州和县城,应在满足乘客基本出行要求的条件下,尽量控制出租车的规模,减轻对环境的破坏影响,通过研究青海省不同规模的城市出租客运的市场需求,确定出租车合理投放规模,作为政府部门调控数量的依据。

3. 提高出租客运服务水平

目前北京、上海、深圳、山西已分别出台了关于出租汽车营运服务规范的地方标准,这类标准的实施对于提高当地出租车从业人员服务素质和服务水平,更好地满足乘客要求和维护广大客运出租汽车经营者及从业人员的合法权益发挥了重要作用。青海省应在借鉴其他城市发展经验的基础上,结合省内各主要城市出租客运的发展方向、未来定位、发展特点,制定本省出租汽车的服务规范。

此外,在出租车行业中推广调度系统是提高行业服务水平、提升企业竞争力的有效手段。青海省目前已有部分出租汽车安装了 GPS,未来安装信息化设备的比重将进一步提高。借助 GPS 等先进仪器设备在出租客运车辆中的广泛应用,逐步推广出租车调度系统,并建立城市的出租车调度中心,通过构建旅客与出租车间的紧密联系,有效缩短旅客等待时间,提升出租车实载率,同时也能增强出租客运企业管理的信息化水平,进一步提高出租车运营效率、经济效益和安全保障。

二、深化客运行业结构调整

随着青海省道路客运行业逐步整合和调整,道路客运市场经营高度分散的现象有所缓解,经营主体逐步壮大,运输装备不断增加,运力结构更加合理。但目前青海省道路客运经营业户平均拥有从业人员 24 人,仅为全国平均水平的 1/4,总体上存在规模小、档次低、竞争力弱的问题。同时,客运企业仍存在经营机制不够规范、企业管理乏力、安全管理责任不到位、服务水平层次不齐等问题,尤其是挂靠、承包经营现象依然存在,影响了道路客运行业的健康发展。全省客运行业规模化、集约化、组织化水平仍亟待进一步提高。

为了提高青海省道路客运业综合竞争力和公共服务能力,必须深化客运行业结构调整,推进企业结构和运力结构调整,建设节约型、集约型运输产业,提高客运业发展的质量和效益,为道路客运业又好又快发展提供交通保障。

(一)引导企业结构优化调整

通过促进企业整合提升、创新经营模式,培育主导市场的龙头企业,重点建设专业化的线路股份制公司和农村客运专营公司,结合"公车公营"政策的持续实施,不断提高客运企业的集约化、专业化、网络化程度,增强企业的竞争力和发展能力。

1. 引导企业整合提升

全省仅有青海运输集团一家二级企业,二级以上客运龙头企业的数量明显少于全国其他省份。青海省应鼓励企业的重组、收购、兼并和联合,推进规模化、集约化、网络化经营,提高企业竞争力和抵御风险能力。扶持一定数量的具有市场竞争力、有品牌信誉、有资源整合能力的骨干企业。引导个体运输业户在自愿的基础上,进行股份制合作,实现公司化经营。

2. 鼓励经营模式创新

2008 年,青海省组建了宁互客运线路公司,推行客运线路集约化经营工作,鼓励和支持互宁参营企业以市场为导向、以线路为依托、以资产为纽带,按照现代企业制度组建线路股份公司,实行班线化管理、公交化运行的经营模式,有效开拓了客运细分市场,迈出了全省客运经营模式创新的新步伐。

通过总结宁互公司的发展经验,在此基础上,根据高等级公路网的建设进展和客流需求,鼓励企业组建快速客运线路股份制公司,提高企业专业化程度,满足旅客运输细分市场的要求。对于农村客运,鼓励地方运输集团和运输公司组建区域农村客运专营公司,推广组织化、规范化、公司化经营的农村客运经营模式。

3. 继续实施"公车公营"政策

青海省实施"公车公营"政策已有一段时间,运输市场整合取得了一定效果,但到 2009 年底,青海省班线经营业户中仍有 95% 为个体运输户,出租经营业户中 95% 未实施公车公营。将来青海省应继续通过实施"公车公营"政策,减少挂靠经营的车辆数量,壮大企业规模,提高企业抵御风险的能力,通过提升企业的集约化、规模化、组织化水平,提高企业的服务水平和盈利能力。

(二)推动运力结构调整

在保持运力适量增长的前提下,把发展的重点从"量"的增长转移到"质"的提高上来,通过完善市场准入条件及监管,提高旅客运输车辆的技术与装备水平,提高中高级营运客车的比重,鼓励发展节能环保车辆,促进客运车辆结构的整体优化。

1. 建立健全道路客运车辆准入和退出制度

合理制定道路旅客运输车辆市场准入制度。明确经营省际、市际、县际及城乡各级客运的车辆技术标准,对新增营运性客运车辆严格控制。在高速公路客运和旅游客运中要全面发展高级营运车辆,在国省干线客运中发展中高级客车,在农村支线客运中发展安全性高、经济适用、适合农牧民出行需求特点的普通客车,禁止农用车从事客运。同时,要建立道路旅客运输车辆退出运输市场管理制度,凡达不到规定标准,或者能耗高、车型老、安全性差、技术状况差、排放超标、达不到国家标准的车辆,必须退出道路旅客运输市场。

2. 鼓励发展节能环保型车辆

交通运输部于 2009 年 11 月起施行《道路运输车辆燃料消耗量检测和监督管理办法》。根据该办法,青海省应落实营运客车燃料消耗量检测和监督管理制度,从源头推动节能减排工作。通过严格车辆的准入标准,鼓励相关单位购买节能、符合国家标准要求的车辆从事道路运输,对于不符合标准的车辆,采取逐步退出的制度。

三、加快客运枢纽站场建设

2007 年 4 月,交通部以交规划发〔2007〕220 号文印发了《国家公路运输枢纽布局规划》,确定了 179

个国家公路运输枢纽,西宁和格尔木均位列其中。目前,两个枢纽总体规划正待审批。此外,青海省州县等级客运站和大量农村客运站正处于新建、改建阶段,全省枢纽规划建设工作正全面展开,有必要从整体上统筹考虑规划客运枢纽站场体系构成和相互衔接,明确国家公路运输枢纽、州县等级客运站和农村客运站的建设任务和建设模式,以实现客运"零距离换乘"为目标,推进综合客运枢纽建设,强化不同层次客运站场的相互衔接。

(一)统筹规划枢纽站场体系

加快客运站建设,系统规划青海省国家公路运输枢纽、州县等级客运站、农村客运站布局,形成层次分明、顺畅衔接、功能完善、运转高效的客运枢纽站场体系。在完成西宁、格尔木国家公路运输枢纽规划的审批工作的基础上,进一步加快国家公路运输枢纽站场建设,实现其区域性旅客集散和中转的枢纽功能,促进青海省与省内外经济中心城市的交流与融合;编制州县等级客运站的发展规划,明确站场数量、规划选址、功能定位;制定农村客运站的发展思路,在充分考虑农牧民的出行需求的基础上,与农村公路建设有机结合,提出农村客运站点的建设的数量和合理规模。

(二)完善站场建设经营模式

客运站建设应发挥政府的主导作用,通过财政补助、政府出资等多种方式增加政府投资站场建设资金,加大政府对客运站场建设的资金支持力度。与此同时,站场建设和经营向全社会开放,按照"谁投资、谁收益"的原则,多种方式、多种渠道筹集建设资金,大力吸引社会资金参与客运站场建设,鼓励民营(私人)资本进入客运站场经营,加快客运站场建设速度。

由于农村客运站公益性特征显著,政府应加大对其投入。针对青海省农村客运站场客流稀疏的特点,可鼓励其多种经营,采用"以商养站"、"租养结合"等形式委托代管,兼顾公众的社会效益与经营者的经济效益。

(三)推进综合客运枢纽建设

大力推进综合客运枢纽建设是我国经济社会和交通运输发展到一定阶段的必然要求,是建立资源节约型、可持续发展的现代交通运输业的必然趋势,是适应人民群众日益提高的生活水平的客观选择。目前,我国综合客运枢纽建设处于起步阶段,经济发达地区综合客运枢纽建设率先发展。按照"统一规划、统一设计"的发展思路,上海南站、深圳福田站等新建综合客运枢纽相继建成,其他中心城市的一批综合客运枢纽也都处于在建或前期工作阶段。长三角、珠三角地区综合客运枢纽建设走在全国前列(图6-3)。

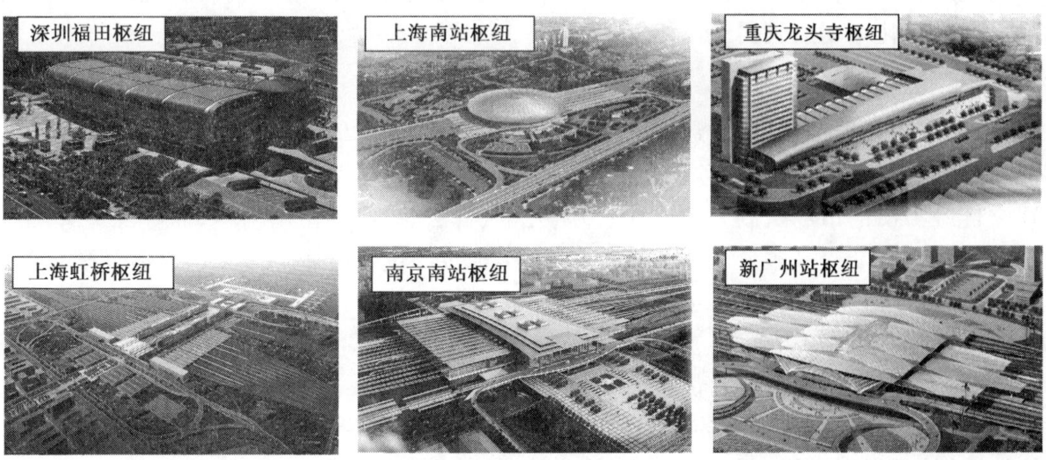

图6-3　长三角、珠三角地区综合客运枢纽

根据青海省主要城镇的经济社会、人口规模、交通设施发展条件,鼓励基础较好的西宁、格尔木等经济中心城市率先建设综合客运枢纽。结合铁路建设进展,重点推动公路客运站场与青藏线等主要铁路

干线上客流集中的铁路客运站的一体化规划建设。按照同步规划、同步设计、同步实施、同步运营的发展思路，打造集公路、铁路、城市公交、出租车于一体的综合客运枢纽，实现旅客运输“零距离换乘”，切实提高旅客出行效率。

（四）加快农村客运站建设

加大各级政府对农村客运站的资金投入，落实农村客运站的建设资金来源，建立可行、完善、合理的运作机制，调动各地建设农村客运站的积极性；制定具有青海特色的全省农村等级客运站、停靠站和招呼站的统一样式、标准和标志，并在全省范围内推广，作为宣传青海风景名胜和特色产业的载体；统筹农村客运站与农村公路建设，做到同步规划、同步实施、同步验收、同步使用，实现“路、站、运”一体化发展（图6-4）。

图6-4　农村客运站

四、不断加大市场监管力度

针对青海省客运市场中黑车现象、无序经营、法规体系不健全等突出问题，加大市场监管力度，以构建优胜劣汰的市场机制和公平合理的市场竞争环境为目标，青海省应进一步完善道路客运市场监管体系，通过健全道路客运业法规体系，推动全省道路客运业发展和管理更好的步入法制化轨道。

（一）健全道路客运业法规体系

依据国家《道路运输条例》及其配套章程，从青海省道路客运行业实际出发，针对行业发展、改革、管理存在的关键问题，开展深入调研和科学研究，修订和完善《青海省道路运输管理条例》及配套法规，做好道路客运业标准、规范的制定工作。结合交通运输部即将出台的《城市公共交通管理条例》及相关法规，尽快研究出台青海省城市公共交通、出租汽车客运、旅游客运管理的法律法规，健全青海省道路客运业法规体系，为强化市场监管提供法律支撑。

（二）完善客运市场监管体系

1. 健全市场准入和退出制度，促进优胜劣汰

以客运企业质量信誉考核和服务质量招投标制度为基础，扶持质量信誉好的企业，限制质量信誉差的企业，建立优胜劣汰的市场机制。为建立公开、公平、合法、有序的市场环境，抓好源头管理，把好市场准入关，引导经营者不断提高服务质量和经营水平，实现资源优化配置。坚持道路客运班线经营期限制度和营运客车使用年限制度，完善市场退出机制，解决客运市场“能进不能出”的问题，逐步淘汰质量信誉水平低的企业。

2. 完善道路客运市场监管体系，优化市场环境

通过构建以信用考核为主的引导体系，以建立业户监管档案为主的源头监管体系，以投诉系统功能为主的动态监管体系及以市场调节为主、法律惩戒和行政强制为辅的退出体系四大体系，对道路运输经营过程进行全方位的引导和监管，全面优化道路客运市场环境。根据客运市场所反应的突出问题和情况实时开展专项整治，联合公安交警等部门集中力量打击无证经营、不规范承包、站外组客等现象，保障经营业户和旅客的合法权益，维护运输市场秩序。

五、进一步提高信息化水平

信息化建设是道路客运业的重要组成部分,也是提升道路客运业服务水平的重要手段。2006 年交通部在江苏、浙江、山东、重庆等 13 个省(市、区)开展为期一年的部省道路运输信息系统联网试点工作。其中浙江省承担了部分客运信息系统示范工程建设任务。目前,浙江省已建成以全程客运联网售票、客运站管理、客运车辆管理等为主要功能的区域道路客运综合信息服务系统,目前已基本完成全省 200 家三级以上客运站售票系统与省运管局中心数据联网,方便了旅客灵活选择乘车站点,满足了旅客对车型和班次的个性化需求。

青海省道路客运信息化建设相对缓慢,全省尚未建成统一的运政管理信息系统,制约了行政审批效率的提高;省内班车客车和旅游客车中安装行驶记录仪和车辆定位系统的车辆比重不足 1/2,影响了企业管理调度效率和安全管理水平的提升;联网售票、网络售票技术尚未广泛应用,方便公众出行的服务手段不完善。为提高青海省道路客运信息化水平,应重点推动以下主要工作:

(一)加快客运行业管理信息化建设

根据青海省客运行业管理信息化需求,加强电子政务建设,开发青海全省统一的道路客运管理系统,便于各级运管部门实施行政许可、网上审批、内业处理等功能,进一步规范项目审批行为,提高审批效率,提高政府部门服务社会公众和运输企业的能力。通过部省联网工程的实施,实现该系统与交通运输部道路运输管理系统的互通互联,全面提高道路客运行业管理信息化水平。

(二)引导客运企业生产经营管理信息化建设

鼓励和引导客运企业继续为营运客车,尤其是中高等级客运车辆安装卫星定位系统、卫星导航系统,提高企业的信息化管理水平、远程监控能力和运输组织能力,提高客车利用运输效率和安全水平。县级及以上城市主要客运站普遍安装信息管理系统、电子监控系统、危险品检测仪、电子信息显示屏等设备。通过在城市公交客运企业中推广公交车调度监控系统,提高公交车辆运营组织水平,提升服务公众的能力。引导出租客运行业建设出租车调度系统,有效提高出租车行驶效率。

(三)提升公众综合信息服务能力

通过公众服务信息平台建设,逐步推广网上售票业务,向社会公众提供综合信息查询、公众投诉、求助功能、票务信息,为出行者提供多方式、多时段的出行信息查询服务,包括客运班线信息、旅游线路班线信息、公交出行信息、出租车预约信息以及其他运输方式的服务信息,方便公众安排出行。

六、完善安全应急保障体系

道路旅客运输具有开放式经营、车辆高速行驶、运行频繁、载客量大的特点,是高风险行业。青海省运管机构和运输企业要高度重视道路客运安全生产,坚持以人为本,按照“安全第一、预防为主”的方针,加强安全监管,完善安全管理体制,建立应急保障体系,实现道路客运业的安全发展、和谐发展。

(一)强化安全管理能力建设

落实“三关一监督”安全工作制度,切实加强对道路客运企业、站场、驾驶员和营运车辆的安全源头管理。明确政府部门的安全监管和企业负责的安全管理的两大主体责任,完善道路客运行业的安全监管体系,分级实施安全监管,落实相关负责领导和人员的责任。鼓励运输企业采用现代科技手段,提高安全生产动态监控能力。完善道路运输事故统计分析和报告制度,科学分析安全事故的关键性因素,有针对性地采取措施。研究开展运输企业安全评估和安全认证,实施分类指导和重点监管。建立和完善承运人责任险制度,保证广大旅客的合法权益。

(二)加强应急保障体系建设

从提高应对和处置青海省道路运输的突发事件应急保障能力着手,建立和完善道路运输应急保障组织体系和运行机制。依据国家相关专项预案和部门预案,加强青海省道路旅客运输应急保障工作的研究,进一步完善安全应急预警机制,完善青海省道路旅客运输突发事件应急预案。按照“平战结合、分级储备、择优选择、统一指挥”的原则,以地州为单元,组建道路客运应急运输保障队伍。保障队伍的组建应尽量依托实力较强的道路客运企业。确定合理的应急运输补偿机制,保护应急运输企业合法利益。

七、提高运政机构服务能力

(一)理顺管理体制,加强队伍建设

以青海省道路运输管理新一轮机构改革为契机,遵循有利于统筹城乡道路客运协调发展、有利于发挥道路运输的比较优势、有利于促进各种运输方式有效衔接的思路,与有关部门密切沟通,科学调整道路运输管理结构职能、名称、性质和级别。面对道路客运管理工作的新形势、新任务和新要求,及时调整管理理念和工作重心。加大对运管人员的学历教育和业务培训力度,全面提高运管人员的职业道德、业务素质和执法水平。

(二)严格依法行政,提高服务能力

进一步建立健全执法监督机制,推行行政执法目标责任考核制度,将责任制的落实情况和执法质量作为运政机构业绩考核的重要内容,切实提高执法水平和能力,全面提高运管工作的精细化、规范化、标准化水平。按照进一步解放思想、创新观念、转变作风、促进工作的思路,结合实际工作开展深入调研活动,破解道路客运业发展过程中的难题,努力为人民群众提供安全、经济、便捷、舒适的服务。

八、坚持科技创新人才培养

(一)促进科技成果转化应用

坚持科技是第一生产力,把创新作为推动青海省道路客运业可持续发展的内在要求。积极研究促进道路客运业发展的新产品、新工艺、新技术,推动科技成果的转化应用,以适应现代道路客运业的发展。通过运用安全技术、信息化技术、先进的装备设施等科技手段,提高客运车辆里程利用率和旅客实载率,提高道路旅客运输的组织化、集约化、网络化程度和安全水平。以生态保护为出发点,重点加强对高原地区客运车辆节能减排技术研究,鼓励客运企业发展节能环保车辆。

(二)加强人才培养

“人”是客运业发展的根本,全面强化客运从业人员的培养教育是发展道路客运业的关键工作。以高等院校和社会教育培训组织为依托,推进青海省道路客运各类人才的教育培训工作,积极打造一支适应道路客运业发展需要的人才队伍。进一步完善青海省道路旅客运输从业资格管理制度,提高从业人员素质。

第七章 近期发展重点

针对新形势下青海省道路客运业发展面临的主要困难和突出问题,“十二五”期,重点组织实施以快速客运班线布局、农村客运班线通达、城市公交建设、运力装备更新、客运站场建设改造、客运信息化建设为工作重点的“六个一”工程,推动道路客运业取得全面进展。

一、实施一批快客班线布局工程

依托青海省干线公路网和国家公路运输枢纽建设,加快青海省快速客运网络建设。通过组建专业化快速客运公司,采用高效的运输组织方式,重点开通西宁至海西、海东、海北、海南和黄南5州州府(区府)及格尔木,西宁至互助、大通、湟中、湟源、乐都等具备条件的县城,德令哈至格尔木的快速客运班线。根据高等级公路建设进展,结合客流需求,适时开通地州间或者州县间快速客运班线。

二、扶持一批农村班线通达工程

大力实施建制村“通班车工程”,加大对农村客运的投入和补贴,加快农村客运基础设施建设,鼓励州市运输集团及所属的县运输公司组建区域农村客运专营公司,采用灵活多样的经营方式发展农村客运。“十二五”期,针对尚未开通农村客运班线的乡镇、建制村和牧委会,开通约25个乡镇、800个建制村(牧委会)的农村客运班线。

三、投入一批城市公交运力工程

加大对城市公交的政策倾斜和扶持力度,增加公交基础设施投入。“十二五”期,在全省西宁、格尔木、德令哈三大主要城市投入公交车辆约350辆,其中西宁市投入公交车辆约250辆,格尔木、德令哈投入公交车辆约100辆。根据各城市公交线网总体规划,推动配套公交站场建设,完善线网布局,提高对城区的覆盖能力。

四、引导一批运力装备更新工程

以道路客运车辆准入和退出制度为手段,按照《道路运输车辆燃料消耗量检测和监督管理办法》相关要求,引导客运企业进行车辆淘汰、新购和改造,提升车辆档次、服务水平以及节能环保效果。提高营业客车构成中高等级车辆的比重,在农村客运中推广使用符合国家标准的经济适用型车辆。在全省推广应用先进成熟的节油型车辆,限制淘汰高耗老旧运输车辆。“十二五”期,全省新增或更新营运客车共计约10 000辆。

五、完成一批客运站场建设工程

“十二五”期,青海省共需建设公路客运站约200个,其中一级站13个、二级站10个、三级站13个。三级及以上客运站建设重点见附表1。建设乡镇等级客运站约160个,为建制村和牧委会建设3 000个简易站或者招呼站。西宁、格尔木国家公路运输枢纽共建设7个客运站,其中6个为一级站。建设西宁八一路旅游客运站。以西宁建国路公铁联运站为代表的综合客运枢纽建设完成,为旅客提供便捷的一体化运输服务。

六、推广一批信息设备应用工程

“十二五”期，通过重点推动全省统一的道路运输管理信息系统建设，完善道路客运行业的电子政务平台，满足省、地州、县三级道路运输管理机构对运政管理业务的处理需求，实现客运行业的网上审批、行政许可等功能，有效增强政府部门服务客运企业和公众的能力。“十二五”期，鼓励和引导客运企业继续为县际营运客车和旅游班车安装 GPS 卫星定位系统，安装比重达到 100%；三级及以上客运站全部安装车站站务管理系统和危险品检测仪，县级以上城市主要客运站功能更加完善。

第八章　保障措施与政策建议

为保障本规划的顺利实施,从资金、土地、政策、法规、体制机制等角度入手,提出未来青海省发展道路客运业的政策与措施,具体包括以下四点。

一、设立农村客运发展专项补助资金

通过设立农村客运发展专项补助资金,加大对农村客运发展的资金补贴,使经营者能够获得合理利润,连续提供农村客运服务,有能力改善安全设施、服务设施和服务水平。具体包括:提高从事农村客运的经营者在购置和更新农村客运车辆时的补贴标准;下调农(牧)村客运政府指导票价,下调部分由农村客运发展专项补助资金中予以补助;由政府集中招标采购辖区内农(牧)村客运车辆承运人责任险、交强险。

二、制定专项土地政策

公路客运站场作为重要的交通基础设施,具有较强的公益性特征,在土地的使用方面应该享有相应的政策。建议在交通建设用地单列指标中,每年划出一定数量土地,作为道路客运站场建设用地指标,支持道路客运站场设施建设。

三、出台城市客运管理法规

在国家即将出台的《城市公共交通管理条例》指导下,结合青海省城市公交发展实际,研究和制定《青海省城市公共交通管理条例》,重点制定在法律法规、体制机制、基础设施建设规划、资金和财税等方面的保障措施。针对出租车行业发展面临的深层次问题,尽快开展对出租车经营权配置、使用和转让制度等关键问题的深入研究,出台《青海省出租车客运管理办法》,引导和规范出租客运行业健康有序发展。

四、鼓励发展专门的道路客运业中介组织

在现在道路运输协会基础上,要鼓励以龙头企业为主体,发展快客运输协会、客运车辆装备协会、公交运输协会、出租汽车运输协会、旅游包车运输协会等各种专业性的道路客运中介组织,构建政府和客运企业间的桥梁和纽带,促进行业健康有序发展。

附　　录

"十二五"期间青海省客运站建设重点(三级及以上)见附表1。

"十二五"期间青海省客运站建设重点(三级及以上)　　附表1

行政区划	一级客运站	二级客运站	三级客运站
西宁	西宁建国路公铁联运站		
	西宁宁大路客运站		
	西宁八一路客运站		
	西宁城南新区客运站		
	西宁大通县客运站		
海东	海东地区客运站		
		民和县客运站	
		乐都县客运站	
海西	格尔木客运中心站		
	德令哈客运中心站		
		格尔木城北客运站	
		天峻县客运站	
		都兰县客运站	
		乌兰县客运站	
海北	海北州客运站		
		刚察县客运站	
		海晏县客运站	
		门源县客运站	
海南	海南州客运站		
			贵南县客运站
			同德县客运站
黄南	黄南州客运站		
		尖扎县客运站	
			泽库县客运站
			河南县客运站
玉树	玉树州客运站		
			囊谦县客运站
			称多县客运站
			治多县客运站
			曲玛莱县客运站
			杂多县客运站
果洛	果洛州客运站		
			班玛县客运站
			久治县客运站
			达日县客运站
			甘得县客运站
数量	13	10	13

青海省道路货物运输发展规划

（2011～2030年）

《青海省道路货物运输发展规划(2011～2030年)》

编写单位及人员

编制单位: 青海省交通厅

编制人员:

杨伯让	厅长
王廷栋	副厅长
王永祥	副厅长
袁复玉	处长
唐　玲	调研员
徐占慧	副处长
房建宏	副研究员
徐安花	高级工程师
孟登奎	主任科员
李　青	科员

参编单位: 交通运输部规划研究院

参编人员:

关昌余	副院长
石良清	所长
安旗林	副总工程师
信红喜	副所长
刘丽梅	副所长
高建华	项目负责人
邓小兵	高级工程师
刘梦涵	高级工程师
赵晓晖	高级工程师
袁　华	高级工程师

参编单位: 青海省公路运输管理局

参编人员:

赵连龙	局长
俞永春	书记
孙彦超	处长
王　刚	副处长
白增禄	高级工程师

目录
CONTENTS

第一章　概　　述

一、规划背景

青海省位于我国青藏高原东北部，境内山脉高耸，地形多样，河流纵横，湖泊棋布。雄伟的昆仑山横贯中部，巍巍唐古拉山峙立于南，绵绵祁连山矗立于北，茫茫草原起伏绵延，柴达木盆地浩瀚无垠，长江、黄河、澜沧江皆起源于青海，拥有国内最大的内陆高原咸水湖——青海湖。

青海省幅员辽阔，东西长约1 200公里，南北宽约800公里，总面积达72万平方公里，位居全国第四。全省地处青藏高原、气候高寒干旱，居民较为稀少，2008年常住人口为554万，是全国31个省（自治区、直辖市）中人口最少的行政区划。青海省还是一个多民族聚居的省份，藏、蒙、回、土等30余个民族和睦相处。

近年来，由于国家西部大开发战略的实施和中央政府对少数民族地区，尤其是对藏区的支持力度的进一步加大，青海省的经济得到了快速的发展。2004年以来，青海省年均地区生产总值的增长速度超过了12%，2010年的GDP按可比价格计算，比上年增长15.3%，是近三十年来最高增速，高于全国10.3%的平均增长速度。2010年青海省人均地区生产总值已达22 442元，不仅在西部地区位于前列，还高于江西、安徽、广西等部分中东部省区。

受多种因素制约，青海省经济社会发展仍然较为滞后，经济规模较小。目前青海省经济规模（GDP）位居全国倒数第二（仅高于西藏自治区），2010年全省地区生产总值为1 350.43亿元，其中占GDP一半以上的第二产业增加值大多与资源输出有关。由于青海省的加工工业和产品制造业落后，其自然资源的区位优势和成本优势未能得到充分发挥。

青海省远离国内经济发达地区和陆海口岸，在市场竞争中，运输费用的影响使得资源输出和产品销售处于不利的局面，这就要求青海省的货物运输不断提高运输效率、降低运输成本、改善运输服务水平。然而青海省交通运输业的发展水平与全国其他省区相比仍然落后，不能满足青海省经济社会发展的需要，交通运输（尤其是货物运输）已经成为青海省经济社会发展的一个重要的制约因素。

青海的货物运输中，道路运输和铁路运输占主导地位。由于青海省铁路路网密度较低及铁路运输自身技术经济特点的制约和道路运输门到门的比较优势，道路货物运输对青海省的物资流通、经济发展均发挥着重要作用，在青海省综合运输体系中占有重要地位。2010年全省道路货运量占全社会运量的69.68%，货物周转量占全社会周转量的53.2%。因此，在青海省特有的地理区位和交通基础设施发展现状下，大力发展青海省的道路货物运输对加速青海经济社会发展具有重要意义，是改变青海省落后面貌的重要举措。

基于青海省道路货物运输发展现状以及青海省道路货物运输在青海省经济社会发展中的重要作用，研究和编制青海省道路货物运输发展规划是非常必要的。

二、规划意义

货物运输包括三方面的服务内容：一是服务于地区间生活物资的交流，解决公众的生活需要，提高人民的生活质量；二是服务于地区间的生产物资的交流，提高地区或国家的经济发展水平；三是服务于政治的需要，如国防、战争中的物资运输等。

货物运输可以通过铁路运输、公路运输、航空运输、水路运输和管道运输五种运输方式实现，相对而言，道路货物运输在运达速度、运输能力、运输成本、运输便利程度、运输延伸度和灵活性、发运密度等诸多技术经济指标和服务特性上具有一定的比较优势。此外，随着路网的改善、车辆性能的提高，道路货物运输的经济运距不断延长,根据不同的货类,目前道路货物运输的经济运距已达到300～800公里。

青海省道路货物运输在综合运输体系中的地位尤为突出。相对于其他省份,青海是一个人口小省和资源大省。由于人口较少的局限,青海省的旅客运输需求较小,而对于省内丰富的资源,其无论是在省内加工,还是输送到省外作为原材料进行生产,均需通过运输来完成,货物运输需求强度很大。此外,青海省是一个内陆高原省份,水运受到地理条件的限制;航空运输由于费用较高和高附加值的货物较少,航空货物运输需求不大;管道运输受货类的局限,也很难影响到传统货源的运输。因此,在相当长的时间内,青海省货物运输将主要由铁路和公路两种运输方式共同承担。从历年货运量的数据也可以看出,2010年,公路、铁路两种运输方式的货运量之和占全社会货运量的98.43%,其中公路货运量占全社会货运量69.68%,远高于铁路的28.75%;两种方式货物周转量之和占全社会货物周转量的98.15%,尽管铁路运输运距长,但公路货物周转量占全社会货物周转量的53.2%,仍高于铁路货物周转量(占全社会货物周转量的44.95%)。这两种运输方式,在青海省经济建设与社会发展中发挥着重要作用。为此,进行青海省道路货物运输发展规划具有重要的现实意义与长远的历史意义。

三、规划期限

青海省道路货物运输业规划的期限定为2011～2030年,分为两个阶段:近期2011～2015年,远期2016～2030年。

第二章　道路货物运输发展现状及特点

一、货物运输发展现状

（一）交通基础设施发展现状

交通基础设施的条件及发展水平是影响货物运输最重要的因素之一。青海省位居高原，地广人稀，相比较国内其他地区，交通基础设施的建设尤为紧要。近年来，在国家有关部门的大力支持下，青海省政府紧紧抓住国家实施西部大开发战略的历史机遇，加大了对交通基础设施的投资力度，交通基础设施的建设取得了较大的发展。

1. 公路

近年来全省公路事业取得了令人瞩目的成就。公路建设实现了跨越式发展。由国道 109、315、214、215、227、宁大公路、阿塞公路、宁张公路组成的"两横三纵三条路"为主骨架的公路网基本建成。高速公路从无到有，实现了零的突破。西部大通道、贫困县出口公路、通县油路建设任务全面完成，实现了省会到州府、州府到县城的油路化。县际公路、县乡公路及农村公路硬化工程建设取得了重大进展。西宁至格尔木高速公路、格尔木至柳园（青海境内格尔木至花海子）高速公路都列入了《国家高速公路网规划》。全省公路网的规模、公路网的质量及通达度也得到了极大的提高或改善。2010 年底，全省公路总里程达到 6.22 万公里，公路网面积密度达到 8.62 公里/百平方公里，人口密度为 111.58 公里/万人。从技术等级分析，全省营运通车的高速公路已达 234.78 公里，一级公路 208.85 公里，二级公路 5 351.40公里，二级以上公路里程占全省公路总里程的 9.32%；从行政等级分析，国道里程为 4 476.77 公里，省道 8 842.10 公里，国省干线公路里程占公路总里程的 21.42%；从路面类型分析，有铺装路面和简易铺装路面里程 19 593.56 公里，占公路总里程的 31.51%。全省 77.9% 的乡镇通达油路，66.0% 的行政村（牧委会）通了公路。2010 年青海省公路网等级状况详见表 2-1。

2010 年青海省公路网等级状况　　表 2-1

技术、行政等级分类情况		里程（公里）	比重（%）
按技术等级分	高速公路	234.78	0.38
	一级公路	208.85	0.34
	二级公路	5 351.40	8.61
	三级公路	6 091.44	9.80
	四级公路	35 717.27	57.44
	等外公路	14 581.61	23.45
按行政等级分	国道	4 476.77	7.2
	省道	8 842.10	14.22
	县道	9 267.11	14.90
	乡道	12 255.89	19.71
	专用公路	875.02	1.41
	村道	26 468.43	42.56
按路面类型分	有铺装路面	14 052.39	22.60
	简易铺装路面	5 541.17	8.91
	未铺装路面	42 591.77	68.49
公路总里程		62 185.33	100.0

交通基础设施的不断完善为青海省货物运输提供了更加便利的条件。

2. 铁路

2000 年以前,青海省内仅有兰青铁路(境内长约 121 公里)、青藏铁路西宁至格尔木段(全长 846 公里)两大干线和宁大、柴达尔、茶卡等支线,运营里程 1 100 公里。铁路东接兰州与陇海、兰新、包兰三大干线相连,西至柴达木盆地。“十五”期间,完成了西宁—格尔木段的病害整治、扩能改造工程和兰青铁路、青藏铁路西宁—格尔木段电气化改造工程,进一步提高了青海省的铁路运输能力。举世瞩目的青藏铁路格尔木至拉萨段已于 2006 年 7 月 1 日建成通车。为扩大运输能力,青海省又于 2009 年完成了兰州到西宁的二线铁路建设,西宁到格尔木的二线铁路建设也正在紧张施工。

除中央铁路外,青海省也在大力发展地方铁路,目前建设的有柴木铁路和哈木铁路。柴木铁路位于青海省东北部,起于柴达尔、终于木里煤矿,与青藏铁路西宁至格尔木段上的柴达尔支线相接。线路全长 142 公里,为煤炭运输专用线,年运输能力为 1 400 万吨。哈尔盖至木里段铁路也正在建设中。目前青海省境内铁路营运线路总长已达 2 208 公里。

3. 民航、内河和管道

民航方面,青海现有西宁曹家堡机场、格尔木机场、玉树巴塘机场等,可起降大型或中型客机。民用航空已开通西宁至北京、西安、广州、重庆、深圳、拉萨、南京、沈阳、呼和浩特、青岛、格尔木、成都、武汉、上海、杭州、乌鲁木齐等地的航班。近年来,机场建设进一步加快步伐。格尔木机场改扩建工程、西宁机场一期改扩建工程相继建成,机场的等级得到进一步提高。花土沟、大武、德令哈机场也正在建设中。青海省已逐步形成省内的航空网络,目前青海省民航通航里程已达到 33 264 公里。

管道方面,青海作为石油出产地区和新疆油气输送的经过地区之一,管道运输也是青海省较为重要的运输方式。青海管道运输近年来发展迅速,目前拥有输油管道 980 公里、输气管道 1 851 公里。这些管道为油气能源的输送提供了可靠的保障。目前,管道年输送油气 203 万吨。

内河航运方面,青海省通航水域主要集中在青海湖、李家峡、龙羊峡、公伯峡、黄河上游贵德境内以及克鲁克湖等地区。目前,全省仍保有黄河上游尕马羊曲至大河家桥段航道,航道里程 351 公里,目前已通航里程近 317 公里;青海湖 6 条航线,航道里程约 190 公里。航道等级以六级为主。

(二)综合运输货运发展现状

交通基础设施的发展与改善为青海省的货物运输提供了较好的基础条件,经济社会的发展对货物运输提出了更多、更高的需求。近年来伴随着交通基础设施的改善与经济社会的快速发展,青海省的货物运输取得了前所未有的发展。

从 20 世纪 90 年代起,青海的货物运输主要是由公路和铁路两种运输方式承担和完成的;管道运输与公路、铁路两种运输方式相比,完成的运量和周转量所占比重均较小;航空货邮量尽管发展速度很快,但其绝对量更小。

1. 公路运输

2010 年青海省道路货物运输共完成运量 7 962 万吨,比 2000 年(按同口径比较,下同)增长了约 70%,2000 年以来年均增长速度为 6.8%;2010 年完成周转量 227.4 亿吨公里,比 2000 年增长了 68% 左右,2000 年以来年均增长速度约为 7.2%。2000 年以来道路货物运输量完成情况详见表 2-2 和图 2-1。

自进入 21 世纪以来,青海省的道路货物运输取得了很大发展,主要有三方面的原因:首先,全省经济的快速发展向道路运输提出了数量更大和质量更高的需求,这种需求既来源于全省经济总规模的扩大,也来源于道路运输的比较优势对相应货源的吸引。其次,交通基础设施的不断完善和运输装备水平的提高,极大地拓展了道路运输的服务范围、能力和效率。近年来青海省道路基础设施取得了较大发展,我国货运车辆的技术性能有了极大的提升,车辆的功率大幅度提高,大吨位重型车辆明显增加,各种性能先进、经济适用的通用和专用车辆的多样化,为道路货物运输提供了更好的发展空间。第三,有关道路货运的法规趋于健全,道路货运的管理日渐规范,道路运输管理条例的实施和规范的行业管理逐渐推进货运市场的有序发展。

2000～2010 年道路货物运输量完成情况 表 2-2

年　　份	货运量(万吨)			货物周转量(亿吨公里)		
	全社会	公路	公路所占比重(%)	全社会	公路	公路所占比重(%)
2000 年	5 076	4 050	79.79	95.7	36.6	38.24
2001 年	5 456	4 305	78.90	106.8	38.4	36.96
2002 年	5 652	4 450	78.73	112.0	39.8	35.54
2003 年	6 389	4 795	79.01	133.8	43.3	32.36
2004 年	6 656	5 136	77.16	139.5	45.3	32.47
2005 年	7 152	5 491	76.77	156.2	48.3	30.92
2006 年	7 642	5 864	76.73	154.9	51.4	33.18
2007 年	8 423	6 280	74.55	189.3	55.3	29.21
2008 年	9 348	6 805	72.80	343.3	186.6	54.35
2009 年	10 093	7 209	71.43	369.5	196.0	53.04
2010 年	11 426	7 962	69.68	427.5	227.4	53.19

注:2008 年以后各年公路货物运输量是根据相应年度全国开展的公路运输量专项调查,并采用了新型运输量统计工作模式和方法体系,因此其数据与此前各年的统计口径不同(下同)。

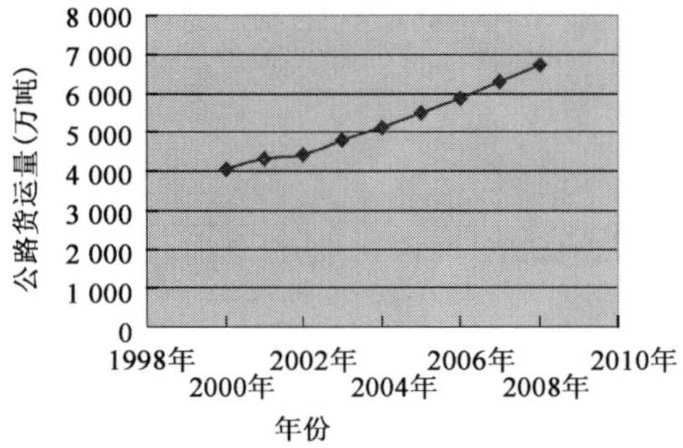

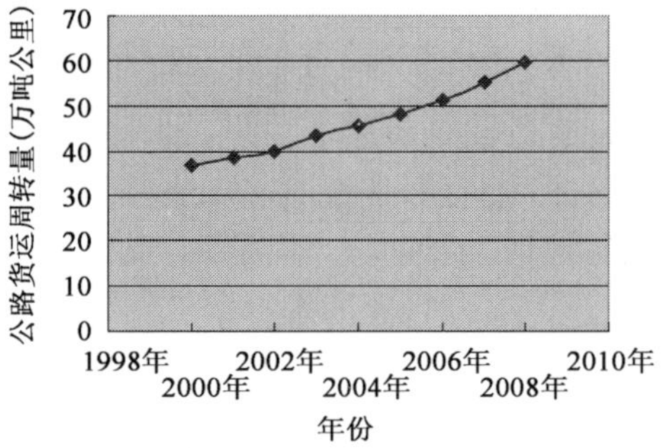

图 2-1　青海省历年道路货物运输量完成情况

2. 铁路运输

自进入 21 世纪以来,青海铁路事业迅速发展,青藏铁路的全线贯通更使青海铁路运输注入了新的活力。新铁路干支线路的建设和既有铁路的改造升级,使得青海铁路运输效能不断提高,有效缓解了本省经济发展的瓶颈制约。青海与内地及西藏的客流、物流交流进一步加强。到 2008 年青海全省铁路营运里程达 2 208 公里,比 1959 年增长了 14.4 倍。铁路沿线及吸引区内盐化工、煤炭、石油、冶金等资源开发进程进一步加快,全省旅游业取得突飞猛进的发展,三江源生态环境保护工程开始全面启动。铁路运输对经济社会发展的促进作用得到充分显现。

从铁路运输完成的运输量可以看出,铁路货运量由 2000 年的 833 万吨增加到 2010 年的 3 285.5 万吨,增长幅度达 3.94 倍,年均增长 14.71%;货物周转量由 2000 年的 50.7 亿吨公里增加到 2010 年的 192.2 亿吨公里,增长幅度达 3.79 倍,年均增长 14.25%。

3. 管道运输

青海省是向西藏输送石油成品油的重要省份,也是油气生产大区,是新疆向内地及西藏输送石油的一条通道。管道运输是提供较高的安全性和经济性的重要运输方式。青海省自身的油气运输也需要管道运输。青海管道运输近年来发展迅速,目前拥有输油管道 980 公里、输气管道 1 851 公里。这些管道为油气能源的输送提供了可靠的保障。2008 年管道共输送油气 201.84 万吨,管道输油周转量达到

81 311万吨公里。

4. 民航运输

在青海的五种运输方式中,民用航空运输的发展最快。青海省民航货运量已从2000年的900吨发展到2010年的4 700多吨,增长幅度为5.22倍,年增速达18%;货物周转量已从2000年的140万吨公里达到了2010年的645.5万吨公里,增长幅度为4.61倍,年增速达16.5%。目前青海省的民用航线可直接通达北京、上海等国内16个城市,高峰周可高达127航班。

5. 内河航运

青海省的内河航运主要由两部分组成:一部分是黄河上游尕马羊曲至大河家桥段,航道里程350余公里;另一部分是青海湖中的6条航线,航道里程约190公里。截至目前有各类船舶124艘,其中货船70艘。全省有五等及以上持证船员174名,已登记在册水运企业7户。

2000年以来主要年份青海省各种运输方式货物运输量完成情况详见表2-3、图2-2和图2-3。

青海省主要年份各种运输方式完成货物运输量情况　表2-3

年份	公路		铁路		管道		航空	
	运量	周转量	运量	周转量	运量	周转量	运量	周转量
2000年	4 050	36.6	833	50.7	193	8.4	0.09	0.01
2005年	5 491	48.3	1 453	98.8	208	9.1	0.33	0.06
2006年	5 864	51.4	1 572	94.5	205	9.0	0.50	0.07
2007年	6 280	55.3	1 935	124.9	207	9.1	0.50	0.08
2008年	6 805	186.6	2 310	148.5	202	8.1	0.63	0.10
2009年	7 209	196.0	2 702	165.5	182	8.0	0.64	0.11
2010年	7 962	227.5	3 285	192.2	178	7.8	0.47	0.07

注:表中运量单位为万吨、周转量单位为亿吨公里。

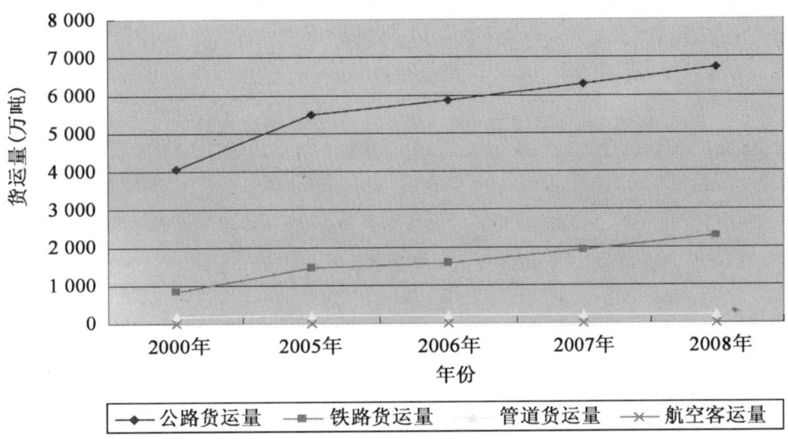

图2-2　青海省历年各种运输方式货运量完成情况

综上可以看出,虽然青海省各种运输方式较为齐全,但由于内河航运每况愈下,其运量微乎其微;青海省机场数量和航线均数量有限,青海的航空货运运量与公路、铁路两种运输方式比较也是微不足道的;由于青海油、气资源丰富,管道运输有一定规模,但2010年运量和周转量也仅占当年全省总量的1.56%和1.83%。公路、铁路两种运输方式货运量之和占全省总货运量的98.43%,两种运输方式货物周转量之和占全省总货物周转量的98.15%。青海省货物运输呈现公路、铁路两大运输方式主导的格局。

从公路、铁路两大运输方式来看,公路完成的货运量是铁路的2.67倍,公路完成的货物周转量也略高于铁路。由此说明，公路承担了大多数中、短途货物的运输，而铁路在长途货物运输中占有相当部分的市场份额。道路货物运输量对铁路占绝对优势，但其平均运距比铁路运输要小很多。

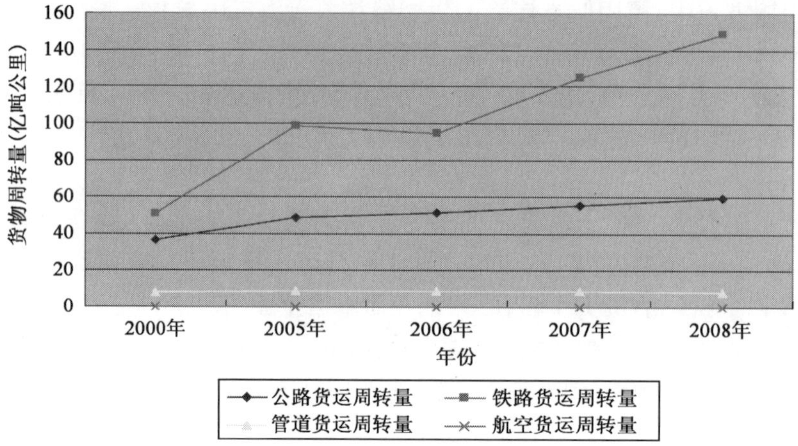

图 2-3　青海省历年各种运输方式货物周转量完成情况

二、道路货物运输发展特点

(一)货运经营主体“小、散、弱”的现象比较突出

与全国大部分省份相类似，青海省道路货运经营主体以拥有一两部货车的货运个体户为主，道路货运经营主体“小、散、弱”的状况比较明显。

2010 年，青海省共有注册的道路货运经营主体 42 960 家，全省营运货运车辆为 66 199 辆，平均每个经营主体仅拥有 1.54 辆车，可见货运业户规模之“小”；这些货运业户的经营都是独立经营，尽管部分业户共同挂靠在某一货运公司之下，但它们之间也并不存在业务联系，道路货运经营主体之“散”不言而喻；绝大部分经营主体的“弱”更是显而易见，这些业户往往只有一部货车，甚至是一部靠贷款购置的二手旧车，运输能力十分有限，也不具备足够的抗风险能力。2001 年以来青海省道路货运业户及从业人员情况详见表 2-4。

2001 年以来道路货运业户及从业人员情况统计　　表 2-4

年　　份	总货运业户(户)	户均从业人数(人)	户均车辆数(辆)	户均吨位数(吨)
2001 年	20 084	1.91	1.57	6.06
2002 年	18 152	2.72	1.71	6.83
2003 年	20 038	2.89	1.67	6.56
2004 年	22 571	2.53	1.55	6.30
2005 年	24 318	2.32	1.53	6.21
2006 年	24 115	2.20	1.51	5.90
2007 年	22 188	2.12	1.67	6.15
2008 年	25 201	2.12	1.57	6.68
2009 年	32 122	2.64	1.66	8.13
2010 年	42 960	2.44	1.54	7.66

青海省的少数城市如西宁、格尔木、德令哈等，近几年组建了几家较具规模的货运企业，如：西宁第二运输公司、德令哈顺达物流公司、格尔木金戈运输公司等。这些公司大多拥有几十部大型货运车辆，主要从事整车运输，运输的货类包括矿产品、燃料、建材、日用品等。这部分成建制的、较具规模的道路

货运企业的运力在全部运力中所占份额很低,还不能成为青海省道路货物运输经营主体的主流。

在青海省道路运输中,目前还存在一些大型生产企业和商业企业的运输力量,由于历史的沿革以及社会公共货运服务不能满足本企业的运输需求等原因,一些运输任务较重的企业拥有自己的车队,并具有较稳定的货源,但由于仅服务于本企业,车辆的利用率较低。

(二)货运企业营运车辆增长较快,但设施设备较为落后

目前青海省道路货运企业基本都不拥有较为规范的货运站场。青海的道路货运企业(包括个体业户)绝大部分是进行整车运输,既不从事仓储业务,也不能提供物流服务。这些从事整车运输生产模式的企业体现不出对货运站场的需求,即使是成建制的运输企业,也往往只具备一块停车场地来停靠公司的车辆,个体运输户则更是连自己车辆的停车位都不能保障。

货运企业的主要装备是货运车辆。目前青海省城间营运车辆主要是北方奔驰、斯太尔王等大型柴油货车,而各州、市内的货车主要是小型货车,车型较为庞杂。这与本省货类特点和城镇间距较大有密切关系。

青海省近几年营运的普通载货汽车的构成情况详见表2-5。

2005～2010年青海省普通货运车辆构成情况(单位:辆)　　表2-5

年　份	货车总数	大　型		中　型	小　型
		总　数	其中:重型		
2005年	36 640	16 798	2 524	2 419	17 423
2006年	36 448	11 454	3 582	5 694	19 300
2007年	37 078	12 170	5 171	3 871	21 037
2008年	39 467	12 883	7 269	3 205	23 379
2009年	53 343	16 470	8 807	3 615	30 430
2010年	63 301	18 911	11 237	4 961	39 429

虽然个体业户群拥有的营运车辆最多,但其车况较差、车龄长、车辆装载效率低、安全隐患大。个体户大型货车的营运里程一般在30万～80万公里之间。

自货自运的大型企业的车辆车况较好,新车比例较高、车辆性能较好、车龄较短,并进行较规范的维修保养与实施必要的保险。

成建制的货运企业车辆的车况处于上述两者之间。企业经营中的困难和行业内的竞争也迫使这些企业尽量延长车辆的使用寿命,出于车辆的效率和运输的安全考虑,这些企业对车辆的维修保养较为规范。这些企业大型货车的营运里程一般在20万～60万公里之间。

(三)货物运输经营环境不断改善,但竞争较为激烈

青海省经济社会的快速发展带动了地区间(省内地区间和省际)物资的流动,青海省道路货物运输有了很大发展,经营环境不断改善,尤其是矿产品、资源型物资的省际运输,增加了货物运输的需求;二级收费公路的减少,降低了运输车辆(尤其是大型货运车辆)的部分税负。路网条件的大幅改善和车辆技术的不断提高对运输企业而言也是降低运输成本、提高运达速度的重要积极因素。

但道路货物运输的竞争也较为激烈。省内和途经本省铁路线路的增加及运能的扩大加剧了公路、铁路两种运输方式间的竞争;邮政运输业务的不断扩展也侵消了一部分公路传统零担运输业务的货源;许多到青海送货的车辆采用低价承揽回程货物,一方面分流了货运市场的货源,另一方面过低的运价又打乱了正常的市场秩序;省内外营运车辆较为普遍的超载超限违规行为在严重影响运输市场公平竞争的同时,与超载超限相联系的超低运价又严重地制约了承运方的服务水平和服务能力。

面对其他运输方式的发展以及省外货运车辆低价揽货和省内黑车无照经营的不公平竞争,一些货运企业(包括个体业户)为了争取货源、维持运营,不得不千方百计地压低运价,使道路货运价格偏离合

理轨道。目前,青海省道路货运市场调查的平均运价水平情况见表2-6,其实际的运价水平根据不同地区、季节、条件和货类有所变化。

2008年青海省道路货物运输市场运价调查[单位:元/(吨·公里)]　　表2-6

货　类	中、长途	短　途
建材、矿产品	0.22~0.28	0.38~0.42
百货、农产品	0.25~0.30	0.40~0.45
鲜活产品	0.38~0.42	0.70~0.75
石油产品	0.45~0.50	0.65~0.70

在车辆、维修(人力及配件)管理各项成本显著上升,尤其是燃油价格大幅提高的情况下,运输企业或业户用较低运价承揽业务或通过超载超限降低成本已经成为当前道路货运企业维持营运的无奈选择。

(四)专用及危险品运输得到逐步发展

青海道路货运业目前已开展了少量专用运输,如石油产品中成品油的运输、部分危险品的运输、冷藏货物运输、大件货物运输等。但总体而言,青海的专用运输尚未得到充分发展。集装箱运输、零担班线及快件运输、冷藏货物运输、厢式车运输、城市配送运输等都未建立起专用的运输企业或专用的运输力量。

青海省道路货运主管部门对危险品道路运输发展十分重视,管理部门对从事此项业务的企业和车辆资质、条件,从业人员,运行标志,运输程序、运输过程注意事项、事故处理等,都进行了监管。由于监管到位,从事危险品运输的业户已从20世纪末的400余户降到2010年底的37户。近年来,由于危险品货物运量持续增长,危险品货物运输车辆数有所增加,车辆的平均吨位也有了明显的提高,这也反映出青海省危险品运输车辆结构正在向合理的方向调整。危险品运输车辆总吨位占青海省营运货车总吨位比重的增长一方面反映出危险货物运量的增速高于一般货物的增速,另一方面也反映出货运主管部门的监管取得了较好的效果。2000年以来各年度的危货车辆及吨位发展情况详见表2-7。

2000年以来各年度道路危货车辆及吨位发展情况　　表2-7

年　份	危货车辆数(辆)	平均吨位(吨)	危货车总吨位(吨)	危货车吨位比重(%)
2000年	703	5.86	4 124	3.48
2001年	586	5.97	3 496	2.87
2002年	284	8.51	2 417	1.95
2003年	700	8.62	6 032	4.59
2004年	550	11.5	6 333	4.46
2005年	573	8.54	4 897	3.24
2006年	619	7.46	4 616	3.25
2007年	675	8.16	5 508	4.03
2008年	805	9.58	7 709	4.57
2009年	850	9.35	7 949	3.04
2010年	963	1 023	9 847	3.33

(五)道路货物运输是进藏物资最重要的运输方式

迄今为止,青藏公路仍是进出西藏自治区物资的最重要的通道。尽管青藏铁路的通车使进藏通道又增加了一种重要运输方式,但目前,道路货物运输仍然是进藏物资最重要的运输方式。公路、铁路两种运输方式既确保了西藏进出物资的通畅,又提高了进出西藏物资的运输经济性,两种运输方式优势互补、互为保障。

甘肃省和青海省是新疆进出物资所必经的两个省份,青新公路也担负着重要的经济运输和战备运输的任务。保证从青海到新疆的公路运输畅通也具有重要的战略意义。

对西藏、新疆两地的道路货物运输构成最大威胁的是运输线路问题,对两地的运输组织尤其是应急抢险运输,由于骨干运输企业的缺失、道路运价的低迷,有时难以迅速及时地组织足够的运输车辆。此外,由于运输支持保障系统能力的缺乏,在一些人烟稀少路段,一些长途运输车辆发生故障后难以就近得到及时维修。

第三章　道路货物运输发展中存在的主要问题

近年来青海省道路货运行业取得了不小的成绩，但青海省道路货物运输还存在很多问题，主要问题如下：

一、经营主体结构不合理，制约了道路货物运输的健康发展

经营主体结构不合理是全国道路货物运输共有问题，但在青海省道路货物运输中表现得尤为突出，经营主体结构不合理全面地制约了道路货物运输的发展。

青海道路货运业的经营主体结构不合理主要有两个表征：一是不同规模的经营主体数量间的比例关系不合理；二是普通货物运输企业与专用货物运输企业的数量间的关系不合理。这里所说的数量不仅是指企业数量，而主要是指不同规模、不同类型企业的运力数量。

据统计2010年青海全省共有货运企业42 960家，其中拥有50辆车辆以上的企业仅111户。根据估算，青海全省拥有50辆以上货运车辆企业的营运车辆约2 600辆左右，占全部营运车辆的6%左右。可以说，青海的道路货运的主体不是成建制的运输企业，而是大量只拥有一两台车辆的运输业户。上述企业的车辆数还包含一些企业的车辆是个体户的挂靠车辆，企业对这些车辆既无控制权，也无经营权。

经营主体结构不合理制约了青海省道路货物运输的发展，主要原因如下：

（1）制约了青海省道路货运业的规模化经营和集约化经营。目前，青海省这种以个体业户为主流的货运行业不可能进行规模化经营、集约化经营。而规模化经营、集约化经营是货运行业提高运输效率、提高服务水平、实施先进组织形式、提供多种服务产品的基础和必要条件。

（2）影响到抢险救灾和实施应急运输。因为主体结构不合理意味着大、中型道路货运企业数量有限，而缺乏成建制的运输企业使政府在抢险救灾和实施应急运输时不具备有保障的基础运输力量。需要应急抢险时，不得不依靠主管部门多渠道联系、协调、组织社会车辆进行抢运，这使得应急抢险运输中的时间和效率均不能得到保障。

（3）导致交通事故频发的主要原因。个体货运业户缺乏有效的安全管理，经常因为不注重车辆的维修、长期疲劳驾驶、超载超限等，酿成交通事故。

（4）难以实施现代化管理、科技创新及进行车辆更新改造。一般来说，个体货运业户很少会有动力、有能力、有财力进行科学规范的企业管理，很难筹措足够的资金用于货运行业的科技成果，如新的信息技术、网络化运输等先进的运营模式以及必要的车辆更新和改造等，他们经常使用老旧车辆营运，更难顾及环境污染、能源浪费等问题。

（5）影响道路货运行业的发展。根据西方发达国家经验，只有大、中型货运企业才代表了运输行业的先进水平，美国、德国等西方国家也存在大量的小型运输企业，但这些国家的大、中型货运企业在主导着行业的发展。如果经营主体是以众多的个体业户占主导，由于其以低廉的价格进行交易，利润空间较为有限，不可能有足够的能力、足够的财力、主观的动力去提高运输的效率、服务水平，很难推动整个道路货运行业的健康发展。

青海道路货运经营主体结构不合理的另一个表现形式是普通货物运输企业与专用货物运输企业的数量间的关系不合理。当前无论是占青海市场主流的个体业户，还是为数很少的大、中型货运企业，货运业务主要是普通货物的整车运输，而进行专用运输，如零担运输、快件运输、专线运输的企业十分有限。这是在运力供应过剩的情况下，货运行业却不能满足经济和公众需求的反常状况。不仅如此，由于缺少专用运输，还带来了客户运输费用提高、运达时间延滞、内外贸业务受损等经济社会负面影响。

二、货运市场运价过低,影响了运输市场的正常发展

货运价格水平过低是当前青海省道路货物运输中最突出的问题,货运价格过低也是造成市场不公平竞争的主要原因,并影响了运输市场的正常发展。

政府主管部门对道路客、货运价格实施了不同的运价政策,即对客运价格实施管制、对货运价格则实施市场价格。道路货运价格千差万别,根据货类、运距、运输条件等因素各有不同。一般情况下,目前青海省对于大宗货物,运输条件要求不高的、运输距离较长,运价大多在0.27~0.35元/(吨·公里)之间;而对于非大宗货物,运输条件要求较高的、运输距离较短,其运价大多在0.38~0.50元/(吨·公里)之间。

目前,青海道路货物运输实际价格很不合理,规范的货运企业使用性能较好的货运车辆,不超载超限、照章纳税的运输经营者,相对个体业户运输成本较高。结合调研经测算,按照青海省的经济发展水平,考虑青海省道路状况和气候条件,对于一般大宗货物,运输成本应在0.40~0.48元/(吨·公里)之间;而对于非大宗货物,其运输成本应在0.60~0.90元/(吨·公里)之间。由此可见,青海道路货运价格远低于青海省的运输成本。

实际运价大多低于运输成本极大危害了运输市场的正常秩序,迫使一些营运企业和个体业户不得不进行超载超限运输以达到降低成本、争夺货源的目的,而一些坚持合法经营、遵守运输法规的运输企业则由于价格因素和不合理竞争而处于极度困难的境地。这些企业要么解体、要么名存实亡(依靠挂靠车辆的管理费维持)、要么转型经营其他业务,货运经营者为了生存不得不进行超载超限运输以适应运输市场低运价的格局。

在当前运输市场的竞争中,其运输服务的质量和效率,运输的安全性与可靠性,以及运输企业的科技水平都显得微不足道,而运价已成为市场中选择承运企业(个体业户)的唯一标准。正是这种低于运输成本的运价,已经成为破坏青海运输市场秩序的罪魁祸首。那些低运价个体户与经营者,打垮了守法经营的许多大、中型货运企业,成为影响青海运输业规模化经营、集约化经营,制约青海运输生产力发展的最重要的问题。经济学中的"劣币驱逐良币"效应在当前道路货物运输市场中得到充分的体现。

三、部分地区超载超限依然严重,对道路运输市场的正常秩序产生一定影响

青海省货物运输超载超限严重有两层含义:一是运输车辆超载超限现象普遍,二是运输车辆超载超限的程度严重。近年来,经过运输、公路等部门的努力治理,超载程度已经得到明显改善。据路政部门统计,全省超载超限已控制在3%以内。据本次规划对典型地区进行的调查,青海部分地区货物运输超载超限现象依然较为严重,一些车辆超载比例已超过车辆额载吨位的60%,应引起主管部门的重视。超载超限运输不仅对公路造成严重的损害,而且对道路运输市场的正常秩序有一定的冲击,要建立长效机制,彻底根治超载超限现象,确保对超载超限的治理成果。

四、行业运营效率低下,总体服务水平不高

首先,青海省省内道路运输的运力供应在总体上大于运输需求,本省货运车辆间的竞争十分激烈;其次,包括个体业户在内的省内道路运输企业还面临着外地运输车辆及邮政运输的竞争;第三,铁路线路的铺设、延伸及运能的提高,分流了部分原由公路运输的货物。上述三个原因加上目前道路货运企业较低的服务水平,致使青海省道路货运效率低下。根据本次规划对青海典型地区调查,当前一般营运货运车辆的工作率仅为200~240日/年;车辆的里程利用率仅为50%出头;由于超载,青海货运营运车辆的吨位利用率较高,约为150%。这都属于不正常现象。

目前青海道路货运经营主体的主流是个体运输业户,而成建制的运输企业主要车型是大型车辆,企业不具备提供多种运输服务(零担运输、快件运输、物流服务等)的设施、设备和技术。由此可以推断,青海道路货运的服务水平不高是必然结果。服务水平不高主要表现在以下几个方面:货主的零担货物

或零散货物难以联系到承运的运输企业；由于要进行拼装，零担货物的待运时间过长；由于青海货运车辆大多是敞车，运输中的货损货差时有发生；由于缺乏规范的货运代理公司和完备的企业运输销售信息系统，货主有时不得不依赖黑中介，服务水平得不到保障。

运营效率低下严重影响了青海省道路货运企业的经营效益，较低的工作率和较低的里程利用率不能更大限度地发挥车辆的作用和效能，而服务水平的低下又可能使潜在货源和传统客户流向其他运输方式，道路货运市场的开拓受到了自身的阻碍。

五、专用运输发展滞后，运输服务产品单一

从近年来完成的道路货运量、货物周转量以及货运的平均运距等数据上可以看出，青海省道路货运得到了较快的发展，但青海省专用运输的发展较为滞后。内地发展已较为成熟的厢式车运输、冷藏运输、快件运输、专线运输、配送运输等专用运输形式在青海发展较为滞后。目前青海已开展的专用运输主要有搬家运输、罐车运输、大件运输，而危险品运输仅为少数具备资质的运输企业才有，且运量较小。

运输企业向用户提供的服务产品也极为有限，不能满足社会各界和公众对运输的不同需求。整车普通货物的运输即是当前运输市场的最主要的服务产品。为小批量货物、高货值货物、时效性强的货物服务的零担运输、快件运输、保价运输、公铁联运等服务产品都未得到有效的开展。在这种业态下，潜在的客户不得不转而使用邮政系统的包裹运输、价格昂贵的航空运输、公路客运班车的捎带货物运输，甚至在不得已的情况下进行装载率很低的包车运输。

六、货运车辆技术状况较差，车辆结构不合理

青海省营运货运车辆的技术状况较差。由于道路货运企业的经营十分艰难，缺乏足够的财力进行运力的技术改造和更新。部分运输业户从开始营运就购置二手车，运营期间，最大限度地延长车辆的使用寿命，一些车辆超期服役现象严重，运营里程甚至超过百万公里，虽然属个别现象，但给交通安全带来很大隐患。同时由于车辆性能的落后和退化，报修次数多、周期长，降低了车辆的使用率和装载效率，同时增大了车辆的油耗和排放，在运输成本进一步增大的同时，造成了对环境更严重的污染。

近年来青海省营运货运车辆的结构已有所改善。这一点尤其表现在大吨位重型车辆的保有量方面。由于本省的自然资源，尤其是矿产品丰富，这些大宗散货最适于使用大吨位重型车辆，运输业户出于降低成本的目的，根据需要购置了大吨位重型车辆。至 2010 年底，青海省的大吨位重型车辆已达 11 237部，占总货车数的比例已达到 17.75%，据估计，如果按吨位计算，大吨位重型车辆的吨位会达到总吨位的 40%，中型车车辆数的比例已降至 8.1%，而小型车比例较高的主要原因是统计口径造成的，小型车的统计包含了农村的一些自用农用汽车。

青海省的车型结构存在不合理现象。车型结构主要有两种表现形式：一是大、中、小型车辆的比重，二是普通车辆与专用车辆的比例。虽然青海省前者的结构有所好转，但后者的结构比例却亟待改善。青海省目前绝大部分货车是普通敞篷货车，而适应不同需求的各种专用车辆数量较少。这些专用车辆的设计和生产的目的是为了提高货物安全性（如厢式车），提高装载容积和能力（如半挂车、罐车），提高装卸效率（如集装箱车、自卸车），保持车辆适宜条件（如冷藏车），这些专用车辆在青海省数量少、份额低，不能满足日益发展的经济和人民生活的需要。

七、货运站场缺乏，影响了货运业务领域的进一步拓展

长期以来，青海省道路运输企业对基础设施未给予足够的重视。迄今为止，全省道路运输企业很少能拥有一个功能完善的货运站场，成建制的运输公司一般只拥有一个较为简陋的停车场。

货运站场是发展道路货运必不可少的条件。货运场站是运输受理、货物分拣及发运、货物集散、临时堆存、车辆装卸、货物中转的重要场所。缺乏了货运场站，运输企业向客户所能提供的就只有从发货人到收货人的整车运输，业务范围大受影响。集装箱、快件运输、零担运输、货物的储运等众多与当前经

济、社会发展相适应的货运业务,都因为货运场站的缺乏而无法开展。

青海省道路货运基础设施发展落后的主要原因是缺乏大规模的货运企业,现有货运企业基本只从事整车运输,而这些货运企业由于缺乏必要的条件也只能进行整车货物运输。

八、信息建设落后,先进技术未能得到充分的应用

21世纪是信息时代,而道路运输的五大关键因素之一是运输的信息,可见信息在当前货运业中的重要地位。青海省道路货运的货源相对充裕,而运输企业经营状况又举步维艰,但即使是营运运输企业的车辆里程利用率也仅达到48%左右,可见青海运输企业对货物信息掌握程度之低。目前青海省各地都还未建立起为运输企业、货主部门和普通用户服务的货源、运力的信息系统,致使货主有货寻找不到合适的承运商,车主在车辆运抵目的地后寻找不到货源,其结果是经常空车返回,里程利用率很低。

由于青海货运经营主体是以个体业户为主流,而成建制的货运企业的经营又举步维艰,所以几乎所有货运企业都没有多余的财力把现代科技手段运用到货运业务和企业管理上,如信息技术、车辆定位及货物跟踪技术、货物自动分拣技术。至2010年,青海全省9 631辆从事危险品货物运输车辆中仅611辆安装了GPS,安装行驶记录仪的货车7 079辆。至于先进的组织形式,如网络化运输、甩挂运输、多式联运,则由于企业规模过小或者缺乏营运网络而无法实行。

这种状况造成了青海省道路货运业发展的恶性循环,缺乏先进科学技术的企业难以提高生产力、提高服务水平、提高生产效率,其结果是导致经营上的困难、缺乏竞争力,企业也因此更无力进行技术改造和新技术的采用。

西宁作为青海省最大的城市也存在为数不多的道路货运中介机构,但这些中介规模很小,不具备畅通固定的信息渠道,只凭个人的关系掌握少量货源和车辆信息。而这些中介机构是依靠有限的信息牟利的,一旦车主和货主的交易成功,中介就会从中牟利。

第四章　道路货物运输需求与发展趋势

一、面临的发展环境

（一）社会主体功能区布局

道路货运的需求来自于当地经济和社会活动以及相关地区与本地的经济联系。经济和社会的发展必然增大对道路货运的需求。而青海省未来的经济和社会发展在很大程度上取决于本省的产业布局和人口分布。《青海省主体功能区规划》是与本规划期限同期的全省综合性规划，该规划对青海省经济的发展、产业布局、国土开发和人口分布等都具有举足轻重的作用。该项规划对贯彻落实科学发展观，优化全省国土开发格局，实现青海人口、经济、资源、环境以及城乡区域协调发展，促进和谐社会建设具有重大意义。根据该项规划，青海省共分成三个区域，即重点开发区、限制开发区和禁止开发区，其中重点开发区的位置、资源、产业及人口对青海省的经济和社会发展及道路货运尤具重要意义。

青海省重点开发区、限制开发区和禁止开发区的范围及布局详见图 4-1。

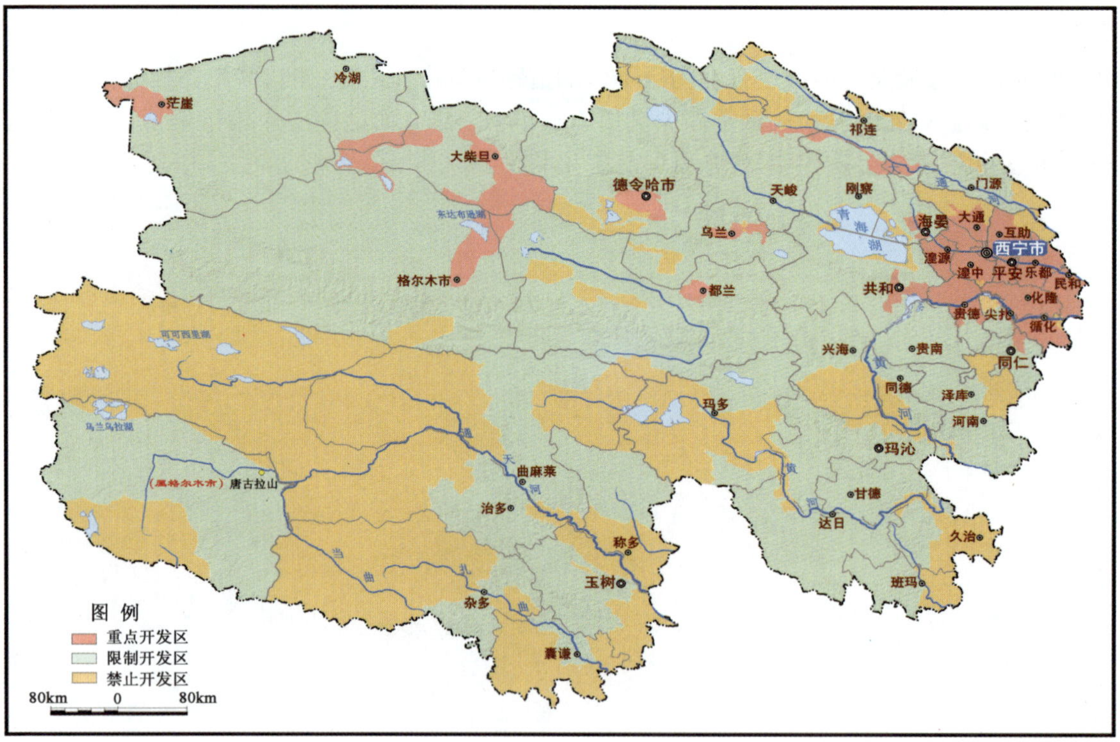

图 4-1　青海省主体功能区布局图

重点开发区分为东部重点开发区和柴达木重点开发区。根据该规划，到 2020 年全省重点开发区要聚集全省约 93% 的经济总量和 80% 的人口，城镇化率提高到 58.5%，工业增加值比重提高到 60% 以上，人口密度达到 136 人/平方公里。

东部重点开发区以西宁为中心，区域面积为 1.84 万平方公里。该地区占全省总面积的 2.57%，人口 370.84 万人，占全省总人口的 68.27%。开发区的功能定位是青藏高原的经济发展核心区域、重要增长极和综合交通枢纽。该区还是全省的政治、经济、文化中心，矿产资源精深加工基地、特色农牧业产业化基地，聚集经济和人口的重要地区。开发区的发展目标是：到 2020 年，聚集全省 62% 的经济总量和71.7%的人口,城镇化率提高到56.1%,工业增加值比重提高到54.6%以上,人口密度达到244人/平方公里。

柴达木重点开发区包括海西州格尔木市、德令哈市、乌兰县、都兰县、大柴旦行委的城镇规划区、工业园区和工矿集中区以及花土沟—茫崖石油石棉工矿区,冷湖—东西台盐湖工矿区,木里—热水煤炭工矿区。区域面积1.91万平方公里,占全省总面积的2.66%,人口27.86万人,占全省总人口的5.13%。开发区的功能定位于全国循环经济试验区,青藏高原重要的新型工业基地,支撑青海经济持续发展的重要增长极,聚集人口、促进全省城镇化发展的重要地区,连接西藏、新疆、甘肃的交通枢纽。柴达木重点开发区将构建以格尔木市、德令哈市为中心,以青藏铁(公)路轴线城镇和工矿区为节点,形成据点式的空间开发格局,成为区域性的交通枢纽和物流中心,提高人口承载能力和经济集聚功能。开发区将加快国家级柴达木循环经济试验区建设,大力发展盐湖化工、石油化工、煤化工和有色金属工业,建成全国重要的盐湖化工系列产品生产基地,区域性的石油天然气化工基地,煤炭及煤化工基地,有色、黑色金属基地。积极发展绿洲农业和特色旅游业。开发区的发展目标是:到2020年,柴达木重点开发区聚集全省31%的经济总量、8.3%的人口,城镇化率提高到78.9%,工业增加值比重提高到70.8%以上,人口密度达到27人/平方公里。

青海省主体功能区的布局规划,尤其是重点开发区的规划为青海省未来经济和社会的发展、产业布局及交通运输需求等都将产生深远而重大的影响。

(二)地理特点与资源优势

青海省地处青藏高原,平均海拔3 000余米。气候寒冷、国土广袤。全省人口规模很小,人口密度很低,每平方公里不足8人。青海还是一个多民族聚居的省份,省内居民所属民族达54个。

青海是资源大省,累计发现各类矿产125种,占全国已发现矿产171种的73.1%;青海省已上报的64种矿产资源占全国矿产资源潜在总价值的17.78%,居全国第1位;氯化钠、氯化钾、镁盐、氯化锂、锶矿、硼矿、芒硝、铅、锌、铬、石棉、石膏、石英、石灰岩、石墨以及石油、天然气等都有很大的蕴藏量,其中钾、钠、镁、锂、溴、芒硝、石棉、化工灰岩和硅等11种居全国首位。闻名遐迩的柴达木盆地,山川藏珍、戈壁埋矿,素有“聚宝盆”之美誉,富含石油和天然气资源。柴达木盆地有盐湖30多个,已探明总储量700亿吨。得天独厚的盐湖资源,丰富的石油、天然气资源和有色金属资源都呈现出储量大、品位高、类型多、易开采、地域组合好的特点,有利于盐湖化工、油气化工和有色金属工业进行产业融合,发挥集聚优势,容易形成规模效益。

青海省还拥有丰富的水能资源、畜牧草场资源和旅游资源。黄河上游有近200座水电站以利用水能,总装机容量达2 166多万千瓦,年发电量770亿千瓦时;青海省还是国内太阳能、风能、地热资源较丰富的地区;青海天然草原辽阔,是我国五大牧区之一,草场面积达3 160万公顷,占全国可利用草原面积的15%。在青海辽阔的草原上,生长着天然牧草940多种。青海省野生动植物资源也十分丰富,野生植物群中的经济作物超过1 000种。

(三)交通发展格局与特点

青海省各种运输方式较为齐全,公路货运量在各种运输方式中占绝对优势,而铁路货物周转量在各种运输方式中一直名列前茅,保持领先地位,说明青海的大宗散货,尤其是矿产品的长距离运输是以铁路为主,这主要是由青海的货物结构特点所决定的。从目前发展现状及未来发展趋势来看,货物运输主要由公、铁两大运输方式主导的局面将在未来相当长的时期内难以改变。

根据中央铁路和青海省地方铁路发展规划,青海省境内的铁路营运里程未来将会有长足的提高,铁路运输在长途货物市场的比例还会有所提高,但道路运输完成的货运量在相当长的时期内也将持续增长。

青海的道路运输货流主方向是东西向。东向沿109国道或315国道经西宁通往兰州及以远,西向沿109国道经格尔木抵拉萨,西向沿315国道和215国道经德令哈、大柴旦通往敦煌、乌鲁木齐、叶城、喀什等地。货流在省内主要呈两线平行东西向流动,到西部后,两线分赴南北。109 国道由西向转为南向至拉萨,315 国道由西向转为 215 国道向北至敦煌等地。青海省的道路干线运输大多云集于这两条干道。两条干道上的运输既有省内的中、长途货运,也有抵达青海省甚至跨越青海省的省际货物运输。

(四)道路货物运输的基础条件

首先,汽车工业的发展为道路货运提供了各种性能先进、功能各异、载质量档次齐全的通用车辆和专用车辆,为用户选择经济适用的车辆提供了便利。此外,车辆的燃油经济性也有较大提高。

其次,四通八达的公路网络和较高技术等级的干线公路正在发挥着其交通基础设施的作用,无论是通行能力,还是通达深度,都达到了新的水平。

再次,信息技术的高速发展也为道路运输提供了多种便利。对于地广人稀的青海省而言,信息技术对于道路货运行业的发展举足轻重。通过信息技术提高管理水平,有效减少车辆空驶里程,提高车辆实载率,提高运输服务水平等均能发挥重要作用。

此外,青海省道路货运的优势及其对青海省经济的重要性正日益被政府和公众所认识,道路货运发展已日益得到青海省政府主管部门的重视与支持,省政府,尤其是交通主管部门已把道路运输作为最重要的发展领域之一,政府的支持与重视必将带来空前的行业发展前景。

二、形势与发展要求

我国已经成为世界的生产基地,经济有望长期稳定、高速地发展。青海作为西部资源富省,其资源开发速度也必将加快,资源类运量将激增。青海省货物运输的最重要货物是矿产品。这些矿产品除了部分由铁路运输及当地加工外,很大部分将通过道路运输输出,由于近年来路网条件和车辆性能大幅提高,矿产品加工后的产品也更多地采用了道路运输。近年来青海居民生活水平迅速提高,以往农牧区的较封闭的自给自足的生活模式已经逐步改变,食品、服装、音像制品、交通工具等日用消费品需求已逐步被当地居民所接受,生活物资的需求增长促进了货物的运输量增长。

综上所述,青海省未来相当长的时期内,货运强度不断提高,货物运输量持续增长,道路货运规模将仍会保持较强的增长势头。

(一)经济的快速发展对道路货运提出了更多的总量需求

2008 年,国务院出台的《关于支持青海等省藏区经济社会发展的若干意见》为青海省未来经济社会发展的进一步明确方向,党的十七大明确提出了继续实施区域发展总体战略,进一步深入推进西部大开发,缩小区域发展差距,将给青海省发展注入持续的发展动力,未来相当长的时间内青海省经济将继续保持快速发展的态势。

青海省矿产资源蕴藏量丰富,这些资源、矿产品以及加工后的产品向内地的运输量与日俱增。近年来公路货运车辆的迅速增长和铁路建设的加速,都反映了全社会货运量的持续增长态势,道路货运不仅承担着向铁路的集运,而且由于车辆技术和路网条件的改善,在一定的运距范围内将有相当比例的资源类货物成为道路货运的主要运输方式。未来伴随着经济的快速发展,为道路货运提出了更多的总量需求。

(二)日益提高的经济发展水平对道路货运提出了更高的质量需求

当一个地区的经济发展到一定阶段时,道路货运仅满足数量上的需求已不能适应经济社会的需要了,必须满足经济社会发展对道路货运提出的更高质量需求。道路货运质量的需求表现为专业性运输齐全、运输服务产品丰富多样、运达速度高、货损货差小、反应速度快、安全隐患少,能够向用户提供全方位、高质量、低成本的服务。只有这样,才能充分发挥道路货运的效率和特点,保证人口密集的城市区域的物资供应以及偏远地区、少数民族聚集区提供足够丰富的物资供应,满足不同客户的不同需求,使青海省的经济具有更强的竞争力。因此无论是从提高人民生活水平方面,还是从发展青海省经济、保证青海省社会经济可持续发展考虑,今后必须不断提高青海省道路货运的服务质量、服务水平和服务能力,以适应青海经济社会发展对道路货运提出的更高质量需求。

(三)满足地域特点对道路货运提出的独特要求

青海经济社会发展不平衡,资源优势较为明显,主要集中在西宁、海东和海西等相对发达地区,海北、海南、黄南、玉树和果洛等地区的发展水平相对落后。青海省地处青藏高原,海拔较高,气候寒冷,国土广袤,人口规模很小,人口密度甚低,青海还是一个多民族聚居的省份,包括藏族在内的少数民族达54个。青海省各族居民居住分散,与内地人口密集分布形成鲜明对比,除公路以外的其他运输方式难以通达,这是青海省经济社会赋予道路货物运输的特有使命。

综上所述,鉴于青海省区域及经济社会发展特点,对道路货物运输发展提出了很多独特的要求,提供快速、可靠的运输保障,以满足不同区域、层次对道路货物运输提出的不同需要。为道路货物运输推进区域协调发展,促进优势资源开发和特色产业发展,维护民族团结和社会稳定,解决藏区贫困问题,不断提高各族群众的生活水平,全面实现小康社会目标,建设经济繁荣、生活富裕、生态良好、社会稳定的青海省发挥应有的作用。

(四)适应进藏援疆及经济发展,对应急抢险及道路货运安全性提出更高要求

安全生产历来就是各级政府和公众关注的焦点。青藏高原的寒冷气候和省内社区村落的稀少导致应急抢险的事故频发,青海省道路货运的应急抢险任务繁重,而青海道路交通在应急抢险中的地位极为重要。青海作为通向西藏、新疆的重要运输通道与桥头堡,道路运输对支援西藏和新疆建设与发展起着举足轻重的作用。当发生重大事件时,青海省必须全力以赴确保进藏、援疆物资的畅通,因此青海省道路货运具有经济政治双重作用。

目前以及未来相当长的时间,青海省将处于经济快速发展阶段,经济快速发展、车辆保有量激增等使道路交通量也同步增长,车辆安全事故的发生也呈逐年增加的趋势。鉴于公路基础条件薄弱、气候寒冷以及车辆老旧化程度高等原因,交通事故极易发生,加上公路沿途维修网点少,事故发生后营救较为困难等,这些情况加重了政府主管部门对道路货运安全工作的责任。

为此,青海省道路货运主管部门及相关单位必须尽快建立高效应急抢险机制,确保道路货运的安全性,以防患于未然。

第五章　道路货物运输需求分析预测

一、预测目的

对青海省“十二五”规划期间及远期道路货物运输量以及营运货车保有量进行预测有两个目的：一是通过对道路货运量预测了解“十二五”规划期间及远期公路货运总体需求水平，为本规划确定未来道路货运发展思路、发展目标、发展策略、近期行动计划，以及制定相应的发展政策与措施提供重要依据；二是为交通运输行业管理部门适时调控运输市场，引导运力市场投放，进行公路、货运站场等道路运输基础设施规划建设等提供重要参考。

二、预测内容、方法与特征年

报告对青海省“十二五”规划期间及远期道路货物运输量（包括货运量、货物周转量）以及营运货车保有量进行了预测，其中对道路货物运输量分别采用回归分析法和弹性系数法两种方法；对营运货车保有量分别采用回归分析法和周转量推算法两种方法进行了预测。

为了使基础数据的选用准确、口径统一和保证尽可能多的样本，本报告对道路货物运输量原始数据的采用均从1995年开始，具体包括自1995年以来历年道路货运量、周转量和GDP数值。

由于2008年度全国开展了公路运输量专项调查，并采用了新型运输量统计工作模式和方法体系，因此，2008年以后的道路货物运输量数据与此前历年的统计口径不同。考虑到数据的样本个数及连续性，本次预测仍采用原来的统计口径，最后根据其所占比重进行转换。

预测特征年与规划期限相对应，即近期到2015年和远期到2030年。

三、道路货运量分析预测

（一）回归分析法

回归分析法是以历年的道路货运量、货物周转量与人均地区生产总值建立回归模型，以人均地区生产总值为自变量x对未来时期的道路货运量y和货物周转量z分别进行预测。

经计算得到的道路货运量y、货物周转量z与人均地区生产总值的回归方程分别是：

$$y = 2\,552.5 + 0.267\,7x \quad （相关系数\ \gamma = 0.969\,8） \tag{5-1}$$

$$z = 238\,511 + 22.64x \quad （相关系数\ \gamma = 0.965\,2） \tag{5-2}$$

根据青海省国民经济和社会发展态势和全省人口发展态势，至2015年末，即“十二五”发展规划末年，人均地区生产总值将达到31 000元；至2030年，人均地区生产总值将达到65 000元。将上述两数据分别代入式（5-1）、式（5-2），预测得到2015年、2030年道路货运量分别为10 851万吨、19 952万吨；2015年、2030年货物周转量分别为94.04亿吨公里、171.01亿吨公里。

（二）弹性系数法

一个地区货物运输的发展速度与相应地区的经济发展速度存在一定的相关关系，在青海省未来经济（本报告为地区生产总值）发展目标已经确定的情况下，可依据两者的弹性系数预测未来货物运输量的发展速度，进而可计算出预测年份的货物运输量。一般而言，在经济发展的初级阶段，货物运输量对经济发展的弹性系数较高，经过一定的经济发展阶段，弹性系数会逐步降低，这反映了经济发展初期的产品主要为资源类产品或初级产品，要完成一定量的GDP，需要运输大量的货物；而经济发展到一定阶段后，运输的货物往往为较高附加值的产品，相对来说质量或体积较小而价值更高。

1. 未来经济发展速度预测

报告将预测期分为 2009～2010 年、2011～2015 年、2016～2020 年、2021～2025 年和 2025～2030 年 5 个阶段。各阶段增长速度的预测充分考虑了青海省历史发展及现状,以及参照相应规划及未来发展趋势。青海省近 5 年地区生产总值的年增长速度平均为 12% 以上,但由于世界范围的金融危机引发的经济衰退,我国经济也受到一定影响,综合考虑各种因素确定各时间段全省地区生产总值增长速度分别为:2009～2010 年为 9.5%,2011～2015 年为 10.5%,2015～2020 年为 10%,2021～2025 年为 9%,2025～2030 年为 8%。

2. 未来弹性系数预测

虽然货物运输量(运量和周转量)的增长速度对经济发展速度存在一定的发展规律,但一个国家或地区的经济发展经常受到各种因素的影响出现偏离规律的现象,青海省的货运发展与经济发展就存在着这种现象,所以计算出的弹性系数的变化幅度较大。1995～2008 年青海省道路货运量和货物周转量对地区生产总值的弹性系数详见表 5-1。

1995～2008 年青海省道路货运对 GDP 的弹性系数 表 5-1

年　份	货运量弹性系数	货物周转量弹性系数
1995 年	0.90	0.72
1996 年	1.45	1.91
1997 年	0.71	0.66
1998 年	0.94	0.96
1999 年	0.40	0.43
2000 年	0.53	0.69
2001 年	0.52	0.42
2002 年	0.27	0.28
2003 年	0.64	0.63
2004 年	0.58	0.48
2005 年	0.57	0.54
2006 年	0.56	0.53
2007 年	0.57	0.61
2008 年	0.55	0.63
平均值	0.656	0.678

从表 5-1 可以看出,1995 年以来青海省道路货运量和货物周转量对全省地区生产总值的弹性系数平均值均在 0.66 左右,但近 5 年货运量的弹性系数一直稳定在 0.56 左右;而货物周转量的弹性系数则在 0.48～0.63 之间变化,均值接近 0.56。考虑到青海省自 2005 以来地区生产总值平均以 12.35% 的高速增长,而同期道路货运量和货物周转量的平均增长速度仅分别为 6.9% 和 7.2%,2009～2015 年,青海省的经济不可能继续维持高速度增长的态势,但货物运输总量有可能保持 7% 左右的发展速度。考虑铁路建设进程的加速和运营里程的增加,道路运输市场占有的份额会有所降低,综合考虑认为青海省道路货运量和货物周转量对地区生产总值的弹性系数可能维持在 0.6 左右。青海省各阶段地区生产总值的增长率和货物运输量的弹性系数预测结果详见表 5-2。

青海省道路货物运输量对经济发展的弹性系数预测结果 表 5-2

年　份	运量弹性系数	周转量弹性系数	GDP 年增长率(%)
2009～2010 年	0.55	0.60	9.5
2011～2015 年	0.60	0.58	10.5
2016～2020 年	0.58	0.57	10
2021～2025 年	0.55	0.53	9
2025～2030 年	0.50	0.50	8

3. 弹性系数法预测结果

根据各时期的经济和弹性系数分析，预测得到2015年、2030年道路货运量分别为10 968万吨、22 512万吨；2015年、2030年道路货物周转量分别为89.6亿吨公里、147.6亿吨公里。

（三）预测结果

回归分析、弹性系数两种方法对货运量和周转量的预测值详见表5-3。从此表可以看出，上述两种方法预测的货运量结果较为接近。

青海省道路货运量、周转量预测结果 表5-3

年份	货运量（万吨）			货物周转量（亿吨公里）		
	回归分析	弹性系数	最终预测值	回归分析	弹性系数	最终预测值
2015年	10 851	10 968	10 000	94.04	89.60	88.00
2030年	19 952	22 512	20 000	171.01	147.6	150.00

综合回归分析法和弹性系数法预测结果，考虑未来青海省经济、交通发展等不确定因素，以及铁路等其他运输方式的发展导致运输格局的变化等，报告最后确定2015年、2030年道路货运量的预测值分别为10 000万吨、20 000万吨，2015年、2030年道路货物周转量道路货物周转量的预测值分别为88亿吨公里、150亿吨公里（详见表5-3）。

根据2008年前后两个不同统计口径数据之间的关系（道路货运量的统计口径基本相同），最终确定（按2008年统计口径）2015年、2030年道路货物周转量的预测值分别为275亿吨公里、470亿吨公里。

四、营运货车保有量分析预测

（一）回归分析法

采用青海省的营运货车保有量对青海省经济（地区生产总值）的依存关系进行预测。2000～2008年各年的青海省营运货车保有量详见表5-4。

2000～2008年青海省营运货车保有量 表5-4

年份	合　计		普通载货汽车		专用载货汽车	
	车辆数（辆）	吨位数（吨）	车辆数（辆）	吨位数（吨）	车辆数（辆）	吨位数（吨）
2000年	28 795	118 392	28 290	114 570	505	3 822
2001年	31 346	121 671	30 959	117 612	477	4 060
2002年	31 042	123 916	30 646	119 763	396	4 153
2003年	33 548	131 376	33 070	125 729	478	5 646
2004年	35 033	142 091	34 530	136 106	503	5 985
2005年	37 158	151 131	36 640	144 490	518	6 641
2006年	36 453	142 227	35 555	134 279	898	7 948
2007年	37 078	136 532	36 207	127 998	871	8 534
2008年	39 467	168 390	38 368	156 911	1 099	11 479

依据历史数据可得到青海省道路营运货车保有量的回归方程如下：

$$y = 23\,712 + 25.02x \tag{5-3}$$

式中：y——预测的营运货车保有量；

x——预测期内青海省各年地区生产总值。

依据式(5-3)及前面对青海省地区生产总值的预测,预测得到青海省 2015 年、2030 年道路营运货车保有量分别为 55 242 辆、138 428 辆。

(二)周转量推算法

对营运货车保有量预测实际要考虑很多因素,如:届时青海经济的发展、五种运输方式的分配、道路货运量和货物周转量的发展水平、车辆的平均吨位、车辆的工作率和效率等。其中道路货物周转量的水平、车辆的平均吨位、车辆的工作率和效率等是影响营运货车保有量需求的直接因素。

该预测方法的思路是以预测的道路货物周转量(按 2008 年统计口径)为基础,以全省营运货车中的大型货车的相关效率和营运指标为参数,计算出届时大型货车数量保有量,再根据届时大型货车在全部货车中所占的比例,得到预测年份的营运货车保有量。

2008 年青海省货物周转量完成 59.7 亿吨公里。当年货运车辆拥有量为 39 467 辆,其中大型车辆为 12 883 辆。平均工作率为 220 天,日均行驶里程 200 公里,里程利用率 52%,吨位利用率为 150%,大型车的平均吨位为 10.54 吨。

根据预测,2015 年货物周转量的预测值为 88 亿吨公里。平均工作率为 250 天,日均行驶里程 250 公里,里程利用率 60%,吨位利用率为 120%,大型车的平均吨位为 12.5 吨,由上述数据可预测出 2015 年大型货车的数量为 15 644 辆。考虑大型车与各类车型数量及总货车数量的比例,2015 年货运车辆预测值为 53 944 辆。

根据预测,2030 年货物周转量的预测值为 150 亿吨公里。平均工作率为 270 天,日均行驶里程 300 公里,里程率 70%,吨位利用率为 95%,大型车的平均吨位为 13 吨,由上述数据可预测出 2030 年大型货车的数量为 21 421 辆。考虑大型货车与各类车型数量及总货车数量的比例,2030 年货运车辆的预测值为 89 254 辆。

(三)预测结果

通过预测结果可以看出,以上两种方法对 2015 年的营运货车保有量预测值较为接近。综合两种方法,确定最终预测结果为 54 000 辆。对于 2030 年的货运车辆预测值,两种方法的预测结果出现了较大的差异,考虑到回归方法使用的历史数据较短,对远期的预测出现偏差的可能性较大,所以在适当考虑回归分析法预测结果的基础上,以周转量推算法为主,确定最终预测结果为 95 000 辆。两种预测方法得出的预测值和最终预测结果详见表 5-5。

青海省道路营运货车保有量预测情况表(单位:辆)　　表 5-5

年　份	周转量需求法预测值	回归法预测值	最终预测结果
2015 年	53 944	55 242	54 000
2030 年	89 254	138 428	95 000

第六章　道路货物运输发展思路

一、指导思想

发展青海省道路货物运输的指导思想是：以党的“十七大”精神为指导，以科学发展观为统领，以结构调整为主线，以振兴青海经济、保护青海环境、创建青海和谐社会为终极目标发展；在提高运输效率、服务水平、环保水平和运输安全的基础上，与其他运输方式共同构建布局合理、优势互补、衔接顺畅的现代综合运输体系；为青海省社会经济发展、为援藏支疆运输提供安全有力的保障。

二、基本原则

青海省道路货物运输发展将遵循以下原则：

（一）以人为本，重视安全，满足社会、经济双重需求

道路货运除了要满足当地的经济发展需求外，还要满足经济范畴外的社会需求。以人为本、重视安全是交通运输业发展中重点关注的问题，也是道路货运业发展中要考虑的重要原则。

（二）优势互补，统筹兼顾综合运输发展

对道路货运行业进行规划，必须考虑其他运输方式货物运输的发展现状及其规划。科学合理的综合运输体系应该做到以最低的资源消耗满足经济社会对运输的各种需求，五种货运方式发挥各自优势、扬长避短、相互配合以获得交通运输的最佳效果。道路货运的规划要服从于全省综合运输体系的规划，在科学合理的综合运输体系框架内，确保道路货物运输的快速发展。

（三）以科技为先导，引入现代化管理和先进技术与装备

仅仅依靠扩大生产规模、不正当手段获取竞争优势不能达到行业发展的目的，道路货物运输必须以科技为先导，引入市场创新理念、引入现代企业管理制度、引进先进技术和先进装备才能提高当前货运企业的管理水平、拓展货运的服务领域、提高货物运输的效率和服务水平。

（四）重视环境，保护青藏高原生态安全，坚持可持续发展

保护生态环境，实施可持续发展战略，是我国的一项基本国策。青海省地处青藏高原，也是长江、黄河、澜沧江的发源地，素有“江河源头”和“中华水塔”之称。青海省与西藏自治区是我国省级地区中自然环境破坏最少的地区，其环境现状弥足珍贵。由于青海特殊的地理位置，生态环境的稳定直接影响到本省和国内许多地区的气候。鉴于青海省是国家生态环境建设的战略要地，保护和建设好青海的生态环境，不仅对本省的经济社会可持续发展意义重大，而且对相关地区及黄河、长江流域生态环境的改善，实现经济社会的可持续发展具有深刻影响。在青海省生产型企业较为有限的状况下，道路货运行业对青海省环境的保护及治理具有重要意义。为此，未来青海省道路货运的发展必须坚持重视和保护当地环境的原则。

（五）援藏支疆，保卫祖国安全统一

青海省提供了西藏与内地物资、人员交流的最重要运输通道，新疆与内地的物资、人员交流也需要位于青海的公路通道提供保障。由于其特有的地理区位，青海省的道路运输不仅要满足本省经济发展的需要，而且必须保证内地与西藏、新疆两大自治区间道路运输的通畅。这是国家安全的需要，也是中央赋予青海省的重要使命。

三、发展目标

(一)近期发展目标

1. 货运网络系统

构建城际快速货运网络、区域性配送网络、农牧民生产生活资料配送网络三级货运网络系统。以西宁、格尔木国家公路运输枢纽货运站场为核心,以海东、海北、海南、黄南、海西五个州府地区性货运站场为节点,以高速公路为依托的城际快速货运网络初步形成;以州府地区性货运站场、县城货运站场为节点,以高等级公路为依托的区域性配送网络初步形成;完成以县城货运站场为核心,以乡镇集散性货运站场为节点的农牧民生产生活资料配送网络的试点工作。

2. 经营主体结构

为改善青海省道路货运经营主体结构,至2015年,青海省应改变个体货运经营业户主导行业的局面,在全省范围内建立、扶植一批大、中型货运企业。在西宁、德令哈、格尔木区域内通过重组、兼并等手段各建立、培育两个以上大型货运企业,并在相应区域内的公路货运中发挥引导、骨干作用。同时,西宁、格尔木、德令哈以及其他城市的中型货运企业也应得到相应的发展。

3. 货运基础设施

为提高青海省道路货运的组织化程度、向社会提供更丰富的服务产品、提高行业向社会提供运输服务的能力,青海省必须尽快改变尚未拥有货运场站的现状。考虑到"十二五"规划期间以及未来青海省经济对道路货运多方面的需求,参照青海省公路运输枢纽发展规划目标,结合国家公路运输枢纽建设,在西宁、格尔木各建成两个以上的大型物流中心(货运站),德令哈、平安、西海、共和、同仁在高速公路出入口附近建设一个货运站(或配送中心)。30%的县城建成一个货运站,部分乡镇结合客运站同步建设货运站完成若干试点。

4. 货运车辆结构

为改善青海省货运车辆结构,提高车辆的使用效率和燃油经济性,有必要对青海省的货运车辆按载重吨位和使用类型进行结构调整。重型货车占货车总数的25%,专用货车的数量占货车总量的10%,厢式货车的数量占货车总量的12%。

5. 应急抢险货物运输

为保障青海省道路货运的应急抢险能力,至2015年,西宁市、格尔木市应各具有在12小时内调集50部(不低于500吨位)货车的能力,德令哈市、大柴旦市应各具有在12小时内调集30部(不低于300吨位)货车的能力。其他各州首府的调集能力应不低于20部货车(不低于200吨位)。

6. 现代物流发展

至2015年,青海省应在西宁市建立2个、格尔木市和德令哈市各建立1个以货运为主要业务、以仓储和配送为辅的物流企业,向工商企业提供第三方物流服务;在西宁市建立2个、格尔木市和德令哈市各建立1个公用物流中心或物流园区,向货运企业、仓储企业、货运代理、中介机构提供服务设施和场所,为货主和相关服务提供商提供交易场所和便利。

7. 货物专用运输

青海省要着力发展道路货物专用运输以拓展道路货运的服务领域,提高车辆的装载和装卸效率并满足各类型货主的需求。至2015年,专用运输的发展目标应集中在集装箱运输、零担运输和快件运输领域。届时,青海省零担运输和快件运输的班线和网络应扩展到青海的每一个州府所在地和青海省的重要城市,这些城市都应具备发运和接运零担货物和快件货物的场站和能力;省内零担运输的站到站时间不应超过5天,省内快件运输的站到站时间不应超过2天。西宁、格尔木应建立运输铁路集装箱的企业;西宁市还应拥有运输国际集装箱的运输企业、设备和能力。

8. 信息化技术应用

为落实以科技而不是以规模和资金提高行业运输效率、服务水平和管理水平的方针,至2015年,应建立起以西宁市、格尔木市、德令哈市为信息源,并可为全省使用的货运信息系统,主要为运输商、货主和运管部门提供服务。系统应具备运力和货运的信息收集、信息处理、信息发布、信息更换的功能,具有对有关运输企业、货运车辆的信息查询功能。此类信息系统可由相关部门开发建立,也可由相关企事业单位自主创建。至2015年,危险品运输车安装GPS装置率应达到100%,其他商业运输车辆(不包括中、小型货车)的安装率达到12%。

（二）2030年远景展望

到2030年,衔接顺畅、运转高效、安全环保的城际快速货运网络、区域性配送网络、农牧民生产生活资料配送网络三级货运网络系统全面形成,多式联运、甩挂运输、专业化运输等先进的运输组织形式得到快速发展。

(1)形成以西宁、格尔木国家公路运输枢纽货运站场为核心,以州府地区性货运站场为骨干节点,以高速公路为依托的城际快速货运网络;形成以州府地区性货运站场为核心,以县城货运站场为节点,以高等级公路为依托的区域性配送网络;形成以县城货运站场为核心,以乡镇、村(牧委会)集散性货运站场为节点的农牧民生产生活资料配送网络。三级货运网络及物流网络有效衔接,实现省际、城际、城乡货物运输一体化发展。

(2)由西宁、格尔木货运站场组成的国家公路运输枢纽,由州府货运站场组成的地区性货运枢纽,由各乡镇集散性货运节点组成的货运枢纽体系全面形成。

(3)结合主要铁路枢纽、机场形成综合货运枢纽,公路集疏运网络完善。

(4)货运经营主体结构调整基本到位,大、中、小型货运企业和普通、专用货运企业比重适当。全省大、中型货运企业将在车辆拥有量、市场份额、服务水平、管理水平、服务效率等方面在全行业确立全面领先和主导地位。

(5)车型结构调整基本到位,适应青海省经济社会发展需要,重型货车、专用货车、厢式货车占货车总量的比例进一步提高。

(6)大件物资运输、冷藏货物运输、精密设备运输、成品油运输等专用货运得到进一步发展。

(7)建立有效的应急抢险机制与保障资金,确保能力充分的应急抢险货运车辆,进一步提高青海省道路货运的应急抢险能力。

(8)进一步提高商业运输车辆GPS的安装率。

(9)加快货运信息系统建设,建立覆盖全省的货运信息系统。逐步建立大中型货运企业自身信息管理系统,提高运输效率和服务水平。

四、发展策略

（一）积极引导道路货运经营主体进行结构调整

目前,青海省道路运输行业集中度不高,运输市场主体呈现“小、散、弱”,运管部门难以对运输业户进行有效的管理,也影响到道路货物运输规模化、集约化经营发展。

引导道路货运经营主体进行结构调整,促进规模化、集约化经营,是青海省道路货运发展中重要的工作,也是道路货运其他领域获得快速发展的基础条件与前提。

进行经营结构调整的方向是提高运输行业的集中度,即降低个体运输业户在行业的比重,提高大、中型营运运输企业在行业中的份额,扶植、培育大、中型运输企业在行业中的竞争力,确立大、中型货运企业在行业中的主导地位。

道路货运经营主体结构的调整并非控制个体运输业户的数量,而是对符合市场准入条件、规范运输的都可视为合法的营运企业。发达国家的道路货运业也有数量不少的个体运输企业。关键的是要尽快建立和扶植壮大一批大、中型道路货运企业,这些企业可以是国有的,也可以是民营的,形成道路货运经营主体结构以大、中型企业为主导,个体运输业户提供机动服务的格局。

企业只有在具备一定的规模条件下,才有能力制定企业的发展战略和实施现代化的企业管理,也才有意识和财力建设或装备企业的设施和性能先进的车辆,采用有利于提高效率和服务水平的新技术。这样的企业才有足够的生产安全意识并在营运中采取必要的安全措施,才有足够的法制观念进行合法运输并照章纳税。只有具备一定规模的企业也才能在应急抢险运输中发挥重要作用。

为此,青海省必须下大决心在未来发展时期对道路货运经营主体结构进行调整,在建立、培育一批大、中型货运企业的同时,运输管理部门要加强对货运市场的管理,严格市场准入,清退已进入市场但已不符合资质条件的运输企业和业户。

(二)引导货运车辆进行结构调整

货运车辆车型结构调整有两层含义:一是针对车辆额定载重吨位的车型结构调整,二是针对车辆用途(即专用和通用车型)的车型结构调整。

青海省矿产资源优势明显,矿产品、建材及石油产品等货物占全部货运量的43%、周转量的55%,这些货物适于使用大型货车,尤其是重型货车;青海地广人稀、居住分散,农、牧民有较高的私车拥有意愿,青海又地处高原,小型货车更为实用。为此,青海省在通用型货车结构的调整方向应该是向两头发展。

2009年青海省货运车辆中的重型、普通大型、中型和小型车辆的结构比例为17.4:15.2:7.2:60.2;货运车辆中重型、普通大型、中型和小型车辆各自总吨位的比例为49.0:33.2:5.2:12.6。根据美国进行的一项车型结构的研究,1992年美国一般工业、矿业和农业的车型结构为:车辆结构比(车型由大到小)大体为16:5:7:72;吨位结构比(车型由大到小)大体为63:10:8:19。可以看出,无论车辆结构,还是吨位结构,青海省车型结构尚属合理,但仍存在一定问题:第一,小型车辆的平均吨位较低;第二,重型车的平均吨位也较低;第三,青海省的普通大型车辆(不包括重型车)的比重过高。这些问题需要在结构调整进程中逐步解决。

青海省与美国车辆的车型结构以及各类车辆总吨位结构的对比情况见图6-1、图6-2。

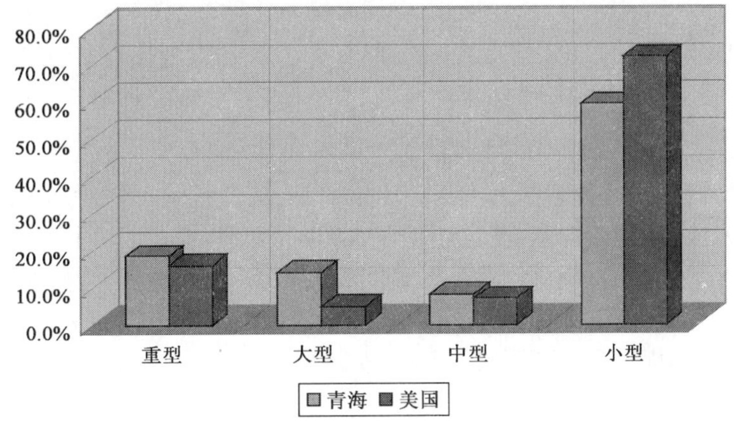

图6-1 青海省与美国车辆的车型结构对比图

受青海省经济发展水平制约,省内针对特定类别货物的专用运输企业较少,开展的专项运输业务也很有限,因而青海省营运货运车辆中专用车辆比例较低。按《2009年青海省道路运输统计报表》,青海省共有专用货车1 522辆,实际为2 500辆左右(因该项统计未将罐车、厢式车、冷藏车列入专用车范围,而将所有危险品运输车列为专用货车),占全部营运货车的6.3%,而美国的专用车比例在30%~40%范围内,可见青海省的专用车比例之低。

为提高货车的装载和运输效率、提高货物的安全性以及发展专用性运输,货运车辆的结构调整势在必行。

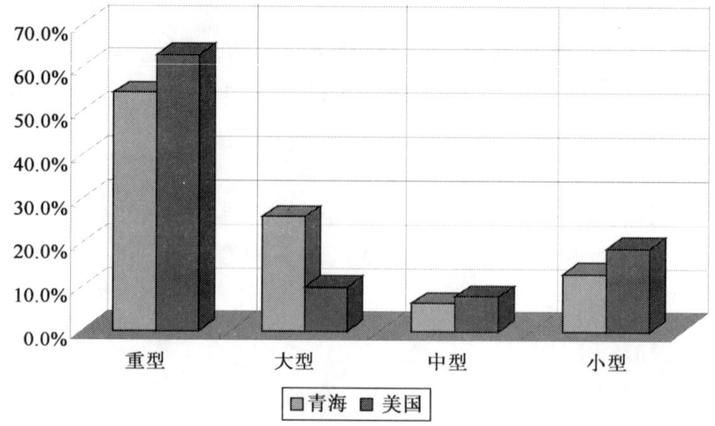

图 6-2　青海省与美国各类车辆总吨位结构对比图

（三）构建货运信息系统，提高道路货物运输服务水平

目前，青海省各地都还未建立起为运输企业、货主部门和普通用户服务的货运信息系统，致使货主有货寻找不到合适的承运商，车主在车辆运抵目的地后寻找不到回程货源，空车返回率高，货运的里程利用率仅 50% 多一点。

为此，必须建立为运输商、货主和运管部门服务的货运信息系统，并具有货源、货运企业、货运运力等方面的相关信息，以方便货主和运输商查询货源和运力信息，方便货主选择承运人、承运车型，同时还应满足运输市场的管理需要，对运输企业、业户、营运车辆、危险品运输、超载超限运输等进行实时监管。

货运企业内部的信息管理系统是先进运输企业普遍采用的管理手段。它不仅会完善提高企业的管理水平，更为重要的是，信息管理系统可以提升运输业务的功效和服务水平，使企业的客户管理、车辆管理、价格管理、仓库及货物管理、车辆调度、财务结算、货物查询等工作的水平达到一个新的高度。

此外，车辆定位、货物跟踪的 GPS 信息技术在青海省的普及程度还有待提高。该项技术对危险品货物运输、应急抢险物资运输、零担及快件货物运输、大件物资运输、特种物资运输具有重要意义。

（四）建立、完善应急抢险机制，应对突发事件和重大任务

青海省由于其独特的地理区位和广袤的高原土地面积，应急抢险工作比起国内其他省份更加频繁、更加突出。无论是对西藏、新疆的应急抢险，还是对本省藏区或其他地区，采用道路运输为最普遍、效果最显著、反应最快速的运输方式。应急抢险运输最能反映道路货运自身的能力和组织化程度，并能产生较大的社会影响，因此，货运主管部门必须充分认识到应急抢险运输工作的重要性。

为此，青海省各级道路货运主管部门都要建立道路货运应急抢险的运行机制，制订相关的应急预案。运行机制和应急预案主要包括：应急抢险的机构设置及岗位、职守规定、机构经费来源及使用、可用车辆信息、有关企业信息、应急抢险运输的组织及指挥调度、运输的后勤保障、运输完成后的财务结算、应急抢险全过程的信息联络等。

（五）大力发展道路货运专用性运输，满足社会多元化需求

当一个国家或一个地区的经济发展到一定阶段时，为之服务的道路货运就会产生更为专用的道路货物运输以适应特定用户的特定需求。集装箱货物运输、冷藏货物运输、零担货物运输、危险货物运输、快件货物及包裹运输、大件物资运输、搬家运输等专用性运输就是在经济发展到一定阶段时应运而生的。

目前青海省货运企业绝大部分从事普通货物运输，道路货物运输经营方式比较单一，缺乏专用性运输，不能满足现在及未来青海省经济社会快速发展对道路货物运输提出的多元化服务需求。

以快件运输为例,由于目前青海省道路货运缺乏此项业务,也没有从事此项业务的运输企业,用户不得不依靠邮政运输或航空货运、铁路快运等。为此,青海省应大力发展道路货物专用运输,以满足各类型货主的特殊需求、拓展道路货运的领域、提高车辆的装载和装卸效率。目前,危险货物运输、大件物资运输、搬家运输在青海已有所开展,但缺乏零担运输和快件运输领域,建议建立专门经营零担货物和快件货物的专用公司,或在运输公司内部设立专门的机构负责相关业务。

(六)积极推进现代物流业的发展

近年来,青海省围绕现代物流进行了不少的理论探讨和实践尝试。虽然取得了一些成绩,摸索出一些经验,开办了一些物流企业,但从全省范围分析,真正能够以正确的物流理念向社会提供物流服务的企业数量不多,而能够提供全方位物流服务的企业则极为鲜见。

道路货运与现代物流有着密不可分的联系,道路货运业的发展并不意味着现代物流业的全面发展,但是道路货运业的落后必然带来现代物流业的落后。国外研究结果表明,现代社会花费在物流业的总费用中,60%的费用花在了交通运输上,35%的费用花在了与仓储有关的服务上,其他费用则占5%左右,交通运输发生的费用在物流活动中占有支配地位。而在交通运输的费用中,其中道路货运占高达78%比重,其他四种货运方式的份额的总和才占22%,道路货运本身占全部物流费用的44.8%,道路货运在物流业中的地位至关重要。

物流是当今世界第三大利润源泉,现代物流业的发展会极大地促进各国、各地区经济的发展,极大地提升各国、各地区经济的竞争力。青海省作为一个经济迅速发展的地区,除了积极发展适当的产业、提高生产效率、降低生产成本外,还应积极发展现代物流业,最大限度地减低物流费用。这对于资源丰富、运距遥远、货运强度高的青海省尤其重要。

青海省的自然资源极为丰富,存在着矿产品的销售物流、矿产品省内的生产物流;青海省地广人稀,生活物资的及时供应有相当难度,存在生活物资的供应物流;还存在大型企业从原材料采购到产成品销售的企业物流,其他类别的物流需求较小。

对于矿产品在内的物资销售物流,主要是做好物流的策划和计划。销售物流主要是通过铁路运输,所以要以铁路运输的能力和编组为核心,计算道路运输需要的运能和货运车辆以保证道路运输的集运,同时做好矿区矿产品的堆场(足够的堆场容量、高效的装车设备、堆场内的运输通道)和矿区至铁路货场之间公路足够的通行能力。集运货车车型应优先选择重型自卸柴油车辆,汽车向铁路货车的集运时间应做好规划,既不要延误铁路车皮的装车,也不宜把大量的矿产品积压在货场。

生活物资的供应物流关系到各民族居民的生活质量。鉴于青海省地处青藏高原,地广人稀,气候寒冷多变,突发事件频繁,充足而适时的物流供应有很大的难度。为了确保青海省生活物资的供应物流,首先要做好各种物资仓库的布设,仓库的布局和层次(仓库的级别)要合理,供应范围要能覆盖所有地区,级别高的仓库最好有两种运输方式可选择;其次要做好仓库的管理,应用现代化管理手段和信息技术进行货物的配送和物资的补充,进行配送的车辆应尽可能使用厢式车以保证货物的安全,必要时应使用专用车辆以保证货物的质量(如冷藏车)和车辆的装载效率(如罐车等);最后要掌握覆盖地区各种物资的需求规模、库存水平,既要保证向基层的供应,又要尽量降低仓库库存量,降低仓储成本。

根据青海省的实际情况,企业物流和生产物流可以一并考虑。企业物流一般交由第三方物流企业承担,第三方物流企业往往由传统的道路货运企业发展演变而来。当然,大型工商企业的物流策划及规划则需第四方物流企业承担。物流策划和规划的主要工作内容为:确定仓库是自营或租用,如果自营则需确定自建仓库的仓容及相关要求、仓库的地理位置,如果租用则需选择被租仓库的地理位置和相关条件;选择适当的第三方物流企业,第三方物流企业可以是一家,也可以选择2～3家共同承担本企业的物流运作;选用先进可靠的信息管理系统,以全面统筹原材料、半成品、成品的采购、运输、仓储的时间,适时安排等。

物流活动的终极目标是降低所有物流运作的总成本,它不在意个别项目成本的提高,如配送成本或仓储成本等。企业应追求物流成本的降低。工商企业应该把精力置于它的核心业务上,而对于它所不熟悉的运输、仓储、配送、包装、通关等物流业务,则交由第三方物流企业去组织和实施。

综合上述青海省几种主要类别的物流形式,省内货运企业应该了解和洞悉用户的需求。他们的基本需求是:以最低的成本完成本企业所需要的物流服务。货运企业或物流企业,获得物流业务第一要具备向客户提供其需要的服务能力和水平,第二是要为客户节约费用,第三方企业要以自身的行业知识、本企业的专业设施和设备、较高的运输效率或仓储效果降低用户的物流费用。具备了上述条件并同时具有对客户要求的高满足率和对客户需求的快速反应,货运企业向工商企业的物流服务才能真正实现。

当前,青海“车自为战、户自为战”的货运市场形式很难发展物流行业。现代物流要获得实质意义上的发展,必须建立、培育、扶植一批大、中型货运企业,转变观念、逐渐完备物流设施、提高企业管理和信息技术,现代物流的发展则会水到渠成。

第七章　道路货物运输近期行动计划

近期行动计划重点应考虑三方面的情况:对道路货运行业发展最为急迫需要的;对道路货运行业的发展十分重要的;见效周期较长。根据青海省道路货运发展现状、存在的主要问题、基础条件和需求特点,近期行动计划重点做好以下六个方面的工作。

一、提高道路货运市场集中度,组建培育大、中型货运企业

无论是调整经营主体结构和运力结构、提高运输服务水平,还是规范市场秩序、提高行业科技水平,所有有利于道路货运行业发展的举措都离不开大、中型道路货运企业的骨干和示范作用。目前青海货运市场中的一些大、中型道路货运企业要么经营困难,要么名存实亡,建立和培育大、中型货运企业是主管部门振兴青海道路货运业的当务之急。

提高道路货运市场集中度,组建和培育大、中型货运企业并非封杀小企业和个体业户,而是确立大、中型货运企业的地位以及在货运行业中的引导作用,使其市场份额应达到一定的水平,这也是国外发达国家道路运输发展的经验。

为此,一方面,政府对目前既有的大、中型企业(不应包括挂靠车辆汇集的企业)应予扶植,因为这些企业拥有一定的无形资产,占有一定的市场份额,具有一定的市场号召力,政府可协助其吸纳社会投资,增强企业经济实力,提高企业运输能力和开拓业务领域,必要时可根据相应政策直接对此类企业在新技术的应用、场站建设等方面给予财政补贴;另一方面,对于目前还缺乏大、中型货运企业的地区,政府可以引导一些中、小型企业或其他行业的企业(有进入货运行业的意愿)进行重组、合并,甚至新建、培育一些大、中型货运企业。

组建和培育大、中型货运企业,应注意以下几个方面:在青海省特殊情况下,不应过分强调“政企分开”,政府在政策范围内可考虑对这些企业给予资金和政策等方面的支持;企业股本可以多元化,政府不应以是否为国有资本作为支持的标准;建立现代企业制度,以道路货运经营或物流服务为经营主业,彻底摒除挂靠经营模式。

二、规范货运市场,严格市场准入与强化市场退出机制

青海省货运市场存在两大问题:第一,当前道路货运市场是以个体运输业户占主导地位的经营主体结构,“小、散、弱”现象突出,货车无照经营时有发生,车辆超载超限十分猖獗,资质条件不符合以及未完成规定要求安全检测的营运货车较多,道路货运市场比较混乱;第二,运能供需矛盾突出,运力供应高于运能需求,造成道路货运市场恶性竞争、超载严重、运价偏离正常轨道等。为此,对规范货运市场、建立并严格实施市场准入与退出机制提出了紧迫要求。

为了规范货运市场,相关运输管理部门应加强道路运输法规建设,提高执法力度。根据国家出台的道路运输条例,结合本省具体情况制定相应的法规与实施细则,严禁“黑车”、超载超限车辆等违规运营行为,确保依法运营。

货运市场的准入门槛不能过低,应该对经营者(企业或个人)进行多方面的审查,如:申请者的设备(性能和安全内容)、财务状况、经营能力、经营者和驾驶员的违法记录、信誉等。除此以外,主管部门还应根据货运市场内已有的运能供需水平引导市场的运力投放。

三、开展对货运车辆超载超限运输的打击与治理行动

目前,青海车辆超载超限严重。车辆超载超限不仅对公路和桥梁设施造成了危害,而且对道路货运

的发展带来危害。

车辆超载超限运输是造成经营主体结构不合理、货运价格过低的主要根源。因为经营主体结构不合理原因之一是由于青海各地大、中型运输企业的逐渐解体、消亡和名存实亡，由此而造成个体业户众多，并占主导地位的格局。初期是由于个体业户车辆大吨小标、偷漏养路费、运管费及工商税等，之后则超载超限、偷漏车辆通行费等，市场中形成了严重的不公平竞争局面。在法制不尽健全的环境下，大、中型货运企业由于基本奉公守法而逐渐失去了市场。

与超载超限造成经营主体结构失衡类似，超载超限也造成了运价过低的问题。由于超载超限车辆的税费负担大大低于依法运输的车辆，使超载超限运输存在一定的利润空间，为保持竞争优势，他们往往采用压低运价的办法夺取货源。由此可见，是超载超限搅乱了市场、压低了运价，甚至打垮了大、中型货运企业。

另外，由于超载超限运输行为造成市场经营主体结构不合理，造成个体业户众多，这些个体业户在货运市场中常常以低廉的价格进行交易，利润空间较为局限，很难有足够的财力及动力提高运输效率、改善服务水平，以至影响了整个道路货运行业的发展。

治理车辆超载超限运输违规行为不可能一蹴而就，必须建立起治理的长效机制。参照发达国家治理经验，加大治理和打击力度，运用严格统一的处理措施对违规行为予以震慑。

四、加快道路货运基础设施的规划和建设

道路货运站场是道路货运企业进行营运的最重要的根据地，是运输企业进行车辆调度、运输规划和信息收集和发布的场所。货运全过程中的受理、理货、堆存、分类、装卸、集运、疏运都需要在货运站内进行，货运场站还要具有停车和储存货物等功能。从进行运输的五大要素（运输工具、运输线路、运输场站、运输信息、运输包装）构成来看，运输场站是进行运输的必要设施。此外，货运站场还是运输企业进行零担运输、快件运输、集装箱运输等先进生产组织形式的基础与前提，更是开展物流服务的基本条件。

目前，青海省道路货运市场呈个体业户占据主体地位的格局，缺乏货运站场，即使现有部分规模较大的货运企业，也没有相应功能完善的货运站场，很多道路货运业务范围难以拓展，生产模式局限于货主到货主的整车运输。没有货运站场，既制约了货运企业发展货运代理、多式联运，也给用户的货运委托、货物装卸带来诸多不便，是造成青海省大、中型货运企业未能长足发展并难以摆脱道路货运初级阶段的重要原因。

对于青海来说，大量生产生活物资的运输，由于运输的起终点比较分散，没有集运和疏运功能的货运站或物流中心是很难进行的，特别是对人口规模较大、居民密集、经济较发达的西宁，以及产业发展速度高、人口比较集中的格尔木、德令哈、大柴旦等中心城市，由于生活物资和生产物资的需求量大，市内企事业单位和居民与外界的经济联系也有一定规模，具有货物中转、集散枢纽功能，货运站场或物流中心的需求尤为突出。

因此，近期应加快道路货运基础设施的规划和建设。首先要完成对西宁、格尔木、德令哈等中心城市的货运枢纽规划工作，结合城市发展总体规划、城市产业布局、交通基础设施状况规划布局货运站场，确定选址、规模及功能；然后，对西宁、格尔木、德令哈等中心城市，根据实际需求重点建设成若干货运站场或物流中心，为了确保货运站场建设顺利实施与运营，应确定道路货运基础设施的建设主体和经营主体，并给予财力支持与优惠政策，以提高其积极性与主动性。

五、强化以危险品运输为重点的安全监督与管理

运输安全、运输效率和运输服务是运输行业中三个并行的发展目标，由于运输安全关系到人身安全和财产安全，运输安全管理工作成为各项工作中的重中之重。安全事故不仅对行业发展造成不利影响，而且常常会产生较大的社会影响。

道路货物运输安全的隐患一般来自于危险货物运输。因此，要想最大限度地取得安全管理工作的

成效,首先要全面做好危险品运输的管理。对经营危险货物运输的企业来说,管理的主要内容包括:企业经营资质、企业车辆装备、从业人员资格和技能、企业内货物储存设施、企业安全管理制度。主管部门应从严掌握危险货物运输市场准入,规范危险货物运输市场秩序,加强危险品运输执法队伍建设等。

对于普通货物运输,除了对经营主体的一般安全要求外,还应加强两个因素和一个环节的管理:一个因素是车辆,即加强对车辆进行安全性能检测的管理,确保在车辆行驶过程中车辆安全性能良好;另一个因素是驾驶员,即加强对驾驶员安全生产培训的管理,确保驾驶员安全驾驶;一个环节指的是载货车辆的短时停车和长时间停车的环节,要加强对载货驻车的安全管理,确保驾驶员离开车辆时车辆与货物的安全。

六、尽快开展或恢复零担班线货物运输

国内外发展经验表明,现代社会中零担货物及小件货物运量增长迅速,这与市场经济快速发展、社会联系日趋紧密和货物价值逐渐提高有很大关系。青海社会存在大量的零担货物及小件货物的货源,但由于缺少大、中型货运企业和零担班线,这些潜在的货源基本转为邮政运输、航空货运、道路客运捎带、铁路快运等。由于发货人的问题以及运费高、运送不及时等原因,零担班线货物运输未得到相应的发展。因此,青海省要取得道路货运的突破发展,尽早开通零担货运班线是重要的途径之一。

零担及小件货物运输需要的条件是班线两端的营业点和必要的站场设施,以便负责发运货物的受理、分拣、集运,以及到达货物的验收、分拣和疏运。由于班线周期的问题,待运货物还需配备仓库以便临时储存。发展零担货物运输还需要信息的支持,包括发运货物的名称、发货人、货物包装、特殊要求、收货人信息等。

根据国内外零担运输的经验,班线最好由一家运输公司统一经营;如果由班线两端的两个公司采用车辆对开的方式经营,则很容易发生组货分配不公的问题。另外,发展零担运输虽然可以从开办少量班线入手,但要做大做强必须建立零担货物运输网络。

青海省交通主管部门应在大力扶植、培育大、中型货运企业的基础上,向计划开通零担班线的企业提供支持,包括站场的建设、线路的审批、贷款的使用及其他政策的支持。

第八章　道路货物运输发展措施与建议

一、适时对货运价格进行干预，使价格回归到合理水平

目前，由于青海省货运市场处于个体业户为主体的经营主体格局，个体业户为了争夺货源，千方百计地压低运价，合理运价完全得不到实行，造成货运市场运价过低，严重偏离了价值规律，对道路货物运输健康快速发展造成较大影响。适时对货运价格进行干预，使价格回归到合理水平已经迫在眉睫。

经济学认为，产品和服务的价格制定应遵循价值规律。产品和服务的价格由部门或行业的平均成本和社会平均利润形成。对于道路货运业而言，运价也应该是运输成本（还应考虑税费因素）加上社会平均利润率的结果。道路货运业极低的利润水平以及价格成本倒挂的现象实际都是违背价值规律的。目前，我国社会平均收益率为8%，这反映了我国经济的平均利润率水平，合理的货运运价为正常的成本水平（包括税费）加上平均利润。

合理的运价水平是市场经济中道路货运发展的基础，价格的一个最重要的作用是合理配置资源。在市场经济条件下，企业是按照价格水平来决定生产经营活动和投资方向的。如果道路运输的价格过低，意味着行业的利润水平过低，不仅阻止行业外的资金、人才和其他资源的进入，而且会造成行业内资源的流失，市场经济中的价格机制就如同一只“看不见的手”发挥着作用。

价格过低还严重制约着运输企业综合经济实力的发展，只有具备了包括财务能力的足够经济实力才会建设或拥有功能完备的场站设施，才会购置性能先进的运输装备，才会采用现代化的管理手段，才可能向社会提供满足各类需求的多种服务产品，也才能向新老客户提供周到的售前、售中和售后服务。所有这一切都需要以经济实力为基础。而经济实力的获得最终要依靠合理的运价水平来实现。道路货运中的网络化运输、快速货运、集装箱运输、甩挂运输、物流服务、信息服务等先进运输组织形式与服务产品都离不开资金推动。

交通运输价格（包括道路运输）是国民经济运行中最重要的基础价格之一，交通运输价格的变动将影响到国民经济各部门中所有原材料、产成品以及各种服务的价格。价格管制是政府对有关行业进行经济管制的内容之一，针对道路货运不完全的竞争市场的状况，政府对其进行调控和管制并进行适度干预是必要的。

要发展青海省道路货运，必须把市场的货运价格提高到合理水平。在目前情况下，运价的提高难以依靠市场自身的调节，必须要政府出面对货运价格进行有力干预。

具体有以下干预手段：第一，严格货运市场准入，对已进入货运市场但不符合相关条件的企业和业户，要实施市场退出机制，力求道路运力和运量的供需相对平衡；第二，严厉打击车辆的超载超限运输，力争形成公平竞争的货运市场环境，限制非法业户和企业以不正当手段降低成本；第三，打击和取缔非法货运中介，严禁中介机构对承运人的高额盘剥行为。

二、减少道路货运车辆的税费，减轻货运企业负担

（一）降低车辆税费水平是改变货运行业经营困境的有效途径

目前，我国道路货运经营困难已成普遍现象，货运行业面临着“运价上不去，成本节节高；罚款平常事，生意越见少”的局面。青海省的道路货运企业存在来自铁路运输、航空运输、邮政运输、外省市货运企业的竞争，使本已竞争激烈的青海道路运输货运市场竞争更加惨烈，货运企业（包括个体业户）不得已而采用较低的运价来确保或争夺货源以维持运营。

伴随着车辆、维修（人力及配件）、管理等各项成本显著上升，尤其是燃油价格大幅提高，使步履艰

难的货运企业或业户运营更加雪上加霜。

据调查,目前货运运价已远低于合理运输成本。为缓和目前货运企业困境,提高运价是一个办法,而降低成本则是另一个途径。相关车辆税费是运输成本的重要组成部分,政府降低车辆税费水平是改变货运行业经营困境的有效途径。

(二)燃油税改革后使青海省营运车辆税费大幅提高

自从燃油税实施以后,青海省的车辆营运税费水平高于全国绝大部分地区,经测算,较费改税前提高了大约15%。

这是因为费改税(燃油税取代养路费、运管费和客货运附加费等)前道路运输税费水平在全国是不统一的,青海省的养路费等税费水平明显低于全国大部分省市。假设在其他情况保持不变的情况下,仅以养路费为例,费改税前青海省执行养路费水平为170元/(吨·月),而全国大部分省市都在200元以上,但费改税后全国实行了统一标准,相当于取消了青海原来的优惠费收标准。

(三)高原效应使青海省货运车辆的货运成本明显高于内地

青海全省地处高原,平均海拔高度3 000多米,车辆油耗高于平原地区。研究结果和实验结果均表明,青海地区的汽车油耗一般比平原地区同类汽车的油耗高15%左右。经测算,在青藏高原运行的重型货车,每吨公里由于燃油成本比内地高出了3分钱,而又由于燃油税的原因,本地的重型货车每吨公里比内地多缴纳了0.4分钱,即由于地理气候原因,青海省营运车辆每吨公里总计因燃油多花费了3.4分钱。即使内地省份与青海省的运价水平差别不大,占运价12%～15%的运输成本的差异则额外加重了青海省道路货运经营者的负担。由于油价的提高,目前货运车辆的燃料成本已经占到了总成本的40%左右。

(四)各级政府应采取措施降低货运企业税负

根据燃油税改革后存在的问题,政府在对地方进行燃油税分配时应充分考虑青海省高原地区道路运输的实际情况,采取相应的措施予以补偿,如:在燃油税返还时考虑青海省车辆油耗高而多缴纳的部分,而不能仅依据原来的三费基数为主要依据进行税收返还。

至于燃油多耗所引起的燃油费用偏高的问题,主管部门以及省政府都应采取措施,通过降低货运企业或业户车辆购置税、车船使用税、工商营业税、路桥通行费等税费予以解决。

三、逐步取消货运企业车辆挂靠运营模式

当前青海省货运企业中有不少营运货运车辆是挂靠车辆,货运公司已经完全不拥有自有车辆,而仅依靠挂靠车辆缴纳的管理费维持经营。

由挂靠车辆组成的货运企业从表象看似乎是大、中型货运企业,但实际是“虚”的。因为企业对挂靠车辆没有经营调度权,不具备收取运输费用权限,也无组货的责任,没有大、中型货运企业所具有的规模化、集约化经营的能力。相反,此类企业除了仍具有个体业户的特征外,还产生了一些新的问题,如事故责任方的认定和处理,一些不具备相关营业资质的业户通过挂靠可以获得营业资格,挂靠业户以公司的名义揽取货源等。

以挂靠车辆组成的货运企业对道路货运的发展有百害而无一利,应适当进行限制,甚至逐步取消。

四、大力发展新型货运代理,规范货运中介行为

货运代理可以解决几种运输方式的联运问题,也可解决某一种运输方式的不同线路的转运问题,可以为发货不多、运输业务不熟悉的企业、个人办理相关事宜,也可集中精力做核心货运代理业务。货运代理与货运中介有本质的不同:货运中介是向货主、车主提供相关信息,撮合双方交易,以此收取佣金,货运中介对交易双方不承担违约责任;货运代理是直接承接货主的货运委托,使用自身或其他运输企业的车辆或运输工具进行并完成运输委托,货运代理向货主收取运输费用并对货主承担违约责任。

货运代理有两种类型:一类是有设施、设备(货运车辆)的货运代理公司;另一类是不拥有运输装备的货运代理公司。发达地区货运代理企业的做法是拥有较少的自有车辆,如运力不足时租用其他企业的车辆或将货源承包给其他货运企业。但无论哪类代理,都必须承担承运人应负的责任。青海省可根据货运市场的特点确定道路货运代理企业的发展方向。

五、提高运输服务水平,引导自货自运企业向营运货运企业转化

国内外的经验表明,一个地区的经济越发达,营运货运的比重就越高。利用自身的车队、自身的仓库、企业自己的职工去解决企业所需要的货运及相关服务需求的成本一般情况下大大高于利用营运货运所花费的成本。主要原因是:首先,自货自运企业不仅需要日常的运输费用,而且还需要先期的车辆和相关设施的投入以及对企业从业人员的安置等;其次,如果企业自身运输任务不饱满,无论是车辆、人员、设施都得不到有效的使用,资源浪费严重;此外,自货自运企业车辆的购置和运输,使全社会的货源进一步减少,更加剧了早已饱和的道路货运市场的竞争。至于运输车辆的效率、车辆的保养等,非营运与营运运输企业也存在较大的差距。

通过政府的宣传,提高认识,引导工商企业把运输模式从自货自运向使用营运货运转型。货运企业自身也应发挥营运货运的优势,努力提高为用户服务的能力和水平,吸引自货自运企业的决策。

六、充分发挥行业协会的功能作用

一个行业有很多事情需要与政府进行沟通,如:法规的设立及解释、执法的公正性,不同行业之间的协调,行业的发展规划,税费的设置及设置水平,政府对行业的支持与投入,地区间服务、贸易壁垒的解决以及政府对行业的发展政策等。

这些众多的事情仅凭企业自己是很难进行的,需要一个中介机构——行业协会来发挥作用。行业协会代表了全行业的利益,它居于企业和政府之间,在政府与企业之间发挥桥梁和纽带作用。

行业协会除了发挥行业与政府之间的桥梁、纽带作用外,出于行业发展的目的,还在促进行业公平竞争、加强行业自律、提供相关信息、协调价格水平、确定行业道德准则、相关技术推广交流、提供业务培训等方面发挥作用。

根据青海省道路货运目前存在的问题,青海省道路运输协会应该在以下几方面发挥作用:就货运车辆税费水平向政府反映实际困难;以质量信用体系对企业进行考核,定期公布结果;协调货运合理价格并向社会发布;发布黑车、非法改装车辆以及严重超载超限车辆的相关信息;组织相关技术和业务交流,如物流运作、专用性运输、信息技术、危险品运输知识、安全驾驶等。

青海省道路运输服务业发展规划

（2011～2030年）

《青海省道路运输服务业发展规划(2011～2030年)》编写单位及人员

编制单位: 青海省交通厅

编制人员: 杨伯让　厅　　长
王廷栋　副 厅 长
王永祥　副 厅 长
袁复玉　处　　长
唐　玲　调 研 员
徐占慧　副 处 长
房建宏　副研究员
徐安花　高级工程师
孟登奎　主任科员
李　青　科　　员

参编单位: 交通运输部规划研究院

参编人员: 关昌余　副 院 长
石良清　所　　长
安旗林　副总工程师
信红喜　副 所 长
刘丽梅　副 所 长
高建华　项目负责人
邓小兵　高级工程师
刘梦涵　高级工程师
赵晓晖　高级工程师
袁　华　高级工程师

参编单位: 青海省公路运输管理局

参编人员: 赵连龙　局　　长
俞永春　书　　记
孙彦超　处　　长
王　刚　副 处 长
白增禄　高级工程师

目录
CONTENTS

前言
PREFACE

青海省地处青藏高原东北部，是内地进入青藏高原的门户，是联系大西北和大西南的重要通道，地理位置非常重要。全省人口554.3万人，其中少数民族占46.2%，是全国除西藏外最大的藏族聚居区。青海地处我国长江、黄河、澜沧江的发源地和水源涵养区，是我国重要的高原生态屏障。全省矿产资源、水能资源、旅游资源丰富，综合利用潜力大。但是，受生态环境脆弱、自然灾害频繁、基础设施薄弱、产业发展约束条件严格等因素的制约，青海经济社会发展严重滞后。2010年，全省完成地区生产总值1 350亿元，居全国倒数第二位。

为改变青海等省藏区落后的面貌，2008年10月国务院审议并通过了《关于支持青海等省藏区经济社会发展的若干意见》，强调从生态保护、改善民生、发展经济和维护稳定等方面出发，全面支持藏区发展。为了进一步维护藏区长治久安、推动藏区跨越式发展，争取到2020年实现藏区与全国一起进入全面小康社会，国家又开展了一系列支持藏区发展的调研工作。这些战略决策和部署，必将对青海的经济社会发展产生巨大的推动作用。

交通运输业是重要的基础产业，与社会生产紧密联系，同人民生活息息相关，在国民经济和社会发展中具有基础性、全局性、战略性的地位和作用。道路交通作为综合运输体系的重要组成部分，是青海省最基本、最主要的运输方式，承担着全社会92%的客运量和81%的货运量。改革开放后，青海省道路运输实现了跨越式发展，基础设施明显改善，道路运输能力和运量持续增长。2010年，青海省公路运输完成客运量1.04亿人、旅客周转量50.21亿人公里，货运量0.8亿吨、货物周转量227.47亿吨公里，“十一五”期间年均增长分别达到8.6%、9%、7.7%和36.3%。

道路运输服务是道路运输业的重要组成部分，是客货运输的有益补充和重要保障。目前，青海省道路运输服务处于较低水平，突出表现在：车辆维修市场散乱弱，维修服务质量低下；驾驶员培训市场混乱，不规范培训现象普遍；汽车救援网络不健全，救援服务范围狭小；汽车租赁市场尚未形成规模，道路运输服务滞后已成为制约道路运输业发展的瓶颈。

日前，《青海省高速公路网规划》、《青海省干线公路网规划》、《青海省农村公路网发展规划》和《青海省藏区公路交通基础设施规划》等规划获得政府审批，道路客运发展规划和道路货运发展规划正在编制。为协调好基础设施与运输服务、客货运输与辅助运输服务之间的关系，促进道路运输业健康、快速发展，青海省交通厅委托交通运输部规划研究院进行道路运输服务的规划研究工作。

本规划范围为青海省全域，规划内容为青海省道路运输服务，包括车辆维修与检测、车辆救援、驾驶员培训和汽车租赁四个部分。规划基年为2010年，规划期限为2011～2030年，分近期2011～2015年和远期2016～2030年两个阶段。

第一章　道路运输服务概述

一、道路运输服务的基本概念

(一)道路运输服务

道路运输是利用车辆等运输工具在道路上实现旅客或货物空间位移的经济活动,是车辆、道路设施、驾驶员、旅客或货物等要素共同参与、相互作用的过程和结果。按照服务对象和服务功能的不同,道路运输服务可以划分为道路客运、道路货运和道路运输辅助服务。

道路客运是以旅客为运输对象,以汽车为主要运输工具实施的旅客空间位移的运输活动。道路货运是以货物为运输对象,以汽车为主要运输工具实施的货物空间位移的运输活动。道路辅助服务是以车辆、驾驶员为服务对象,保障道路运输要素生产能力的一系列活动的统称,是道路运输的重要组成部分。

从道路运输生产过程看,道路运输从旅客、货主产生运输需求开始,运输企业接到需求方的运输任务后,安排驾驶员和车辆,将旅客、货物从出发地沿道路运送到达目的地。在整个运输过程中,除了产生旅客运输服务和货物运输服务外,还派生出一些辅助性需求。比如:为保障车辆的行驶功能,车主需定期到维修企业进行车辆维修和检测;车辆在运输途中发生故障或事故,需救援机构提供车辆救援服务;驾驶员需要经过驾校的培训才能获得车辆操作技能;运输企业在自有车辆缺乏的情况下,需要向租赁公司租用运输车辆;运输企业在运输过程中需要使用客货站场和道路设施等。这些辅助活动与客运服务、货运服务一起,共同组成了道路运输服务市场。道路运输服务的相互关系见图1-1。

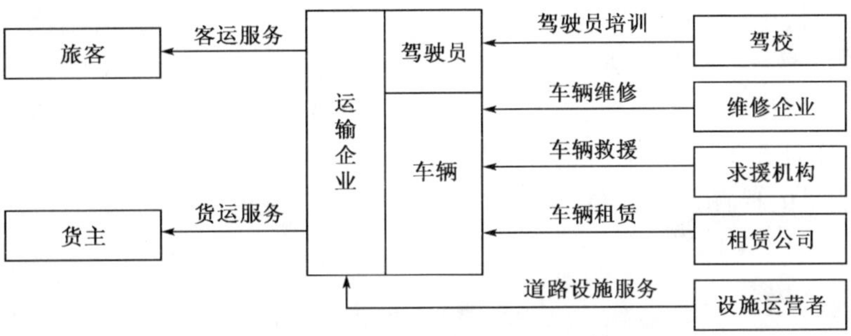

图1-1　道路运输服务关系图

鉴于道路旅客运输、道路货物运输、道路设施服务(站场服务)在青海省道路客运发展规划、道路货运发展规划中进行专题研究,本报告将道路运输服务界定为除道路客运、道路货运和道路设施服务以外的其他辅助服务,根据服务对象和服务内容的不同分为车辆维修与检测、车辆救援、驾驶员培训和车辆租赁四个子行业。

(二)车辆维修与检测

1. 车辆维修及业务构成

车辆维修是指维持或者恢复车辆技术状况和正常功能,延长车辆使用寿命为作业任务所进行的维护、修理等相关活动。其中车辆维护是为维持车辆完好技术状况或工作能力而进行的作业,主要包括日常维护、一级维护和二级维护;车辆修理是为恢复车辆完好技术状况或工作能力及寿命而进行的作业,主要包括车辆整车修理、总成修理和零部件修理等。

车辆维修经营采用行政许可的管理方式。根据维修对象的不同,车辆维修分为普通汽车维修、危险货物运输车辆维修、摩托车维修和其他机动车维修经营业务四类。汽车维修经营业务、其他机动车维修经营业务根据经营项目和服务能力分为一类维修经营业务、二类维修经营业务和三类维修经营业务。获得一类维修经营业务许可的，可以从事相应车型的整车修理、总成修理、整车维护、小修、维修救援、专项修理和维修竣工检验工作；获得二类维修经营业务许可的，可以从事相应车型的整车修理、总成修理、整车维护、小修、维修救援和专项修理工作；获得三类维修经营业务许可的，可以分别从事发动机、车身、电气系统、自动变速器维修及车身清洁维护、涂漆、轮胎动平衡和修补、四轮定位检测调整、供油系统维护和油品更换、喷油泵和喷油器维修、曲轴修磨、汽缸镗磨、散热器（水箱）、空调维修、车辆装潢（篷布、坐垫及内装饰）、车辆玻璃安装等专项工作。摩托车维修经营业务根据经营项目和服务能力分为一类维修经营业务和二类维修经营业务。获得一类摩托车维修经营业务许可的，可以从事摩托车整车修理、总成修理、整车维护、小修、专项修理和竣工检验工作；获得二类摩托车维修经营业务许可的，可以从事摩托车维护、小修和专项修理工作。获得危险货物运输车辆维修经营业务许可的，除可以从事危险货物运输车辆维修经营业务外，还可以从事一类汽车维修经营业务。

2. 车辆检测及检测站分类

车辆检测是用定量或定性评价的方法，对汽车技术状况或工作能力进行测试，以保障汽车行驶安全及防止公害的活动，包括维修竣工检测、维修质量检测、等级评定检测、质量仲裁检测、排放检测等业务。

依据检测目的的不同，汽车检测分为安全环保检测和综合性能检测。安全环保检测是指对汽车安全运行和环境保护方面所进行的检测，确保车辆具有符合要求的外观容貌和良好的安全性能，限制汽车的环境污染程度，使其在安全、高效和低污染工况下运行。综合性能检测指对汽车的工作能力和技术状况实行综合性检测，查明故障或隐患部位及原因，对维修车辆实行质量监督，确保车辆具有良好的安全性、可靠性、动力性、经济性、排气净化性和噪声污染性。

车辆性能检测站是车辆检测服务的提供部门，指按照规定的程序、方法，通过一系列技术操作行为，对在用汽车性能进行检测（验）评价工作并提供检测数据、报告的社会化服务机构。检测站按功能分为安全性能检测站、维修质量检测站和综合性能检测站。安全性能检测站的主要职责是定期检测车辆与安全和环保有关的项目，以保证汽车安全行驶，并将污染降低到允许的限度；维修质量检测站的职责是从车辆使用和维修的角度，担负车辆维修前、后的技术状况检测；综合性能检测站既能担负车辆管理部门的安全环保检测，又能担负车辆使用、维修企业的技术状况诊断，还能承接科研或教学方面的性能试验和参数测试，具体分为 A、B、C 三个级别，A 级站能全面承担检测站的任务，B 级站能承担在用车辆技术状况和车辆维修质量的检测，C 级站能承担在用车辆技术状况的检测。

（三）车辆救援

1. 车辆救援的内容

机动车救援服务是通过专业组织、机构对各类途中被动停驶车辆（包括出行前不能启动的汽车、因故障和交通事故等原因无法继续行驶的汽车）进行救助活动，使其恢复行驶的服务。通过维修救援服务，可以缩短故障或事故车辆的被困时间，减少事故给车主、乘客或货主带来的经济损失，同时缩短交通疏导时间，缓解交通拥堵或阻塞压力。

车辆维修救援服务，一般需在路边对被困车辆进行脱困作业，就地进行汽车快修，使其恢复行驶；或经过拖车服务，使其能在就近汽车维修作业场所接受修理；同时汽车维修救援服务还需针对不同用途汽车采取其他辅助救助措施。对常用运输车辆，如汽车不能在路边及时修复，需要对乘客或运输货物进行转运；对危险品运输汽车，需要采取特别的安全防护措施，避免后续恶性事故的发生；对个人驾车出行，根据客户意见，提供可能的汽车租赁服务。归纳起来，服务内容包括：路边快修、拖车服务、脱困作业、临时驾驶技术支持、必需品供应及乘员、货物转运、交通恢复等。

2. 车辆救援的过程

车辆维修救援过程包括故障先期处理、请求救援、救援组织与调度、救援实施以及事后处理 5 个阶段。

(1)车辆发生故障,首先要进行先期处理,采取必要的安全措施,搜集相关信息。

(2)车主、用户向管理部门通报事件情况,向救援机构发出救援请求,或者管理部门利用交通监控手段发现事故后,主动采取救援措施。

(3)救援机构接到请求后,策划救援方案,组织车辆、装备和技术人员。

(4)救援机构到现场进行车辆故障诊断、现场快修、脱困作业或拖车等救援处理,恢复车辆行驶功能。

(5)救援机构协助交管部门清除路障、恢复交通,对救援过程进行分析、评估和费用结算等。

3. 救援服务机构

救援服务机构是车辆维修救援服务的提供方。随着汽车消费和道路运输的快速发展,特别是运输汽车大规模私有化和轿车逐渐进入家庭后,社会上出现了各种各样救援组织形式:S车辆所在企业和单位为自有车辆实施自救服务;机动车维修企业为附近道路沿线的车辆提供维修救援服务;汽车俱乐部依托汽车维修企业,为会员提供组织化救援等服务;汽车销售服务公司、保险公司、公安交通管理拖车公司、高速公路管理公司、电信部门等机构向用户提供的专业化救援服务;道路运输管理部门组织建设的汽车维修救援网络。

由于汽车救援具有很强的随机性、复杂性和社会公益性,单个部门或企业难以提供有效的救援服务,而依托运管部门组建的汽车救援网络能够有效整合各类救援资源,实现救援的集约化、规模化和网络化管理,是未来汽车救援发展的方向。

(四)驾驶员培训

驾驶员培训是指以培训学员的机动车驾驶能力或者以培训道路运输驾驶人员的从业能力为教学任务,为社会公众有偿提供驾驶技能培训的活动,包括对初学机动车驾驶人员、增加准驾车型的驾驶人员和道路运输驾驶人员所进行的驾驶培训、继续教育以及机动车驾驶员培训教练场经营等业务。通过驾驶员培训,让学员掌握车辆驾驶技能和理论知识,对减少道路交通事故、提高道路交通安全至关重要。目前我国实行驾驶员培训和驾驶证考试发放分离制度,学员需完成驾校的培训课程并获得结业证才能申请参加公安部门组织的驾照考试。

机动车驾驶员培训依据经营项目、培训能力和培训内容实行分类许可。根据经营项目,机动车驾驶员培训分为普通机动车驾驶员培训、道路运输驾驶员从业资格培训、机动车驾驶员培训教练场经营三类。普通机动车驾驶员培训根据培训能力分为一级普通机动车驾驶员培训、二级普通机动车驾驶员培训和三级普通机动车驾驶员培训。道路运输驾驶员从业资格培训根据培训内容分为道路客货运输驾驶员从业资格培训和危险货物运输驾驶员从业资格培训两类。

(五)车辆租赁

汽车租赁是指经营者在约定时间内将汽车交付承租者使用,收取租赁费用,不提供驾驶劳务的经营活动。按租赁时间的长短分为短期租赁、中期租赁和长期租赁,15天以下为短期租赁,15～90天为中期租赁,90天以上为长期租赁;按照租赁车辆的类型分为运营车辆租赁和社会车辆租赁。汽车租赁可以解决不愿承担购车成本,但有门到门需求的出行群体的交通问题,是公共交通和私人交通的有益补充。

汽车租赁包括租车预订、车辆选择、租赁使用和换车结算4个流程。

(1)用户首先通过电话或亲自到经营店进行租车预订,登机有关租赁内容。

(2)用户与租赁公司签订合同,并根据需求选择适合的车辆。

(3)按照合同相关规定,用户获得车辆使用权。

(4)租赁期结束后,用户将车辆归还给租赁公司,进行车辆检查、费用结算。

二、道路运输服务的功能定位

道路运输服务是道路运输系统的重要组成部分,是客货运输的有益补充和重要保障,对提升道路运输行业服务水平、促进道路运输业健康发展具有重要的意义。

（一）是提升道路运输行业服务水平的重要环节

车辆、驾驶员是道路客货运输生产的基本投入要素，是道路运输行业服务水平的关键控制因素。通过提供安全可靠的运输车辆、车辆维护和修理提高道路运输装备能力，通过驾驶员培训提高运输从业人员素质和技能，可以间接提升道路客货运输服务水平。

提高运输服务水平，促进交通运输由传统产业向现代服务业转型是未来交通运输发展的战略取向。交通运输行业服务水平以满足旅客与货主需求为宗旨，体现在运输的安全、便捷、高效、舒适、环保等方面。驾驶员培训、车辆维修、车辆维修救援、车辆租赁既是提高道路运输行业服务水平的重要环节，又是落实交通运输部"三个服务"思想的重要体现。

（二）是促进道路运输业健康发展的重要手段

未来二十年，青海省全社会人员、物资流动总量的升级对青海省道路运输业的发展提出了更高的要求。预计到2030年，全省公路客、货运量和分别达到2.3亿人、2.25亿吨，分别是2008年的2.56倍、3.35倍；机动车拥有量达到130万辆，是2008年的6.5倍。

当前，道路运输服务发展较为滞后，"修车难"、"救援难"、"租车难"、"驾驶员素质差"是制约道路运输业发展的短板。汽车维修、车辆检测、车辆租赁与驾驶员培训的发展，对构建和完善道路运输体系、提高车辆技术保障能力、提升从业人员素质、促进道路运输安全和节能减排、实现公路交通跨越式发展均具有重要作用。

三、道路运输服务的经济属性

（一）对产品经济属性的解读

现代公共经济学根据消费的非竞争性、受益的非排他性区分物品的经济属性。消费的非竞争性是指在给定的生产水平下，任何人对产品的享用不排斥也不影响或妨碍其他人的同时享用，不会减少别人享用该公共物品的数量和质量。受益的非排他性是指某人在消费一种公共物品时，在技术上无法排除其他人从该物品中获得好处，或者说无法将拒绝付费的消费者排除在公共物品的受益范围之外。

依据竞争性和排他性，社会物品可以分为公共物品、私人物品和混合物品（又称为准公共物品或偏私人物品），混合物品又可以分为俱乐部物品和共同资源物品。公共物品指同时具有非排他性和非竞争性的物品，比如国防，社会成员不会因为没有纳税而不受保护，也不会因为多交税而得到更多的国防资源保护；私人物品指同时具有排他性和竞争性的物品，比如面包，被一个消费者买走了其他人就无法再购买该面包，同时购买面包必须付费；俱乐部物品是消费上具有非竞争性，但受益上具有排他性的物品，比如电影，观众首先买票才能观看，另外增加一个观众不会增加放映成本；共同资源物品是受益上具有非排他性，但消费上却具有竞争性的物品，比如拥挤的免费道路，所有的社会车辆都可以行驶，但处于拥挤状况时增加一辆车会增加其他车辆的行驶时间。另外，公共物品还具有效用不可分割性和外部公益性。所谓效用不可分割性指公共物品向整个社会或团体共同提供，具有共同受益或联合消费的特点，其效用由社会成员共享，不能将其分割为若干部分，比如广播节目产生的效用就无法进行分割；外部公益性指消费者或生产者的经济活动所获得的私人受益小于活动所产生的社会利益，引起社会福利的增加，比如修建农村公路除了减少农民出行成本外，还能改善农村生活环境、提高农产品竞争力，对农村经济社会发展具有巨大的社会效益。

道路运输行业属于国民经济的基础性产业，对经济社会发展具有重要的支撑和促进作用，具有较强的公益性和显著的外部效益，同时部分子行业具有较强的商品属性，属于混合物品的范畴。

（二）车辆维修与检测的经济属性

1. 车辆维修的经济属性

车辆维修是指维修企业向私人提供的车辆维护、修理服务，具有消费效用的可分割性、消费的竞争性和受益的排他性，属于典型的私人物品。

(1)维修服务具有消费效用的分割性。维修企业提供的车辆维修服务是面向单个车主提供的,其服务数量和服务产生的效用完全可以分割。通过维修工作带来车辆技术状况和功能的恢复由付费的车主独享。

(2)维修服务具有消费的竞争性。车主消费一次维修服务后,其他车主就无法再享有该维修服务,增加一次维修服务消费就需要重新投入零部件、劳务等生产成本。

(3)维修服务具有受益的排他性。维修服务具有明确的受益主体,且直接受益程度可以量化。只有付费的车主才可以得到相关的服务,维修企业不提供免费的维修服务。

(4)维修服务不具有消费的强制性。维修服务属于自由竞争物品,不具有商品垄断性。车主通常可以根据自己的情况自由选择维修企业和维修内容。

2. 机动车检测的经济属性

机动车检测是检测站向私人提供的车辆性能测试服务,具有消费效用的可分割性、消费的竞争性和受益的排他性,但同时具有一定的外部公益性和消费强制性,属于偏私人物品。

(1)机动车检测具有消费效用的分割性。检测站进行的车辆检测是面向单个车主,无论是维修检测还是排放检测,其服务数量都可以分割,检测带来的效用由受检车主单独享用。

(2)机动车检测具有消费的竞争性。车主进行一次车辆检测后,其检测过程就结束,其他车主就无法再享有该检测服务,新增一个消费者就需要重新投入设备消耗、劳务等生产成本。

(3)机动车检测具有受益的排他性。检测服务实际操作上采用付费受检的提供方式,技术上能够将不付费的消费者排除在受益范围之外。

(4)机动车检测具有一定的消费强制性。除维修竣工和维修质量检测外,国家对于机动车年检具有强制性规定,同时对检测单位采用特许经营模式。

(5)机动车检测具有一定的外部公益性。机动车检测排除车辆故障隐患,可以减少交通事故,提高道路交通安全;机动车尾气排放检查可以从源头上杜绝不达标车辆,减少交通废气污染,有利于改善环境。

(三)车辆救援的经济属性

车辆救援是救援机构向故障车辆或事故车辆提供的私人服务,具有部分消费效用的可分割性、部分消费的竞争性、部分受益的排他性,但同时具有一定的外部公益性和消费强制性,属于偏公共物品。

1. 车辆救援具有部分消费效用的分割性

对故障救援而言,救援机构的救援活动面向单个车主,具有单独受益和单独消费的特点,其效用是可以分割的;但对于群体事故,救援活动往往面向所有的事故车辆,具有一定的共同受益和联合消费的特点,受援对象获得的效用是不可分割的。

2. 车辆救援具有部分消费的竞争性

对故障救援而言,车主接收一次救援活动,就要占用相应的救援资源,而让其他消费者无法再继续消费这次救援活动,具有消费竞争性的特点。对于群体事故救援,救援机构可以对同一事故的多个车辆实施救援,增加救援一辆车的边际成本很小,具有一定的非竞争性的特点。

3. 车辆救援具有部分受益的排他性

故障救援和轻微交通事故救援,一般采用有偿服务的提供方式,能够将拒绝付费的消费者排除在受益范围之外,具有受益排他性。社会影响较大的交通事故,如果严重影响交通安全,事故处理部门一般指定救援机构实施救援,具有一定的受益非排他性和消费的强制性。

4. 车辆救援具有一定外部公益性

车辆救援活动恢复故障、事故车辆的行驶能力,不仅可以减少车主的生命、财产损失,还可以缩短交通的疏导时间,避免故障、事故产生的交通拥堵、交通阻塞或交通安全事故,产生较强的外部效益。

(四)驾驶员培训的经济属性

驾驶员培训是培训机构向学员提供的驾驶技能培训服务,具有消费的不可分割性、消费的非竞争性和受益的排他性，属于偏私人物品。

1. 驾驶员培训具有消费效用的不可分割

驾驶员培训一般采用批量培训的方式，一个培训过程同时面向多名学员，具有俱乐部物品的共同受益和联合消费特点，培训对象从培训中获得的效用是不可分割的。

2. 驾驶员培训具有一定消费效用的非竞争性

在一定的培训能力下，增加一个学员的培训不会减少其他学员的学习内容和受训质量；但学员数量超过驾校的培训能力时，就会产生拥挤现象，减少学员获得的效用。

3. 驾驶员培训具有受益的排他性

驾驶员培训由学员付费的方式提供，不付费的人就无法学习培训机构提供的技能训练，具有典型的受益排他性。

4. 驾驶员培训不具有消费垄断性

学员通常可以根据自己的喜好自由选择培训学校，其消费具有自由竞争的特点。但对于青海藏区等驾培机构相对缺乏的地区，学员往往没有多余的驾校可供选择，使驾陪产生一定的自然垄断性。

(五)车辆租赁的经济属性

车辆租赁是车辆租赁公司向运输公司或个人出租车辆使用权的服务，具有消费效用的分割性、消费的非竞争性和受益的排他性，属于典型的私人物品。

1. 车辆租赁具有消费效用的可分割性

车辆租赁是向单个运输公司或个人提供的，具有独立受益和单独消费的特点，租赁消费所获得的效用是可以分割的。

2. 车辆租赁具有消费的竞争性

租赁关系发生后，在租赁期内车辆就无法租赁给另外一个消费者，要增加一个消费者，就需要重新提供一部车辆，具有典型的消费竞争性。

3. 车辆租赁具有受益的排他性

车辆租赁由承租方付费的方式提供，不付费的人就无法获得车辆租赁带来的收益，具有典型的受益排他性。

4. 车辆租赁不具有消费垄断性

一般个人可以根据自己的喜好随意选择租赁公司和租赁车辆，如果不满意，还可以选择其他交通方式，其消费具有自由竞争的特点。

道路运输服务各行业的公共性及分析见表 1-1。

道路运输服务各行业的公共性及分析　　表 1-1

分　类	效用不可分割性	消费非竞争性	受益非排他性	外部公益性	消费强制性	经济属性
车辆维修	弱	弱	弱	弱	弱	私人物品
车辆检测	弱	弱	弱	中	中	偏私人物品
故障救援	弱	弱	弱	中	弱	私人物品
事故救援	中	中	弱	中	中	偏公共物品
驾驶员培训	中	中	弱	弱	弱	偏私人物品
车辆租赁	弱	弱	弱	弱	弱	私人物品

四、道路运输服务的管理模式

(一)道路运输服务的供给方式

供给方式是消费者获得产品消费权的付费方式，不同经济属性的产品需要采用不同的供给方式才能实现资源的有效配置。私人物品或经营性较强的混合物品，具有消费效用的可分割性和竞争性，技术上也容易做到排他,一般采用市场提供的方式,通过价格机制实现资源的最优配置。公共物品或公益性较强的混合物品,由于消费效用难以分割,技术上很难做到排他性,消费上普遍存在着“搭便车”的行为,若采用市场提供容易产生市场机制失灵的现象,无法实现社会资源的有效配置,因此一般采用政府提供、政府特许经营、政府与私人组成混合产权公司提供的模式。

道路运输服务各子行业的经济属性具有明显差异性,其合理的提供方式上必然存在着差异。车辆维修、车辆租赁、驾驶员培训属于私人性较强的物品,适合于市场提供。车辆检测属于偏私人物品,在市场发达的地区适合于市场提供;但由于综合性能检测站投资巨大、回收期长,企业经营效益较难保证,加上等级评定、年检、尾气排放检测等业务具有较强的外部公益性和强制性,因此在经济欠发达、车辆保有量较少的地区需要政府参与,采取政府投资建设或财政补贴的模式。车辆救援具有较强竞争性和排他性,对于维修救援市场较发达的地区适合于市场提供,但对于地广人稀、路途遥远、市场救援主体较难覆盖的偏远地区,从公益性角度考虑政府必须高度参与,组建公共救援网络。

(二)政府在道路运输服务管理中的定位

按照《道路运输管理条例》的规定,交通主管部门组织领导道路运输管理工作,道路运输管理机构负责具体实施道路运输管理工作。市场经济体制下政府的主要职能是经济调节、市场监管、社会管理和公共服务。按照建设服务型政府的要求,道路运输管理部门需要切实深化行政管理体制和机构改革,积极转变政府职能,做好道路运输服务行业的管理工作。

1. 进行市场的培育、规范和监管

道路运输服务市场监管是道路运输管理部门最重要的职责,具体包括以下几方面职责:一是制定道路运输服务的各种法规和市场规则,规范市场主体的经营行为,明确参与主体的权利与义务,创造良好的竞争环境;二是要监督和约束市场主体的经营行为,引导企业依法经营、诚信经营;三是利用行政和经济手段,引导企业资产重组、整合,扶持重点企业发展。

2. 履行促进行业发展的经济调节功能

对道路运输服务市场进行宏观调控是道路运输管理的基本职责,包括:一是制定道路运输服务行业发展战略和发展规划,确定道路运输服务市场的发展目标;二是运用经济手段和法律手段调节市场的供给与需求,纠正市场失灵的现象;三是促进区域之间、城乡之间运输服务的协调发展,维护社会的公平正义。

3. 向社会提供公共产品和公共服务

道路运输服务领域的某些基础设施比如综合性能检测站、救援网络,投资成本大,建设时间长,受益回报期长,普通企业一般不愿参与。对这些公益性和社会性较强、市场又无法有效提供的基础设施,道路运输管理部门必须参与建设,向全社会提供这类公共产品。

综上所述,对于车辆维修、车辆租赁、驾驶员培训这类私人性较强的物品,应以市场作为资源配置的主要手段,由企业负责生产经营、提供相应的产品和服务;道路运输管理部门从行业审批、经营行为监管、体制法规建设、人才培养等方面入手做好市场管理工作,为企业发展创造良好的环境。但由于青海省尤其藏区车辆维修、驾驶员培训和车辆租赁市场需求小,企业普遍“小、散、弱”,如果仅仅依靠市场竞争很难保证企业的经营效益,也无法解决发展的公平性,因此道路运输管理部门需要积极培育市场,提高市场集中度,鼓励龙头企业规模化、网络化经营。

车辆检测具有较强的商品属性,对于需求旺盛的西宁、格尔木、海东,应依靠市场力量进行资源配置。但由于综合性能检测站投资巨大、回收期长,在交通安全和环境保护方面具有较强的外部公益性,对于市场需求小的藏区,道路运输管理部门需要给予一定的扶持,以确保企业的正常生产经营。

车辆救援具有商品属性,对于维修救援市场较发达、交通需求旺盛的地区可以由市场提供。但是,青海省救援机构能力较弱,组织松散,无力形成统一高效的社会救援体系。因此,道路运输管理部门需要利用自身优势搭建公共救援平台,有效各类救援资源,提高全省的救援组织化程度。另外,社会救援机构主要集中在城市地区,一些地广人稀、路途遥远的地区救援网点覆盖不足,管理部门需要通过经济、政策手段鼓励救援机构或利用自身的资源合理布设救援网点,避免救援网络的缺失。

第二章 道路运输服务发展现状及行业存在的主要问题

一、道路运输服务发展现状

(一)车辆维修、检测发展现状

“十五”以来,青海省车辆维修与检测快速发展,满足了汽车高速增长的需要,具体发展体现在以下几个方面。

1.维修经营业户和从业人员稳步增加(图2-1)

至2010年末,全省共有机动车维修1 767户,比2000年增加了约33%,其中一类汽车维修业户33户、二类汽车维修业户294户、三类汽车维修业户1 097户、摩托车维修业户342户,基本形成了以一类企业为骨干、二类企业为基础、三类企业为补充的市场格局(图2-2)。以汽车厂家的技术维修站、“4S”店以及快修店为代表的具有先进水平的维修企业开始出现。全省机动车维修从业人员20 496人,其中持证上岗人员16 742人,占总量的82%。

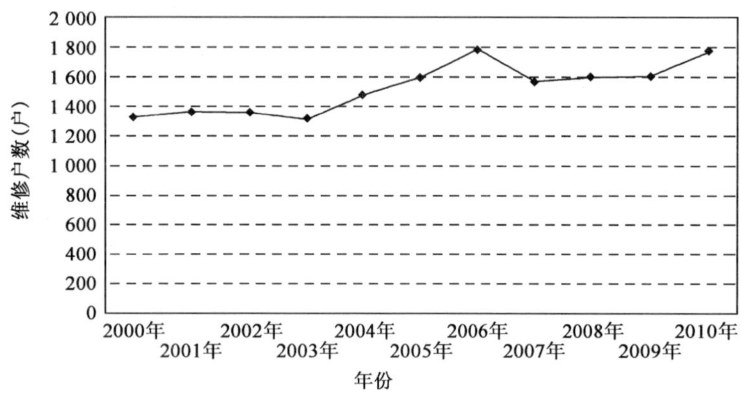

图2-1 2000~2010年青海省汽车维修业市场发展情况

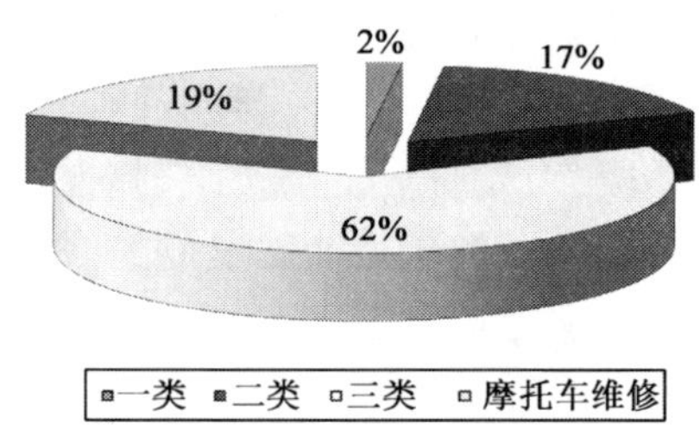

图2-2 2010年青海省汽车维修业户结构图

2.汽车维修业业务量较快增长,维修服务网络日渐完善

2010年,青海省共实现维修量84.96万辆,其中整车修理0.84万辆,总成修理4.98万辆,二级维护16.82万辆,专项维修61.69万辆,维修救援0.88万辆(图2-3),分别实现同比增长90.9%、3.1%、0.9%、35.7%、23.9%。平均每户经营者完成的维修量为481辆次。高速公路服务区、国省干线沿线街区、加油站等车辆集中地维修站点逐步建成。

3.综合性能检测网络初步形成

截至2010年底,全省建成综合性能检测17个,各市州均建成综合性能检测站,具备执行各类检测的技术条件。全省完成检测总量17.9万辆次,比2000年增长2.6倍,其中车辆维修竣工检测10.3万辆次、等级评定检测6.5万辆次、质量监督检测1.05万辆次、其他检测0.18万辆次(图2-4)。

(二)车辆救援发展现状

青海省车辆维修救援处于起步阶段,救援管理工作逐渐得到重视,具体体现在以下方面。

1.救援需求快速增长

随着道路运输的快速发展,青海省汽车救援需求迅速增长。2010年,青海省完成维修救援8 771辆次,同比增长了24%。车辆救援地区差异明显,西宁市和海西州完成的维修救援量约占全省的绝大多数。

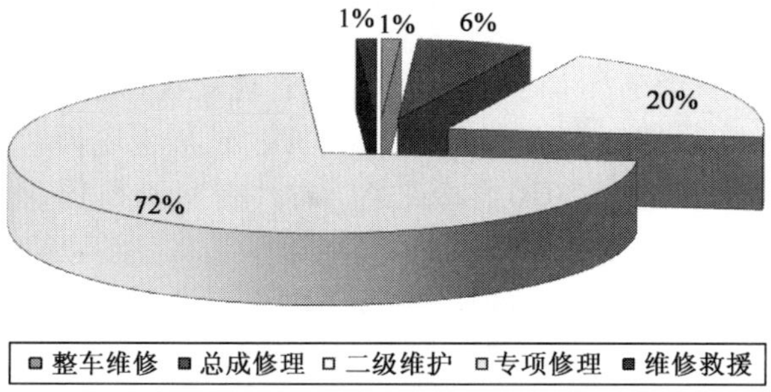

图 2-3　2010 年青海省维修业务量分布情况

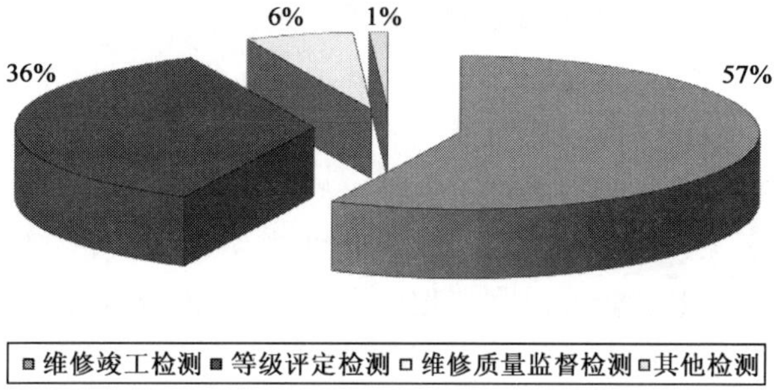

图 2-4　2010 年青海省维修检测业务分布情况

2. 救援形式出现多样化趋势

在政府的引导下，救援向社会化、专业化方向发展。在城市以汽车维修企业或车主所在单位为主，在公路沿线主要依靠运输企业、单位实施自救；汽车俱乐部、汽车销售服务公司、保险公司、电信部门、公安交通管理拖车公司、高速公路管理公司等部门加入汽车救援行列。

3. 车辆救援网络建设提上日程

2006 年，青海省交通厅提出以西宁市、格尔木市为突破口，以国道、省道主干线为重点，以一、二类维修企业为依托，逐步推进全省汽车维修救援体系的建设。目前，这项工作正在有序地推进。

（三）驾驶员培训发展现状

近年来，青海省驾驶员培训行业快速发展，培训机构数量快速增长，培训业务全面发展，培训质量逐渐好转，具体体现在以下方面。

1. 驾陪机构数量保持快速增长

截至 2010 年底，全省共有机动车驾驶员培训机构 53 户，比“十一五”期间增长了 1.1 倍（图 2-5）。其中普通驾驶员培训业户 52 家；道路运输驾驶员培训业户 19 家，从事道路客货运输驾驶员培训的业户 16 家，从事危险货物运输驾驶员培训的业户 5 家；驾驶员培训教练场地经营业户 13 家。各州府所在地均已具有正规普通机动车驾驶员培训学校，其中一级 1 家、二级 32 家，三级 19 家。

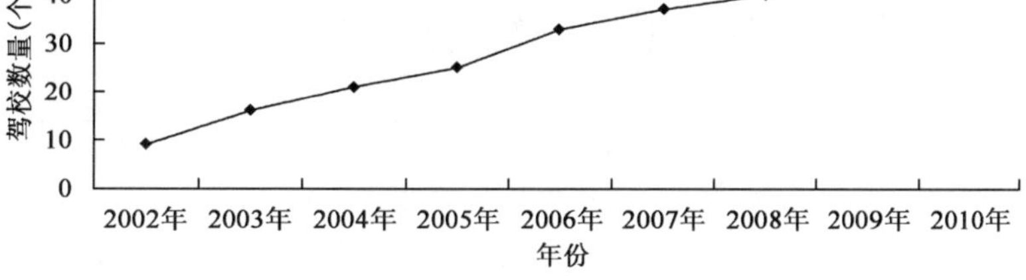

图 2-5　2002～2010 年青海省驾校数量增长情况

2. 培训业务全面发展，道路运输驾驶员培训需求旺盛

2010 年，全省共完成机动车驾驶员培训 8.28 万人次，培训合格的达 8.53 万人次，合格率 94.7%。普通驾驶员培训、道路运输从业人员培训得到全面发展，2010 年全省完成道路运输驾驶员从业资格培训合格人次 3.39 万人次，占培训合格总人数的 43.2%。

3. 教学设施和教练员得到增强，培训条件大为改善

为了提高教学质量，吸引更多学员，各驾校纷纷改善驾校教学设施、设备，提高教练员数量和水平。截至 2010 年底，全省共有驾驶员培训教学车 1 212 辆，同比增长 1.7%；机动车教练员 1 358 人，同比增长 19.3%。其中理论教练员 183 人、驾驶操作教练员 1 095 人、道路运输驾驶员从业资格培训教练员 87 人、危险货物运输从业资格培训教练员 20 人，同比分别实现较大幅度的增长。

（四）汽车租赁服务发展现状

2007年交通部《汽车租赁暂行管理规定》废止以来，青海省未出台相关的地方管理规定，造成行业管理缺乏依据。目前，青海省对过去已存在租赁企业的实行登记管理自行淘汰的办法，长期未进行新增租赁企业的行政许可审批，导致全省的汽车租赁市场发展缓慢。2010年底，青海省共有车辆租赁业户18家，主要集中在西宁市；但租赁企业“小、散、弱”现象较普遍，租赁车辆10辆以下的业户占94.4%。汽车租赁业务以客车租赁为主，货车租赁业务尚未开展。随着旅游业的快速发展，西宁市的部分客车租赁车辆转为了旅游客车，租赁市场进一步萎缩。

二、道路运输服务行业存在的主要问题

尽管，青海省道路运输服务行业实现了较快发展。但是，随着客货运输需求的快速增长，道路运输服务行业内各种深层次的矛盾和问题开始逐步显现。

（一）市场监管薄弱，完善的市场准入和退出机制尚未建立

管理部门对自身在运输服务业中的职责、职能认识不足，市场监管相对薄弱，相关的管理规定缺失，尚未建立完善的运输服务市场的准入与退出机制。市场准入方面，管理部门对满足条件的运输服务业户批准进入行业时未统筹考虑社会需求情况，使得大批低水平的行业业户进入市场，造成了高端服务供给能力相对不足和低端服务供给相对过剩的结构性供需失衡的局面。市场退出方面，依照相关政策规定对维修市场、驾培市场进行整顿，取缔了一些违法经营业户，但完善的退出机制尚未建立。市场监管方面，通过建立维修、驾培行业质量信誉考核体系加强对业户的管理，但各类违法经营行为打击力度不够，无证经营、超范围经营的现象依然普遍。

（二）运输服务业供给能力不足，难以满足用户需求

目前，青海万车拥有的一类维修业户数为1.2户左右，远低于全国平均发展水平，一类维修企业和快修企业等高水平企业相对缺乏（表2-1），维修检测业户覆盖范围较窄。由管理部门组建的汽车救援网络尚未建成，汽车救援网络无法覆盖到边远地区和县乡公路。全省共拥有驾校53户，主要分布在西宁、德令哈、格尔木等城市地区以及市州政府所在地，部分县级政府所在地还没有驾校。自2007年《汽车租赁业管理暂行规定》废止以来，汽车租赁行业基本处于停滞状态。以西宁市为例，2007年后再未增加新的租赁企业，部分租赁车辆还有向客运车辆转移的趋势。

青海省维修行业发展与全国水平的比较 表2-1

地　　区	维修站数（个/万车）	一类维修站数（个/万车）	二类维修站数（个/万车）
东部	40	1.94	8.81
中部	66	2.53	12.69
西部	89	2.18	13.29
全国	71	2.07	10.34
青海省	43	1.20	9.47

注：数据为2009年数据。

（三）市场集约化程度不高，企业竞争能力差

青海省汽车维修行业市场结构不合理。根据对维修行业劳动生产率的综合分析，一、二、三类汽车维修企业的比例以1:3:6为宜，这样可以保持较高的生产率。2008年，全国平均水平为1:5:20，东部地区为1:4:15，中部地区为1:5:20，西部地区为1:6:34，青海省（2010年）为1:9:33。从每万辆车拥有的维修业户数量看，青海省一类维修业户严重不足，远低于全国平均水平与西部平均水平，等级结构失衡。除了西宁、海西、海南之外，其他地区还没有一类维修业户，严重制约了当地的运输发展。

驾培市场存在着一级驾校缺失,驾校规模不足,中心城市低价恶性竞争激烈等特点。2010年,青海省平均单个驾校仅有26名教练员、23辆教练车,而全国平均水平为32名教练员和28辆教练车。此外,教练场地平均面积仅为全国平均水平的1/3,驾校经营规模较小;省内不存在一级驾校,难以满足社会高端需求。

(四)区域差距明显,藏区发展严重滞后

除西宁和海东、海西州外,海南、海北、黄南、玉树和果洛五个自治州维修业户数量约占全省的38%,二类以上的维修站仅占全省的10%(2009年数据),部分藏区市州尚未建成一类维修站,发展水平极度落后。

海南、海北、黄南、玉树和果洛五个自治州地区自然条件较差,道路交通基础设施落后,公路路线较长,通信不畅,维修救援工作组织难度较大,成本较高,发展缓慢,全年完成车辆维修救援量仅占全省总量的15%左右,远不能满足社会需求,社会普遍服务的功能缺失。

此外,驾校分布也极不均衡。目前,西宁市集中了全省45%左右的驾校资源,且已基本上实现了IC卡记录学时,教练员持证上岗,基本实现了规范化管理和科学教学,培训质量相对较高。但广大落后的藏区,驾校覆盖面有限,培训质量较低,培训价格偏高,发展严重滞后,致使“无照驾驶”的现象比较普遍,给社会带来了安全隐患。

(五)行业技术服务水平不高,服务质量难以保证

据调查,青海省车辆维修行业存在服务意识不强、维修质量不高等问题。一站式、关联式等维修服务机制尚未形成,维修技术条件比较差,还存在路边占道维修的行为;维修从业人员技术素质平均水平低,技术资料匮乏,使用“三无”配件现象严重;行业存在收费不透明,无标准的现象,价格投诉事件不断增多。

青海省车辆维修、检测业经营业户的技术装备水平落后,工作效率较低。以单个维修业户完成的工作量为指标反映维修效率,青海省维修业户的年均工作量为481辆次,检测站年均工作量为10 529辆次,均远低于全国平均水平和西部平均水平。

青海省驾校培训合格率偏低,培训质量不高。2010年,青海省驾校培训合格率度为94.7%,达到92%的全国平均水平。但驾培供给能力仍然不足,全省仅有教学车辆1 212辆,每年培训82 786人次,以每期教学实践期为40天计,每年能完成8期,则每车每期8.8人,超过了6～8人的平均水平。

青海省运输服务从业人员技术不高,素质相对较差。目前,青海省尚未建立起统一的机动车维修技术人员、机动车驾驶培训教练员以及其他运输从业人员的培训与考核制度。

第三章　面临的形势与发展要求

2008年,国务院出台的《关于支持青海等省藏区经济社会发展的若干意见》明确指出,今后将从青海等省藏区实际出发,以加强生态保护为前提,以改善民生为核心,以发展经济为基础,以维护稳定为保障,坚持以人为本,着重解决藏区贫困问题,不断提高各族群众的生活水平。青海省97%的面积属于藏区范围,积极促进藏区经济社会的发展必将对加快青海的发展、建设富裕文明和谐新青海产生极大的推动作用。

西部大开发战略的实施,将继续给青海省发展注入强大动力。党的十七大明确提出了继续实施区域发展总体战略,进一步深入推进西部大开发,缩小区域发展差距,注重实现基本公共服务均等化,引导生产要素跨区域合理流动。随着国家产业布局的调整,东中部地区部分产业将向西部地区转移。青海省作为西部地区的资源大省,拥有水电、矿产、能源等资源富集的后发优势,具备承接产业转移的条件。随着区域间合作加强,青海必将成为国家战略资源重点开发区,其资源优势将逐渐转变为经济优势,特色资源产业将不断发展壮大。推动青海经济社会发展,促进道路运输体系的形成,对青海公路运输服务提出新的更高要求。

一、道路网络的不断完善,道路运输业的蓬勃发展,要求加快道路运输服务网络和市场体系的建设

随着国家加强对青海等藏区经济社会发展的支持以及新一轮西部大开发战略的推进,青海省将加快交通基础设施的建设步伐,建成对内覆盖全省主要城镇、资源产业基地、旅游景区、交通枢纽,对外衔接周边省区的干线公路网,完成乡镇、行政村、生态移民区、重要寺院的"通达通畅工程"。道路网络进一步完善,以及经济社会的快速发展必然引起道路运输业的蓬勃发展。道路运输服务是道路客货运输的重要保障和支撑,客货运输的快速发展需要建设与运输网络相适应的道路运输服务体系。

(1)要求在省域范围内建立总量适应、层次清晰,以城市为依托,以一类企业为骨干、二类企业为基础、三类企业为补充,门类齐全、网点布局合理、覆盖面广、技术水平高的维修、检测服务网络。

(2)要求建立由政府、行业协会为主导,以一类、二类维修企业为载体,以干线公路为依托,覆盖主要农村公路,快速反应、技术过硬的维修救援网络。

(3)要求以满足驾培需求为主线,以培养合格的驾驶员为准则,建立数量相当、结构合理、严格监管、竞争有序、公安与交通部门统一协调的驾校市场。

(4)要求形成与客货运输相适应,为私人交通和公共交通提供有益补充的车辆租赁市场体系。

二、构建社会主义新农村新牧区,维护民族团结和社会稳定,要求普及交通基本服务,提升运输服务水平

青海97%的土地面积属于藏区,藏区生产方式落后,人民生活水平低下,贫困面广,贫困程度深,民生问题突出。道路运输服务是道路客货运输的重要支撑,是道路运输基本公共服务的重要体现。切实改善藏区民生,满足农牧民群众生产生活的基本运输需求,要求建立覆盖面广、具备一定服务水平的道路运输服务体系;要求主要人口聚集地均能满足基本的机动车维修、检测、驾培、汽车租赁服务需求;要求干线公路以及主要的农村公路能够实施及时、有效的维修救援。

三、区域发展极不平衡,要求实行差异化发展策略,分类指导不同地区的建设和发展

青海省运输服务业发展具有显著的区域不平衡性,主要的运输服务市场与资源集中在西宁、海东和

格尔木等地区,海北、海南、黄南、玉树和果洛等地区的发展水平极度落后。区域需求的差距要求实施差别化的发展策略,人口密集地区可适度考虑网络化,强调市场化运营;人口稀少的藏区主要考虑服务的覆盖性,注重政府公共服务职能;具体实施时分阶段开展,由西宁、格尔木等相对发达地区向藏区,由中心城市向农村逐步推进。对于广大藏区,政府应加大基础设施和公共服务方面投资力度,逐渐缩小区域间基本公共服务差异,促进区域协调发展。

四、青海省的地域特点和社会经济发展特征,要求政府发挥宏观调控职能,着力培养行业龙头企业

青海省地域广阔,人烟稀少,道路运输服务需求较小,完全依靠市场难以满足偏远落后地区的市场供给,需要政府发挥宏观调整职能,对市场化程度较高的维修、驾培、汽车租赁的经营业户适当降低准入门槛,鼓励社会化经营;对于社会公益性较强的检测、救援行业,政府应积极介入,鼓励多模式发展,出台相关优惠政策。通过引入或者培育维修、驾培、汽车租赁等道路运输服务业的龙头企业,鼓励集约化、规模化经营,树立行业的品牌意识,引领行业的发展方向,提升行业服务品质。

五、形成有序竞争的市场环境,要求提高政府的监管和公共服务能力

道路运输服务行业属于混合物品的范畴,既具有较强的商品属性,又带有一定的社会公益性。在鼓励市场化经营,充分发挥市场资源配置作用的基础上,要求发挥政府的市场监管作用,规制市场行为,维护市场秩序,保障市场活动公平、公正,降低市场经济活动的成本,引导市场良性发展。

(1)机动车维修行业、驾驶员培训属于私人性较强的物品,行业市场化水平较高,要求政府着力推进市场准入与退出机制的建设与完善;建立消费者投诉渠道,提高消费者的维权意识与维权能力;加强对服务质量信誉的监督,定期实施专项整治。

(2)机动车检测、救援行业与其他道路运输服务业相比具有一定的社会公益性,要求政府在政策上予以一定倾斜与支持;引导检测、救援网络的构建;加强与通信、金融、保险、汽车维修等行业的协作关系,保障救援工作的及时、有效的展开。

(3)机动车租赁行业属于私人性较强的物品,要求政府充分发挥市场引导与监管作用,出台相关的管理规定;主导构建车况评估体系和租赁行业的诚信体系,保障汽车租赁业的良性发展。

第四章　需 求 预 测

道路运输服务作为道路客货运输的辅助性需求，与国民经济和社会发展、道路运输业的发展息息相关。本研究在对青海省未来经济社会发展特点与发展趋势进行综合预判分析的基础上，利用回归模型、弹性系数模型、类比等预测方法对青海省道路运输服务业需求量以及需求特点进行预测。

一、未来经济社会发展趋势预测

根据《青海省国民经济和社会发展"十一五"规划思路及2020年远景目标》和《关于支持青海等省藏区经济社会发展的若干意见》的战略部署，2008～2020年，青海省经济社会发展的主要任务是：加快发展经济和各项社会事业，建成经济繁荣、生态良好、人民富裕、民族团结、文明开放、社会和谐的省区，到2020年全面实现小康社会。

依据国家宏观经济发展目标和青海省及各地区国民经济和社会发展"十一五"计划纲要，通过对青海省及各地区的社会经济发展历史规律的回顾，预计青海省未来经济社会发展趋势。

(1)经济发展速度较快；"十二五"期间，经济增长速度将继续保持10%以上的增长速度，年均增速维持在12%左右；中远期经济增长速度将有所放缓，但略高于全国平均水平，年均增速维持在9%左右。

(2)城市化水平显著提高；预计2015年将达到48%；2030年，将达到60%。

(3)公路网规模不断扩大；根据《青海省干线公路网规划》和《青海省农村公路网发展规划》，青海省到2015年将建成8.3万公里公路；预计2030年，青海省公路总里程将达到11万公里。

二、预测方法

道路运输服务业涉及机动车维修、检测行业，车辆救援，驾驶员培训，汽车租赁业四个子行业。各个行业都鲜明的特点，为了体现预测方法的精准性、科学性，本研究将分别采用不同方法对四个行业的需求进行预测。所选用的预测方法为回归模型、弹性系数模型、类比法和趋势增长法。

(一)回归模型

1. 一元线性回归模型

$$Y = A + Bx \tag{4-1}$$

式中：Y——因变量；

x——自变量；

A、B——回归系数。

2. 指数回归模型

$$Y = Ae^{Bx} \tag{4-2}$$

式中：Y——因变量；

x——自变量；

A、B——回归系数。

(二)弹性系数法模型

$$E = i_y / i_x \tag{4-3}$$

式中：i_y——因变量增长率；

i_x——自变量增长率。

(三)类比法

由于青海发展相对落后,我国其他发达地区的发展历程对于青海省未来道路运输服务业发展水平具有借鉴意义。通过类比发达地区经济发展水平以及道路运输业发展水平,确定青海省未来年道路运输服务业的发展需求。

三、需求预测

(一)民用汽车拥有量预测

一般认为,当车价与人均 GDP 之比达到 2∶3时,是小汽车进入家庭的转折点。2004 年青海省人均 GDP 突破 1 000 美元,开始进入了汽车消费时代。2004 ~ 2009 年,青海省民用汽车保有量的年均增长速度超过 20%,且呈现递增趋势。预计“十二五”期间,青海省民用汽车拥有量将继续保持快速增长趋势,增幅将稳定在 15% 左右;远期增速将逐渐放缓,增幅约稳定在 5% 左右。

民用汽车的拥有量与国民经济的发展水平关系密切,且呈现正相关,因此报告以人均 GDP 为因变量,以 2000 ~ 2008 年统计数据为基础,采用回归模型和弹性系数模型对青海省民用汽车拥有量进行定量预测,并结合专家预测,综合分析得出青海省未来民用汽车的需求(表 4-1)。

青海省民用汽车拥有量预测 表 4-1

时　期	预测值(万辆)	平均增长率(%)
现状(2009 年)	36.8	—
近期(2015 年)	80	14
远期(2030 年)	150	4.3

注:历史数据来源于《国家统计年鉴(2009)》。

(二)机动车维修、检测业需求预测

目前,青海省的维修行业供给能力总体不足,市场结构失衡,三类维修业户比例较大。预计“十二五”期间,随着民用汽车拥有量的快速增长,青海省维修需求量将持续增长,要求维修行业服务能力的快速扩张以及维修业户数量的速度增长;中远期,随着汽车保有量增速的放缓,维修、检测业务量增长速度将明显下降,但对服务质量的要求更高,另外市场结构将向规模化、集约化方向发展,一类、二类业户所占比例不断增大。

机动车维修、检测以民用汽车为服务对象,需求主要受汽车保有量和城市化水平等因素的影响。因此,报告采用类比的方法,参照民用汽车保有量、城市化水平等社会经济指标与青海省未来发展情况相似的省份,以其当前的维修行业发展情况来确定未来年青海省维修行业需求(表 4-2)。

青海省维修行业需求预测 表 4-2

时　期	民用汽车拥有量(万辆)	城市化水平(%)	维修业户数(户)	维修量(万辆次)
现状(2009 年)	36.8	42	1 602	78
近期(2015 年)	80	48	3 000	240
远期(2030 年)	150	60	6 000	750

注:历史数据来源于《国家统计年鉴(2009)》、《道路运输统计汇编(2008)》。

2015 年,全省维修业户数需求量将达到 3 000 户,万辆车拥有业户数 38 户;维修量需求将达到 240 万辆次,平均每辆车维修 3 次/年。

2030 年,全省维修业户数需求量将达到 6 000 户,万辆车拥有业户数 40 户;维修量需求将达到 750 万辆次,平均每辆车维修 5.0 次/年。

(三)机动车救援业需求预测

由于供给不足,青海省维修救援需求尚未得到有效释放。随着青海省民用汽车拥有量的提高,公路基础设施和维修救援网络的完善，未来青海省的机动车救援需求将实现快速增长。

机动车救援量与民用汽车的拥有量、公路总里程存在直接关系。因此，研究将采用类比的方法，选取民用汽车保有量、公路总里程等社会经济指标与青海省未来发展情况相似的省份，以其救援业发展情况作为未来年青海省维修行业需求预测值（表4-3）。

2015年，维修救援需求将达到5.0万辆次，平均每辆车完成救援0.6次/年；2030年，维修救援需求将达到13.0万辆次，平均每辆车完成救援1.0次/年。

青海省机动车救援量需求预测 表4-3

时　期	民用汽车拥有量（万辆）	公路总里程（公里）	救援量（万辆次）
现状（2009年）	36.8	60 100	0.7
近期（2015年）	80	83 000	5.0
远期（2030年）	130	110 000	13.0

注：历史数据来源于《国家统计年鉴（2009）》、《道路运输统计汇编（2008）》。

四、驾驶员培训业需求预测

近年来，青海省驾驶员培训需求增长较快，2007年、2008年、2009年分别实现了15%、37%、26%的增速，高于同期民用汽车的增幅。预计"十二五"期间，青海省的驾驶员培训需求将更加旺盛，中远期将略为趋缓。

驾驶员培训需求与民用汽车的拥有量相关性较强。进入一定发展阶段后，随着人民生活水平的提高和家庭经济实力的增强，居民对小汽车的购买力将增强，驾培需求增量与民用汽车拥有量增量之比会不断下降。目前，我国东部、中部和西部地区每车增量所带来的驾培需求增量为1.58、1.59、1.82。青海的水平是1.66，略低于西部平均水平。

从表4-4可以看出，青海驾培增量与民用汽车增量之比低于西部平均水平，其主要原因是青海省的驾培需求中60%左右为道路运输从业人员培训，该部分需求增量与民用汽车增量比值较小。根据青海省的发展趋势和发展特点，未来私家小汽车快速增长将成为民用汽车增长的主要趋势，因此未来年，青海省该比值会略大于2008年水平。预计"十二五"期间，该比值会维持在1.7左右的水平；远期该比值约为1.40。

2008年全国驾驶员培训需求与民用汽车拥有量增长相互关系 表4-4

地　区	民用汽车增量（万辆）	驾培增量（万人次）	驾培增量/民用汽车增量
东部	342.47	541.76	1.58
中部	179.05	283.77	1.59
西部	163.98	298.19	1.82
青海	4.65	7.74	1.66

注：历史数据来源于《国家统计年鉴（2009）》、《道路运输统计汇编（2008）》。

通过弹性系数法，预计2010～2015年，青海省的驾培需求为100万人次；远期2016～2030年，青海省驾培需求为70万人次（表4-5）。

青海省驾驶员培训需求预测 表4-5

时　期	民用汽车增量（万辆）	驾培增量/民用汽车增量	驾培市场需求（万人次）
近期（2009～2015年）	60	1.7	100
远期（2016～2030年）	50	1.4	70

五、汽车租赁业需求预测

汽车租赁业是新兴产业，发展前景被广泛看好。青海汽车租赁业处于刚起步阶段，发展水平远落后于发达城市。未来青海省的社会经济发展较快,“有照无车”的人群规模不断扩大,加上青海省特色旅游、季节性运输等特点,未来青海省的汽车租赁市场需求将十分庞大。

根据对我国一些发达城市汽车租赁业务状况的调查,目前汽车租赁的主要业务对象为个人、商务以及团体用车;中心城市汽车租赁需求是供给水平的3倍,需求尚未被满足;2009～2015年,预计我国的租赁车辆数将由2008年的10万余辆增长到30万～40万辆,增长空间巨大。

汽车租赁业是以城市为主要依托,市场集中在中心城市。根据我国发达城市的发展经验,租赁市场规模总量约占民用汽车总量的1.0%～2.0%。北京、上海、深圳分别拥有租赁汽车6万辆、1.5万辆、1.5万辆,分别占汽车保有量的1.6%、1.1%、1.0%。

根据西宁市民用汽车拥有量发展趋势,推算出西宁市汽车租赁市场的规模,进而确定青海省未来汽车租赁市场的规模(表4-6)。具体结果:

2015年,全省租赁市场需求3 000辆,占民用汽车保有量的0.4%,其中西宁市租赁需求2 500辆。

2030年,全省租赁市场需求10 000辆,占民用汽车保有量的0.8%,其中西宁市租赁需求6 000辆。

青海省汽车租赁业发展情况 表4-6

时期		民用汽车拥有量(万辆)	汽车租赁需求(辆)	比重(%)
青海	近期(2015年)	80	3 000	0.4
	远期(2030年)	130	10 000	0.8
西宁	近期(2015年)	40	2 500	0.6
	远期(2030年)	60	6 000	1.0

注:历史数据来源于《国家统计年鉴(2009)》、《道路运输统计汇编(2008)》。

第五章　道路运输服务发展思路

一、指导思想与原则

（一）指导思想

以“三个代表”重要思想为指导，深入贯彻落实科学发展观，抓住国家支持藏区经济社会发展和继续深入推进西部大开发的历史机遇，以服务和保障青海道路运输业为宗旨，以发展现代交通业为方向，从市场培育、网点建设、人才培养、政府监管等方面入手，构建高效、安全、优质的道路运输服务体系，促进青海省道路运输业健康快速发展。

（二）基本原则

1. 坚持快速发展，着眼长远需求

紧紧抓住当前难得的历史机遇，及时规划和制定对青海省道路运输业发展有巨大促进作用的措施，力争尽快改善道路运输服务落后的面貌。同时，要着眼于全面小康社会和现代化建设的需要，适应未来道路运输业长远发展需求，充分体现规划的前瞻性，发挥道路运输服务对整个道路运输业的支撑作用。

2. 坚持市场主导，兼顾社会效益

明确市场和政府的不同功能，对于汽车维修、汽车租赁、驾驶员培训等竞争性较强的行业，坚持以市场作为资源配置的主要手段，按照市场经济规律优化配置资源；对于救援、车辆检测等公益性服务，突出政府的公共服务职能。同时，加强政府的宏观调控和市场监管能力，建立公平竞争、规范有序的市场环境。

3. 坚持因地制宜，突出地区特色

道路运输服务的发展需要从全省经济、人口和道路运输生产力布局出发，按照市州经济社会特点和运输需求特征，实施分类指导的原则。对于西宁和海东等人口密集、道路基础设施网络化程度较高的地区，服务站点布局需要网络化，体现规模效应；对于海西和青南等地广人稀的地区，以干线和城镇为依托建立服务网点。

4. 坚持先易后难，分步骤实施

青海省道路运输服务基础薄弱，发展任务非常繁重，加上青海财政收入有限、地方配套资金紧缺，发展时必须统筹考虑需求和可能，采取先易后难，分步骤实施的办法。坚持前期统一规划，具体分阶段、分步骤实施，一段时间内集中力量解决最突出最紧迫的重点问题，逐步实现规划目标。

5. 坚持统筹兼顾，注重协调发展

道路运输服务发展需要与道路旅客运输、道路货物运输、公路基础设施建设相协调，与社会经济、运输需求增长相适应；道路运输服务发展要统筹区域之间、城乡之间，兼顾社会公平和经济效率，促进速度、结构、质量、效益的协调发展

二、发展战略

未来青海道路运输服务要着眼于道路运输长远发展需求，体现青海经济社会特点，明确企业、政府的职责，充分调动各方面的积极性，坚持“品牌连锁”、“高效监管”、“科技兴运”和“人才强交”四大战略，提升服务水平和质量。

（一）品牌连锁战略

企业是道路运输服务市场的主体，培育一批具有竞争能力和经济效益的道路运输服务企业是青海

省道路运输服务发展的关键。目前,青海省汽车维修企业、驾校和租赁企业普遍存在着企业规模小、竞争能力弱的特点,因此通过"品牌连锁"战略提高行业集中度、优化产业结构是青海道路运输服务的发展方向。通过企业的重组、收购、兼并和联合,组建跨区域的大型维修企业、驾驶员培训学校和汽车租赁企业,实现规模化、集约化经营。通过市场准入和退出机制,逐步清理挂靠经营,引导个体经营业户在自愿的基础上,进行股份制或股份合作制改造,实现公司化经营。推行品牌连锁战略,鼓励骨干企业跨区域设置网点,推行标准化服务,建立新型快修服务网络、汽车救援网络和汽车租赁网络。

(二)高效监管战略

良好的市场环境是企业规范经营、有序竞争的基础保障,而市场秩序的维护离不开政府的高效监管。目前,青海道路运输服务行业无证经营、违法经营、弄虚作假的现象时有发生,消费者正常的权益得不到有效保障。管理部门必须创新管理体制机制,强化市场监管和宏观调控能力,利用行政、法规和经济手段改变混乱的市场秩序。通过体制法规建设,形成完善的法规框架体系,为规范市场行为创造条件;加强法规的组织实施和执法工作,监管市场主体的经营行为,引导企业依法经营、优质服务;全面推进行业诚信制度建设,建立公开、公平、公正的市场主体诚信水平评价体系,引导社会合理选择服务提供者。

(三)科技兴运战略

科学技术是第一生产力,是提升道路运输服务能力和服务水平的重要手段。先进汽车诊断设备可以提高汽车维修能力和水平,大型汽车吊装和救援装备能有效提高救援效率,模拟驾驶器和电化教学设备能够显著改善驾驶员培训质量。当前青海省道路运输企业技术装备水平较低,各类先进的设施、设备还没有得到广泛应用。管理部门通过经济和行政手段鼓励企业推广使用先进的技术装备,可以提高企业生产效率;鼓励企业采用计算机管理和网络化服务,可以降低企业经营成本,扩大市场范围。

(四)人才强交战略

人才是第一生产要素,道路运输作为服务性行业,从业人员的素质是体现服务质量和服务水平的关键。青海省道路运输服务从业人员的学历层次低下、从业素质普遍不高,制约了道路运输服务水平的提高。发展现代交通业,提升全省道路运输服务水平,一定要实行"人才强交"战略,提升行业的整体素质。要严格执行从业资质管理,提高从业门槛,向社会提供业务过硬、责任心强的技术人员和管理人员;做好在岗人员的技能培训和再教育工作,不断提高工作能力,适应新的需求;建立质量管理体系,强化工作人员的服务意识和质量意识。

三、发展目标

(一)近期发展目标

到2015年,青海省道路运输服务状况明显提升,汽车救援体系、维修与租赁服务网络基本完善,总体适应青海经济社会和道路运输业发展的要求。

1.机动车维修与检测发展目标

(1)维修与检测能力明显提升。西宁、格尔木具备国产和大部分进口车型的各种维修作业能力和检测能力,市州具备大部分国产车型的各类维修和检测能力以及部分进口车型的维护、小修能力,县城和乡镇的车辆维修能力有所提升。

(2)市场结构趋于合理。市场整合步伐加快,三类维修企业得到有效整顿,路边摊、无证经营业户基本实现规范管理、公司化运作。一类、二类企业比例明显提升。

(3)维修服务质量明显改善。质量信用考核体系基本建立,车辆维修在质量保证期内返修率和维修服务投诉率明显下降。

(4)检测技术手段有所提高。基本建立I/M制度,先进的诊断、检测设备运用率提高,一类、二类企业专用设备台数分别占设备总台数的30%和35%,大部分一类、二类企业和综合性能检测站实现计算机管理和联网。

2. 车辆救援发展目标

全省汽车救援体系初步建立,救援网络覆盖有所延伸,初步解决"救援难"的问题。

(1)救援服务体系初步建成。基本完成省、市、县三级车辆救援系统的组织建设、制度建设和网络化建设,建成西宁和格尔木指挥调度平台,市州基本设立车辆救援队伍,配备必需的设施设备和车辆。

(2)救援服务的效率有所提高。救援网络覆盖城市道路、高速公路、干线公路及重要的县道。城市区域内,救援机构45分钟实施救援服务;高速公路沿线,救援机构1小时内实施救援;干线公路沿线,救援机构2小时内实施救援。

3. 驾驶员培训发展目标

培训市场秩序、企业经营行为逐步规范,办学条件明显改善,有效改善教学质量低的面貌。

(1)培训质量大幅改观。向社会培养合格的驾驶员和合格的道路运营车辆驾驶员,学员考证通过率明显提升。

(2)市场管理明显规范。部门沟通协作能力加强,培训和考试的管理关系基本理顺。

(3)培训过程逐渐规范。培训机构和教练人员诚信考核制度基本建立,学时制和IC卡数据交换得到全面推广。

(4)教学条件明显改善。教学基础设施和教学条件得到加强,一、二级驾校配置符合规定的教练场、教学设备;模拟教学设备、电化教学设备得到推广,一、二级驾校建立电子档案,实行信息化管理。

4. 车辆租赁发展目标

汽车租赁服务市场逐步形成,汽车租赁服务逐步规范。

(1)市场供给能力有所增强。西宁、格尔木拥有1个以上成规模的、跨地区经营的汽车租赁企业,市州和重要县城拥有租赁企业;旅游租赁和运营性货车租赁业务快速发展。

(2)服务质量有所改善。基本建成公共信息平台和建立信用信息体系,有条件的企业实行信息化管理、联网开展业务。

(3)汽车租赁服务得到有效监管,租赁服务社会投诉率显著下降。

(二)远期规划设想

到2030年,青海省建成能力充分、服务优质、运行高效、安全可靠的道路运输服务体系,建立起公平竞争、规范有序的道路运输服务市场,道路运输服务实现现代化,适应青海经济社会和道路运输业发展的要求。

1. 车辆维修与检测发展目标

全省建立能力充分、结构合理的汽车维修与检测市场体系,向全社会提供方便、及时、优质的汽车维修与检测服务,实现车辆大修不出市州、日常维修不出县、小修专修不出乡镇。

(1)维修、检测能力充分。西宁、格尔木具备国内外各类车型的各种维修作业能力和各类检测能力,市州具备国产车型各类维修、各类检测能力和主要进口车型的维护、小修能力以及技术状况、维修质量的检测能力,县城具备主要国产车型的各类维修能力和技术状况检测能力,乡镇具有车辆的小修、快修能力。

(2)市场结构合理。实现机动车维修业供需的动态平衡,每千辆车的维修点配备率达12.0;实现维修企业的连锁经营,建立若干个全省连锁的汽车维修品牌企业。

(3)服务质量优质。质量信用考核体系全面推广,车辆维修质量得到有效保证,在质量保证期内返修率和维修服务投诉率达到全国平均水平。

(4)技术手段先进。全面推行I/M制度,构建布局合理的汽车性能检测网络,维修企业和综合性能检测站配备专业的诊断检测设备,一类、二类维修企业专用设备台数分别占设备总台数的35%和40%。广泛运用信息技术,80%维修企业和综合性能检测站实现计算机管理和联网。

2. 车辆救援发展目标

全省构建功能完善、层次合理的维修救援服务体系,形成覆盖全面的维修救援网络,向全社会车辆提供及时、高效、安全、可靠的车辆救援服务。具体目标如下：

(1)建成管理高效、全面覆盖的救援服务体系。建成以西宁为省级指挥控制中心,市州为次中心,县城为节点的指挥调度网络,建立由各类救援资源共同参与、统一运作、层次分明的维修救援体系。

(2)救援力量可以全天候出动,实现车辆快速救援。救援网络覆盖所有城市道路、高速公路、干线公路和县乡公路。城市区域内,救援机构30分钟实施救援服务;高速公路沿线,救援机构45分钟内实施救援;干线公路沿线,救援机构1小时内实施救援;救援网络深入到所有乡镇,基本消除道路通行区域内的救援盲区。

(3)救援服务实现专业化、人性化。所有县设立救援队伍,配备相应的应急通信设备、后勤保障设备、专业救援装备,救援能力得到有效保障;救援过程实现动态化监控,人性化管理。

3. 驾驶员培训发展目标

以培训安全可靠的驾驶员为目标,实现培训过程的规范化、标准化、专业化,培训质量满足现代交通和道路运输的需求。

(1)培训质量得到有效保证。向社会培养安全可靠的驾驶员和安全可靠的道路运营车辆驾驶员,适应现代交通环境和道路运输的需求,学员考证通过率达到95%以上。

(2)市场规范有序。实现市场供需的动态平衡,形成合理的市场结构和空间布局,培训市场规模化、集约化程度大幅提高,建成若干特色与品牌共存的培训学校,质量和效益明显提高。

(3)培训过程实现标准化、规范化、专业化。驾驶员培训管理科学、规范,培训机构和教练人员诚信考核制度全面建立,学时制和IC卡数据交换管理得到严格执行,所有教练人员均持证上岗、规范教学。

(4)教学设施设备完善。教学基础设施和教学设施满足社会需求,教学车辆安全可靠;模拟教学设备、电化教学设备全面推广,所有驾校实现信息化管理。

4. 汽车租赁发展目标

建立与道路客货运输市场相适应的汽车租赁服务市场体系,向全社会提高方便、优质的汽车租赁服务。

(1)租赁市场能力充分。省会和市州拥有成规模的、跨地区经营的汽车租赁企业,县城和重要乡镇、旅游景区拥有租赁企业或租赁网点;全省形成长期租赁与短期租赁、社会车辆租赁与运营性运输车辆租赁共同发展的租赁服务市场。

(2)服务质量方便优质。提高行业的规模化、集约化程度,有条件的企业开展品牌连锁经营和网络化经营模式,实现异地取车、换车和结算。公共信息平台和信用信息体系全面推广,企业实现信息化管理,经营行为规范有序,合法企业的经营权益得到有效保障,汽车租赁的客户满意度达到全国平均水平。

四、发展策略

交通运输管理部门要按照科学发展观的要求,适应青海经济社会和交通运输业发展需求,坚持以市场为导向,以企业为主体,以政府为重要推手,从市场培育与监管、公共基础设施建设、政策法规建设等方面入手,为道路运输服务的发展创造良好的市场环境。

(一)汽车维修与检测发展策略

汽车维修与检测属于市场化程度较高的行业,政府的重点应放在市场培育和市场规范上,同时对于公益性较强的基础设施要加大扶持力度。

1. 优化和完善维修服务网点布局,构建布局合理的四级维修服务体系

打造西宁、格尔木2个省级维修服务中心城市,重点依托汽车综合服务市场,形成具有一定规模、门类齐全的机动车维修服务区,具备国内外各种车辆、各种维修作业能力和检测能力。打造平安、海晏、德令哈、共和、同仁、大武、玉树7个地区性维修服务中心城市,形成若干整车维修街区,具备国产车型各类维修和主要进口车型维护、小修能力和检测能力。整合县城所指地的维修资源,具有主要国产车型的各类维修能力和技术状况检测能力。合理布设乡镇、高速公路、干线公路维修站点,具备车辆专修、小修和

快修能力。

2. 优化和完善维修市场结构，积极培育维修市场

分类指导各类企业合理发展，形成一类企业为骨干、二类企业为基础、三类企业为补充、车辆综合性能检测站为质量保障体系的维修市场格局。引导一类企业扩大生产规模，实现规模化、专业化经营，重点扶持1~3个全省性的机动车维修品牌企业和若干个区域性机动车维修品牌企业。鼓励一类企业和国内外名牌企业开展品牌连锁经营，拓展快修服务网点，建立以品牌连锁为主导的汽车快修服务网络。规范发展二类企业，鼓励二类企业拓展维修范围。整顿三类企业，通过联合重组、公司化经营提高竞争能力。统筹考虑市场需求和社会需求建设综合性能检测站，对投资大、社会效益明显的设施设备要加大政府扶持力度。

3. 以建立I/M体系为目标，推进维修企业的技术升级

以实施I/M制度为目标，通过更新现代化的设施设备，提升行业的技术水平。鼓励企业引进先进的检测设备、故障诊断设备，强化汽车检测、诊断在机动车维修中的作用，一类企业重点配备汽车废气抽排系统、有害粉尘集中系统、修车监视系统、汽车性能检测和汽车故障诊断设备。以信息化技术提升和改造汽车维修行业，重点构建全省机动车维修网络信息化平台，争取80%维修企业和综合性能检测站实现计算机化管理和联网。

4. 提高从业人员技能和素质

围绕现代汽车维修发展需求，通过引进、培训和规范从业资质等手段，提高从业人员的技能和素质。重点引进一批熟悉汽车发展技术的专家、技术人才和管理人才，改善专业性人才紧缺的现象；加强在岗人员培训及再学习，提高维修人员整体技术水平和职业素质。推行从业资格制度化管理，实行持证上岗，其中技术负责人、质量检验员持证上岗率达到100%，机修、电器维修、钣金和涂漆主要技术工人持证上岗率达到100%，其他从业人员持证上岗率达到80%。

5. 健全市场监管系统

在《道路运输管理条例》、《汽车维修业管理规定》等法律法规的框架下，制定符合青海特点的汽车维修业管理政策法规，逐步完善相关的标准规范。道路运输管理部门要依法行政，做好市场监管。依据行政许可的权限，做好开业资质审批，严把市场准入；加强企业经营行为监管，严厉打击违法经营现象，逐步规范市场经营行为；建立汽车维修质量监督体系，推行维修企业质量信誉考核制度，引导企业诚信经营、优质服务。

（二）汽车救援发展策略

汽车救援具有一定的商品属性，但救援服务事关群众的生命财产安全，其社会效益远高于经济效益。政府的主要任务是引导建设公共救援网络，同时对行业进行规范管理。

1. 建设公共救援信息平台

搭建统一调度、统一服务、分工协作的公共救援信息平台，整合各类救援力量的设施设备资源、管理服务资源和救援需求资源，提高救援的组织化程度，提高社会救援效率，降低救援成本。重点建设以西宁为省级指挥控制中心，市州为次中心，县城为节点的指挥调度网络。同时，积极引导社会运用公共救援信息平台。

2. 合理布设救援服务网点

按城市道路、高速公路、干线公路和县乡公路4个层次布设救援服务网点，形成覆盖全省的救援网络。城市主要依托一类维修企业和4S店，沿道路走向合理分布维修救援服务站点；高速公路在服务区配套建设综合汽车维修企业，承担沿途维修救援任务；沿干线公路的依托二类以上汽车维修企业承担救援维修服务；县乡、农村公路依托城镇的维修企业、公路养护站，承担故障小修和报警服务。

3. 提高救援能力，规范救援管理

青海地广人稀，天气情况复杂，汽车救援具有距离远、难度大的特点，政府应引导救援机构增加野外作业维修救援装备，建立汽车救援用备件、用品供应体系，同时对救援从业人员进行专业培训，提高汽车

救援的保障能力。研究制定汽车救援的法规、标准,对服务项目、市场准入条件、管理制度、违规处罚、收费标准等进行规范。

(三)驾驶员培训行业发展策略

驾驶员培训属于市场化程度较高的行业,政府的主要任务在于维护市场秩序,规范教学行为,确保驾驶员培训质量。

1. 理顺管理机制,维护市场秩序

按照相关法律法规,坚持驾驶员培训和驾驶证考核分离制度,理顺交通、公安部门的管理职责。加强管理部门之间的沟通,衔接好培训内容与考核项目;清理制约驾培业发展的政策和管理规定,研究制定培训车辆的牌照管理和上路的具体管理办法,提供驾培车辆的通行便利;有效整顿清理国家行政单位举办或参与举办的驾校和各类培训班,维护市场的正常经营秩序。

2. 加强市场监管,规范企业经营行为

对驾校经营行为进行有效监管,引导教练员规范教学。建立驾驶培训机构质量信誉考核制度和教练人员诚信考核制度,重点推动执行机动车驾驶员培训结业证制度、学员学籍档案管理制度及道路交通事故死亡的责任倒查制度的实施。组织教练员的岗位考核及再培训,提升教练员素质和教学水平,严格执行持证上岗制度。

3. 运用先进设备和技术,改善办学条件

鼓励运用先进的教学设备,重点推广模拟教学设备、电化教学设备、学时计时器、IC 卡数据设备和信息化管理平台,提高驾驶员培训质量和管理水平。改善训练场、教学车辆等教学设施,重点淘汰落后、老旧车型。根据现代交通发展趋势,更新丰富培训内容,加强现代交通知识、交通情况处理能力和交通环境适应能力等方面的教学。

4. 整合市场资源,优化市场结构

健全培训市场的准入退出机制,严格审批培训机构经营资质,实现市场供需总体平衡。推进培训市场的专业化、规模化、品牌化建设,鼓励驾校之间以重组与合并等形式做大、做强、做精,扶持 1 ~ 3 个具有一定规模、连锁经营的品牌培训机构。根据不同的区域经济条件及特点,有选择性地优化培训学校,西宁和格尔木鼓励发展一级驾校为主,州府形成少量一级驾校、二级驾校为补充的格局,而在偏远农牧区以发展三级驾校为主。

(四)汽车租赁行业发展策略

汽车租赁属于市场化程度较高的新兴行业,政府需要做好市场培育,同时引导行业规范发展。

1. 积极培育汽车租赁市场,拓展租赁业务范围

鼓励省内骨干运输企业开展汽车租赁业务,引进国内外租赁优势企业,以西宁和格尔木为中心重点培育若干跨区域经营的汽车租赁核心企业。积极拓展租赁业务范围,促进社会车辆长租的同时,根据全省旅游业发展和资源开发的需要,重点发展旅游车辆短租和货运车辆租赁等业务。

2. 优化汽车租赁网络布局,鼓励品牌连锁和网络化经营

鼓励核心企业拓展经营网点,开展品牌连锁和网络化经营,实现异地网络化经营。优化和调整汽车租赁的网络布局,重点加强机场、火车站、公路客运枢纽、物流中心、旅游景区等客货集散地的网点布局。

3. 建立行业监管体系,规范汽车租赁市场

加强汽车租赁相关规章、政策和标准的研究,制定汽车租赁业管理规定、行业服务标准、质量考核办法,规范汽车租赁行业的经营行为。建立信用评定、保险担保等信用机制,提高服务的制度保障能力。

第六章　近期行动计划

2009～2015年，青海省道路运输管理部门围绕破解“修车难”、“救援难”、“租车难”、“驾培质量差”等难题，推动实施“六个一”工程，力争到2015年，明显改善道路运输服务状况，提升行业服务能力，规范市场秩序，改善经营环境，初步适应道路运输发展的需要。

一、打造一批明星品牌企业

在全省开展重点道路运输服务企业资质审定工作，对一批龙头企业在基础设施、信息化建设、运输装备等方面给予支持，重点培育或引进1～3个具有较大规模、具有较强竞争能力的品牌维修企业、明星驾校和租赁企业。鼓励龙头企业跨区域设置网点，实行品牌连锁和网络化经营。

二、建设一批专业市场

开展三类机动车维修企业和临建用房维修点的服务质量和环境的治理整理，形成规范的维修市场；按照向社会提供“一站式”维修服务的目标，引导维修企业、4S店、汽车零配件公司聚集，形成一批汽车综合服务市场。对国家行政管理部门举办或参与举办的驾校和各种类型的培训班进行整顿清理，打造规范有序的驾驶员培训市场。鼓励运输企业开展汽车租赁业务，适当放宽准入条件，形成汽车租赁市场。

三、搭建一个汽车救援服务网络

有步骤地推进全省车辆救援网络建设，重点解决省、市、县三级车辆救援系统的组织建设、制度建设；构建汽车救援信息管理平台，重点建设西宁指挥控制中心和解决汽车救援系统的通信问题；初步建立汽车救援用备件、用品供应体系；完成高速公路、干线公路和县级以上城市市政道路的救援网络布局。

四、引进一批专业设备

鼓励企业购置先进的专业设备，提升企业的装备能力和技术水平。鼓励维修企业和综合性能检测站引进、使用先进的诊断、检测设备；鼓励救援机构配备专业救援设备，鼓励驾校配备先进的教学设备；鼓励企业利用计算机进行日常管理，建立用户信息档案，提高行业信息化水平。

五、培养一批专业人才

建立汽车维修行业从业人员和驾校教练员的职业资格管理制度，强化从业资格考试和审查。利用青海交通技术学校和品牌企业的教育资源，建立高水平的培训基地，建立长效培训机制，对驾校教练员、维修技工等专业人才进行职业道德、职业知识、职业技能和法律法规培训，不断提高从业人员的综合素质和从业能力，提高执法队伍的管理水平。

六、构建一个高效监管体系

加快行业的立法进程，逐步完善《青海省道路运输管理条例》，出台汽车维修、汽车救援、驾驶员培训和车辆租赁等方面的地方政策法规，研究救援车辆在高速公路和城市道路的通行停靠管理办法。加强法规的组织实施和执法工作，规范审批行为，简化审批程序，依法严厉打击各种违法违规行为，保障合法经营企业和消费者的合法权益，维护良好的市场秩序。成立相关行业协会，加强行业标准规范的制定和经营行为的监督、协调。

第七章　措施与建议

一、建立高效的行政管理体系

道路运输服务是道路运输系统的重要组成部分,是客货运输的有益补充和重要保障,各级交通运输主管部门应充分认识道路运输服务在交通行业发展中的重要性,努力实现道路运输服务的跨越式发展。将车辆维修与检测、车辆救援、驾驶员培训和车辆租赁纳入交通行业管理,在行政编制、管理经费、业务指导等方面给予保障,要统一机构名称,明确职责,建立起权责一致、管理顺畅、工作协调、办事高效的道路运输服务行政管理体系。

二、提高管理部门的公共服务能力

各级道路运输管理部门要按照建设服务型政府的要求,贯彻落实交通运输部"三个服务"思路,转变政府职能,提高行政执法能力。彻底转变"重审批、轻监管","重收费、轻服务"的不良倾向,将工作重心转变到市场监管和公共服务上来。打击非法行为,保护合法运输,维护行业公平与正义。扩大市场主体经营自主权,为市场主体创造良好发展环境。认真研究市场经济运行机制,严格遵循市场经济规律,综合运用经济、法律、行政、技术等多种手段,注重通过利益调整引导市场发展,提高驾驭市场的行政能力。

三、加大政府的扶持力度

争取从燃油税、车购税和政府财政中安排一定比例的资金作为引导资金和贴息资金,用于道路运输服务行业的公共基础设施建设、企业培育和人才培养。对社会公益性较强的车辆救援公共信息平台、车辆救援指挥控制中心,要加大政府资金投入。对藏区的综合性能检测站给予一定的财政支持,确保其正常的生产经营和设备升级。建立车辆救援补贴机制,对救援难度较大、经济效益较差并有社会救援机构承担的救援任务给予一定的资金补贴。对重点龙头维修企业和驾校在政策、税费和金融上给予支持,鼓励扩大规模、连锁经营。

四、大力发展行业协会和中介组织

按照市场经济运行机制,加快发展独立公正、规范运作的中介组织和行业协会,发挥中介组织和协会在政府、企业和消费者之间的桥梁与纽带作用。在道路运输协会的基础上,按照企业自愿参加的原则,推动成立汽车维修行业协会、驾驶员培训行业协会和相关的技术服务中介组织,负责行业的规范、标准制定以及企业经营的协调、自律。鼓励本省协会与其他地区协会的交流合作,扩大服务范围,提高服务质量。

五、确保规划的顺利实施

规划评审通过后,应尽快报省政府审批,明确本规划的法律地位,保障道路运输服务发展的科学性和有序性。规划批准后,应作为全省公路建设计划和项目审批的依据,同时争取将本规划的重要内容纳入青海省交通建设"十二五"规划。另外,应根据全省经济社会发展及道路运输发展中的重大变化,适时对规划进行修编,并经省政府再次审批通过后实施。

青海省公路水路交通运输
中长期人才发展规划纲要

（2011～2020年）

《青海省公路水路交通运输中长期人才发展规划纲要(2011～2020年)》

编写单位及人员

编制单位：青海省交通厅

编制人员：杨伯让　厅　　长

周勇智　副 厅 长

李　军　处　　长

鲁旦主　副 处 长

马进军　主任科员

参编单位：交通运输部科学研究院

参编人员：王先进　研 究 员

樊东方　助理研究员

孙志超　助理研究员

目录
CONTENTS

为进一步加强我省交通运输行业人才队伍建设，为加快转变发展方式、大力发展现代交通运输业提供强有力的人才保障与智力支持，根据《青海省中长期人才发展规划纲要（2010～2020年）》和《公路水路交通运输中长期人才发展规划纲要（2011～2020年）》，制定本规划。

一、发展现状与形势需求

（一）发展现状

近年来，全省各级交通运输部门和单位认真实施"人才强交"、"人才强省"战略，围绕我省交通运输发展全局和中心任务，依托重大建设工程和重大科研项目，不断加大人才资源管理和开发力度，行业人才队伍建设取得了显著成效。

根据统计调查结果，截至2010年底，青海省公路水路交通运输行业共有从业人员22.6万人，其中具有中专及以上文化程度人员3.2万人，具有大专及以上文化程度人员1.6万人；共有专业技术人员约7 900人，其中具有初级及以上专业技术职务人员近6 000人，具有中级专业技术职务人员1 900多人，具有高级专业技术职务人员400多人；共有技能人员2.8万人，其中具有初级工及以上技能等级人员2.6万人，具有高级工及以上技能等级人员5 000多人，具有技师及以上技能等级人员700多人；获得国家级和省（部）级科技奖励、受到国家级和省（部）级表彰、获得国家级和省部级技能竞赛奖励、享受国务院和各省（市、区）人民政府"政府特殊津贴"的人数达到158人。行业从业人员中，女性2.3万人，占10.2%；少数民族3.9万人，占17.1%；公务员699人，占0.31%。各州（市、地）交通运输主管部门也加大人才培养发现力度，评选了一批不同类别、不同层级的优秀人才。大批优秀人才快速成长，已成为青海省交通运输行业快速发展的重要支撑。

同时也应看到，与我省交通运输发展的需求相比，现有人才队伍还有诸多不适应的方面和环节，主要体现在：一是高层次、高技能人才仍相对缺乏，尤其是在国内外具有一定影响力和知名度的高级专家和领军人才为数不多；二是内河航运、地方铁路专业人才相对不足，难以适应未来我省内河航运和地方铁路发展的需要；三是人才培养开发和教育培训的长效机制尚未建立，人才选拔与评价体系还不够完善，人才资源统计和信息服务工作机制和平台有待于进一步完善。

（二）发展需求

2010～2020年，是我省把握新一轮西部大开发战略、国家支持藏区发展和全面启动玉树灾后重建工作的历史机遇，推动我省跨越发展、绿色发展、和谐发展、统筹发展的关键时期。交通运输作为经济社会发展的基础性和先导性产业，对消除贫困、富民强省，促进区域经济协调发展，全面建设小康社会和构建社会主义和谐社会具有重要作用。未来一个时期，我省交通运输发展需求将持续旺盛，数量规模和质量要求将继续提高，建设任务将更加繁重、发展难度更大、服务要求更高，不仅需要资金和技术的投入，更需要一支数量充足、结构合理、素质优良的人才队伍，这对我省交通运输人才工作提出了新的要求。

1.引导行业科学发展，需要切实加强高素质、复合型管理人才培养

管理人才尤其是管理干部，是实施重大决策、调控行业发展的领导力量，从源头上决定着事业发展的方向、重点与路径，从宏观上把握着行业发展的战略、规划和政策，从根本上影响着行业发展的速度、效率和效益。未来十年，青海交通运输仍将处于大繁荣大发展时期，在交通运输规划、建设、运输、管理和养护等各个领域将面临着更多更复杂的决策管理难题，必须努力提高管理干部的思想素质、理论素质、文化素质和专业素质，着力增强管理干部统筹规划和协调发展的能力、公共服务和组织保障能力、交通运输和建设市场依法监管能力、交通运输安全管理和重大突发事件紧急处置能力。这就需要一大批具有现代管理水平、综合素质高、开拓创新、廉洁自律的交通运输管理人才。

2.转变行业发展方式，需要重点加强高层次、高技能人才培养

专业技术和技能人才尤其是高层次、高技能人才，是行业发展的中坚力量。我省交通运输在国家政策的大力扶持下，已站在新的发展起点，未来十年发展的重点是加快转变发展方式，不断提高交通运输

现代化水平,努力缩小与发达地区的差距,实现我省交通运输发展的新跨越。这就要求行业人才发展,要针对交通运输发展质量、效益、安全、节能、环保和信息化等各个方面面临的技术性难题,着力提升现有人才队伍的素质与能力。一方面,要培养更多的高层次创新型人才,依靠他们的创新思维和创新能力,支撑解决交通发展改革中不断出现的新情况新问题,同时采取有效的政策措施,稳住和用好已经锻炼成长起来的一批极为宝贵且能扎根青海本地的优秀拔尖人才;另一方面,要针对交通运输生产建设一线面临的交通工程建设与运输服务质量问题,加强基层单位技能人才的素质与能力建设,确保交通运输发展的质量和效益。

3. 实现行业协调发展,需大力加强重点领域急需紧缺人才培养

发展现代交通运输业,突出强调运输系统各种方式、各个领域、各个地区的协调发展。就各种运输方式而言,近年来省委、省政府提出了"建设高原旅游名省"的发展战略,全力打造"大美青海"旅游品牌,这就要求行业人才发展,针对青海内河航运各类专门人才严重短缺的实际,全面加强航运管理、船舶驾驶、轮机管理、客运旅游、水上搜救等专业技术和技能人才的引进与培养;就各个发展领域而言,要由发展较快的交通运输基础设施建设领域更多地向规划、养护、管理和运输服务等领域人才队伍建设延伸,大力加强综合运输、现代物流、道路运输、养护管理、安全保障、交通行政执法等重点领域和特种专业急需紧缺人才的培养,着力优化人才队伍的专业结构,在结构调整中实现人才总量的有效增长;就地区协调发展而言,要根据我省民族人口的分布特点与素质状况,统筹推进各地区专业人才的培养,注重以培养能长期服务于、扎根于当地的专门人才为主要目标,采取倾斜政策,支持区域人才发展尤其是少数民族人才的发展,为增强区域交通运输自我发展能力,促进区域交通运输协调发展提供人才保障和智力支持。

二、指导思想、基本原则与发展目标

(一)指导思想与基本原则

深入贯彻落实科学发展观,面向我省交通运输推动跨越发展、绿色发展、和谐发展、统筹发展的需求,着眼于建设一个集聚人才、用好人才、成就人才的交通运输行业,遵循市场经济规律和人才成长规律,创新有利于人才发展的体制机制,以加快培养高层次、高技能人才为重点,以急需紧缺人才培养为抓手,整体推进各类专门人才队伍建设,为实现我省交通运输又好又快发展提供坚强的人才保障和广泛的智力支持。

我省交通运输人才发展应坚持以下原则:

1. 坚持立足现实与面向未来相结合

当前要突出实效性和可行性,对具有战略意义领域、急需紧缺的人才有针对性地加以重点培养和引进。同时着眼于未来我省交通运输事业和经济社会发展的态势,着力于构建人才培养与开发的长效机制,充分发挥青海交通运输人才对行业发展的引领作用。

2. 坚持扩大总量与优化结构相结合

根据我省交通运输未来发展的趋势和任务,把人才队伍建设指标纳入交通运输发展的总体规划,进一步加大人才资源开发力度,持续扩大总量,不断壮大规模,以满足经济社会和交通运输事业蓬勃发展的需要。同时,完善人才资源存量结构,着力提升现有人才队伍能力、层次和水平,以适应和引领交通运输发展方式转变、产业结构优化升级对人才发展的需求。

3. 坚持高端引领与整体开发相结合

围绕青海经济社会发展对交通运输人才的需求,立足省情,突出实效性和可行性,以高层次、高技能人才为先导,对交通运输发展重点领域紧缺急需的专业人才,有针对性地加以重点培养和引进。同时,坚持整体开发与分类指导,针对管理人才、专业技术人才和技能人才的不同特点与成长规律,统筹推进行业人才队伍的协调发展,促进人才队伍整体开发。

4. 坚持自主培养与开放引才相结合

根据青海省交通运输发展的任务和需求，不断优化人才发展的良好环境，加大对既有人才的培养与开发力度，盘活现有人才资源，提升人才使用效能，尽快培养一批创新型、应用型、复合型人才。同时，完善人才引进的激励政策，以高层次人才引进工程为抓手，吸引国外、省外优秀人才投身青海交通运输事业。

（二）发展目标

围绕青海省交通运输发展重点与任务，到2020年，人才结构进一步改善，人才队伍素质得到明显提高，人才资源分布得到合理调整，交通运输发展重点领域和特种专业人才紧缺状况得到较大程度缓解，人才资源保障能力基本适应我省交通运输业全面发展的需要。人才资源开发制度体系不断成熟，人才工作的管理机制逐步健全，人才政策体系日趋完善，人才成长环境明显优化，与发达地区的差距不断缩小。

交通运输人才发展的具体目标如下：

1. 人才总量稳步增长

除每年自然减员等因素外，确保人才资源总量稳步增长，人才资源保障能力基本适应现代交通运输业发展的更高需要，适应我省交通运输事业持续发展的需要，人才对行业发展的贡献率达到新的更高水平。

2. 人才队伍结构持续优化

到2020年，全省交通运输行业专业技术人员中高级职称人员达到10%以上，中级职称达到35%以上。技能人才中具有高级工以上职业资格的达到25%以上，具有技师以上职业资格的达到5%以上。重点领域和基层部门急需紧缺专门人才的数量、专业、学历、分布等比例结构明显改善。

3. 人才政策体系不断完善创新

结合国家、行业及青海省委省政府关于人才资源管理与开发的政策要求，加快我省交通运输人才政策开发和制度建设，完善各类人才引进、培养、使用、评价、激励等政策，改善人才发展的政策环境。

4. 人才培训与服务体系基本建成

通过完善交通运输行业与相关教育、培训机构之间的开放、合作机制，建立起充分利用行业内外优质教育与培训资源的交通运输人才培养和服务体系，为我省交通运输人才培训工作的顺利开展提供有效平台，适应我省交通运输人才发展需求。

5. 人才培养选拔工作取得明显效果

积极开展优秀人才培养选拔工作，通过授予荣誉称号、表彰奖励等形式，加大激励力度，力争经过十年的努力，培养10名左右在行业具有较高知名度和影响力的科技领军人才，50名左右在我省交通运输系统内具有较高知名度和影响力的青年技术专家，形成10个左右由拔尖专家担纲、年龄结构合理、技术优势突出的科研团队。

6. 拔尖人才更多脱颖而出

实现国家级、省级高层次人才新的突破，力争有2~3名人才入围交通运输部“十百千”第一层次人选，5名人才入选交通青年科技英才；10名人才入选青海省优秀专业技术人才，5名人才入选青海省优秀专家，1~2名人才入围享受政府特殊津贴的专家，3名人才成为新世纪百千万人才工程国家级人选；“多年冻土区公路建设与养护行业重点实验室青海研究观测基地”建设成为全国具有重大知名度与影响力的“人才高地”。

（三）主要任务

1. 大力加强管理人才队伍建设

（1）加大管理干部的培训与交流力度。制订干部培训计划，按照强化公共服务、严格依法办事和提高行政效能的要求，加大法律知识、管理知识、经济知识和交通专业知识的培训力度，五年内完成管理干部的普遍轮训。完善干部交流政策，畅通行政管理部门与所属事业单位间的干部交流渠道，加大不同部门之间干部交流、轮岗和挂职力度,丰富干部工作经验,促进人才合理流动。

(2)完善干部选拔任用与绩效考评制度。以深入贯彻执行《干部任用条例》为重点,不断改进干部考评的方式和手段,扩大群众对干部考评的参与范围,强化领导干部的年度考核。积极稳妥推行干部竞争(竞聘)上岗。大力培养选拔优秀年轻干部,完善培养措施,通过集中、全面、深入的考察和锻炼,建立一支数量充足、素质较高、结构合理的后备干部队伍。

2. 重点推进优秀拔尖人才培养

(1)加强高层次科技人才培养。围绕我省交通运输科技发展需求,结合交通运输部高层次科技人才的培养与选拔和青海人才发展重点工程的实施,制订和实施青海省交通运输优秀拔尖人才培养与遴选的专项计划与配套政策。创新人才培养模式与合作机制,以重大建设工程、重点科研项目、教学基地为依托,加强人事人才、科技管理、工程管理等部门间的沟通协调,开展省内外产学研合作,推进人才梯队和创新团队建设。完善人才引进政策,引进一批对行业发展具有重要促进作用的紧缺高端人才。

(2)加强高技能实用人才培养。面向我省交通运输建设和服务主战场,配合落实青海省新技师培养带动计划、能力促创业计划、国家技能资格导航计划和技能岗位对接行动等措施,以交通运输主干专业为重点,发掘现有教育培训机构潜力,重点建设1~2个技能人才培养示范院校与实训基地。落实高技能人才的岗位待遇,发挥高技能人才的"传帮带"作用。组织开展多层次、多工种、职工广泛参与的技能竞赛和岗位练兵、拜师学技、技术攻关等活动,促进岗位成才。

3. 全面加强急需紧缺人才培养

急需紧缺人才队伍建设,主要从我省交通运输和经济社会发展全局和战略高度出发,加强促进我省交通跨越式发展所需的紧缺人才和战略性人才的培养,重点是加强复合型管理人才、新兴领域专业技术人才和特种专业技能人才等专门人才的培养。加强优秀人才的引进,转变人才引进的旧思路,树立不求所有、但求所用的用人新观念。积极加强与内地高校、科研单位等部门的合作与交流,以本地特色项目为平台吸引各地的优秀人才为之服务,从而带动本地人才的进步。

对于复合型管理人才,重点针对我省交通运输管理人才队伍中普遍存在的业务知识单一、视野不开阔等现象,加强管理人才队伍综合知识培训,包括交通发展战略、法律法规、公文处理等方面,提高广大干部职工的战略思维、把握大局的能力和解决具体问题的专门技术,培养"一专多能"的复合型管理人才。

对于专业技术人才,重点针对综合运输、现代物流、智能交通、交通安全、节能环保、工程养护和运输服务等现代交通运输发展的新兴领域和薄弱环节,加大专业知识培训力度,全方位、多渠道地与国内外大专院校和科研单位加强交流与合作,提升专业技术人才的业务能力和水平。同时,通过挂职锻炼、派驻学习等方式,输送我省专业技术人才到技术先进的地区和单位学习交流,提高培养效率和效果。

对于特种专业技能人才,重点针对公路施工与养护、公路工程机械、内河航运等重点领域,尽快启动"交通运输行业技能型紧缺人才培养工程",重点建设一批技能人才示范性培训基地,组织建设大批技能人才的专业实训示范基地,努力把青海交通职业技术学院建设成为交通行业技能型人才培训基地。

三、重点工程

(一)管理人才队伍建设工程

1. 发展目标

以各级主管部门公务员和所属单位领导干部为重点,以提高领导素质、管理能力和执行力为核心,加强教育培训与基层实践锻炼,造就一批政治坚定、勤政廉洁、勇于创新、奋发有为,善于推动交通运输业科学发展的管理干部队伍。

2. 主要举措

按照国家有关规定和要求,继续加大公务员队伍法律知识、管理知识、现代经济知识和交通运输专业知识的培训力度,增强管理干部的责任意识、服务意识和创新意识,提升管理干部依法行政、履行岗位职责和驾驭新生事物的能力。重点加强综合规划、行政执法、财政金融、工程管理等特需人才的引进、培养力度。加大人才交流合作力度,积极协调,搭建平台,通过挂职锻炼、项目合作等方式,加大与部机关及部属单位、发达省份和地区的人才交流力度,“引进来”、“走出去”双管齐下,为我省交通运输发展补充新鲜力量,提高运用外部发展经验解决我省交通运输发展重点难点问题的能力。

加强行业主管部门所属单位领导队伍思想政治素质和业务领导能力建设,坚持落实《党政领导干部选拔任用工作条例》,建立健全领导干部选拔任用、绩效考评、权力运行监督约束、收入分配激励约束机制,改进干部考评的方式和手段。继续推行干部竞争上岗、领导干部任期制,继续加强后备干部队伍建设,在领导干部选拔和后备干部推选中,不拘一格选拔任用优秀青年人才和优秀党外人才,充实优化领导干部和后备干部的队伍结构。

(二)专业技术人才队伍建设工程

1. 发展目标

以创新能力建设为核心,以科技领军人才、学术带头人和优秀青年人才为重点,通过高端引领,加强人才梯队建设,到2020年,培养10名左右在行业具有较高知名度和影响力的科技领军人才,造就10个能够针对青海交通运输发展趋势开展持续研发的优秀创新团队。

2. 主要举措

制订专项计划,针对我省交通运输基础设施建设、路面养护、道路运输、勘察设计、技术研发、智能交通、环境保护、通信导航、安全应急等重点领域,加强科技领军人才培养。采取倾斜政策,加大我省主力科研机构、行业重点科研基地人才队伍建设力度。以重大建设工程和重点科研项目为依托,以不断完善行业人才政策和单位用人制度为保障,在实践中锻炼培养一批在各学科领域起核心作用的科技领军人才。努力将“多年冻土区公路建设与养护行业重点实验室青海研究观测基地”建设成为全国具有重大知名度与影响力的一个集聚人才、培养人才、用好人才、成就人才的“人才高地”。继续采取与国内外大专院校及科研单位合作的方式,采用导师制、工作站、流动站、特聘制以及合作开发、派驻工作等多种形式强化科技领军人才培养。支持优秀人才承担重大项目、出版学术专著、参加国际培训和开展学术交流。加强人才梯队建设,组织做好各级、各类优秀人才的评选工作,帮助人才快速成长,支持人才持续发展。建立我省交通运输青年科技英才评选制度,分年度推出我省“十大交通运输青年科技英才”,并在项目申报、职称评审等方面给予政策倾斜。同时,按照部《新世纪十百千人才工程实施方案》和《交通青年科技英才评选、奖励和管理办法》以及《青海省中长期人才发展规划纲要(2010~2020年)》和《青海省人才“小高地”建设管理暂行办法》的要求,积极推荐参与行业、省内拔尖人才评选工作,提高我省交通运输专业技术人才的奖励层次和影响力。

(三)实用技能人才培养工程

1. 发展目标

完善技能人才培养培训体系,健全技能人才培养选拔机制,推进职业资格制度体系建设。到2020年,实现技师及以上高技能人才占技能人员总量的比重达到5%。

2. 主要举措

按照我省交通基础设施建养和运输服务等领域的重点任务,适应交通运输发展方式转变对技能人才的需求,在公路养护、汽车驾驶与维修、船舶驾驶、工程设备应用及维修、物流服务等专业领域,培养技术技能型、知识技能型、复合技能型等各类高技能人才,着力提高技能人才解决关键技术和工艺操作性难题的能力。依据技能人才成长规律,研究制定技能人才的评价标准、创新培养模式、激励措施和管理办法。

推进以职业能力为导向、以工作业绩为核心的职业技能鉴定工作,学习、吸收行业及发达省份职业资格制度建设的先进经验,加快我省职业资格制度建设工作。对交通运输行业主要专业、工种,相应建立符合我省交通行业管理需要,体现行业特点和地域特点的技能人员职业资格制度体系。落实技能人才岗位待遇,做好对掌握特殊工艺的特殊工种人才的服务工作。

(四)教育人才队伍建设工程

1. 发展目标

以交职院为基地,加强现有教师培养,多渠道引进优秀人才,建立健全兼职教师聘任的长效机制,到2015年,培养评选10名左右教学名师,逐步培养一支高素质、创新型教学名师队伍。

2. 主要举措

结合我省教育人才队伍建设计划,以高层次创新型教育人才为重点,加大在职培训和继续教育力度,提高教育人才队伍整体素质和学历结构层次,切实加强学科带头人、骨干教师队伍建设。

加强现有教师的在职培训。针对现有骨干教师的专业结构和自身特点,提高骨干教师师资的专业水平与学历层次,培养出一批一专多能型的教师。鼓励优秀工程技术人员担任兼职教学工作;利用寒暑假,对现有教师进行在职理论知识和实际操作技能培训;积极创造机会,每年选派骨干教师出国考察学习,参与国内外学术论坛,参加业务学习,提升教育理念,提高学术水平。对优秀教师承担科研项目优先考虑,并提供相应的配套经费。

提高教师的实践能力,加强"双师素质"教师的培养。选派教师到"双师素质"教师培训基地学习培训,组织教师参加行业内如咨询工程师、监理工程师、建造师等的培训,并取得相应职业资格和证书,加强产学研联合,分批选送教师到路桥施工等相关企业兼职参与工程项目。到2020年,力争使职业学校"双师型"教师占专业课教师和实习指导教师的比例达到50%以上。

四、人才发展体制机制创新

(一)人才录用与引进机制

按照"不求所在,不求所有,但求所用"的原则,打破户籍、部门、身份及地域界限,制定吸引国内外人才特别是高层次优秀人才到我省交通行业服务的具体办法和配套政策。既可以引进人才,也可以引进智力,还可以引进研究项目和成果。引进可以采用调动、聘用、借调、兼职、讲学、培训、科研等多种形式,壮大交通行业高层次人才队伍,提高高层次人才队伍实力。

对于各级单位引进急需紧缺人才、特种专业人才和高层次、高技能人才,主管部门可采取灵活考核、特事特办的方式,在户籍、住房、医疗、社会保险、子女入学、家属就业和工作待遇等方面给予支持;对于厅属单位推行社会化用工制度,要求按照国家有关政策规定,建立健全社会化用工管理办法及实施细则,保障被聘人员的合法权益。

(二)人才培养与使用机制

按照"以用为本"的政策导向,针对高层次、高技能人才严重短缺的突出问题,制、修订一批人才培养与使用政策,增强政策的指导性和可操作性。针对科技领军人才和优秀青年人才培养与使用,明确、细化依托重大建设工程和重点科研项目培养和使用人才的倾斜性政策,包括科研经费保障政策、学术活动资助政策、国内研修资助政策、学术休假保障政策等。落实国家有关部署,推进实施"青海交通运输人才知识更新工程"。

根据各类人才的不同特点,制定各类人才能力建设的标准框架,完善教育培训的内容、方法和机制,建立面向全行业的以能力为基础的各类人才培训和开发体系。加强各级交通运输部门的上下联系与区域合作,鼓励并积极提供机会给我省交通运输人才参加中、东部地区项目研究,鼓励中、东部地区高层次人才以挂职形式参加我省交通建设和科研项目。

(三)人才评价与发现机制

按照国家公务员考核的要求,建立健全公务员考核制度,完善平时考核与年度考核相结合、定性考核与定量考核相结合的考核标准,提高结果的使用效果。建立健全各级单位领导干部选拔任用和绩效考评机制,改进干部考评的方式和手段。

针对职称评审、职位评定，研究建立客观、公正、科学、合理、可行的人才评价体系和有效激励政策，注重通过评价人才发现人才，促进人才健康快速成长。针对优秀人才评选，有计划地启动和推进人才评价研究和制度建设工作，明细并规范职位分类，针对不同职位的核心能力要求与业绩表现特点，完善以能力和业绩为导向、以量化指标为主的人才评价指标体系。建立在重大科研、工程项目实施和急难险重工作中发现、识别人才的机制。制定并落实“青海省交通科技英才评选”制度，定期评选推出我省交通优秀人才，并积极向行业和地方政府推荐，提高人才层次。

（四）人才激励与保障机制

落实国家和行业政策，以效率优先、兼顾公平为原则，以用人单位人事人才管理制度建设为载体，以建立健全收入分配制度和社会保障体系为核心，加快完善适合本单位特点与发展要求的人才激励与保障机制。

着力完善分配激励机制，在用事业留人、感情留人的同时，注重待遇留人。建立健全切合单位实际的薪酬体系和分配制度，充分体现收入分配向一线部门和一线岗位、业务骨干和优秀人才倾斜的政策力度，要在注重公平的情况下大幅度提高尖端人才的收入待遇，积极探索劳动、资本、技术和管理等生产要素合理参与分配的机制，逐步建立技术、专利等知识产权入股制度和技术创新人员持股制度，努力缩小高层次人才的收入水平与内地同类岗位市场水平的差距。建立技术与行政平行发展的双通道，为专心于技术领域发展的人才提供与行政领域同样广阔的发展空间。各级部门和单位要按照国家政策，完善以补充养老和医疗保险为主的社会保障制度，消除人才流动的后顾之忧；着力规范社会化用工管理，切实体现同工同酬，缩小社会化用工与在编人员的收入和福利等待遇差距。

五、规划实施的保障措施

（一）强化组织领导，增强人才工作的协同性

坚持党管人才，加强各级党组织对人才和教育培训工作的领导，加快建立和完善统分结合、协调高效的人才工作机制，逐步形成党委统一领导，人事教育部门牵头抓总，有关部门各司其职、密切配合的党管人才新格局。省厅负责全行业人才与教育培训工作的宏观指导协调，制定符合新形势要求的全省交通运输行业人才与教育培训工作的发展规划，负责编制、实施交通拔尖人才的选拔办法和管理制度，形成优秀人才脱颖而出的工作机制，组织人才资源开发与培训等活动；各级交通运输部门和单位负责各自领域人才与教育工作的规划制定和组织实施，做好调研、指导和考核等工作。建立健全人才、科技、教育工作联系制度，在各类交通企事业单位之间以及内部业务管理部门、科技管理部门和人事管理部门之间，定期交流交通人才与教育培训工作的经验和信息，建立起各部门相关资源整合利用的经常性协商渠道，实现各部门之间在重大工程实施、科技项目组织、优秀人才培养等方面政策的有效衔接，构建我省交通运输人才工作的新格局。同时，加强与国家交通运输主管部门、科技教育主管部门及省科技教育主管部门的沟通，全面建立人才、科技、教育工作联系机制，加强人才培养与科教合作，不断优化我省交通运输人才发展的外部环境。

（二）加强前期研究，构建规划贯彻落实体系

各部门、各单位要切实转变观念，把人才工作放到更加重要的战略位置，本着“立足当前、着眼长远、积极筹划、超前打算”的原则，从我省经济社会和交通事业发展的大局出发，着眼于人才资源总量增长、素质提高、结构优化、分布合理，特别是对关键领域和高层次创新型人才需求，加强人才开发的前瞻性研究。通过制定政策、营造环境、整合力量、提供服务，为交通行业一切有志成才的人提供更多发展机遇和更大发展空间。

各公路建设、道路运输、内河航运、信息化、科技教育等部门及工程施工、勘察设计、科技研发等单位要按照本规划纲要的总体要求，立足我省交通运输行业发展大局和各类人才发展实际，组织专门力量，深入开展调查研究，编制本领域、本单位人才开发专项规划，细化工作任务，明确工作重点，形成上下衔

接、左右协调的人才发展规划体系。通过系统的人才规划整体推进新时期人才工作的发展,使人才工作步入科学化、规范化的轨道,以适应我省交通运输事业持续快速健康稳定发展需要。

(三)加大资金投入,强化人才工作的保障力

资金支持,是强化人才资源开发与管理的基本保障。要尽快建立稳定长效的资金渠道,切实保证对人才和教育工作的资金投入。要牢固树立人才优先观念,根据人才工作实际需要,在财政预算中安排必要的资金用于人才资源开发与教育培训工作,逐步建立起稳定长效的资金投入机制,不断加大对人才工作的投入力度。

努力引导和推动企业单位和社会组织加大对交通运输人才队伍建设的资金投入,条件成熟后积极创立具有交通运输行业特点的人才发展专项资金,用于支持高层次、高技能人才以及紧缺性人才的引进、培养计划的实施,以及人才问题的前期研究等,为加快人才培养创造更加有利的条件。

(四)加强文化建设,增强行业人才的凝聚力

加强全省交通运输行业的机关文化和企业文化建设,运用文化的力量,继承行业的优良传统,弘扬行业的时代精神,构筑行业内部的和谐关系,增强整个行业的团队意识,激发交通人才的积极性和创造性,提高交通运输行业的凝聚力和战斗力。要进一步加强人才工作,要关心人才、爱护人才,树立人人均可成才的观念。既在工作上为他们创造发挥才能和提高能力的条件,又要热情地在思想和生活上帮助他们,为他们解除后顾之忧。要大力构建具有行业特色的充分体现人本理念和人文关怀的人才管理文化和人才服务文化,增强交通运输行业人才队伍的集体观念和团队精神,提高交通运输行业人才队伍的凝聚力和战斗力。

(五)加强人才统计,夯实人才管理决策基础

加强人才资源的开发和管理,需要掌握全面、系统、准确、及时的人才信息,把握人才总量、结构、素质和分布情况,并依此作出科学的人才决策。为此,要完善人才统计指标体系,制定符合交通运输实际的行业、部门、类别、层次的人才统计指标。改进人才统计调查方法,合理界定人才统计的口径和范围,逐步形成部门统计与行业统计相结合,以全面调查为基础、以经常性抽样调查和重点调查为补充的行业人才统计调查体系,同时要充分利用交通运输行业现行的统计调查渠道,建立交通运输人才统计调查制度与长效机制。要加强人才统计分析工作,在搜集和整理基础统计数据的基础上,进一步加工和提炼出更便于直接使用的决策信息。强化人才统计信息服务,扩大服务对象,丰富服务内容,改进服务方式,为社会各界提供交通运输人才供需信息。

青海省东部城市群交通发展规划

《青海省东部城市群交通发展规划》

编写单位及人员

编制单位：青海省交通厅

编制人员：杨伯让　厅　　长
王廷栋　副 厅 长
王永祥　副 厅 长
唐　玲　调 研 员
孟登奎　主任科员
王晓莉　高级工程师
王宏凯　高级工程师

参编单位：交通运输部规划研究院

参编人员：关昌余　副 院 长
石良清　所　　长
安旗林　副总工程师
信红喜　副 所 长
杨爱国　室 主 任
邵　洁　项目负责人
汪　忠　高级工程师
杜江涛　高级工程师
韩先科　高级工程师
李　颖　高级工程师
崔　姝　工 程 师

目录
CONTENTS

第一章　概　　述

第一节　规 划 背 景

改革开放以来，尤其是西部大开发战略实施以来，以西宁为中心，包括大通、湟中、湟源、平安、乐都、互助、民和 7 个县在内的东部地区已经逐渐发展成为青海省区位条件最好、城镇密度最高、经济发展最快、发展潜力最大的地区。2010 年，该区域常住人口 328 万人，地区生产总值 758 亿元，分别占全省的 59% 和 56%，在全省经济社会发展中的地位日益突出。

2010 年党中央、国务院下发了《深入实施西部大开发战略的若干意见》，指出今后十年将是深入推进西部大开发承前启后的关键时期，西部地区面临难得的发展机遇。站在新的历史起点上，青海省委、省政府提出了全力推进以西宁为中心的东部城市群建设的战略部署，旨在通过东部城市群建设，使其成为新的区域增长极和推动全省跨越式发展的引擎，加速全省城镇化、工业化进程，促进全省城乡区域协调发展，加快建设富裕文明和谐新青海。根据东部城市群发展总体规划，未来该区域发展以城镇融合、共兴共赢为目标，多主体互动、多层次布局、多空间扩展。到 2030 年，西宁将建设成为我国大型现代化城市，东部城市群接近或达到我国中部地区城市群发展水平，全面形成区域经济一体化格局，在青海省率先实现整体现代化。

交通是强化城市联系的重要载体，是支撑和引导东部城市群空间有序发展，引领东部地区率先崛起，进而带动全省经济社会跨越式发展的基础和保障。与我国东中部发达地区的城市群相比，以西宁为中心的东部城市群发展目前处于初级阶段。从青海省作为高原地区、民族地区、西部地区和欠发达地区的特殊省情出发，加快交通基础设施一体化进程是现阶段实现东部城市群交通一体化发展的首要任务，也是降低整个城市群区域运输成本，进一步强化区域间分工，从而促进整个城市群区域经济一体化的重要途径。

从目前区域交通发展状况来看，交通基础设施不完善，运输市场不对接，一体化交通运输体系尚未形成，区域交通资源的综合优势尚未充分发挥，交通对区域经济社会发展的支撑和引领能力不足。随着东部城市群的深层推进，区域经济社会一体化进程将进一步加快，区域人口分布、土地利用格局、产业布局和城镇体系也将发生一系列深刻变化，这些变化将对区域一体化交通发展模式提出新的更高要求。此外，东部城市群地处青藏高原的湟水河谷地带，交通线位资源有限，如何突破环境制约、统筹考虑区域交通基础设施的布设，进而引导城市群可持续发展也是亟待解决的问题。

为深入贯彻落实推进以西宁为中心的东部城市群建设战略部署，青海省交通厅委托交通运输部规划研究院开展青海省东部城市群交通发展规划的编制工作，旨在高起点、宽视野、前瞻性地谋划区域交通发展战略，优化配置区域交通资源，强化交通对城市群建设发展的支撑和引领作用，促进东部城市群率先发展、积极融入国家区域经济发展版图，进一步带动全省加快实现跨越发展、绿色发展、和谐发展和统筹发展的重大目标。

第二节　规划范围与期限

规划范围：西宁市区、大通县、湟中县、湟源县、平安县、乐都县、互助县、民和县共一市七县。

规划对象：涵盖公路、铁路、民航和轨道交通等运输方式以及城市交通（不涉及城区内部交通基础设施布局）的相关内容，并以基础设施规划建设为重点。

规划期限：规划的基础年为 2010 年，目标年为 2030 年，分为三个阶段，近期 2011 ~ 2015 年、中期 2016 ~ 2020 年、远景展望到 2030 年。

第二章　经济社会发展特点及对交通运输发展的要求

第一节　经济社会发展现状及特点

青海东部城市群由西宁市区、大通县、湟中县、湟源县、平安县、乐都县、互助县、民和县共一市七县组成，面积2.5万平方公里。西部大开发战略实施以来，青海东部城市群经济社会持续快速发展、城镇化进程明显加快，综合实力显著增强。2010年，区域常住人口327.8万人，完成地区生产总值757.8亿元，财政一般预算收入76.3亿元，分别占全省的58.5%、56.1%和37.2%；城镇化水平50.8%，高于全省平均水平约9个百分点。青海东部城市群已成为全省基础最好、潜力最大、实力最强的地区，具有发展成为城市群和区域经济增长极的条件，但整体发展水平仍然不高。2010年青海东部城市群主要社会经济指标见表2-1。

2010年青海东部城市群主要社会经济指标　　表2-1

主要社会经济指标	东部城市群	青海省	占全省比重(%)
面积(万平方公里)	2.5	72.2	3.4
年末总人口(万人)	327.8	560.0	58.5
城镇化率(%)	50.8	41.7	—
财政一般预算收入(亿元)	76.3	205.0	37.2
地区生产总值(亿元)	757.8	1 350.4	56.1
人均地区生产总值(元)	23 115.0	24 115.0	95.9

一、具有较强的经济基础，但对周边地区的辐射带动能力较弱

青海东部城市群是陆桥通道上兰西经济区的重要组成部分，在全国区域总体发展格局和青海"四区两带一线"发展格局中具有突出的战略地位。西部大开发战略实施以来，该区域经济实力稳步提升。2010年，人均国内生产总值突破3 000美元，是全国平均水平的81%。但是，西宁与海东一体化进程较缓慢，各城镇之间发展差距明显，人均地区生产总值最高的西宁市是互助县的27倍左右，集群式经济增长还处于培育阶段。另外，京藏高速公路、西宁—和田高速公路、张掖—打络高速公路、兰新铁路第二双线等对外运输通道尚未全线建成，影响了该区域与周边地区的交流与融合。

二、产业体系较为完备，但分工协作亟待改善

东部城市群区域集聚了全省大多数经济、人口和社会资源，已初步建立较为完备的产业体系，形成了小麦、油料、蔬菜等大宗农作物主产区和冶金、化工、电力、建材、机械、毛纺、皮革、食品加工等门类较齐全的工业体系，其中，第二产业比重显著加大，工业增长势头强劲。然而，有色金属加工、装备制造、新能源、生物医药等特色优势产业规模偏小，聚集程度不高，企业和产品在国内国际市场上竞争能力较弱。此外，各县发展基础较差，制造业和服务业滞后，经济同质化程度高，互补性较差，各城镇间缺乏深入广泛的产业合作，资源、要素无法在区域内有效配置和顺畅流动，错位发展、相互配套、分工协作的现代产业体系尚未建立。2009年东部城市群各县市产业结构见图2-1。

三、城镇体系初步形成，但空间结构与布局尚需优化

青海东部城市群地区分布着53个城镇，其中有5万人以上城镇8个，3万~5万人城镇9个，3万人

以下小城镇36个。西宁已经发展成为功能较为完善的中心城市，大通、湟源、平安、乐都、互助等城镇人口快速增长，城镇基础设施日趋完善，已具备发展成为小城市的条件。区域城镇人口已突破160万，城镇化率达50.8%，以特大城市为依托，城市与城镇共同发展的城镇体系格局初具雏形。但是，该区域仅西宁一个城市，没有中小城市，城镇体系结构较为失衡。目前，西宁市可供集中开发利用的国土空间日渐紧张，周边县城和小城镇基础设施薄弱，城市功能尚不完善，成长动力不足，城市与周边组团难以实现功能对接，中心城区过度拥挤与周边组团欠发展的不均衡局面已经成为当前突出的问题。

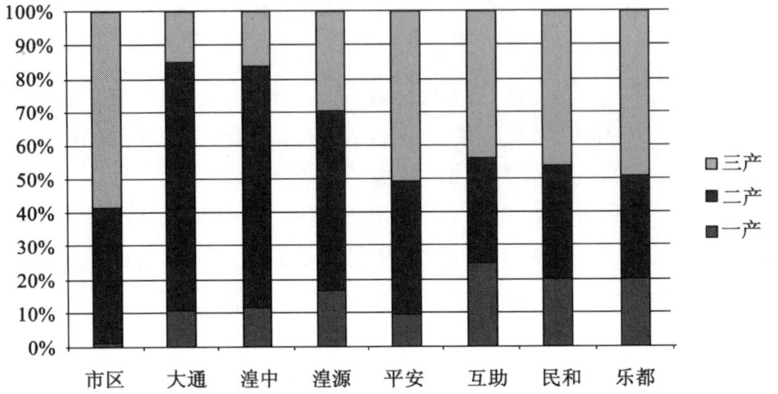

图2-1　东部城市群各县市产业结构(2009年)

四、国土资源较丰富，但生态环境较为脆弱

青海东部城市群处于青藏高原与黄土高原的交错地带，平均海拔2 100米，地势起伏较大，地貌以山地和河谷盆地为主，适宜工业化城镇化开发的面积占陆地面积的比例较小，开发强度较低，但适宜集中连片大规模高强度开发的土地较少。区域地处黄河上游，境内分布着湟水河、大通河流域和青海湖，水资源较为丰富；自然风光秀美，历史文化悠久，人文景观丰富，是全国著名的旅游文化胜地。但区域植被覆盖率较低，山体滑坡、低温冷冻等自然灾害频发，水土流失形势较严峻，生态环境脆弱。

第二节　东部城市群内涵及阶段特征

一、东部城市群内涵

城市群是在特定的区域内云集相当数量的不同性质、类型和等级规模的城市，以一个或多个大城市为核心，借助现代化交通运输体系和信息网络，共同构成的一个“结构有序、功能互补、联系密切、整合优化”的城市“集合体”。在区域经济一体化发展的新形势下，城市群是城镇化的高级形式和主流趋势，是工业化、现代化的重要标志。党的十七届五中全会明确提出“按照统筹规划、合理布局、完善功能、以大带小的原则，以大城市为依托，以中小城市为重点，逐步形成辐射作用大的城镇群，促进大中小城市和小城镇协调发展”。国家在国民经济和社会发展“十二五”规划中提出“在中西部有条件的地区培育壮大若干城市群”。东部城市群是青海资源环境基础最好，经济、人口、社会总体发展水平最高的区域，具备经济一体化发展和城市群建设的条件。根据《青海省东部城市群发展总体规划》，东部城市群的发展定位、发展目标、空间结构布局及产业发展目标如下：

（一）发展定位

东部城市群是全省重点开发区、青藏高原的经济发展核心区域、重要增长极，全省的政治、经济、文化中心，带动全省经济社会发展的火车头，矿产资源精深加工基地、特色农牧业产业化基地，新技术、新产品、新业态、新体制、新模式的孵化地、扩散源和“桥头堡”，全省及我国西北交通枢纽和商贸物流中心。

(二)发展目标

以城镇融合、共兴共赢为目标,多主体互动、多层次布局、多空间扩展,把东部城市群打造成支撑青海“四个发展”的重要增长极。

到2015年,西宁市具备向大城市发展的坚实基础,大通、湟中、湟源、平安、乐都、互助、民和的城市功能和主导产业定位基本明晰,形成至少一个城市群次中心城市。城市群经济总量达到1 400亿元,城镇人口达到190万人,城市化率达到52%以上。

到2020年,形成布局优化、结构合理、与周边区域融合发展的开放型城市体系,城市群经济总量突破3 000亿元,城镇人口达到230万人,城市化率达到58%。

到2030年,西宁市建设成为我国特大型现代化城市,青海东部城市群接近或达到我国中部地区城市群发展水平,建立新型城市化、工业化发展模式,全面形成区域经济一体化格局,为在全省率先实现现代化迈出实质性步伐。

(三)空间结构和布局

采用“一核一带一圈”的空间布局。“一核”指西宁市城区构成的核心区,是全省政治、经济、科技、文化中心,高原旅游目的地,青藏高原、中国西部现代化中心城市,青藏高原重要的宜居城市;“一带”即平安、乐都、民和城镇发展带,是沿湟水经济带的重要组成部分,城市群新型工业集中区和新能源试验区,特色农业和现代服务业的重点发展区,承接西宁产业梯级转移的重要地区;“一圈”指以西宁为中心的一小时经济圈,在“一核一带”的基础上,通过现代化交通网络、信息网络、物连网络形成由一市七县组成的规划统一、发展统筹、市场一体、功能互补的城市圈。“一带一圈”是承接产业梯级转移的重要地区,全省重要的现代制造业、新型建材、职业教育示范基地,城市群“菜篮子”主要生产、供应和保障基地,全省重要的宜居宜业地区。西宁和海东地区区域空间统筹模式见图2-2。

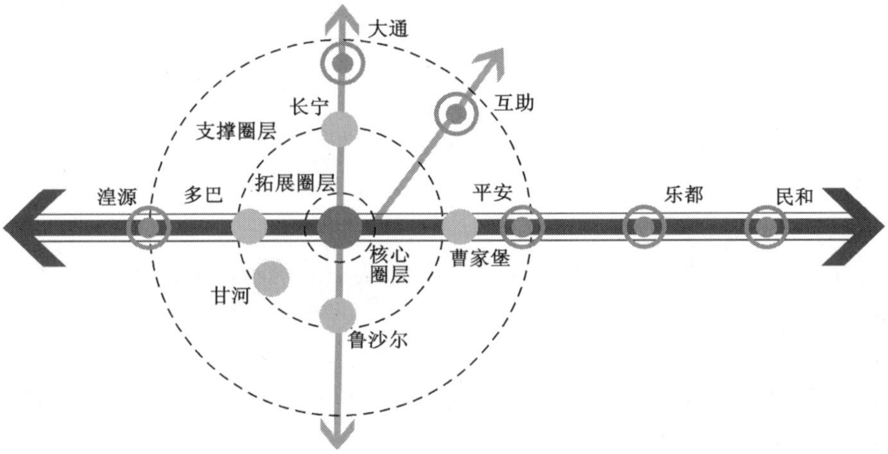

图2-2　西宁和海东地区区域空间统筹模式图[1]

未来东部城市群将形成“一主一副两区”的空间发展组织。“一主”即西宁市主城区,“一副”即乐都副中心城市,“两区”即西宁都市区和海东次区域。东部城市群的空间发展主导方向是向东,加强西宁中心城市与兰州中心城市的联系协作,加快两个中心城市与中心城市发展轴之间各城市的开发建设,共同实施兰西经济区重点发展的国家发展战略。

(四)产业发展目标

将东部城市群全力打造成在全省乃至整个西北地区有影响的新能源、新材料、有色金属、装备制造、特种钢、特色纺织、生物医药等特色产业集群。继续夯实东部地区传统设施农业、养殖业和农产品精深加工业发展基础,壮大发展高原特色农畜产业,推进发展县域特色工业。根据各县自身优势条件,大力

[1] 图引自《西宁市2030年城市空间总体发展规划》。

发展设施农业和观光农业,形成各具特色的农业产业园;充分利用旅游资源优势,大力发展旅游业,将乡村生态旅游作为提高农民收入的主要手段。

根据《青海省东部城市群城镇体系规划(2011～2030年)》,未来东部城市群城镇体系的等级规模及职能定位是:

1. 西宁中心城市

西宁市发展成为新欧亚大陆桥的重要节点城市,青藏高原区域性现代化中心大都会区,历史文化旅游名城,区域性现代交通物流中心、商务金融中心,全省先进制造业和科技创新基地,国家级循环经济试验区,引领青海省乃至西部区域发展的战略增长极。

远期西宁主城区人口规模140万～150万人,远景达到160万人。

2. 中心城市功能组团

鲁沙尔—塔尔寺、多巴—甘河、长宁三个城市组团成为西宁中心城市的重要组成部分,承担着中心城市工业、物流、旅游、居住、交通等多种功能。

湟中县划入西宁市区,三个城市功能组团远期人口规模29万～46万人,远景达到57万人。

3. 乐都副中心城市

青海省东部副中心城市,河湟文化古都,是以新型工业、特色农畜产品加工物流和现代服务业为主导的生态宜居城市。远期规划人口20万～30万人,远景规划50万人。

4. 县域中心城市

(1)大通城区

青海省重要的工业基地,具有现代商贸流通和旅游服务的西宁都市区城市。远期规划人口20万～25万人,远景规划30万人。

(2)平安城区

青海省东部的区域性空铁公交通枢纽,新型产业示范基地,具有高原古驿文化特色的现代化空港城市。远期规划人口14万～18万人,远景规划20万人。

(3)互助城区

具有地域民族文化和高原生态特色的国家级旅游休闲度假名城。远期规划人口12万～15万人,远景规划18万人。

(4)民和城区

青海省东部门户,兰西经济区区位中心,以工贸、物流为主导的园林宜居城市。远期规划人口14万～18万人,远景规划20万人。

(5)湟源城区

以农畜产品交易、加工和商贸为主的唐蕃古韵高原生态文化旅游城市。远期规划人口9万～11万人,远景规划12万人。

5. 重点镇

规划上新庄镇、塘川镇、官亭镇等13个片区中心镇或特色镇作为重点镇,划分为工贸旅游型、工业型、商贸加工型、商贸旅游型、商贸型和旅游型六种。重点镇发挥服务镇域及周边地区生产生活的功能,利用当地特色资源,使每个地域单元形成综合型、工业型、旅游型、商贸型和农业型城镇相互协调、相互配合、共同发展的局面。重点镇远期规划人口0.4万～5万人。

6. 一般镇

规划26个一般镇的基本功能是农副产品集散地,在经济社会中发挥辖区内农村、农业、农民生产生活多功能服务中心的作用。一般镇的远期规划人口0.3万～1.5万人。

二、东部城市群发展阶段

城市群是工业化和城市化不断发展的产物,经济持续发展尤其是工业化促使人口向城市地区聚集,城市规模不断扩大，城市数量不断增多；社会化大生产要求资源在更广阔的地域范围配置，促使城市的生产能力和生活方式向外扩散。当集聚和扩散作用发展到一定阶段，城市职能分工发生变化，中心城市与周围城镇在地域逐渐形成紧密联系的整体。纵观国内外不同的城市群，大都经历了由低级到高级、由简单到复杂的发展过程。根据相关研究成果，城市群的成长与演变一般分为雏形发育、快速成长、趋于成熟和成熟四个阶段，见表2-2、图2-3。全国各大城市群分布见图2-4。

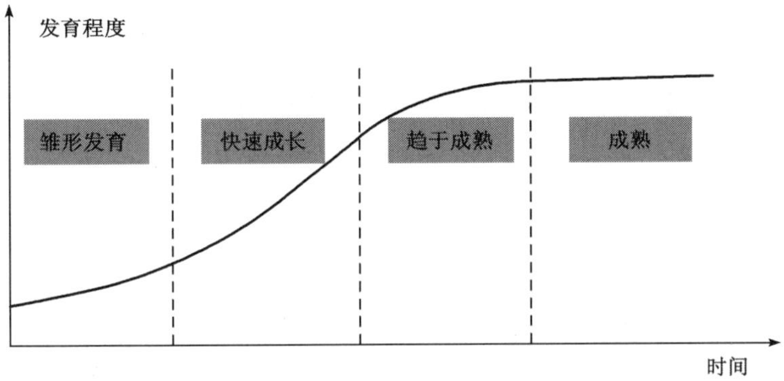

图2-3 城市群发展阶段示意图

城市群不同发展阶段比较 表2-2

指标	阶段			
	雏形发育	快速成长	趋于成熟	成熟
城镇化率	30%左右，增长速度较慢	30%～50%，快速增长	50%～70%，增长速度趋缓	70%以上，趋于稳定
城镇体系	不完善，城镇密度较低	较为完善，城镇密度较高	完善，密度继续提高	完善，密度趋于稳定
空间组织	松散，基础设施不完善	较紧密，基础设施快速建设	紧密，基础设施较完善	紧密，基础设施完善
空间作用	集聚作用绝对占优	集聚作用为主，扩散作用为辅	集聚作用与扩散作用趋势平衡	扩散作用占优势
城市分工	城市孤立发展，未形成分工体系	城市间出现初步分工	分工体系较合理	分工体系完善
增长路径	外延式增长	外延式为主，内涵式为辅	内涵式为主，外延式为辅	内涵式增长

2010年，东部城市群地区城镇人口167.4万人，城镇化率为50.8%，城镇化水平快速提高。区域已形成由1个特大城市和52个小城镇组成的城镇体系，但体系结构不尽合理。西宁经济实力较强，城市功能较完善，已基本具备核心城市的综合管理职能和辐射带动能力；各县发展相对滞后，城镇化水平仅为18%～30%，但城镇人口快速增长，基础设施建设迅速，发展成为小城市的条件日益成熟。区域产业结构加速升级，第二产业比重显著上升，居于主导地位，第三产业快速稳步发展，对经济增长的贡献份额不断增大。在政府的有效引导下，产业空间重组已经取得一定成效，不同层次的工业园区、农牧业产业园区、生物园区、物流园区形成一定规模。省内的人口及产业向中心城市加速聚集，西宁的部分城市功能已经开始出现向郊区和外围扩散的趋势，但不同城镇的功能定位还不明确，职能分工体系还不完善。区域基础设施建设进度明显加快，沿湟流域轴线形成多种运输方式共同组成的综合运输通道，西宁与各县之间基本上实现高等级公路连接。从上述特征判断，区域处于城镇化进程加速推进期、产业结构快速升级期、城市职能分工空间重组期、城市集聚扩散交互作用期，具有明显的城市群雏形发育期的初级阶段特征。

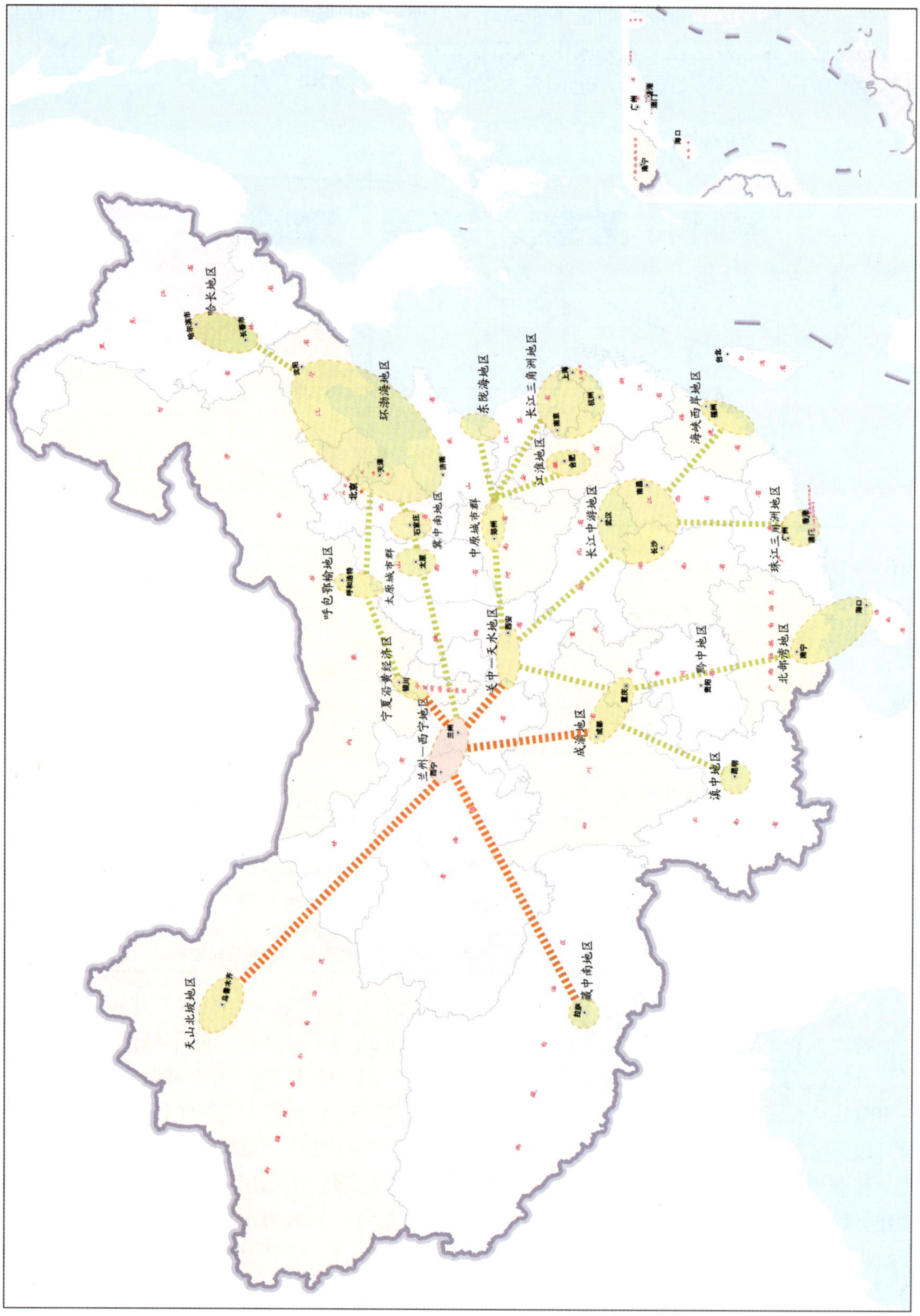

图2-4 全国各大城市群分布示意图

第三节 发展要求

交通运输网络是青海东部城镇间相互联系的基础纽带，对于促进东部城市群的资源整合、产业整合、土地利用整合和功能整合，实现一体化发展至关重要。青海省东部城市群建设，需要交通运输提供引导和支撑。

一、促进与周边地区的交流与合作，发挥城市群的辐射带动作用，需要畅通对外运输系统

青海东部城市群扼守陆桥、京藏通道的战略要冲，是兰西经济区的重要组成部分，具有辐射带动周边发展，促进省内实现跨越式发展的重要作用。一方面，加强与兰(州)白(银)都市经济圈的交流与融合，加速构建兰西经济区，从而强化与关中—天水经济区、成渝经济区等周边主要经济区的联系，提升区域竞争力；另一方面，促进优势资源向东部城市群流动，发挥区域在青海省的辐射带动作用。

随着“四区两带一线”战略(图 2-5)和城市群建设的推进，青海东部城市群的集聚和扩散作用将进一步增强，必然引起环青海湖、柴达木、三江源等资源富集地区的生产要素加速向该区域流动。发挥比较优势，积极承接我国东中部的产业转移，推进资源优势向经济优势转变，需要加快东部城市群与甘肃、四川、西藏、新疆等周边省区的交流与融合，引导资源、要素跨区域流动。交通运输是区域联系的纽带，是生产要素流动的载体。促进区域协调发展，提升集聚辐射带动能力要求加快对外运输通道建设，形成畅通的对外运输系统。

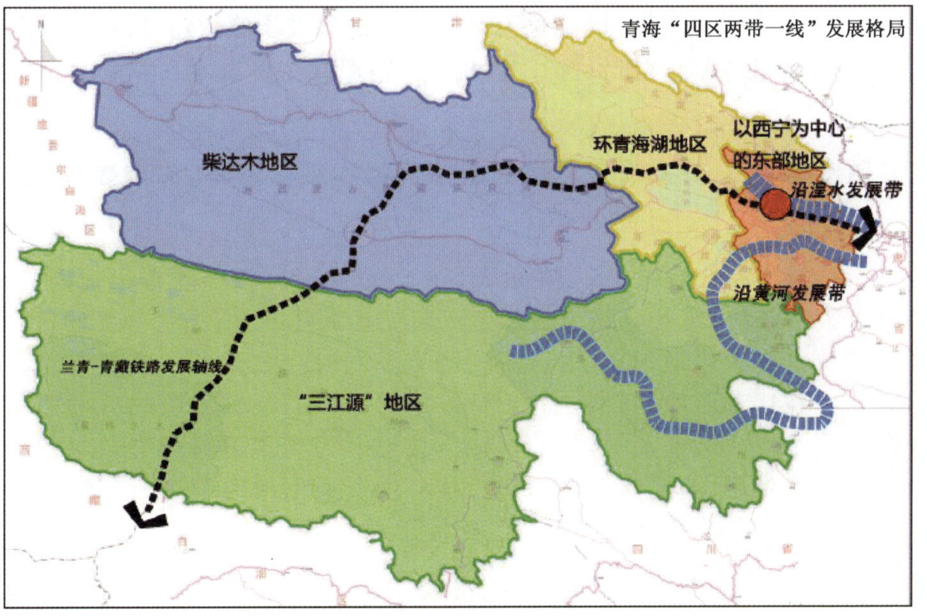

图 2-5 青海省“四区两带一线”区域战略

二、促进城镇空间体系重组，推动区域一体化发展，要求完善城际交通网络

在工业化和城镇化进程的推进下，城市群将形成紧密联系的职能分工体系，城镇由相对孤立发展向一体化模式转变。在这一过程中，城镇职能和产业将发生大规模空间重组，资源、要素将城市群范围进行优化配置，原来单一的城市功能将拓展到城市群内不同城镇上，西宁与周边城镇以及其他城镇间的经济联系将日益密切。当前城际客流以各县至西宁当日往返的大量务工出行为主。未来随着区域产业布局的调整，制造业将逐步搬离中心城市，城际间的通勤需求量将大量增加，需求结构、需求流向也将发生

调整。传统城市内部的交通流相应地向城市群地域转移，商品、服务、资金、信息和通勤等方面呈现密切双向联系、往返式流动的特点。

为了引导和支撑产业、城市功能空间重组，促进区域一体化发展，需要在中心城市与周边城镇、相邻城镇之间发展大容量的交通干线，提升城际客货运输尤其是城际公共交通服务水平，形成高效快捷的城际交通网络。尤其在通道资源日益紧张的沿湟水河地带，亟待构建多方式、多路线的城际交通走廊，择机有序发展轨道交通，以满足城际大容量、高频率的客运需求。

三、引导城市空间拓展，提高城区的集聚扩散能力，需要优化城区交通系统

西宁城区作为全省政治、经济、科技、文化中心和重要的现代物流中心、区域性金融中心、先进制造业基地，承担着集聚、整合城市群商贸、资本、信息及流动的功能，使得这一地区客流、物流高度集中。此外，在西宁的城市功能和生活方式扩散过程中，城市的发展空间将向外围不断拓展，外围郊区将形成新的组团，周边居民生活水平日益提高，以城市为目的地的工作、购物、休闲娱乐等出行需求迅速上升。为了发挥城区的集聚扩散功能，满足城区空间拓展的需求，需要建立内部高质量的城区交通系统，同时有效衔接城际交通系统，以适应城市居民逐渐多元化、高频率的日常出行需求。

四、统筹城乡和加快小城镇发展，需要提高城乡交通服务水平

青海东部各县生产力水平低、农民收入水平不高、基本公共服务落后，小城镇发展动力不足已成为制约城镇群发展的薄弱环节。小城镇是连接大中城市和广大农村的纽带，具有承接和传递城市辐射，引导农村生产要素向城镇聚集，实现农村和城市有机连接的重要作用。统筹城乡发展，完善城镇体系，必须加快加强小城镇发展，增强小城镇的综合承载能力，将其打造成一批资源开发服务型、交通物流型和农牧业服务型精品城镇。加快联系城市与小城镇之间的交通基础设施的建设，提高城乡公共客运服务水平，对于推进城乡一体化发展，促进资源在城乡间合理配置、生产要素在城乡间自由流动具有重要意义。

五、优化交通资源配置，发挥综合运输的整体优势和组合效率，需要建立高效的枢纽衔接系统

城市群内经济社会活动的组织效率，在很大程度上取决于城市群能否实现物资、人员、信息等生产要素的顺畅、高效流动。现代化城市群的生产组织具有网络化、高度分工的特征，生产要素流动复杂、多样，导致交通需求也呈现多样化特征，既有不同时间和区域的交通需求，又有不同人员和目的的交通需求。在这种形势下，单一的出行方式将难以满足城市群的交通需求，居民出行或货物运输往往依赖多种方式组合、一体化的运输方式链。为实现运输的有效组织，发挥各种运输方式的整体优势和组合效率，需要建立以枢纽为核心的交通衔接系统，加强各种运输方式的衔接换乘效率。

六、坚持生态优先、环境同治的发展理念，要求交通运输注重资源节约及文化传承，走可持续发展之路

青海东部城市群毗邻青海湖，境内的湟水河、大通河是黄河上游重要支流，生态地位极其重要，自然人文景观富集。目前，该区域开发强度较低，国土空间资源较为丰富，但生态环境相对脆弱，适应大规模高强度建设的土地多分布在河谷狭长地带且总量储备较紧张。因此，交通运输发展必须贯彻资源节约、环境友好的现代发展理念，选择高效集约化的交通运输模式，充分利用有限的通道资源，基础设施建设过程中注意加强对基本农田、天然草场、天然林场和风景名胜区的保护，促进交通运输与自然环境、人文景观的和谐发展。

根据相关规划，未来青海省的人口和经济将向东部城市群地区加速集聚。到2015年，东部城市群

城镇人口将接近200万，占青海省城镇人口总规模的66.9%[1]；区域地区生产总值达到1 400亿元，占全省地区生产总值的比例由56.1%提高到58.8%[2]。预计到2030年，东部城市群将逐渐成为全省乃至青藏高原最重要的人口、经济承载区，区域的人口和经济规模约占全省总量的70%以上。随着城市群集聚效应和规模效应的进一步发挥，东部城市群发育日趋成熟，区域内城镇空间格局不断完善、各城市之间联系愈加密切、发展更加均衡、城市群分工协作和协调联动的特征更加显著。

总之，青海东部城市群建设将引起产业大规模优化升级和空间重组，促使城镇体系分工协作和功能互补，带来人口、资源、要素高强度、大范围流动，要求交通运输系统提供有力支撑。相对于国内外其他城市群而言，青海东部城市群经济规模、人口数量相对较小，适宜大规模高强度开发的土地空间匮乏，不适合以私人小汽车为主的发展模式，也不具备以轨道交通为主体的规模体量，必须走适应资源环境承载能力，体现人口分布和经济布局特征，以城际公共交通为主导、私人小汽车交通为补充，各种运输方式统筹协调、高效集约的一体化发展道路，其基本特征表现在交通资源在区域空间上合理分布、各种运输方式充分整合，包括三层含义：

（1）基础设施一体化。统筹区域交通基础设施的规划、建设及运营管理，平衡不同城镇交通资源配置，充分发挥交通设施的整体效益，具体包括协调城市交通设施与城际交通设施、优化各种运输方式的能力配置、构建以枢纽为核心的交通衔接系统。

（2）运输服务一体化。针对不同群体提供适宜的交通运输方式，协调各种运输方式的运行，充分发挥各种方式在其适用范围内的特有优势，形成有效衔接、顺畅转换的交通方式链。

（3）交通管理一体化。依靠统一、协同、高效的管理，通过先进的管理技术手段和法律制度保障，充分发挥政府、市场、公众的各种作用和组合优势，对区域交通的规划、投资、建设、运营进行综合协调，力求交通运输服务水平与交通基础设施水平相一致。

[1] 根据《青海省“十二五”城镇发展规划》，“十二五”末全省城镇人口达到299万人。

[2] 根据《青海省国民经济和社会发展第十二个五年规划纲要》，“十二五”期间全省国内生产总值年均增长7%。

第三章　区域交通发展基础

第一节　区域交通发展现状

以西宁为中心的东部城市群，是青海省内交通发展基础最好的区域。实施西部大开发战略以来，区域交通运输发展迅速、成效显著，已初步形成公路、铁路、民航多种运输方式共同发展的综合运输体系框架，有效支撑和促进了东部城市群经济社会的快速发展。

一、公路

经过多年建设，目前东部城市群已经基本形成了以国道、省道为主骨架，县际、县乡公路为脉络，外连毗邻省、州，内通县、乡的公路网体系。区域的主要公路见表 3-1。

2010 年东部城市群公路网等级情况　　表 3-1

技术、行政等级分类情况		里程（公里）	比重（%）
按技术等级分	高速公路	196.0	2.0
	一级公路	138.0	1.4
	二级公路	628.4	6.4
	三级公路	663.1	6.7
	四级公路	6 120.2	62.2
	等外公路	2 086.6	21.2
按行政等级分	国道	609.3	6.2
	省道	657.3	6.7
	县道	2 230.6	22.7
	乡道	2 612.3	26.6
	专用公路	115.8	1.2
	村道	3 607.4	36.7
合计		9 832.7	—

2010 年，区域公路总里程达到 9 832.7 公里，公路网面积密度为 39.6 公里/百平方公里，约为全省平均密度的 4.5 倍。从技术等级来看，高速公路 196.0 公里，一级公路 138.0 公里，二级公路 628.4 公里，二级以上公路里程占公路总里程的 9.8%；从行政等级来看，国道 609.3 公里，省道 657.3 公里，国省干线公路里程占公路总里程的 12.9%。

二、铁路

目前，东部城市群内有兰青铁路、青藏铁路两条干线铁路，以及西宁至大通、双寨至甘河、乐都至寿乐等地方铁路和专用铁路，2009 年铁路营业里程 299 公里，线路密度为 1.21 公里/万平方公里。区域目前已形成了兰青铁路东接兰州铁路枢纽与陇海、兰新、包兰三大铁路干线相接，青藏铁路向西延伸至柴达木盆地及青藏高原的格局。两大干线铁路横穿整个城市群，途经民和县、乐都县、平安县、西宁市区和湟源县，是我国华北地区至青藏高原的重要运输通道。目前青藏铁路（西格段）正在增建二线电气化，预计2012年底全线电气化建成通车。2009年10月开工新建兰新第二双线（兰州—西宁—张掖—乌鲁木齐铁路），东起兰州，途经民和、乐都、平安至西宁，再经大通、门源穿越祁连山脉进入河西走廊，青海境内合计268公里，预计2014年建成通车。

西宁火车站是青藏铁路公司管内最大的客货运输一等站，其中客运站为单向一级一场，每天开行旅客列车14对，占全省铁路旅客列车对数的60%以上；货运站为一级二场，到发货类以煤炭、钢铁等为主。当前正在实施西宁火车站站改工程，改造内容包括西宁站高速场及普速场改造，新建站房和西宁北铁路货运中心等。改造后西宁火车站规模为9台20线（含正线），将成为衔接3条干线、5个方向、客货并列的顺列式铁路枢纽。

三、民航

区域内的西宁曹家堡机场建成于1991年，位于互助县高寨乡境内，距西宁市中心28公里，属4D级干线机场，是青海唯一的二级机场。机场已开通西宁至北京、上海、广州、西安、乌鲁木齐、拉萨、成都、深圳、南京、昆明、三亚、郑州、大连、太原、沈阳、重庆、敦煌、青岛等20多个城市的33条航线，周高峰航班量达到460架次，旅客吞吐量突破179万人次。2010年客运量为85万人，货运量为0.47万吨。

第二节　区域交通发展主要特点

当前东部城市群交通发展呈现出较好的态势，为区域一体化发展奠定了一定的基础；但相对东部城市群建设对交通发展的客观要求，还有许多环节亟待改善。区域交通发展的主要特点和问题表现为以下几个方面。

一、对外运输通道初步形成，但运输能力不足，尚不能有效支撑区域发挥集聚辐射作用

东部城市群是青海省的桥头堡和青藏高原对外联系的门户，目前已初步形成了多方向、多方式的对外通道。区域与周边省区以及我国东中部地区的联系以公路、铁路为主，其中，兰青铁路、京藏高速公路是最主要的陆路通道，航空主要承担青海与其他大城市间的旅客运输。区域与甘肃、四川、西藏、新疆等周边省区的交通联系，以京藏高速公路、109国道、214国道、315国道等重要国道和青藏铁路为主；与省内藏区六州和区域外主要旅游景区通过109国道、214国道、101省道、202省道等干线公路连接，相应路线的技术等级基本达到二级及以上。

从对外通道的现状布局来看，区域对外运输能力主要集中在湟水河谷东西向轴线上，与东中部地区的人员和物资交流主要经过兰州。从区域对外运输能力来看，铁路运输能力已趋于饱和，京藏高速公路、西宁—和田高速公路、兰新铁路客运专线等规划路线尚未全线建成，与相邻的兰（州）白（银）经济区、成渝经济区、新疆等周边重要经济区、省区之间缺乏顺畅连接的通道。现有沿湟水河谷走廊的通道空间资源已十分紧张，急需开辟新的东西向对外通道。此外，区域与玉树、海西等地州间的公路通道技术等级偏低，布局亟待完善。因此，对外通道能力的不足在一定程度上制约了东部城市群集聚和辐射作用的发挥。

二、城际交通网络初具雏形，但网络化程度低，对城镇空间结构体系重组支撑不足

东部城市群城镇主要沿湟水河谷分布，兰青铁路、京藏高速公路、109国道是西宁便捷联系湟源、平安、乐都、民和的重要通道；227国道、宁大高速公路、西宁至大通的铁路支线拉近了西宁与大通的时空距离；西塔高速公路、104省道、102省道、103省道、307省道加强了西宁与湟中、互助县和民和县的沟通与联系。目前，西宁与其他七县均实现了一条高速公路和一条二级公路连接，以西宁为中心、向周边县城辐射的城际交通网络格局已基本形成，基本适应西宁与各县之间的交通运输需求。近年来，区域部分

干线公路交通量增长迅速，如京藏高速公路平安至西宁段、西宁至湟源段2009年年平均日交通量分别达到13 118辆/日（单位：当量小汽车pcu/d，下同）和9 195辆/日，自2005年以来年均增速分别为22%和27%；国道227西宁至大通段2009年年平均日交通量已超过10 000辆/日，“十一五”期间年均增速为14%；西塔高速公路开通后，交通量由2005年的763辆/日跃升为2009年的8 473辆/日，年均增速高达83%。随着东部城市群建设的推进、区域经济社会的快速发展，预计现状干线公路的通行能力日趋饱和，难以满足快速增长的交通需求。

此外，各市县目前之间的交通联系以京藏高速公路和109国道等东西向公路实现单向连接为主，城际间互联互通的快速交通网络尚未形成，增加了城际间的出行时间和物流成本，难以满足未来大容量、高频率的城际交通需求，对于城际间的产业协作、空间重组和区域一体化发展明显支撑不足。

三、城际旅客运输基本实现公交化，整体发展格局尚待进一步优化完善

为了满足城市群各市县之间日益增长的出行需求，西宁至湟中、湟源、大通、平安、乐都和互助的线路均进行了公交化改造，实现班线化管理、公交化运行、公车公营的经营模式。2010年西宁至大通区间日发城乡公交360班次[1]，日均运送旅客达到7 437人次；西宁至平安、乐都、民和日均发送234、144和138个班次，运送旅客分别达4 000、5 264和3 566人次。西宁至互助、乐都、平安、民和等县还开通了部分高速直达客运。目前区域内已基本形成高速客运、班线客运、城市公交和城乡公交客运一体的多层次客运网络，基本满足人民群众安全、便捷、舒适、经济的出行需求。

虽然以西宁为中心的城际客运网络已初步建立，但县际的快速运输网络还没有形成。区域客运管理的标准规范不一，且挂靠和承包经营现象仍然存在，服务水平有待进一步提高。

四、城乡交通条件不断改善，但公路等级偏低，产业集聚和城乡一体化发展的交通基础薄弱

目前区域各县公路交通四通八达，国省干线公路和一批县道纵横交错。3 500多公里的县道覆盖了区域内所有的乡镇，基本实现全部通油路。县城至各旅游景点、产业园区基本实现等级公路连接，城乡之间初步具备了较为机动的交通联系。依据不断改善的城乡交通条件，各县分别开通了以县城为中心的城乡公交专线，城乡交通基本公共服务范围进一步扩大。

但目前许多连接小城镇的道路技术等级和路面质量仍然较低，四级公路仍占较大比重，还有一定数量的等外路。多数农业园区、工业园区、旅游景点的连接道路以通乡公路为主，等级较低，如红崖子沟工业区作为曹家堡临空综合经济区重要组成部分，目前仅为低等级公路连接。偏低的通行条件，难以有效支撑产业园区效益发挥和城乡一体化的快速推进。

五、西宁主城区内外交通系统逐步改善，但大容量快速运输系统尚不健全，难以有效支撑区域同城化发展

目前西宁主城区路网主要呈沿湟水河方向的方格网布局，初步形成了“四横十一纵一环”的路网框架。主城区与周边城镇的快速交通体系主要由公路构成，东西连接京藏高速公路G6和109国道，南接西塔高速公路和101省道，北接宁大高速公路、102省道和227国道。

按照西宁的城市定位和总体规划，外围郊区将形成新的组团，周边居民生活水平日益提高，以城市为目的地的工作、购物、休闲娱乐等出行需求迅速上升。但目前西宁市整体交通网络中联系引导片区发展的通道不足，现有的城市内外交通转换体系主要是公路运输，方式过于单一，难以有效满足同城化发展带来的多元化、高频率的日常出行需求。另外，引导城市片区间拓展的快速通道不足，难以发挥城区的集聚扩散功能并满足城区空间拓展和同城化发展的需要。

---

[1] 日发班次为两地汽车站发班次数之和。

六、运输枢纽站场体系较为齐全，但综合运输枢纽和城乡换乘枢纽缺乏，集约化、一体化发展程度低

区域内民航、铁路、公路运输站场齐全。西宁曹家堡机场是区域内最重要的对外交通枢纽站场之一；兰青铁路在区域内设有西宁、平安、乐都等客运站；以西宁国家公路运输枢纽为核心的公路客货站场建设逐步推进，目前西宁已拥有2个一级客运站、5个二级站，各县城也都至少拥有1个二级站或三级站，已初步形成以西宁汽车站为龙头，以县二、三级客运站为主体的客运站场体系和运输服务网络体系。

但是，作为青藏高原最重要的客货运输转换枢纽，西宁还没有真正成型的物流园区，首位城市物流的聚集和辐射能力不足。缺乏真正的综合运输枢纽站场，对内对外交通换乘效率不高，各种运输方式一体化衔接程度不够，尤其受湟水河北部地区用地空间限制，在铁路、公路站场能力扩充严重受限的情况下，集约式发展尤为迫切。城乡公交站场缺乏，城市公交和城乡公交接驳不畅，马路停车问题仍较突出，加剧了城市交通拥堵，急需进一步完善城乡客运基础设施布局和建设。

第三节　主要公路通道交通量预测

一、主要公路通道现状

根据东部城市群交通发展的特点，结合区域干线公路分布和交通需求的流量流向，将区域公路运输通道划分为城市群内部城际通道和对外运输通道两类。城市群内部城际通道主要是一市七县之间互联互通的干线公路，包括西宁—湟源、西宁—湟中、西宁—大通、西宁—互助、西宁—平安、平安—民和以及平安—海东化隆7个主要通道。对外通道主要由东向通道（东部城市群—兰州通道）、北向通道（东部城市—张掖通道）、西向通道（东部城市群—海西州、新疆通道）、南向通道（东部城市群—黄南州、四川通道）和西南通道（东部城市群—玉树州、西藏通道）等组成。各主要公路运输通道的路线构成见图3-1，现状交通量见表3-2。

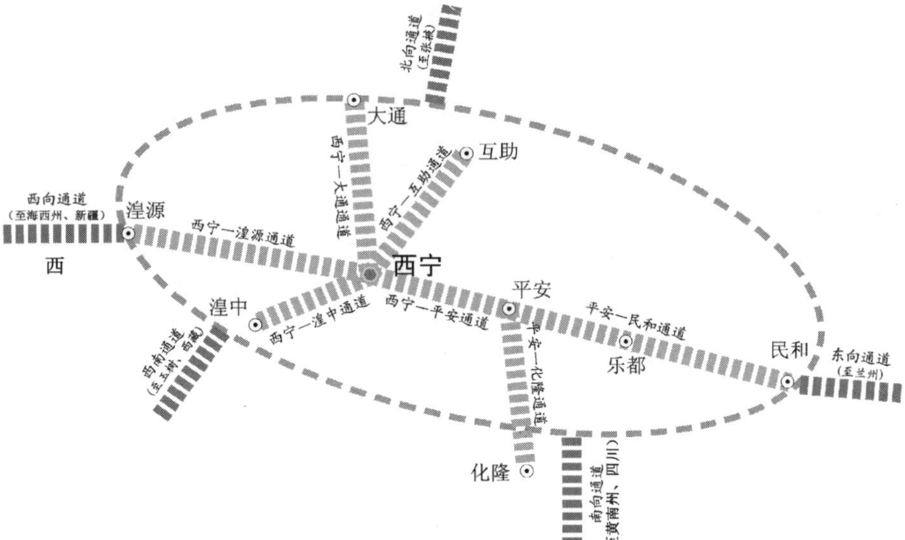

图3-1　区域各主要公路运输通道分布示意图

随着近年来区域经济社会的快速发展，以及公路网的日趋完善，东部城市群内部及对外的各公路运输通道交通量持续攀升。目前，西宁至各县城的主要城际通道的年均日交通量基本都超过10 000辆/日（pcu/d）；尤其是宁大高速（西宁—大通）、西湟一级公路（西宁—湟源）、西塔高速（西宁—塔尔寺）等高等级公路的建成通车，使得区域内城际间的交通联系更加密切，局部城际通道的公路交通量增长速度

高达 18% ~31%。区域对外主要公路通道也呈现出日益旺盛的交通需求，南向通道和西向通道的交通量年均增速分别达到 23% ~42%。

青海主要公路通道还呈现出较强的季节性特征，如 7 月、8 月份旅游高峰期，通往主要旅游景点的高速公路交通量出现井喷态势，特别是通往青海湖、门源等景点的平西高速、西宁西过境高速、宁大高速公路、西湟倒一级公路等路段，具有集中出行、车流骤增的特点，相关路段的高峰日交通量分别是年平均日交通量的 1.5 倍、1.8 倍、2 倍和 1.5 倍，车辆通行压力明显。这些因素在交通量预测、规划、设计环节均需加以充分考虑。

主要公路运输通道路线构成及现状交通量 表 3-2

通道		路线构成	现状年平均日交通量（辆/日）			2010 年高峰日交通量（辆/日）
			2005 年	2010 年	年均增幅（%）	
内部通道	西宁—大通	宁大高速	1 403	4 823	18	9 643
		G227	5 861	12 053		14 792
	西宁—互助	西互一级	—	3 458	—	6 724
	西宁—平安	G6 京藏高速	5 857	17 257	10	23 467
		G109	10 495	9 253		13 832
	平安—民和	G6 京藏高速	2 590	5 569	6	8 282
		G109	6 640	6 581		—
	西宁—湟源	西湟一级	3 533	10 372	31	18 237
		G109/214/315	1 591	9 318		14 724
	西宁—湟中	西塔高速	763	8 321	18	12 836
		S101	2 088	2 208		—
	平安—化隆	平阿高速	—	3 009	15	4 130
		S202	3 232	4 234		—
对外通道	东向通道（城市群—兰州）	G6 京藏高速	2 880	6 841	3	—
		G109①	10 634	6 456		—
	北向通道（城市群—张掖）	G227	1 592	3 192	17	—
		S302	307	962		—
	西向通道（城市群—海西、新疆）	G109	1 183	4 604	33	—
		G315	478	2 414		—
	南向通道（城市群—河南、四川）	S203	342	2 040	42	—
	西南通道（城市群—玉树、西藏）	G214	905	2 560	23	—

注：①G109 兰州至民和段 2005 ~2010 年基本在 6 000 ~10 000 辆/日的区间波动，该通道交通量实际保持 3% 左右的增速。

二、预测思路

公路通道交通量预测的基本思路是：在分析通道历史交通量、发展趋势及区域国民经济发展趋势的基础上，综合考虑东部城市群未来经济社会、汽车保有量的增长水平以及交通增长率弹性系数，结合规划区域相关干线公路前期研究 OD 数据进行预测。主要预测思路见图 3-2。

根据《青海省东部城市群城镇体系规划（2011 ~2030 年）》，至 2030 年，东部城市群区域城乡常住人口达到 400 万 ~430 万人左右，其中城镇人口达到 310 万 ~340 万人，西宁市城镇人口达到 237 万人，海东四县城镇人口达到 84 万人。区域城镇化水平将达到 77%。城市化进程的显著加快将促使区域经济社会保持持续快速的发展态势，并带动区域居民消费水平的不断升级。

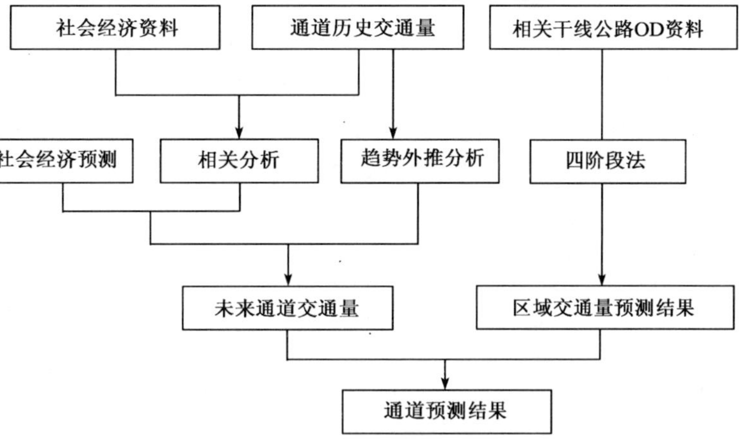

图 3-2　通道交通量预测思路示意图

根据发达地区交通发展的经验，汽车保有量的持续攀升将引起区域短途交通需求的爆发性增长。从区域汽车保有量情况分析，目前东部城市群汽车保有量约为 19 万辆，占全省总量的 67%，其中西宁市区、大通、湟中、湟源分别占全省的 47%、4%、3% 和 2%，平安县、民和县、乐都县和互助县分别占全省的 2.7%、3%、2.8% 和 2.9%；从增长率的情况看，"十一五"期间，西宁（含大通、湟中、湟源）的汽车保有量年均增长超过 16%，平安县、民和县、乐都县和互助县基本超过 20%。

同时，居民收入也是影响汽车消费的重要因素之一。目前，东部城市群城镇居民可支配收入和农村居民人均纯收入分别为 13 928 元和 5 049 元，约为全国平均水平的 72.9% 和 85.3%。据规划预测，至 2015 年，两项指标分别达到 22 441 元和 9 207 元，约为全国平均水平的 83.7% 和 110.8%，年均增幅分别为 12.0% 和 16.6%；到 2030 年，居民收入进一步攀升，城镇居民可支配收入和农村居民人均纯收入分别达到 85 000 元和 45 000 元。居民收入的快速增长将进一步刺激小汽车进入家庭，引起区域汽车保有量的持续快速增长。

因此，未来随着区域内中小城市、小城镇的加快发展，以及居民收入的持续稳步增长，中小城市及广大农村地区的汽车消费潜力将进一步加快释放，预计区域私人汽车消费在保持旺盛的增长趋势的同时，将逐渐由城市向乡村推进。由此，综合分析预计东部城市群 2020 年汽车保有量将超过 50 万辆，年均增长约 10%，基本与全国的增长水平一致[❶]；至 2030 年，区域汽车保有量有望达到 75 万辆左右，年均增长 4% 左右。同时，结合区域相关干线公路的前期工作研究成果[❷]，预计"十二五"、"十三五"期间及 2020 ~ 2030 年西宁和海东的主要公路干线交通量增长率如表 3-3 所示。

东部城市群交通增长率预测值　　表 3-3

地　区		2010 ~ 2015 年	2016 ~ 2020 年	2020 ~ 2030 年
西宁	经济增长率(%)	11.0	8.7	6.0
	弹性系数	1.2	1.1	1.0
	交通增长率(%)	12.8	9.7	6.0
海东	经济增长率(%)	11.3	9.1	6.0
	弹性系数	1.1	1.0	0.9
	交通增长率(%)	12.7	9.8	5.0

❶ 根据国务院发展研究中心、清华大学及工信部的相关研究成果，未来我国汽车保有量年均增长将达到 11% ~ 13%；预计 2020 年我国汽车保有量将超过 2 亿辆，平均拥有量约为 150 辆/千人。

❷ 京藏高速公路西宁南绕城公路及茶卡至格尔木段工程可行性研究成果（中交第一公路勘察设计研究院，青海省公路设计院，2011 年）。

三、公路通道交通量预测结果

综合上述分析，本研究预测“十二五”、“十三五”期间区域各主要公路通道的交通量将分别保持12%和10%左右的增长水平，2020～2030年仍能保持5%左右的增速。据此预测2015年、2020年和2030年各主要公路通道的交通量如表3-4、图3-3、图3-4所示。

主要公路通道交通量预测值（单位：辆/日） 表3-4

主要公路通道		交通量	交通量预测值		
		2010年	2015年	2020年	2030年
内部通道	西宁—大通	16 876	30 000	48 000	70 000
	西宁—互助	3 458	10 000	16 000	26 000
	西宁—平安	26 510	46 000	68 000	85 000
	平安—民和	12 150	21 000	35 000	56 000
	西宁—湟源	19 690	36 000	56 000	78 000
	西宁—湟中	10 529	20 000	30 000	48 000
	平安—化隆	7 243	12 000	20 000	33 000
对外通道	东向通道	13 297	23 000	35 000	50 000
	北向通道	4 154	8 000	12 000	20 000
	西向通道	7 018	14 000	21 000	32 000
	南向通道	2 040	4 000	6 000	10 000
	西南通道	2 560	5 000	10 000	15 000

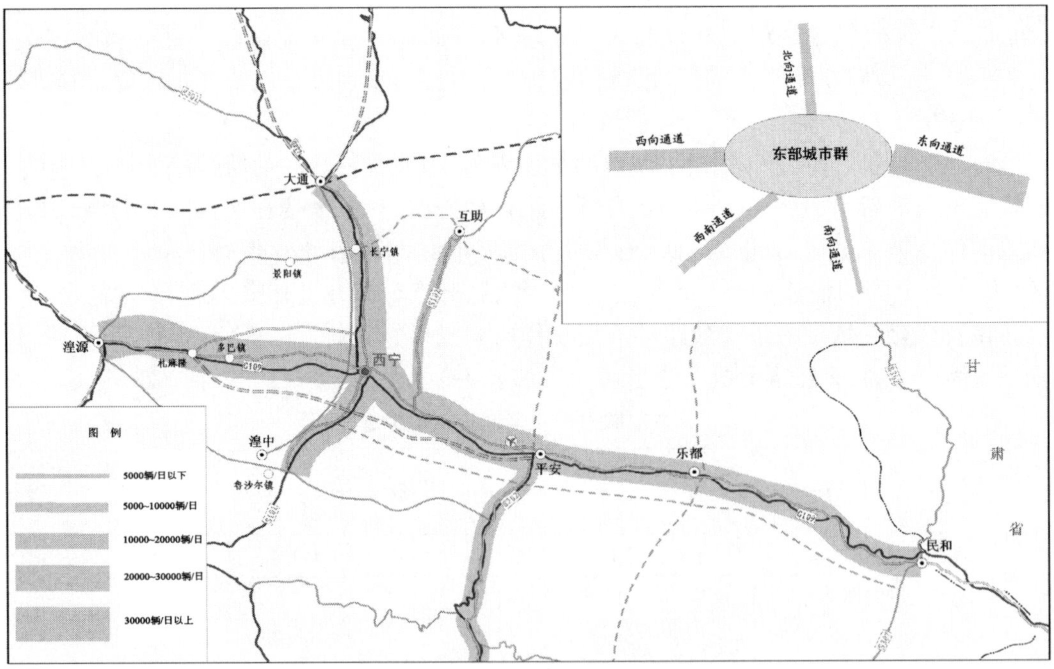

图3-3 2015年区域主要公路通道交通量示意图

从区域主要公路通道的交通量结果分析，西宁—平安及西宁—大通、西宁—湟源三个通道将成为最为繁忙的城际通道，2030年年均日交通量将超过70 000辆/日（pcu/d）。对外通道中，东向通道和西向通道是区域对外交通的主要流向，尤其是东向通道，2030年年均日交通量达到50 000辆/日（pcu/d），成为东部城市群向东对接兰州，加速兰西经济区快速发展的最重要的公路通道。

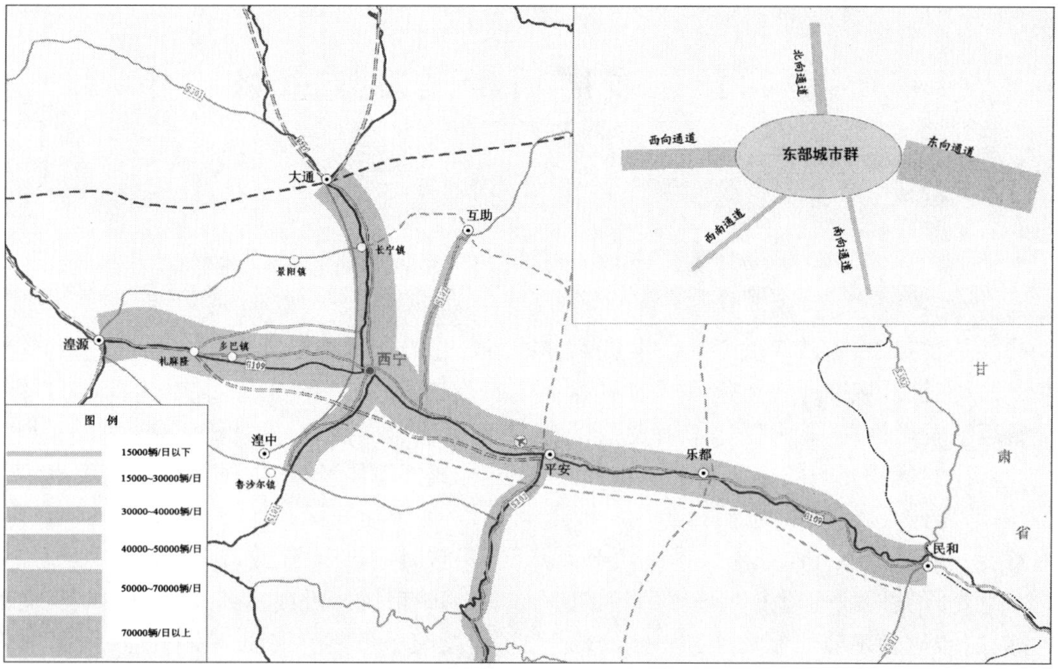

图 3-4　2030 年区域主要公路通道交通量示意图

第四章　发展目标及发展思路

第一节　指 导 思 想

深入贯彻落实省委、省政府关于加快推进东部城市群建设指示精神，以提升交通运输的支撑引领作用为出发点，以推进区域交通一体化发展为主线，按照“跨越发展、协调发展、集约发展”的方针，统筹谋划区域交通运输发展格局，着力优化基础设施布局，完善运输服务网络，提升资源利用水平，加快构建便捷顺畅、快速机动、集约高效的交通运输体系，为打造集群式经济增长极，发挥城市群的集聚辐射带动作用，实现青海跨越式发展，提供交通保障。

跨越发展——紧紧抓住国家深入推进西部大开发、实施“两横三纵”城市化战略和将兰州—西宁地区列入国家重点开发区域的历史机遇，围绕到2030年东部城市群接近或达到我国中部地区城市群发展水平的目标，按照适度超前的原则，以提升区域交通基础设施服务能力和水平为重点，全面加快区域交通基础设施建设步伐，实现区域交通运输的跨越式发展，引导和支撑东部城市群建设。

协调发展——以构建和完善区域综合运输体系为根本出发点，充分考虑各运输方式技术经济特点和比较优势，协调公路、铁路、航空、轨道等各种运输方式的发展，最大限度发挥综合运输的组合效率。从总体上把握区域交通需求与特点，统筹考虑区域交通设施的网络布局与建设，促进对外交通、城际交通、城乡交通和城市交通协调发展。

集约发展——从东部城市群的经济、资源和人口分布的实际情况出发，结合区域国土空间开发的资源和环境承载能力，科学选择适宜区域特点、符合城市群发展阶段特征的交通发展模式和方式，优化配置，集约利用有限的交通线位资源，走独具青藏高原城市群特色的交通发展之路。

第二节　发 展 目 标

一、总体目标

东部城市群交通发展的总体目标是：到2030年，形成便捷顺畅、快速机动、集约高效的综合交通运输体系，实现区域交通基础设施一体化、公共交通运输服务均等化、交通管理同城化，能够为东部城市群发展提供有力的交通支撑，全面满足区域经济社会发展对交通的要求。

具体目标是：

（一）形成一体化的基础设施网络

1. 形成承东启西、北联南拓的综合对外通道，区域对外交通能力明显增强

以高速公路、高速铁路为主骨架，以对外客货运输枢纽为依托，构建西出新疆、西藏，东接甘肃、陕西，北联内蒙，南至成渝的全方位综合对外通道，形成东部城市群至兰州、银川、西安、成都、乌鲁木齐等西部省会城市一日交通圈，实现与周边经济区、城市群、区域经济中心和重要交通枢纽等重要节点的顺畅连接。

2. 形成互联互通、快速便捷的城际交通网络，实现城市间1小时通达

以高等级公路和轨道交通共同构建互联互通、快速便捷的城际交通网络，形成东部城市群1小时交通圈，实现核心轴（西宁—平安—乐都）、紧密层（大通、湟源、湟中、互助、民和）层级节点间1小时内通

达,有效缩短区域城市间时空距离。

3. 形成便捷机动、覆盖广泛的城乡交通网络,城乡交通服务水平显著提升

通过完善城乡公路网,提高公路技术等级和服务水平,形成由县城辐射乡镇、乡镇间互通,广泛覆盖各产业园区、旅游景区的城乡交通网络,城乡间交通的机动性和便捷性大大加强,城乡交通服务水平显著提升。

4. 形成外联内畅、方式多样的城市交通格局,中心城市交通压力有效缓解

以"快速、高效"的城市交通网络支撑和引导区域中心城市西宁内外一体化发展。构建多方式优势互补、协调利用的优质客运服务系统,引导形成合理的出行方式结构,建成功能完善、等级匹配、畅通、高效、安全的都市区道路网络系统。调控都市区机动车合理增长速度与拥有水平,保持路车协调发展。

5. 形成布局合理、功能完善的运输枢纽站场系统,实现区域旅客运输"零距离换乘"、货物运输"无缝衔接"

建成由综合运输枢纽、一般客货运输站场组成的客货运输枢纽站场系统,运输网络与运输站场高效衔接,区域公共交通服务质量和共享水平显著提升,货物运输更加便利。

(二)提供均等化的基本公共服务

形成城乡一体、服务便利的区域客货运输网络。

客运服务覆盖城乡,所有城镇和乡村居民均能享受到普遍公共运输服务。实现城际客运公交化运营,城乡一体化公交覆盖所有乡镇,形成由城际客运、城乡客运与城市客运有效衔接的便利客运网络。主要城际间开通互通直达客运班线,开通西宁至青海湖、三江源、北山国家森林公园等重要旅游景区的旅游班线。

货物运输服务高效便捷,有效促进城乡一体化发展。形成以城际快速货运网为主干、城市配送网为分支、物流信息网为纽带的区域物流网络体系。县城或乡镇可半日送货到农村用户,所有乡镇均可发送和接收货运快件。实现区域汽车市场维修、救援保障综合服务体系一体化。

(三)实现同城化的交通管理

建立高度协调机制,实现区域公路建设、管理、养护一体化。统一运输服务的规范标准,实现运输政策的有效对接。完善交通体制法规建设,实现区域交通统一监管、统一执法。加强交通管理协调力度,逐步完善出租客运市场,协调区域城市客运出租车运营,实现区域公共交通一卡通。建立区域交通信息平台,实现交通信息资源共享。

二、阶段性目标

至2015年,区域基础设施状况显著改善,基本适应东部城市群建设要求。建成一横一纵综合运输大通道,对外交通能力明显提高;城际交通网络建设取得突破性进展,沿湟流域核心轴城际通道能力显著提升;城乡交通面貌有效改观,实现市县至乡镇通三级公路;基本建成西宁综合客运枢纽,区域运输服务能力明显增强。各市县开通互通直达城际班线,城乡公交覆盖区域内50%的乡镇,城乡公交一体化进程显著加快,便利运输网络初具雏形。东部城市群公众出行效率和旅客运输服务质量达到全国平均水平。

至2020年,区域基础设施网络进一步完善,能够满足东部城市群建设需要。对外综合运输通道和城际交通网络基本建成,由西宁至周边中心城市一日交通圈、东部城市群1小时交通圈基本形成;城际交通网络建成,城际实现二级以上公路连接。城乡交通网络化程度和公路技术等级进一步提高,城乡交通更加便捷。基本建成客货运输枢纽站场系统,各市县均拥有二级以上的客货运站。区域公共交通服务均等化水平进一步提升,西宁都市区多方式协调利用的优质客运服务系统基本建立,城乡公交覆盖区域内所有乡镇,基本实现城乡公交一体化。区域交通一体化进程显著加快,信息、人才、政策和管理等方面的协同程度显著加快,同城效应初步显现。

第三节 发展思路

一、交通网络层次结构

根据区域交通运输需求及各种运输方式的技术经济特点,将区域交通网络划分为对外交通、城际交通、城乡交通、城市交通4个层次和1个运输枢纽站场系统。

(1)对外交通:是指东部城市群与区域外部的经济中心、交通枢纽和大城市的交通联系。对外交通主要承担区域间的人员和物资运输,是东部城市群与外部区域经济交流、合作的重要载体。

(2)城际交通:是指东部城市群区域内西宁与其他城市间及各城市之间的交通联系。完善的城际交通网络是强化城际间联系,实现城市间分工合作、打造同城效应的前提和基础。

(3)城乡交通:是指区域内各市县与所辖乡镇,以及各乡镇之间的交通联系。城乡交通主要承担县域内及与周边小城镇、重要工业园区、农业园区和旅游景点的客货运输,满足乡镇居民的日常短途生产生活出行,是加快城乡一体化进程,提升区域公共交通服务均等化水平的重要途径。

(4)城市交通:是指区域内各城市内部及城市对外的交通联系。本次规划重点解决区域城市交通未来的发展方向和思路,不涉及城区内部交通线网的具体布局。

(5)运输枢纽站场系统:包括区域综合运输枢纽站场和一般客货运输站场,通过该系统完成客货换乘换装,实现各层次交通网络及各种运输方式的紧密衔接。

二、规划思路及方案

根据东部城市群各城市的发展定位,结合区域带状城市群的空间形态和未来发展格局,按照"轴向拓展、圈层辐射"的布局思路,构建以西宁为中心,乐都为副中心,经平安至乐都的沿湟流域核心轴,形成大通、湟源、湟中、互助共同构成的紧密层,以及连接区域各重点小城镇、重要产业园区和旅游景区的辐射圈(附图1)。

核心轴重点强化沿湟流域轴线上西宁、平安、乐都各城市之间的快速交通联系,满足高强度、大容量的城际交通需求。

紧密层着眼于强化大通、湟源、湟中、互助、民和与核心轴之间的联系,为引导西宁市主城区的产业转移、促进区域产业及城市职能分工提供交通运输支持。

辐射圈广泛覆盖区域内各级城镇节点和产业园区,有效承接核心对外辐射,主要为区域内部交通提供快速集散功能。

(一)对外综合运输通道

综合运输通道具有运量大、机动性高和可选择性的特点。据国外发达城市群的交通发展经验,城市群通常由多条综合运输通道实现区域对外大规模、高强度的交通联系。

根据东部城市群的发展定位,未来该区域将成为青海省及我国西北交通枢纽和商贸物流中心。加快形成由多种运输方式组成的快速高效、能力充分的对外综合运输通道是实现东部城市群发展定位,加快融入国家区域经济版图,提升整体发展实力的重要条件。

从区域对外交通联系上分析,以西宁为中心的东部城市群位于兰西经济区范围,地处国家"二横三纵"城市化战略格局的陆路中通道,是西北地区进疆入藏的桥头堡,既有承接中部地区经济强区辐射带动的区位优势,又有吸纳西部地区优势资源集聚的良好基础。因此,在对外交通网络布设中,重点考虑区域与兰(州)白(银)都市经济圈、关中—天水经济区、中原经济区、成渝经济区、兰西格经济带等周边重要经济区、城市群的交通联系,尤其是区域与周边重要经济节点的连接。通过布设区域对外多条综合运输通道,构建东部城市群至兰州、西安、成都等邻近西部省会城市半日交通圈,实现东部城市群与周边经济区、城市群、区域经济中心和重要交通枢纽等重要经济区域及节点的顺畅连接。

同时,根据国家主体功能区规划,东部城市群所处的兰西经济区属于国家重点开发区域,但区域周边的环青海湖地区、三江源地区均属国家限制开发区域,资源环境承载能力较弱,本规划在布设区域对外综合运输通道时充分考虑了与这类区域交通联系的强度问题。

东部城市群对外交通综合运输通道主要由高速公路、高速铁路和普通铁路构成,保障区域对外交通的高效顺畅。其中,高速公路主要承担中长距离客货运输,高速铁路主要承担长距离旅客运输,普通铁路主要承担货物运输和少量的中长途旅客运输。民用航空主要承担区域乃至全省对外旅客运输和快速货运,也履行着重大抢险救灾、维护地区稳定和国家安全的职责,不仅是区域综合运输体系的重要组成部分,是全省应急保障体系的组成部分。西宁曹家堡机场作为青海省唯一的4D级干线机场,是青藏高原上重要的空中交通枢纽。未来进一步提升西宁曹家堡机场的枢纽地位,将其打造成为"青藏高原区域中心机场",区域航线网络满足地区航空消费市场需求,形成连接国内外大中城市的空中交通,在区域对外交通中发挥突出作用。

区域对外综合运输通道的布局形态可概括为"三横三纵",具体路线功能及组成如下:

1. 一横,湟源—西宁—平安—乐都—民和方向

该通道东连兰州,既是区域承接关中—天水经济区、中原经济区等中部发达城市群辐射、进而通江达海的主通道,也是西接天山北坡经济区、藏中南地区的进疆入藏交通要道。该通道作为国家东西综合运输大通道的重要组成部分,承担区域主要横向对外交通联系的功能。

公路:G6、G109。

铁路:青藏、兰青、兰新高速铁路西宁—兰州段。

2. 二横,海晏—大通—永登方向

该通道是区域横向联系兰(州)白(银)都市经济圈,尤其是对接兰州新区的第二通道,也是全省承东启西的重要横向通道。该通道的建设,对于缓解区域沿湟流域通道的过境交通压力,提升区域对外通道能力具有重要意义。

公路:海晏—永登(拟新增国道)。

3. 三横,日月—化隆—永靖方向

该通道能够分担沿湟水流域通道的过境交通压力,同时也是区域横向联系兰州方向的又一条重要通道,强化区域对外交通联系。

公路:日月—化隆—永靖(S307)。

4. 一纵,张掖—大通—西宁—湟中—贵德方向

该通道北接张掖、武威至乌鲁木齐,南联贵德、果洛等省内主要地州首府,是区域南北向的主要运输通道。

公路:张掖—西宁高速公路、西宁至武威高速、G227 西宁—大通段、西宁—贵德(拟新增国道,原S101)。

铁路:兰新高速铁路西宁—张掖段、西宁—成都高速铁路、西宁—玉树、昌都铁路。

5. 二纵,古浪—平安—同仁方向

该通道北接甘肃,南接成渝地区,沟通了古浪、同仁等主要周边城市,是"一纵"的重要辅助通道。

公路:平安—古浪,平安—同仁—河南高速。

铁路:青川铁路(西宁—成都)。

6. 三纵,天祝—乐都—化隆方向

该通道北接甘肃天祝,南接化隆、循化进入甘肃临夏,强化了区域东部的对外交通联系,有利于发挥核心轴对周边区域的辐射带动作用。

公路:天祝—乐都—化隆公路。

对外交通规划方案见表4-1、附图2、附图3。

东部城市群对外交通网络布局规划线路

表 4-1

布局形态	交通方式	序号	线路名称	主要控制点	里程(公里)	规划等级
一横	铁路	1	青藏铁路			普铁
		2	兰青铁路	西宁、兰州	121	普铁
		3	兰新铁路第二双线	西宁、兰州		高铁
		合计				
	公路	1	G6	湟源、西宁、平安、乐都、民和	150	高速公路
		2	G109	湟源、西宁、平安、乐都、民和	159	一、二级公路
		合计			359	
二横	公路	1	海晏—永登(拟新增国道)	海晏、大通、互助、威远、永登	136	一级公路
三横	公路	1	日月—化隆—永靖	日月、化隆、永靖	210	二级公路
一纵	铁路	1	兰新铁路第二双线西宁—张掖段	西宁、张掖		高铁
		2	西宁—成都	西宁、成都		高铁
		合计				
	公路	1	张掖—西宁高速(拟新增国高)	西宁、大通、扁都口、张掖	53	高速公路
		2	西宁—武威高速(拟新增国高)	西宁、大通、武威	95	高速公路
		3	G227	门源、大通、西宁	53	二级公路
		4	S101	西宁、湟中、上新庄	22	二级公路
		合计			223	
二纵	公路	1	平安—古浪	平安、丹麻、古浪	148	二级公路
		2	平安—同仁—河南高速	平安、同仁、河南	34	高速公路
		合计			182	
三纵	公路	1	天祝—乐都—化隆	天祝、乐都、化隆	85	二级公路

（二）城际交通

在城市群的城镇化进程中，城际交通既是引导区域城镇空间格局优化的发展轴，也是强化城市联系、促进城市融合的重要载体。因此，城际交通的发展方向不仅是构筑一个城际间互联互通、共建共享的基础设施网络，而是依托这个网络，实现运输服务的高效无缝衔接，让出行者享受到快速、便捷的运输服务，进一步提高城际间的可达性。城际交通规划的重点包括城际交通基础设施网络和城际客货运输两方面。

1. 城际交通基础设施网络

东部城市群经济活动空间分布沿轴向分布特点明显。沿湟水河流域由高速公路、铁路组成的交通走廊已构成了东部城市群发展的主轴，分布着西宁、平安、乐都等城市，是该区域极具发展活力的区段。根据区域未来发展的方向，该“核心轴”将成为推进西宁市和海东地区一体化进程的重要突破口，也是东部城市群最重要的发展轴。

随着一体化进程的推进，城镇空间格局的调整和经济的发展将使得地区人口、产业向中心城市及其近域地区快速集聚，区域内将逐渐形成由中心城市向外圈层放射的密切城际联系带。根据区域总体规划，未来西宁将发展成为全省乃至青藏高原区域性现代化中心城市、重要的现代物流中心和区域性金融中心，串接西宁、平安、乐都的沿湟流域率先形成区域内的经济增长极。因此，“核心轴”内城市间的经济社会联系将日趋紧密，城际交通流将呈现高频率、交织流动的特征。

同时，从“紧密层”各市县的发展定位来看，湟源、湟中和大通将定位为西宁的卫星城，互助和平安则成为承接西宁产业转移的重要的农业、农产品加工业、制造业基地和物流中心，民和作为区域重要的工业集中区和新能源试验区，后发势头强劲。因此，由“核心轴”至“紧密层”的商品、服务、资金、信息和通勤等方面联系将更加密切。随着区域内各城市服务功能的对接，城际间产业分工协作的逐渐完善与成熟，东部城市群将形成相对完整的产业体系，市场指向型产品的运输距离缩短，区域运输成本降低，未来由产业发展引起的区域内城际交通需求强度将逐渐加大。

结合这种需求变化特点和趋势，本规划以满足区域一体化发展需求的功能分析为主线布设城际交通网络。具体步骤是：重点强化核心轴内各城市的交通联系，实现“核心轴”内城市半小时通达；在此基础上再分别构建“核心轴”至“紧密层”各节点的快速交通联系，实现“核心轴”和“紧密层”层级节点间半小时通达，形成东部城市群 1 小时交通圈。

根据国家主体功能区规划，东部城市群属于国家重点开发区域，未来区域的开发强度将进一步加大，人口和经济加速向城市化地区集聚，节能型的轨道交通是城际客运的优先选择。同时，轨道交通也是我国“十二五”期间大力倡导的城际交通方式之一。国民经济和社会发展“十二五”规划纲要明确提出“为适应城市群发展需要，以轨道交通和高速公路为骨干，以国省干线公路为补充，推进城市群内多层次城际快速交通网络建设……”。此外，从区域地形条件和空间分布的角度分析，该区域发展城际轨道交通在集约高效利用线位资源方面具有相对优势。本次规划提出了东部城市群轨道交通的概念规划，详见以下专栏。

轨道交通概念规划

轨道交通在承担城际大运量、高频率的快速客运需求方面独具优势，并具有节能、节地、维持城市中心活力，以及促使城市呈组团式发展等诸多特点。轨道交通的发展改变了大都市地区的发展形态，使城市沿轨道交通走廊轴向伸展。在大城市的疏解过程中，交通系统在诱导城市结构方面具有十分显著的作用。

1. 轨道交通模式

现阶段城际轨道交通模式可根据速度、运输工具技术、服务对象等方面分为高速模式、快速模式和普通模式。其中，高速模式是指旅行速度在 200 公里/小时以上，主要运输工具技术采用高速铁路，适用于特大城市或大城市之间的城际交通。快速模式是指旅行速度在 80～200 公里/小时之间，主要运输工具技术采用城际快速轨道，适用于大城市和中等城市之间的城际交通。普通模式为一般意义上的铁路方式，旅行速度在80公里/小时以下，适用于中小城市之间的城际交通。

根据青海东部城市群现状和未来的经济社会发展状况，在技术路线方面应体现多方案选择，重点考虑快速模式和普通模式。城际交通多为直达和大站快车形式，中转和换乘环节少，在城镇密集的发达地区，班次安排可实现公交化运营模式。

2. 城际轨道交通路线方案（图4-1）

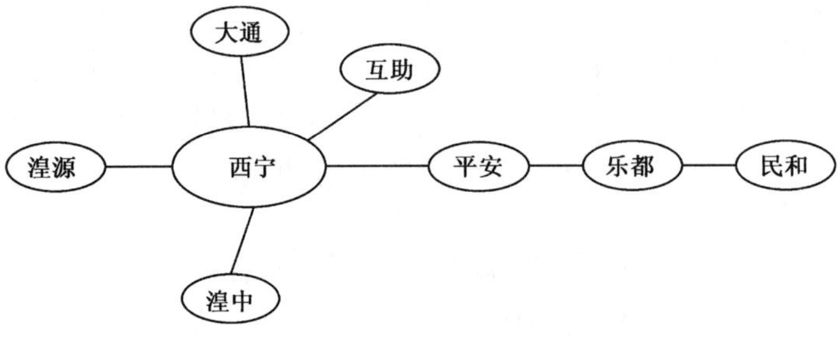

图4-1 城际轨道路线方案概念图

根据青海东部城市群的空间结构“一核、一带、一圈”，考虑西宁市与所属县城，及海东地区县城之间的地理位置和距离，以西宁为中心向四周辐射，同时有一条从西宁到海东地区的城镇发展带，城际轨道交通网络类型应采取“风车”式网络。结合发展需求与交通量预测结果，建议先期启动西宁—乐都和西宁—大通两条城际轨道路线的规划建设。

东部城市群城际网络由包括城际轨道、高速公路和普通干线公路在内的多条路线组成。城际轨道主要承担高频率的城际客运需求；高速公路承担区域间、省际以及重要城市间的长距离、大容量客货运输要求；普通干线公路则主要承担沿线运输，以及区县与重要城镇间的客货运输服务。城际交通网络布局为“一轴五射两环”，具体方案如下：

（1）一轴，西宁—平安—乐都方向

该轴线是东部城市群核心区域的发展主轴，承担中心城市西宁与副中心城市乐都之间不同层次的高强度交通需求。其中，对G109局部路段进行改线，以避免路线直接穿越平安、乐都城区；同时规划改线路段为一级公路，满足核心轴城际间高强度的商品、服务、资金、信息和通勤等方面的密切联系。规划原G109西宁至乐都段为城市快速路，以适应未来城市发展需求。远期区域内的过境交通将逐渐向区域其他两条横向通道转移，G6沿湟水流域段的路线将主要承担城际交通的功能。

公路：G6、G109、总寨—隆治（二级）。

城际轨道：西宁—平安—乐都。

（2）一射，西宁—大通方向

未来大通将逐渐发展成为全省重要的工贸城市，同时作为西宁的卫星城，成为西宁市重要的新型工业城区。该城际通道将形成西宁与大通及以北方向的快速客货运输通道。

公路：西宁—大通高速公路、G227、海湖大道（一级）。

城际轨道：西宁—大通—互助。

（3）二射，西宁—互助方向

互助作为高原特色农业示范区，城市“菜篮子”供应和保障基地，也是青藏高原民族风情旅游示范区，未来西宁与互助之间的农产品配送和旅游交通需求将大大加强。该通道的建设将进一步强化西宁与互助的城际交通联系，也是一条重要的旅游干线。

公路：S102、西宁—互助一级路（准高速）。

（4）三射，乐都—民和方向

民和毗邻兰州红古区，两地经济商贸往来日趋紧密，是区域东向对接兰州的门户，也将逐步发展成为全省新兴的工贸城市。因此，该城际通道的建设，不仅有利于加速优势资源向心流动，发挥副中心城市乐都的核心集聚和辐射作用，也是进一步承接兰州经济辐射，加快区域向东联动发展的主要交通干线。

公路：G6、G109。

城际轨道：乐都—民和。

（5）四射，西宁—湟中方向

根据湟中县的城市发展定位，未来将逐步发展成为西宁的卫星城，部分乡镇并入西宁主城区。因此，该城际通道的规划建设对于引导区域城镇空间格局调整，加速西宁城市化进程具有积极的作用。同时，该通道重点解决西宁与城南新区、湟中、塔尔寺、上新庄等重要节点的快速交通联系，并连接塔尔寺景区，兼具旅游公路的功能。

公路：西宁—塔尔寺高速公路、S101。

城际轨道：西宁—湟中。

（6）五射，西宁—湟源方向

湟源不仅是青藏高原商贸重镇，也是全省的生态文化旅游古城，该城际通道的建设对于推进区域旅游产业发展，加速核心轴向湟源方向集聚发挥重要作用。

公路：G6、G109。

城际轨道：西宁—湟源。

（7）内环：西宁市绕城环线

内环线由西宁南绕城和西过境线组成，主要控制点为九家湾、多巴镇、扎麻隆、通海、湟水河林场、沈家寨、乐家湾、峡口、曹家堡机场互通、九家湾，技术等级为高速公路。

内环线重点解决高速公路在西宁主城区的过境问题，通过环线实现过境交通与出入境交通和沿线短途区间交通的衔接转换。未来随着西宁市城市空间的扩张，该环线将逐渐转变为城市环线，承担城市快速路的功能，实现城区内部交通与市域对外交通的衔接转换。

（8）外环：大通（长宁镇）—湟源—湟中—平安—大通（长宁镇）

外环主要途径大通（长宁镇）、景阳镇、湟源、湟中（鲁沙尔镇）、平安、互助（威远镇）、大通（长宁镇），规划等级为二级公路，其中大通（长宁镇）—互助段为高速公路。

外环线实现了大通、湟源、湟中、平安等区域重点城市的直接连接。未来随着城市化进程的推进，区域内城际交通需求比例逐步提高，该环线的布设能便捷联系各城市，避免各县城之间的城际交通在西宁的绕行，有效缓解沿湟流域核心轴向城际通道的交通压力。

城际交通公路规划方案见表4-2、附图4、附图5。

2. 城际客货运输

（1）客运

随着西宁城区与各节点城市之间的交通联系日益紧密，现状的公路客运将难以满足公交服务提升的要求。为落实公交优先战略，城际客运将逐渐形成由城际公交和轨道交通共同承担的格局。

城际客运近期重点推进公交一体化，通过对原有公路客运的公交化改造，满足交通需求的增长。按照“统一协调、有序推进、分步实施”和“成熟一条，开通一条”的原则，进行城际公交线路的布置。具体措施为：

①出行密度高的区域优先推行公交化实践。

根据客运需求的增长和公路沿线土地利用模式的转变，对传统公路客运模式进行公交化运营实践，即在站内发车，起讫点上、下客的基础上，沿途增设停靠站。

②根据客流、城市化程度决定公交化运行模式。

表 4-2

东部城市群城际交通网络布局规划线路

布局	交通方式	序号	线路名称	主要控制点	里程（公里）	规划等级
一轴：平安—乐都	轨道	1	西宁—乐都	西宁、平安、乐都	64	城际轨道
	公路	1	G6 西宁—乐都	西宁、平安、乐都	64	高速公路
		2	G109 西宁—乐都	西宁南绕城、平安、碾伯	64	高速公路、一级公路
		3	总寨—隆治	总寨镇、土门关、石灰窑乡、三合镇、沙沟乡、下营乡、瞿昙镇、中坝乡、峡门镇、巴州镇、隆治乡	220	二级公路
一射：西宁—大通	轨道	1	西宁—大通—互助	西宁、大通、互助	38	城际轨道
	公路	1	宁大高速	西宁、大通	38	高速公路
		2	海湖大道	西宁、大通	40	一级公路
二射：西宁—互助	公路	1	S102	西宁、互助	43	二级公路
		2	西互一级路	西宁、互助	43	高速公路
三射：乐都—民和	轨道	1	乐都—民和	乐都、民和	45	城际轨道
	公路	1	G6 乐都—民和	乐都、民和	45	高速公路
		2	G109 乐都至民和段	享堂、老鸦峡、鲁班亭	45	一、二级公路
四射：西宁—湟中	轨道	1	西宁—湟中	西宁、上新庄	30	城际轨道
	公路	1	西塔高速（S104）	西宁、湟中	27	高速、二级公路
		2	S101	西宁、湟中、上新庄	22	城际轨道
五射：西宁—湟源	轨道	1	西宁—湟源	西宁、湟源	50	城际轨道
	公路	1	G6 西宁—湟源	西宁、湟源	50	高速公路
		2	G109 西宁至湟源段	西宁、湟源	50	一级公路
内环	公路	1	西宁绕城内环	九家湾、多巴、扎麻隆、通海、沈家寨、乐家湾、峡口、曹家堡互通、九家湾	100	高速公路
外环	公路	2	西宁绕城外环	长宁、景阳、城关、鲁沙尔、平安、单麻、威远、长宁	232	二级（互助—大通段高速）

客流状况和城市化程度是决定公路客运公交化运行模式的判断标准,依此在彻底与不彻底两种公交化模式中进行选择,彻底的公交化模式是完全按照公交运营的要求,不彻底的公交化模式是结合运行实际情况采取公路客运和公交两种相结合的模式。客流量大且均衡,沿线城市化程度高的线路采用彻底的公交化运行模式;客流量不均衡,沿线城市化程度差异较大的线路采用不彻底的公交运行模式。

③参考现有公路客运的线路密度、客流量安排公交化公路客运线路。

借助现有的公路客运线路数量、实际完成的客流量来反映客运需求,在现有公路客运线路密集、客流量大的道路沿线开设公交化公路客运线路。对公路客运进行公交化改造时,对现有线路不做太大改动,更多的是在原有的线路基础上针对不合理的要素进行改造、调整、规范和完善,使之符合公交化线路的要求。

(2)货运

创新道路货运发展模式,积极促进现代物流发展,提高集约化和规模化水平。支持并鼓励物流园区建设,发展与完善城市配送体系。构建城际快速公路货物运输网络,开行城际货运专线班车。大力发展各种专用运输、鲜活农产品和高附加值货物等的直达运输,加快发展厢式运输和保鲜或冷链运输等专门化运输。支持零担、快运、货运代理、城市配送以及利用班线为依托的小件快运等经营业务的网络延展,引导城市配送规模化、标准化、网络化发展。

推进汽车市场维修、救援保障服务体系一体化。打造汽车维修综合服务网络,建设反应迅速、统一的区域汽车救援体系,实行区域内汽车救援一体化,提高维修救援服务水平和应急响应能力。

(三)城乡交通

城乡交通网络依托于区域对外和城际交通网络,是城际交通网络在县域乡镇等地区的延伸,是"辐射圈"向心承接产业转移、对外传递经济辐射的载体。城乡交通对于完善综合交通网络、增强路网机动性、推进公共服务均等化过程具有积极的作用。城乡交通包含基础设施网络和城乡客货运输两个方面。

1. 城乡交通基础设施网络

受区域地形条件约束,公路交通是东部城市群城乡交通联系的主要方式,主要通过普通国省道、部分重要县道实现乡镇与城际交通网络和对外交通网络的有效衔接。

国家"十二五"期间将继续有重点地发展小城镇,进一步增强小城镇公共服务和居住功能。目前东部城市群范围内遍布着172个乡镇,占全省乡镇总量的43%。这些乡镇发展基础较好、发展潜力较大,是青海省实施优先发展有条件的小城镇战略的重点。随着东部城市群发展阶段的推进,区域内城市功能的分工协作和产业结构不断调整。部分商品和服务的集散功能逐渐由西宁及各节点市县转移至各小城镇,这些小城镇将成为未来吸纳区域农村人口、增加就业岗位和传播城市文明的重要载体,在加快区域城市化进程,推进县域经济发展从而加快区域经济发展步伐等方面发挥着积极的作用。

因此,本次规划城乡交通基础设施网络将广泛覆盖区域内的重点小城镇。同时,考虑产业发展需求,考虑加强对红崖子沟工业经济区、乐都装备制造园区、平东工业园区、下川口工业园区等主要工农业产业园区及国家北山森林公园等旅游景区的连接,为产业链延伸和产业集群式发展产生的巨大客货运需求提供充分的基础支撑。

未来城乡交通规划建设应以网络化为方向,进一步加大农村公路的改造工作,加强危桥改造、安保工程等设施建设,以提升路网服务水平,适应未来农村出行和运输的便捷、机动、安全等要求。

2. 城乡客货运输

(1)客运

依托城乡交通网络设施建设,未来发展的重点将进一步推进城乡公交一体化。东部城市群城镇分布相对密集,城乡客流需求较大且集中。在推进城乡公交一体化建设中,可以按照"集约化经营、公交化运行"的运作模式,形成由常规公交、特色旅游公交和出租车等组成的城乡一体化公共客运系统,打破地域壁垒,统筹跨市县的城乡客运、旅游客运线路资源,加快提升区域基本公共交通服务均等化水平。

(2)货运

培育发展农村物流运输市场,完善县、乡镇物流节点网络。依托邮政配送体系逐步发展农村物流。

城乡交通网络建设的主要项目见表4-3、附图6。

(四)城市交通

根据区域总体规划目标,未来平安、乐都等县将逐渐发展成为中小城市,东部城市群将逐渐形成布局优化、结构合理、与周边区域融合发展的开放型城市体系。随着城市化进程的推进,区域内各大中小城市的城市交通问题将日益突出。

城市交通的发展方向是充分发挥交通对城市空间结构调整的带动和引导作用,加强城市路网建设,并在此基础上大力实施公交优先战略,合理引导私人机动车出行,实现城市交通管理现代化。

完善中心城区道路网,形成对外顺畅疏导过境和出入境交通流、对内畅通城市交通流的道路网络系统。在过境交通需求较大的节点城市,规划建设城市过境环线,以减少过境交通对城市交通的干扰;梳理城市主要快速通道,完善交通功能,加强次、支道路系统的建设;注重城区交通线网与市域对外交通的衔接,提升各节点城市出口路的通行能力。

全面实施公交优先战略,加快推进西宁主城区轻轨交通建设,建立轨道为骨干、层次分明、服务高效的公交线网。系统布局中心城区公交优先系统,优先保障公交发展用地需要,系统布局公交换乘中心;理顺公交线网层次结构,适应各种运距、各种消费层次的多元化需求;面向公交发展道路系统,有效扩大公交线网的服务范围和服务质量。

加强中心城区交通运行组织与管理。注重道路网络通行能力的匹配,提高整体路网运行效率;加强路口渠化、优化信号配时;加快社会停车场建设。

(五)运输枢纽站场系统

东部城市群区域集中了公路、铁路、轨道和航空四种运输方式,既有不同运输方式之间的换乘和中转,也有对外交通、城际交通、城乡交通与城市交通之间等不同地域空间的交通衔接转换。实现区域交通一体化发展是在完善的交通网络的基础上,实现运输服务的高效、无缝衔接,运输枢纽是衔接这两部分的关键环节。为进一步提升运输服务质量,提高运输效率,须依托交通线网,建设由综合运输枢纽站场和一般客货运输站场组成的运输枢纽站场系统(表4-4)。

综合运输枢纽站场是区域对外交通运输网络中客货集散、转运及过境的核心场所,是实现区域对外交通与城际交通之间有效衔接和转换的关键节点。规划区域内的综合运输枢纽为:西宁曹家堡机场、西宁建国路公铁联运站。

一般客货运输站场是进行区域内客货运输集散、转换、组织的主要场所,是城际交通、城乡交通和城市交通网络衔接转换的关键节点,主要包括铁路干线及轨道交通的客货站场、各市、县的公路客货运站场及西宁市的重要公交枢纽站。

公路客货运输站场:规划12个公路客运站,分别为西宁市客运中心站、八一路客运站、城西客运站、城北客运站和城南客运站,平安县、乐都县和湟中县各1个一级客运站,大通县、湟源县、民和县和互助县各1个二级客运站。拓展公路客运站场功能,加强公路客运站场与其他运输方式客运站场的一体化规划建设,实现公路客运和公交等方式中转换乘的有效衔接。规划10个公路货运站(物流中心),分别为朝阳物流园区、空港物流园区和多巴(双寨)物流园区三个大型物流园区,以及东川物流中心、大通、湟中、湟源、乐都、互助和民和各规划1个县级货运站(配送站)。三个大型物流园区将被打造成为全省现代化综合物流基地,各县级货运站(配送站)主要满足区域内广大农牧民日常生产生活出行和物资配送的需求。

城际轨道:西宁、平安、乐都、民和、湟源、大通、互助、湟中。

西宁市4个城区公交换乘站:城北客运枢纽站、城西客运枢纽站、城南客运枢纽站、城东客运枢纽站。

东部城市群城乡交通网络重点项目

表 4-3

序号		项目名称	里程（公里）	主要控制点	等级	等级
公路	1	鲁班亭至小峡口	74	老鸦峡、鲁班亭、高庙、碾伯、平安镇、高寨、小峡口	二级公路	连接小城镇
	2	红崖子沟工业经济区（平北工业园）公路	9	小寨、星家、站家、上寨	二级公路	连接工业园区
	3	五十镇—川口镇（北山通道）	229	五十镇、松多乡、达拉乡、共和乡、寿乐镇、芦花乡、马厂乡、北山乡、川口镇	三级公路	连接小城镇
	4	乐都装备制造园公路	8	碾伯镇、寿乐镇、乐都	二级公路	连接工业园区
	5	川口至下川口公路	20	川口镇、马场垣乡、下川口	二级公路	连接工业园区
	6	平西工业园公路	22	小峡镇、高寨镇	三级公路	连接工业园区
	7	小峡—加定镇	78	小峡镇、丹麻镇、加定镇、天堂乡	二级公路	连接北山景区
	8	川口—官亭	95	下川口、官亭镇	二级公路	连接小城镇
	9	岗子沟—仙米	110	民和、岗子口、天堂乡、甘禅口	二、三级公路	连接小城镇
	10	李家乡—洪水—中坝	35	马营、高庙、洪水、中坝	三级公路	连接小城镇
	11	上五庄镇—上新庄镇—小峡	95	上五庄镇、拦隆口镇、多巴镇、汉东乡、大才乡、鲁沙尔镇、上新庄镇、田家寨、小峡	二级公路	连接小城镇
铁路	1	西宁—大通支线铁路	15	西宁、大通	支线铁路	连接工业园区
	2	红崖子沟工业园区专线铁路	14.5	红崖子沟	货运专线	连接工业园区
	3	下川口工业园区专线铁路	15	下川口	货运专线	连接工业园区

运输枢纽站场系统布局方案　　表4-4

枢纽层次	序号	运输枢纽站场名称	性质	运输方式
综合运输枢纽	1	西宁曹家堡机场	航空枢纽	航空
	2	西宁建国路公铁联运站	综合运输枢纽	综合
一般客货运输站场	1	西宁市客运中心站	一级客运站	公路
	2	西宁市八一路客运站	一级客运站	公路
	3	西宁市城西客运站	一级客运站	公路
	4	西宁市城北客运站	一级客运站	公路
	5	西宁市城南客运站	一级客运站	公路
	6	平安县客运站	一级客运站	公路
	7	乐都县客运站	一级客运站	公路
	8	湟中县客运站	一级客运站	公路
	9	大通县客运站	二级客运站	公路
	10	民和县客运站	二级客运站	公路
	11	湟源县客运站	二级客运站	公路
	12	互助县客运站	二级客运站	公路
	13	朝阳物流园区	物流园区	公路
	14	空港物流园区	物流园区	公路
	15	多巴(双寨)物流园区	物流园区	公路
	16	东川物流中心	物流中心	公路
	17	大通货运站	县级货运站	公路
	18	湟中货运站	县级货运站	公路
	19	湟源货运站	县级货运站	公路
	20	乐都货运站	县级货运站	公路
	21	民和货运站	县级货运站	公路
	22	互助货运站	县级货运站	公路
	23	西宁城北客运枢纽站	市区公交换乘站	公路
	24	西宁城西客运枢纽站	市区公交换乘站	公路
	25	西宁城南客运枢纽站	市区公交换乘站	公路
	26	西宁城东客运枢纽站	市区公交换乘站	公路

(六)交通管理

加强西宁市和海东地区交通管理部门的协同联动,对接目前交通建养运管政策,逐步实现交通管理同城化,促进区域内生产要素自由流动。

1. 公路建设养护管理一体化

对区域内的公路建设项目执行统一公开招标,统一公路建设标准,保证建设质量;统筹安排公路项目建设时序,确保施工周期的同步,提高路网效益;实行公路管理养护一体化,切实保障路网的全面通畅。

2. 区域交通信息平台统一化

完善信息资源共享机制,完善道路客运联网售票体系,全面推进区域异地联网售票。统一区域车、货信息交易网络系统,最大限度实现区域信息共享,降低运输成本;建立区域共享的交通行业信息系统,实现区域内经营者、运输车辆等资源信息共享,满足对经营者、车辆、从业人员等远程识别、认证、查询等需求,提高运输行业信誉度和安全性;建立区域统计信息交流制度,实现区域内交通行业统计信息共享,为行业决策提供数据支持。

3. 区域通行“无障碍化”

改革收费方式，降低收费标准，优化收费站点布设，打造区域交通“无障碍通行”。适当开放城市客运出租车市场，允许异地出租汽车返程带客。建设城市群内汽车租赁网络，实现异地租还车，适应低碳经济发展方向，为道路客运提供有益补充。

4. 交通执法统一化

规范执法程序，统一执法标准、执法尺度，区域内违章行为执行统一的处罚标准。

第五章 行动计划

第一节 建设规模和资金需求

一、建设规模

本次规划主要统计了区域对外通道、城际交通基础网络,以及城乡交通基础网络中园区路、旅游路的建设规模。规划建设青海东部城市群公路网2 072公里,其中新开工建设1 103公里,改建969公里。按技术等级划分,高速公路230公里,一级公路71公里,二、三级公路1 771公里。

规划建设公路运输枢纽站场17个。

二、投资匡算

据初步测算,公路方面建设资金总需求为340.4亿元,其中公路网建设资金337.3亿元,运输枢纽站场建设资金3.1亿元。

在建设规模和资金测算的基础上,本次规划依据对外通道、城际交通和城乡交通三个网络层次,对公路建设项目进行分阶段实施安排,具体项目建设安排详见表5-1。其中,重点对"十二五"期公路建设项目进行细分,详见表5-2~表5-5。

第二节 实施原则

东部城市群区域交通基础建设以推进区域交通一体化发展,支撑和引导东部城市群建设为出发点,总体上按照适度超前的原则分期、分批实施。具体遵循以下原则:

一、重点推进

优先安排对推进东部城市群发展具有重大作用的交通设施建设,并以核心轴以及核心轴至紧密层的相关交通项目为建设重点。轨道交通网络统一规划、分期实施、择机建设。

二、统筹兼顾

安排项目时要统筹考虑区域各级城镇节点协调发展的需要,充分体现效率与公平。

三、灵活把握

综合考虑经济社会需求、交通需求和实际投资能力,灵活把握各种交通路线的建设时机和技术标准。在具有实际发展需求但受地形条件制约的通道内,先期建设二级公路,为远期发展高速公路预留线位。在交通线位资源尤其紧张的通道内以原有路线扩能改造为主,原则上不再另辟新线,适时考虑与城际轨道相结合的立体化布设。

第三节 近期建设重点

根据东部城市群"十二五"期间的交通发展需求,结合"十一五"期间公路建设项目实施进展,"十二五"期间规划建设公路367公里,建设枢纽站场13个,总投资119.4亿元,其中公路建设资金116.1亿元,枢纽站场建设资金3.3亿元,见附图7。

公路项目建设安排(2011～2030年)

表5-1

网络层次	序号	项目名称	主要控制点	里程(公里)	规划等级	建设性质	建设年限	资金需求(万元)
对外通道	1	海晏—永登(拟新增国道)	海晏、大通、互助、巴扎、加定、永登	136	二级公路	新建	2016～2020年	163 200
	2	日月—化隆—永靖	日月、化隆、永靖	210	二级公路	改建	2021～2030年	252 000
	3	张掖—西宁—河南(拟新增国高)	青石咀、大通、西宁、同仁	100	高速公路	新建	2014～2018年	600 000
	4	西宁—武威高速(拟新增国高)	西宁、大通、武威	95	高速公路	新建	2016～2020年	475 000
	5	平安—古浪	平安、丹麻、古浪	148	二级公路	新建	2016～2020年	222 000
	6	天祝—乐都—化隆	天祝、乐都、化隆	85	二级公路	新建	2016～2020年	127 500
城际交通	1	G109平安—乐都	平安、乐都(碾伯)	31	一级公路	改建	2011～2015年	46 500
	2	海湖大道	西宁、大通	40	一级公路	新建	2016～2020年	200 000
	3	总寨—隆治	湟中、土门关、瞿昙、巴州镇、隆治乡	220	二级公路	改建	2021～2030年	264 000
	4	西宁绕城环线	长宁、景阳、湟源、湟中、平安、单麻、长宁	232	二级公路	改建	2014～2018年	470 500
城乡交通	1	鲁班亭至小峡口	老鸦峡、鲁班亭、高庙、碾伯、平安、高寨、小峡	74	二级公路	改建	2016～2020年	74 000
	2	红崖子沟工业经济区(平北工业园)	小寨、星家、站家、上寨	9	二级公路	改建	2016～2020年	229 000
	3	五十镇—川口镇(北山通道)	五十镇、松多、达拉、共和、芦花、北山、川口镇	229	三级公路	改建	2016～2020年	78 000
	4	乐都装备制造园公路	碾伯镇、寿乐镇、乐都	8	二级公路	改建	2016～2020年	4 800
	5	川口至下川口公路	川口镇、马场垣乡、下川口	20	二级公路	改建	2016～2020年	12 000
	6	平西工业园公路	小峡镇、高寨镇	22	三级公路	改建	2016～2020年	8 800
	7	小峡—加定镇	小峡镇、丹麻镇、加定镇、天堂乡	78	二级公路	新建	2016～2020年	22 140
	8	川口—官亭	下川口、官亭镇	95	二级公路	新建	2011～2015年	10 240
	9	岗子沟—仙米	民和、岗子口、天堂乡、甘禅口	110	二级公路	改建	2011～2015年	28 790
	10	李家乡—洪水—中坝	马营、高庙、洪水、中坝	35	三级公路	新建	2011～2015年	8 750
	11	上五庄镇—上新庄镇—小峡	上五庄、多巴、汉东乡、鲁沙尔、上新庄、小峡	95	二级公路	新建	2011～2015年	76 000
合计				2 072				3 373 220

一、高速公路

“十二五”期间新开工建设高速公路125公里,建设投资91.6亿元。具体项目见表5-2。

“十二五”期间东部城市群高速公路重点建设项目　　表5-2

序　号	项目名称	建设里程(公里)	建设性质	资金需求(万元)
1	南绕城高速公路	61	新建	533 000
2	张河高速牙什尕—同仁	64	新建	383 300
合计		125		916 300

二、干线公路

新建改建干线公路164公里,“十二五”期间投资22.4亿元。具体项目见表5-3。

“十二五”期间东部城市群干线公路重点建设项目　　表5-3

序　号	项目名称	技术等级	建设里程(公里)	建设性质	资金需求(万元)
1	大通—平安	二级公路	66	新建	9 900
2	G109平安—乐都	一级公路	31	改建	46 500
3	小峡—加定镇	二级公路	67	改建	78 000
合计			164		223 500

三、农村公路

新建改建主要包括产业园区路和区域重点农村公路,其中,“十二五”期间建设的产业园区路共需投资3.1亿元。具体项目见表5-4。

“十二五”期间东部城市群农村公路(产业园区路)重点建设项目　　表5-4

序　号	项目名称	技术等级	建设里程(公里)	建设性质	资金需求(万元)
1	红崖子沟工业经济区公路(平北工业园)	二级公里	9	改建	5 400
2	乐都装备制造园公路	二级公路	8	改建	4 800
3	下川口工业园公路	二级公路	20	改建	12 000
4	平西工业园公路	三级公路	22	新建	8 800
合计			59		31 000

四、运输枢纽站场

“十二五”期间,规划建设客货运输枢纽站场13个,投资3.3亿元。其中重点建设7个客运站,投资12 400万元;6个货运站场,投资21 000万元。具体项目见表5-5。

“十二五”期间东部城市群运输枢纽站场重点建设项目　　表5-5

序　号	项目名称	技术等级	建设性质	资金需求(万元)
1	西宁市客运中心站	一级客运站	新建	1 000
2	西宁市八一路客运站	一级客运站	改建	300
3	西宁市城北客运站	一级客运站	新建	1 000
4	西宁市城西客运站	一级客运站	新建	1 000
5	西宁市城南客运站	一级客运站	新建	1 000
6	7县现有客运站改造	一级、二级客运站	改建	2 100

续上表

序　号	项目名称	技术等级	建设性质	资金需求(万元)
7	西宁4个公交换乘站	公交换乘站	新建	6 000
8	朝阳物流园区	物流园区	改建	3 000
9	空港物流园区	物流园区	新建	7 500
10	多巴(双寨)物流园区	物流园区	新建	7 500
11	东川物流中心	物流中心	新建	1 000
12	大通货运站	县级货运站	新建	1 000
13	乐都货运站	县级货运站	新建	1 000
合计				33 400

第六章　措 施 建 议

加强东部城市群建设是事关青海发展全局的重大战略，交通发展是最重要的基础保障。要做好执行层面的谋划和实施，加大投入，加强协调，创造良好的发展环境和条件，切实把省委、省政府的决策部署落到实处。

一、加强规划的约束和指导作用

本规划经审查通过后应纳入《青海省东部城市群发展总体规划》，并作为指导东部城市群交通建设发展的纲领性文件严格执行，强化规划对交通建设的约束和指导作用，减少建设的随意性。完善规划执行情况跟踪、中期评估和调整等相关制度，不断提高规划的科学性和可操作性。

二、加强行业内外衔接，明确各方职责

加强与相关部门的沟通与衔接，明确职责。充分发挥城市群建设领导小组职能，加强地、市、县之间的协调联动。交通部门与城市规划、土地管理等部门充分配合协调，西宁、海东地区做好相关项目的征地、拆迁、安置等工作。交通管理部门应制定统一的推进区域交通一体化发展的鼓励、引导和扶持政策。在规划执行过程中，规范各专项规划审批制度，明确各运输方式、不同区域范围相关交通规划的规划主体、实施主体及相关责任。

三、做好前期工作，积极争取国家的资金和政策支持

加快开展重点公路、铁路、轨道交通建设项目的前期工作，加强与国家相关部委的沟通，争取将规划所提出的“十二五”交通重点建设项目纳入相关行业“十二五”发展规划，争取在立项审批、资金政策、技术支持等方面得到国家支持，为项目的顺利推进创造良好条件。同时，建议青海省发展改革委将本规划的重点项目优先列入省“十二五”建设的年度计划。在安排规划建设用地和土地利用年度计划指标时，优先保障本规划重点项目用地。

切实用好、用活、用足国家支持西部大开发、民族地区跨越式发展、贫困地区连片扶贫等政策，争取国债资金、车辆购置税资金、扶贫开发资金及其他中央专项资金对本规划项目发展的投入。

在争取国家资金支持的同时，建议加大省财政一般性转移支付和专项转移支付对交通建设项目的投入，区域内各市县政府应对交通基础设施建设给予土地、资金等政策扶持，将区域交通基础设施建设计划纳入城市总体规划之中，在土地出让金及城市建设配套费用上给予支持。加强引导和协调，着力吸引省内外金融机构，加大对城市群交通项目的投资支持。

四、统筹安排，加快交通基础设施建设进度

区域外加强与周边省、区、市的沟通，做好跨通道的衔接，合理确定路线的线位、建设标准和建设时序；区域内统筹规划和统一安排基础设施建设，确保建设标准对接，施工周期一致。

在确保工程质量的前提下，加快在建项目工程进度。加快待建项目的招商引资、施工招标、征地拆迁等各项准备工作，尽早组织实施一批推进东部城市群建设的重大项目。

五、加快提升现有公路通行能力

充分利用既有路线，加快推进对东部城市群范围内现有干线公路的改造工作。通过提高区域内主要干线公路的技术等级和路面等级，提升公路通行能力，改善区域路网的整体服务水平和运营效益，充

分发挥存量交通资源的使用效率。

六、继续深化相关交通运输规划研究

下一阶段继续开展相关的现代物流、城市客运、低碳交通、公路可持续发展战略，以及关于轨道交通近期如何利用高铁富余能力、沿湟流域兰西通道资源统筹规划及西宁综合运输枢纽规划等问题的研究，进一步加强规划对东部城市群地区交通发展的指导作用。

七、尽快开展城市交通相关研究

目前西宁中心城区交通拥堵现象已普遍存在，随着城市化进程的加快以及需求的进一步增长，西宁及各节点城市的交通问题将日益突出，建议及时开展城市交通的相关研究，就城区交通线网、公共交通线路优化、主要路口路段交通组织、城市交通需求管理等内容开展系统研究，以引导各节点城市的城市交通良性发展。

附　　录

附录一　青海省东部城市群空间结构示意图

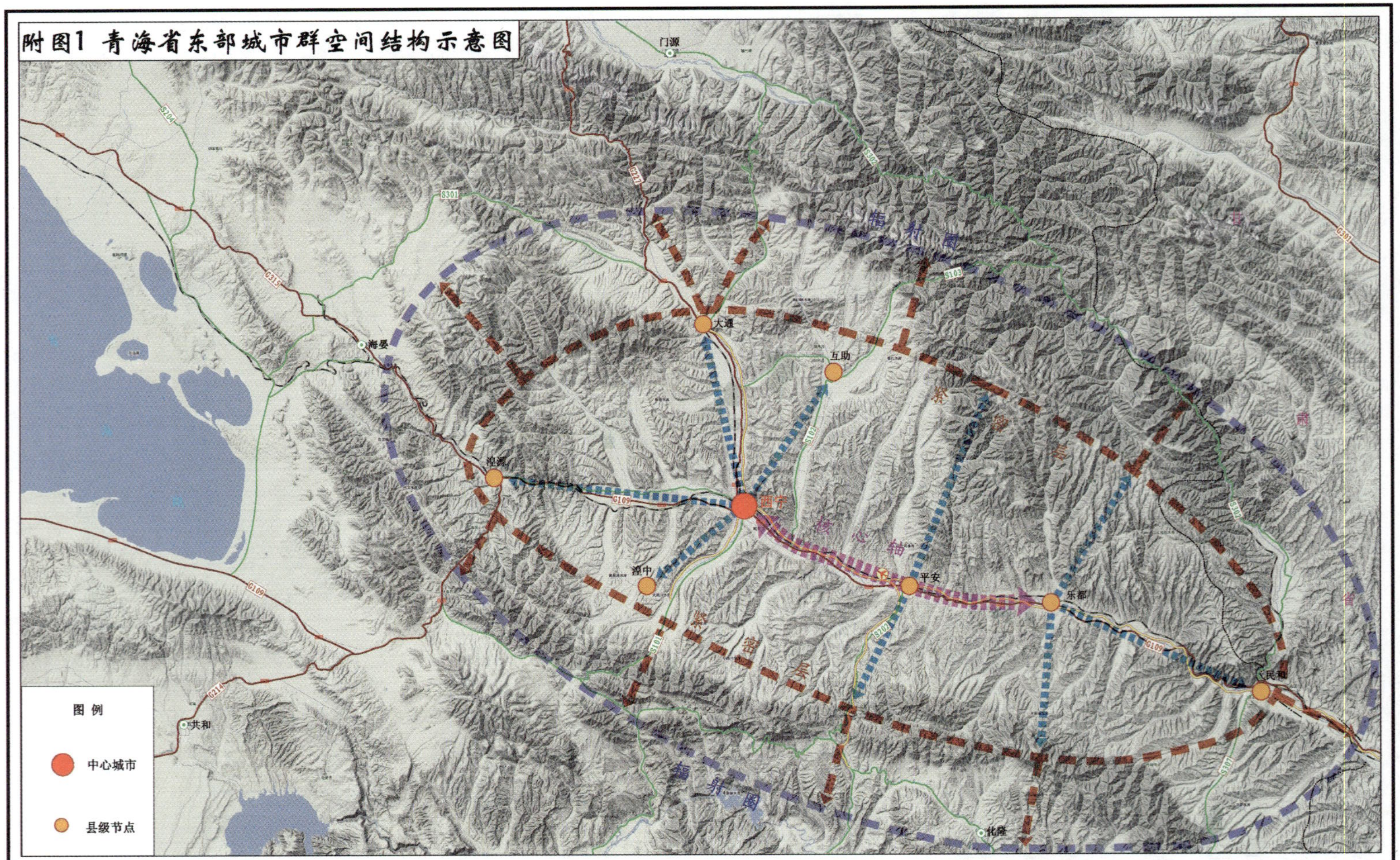

附图1　青海省东部城市群空间结构示意图

附录二　青海省东部城市群对外交通网络布局示意图

附图2　青海省东部城市群对外交通网络布局示意图

附录三　青海省东部城市群对外交通布局方案示意图

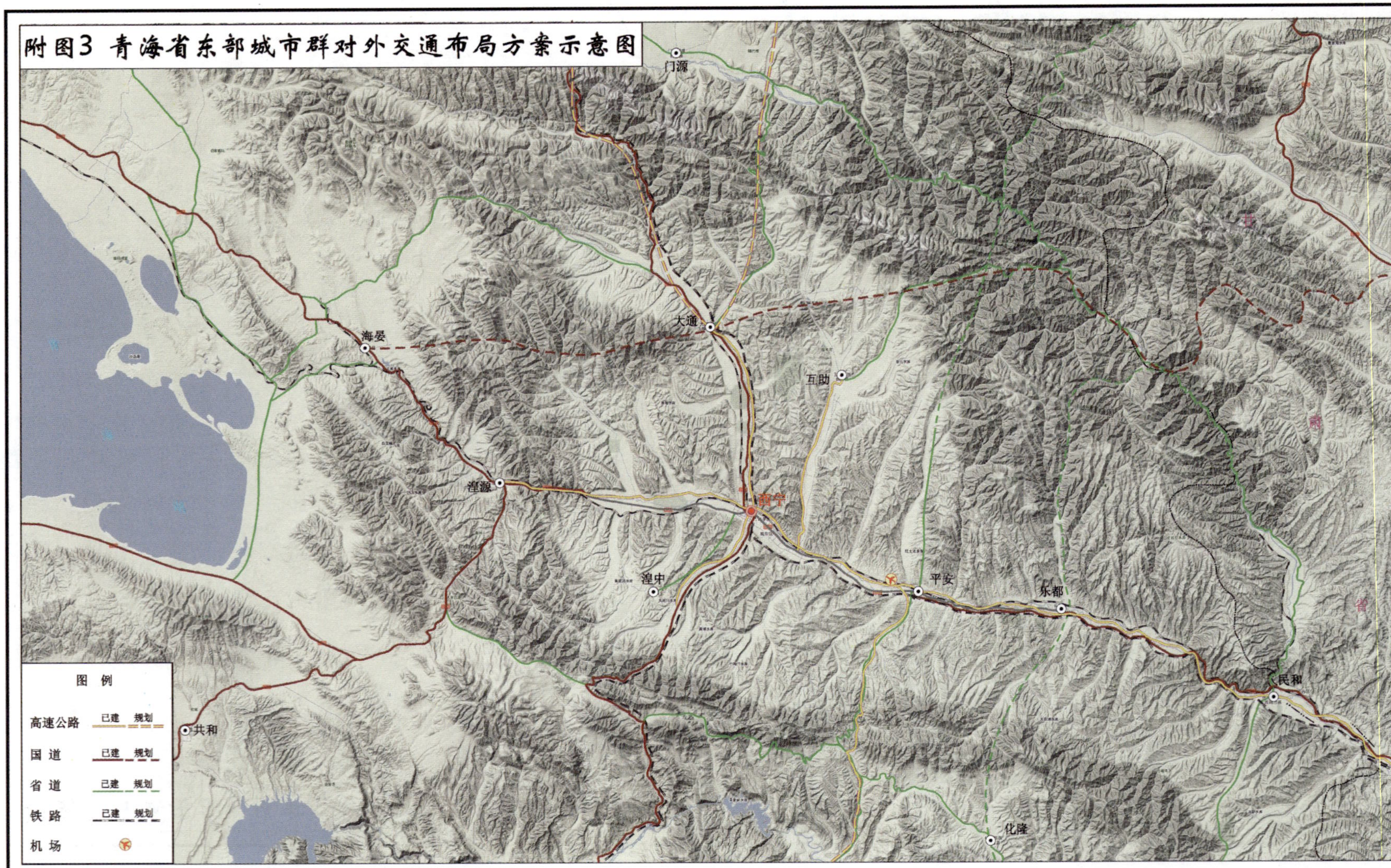

附图3　青海省东部城市群对外交通布局方案示意图

附录四　青海省东部城市群城际交通网络布局示意图

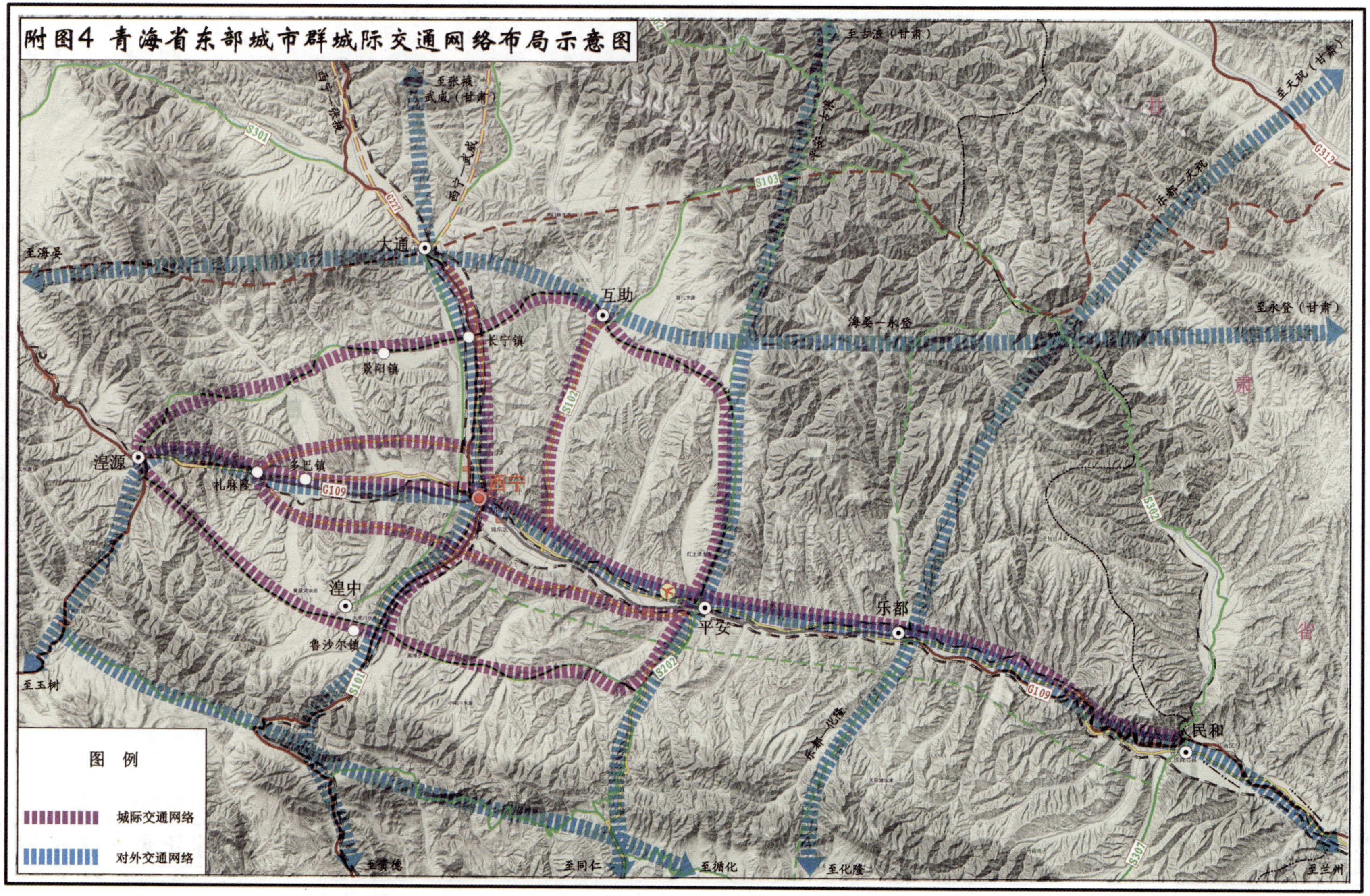

附图4　青海省东部城市群城际交通网络布局示意图

附录五　青海省东部城市群城际交通布局方案示意图

附图5　青海省东部城市群城际交通布局方案示意图

附录六 青海省东部城市群城乡交通布局方案示意图

附图6 青海省东部城市群城乡交通布局方案示意图

附录七 青海省东部城市群“十二五”重点建设项目示意图

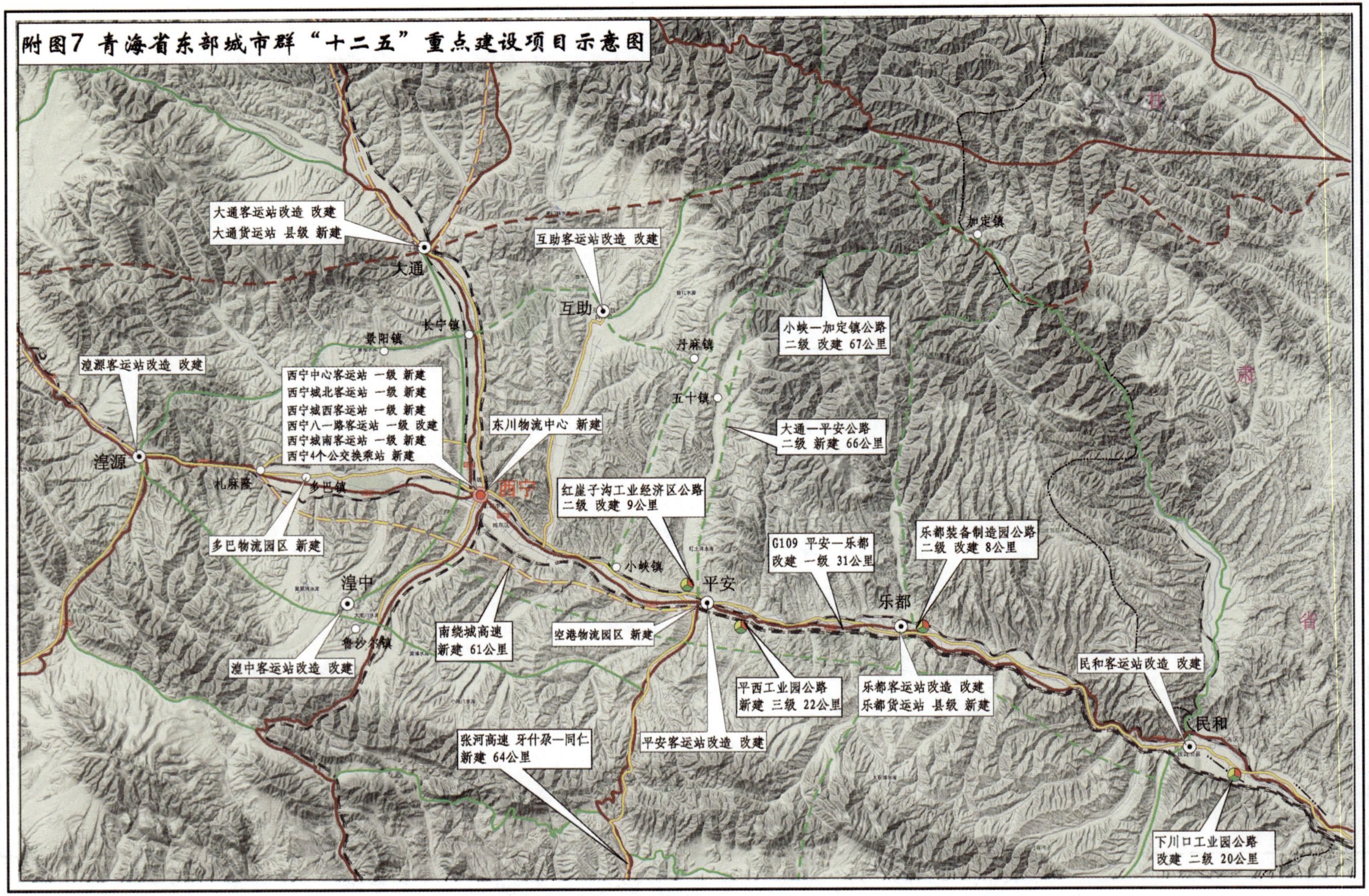

附图7 青海省东部城市群“十二五”重点建设项目示意图